中国体能训练师认证参考教材

NSCA-CSCS 美国国家体能协会体能教练认证指南 第4版

美国国家体能协会（National Strength and Conditioning Association）
［美］ G. 格雷戈里 · 哈夫（G. Gregory Haff） 主编
N. 特拉维斯 · 特里普利特（N. Travis Triplett）

王雄 闫琪 周爱国 等译

人 民 邮 电 出 版 社
北 京

图书在版编目（CIP）数据

NSCA-CSCS美国国家体能协会体能教练认证指南 ： 第4版 / 美国国家体能协会，（美）G.格雷戈里·哈夫（G. Gregory Haff），（美）N.特拉维斯·特里普利特（N. Travis Triplett）主编 ； 王雄等译. -- 北京 ： 人民邮电出版社，2021.4
ISBN 978-7-115-55545-8

Ⅰ. ①N… Ⅱ. ①美… ②G… ③N… ④王… Ⅲ. ①体能－身体训练－教练员－认证－指南 Ⅳ. ①G808.14-62②G811.34-62

中国版本图书馆CIP数据核字(2020)第268239号

内 容 提 要

本书共 24 章，内容覆盖了身体系统的结构与功能、生物力学及生物能量学原理、训练适应、体能训练的个体化差异、运动营养及心理学、测试与评估、训练技术及训练计划的设计方法等方面，旨在帮助体能教练、健身教练、相关训练专业团队及院校师生能够掌握设计并实施科学的体能训练计划，安全有效地提升运动员的体能水平与运动表现的方法。

◆ 主　　编　[美] 美国国家体能协会
（National Strength and Conditioning Association）
G.格雷戈里·哈夫（G. Gregory Haff）
N.特拉维斯·特里普利特（N. Travis Triplett）
译　　王　雄　闫　琪　周爱国 等
责任编辑　刘　蕊
责任印制　周昇亮
◆ 人民邮电出版社出版发行　　北京市丰台区成寿寺路 11 号
邮编　100164　　电子邮件　315@ptpress.com.cn
网址　https://www.ptpress.com.cn
临西县阅读时光印刷有限公司印刷
◆ 开本：787×1092　1/16
印张：51.25　　2021 年 4 月第 1 版
字数：1 210 千字　　2025 年 7 月河北第 11 次印刷
著作权合同登记号　图字：01-2016-10071 号

定价：598.00 元

读者服务热线：(010)81055296　印装质量热线：(010)81055316
反盗版热线：(010)81055315

译者序

美国国家体能协会（National Strength and Conditioning Association，NSCA）的诞生和发展，源于美国的大学橄榄球联赛。1969年，美国内布拉斯加大学橄榄球队主教练鲍勃·德瓦尼（Bob Devaney）雇用了全美第一个专职体能教练博伊德·埃普利（Boyd Epley），后者是内布拉斯加大学的上一位撑杆跳纪录保持者。在博伊德的系统训练下，球队神奇地在1970年和1971年夺得全美大学联赛冠军。聘请专业体能教练的新模式就此迅速传开，其他球队纷纷效仿。最终促成了1978年76名体能教练在内布拉斯加大学举办了第一届联合会议，宣布NSCA正式成立。NSCA的机构宗旨设定为研发并运用最有效的训练方法，不断完善和提高身体训练领域从业人士的专业水平。随后，NSCA开始发行期刊和编写教材，并在20世纪90年代开始进行培训认证，成为一家专业致力于身体训练领域研发、教育和培训的组织机构，并逐渐发展为全球身体训练领域最权威的行业协会之一。

NSCA在培训领域，主要进行两种认证：私人教练认证（Certified Personal Trainer，CPT）和体能训练专家认证（Certified Strength & Conditioning Specialist，CSCS），前者是大众健身指导的门槛，后者的专业程度更高。其他认证还包括特殊人群训练专家认证（Certified Special Population Specialist，CSPS）、特种行业体能训练专家认证（Tactical Strength and Conditioning-Facilitators，TSAC-F）以及最新推出的运动表现和体育科学专家认证（Certified Performance and Sport Scientist，CPSS）。在NSCA的认证体系中，CSCS可谓是皇冠上的明珠，影响力和权威性最大，是全球身体训练领域行业认证的标杆。国内很多的健身或体能从业者，就是通过研习CSCS教材入门或精进的。多年以来，CSCS教材对于国内从业人员了解国际前沿训练理论知识，提升训练实践能力和专业认知水平，发挥了不可磨灭的重要作用。

本书的面世，经历了包括初译、主译统稿修订、专家审校、出版社三审三校和主译全文二次统稿修订在内的复杂流程，是体制内、外50余位从业者共同参与的一次具有历史意义的联动合作。感谢巫泓丞老师组织的、由20多位来自各行各业的体能训练爱好者组成的初稿翻译团队，他们为本书的成功出版做出了巨大的志愿贡献，是真正有志趣的专业人！感谢所有参与审稿的专家和同事们，感谢大家对本书倾注的时间和精力！感谢闫琪老师和周爱国老师的专业态度和认真工作！特别感谢人民邮电出版社参与本书出版的各位编辑老师，他们是为本书付出最多心血的人。虽然无法在这里列出所有人的名字，但大家可以在书中各章首页处看到他们的名字和参与的工作。再次真挚地感谢所有参与本书出版工作的贡献者！

对于这次翻译的尝试，我们付出了时间的代价。虽然所有人秉着专业精神和认真态度，按章节进行了逐字逐句的翻译和审校。但由于人数众多，翻译质量、语言风格、专业术语和格式体例都难以统一标准，所以经历了纠结、反复的修改过程。在一次次的译稿打磨过程中，我们对一些原版英文书稿的谬误进行了勘正，顶着大家期盼的压力，最终踏实定稿。即便如此，世上也没有完美的译稿，希望读者朋友们能不吝赐教，对疏漏或争议之处提供反馈和建议，帮助我们把这本行业内的重磅教材，转化成一个更接近完美的中文译本。

NSCA至今已成立四十余年，CSCS教材知识体系的形成，也是一个随着运动科学的进展而逐渐累积的过程。相比美国，国内的身体训练领域起步较晚，很多方面还处在“引进来”的发展期，我们依旧任重而道远。发展必须尊重规律，同时也要看到我们的进步和优势。国内竞技体育和全民健身的从业者越来越多，专业化程度也越来越高，市场潜力也无比巨大，希望的曙光愈加明亮。高岸为谷，深谷为陵。相信终有一天，我们能够在身体训练领域构建出具有中国特色的先进知识体系，做到“走出去”，乃至引领世界行业发展。

2020年是一个特殊的年份。在国内各行各业都在攻坚克难、奋勇争先的时候，加快推进体育强国建设，发挥体育在中华民族伟大复兴中国梦中的作用，是我们所有体育人的伟大事业和庄严使命。关注当下，最重要的是踏实做好自己的事情。愿全体同仁们，满怀信心，坚定决心，铸就匠心，行稳致远，多所饶益，用体育人的先锋精神，致敬这个伟大的时代！

2020年11月

目录

前言

《NSCA-CSCS美国国家体能协会体能教练认证指南》(*Essentials of Strength Training and Conditioning*)于1994年首次出版，2000年再版时销量超过10万册，并于2008年出版了第3版增补本。现在的第4版是最新版，维持了原版之内容全面的风格，为体能训练领域的从业人士提供了全方位的知识。30多位专家在本书中将理论与实践相结合，深入探讨了体能训练的理念、概念、科学原则和实际应用。

第1版的出版理念就是要集众多专家的专业知识，打造一本涵盖解剖学、生物化学、生物力学、内分泌学、营养学、运动生理学和心理学等诸多学科内容的体能训练书，从而让专业人士利用这些知识，设计出更安全、更有效的训练计划。由于当时缺乏相关的研究资料，要打造一本尽可能包含所有内容资源的指导全书是有很大难度的。但这本书出版之后，立刻成了体能训练领域独一无二的权威教科书。

第2版于首版出版6年后发行，不仅对内容进行了大幅修订，还在前一版的基础上增补了超过100页的新内容。参与编写的专家将最新的相关研究结论和文献综述转化成了关于运动表现的科学内容。此外，第2版加入了许多学习工具板块，如学习目标、学习要点、训练计划表格以及为三种不同运动专项设计的抗阻训练计划示例。内容的改进，以及新增的数百张彩图及照片，让第2版得到了读者的进一步认可。

第3版于第2版出版8年后发行，不仅对章节进行了重新编排，还通过增加新的图片示例和专业术语的方式对章节内容进行了补充。此外，第3版的排版更具艺术性，并新增了一些学习资料，而这也让第3版成功地保持住了体能训练领域最重要的学习资源的地位。

修订后的第4版

本书(第4版)在前3版的基础上，以逻辑化表格的形式增补了最新的研究信息，为那些即将开始从事体能教练职业的学生及运动科研领域的专业人士，提供了指导运动员进行体能训练的必备知识。第4版主要修订及增补了以下几方面内容。

- 更新了最新的研究成果，尤其是对高强度间歇训练、过度训练、敏捷性和变向训练、健康和运动表现的营养策略，以及周期训练等方面的内容进行了增补，使读者能够了解相关领域内更多的前沿知识和发展趋势。
- 增加了一章内容(第16章)，通过大量图片和动作说明，对传统动作的变式训练和非传统器械训练的练习方法进行了说明。
- 新增了10项测试内容，包括对最大力量、爆发力及有氧运动能力的测试，并添加了最新的柔韧性训练、抗阻训练、快速伸缩复合训练、速度与敏捷性训练内容，以帮助专业人士设计出反映当前先进理念的训练方案。

书中各章以学习目标为开头，并指出了学习要点。此外，各章将关键词列在结尾处，并在专栏指出了知识点的应用方法。还有部分章节结尾提供了针对三种运动项目的抗阻训练计划示例。而针对测试、拉伸、抗阻训练、变式训练、快速伸缩复合训练、敏捷性训练和有氧耐力训练等内容的各章均采用了详细说明与照片相结合的讲解方式。此外，各章结尾处设有多道学习试题（均为选择题），试题答案在本书第701页。

认证考试

《NSCA-CSCS美国国家体能协会体能教练认证指南》是美国国家体能协会体能训练专家认证（CSCS，Certified Strength and Conditioning Specialist）的必修教材。

作为世界体能训练领域的权威机构，美国国家体能协会（NSCA）致力于支持并推广其基于研究的、可以帮助提升竞技运动表现和大众健身健康的知识成果与实践应用。NSCA在全球50多个国家拥有总计超过3万名会员，已成为国际体能训练研究、理论和训练实践的交流平台。

NSCA-CSCS与NSCA-CPT（美国国家体能协会私人教练认证）是第一批被美国国家认证机构委员会（NCCA）认可的体育类认证。美国国家认证机构委员会是一家非政府、非营利、专门为认证机构设立统一标准的机构，总部位于华盛顿。迄今为止，已有来自

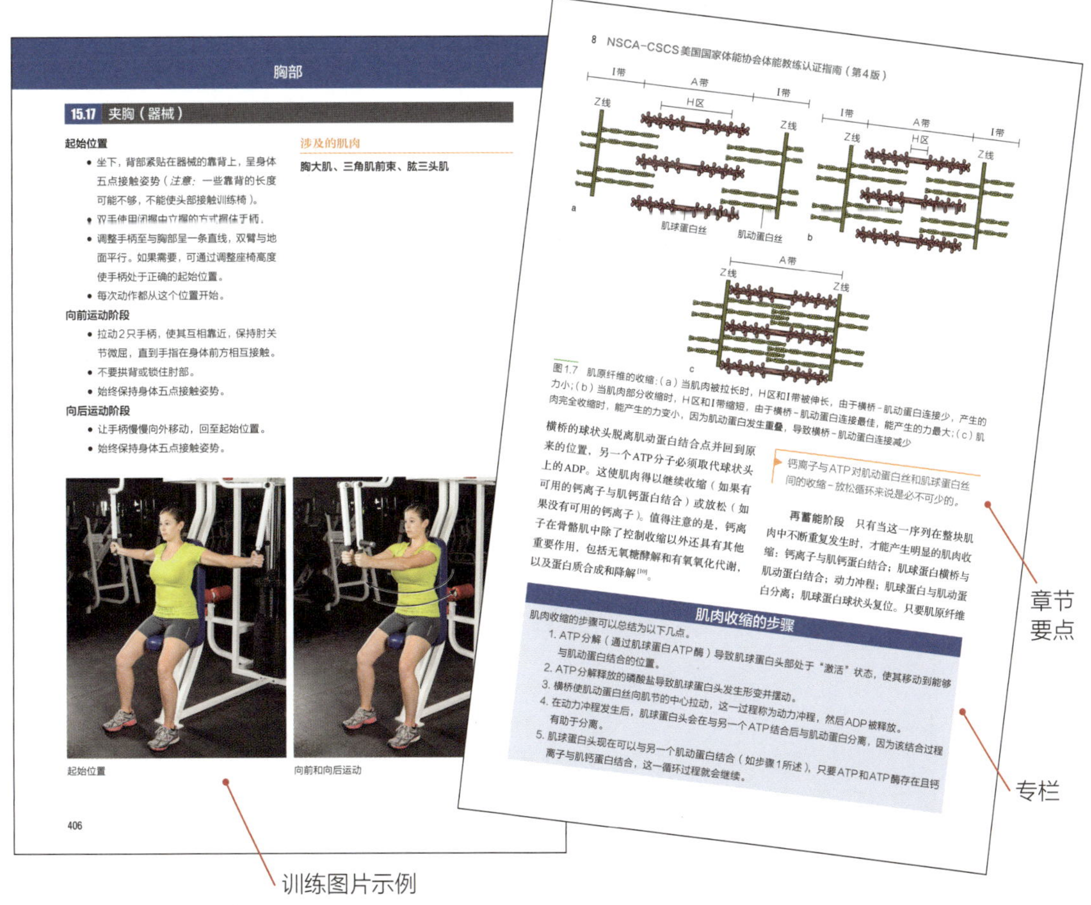

胸部

15.17 夹胸（器械）

起始位置

- 坐下，背部紧贴在器械的靠背上，呈身体五点接触姿势（*注意：*一些靠背的长度可能不够，不能使头部接触训练椅）。
- 双手使用闭握中立握的方式握住手柄。
- 调整手柄至与胸部呈一条直线，双臂与地面平行。如果需要，可通过调整座椅高度使手柄处于正确的起始位置。
- 每次动作都从这个位置开始。

向前运动阶段

- 拉动2只手柄，使其互相靠近，保持肘关节微屈，直到手指在身体前方相互接触。
- 不要拱背或锁住肘部。
- 始终保持身体五点接触姿势。

向后运动阶段

- 让手柄慢慢向外移动，回至起始位置。
- 始终保持身体五点接触姿势。

涉及的肌肉

胸大肌、三角肌前束、肱三头肌

起始位置　　向前和向后运动

406

8　NSCA-CSCS美国国家体能协会体能教练认证指南（第4版）

图1.7　肌原纤维的收缩：（a）当肌肉被拉长时，H区和I带被伸长，由于横桥-肌动蛋白连接少，产生的力小；（b）当肌肉部分收缩时，H区和I带缩短，由于横桥-肌动蛋白连接最佳，能产生的力最大；（c）肌肉完全收缩时，能产生的力变小，因为肌动蛋白发生重叠，导致横桥-肌动蛋白连接减少

横桥的球状头脱离肌动蛋白结合点并回到原来的位置，另一个ATP分子必须取代球状头上的ADP。这使肌肉得以继续收缩（如果有可用的钙离子与肌钙蛋白结合）或放松（如果没有可用的钙离子）。值得注意的是，钙离子在骨骼肌中除了控制收缩以外还具有其他重要作用，包括无氧糖酵解和有氧氧化代谢，以及蛋白质合成和降解[10]。

钙离子与ATP对肌动蛋白丝和肌球蛋白丝间的收缩-放松循环来说是必不可少的。

再蓄能阶段　只有当这一序列在整块肌肉中不断重复发生时，才能产生明显的肌肉收缩：钙离子与肌钙蛋白结合；肌球蛋白横桥与肌动蛋白结合；动力冲程；肌球蛋白与肌动蛋白分离；肌球蛋白球状头复位。只要肌原纤维

肌肉收缩的步骤

肌肉收缩的步骤可以总结为以下几点。

1. ATP分解（通过肌球蛋白ATP酶）导致肌球蛋白头部处于"激活"状态，使其移动到能够与肌动蛋白结合的位置。
2. ATP分解释放的磷酸盐导致肌球蛋白头发生形变并摆动。
3. 横桥使肌动蛋白丝向肌节的中心拉动，这一过程称为动力冲程，然后ADP被释放。
4. 在动力冲程发生后，肌球蛋白头会在与另一个ATP结合后与肌动蛋白分离，因为该结合过程有助于分离。
5. 肌球蛋白头现在可以与另一个肌动蛋白结合（如步骤1所述），只要ATP和ATP酶存在且钙离子与肌钙蛋白结合，这一循环过程就会继续。

75个国家的4万多名专业人士拥有一项或多项NSCA认证。

不论是想学习体能训练知识，还是为了参加认证考试，抑或是作为专业参考，本书都可以帮助从业人士和科研团队更加了解如何制定和实施安全、有效的体能训练计划。

92 NSCA-CSCS美国国家体能协会体能教练认证指南（第4版）

甲状腺激素的作用在文献中几乎没有记录。McMurray等[142]发现，尽管甲状腺激素三碘甲状腺原氨酸（T3）的浓度在一次抗阻训练课后不会发生剧烈变化，但T3的前体甲状腺素（T4）则会快速增加，并在随后的夜晚睡眠期间减少。最近的一项研究发现，在进行一次抗阻训练后的24小时、48小时或72小时没有发现T3浓度或T4浓度的变化[88]。这表明任何急性抗阻训练对甲状腺激素的影响都很短暂。另一项研究表明，在6个月[4]以及3个月和5个月[4, 153]的抗阻训练后，T3和T4浓度均暂时减少，但是在训练9个月后，它们恢复到了基线值水平。虽然这些激素几乎没有变化，它们对于抗阻训练的生理适应是非常重要的，因为它们在代谢控制、氨基酸合成和其他激素释放机制的增强方面具有许可效应。

小 结

随着我们对内分泌系统及其与神经系统、免疫系统和肌肉骨骼系统的相互作用研究的深入，我们发现这些系统的功能是整体性的且非常复杂。系统之间的信号传递通过激素和其他信号分子（例如，细胞因子、趋化因子和信号分子）实现。多年来，体能教练和运动员已经认识到合成代谢激素调控身体变化以及帮助身体适应大负荷抗阻训练的重要性。无论是从尝试优化训练还是从避免过度训练的角度，体能教练必须认识到内分泌系统在人体适应过程中的重要作用。本章的目标是对这个复杂而高度组织化的系统进行一个初步的探讨，它能够帮助我们在进行抗阻训练时调控身体的适应变化。

关键词

allosteric binding site 变构结合位点
anabolic hormone 合成代谢激素
catabolic hormone 分解代谢激素
cross-reactivity 交叉反应
diurnal variation 昼夜变化
downregulation 下调
endocrine gland 内分泌腺
General Adaptation Syndrome 一般适应综合征
hormone 激素
hormone-receptor complex（H-RC）激素-受体复合物
lock-and-key theory 锁-匙理论
neuroendocrine immunology 神经内分泌免疫学
neuroendocrinology 神经内分泌学
polypeptide hormone 多肽激素
proteolytic enzyme 蛋白水解酶
secondary messenger 第二信使
steroid hormone 类固醇激素
target tissue cell 靶组织细胞
thyroid hormone 甲状腺激素

学习试题

1. 进行一组抗阻训练后，急性激素分泌会提供各类信息给身体，除了以下哪一项？（ ）
   a. 生理应激反应的程度
   b. 训练的代谢需求
   c. 生理应激的类型
   d. 消耗的能量
2. 下列哪种激素可促进肌肉的生长？（ ）
   I. 生长激素
   II. 皮质醇
   III. IGF-I

致谢

本书的出版要特别感谢很多人的帮助。这是体能训练领域的一部具有历史意义的代表性作品，前3版的作者是我们的标杆，他们辛勤劳动的成果为我们编写本书奠定了基础。我们要特别感谢托马斯•贝希勒（Thomas Baechle）和罗杰•厄尔（Roger Earle）的杰出贡献。他们的二十年前的真知灼见为我们今天的成果做了铺垫。罗杰•厄尔对本书的出版做出了持续贡献，他不仅是人体运动出版社（Human Kinetics）的代表，更是一位在本书的出版及我们的写作过程中提供了众多帮助的、真正的朋友。

我们还要感谢基思•克内亚（Keith Cinea）和卡文•夏普（Carwyn Sharp）在本书出版过程中提供的帮助。他们是美国国家体能协会的杰出代表，同时，作为科学顾问，他们的知识使本书更加专业。本书作为现在及将来体能训练从业人员的重要资料，完成了美国国家体能协会架起理论和实践之间的桥梁的使命，而基思和卡文为此做出了巨大贡献。同时，我们还要感谢众多人体运动出版社的工作人员。从文字编辑到排版设计，每一阶段的工作都离不开他们。最重要的是，我们要感谢克里斯•德鲁兹（Chris Drews）和卡拉•沃尔什（Karla Walsh）。作为本书的策划编辑和执行编辑，他们协助我们这两位新手主编完成了很多工作。没有他们，我们可能会迷失在写作和出版过程中。

格雷戈里•哈夫（Gregory Haff），PhD，CSCS，*D，FNSCA

我要感谢我的合编者和挚友特拉维斯•特里普利特：接到这项重要的任务时，我只想到了你。你心地善良、为人随和，刚好能够弥补我的鲁莽性格。谢谢你能够一直做我的最好的朋友。

我还要感谢我的家人。我的妻子埃琳（Erin）牺牲了很多，以让我追求梦想，接下这项任务。如果没有你的支持，我早已被生活的重担压垮。在艰难的时刻，能有一个足够坚强的人支撑左右是一件非常幸运的事情——我对你的爱远超过你所知道的。感谢我的父亲盖伊•哈夫（Guy Haff）。11岁那年，你带我去了力量房并教我举重，我想当时的你并没有想到这将成为我一生的追求。没有你的启发，我都不知道自己现在会是什么样的人。最后，我要将自己的努力成果献给我的母亲桑德拉•哈夫（Sandra Haff）。无论你现在身处何方，我都希望你可以为现在的我以及我正在努力成为的样子感到骄傲。妈妈，我非常想念你，真希望你还在这里，能看到所有发生的伟大的事情。

特拉维斯•特里普利特（Travis Triplett），PhD，CSCS，*D，FNSCA

我从来没有想到，在大学期间第一次接触举重，会让我最终在体能训练领域成就如此充满价值的职业生涯。虽然无法在此提到所有人的名字，但我真诚地感谢在我的工作和生活中发挥作用、让我能够满怀热情地从事这项工作的每一个人。感谢我的父母。我很幸运，因为你们为我提供了强大的支撑，树立了可追随的榜样。真希望你们能看到现在的这一切。感谢我的兄弟和朋友们，是你们一直支持着我并且照亮了我的生活。感谢对我的职业生涯影响最深的迈克·斯通（Mike Stone）和比尔·克雷默（Bill Kraemer）。你们的教导和友谊对我来说非常重要。尽管不能经常见面，但我非常感谢来自世界各地的同事和学生，因为你们对我的知识积累和职业生涯提供了很大的帮助。

最后，我要感谢我的合编者和挚友格雷戈里·哈夫：谁能想到当初坐在学校餐厅一起讨论体能训练的两个毕业生会有今天这样的合作呢？愿我们友谊地久天长，并开展更多伟大的合作。

第 1 章

身体系统的结构和功能

N. 特拉维斯·特里普利特（N. Travis Triplett），PhD

译者：裴庆、王雄

审校：冯强、高延松、赵芮

完成这一章的学习后，你将能够：

- 描述肌肉及骨骼的宏观和微观结构；
- 描述肌肉收缩的肌丝滑行学说；
- 描述不同类型肌纤维的特定形态和生理特征，并预测其在不同运动项目中的相对参与程度；
- 描述心血管系统和呼吸系统的解剖学和生理学特征。

感谢罗伯特·T. 哈里斯（Robert T. Harris）和加里·R. 亨特（Gary R. Hunter）对本章内容做出的重要贡献。

体育锻炼和运动表现涉及身体的有效且有目的性的动作。这些动作源于肌肉中产生的力量，因为这些力量可通过骨骼杠杆系统的作用来移动身体各部位。而骨骼肌受大脑皮层控制，因为大脑皮层可通过周围神经系统的运动神经元来激活骨骼肌细胞或肌纤维。为了维持这种神经肌肉活动，需要通过心血管系统和呼吸系统的活动，将氧气和营养物质源源不断地输送到工作组织，并排出工作组织中的二氧化碳和代谢废物。

为了最有效地运用现有的科学知识来训练运动员和制定有效的训练计划，体能教练不仅需要对肌肉和骨骼功能有基本的了解，还要明白身体各系统是如何直接支持运动肌肉的工作的。因此，本章总结了肌肉骨骼系统、神经肌肉系统、心血管系统和呼吸系统对产生和维持肌肉力量和爆发力至关重要的解剖和功能方面的知识。

肌肉骨骼系统

人体的肌肉骨骼系统由骨骼、关节、肌肉和肌腱组成，以满足人体活动多样性的特点。本节介绍了肌肉骨骼系统的各个组成部分，包括这些组成部分的单独介绍和它们协同工作方式的介绍。

骨骼

肌肉并不直接施力于地面或其他物体，而是通过牵拉骨骼并使其围绕关节转动而把力量传递到外界。肌肉只能完成“拉”的动作，而非“推”；但是通过骨骼杠杆系统，肌肉的拉力可以表现为对外界物体的“拉”或“推”。

人体约有206块骨骼，准确的数字可能会因人而异。这种相对较轻但是很坚固的结构起到了提供杠杆、支撑以及保护的作用（图1.1）。中轴骨包括头骨（颅骨）、脊柱（从颈椎C1节到尾骨）、肋骨和胸骨。附肢骨包括肩带骨（左右肩胛骨和锁骨），手臂、手腕和手的骨头（左右肱骨、桡骨、尺骨、腕骨、掌骨和指骨），骨盆（左右髋骨），以及腿、脚踝和足的骨头（左右股骨、髌骨、胫骨、腓骨、跗骨、跖骨和趾骨）。

骨与骨之间的连结叫关节。纤维关节（例如颅骨的骨缝）几乎不能活动，软骨关节（例如椎间盘）的活动范围有限，滑膜关节（例如肘关节和膝关节）的活动范围相当大。运动和锻炼的动作主要围绕着滑膜关节发生，而滑膜关节的最主要特征是摩擦力低、活动范围大。组成关节的骨的末端覆盖着光滑的透明软骨，并且整个关节被包裹在充满滑液的关节囊中。滑膜关节通常还有韧带和关节内软骨作为辅助结构[13]。

几乎所有的关节运动都涉及围绕点或轴的旋转。关节可以依据其能够发生旋转的方向的数量进行分类。单轴关节（例如肘关节）像铰链一样运作，基本上只围绕一个轴旋转。膝关节经常被认为是一个铰链关节，但事实

什么因素会影响成年人的骨骼生长

有几种情况可以对成人骨骼产生正面影响，这其中大多数是使用肌肉的结果。当身体承受较大负荷（工作和抗阻训练）时，骨密度和骨矿物质含量将增加。如果身体执行具有较强冲击性和爆发性的动作，也可能发生类似的变化。类似的骨密度提高的情况在从事体操活动，或其他涉及高力量、高爆发力及硬落地活动的人群中都能被观测到[11]。影响骨骼适应的其他因素包括中轴骨是否承受负荷，以及负荷发生的频率。由于骨骼的适应期比骨骼肌长，所以改变刺激的频率、强度和形式非常重要。

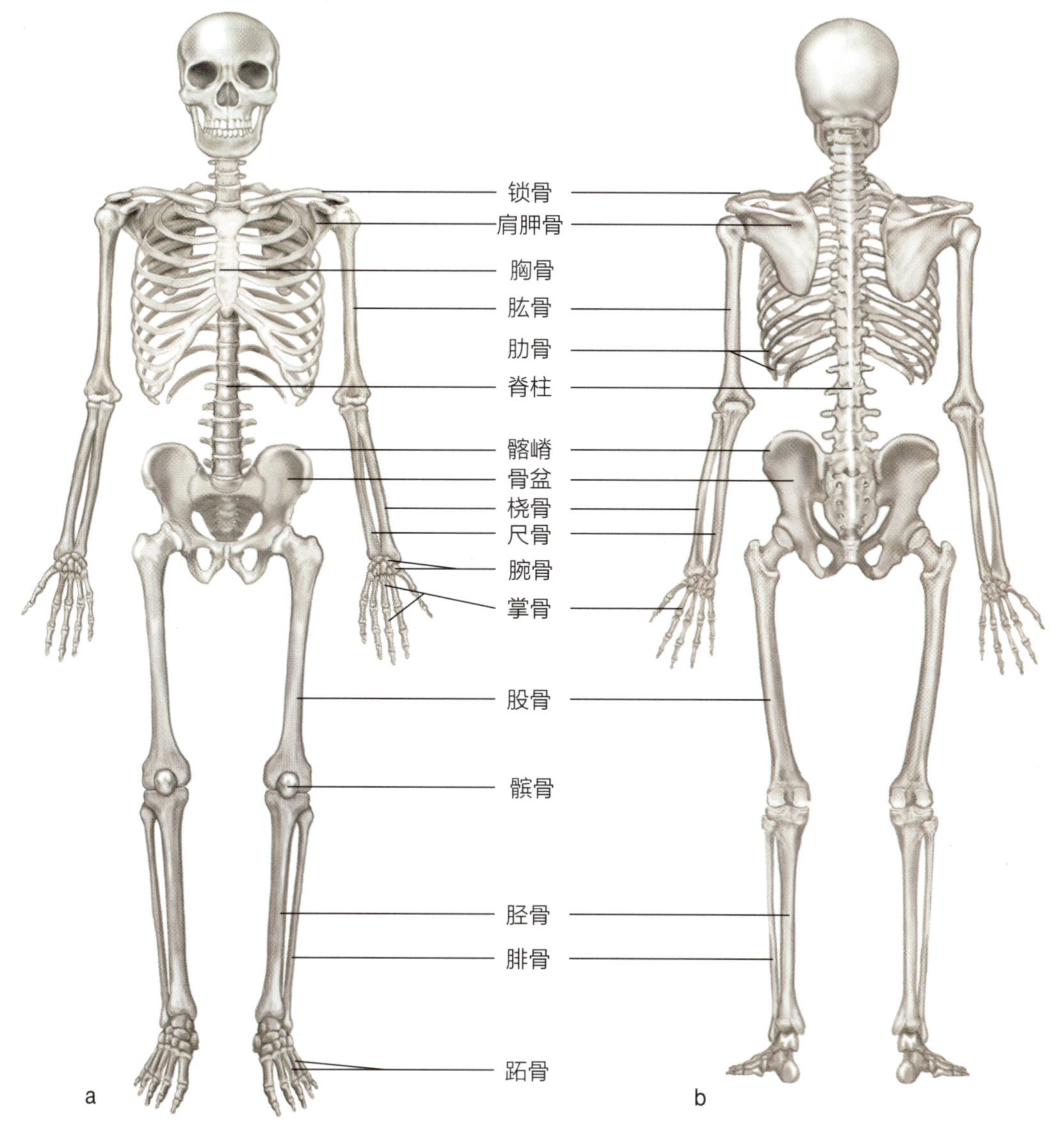

图1.1　成年男性骨骼系统：（a）前面观；（b）后面观

上，其旋转轴会根据关节活动范围而发生改变。双轴关节（例如踝关节和腕关节）可以围绕两个相互垂直的轴转动。多轴关节（例如肩关节这样的球窝关节）可以围绕定义空间的三个相互垂直的轴转动。

脊柱由椎骨组成，椎骨由灵活的椎间盘分开以允许活动发生。椎骨可分为：颈部的7块颈椎；从上背部至中背部的12块胸椎；组成下背部的5块腰椎；融合在一起并构成骨盆后部的5块骶椎；从骨盆向下延伸，形成退化尾骨的3~5块尾椎。

骨骼肌

使骨骼移动的肌肉系统如图1.2所示。骨骼间的连结点被称为关节，骨骼肌附着在骨骼的末端。没有这样的构造，运动就不能产生。

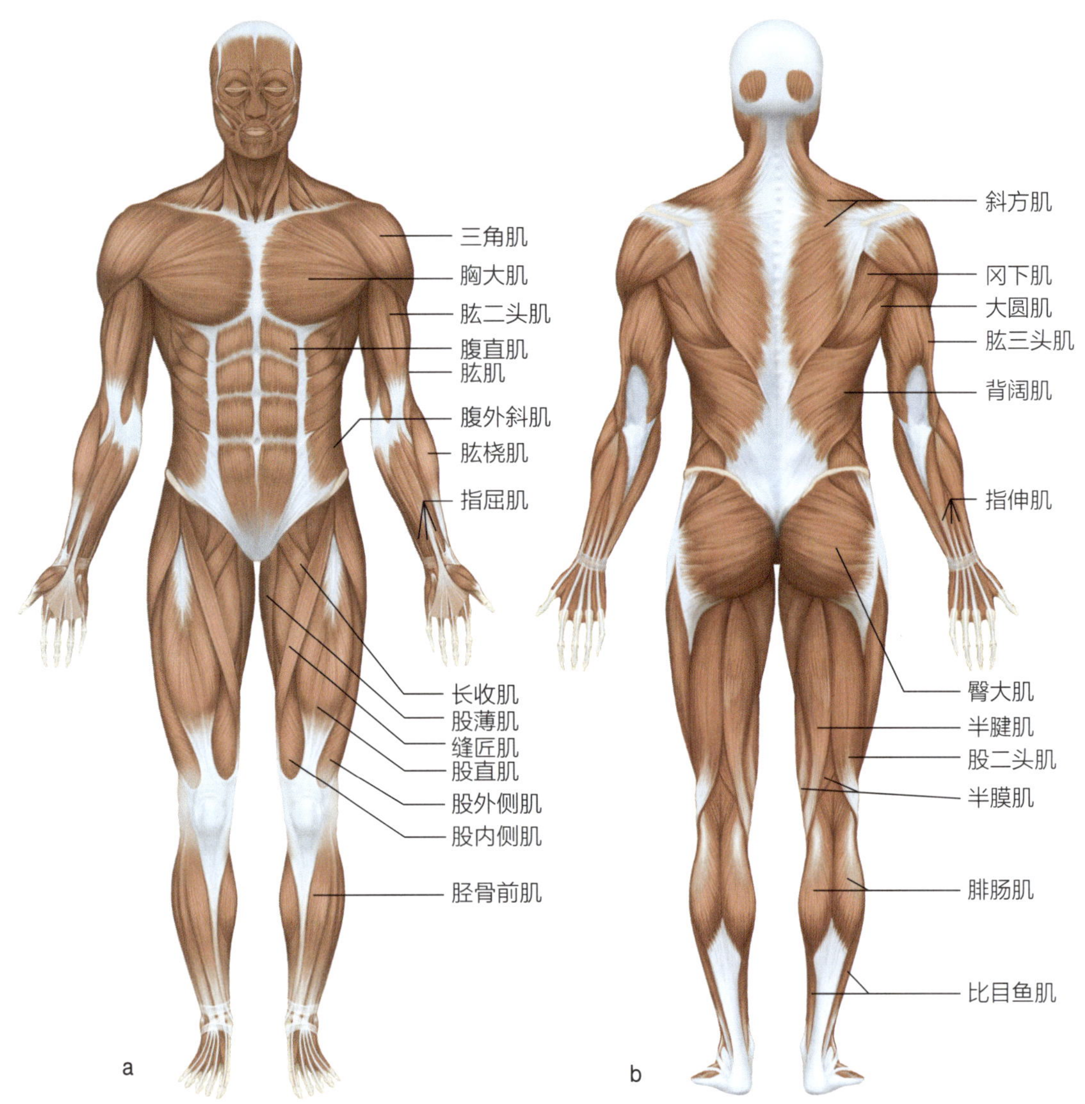

图1.2 成年男性骨骼肌系统:（a）前面观;（b）后面观

骨骼肌的宏观结构和微观结构

每一块骨骼肌都是一个包含了肌肉组织、结缔组织、神经和血管的器官。纤维状结缔组织，又称肌外膜，覆盖了全身多达430余块骨骼肌。肌外膜与肌肉末端的肌腱相连（图1.3）。肌腱连接着骨膜，骨膜是覆在所有骨骼表面的特化结缔组织；任何肌肉的收缩力都会通过肌腱传导至骨骼。上下肢的肌肉在骨骼上的两个附着端称为近端（靠近躯干）和远端（远离躯干）。躯干肌肉的两个附着端称为上端（靠近头）和下端（靠近脚）。

肌细胞，常被称为肌纤维，呈长条形（有时与整条肌肉的长度相同），是直径为50~100μm（和一根头发的直径相当）的圆管状细胞。这些肌纤维在外围有多个细胞核，并且在低倍显微镜下呈现条纹状。在肌外膜内，最多可达150根左右的肌纤维聚集成束（肌束）。肌束被称为肌束膜的结缔组织包裹着。每根肌纤维被称为肌内膜的结缔组织包裹，肌内膜与肌纤维膜相连接[13]。所有结缔组织——肌外膜、肌束膜和肌内膜都与肌腱相连，所以肌细胞中产生的张力最终传导至

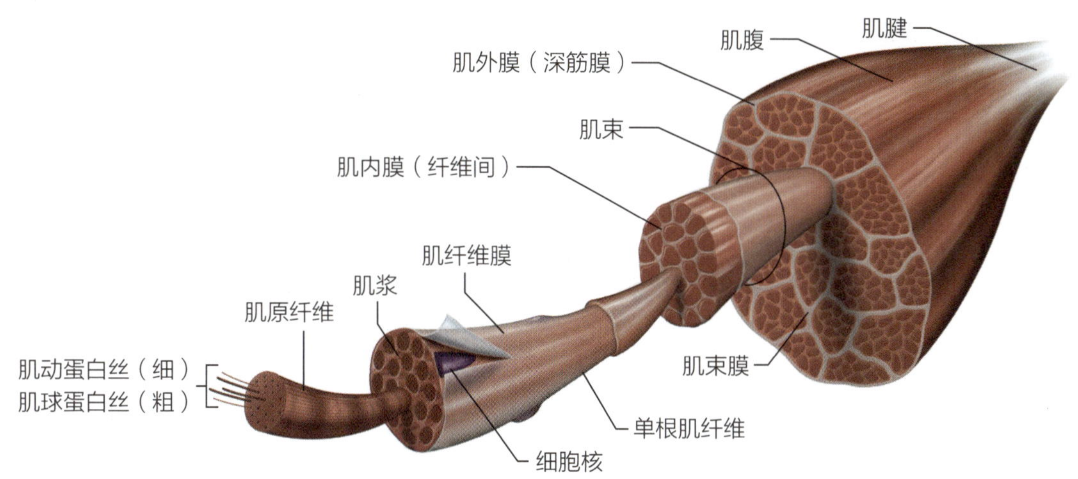

图1.3 3种肌肉结缔组织：肌外膜（最外层）、肌束膜（包绕肌束）和肌内膜（包绕每条肌纤维）

肌腱和与其连接的骨上（图1.3）。

一个运动神经元和它所控制的肌纤维的接合点称为运动终板或神经肌肉接头（图1.4）。尽管一根运动神经控制着很多甚至成百上千条肌纤维，但每个肌细胞仅有一个神经肌肉接头。一个运动神经元与其控制的肌纤维被称为一个运动单位。在被运动神经激活后，一个运动单位的所有肌纤维会同时收缩。

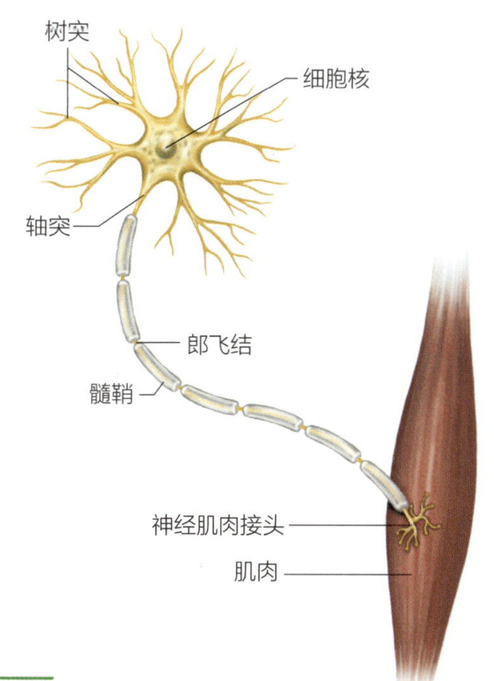

图1.4 一个运动单位由一个运动神经元与其控制的肌纤维组成，通常一个运动单位包含几百条以上的肌纤维

肌纤维的内部结构如图1.5所示。肌浆是肌纤维的细胞质，包含由蛋白丝、其他种类蛋白质、储备的糖原、脂肪颗粒、酶和特定细胞器（例如线粒体和肌质网）组成的收缩成分。

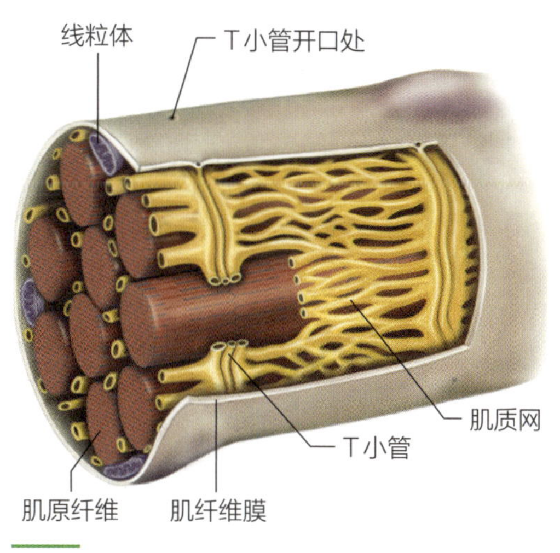

图1.5 肌纤维剖视图

数百条肌原纤维（每条直径大约为1μm，是一根头发的直径的百分之一）占据了肌浆的大部分空间。肌原纤维包含使肌细胞收缩的器官，这一器官主要由两类肌丝构成：肌球蛋白丝和肌动蛋白丝。肌球蛋白丝（粗肌丝，直径大约为16nm，相当于一根头发丝直径的万分之一）最多可包含200个肌球蛋白分

子。肌球蛋白丝由一个球状头、一个铰链点和一条纤维尾部组成。球状头按规律间隔分布在肌球蛋白丝上且向外突出，一对肌球蛋白丝会构成横桥，与肌动蛋白相互作用。肌动蛋白丝（细肌丝，直径约为6nm）由2条双螺旋状排列的细丝组成。肌球蛋白丝和肌动蛋白丝在构成骨骼肌的最小收缩单位——肌节内，纵向排列。在放松的肌纤维中，肌节平均长度为2.5μm（1cm长的肌肉中大约有4500个肌节）[1]。每条肌纤维由连续不断的肌节构成。

图1.6展示了肌球蛋白与肌动蛋白在肌节中的结构与方向。相邻的肌球蛋白丝在肌节中央的M桥彼此相连（H区中央）。肌动蛋白丝在肌节两端对齐并固定在Z线上。Z线在整条肌原纤维不断重复。6条肌动蛋白丝环绕1条肌球蛋白丝，3条肌球蛋白丝环绕1条肌动蛋白丝。

肌动蛋白丝、肌球蛋白和肌节Z线排列形成了骨骼肌上交替出现的深色和浅色纹样，放大之后呈横纹状。深色的A带与肌球蛋白丝的排列一致，而浅色的I带则对应的是2条临近肌节间只包含肌动蛋白丝的部分[13]。Z线位于I带中央，是一条纵贯I带的深色细线。肌节中央的H区只有肌球蛋白丝。当肌肉收缩时，肌动蛋白顺着肌球蛋白滑向肌节中央，这时H区缩短。当Z线被拉向肌节中央时，I带也会缩短。

肌质网（图1.5）是纵小管系统，它平行环绕于每一条肌原纤维，在靠近Z线的位置会形成终末池。钙离子被储存在这些终末池中。钙离子的调节控制了肌肉收缩。T小管又称横小管，它的走向垂直于肌质网并终止于2个终末池之间的Z线附近。因为T小管分布在外围肌原纤维之间，并在细胞表面与肌纤维膜形成连接，因此，动作电位（一种电神经脉冲）在释放时几乎可以同时抵达细胞表面与深处。钙离子因此得以被释放于肌肉中，产生（肌肉）协同收缩。

> 来自运动神经元的电脉冲（动作电位）发出信号，钙离子从肌质网释放到肌原纤维中，使肌肉产生张力。

肌肉收缩的肌丝滑行学说

最简单地来讲，肌丝滑行学说描述了肌节两端的肌动蛋白丝在肌球蛋白丝上向内侧滑动，并将Z线向肌节中央拉动，从而缩短肌纤维（图1.7）的过程。当肌动蛋白丝在肌球蛋白丝上滑动时，H区和I带都缩短。肌球蛋白横桥摆动（或扭动）对肌动蛋白丝的牵引作用，造成了肌动蛋白丝的活动。由于肌球蛋白横桥每次摆动只能造成肌动蛋白丝的微小位移，整条肌肉上的诸多横桥必须快速、重复摆动，才能造成肌动蛋白丝的明显位移[13]。

静息阶段　在正常静息时，很少会有钙离子出现在肌原纤维中（大部分的钙离子存储在肌质网中），因此很少有肌球蛋白横桥与肌动蛋白连接。即使肌动蛋白上的结合点被遮盖，肌动蛋白与肌球蛋白仍与彼此保持微弱连接。在储存的钙离子被释放且肌动蛋白结合点被暴露后，该连接会变得牢固，肌肉张力也因此产生。

兴奋-收缩耦联阶段　肌球蛋白横桥收缩之前，必须先与肌动蛋白丝形成连接。当肌质网受到刺激而释放钙离子时，钙离子与肌钙蛋白相结合。肌钙蛋白是一种按规律间隔排列在肌动蛋白丝表面（图1.6），并对钙离子具有亲和力的蛋白质。钙离子和肌钙蛋白的结合会导致另外一个蛋白质分子——原肌球蛋白产生位移。原肌球蛋白沿着双螺旋结构的肌动蛋白丝沟槽分布。此时肌球蛋白横桥便可以更迅速地与肌动蛋白丝连接，从而在肌动蛋白丝被拉向肌节中央时产生肌力[1]。这意味着，一块肌肉产生的瞬时力量与此时肌肉

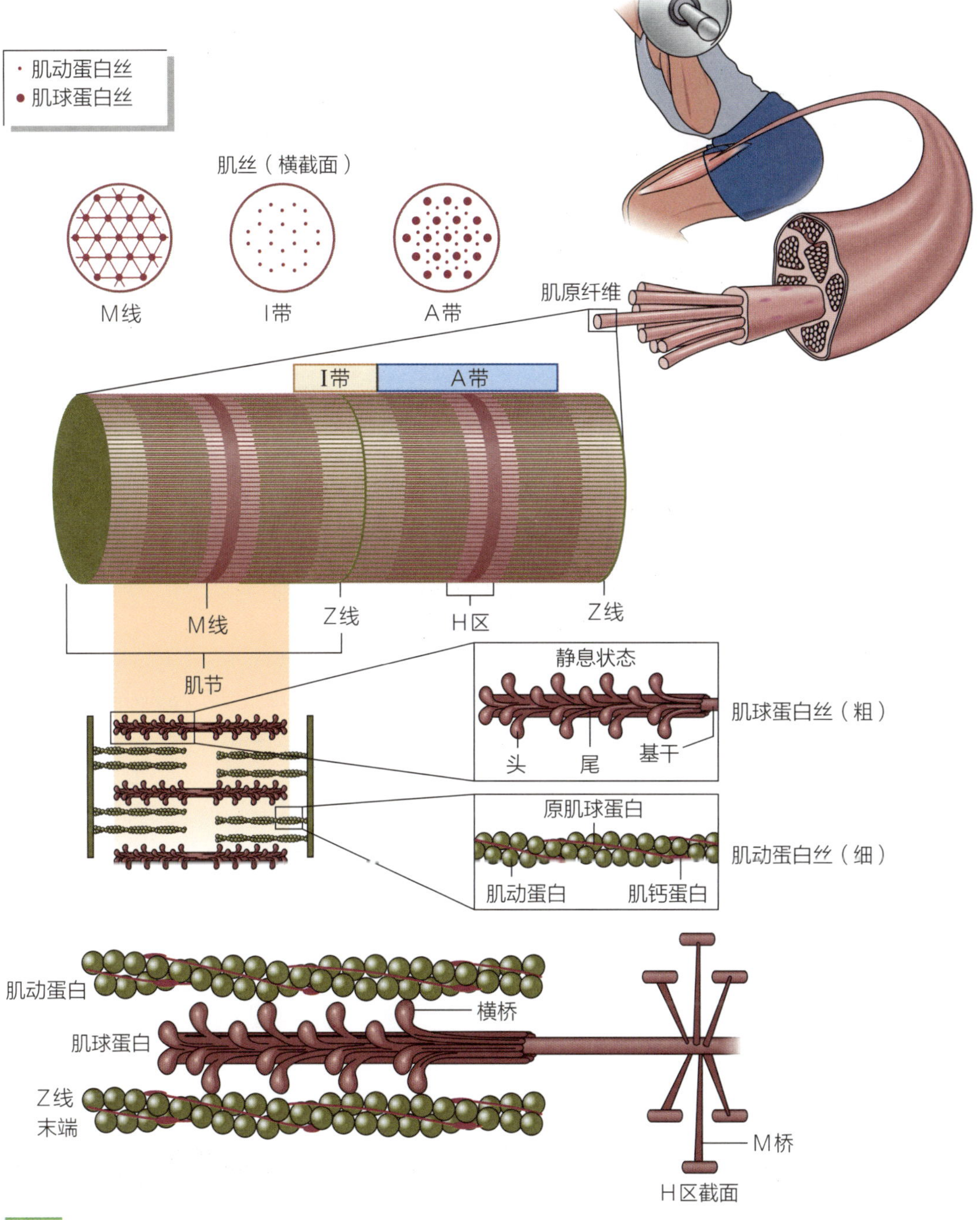

图1.6　肌肉中肌球蛋白丝与肌动蛋白丝的示意图。肌球蛋白丝（粗）与肌动蛋白丝（细）的排列方式使骨骼肌形成了横纹状的外观

横截面中与肌动蛋白丝结合的横桥数量直接相关[1]。

> 肌肉产生的瞬时力量取决于此时与肌动蛋白结合的肌球蛋白横桥数量。

收缩阶段　横桥使肌动蛋白丝产生拉动的过程被称为动力冲程，其所需的能量来自三磷酸腺苷（ATP）水解（分解）为二磷酸腺苷（ADP）和磷酸盐（P_i）的过程。这一过程由横桥上的ATP酶催化。为了使肌球蛋白

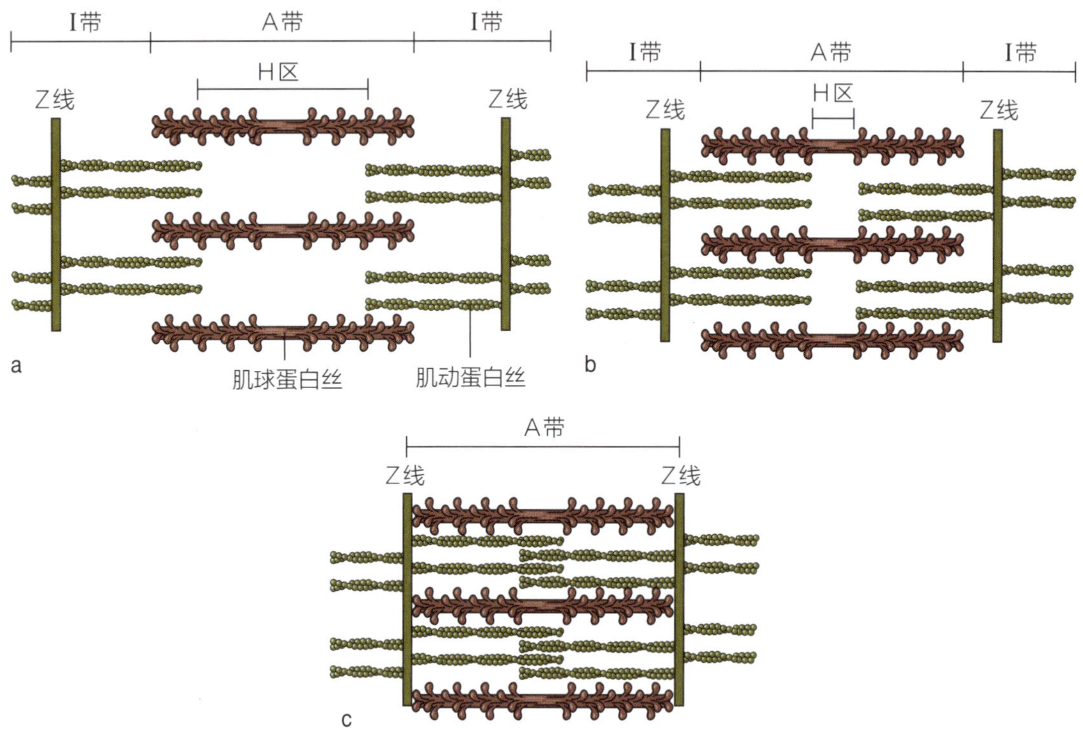

图1.7 肌原纤维的收缩：（a）当肌肉被拉长时，H区和I带被伸长，由于横桥-肌动蛋白连接少，产生的力小；（b）当肌肉部分收缩时，H区和I带缩短，由于横桥-肌动蛋白连接最佳，能产生的力最大；（c）肌肉完全收缩时，能产生的力变小，因为肌动蛋白发生重叠，导致横桥-肌动蛋白连接减少

横桥的球状头脱离肌动蛋白结合点并回到原来的位置，另一个ATP分子必须取代球状头上的ADP。这使肌肉得以继续收缩（如果有可用的钙离子与肌钙蛋白结合）或放松（如果没有可用的钙离子）。值得注意的是，钙离子在骨骼肌中除了控制收缩以外还具有其他重要作用，包括无氧糖酵解和有氧氧化代谢，以及蛋白质合成和降解[10]。

> 钙离子与ATP对肌动蛋白丝和肌球蛋白丝间的收缩-放松循环来说是必不可少的。

再蓄能阶段 只有当这一序列在整块肌肉中不断重复发生时，才能产生明显的肌肉收缩：钙离子与肌钙蛋白结合；肌球蛋白横桥与肌动蛋白结合；动力冲程；肌球蛋白与肌动蛋白分离；肌球蛋白球状头复位。只要肌原纤维

肌肉收缩的步骤

肌肉收缩的步骤可以总结为以下几点。

1. ATP分解（通过肌球蛋白ATP酶）导致肌球蛋白头部处于“激活”状态，使其移动到能够与肌动蛋白结合的位置。
2. ATP分解释放的磷酸盐导致肌球蛋白头发生形变并摆动。
3. 横桥使肌动蛋白丝向肌节的中心拉动，这一过程称为动力冲程，然后ADP被释放。
4. 在动力冲程发生后，肌球蛋白头会在与另一个ATP结合后与肌动蛋白分离，因为该结合过程有助于分离。
5. 肌球蛋白头现在可以与另一个肌动蛋白结合（如步骤1所述），只要ATP和ATP酶存在且钙离子与肌钙蛋白结合，这一循环过程就会继续。

中有可用的钙离子、有可以帮助肌球蛋白与肌动蛋白分离的ATP，以及足够多的活跃的肌球蛋白ATP酶催化ATP的分解，那么该过程便可以不断地持续下去。

放松阶段 当来自运动神经元的刺激停止时，肌肉便会放松。钙离子被回收到肌质网，这将阻止肌动蛋白丝和肌球蛋白丝之间形成连接。肌动蛋白丝和肌球蛋白丝回到分离状态使肌肉放松。

神经肌肉系统

运动神经元通过电脉冲的形式从脊髓向肌肉传递冲动以支配肌纤维。运动神经元通常在其轴突的末端有大量分支，从而支配许多不同的肌纤维。其整个结构决定了肌肉的纤维类型、特征、功能和在运动中的参与程度。

肌肉的激活

当一个运动神经元激发脉冲信号或动作电位时，它所支配的所有肌纤维同时被激活并产生力。（神经）对肌肉的控制程度取决于每个运动单位包含的肌纤维数量。有些必须以极高精度工作的肌肉，例如眼部肌肉，每个运动神经元最少可能只控制一条肌纤维。这些小肌肉中激活的运动单位的数量的改变，可以产生使眼球精准移动的力量。相比之下，移动腿部的股四头肌对精度的要求就低得多，一个运动神经元可能支配数百条肌纤维。

沿运动神经元传导的动作电位（电流）不能直接激活肌纤维，而是通过化学传递方式来激活被支配的肌纤维。当动作电位传到轴突末梢时，引起神经递质——乙酰胆碱的释放，其通过扩散穿过神经肌肉接头，引起肌纤维膜的兴奋。一旦释放的乙酰胆碱达到阈值，动作电位便会沿着肌纤维膜产生，使肌纤维收缩。同一运动单位中的所有肌纤维同时收缩并产生力。没有证据表明一个运动神经元的刺激只会使其控制的部分肌纤维收缩。同样地，更强的动作电位也不能引起更强的收缩。这种现象被称为肌肉收缩的全或无原则。

每次运动神经元传导的动作电位会导致运动单位内肌纤维的短暂激活，因此而产生的短暂收缩被称为单收缩。肌纤维膜的激活导致肌纤维内钙离子的释放，并且如前文所述，产生收缩。如果肌动蛋白丝和肌球蛋白丝相互牵拉有阻力存在，便会产生力。尽管在一次单收缩中释放的钙离子足以使肌动蛋白和肌球蛋白充分激活，并在肌纤维中产生最大力，但在肌纤维张力达到最大值之前，钙离子会被清除，肌肉进而放松（图1.8中的曲线a）。如果在肌纤维完全放松之前，运动神经再次传出刺激，导致第二次单收缩，那么两次单收缩的力会叠加，并造成大于一次单收缩的力（图1.8中的曲线b）。减少单收缩间的时间间隔会造成更多的横桥连接与更大的力。电脉冲刺激可以以极高的频率传导，使单收缩开始合并并且最终完全融合，该现象被称为强直（图1.8中的曲线c和曲线d）。这是一个运动单位中所能产生的最大力。

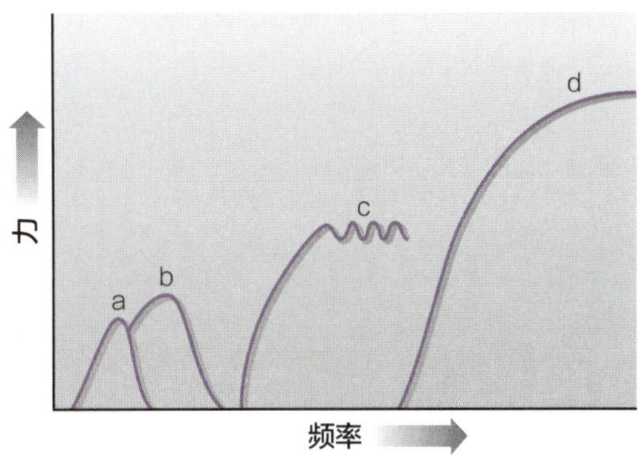

图1.8 一个运动单位内的单收缩，单收缩叠加和强直：a=一次单收缩；b=两次单收缩叠加；c=不完全强直；d=完全强直

肌纤维类型

骨骼肌由形态和生理特性都有显著差异的肌纤维组成。这些差异导致了几种基于不同标准的肌纤维分类方法。最常见的方法是按收缩速度将肌纤维分为慢肌纤维和快肌纤维。由于一个运动单位全部由同一种类型的肌纤维组成，因此运动单位也可使用该分类标准来划分。快肌运动单位产生力和放松都很迅速，因此收缩时间短。相反，慢肌运动单位产生力和放松都较慢，因此收缩时间相对较长。

通常用组织化学染色法将肌球蛋白ATP酶成分着色，从而区分慢肌纤维和快肌纤维。虽然这一方法可以对多种肌纤维染色，但通常主要分为I型（慢肌纤维）、IIa型（快肌纤维）和IIx型（快肌纤维）。另一个更具体的方法是确定肌球蛋白重链蛋白的数量；其命名法类似于肌球蛋白ATP酶的命名方法。

I型肌纤维和II型肌纤维机理上的差异造成了它们在收缩时对能量的需求和供应，以及抗疲劳方面的区别。I型肌纤维通常效率较高且抗疲劳，同时有较高的有氧供能能力，但是由于其肌球蛋白ATP酶活性较低和无氧爆发力差的特点，快速产生肌力的能力有限[2, 8]。

II型肌纤维则相反，其特点表现为低效率、易疲劳、有氧能力差、能快速产生肌力、肌球蛋白ATP酶活性高和无氧爆发力强[2, 8]。IIa型肌纤维和IIx型肌纤维的主要差异在于它们的有氧氧化能量供应能力。例如，IIa型肌纤维具有更强的有氧代谢能力，并且围绕它们的毛细血管也比IIx型更多，因此显示出更强的抗疲劳性[3, 7, 9, 12]。基于这些差异，并不难理解：维持姿态的稳定肌，例如比目鱼肌，其I型肌纤维含量较高；而较大的肌肉，又被称为运动肌肉，例如股四头肌，则是I型肌纤维和II型肌纤维的混合体，以使其能同时完成低功率和高功率输出的活动（例如慢跑和冲刺）。有关肌纤维类型的主要特性的概述见表1.1。

表1.1　肌纤维类型的主要特征

特性	肌纤维类型		
	I型	IIa型	IIx型
运动神经元大小	小	大	大
募集阈值	低	中/高	高
神经传导速度	慢	快	快
收缩速度	慢	快	快
放松速度	慢	快	快
抗疲劳性	高	中/低	低
耐力	高	中/低	低
产生张力	低	中	高
输出功率	低	中/高	高
有氧代谢酶含量	高	中/低	低
无氧代谢酶含量	低	高	高
肌质网复杂性	低	中/高	高
毛细血管密度	高	中	低

续表

特性	肌纤维类型		
	I型	IIa型	IIx型
肌红蛋白含量	高	低	低
线粒体大小、密度	高	中	低
纤维直径	小	中	大
颜色	红	白/红	白

运动单位由具有特定形态和生理特性的肌纤维组成，这些肌纤维决定了运动单位的功能性能力。

运动单位募集模式

依据日常经验，我们非常清楚，一块肌肉可以根据需要完成的特定任务来改变力量输出的大小。这种调节能力对于协调且流畅地完成动作是至关重要的。肌力能以两种方式调节。一种是通过改变运动单位被激活的频率。如果运动单位被激活一次，引起的单收缩不会产生很大的力。然而，如果激活频率增加使单收缩产生的力开始叠加或融合，运动单位产生的合力就大得多。这种改变力量输出大小的方法在小肌肉群中尤其重要，例如手部肌群。即使在较低的力量输出下，这些肌肉中的大多数运动单位也都被激活，尽管频率较低。整个肌肉的力量输出随着运动单位的激活频率增加而变大。另一种改变肌力的方法是通过改变激活运动单位的数量来增大力，这一过程称为募集。在大肌肉群（例如大腿的肌群）中，当运动单位被激活时已经处于接近强直的频率。因此，力量输出的增加是通过募集额外的运动单位数量实现的。

不同类型的运动单位会因其生理学特点而在不同的活动中被募集（表1.2）。例如像远距离跑这样的项目，慢肌运动单位会被募集，因其具有较高的效率、耐力和抗疲劳能力。如果需要额外的力量，如比赛的最后冲刺阶段，快肌运动单位会被募集，以加快步伐；可惜的是，这种强度的活动难以长时间维持。如果一种活动需要接近最大力量的运动表现，例如高翻，那么绝大多数运动单位都会参与进来，同时快肌运动单位的贡献会更多。未经训练的人几乎不可能完全激活所有可用的运动神经元[4, 5, 6]。尽管用力足够时，大的快肌单位会被募集，但在大多数情况下，可能无法达到足够高的激活频率以发挥其最大力量。

表1.2　不同类型肌纤维在不同体育项目中的相对参与程度

项目	I型	II型
100米冲刺	低	高
800米跑	高	高
马拉松	高	低
奥林匹克举重	低	高
足球，长曲棍球，曲棍球	高	高
橄榄球外接员	低	高
橄榄球前锋	低	高
篮球，团体手球	低	高
排球	低	高
棒球或垒球投手	低	高
拳击	高	高
摔跤	高	高
50米游泳	低	高
田赛	低	高
越野滑雪，冬季两项	高	低

续表

项目	Ⅰ型	Ⅱ型
网球	高	高
速降或障碍滑雪	高	高
速度滑冰	高	高
场地自行车	低	高
长距离自行车	高	低
划船	高	高

> 肌肉力量输出可以通过改变单个运动单位的激活频率或改变被激活运动单位的数量来调节。

本体感觉

本体感受器是位于关节、肌肉和肌腱的特殊的感受接收器。因为这些接收器对压力和张力敏感，所以它们将肌肉动态信息传递给中枢神经系统的意识和潜意识部分。大脑以此获得关于运动感觉的信息或身体各部位相对重力方向的位置的有意识的感知。然而，大多数这种本体感受信息是在潜意识下处理的，所以我们不必将有意识的精力花费在诸如维持身体各部位的姿态或位置这样的任务上。

> 本体感受器是特殊的感觉受体，为中枢神经系统提供维持肌肉张力和执行复杂协调运动所需的信息。

肌梭

肌梭是一种本体感受器，由被包裹在结缔组织鞘中的几个肌纤维变体组成（图1.9）。这些纤维变体称为梭内肌纤维，与正常肌纤维或称为梭外肌纤维平行排列。肌梭提供关于肌肉长度和长度变化率的信息。当肌肉舒张时，肌梭被拉长。这种形变激活梭内的感觉神经元，后者将电脉冲传导至脊髓，而脊髓的突触与运动神经元形成连接。这导致支配相同肌肉的运动神经元的激活。肌梭因此可反映肌肉为了克服特定的阻力所需要被激活的程度。随着负荷增加，肌肉被拉伸的程度更大，肌梭的参与导致肌肉被更多地激活。执行精确运动的肌肉，每单位质量含有很多的肌梭，以帮助确保精确控制收缩活动。有关肌梭活动的一个简单的例子是膝跳反射。敲击髌骨下方伸膝肌群的肌腱会拉长梭内肌纤维，并引起同一肌肉中的梭外肌纤维的激活。当这些梭外肌

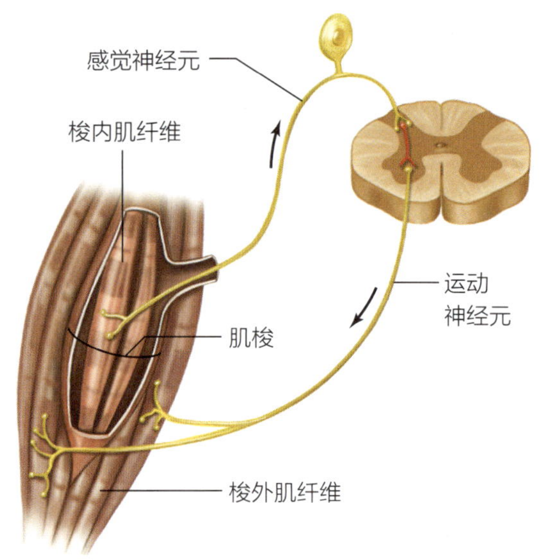

图1.9 肌梭。当肌肉被拉长时，肌梭的形变激活感觉神经元，其向脊髓发送脉冲，在脊髓中感觉神经元与运动神经元突触结合，导致肌肉收缩

运动员如何提高力量产出

- 进行较重负荷的训练，以提高神经募集。
- 增大参与目标运动所需肌肉的横截面面积。
- 进行能够以高爆发力动作完成的多肌肉、多关节训练，以提高快肌纤维的募集。

纤维主动缩短时，出现膝跳反射。这反过来又会使梭内肌纤维缩短进而停止放电反应。

高尔基腱器

高尔基腱器（GTO），又称腱梭，是位于肌腱的本体感受器，靠近肌肉与肌腱连接处，和梭外肌纤维串联（图1.10）。当与活动肌肉相连接的肌腱被拉伸时，GTO被激活。随着肌肉中的张力增加，GTO的放电增加。高尔基腱器的感觉神经元与脊髓中的抑制性中间神经元形成突触连接，从而通过中间神经元连接并抑制相同肌肉的运动神经元。结果是肌肉和肌腱内的张力减小。因此，肌梭促进肌肉的激活，来自GTO的神经输入则抑制肌肉激活。GTO的抑制过程被认为是一种防止肌肉产生过多张力的保护机制。因此，GTO的效果在受力小时是最低的；但是当肌肉承受极重的负荷时，由GTO传导的反射性抑制会导致肌肉放松。大脑运动皮层覆盖该抑制的能力可能是对高负荷阻力训练产生的基本适应之一。

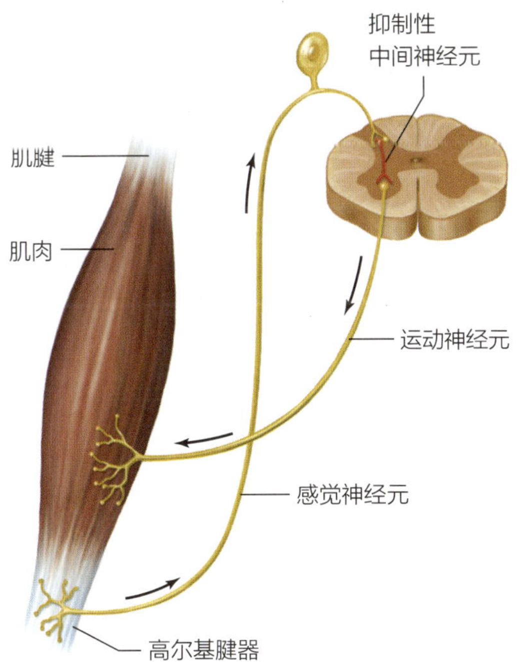

图1.10 高尔基腱器（GTO）。当对肌肉施加非常大的负荷时，会发生GTO的放电。GTO的感觉神经元激活了脊髓中的抑制性中间神经元，脊髓又抑制了控制同一肌肉的运动神经元

心血管系统

心血管系统的主要作用是运输营养物质并清除废物和代谢副产物，同时协助维持身体内环境稳定。心血管系统在调节身体的酸碱系统、体液、温度以及各种其他生理功能中起关键作用。本节将介绍心脏和血管的解剖学和生理学方面的知识。

心脏

心脏是一个肌肉类器官，由两个相互连接但各自独立的腔室泵组成；心脏的右侧将血液泵向肺部（肺循环），左侧将血液泵往全身其他部位（体循环）。每个泵各有两个腔室：心房和心室（图1.11）。右心房和左心房分别将血液输送到右心室和左心室。右心室和左心室分别为血液的肺循环和体循环提供动力[13]。

瓣膜

三尖瓣和僧帽瓣（二尖瓣）（统称为房室瓣）在心室收缩（心缩期）期间防止血液从心室流回心房。主动脉瓣和肺动脉瓣（统称为半月瓣）在心室舒张（心舒期）期间防止血液从主动脉和肺动脉回流到心室中。每个瓣膜被动打开和关闭。当向后的压力将血液反向推回时，瓣膜关闭使血液不能回流；当压力向前使血液前行时，瓣膜开启使血液通过[13]。

心传导系统

一个特殊的电传导系统（图1.12）控制心

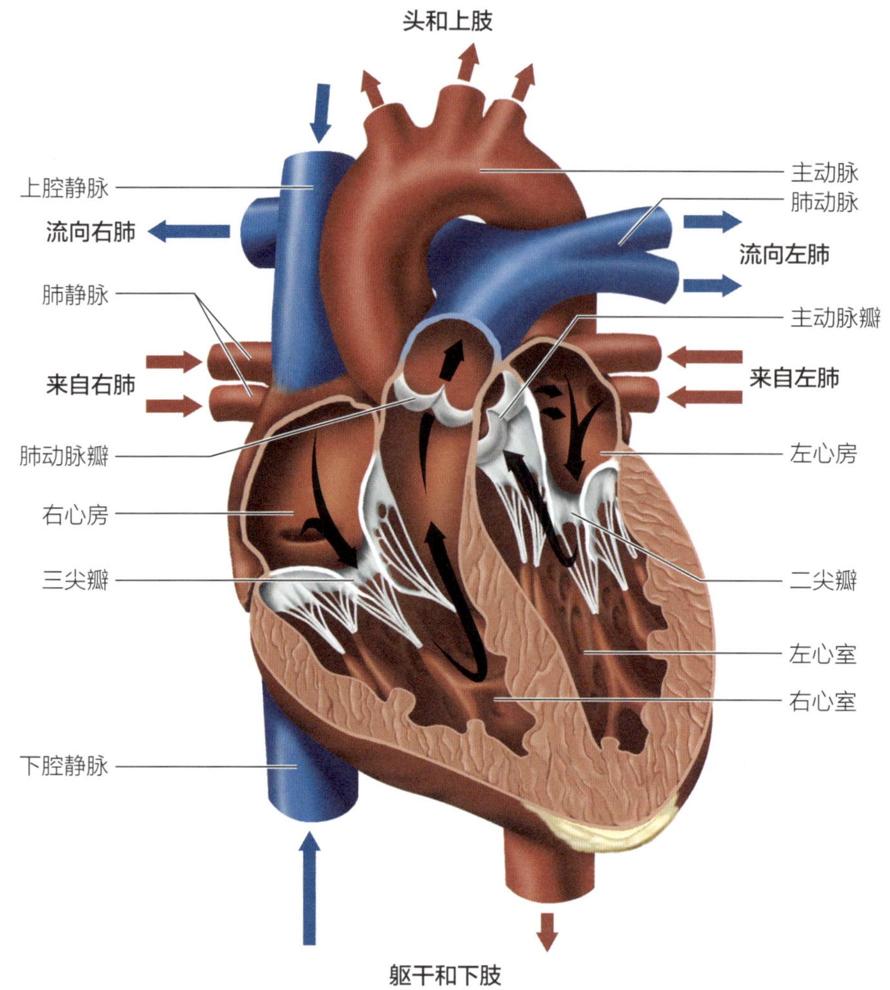

图1.11 人体心脏的结构和血液通过其腔室的过程

脏的机械性收缩。该传导系统的组成包括：

- 窦房结——心脏的内在起搏器，这是有节奏的电脉冲的起始点；
- 结间束——将电脉冲从窦房结传导到房室结；
- 房室结——使电脉冲在进入心室之前稍微延迟；
- 房室束——将电脉冲传导到心室；
- 左束支和右束支——进一步分成浦肯野纤维并将电脉冲传导到心室的所有部分。

窦房结是位于右心房上外侧壁中的小范围特化肌肉组织。窦房结的纤维与心房的肌纤维相连，这导致在窦房结中起始的每次电脉冲通常会立即扩散到心房中。传导系统的结构使其不会将电脉冲迅速传导至心室，从而使心房有时间在心室开始收缩之前把血液泵入心室。延迟每次电脉冲进入心室的，主要是房室结及其相关联的传导纤维。房室结位于右心房的后侧心壁处[13]。

左束支和右束支从房室束延伸到心室中。除了它们伸入房室间隔的起始部分，这些传导纤维具有与房室结纤维完全相反的功能特性。它们的体积更大，传导速度也比房室结纤维更快。由于这些纤维让位于完全渗透心室的浦肯野纤维，因此，电脉冲在整个心室系统中快速传导，并且使两个心室在几乎相同的时间收缩[13]。

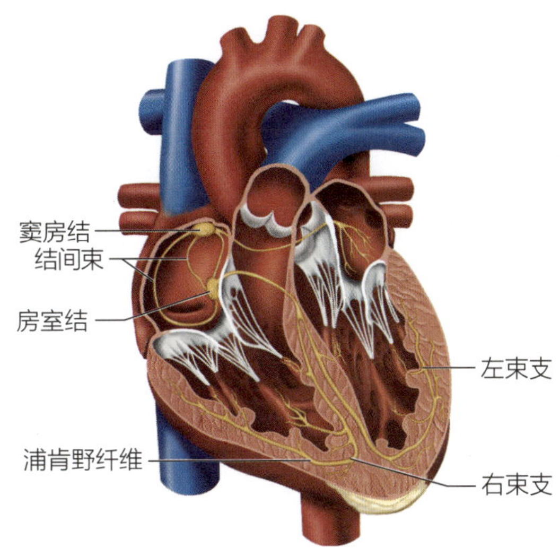

图1.12 心传导系统

窦房结通常控制心脏节律性，因为其放电频率（每分钟60~80次）比房室结（每分钟40~60次）或心室纤维（每分钟15~40次）更高。每次窦房结放电，其脉冲被传导到房室结和心室纤维，使细胞膜兴奋并产生放电。因此，这些潜在的自兴奋组织在自动节律产生前已经兴奋。

心肌的固有节律性和传导性受到延髓的心血管中枢的影响。心血管中枢通过交感神经系统和副交感神经系统将信号传递到心脏，而交感神经系统与副交感神经系统是自主神经系统的组成部分。心房有大量的交感神经元和副交感神经元，而心室几乎只与交感神经纤维连接。交感神经的刺激加速窦房结的去极化（变时效应），这导致心脏搏动更快。副交感神经系统的刺激会减慢窦房结放电频率，使心率降低。静息心率通常为每分钟60~100次，少于60次被称为心动过缓，而超过100次被称为心动过速。

心电图

心脏的电活动可从身体表面采集到，该活动的图形被称为心电图（ECG）。图1.13所示的正常心电图由P波、QRS波群（QRS波群通常为3个波，即Q波、R波和S波）和T波组成。P波和QRS波记录的是电位去极化，即导致机械收缩的电刺激。去极化是膜电位的逆转，此时膜内通常为负的电位变为稍正，膜外电位变为稍负。P波是心肌细胞电位改变的结果——这使心房去极化并造成心房收缩。QRS波群是由引起心室去极化的电位改变产生的结果——这造成心室收缩。相反，T波是由心室从去极化状态恢复时产生的电位所引起的；这种称为复极化的过程发生在去极化后不久的心肌中。虽然心房也发生复极化，但其波形通常发生在心室去极化期间，因此被QRS波群掩盖[13]。

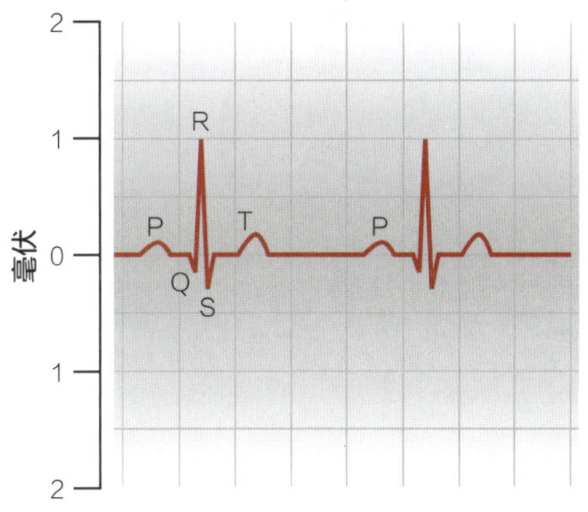

图1.13 正常的心电图

血管

中央和外周血液循环构成一个闭路循环系统，这个系统包括两部分：将血液从心脏泵出的动脉系统和使血液返回心脏的静脉系统（图1.14）。每个系统的血管是有区别的。

动脉

动脉的功能是快速输送从心脏泵出的血液。因为从心脏泵送的血液压强相对较大，所以动脉具有强壮的肌肉管壁。动脉的小束支称为小动脉，控制血液进入毛细血管。小动脉在毛细血管血流调节中起重要作用。小动脉具有强大的肌肉管壁，其能够完全闭合小动脉或允许血管直径扩张许多倍，从而根据组织的需要极大地改变毛细血管的血流量[13]。

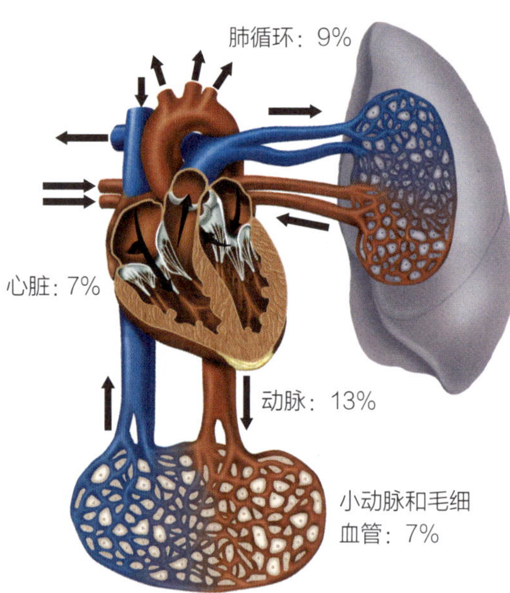

图1.14 动脉（右）和静脉（左）构成循环系统。百分比数值表示静息状态下整个循环系统中血量的分布情况

毛细血管

毛细血管的功能是促进血液和各种身体组织液间的氧气、液体、营养物质、电解质、激素和其他物质的交换。毛细血管壁非常薄，并对以上物质具有渗透性，但不是对所有的物质都具有渗透性[13]。

静脉

小静脉从毛细血管中收集血液，并逐渐汇集成更大的静脉，静脉将血液输送回心脏。虽然小静脉也有肌肉性血管壁，但因为静脉系统中的压强很低，所以静脉肌肉管壁很薄。这使静脉可以在一定程度上收缩或扩张，从而作为储存器，储存或多或少的血液[13]。此外，某些静脉（例如腿部静脉）内有单向的静脉瓣，通过阻止血液逆流来辅助维持静脉血回流。

> 心血管系统运输营养物质并清除废物，同时有助于维持身体内环境。血液将氧气从肺部输送到组织以用于细胞代谢，并将二氧化碳（最多的代谢副产物）从组织输送到肺部呼出。

血液

血液的两个最重要的功能分别是将氧气从肺部运送到组织以用于细胞代谢，以及从组织中清除代谢产生的最主要的副产物二氧化碳，并由肺部呼出。氧气的运输由血红蛋白完成。血红蛋白是红细胞中的铁蛋白分子。血红蛋白的另外一个重要作用就是作为酸碱缓冲液，调节氢离子浓度——这对细胞中的化学反应速率至关重要。血液的主要成分——红细胞，也具有其他功能。例如，红细胞中含有大量的碳酸酐酶，可催化二氧化碳和水

什么是肌肉泵

肌肉泵（或叫静脉泵）是肌肉收缩时辅助体液循环的系统。肌肉泵与具有静脉瓣的静脉系统一起工作。肌肉收缩会挤压静脉，由于血液只能沿静脉瓣方向流动，因此血液会流回心脏。这种机制是人在运动后需要继续走动以防止血液凝聚在下肢的原因之一。另外，在长时间静坐后，时不时地挤压肌肉以促进血液回流心脏也很重要。

之间的反应以促进二氧化碳的清除。

呼吸系统

呼吸系统的主要功能是氧气和二氧化碳的基本交换。人类呼吸系统的解剖结构如图1.15所示。当空气通过鼻子时，鼻腔具有3种功能：加温、加湿和净化空气[13]。空气通过气管、支气管和细支气管散布到肺部。气管被称为第一级呼吸道，左右主支气管为第二级呼吸道，之后的每一个分支都是下一级呼吸道（细支气管）。空气最终到达肺泡之前有大约23级呼吸道。在肺泡中，气体通过呼吸得以交换[13]。

> 呼吸系统的主要功能是氧气和二氧化碳的基本交换。

空气交换

空气流动量及进出肺的空气总量由肺容积的增大和缩小控制。肺部不能自主地扩张和恢复，而是以两种方式进行：通过膈膜的收缩和舒张来扩大或缩小胸腔，或通过肋骨的升高和下落来增大或缩小胸腔的前后直径[13]。

正常状态下，平静呼吸几乎完全通过膈膜的运动完成。在吸气时，膈肌收缩，在胸腔中产生负压（真空），空气被吸入肺部。在呼气时，膈膜只是简单的放松，肺、胸廓和腹部结构的弹性回缩挤压肺部，空气被排出。用力呼吸时，仅靠弹力不足以产生足够的呼吸反应，所需的额外力量主要来自腹部肌肉的收缩，以向上推动腹腔来挤压膈肌的底部[13]。

使肺部扩张的第二种方法是上提胸廓。因为在静息姿势时，胸腔容量很小，并且肋骨

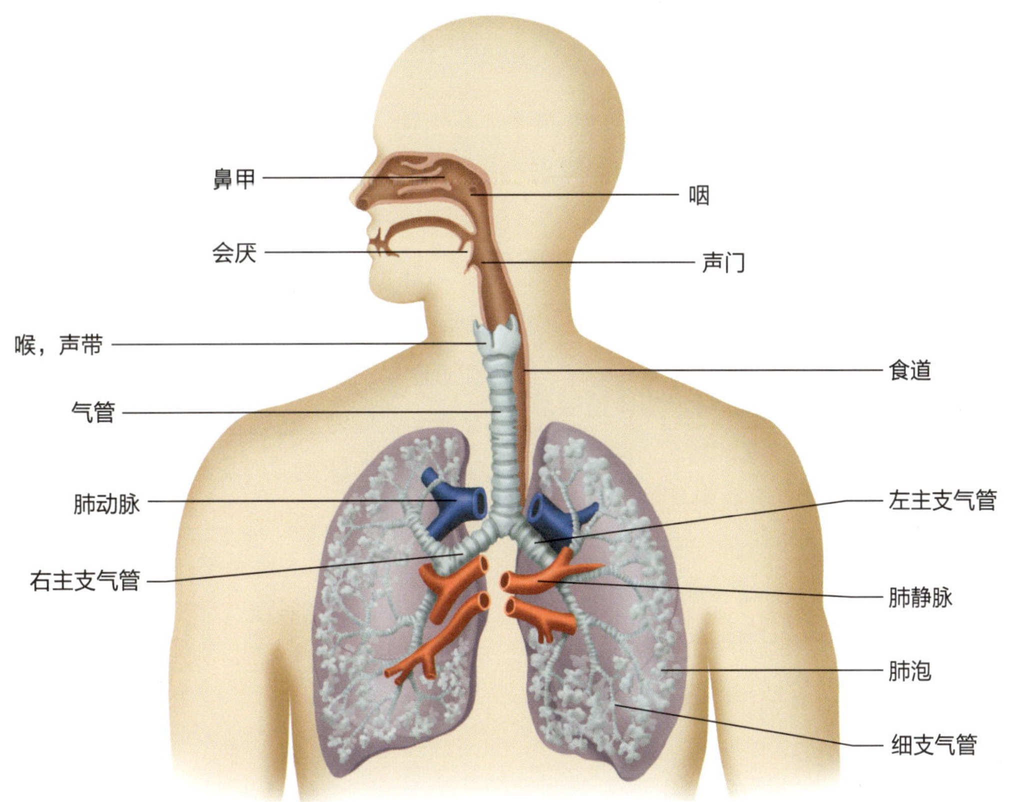

图1.15　人体呼吸系统的大致解剖结构

训练呼吸肌有多重要

经常锻炼有益于保持呼吸肌机能。需要呼吸肌重复收缩的耐力运动，以及为了增强稳定性和腹内压而募集腹部和膈膜肌肉（瓦氏呼吸法）的抗阻运动，都会导致肌肉产生训练适应。这有助于在机体衰老过程中维持肺功能。然而，呼吸肌通常不需要专门训练，除了手术后或长期卧床休息期间，或者当正常的呼吸模式被破坏时。

向下倾斜，肋骨上提可以使其几乎径直前移，因而胸骨可以向前移动并远离脊柱。上提胸廓的肌肉被称为吸气肌，包括肋间外肌、胸锁乳突肌、前锯肌和斜角肌。压缩胸廓的肌肉被称为呼气肌，包括腹肌（腹直肌、腹内斜肌、腹外斜肌和腹横肌）和肋间内肌[13]。

胸膜腔内压是胸膜脏层（位于肺表面的部分）与胸膜壁层（位于胸壁内表面的部分）之间狭窄空隙的压力。这个压力通常是微弱的负压。因为肺是一种弹性结构，在正常的吸气过程中，胸腔的扩张能够拉动肺表面并产生更多的负压，从而加强吸气。而在呼气时，这个过程是相反的[13]。

肺内压是呼吸道打开且没有空气进出肺部时肺泡内的压力。在这种情况下，呼吸道内所有部分的压力，包括肺泡的压力，都等于大气压。为了在吸气时使空气向内流动，肺内压必须下降到略低于大气压的值。在呼气时，肺内压必须高于大气压[13]。

在静息状态下正常呼吸时，身体消耗总能量的3%~5%用于肺通气。然而，在高强度运动中，所需的能量可增加到总能量消耗的8%~15%，特别是当这个人的呼吸道阻力有任何程度的增加时，例如运动诱发的哮喘等。根据可能造成的损伤程度，推荐采取包括由医生事先对运动员进行评估在内的预防措施。

呼吸气体交换

换气时，氧气从肺泡扩散到肺部血液中，二氧化碳从血液扩散到肺泡。扩散过程是分子穿过肺泡毛细血管膜的简单随机运动。扩散的能量来源于分子本身的动力学作用。气体从高浓度区域单向扩散到低浓度区域。两种气体的扩散速率取决于它们在毛细血管和肺泡中的浓度以及每种气体的分压差[13]。

静息状态下，肺泡中的氧分压比肺泡毛细血管中的氧分压高约60mmHg。因此，氧气扩散到肺泡毛细血管的血液中。同时，二氧化碳沿相反方向扩散。这种气体交换过程非常迅速，可以认为是瞬时发生的[13]。

小　结

对于体能教练而言，肌肉骨骼系统、神经肌肉系统、心血管系统和呼吸系统的解剖学和生理学知识对于理解体能训练中所蕴含的科学依据至关重要。这些知识包括骨骼和肌纤维的宏观结构与微观结构及其功能、肌纤维类型、肌腱和肌肉与运动单位之间的相互作用与激活，以及心脏与血管系统、肺、呼吸系统之间的相互作用。这些知识对于制定满足运动员特定需求的训练计划是十分必要的。

关键词

A–band A带
acetylcholine 乙酰胆碱
actin 肌动蛋白
action potential 动作电位
all–or–none principle 全或无原则
alveolar pressure 肺泡压力
alveoli 肺泡
atrium 心房
axial skeleton 中轴骨
aortic valve 主动脉瓣
appendicular skeleton 附肢骨骼
arterial system 动脉系统
arteriole 小动脉
artery 动脉
atrioventricular（AV）bundle 房室束
atrioventricular（AV）node 房室结
atrioventricular（AV）valves 房室瓣
biaxial joints 双轴关节
bone periosteum 骨膜
bradycardia 心动过缓
bronchi 支气管
bronchiole 细支气管
capillary 毛细血管
cartilaginous joints 软骨关节
crossbridge 横桥
depolarization 去极化
diastole 舒张
diffusion 扩散
distal 远端的
electrocardiogram（ECG）心电图
endomysium 肌内膜
epimysium 肌外膜
extrafusal fibers 梭外肌纤维
fasciculi 纤维束
fast–twitch fiber 快肌纤维
fibrous joints 纤维关节
Golgi tendon organ（GTO）高尔基腱器
hemoglobin 血红蛋白
hyaline cartilage 透明软骨
H–zone H区
I–band I带
inferior 下端
intrafusal fibers 梭内肌纤维
left bundle branch 左束支
motor neuron 运动神经元
motor unit 运动单位
multiaxial joints 多轴关节
muscle fiber 肌纤维
muscle spindle 肌梭
myocardium 心肌
myofibril 肌原纤维
myofilament 肌丝
myosin 肌球蛋白
mitral valve 僧帽瓣
neuromuscular junction 神经肌肉接头
parasympathetic nervous system 副交感神经系统
perimysium 肌束膜
pleura 胸膜
pleural pressure 胸膜腔内压
power stroke 动力冲程
proprioceptor 本体感受器
proximal 近端
pulmonary valve 肺动脉瓣
Purkinje fibers 浦肯野纤维
P–wave P波
QRS complex QRS波群
red blood cell 红细胞
repolarization 复极化
right bundle branch 右束支
sarcolemma 肌纤维膜
sarcomere 肌节
sarcoplasm 肌浆
sarcoplasmic reticulum 肌质网
semilunar valves 半月瓣
sinoatrial（SA）node 窦房结
sliding–filament theory 肌丝滑行学说
slow–twitch fiber 慢肌纤维
superior 上端
sympathetic nervous system 交感神经系统
synovial fluid 滑液
synovial joints 滑膜关节
systole 心脏收缩
tachycardia 心动过速
tendon 肌腱
tetanus 强直
trachea 气管
tricuspid valve 三尖瓣
tropomyosin 原肌球蛋白
troponin 肌钙蛋白
T–tubule T小管
T–wave T波
twitch 单收缩
Type I fiber I型肌纤维
Type IIa fiber IIa型肌纤维
Type IIx fiber IIx型肌纤维
uniaxial joints 单轴关节
vein 静脉
venous system 静脉系统
ventricle 心室
venule 小静脉
vertebral column 脊柱
Z–line Z线

学习试题

1. 下列哪一种物质调节肌肉的收缩？（　）
   a. 钾离子
   b. 钙离子

c. 肌钙蛋白

d. 原肌球蛋白

2. 下列哪种物质在神经肌肉接头处能使运动单位内的肌纤维兴奋？（ ）

a. 乙酰胆碱

b. ATP

c. 磷酸肌酸

d. 血清素

3. 当投掷棒球时，运动员的手臂在棒球离手前快速伸展。下列哪个结构能感受到拉伸，并针对拉伸反射性地提高肌肉活动？（ ）

a. 高尔基腱器（腱梭）

b. 肌梭

c. 梭外肌肉

d. 环层小体

4. 心脏的电脉冲通常始于以下哪个部位？（ ）

a. 房室结

b. 窦房结

c. 大脑

d. 交感神经系统

5. 在典型的心电图中，以下哪项会在QRS波群阶段出现？（ ）

I. 心房去极化

II. 心房复极化

III. 心室复极化

IV. 心室去极化

a. I和III

b. II和IV

c. I、II和III

d. II、III和IV

第2章

抗阻训练的生物力学

杰弗里·M. 麦克布赖德（Jeffrey M. McBride），PhD
译者：宋庆全、闫琪
审校：李丹阳、高延松、赵芮

完成这一章的学习后，你将能够：

- 认识骨骼与肌肉组织的主要构造；
- 了解肌肉骨骼系统的不同类型的杠杆；
- 识别体育活动与运动训练中的主要解剖学动作；
- 计算线性和旋转运动中的做功和功率；
- 描述影响人体力量和爆发力的因素；
- 评估训练器材的阻力和爆发力模式；
- 认识运动中与关节生物力学相关的重要因素。

感谢埃弗里特·哈特曼（Everett Hartman）对本章内容做出的重要贡献。

生物力学知识对理解人体动作（包括体育运动和活动）非常重要。生物力学关注肌肉骨骼相互作用产生动作的机制。深入了解身体动作如何被执行以及产生动作时肌肉骨骼系统所承受的压力，有助于设计出安全有效的抗阻训练计划。

本章首先将概述体育活动或运动中的骨骼肌系统、身体力学机制及主要动作模式，以及有关人体力量及爆发力表现的生物力学原则；接着讨论了在使用器械训练的过程中，肌肉收缩的主要阻力来源，包括重力、惯性力、摩擦力、流体阻力和弹性阻力；最后介绍了基于关节生物力学的抗阻训练的损伤风险（特别强调肩关节、背部和膝关节操作风险）。

骨骼肌系统

为了引起动作或产生施加在外部物体上的力，骨骼肌的两端必须通过结缔组织附着在骨骼上。传统上，解剖学家将肌肉的起点定义为近端（朝向身体的中心），并将其止点定义为远端（远离身体的中心）。有时起点被定义为肌肉附着点中的更稳定的一侧，止点被定义为更灵活的一侧。这样定义可能会引起对起点和止点的困惑。例如在直腿仰卧起坐时，髂肌的起点是股骨，因为其位置相对稳定，而骨盆相对移动更多，因此被作为止点。然而，在仰卧举腿中，骨盆因位置相对不变而成为起点，而相对移动更多的股骨成为止点。因此，传统的定义方式最具有一致性。

肌肉以多种方式附着在骨骼上。直接附着经常出现于肌肉的近端。肌纤维直接附着在骨骼上，通常附着面积较大，因此受力可以分散，而非集中在一点。纤维性附着（如肌腱）与肌鞘和骨周围的结缔组织融合并连接。它们有额外的纤维延伸到骨骼中，形成非常紧密的结合体。

几乎所有的身体动作都不止涉及一块肌肉。最直接参与产生动作的肌肉叫作原动肌或主动肌。可以使动作减慢或停止的肌肉称为拮抗肌。拮抗肌有助于在快速动作停止时制动并维持关节稳定，从而保护韧带和软骨关节免受潜在的应力性损伤。例如在投掷动作中，肱三头肌作为主动肌，伸展肘部并使球加速；当肘关节接近完全伸展时，肱二头肌作为拮抗肌使肘关节减速并停止，从而保护肘关节免受内部的冲击。

间接协助动作的肌肉叫作协同肌。例如，在上臂活动时，稳定肩胛骨的肌肉为协同肌；如果没有这些协同肌，移动上臂的肌肉（其中许多起始于肩胛骨）将不能有效地完成这一动作。当主动肌是穿过两个关节的肌肉时，需要协同肌共同控制身体的运动。例如股直肌同时穿过髋关节和膝关节，当它收缩时可屈髋和伸膝。从深蹲位站起时涉及伸髋和伸膝两个动作。如果当一个人站起时，股直肌收缩使膝关节伸展的同时要保持身体不前倾，那么伸髋肌群，例如臀大肌，必须起到协同作用，以抵消由股直肌收缩引起的髋关节屈曲。

肌肉骨骼系统的杠杆

虽然身体中的很多肌肉不通过杠杆起作用，如面部、舌头、心脏、动脉中的肌肉和括约肌，但运动训练中涉及的动作主要通过骨的杠杆作用产生。为了理解身体如何产生这些动作，需要掌握一些关于杠杆的基本知识。以下是一些基本定义。

支点：杠杆的支撑点。

杠杆：坚硬或半坚硬的结构，当受到一个作用方向不经过其支点的力时，会对阻碍其旋转的物体施加力（图2.1）。

力臂（也称杠杆臂或者扭力臂）：力的作用线

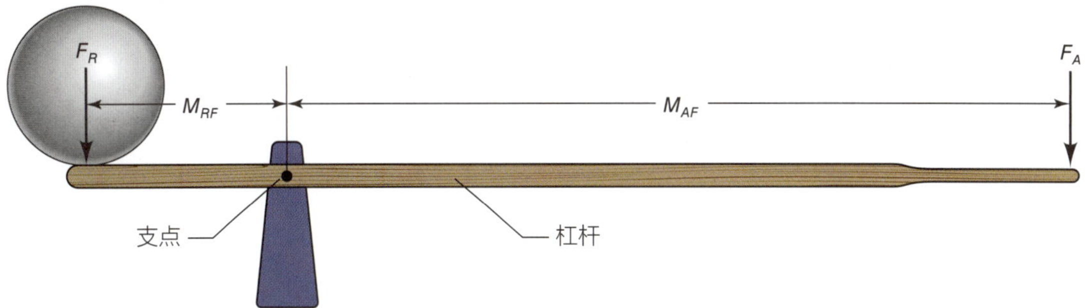

图2.1　杠杆。杠杆可以将与旋转弧相切的力从接触点沿着杠杆传递到另一端。F_A=作用于杠杆的力；M_{AF}=作用力的力臂；F_R=抵抗杠杆旋转的力；M_{RF}=阻力力臂。杠杆对物体施加一个大小与F_R相等但方向相反的力

到支点的垂直距离。力的作用线是通过施力点的无限长的线，并且与力的作用方向一致。

肌力：通过生化作用或者非收缩性组织被拉长时产生的力，将肌肉两端拉向彼此。

阻力：身体外部产生的力（例如重力、惯性力和摩擦力），其作用与肌力相反。

力矩（也称扭矩）：一个力使一个物体倾向于围绕特定支点旋转的程度。其定量为力的大小乘以力臂的长度。

机械效率：动力力臂与阻力力臂之比（图2.1）。当杠杆两边的肌力与阻力的力矩平衡时，肌力与动力力臂的乘积等于阻力与阻力力臂的乘积。因此，机械效率大于1意味着动力（肌力）比阻力小时两边也能够产生相同的力矩。相反，机械效率小于1则表示动力（肌力）必须大于阻力才能维持平衡，此时肌肉处于明显的费力状态。

第一类杠杆（平衡杠杆）：肌力和阻力分别作用于支点两侧的杠杆。图2.2展示的是一个第一类杠杆，因为其肌力与阻力分别作用于支点两侧。在进行等长收缩或等速关节旋转时，$F_M \cdot M_M = F_R \cdot M_R$。因为$M_M$远小于$M_R$，所以$F_M$必须远大于$F_R$；这说明了这种排列的费力特点（即需要较大的肌力抵消相对小的外部阻力产生的作用）。

第二类杠杆（省力杠杆）：肌力与阻力作用于支点同一侧的杠杆，且肌力产生作用的力臂长于阻力的力臂，例如踮脚时腓肠肌收缩，进而抬高身体（图2.3）。因为其机械效率优势（肌力力臂长于阻力力臂），完成这一动作所需的肌力小于阻力（体重产生的重力）。

第三类杠杆（速度杠杆）：肌力与阻力作用于支点同一侧的杠杆，但肌力产生作用的力臂比阻力的力臂短（图2.4）。由于其机械效率小于1，肌力必须大于阻力才能产生同样的力矩。

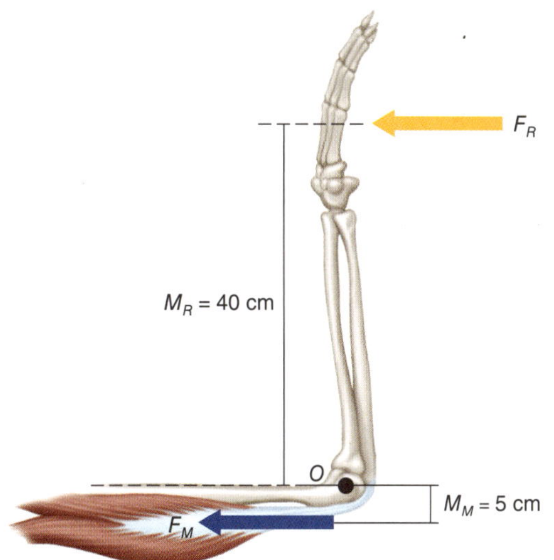

图2.2　第一类杠杆（前臂）。肘部伸展抵抗阻力（例如一个肱三头肌伸展练习），其中：O=支点；F_M=肌力；F_R=阻力；M_M=肌力力臂；M_R=阻力力臂。机械效率=M_M/M_R=5cm/40cm=0.125<1.0，所以这是一个费力杠杆

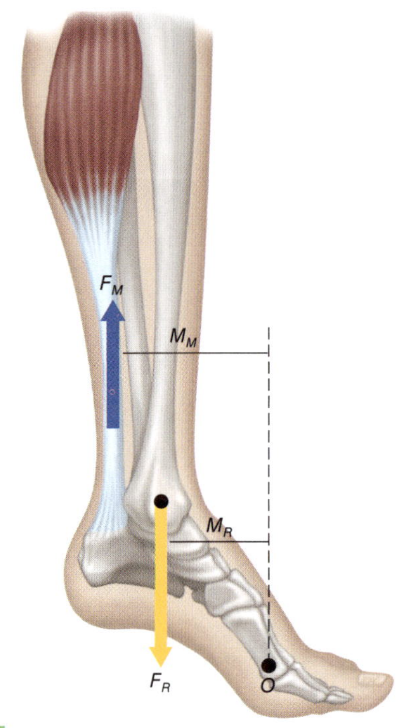

图2.3 第二类杠杆（足部）。跖屈对抗阻力（例如站姿提踵），其中：F_M=肌力；F_R=阻力；M_M=肌力力臂；M_R=阻力力臂。当身体抬起时，趾跖关节作为旋转的支点（O）。因为M_M大于M_R，所以F_M小于F_R

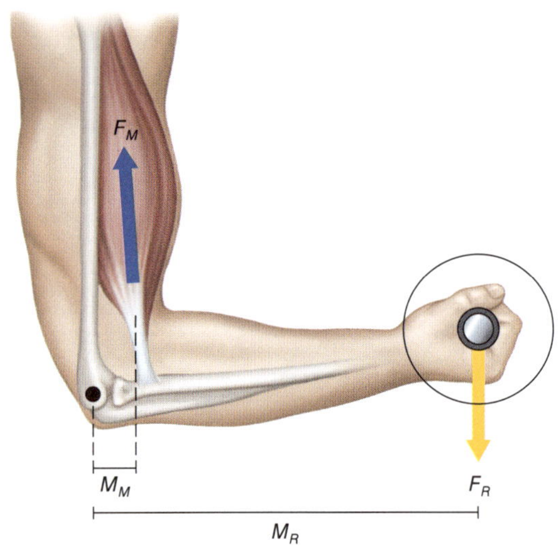

图2.4 第三类杠杆（前臂）。肘部屈曲对抗阻力（例如肱二头肌弯举），其中：F_M=肌力；F_R=阻力；M_M=肌力力臂；M_R=阻力力臂。因为M_M远小于M_R，所以F_M必须远大于F_R

人体中大多数使四肢围绕身体关节转动的肌肉的机械效率小于1（即负机械效率）。这就是为什么内部肌肉收缩的力量远大于身体对外界施加的力。以图2.2为例，由于阻力力臂长度是肌力力臂长度的8倍，所以肌力必须是阻力的8倍。肌肉和肌腱所承受的巨大内部力是导致其损伤的主要原因。在实际的运动中，运动杠杆的具体类型取决于支点的位置。因此，理解机械效率的作用原则比区分运动杠杆类型更重要。在实际活动中，机械效率往往是不断变化的。有如下例子可以参考。

- 膝关节伸展和屈曲的运动中，由于膝关节不是一个真正的铰链关节，因此旋转轴的位置随着运动范围地改变而不断变化，并改变股四头肌和腘绳肌活动时的力臂长度。伸膝时，髌骨有助于防止股四头肌肌腱过于接近旋转轴，从而加长了肌力力臂，使机械效率不会大幅下降（图2.5）。
- 在肘部伸展和屈曲的运动中，没有如髌骨一样可保持肌腱的作用线与关节旋转轴的垂直距离相对恒定的结构（图2.6）。
- 在使用自由重量的抗阻训练中，阻力力臂相当于杠铃或哑铃质心的垂线与肢体旋转时关节的运动轴在水平线上的距离。因此，阻力力臂在整个运动过程中都在变化（图2.7）。

> 由于身体中杠杆的布局特点，大部分骨骼肌都以很大的负机械效率工作。在进行体育运动或其他身体活动时，肌肉和肌腱所承受的力远大于手脚施加于外部物体或地面上的力。

肌腱止点的差异

人与人之间的解剖学结构存在相当大的差异，包括肌腱附着于骨的止点位置。肌腱止点离关节更远的人可以举起更重的负荷，因为其肌力通过一个更长的力臂发挥作用，进而可以围绕关节产生更大的力矩［在图2.6中的例子中，思考如果肌腱止点向右移动，力臂（M）有什么变化］。然而，更重要的是意识到肌腱止点位置不同所带来的利弊关系。肌腱止点距离关节更远有利于获得更大的机械效率，但是会伴随着最大速度的降低，因为肌腱止点离关节越远，肌肉需要收缩越多才能使关节转动相同的角度。换句话说，肌肉缩短相同的幅度时躯体围绕关节转动的角度更小，由此导致了运动速度的降低。

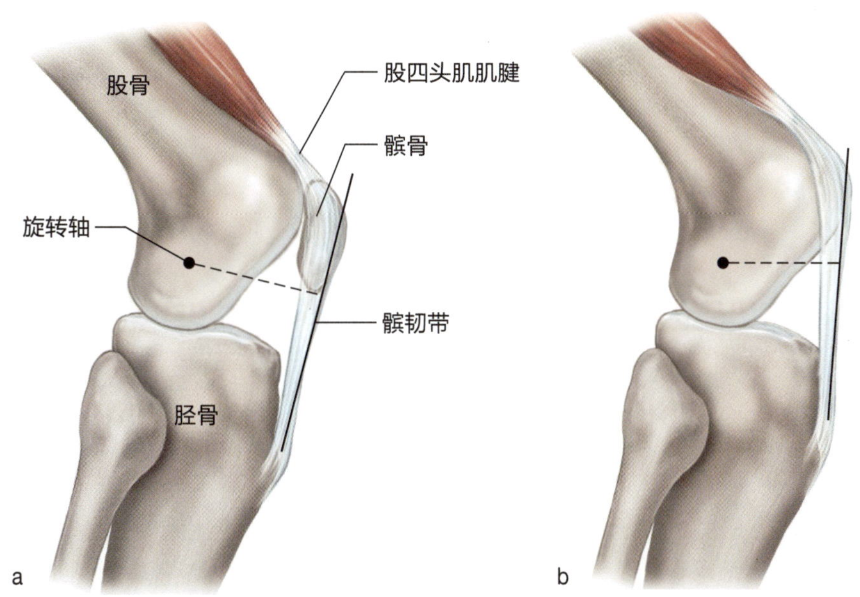

图2.5 （a）髌骨通过保持股四头肌肌腱与膝盖旋转轴的距离来增加股四头肌的机械效率；（b）如果没有髌骨，肌腱会靠近膝盖的旋转轴，这将缩短肌力发挥作用的力臂，从而降低肌肉的机械效率

［源自：Gowitzke and Milner，1988[12]。］

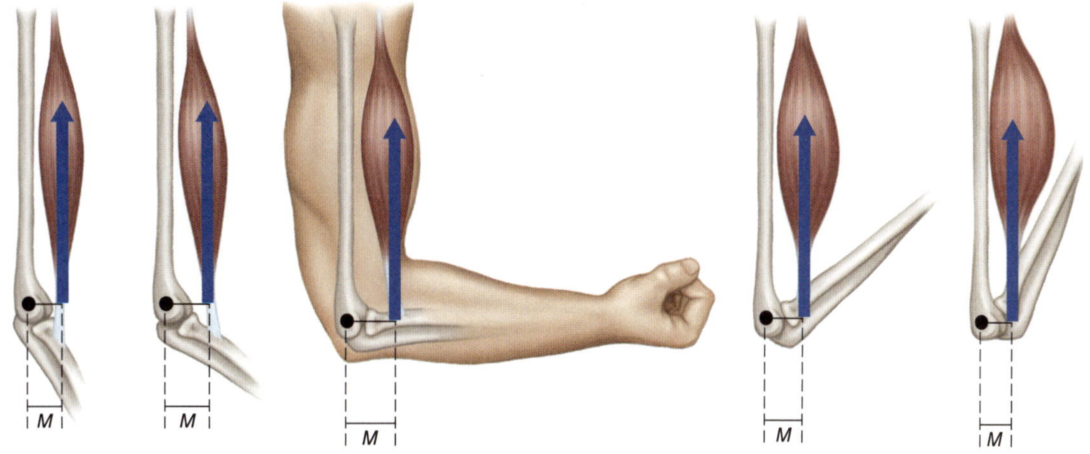

图2.6 在肱二头肌发力使肘关节屈曲的过程中，从关节的旋转轴到肌腱的作用线的垂直距离在整个关节活动范围内的变化。当力臂（M）较短时，机械效率也更低

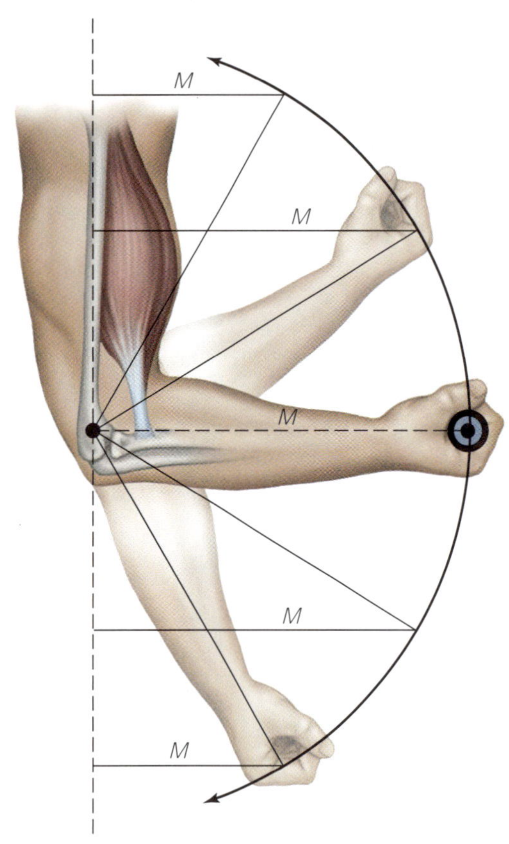

图2.7　当重物被提升时，力臂（*M*）穿过重物作用处，因此阻力力矩随着重物到肘部的水平距离的变化而变化

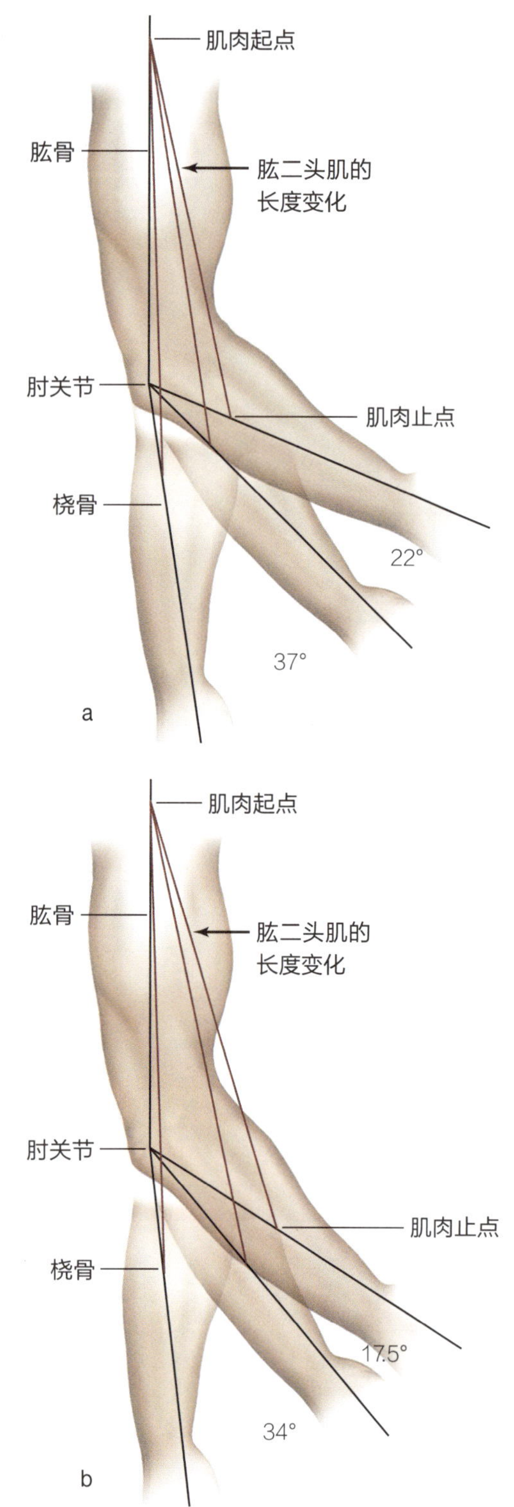

图2.8　在肌肉收缩幅度相同的情况下，肌肉止点离关节距离的远（b）或近（a）会影响关节转动的角度。图（b）的结构具有更长的动力力臂，因此在肌力相同时能发挥出更大的力矩。但是相同肌肉收缩幅度下的关节转动角度较小，导致运动速度也较慢

图2.8（a）展示了从关节完全伸展开始，当肌肉收缩一定幅度时，关节转动了37°。然而，如果肌肉止点如图2.8（b）所示，向远端移动，则相同程度的肌肉收缩只能使关节转动34°，因为这一过程类似几何学中的动态三角，其3个顶点分别为肌肉的起止点和肘关节转动中心。

为了产生同样程度的关节旋转速度，止点离关节更远的肌肉必须以更快的速度收缩，由于力与速度呈反比关系[34]（稍后会讲到），肌肉产生的力也会更小。因此，这种肌腱结构在快速活动中会使肌力减小。

可以看出，个体解剖学结构上的一个微小差异都会导致多种优势和劣势。这些骨骼结构虽然是不可改变的，但重要的是理解其在不同运动中的利弊。对于力量举这样较慢的运

动，肌肉止点距离关节更远将会更有优势；而在速度更快的动作中，例如网球中的击球动作，这样的身体结构会带来劣势。

解剖平面和主要身体运动

图2.9展示了人站立时的标准解剖学姿势。身体直立，双臂自然下垂于身体两侧，掌心朝前。身体的解剖视图，如在磁共振成像中，通常显示为矢状面、额状面和水平面。三者分别将身体分成左右、前后和上下部，这样的区分是相对性的，不一定在正中间。解剖平面也可用于描述躯干的运动。在这些平面中发生的运动的例子包括：站姿杠铃弯举（矢状面），站立哑铃侧平举（额状面）和哑铃飞鸟（水平面）。

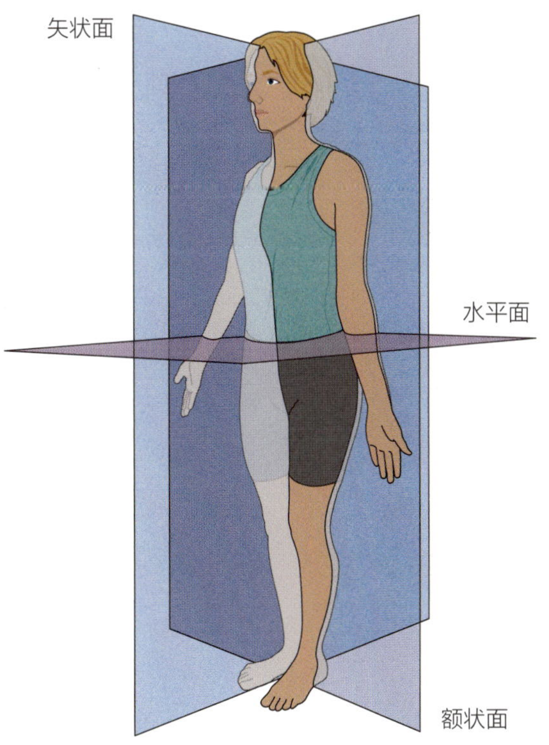

图2.9　标准解剖学姿势时人体的3个平面

人体运动的生物力学分析可用于量化分析目标活动。在缺乏必要设备和专业知识的情况下，简单的视觉观察足以识别运动的基本特征。可以通过选择围绕相同关节进行的类似训练动作来进行运动专项性训练。慢动作录像可以帮助观察过程。此外，购买专业软件能够对影像中捕获的运动动作进行更详细的分析。

图2.10展示了一个身体能够完成的动作的简略清单，这为以动作模式为主导的训练计划提供了一个可行的框架。我们在这里只介绍了在额状面、矢状面和水平面的动作，尽管很少有身体动作只发生于单个平面，但在单个平面内的肌肉训练同样可以加强其在多个平面的动作。

虽然一个包含了图2.10中所有动作的抗阻训练计划是全面且平衡的，但在实际的训练计划中，这些动作的其中一些通常被忽略，而另外一些则被额外采纳。常见的抗阻训练计划中，经常被忽略的重要动作包括：肩关节内旋和外旋（投掷、网球），膝关节屈曲（冲刺），髋关节屈曲（踢腿、冲刺），踝关节背屈（跑步），髋关节内旋和外旋（转胯），髋关节内收和外展（横向运动），躯干旋转（投掷、击球），以及多种颈部动作（拳击、摔跤）。

人体的力量和爆发力

力量和爆发力被广泛用于描述人类在体育运动和身体活动中产生最大力的重要能力。不幸的是，这些术语在使用时通常缺乏严谨的一致性。本节为理解力量和爆发力提供了科学依据，并展示了各种因素对其表现的影响。

基本定义

尽管力量被广泛认为是一种发力的能力，但在如何测量力量方面存在很大分歧。测试一个人可以举起的重量可能是最原始的力量量

腕关节—矢状面

屈曲

训练动作：腕部卷屈

运动：篮球罚球

伸展

训练动作：腕部伸展

运动：壁球中的反手

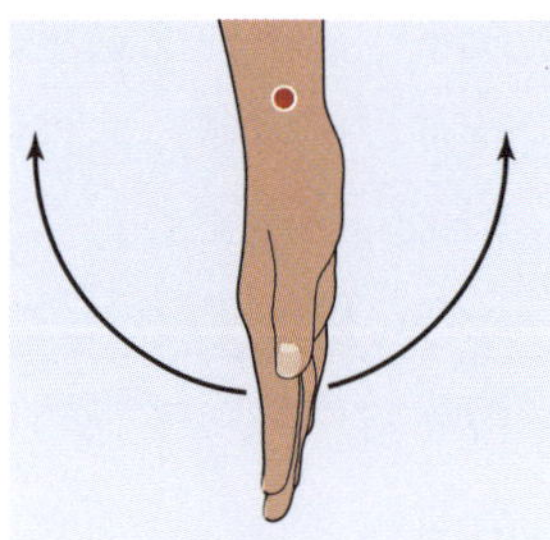

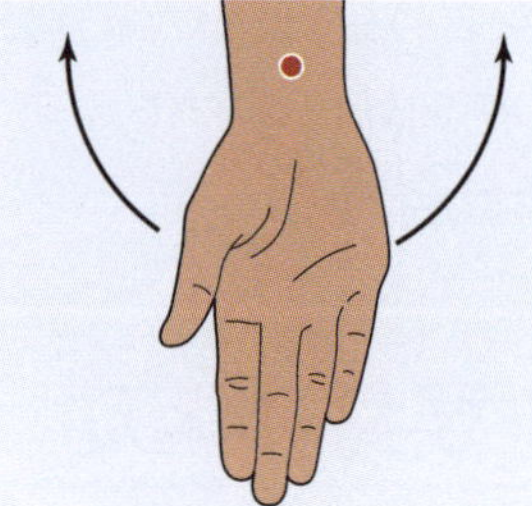

腕关节—额状面

尺偏

训练动作：向内侧摆腕

运动：棒球挥棒

桡偏

训练动作：向外侧摆腕

运动：高尔夫后挥杆

肘关节—矢状面

屈曲

训练动作：肱二头肌弯举

运动：保龄球

伸展

训练动作：肱三头肌下压

运动：铅球

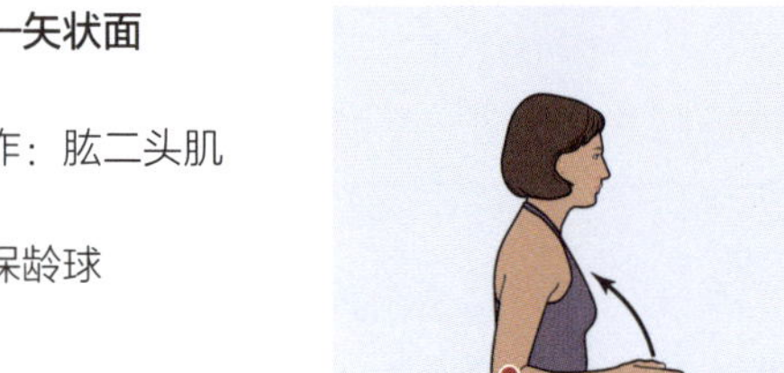

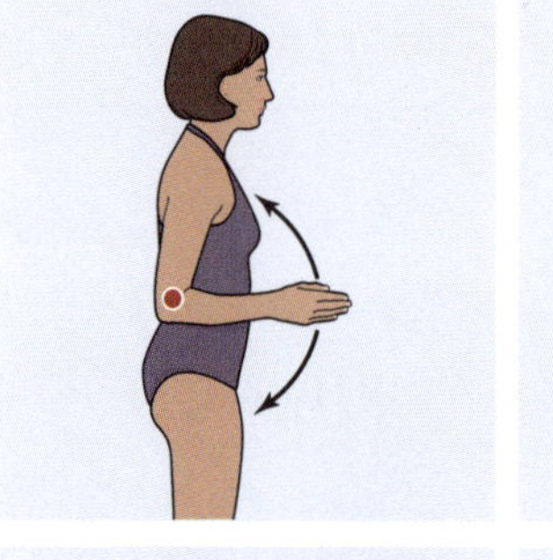

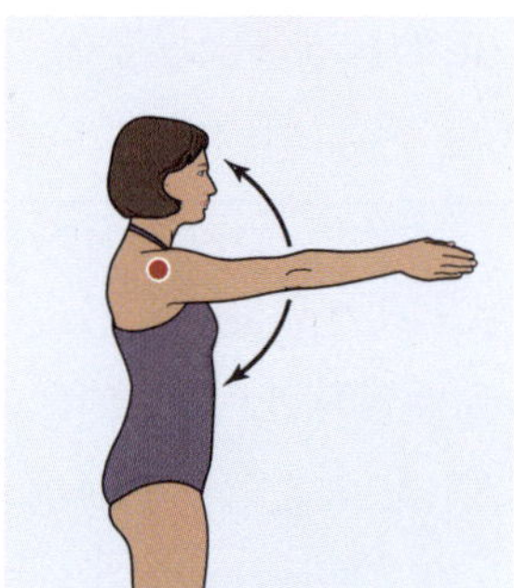

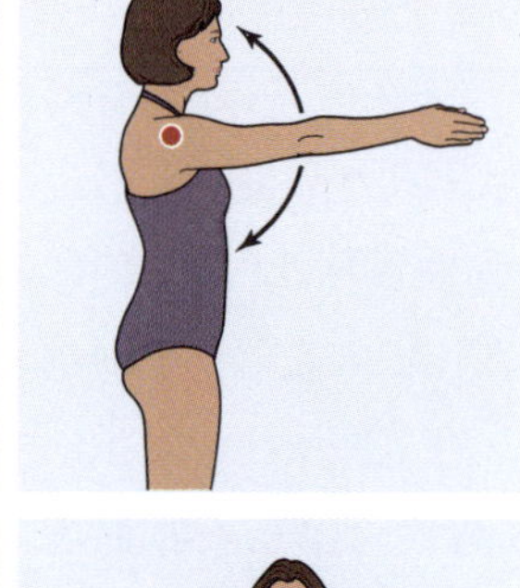

肩关节—矢状面

屈曲

训练动作：肩前平举

运动：拳击上勾拳

伸展

训练动作：中立握坐姿划船

运动：自由泳摆臂

肩关节—额状面

内收

训练动作：高位下拉

运动：蛙泳摆臂

外展

训练动作：宽握距肩上推举

运动：跳板跳水

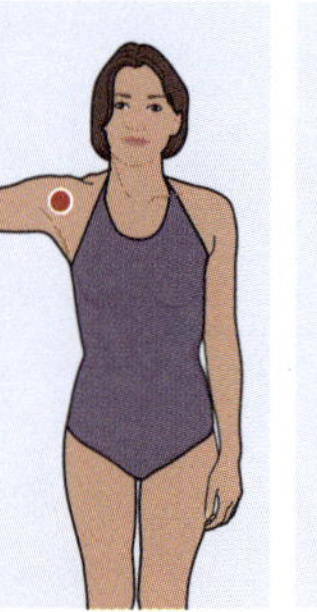

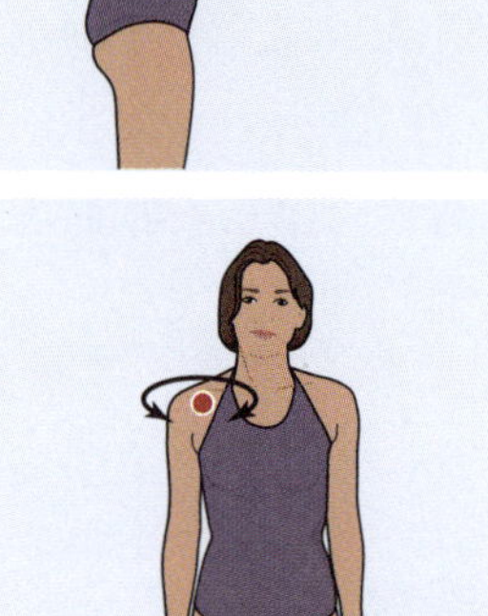

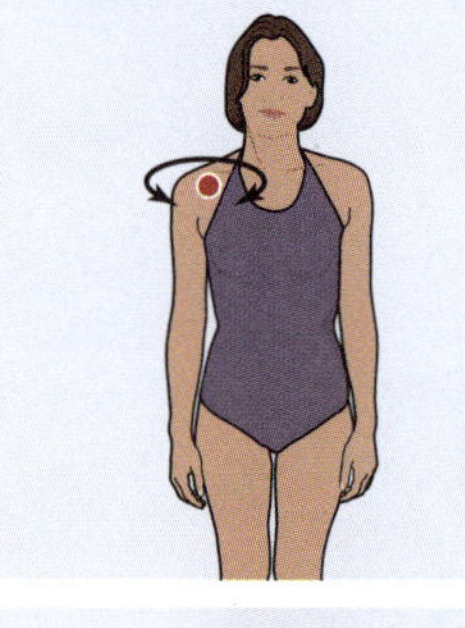

肩关节—水平面

内旋

训练动作：掰手腕（使用哑铃或绳索）

运动：棒球投球

外旋

训练动作：反向掰手腕

运动：空手道格挡

肩关节—水平面（上臂与躯干呈90°）

内收

训练动作：胸部哑铃飞鸟

运动：网球正手

外展

训练动作：俯身侧平举

运动：网球反手

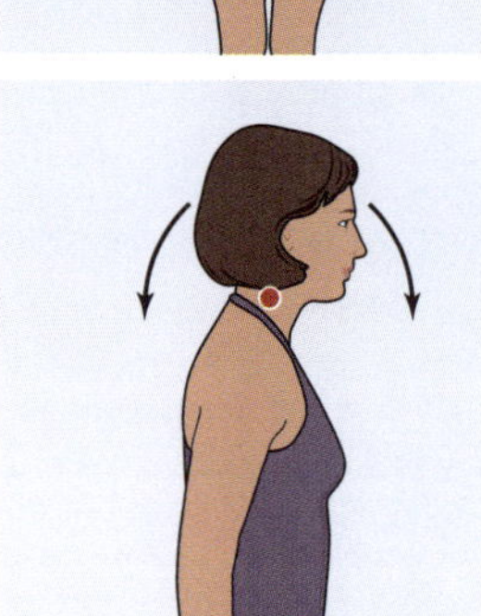

颈部—矢状面

屈曲

训练动作：器械式颈部屈曲

运动：翻跟头

伸展

训练动作：动态背桥

运动：后翻

颈部—水平面

左旋

训练动作：手动对抗

运动：摔跤

右旋

训练动作：手动对抗

运动：摔跤

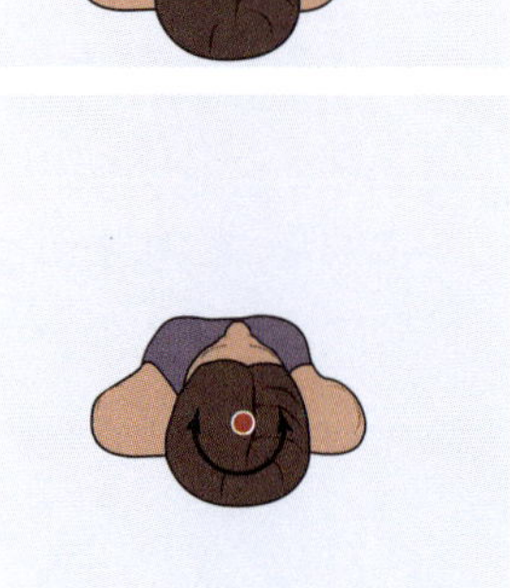

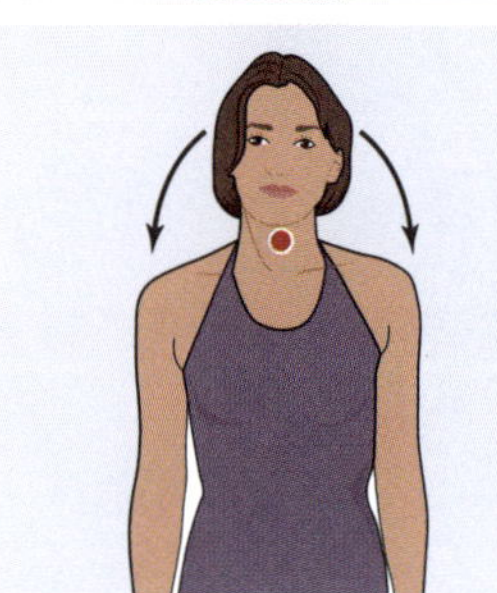

颈部—额状面

左倾斜

训练动作：器械式颈部屈曲

运动：障碍滑雪

右倾斜

训练动作：器械式颈部屈曲

运动：障碍滑雪

图2.10　主要的身体运动。除非特别说明，运动平面的描述基于默认身体处于标准解剖学姿势。图中还列出了针对不同身体运动的抗阻训练动作和与之相关的常见体育运动

[源自：Harman，Johnson and Frykman，1992[16].]

下腰背—矢状面

屈曲

训练动作：仰卧起坐

运动：投掷标枪后的跟进动作

伸展

训练动作：直腿硬拉

运动：后空翻

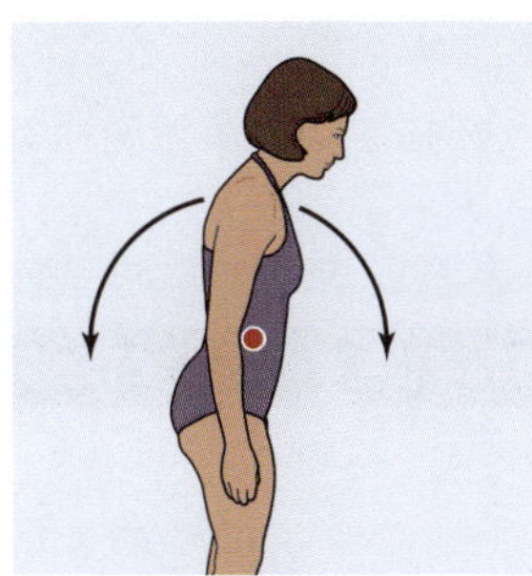

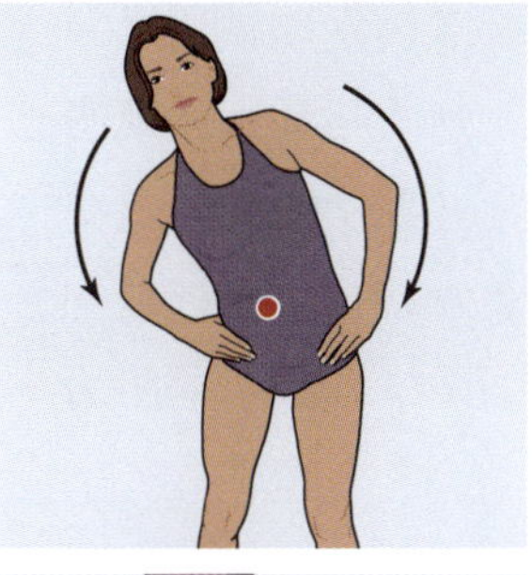

下腰背—额状面

左倾斜

训练动作：药球过顶勾手掷球

运动：体操侧空翻

右倾斜

训练动作：侧屈

运动：篮球勾手

下腰背—水平面

左旋

训练动作：药球侧向投掷

运动：棒球击球

右旋

训练动作：器械转体

运动：高尔夫挥杆

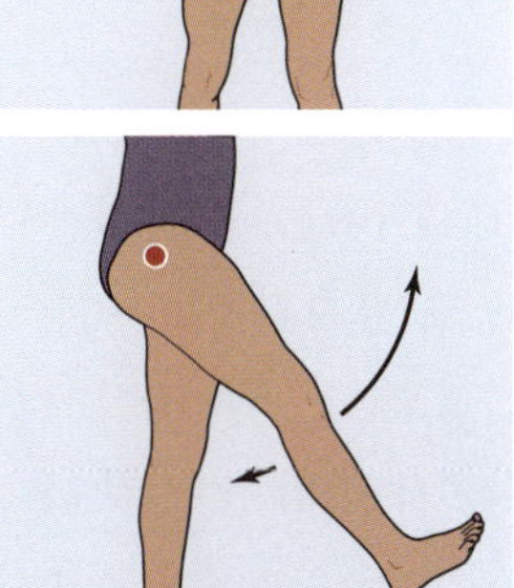

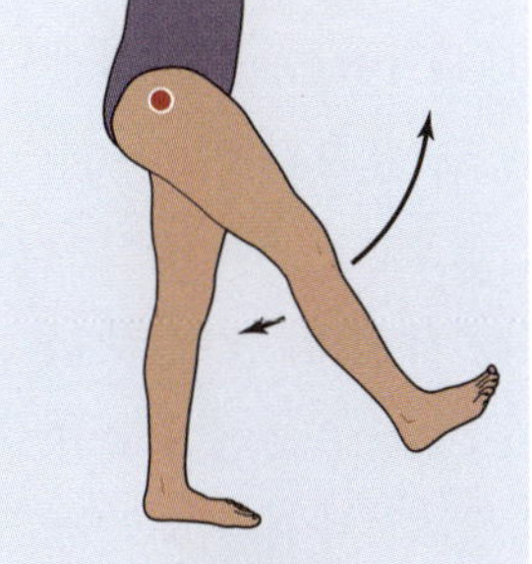

髋关节—矢状面

屈曲

训练动作：仰卧举腿

运动：橄榄球前踢

伸展

训练动作：颈后深蹲

运动：跳远的起跳

髋关节—额状面

内收

训练动作：器械站立内收

运动：足球侧传

外展

训练动作：器械站立外展

运动：旱冰

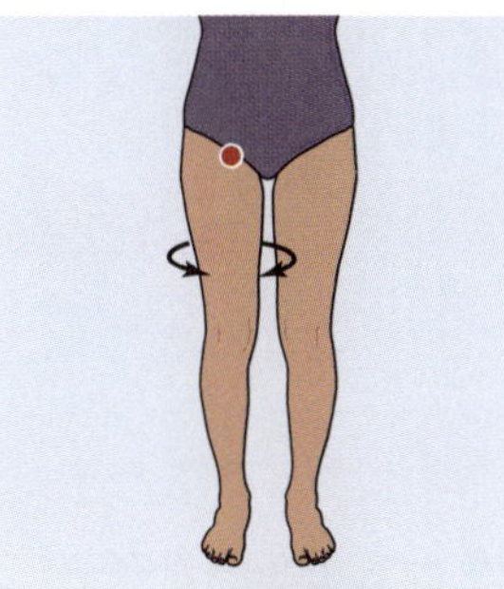

髋关节—水平面

内旋

训练动作：抗阻内旋

运动：篮球转身

外旋

训练动作：抗阻外旋

运动：花样滑冰转身

髋关节—水平面（大腿与躯干呈90°）

内收

训练动作：器械内收

运动：空手道扫腿

外展

训练动作：坐姿外展

运动：摔跤逃脱

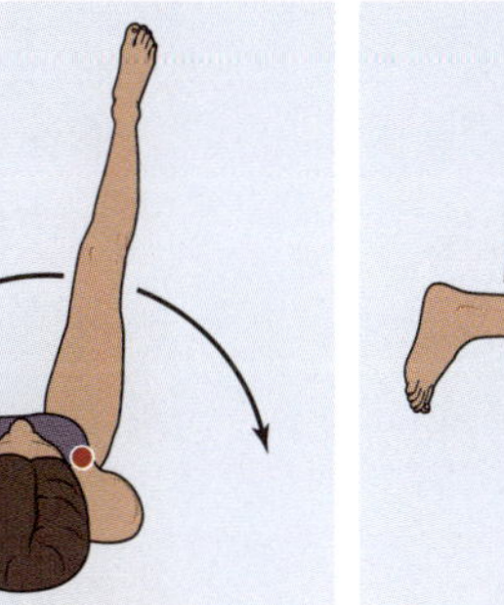

膝关节—矢状面

屈曲

训练动作：屈腿（屈膝）

运动：跳水团身动作

伸展

训练动作：伸腿（伸膝）

运动：排球拦网

踝关节—矢状面

背屈

训练动作：勾脚

运动：跑步

跖屈

训练动作：站姿提踵

运动：跳高

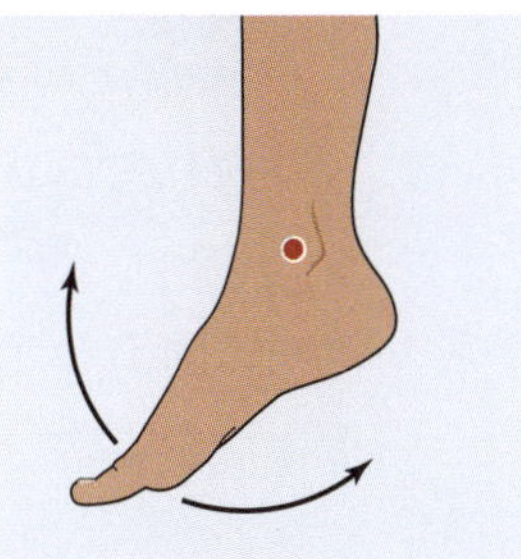

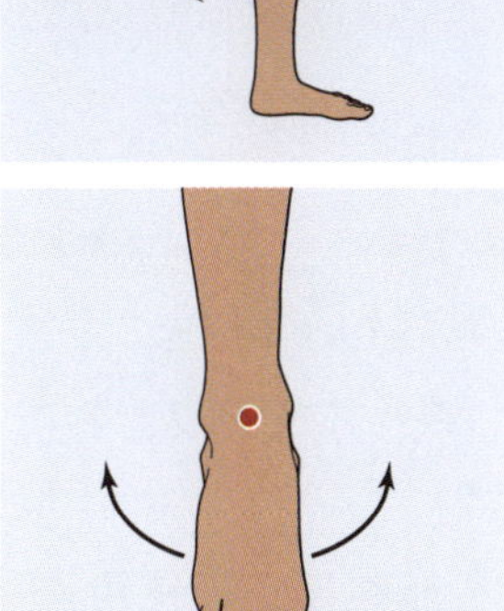

踝关节—额状面

内翻

训练动作：抗阻内翻

运动：足球盘带

外翻

训练动作：抗阻外翻

运动：速滑

图2.10 （续）

化方式。技术的发展使等长力量测试以及等速力量测试得到了普及。所有运动都涉及身体的**加速度**（单位时间内速度的变化），其中一些还涉及运动器材（例如棒球棒、标枪和网球拍）。根据牛顿第二定律，加速度与阻力的关系为：

力 = 质量・加速度 （2.1）

由于每个人在不同速度下的力量能力存在差异[43]，因此在等长或低速力量测试中测得的结果，可能会在预测高速状态下所需要的力时产生变化。所以使用多种负荷测试运动员的力量可能会提供更多关于运动员专项素质和缺点的信息[6]。虽然在力量测试中控制和监测速度需要精密的设备，但得到的力量数据比静态力量和极限力量测试更能反映运动专项能力。

正功与功率

为了了解在特定速度动作或高速下产生力的能力，功率被越来越多的人用于测量在更高速度下施加力的能力。在科学界以外，**功率（爆发力）**被宽泛地定义为"爆发性力量"[42]。然而，在物理学中，功率被精确地定义为做功的速率，其中**功**是施加在物体上的力与物体沿施力方向位移的乘积。功率的计算公式如下：

功＝力・位移 （2.2）

功率＝功/时间 （2.3）

功率也可以表达为施加在物体上的力与施力方向上物体的速度的乘积，或物体的速度与物体行进方向上所受力的乘积。

为了使本章中的公式能够被正确使用，需要采用一致的单位。在国际单位制（SI，缩写来自法语）中力的单位为牛顿（N），位移的单位是米（m），功的单位是焦耳（J，即N・m），时间的单位是秒（s），功率的单位是瓦（W，即J/s）。表2.1列举了其他常用单位与国际单位制单位的换算率。

表2.1 常用单位与国际单位制单位的换算率

国际单位制单位	常用单位	换算率
牛顿（N）	磅（lb）	4.448
牛顿（N）	千克质量（kg）	当地重力加速度
牛顿（N）	千克力（kg）	9.807
米（m）	英尺（ft）	0.3048
米（m）	英寸（in）	0.02540
弧度（rad）	角度（°）	0.01745

举一个例子来应用公式2.2。重物被提起时所做的净功，等于抵消物体重力的力（F_1）与使物体具有一定加速度的力（F_2）的和，乘以重物被提起的位移（D）。应当注意的是，力的方向必须与位移方向一致。其相对关系由力的矢量和位移的矢量之间的角度（θ）确定。例如，重复10次将100kg（约220lb）的杠铃提起2m（约6.6ft）的做功计算如下。

1. 以国际单位制单位确定杠铃的**重力**（N），即杠铃质量（kg）乘以当地的重力加速度（m/s^2）。如果没有当地的重力加速度的数据，那么可采用$9.8m/s^2$的估值。如前所述，θ是力和位移的矢量之间的角度，在这种情况下，θ为0°。

   $$F_1^{\uparrow} F_2^{\uparrow} D^{\uparrow} \theta = 0°$$

   作用于杠铃以抵消重力的力的大小如下。

   $F_1 = 9.8m/s^2 \cdot 100kg \cdot \cos 0° = 980N$

2. 计算使杠铃加速上升时必须施加的额外力（F_2）。（稍后再计算控制杠铃下落所需的力。）例如，如果向上所需的加速度是$2m/s^2$，则使杠铃加速提起的额外力的大小如下。

   $F_2 = 2m/s^2 \cdot 100kg \cdot \cos 0° = 200N$

3. 应用公式2.2计算重复10次将杠铃提起2m所做的功（J）。

功（正）=（980 N + 200 N）• 2 m • 10

= 23 600 J

这种计算做功的方法对于量化一次训练课中的训练量非常有用。按上述方法可以计算一组动作所做的功，而一次训练所做的总功等于每组做的功相加。对于自由重量训练，杠铃的垂直位移等于其在最低点时与地面的相对距离，和其在最高点位置时与地面的相对距离之差。而对于使用配重片的器械，则要测量配重的垂直位移。测量可以用空杆或最轻的配重片来进行，因为同一人在做同一动作时，配重片移动的垂直距离应该大致相同，而与所使用的重量无关。在上述例子中已经求出做功大小，假设一组动作重复10次需要40s，则使用公式2.3可计算出该组的平均输出功率（W）：

功率（正）= 23 600J/40s = 590W

负功与功率

因为功率等于力和速度的乘积，当力的方向与重物移动的方向相反时（如控制重物缓慢下放），计算出的功和功率都有负号。所有的“负”功和功率都在肌肉离心动作时产生，例如放下重物和快速动作的制动阶段。严格来说，不存在负的功和功率。术语负功实际上是施加于肌肉但不是通过肌肉发挥作用的功。当重量被提起时，肌肉对物体做功，增加物体的势能。当重物被放下时，其势能被用于对运动员做同样量级的功。因此重复举起和放下物体时，是运动员和物体相互向对方做功，而不是运动员在重复地做正功和负功。动作重复的速度决定了输出功率。杠铃自由落体的加速度是$9.8m/s^2$，如果对其施加的净力的大小是980 N（F_1），那么加速度是$0m/s^2$。如果我们少用200N的力，则杠铃的加速度将为$2m/s^2$（200N除以100kg得出其加速度a，$a=F/m$）。换句话说，就是通过减小施加的力来控制杠铃下落的加速度。

1. 计算为了使杠铃以特定加速度下落需要减少的力（F_3）。假设让杠铃以$2m/s^2$的加速度下放。

   $F_1^{\uparrow}\ F_3^{\downarrow}\ D^{\downarrow}\theta = 0°$

   为了使杠铃加速下放需要减小的力的大小如下。

   $F_3 = 2m/s^2 \cdot 100kg \cdot \cos 0° = 200N$

2. 用公式2.2计算重复10次下放动作所做的功（J）。

   功（负）=［980 N +（−200N）］•（−2m）• 10 = −15 600 J

3. 用公式2.3计算重复10次下放动作的平均输出功率（W）。

   功率（负）= −15 600J/40s =−390W

转动功与功率

刚刚提出的功和功率的公式适用于物体在直线上从一个位置移动到另一个位置的情况。使一个物体开始围绕一个轴旋转或改变旋转的速度，也需要功和功率，即使该物体作为一个整体在空间范围内并没有移动。

物体旋转的角度称为**角位移**，其国际单位制单位为弧度（rad），且1rad=180 ÷ π =57.3°（约值。书中其他计算值也有可能是约值）。**角速度**是物体的旋转速度，以弧度每秒（rad/s）为单位。力矩单位是牛 • 米（N • m），但不要与功混淆，功的单位也是牛 • 米。不同之处在于，力矩单位的距离（m）是指力臂的长度（其垂直于力的方向），而功的距离（m）是指物体沿着力的方向所移动的距离。和空间直线位移的运动一样，物体旋转所做的功的单位也是焦耳（J），功率的单位是瓦（W）。

以下公式用来计算**旋转功**：

功 = 力矩 • 角位移　　　　（2.4）

公式2.3也可用来计算**旋转功率**，过程和计算直线运动的功率一样。

> 尽管力量一词通常与低速运动相关，而爆发力通常与快速运动相关，但这两个变量都反映了在特定速度下施加力的能力。功率是力和速度的线性数学函数。

力量与爆发力

爆发力（功率）的日常和科学性定义的区别引起了许多误会。例如，力量举（powerlifting）运动中涉及的力很大而运动速度较慢，相比其他一些运动（例如奥林匹克举重）产生的机械功率更低[6]。尽管存在差异，力量举运动也不太可能被重新命名。在所有其他情况下，体能教练应该在使用爆发力（功率）一词时引用其科学性定义，以避免混淆。此外，尽管力量一词通常与低速运动相关，而爆发力通常与快速运动相关，但这两个变量都反映了在特定速度下施加力的能力。功率是力和速度的线性数学函数。因此，当力量、速度和功率这三个变量中有任意两个变量已知，则第三个未知变量可以通过计算得出。如果一个人在特定速度的动作中能产生大力量或大爆发力，那么两者描述的其实是同一个能力：在特定运动速度下使物体加速的能力。因此，把力量与低速运动相关联；爆发力与高速度运动相关联是不正确的。力量是在任何特定速度下施加力的能力，而功率是在任何速度下力量和速度的数学乘积。重要的是在专项运动的特定速度下施加力以克服重力，以及使身体或器材加速的能力。对于阻力大、速度慢的运动，低速力量至关重要。而在高速、低阻力的运动中，高速力量更重要。例如，当橄榄球的进攻内锋和防守前锋相互推搡时，他们的运动速度会因为对方球员所施加的力和对手身体重量带来的惯性阻力而降低。因为此时肌肉不被允许在高速条件下收缩，所以在低速状态下发挥出的力量和爆发力是运动表现的重要组成部分。而由于轻质球拍和运动员手臂所带来的极小的惯性阻力，羽毛球运动员的肌肉能迅速达到高速状态。因此，在高速状态下施加力量和爆发力对于击球时迅速地调整动作十分重要。

> 举重运动（奥林匹克举重）相对力量举对爆发力有更高要求，因为举重运动要求用更快的速度举起大重量。

人体力量的生物力学因素

影响人体力量表现的生物力学因素包括：神经控制、肌肉横截面积、肌纤维排列、肌肉长度、关节角度、肌肉收缩速度、关节角速度和体型。下面将分别讨论以上因素、三维力量关系，以及力量与质量比。

神经控制

神经对肌肉最大输出力量的控制，是通过确定参与肌肉收缩的运动单位数量（**募集**）和运动单位的激发频率（**激活频率**）来实现的[4]。一般来说，（a）参与收缩的运动单位越多，（b）运动单位体积越大，或者（c）激活的频率越高，肌肉力量越大。抗阻训练最初几周的力量提高，大部分可归因于神经适应，因为大脑学会了如何从相同数量的肌纤维中产生更多的力量。在很多情况下，刚接触力量训练的新手在不能维持他们最初几周的进步速度之后便会觉得沮丧。但重要的是让他们意识到，如果他们坚持训练，就会得到改善，虽然是通过更慢的机制来实现，例如肌肉肥大等。

肌肉横截面积

在其他条件相同的情况下，一块肌肉能施加的力量与其横截面积有关，而不是肌肉体积[11, 31]。例如，如果两名身体脂肪含量相当但身高不同的运动员具有相同的肱二头肌周长，那么他们的上臂肌肉横截面积也大致相同。虽然较高（因而较重）的运动员因肌肉较长，肌肉的体积也较大，但是两名运动员肱二头肌的力量应当是大致相同的。虽然具有相同的力量，但是由于体重大，较高的运动员在抵抗自身重力或者使身体加速时相对处于劣势，例如在进行街头健身和体操时。这就是大多数优秀体操运动员身高不是很高的原因。如第1章所述，抗阻训练可以同时增加肌肉的力量和横截面积。

肌纤维排列

研究已经发现肌肉做最大收缩时能够在横截面产生23~145psi（16~100N/cm²）的力[21]。这个广泛的范围部分是由肌小节相对于肌肉的长轴具有不同的排列和调整方式造成的（图2.11）[21]。羽状肌具有相对肌腱倾斜排列的肌纤维，形成羽毛状的排列。羽状角的定义是肌纤维与肌肉起止点连线之间的夹角；如果该角度为0，说明该肌肉不是羽状肌。

人体有很多肌肉是羽状肌[20, 39]，但很少有羽状肌的羽状角超过15°。实际上，一块肌肉的羽状角并不是恒定的，而会在肌肉收缩时变大。因此，在横截面积一定的情况下，任何影响羽状角的因素都会影响肌肉力量和收缩速度。羽状角大的肌肉，有更多平行排列的肌小节，以及更少串联的肌小节；因此它们能够产生更大的力，但最大收缩速度低于非羽状肌。相比之下，羽状角小的肌肉更有利于产生最大收缩速度，因为串联的肌小节多，平行

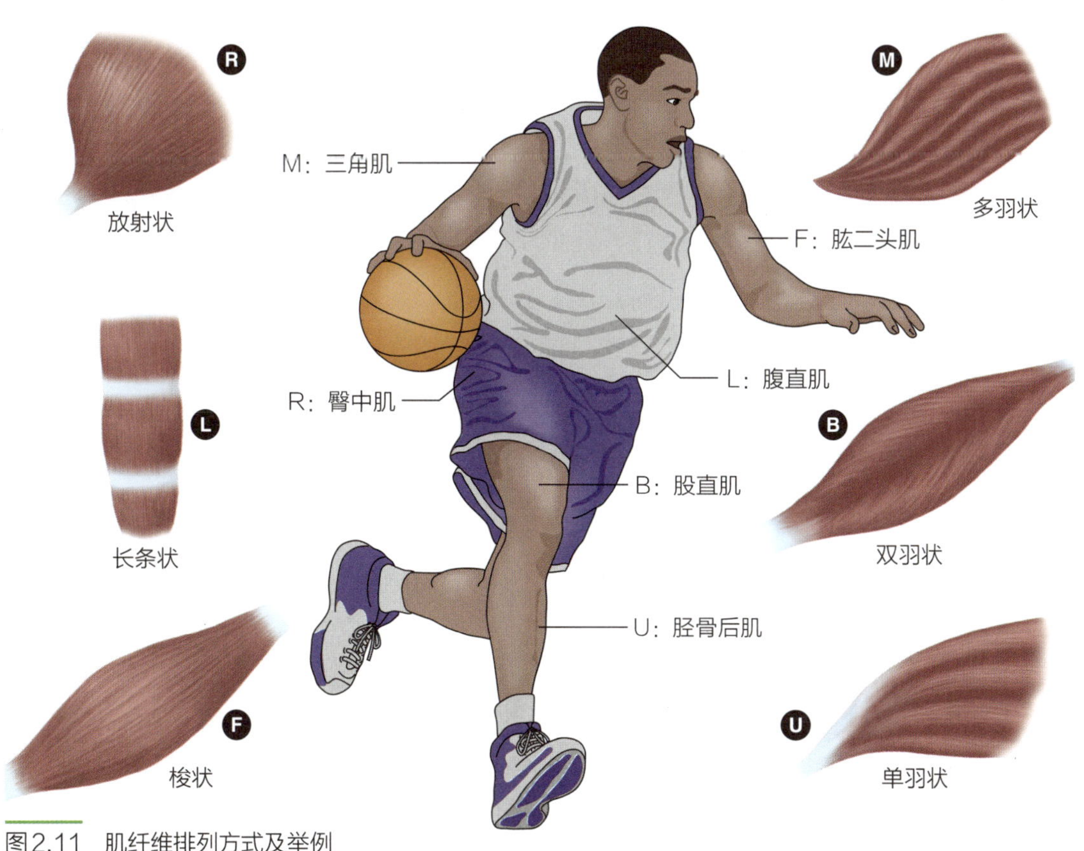

图2.11　肌纤维排列方式及举例

的肌小节少。然而，羽状的程度会影响肌肉产生离心、等长或低速向心力量的能力。最重要的是，尽管羽状角受遗传因素影响，但通过训练是可以改变的，这也帮助解释了为什么肌肉体积相似的人表现出不同的力量和速度[40]。

肌肉长度

当肌肉处于静息长度时，肌动蛋白丝和肌球蛋白丝靠近彼此，使其具有最大数量的可结合的横桥位点（图2.12）。因此，肌肉可以在其静息长度时产生最大的力。当肌肉被大幅拉伸，长度超过其静息长度时，肌动蛋白丝和肌球蛋白丝彼此重叠的部位减少。因为潜在的横桥位点减少，所以肌肉不能产生与静息长度相同的力。当肌肉收缩过多，长度远小于其静息长度时，肌动蛋白丝重叠，并且横桥位点的数量减少，从而降低了产生力的能力。

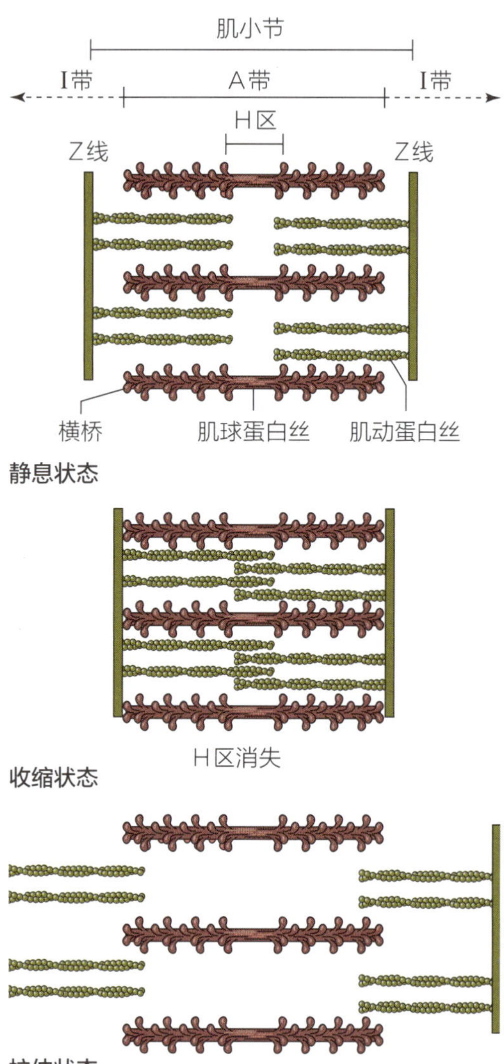

图2.12 当肌肉处于静息、收缩或拉伸状态时，肌动蛋白丝和肌球蛋白丝之间相互作用的示意图。在肌肉处于静息长度时能发挥出最大肌肉力量，因为静息长度时横桥的结合位点最多

关节角度

因为所有的身体运动，即使是直线运动，都是通过围绕一个或多个关节旋转产生的，肌肉产生的力必须表示为力矩（回忆之前讲过的，越高的力矩值表示身体部位有越高的受力并围绕一个关节旋转的倾向）；因此，我们讨论的是力矩与关节角度而不是力与关节角度。作用在某一既定关节上的力矩大小，随着关节活动范围而变化，这很大程度上是因为力和肌肉长度的关系，以及肌肉、肌腱和内在关节结构在动态几何学中所引起的不断变化的杠杆作用，如图2.2、图2.3和图2.4所示。其他影响因素有运动类型（等张收缩、等长收缩等）、所涉及的身体关节、该关节所使用的肌肉以及收缩速度[10]。

肌肉收缩速度

A.V. Hill[19]经典的离体动物肌肉实验显示，随着肌肉收缩速度的增加，肌肉产生力的能力下降。但这种关系是非线性的，在较低的动作速度范围内，力量能力下降最快（图2.13）。人体动作技巧可以充分利用这种关系。例如，垂直纵跳起始时，手臂向上摆动，通过肩对身体施加向下的力，从而减慢身体向上的运动，并迫使伸髋和伸膝肌群的收缩变慢，使它们需要更长的收缩时间以产生更大的力量。

关节角速度

肌肉活动有三种基本类型。在肌肉活动中，力产生在肌肉的内部，在没有外力阻止的情况下，可以将肌肉的两端拉向彼此。专业术语中，肌肉活动（muscle action）一词要好于肌肉收缩（contraction），因为后者意味着"缩短"，其不能准确地描述三种肌肉活动中的其他两种。

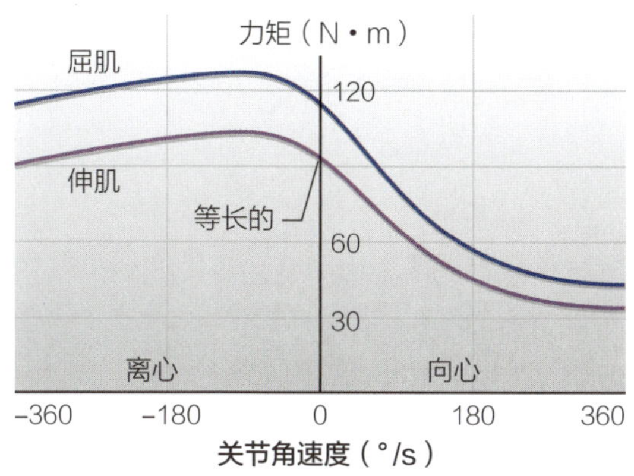

图2.13　离心运动和向心运动的力与速度的关系曲线示意图

[源自：Jorgensen，1976[23].]

- 肌肉向心运动：肌力大于阻力，因此肌肉缩短；产生在肌肉内部并将其缩短的力，大于作用于其肌腱并将其拉伸的外力；游泳和自行车动作几乎都是向心运动。
- 肌肉离心运动：由于肌力小于阻力，肌肉被动拉长；产生在肌肉内部并将其缩短的力，小于作用于其肌腱并将其拉伸的外力（这将增加酸痛和伤病的风险）；发生在所有抗阻训练的下降阶段。在标准的抗阻训练过程中，肌肉施加的离心力使负重不会因为重力而加速下落。因此，负重稳稳地下降而不是加速并砸向地面或运动员的身体。
- 肌肉等长运动：肌力等于阻力，肌肉长度不变；产生在肌肉内部并将其缩短的力，等于作用于其肌腱并将其拉伸的外力。在仰卧起坐中，躯干是保持挺直的，腹部肌肉等长收缩以保持躯干的直立，而髋屈肌完成仰卧起坐的动作。相反的，在卷腹中，腹肌在上升和下降过程中分别做向心和离心运动。

根据肌肉活动的类型，肌肉力矩随着关节角速度的改变而改变（图2.13）。测试表明，受试者在等速（恒定速度）向心运动中，随着角速度的增加，转动力矩减小；相反，在离心运动时，随着关节角速度的增加，在增加至约90°/s（约1.57rad/s）前，力矩增加，之后逐渐下降[4]。这意味着在离心运动时，肌肉可以获得最大的肌肉力量。一个例证就是，当运动员无法用严格的动作举起既定负荷时，其会采用"作弊"方式。例如，一个人在做肱二头肌弯举达到"滞停点"时，肘屈肌力量达到极限后，躯干往往会后倾，这使得肘屈肌通过离心运动和等长运动施加更多的力，使杠铃继续向上运动。

力量与质量比

在诸如冲刺和跳跃的体育活动中，动作所涉及的肌肉力量与被加速的身体部位的质量之比是十分重要的。因此，力量与质量比直接反映了运动员加速其身体的能力。训练后，如果运动员体重增加了15%，但力量能力仅提高了10%，那么其力量与质量比，以及加速能力都会减小。短跑或跳跃项目的运动员可以通过试验来确定最高的力量与质量比，这有利于运动员获得更佳的运动表现。

在涉及体重分级的项目中，力量与质量比极其重要。如果所有参赛者的质量都非常接近，最强壮的那一个有明显优势。体型较大的运动员的力量与质量比要低于体型较小的运动员，这是正常的，因为当体型增大时，肌肉体积（伴随体重）增加的比例，要大于肌肉横截面积（伴随力量）增加的比例[9]。反复试验可以帮助运动员确定自己的重量级别，使其在该级别中与其他运动员相比具有最大的力量。一旦运动员发现了自己最具竞争力的重量级别，就要在该重量级允许的体重范围内尽可能变得强壮。

体型

从长期观察中可以发现，在其他一切条件相同的情况下，体型较小的运动员比较大的运动员相对力量更强[9]。原因是肌肉最大的收缩力与其横截面积成正比，而横截面积与身体长度是平方（二次方）的关系；肌肉的质量与其体积成正比，而体积和长度是立方（三次方）的关系。因此，随着身体体型的增大，身体质量比肌肉力量增加更快。当身体比例不变时，体型较小的运动员力量与质量比高于体型较大的运动员[9]。

有些人喜欢比较不同重量级别的运动员的力量表现。最显而易见的方法就是用举起的力量除以运动员的体重。然而，这种方法对体型较大的运动员不公平，因为它没有考虑到随着体型增大而预估下降的力量与质量比。目前，多个公式被衍生出来，以用于更公平地对比举起的负荷。在经典公式中，用举起的负荷除以体重的三分之二次方，这样便考虑到了横截面积与体积的关系。其他公式也被开发出来，因为相比较轻或较重的运动员，经典公式似乎更偏向中等重量的运动员[5]。然而，经典公式认为中等体型运动员的运动表现通常是最好的，这可能的确是对的。因为描述人体特征的正态分布曲线呈钟形，大多数人的身体重量更接近平均值。

> 在诸如冲刺和跳跃的体育活动中，动作所涉及的肌肉力量与被加速的身体部位的质量比是十分重要的。因此，力量与质量比直接反映了运动员加速其身体的能力。

肌肉收缩的阻力来源

力量训练最常见的阻力来源是重力、惯性力、摩擦力、流体阻力和弹力。本节将介绍克服这些阻力所需的力和爆发力的相关内容。理解使用各种阻力形式的训练器材的基本原理，可以帮助理解其有效性和适用性。

重力

重力是地心引力对物体产生的向下的作用力，也可以称为物体的重量，大小等于物体的质量乘以当地的重力加速度：

$$F_g = m \cdot a_g \quad (2.5)$$

公式中的F_g是物体的重力（相当于是物体的重量），m是物体的质量，a_g是当地的重力加速度。不同地区的重力加速度不同。用弹簧秤或电子秤可测出杠铃实际的重量。天平秤只能测得物体的质量，所以在没有弹簧秤和电子秤的情况下必须套用公式2.5计算出物体重量（F_g）。

重量和质量的常见用法经常是错误的。例如，一些杠铃和配重片以磅为单位来标注。磅是力的单位而不是质量的单位。事实上，杠铃和配重片只有质量是保持不变的，而其重量会根据当地的重力加速度发生变化。因为重量指代的是力而非质量，因此说某个物体的重量是多少千克的说法是错误的。相反的，应该说“杠铃的质量是85kg”。一个人可以举起的质量会受地区位置的影响略有不同，因为重力加速度在全球范围内都有所不同（表2.1）。在月球上，85kg的杠铃会让人觉得只有14kg，即使杠铃本身并没有变化。

抗阻训练的应用

重力总是向下作用于物体。根据定义，一个产生力矩的力的力臂垂直于力的作用方向，所以重量的力臂永远是水平的。因此，物体重量产生的力矩，是重力和从重心到关节轴的水平距离的乘积。在运动中，即使重量没有变化，但物体到关节轴的水平距离也在不断改变。当物体到关节的水平距离减少时，将产生更小的力矩；当物体到关节的水平距离增加时，将产生更大的力矩。例如在手臂弯举中，当前臂处于水平位置时，肘关节到杠铃的水平距离最大。因此，在这样的位置下，运动员必须产生最大的肌肉力矩以支撑重量。力臂会随着前臂向上或向下旋转（围绕肘关节）而减小，重量所带来的阻力力矩也会减小（图2.7）。当重量正好处于肘关节垂直上方或下方时，不产生阻力力矩。

运动技术会影响阻力力矩的模式和肌群之间的压力转换。例如在深蹲时，躯干更向前倾会使负重的水平距离更靠近膝关节，从而减少了股四头肌在膝关节处需要对抗的阻力力矩。同时，负重与髋关节的水平距离增加，臀大肌和腘绳肌在髋关节处需要对抗的阻力力矩增加。这种阻力力矩模式通常发生于将杠铃放在上背部尽可能低的位置（通常称为低杆深蹲）；运动员必须更大幅度地前倾，以使身体与杠铃的重心处于足部上方，避免摔倒。因为杠铃杆在水平距离上远离髋部，靠近膝盖，压力集中在髋伸肌上更多，在膝伸肌上更少。与这种阻力力矩模式相反的情况会发生在高杆深蹲（杠铃杆放置在背部更高的地方，更接近颈部）中。由于杠铃杆的位置，力矩的分配会增加膝关节的阻力力矩，相对减少髋关节的阻力力矩（与低杆深蹲正好相反）。

> ▶ 运动技术会影响运动时阻力力矩的模式及肌群之间的压力转换。

配重片器械训练

与自由重量训练相同，配重片器械训练的阻力来源也是重力。然而，滑轮、凸轮、绳索和齿轮等器械增加了控制方向和阻力的模式。自由重量训练和配重片器械训练都有优点和缺点。以下是配重片器械训练的优点。

- *安全性*。减少被砸伤、被绊倒或被压在重量下的受伤概率。相比于自由重量训练，配重片器械训练的技术要求较低。
- *设计灵活*。配重片器械可以被设计用于给一些身体动作（例如高位下拉、髋外展及内收、坐姿弯腿）提供阻力，这很难用自由重量实现。在一定程度上，可以通过工程设计将阻力模式设计到配重片器械中。
- *使用简易*。许多担心自己缺少协调和技术来安全使用自由重量的人，在使用配重片器械时会感到更自信。同时，在配重片器械上选择重量时更加方便快捷，只需将插销插入合适的配重片，而非在杠铃杆上加减杠铃片。

自由重量训练的优点包括以下几点。

- *全身训练*。自由重量训练一般会采用站姿，用全身的力量支持重量，相比于使用配重片器械进行训练，会动用更多的肌肉与骨骼。这种负重训练可以帮助促进骨矿化作用，帮助预防晚年的骨质疏松症[13]。此外，自由重量的运动依靠运动员本身（而非器械）来控制，这需要肌肉在保持稳定的同时进行支撑。“结构性”训练，如杠铃高翻和抓举，可为全身主要肌群提供有效的刺激。
- *模仿现实中的活动*。举起或使物体加速，是体育和其他体力活动的重要组成部分，配重片器械训练倾向于训练孤立的单个肌肉群；自由重量训练则更多地涉及多肌肉群的“自然”协调。

Nautilus运动/医药公司通过创造一款使用多种半径凸轮的运动器械，使在关节活动范围中调整阻力力矩的概念开始流行；这改变了配重片作用的力臂的长度（图2.14）。其基本原理是，在肌肉可以施加更多力矩的活动范围内提供更多阻力，并在肌肉施加更少力矩时减少阻力。但是想要该系统按设想运行，运动员需要以稳定、缓慢的角速度移动，这很难持续做到。另外，凸轮器械经常无法匹配正常的人体力矩模式[9]。

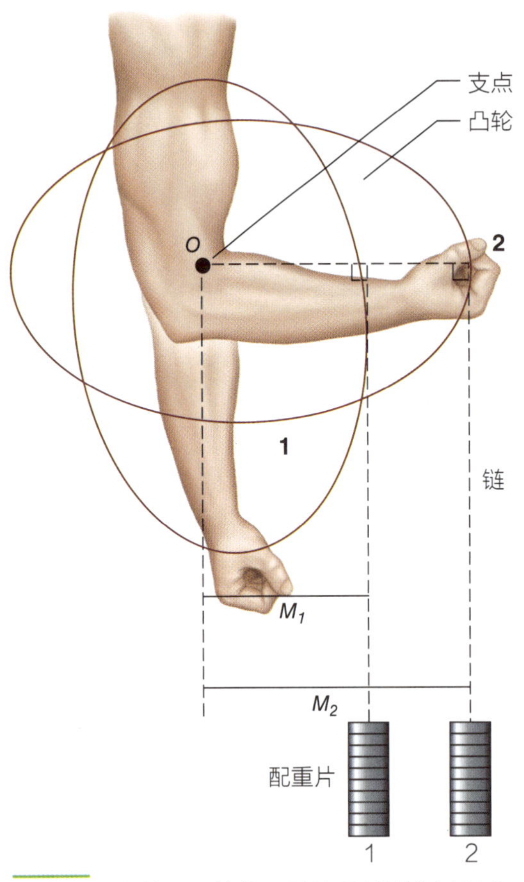

图2.14　在基于凸轮的配重片器械训练过程中，配重片的力臂（M）（绳索到凸轮轴心的水平距离）是变化的。当凸轮由位置1旋转到位置2时，阻力力臂增加，因此阻力力矩也增加

惯性力

在加速时，除了重力，杠铃与配重片还会对运动员施加惯性力。重力的方向向下，但惯性力却可以作用在任何方向。运动员向上举起的力等于重力加上惯性力，惯性力等于质量乘以加速度。如果运动员从前、后、左或右向杠铃施加净力，杠铃便会发生水平加速度。所有的动作在开始将杠铃从静止变成向上速度时都会涉及加速度，在接近动作顶点将杠铃的速度变为零时也都会涉及减速，这样杠铃才不会按其轨迹继续移动并从运动员的手中滑脱。在这种加速模式中，主动肌在活动范围早期受到的阻力超过杠铃重量，但在活动范围末尾的阻力小于杠铃重量[27]。运动员使杠铃减速的方法有：（a）减少施加于杠铃的向上力，使其小于杠铃重量，然后让杠铃通过自重减速；（b）用拮抗肌对杠铃施加向下的力。这两种情况下都将减小动作末期主动肌承受的阻力。

相较于在最小加速度使用特定负重的慢速训练，具有更高加速度的训练（所谓的“爆发力”训练）在前期动作范围向肌肉提供了较大阻力；在末端动作范围，阻力将减小。然而，因为加上了惯性力，相比于慢速训练，锻炼者在快速训练中能够承受更重的负荷，并且让全身肌肉受到接近极限的刺激。例如在高翻一个非常重的杠铃时，强壮的腿部、臀部和背部肌肉使杠铃垂直加速至足够快的速度，尽管较弱的上半身无法施加等于杠铃重量的垂直力，但杠铃依然会持续向上移动，直到达到最高点时，重力将其减速到零。

虽然加速度会改变一个训练的本质，并让阻力的模式更难预测，但这并不意味着我们在抗阻训练中不希望有加速度。加速度是运动与日常生活中的自然动作的特征，因此，包含加速度的抗阻训练可能会产生理想的神经肌肉训练效果。奥林匹克举重练习，例如抓举和挺举，对提高重负荷下产生高加速度的能力很有效[25]。

加速和减速是几乎所有自然运动的特征。例如，短跑运动员的上肢和下肢需要重复进行加速和减速。投掷棒球、铁饼、铅球或标枪都涉及使用一系列身体动作将物体加速并高速释放。因为加速度是一种特殊的运动模式，具有加速性动作的训练可以提供训练专项性。这就是为什么很多涉及腿部和臀部肌肉提供力量使身体加速的运动项目，会选择如高翻和高拉的训练。区间训练法，即运动员用低于或高于正常的阻力完成体育动作，是另一种加速训练的形式。根据肌肉的力与速度的关系，相比正常的铅球，一个使用加重铅球训练的运动员可以在加速动作中产生更多的力，这是因为加重的铅球的惯性强迫肌肉在较慢速度下收缩。当使用较轻的铅球时，更小的惯性使运动员可以更快地加速铅球并在释放时达到更高速度，这样便可以训练神经肌肉系统在理想的加速度及速度范围内运作。尽管像以上这样，在动作中增加或减少负荷的训练原则从理论上来讲可以提高加速能力，但是我们同样应当考虑这种负荷的改变在具有高度运动专项性或以技术为主导的体育项目（如投掷和短跑）中的影响。例如，身体需要时间调整运动模式以适应新负荷会带来的特定动作，因此改变使用的负荷可能会对技术产生负面影响。

摩擦力

摩擦力是当一个人试图移动一个压在另外一个物体上的物体时，产生的阻碍运动的力。以摩擦力为阻力来源的运动器材包括皮带式或有刹车片的自行车测功机，以及卷腕设备。对于这些运动器材，

$$F_R = k \cdot F_N \quad (2.6)$$

公式中的F_R是摩擦（阻）力，k是两个特定的物体接触时的摩擦系数，F_N是法向力（两物体相互作用的力）。

启动运动与保持运动时的摩擦系数是不同的。在其他条件保持不变的情况下，两个物体表面接触时，启动运动比维持运动需要更大的力。因此，无论以什么速度运动，摩擦力抗阻器械都需要相对较大的力来启动活动，并在活动开始后保持相对恒定的力。这类器械有时可以通过调整使两个物体间产生摩擦力的法向力大小，来改变所提供的阻力大小。

在橄榄球和田径项目的训练中经常用到负重雪橇，这便是一个兼用摩擦力和惯性力的训练器材的例子。雪橇的惯性产生的阻力与雪橇的质量和加速度成正比。训练者和雪橇与地面之间的阻力，与接触表面间的摩擦系数和雪橇作用于地面的净力成正比，该净力等于雪橇的重力减去训练者施加的任何向上的力。可以在雪橇上添加负重以增大重力。雪橇与地面的摩擦系数随接触面（例如沙子、裸露的土壤、干草和湿草）的不同而变化。因此，对于户外训练，这样的装置不能提供稳定的可重复的阻力。但它们也不失为是一个提供水平阻力（仅靠普通负重器械无法做到）的好器械。因为静摩擦系数总是大于滑动摩擦系数，所以使雪橇开始移动的力大于使其保持移动的力。一旦雪橇运动，滑动摩擦系数就保持相对稳定。因此，我们应该明白摩擦阻力不会随着速度提高而改变。然而，与公式2.3一致，爆发力会随着速度而提高。另外，如公式2.1所示，在从低速到高速的过渡期间，由于加速度的原因会产生额外阻力。

流体阻力

当一个物体通过一个流体（液体或气体），或者当流体通过或绕过物体、从一个开口处流过时所遇到的阻力被称为流体阻力。流体阻力在游泳、划船、高尔夫、短跑、铁饼投掷和棒球投球等体育活动中是一个重要的影响因素（除了游泳和划船中的流体是水之外，其他活动中的流体都是空气）。随着液压（液体）和气动（气体）运动器械的出现以及在游泳池内进行的运动开始受到青睐（尤其是在年长人群和孕妇中），这种现象在抗阻训练中已经变得尤为重要。流体阻力有两个来源：流体经过一个物体的表面并与其摩擦导致的表面阻力；流体通过物体时在其后方形成的漩涡或伴流所形成的形状阻力。横截面（正面）面积对形状阻力有很大的影响。

流体阻力器械中最常使用的阻力原理是：运动时，气缸中的活塞推动流体通过一个开口处，当活塞被推动得更快、开口更小或流体更黏稠时，阻力就更大。在其他条件保持不变的情况下，阻力与活塞运动的速度成正比：

$$F_R = k \cdot v \qquad (2.7)$$

公式中的F_R是流体阻力；k是一个常数，反映了气缸和活塞的物理特性、流体的黏度以及开口的数量、尺寸和形状；v是活塞相对于气缸的速度。

因为气缸提供的阻力随速度的增加而增加，因此它们允许在动作前期发生快速加速，但达到更高速度后，加速度便会变小。因此，动作速度保持在一个中间范围。虽然这样的器械在某种程度上限制了速度的变化，但它们却不是等速（恒定速度）训练器材。有些器械有可以改变开口大小的调整旋钮。较大的开口允许使用者在流体阻力限制了加速能力之前达到一个更高的动作速度。

流体阻力器械一般不提供离心动作期，但是加入一个内部泵则可能实现。使用自由重量时，同一块肌肉举起重量时做向心运动，放下重量时做离心运动。因为流体阻力器械没有离心阻力，一块肌肉在主要训练动作中做向心运动，拮抗肌在回归到起始点时也做向心运动。换句话说，自由重量或配重片器械训练包含了同一肌肉的向心和离心运动，这两者间很少或几乎没有间歇；而流体阻力器械训练通常包含了一组拮抗肌之间的交替向心运动，每块肌肉在其拮抗肌工作时都在休息。流体阻力器械训练中肌肉离心运动的缺少，意味着可能无法使用流体阻力器械进行许多包含肌肉离心运动的运动项目（例如跑步、跳跃和投掷）所需的最佳专项性训练。

弹性力

很多训练设备，尤其是为了家用设计的训练设备，具有如弹簧、弹力带、弓或杆等弹性元件作为它们的阻力来源。标准的弹性元件提供的阻力与其被拉伸的长度成正比：

$$F_R = k \cdot x \qquad (2.8)$$

公式中的F_R是阻力；k是一个常数，反映了弹性元件的物理特性；x是弹性元件被拉伸的超过静止长度的距离。

弹性阻力最明显的特点就是弹性元件被拉得越长，阻力就越大。使用弹性阻力设备的问题是，每一个运动动作开始时阻力较小，而结束时阻力较大。这几乎与人类所有肌肉的发力模式相反，因为肌肉在接近活动范围末端时发力的能力大幅下降。弹性阻力器械的另一个问题是，可调节的阻力通常受限于可用的弹性元件数量。一个有效的抗阻运动设备应该包含足够多的阻力变化，使训练者可以在一个理想的动作重复次数范围内完成。

有些训练器材用弹力带为垂直跳跃提供

阻力，以发展跳跃爆发力。然而，弹性力在动作前期提供的阻力小，而此时臀大肌和股四头肌肌肉却能够产生巨大的力量。当运动员腾空时，此时弹性阻力最大——主要用于把运动员拉回地面，而非对抗肌肉，同时这会提高落地时的速度，可能增加运动员受伤的风险。

关节生物力学：抗阻训练的损伤风险

与其他运动一样，抗阻训练具有一定的风险性。但是其风险普遍低于其他运动和身体活动[36, 37]。受伤概率最高的是团队项目，跑步和有氧项目的受伤概率中等，受伤概率最低的是骑自行车、散步和抗阻训练。对于抗阻训练来说，大约每1000小时的训练中会发生4起伤病。一项对大学生橄榄球运动员的研究显示，每赛季每100个运动员中仅会发生0.35起因抗阻训练而受伤的例子。抗阻训练所引起的伤病造成的时间损失只占运动员赛季中因伤损失时间的0.74%[44]。尽管抗阻训练发生损伤的概率较低，但是仍需谨慎对待，使损伤概率降到最低。以下是几个避免在抗阻训练中受伤需要考虑的重要因素，着重点放在背部、肩关节和膝关节。

> 抗阻训练受伤的风险低于其他运动和身体活动。

背部

四肢动物的脊柱就像被钢索悬吊的桥一样，而人类通常直立，椎骨一块叠着一块，中间由柔韧的椎间盘隔开。我们从身体直立获得的优势就是可以灵活地使用胳膊和手；但缺点是站立、坐立、走路或跑步时椎间盘需要承受压力，且当举起或搬运重物时这种压力更大[14]。当我们站立时，所有我们从上半身施加的力都必须由背部传至腿部和地面。此外，背部肌肉处于机械劣势，肌肉产生的力量必须大于被举起物体的重量。因此，背部特别容易受伤。然而，应该注意的是，在负重过程中，脊椎的内部负荷随着姿态不同而随之变化[24]，深蹲时的负荷不一定与背部伤病相关联[18]。

背部损伤

背部损伤会使人非常虚弱，持续很久且不易恢复。因此，在抗阻训练时应尽可能地避免背部损伤。下背部尤其脆弱，85%~90%的椎间盘突出发生在最下面的2块腰椎（L4和L5）或最下面的腰椎和骶椎顶部之间（L5和S1）[1, 3]。这也并不奇怪，因为举重时椎间盘承受着非常大的压力。当手或肩部支撑重量时，身体前倾，由于下背部和负荷之间的水平距离较远，因此产生较大的力矩。背部肌肉的机械效率极低，因为竖脊肌作用线与椎间盘的水平距离（约5cm）比负荷到椎间盘的水平距离小得多。因此，这些肌肉经常需要产生超过举起负荷10倍以上的力量[3]。这些力挤压相邻椎骨间的椎间盘，因此可能导致受伤。

总的来讲，脊椎中立位的举重姿势被发现能比含胸（与弓背相反）的举重姿势更好地减少L5与S1之间的压力和韧带张力。因此，正常的脊柱腰椎前凸的姿势要优于含胸的姿势，以避免造成椎骨、椎间盘、关节面、韧带和背部肌肉的损伤。此外，下背部肌肉在弓背时能比在含胸时产生更大的力量[7]。

脊柱自然状态呈S形，胸椎略微弯曲（后凸），腰椎前凸。脊椎的楔形形状使脊柱具有自然的曲线。然而，当背部处于S形时，椎间盘是平坦的。当下背部弯曲时，椎体的腹侧（向前）的边缘挤压椎间盘的前部。相反，背部极度弓起时，椎体的背侧（向后）的边缘会挤压椎间盘的后部。这种不均匀的挤压力可能增大椎间盘破裂的风险[3]。因此，应当在下背部处于适中弓起时进行抗阻训练，以减小损伤椎间盘的风险。

腹内压和举重腰带

当膈肌和躯干的深层肌肉收缩时，腹腔内产生压力。因为腹部主要由液体组成，通常很少含有气体，所以几乎是不可压缩的[3]。在进行抗阻训练时，腹部周围肌肉（腹部深层肌肉和膈肌）紧张，使腹部液体和组织保持一定压力，形成“流体球”（图2.15），有助于支撑脊柱[3]。这种支撑可以显著地减小训练时竖脊肌所需的力，并且相应地减小压缩在椎间盘上的压力[3, 30]。

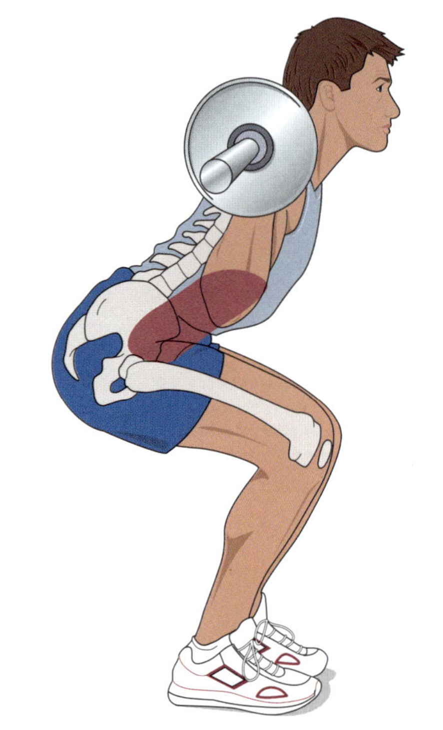

图2.15　由腹部深层肌肉和膈肌收缩产生的“流体球”

值得注意的是，并不是一定要通过瓦氏呼吸法才能产生腹内压。在瓦氏呼吸法中，声门紧闭，因此空气无法进出肺部，腹部和肋部肌肉收缩，使躯干下部产生坚硬的流体球，胸腔充满空气。瓦氏呼吸法的一个优点是增加了整个躯干的刚度，使其更容易支撑起大的负荷[15]。例如，大负荷深蹲时，许多运动员使用瓦氏呼吸法，特别是在躯干前倾幅度最大时，即接近离心动作期到向心动作期的过渡阶段。然而，瓦氏呼吸法也会带来不好的副作用：施加压力在心脏上，使血液回流心脏变得更困难。此外，瓦氏呼吸法还可以引起血压暂时性小幅升高[15]。膈肌和腹部肌肉可以在声门没有关闭的情况下收缩，然而，这样会在不给胸腔加压的情况下在腹腔产生流体球。在以上两个方式中，后者被认为是更安全的方法，即在不增加胸部压力的情况下增加对脊柱的支撑，该技巧应该应用于大多数抗阻训练中。一个人可以通过自主保持呼吸道畅通，从而在建立腹腔内压力的同时不增加胸部压力。在费力的动作中，即使气道打开，腹部肌肉和膈肌也会反射性收缩。运动员，尤其是参与奥林匹克举重和力量举的运动员，在了解并接受瓦氏呼吸法的潜在风险，以及有足够经验可以避免因为压力上升而晕倒的情况下，可以选择使用瓦氏呼吸法。

在抗阻训练中使用举重腰带可以增加腹内压，因此在正确使用的情况下，可能对提高安全性有效果[17, 28]。然而，需要注意的是，如果一个运动员在所有的运动中都使用举重腰带，生成腹内压的腹部肌肉可能得不到足够的刺激来充分发展[17]。习惯使用举重腰带的人，如果突然在一次训练时不用举重腰带会非常危险，因为腹部肌肉可能无法产生足够的腹内压来减轻竖脊肌的压力。椎间盘上过度的压力会造成背部损伤概率增大。保守的建议如下。

- 对于不直接影响下背部的运动，不需要举重腰带。

- 对于直接施加压力于背部的训练，运动员应当避免在轻重量组时佩戴举重腰带，但可以在极限重量组或接近极限重量组时佩戴举重腰带。无举重腰带的训练组能使产生腹内压的腹部深层肌肉得到刺激，同时不会在椎间盘上施加过大的压力。
- 在系统性地、循序渐进地建立了背部肌肉和产生腹内压的肌肉的力量，同时在使用安全的抗阻训练技巧的情况下，运动员们选择从不使用举重腰带也是合理的。许多世界级的奥林匹克举重运动员从来不用举重腰带。

肩关节

因为其结构以及在训练时所受的力，肩关节极易受伤。与髋关节一样，肩关节可以在任意方向旋转。髋关节是稳定的球窝关节，而肩关节包绕肱骨头的关节盂不是真正意义上的“窝”，并且稳定性明显降低。肩关节是人体中活动范围最大的关节，但过大的活动范围也增加了其脆弱性，这也影响了其邻近的骨骼、肌肉、肌腱、韧带和肩部滑液囊。

肩关节的稳定性很大程度上依赖关节盂唇、关节滑膜、关节囊、韧带、肌肉、肌腱和滑膜囊。肩袖肌群（冈上肌、冈下肌、肩胛下肌和小圆肌）和胸肌在保持肱骨头稳定性中极为重要。肩关节的活动范围很大，其各种结构容易相互碰撞，导致肌腱炎以及相连组织的炎症和退化。抗阻训练过程中产生的较大的力可能会导致韧带、肌肉和肌腱撕裂。运动员在执行各种形式的卧推和肩上推举练习时须特别小心，因为肩关节受到的压力很大。对于这些动作，以下两点尤为重要：先用较小重量热身，之后采用平衡的训练方式即使用肩部的所有主要动作来锻炼肩部。

膝关节

膝关节位于两个长杠杆（大腿和小腿）之间，因此容易受伤。膝关节的屈曲和伸展几乎只发生在矢状面内。膝关节在额状面和水平面上的旋转主要受制于韧带和软骨组成的稳定结构。额状面力矩会出现于膝盖上，例如当一个橄榄球运动员的足部固定在地面上，但腿中段遭到来自侧面的撞击时。幸运的是，在训练中，阻力力矩几乎只发生在膝关节的正常旋转平面内。

在膝关节的组成结构中，髌骨和周围组织是最容易在抗阻训练中受到各种力的。髌骨的主要作用是使股四头肌远离膝盖转动轴，增加股四头肌的转动力臂和机械效率（图2.5）。如果引入了不合适的负荷、训练量及恢复，那么髌腱在抗阻训练（或任何高冲击力运动，例如跑步）中受到的反复高强度力会引起肌腱炎，其表现为肿胀、疼痛。肌腱炎不是以上训练的固有风险；肌腱炎其实是在没有循序渐进的情况下，采用过大的训练量和训练强度的结果。

运动员在训练或竞赛中使用护膝，以帮助最大化运动表现或预防损伤是很常见的。护膝的种类有很多，包括从药店能买到的薄的、有弹性的、套穿式的护膝，到只在举重器材店售卖的专业的、较厚重的护膝。护膝（尤其是厚重型的护膝）的使用在力量举运动员中是最为普遍的。很少有关于护膝有效性的研究。然而有报道指出，护膝的副作用包括皮肤损伤和髌骨软化症，以及造成髌骨后表面的粗化和磨损[26]。单从弹性作用上看，厚重型的护膝平均可增加25磅（约110N）的蹲举力量。护膝只能稳定膝关节、减少运动员对受伤的恐惧和提供动觉反馈的说法是不正确的[26]。事实上，护膝对膝关节的伸展有直接的帮助。在目前缺乏证据说明护膝能预防伤病的情况下，运动员应该尽量减少使用。如果使用，护膝也应只在最大负荷练习时使用。

肘关节和腕关节

与肘关节和腕关节受伤最相关的动作是过顶推举[8]。然而，与其他常见的肘关节和腕关节的伤病源相比，过顶推举的风险其实是小的。这些伤病源包括参与过顶运动的项目，例如投掷项目以及网球发球[8]。其他可能产生的损伤包括肘关节脱位（有时出现在体操运动中[29]）和过度使用性损伤（例如牵引性骨突炎，有时出现在跳水、摔跤和曲棍球运动中[29]）。对于年轻运动员来说，最担忧的问题之一是骨骺生长板损伤，或者肘关节后部（或桡骨远端）的过度使用性损伤[29]。举重运动员发生肘关节和腕关节损伤的概率是非常小的，通常在研究中参考的只是个别案例。一项研究指出了一位中年竞技举重运动员的肱三头肌肌腱撕裂[35]，而另一项研究指出了一位业余举重教练的肱二头肌远端肌腱两侧撕裂[38]。一项针对245名竞技力量举运动员的调查研究发现，运动员的肘关节和腕关节的受伤概率非常低[41]。只有极少数的数据说明青少年举重运动员可能出现桡骨远端骨骺的骨折[22]。在最近的一项研究中，调查了500名运动医学领域的专家，大多数调查对象表示，没有必要在骺板闭合前避免抗阻训练[32]。

小　结

希望读者能够将本章讨论的生物力学原理应用于抗阻器械的选择和训练计划的设计中。关于不同类型的训练如何给身体提供特定抗阻模式的知识，可以帮助设计安全和有效的训练计划，以满足参与多种项目的运动员，以及那些为了提高运动表现、健康、幸福感和自信而参与抗阻训练的人的需求。

关键词

acceleration 加速度
agonist 主动肌
anatomical position 解剖学姿势
angle of pennation 羽状角
angular displacement 角位移
angular velocity 角速度
antagonist 拮抗肌
biomechanics 生物力学
bracketing technique 区间训练法
cartilaginous joint 软骨关节
classic formula 经典公式
concentric muscle action 肌肉向心运动
distal 远端的
dorsal 背侧的
eccentric muscle action 肌肉离心运动
fibrous attachments 纤维性附着
first-class lever 第一类杠杆
fleshy attachments 直接附着
fluid resistance 流体阻力
form drag 形状阻力
friction 摩擦力
frontal plane 额状面
fulcrum 支点
inertial force 惯性力
insertion 止点
isometric muscle action 肌肉等长运动
kyphotic（脊柱）后凸
lever 杠杆
lordotic（脊柱）前凸
mechanical advantage 机械效率
moment arm 力臂
muscle force 肌力
origin 起点
pennate muscle 羽状肌
power 功率（爆发力）
proximal 近端的
rate coding 激活频率
recruitment 募集
resistive force 阻力
rotational power 旋转功率
rotational work 旋转功
sagittal plane 矢状面
second-class lever 第二类杠杆
strength 力量
surface drag 表面阻力
synergist 协同肌
tendons 肌腱
third-class lever 第三类杠杆
torque 力矩
transverse plane 水平面
Valsalva maneuver 瓦氏呼吸法
ventral 腹侧的
vertebral column 脊柱
weight 重力
work 功

学习试题

1. 以下哪个选项是功率的定义？（ ）
   a. 质量 • 加速度
   b. 力量 • 位移
   c. 力量 • 速度
   d. 力矩 • 时间
2. 为了比较不同体重的奥运举重运动员的运动表现，应该通过经典公式，用举起的负荷除以下列哪 一个选项？（ ）
   a. 体重
   b. 体重的平方
   c. 瘦体重
   d. 体重的2/3次方
3. 在自由重量训练中，肌力会随着下面哪个因素而改变？（ ）
   I. 负荷至关节的垂直距离
   II. 关节角度
   III. 运动加速度
   IV. 运动速度的平方
   a. I和III
   b. II和IV
   c. I、II和III
   d. II、III和IV
4. 垂直纵跳中，膝关节、髋关节和肩关节主要在哪个解剖平面上运动？（ ）
   a. 矢状面
   b. 垂直面
   c. 额状面
   d. 水平面
5. 一个运动员正在做等速向心的肘关节屈曲及伸展训练，以下哪个（些）杠杆发生在肘部的这个训练中？（ ）
   I. 第一类杠杆
   II. 第二类杠杆
   III. 第三类杠杆
   a. I
   b. II
   c. I和III
   d. II和III

第3章

运动与训练的生物能量学

特伦特·J. 赫尔达（Trent J. Herda），PhD；乔尔·T. 克拉默（Joel T. Cramer），PhD

译者：黄维达、周爱国

审校：黎涌明、高延松、何璘瑄

完成这一章的学习后，你将能够：

- 解释运动期间可用于提供ATP的基本能量系统；
- 理解血乳酸堆积、代谢性酸中毒和细胞层面的疲劳表现；
- 明确各种运动强度下能源物质的消耗和补充模式；
- 描述限制运动表现的生物能量因素；
- 制定体现训练代谢特异性的训练计划；
- 解释间歇训练、高强度间歇训练和组合训练的代谢需求和恢复，以优化做功－休息比。

运动和训练的代谢特异性建立在对生物系统中能量转换的理解的基础上。制定高质量的训练计划需要理解机体如何为特定类型的运动提供能量，以及理解能量转换是如何经由特定的训练方案得以改变的。本章在定义一些基本的生物能量学术语并解释三磷酸腺苷（ATP）的作用后，将讨论为人体骨骼肌合成ATP的3种基本的能量系统。之后，本章将介绍物质的消耗和合成（尤其是它们与疲劳和恢复的关系）、限制运动表现的生物能量因素及有氧和无氧训练对于氧气摄入的影响。最后，讨论训练的代谢特异性。

基本术语

生物能量学，或者说生物系统内能量的流动，主要关注宏量营养素（碳水化合物、蛋白质和脂肪，它们包含化学能）向可供生物体使用的能量形式的转换。宏量营养素中的化学键的分解，为生物体做功提供了必要的能量。

大分子分解成小分子，并伴随能量释放的过程被称为分解代谢。利用分解反应所释放的能量来将小分子合成大分子的过程被称为合成代谢。例如，蛋白质分解成氨基酸属于分解代谢，而由氨基酸形成蛋白质属于合成代谢。放能反应是能量释放反应，通常是分解代谢。吸能反应的发生需要能量，包括合成代谢过程和肌肉的收缩。新陈代谢是生物系统中所有分解代谢或放能反应，以及合成代谢或吸能反应的总和。分解代谢或放能反应释放的能量经由中间体分子三磷酸腺苷（ATP）来驱动合成代谢或吸能反应。ATP使能量可以从放能反应转移到吸能反应。如果没有足够的ATP供应，肌肉活动和生长将无法进行。因此，体能教练在制定训练计划时，需要对运动如何影响ATP的水解和再合成有基本的了解。

ATP由腺苷和3个磷酸基团组成（图3.1）。腺苷是腺嘌呤（含氮碱基）和核糖（五碳糖）的组合。由于分解1分子ATP需要1分子水，这个ATP分解产生能量的过程被称为水解。催化ATP水解的酶称为腺苷三磷酸酶（ATP酶）。具体来说，肌球蛋白ATP酶是在横桥循环中催化ATP水解的酶。其他特定的酶在其他位置水解ATP，例如钙ATP酶用于将钙泵入肌质网，钠-钾ATP酶用于维持去极化后的肌膜浓度梯度[59]。下面的公式描述了ATP水解的反应物（左）、酶（中）和产物（右）。

$$\text{ATP}+\text{H}_2\text{O} \xleftrightarrow{\text{ATP酶}} \text{ADP}+\text{P}_i+\text{H}^++\text{能量} \qquad (3.1)$$

其中ADP表示二磷酸腺苷（仅有2个磷酸基团，图3.1），P_i是无机磷酸盐分子，H^+是氢离子（质子）。ADP的进一步水解分裂第二个磷酸基团并产生一磷酸腺苷（AMP）。ATP（主要）和ADP（次要）水解所释放的能量供人体做功。

ATP被归类为高能量分子，因为它在两个末端磷酸基团的化学键中存储大量能量。由于肌细胞只能储存有限的ATP，并且人体肌肉活动需要持续不断的ATP供应，因此ATP的产生过程必须发生在细胞中。

生物能量系统

哺乳动物肌细胞产生ATP的3个基本能量系统分别是[85, 122]：

- 磷酸原系统；
- 糖酵解系统；
- 氧化系统。

在讨论运动相关的生物能量学时，经常使用无氧代谢和有氧代谢这两个术语。无氧代谢不需要氧的参与，而有氧代谢则取决于

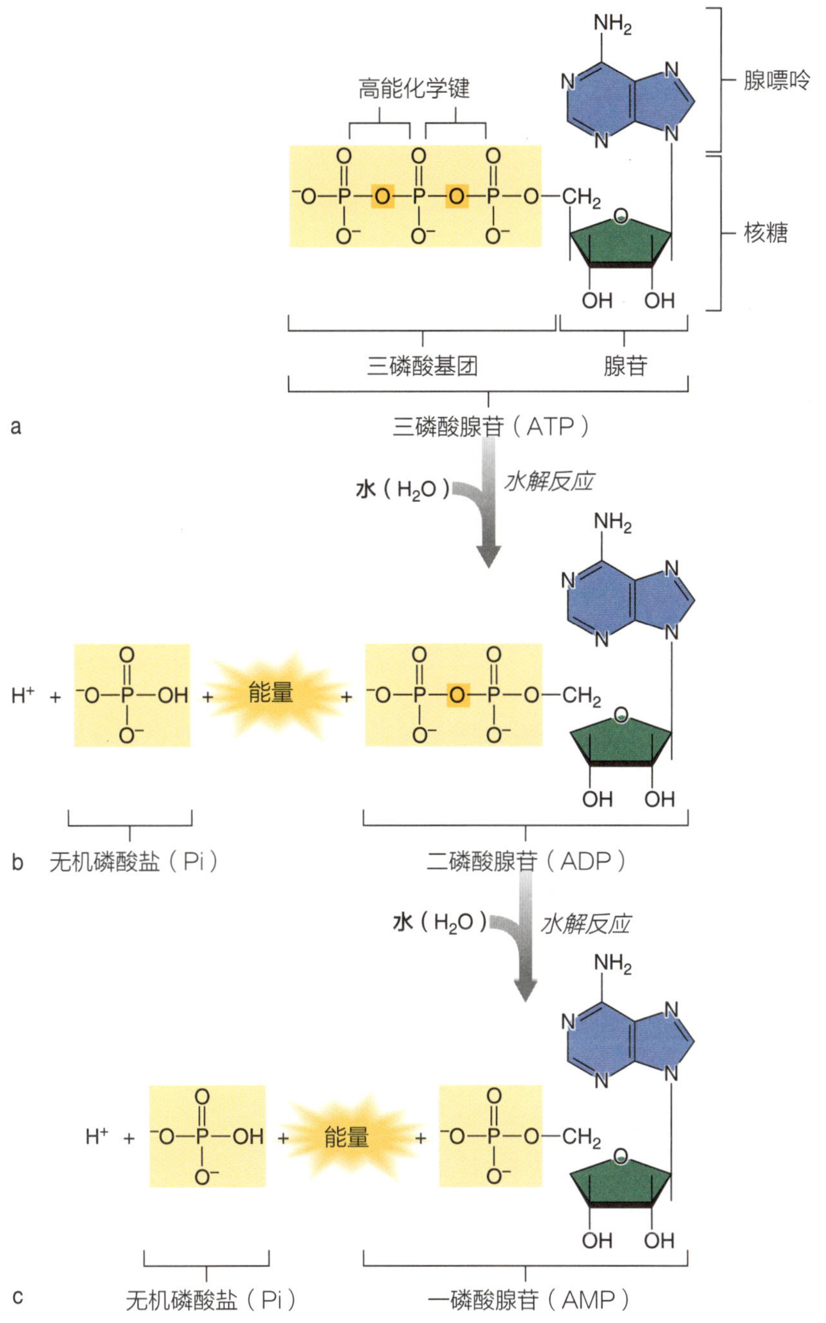

图3.1 （a）ATP分子的化学结构说明，即腺苷（腺嘌呤加核糖）、三磷酸基团和高能化学键的位置；（b）ATP的水解破坏末端磷酸键，释放能量，并产生ADP、无机磷酸盐（P_i）和氢离子（H^+）；（c）ADP的水解破坏末端磷酸酯键，释放能量，并产生AMP、Pi和H^+

氧。磷酸原系统和糖酵解系统属于发生在肌质中的无氧代谢。柠檬酸循环（或称为克雷布斯循环、三羧酸循环）、电子传递和其他的有氧代谢过程发生在肌细胞的线粒体中，需要氧作为末端电子受体。

在3种主要的宏量营养素（碳水化合物、蛋白质和脂肪）中，只有碳水化合物可以在没有氧的直接参与下进行代谢[21]。因此，碳水化合物在无氧代谢中是至关重要的。上述3个能量系统在任何时间都是活跃的。然而，每个系统对总做功的贡献大小主要取决于运动的强度，其次取决于持续时间[45, 85]。

> 三磷酸腺苷（ATP）化学键中储存的能量用于为肌肉活动提供能量。人类骨骼肌中ATP的补充通过3个基本的能量系统完成：（a）磷酸原系统；（b）糖酵解系统；（c）氧化系统。

磷酸原系统

磷酸原系统主要为短时高强度的活动（例如，抗阻训练和冲刺）提供ATP，并且无论强度高低，所有运动开始时磷酸原系统都高度活跃[62, 70, 153]。这种能量系统依赖ATP的水解（公式3.1）和另一种高能磷酸分子（磷酸肌酸，CP或PCr）的分解。肌酸激酶是在以下反应中催化CP和ADP合成ATP的酶。

$$\text{ADP+CP} \xleftrightarrow{\text{肌酸激酶}} \text{ATP+肌酸} \qquad (3.2)$$

CP为ADP提供磷酸基团以合成ATP。肌酸激酶反应以高速率供能，然而，由于CP储存量相对较小，磷酸原系统不是持续、长时间运动的主要能量供应源[30]。

ATP的储存

任何时候身体都存储着约80~100g的ATP，这对于运动而言并不是足够的能量储备[107]。此外，由于维持细胞基本功能所需，储存的ATP不会完全耗尽。事实上，在肌肉疲劳实验中，ATP的浓度降幅可能最多达起始水平的50%~60%[34, 71, 100, 143]。因此，磷酸原系统使用肌酸激酶反应（公式3.2）来维持ATP的浓度。在正常情况下，骨骼肌CP的浓度比ATP浓度高4~6倍[107]。因此，磷酸原系统通过CP和肌酸激酶反应，为快速补充ATP提供能量储备。此外，II型（快缩肌）肌纤维的CP浓度比I型（慢缩肌）肌纤维更高[95, 132]。因此，具有更高比例II型肌纤维的个体能够在无氧、爆发性运动中通过磷酸原系统更快地补充ATP。

快速补充ATP的另一个重要的单酶反应是腺苷酸激酶（也称为肌激酶）反应。

$$\text{2ADP} \xleftrightarrow{\text{腺苷酸激酶}} \text{ATP+AMP} \qquad (3.3)$$

该反应特别重要，因为AMP作为腺苷酸激酶（肌激酶）反应的产物，是糖酵解的强效刺激物[22, 28]。

磷酸原系统的控制

磷酸原系统的反应（通常由公式3.1、公式3.2和公式3.3表示）主要由质量作用定律或质量作用效果控制[107]。根据质量作用定律，溶液中反应物或产物（或两者）的浓度将决定反应的方向。在酶导反应（如磷酸原系统反应）中，产物形成的速率受反应物浓度的影响极大。这在公式3.1、公式3.2和公式3.3中通过反应物和产物之间的双向箭头表示。例如，当ATP被水解并产生运动所需的能量（公式3.1）时，肌膜中ADP（以及P_i）浓度会出现瞬时增加，并引起肌酸激酶和腺苷酸激酶反应速率的增加（公式3.2和公式3.3）以补充ATP。这个过程将持续直到（a）运动终止或（b）运动强度足够低，使其不消耗CP，并且允许糖酵解或氧化系统成为ATP的主要供应源，并使游离肌酸再次磷酸化（公式3.2）[37]。此时，肌浆中ATP的浓度将保持稳定或增加，这将减慢或逆转肌酸激酶和腺苷酸激酶反应的方向。所以，公式3.1、公式3.2和公式3.3通常被称为近平衡反应。由于质量作用定律，这些反应的方向受反应物浓度的影响。

糖酵解系统

糖酵解是碳水化合物的分解——以存储

在肌肉中的糖原或在血液中递送的葡萄糖为底物——再合成ATP的过程[22, 143]。糖酵解过程涉及多个酶催化反应（图3.2）。因此，糖酵解过程中的ATP再次合成速率不如单步完成的磷酸原系统那么快；但是，由于糖原和葡萄糖的供应量比CP更大，糖酵解产生ATP的能力高得多。与磷酸原系统一样，糖酵解发生在肌浆中。

如图3.2所示，糖酵解的产物丙酮酸可以朝两个方向之一继续进行代谢：

1. 丙酮酸可以在肌质中转化为乳酸盐；
2. 丙酮酸可以被运送进线粒体。

当丙酮酸转化为乳酸盐时，ATP通过NAD^+的快速再生以更快的速率再合成，但由于产生的H^+导致肌质pH的降低，这一代谢的持续时间有限。这个过程有时被称为无氧糖酵解（或快速糖酵解）。然而，当丙酮酸进入线粒体进行柠檬酸循环时，ATP再合成速率由于反应步骤过多而较慢。但是如果运动强度足够低，这一代谢可以持续较长时间。这个过程通常被称为有氧糖酵解（或慢速糖酵解）。在更高运动强度时，丙酮酸和NADH将增加到高于丙酮酸脱氢酶可以处理的水平，然后被转化为乳酸盐和NAD^+。但由于糖酵解本身不依赖于氧，用无氧和有氧（或分别用快速和慢速）糖酵解这一术语来描述此过程是不合适的。然而，丙酮酸的去向最终由细胞内的能量需求控制。如果能量需求高并且必须快速转移，如在抗阻训练期间，丙酮酸主要转化为乳酸盐以进一步支持无氧糖酵解。如果能量需求不高并且氧以足够的量存在于细胞中，则丙酮酸可以在线粒体中进一步氧化。

糖酵解和乳酸盐的形成

丙酮酸生成乳酸盐是在乳酸脱氢酶的催化下实现的。人们往往错误地认为，这个反应的最终结果是生成乳酸。然而，由于生理pH值（接近7），以及糖酵解前序步骤中消耗了一个质子[123]，乳酸脱氢酶反应的产物是乳酸盐，而不是乳酸。虽然运动中的肌肉疲劳与组织中高浓度的乳酸盐有关，但乳酸盐不是疲劳的原因[22, 27, 123]。疲劳期间的氢离子（H^+）积累，降低细胞内pH，抑制糖酵解反应，并且直接干扰肌肉的兴奋–收缩耦联——可能通过抑制钙与肌钙蛋白的结合[57, 113]或通过干扰横桥循环[51, 57, 78, 113, 114]。此外，pH的降低抑制了细胞能量系统的酶周转率[9, 78]。总的来说，运动引起pH下降的这一过程被称为代谢性酸中毒[123]，该过程可能是运动期间外周疲劳的主要原因[42, 154]。最近，代谢性酸中毒导致外周疲劳的观点受到质疑[128]；研究表明，其他因素与外周疲劳有着密切的关系，这些因素包括间质K^+浓度的增加，以及P_i抑制了Ca^{++}的释放[118, 137]。然而，证据表明，其他机制，如ATP的简单水解（公式3.1），是导致H^+累积的主要原因，而乳酸盐的存在可以减缓代谢性酸中毒而不是加速[27, 123]。参见标题为“乳酸不会引起代谢性酸中毒”的专栏。事实上，乳酸盐通常用作能量底物，特别是在I型肌纤维和心肌纤维中[19, 106, 160]。它还在长时间运动和恢复期间被用于糖异生——非碳水化合物转变为葡萄糖的过程[19, 106]。

血液和肌肉中通常存在低浓度的乳酸盐。研究表明，静息时血液中乳酸盐浓度的正常范围为0.5~2.2mmol/L，每千克湿肌（未干燥的肌肉）为0.5~2.2mmol[67]。乳酸盐的产生量随运动强度的增加而增大[67, 127]，并且似乎与肌纤维类型有关。研究显示，II型肌纤维的乳酸盐最大产生速率为$0.5mmol \cdot g^{-1} \cdot s^{-1}$[46, 105]，I型纤维的乳酸盐最大产生速率为$0.25mmol \cdot g^{-1} \cdot s^{-1}$[111]。II型肌纤维乳酸盐产生率更高，表明其糖酵解酶的浓度或活性比I型肌纤维更

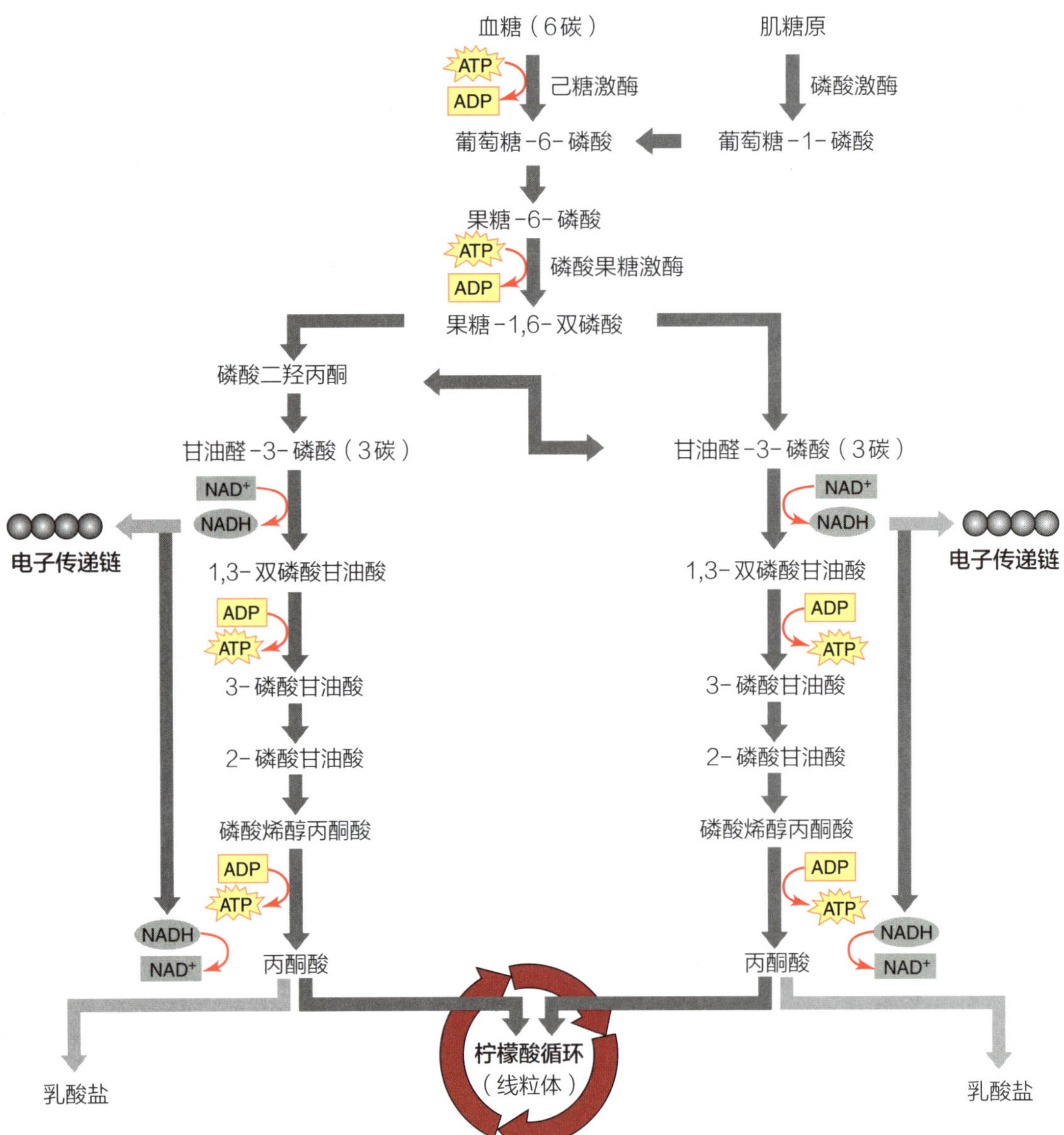

图3.2　糖酵解过程，其中：ADP=二磷酸腺苷；ATP=三磷酸腺苷；NAD^+、NADH=烟酰胺腺嘌呤二核苷酸

高[10, 120]。尽管乳酸盐可能累积的最高浓度是未知的，但在血液中20~25mmol/L的乳酸盐浓度可能导致严重疲劳[105]；然而，一项研究显示，多次动态运动（dynamic exercise）后的血乳酸盐浓度可以高于30mmol/L[79]。除了运动强度和肌纤维类型之外，运动持续时间[67]、训练状态[66]和初始糖原水平[67]也可以影响乳酸盐累积。

血乳酸盐浓度反映了乳酸盐生成与清除的净平衡，而净平衡是碳酸氢盐（HCO_3^-）缓冲的结果。HCO_3^-通过接受质子（形成H_2CO_3）使H^+对pH的扰乱影响最小。血液中乳酸盐的清除和缓冲反映机体恢复内稳态的程度。乳酸盐在其产生的肌纤维内通过氧化清除，或者通过血液循环转运到其他肌纤维进行氧化[106]。乳酸盐也可以通过血液转运到肝脏，并在肝脏中被转化为葡萄糖。这个过程称为科里循环（或称乳酸循环），如图3.3所示。

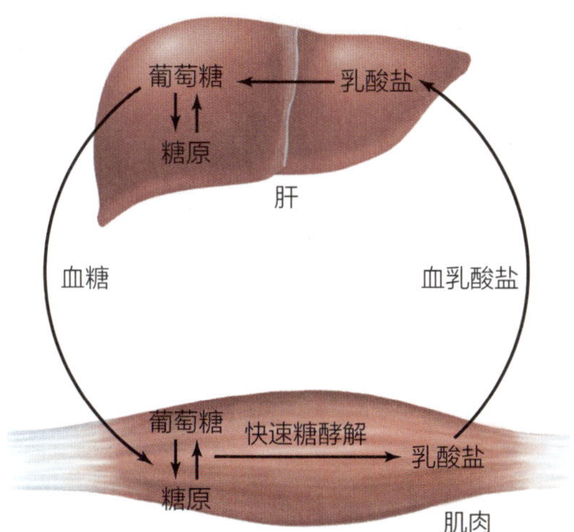

图3.3 科里循环

Gollnick及其同事[67]以及其他人[8, 72, 116]研究指出，根据运动的持续时间和强度、训练状态和恢复类型（被动与主动）的不同，血乳酸盐浓度通常在运动后1小时内恢复到运动前水平。运动后的轻微活动可以提高乳酸盐的清除率[55, 67, 72, 79, 116]。例如，在竞技游泳运动员中，相对于被动恢复，全力游泳200yd（约182.9米）后的主动恢复的乳酸盐清除率最高[72]。此外，经过有氧训练[67]和无氧训练[62]的运动员都比未经过训练的人具有更快的乳酸盐清除率。血乳酸盐浓度峰值在运动终止后大约5分钟出现[67]，这种延迟通常归因于将乳酸盐从组织缓冲并转运至血液所需的时间[93]。

在高强度、间歇性运动（例如，抗阻训练和冲刺）后，血乳酸盐的累积比低强度、持续性运动后更多[79, 101, 150]。但是，在相同的绝对工作量下（相同的阻力），经过训练的人的血乳酸盐浓度比未经过训练的人低[66, 89, 141]。这表明抗阻训练对乳酸盐反应的改变与有氧耐力训练类似[67, 89, 141]。这些改变包括：与未经过训练的人群相比，在负荷相同的条件下，经过训练的个体产生更低的血乳酸盐浓度；当在最大努力训练时，经过训练的个体有更高的血乳酸盐浓度[67, 89, 141]。

当丙酮酸转化成乳酸盐时，糖酵解的净反应可以总结如下：

$$\text{葡萄糖}+2P_i+2ADP \rightarrow 2\text{乳酸盐}+2ATP+H_2O \quad (3.4)$$

引起柠檬酸循环的糖酵解

如果线粒体（有氧代谢反应发生的特定细胞器）中的氧气充足，糖酵解的最终产物，丙酮酸，不转化为乳酸盐，而是被转运到线粒体中。同时被转运的还包括糖酵解反应期间产生的两分子还原烟酰胺腺嘌呤二核苷酸（NADH）（还原是指添加氢的过程）。当丙酮酸进入线粒体时，其通过丙酮酸脱氢酶复合物转化为乙酰辅酶A，并释放CO_2。然后乙酰辅酶A进入柠檬酸循环以进行进一步的ATP再合成。NADH分子进入电子传递系统，在那里它们也可以用于再合成ATP。

丙酮酸被转运至线粒体时，糖酵解的净反应可以总结如下：

$$\text{葡萄糖}+2P_i+2ADP+2NAD^+ \rightarrow 2\text{丙酮酸}+2ATP+2NADH+2H_2O \quad (3.5)$$

糖酵解的能量产量

代谢过程中主要有两种重新合成ATP的机制：

1. 底物水平磷酸化
2. 氧化磷酸化

磷酸化是将无机磷酸盐（P_i）加入另一分子的过程。例如，$ADP+P_i \rightarrow ATP$是ADP磷酸化为ATP。氧化磷酸化是指在电子传递链（ETC）中ATP的再合成。底物水平磷酸化指在代谢途径中的单一反应期间从ADP直接再合成ATP。糖酵解中有两个步骤导致ADP合成ATP的底物水平磷酸化[42]：

$$1,3\text{-双磷酸甘油酸}+ADP+P_i \xrightarrow{\text{磷酸甘油酸激酶}} 3\text{-磷酸甘油酸}+ATP \quad (3.6)$$

乳酸不会引起代谢性酸中毒

乳酸性酸中毒是常见的误称，因为乳酸被误认为是高强度运动期间肌肉疲劳时灼烧感觉的致因。这种误解是基于以下假设：当骨骼肌中进行糖酵解时，乳酸立即解离成乳酸盐和H^+[1, 60, 123]。然而，糖酵解的磷酸甘油酸激酶反应涉及磷酸盐的转移，并留下1个羧酸酯（COO^-）基团。因此，如图3.4所示，没有质子（H^+）从乳酸盐中解离[60, 123]。

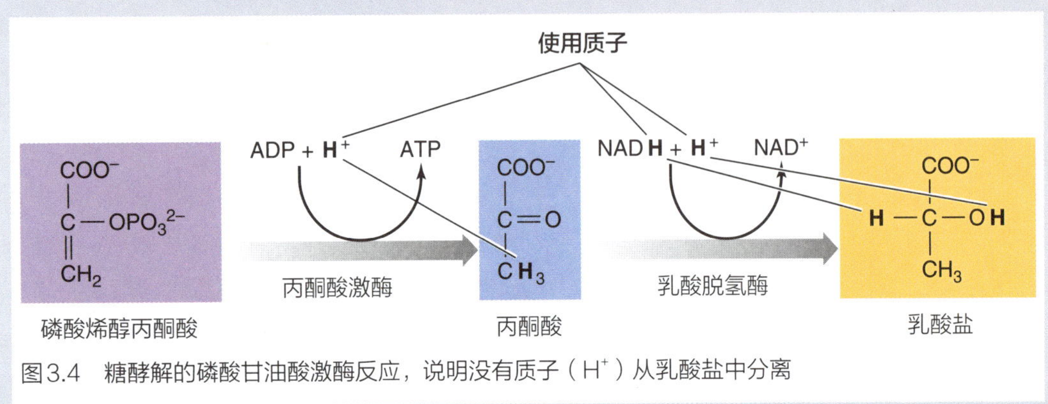

图3.4 糖酵解的磷酸甘油酸激酶反应，说明没有质子（H^+）从乳酸盐中分离

此外，乳酸脱氢酶反应本身消耗质子，并使细胞碱化[60, 123]——与酸中毒相反。事实上，Busa和Nuccitelli[27]指出，"ATP水解，而非乳酸累积，才是细胞内酸累积的主要来源"。Robergs等人[123]想说的关键信息是，线粒体外ATP的水解是运动性代谢酸中毒期间质子（H^+）积累的主要致因——而不是通常认为的丙酮酸转化为乳酸。所以，乳酸性酸中毒这一术语实际上是一种误称。因此，建议采用代谢性酸中毒来描述高强度运动疲劳期间骨骼肌pH降低的现象。

$$\text{磷酸烯醇丙酮酸} + \text{ADP} + \text{P}_i \xrightarrow{\text{丙酮酸激酶}} \text{丙酮酸} + \text{ATP} \quad (3.7)$$

在糖酵解过程中由于底物水平磷酸化而重新合成的ATP分子的总数为4（图3.2）。然而，在糖酵解中将果糖-6-磷酸转化为果糖-1,6-双磷酸［由**磷酸果糖激酶（PFK）**酶催化］的反应需要水解1个ATP分子。此外，有两种可能的葡萄糖来源：血糖和肌糖原。当血糖进入肌细胞时，它必须磷酸化以保留在细胞中并维持葡萄糖浓度梯度[67]。己糖激酶每催化1分子血糖的磷酸化，也需要水解1分子ATP。相比之下，当肌糖原在糖原磷酸化酶的帮助下分解（即**糖原分解**）为葡萄糖时，葡萄糖已经被磷酸化，并且不需要ATP的水解。因此，当糖酵解从1分子血糖开始时，其需要先使用2分子的ATP，以合成4分子的ATP，即净生成2分子的ATP。当糖酵解从肌糖原开始时，仅使用1分子的ATP来合成4分子的ATP，即净生成3分子的ATP。

糖酵解的控制

通常情况下，肌肉强烈收缩期间的高ADP、P_i和氨浓度以及pH和AMP的轻微降低都能刺激糖酵解速率增加[22, 61, 140]，同时这些都是ATP水解增加和需要能量的迹象。相比之下，糖酵解被低水平的pH、ATP、CP、柠檬酸盐和游离脂肪酸所抑制，这些情况通常出现在静息状态中[22]（注意，pH的轻微降低促进糖酵解，但是如果pH继续大幅降低，它将抑制糖酵解的速率）。然而，有更多的特定因素参与糖酵解的调节[107]，例如3种重要的糖酵解酶（己糖激酶、磷酸果糖激酶和丙酮酸激酶）的浓度和转换率。这些酶都是糖酵解过程中的调节酶，因为它们都具有重要的变构（意指“其他位点”）结合位点。当一个或一系列反应的终产物反过来调节代谢途径中关键酶的转换率时，变构调节就会发生。因此，该过程也称为终产物调节[85]或反馈调节[61]。当终产物结合调节酶降低其转换率并减缓产物形成时，就发生变构抑制。相反，当“催化剂”与酶结合并增加其转换率时，则发生变构激活。

己糖激酶是葡萄糖磷酸化变为葡萄糖-6-磷酸的催化剂，其被肌质中的葡萄糖-6-磷酸的浓度变构抑制[61]。因此，葡萄糖-6-磷酸的浓度越高，己糖激酶将被抑制得越多。此外，葡萄糖磷酸化进入细胞后，便无法离开。类似地，磷酸果糖激酶反应（果糖-6-磷酸→果糖-1,6-双磷酸）使细胞代谢葡萄糖，而不是将其作为糖原储存。磷酸果糖激酶是糖酵解最重要的调节剂，因为它的调节过程是一个限速步骤。ATP是磷酸果糖激酶的变构抑制剂；因此，随着细胞内ATP浓度升高，磷酸果糖激酶活性降低并且减少果糖-6-磷酸向果糖-1,6-双磷酸的转化，并且随后降低糖酵解代谢的活性。然而，AMP是磷酸果糖激酶的变构激活剂和糖酵解的强大刺激剂。此外，高强度运动中AMP或氨基酸脱氨（从氨基酸分子中除去氨基）而产生的氨也可以刺激磷酸果糖激酶。丙酮酸激酶催化磷酸烯醇丙酮酸转化为丙酮酸，并且是最终的调节酶。丙酮酸激酶被ATP和乙酰辅酶A（后者是柠檬酸循环中间体）变构抑制，并由高浓度的AMP和果糖-1,6-双磷酸激活[61]。

乳酸阈和血乳酸堆积起始点

最近的证据表明，随着运动强度的增加，乳酸堆积曲线（图3.5）中存在特定的断点[39, 98]。当血乳酸深度超过基线浓度突然增加时，所对应的运动强度或相对强度被称为乳酸阈（LT）[161]。LT代表人体能量需求对无氧代谢依赖显著增加。LT与通气阈（通气量和$\dot{V}O_2$关系中的断裂点）能够很好地对应，并且通常被作

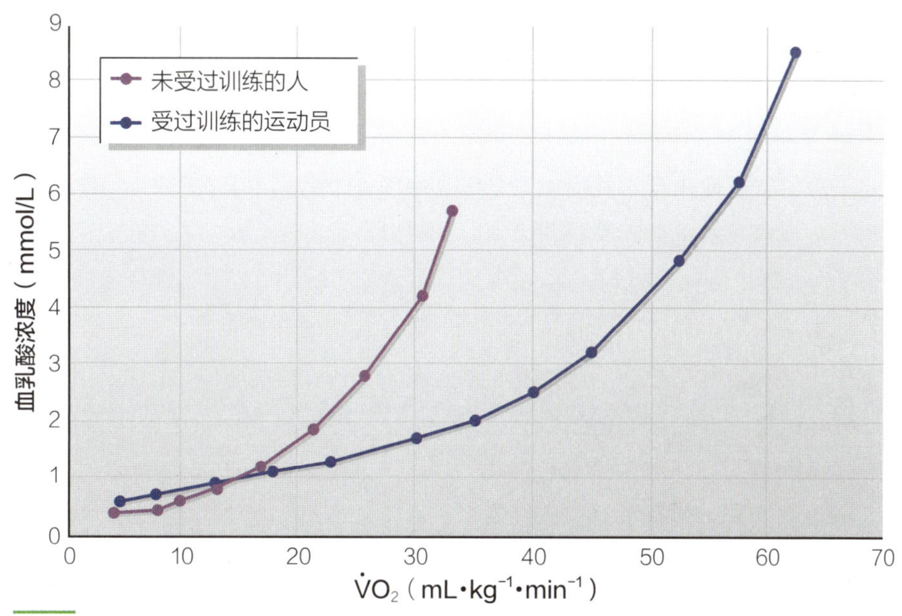

图3.5 乳酸阈（LT）和血乳酸堆积起始点（OBLA）

为无氧阈的标志。

LT通常出现在未训练个体最大摄氧量的50%~60%，对于受过有氧训练的运动员，LT通常出现在最大摄氧量的70%~80%。在相对更高的运动强度，乳酸堆积速率会出现第二次增加[29, 52]。这个拐点被称为血乳酸堆积起始点（OBLA），其在血乳酸浓度为4mmol/L时发生[83, 136, 142]。随着运动强度增强，乳酸堆积曲线中的拐点可能对应于中型和大型运动单位开始被募集[92]。与大型运动单位相关的肌细胞通常是II型肌纤维，这种肌纤维特别适合于无氧代谢和乳酸生成。

一些研究表明，在接近或高于LT或OBLA的运动强度下训练将使LT和OBLA右移（即乳酸堆积发生在更高的运动强度）[39, 43]。引起这种转移的原因可能与激素释放的变化（特别是在高运动强度下儿茶酚胺释放的降低）和线粒体含量的增加（其允许通过有氧机制产生更多的ATP）有关。这种变化使运动员在更高的最大摄氧量百分比强度下运动时，产生更少的血乳酸堆积[22, 41]。

氧化（有氧）系统

氧化系统是休息时和低强度活动期间ATP的主要来源，主要使用碳水化合物和脂肪作为底物[62]。蛋白质对总体能量产出贡献不大；然而，在长期饥饿和长时间（>90min）运动中，人体对蛋白质（转化为能量）的使用显著增加[41, 102]。静息状态下，人体产生的ATP约70%来自脂肪，30%来自碳水化合物。在运动开始后，随着运动强度的增加，代谢底物偏好从脂肪转移到碳水化合物。在高强度有氧运动期间，如果供应充足，几乎100%的能量来自碳水化合物，脂肪和蛋白质的贡献很小。然而，在长时间、次最大努力、强度稳定的运动中，有氧代谢的能源底物从碳水化合物逐渐地转变为脂肪和少量的蛋白质[22]。

葡萄糖和糖原氧化

葡萄糖和肌糖原的氧化代谢始于糖酵解。如果氧足够，糖酵解的终产物——丙酮酸，不会转化为乳酸盐，而是被转运到线粒体，在那里转化为乙酰辅酶A（1个二碳分子），并进入柠檬酸循环[7, 61]。柠檬酸循环是一系列反应，其继续氧化糖酵解代谢的产物，并通过底物水平磷酸化从每个葡萄糖分子中，间接地通过鸟苷三磷酸（GTP）产生2分子ATP（图3.6）。

由1分子葡萄糖产生2分子丙酮酸之后，还产生了6分子NADH和2分子还原黄素腺嘌呤二核苷酸（$FADH_2$）。这些分子将氢原子运输到ETC以用于将ADP转化为ATP[22, 107]。ETC使用NADH分子和$FADH_2$分子将ADP再磷酸化成ATP（图3.7）。

氢原子沿着链（一系列称为细胞色素的电子载体）往下传递，以形成质子浓度梯度，为合成ATP提供所需要的能量，其中氧用作最终电子受体（导致水的形成）。因为NADH和$FADH_2$在不同结合位点进入ETC，它们在产生ATP的能力上有所不同。1个NADH分子可以产生3个ATP分子，而1个$FADH_2$分子只能产生2个ATP分子。在该过程中，ATP的产生被称为氧化磷酸化。氧化系统，从糖酵解开始，到柠檬酸循环和ETC，其最终使1个血糖分子降解产生约38个ATP分子[22, 85]。然而，如果糖酵解的起点是肌糖原，净产生的ATP分子数为39，因为已糖激酶反应在肌糖原分解中不是必要的。然而，与底物水平磷酸化相比，氧化磷酸化占ATP合成的90%以上，这证明了氧化系统的能量转移能力。这些过程的概述见表3.1。

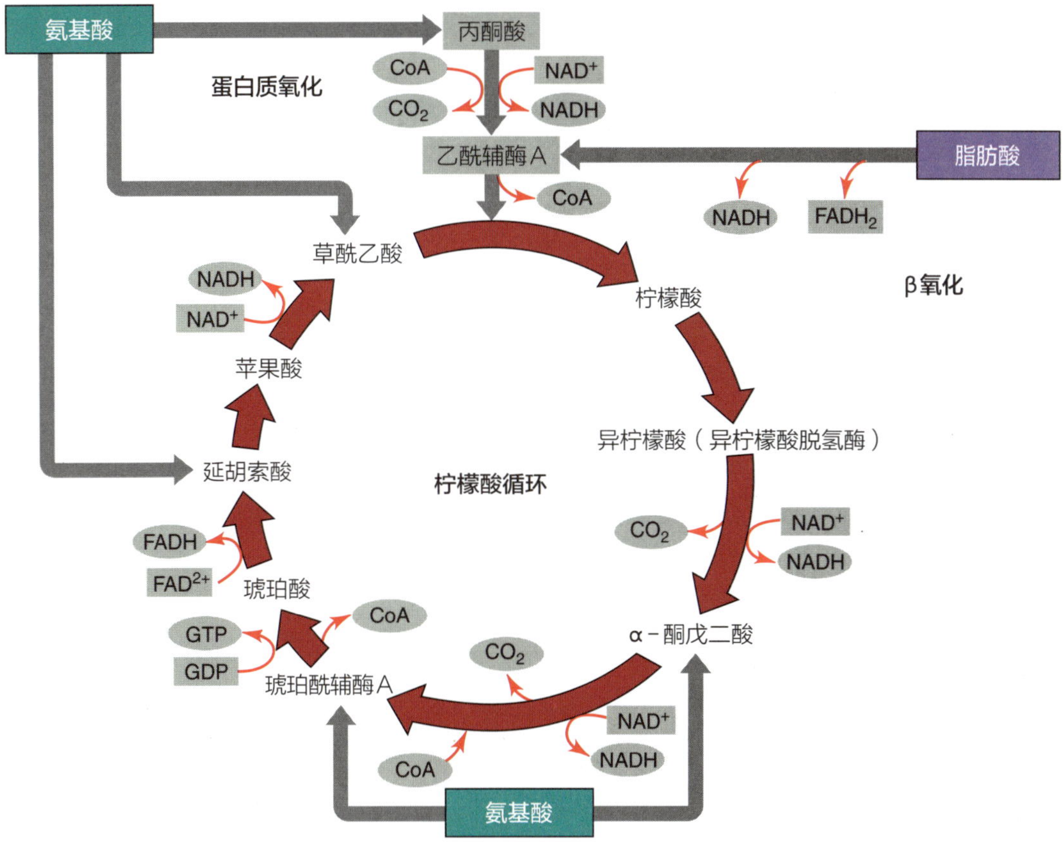

氨基酸
丙酮酸
蛋白质氧化
CoA
CO_2
NAD^+
NADH
乙酰辅酶A
脂肪酸
CoA
NADH
$FADH_2$
β氧化
草酰乙酸
柠檬酸
NADH
NAD^+
苹果酸
异柠檬酸（异柠檬酸脱氢酶）
延胡索酸
柠檬酸循环
CO_2
NAD^+
NADH
FADH
FAD^{2+}
琥珀酸
CoA
GTP
GDP
琥珀酰辅酶A
CO_2
α－酮戊二酸
NAD^+
NADH
CoA
氨基酸

图3.6　柠檬酸循环，其中：CoA=辅酶A；FAD^{2+}、FADH、$FADH_2$=黄素腺嘌呤二核苷酸；GDP=鸟苷二磷酸；GTP=鸟苷三磷酸；NAD^+、NADH=烟酰胺腺嘌呤二核苷酸

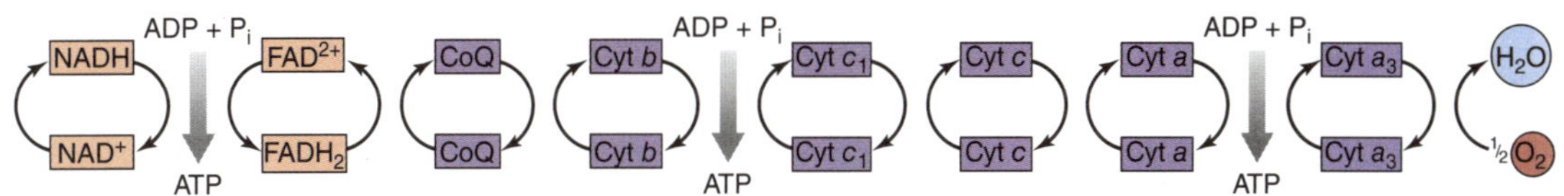

图3.7　电子传递链，其中：CoQ=辅酶Q；Cyt=细胞色素

脂肪氧化

脂肪也可以被氧化系统使用。存储在脂肪细胞中的甘油三酯可以通过酶（激素敏感性脂肪酶）分解，以产生游离脂肪酸和甘油。这使总游离脂肪酸的一部分从脂肪细胞释放到血液中，在那里它们可循环并进入肌纤维中进行氧化[88, 121]。此外，有限的甘油三酯与一种激素敏感性脂肪酶一起储存在肌肉中，以产生肌内的游离脂肪酸[22, 47]。游离脂肪酸进入线粒体进行**β氧化**，在这个系列反应中，游离脂肪酸被分解，并形成乙酰辅酶A和氢质子（图3.6）。乙酰辅酶A直接进入柠檬酸循环，氢原子则由NADH和$FADH_2$携带到ETC[22]，最终通过β氧化提供数百个ATP分子。例如，包含3个16–碳链游离脂肪酸（棕榈酸）的单个甘油三酯分子可以通过β氧化代谢产生超过300个ATP分子（每个棕榈酸分子产生超过100个ATP分子）。总之，相比碳水化合物和蛋白质，脂肪氧化能产生大量的ATP。

表3.1　1分子葡萄糖氧化的总能量

过程	产生的ATP
慢速糖酵解：	
底物水平磷酸化	4
氧化磷酸化：2NADH（每分子NADH产生3分子ATP）	6
柠檬酸循环（每分子葡萄糖经过2轮循环）：	
底物水平磷酸化	2
氧化磷酸化：8NADH（每分子NADH产生3分子ATP）	24
通过GTP：$2FADH_2$（每分子$FADH_2$产生2分子ATP）	4
总和	40*

*糖酵解消耗2分子ATP（如果以血糖开始），因此ATP净产量为40-2=38分子。ATP净产量也可能为36分子，这取决于使用哪个运输系统将NADH转运到线粒体。ATP=三磷酸腺苷；$FADH_2$=黄素腺嘌呤二核苷酸；GTP=鸟苷三磷酸；NADH=烟酰胺腺嘌呤二核苷酸。

蛋白质氧化

蛋白质虽然对于大多数活动来说，不是重要的能量来源，但是它可以通过多种代谢过程被分解成氨基酸。然后，这些氨基酸大多数可以转化为葡萄糖（在称为糖异生的过程中）、丙酮酸或各种柠檬酸循环中间体以产生ATP（图3.6）。在短时运动中，氨基酸对ATP生成的贡献是微弱的；但在长时运动中，氨基酸可提供3%~18%的能量[20, 138]。尽管丙氨酸、天冬氨酸和谷氨酸也可以被氧化，但是骨骼肌中被氧化的氨基酸主要是**支链氨基酸**（亮氨酸、异亮氨酸和缬氨酸[69]）。氨基酸降解的含氮废物通过形成尿素和少量的氨来排出[22]。通过形成氨来排出含氮废物是十分重要的，因为氨有毒且与疲劳相关。

氧化（有氧）系统的控制

柠檬酸循环中的限速步骤（图3.6）是异柠檬酸向α-酮戊二酸的转化，该反应是由异柠檬酸脱氢酶催化的反应。异柠檬酸脱氢酶被ADP刺激并且被ATP变构抑制。产生NADH或$FADH_2$的反应也影响柠檬酸循环的调节。如果NAD^+和FAD^{2+}的浓度不足以结合氢，那么柠檬酸循环的速率降低。此外，当GTP积累时，琥珀酰辅酶A的浓度增加，这会抑制柠檬酸循环的初始反应（草酰乙酸+乙酰辅酶A→柠檬酸+CoA）。ETC也受ATP抑制，受ADP激发[22]。图3.8为脂肪、碳水化合物和蛋白质代谢的简化图。

能量的产生和供能能力

磷酸原系统、糖酵解和氧化系统为各种强度和持续时间的活动供应能量的能力并不相同（表3.2和表3.3）。运动强度可以定义为以功率（单位时间内的做功）输出来量化的肌肉活动水平[99]。例如抗阻训练这样在高功率输出下的活动，需要快速的能量供应，几乎完全依赖于由磷酸原系统提供的能量。低强度、长时间的活动，例如马拉松跑，需要长时间的能量供应，主要依赖于由氧化系统提供的能量。根据强度和持续时间的不同，运动过程中的主要能量来源在这两个极端间移动（表3.2）。一般来说，短时间高强度的活动（例如高强度抗阻训练和冲刺）主要依赖于磷酸原系统和

表3.2　不同持续时间和强度下的运动对应的主要供能系统

运动持续时间	运动强度	主要供能系统
0~6s	极高	磷酸原系统
6~30s	非常高	磷酸原系统和快速糖酵解
30s~2min	高	快速糖酵解
2~3min	中等	快速糖酵解和氧化系统
>3min	低	氧化系统

注：该表为假设运动员全力运动的条件下，运动持续时间、强度和供能系统选择之间的关系。

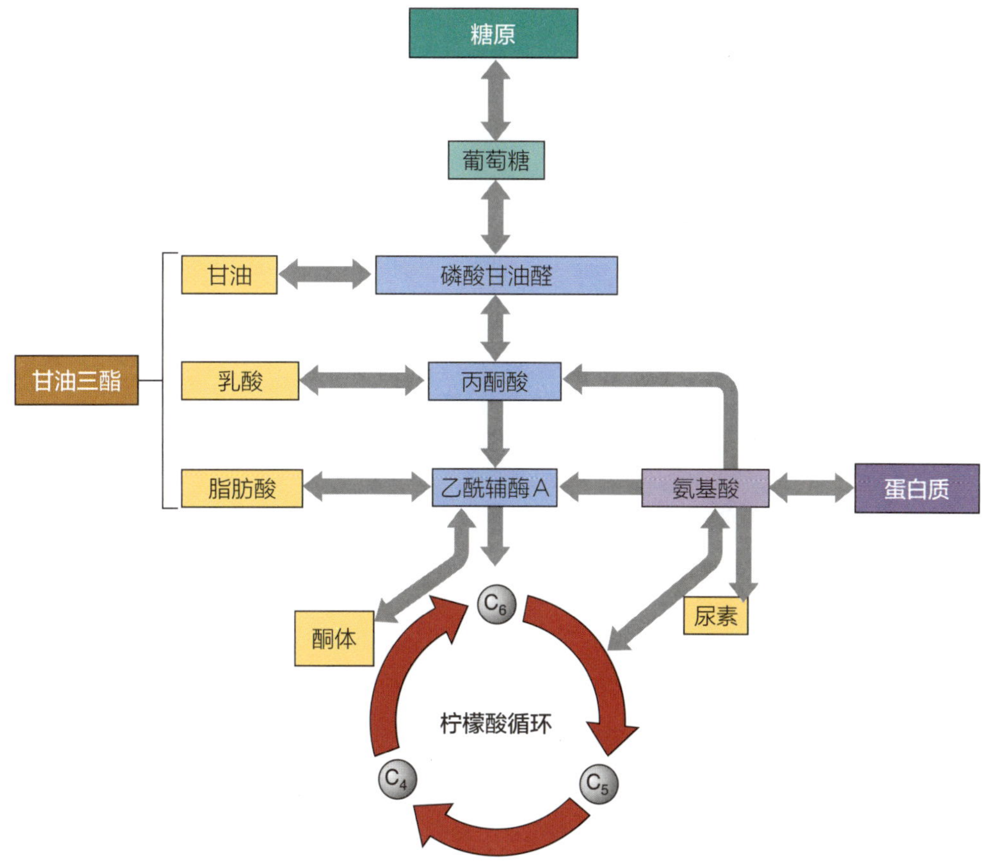

图3.8　脂肪、碳水化合物和蛋白质的代谢具有一些共同的途径，许多被氧化成乙酰辅酶A并进入柠檬酸循环

快速糖酵解供能。随着强度的降低和持续时间的增加，主要能量来源逐渐转向慢速糖酵解和氧化系统[45, 129]。

表3.3　ATP生成速率和能力排序

供能系统	ATP生成速率	ATP生成能力
磷酸原系统	1	5
快速糖酵解	2	4
慢速糖酵解	3	3
碳水化合物氧化	4	2
脂肪和蛋白质氧化	5	1

注：1=最快/最大；5=最慢/最少。

运动持续时间也会影响能量系统的使用。不同运动的持续时间从1~3秒（例如抓举并投掷铅球）到超过4小时（例如长距离铁人三项和超长马拉松）。如果运动员尽最大的努力（在特定运动中达到最佳表现），表3.2中所示的时间是合理的[48, 78, 124, 144, 147]。

> 一般来说，对特定能量系统而言，其ATP最大生成速率（即单位时间生成的ATP量）与ATP生成能力（即运动过程内产生ATP的总量）之间存在反比的关系。磷酸原系统具有最大的ATP生成速率，而脂肪氧化具有最大的ATP生成能力。因此，磷酸原系统主要为短时间高强度运动（例如100m跑）提供ATP，糖酵解系统主要为短时到中等持续时间、中等到高强度运动（例如400m跑）提供ATP，氧化系统主要为长时间低强度运动（例如马拉松）提供ATP。

无论是运动还是休息，任何时候都不会

由单个能量系统提供全部能量。在运动期间，无氧和氧化系统对能量产生的贡献程度主要取决于运动强度，其次为持续时间[22, 45, 48]。

> 三大能量供应系统分别对ATP生成的贡献程度主要取决于肌肉活动的强度，其次取决于持续时间。无论是运动还是休息，任何时候都不会由单个能量系统提供全部能量。

底物的消耗和补充

能量底物即为生物能量反应提供起始材料的分子，包括磷酸原（ATP和CP）、葡萄糖、糖原、乳酸盐、游离脂肪酸和氨基酸，能够在执行各种强度和持续时间的运动期间选择性地耗尽。随着能量底物的耗尽，可由生物能量系统产生的能量也减少。许多运动中出现的疲劳常常与磷酸原[66, 87]和糖原[21, 78, 90, 131]的消耗有关；但游离脂肪酸、乳酸盐和氨基酸的消耗通常不会影响和限制运动表现。因此，运动后磷酸原和糖原的消耗与补充模式在运动生物能量学中是十分重要的。

磷酸原

运动期间的疲劳与磷酸原的减少有一定的关系。相比有氧运动，进行高强度无氧运动肌肉中的磷酸原会更快地耗尽[66, 87]。在短时和中等持续时间（5~30秒）高强度运动的第一阶段内，CP会显著降低（50%~70%）；在高强度力竭性运动中，CP几乎会完全耗尽[84, 91, 96, 108]。在实验条件下引起的疲劳期间，肌肉ATP浓度可以仅略微降低[34]或可以降低至起始水平的50%~60%[143]。值得注意的是，产生外部做功的动态肌肉动作会消耗更多的代谢能量，并且通常比等长肌肉动作更大幅度地消耗磷酸原[18]。

运动期间，肌肉内的ATP浓度的维持主要靠CP的分解、肌酸激酶反应和其他能量物质（如糖原和游离脂肪酸）的氧化所提供的额外ATP。运动后磷酸原的再合成可以在相对短的时间内完成：ATP的完全再合成通常在3~5分钟内，CP的完全再合成可以发生在8分钟内。尽管糖酵解有助于高强度运动后的恢复[29, 40]，但是磷酸原的补充主要通过有氧代谢来实现[75]。

训练对磷酸原浓度的影响有待进行更多的研究。有氧耐力训练可以增加静息状态下的磷酸原浓度[49, 97]，并在绝对次最大功率输出强度下，降低磷酸原的消耗率[33, 97]，但在相对（最大功率百分比）次最大功率输出强度下，对磷酸原的消耗率没有影响[33]。虽然有研究人员注意到磷酸原静息浓度增加的迹象[12, 125]，但是针对短期（8周）冲刺训练和6个月抗阻或爆发性训练的研究显示，二者并没有带来磷酸原静息浓度的改变[11, 16, 145, 148]。不过，冲刺训练后由于肌肉质量的增加，总磷酸原含量可能更大[148]。有研究表明，5周抗阻训练增加了肱三头肌磷酸原的静息浓度[104]。磷酸原浓度的增加可能是由II型肌纤维的选择性肥大导致的，而II型肌纤维的磷酸原浓度比I型肌纤维更高[103]。

糖原

人体用于运动的糖原储备是有限的，其中肌肉储存了大约300~400g，肝脏中储存了大约70~100g[135]。肝糖原和肌糖原的静息浓度可能受到训练和饮食的影响[56, 135]。研究表明，在合理营养的辅助下，无氧训练（包括冲刺和抗阻训练）[16, 104]和常规的有氧耐力训练[64, 65]都可以增加静息肌糖原浓度。

糖原耗竭的速率与运动强度有关[135]。在中等强度和高强度运动中，肌糖原是比肝糖原更重要的能量来源。肝糖原在低强度运动时似乎更重要，并且其对代谢过程的贡献随运动持续时间的增加而增加。相对运动强度的增加（最大摄氧量的50%、75%和100%）导致肌糖原分解速率（0.7mmol•kg^{-1}•min^{-1}、1.4mmol•kg^{-1}•min^{-1}和3.4mmol • kg^{-1} • min^{-1}）的相对增加[13]。当运动的相对强度高于最大摄氧量的60%时，肌糖原成为重要的能量底物；一些肌细胞的糖原可能在运动期间全部耗尽[130]。

由于肌肉从血液中摄取葡萄糖的速率低，因此人体血糖浓度在很低的运动强度（低于最大摄氧量的50%）下维持在相对恒定的水平；当运动持续时间超过90min时，血糖浓度下降，但很少低于2.8mmol/L[2]。在更高强度（高于最大摄氧量的50%）的长时间运动（超过90min）中，血糖浓度将由于肝糖原耗竭而出现大幅下降。当运动导致血糖下降至小于2.5mmol/L时，一些人会出现低血糖反应[3, 35]。肝脏碳水化合物储存减少会造成血糖下降到约2.5~3.0mmol/L，并引起碳水化合物氧化下降及最终力竭[32, 35, 135]。

极高强度的间歇性运动（如高强度抗阻训练）可导致肌糖原在较少组数（总做功量小）训练后的大量消耗（减少20%~60%）[99, 124, 144, 146]。虽然磷酸原可能是高阻力、低次数或低组数抗阻训练期间的主要限制因素，但是肌糖原可能成为多组数和总做功量大的抗阻训练的限制因素[124]。这种类型的运动可能导致选择性肌糖原消耗（II型肌纤维中的糖原被更多地消耗），这也可能限制运动表现[50, 124]。与其他类型的动态运动一样，在抗阻运动期间，肌糖原分解的速率取决于运动强度（即运动强度越大，糖原分解的速率越快）。但是，似乎在总做功量相等时，不管运动强度如何，糖原耗尽的绝对量是相同的[69, 124]。

恢复期间肌糖原的补充与运动后碳水化合物的摄取有关。如果在运动后每2小时每千克体重摄取0.7~3.0g碳水化合物，那么肌糖原的补充效果最好[56, 135]。这种水平的碳水化合物摄入量可以在运动后的4~6小时以每小时为每克湿肌补充5~6mmol肌糖原的速率充分补充肌糖原。如果摄取足够的碳水化合物，肌糖原可以在24小时内完全补充[56, 135]。然而，如果运动中使用大量的离心收缩（与运动诱发的肌肉损伤相关），则可能需要更多的时间来实现肌糖原的完全恢复[119, 162]。

限制运动表现的生物能量因素

在运动和训练的疲劳机制中，必须考虑限制最佳运动表现的因素[22, 49, 78, 86, 102, 154]。在制定训练计划并尝试延迟疲劳和提升运动表现时，需要了解与特定运动项目相关的潜在限制因素。表3.4介绍了基于能源耗竭和肌肉氢离

儿童与成人磷酸肌酸消耗和再合成的差异

Kappenstein及其同事[94]验证了这样的假设：在高强度间歇性运动期间，相比成人，儿童由于氧化能力更好，其CP消耗更少，CP再合成更快，代谢性酸中毒程度更小。16名儿童（平均年龄为9岁）和16名成年人（平均年龄为26岁）以25%1RM的强度完成了10次30秒的动态跖屈运动。运动期间和之后测量所有儿童和成人的CP、ATP、无机磷酸盐（P_i）和磷酸单酯。在第一次运动期间，儿童的CP分解显著降低，并且在运动结束时和恢复期间的平均CP水平较高。此外，运动结束时，儿童的肌肉pH值显著较高。结果表明，儿童在高强度间歇性运动中能更好地利用氧化代谢满足能量需求。

子增加的各种限制因素的实例。

在主要由有氧机制供能的长时间、低强度的运动和主要由无氧机制供能的重复性、高强度的运动中，糖原耗竭都可以是限制因素。对抗阻训练、冲刺和其他主要的无氧活动来说，重要的是代谢性酸中毒对限制收缩力的影响[53, 78, 114, 115, 123]。其他几种涉及肌肉疲劳和限制运动表现的因素包括细胞内无机磷酸盐的增加、氨累积、ADP的增加以及钙离子从肌质网释放的受阻[4, 5, 129, 154, 158]。肌肉疲劳的原因和运动表现的限制因素还有待更多的研究。

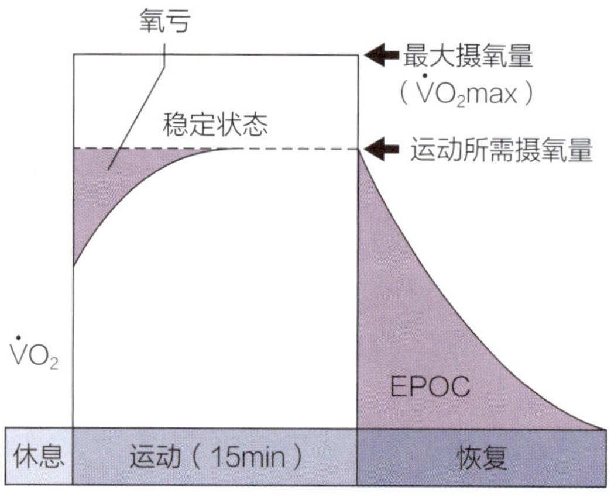

图3.9 低强度、稳态运动代谢：最大摄氧量的75%。EPOC=运动后过量氧耗；$\dot{V}O_2$=摄氧量

摄氧量及有氧和无氧对运动的供能

摄氧量（或耗氧量）是反映人体通过呼吸系统摄取氧，并通过心血管系统将其输送到工作组织的能力以及工作组织（主要是骨骼肌）利用氧的能力。在具有恒定功率输出的低强度运动期间，摄氧量在最初几分钟增加，直到达到稳定状态（氧需求等于氧消耗）（图3.9）[7, 83]。

然而，在运动开始时，由于氧化系统对能量需求的初始上升反应缓慢[62, 153]，部分能量必须通过无氧代谢进行供给。这种运动总能量消耗中来自无氧的部分被称为**氧亏**[83, 107]。运动结束后，摄氧量在一定时间内保持高于运动前的水平，幅度取决于运动的强度和持续时间。运动后的摄氧量被称为**氧债**[83, 107]、O_2恢复[107]或**运动后过量氧耗（EPOC）**[22]。EPOC是为了将身体恢复到运动前状态，所需要的超过静息值的摄氧量[139]。氧亏和EPOC之间只有低度到中度的相关性[13,77]；氧亏可能影响EPOC的大小，但是两者并不相等。影响EPOC的可能因素已在第64页的专栏中在列出[17, 21, 22, 58, 107]。

如果运动强度高于人体可以达到的最大摄氧量，无氧代谢就为人体做功提供主要能量（图3.10）。一般来说，随着运动中无氧供能比重的增加，运动持续时间缩短[7, 68, 156, 157]。

在功率自行车上持续力竭运动所测得的无氧和有氧供能比例见表3.5[110, 149, 159]。无氧供能作为主要的供能方式最多持续60秒，之后有氧供能成为主要供能方式。这类运动中无氧供能比例代表着最大无氧能力[109, 149]。

训练的代谢特异性

特定运动项目的训练中，可以通过改变

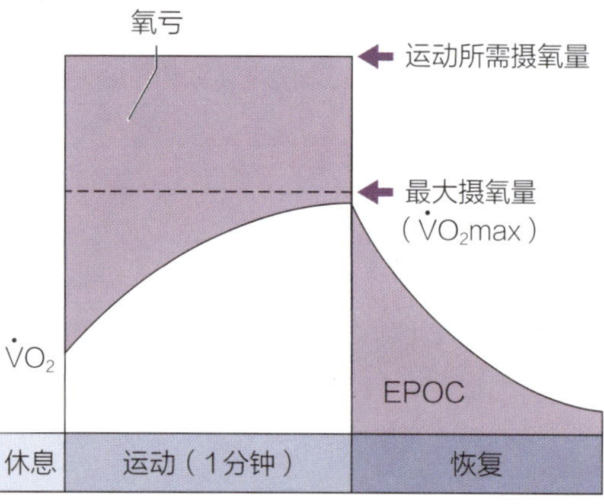

图3.10 高强度、非稳态运动代谢（最大功率输出的80%）。运动所需$\dot{V}O_2$是假设这种摄入量可以达到时，维持运动所需的氧气摄入量。但因为这种摄入量无法达到，氧亏持续至运动结束。EPOC=运动后过量氧耗；$\dot{V}O_2$=摄氧量

运动强度和间歇休息时间来刺激特定的能量供应系统[22, 107, 155]。像竞技性中距离跑（400~1600m）这样需要全力运动至力竭或接近力竭的运动项目很少。大部分运动项目和训练内容所产生的代谢特征与一系列高强度、稳定或接近稳定的间歇性力竭运动做功的代谢特征类似，例如美式橄榄球、篮球和曲棍球。在这类运动中，每次运动所需的强度（功率输出）远大于仅使用有氧供能可以维持的最大功率输出。在这类运动中，如果只重视利用有氧耐力训练提升有氧功率输出，而忽视了无氧功率和无氧能力的训练，将不利于该类项目运动员成绩的提高。例如，对于一名棒球运动员来说，在训练中跑几千米是无益的，其应该关注在提高无氧能力和爆发力的练习上。

在训练中采用合适的运动强度和间歇休息可以让特定的供能系统得到刺激，因为这更能反映运动的实际代谢需求，从而使具有不同代谢需求的运动项目能够拥有更有效的训练方法。

表3.4 生物能量限制因素的排序

运动	ATP与CP	肌糖原	肝糖原	脂肪储存	pH值下降
马拉松	1	5	4~5	2~3	1
三项全能	1~2	5	4~5	1~2	1~2
5000m跑	1~2	3	3	1~2	1
1500m跑	2~3	3~4	2	1~2	2~3
400m游泳	2~3	3~4	3	1	1~2
400m跑	3	3	1	1	4~5
100m跑	5	1~2	1	1	1~2
掷铁饼	2~3	1	1	1	1
以60%1RM负荷反复抓举（10组）	4~5	4~5	1~2	1~2	4~5

注：1=可能性最小的限制因素；5=可能性最大的限制因素。

表3.5 在功率自行车上持续力竭运动时的有氧和无氧供能比例

持续时间	0~5s	30s	60s	90s	150s	200s
运动强度（最大输出功率的百分比）（%）	100	55	35	31	无	无
无氧供能百分比（%）	96	75	50	35	30	22
有氧供能百分比（%）	4	25	50	65	70	78

运动后过量氧耗对运动强度、持续时间和模式的依赖性

运动后过量氧耗（EPOC）是指在运动后数小时内可观察到的$\dot{V}O_2$的持续增加[58]。

有氧运动和EPOC[17]

- 运动强度对EPOC有最大的影响。
- 当运动强度高（即>50%~60% $\dot{V}O_2max$）、持续时间长（即>40min）时，EPOC最大。
- 执行短暂和间歇性的超高强度的运动（即>100% $\dot{V}O_2max$）可以以较低的总做功量产生最大的EPOC。
- 相对于同样的运动刺激，不同个体对EPOC有不同反应。
- 有氧运动方式对EPOC的影响尚不清楚。

抗阻运动和EPOC[17]

- 高强度的抗阻运动（即3组，8个练习，重复至力竭，80%~90%1RM）比循环力量训练（即4组，8个练习，15次重复，50%1RM）产生更大的EPOC。
- 因此，EPOC也受抗阻训练强度的影响。

影响EPOC的因素[17]

- 血液和肌肉中的含氧量的恢复。
- ATP或CP再合成。
- 体温、血液循环和肺部通气量的提高。
- 甘油三酯-脂肪酸循环的速率的提高。
- 蛋白质周转率的提高。
- 恢复期能源效率的改变。

间歇训练

间歇训练是通过使用预先确定的训练动作和休息间隔（即**做功-休息比**）来强调代谢途径内更有效的能量转移的生物能量适应的一种方法。理论上，合适的做功-休息比允许在更高的运动强度下做更多的功，且疲劳度与在相同相对强度的连续运动期间相同或比之更小。Christensen及其同事[31]的早期研究中比较了5min连续跑和30min间歇跑（做功-休息比分别为2∶1、1∶1和1∶2）训练的总跑步距离、平均摄氧量和血乳酸浓度。持续跑组的受试者被分配的强度（速度）会使其在5min内疲劳。在此速度下持续跑，受试者能够在力竭之前完成0.81mile（约1.30km）。然而，当间歇跑的受试者采用相同跑步强度，但做功-休息比分别为2∶1、1∶1和1∶2的情况下，进行了30min的跑步测试时，其跑步距离分别达到了4.14mile（约6.66km）、3.11mile（约5.00km）和2.07mile（约3.33km）。而上述间歇跑对有氧能力的刺激与持续跑类似。因此，通过间歇训练可以在更高的强度下完成更多的训练；这个概念的确立时间已超过45年[31]。

一系列短期（2周）间歇训练的研究采用6次训练课，每次课4~7次30s自行车全力骑行，每次间歇4min恢复（做功-休息比为1∶8）的训练方案。这些研究发现，受试者的肌肉氧化电位[26, 63]、肌肉缓冲能力[26, 63]、肌糖原含量[25, 26]、试验时间内运动表现[25]和有氧耐力能力[26]得到了改善。此外，一项相似的4周间歇训练方案的研究表明，训练后自行车运动员的肌肉激活和总输出功率得到了提高[38]。因此，就算是最近的研究成果，也支持使用间歇训练帮助代谢适应。

很少有研究给出明确建议，用以选择特

定做功－休息比。然而，有一项研究报道了高水平自行车运动员以两个不同的做功－休息比骑行时，有氧和无氧代谢指标、总做功和力竭时间的差异[117]。这两个不同的做功－休息比为40s：20s和30s：30s，受试者以固定做功强度运动至力竭。40s：20s的做功－休息比导致总做功和力竭时间的显著减少，同时产生更高的代谢值（$\dot{V}O_2max$、乳酸浓度和ETC）。相比之下，30s：30s的做功－休息比在更长的时间内，提供持续但稍低的代谢值。另一项研究通过改变做功－休息比的大小和持续时间来调节做功变量。Wakefield和Glaister[152]比较了在3种做功－休息比方案下跑步的$\dot{V}O_2$反应：一种是在105% $\dot{V}O_2max$的强度下持续跑30s，另外两种分别是在115% $\dot{V}O_2max$的强度持续跑20s和25s，且3种方案的间歇都是20s，结果发现第一种方案下受试者高于95% $\dot{V}O_2max$的时间更长。在确定运动员合适的做功－休息比时，了解每个能量系统的时间间隔、做功强度和恢复时间对于实现特定运动强度下总做功最大化是至关重要的。例如，在消耗CP储存的最高强度运动之后，CP的完全补充可能需要8min[75]，这表明短时高强度运动需要更大的做功－休息比，因为磷酸原的补充依赖有氧代谢[75]。

相反，当训练目的调整为更长时间、更低强度时，做功间隔时间可以更长。这将延长休息时间并降低做功－休息比。表3.6提供了针对做功－休息比的一些综合方针，以强调基于代谢系统参与和底物恢复的理论时间，发展特定能量系统。然而，应当指出的是，提供基于实证的最佳做功－休息比的建议仍需进行更多的研究。

高强度间歇训练

高强度间歇训练（HIIT）涉及高强度重复性运动和间歇恢复。高强度间歇训练通常包括基于跑步或自行车骑行的运动模式，并且是用于产生心肺[23]、代谢和神经肌肉[24]适应的有效运动方案。事实上，Buchheit和Laursen[23]指出，HIIT“如今被认为是改善运动员身体表现的最有效的运动方式之一”。通常用负载周期（duty cycles）来讨论高强度间歇训练。负载周期包含一个高强度做功期和一个强度稍低的恢复期。通过改变9个HIIT变量，可以实现最精确的代谢特异性[23]，具体如下。

- 每个负载周期的活动部分的强度。
- 每个负载周期的活动部分的持续时间。
- 每个负载周期的恢复部分的强度。
- 每个负载周期的恢复部分的持续时间。
- 每组中完成的负载周期数。
- 组数。
- 组间休息时间。
- 组间的恢复强度。
- HIIT的运动模式。

表3.6 运用间歇训练发展特定能量系统

最大功率的百分比	强化的主要供能系统	典型的运动时间	做功－休息比范围
90%~100%	磷酸原系统	5~10s	1：12~1：20
75%~90%	快速糖酵解	15~30s	1：3~1：5
30%~75%	快速糖酵解和氧化系统	1~3min	1：3~1：4
20%~30%	氧化系统	＞3min	1：1~1：3

然而，作者[24]指出，每个负载周期的活动部分和恢复部分的强度和持续时间是最重要的因素。为了优化运动员的HIIT训练适应，HIIT训练应当尽可能延长至接近或达到$\dot{V}O_2max$的时间。更具体地说，负载周期中活动部分的累积持续时间和强度需要达到90%$\dot{V}O_2max$并持续数分钟[24]。

HIIT被设计为重复激发一个高的$\dot{V}O_2max$百分比水平的运动，其主要益处是同时募集大的运动单位和接近最大值的心输出量[6]。因此，HIIT同时为氧化性肌纤维适应和心肌肉肥大提供刺激。额外的HIIT适应包括$\dot{V}O_2max$、质子缓冲能力、糖原含量、无氧阈、力竭时间和相同时间内运动表现的提高。例如，Gibala及其同事[63]报告，在6次训练课中，在250%$\dot{V}O_2$峰值下进行4~6次30s自行车冲刺，与在65%$\dot{V}O_2$峰值下进行90~120min连续骑行相比，产生了同样的肌肉缓冲能力，糖原浓度的提高程度也相同。此外，进行两种方案训练后，受试者在完成750kJ能量消耗所需的骑行时间分别减少了10.1%和7.5%。因此，与长时间低强度的耐力训练相比，HIIT对运动表现和生理适应的影响类似，但却更加省时。

体能教练在设计HIIT训练方案时应考虑多个因素。例如，与2mile（约3.2km）跑者相比，400m短跑运动员的HIIT训练方案应当更多强调无氧系统的持续时间和强度。产生理想训练适应还需要考虑的其他因素包括周期安排（与抗阻训练的周期安排类似），以及每天和每周的训练课次数。周期安排可以在赛季前综合发展有氧及无氧系统，并在赛季中过渡到运动专项HIIT训练课。此外，HIIT训练课与其他训练课（例如团队专项训练）的结合可能导致过度训练，并带来更大的压力和受伤风险。因此，如果同时安排有其他专项训练内容，需要慎重考虑HIIT课的数量。

组合训练

因为恢复被认为主要依赖有氧机制，一些人建议，为了提高恢复能力，无氧运动员的训练中应该增加有氧耐力训练（这个过程被称为**组合训练**或交叉训练）。研究表明，功率输出的恢复与耐力适应性有关[14, 15, 74]。Bogdanis和他的同事[14]报道了在自行车冲刺练习中前10s内功率恢复与CP再合成和耐力水平（$\dot{V}O_2max$）的关系。然而，有氧耐力训练可能降低无氧运动表现，尤其是高强度、高爆发力运动的表现[80]。有氧耐力训练已被证明会减少小鼠的无氧供能能力[151]。此外，无氧和有氧耐力的组合训练会减小肌肉围度[36, 126]、最大力量[36, 76, 126]，以及速度和爆发力相关运动表现的提高幅度[44, 73]。

尽管还不清楚这种现象的确切机制，但相比单独的有氧和无氧训练，组合训练会导致训练量的增加，并造成过度训练。Hickson及其同事[82]提供的证据表明，包含渐进性耐力跑步、自行车骑行和抗阻训练的组合训练可能导致平台效应，并最终导致力量增加的减少。具体来说，有研究报道，进行包含高强度抗阻训练与耐力训练的组合训练时，下蹲力量在前7周内显著提升，紧接着进入平台期（2周），之后在剩余训练计划的时间内（2周）出现下降。该结果表明，渐进性的耐力训练（如跑步和自行车骑行）会限制力量的上限。另外，研究显示，当与耐力训练相结合时，力量发展受到抑制的其他机制包括：（a）减少快速自主激活；（b）长期降低肌糖原水平，这可能在抗阻训练期间限制细胞内信号传导反应；（c）导致快肌纤维向慢肌纤维转变[112]。

相反，也有研究支持力量和耐力的组合训练。这些研究表明，无氧训练（力量训练）可以改善低强度和高强度运动的耐力水平[54, 81, 82, 134]。Sedano及其同事[134]的研究表明，同时使用耐力、抗阻和快速伸缩复合训练，提高了高水平跑步运动员的运动表现。进行抗阻和快速伸缩复合训练的跑步运动员的$\dot{V}O_2max$在12周内并没有下降。此外，与单独的耐力训练相比，组合训练改善了运动表现的相关指标，例如最大力量、峰值跑步速度，以及3 000m计时跑成绩。因此，对于高水平跑步运动员来说，力量训练似乎可以提高运动表现，且不影响代谢相关指标（$\dot{V}O_2max$）。

虽然有氧代谢对于增加运动后$\dot{V}O_2$、乳酸清除和高强度无氧运动（如抗阻训练和冲刺训练）后CP的恢复是重要的[133]，但为无氧类运动项目制定有氧耐力训练时必须谨慎。在这种情况下，应该注意到，特定的无氧训练可以刺激有氧能力的增加，改善相关恢复指标[54]。因此，似乎用大量有氧耐力训练来帮助无氧运动的恢复是没有必要的，这里可能还会对大多数力量和爆发力项目产生副作用。

小　结

可以通过了解各种类型运动中能量的产生过程，以及如何通过特定的训练方案来调整能量供应，设计出提高训练效果的训练计划。肌肉收缩时的能量供应系统主要由运动强度决定，其次由运动的持续时间决定。代谢反应和训练适应性主要由运动特征（如运动强度、持续时间和恢复间隔）来调节。身体活动后机体的反应和适应是运动和训练代谢特异性的基础。该原则允许通过完善的训练计划来提高运动表现。

关键词

adenosine diphosphate（ADP）二磷酸腺苷
adenosine monophosphate（AMP）一磷酸腺苷
adenosine triphosphatase（ATPase）腺苷三磷酸酶（ATPase）
adenosine triphosphate（ATP）三磷酸腺苷
adenylate kinase reaction腺苷酸激酶反应
aerobic有氧
aerobic glycolysis有氧糖酵解
allosteric activation变构激活
allosteric inhibition变构抑制
anabolism合成代谢
anaerobic无氧
anaerobic glycolysis 无氧糖酵解
beta oxidation β氧化
bioenergetics生物能量学
branched-chain amino acid支链氨基酸
calcium ATPase钙ATP酶
catabolism分解代谢
combination training组合训练
Cori cycle 科里循环
creatine kinase肌酸激酶
creatine phosphate（CP）磷酸肌酸
cytochrome细胞色素
depletion消耗
electron transport chain（ETC）电子传递链
endergonic reaction吸能反应
energy能量
energy substrate能量底物
excess postexercise oxygen consumption（EPOC）运动后过量氧耗
exergonic reaction放能反应
fast glycolysis快速糖酵解
flavin adenine dinucleotide（FADH）黄素腺嘌呤二核苷酸
gluconeogenesis糖异生
glycogenolysis糖原分解
glycolysis糖酵解
glycolytic system糖酵解系统
high-intensity interval training（HIIT）高强度间歇训练
hydrolysis水解
inorganic phosphate无机磷酸盐
interval training间歇训练
Krebs cycle柠檬酸循环
lactate乳酸盐
lactate threshold（LT）乳酸阈
lactic acid乳酸
law of mass action 质量作用定律
mass action effect质量作用效果
metabolic acidosis代谢性酸中毒
metabolic specificity代谢特异性
metabolism新陈代谢
mitochondria线粒体
myokinase reaction肌酸激酶反应
myosin ATPase肌球蛋白ATP酶
near-equilibrium reactions近平衡反应

nicotinamide adenine dinucleotide（NADH）烟酰胺腺嘌呤二核苷酸
onset of blood lactate accumulation（OBLA）血乳酸堆积起始点
oxidative phosphorylation氧化磷酸化
oxidative system氧化系统
oxygen debt氧债
oxygen deficit氧亏
oxygen uptake摄氧量
phosphagen system磷酸原系统
phosphocreatine（PCr）磷酸肌酸
phosphofructokinase（PFK）磷酸果糖激酶
phosphorylation 磷酸化
pyruvate 丙酮酸
rate-limiting step 限速步骤
repletion 补充
slow glycolysis 慢速糖酵解
sodium-potassium ATPase钠-钾ATP酶
substrate-level phosphorylation底物磷酸化
wet muscle 湿肌
work-to-rest ratio做功-休息比

学习试题

1. 以下哪种物质可被无氧代谢？（ ）
   a. 甘油
   b. 葡萄糖
   c. 氨基酸
   d. 游离脂肪酸
2. 以下哪个反应是代谢性酸中毒的主要原因（例如高强度、疲劳运动时肌肉内pH的降低）？（ ）
   a. ATP→ADP + P_i+H^+
   b. 丙酮酸+NADH→乳酸+NAD^+
   c. ADP+磷酸肌酸→ATP+肌酸
   d. 果糖-6-磷酸 → 果糖-1,6-双磷酸
3. 以下哪种能量系统可以最快的速度产生ATP?（ ）
   a. 磷酸原
   b. 有氧糖酵解
   c. 脂肪氧化
   d. 快速糖酵解
4. 通过氧化供能系统，分解1分子葡萄糖能产生大约多少分子净ATP?（ ）
   a. 27
   b. 36
   c. 38
   d. 41
5. 在极限运动强度或持续时间内，以下哪种能量底物不能被耗尽？（ ）
   a. 磷酸肌酸
   b. 糖原
   c. 水
   d. ATP

第4章

抗阻训练的内分泌反应

威廉·J. 克雷默（William J. Kraemer），PhD；雅各布·L. 温伦（Jakob L. Vingren），PhD；巴里 · A. 施皮林（Barry A. Spiering），PhD
译者：巫泓丞、闫琪
审校：曹晓东、高延松、何璘瑄

完成这一章的学习后，你将能够：

- 了解内分泌的基本概念，包括激素的概念、它们的相互作用，以及它们与靶组织的相互作用；
- 解释合成代谢激素的生理作用；
- 了解激素对抗阻训练的适应；
- 能够根据人体内分泌反应的基础知识制定训练计划。

内分泌系统可以帮助机体保持稳态，并帮助机体对外部刺激做出适应。它是人体复杂信号系统的一部分，能够对训练负荷和恢复做出适应并提供支持。内分泌系统是周期训练理论形成的重要基础，这也反映了它在体能知识体系中的重要性[43]。加拿大内分泌学家汉斯·塞里（Hans Selye）对于肾上腺素的研究以及对应激激素对于压力、悲痛和疾病方面的作用的研究，无意中为周期训练理论提供了理论依据。

一些体育科学家和医生们发现运动员的训练反应模式和塞里观察到的应激模式有相似之处。塞里用一般适应综合征（General Adaptation Syndrome）来描述肾上腺素是如何对伤害性刺激（应激源）做出应答的[164, 165]。对于伤害性刺激，人体首先会产生预警适应，包括功能减退；之后，人体会做出超过之前功能基线水平的应答。这个对于压力的抵抗力的上升，就是所谓的"适应"。如果应激源是训练本身，我们则称这一过程为"训练适应"。持续增加适应的关键在于适时移除应激源（如训练），从而让人体功能得以恢复；之后，再重新施加一个更大的刺激（渐进增加负荷）。

对于一个体能教练来说，了解进行抗阻训练时人体的激素反应至关重要。激素信号在合成（塑造）、保持（允许）和异化（分解）中发挥着不同的作用。很重要的一点是，理解血液中循环系统反应的改变，只是一些抗阻训练计划产生的代谢压力所造成的可观测的改变。同样也可以发现，大负荷抗阻训练（例如2~3组1RM强度的训练，5~7min的组间间歇时间）通过上调雄激素受体增加合成代谢反应，从而使机体使用现有的合成代谢激素而不改变血液中的激素浓度；此时，血液循环中激素浓度的变化非常细微，必须在受体水平上观察相应的变化。掌握关于内分泌系统如何与训练安排相互作用的这些见解和知识，可以使体能教练更好地理解激素是如何帮助抗阻训练产生最佳适应的[93, 96]。虽然抗阻训练是引起瘦体重（即肌肉肥大）显著增加的唯一自然刺激，但不同抗阻训练计划对于增加肌肉体积和增加结缔组织体积的效果存在显著差异[44, 128, 129]。抗阻训练计划的急性变量（强度、组数、运动顺序、间歇时间和选择的动作）的选择在很大程度上决定了激素反应是否会出现以及反应程度的大小[105, 113–115, 117, 166, 169, 189]。重要的是，组织适应受训练后激素浓度变化的影响[10, 12, 14, 47, 62, 98, 171]，通过合理选择不同的急性变量，可以掌控内分泌系统以促进靶组织的发育和运动表现的提升[78, 158]。因此，了解在运动期间和之后发生在运动员身体中的这种自然合成代谢活动，是成功恢复、适应、设计计划、训练进阶乃至最终提升运动表现的基础。

激素的合成、储存和分泌

激素是化学信使或信号分子，它们的合成、储存及在血液中的释放，由内分泌腺（专门用于该功能的特定身体结构）和其他特定细胞完成（图4.1，表4.1）。有些神经元合成、存储和分泌的神经递质，也具有激素的功能。"神经内分泌学"是一个较新的术语，它主要研究神经系统和内分泌系统之间的相互作用。通常，内分泌腺经由腺上受体接受化学信号而被刺激，或直接由神经刺激分泌激素。例如，肾上腺髓质（肾上腺的内部）受到来自脑的神经刺激时释放肾上腺素[91, 104, 112, 182]。肾上腺皮质（肾上腺的外部）在由脑垂体释放的另一激素——促肾上腺皮质激素的刺激后合成并分泌皮质醇激素[110, 111, 116]。在接受到刺激后，内分泌腺将激素释放到血液中，血液将激素（以及信号）传递给靶组织细胞表面的受体（多肽激素）或靶组织细胞的细胞质中的受体（类固醇激素和甲状腺激素）[6–8, 11, 37, 61]。

除了通过进入血液循环来完成其内分泌功能，激素还可以通过胞分泌、自分泌和旁分泌机制来实现功能。激素的胞分泌和自分泌意味着，细胞分泌激素后分别通过结合细胞内和细胞膜受体以作用于细胞本身。它可以受外部刺激（例如，另一种激素）分泌激素，但分泌的激素从不进入血液循环。例如，当肌细胞受到机械力刺激或生长激素的作用时，胰岛素样生长因子–I（IGF–I）可在肌纤维内产生。激素的旁分泌是指，在不进入血液循环的情况下，激素被释放后，与相邻细胞相互作用。这些机制表明，激素可以在与靶细胞的相互作用中扮演多重角色。

血液中存在各种可携带激素的结合蛋白[6, 8]。这些结合蛋白携带肽类激素和类固醇激素。在

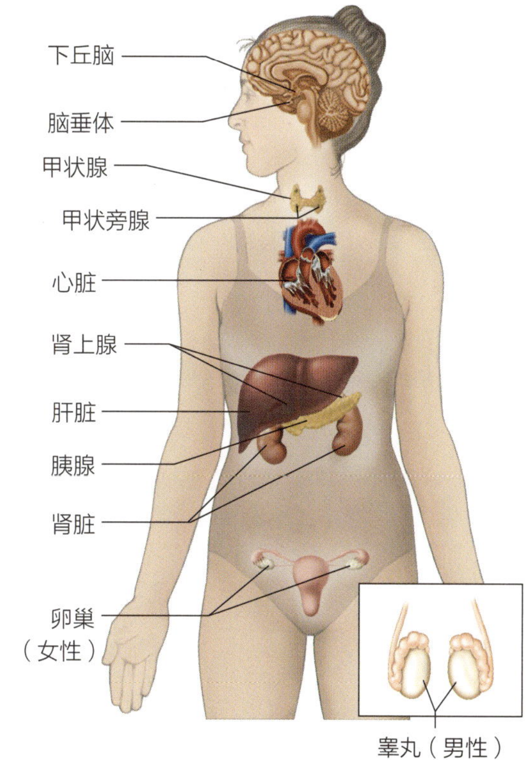

图4.1 身体的主要内分泌腺以及其他分泌激素的腺体

表4.1 内分泌腺及其分泌的激素

内分泌腺	激素	生理作用
脑垂体前叶	生长激素	刺激IGF-I从肝脏分泌、蛋白质合成、生长和代谢；其他生长激素（GH）聚集体也具有生物学功能，构成了更复杂的超级GH家族
	促肾上腺皮质激素	刺激肾上腺皮质分泌糖皮质激素
	β-内啡肽	促进止痛作用
	促甲状腺激素	刺激甲状腺分泌甲状腺激素
	促卵泡激素	刺激卵巢中的卵泡和睾丸中的输精管；刺激卵子和精子的产生
	黄体生成素	刺激排卵和性腺（卵巢和睾丸）分泌性激素
	催乳素	刺激乳腺产生乳汁；维持黄体和黄体酮的分泌
脑垂体后叶	抗利尿激素	增加肾的平滑肌收缩和水的再吸收
	催产素	刺激子宫收缩和乳腺产生乳汁
甲状腺	甲状腺素	刺激线粒体氧化代谢和细胞生长
	降钙素	降低血液中的磷酸钙水平
甲状旁腺	甲状旁腺激素	增加血钙；减少血磷酸；刺激骨形成

续表

内分泌腺	激素	生理作用
胰腺	胰岛素	通过促进细胞对葡萄糖的摄取以降低血糖浓度；促进糖原贮存；抑制脂肪氧化和糖异生；参与蛋白质合成
	胰高血糖素	提高血糖水平
肾上腺皮质	糖皮质激素（皮质醇、可的松等）	分解并抑制合成代谢；促进蛋白质分解和抑制氨基酸合成蛋白质；通过刺激蛋白质转化成碳水化合物来保持血糖浓度（糖异生）；抑制免疫细胞功能；促进脂肪氧化
	盐皮质激素（醛固酮、脱氧皮质酮等）	通过钠－钾保留来增加体液
肝脏	胰岛素样生长因子	增加细胞中的蛋白质合成
肾上腺髓质	肾上腺素	增加心输出量；增加血糖、糖原分解和脂肪代谢
	去甲肾上腺素	有肾上腺素的性质；收缩血管
	脑啡肽原片段（例如，肽F）	增强免疫细胞功能，具有镇痛作用
卵巢	雌二醇	刺激女性性特征的发育
	孕酮	刺激女性性特征和乳腺发育；维持妊娠期
睾丸	睾酮	合成并抑制分解代谢：促进氨基酸合成蛋白质和抑制蛋白质分解；刺激生长发育和维持男性性特征
心脏（心房）	心房肽	调节钠、钾和体液量
肾脏	肾素	调节肾功能、渗透性和溶解度

某种意义上，这些结合蛋白作为循环中的储存场所，有助于抵抗激素的降解，并延长其半衰期。大多数激素是没有活性的，除非它们与其特定结合蛋白分离（游离）。然而，一些激素的结合蛋白可能本身就有它们自己的生物作用。例如，作为睾酮和雌激素的结合蛋白，性激素结合球蛋白（SHBG）可以结合特定的膜受体并激活环腺苷酸（cAMP）通路。因此，无论是在血液中循环还是结合到细胞受体，结合蛋白都是内分泌功能和调节的主要参与者。结合激素与受体的相互作用刚刚开始在内分泌学领域得到重视，并且最近的研究表明，激素和靶组织之间甚至存在着更复杂的调节[135]。

许多激素影响体内的多个组织[1, 3, 82, 84–86]。例如，睾酮或其某个衍生物，几乎与身体内每个组织相互作用。在本章中，我们关注以骨骼肌组织作为主要目标的激素在抗阻训练中的变化；但是许多其他组织，例如骨、结缔组织、肾脏和肝脏，对于在抗阻训练中观察到的适应性变化同样重要。必须记住，包括激素信号传导在内的整个生理活动的串联，是激活运动单位以产生运动（即大小原则）的结果。任何生理反应的需求和程度，都与被激活的运动单位产生的需求相关。在运动中激活的肌肉组织数量决定了需要哪个生理系统，以及该系统需要多大程度的参与，以满足在运动中力或爆发力的自稳态需求和恢复的需求。例如，采用1RM的80%的重量，分别进行3组、每组10次重复、每组间休息2min的深蹲和肱二头肌弯举训练，心率在深蹲训练时会高很多。虽然这两个练习中都使用了相似的系统，但因为所使用的肌肉组织质量不同，因此训练计划依然会存在差别。激素系统还与特定训练中受到刺激的其他靶组织和腺体有关，但同样地，它们的参与也由特定的神经募集需求以及它们对所支持运动的参与程度决定。因此，从运动单位的激活以及对生理系统的支持和恢复的需要来说，一个5组5RM的训练和一个1组25RM的训练有不同的需求。

大多数激素具有多重生理作用。这些作用包括：生殖调节；维持机体内环境（内稳态）；产生、利用和储存能量；以及生长和发育。此外，激素以复杂的方式彼此相互作用。特定的激素能够以独立或间接的方式起作用，这取决于其在特定生理机制中的作用。这种复杂性和灵活性可以使内分泌系统以适当的方式应对生理挑战，同时，与不同的生理系统或靶组织进行不同的相互作用。

以肌肉为靶组织的激素相互作用

激素机制是机体整体信号系统的一部分，该信号系统可以调控在抗阻训练之后的代谢与肌细胞转化。肌肉重塑涉及肌纤维的破坏和损伤、炎症反应、受损蛋白质的降解、激素和其他信号（例如，生长因子和细胞因子）的相互作用、最终新蛋白质的合成，以及这些新的蛋白质有秩序地融入现有的或新的肌节[2, 20]。炎症过程会涉及免疫系统和受内分泌系统影响的各种免疫细胞（例如，T细胞和B细胞）[51]。研究神经、内分泌和免疫系统之间相互关联的学科被称为“神经内分泌免疫学”。这个术语表明了这些系统的相互依赖性和肌肉重塑过程的整体性特征。我们不能将自己对生物过程的思考局限于一个系统。

激素与蛋白质合成和降解机制密切相关，这些机制是肌肉适应抗阻训练的一部分。收缩蛋白（例如，肌动蛋白和肌球蛋白）与结构蛋白（例如，结蛋白和肌巨蛋白）的产生以及所有这些蛋白的结合，最终在分子水平上完成合成肌节的过程。包括合成代谢激素（促进组织建构的激素）在内的许多激素，例如胰岛素、胰岛素样生长因子、睾酮和生长激素，都对这个过程的各个方面有贡献。甲状腺激素作为重要的许可激素，允许其他激素发生作用。作为组织建构中的另一个重要作用，合成代谢激素阻止分解代谢激素对蛋白质代谢的负面作用（例如，皮质醇和孕酮可降解细胞蛋白质）。从皮质醇使免疫细胞失去活性或阻止其他信号通路（例如，参与mRNA翻译起始的Akt/mTOR通路）的作用中，也可以看出其对骨骼肌的负面效应。激素和肌纤维功能之间变化的相互关系，是激素在肌肉肥大中的适应性影响的生理学基础。需要指出的是，激素的作用仅是骨骼肌对于抗阻训练适应的可能性机制之一。

受体在调节激素变化中的作用

来自激素的信号（及其生物效应）仅传递到表达该激素的特定受体细胞。这种机制确保了激素信号仅影响靶组织，而不影响机体内的所有细胞。通常，激素试图影响细胞代谢或影响细胞核中的DNA转录（记住，肌细胞是多核的）。因为许多激素不能穿过细胞膜，它们的信号通过第二信使传输到整个细胞（这一过程通常是一个连锁反应，最终在肌细胞的多细胞核或其他细胞的典型单细胞核中，相互作用并调节DNA信号）。受体通常与细胞膜（多肽激素受体）或细胞质（类固醇和甲状腺激素受体）融为一体。每个细胞，无论是肌纤维、免疫细胞还是脑细胞，都拥有调节来自激素信息的受体。内分泌作用的基本原理之一是特定激素与特定受体相互作用。这个原理通常被称为**锁-钥理论**[41]（其中受体是锁，激素是钥匙；图4.2）。然而，现在已知的激素-受体相互作用比这种简单的锁-钥理论所能表达的更为复杂。尽管只有一种激素能够与特定受体结合并完全诱导出信号，但在**交叉反应**的情况下，特定受体可以在一定程度上与其他激素相互作用（即变构结合或阻断主要结合位点）。类似地，受体可以具有**变构/异构结合位点**，除激素以外的物质可以在那里增强或减少对主要激素的细胞反应。最后，一些激素可能需要采用聚合的形式（几种激素连接在一起）才可以通过受体产生最佳信号；生长激素就被认为是这种情况，例如在胫骨线分析时，高分子量的分子并没有免疫结合，但却与具有生物活性的受体结合[65]。

当适应不再发生（例如，肌纤维的蛋白质已达到最大化）[54]或激素"过度刺激"受体（例如，胰岛素耐受性）时，为了防止对细胞产生进一步的刺激，受体可能对特定激素的反应变低甚至不做出反应。这种激素与受体不再相互作用的情况被称为受体功能的**下调**。受体具有增加或降低其结合敏感性的能力，并且实际可结合的受体数量也是可以改变的。受体结合特征或受体数目的改变，可以随着内分泌腺分泌激素量的增加而发生显著性的调节适应。显然，如果受体对激素不响应，那么由该激素引起的细胞代谢影响将会很少或没有。例如，研究表明，对于睾酮激素而言，运动训练会影响受体的最大数量，而不影

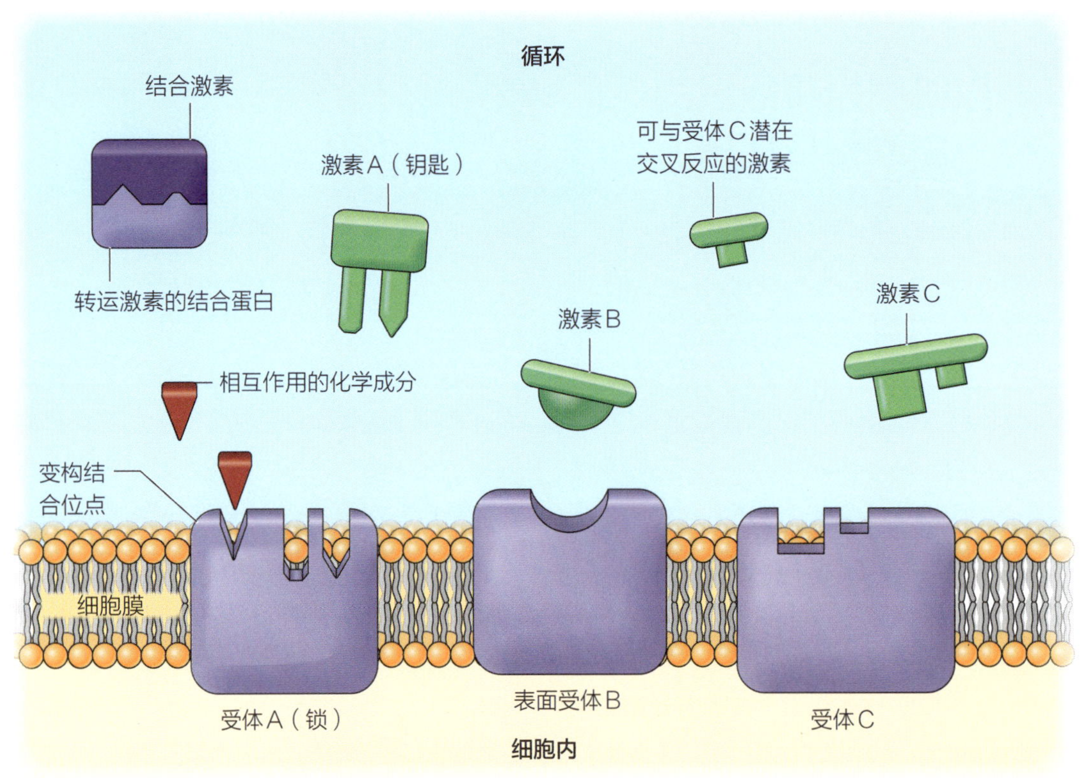

图4.2 经典锁-钥理论在细胞受体水平上的激素作用示意图

响受体的结合敏感性[31]。关于运动训练的肌肉适应过程中受体变化的研究目前处于起步阶段。

激素类别

在分子结构方面，激素可被分为3类：类固醇激素、多肽激素（或简单的肽）和胺类激素。每个类别的激素与肌细胞以不同的方式相互作用。在本章中，我们主要关注前两个类别，以及对运动而言最重要的胺类激素——儿茶酚胺。

类固醇激素的相互作用

类固醇激素，包括来自肾上腺皮质（例如，皮质醇）和性腺（例如，睾酮和雌二醇）的激素。类固醇激素是脂溶性的，它们能够被动扩散穿过细胞膜。对于任何类固醇激素，导致生物效应的基本连锁事件是相同的。在扩散穿过肌膜后，激素与其受体结合形成激素–受体复合物（H–RC），引起受体的构象变化，从而激活它。然后H–RC结合另一个H–RC并移动到细胞核，并附着于DNA的特定位置。H–RC“打开”DNA双链，从而将合成特定蛋白质的转录单元暴露出来。H–RC识别特定增强因子，或由现有激素促进的特定基因的上游调节元件，使DNA的特定部分被转录。因此产生的信使RNA（mRNA）移动到肌浆，然后在核糖体中翻译为该激素促进表达的蛋白质。图4.3显示了典型的类固醇激素（睾酮）进入细胞和穿过细胞膜的过程。类固醇激素通过其在细胞遗传水平的相互作用，发挥其功能[31,155]。然而，事实上一种特定蛋白质（例如，肌动蛋白）mRNA的生成并不一定意味着该蛋白质会被核糖体翻译并融入肌节。产生特定mRNA的激素信息仅是整个蛋白质合成过程的第一部分。

多肽激素的相互作用

多肽激素由氨基酸链组成，例如生长激素和胰岛素。多肽激素不是脂溶性的，因此不能穿过细胞膜，所以当激素与细胞膜上的

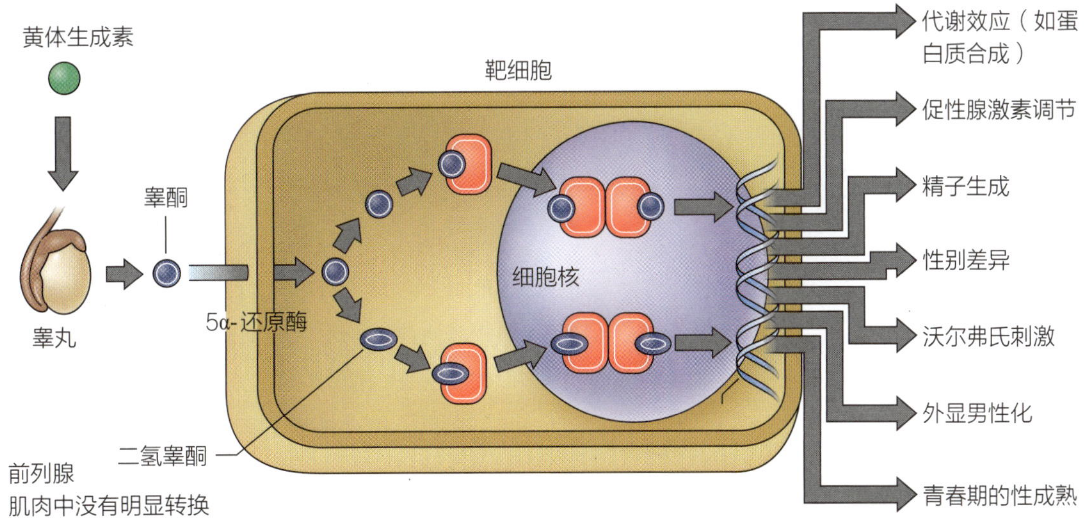

图4.3 典型的类固醇激素进入靶细胞的过程（睾酮进入骨骼肌，或二氢睾酮进入伴性组织）。虽然上图显示了两个通路，但是实际上一个靶细胞一次仅开放一个通路（睾酮或二氢睾酮），每个通路均会引起不同的生理变化

受体结合产生结构变化时，在细胞内的第二信使才得以激活。以这种方式，细胞膜上的受体将激素信号传递到细胞内部，之后在细胞内部诱发一连串的信号通路。通常，由多肽激素引发的信号级联反应影响代谢过程、DNA转录或核糖体中mRNA翻译的开始。例如，来自胰岛素的信号之一，引发特定的葡萄糖转运蛋白（GLUT4）从细胞质向细胞膜异位，从而增加葡萄糖的摄取[69]。图4.4显示了典型的多肽激素通过细胞因子激活的JAK/STAT信息通路与细胞核的相互作用。JAK/STAT通路用于与多种激素的不同相互作用，它是学术界持续研究的主题之一[21]。

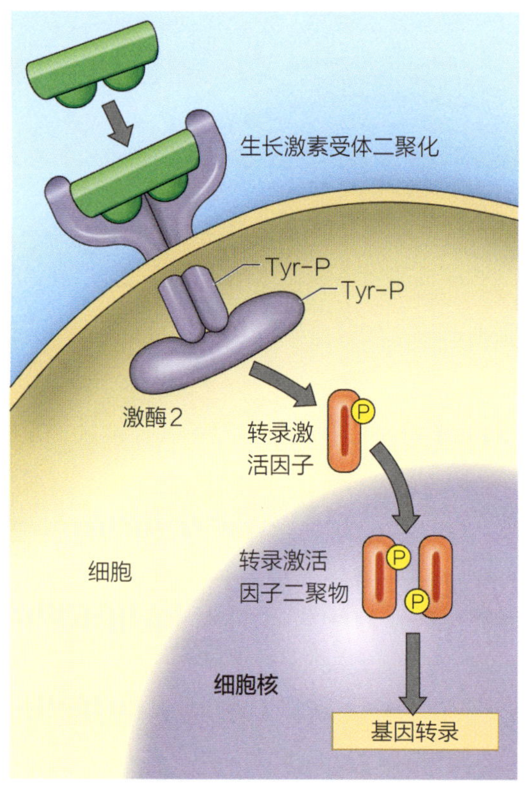

图4.4　典型的多肽激素（以生长激素为例）经由细胞因子激活的JAK/STAT信息通路与受体进行相互作用。虽然激素与外部受体结合，但是可激活可进入细胞核的第二信使（STAT）。Tyr-P=酪氨酸酶相关蛋白

胺类激素的相互作用

胺类激素由酪氨酸（例如，肾上腺素、去甲肾上腺素和多巴胺）或色氨酸（例如，血清素）合成。与肽类激素类似，它们结合细胞膜受体并通过第二信使进行信号传递。然而，与肽类激素相反，胺类激素不能直接通过负反馈调节。

大负荷抗阻训练和激素的增加

长期（数月至数年）持续的大负荷抗阻训练引起的明显适应，将增加受训练肌肉组织的体积、力量和爆发力[71, 72, 92, 93, 102, 108, 119]。在大负荷抗阻训练表现中，我们观察到合成代谢激素浓度增加，这是各种靶组织（包括骨骼肌与激素）相互作用增强的一个信号。在运动刺激运动单位时，各种信号（电信息、化学信息和激素信息）从大脑和活跃肌肉发送到多个内分泌腺。生理系统，包括内分泌系统，对活跃肌肉的需求非常敏感，因此训练计划的类型将决定特定系统参与的程度。

由于抗阻训练的生理应激反应，激素会在抗阻训练开始之前（预期反应）、期间和之后分泌[35, 38, 48, 53, 56, 73, 114–116]。急性激素分泌向身体提供了大量机体信息，例如生理应激的程度和类型（例如，由肾上腺素介导）、运动的代谢需求（例如，由胰岛素介导），以及运动后休息阶段的静息代谢变化（例如，底物利用率的变化）。由于抗阻训练诱发的神经系统的独特刺激，有些激素的浓度变化会同时发生，以便达到满足急性训练量、恢复与对训练压力适应的需求。应激和激素反应的模式相结合以产生组织对特定训练计划的适应性反应。

激素浓度对抗阻训练的适应性增加，发

生在该类训练压力所带来的特有生理环境中。运动员在进行需要使用较大力量以举起较重的外部负荷的训练时，需要激活高阈值的运动单位——该高阈值运动单位通常不会被其他类型的训练（例如，有氧耐力训练）激活。对这种大负荷产生应激的许多不同反应包括改变肌纤维膜吸收营养素的能力，以及肌细胞中激素受体的敏感性和受体数量。仅进行1~2次大负荷抗阻训练后，就可以观察到受试者肌肉中的雄激素受体（睾酮受体）数量的增加[126, 192]。此外，与组织受损和修复机制相关的局部炎症反应会被压力激活，并随着恢复过程结束[20]。在激素与特异性受体相结合之后，这些改变会引起肌肉生长及未受损肌肉的力量的增加。

> 被激活的肌纤维产生的刺激会提高受体和细胞膜对于合成代谢因素（包括激素）的敏感性，从而导致肌肉生长和力量变化。

在一次抗阻训练后，随着激素的分泌和其他合成代谢相关的分子信号通路共同发挥作用，肌肉开始重塑。然而如果应激过大，合成激素无法与其受体结合或肌肉组织内的受体功能下调，加上其他因素，会导致肌肉内的分解代谢活动超过合成代谢活动[31, 129]。因此，为了响应运动应激的需求，激素作用在训练期间和之后都是重要的[45–47]。如前所述，激素反应（即合成代谢或分解代谢）的大小取决于受刺激的组织的数量、组织重塑数量以及由于运动应激所致的需要进行修复的组织的数量[51, 143]。因此，训练刺激的特征（即训练计划中急性变量的选择）对于训练计划中的激素反应至关重要[94, 96]。

激素相互作用的机制

激素与肌肉组织相互作用的机制取决于几个因素。第一，当训练导致激素在血液中的浓度大量增加时，它们与受体相互作用的概率更大。然而，如果受影响的生理功能已经接近遗传最大值（即仅具有很少的适应潜力时），那么受体便不再对增加的激素像之前那样敏感。例如，已经通过长期训练达到其最大尺寸的肌细胞可能对内源性激素信号不敏感，从而无法进一步刺激蛋白质合成。当静息激素水平由于疾病（例如，Ⅱ型糖尿病）或外源性药物使用而长期升高时，受体对激素会产生类似的敏感度下降（降低亲和性）。在人类肌肉中如何以及何时发生受体对激素浓度增加的敏感度降低的机制尚不完全明确；然而，遗传倾向最终是限制肌肉体积的增加的主要因素。第二，因为对大负荷抗阻训练的适应通常是合成代谢，所涉及的恢复机制与肌细胞大小的增加有关。第三，训练计划安排不当可导致更大的分解代谢效应或缺乏合成代谢效应（无效的运动计划）。结果是，激素机制会负面影响细胞生长，或最低限度地激活促进肌肉肥大的机制。

研究认为，许多不同机制的组合能够刺激训练诱发的肌肉肥大，且包括激素在内的信号分子都会参与此过程。这种信号传导受到向骨骼肌提供重要信号的神经因子的影响，并因此可以增强合成代谢过程。例如，肌纤维的神经激活增加了肌肉中受体与激素结合的亲和性。神经系统和各种激素机制的共同作用在受过训练和未受过训练的人中是不同的[73, 161]。此外，运动导致肌肉肥大的某些激素机制，例如睾酮，存在年龄和性别差异[38, 100, 115]。不同激素影响机制（基于计划设计、训练水平、性别、年龄、遗传倾向和适应潜力）产生不同的作用，它们为维持或增加肌肉体积和力量提供了不同的适应策略[99]。

外周血液中的激素变化

为了了解人体对于训练计划的生理应激反应，研究者监控了包括血液中激素浓度变化在内的不同指标。但这只是生理监控的一个方面，并且在分析结果时要在所有其他刺激肌肉和蛋白质合成的整体背景下（例如，神经因素、支链氨基酸亮氨酸）进行。研究者可以在比赛或训练的各个阶段抽取运动员的血液样品，并分析血液中不同激素的浓度。研究者也可以分析肌肉周围或肌肉内液中的激素浓度[151]。

由于血液激素浓度仅是整个激素反应的一个方面，因此对于血液中激素浓度的解释可能非常复杂，但是我们仍能通过所获得的数据部分了解腺体的反应与状态，以及由激素所控制的机制的功能状态。应当注意的是，外周血液中的激素浓度并不表明各种受体的状态或一个激素在细胞内的作用。然而，激素浓度的大量增加通常表明了激素与受体相互作用的概率也会增加。毫无疑问，在血浆量没有减少的情况下，循环浓度的增加意味着来自内分泌腺的分泌的增加。这种增加的生理学结果取决于靶组织中受体的“状态”，也就是说，是否可以通过结合受体、翻译过程或其他细胞内的信号通路（例如，mTOR通路），以在细胞中完成激素信号的传导。更难以解释的是激素浓度的降低，可能表明激素的几种可能性预期结果，包括：与靶组织受体更高的结合率、更大程度的激素降解、激素分泌减少或以上这些的组合。除了这些对激素的直接影响，许多不同的生理机制会在不同程度上影响运动对外周血液激素浓度的变化，包括昼夜节律模式、体液量变化（锻炼倾向于将体液从血液推动到细胞间隙）、组织清除率（在组织中存留的时间）、储存于静脉的血量，以及激素与结合蛋白的相互作用[18, 24, 25, 89]。这些机制相互作用，从而决定了血液中激素的浓度，并影响激素与靶组织中的受体相互作用的可能性及其随后的次级效应，最终导致了激素在细胞中的作用结果。因此，在确定运动对激素的具体影响时，必须考虑许多不同的可能性。血液中激素浓度的增加不是肌肉尺寸或力量增加的先决条件，也不代表所涉及的内分泌腺激活而分泌更多的激素。

> 人体的激素反应与抗阻训练计划的特征密切相关。

内分泌系统的适应

虽然肌肉和结缔组织是大多数抗阻训练计划的靶组织，但内分泌系统也会对抗阻训练产生适应。换句话说，当一个人训练肌肉时，内分泌腺也在接受训练。如前所述，任何内分泌腺的参与程度取决于在激活特定运动单位时对于该腺体分泌的需求。如果一个人只是进行15次手腕屈伸练习，那么大概率不会有任何腺体会被刺激到并释放激素，因为身体循环中维持正常内稳态浓度的激素已经可以满足这种小肌群训练的需求了。然而，局部受体将在所涉及的肌肉组织中进行上调，以满足该运动单位的需要。适应性与靶器官的变化以及对练习应激的耐受性有关。内分泌系统适应的潜力非常大（许多位置与机制能够被影响到）。以下是潜在的适应类型示例：

- 激素的合成和储存量；
- 通过结合蛋白运输激素；
- 通过肝脏和其他组织清除激素所需的时间；
- 在特定时间内发生的激素降解的量；
- 运动应激下，体液从血液转移到组织的量；

- 激素与其受体结合的紧密程度（受体亲和力），这是一种对运动训练的不常见反应；
- 组织中的受体数量；
- 腺体中分泌细胞的量或细胞大小；
- 通过H–RC（激素–受体复合物）或第二信使传递到细胞核的信息量级；
- 与细胞核相互作用的程度（它决定了肌肉蛋白合成量）。

激素的分泌是为了回应身体自稳态控制的需求；有很多不同的机制使人体生理功能恢复到正常范围，其中内分泌系统就是众多机制之一[60]。无论是为了响应急性（瞬时）抗阻训练还是慢性（在较长时间段内）抗阻训练，人体都会使用内分泌机制控制自稳态[32, 55, 57, 64, 73, 81, 172, 173, 184]。为了调节在急性抗阻训练应激后急性自稳态的变化，人体的反应通常是急剧增加或减少激素分泌，从而调节某些生理变量，如葡萄糖水平。相反地，长期抗阻训练所造成的激素改变则是比较细微的[172]。

主要合成代谢激素

参与肌肉组织生长和重塑的主要合成代谢激素是睾酮、生长激素和胰岛素样生成因子（上述几种激素是本章讨论的内容）以及胰岛素和甲状腺激素（这两种激素则在其他资料[45–48, 60]中有更详细的研究）。

睾酮

睾酮是与骨骼肌组织相互作用的主要雄激素；二氢睾酮是与伴性组织（例如，男性的前列腺）相互作用的主要雄激素。虽然循环睾酮（游离、结合或两者）浓度对于合成代谢信号是很重要的，但是睾酮与其受体的结合是刺激合成代谢功能的关键。因此，循环睾酮浓度的增加不是合成反应的绝对指标。然而，增加睾酮浓度确实是运动单位激活和超过自稳态之上的代谢需求的间接指标，并且通常与增加的受体结合相关。运动员在进行1次或2次重复的低训练量、大负荷的抗阻训练后，可能不会引起睾酮浓度的任何变化，但可能会增加受体的绝对数量，从而增加可用于与睾酮结合的位点数量；但是，这种对受体的作用尚未完全被证实[171, 188]。然而，对于全身的靶组织而言，睾酮浓度的变化是一个显著的合成代谢信号。

研究者一般将循环睾酮作为评估男性和女性身体合成代谢状态的生理标志[70, 129]。并且，有关睾酮释放的激素控制也被细致地研究过了[31, 61, 97, 106, 189]。睾酮对肌肉组织有直接和间接的影响。它可以促进生长激素从脑垂体释放，这一机制可以影响肌肉中的蛋白质合成；而反过来，生长激素似乎对睾酮促进蛋白质合成具有许可或协同效应[138]。神经内分泌–免疫系统与其他激素和其他信号系统的潜在相互作用，证明其在影响骨骼肌的力量和体积方面存在高度的相互依赖关系。睾酮对力量和肌肉体积增加的影响也与睾酮对神经系统的影响有关[12, 90]。例如，睾酮可以与神经元上的受体相互作用，增加神经递质的量，并影响结构蛋白的改变。这些相互作用中的每一种都可以增强肌力以及被激活肌肉的体积。

从男性睾丸、女性卵巢和肾上腺分泌的睾酮进入血液循环后，经由结合蛋白（主要是性激素结合球蛋白和白蛋白）转运到靶组织。在靶组织中，睾酮与结合蛋白分离并穿过细胞膜，之后与细胞内雄激素受体结合。研究表明，睾酮也与细胞膜受体结合。这种结合可以使睾酮在细胞内快速发挥作用，例如钙释放[36, 186]。激素受体及其细胞作用的相关的研究方兴未艾，未来将有更多的文献为我们提供这方面的更详尽的信息。

研究表明，在不同类型高强度有氧耐力运动[119]以及抗阻运动[60]期间和之后，男性外周血液中的睾酮浓度会有所增加。虽然研究结果并不一致，但是一些研究表明，在抗阻运动后，女性身体中的睾酮，特别是游离睾酮会有所增加[188]。抗阻训练引起的睾酮的生理作用变化，可以归因于细胞膜的差异，可能是由于抗阻训练施加在细胞膜上的力，或由于发送至更高级大脑中心信号的不同反馈机制（例如，较高水平的睾酮反馈至大脑，以减少黄体生成素分泌）的影响。此外，由于作用于细胞膜上的力的不同，使不同练习条件下受体的相互作用有非常大的不同[31]。高强度有氧耐力运动可引起剧烈的组织分解代谢反应，而睾酮的增加可能与蛋白质合成的需要有关（从而应对蛋白质的损失的情况）[179, 180]。尽管睾酮有所增加，但通常在有氧耐力训练后不会发生肌肉肥大[119]。事实上，氧化应激可以促进肌纤维体积的减小，以优化氧输送进入细胞的过程[119]。若没有适当的运动刺激，调节肌纤维生长的细胞机制无法被激活至能发生肌肉肥大的程度。

在男孩和青少年男性（<18岁）中，影响急性血清睾酮浓度的因素似乎有多种，这些因素同时也可能影响运动期间或之后睾酮浓度是否发生显著增加。这些因素中的关键因素是青春期的开始。由于在青春期前的男孩睾酮生成量非常低，他们缺乏足够的睾酮量来引发显著的肌肉体积增加。以下几种运动变量——独立的或采用不同的组合机制，可以增加男孩和青少年男性的血清睾酮浓度[38, 57, 100, 115]：

- 大肌群训练（例如，硬拉、高翻和深蹲）；
- 大阻力（1RM的85%~95%）；
- 中到大训练量（通过多组数、多种不同练习或上述两种的组合）；
- 短时间间歇（30~60s）；
- 两年或以上抗阻训练经验。

通过在进行使用较大肌群的动作训练（例如硬拉，而非卧推）之前和之后立即采取血样发现，男性的血清睾酮显著增加[38, 68, 74, 114, 190]。若在运动后4小时或更长时间而不是即刻抽取血液样本，其他因素例如昼夜变化（全天激素水平的正常波动）或恢复现象可能会影响急性应激反应的程度或趋向[32]。此外，随时间推移发生的睾酮血液浓度的回升或降低，可能反映的是睾酮随昼夜变化的增加或降低[103]，从而使这些较晚采集的血液样品更加难以解释。最近的研究表明，急性抗阻训练似乎不影响睾酮浓度的昼夜变化[122, 163]。男性睾酮浓度通常在早晨最高，并且随着一天的时间的推移而下降，但是在一天中的任何时间均可以因为锻炼而增加。然而，当静息浓度较小时，变化的幅度较小，因此锻炼尽管事实上的确可以增加睾酮浓度，但绝对增加量较低。迄今为止，尚未有研究表明力量训练在一天中的时间选择（例如，上午或下午）对静息睾酮浓度、睾酮昼夜变化模式或最大力量的绝对提高有显著影响[163]。女性血清睾酮浓度相对而言低得多且昼夜浓度变化较小（尽管有一些有限的数据支持后一种观点）。然而，她们的雄激素受体的反应是非常活跃的，会比男性更快地进行上调，具有更好的通过抗阻训练刺激而产生睾酮的能力[188]。因此，在抗阻训练后，女性血液中睾酮升高可能更具有效果，因为它更快地响应受体变化以使血液中新得到的睾酮被受体利用。

> 足量的大肌群训练，会使男性睾酮浓度迅速地增加。

游离睾酮和性激素结合球蛋白

随着研究的深入，研究者对于游离睾酮［未与结合蛋白（例如具有运输作用的性激素结合球蛋白）结合的睾酮］在运动后的急性反应开始有了更多的理解。游离睾酮仅占总睾酮的0.5%~2%；因此较高的总睾酮浓度也意味着更多的游离睾酮。大负荷抗阻运动（例如，6组、每组10次、80%1RM强度的练习）可以增加男性和女性的游离睾酮含量——尽管女性的增加量小得多[188]。Kraemer等的研究表明，对于男性而言，年龄是影响游离睾酮对抗阻训练反应的一个因素[120]。即相较于较年长的（例如，62岁）男性而言，较年轻（例如，30岁）的男性在锻炼后游离睾酮浓度更高。这可能表明了年轻男性的靶组织与睾酮的相互作用有更大的生物潜力。游离激素假说指出，只有游离激素会与靶组织相互作用。然而，结合激素可以显著影响激素递送到靶组织（例如，肌肉）的速率，这可能是锻炼后年轻男性相较于年长男性的优势所在[34]。也就是说，年轻男性拥有更高的总睾酮的绝对值，因此游离睾酮量比相同百分比的年长男性更多。

结合蛋白的角色、调节作用和蛋白之间的相互作用及它们与细胞的相互作用也为力量提高能力的增加提供了可能性，尤其是对于女性——她们的睾酮总量与男性相比非常低。肌细胞的生长刺激使睾酮在结合状态下保持更长时间。事实上，结合蛋白本身可能也具有激素的生物功能[159]。各种结合蛋白的生物学作用似乎是组织相互作用的重要因素[71, 72, 75, 159]。Kvorning等的研究证明[130, 131]，对于年轻男性，在抗阻训练后，睾酮对合成代谢起着主要作用。当受试者使用黄体生成素阻断剂（它会导致睾酮浓度非常低）时，虽然不影响其他合成代谢信号系统，但是与具有睾酮正常功能浓度的男性相比，受试者的肌肉力量和瘦组织质量的增加幅度会下降。这些经典的研究显示出了，内源性睾酮在人体对抗阻训练的适应中的重要作用。

女性睾酮反应

睾酮是主要的男性性激素，男性的循环睾酮浓度比女性高15~20倍。大多数研究未能证明女性在进行抗阻训练后，睾酮会急性增加；数据显示，即便增加，增加量也是相对较小的[26, 38, 76, 81, 114, 190]，并且有时仅观察到游离睾酮增加[188]。然而，有研究发现，在进行6组10RM下蹲训练后，年轻女性受试者的血清睾酮浓度有少量但显著的增加。此外，Vingren等[188]的研究发现，在进行大负荷抗阻训练后，男性和女性游离睾酮均急性增加，但是女性的浓度显著低于男性（图4.5）。在女性群体中，睾酮浓度存在显著个体差异，有些女性雄激素浓度较高。有研究指出，运动的女性与不运动的女性相比，睾酮基线浓度发生了变化[26]。然而，其他研究未能发现训练导致的血清睾酮浓度变化[38, 76, 81, 114, 190]。但是，在运动后约1小时，女性骨骼肌雄激素受体快速上调，这表明此时受体敏感性增强，也说明了睾酮的重要性[188]。

睾酮的训练适应

睾酮对抗阻训练的适应仍在不断深入研究[73, 119, 173, 188, 191]。重要的是，我们需要明白，睾酮的上升是为了应对来自训练的需求；之后，受体要么增加与睾酮的结合力以使用增加的睾酮，要么由于缺乏增加肌肉代谢的信号而不使用增加的睾酮。也可能存在的情况是，在训练中的某个时间点——取决于靶组织的适应窗口，其他靶组织中（例如，神经和卫星细胞）的受体可能会受到更大影响。因此，

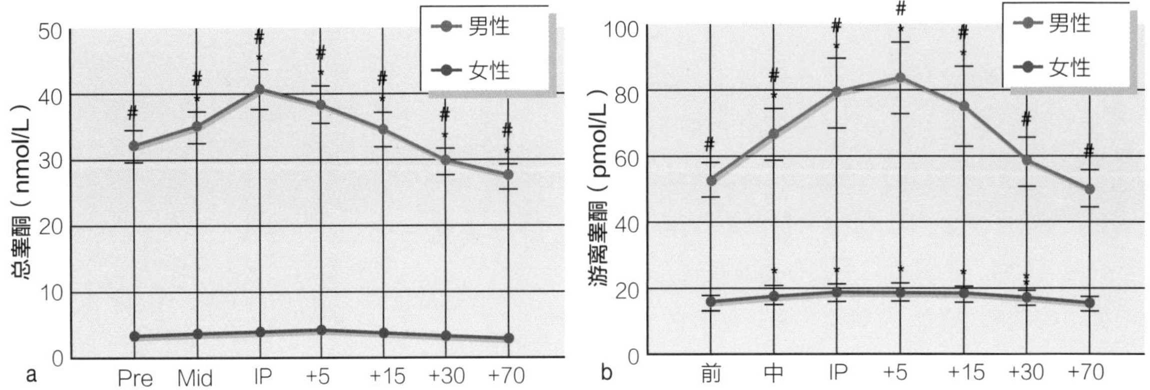

图4.5 进行6组80%1RM的下蹲练习（在组间休息2分钟）后，（a）总睾酮和（b）游离睾酮反应。Mid代表完成3组后的时间点；*表示与练习前相比显著增加；#表示女性在该时间点有显著差异

[源自：Vingren et al., 2009[188].]

期待睾酮静息浓度的增加可能是一个过时的概念；但是由于功能性能力以及能够在训练中做更多功的能力的提高，我们可以预期运动诱发睾酮浓度增加。由此看来，训练时间和经验，可能是改变激素的静息浓度和运动后浓度的非常重要的因素。然而，随着肌细胞尺寸增加至生理上限，激素对骨骼肌的作用可能会发生改变。如果成年男性接受到足够的运动刺激（即多组、5~10RM、使用足够的肌肉群），就可以观察到睾酮的急性增加。Häkkinen等[73]研究证实，在两年的训练过程中，即使是精英举重运动员，也会出现静息血清睾酮浓度小幅增加的现象，同时还会出现促卵泡激素和黄体生成素增加的情况——它们接受下丘脑的信号后从脑垂体前叶释放和分泌，并参与调节睾酮的生成。在长期训练后的神经系统发展中，睾酮可能也有所参与，这种通过强化神经的适应是高水平力量型及爆发力型运动员的力量得以增长的原因[75, 76]。此外，一些研究表明，当训练导致睾酮急性增加后，人体会对抗阻训练产生更大的适应[78, 158]。

有关抗阻训练对雄激素受体（睾酮的受体）的影响的研究并不多；但是最近几项研究强化了人们对这一主题的关注[126, 156, 187, 188, 192]。然而，这些研究结果存在差异：既有显示雄激素受体含量增加的，也有显示减少的。这些差异可能源于训练安排的不同以及组织取样时间点的差别。尽管这些发现各不相同，但抗阻训练最终会增加肌肉雄激素受体含量。随着雄激素与受体结合的增加，睾酮的使用也增加了。此外，锻炼前的营养摄入可导致骨骼肌雄激素的上调，这也说明了在锻炼前摄取蛋白质和一些碳水化合物的重要性[126]。

生长激素

目前，对于生长激素（GH）是什么以及它在人体中的作用，人们仍存在很大的疑惑。近年来的运动和医学研究让我们对生长激素的复杂程度有了新的认识。从脑垂体前叶分泌的主要的生长激素由191个氨基酸多肽组成（1个单体的分子量为22kDa）。由于20世纪60年代和70年代放射免疫测定技术的发展，22kDa已经成为血液评估的主要形式；但是这也阻碍了我们对其他更大浓度的聚集体形式的认识。现在我们清楚的是，如果不仅限于研究22kDa，脑垂体GH内分泌学的世界比以前所理解的复杂得多。血液中充满了GH剪接变体，以及具有不同分子量组合的许多聚集体（即多个双硫键将GH单体连接在一起)。此外，更复杂的是，血液中还存在2种类型的GH结合蛋白——所以能够产生更高分子量形式的GH结合蛋白(例如，GH单体与GH结合蛋白结合)。目前，研究者才刚刚开始了解生长激素族群复杂的调节机制和作用。事实上，当仅仅与22kDa GH浓度相比时，血液中具有生物活性的GH聚集体的浓度更高。这使我们相信，我们目前只是浅显地了解GH在身体中的作用。这也说明我们并不完全清楚22kDa单体的生理作用；癌症医学发现，它会与胰岛素样生成因子-I(IGF-I)相互作用[154]。因此，这种聚集形式的GH可能在训练适应中有着重要的生物功能[128]。

此外，由于免疫测定[通常被称为放射免疫测定(RIA)、酶联免疫吸附测定(ELISA)或酶免疫测定(EIA)]的便利性和普及性提高了，大多数运动内分泌学的研究都检查了22kDa亚型(22kDa isoform)。这些技术依靠抗体相互作用，以确定血液中存在的量。使用的抗体通常对22kDa GH变体是特异性的，因此许多其他形式的GH尚未检测到或用这种测定技术检测不到。不同GH的调控模式如图4.6所示。我们可以看到，与GH调控有关的生理机制和靶组织有很多，需要一个激素家族来实现这种多样化的影响效果。

生长激素对于儿童的正常发育很重要，它在抗阻训练应激适应方面也起着至关重要的作用。McCall等[139]的一项研究发现，在20周抗阻训练过程中，GH反应和肌肉肥大之间呈正相关关系。然而，这项研究主要针对22kDa，有可能其他GH变体也可以与22kDa产生一样的变化，也能解释这种正相关关系。这强调了当我们使用简单的回归分析来确定一个激素的功能时，所产生的问题。因为简单的回归分析并不能说明"因果"关系，因此在解释任何激素反应时都应该非常谨慎。GH的靶组织非常多，不同分子量变体具有不同的靶组织(包括骨、免疫细胞、骨骼肌、脂肪细胞和肝组织)。GH家族的主要生理作用如下(尽管目前尚不完全清楚产生直接影响的GH变体是哪一种)：

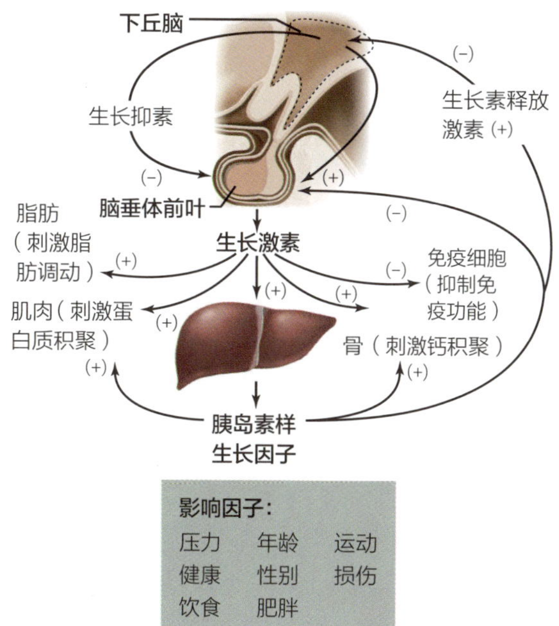

图4.6 生长激素调控模式和相互作用图

- 减少葡萄糖利用；
- 减少糖原合成；
- 促进氨基酸穿过细胞膜；
- 增加蛋白质合成；
- 提高脂肪酸的利用率；
- 促进脂肪分解作用；
- 增加葡萄糖和氨基酸的可用性；
- 增加胶原合成；
- 刺激软骨生长；
- 增加氮、钠、钾和磷的保留；
- 增加肾血浆流量和过滤；
- 促进代偿性肾肥大；
- 增强免疫细胞功能。

GH的分泌受复杂的神经内分泌反馈机制控制[23, 39, 128, 136, 157, 170, 193]。许多激素的作用可能由次级激素调控，甚至是其他GH形式直接作用的结果，但是许多不同的GH均直接与靶组织相互作用。22kDa GH形式既在细胞的自分泌水平上刺激胰岛素样生长因子的释放，又有助于体内胰岛素样生长因子的整体变化，并增加氨基酸用于合成蛋白质的可用性。这为促进组织的修复和抗阻训练后的恢复创造了条件。非肝脏组织（例如，脂肪和白细胞）能够释放胰岛素样生长因子，肌肉本身也可以，但可能无法产生与其他身体组织一样多的内源性胰岛素样生长因子[28, 45, 77]。但是，作为最强大的合成代谢激素之一，在与细胞的直接相互作用中，GH起着重要的作用[139]。22kDa GH的分泌以及在血液中的量在一天中的不同时间有所变化，其中在夜晚睡眠期间分泌量最高[40, 98, 170]。然而，较高数量的具有生物活性的GH没有显示具有昼夜节律模式的变化。22kDa GH的释放具有脉冲式或迸发性的特征；这些脉冲在一整天中具有不同的振幅，并且锻炼能够增加它们的振幅和数量。有研究者假设，这种夜间发生的增加与体内各种组织的修复机制有关。因此，GH分泌和释放可能直接影响肌肉收缩单位的适应和随后的力量表现[139]。各种外部因素，如年龄、性别、睡眠、营养、饮酒和运动，都会改变GH释放模式[16, 17, 19, 152, 185]。生长激素被释放到外周循环中，并在外周循环中与特定结合蛋白结合——它们是GH受体细胞外的结合域。通常，GH通过与细胞膜（靶组织上的结合受体）结合而起作用。目前我们已经知道，GH不止一种形态，因此具有生物作用的GH或GH聚集体与剪接变体的相互作用仍然是当前研究的主题。

生长激素对应激的反应

垂体激素［例如，阿黑皮素原（POMC）、生长激素和催乳素］会对包括抗阻训练在内的各种训练产生应激反应[26, 29, 56, 60, 113, 116, 132, 134]。仅是屏气和换气过度[33]，以及组织缺氧都会增加22kDa GH）浓度[117]。研究表明，22kDa GH释放的实质性刺激是氢离子（pH降低）和乳酸盐浓度的增加[64]。不是所有的抗阻训练方案都能增加血清GH浓度。Vanhelder等[184]研究表示，受试者在高重复次数、低负荷的训练后（7RM的28%），22kDa GH的血清浓度没有发生变化。因此，只有当抗阻训练的强度达到一定阈值后［特别是间歇时间更长时（大于3min）］，才会引起22kDa GH的显著反应[113]。这种情况的出现可能与糖酵解代谢过程有关（至少对于22kDa GH而言）。

22kDa GH会根据抗阻训练计划的负荷、间歇时间、运动量和练习方式产生不同的反应[5, 43, 44, 139, 143, 166, 167, 174]。在一项旨在确定与GH增加相关的不同变量的研究中，Kraemer等[113]发现，血清中22 kDa GH的浓度升高对训练量、组间休息时长（休息时间少，22kDa GH浓度更高）和使用的阻力（10RM强度的练习会导致更高的乳酸值，22kDa GH浓度也会更高）等变量具有不同的敏感性。当进行10RM（大负重阻力）强度、每种练习完成3组（总功更高，约60 000J）且短间歇时间（1min）的训练后，受试者的血清22kDa GH浓度会大幅增加。当组间间歇时间为1min时，运动时间更长（10RM vs. 5RM）的受试者的22kDa GH浓度会有最显著的增加。由于这样的差异与训练课的结构（例如，间歇时长）有关，

> 生长激素释放受练习者所采用的抗阻训练方案，以及休息时间的影响。在总功相同的情况下，较短组间间歇的训练方案会使练习者产生更多的血清22kDa GH。然而，目前尚不清楚间歇时长对于不同分子形式（例如，聚集体和剪接变体）或类型的GH的影响。

说明当我们在评估抗阻训练产生的生理适应时，需要给予训练计划变量更多的关注。

女性的生长激素反应

由于22kDa GH分泌的频率和幅度更大，女性在整个月经周期中始终具有比男性更高的血液22kDa GH浓度。激素浓度和激素对运动的反应随月经阶段而变化[29]，但这种变化的机制尚不清楚。Kraemer等[114, 117]发现，在月经周期的卵泡早期，女性在静息状态下具有与男性相比明显更高的22kDa GH浓度。此外，使用长间歇时间（3min）和重负荷（5RM）的高强度抗阻训练方案时，22kDa GH浓度与静息浓度相比没有增加。然而，使用短间歇时间（1min）、中等负荷（10RM）的抗阻训练方案时，研究者可以观察到受试者血清22kDa GH的显著增加。不同抗阻训练方案的激素反应模式可能由于在月经周期的过程中静息状态下22kDa GH水平的改变而产生变化[114, 117]；此外，激素避孕药（例如，含雌激素的避孕药）的使用会增加22kDa GH对抗阻训练的反应[127]。然而，当使用相同的抗阻训练方案时，男性和女性的反应模式是类似的（例如，与长间歇的训练相比，短间歇的训练后会产生更高浓度的22kDa GH）[114]。

研究表明，具有生物活性的GH是由不同分子大小的结合体所组成的（例如，2个单体结合成二聚体或44kDa的形式）[128]。有意思的是，抗阻训练会改变女性具有生物活性的GH，似乎训练之后其静息浓度会增加，而22kDa GH几乎没有变化发生[125]。此外，老年妇女具有生物活性的GH的浓度不如年轻女性高；抗阻训练对具有生物活性的GH的刺激比耐力运动对具有生物活性的GH的刺激更强[65]。初步的研究表明，避孕药对具有生物活性的GH的形式的影响也很小。此外，研究显示，具有更大力量的女性的具有生物活性的GH浓度也更高，这也说明了GH聚集体的重要性[123]。这些关于GH的新见解再次证明了内分泌系统的复杂性，也说明了我们需要对这些问题进行更深入的研究。

周期性抗阻训练对月经周期的影响，以及与性别相关的神经内分泌适应机制，均需要进行进一步的深入研究[43]。目前，女性在月经周期过程中的睾酮浓度的减少和不同激素静息浓度的差异，是与男性相比的最明显的神经内分泌机制差异。

生长激素的训练适应

似乎需要在更长的时间段（2~24h）内对GH浓度进行监测，我们才能观察到它是否随着抗阻训练产生变化。时间曲线下的面积，包括系列脉冲式效应，说明了GH释放是否发生变化。有关GH对抗阻训练的反应的研究文献并不多，但有限的研究成果表明，高水平举重运动员静息22kDa GH的单次测量浓度没有显著变化，这可能与反馈机制的差异、受体敏感性的变化、胰岛素样生长因子增强、昼夜变化和训练后运动对GH的适应有关。训练对GH产生的变化趋势表现为练习后22kDa GH的减少，以及22kDa GH脉动特征的改变。训练导致的22kDa GH减少可能说明了它与其他分子量形式GH潜在相互作用。一组精英举重运动员经过9个月训练后，个体反应存在很大差异，但受试组整体并未出现显著变化（未公开发表的研究）。这可能意味着腺体正在分泌较高浓度的GH聚集体；此外，由于很多GH以聚集体或结合形式存在，因此22kDa形式变得不那么重要。这方面的问题也是当前和未来研究的热点。如前所述，早期的研究表明，长期抗阻训练会对女性GH的静息浓度和一些分子量形式产生影响[125]。从现有的研究结果来看，在训练后，受试者的22kDa GH静息浓度变化很小，但在月经期会有小量增加和减少。就具有生物活性的GH而言，与22kDa GH相比，某些分子量高于22kDa的GH的生物活性片段产生微妙的改变，会使其静息浓度产生较大变化[125]。有关长期抗阻训练对于GH的影响机制仍需进行进一步深入研究。

胰岛素样生长因子

22kDa GH的一些作用通过被称为胰岛素样生长因子（IGF）或生长调节素的小多肽调节[27, 37, 45]。有研究者认为，IGF家族可以作为与健康和运动表现有关的重要生物标记[145, 150]。IGF-I是70个氨基酸组成的多肽，IGF-II是67个氨基酸组成的多肽；其中，后者的功能尚不清楚。同样，这也是一个肽与结合蛋白一起存在的超级家族。肝脏受到22kDa GH刺激合成IGF。除了GH，诸如甲状腺激素和睾酮也参与IGF合成[193–196]。与多数的典型多肽激素一样，两个生长因子先被合成为较大的前体分子，之后再形成有活性的激素。IGF在与结合蛋白结合后在血液中运输；在靶组织中，IGF与结合蛋白分离并与受体相互作用[1, 175, 176]。血液中IGF的水平通常通过测量总IGF水平（结合及游离形式）或游离IGF浓度得出。

研究表明，至少有6种循环结合蛋白参与调节与受体结合的IGF的量。6种循环结合蛋白即IGF-I结合蛋白1~6；其中对于结合蛋白-1和结合蛋白-3的研究是最深入的。每种结合蛋白独立地对运动应激做出反应，并且具有其自身的生物学作用。

在IGF的转运和生理机制中，结合蛋白是重要因素[22, 23, 49]。IGF能够刺激其自身结合蛋白从肌细胞本身分泌，进而调节细胞对IGF的反应[140]。循环结合蛋白在限制IGF多肽分子与受体的结合中起重要作用，并受22kDa GH浓度的影响。其他因素，如营养状况和胰岛素水平，也已被研究者认为是影响IGF释放的重要信号机制。对于IGF与细胞相互作用，包括IGF生成、转运和调节作用，营养因素是一个重要变量。氮平衡、蛋白质摄入和营养状态的急性变化影响各种机制[22, 121, 139]。研究表明，结合蛋白具有IGF存储库的作用；细胞上受体可结合的数量会决定IGF是否从结合蛋白上释放信号[13]。这种机制保证了IGF可以存活更长时间，并且从理论上减少了IGF的降解量。

在力量训练中，运动应激、急性激素反应，以及肌肉、神经和骨组织在细胞层面的重塑的需求都会影响上述机制[20, 79, 83, 168]。多种激素和受体的相互作用使机体具备了对抗阻训练做出反应的强大适应机制，并为肌力和肌肉体积的增大提供了条件。

胰岛素样生长因子对运动的反应

由于IGF-I在蛋白质合成代谢中具有多种作用，它是运动相关生长因子的主要研究对象[146, 150]。它也是多肽家族中对健康和运动表现有显著影响的结合蛋白[148]。IGF-I的血液水平急剧增加的确切原因尚未可知，但可能与各种细胞（包括脂肪和肌细胞）的裂解有关，因为这些细胞产生和储存IGF[183]。IGF-I存在于不同的生物空间［血液、组织间液（interstitial fluid, ISF）和肌肉］内，而循环IGF-I对运动的反应是否反映了局部肌肉组织间液中发生的情况，之前对此也有所讨论。一项针对男性和女性的研究表明，循环整体和游离IGF-I的增加与组织间液IGF-I浓度或肌肉IGF-I蛋白含量的增加无相关性[151]。这样的数据表明，运动引发的循环IGF-I浓度增加，无法代表在局部组织中IGF-I的变化情况，说明循环IGF-I只是内分泌反应模式的一个方面而已。在受到

GH刺激后，需要8~24小时，IGF才会在肝脏生成和释放[9, 30]。这似乎表明，IGF是由非肝脏组织生成与释放的，这种释放是由于已经含有IGF的组织细胞裂解，或可能代表GH控制释放IGF的路径，面对某些运动时会随着时间产生不同的变化。对不同训练计划产生不同系统性的浓度反应，似乎与IGF释放和运输的调节因子密切相关[13]。对血清变化的长期评估可以让我们更清楚地认识IGF的特殊作用以及它和血清GH的关系[46]。一项针对男性和女性研究对象的研究表明，在进行为期2个月的训练后，受试者的力量和爆发力均有提高，但IGF-I仍保持稳定[147]。如果IGF-I静息浓度较低（例如，10~20nmol/L），则运动诱导的增加似乎更容易发生。因此，IGF-I静息浓度的稳定性可能受到IGF-I在循环中的绝对量的影响。若IGF-I静息浓度较高（例如，35~45nmol/L），则不易观察到训练所引发的IGF-I急性增加。重要的是，不与任何结合蛋白结合的游离IGF-I可能是影响靶组织[66, 149, 160]，特别是骨骼肌的有效因素。

就IGF-I对于肌肉的影响而言，IGF-I的自分泌和可能的旁分泌释放机制是非常重要的。在休息时，脂肪细胞含有相对高浓度的IGF，而骨骼肌自身的IGF含量较少。然而，抗阻运动时的机械刺激、超负荷和肌细胞的拉伸，都会刺激组织产生更多的IGF-I。在肌肉中产生的IGF-I通常被称为机械生长因子，它具有自分泌功能[63, 141]。有研究者认为，机械生长因子的自分泌作用是肌肉IGF-I的主要作用方式。此外，研究者认为，IGF-I剪接变体可以通过成熟IGF-I而非E肽的作用调节肌原细胞分化，且这一研究主题仍有待进一步深入[137]。其他研究者认为，IGF也可能在没有GH调控的情况下从非肝细胞释放[1, 2, 45, 77, 82, 83]。此外，细胞可以产生和保存IGF，使IGF在不进入外周循环的情况下发挥它们的作用。

尽管一些研究表明IGF-I对于训练会产生反应，但不会在所有情况下均发生典型的内分泌反应（即腺体受到来自训练的刺激，并释

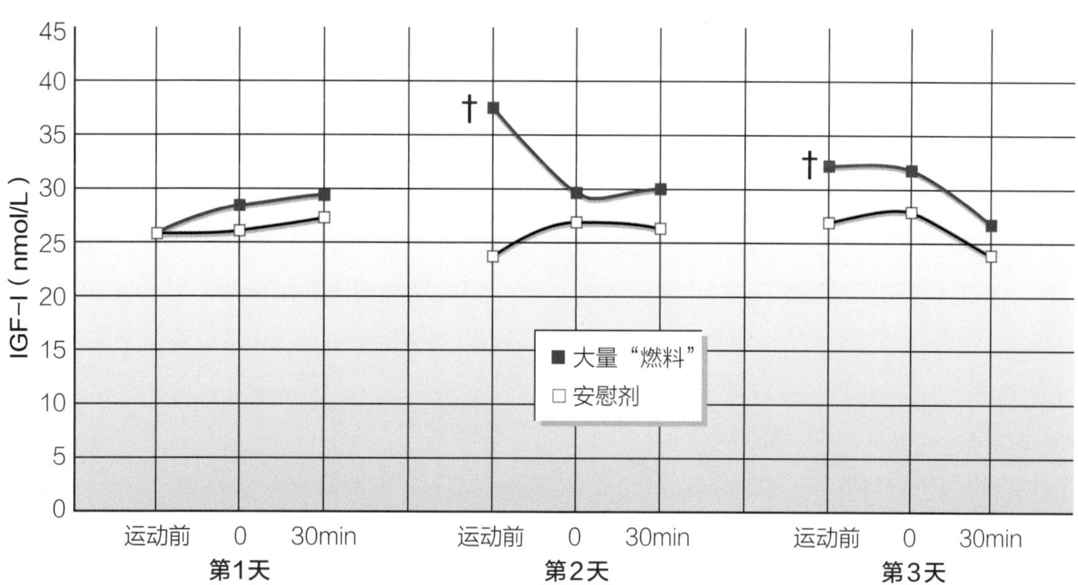

图4.7 在1小时恢复期之前和期间，在有或没有蛋白质-碳水化合物（即大量“燃料”）的营养补充的情况下，IGF-I对连续3天的多组、高强度抗阻训练计划的反应

†与相应的安慰剂组相比，$P<0.05$。

[源自：Kraemer et al.，1998[121].]

放激素到血液中）。有些研究表明，在抗阻训练后，男性和女性的IGF-I浓度均有变化，但这些研究对象的IGF-I起始浓度均较低[113, 114]。而另一项研究中，研究对象的IGF-I起始浓度较高，尽管免疫反应性（22kDa）GH增加，但未观察到IGF-I的增加[118]。从这些研究中可以推断，IGF-I的起始水平可能是确定运动后研究者是否能观察到IGF-I浓度增加与否的因素（即如果起始浓度高，则不增加；如果起始浓度低，则增加）。Kraemer等[121]的研究支持了这一结论，但他们同时也认为IGF-I浓度对急性能量摄取更敏感，包括锻炼前后的碳水化合物和蛋白质补充（图4.7）。

胰岛素样生长因子的训练适应

在不同的研究中，高强度抗阻训练后IGF-I的反应各不相同，但综合来看，IGF-I浓度改变与否与训练前的起始浓度有关（即如果起始浓度低，IGF-I增加；如果起始浓度高，则没有变化或降低）（W. J. Kraemer，未公开数据）。此外，食物摄入或热量限制的水平（或两者）影响血液中静息和训练诱导的激素浓度[80, 109]。对于女性，抗阻训练能增加总IGF-I浓度，并在抗阻训练后的急性期减少IGF结合蛋白-I的浓度，这表明因训练模式所产生的特殊适应在IGF-I系统中也会发生[67]。目前IGF家族蛋白与受体有不同的反应模式，因此关于IGF的训练效果目前仍需要进行进一步研究[149]。与GH一样，IGF-I的训练适应可能反映在与IGF类型、释放、转运和受体相互作用的多种机制中。此外，我们不能忽略IGF与其他合成代谢激素的相互作用，特别是与其有共同作用目标（例如，蛋白质合成）的激素。有关大负荷抗阻训练后不同组织IGF-I适应的相关问题，仍需进一步研究。

肾上腺激素

肾上腺在或战或逃反应中起着至关重要的作用，并且具有2个主要部分：髓质（中心）和皮质（壳）。两个部分都对训练应激有反应。肾上腺髓质直接受到神经系统的刺激，因此提供快速即时的反应；皮质受从脑垂体前叶释放的促肾上腺皮质激素（ACTH）刺激。对训练和调节最重要的肾上腺激素是皮质醇（一种来自肾上腺皮质的糖皮质激素），以及来自肾上腺髓质的儿茶酚胺（肾上腺素、去甲肾上腺素和多巴胺）和含脑啡肽的多肽（例如，F肽）[95, 104, 109, 116, 182]。F肽是一种脑啡肽的片段，在增强免疫细胞功能中起重要作用[182]。因此，肾上腺髓质分泌激素参与了应激的即时反应和随后的恢复。

皮质醇

一般来说，糖皮质激素，尤其是皮质醇，被视为骨骼肌的分解代谢激素[45, 47, 129]。然而，实际上，皮质醇是碳水化合物代谢的主要信号激素，并且与肌肉中的糖原储存有关。当糖原浓度低时，其他底物（蛋白质）必须分解代谢以产生能量并维持血糖浓度。皮质醇浓度遵循强烈的昼夜节律模式；其浓度在清晨最大并且在一天中逐渐下降。因此，当检查或比较皮质醇的浓度结果时，时间段是重要的考虑因素。

皮质醇的作用

皮质醇通过刺激氨基酸转换为碳水化合物，增加蛋白水解酶（分解蛋白质的酶）水平，抑制蛋白质合成和抑制许多葡萄糖依赖性过程（例如，糖原生成和免疫细胞功能）发挥其分解代谢作用[51]。皮质醇对II型肌纤维具有更大的分解代谢作用，至少一部分原因是II型肌纤维比I型肌纤维具有更多的蛋白质；但皮质醇或许仍参与控制I型肌纤维的分解[162]。I型肌纤维更多地依赖减少分解以达到肌肉肥大的目的；而II型肌纤维则是通过加强合成作用来达到肌肉肥大的目的。

在患病、关节活动度不足或损伤的情况下，皮质醇浓度的升高会调控耗氮效应，进而流失收缩蛋白。这一过程会导致肌肉萎缩，并伴随着力量产生能力的减弱[45, 133]。在肌肉组织中，睾酮和胰岛素的合成代谢效应抵消皮质醇的分解代谢效应。如果更多数量的受体与睾酮结合，此时这些受体复合体同时会阻断皮质醇及其受体复合体接触的DNA片段，蛋白质会避免被分解或促进其合成。相反，如果更多数量的受体与皮质醇结合，蛋白质被分解并丢失。肌肉中合成代谢和分解代谢活动的平衡影响蛋白质的收缩单位，并直接影响力量。运动后循环皮质醇的急性增加也反映了组织重塑过程中的急性炎症反应机制[51]。

抗阻训练中的皮质醇反应

与22kDa GH一样，皮质醇浓度也会在抗阻训练后增加，特别是当休息时间短或总工作量大时，皮质醇浓度增加最显著[116, 178]。在经过一段时间训练，身体产生适应后，男性体内皮质醇的增加可能不会对其产生负面影响；这种适应会在睾丸层面“抑制”皮质醇，从而维持睾酮对它的细胞核受体的影响。

当训练计划对无氧代谢系统产生显著刺激时，皮质醇会对其产生适应。有趣的是，当我们选择的训练变量对人体产生最大限度的分解反应时，人体同时也会产生最大的GH反应[116, 166, 178]。因此，尽管长期高水平的皮质醇对身体有不利影响，但皮质醇在短期内的急性增加可能是肌肉组织重塑过程的一部分。肌肉必须被破坏至一定程度（低于损伤水平），才能重塑与增长；急性皮质醇的增加通过帮助清除受损的蛋白质，有利于重塑过程。

由于皮质醇的分解代谢作用，运动员和体能教练将其作为一个组织分解的指标。在一定程度上，我们可以认为皮质醇是分析组织分解的指标，但研究表明，只有当它的浓度增加到800nmol/L以上才能说明被监测对象可能存在过度训练问题[55, 56, 58, 59]。有研究者试图使用“睾酮–皮质醇比”这一指标解释身体的合成–分解代谢状态[70]。尽管这种指标在概念上是有一定吸引力的，但是血清皮质醇测量和“睾酮–皮质醇比”在预测或监测力量和爆发力的变化方面并没有表现出太大的作用[124]。这一问题可能与皮质醇和其他激素的多种作用有关。

有少量研究者分析了抗阻训练对肌肉组织中糖皮质激素受体的作用。最近的数据表明，与女性相比，训练有素的男性在运动后70min的恢复期中，糖皮质激素受体的浓度显著较低[188]。同时，执行相同训练方案的女性在运动后70min内，其雄激素结合能力首先降低、但随后增加，而男性则持续下降。这表明，在较低睾酮浓度的情况下，女性可更快地对雄激素受体进行上行调节，而糖皮质激素受体在锻炼前已经进行了上调。

事实上，在B淋巴细胞中，在运动前（预期）、运动期间和运动后1小时均观察到男性和女性的糖皮质激素受体上调[52]。然而使用大负荷5RM训练计划后，女性血液中的皮质醇浓度并没有增加，但是男性的却有增加。这表明不同性别间产生刺激的差异性，另外，免疫细胞受体对皮质醇的反应是类似的。这样的数据表明，不同的靶组织对皮质醇以及其他激素信号的反应也是有差别的。

研究表明，皮质醇在抗阻训练的急性与

慢性反应中的生理作用是不同的。皮质醇的急性反应可能反映训练的代谢应激，慢性反应方面可能主要与引起蛋白质代谢的组织内稳态有关[45, 51]。因此，当过度训练、停训或损伤时，要观察到肌肉萎缩和肌力下降状态，皮质醇起着重要的作用[133]。这些作用仍有待证明；但是，皮质醇在抑制免疫细胞（例如，B细胞和T细胞）功能方面的作用对骨骼肌组织的恢复和重塑具有直接影响。皮质醇对免疫细胞的这种影响是剧烈的，主要的效应之一是使免疫细胞功能“失活”，这一点部分造成了强烈运动应激后观察到的免疫抑制[51]。在进行大负荷抗阻训练时，B细胞中的糖皮质激素受体表达随着运动减少，并且在恢复期间增加，表现出更大的结合力，这又会在恢复期间降低B细胞活性[52]。与类似训练水平的男性相比，它对女性的作用相对较弱，表明了反应程度的性别差异。

> 使用大运动量、大肌群和短时间间歇的抗阻训练计划导致血清皮质醇浓度增加[119]。虽然长期高浓度的皮质醇可能有不良的分解代谢作用，但皮质醇的急性增加具有重塑肌肉组织和维持血糖水平的生理意义。

儿茶酚胺

儿茶酚胺以肾上腺素为主，但也包括去甲肾上腺素和多巴胺，由肾上腺髓质分泌。儿茶酚胺对于力量和爆发力的表现非常重要，因为它具有中枢运动刺激剂和外周血管扩张剂的作用，同时也促进酶系统的作用与肌肉中的钙离子释放[95]。抗阻训练引起的应激反应类似于典型的或战或逃反应。男性在进行大负荷抗阻训练时，在运动前和运动中体内都会分泌大量的儿茶酚胺，从而保证了训练者在整个训练课中保持较好的力量输出——这体现了儿茶酚胺在抗阻训练中的重要性[53]。目前，我们还不清楚儿茶酚胺在肌肉生长方面的作用，但它们具有刺激其他合成代谢激素的作用。

儿茶酚胺的作用

肾上腺素和去甲肾上腺素在肌肉中的生理功能是：

- 通过中枢机制增加力量产生和代谢酶活性；
- 增加肌肉收缩率；
- 增加血压；
- 提高能量利用率；
- 增加肌肉血流量（通过血管舒张）；
- 增加其他激素（例如，睾酮）的分泌速率。

儿茶酚胺的浓度似乎可以反映抗阻训练计划对于身体的急性需求和身体应激状态[105]。健美运动员通常会使用高强度（10RM）、短间歇（10~60s的练习间间歇与组间间歇）、大训练量（10个练习，每个练习完成3组）抗阻训练方案发展力量、增加肌肉肥大。而这种训练能够增加与维持血浆去甲肾上腺素、肾上腺素和多巴胺水平，甚至持续至运动后5min[105]。此外，肾上腺素与运动中产生的乳酸浓度相关。肾上腺反应不会参与运动恢复反应，直到应激消除。一些特定的内源性阿片样肽（例如，脑啡肽原）由肾上腺髓质分泌并影响免疫系统，它们对于运动应激的恢复很关键[182]。如果训练方法单一，持续的压力会使肾上腺一直处于兴奋状态，且由于来自皮质醇的二级反应，以及其在免疫系统及蛋白质结构上的负面影响，恢复过程也会被延迟。长期持续的高应激会导致肾上腺衰竭，此时肾上腺髓质释放儿茶酚胺的能力减弱。

儿茶酚胺的训练适应

高负荷抗阻训练能够让运动员在最大运动

期间分泌更多的肾上腺素[104]。也有研究表明，训练会减少人体肾上腺素对单次卧推练习的反应[68]。由于肾上腺素参与代谢控制、力的产生和其他激素（例如，睾酮、GH和IGF）的反应机制，刺激儿茶酚胺分泌可能是抗阻训练中最先发生的内分泌机制之一。

> 训练计划的安排要有必要的变化，从而让肾上腺恢复，并防止发生可能对免疫系统和蛋白质结构具有负面影响的皮质醇次级反应。

其他激素

大量不同的激素参与正常身体功能的维持和身体对抗阻训练的适应性反应[26, 45, 46, 76, 87, 97, 107]。虽然我们可能专注于1个或2个激素在特定生理功能中的作用，但其他激素必须创造一个最佳的环境，使主要激素可以发生作用。一些激素（例如，胰岛素、甲状腺激素和β-内啡肽）涉及生长、修复、镇痛和运动应激机制；但是，有关它们对抗阻训练或运动的反应和适应的数据却非常少[48, 116, 120]。由于健康个体中胰岛素和甲状腺激素分泌受相对严格的内稳态控制，在该群体中不会出现这些激素静息循环浓度的长期训练适应。尽管在进行抗阻训练后的健康个体中观察到胰岛素耐受性的改善，但这些变化可能仅反映近期训练课的急性效应[15]。更可能的是，长期变化（例如，24小时分泌速率、受体的敏感性和结合作用）将受到影响。抗阻训练和运动对健康个体的

在进行抗阻训练时，运动员该如何控制内分泌系统

一般概念

- 运动所募集的肌纤维越多，整个肌肉的潜在重塑可能性就越大。
- 只有通过抗阻训练激活的肌纤维才能产生适应，包括对激素对应激的适应。

增加血清睾酮浓度

研究表明，单独或以不同方式组合使用以下这些方法后，血清睾酮浓度会急剧增加：

- 大肌群练习（例如，硬拉、高翻和深蹲）；
- 大负荷抗阻训练（85%~95%1RM）；
- 中至大训练量——多组或多种练习；
- 短间歇（30~60s）。

增加22kDa GH浓度

事实证明，使用这些方法中的任意一种或两者组合，生长激素水平会出现急性增加：

- 使用可以引发较高乳酸反应与破坏体内酸碱平衡的训练方式。例如，使用高强度（10RM或大负荷）、3组练习（总工作量高）和短间歇（1min）。
- 在锻炼前后补充碳水化合物和蛋白质。

优化肾上腺激素的反应

- 使用大训练量、大肌群和短间歇的训练计划，可以最大限度地使肾上腺素产生应激反应。但要注意改变训练计划与休息时长（由短变长）、训练课之间进行数天完全的休息，以及使用低训练量训练课，从而让肾上腺参与恢复过程、降低肾上腺髓质的应激、预防肾上腺素过耗、降低对肾上腺皮质的应激和防止肾上腺皮质的长期皮质醇分泌。通过这种方式，训练压力才不会导致非功能性过度努力或过度训练。

甲状腺激素的作用在文献中几乎没有记录。McMurray等[142]发现，尽管甲状腺激素三碘甲状腺原氨酸（T3）的浓度在一次抗阻训练课后不会发生剧烈变化，但T3的前体甲状腺素（T4）则会快速增加，并在随后的夜晚睡眠期间减少。最近的一项研究发现，在进行一次抗阻训练后的24小时、48小时或72小时没有发现T3浓度或T4浓度的变化[88]。这表明任何急性抗阻训练对甲状腺激素的影响都很短暂。另一项研究表明，在6个月[4]以及3个月和5个月[4, 153]的抗阻训练后，T3和T4浓度均暂时减少，但是在训练9个月后，它们恢复到了基线值水平。虽然这些激素几乎没有变化，它们对于抗阻训练的生理适应是非常重要的，因为它们在代谢控制、氨基酸合成和其他激素释放机制的增强方面具有许可效应。

小结

随着我们对内分泌系统及其与神经系统、免疫系统和肌肉骨骼系统的相互作用研究的深入，我们发现这些系统的功能是整体性的且非常复杂。系统之间的信号传递通过激素和其他信号分子（例如，细胞因子、趋化因子和信号分子）实现。多年来，体能教练和运动员已经认识到合成代谢激素调控身体变化以及帮助身体适应大负荷抗阻训练的重要性。无论是从尝试优化训练还是从避免过度训练的角度，体能教练必须认识到内分泌系统在人体适应过程中的重要作用。本章的目标是对这个复杂而高度组织化的系统进行一个初步的探讨，它能够帮助我们在进行抗阻训练时调控身体的适应变化。

关键词

allosteric binding site 变构结合位点
anabolic hormone 合成代谢激素
catabolic hormone 分解代谢激素
cross-reactivity 交叉反应
diurnal variation 昼夜变化
downregulation 下调
endocrine gland 内分泌腺
General Adaptation Syndrome 一般适应综合征
hormone 激素
hormone-receptor complex（H-RC）激素-受体复合物
lock-and-key theory 锁-匙理论
neuroendocrine immunology 神经内分泌免疫学
neuroendocrinology 神经内分泌学
polypeptide hormone 多肽激素
proteolytic enzyme 蛋白水解酶
secondary messenger 第二信使
steroid hormone 类固醇激素
target tissue cell 靶组织细胞
thyroid hormone 甲状腺激素

学习试题

1. 进行一组抗阻训练后，急性激素分泌会提供各类信息给身体，除了以下哪一项？（ ）
   a. 生理应激反应的程度
   b. 训练的代谢需求
   c. 生理应激的类型
   d. 消耗的能量
2. 下列哪种激素可促进肌肉的生长？（ ）
   I. 生长激素
   II. 皮质醇
   III. IGF-I

IV. 黄体酮

a. I和III

b. II和IV

c. I、II和III

d. II、III和IV

3. 下列不属于生长激素功能的是？（　）

a. 增加脂类的分解

b. 减少胶原的合成

c. 增加氨基酸的运输

d. 减少葡萄糖的利用

4. 下列哪种激素对神经的改变产生最大影响？（　）

a. 生长激素

b. 睾酮

c. 皮质醇

d. 胰岛素样生长因子

5. 下列哪种抗阻训练能在训练后促进最多的生长激素的分泌？（　）

间歇时间	运动量	组数
a. 30s	大	3
b. 30s	小	1
c. 3min	大	1
d. 3min	小	3

第 5 章

无氧训练计划的适应

邓肯·弗伦奇（Duncan French），PhD
译者：黄启华、闫琪
审校：高炳宏、高延松、崔雪原

完成这一章的学习后，你将能够：

- 了解无氧训练后的解剖学、生理学以及运动表现适应与有氧训练适应的区别；
- 讨论中枢神经系统与周围神经系统对无氧训练的适应；
- 了解怎样通过调整一个周期性训练计划的急性变量来改变骨骼、肌肉和结缔组织；
- 阐述无氧训练对内分泌系统的短期与长期的影响；
- 阐述无氧训练对心肺系统的短期与长期的影响；
- 能够识别无氧过度训练及停训的原因、表现、症状以及影响；
- 讨论无氧训练计划是怎样提高肌肉力量、肌肉耐力、爆发力、柔韧性和运动表现的。

感谢尼古拉斯·A.拉塔梅斯（Nicholas A. Ratamess）对本章内容做出的重要贡献。

以高强度、间歇性练习方式为特征的无氧训练对三磷酸腺苷（ATP）再生速率的要求高于有氧供能系统的能力。无氧供能系统在无氧的环境下发挥作用，并且包括无氧非乳酸系统（也称为磷酸原系统或ATP-CP系统）和无氧乳酸系统（也称为糖酵解系统）。无氧训练发生的长期适应与训练计划的特点相对应。例如，肌肉力量、爆发力、肌肉肥大、肌肉耐力、运动技能和协调性的改善都被认为是无氧训练模式后的有益适应。无氧训练方式包括抗阻训练、快速伸缩复合训练、速度与灵敏训练，以及间歇训练。有氧供能系统对高强度无氧活动的参与有限，但对低强度运动或休息期间能量的储存以及恢复起着重要作用[45]。

冲刺跑和快速伸缩复合训练主要动用磷酸原系统，它们的持续时间通常不会超过10s，并且通过组间间歇（例如，5~7min）几乎可以完全恢复，从而最大限度地减少疲劳。持续时间较长的间歇无氧训练主要消耗来自糖酵解系统产生的能量，在高强度运动中采用更短的休息间隔（例如20~60s）。高强度运动与短暂休息时间是无氧训练的重要构成因素，因为在比赛中，运动员经常被要求在疲劳的状态下最大限度地发挥自身的水平。然而，合理的无氧训练计划和有效的执行对于优化运动表现的生理性适应至关重要。竞技性运动需要供能系统之间复杂的相互作用，每个供能系统在不同程度上参与运动，以满足机体比赛中整体的代谢需求（表5.1）。

在无氧训练后，个体产生了各种身体和生

表5.1　各种运动项目的基本代谢需求

运动项目	磷酸原系统	糖酵解系统	氧化系统
美式橄榄球	高	中等	低
射箭	高	低	—
棒球	高	低	—
篮球	高	中等到高	低
拳击	高	高	中等
跳水	高	低	—
击剑	高	中等	—
田赛（田径）	高	—	—
曲棍球	高	中等	中等
高尔夫	高	—	中等
体操	高	中等	—
冰球	高	中等	中等
长曲棍球	高	中等	中等
马拉松	低	低	高
综合格斗	高	高	中等
力量举	高	低	—
划船	低	中等	高

续表

运动项目	磷酸原系统	糖酵解系统	氧化系统
滑雪：			
越野滑雪	低	低	高
高山速降	高	高	中等
足球	高	中等	中等
大力士比赛	高	中等到高	低
游泳：			
短距离	高	中等	—
长距离	低	中等	高
网球	高	中等	低
径赛（田径）：			
短跑	高	中等	—
中距离	高	高	中等
长距离	—	中等	高
超长耐力赛	—	—	高
排球	高	中等	—
举重	高	高	中等
摔跤	高	中等	低

注意：所有的运动在一定程度上会涉及所有类型的代谢方式。

理适应，这些变化使个体能够提高运动表现（表5.2）。这些适应包括对神经、肌肉、结缔组织、内分泌和心血管系统的改变。这些改变的跨度很广，有些发生在训练的早期（例如，1~4周），有些则发生在多年的持续训练之后。大部分研究通常针对训练的早期与中间阶段（4~24周）的适应。了解人体各系统对无氧代谢的生理适应，可以帮助体能教练们对特定的训练计划所产生的结果进行预测，然后专注于有效地针对个体的优点和弱点对个体进行训练。

神经适应

许多无氧训练模式强调肌肉速度和爆发力的表达，并且在很大程度上依赖于最佳的神经募集来获得最好的表现（和高质量的训练）。无氧训练有可能会在整个神经肌肉系统中引起长期适应，从大脑中枢开始，持续到单个肌纤维的层面（图5.1）。神经适应是优化运动表现的基础，并且神经驱动的增加是肌肉力量与爆发力实现最优发挥的关键。神经驱动的增加，是通过主动肌（在特定动作或练习中涉及的主要肌群）募集增加、提高神经元的激发率以及在高强度肌肉收缩中神经放电的同步性来实现的[4, 69, 166, 167, 174]。此外，抑制机制（来自高尔基腱器）的减弱也被认为是长期的训练适应的表现[1, 63]。目前，虽然不完全了解这些复杂反应如何共存，但显然神经适应通常发生在骨骼肌结构产生任何变化之前[167]。

表5.2 抗阻训练的生理适应

变量	抗阻训练的适应
运动表现：	
肌肉力量	增加
肌肉耐力	对于高输出功率增加
有氧功率	不变或少量增加
无氧功率	增加
力生成速率	增加
垂直纵跳	提高
冲刺速度	提高
肌纤维：	
肌纤维横截面积	增加
毛细血管密度	不变或下降
线粒体密度	下降
肌纤维密度	无变化
肌纤维体积	增加
细胞质密度	增加
肌球蛋白质重链	增加
酶的活性：	
肌酸磷酸激酶	增加
肌激酶	增加
磷酸果糖激酶	增加
乳酸脱氢酶	不变或可变
钠-钾ATP酶	增加
代谢能量存储：	
ATP的储存	增加
磷酸肌酸的储存	增加
糖原的储存	增加
甘油三酯的储存	可能增加
结缔组织：	
韧带强度	可能增加
肌腱强度	可能增加
胶原含量	可能增加
骨密度	不变或增加
身体成分：	
体脂百分率	下降
瘦体重	增加

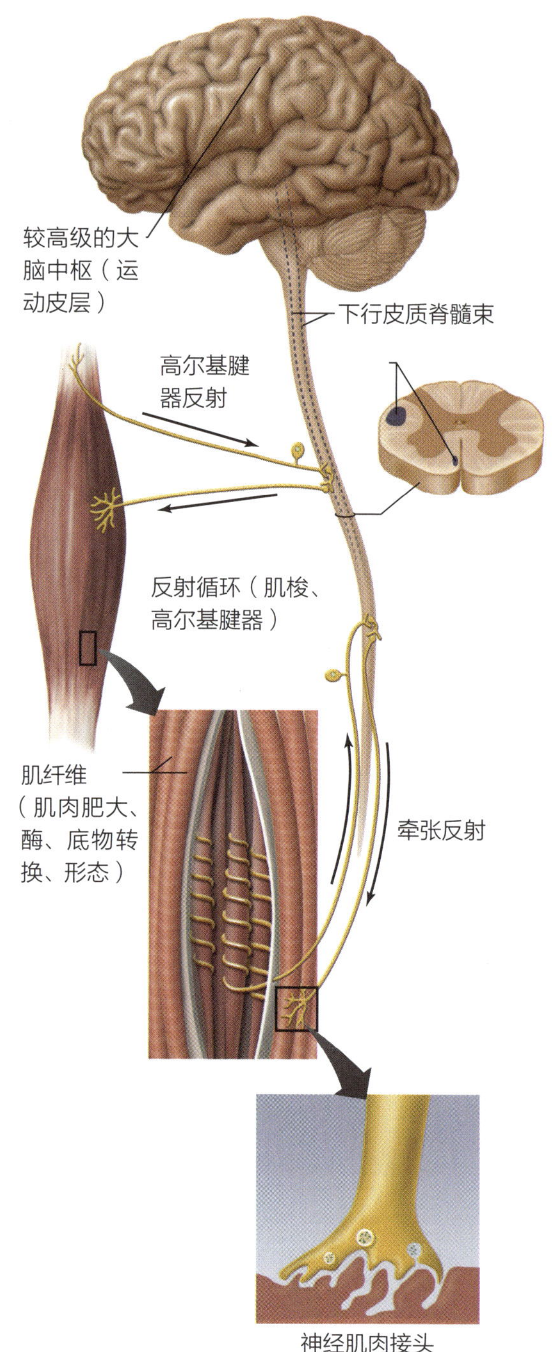

图5.1 神经系统内适应的潜在位置

中枢神经适应

运动单位激活的增加开始于较高级的大脑中枢，产生最大肌肉力量和爆发力的意图会导致运动皮层活动增加[41]。当力量水平的提高，或者学习新的练习动作时，初级运动皮层活动增加，以支持神经肌肉功能增强的需要。然后通过脊髓，特别是沿着下行的皮质脊髓束的实质性神经变化，来反映对无氧训练的适应[3]。事实上，经过无氧训练后，快缩运动单位的募集加快，以此提高力量输出水平[151]。这与未经训练的个体形成了对比，后者的运动单位最大募集能力有限，特别是快缩运动单位[4]。在未经训练的个体或受伤康复的个体中，电刺激的方法明显比自主激活更能带来好处。这一反应进一步表明这类人群无法成功激活所有可用的肌纤维。实际上，研究表明，未经训练的人群在以最大努力进行运动时，仅仅可以激活71%的肌纤维[7]。

运动单位的适应

神经肌肉系统的功能单位是运动单位，由α运动神经元及其激活的肌纤维组成。对于小而复杂的肌肉，一个运动单位可支配小于10个肌纤维，对于强壮、有力的躯干和肢体肌肉，一个运动单位可支配大于100个肌纤维。当需要发挥最大力量时，肌肉内所有可用的运动单位都必须被激活。运动单位的激发率或频率的变化也会影响到产生力的能力。激发率增加的力量反映了肌肉连续收缩的总和，此时动作电位发生暂时重叠。随着运动单位激发率的增加，肌纤维在前一次动作电位完全放松之前由随后的动作电位持续激活。重叠动作电位的总和反应为收缩强度的增强[1]。这些激发率代表了一种适应机制，可以改善随后的大负荷抗阻训练的表现[166]。主动肌的最大肌肉力量与爆发力的获得通常与以下因素有关：(a) 运动单位募集的增加；(b) 激发率提高；(c) 协调多个肌肉活动的神经放电同步性增加[173]；(d) 所有这些因素的组合。

运动单位有序地募集和放松是由运动单位收缩力量与募集阈值之间关系的大小原则（图5.2）决定的[166, 167]。根据这一原则，运动单位依据募集阈值和激发率按升序进行募集。这表明主动肌力量的产生是一种自发性的、连续的现象。因为大多数肌肉含I型肌纤维和II型肌纤维的程度不等，所以力量产生的水平也呈现从低到高的变化。高阈值的运动单位主要用于高强度、高速度或爆发力的产生。随着力量输出需求的增加，运动单位按照从低阈值到高阈值的顺序，进行募集。因此，通过大负荷的抗阻训练，可以使所有的肌纤维变得肥大[77, 183, 184]，因为它们中的大部分在一定程度上被募集，以产生能够举起逐渐增大的负荷所需要的更大的力量。最大力量的产生不仅需要最大限度地募集到可用的运动单位，包括高阈值运动单位，而且还要依赖于在非常高的激发率下发生的募集——这将促进运动单位激活总量提高，从而导致收缩活动增强。运动单位一旦被募集过，再次被募集时便只需要更少的激活[69]。这种现象对于力量和爆发力的训练可能具有重要的影响，因为高阈值运动单位在前一次被募集之后，再次激活会变得更快。

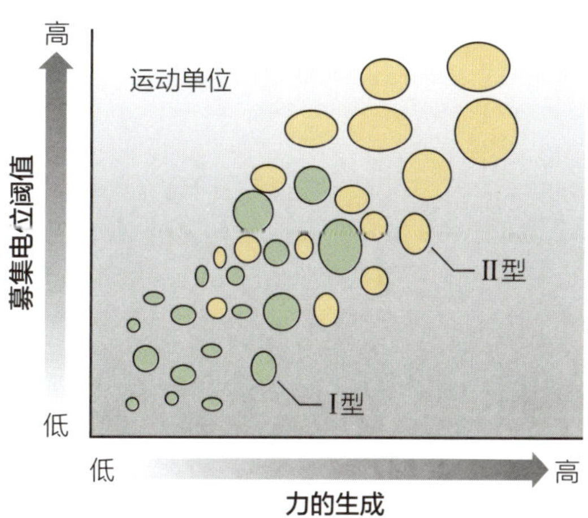

图5.2 根据包含I型（慢肌）和II型（快肌）肌纤维的运动单位的大小原则的示意图。低阈值运动单位被首先募集，其具有比高阈值运动单位更低的产生力的能力。通常，为了募集高阈值运动单位，机体必须首先募集低阈值运动单位。也存在例外情况，特别是在爆发性、弹震式肌肉收缩方面，可以选择性地募集高阈值单位来迅速产生更大的力量和爆发力

大小原则也的确存在例外。在某些情况下，运动员能够抑制较低阈值的运动单位，并且在其位置上激活更高阈值的运动单位[148, 189]。

当需要以非常快的速度产生肌肉力量获得很好的爆发力表现时，这种选择性募集方式是至关重要的。正如在奥林匹克举重运动、快速伸缩复合训练、速度训练、爆发力训练及灵敏训练的运动模式中发现的，力量的产生方向的快速变化和弹震式肌肉收缩，都已经表现出可优先募集快缩运动单位[148, 189]。这些募集顺序的改变有利于高速下的训练模式，这对于力量生成的速率至关重要。例如，运动员如果在快缩运动单位激活之前必须募集所有的慢缩运动单位，就很难产生足够的角速度和爆发力来获得垂直跳跃的最大高度。因为在下蹲预起跳动作和紧随的起跳腾空之间的时差常常小于0.4秒，根本没有足够的时间募集所有的运动单位来完成爆发式的跳跃[4, 113]。相反，选择性募集是提高爆发性练习效益的内在神经机制。此外，使用特定的训练方法可以增强选择性募集能力，这可以提高运动表现[149]。

> 通过大负荷抗阻训练，所有的肌纤维都会变得更大（即肌肉肥大），因为运动单位按照它们的大小顺序地被募集以产生高水平的力。在高水平的举重运动员中，中枢神经系统可以通过允许运动员以非连续的顺序来募集一些运动单位，首先通过募集更大的运动单位来促进运动中产生更大的爆发力或速度。

神经募集适应的另一个关键因素是长期的抗阻训练造成的肌肉肥大引起的组织激活水平。研究表明，随着肌肉体积的增大，并不需要太多的神经激活来举起预定的负荷。Ploutz等人[157]的研究指出，当受试者的股四头肌进行9周一系列不同负荷的抗阻训练后，肌肉体积增加了5%，但股四头肌肌纤维被激活的数量却很少。这一结果表明了抗阻训练过程中渐进式超负荷的重要性，以及它是怎样促进对最佳数量的肌肉组织进行连续募集的。

运动单位的其他适应还包括激发率和顺序的变化。所产生的力的大小与运动单位激发率之间存在正相关关系；弹震式肌肉收缩的高激发率，对于提高力量发展速率尤为关键[1]。激发率（相对于募集）的增加似乎取决于肌肉的体积，因此，较小的肌肉更多地依赖于增加的激发率来增强力量产生，而较大的肌肉更多地依赖于运动单位的募集[48, 63]。有证据显示，无氧训练可以提高募集运动单位的激发率[4]。例如，抗阻训练在施加较大力的情况下可能导致更同步的激活模式（即以固定的间歇激发2个或多个运动单位），而不是运动单位常见的典型的非同步模式[50, 174]。虽然在无氧训练期间运动单位同步化的具体作用仍有待充分阐明，但同步化对于力量生成的时机而言可能更为关键，而对于全面提高力量水平的影响并不显著。

神经肌肉接头

神经肌肉接头（NMJ）是神经和骨骼肌纤维的连接处，并且也是无氧训练后神经适应的另一个潜在位置[38, 39]。由于研究该结构的难度高，大多数对神经肌肉接头的研究都会使用动物模型来证明对其训练的适应性。Deschenes等人[40]研究了高强度与低强度的跑步机训练对老鼠的比目鱼肌中的神经肌肉接头的影响。他们发现，在高强度和低强度的跑动中，神经肌肉接头的总面积增加。然而，与低强度训练相比，高强度训练使神经肌肉接头处产生更多的、分布广泛的、不规则的突触，神经末端分支的长度也会增加。另一项研究发现，进行7周的抗阻训练后，运动终板的长度与面积有所增加，并且终板区域内的乙酰胆碱受体分布更为广泛[39]。这些适应的产生表明无氧训练似乎可以诱发神经肌肉接头在形态上产生有益的改变，从而有利于增强神经的传导能力。

神经肌肉反射的增强

无氧训练可使神经肌肉系统反射（即肌梭反射或牵张反射）反应能力产生积极的变化，并通过该反射增强力量的大小和产生速率。这种牵张反射利用肌肉和结缔组织的弹性特质，可以正向地促进力量的提高而没有额外的能量需求。特别是进行抗阻训练后，反射能力可以增强19%~55%[5]。此外，研究发现，与未经训练的个体相比，经过抗阻训练的运动员（举重运动员和健美运动员）的比目鱼肌中具有更大的反射增强作用[170]。

无氧训练与肌电图研究

肌电图（EMG）是一种用于检查骨骼肌内神经激活大小的常见研究方法。在研究与实际应用中通常使用2种肌电图测试方法：表面肌电图和肌内肌电图（针状电极或细线电极）。表面肌电图需要将电极黏着在皮肤表面，使其能够监测到大面积的下层肌肉[152]，这种方法通常对于监测浅层肌肉更有效，因为它不能绕过浅层肌肉的动作电位来检测更深层肌肉的活动。使用此方法，个体的身体脂肪越多，肌电信号可能越弱。相比之下，肌内肌电图技术采用针状电极或含有两根细线电极的针穿过皮肤并插入肌肉肌腹内。细线电极强调评估的特异性，由于电极位于参与的肌肉中，因此可准确地记录局部运动单位的动作电位[85]。由于这种方法具有一定的侵入性特点，因此肌内肌电图主要应用于研究与临床中。虽然我们难以确定影响肌电输出的具体机制（即运动单位募集的增加、激发率或放电同步性的增加；高尔基腱器的抑制效应），但肌电信号的增加表明神经肌肉活动的增加。

进行神经系统检查时需要考虑的重要因素是个体的训练状态。神经适应（提高运动学习与协同作用）在个体训练的早期阶段占主导地位，而并不伴随肌肉肥大[73, 75–77]。此外，肌肉肥大发生时会伴随着肌电活动的下降[145]。看来，随着个人训练状态的提升，神经适应和肌肉肥大机制存在相互作用，这有助于力量与爆发力的进一步增长。

Sale研究发现[166, 167]，在训练计划的初期阶段（6~10周），神经适应急剧增加。随着训练持续时间的延长（大于10周），肌肉肥大随之发生，这种结构性变化对力量和爆发力增长的贡献率都超过神经适应。最终肌肉肥大到达平台期，以此作为对训练负荷的适应。但是，如果运动员在训练计划中引入了新的变化或以渐进式超负荷的方式进行训练，神经适应将会通过适应“新”的身体训练，再次提高运动表现。训练过程中的每一个阶段性变化都会复制这种模式，也就是说，随着运动员训练水平的提升，所使用的训练计划的类型可能是需要考虑的最重要的因素之一[77, 80, 161]。在使用非常高强度的训练计划时（大于1RM的85%），神经因素对于力量的提高尤为重要[145]。提高肌肉爆发力的训练计划也为神经系统提供了有力的刺激，并导致训练后肌电活动的增加[149]。

在对肌电图的研究过程中，关于无氧训练的神经适应这一问题，科学家们有一些有趣的发现。

- 进行单侧抗阻训练时，未经训练的一侧肌肉的力量与神经活动也会增加，这种现象被称作交叉迁移效应[89]。有文献显示，未经训练的一侧肢体力量最高可以增加22%，平均力量增加约8%[147]。未经训练的一侧肢体力量的增加伴随着肌电活动的增加[176]，从而表明中枢神经适应是推动力量增长的主要动力。

- 在未经训练的个体中，会出现明显的双侧逆差作用。双侧肢体同时收缩产生的力要比两个单侧产生的力的总和小。研究表明，双侧收缩期间相应的肌电活动较低[63]，这说明在一定程度上，神经机制是一个影响因素。通过长期的双侧训练，双侧的差异程度会有所减少。事实上，训练有素或更强壮的个体经常表现出双侧促进作用，这可以增加所涉及的主动肌的自主激活能力[15, 171]。
- 经过无氧训练后，拮抗肌的肌电活动也会在主动肌的动作中发生变化。在大多数情况下，拮抗肌的收缩提供保护性机制，用来增加关节的稳定性并且减小损伤的风险[96]。然而，当有太多拮抗肌活动对抗主动肌活动时，就会阻碍最大力量的产生。大量的研究表明，抗阻训练后拮抗肌的同步收缩减少，会在不增加主动肌运动单位募集的情况下使力量增加[26, 76, 151]。还有研究表明，冲刺跑与快速伸缩复合训练后会改变两组肌肉协同激活的时机[96]。这种改变拮抗肌协同收缩的特殊作用的相关机制尚不明确。在执行对自身稳定性要求较高的弹震式收缩动作时，或者当人们不熟悉训练任务并需要更多的稳定性时，可能会观察到较多的拮抗肌活动[48]。

肌肉适应

无氧运动后骨骼肌的肌肉适应主要体现在其结构和功能上，主要表现为肌肉体积增大、肌纤维类型转换、生化性质及超微结构组成（结构、酶活性、底物浓度）的改变。总的来说，这些适应的改变导致机体训练表现水平的提升，主要包括肌肉力量、爆发力和肌肉耐力等，这对运动员来说至关重要。

肌肉生长

肌肉肥大是指在训练后骨骼肌原有肌纤维的横截面积（CSA）的增加。肌肉肥大与肌肉力量之间存在正向关系。从生物学角度看，肌肉肥大过程包括肌原纤维中的收缩蛋白即肌动蛋白和肌球蛋白的净增长（如合成增加、分解减少或者两者同时存在）和肌纤维中的肌原纤维数量增加。除了这些收缩蛋白，其他的结构蛋白（如肌巨蛋白、伴肌动蛋白），也会改变肌纤维的合成比例。这些新的肌丝添加到肌原纤维的外围部分，使肌原纤维的直径增加。这些肌原纤维的直径的增加累积导致肌纤维的肥大，最终造成肌肉和肌群增大。当机体承受机械负荷（如抗阻训练）期间，细胞内部会发生一系列的调节使基因表达水平改变，从而提升蛋白质的合成能力[165]。

肌肉的机械性变形会刺激各种不受激素浓度支配的蛋白质，而且，在肌肉肥大发生之前，就发现这些蛋白质在逐渐增加。特别是肌肉组织的机械变形激活了Akt/mTOR通路、AMPK通路及MAPK通路。在所有这些通路中，Akt/mTOR通路在调节抗阻训练后的适应上尤为重要[179]。当肌纤维收缩时，Akt/mTOR信号会显著增加，而这种反应对于增加肌肉蛋白合成和随后的生长（一个被称为肌肉生成的过程）是至关重要的。与此同时，抑制生长因子（如肌肉生长抑制素）的下调表明，抗阻训练对大量生长信号和分解途径有显著影响[18, 98, 101]。在进行高强度抗阻训练后，蛋白质合成率升高，并在48h内保持升高状态[130, 156]。蛋白质合成量的增加取决于多种因素，包括碳水化合物及蛋白质的摄入、氨基酸的可用性、营养摄入的时间、重量训练的机械压力、肌细胞的水合水平，以及合成代谢激素和随后的受体反应[19, 115, 162]。

> 肌肉肥大过程包括肌原纤维内的收缩蛋白——肌动蛋白和肌球蛋白的合成增加和肌纤维本身的肌原纤维数量的增加。新的肌丝被添加到肌原纤维的外围，从而导致其直径的增加。

在高强度的无氧训练（如抗阻训练）后，运动引起的肌肉损伤（EIMD）、肌纤维的破坏以及肌小节的结构的改变，对肌肉的生长也有显著的影响。这一现象背后的理论基础为，与EIMD有关的结构性变化影响基因表达，以加强肌肉组织，保护其免受进一步损害。修复和重建过程本身可能涉及许多调节机制（如激素、免疫和新陈代谢），并与个体的训练状态相互作用[105, 193]。然而，炎症反应和蛋白转化（即蛋白合成的净增加）最终都有助于长期的肌肉肥大适应[179]。蛋白质合成的顺序包括：（a）水的吸收；（b）非收缩蛋白质合成；（c）收缩蛋白合成。与此同时，机体通过减少净蛋白损耗，以减少降解并维持纤维的大小。

大负荷的抗阻训练开始后，肌肉蛋白质的类型（如快肌肌球蛋白重链）会在大约几次训练后发生一些改变[113, 183]。但是，肌纤维肥大需要更长的训练时间（>16次训练），才会看到CSA发生明显的变化[185]。与爆发力和力量增加相似的是，肌肉肥大反应在早期最为明显，此后，肌肉的生长速度会随时间的推移下降[113]。一个长达2年的大负荷抗阻训练的研究表明，最佳训练强度带来力量增大，但运动表现提高跟肌肉肥大几乎无关[80]。

肌肉肥大的程度最终取决于训练刺激和训练计划中训练变更的设定。为优化肌肉生长，适当的训练周期设计对于最大限度地结合机械刺激和代谢刺激至关重要。机械因素包括使用大负荷、训练中加入肌肉离心动作，以及使用中到小的训练量[114]，而这些因素都是力量训练具备的特点。不断增加的证据也支持使用新颖的训练方式［如血流阻断训练法（occlusion training）[177]］作为诱导恰当的机械和代谢压力的替代性方法。代谢因素主要是中低或中高强度训练，配合大训练量以及短暂的休息间歇（这是健美训练的特点）[114]。结果是，机械因素导致肌纤维的最佳募集（肌纤维需要在生长前被募集）、生长因子表达以及对肌节的潜在破坏，而这些结果会增加CSA[67, 161]。代谢因素会刺激糖酵解系统，并导致可能参与肌肉生长的代谢产物增加。这也会引起最强有力的合成激素反应[115]。

此外，相关研究还提出了一种肌肉肥大的可能机制，而且是多年来一直被运动科学家们争论的一种机制——肌肉增生。**肌肉增生**指的是高强度抗阻训练使肌纤维发生纵向分裂，并进一步导致肌纤维数量的增加。肌肉增生在动物实验中已被观察到[68, 87]，但在人体研究中却存在争议。一些研究支持肌肉增生[129, 132, 191]，也有一些研究不承认肌肉增生存在[131]。产生这种困惑的部分原因是：一些研究比较了接受抗阻训练的运动员和未经训练的普通人的肌肉横截面积后认为，训练使肌纤维的数量增加，但难以确定这是否是由肌肉增生引起的。从这些研究我们可以看出，很难确定这种差异是由基因决定的还是由肌肉增生造成的。人们必须考虑到由于各种各样的原因，科学家在动物身上做的实验，不能简单地在人体上进行重复。因此，一些看起来令人信服的支持骨骼肌肉增生的证据来源于动物研究[68, 87]。研究者们在进行肌肉增生的动物实验时，为了在显微镜下清晰地看到肌纤维横截面积的变化，他们剔取了整块肌肉，并除去筋膜，但这种做法在人体的实验中是不可行的。作为替代，针刺活检技术被用于采集肌肉组织的一小块样本，然后通过检查肌肉横截面积的变化，间接预测肌肉增生的情况。尽管不能完全被排除，但肌肉增生似乎不是抗阻训练后肌肉适应的主要结果；即使确实发生了肌肉增生，在最佳条件下，也只有较小数量（可能低于10%）的组织受到了刺激。可以做出如下假设，肌肉增生在肌纤维已经增大至理论水平上限时发生，而只有使用合成类固醇和其他生长剂或经长期训练产生最大限度肌肉肥大的运动员才能满足这一条件。因此，这一问题待于研究者们进行进一步充分论证。

肌纤维大小改变

在讨论无氧训练过程中肌肉肥大的程度时，肌纤维的类型十分重要。肌纤维，特别是那些受大小原则支配的高阈值运动单位的肌纤维必须激活，以促进显著的肌肉肥大[36]。在进行抗阻训练时，I型肌纤维和II型肌纤维都有可能被募集，募集的频率最终决定其适应的程度。根据大小原则，只有在分级激活后，I型肌纤维或II型肌纤维才能接受信号机制，启动促进蛋白质合成的级联调控过程。然而，进行几个月的训练后，经过激活的肌纤维将肌肉肥大反应转变为肌肉横截面积的增加。通常，II型肌纤维比I型肌纤维表现出更大程度的尺寸增加；因此，两种主要肌纤维类型的肥大程度并不均匀[83]。事实上，有人认为，肥大的最终潜力可能归因于运动员肌肉中II型肌纤维的相对比例[131, 191]。也就是说，天生快肌比例较高的运动员的肌肉量增加潜力要大于天生慢肌比例较高的运动员。

肌纤维类型改变

神经刺激的模式决定了无氧训练后肌纤维类型适应的程度。肌纤维在理论上位于从最具有氧化特性到最不具有氧化特性的连续体上（图5.3和第1章肌纤维类型的描述）。连续体上包括I型肌纤维、Ic型肌纤维、IIc型肌纤维、IIac型肌纤维、IIa型肌纤维、IIax型肌纤维和IIx型肌纤维，根据肌球蛋白重链（MHC）分型（如MHC I、IIa、IIx）[81]。虽然I型肌纤维和II型肌纤维的比例是由基因决定的[154]，但无氧训练后，每个亚型之间的比例会发生变化。随着高阈值运动单位的训练和激活，IIx型肌纤维转化为IIa型肌纤维[25]。换句话说，IIx型肌纤维改变其肌球蛋白ATP酶异构体含量，并逐渐变成更具氧化性的IIa型肌纤维。实际上，有研究显示，高强度抗阻训练结合有氧耐力训练后，几乎所有的IIx型肌纤维都转变成IIa型肌纤维[112]。快肌纤维类型的变化通常和肌纤维CSA发生变化的速度无关。

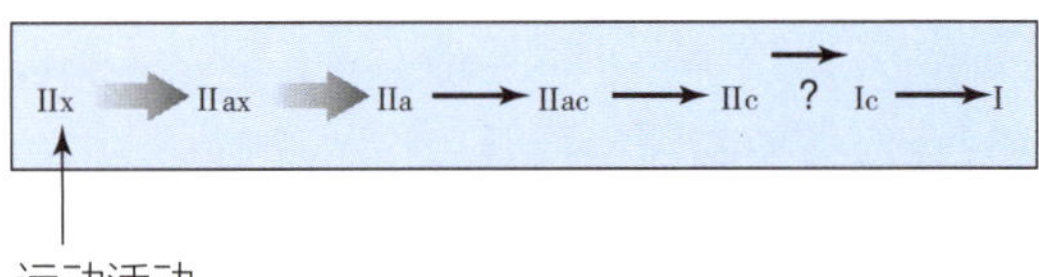

图5.3 训练过程中肌纤维类型的改变。这表明运动训练期间，肌球蛋白ATP酶和肌球蛋白重链的类型发生变化。可以看到从IIx型到IIax型到IIa型的转变，只有较少比例的继续转变成IIac型和IIc型。运动中募集IIx型肌纤维的练习，引起肌纤维向IIa型纤维转变

IIx型肌纤维就像一个“储备库”一样，在被激活的情况下，沿连续体转变成氧化能力更强的肌纤维（即到IIax型肌纤维，然后到IIa型肌纤维）。肌纤维类型连续体和相关MHC的任何变化都发生在抗阻训练计划的早

期阶段。在早期的研究中，Staron和其同事们[183]对男性和女性受试者采用每周2次、持续8周的高强度抗阻训练计划（多组深蹲、器械蹬腿和伸膝动作，每组动作负荷为6~12RM，组间休息2min）的效果进行了研究。他们观察到，进行2周训练（4次训练）后，女性受试者的IIx型肌纤维的比例明显减少，而男性受试者在进行4周训练（8次训练）后出现相似的结果。在为期8周的训练中，男性和女性的IIx型纤维数量在肌纤维总量的比例都从约18%下降到约7%。对MHC的分析表明，在这个训练的早期阶段，IIx MHC被IIa MHC所替代。此外，该研究表明，激素的变化（睾酮和皮质醇的相互作用）与肌纤维的变化有关。有意思的是，停训存在相反的影响，表现为IIx型肌纤维的增加和IIa型肌纤维的减少[153]，IIx型肌纤维可能会超过原先的水平（即比训练前更高[10]）。虽然肌纤维亚型之间的转化比较常见，但从I型肌纤维到II型肌纤维或反过来的转变似乎不太可能，很可能是由于MHC亚型和相对氧化酶含量的不同[155]。这种转化是否存在，以现有的证据不足以确认，还需要将来的研究进行进一步了解。肌纤维类型是否存在超越I型和II型亚群的不断适应，特别是在一些极端案例中，例如马拉松运动员（具有高比例的I型肌纤维含量）进行高强度的抗阻训练或者力量举选手（具有高比例的II型肌纤维含量）进行大量的有氧训练，是非常值得研究的。

结构和构筑改变

羽状肌的肌束倾斜地连在肌腱上。羽状角不仅影响肌肉运动的范围，而且影响肌肉产生力量的能力。较大的羽状肌可容纳更多的蛋白质积累，并允许CSA更大地增加[2]。研究表明，经过力量训练的运动员的肱三头肌和股外侧肌的羽状角比未经训练的个体要大[2]。此外，研究表明，经过力量训练的运动员的肌束较长[94]。与较长距离的跑步选手相比，短跑运动员的腓肠肌和股外侧肌的肌束长度较长[6]。研究表明，抗阻、冲刺和跳跃训练结合在一起，可以增加股直肌的肌束长度，冲刺和跳跃训练能增加股外侧肌的肌束长度[20]。这些结构的变化对将力量最终传递到肌腱和骨骼的方式有积极的影响。

其他的肌肉适应

研究表明，抗阻训练会增加肌原纤维体积[128]、细胞质密度[132]、肌浆网和横小管（T小管）密度[9]以及提高钠-钾ATP酶的活性。总的来说，这些变化促进了肌肉肥大，增强了肌肉力量的表达。研究表明，冲刺训练能够增强钙的释放，促进肌动蛋白和肌球蛋白横桥的形成，从而提高速度和爆发力的产生[150]。

研究表明，大负荷抗阻训练会引起肌肉线粒体密度降低[133]。实际上，在训练阶段，线粒体的数量保持不变或有轻微的增加，但线粒体密度是相对于肌肉的面积来表示的。肌肉横截面积的增加和线粒体数量的增加不成比例，因此实际上发现线粒体每单位体积的密度随着肌肉肥大而减少。肌肉肥大导致毛细血管密度降低，也是同样的机制，实际上每个肌纤维的毛细血管数量有所增加[184]。力量举运动员和举重选手的毛细管密度显著低于对照组，健美运动员的毛细管密度与非运动员相似[107]。健美训练会产生大量的氢离子（H^+），但每条肌纤维含有更多的毛细血管可能有助于清除肌肉运动的代谢产物[111, 190]。

无氧运动使肌肉和血液中的pH值大幅度下降[33]，有多种机制会在运动过程中调节酸碱平衡。在训练中，随着机体对pH值持续急剧变化（例如，H^+浓度的增加）的适应，缓冲能力得以提高。这种能力的提高使运动员能够更好地耐受运动肌肉中H^+的积累，从而帮助延迟疲劳和增强肌肉耐力[175]。就其性质而言，在乳酸阈值以上进行的高强度间歇训练（冲刺跑、骑自行车）已被证明可将缓冲能力提高16%~38%[17, 175]。另外，参加以无氧运动为主的集体球类项目的运动员比耐力运动员和未受过训练的对照组显示出更高的缓冲能力[47]。

在骨骼肌内，底物含量和酶活性代表着对无氧训练的进一步适应的另一方面。最值得注意的是，当ATP和磷酸肌酸（CP）浓度在间歇性高强度肌肉收缩之后反复耗尽时，这些高能量化合物的储存能力会通过“超量恢复”效应而增强。MacDougall及其同事[135]报告说，接受抗阻训练（3~5组，每组重复8~10次，休息2min）5个月后，静息CP增加28%，ATP浓度增加18%。另外，似乎这种强调无氧糖酵解的健身方案也可能是增强糖原含量的有力刺激，因为糖原含量被发现增加到了112%。

结缔组织适应

结缔组织包括骨、肌腱、韧带、筋膜和软骨等。无氧运动会产生引起骨骼特定区域变形的机械力。主动肌收缩产生力，力通过肌腱传递到骨，使骨弯曲、压缩或扭转。作为对**机械负荷**的反应，**成骨细胞**迁移到骨的表面，开始形成骨的模型（图5.4）。成骨细胞产生并分

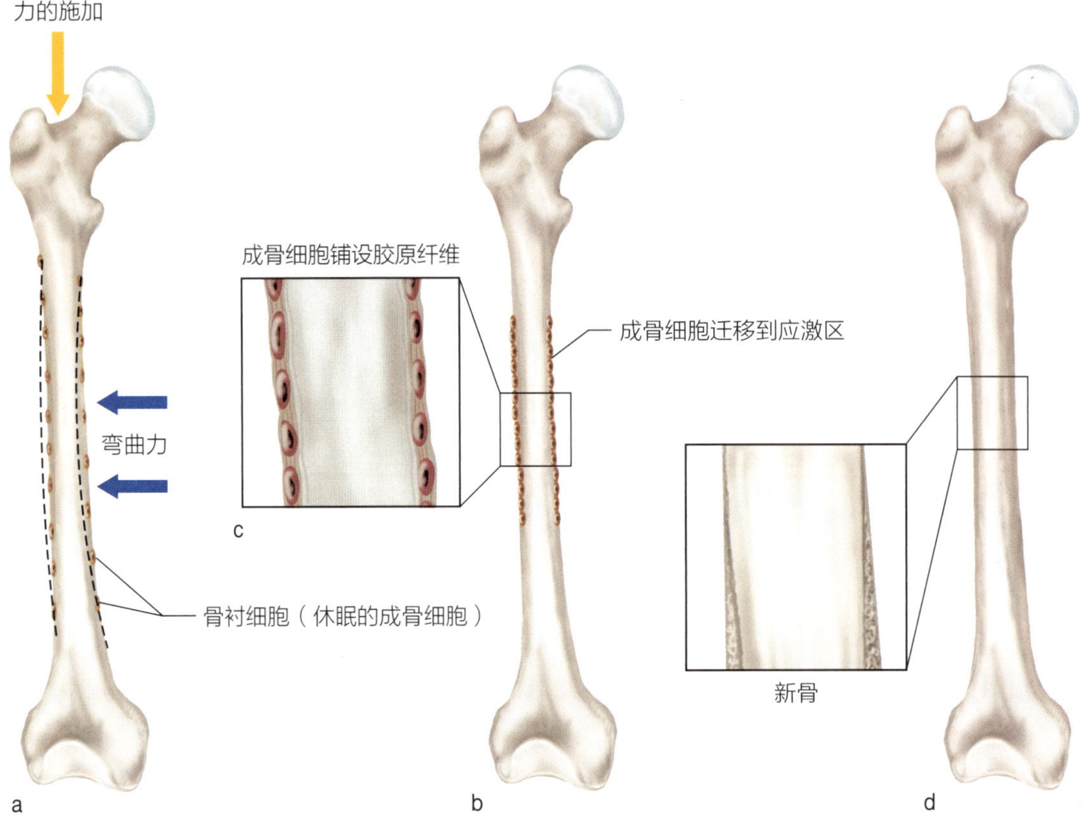

图5.4 受到机械负荷后骨的反应模式图：（a）施加纵向力使骨弯曲（如图中虚线所示），从而在受力最大的区域形成刺激，促进新骨形成；（b）成骨细胞在此位置分泌胶原纤维；（c）以前休眠的成骨细胞迁移到此位置；（d）胶原纤维矿化，骨的直径增加

泌蛋白质（主要是胶原蛋白分子）这些蛋白质沉积在骨细胞之间的空隙中以增加力量。这些蛋白质形成骨基质，最终矿化为磷酸钙结晶（羟基磷灰石）。新骨形成主要发生在骨（骨膜）的外表面，增加了骨的直径和力量。

基础骨骼生理学

由于含有松质骨（疏松）和皮质骨（致密）的数量不同，中轴骨（颅骨、椎骨、肋骨、胸骨）和四肢骨（肩带骨、盆带骨、上肢骨、下肢骨）的适应速度不同。皮质骨密度高，并在松质骨周围形成一个紧凑的外壳，两种类型的骨通过松质骨的窄位联锁和精细骨面相互连接在一起。松质骨板之间容纳着由脂肪细胞和血液成分（如未成熟的红细胞）组成的骨髓。骨髓腔内的血管通过垂直和水平的管道网络延伸到致密的皮质骨中。由于密度较小，单位质量的表面积比较大，松质骨比皮质骨更能够对刺激做出更快的反应，因为它更柔软、更脆弱、更灵活，以及更倾向于适应变化。

术语最小必要压力（MES）是指启动新骨形成的刺激阈值。持续超过这些阈值意味着成骨细胞迁移到经受压力的区域并形成骨，而低于MES的力不会对新骨形成提供适当的刺激。骨细胞会调节新骨组织的形成，使定期受到的力不超过MES，从而建立一个防止骨折的安全边界。骨的压力用单位面积的力（应力）来表达。MES被认为大约是骨折所需的力的1/10。增加骨的直径可使力分布在更大的表面积上，从而减少机械应力的量级。在骨骼生长之后，先前超过MES的力将低于MES。因此，在增加骨骼大小和强度方面，产生超过MES的力的渐进负荷运动是最有效的。

> ▶ 达到或超过阈值刺激的力在经受机械应变的区域引发新骨的形成。

无氧训练和骨生长

随着无氧训练中肌肉力量和肥大的增加，肌肉收缩产生的力量使骨的机械压力增加，骨骼本身必须增加质量和力量以提供足够的支撑结构。因此，肌肉力量或质量增加的结果必然是引起骨密度（BMD）的增加，或者在骨骼特定区域沉积矿物质量的增加[93]。有趣的是，不活动或静态对骨量的影响与之相反，会导致骨基质和BMD快速丢失[178]。许多研究表明，BMD和肌肉力量及质量之间存在正相关关系[158, 198]。研究者报道，进行抗阻训练的运动员的BMD高于相同年龄的久坐的对照组受试者[28, 29, 164]。在一些个体（例如职业足球运动员）中，身体活动对骨的质量、面积和宽度的影响似乎多于对BMD的影响[198]。因此，刺激肌肉肥大和肌力增加的运动似乎也刺激骨骼生长。

从数量上看，骨适应的时间过程相当长，大约6个月或更长[27]，而且与训练的方式密切相关。然而，适应过程在最初的几次训练中就开始了。骨生成的过程包括将一些可被测量的物质（仅与骨生长特定相关的物质）分泌到血液中。因此，任何一种成骨标记物的升高都可以被认为是骨形成的早期指标，并且很可能是一个增加BMD的前兆，前提是刺激在长期训练期间维持。

增加骨骼强度的训练原则

刺激骨生长的无氧训练计划需要综合考虑负荷的特异性、负荷的速度和方向、足够的训练量、适当的训练动作选择、渐进式超负荷和变化[30]。负荷特异性要求使用可以直接使特定区域骨骼承受负荷的运动。如果对机体来说这些运动产生的压力是新的、不常用，就能刺激受力部位的骨骼的生长。例如，跑步对于增加股骨的BMD是良好刺激，而对于增强腕部力量、提升其矿物质积累来说，却是错误选择。当体能教练给出训练计划以增加骨质疏松症（骨密度和骨质量降至极低水平的疾病）最常见的骨骼区域的骨量时，负荷特异性的概念变得尤为重要。研究表明，下肢的高冲击周期性负荷运动，如体操[187]、排球或篮球[42]，比低冲击的运动更能选择性地增加临床相关部位（如髋骨和脊柱）的BMD。此外，在训练有素的大学生运动员已经拥有高水平的BMD的情况下，BMD的增加仍然可能会出现。如果刺激充足，BMD的这些变化与生殖激素状态无关[187]。

当试图诱发最大的成骨刺激（刺激新骨形成的因子）时，运动选择是至关重要的。从本质上讲，训练动作应该涉及多关节，应该主要通过脊柱和髋关节（即结构性练习）来引导力矢量，并且应该施加比单关节辅助练习更重的外部负荷。Cussler和同事们[35]认为，在一年的训练过程中，举起的重量与相关的BMD增加存在正相关关系。另外，研究结果强调了练习特异性的重要性。因为和坐姿蹬腿相比，深蹲对提高股骨大转子的BMD的效果更好。应该限制使用基于器械的单关节练习，因为这种练习需要通过器械而不是骨骼来稳定机体。因此，建议采用颈后深蹲、高翻、硬拉、抓举、挺举（针对中轴骨和下肢骨）和肩上推举（针对上肢骨）等运动，作为增加骨骼力量的更有效方法。

由于骨骼对机械压力反应良好，因此渐进式超负荷原则——逐渐在被训练的肌群上施加高于正常值的负荷——也被应用于增加骨量[70, 196]。尽管骨骼的最大负荷能力保持在远高于相关肌肉组织自主收缩能力之上，骨骼仍会对在一段时间内反复施加的较大的力（例如1~10RM的负荷）做出反应。这种适应性反应保证了肌肉力量不超过临界水平，减少了应力性骨折（由于结构疲劳而引起的骨的微小骨折）的风险。渐进式超负荷原则的支撑源于对不同类型运动员的BMD与非运动员的比较研究[42, 198]。事实上，研究发现，优秀的青少年举重运动员的骨矿化程度远远超过未受过训练的成年人[29, 91]。这一观察结果很有趣，因为这表明年轻的骨头比成熟的骨头对成骨刺激更敏感。证据表明，生长过程中的身体活动调节骨的外部几何形状和松质骨的结构，潜在地增加了骨骼的强度[84]。最近的证据表明，在骨骼生长期（即青春期）和骨骼生长期后（即成年早期），与身体活动有关的骨负荷提高了峰值骨量，并且在以后的生活中与成人骨量正相关[186]。

设计刺激新骨形成的计划要考虑的另一个要素是训练的调节变化。人体骨骼的内部结构具有代偿新的应力模式的能力。为了达到理想的分散负荷的目的，骨基质内的胶原纤维方向可以改变以符合骨所经历的应力线。因

运动员如何刺激骨形成

为了促进骨骼形成，运动员应该使用特定的急性训练变量计划，以最大限度地优化适应。

- 选择多关节、结构性练习。练习要一次有多个肌群参与，避免孤立的单关节运动。
- 选择通过脊柱和髋关节指导轴向力矢量的练习，并施加比单关节辅助练习更大的负荷。
- 使用渐进式超负荷原则来对肌肉骨骼系统施压，随着组织逐渐适应刺激，循序渐进地增加负荷。
- 使用大负荷练习和弹震式或高冲击练习使骨骼感受不同强度的力。
- 通过不同的运动选择，可以改变力的分布，对新骨形成提供独特的刺激。

此，通过使用各种练习来改变力矢量的分布（和方向）可不断地对既定区域内的新骨形成提供刺激。随后，胶原蛋白的形成在多个方向上发生，以增加各方向的骨骼强度。总的来说，如果负荷的大小或施加力的速率是足够的，通常不需要执行30~35次以上的重复，因为更多的重复次数不太可能会提供任何额外的刺激使骨生长[57, 178]。

> 能刺激骨生长的机械负荷包括负荷的大小（强度）、负荷的速率（速度）、力的方向和负荷的量（重复组数）。

肌腱、韧带和筋膜对无氧训练的适应

肌腱、韧带、筋膜和软骨是复杂的动态结构，起连接肌肉和骨的重要作用。所有的结缔组织的原始结构均是**胶原纤维**（图5.5，I型用于骨、肌腱、韧带，II型用于软骨）。母蛋白，也就是**原胶原**，是由成纤维细胞合成和分泌的。成纤维细胞是动物结缔组织中最常见的细胞，在细胞外基质的合成中起到干细胞的作用，并在伤口愈合中起关键作用。原胶原分子由3个蛋白质链组成，在一个三重螺旋中相互缠绕。原胶原使细胞有保护性的延伸，以防止过早形成胶原蛋白。酶的分裂作用产生活性胶原蛋白，与其他胶原蛋白分子对齐形成一个长的细丝。针对这些酶的测量结果反映了胶原代谢的情况。事实上，酶的水平会随训练而升高，从而显示出I型胶原蛋白合成的增加[125]。细丝的平行排列称为**微纤维**。因为在微纤维中的胶原蛋白分子之间的间隙有序排列，胶原蛋白在光学显微镜下可被观察到条纹状的外观，有点像骨骼肌。随着骨骼

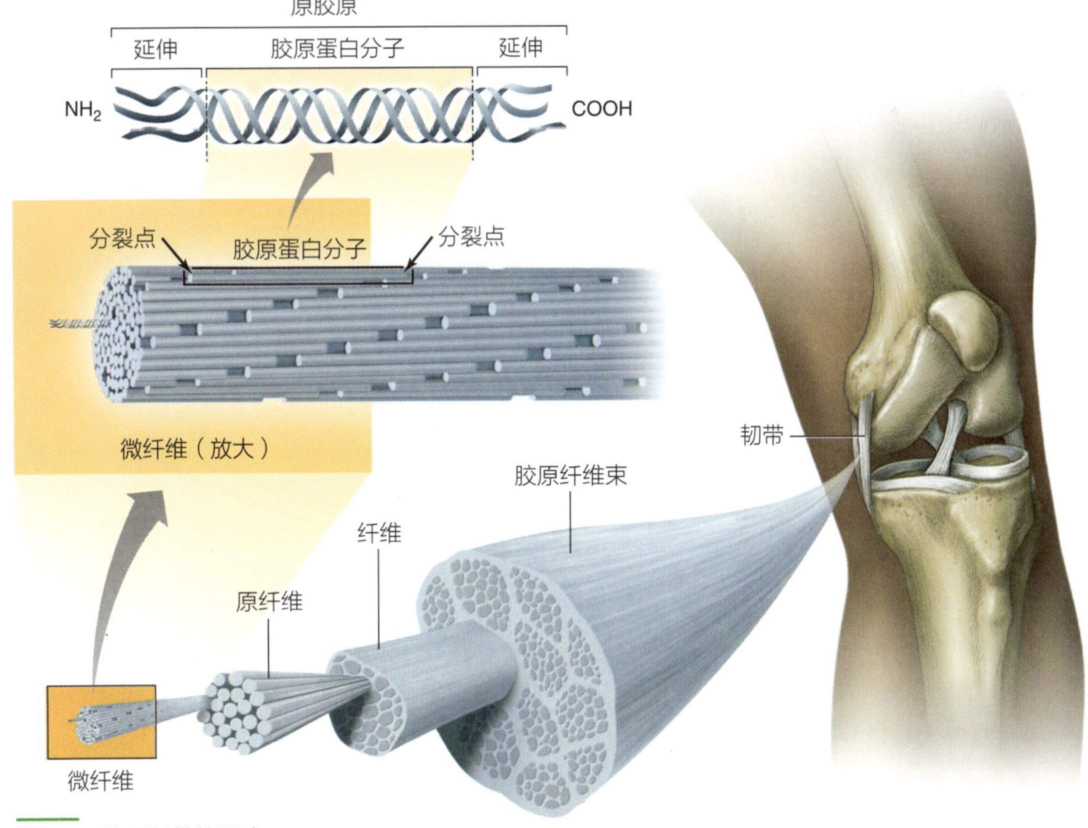

图5.5　胶原纤维的形成

生长，微纤维被排列成纤维，纤维变成更大的纤维束。胶原蛋白的真正力量来自胶原纤维束中相邻的胶原分子之间形成的强化学键（交联）。胶原纤维束纵向聚集在一起，形成肌腱或韧带，或排列成片状，各层朝向不同的方向（如骨、软骨和筋膜中所呈现的）。

肌腱和韧带主要由胶原纤维束平行紧密排列而成。成熟肌腱和韧带包含相对少量的细胞。肌腱和韧带中的活性细胞代谢少，因此这些组织对氧气和营养素的需求相对较低。除了胶原蛋白之外，韧带还包含弹性纤维（弹性蛋白），因为韧带需要一定程度的伸展能力以允许正常的关节运动。肌腱和韧带牢牢地附着在骨骼上，使力量最大限度地被传递。包绕和分离骨骼肌不同层次组织的纤维结缔组织被称为筋膜。筋膜具有胶原纤维支撑组织——包含布置在不同平面中的胶原纤维束，以应对来自不同方向的阻力。肌肉内的筋膜会在肌肉末端会聚形成肌腱，肌肉收缩力通过肌腱传递到骨骼。与肌肉组织相比，由于血管和循环较差，肌腱代谢速度较慢[92]。事实上，运动造成的骨骼肌的血液流动的增加与肌腱的血流灌注并不相同[99]。这种受限的血管分布会对再生产生影响，这也是肌腱在受伤后需要很长时间痊愈的原因。

肌腱、韧带和筋膜生长的主要刺激是高强度运动中产生的机械力的损伤。组织适应的程度似乎与运动的强度成正比[99]。持续超过压力阈值的无氧训练对刺激结缔组织改变有正向的作用[92]。

实验证据表明，结缔组织必须增加其功能能力，以响应增加的肌肉力量和肥大。结缔组织可以增加强度和承重能力的位置有：

- 肌腱（和韧带）和骨表面之间的连接处；
- 肌腱或韧带内；
- 骨骼肌筋膜网[99]。

随着肌肉变得更强壮，它们以更大的力量拉动它们在骨上的附着点，并且引起肌腱－骨骼连接处的骨质量增加以及沿着力分布线上的骨质量增加。

高强度无氧训练会造成结缔组织生长和其他增强力传递的超微结构的改变。肌腱内有助于其尺寸和力量增加的具体变化包括：

- 胶原纤维直径增加；
- 肥大纤维内的更多数量的共价交联；
- 胶原纤维数量增加；
- 胶原纤维的聚集密度增加。

总的来说，这些适应增强了肌腱承受更大张力的能力[143]。

动物的肌肉肥大与成纤维细胞的数量和大小的增加有关，从而导致更多的胶原蛋白供应。成纤维细胞的激活和随后的结缔组织网的生长是活跃肌肉肥大的先决条件[142]。这也许可以解释为什么训练有素的运动员的活体组织检查结果显示，其肥厚的肌肉比未受过训练的个体含有更多的胶原蛋白，但是胶原蛋白含量与现有的肌肉质量的比例不变[143]。最近的研究表明，由于抗阻训练，肌腱刚度（每单位应变或肌腱伸长的力传递）增加[123]。事实上，Kubo和他的同事[121]的报告认为，8周抗阻训练后，跟腱的刚度提高了15%~19%。运动的强度是至关重要的，因为重负荷（1RM的80%）增加肌腱刚度，而轻负荷（1RM的20%）没有增加[122]。

软骨对无氧训练的适应

软骨是致密的结缔组织，能够承受相当大的力量而不至于损伤其结构。软骨的主要功能包括：

- 提供光滑的关节连接面；

运动员是怎样刺激结缔组织产生适应的

肌腱、韧带、筋膜

- 肌腱、韧带和筋膜的长期适应是通过使用外部阻力的渐进式高强度负荷模式来刺激产生的。
- 使用高强度负荷很有必要，因为低到中等强度负荷不会显著改变结缔组织的胶原蛋白含量。
- 力量应该在关节的整个运动范围内发挥作用，并尽可能使用多关节运动。

软骨

- 中等强度的无氧运动似乎足以增加软骨厚度。当渐进式增加负荷时，剧烈运动似乎不会导致任何退行性关节疾病。
- 通过采用各种运动模式并确保在整个运动范围内施加负荷，可以保持组织活力。

- 作为引导力通过关节的减震器；
- 帮助结缔组织附着在骨骼上。

软骨的特点是缺乏自身的血液供应，必须依靠滑液中氧气和营养物质的扩散（这就是为什么软骨在受伤后不易修复）。对于身体活动来说，重要的软骨有2种类型。透明软骨（关节软骨）位于骨骼的关节面上。纤维软骨是一种非常坚韧的软骨，位于脊椎的椎间盘之间以及肌腱与骨骼的连接处。

关节软骨通过滑液扩散而获得其营养供应的事实提供了关节活动与关节健康的联系。围绕关节的运动引起关节囊中的压力变化，使营养物从关节滑液流向关节软骨[180]。关节的固化阻止了整个关节中的氧气和必需营养素的适当扩散。这导致了软骨内称为软骨细胞的健康细胞的死亡和软骨基质的再吸收[195]。目前人们认为，当去除外部负荷（例如术后固定和截瘫）时，人类软骨会发生萎缩或变薄。然而，增加外部负荷对平均软骨厚度的影响仍有待充分证明[46]。无论如何，遗传因素很可能是确定软骨形态的重要因素。

内分泌系统对无氧训练的适应

激素在无氧训练过程中发挥各种调节作用，并且影响了在休息和锻炼期间能将身体的功能保持在正常范围内的稳态机制[60, 61, 102, 106, 109]。这包括通过合成代谢和分解代谢过程发展肌肉、骨骼和结缔组织。如第4章所述，内分泌对无氧训练的反应可以包括：（a）运动过程中和运动后的急性变化；（b）运动急性反应的慢性变化；（c）激素静息浓度的慢性变化；（d）激素受体含量的变化。

合成代谢激素的急性反应

无氧运动（尤其是抗阻训练）之后，男性的睾酮浓度、生长激素分子变体浓度和皮质醇的浓度在训练后30min内升高[104, 105, 115, 117]。这些波动迅速发生，然后迅速稳定，以应对急性运动[119, 183]和长期训练[136]的初始需求的内稳态挑战。当进行大肌群训练或进行中等至高强度、大训练量且间歇时间较短的训练时，激素水平会大幅地提升[111, 115]。例如，血乳酸（来自高强度的无氧运动）、生长激素和皮质醇[78]之间存在高度的相关性，因此人们认为氢离子积聚可能是影响生长激素和皮质醇释放的主要因素。另外，与进行有氧训练的男性相比，进行抗阻训练的男性的游离睾酮的升高幅度更大[82, 193]。一些研究报告指出，在无氧运动后，女性的睾酮也会有小幅度的升高[149]。

胰岛素样生长因子I（IGF–I）是主要的生

长激素调节器；它作为激素信使，几乎刺激每一个细胞，特别对骨骼肌、软骨和骨骼的生长起促进作用。IGF–I对运动具有延迟反应，并且依赖生长激素急性反应。然而，替代的机械生长因子可以在机械负荷作用下在骨骼肌中上调，并且独立于生长激素而起作用[66]。胰岛素的分泌与血糖和氨基酸的变化平行，胰岛素主要受运动前、运动期间或运动后的营养补充影响，而不是无氧运动刺激[13]。儿茶酚胺（肾上腺素、去甲肾上腺素和多巴胺）反映了无氧运动的急性需求[22, 56, 105, 111]，其浓度的增加对调节力的产生、肌肉收缩率、能量的可用性以及其他激素（例如睾酮）的增加都非常重要。

> 无氧运动的合成代谢激素急性反应对于运动表现和随后的训练适应是至关重要的。合成激素受体的上调对介导激素效应非常重要。

急性激素反应的慢性变化

坚持长期的抗阻训练计划可以提高发挥更大水平肌肉力量的能力[80]，随着身体对渐增负荷的适应，训练强度也随之增大。因此，内分泌对无氧训练的急性反应也是如此，正如生长激素所表现的那样[34]。内分泌功能的纵向变化反映了身体因渐增的外部负荷所能承受或适应的训练“压力”增加。因此，可假设在急性激素反应模式中的任何长期适应都有可能增加机体承受和维持高强度训练的能力。

静息激素浓度的慢性变化

无氧训练后静息时激素浓度不太可能发生慢性变化，这是因为研究发现，随着时间的推移，睾酮、生长激素、IGF–I和皮质醇的变化并不确定[115]。相反，静息时的浓度更像是在反映肌肉组织的当前状态，是应对训练计划（训练量和强度）和营养因素的巨大改变时所做出的反应。看起来，在锻炼期间和紧接着锻炼之后的激素浓度升高可能会给受体提供足够的刺激来影响组织重塑，而不需要基础浓度的慢性升高[162]。有必要注意的是，合成激素的长期升高可能会适得其反。持续暴露在高浓度激素中时，受体会趋向于下调。例如，由于II型糖尿病患者的血液中胰岛素长期升高，其骨骼肌对于胰岛素的敏感度会降低。这也是为什么合成类固醇使用者会反复循环使用药物而不是长期维持高剂量。

激素受体的改变

受体含量对于调节任何激素反应诱发的适应非常重要。很多研究关注到了雄激素受体（AR），这种受体的含量（即目标组织中受体的平均数量）取决于多种因素，包括肌纤维类型、收缩活性和睾酮的浓度。有证据显示，抗阻训练可以在训练后的48~72小时内上调AR含量。抗阻训练的刺激似乎可以调节急性雄激素受体的改变量。Ratamess和他的同事们[162]比较了进行1组10次深蹲和6组10次深蹲训练的受试者的雄激素含量，并且报告说，在单组数方案中，受试者的AR含量没有变化；而在多组数的方案中，受试者的AR含量在锻炼后1小时显著下调。这项研究还表明，当达到足够的训练量时，雄激素受体蛋白含量可能会先下降，然后再如其他研究显示的那样上升。但是，Kraemer和同事们[118]的研究表明，在训练前后补充蛋白质和碳水化合物能减少雄激素受体的下降。

无氧运动中的心血管系统和呼吸系统反应

急性和长期无氧运动均能对心血管功能和呼吸功能产生重要影响。无论是无氧运动员[51]还是久坐人群[97]，都表现出心脏的功能增强和尺寸变大。大负荷抗阻训练会对心血管系统产生有利影响，但是不同于高次数、小负荷、短间歇的抗阻训练或传统的有氧耐力训练[52]。提高心肺循环系统在高压和高力量输出情况下的工作能力，可以使运动员的身体适应体育比赛的极限需求。

无氧运动的急性心血管反应

急性无氧运动会显著增加心血管反应。心率、每搏输出量、心输出量和血压都会在抗阻运动中显著增加。在一次高强度（1RM的95%）的坐姿蹬腿训练中血压最高可达320/250mmHg，最大心率可达170次/min[134]。一般情况下，血压的反应随活动肌肉量的大小呈非线性增加，并且每次向心收缩阶段的血压要高于离心收缩阶段，尤其当处在动作的“黏滞点”（sticking point）时。虽然有研究表明血压会大幅升高，但没有数据显示抗阻训练对静息状态时的血压有负面影响[31]。此外，研究显示，胸内压增加，血浆容量下降可达22%[157, 162]。

> 急性无氧运动会增加心输出量、每搏输出量、心率、摄氧量、收缩压和运动肌肉的血流量。

在一组抗阻训练的过程中，每搏输出量和心输出量主要在每次动作的离心收缩阶段增加，尤其是应用瓦氏呼吸法时（见第2章）[49]。因为动作的向心阶段更难，胸内压和腹内压升高更为显著（通过瓦氏呼吸法），静脉血回流受限且心脏舒张末期容积下降，因此抗阻训练的血液动力反应延迟，导致心输出量增加主要发生在离心阶段或者每组的休息阶段。对于个人的心率反应尤其如此；在一组训练完成后的第一个5秒内，心率比训练时更高[160]。

无氧训练期间工作肌肉血流量增加的程度取决于许多因素，包括：（a）阻力强度；（b）发力时间长短（即重复次数）；（c）被激活的肌肉量大小。使用低阻力、高次数的抗阻训练方法得到的反应与有氧运动中观察到的类似[64]。然而，因为收缩的肌肉组织挤压毛细血管，并造成组织局部闭塞，大负荷抗阻训练会降低工作肌肉中的血流量。肌肉收缩大于最大自主收缩的20%会妨碍一组训练中肌肉的外周血流，但在随后的休息期（反应性充血），血流量增加[116]。有趣的是，在承受较大外部负荷期间血流量不足［以及随后的代谢物（例如氢离子）的增加和pH降低］是对肌肉生长的有力刺激[188]。总的来说，急性心血管反应的程度取决于训练量和强度、肌肉参与程度、间歇时间以及肌肉收缩的速度[113, 160]。

静息时心血管系统的长期适应

无氧训练模式对静息心率的影响还有待解释。短期抗阻训练已经被证实可以使静息心率降低5%~12%[53, 57]。然而，当对这项研究做长期观察时，得出的结果并不一致，有的受试者的静息心率毫无变化，有的受试者的静息心率降低4%~13%[53, 57]。与未经训练的个体相比，长期做抗阻训练的运动员（例如健美运动员、力量举运动员和举重运动员）的静息心率与其持平或者低于其平均水平（60~78次/min）。

对静息血压的Meta分析显示，作为对抗阻训练的适应，人体的收缩压和舒张压都下降了2%~4%[95]。似乎在初始训练时血压就偏高的人，下降的反应最大。相似地，心率-血压乘积（心率 × 收缩压；测量心肌做功的一种方法）在抗阻训练后保持不变或者下降[52, 53]。每搏输出量已被证明其绝对值会增加，但与体表面积或瘦体重无关[53]。最后，抗阻训练可能不会改变或会轻微降低总胆固醇和低密度脂蛋白，并增加高密度脂蛋白[90]。因此，大负荷训练对于增强静息时心脏功能的作用不大，但是通过对大训练量、短间歇时间的训练（如健美训练、循环训练）的适应，能更好地增强心脏功能，因为运动压力的整体连续性更高。

长期抗阻训练还会改变心脏大小。据报道，进行长期抗阻训练后，左心室壁厚度和质量增加，但相对于体表面积或瘦体重而言，增加不明显[52, 53]。可以认为，心脏大小的增加可能是为了在间歇的血压提升和胸膜腔内压升高的环境下，适应瘦体重增加和体型变大。经验丰富的抗阻训练运动员相较于一般人有着更厚的左心室后壁和室间隔[55]。进行抗阻训练，可观察到左心室腔室大小或体积几乎没有变化；这是抗阻训练和有氧训练的主要区别。有报告指出健美运动员左右心室的舒张末期容积和收缩末期容积要比一般人大，但在举重运动员中没有发现此现象[55]。这表明大训练量训练可能更有助于增加绝对左心室容积。值得注意的是，健美运动员经常将有氧运动纳入他们的训练计划中，以努力代谢身体脂肪并提升瘦体重比例；因此，有些适应可能部分是由有氧耐力训练引起的。健美运动员以及举重运动员的左心房内部尺寸的绝对值和相对值（相对于瘦体重和身体表面）都大于正常值，而健美运动员显示出明显更大的尺寸[37]。

无氧运动急性心血管反应的长期适应

进行长期抗阻训练会减少对于固定强度或负荷训练的心血管反应。短期研究显示，对抗阻训练的适应会降低训练造成的心率、血压及其两者乘积的急剧上升[139, 169]。除此之外，研究还发现男性健美运动员与久坐人群和缺少训练人群相比，在做50%~100% 1RM的力竭训练时有更低的收缩压、舒张压和心率[54]。有意思的是，健美运动员的最大心输出量和每搏输出量比力量举运动员要高很多[49]，说明经过训练后，每单位绝对负荷的每搏输出量和心输出量更大。有观点认为，这些适应是由于左心室后负荷下降，导致心输出量增加以及心肌耗氧量下降[49]。最后，高负荷、低训练量的抗阻训练不能改善摄氧能力。通过持续的有氧运动，或者稍微采用大训练量、短间歇的抗阻训练计划，可以更大程度地提高运动员的摄氧能力[116]。

无氧训练的通气反应

通气率一般不会限制抗阻运动，反之，抗阻运动也只能轻微或者不会提高通气率。在抗阻训练中，通气量在训练组中急剧提高，但在恢复期的第一分钟内会提升得更高[160]。有报告记录了超过60L/min[160]的通气量，并且间歇时间长度对其有着巨大影响，较短的间歇时间（30~60s）会让通气量产生最大幅度的提升。训练适应包括最大强度运动时潮气量和呼吸频率的增加。然而在次最大强度的运动中，因为潮气量增加，呼吸频率会降低。通气适应似乎是由于特定肌肉通过锻炼产生的局部神经或化学适应[14]。此外，与非训练人群相比，训练人群通气效率提高，也就是氧气的通气当量减少（每分钟通气量和每分钟组织吸氧量的比值，$\dot{V}_E/\dot{V}O_2$）[14]。

有氧训练模式和无氧训练模式的兼容性

力量/爆发力训练和做功能力–耐力训练有着不同的生理机制，体能教练在制定训练计划时，如何确保这两种不同的身体及生理特性都能得到优化，将是个挑战。将抗阻训练与有氧训练结合可能会妨碍力量和爆发力的增长，尤其是有氧训练强度高、训练量大和频率高时。Callister和他的同事们[24]的研究显示，同时进行冲刺跑和有氧耐力训练会降低冲刺速度和弹跳力。导致爆发力发展不太理想的原因，可能与不良的神经改变和肌纤维中肌蛋白的转变有关。与此相反的是，尽管抗阻运动对细胞造成了改变，但许多研究显示，大负荷抗阻训练并不会对有氧能力产生不利影响[112]。很少有研究表明抗阻训练会阻碍最大摄氧量的提高[65]。有意思的是，Kraemer和他的同事们[120]的报告指出，进行抗阻训练和有氧耐力训练相结合的训练的女性的有氧能力比只进行有氧耐力训练的女性发展得更好。这些数据鼓励一些运动员（例如长跑运动员）在他们的训练安排中增加针对运动专项的抗阻训练[197]。实际上，大部分研究都显示，抗阻训练对有氧能力的消极影响（如果有的话）极其有限，反而可以增强耐力运动表现[172]。

Kraemer和他的同事们[112]在一项针对力量和耐力运动的潜在不兼容的研究中，将受试者分成以下5组，并在3个月的时间内同时进行高强度的力量训练和有氧耐力训练：

1. 同时进行抗阻训练和有氧耐力训练的组（C组）；
2. 进行上肢抗阻训练和有氧耐力训练的组（UC组）；
3. 只做抗阻训练组（S组）；
4. 只做有氧耐力训练组（E组）；
5. 对照组。

S组比C组1RM力量和力量发展速度增加得更多。除此之外，最大摄氧量的提高并没有受两种训练同时进行的影响（在2英里跑中，几乎是相同的改善）。因此，有氧耐力没有明显的过度训练的迹象。

Kraemer和他的同事们[112]的一个吸引人的发现是大腿肌肉组织的肌纤维尺寸发生了改变。之前的研究都显示[15, 65]，在有氧耐力训练中，肌纤维变小。但是，Kraemer团队指出，在S组（IIx型肌纤维训练前为19.1% ± 7.9%，训练后为1.9% ± 0.8%）和C组（训练前为14.11% ± 7.2%，训练后为1.6% ± 0.8%）中，IIx型肌纤维几乎全部向IIa型肌纤维转化。有趣的是，UC组和E组（只进行间歇训练）在训练后也都有着IIx型肌纤维的巨大转变（UC组训练前为22.6% ± 4.9%，训练后为11.6% ± 5.3%；E组训练前为19.2% ± 3.6%，训练后为8.8% ± 4.4%）。这说明大负荷抗阻训练比高强度有氧间歇训练更能募集IIx型肌纤维。此外，在有氧训练组中，有少量IIa型肌纤维（<3%）转化为IIc型肌纤维。C组只有IIa型肌纤维的大小增加，然而在S组，显示I型肌纤维、IIc型肌纤维和IIa型肌纤维大小都有增加。C组I型肌纤维未改变和IIa型肌纤维的增长似乎代表了细胞的适应，显示出同时进行力量和有氧耐力刺激时产生的拮抗作用，因为单独的力量训练会使I型肌纤维和II型肌纤维都增长。E组显示I型肌纤维和IIc型肌纤维尺寸减小，推测是由于较高的皮质醇水平（以及睾酮的减少）以及它们需要缩短毛细血管和细胞间

进行无氧训练可以获得哪些运动表现的提高

肌肉力量

- 对100多项研究的综述表明，“未经训练者”的平均力量可增加约40%，“中等水平训练者”的力量增加约20%，“经验丰富的训练者”的力量增加约16%，“高级训练者”的力量增加约10%，“精英运动员”的力量增加约2%。参与者的训练时间从4周到2年不等[103]。
- 通过训练，肌纤维类型的积极转化反映了高层次运动单位的募集得到了强化。IIx型肌纤维转变为IIa型肌纤维，反映了在相似的绝对力量输出下肌肉有更好的抗疲劳能力。

爆发力

- 在蹲跳中，使绝对爆发力输出峰值最大的最佳负荷是1RM的0%（即体重[31]）。但是有报告指出，有训练经验的爆发力型运动员用更高的负荷，大概1RM深蹲的30%~60%，获得最大的爆发力输出峰值[12]。
- 深蹲的爆发力峰值在负荷为56%1RM时达到最大，高翻的爆发力峰值在负荷为80%1RM时达到最大[31]。
- 对于上肢来说，爆发力输出峰值在用46%~62% 1RM卧推重量进行弹震式卧推时达到最大[11]。

局部肌耐力

- 对无氧运动员的肌肉横截面研究数据显示，肌肉耐力得到增强，并且这些肌肉的适应包括氧化能力和缓冲能力的增强[100]。
- 骨骼肌对于无氧肌耐力训练的适应包括IIx型肌纤维向IIb型肌纤维转变，线粒体和毛细血管数量的增加，缓冲能力、抗疲劳能力以及代谢酶活性的增强[64, 116]。

身体成分

- 抗阻训练可以增加去脂体重，减少9%左右的体脂肪。
- 抗阻训练可以增加瘦体重、日常代谢率和运动时的能量消耗。

柔韧性

- 无氧训练可能会对柔韧性产生积极的影响，抗阻训练和拉伸的结合似乎是提高肌肉柔韧性最有效的方法。

有氧能力

- 大负荷抗阻训练可以使未经训练者的最大摄氧量提高5%~8%。对于有经验的训练者，大负荷抗阻训练对有氧能力没有显著影响[52]。
- 使用循环训练和高训练量、短间歇（例如30s或更少）的计划可以提高最大摄氧量[64]。

运动表现

- 抗阻训练已经被证实可以提升跑步效率、垂直弹跳高度、冲刺速度、网球发球速度、摆臂和投掷的速度以及踢腿的表现[116]。

的距离以增强氧动力学。

大多数研究利用未经训练的个体去检验同时进行高强度抗阻训练和有氧耐力训练的影响[65, 74, 127, 138]。很少有关注精英运动员人群进行同期训练的研究[172]。有些研究安排每周3次抗阻训练与每周3次有氧耐力训练轮流进行（即连续6天的训练），或者安排每周4~6天的高强度抗阻与有氧耐力组合训练，结果发现二者并不兼容[16, 44, 112]。因此，有些人认为可能是过度训练机制在起作用。当两种模式在相同的训练期间进行时（每周训练3天，训练间隔至少1天），不兼容性并没有经常出现[127, 137, 138]。

一个例外是Sale和他的同事们的研究，他们发现在蹬腿1RM提升上（25%：13%），每周训练4天（2天抗阻训练和2天有氧耐力训练）要优于每周2天训练（抗阻与有氧耐力结合的训练）。这些研究说明增加两次锻炼间的恢复时间可能会减少不兼容性，这个原则得到了Wilson和其同事们近期对同期训练进行的一项Meta分析的支持[197]。

在同时进行高强度抗阻训练和有氧耐力训练期间，与力量发展相比，爆发力发展受到的负面影响似乎更大。Häkkinen及其同事[74]报告，在进行21周的同期训练或者只进行抗阻训练后，两组受试者的动态力量和等长力量增加相似；然而，只有抗阻训练组的力的发展速率有所提高，而同期训练组则达不到这个增长。Kraemer和同事们[112]还发现，抗阻训练组的肌肉爆发力增强，而同期训练组并没有。抗阻训练组在进行上下肢测试时也显示出爆发力峰值的增长，而同期训练组则没有。相较于慢速力量，爆发力发展似乎对力量与有氧耐力同期训练的拮抗作用更敏感。最后，动作安排顺序可能在适应的程度上起一定作用。Leveritt和Abernethy[126]在受试者进行25min有氧运动后的30min检查其举重的表现，发现受试者三组深蹲过程中的重复次数下降了13%~36%。

过度训练

训练的目标是给身体一个渐增的超负荷，不断产生生理上的适应，进而提高运动表现。成功的训练不仅仅包含超负荷，还应该避免过度超负荷及恢复不足[140]。当训练频率、训练量或强度（或这些因素的某些组合）过度而没有足够的休息、恢复和营养素摄入时，极度疲劳、疾病或受伤（或多于一种）的情况会发生[110, 124, 185]。训练压力的积累会导致长期的运动表现下降，并可能伴有生理、心理征兆和不适应症，这样的现象称为过度训练。根据运动员过度训练的程度，重新恢复运动表现可能需要几周或几个月[81, 140]。

当运动员的训练负荷过大并导致短期运动表现下降，这种暂时反应被称为过度努力或者功能性过度努力（FOR）[58, 163]。从这样的状况中恢复，通常只需要休息几天或者几周；因此，过度努力常被作为许多训练计划的一部分。其中的原理是先过度训练（以抑制表现和建立耐受性），然后逐渐缩减训练量，允许运动表现的“超量恢复”发生。实际上，研究已经证实，短期过度努力后配合合理的减量周期，对于力量和爆发力的增长是有益的[163]。但是，如果计划安排不当则会造成运动损伤[144]。

当运动刺激不断加强，且缺少足够的恢复和再生，运动员会进入极端过度努力状态，或者非功能性过度努力（NFOR）。NFOR会导致运动表现停滞和下降，并持续数周或数月之久。当运动员没有充分注重训练和恢复之间的平衡时，长期训练不适的首要征兆和症状是运动表现下降、疲劳感增加、精力缺乏和激素混乱。如果出现上述现象，很难去区别这是NFOR还是过度训练综合征（OTS）。OTS定义的核心是“长期的不良适应”，这不仅影响运动员本身，还包括其多种生物学、神经化学和激素调节机制。OTS有许多替代术语，包括耗竭、长期超量做功、疲倦、不明原因的表现欠佳综合征和过度疲劳[21, 23]。图5.6显示了过度训练的发生进程。

OTS可以持续超过6个月；最严重的情况甚至会毁掉一个运动员的运动生涯。OTS主要有两种类型：交感神经过度训练综合征和

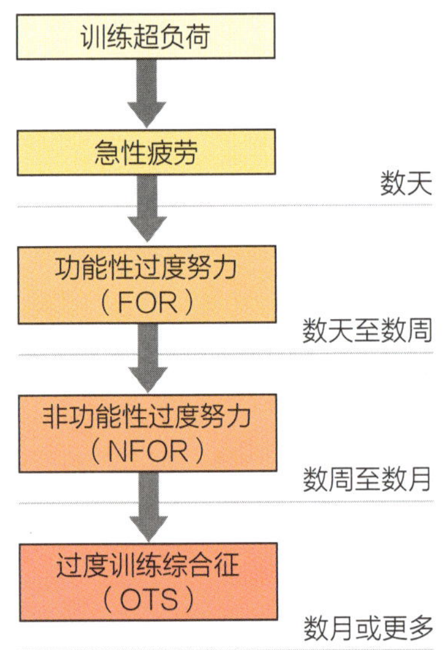

图5.6　过度训练的发生进程

副交感神经过度训练综合征。**交感神经过度训练综合征**包括休息时的交感神经活动增加，而**副交感神经过度训练综合征**涉及休息时和运动时副交感神经活动增加[140]。交感神经过度训练综合征被认为在副交感神经过度训练综合征之前发生，并且主要发生在速度和爆发力项目的年轻运动员身上[58]。所有的过度训练状态最终都会导致副交感神经过度训练综合征和全身多数生理系统的长期抑制[140]。因为有恢复的可能，所以很难去断定过度训练变为长期现象的时间。此外，一些运动员对过度努力策略的反应良好，而对于其他运动员而言[163]，过度努力可能会导致OTS。

OTS的一个主要特征是当保持或者增加训练负荷时无法维持高强度运动[141]。在许多情况下，OTS是长期NFOR的后果，其本身可能是由于不合适的训练负荷以及急性训练变量（例如强度、训练量、休息）管理不当造成的。在过度训练的运动员中，比较常见的错误是超负荷渐进率过高。也就是说，在几周或者几个月的周期内，训练量或者强度中的一个增加过快，或者两者都增加过快，同时休息恢复不足，随着时间推移造成更大的结构性损伤并可能导致过度训练。表5.3列出了无氧过度训练的发生进程。

表5.3　无氧过度训练的发生进程

过度训练阶段	持续时间	无氧性能							
		表现	神经	骨骼肌	代谢	心血管	免疫	内分泌	心理状态
急性疲劳	几天	无反应或**提高**	改变神经功能	—	—	—	—	—	—
功能性过度努力（FOR）	数天到数周	**短暂**下降，回到基线	改变运动单位募集	—	—	—	—	改变交感神经活动和下丘脑控制	—
非功能性过度努力（NFOR）	数周到数月	**停滞**或者下降	运动协调性下降	兴奋-收缩耦联改变	肌糖原减少	静息心率和血压上升	免疫功能改变	激素浓度改变	烦躁焦虑
过度训练综合征（OTS）	数月到数年	**下降**	—	发力下降	糖酵解能力下降	—	生病和感染	—	情绪和睡眠障碍

［源自：Fryetal.，1993[62]; Meeusen et al.，2013[140].］

研究过度训练时，很难依靠实验室设置去故意制造过度训练。更重要的是，虽然一般认为OTS的症状比NFOR更严重，但没有科学证据可以证实或驳斥这一说法[140]，因此很难确认OTS是否已经发生。相反，运动员的纵向监测是记录过度训练的生理反应和表现效应的最实际的方式。这类研究大部分集中在耐力项目，可能是因为针对此类项目的研究更符合潮流。但是，一项针对过度训练运动员的调查显示，有77%的运动员参与的运动项目要求高水平的力量、速度和协调能力[58]。此外，无氧活动的过度训练症状（交感神经型）也不同于那些有氧耐力活动的过度训练症状（副交感神经型）[23, 58]。

交感神经型过度训练比副交感神经型过度训练更难于描述。可以推测的是，过度的运动单位激活引起神经活动增加，导致这种类型的过度训练；然而，还有许多其他因素可能会导致这种结果。Fry和他的同事[59]采用一种短期NFOR模式（连续6天用95%1RM的重量做8组器械深蹲），检验了强度特异性反应，并报道非特异性运动表现下降，例如等速力矩下降、冲刺时间增加和反应时间增加。但他们发现1RM力量确实保持不变。在Fry和他的同事[62]的后续研究中，受试者进行7天的10组1RM练习，然后休息1天。结果，73%的受试者的1RM显著下降［>9.9磅（约4.5千克）］。有趣的是，有一部分受试者不仅没有出现NFOR状态，反而进步了。这证明了过度努力或者过度训练综合征开始的时间因人而异，与个体反应、训练状态以及基因遗传有关。

可以导致无氧过度训练的错误

过度训练状态与神经肌肉系统中的损伤或负面生理改变有关。与任何形式的训练一样，无氧训练计划的结构最终决定了训练刺激所引发的身体和生理适应的性质。训练处方中的任何急性训练变量的错误，只要不断地重复，理论上都会导致OTS。这在那些训练时使用大负荷、大训练量、高频率，并在训练之间缺少休息的兴致高昂的运动员中比较常见。训练量被证实对于运动表现的不断增长非常重要。但是，运动量过大会造成运动员自身无法承受的压力，可能会导致过度的酸痛和疲劳。因此，训练周期应谨慎规划以避免过度训练。

无氧过度训练的激素标记

为了避免NFOR或OTS的发生，对运动表现标准的定期监测至关重要，但也有一些研究人员，试着使用生物标记来描述无氧过度训练的特点。事实上，长期以来，内分泌因子一直被人们假设介入了OTS发病过程中发生的中枢功能障碍[140]。

静息血浆睾酮-皮质醇比一直被认为是评判过度训练状态的指标。这个比值会随着运动强度和时间的增加而下降；但是，现在已经证实，这个比值只能显示实际的训练生理压力，并不能用于诊断[43]。据报道，在压力刺激下，垂体激素（促肾上腺皮质激素、生长激素、黄体生成素和促卵泡激素）的分泌会有缓慢上升[194]。然而，尽管运动后这些急性激素反应看似一致，但是还不足以去解释OTS造成的神经内分泌系统混乱。实际上，外周代谢激素能否被用作OTS的精准标记物还有待讨论。在从FOR中预测过度训练反应的研究过程中，人们观察到静息时睾酮和IGF-I的浓度下降[159]；但是，作为抗阻训练的反应，先前有过过度努力的训练者的体内出现急性睾酮反应增加[61]。有研究显示，与训练量相关的过度训练会使皮质醇增加，静息时的黄体生成素、游离睾酮和总睾酮浓度下降[58]。此外，

无氧过度训练的标志是什么

尽管对OTS的主要病理机制的研究进展显著，但人们对于能够在早期识别OTS的相关工具仍有强烈的需求。在明确的评估工具出现之前，教练员和运动员需要通过运动表现下降来证明过度训练。下面的项目可以作为考量指标。

1. 运动员是否出现了以下症状？
   - 无法解释的表现下降
   - 持续疲劳
   - 训练费力程度加大
   - 睡眠失调
   - 食欲下降
2. 运动员在最大努力运动测试、运动专项表现测试或者生命体征评估（心率、血压）中的得分是否低于之前的结果或者低于所谓的正常值（或基准线）？
3. 运动员的训练计划是否有设计错误？
   - 训练量明显增加（<5%）
   - 训练强度明显增加
   - 训练内容枯燥无味
   - 比赛次数和频率过高
4. 有其他的干扰因素吗？
   - 心理症状和体征[心理量表（POMS）分数变化、高于正常值的自感用力程度量表（RPE）评分]
   - 社会因素（家庭、人际关系、财务、工作、教练和团队）
   - 最近或者多次跨时区旅行
5. 运动员有以下常见的排除因素吗？
   - 混杂疾病
   - 贫血
   - 感染性疾病
   - 肌肉损伤（高肌酸激酶水平）
   - 内分泌失调（糖尿病、儿茶酚胺、肾上腺和甲状腺）
   - 严重饮食失调
   - 生物性异常（C-反应蛋白、肌酐和铁蛋白降低）
   - 肌肉骨骼受伤
   - 心脏病症状
   - 成人发作型哮喘
   - 过敏反应

需要注意的是，单独的指标不能代表OTS即将发生。有大量研究表明，OTS本质上是由多因素造成的，需要统筹监测运动表现、生理、生化、免疫以及心理等变量[140, 185, 194]。

训练引起的总睾酮升高可能会受到影响。

与强度相关的过度训练似乎不会改变静息激素浓度[58]。Fry和他的同事们[60]报道，在高强度无氧过度训练（例如持续2周每天进行10次1RM深蹲训练）期间，循环睾酮、游离睾酮、皮质醇和生长激素的浓度没有变化。

有趣的是，Meeusen和他的同事[141]报道，运动员的训练状态对下丘脑–脑垂体的反应有影响，并且对NFOR有着不同的神经内分泌反应。受过良好训练的运动员最开始可能会经历一个大的、敏感性的交感神经激素反应，然后会抑制循环激素浓度，这也反映了脑垂体敏感度下降和长期脑垂体衰竭[141]。总的来说，内分泌反应需要被监测一周以上的时间才能作为指标。然而，可以明确的是，最有效的生物标记可能是那些能够及早发现NFOR的生物标记，而且正是这种早期的识别将支持对OTS的预防。

过度训练的心理因素

通过心境量表（POMS）确定的情绪不安和心理症状一直被认为与运动员的OTS有关。大负荷抗阻训练会伴随着精力、斗志和自信的下降，紧张、压抑、愤怒、疲劳、困惑、焦虑和烦躁程度的升高，以及注意力的下降[110]。心理特征的转变也与内分泌环境改变有关[141]。许多运动员都能通过相关的心理变化感觉到过度训练，这种变化经常在实际的运动表现下降前被发现。因此，监控运动员的情绪和心理状态对了解过度训练非常重要[111, 140]。

停　训

停训是指在中止无氧训练后或在频率、训练量、强度或这些变量的任何组合大幅减少时，运动表现下降和积累的生理适应丧失。根据可逆性原则，训练产生的适应是短暂的，所以当训练负荷不足或者完全移除时，适应会消失。停训所带来的后果是，之前在身体、生理和运动表现上所获得的适应，部分或者完全丢失。适应丢失的程度与停训周期的长短以及个人初始的训练状态有关。

在训练刺激停止之后，会经历一段时间的延迟，停训效果才会被完全观察到。在停训之后，力量表现可以维持长达4周；但是对于高水平训练的运动员，离心力量和运动专项爆发力下降的速度明显更快[146]。训练有素的举重运动员在停止训练刺激14天后的卧推（–1.7%）和深蹲（–0.9%）的1RM力量表现、等长（–7%）和等速向心膝伸展力（–2.3%），或者垂直跳跃表现（1.2%）并没有显著改变。对于偶尔训练的男性，在停训后6周仅有微小的改变[108]。训练中止较长时间后，力量训练运动员的力量表现明显下降[146]，但在停训的8~12周，下降幅度仍然限制在7%~12%。这种力量损失伴随着最大双侧和单侧肌内平均EMG的下降。实际上，力量下降似乎最初与神经机制有关，随着停训时间的延长，肌肉萎缩占主导地位。有趣的是，保留下来的肌肉力量很少会低于训练前的力量，这表明抗阻训练在刺激消除后会产生残余效应。但是，如果运动员恢复训练，力量的恢复率很高，这佐证了“肌肉记忆”的观点。

在肌纤维特性方面，在停训的最初几周，肌纤维的“破坏”依然未变，但是在停训8周内，力量训练运动员的氧化纤维可能会增加（耐力运动员的氧化纤维减少）[146]。据报道，对训练有素的运动员，停训14天对肌纤维类型分布没有影响[88]。相比之下，力量和短跑运动员的肌纤维横截面积急速下降[146]。Hortobagyi及其同事[88]在12名受过训练的举重运动员中观察到快缩肌纤维的横截面积在14天内下降了6.4%。最先改变的是快缩肌纤维，在慢缩肌纤维人群中没有发现显著的改变。长期的停训会让进行无氧训练的运动员的快缩肌纤维和慢缩肌纤维的横截面积以及肌肉量都下降。在职业橄榄球联盟球员中，快缩肌纤维的横截面积比慢缩肌纤维下降更多——快缩肌纤维在赛季结束时比慢缩肌纤维大了23%，而在停训6周后仅仅大了9%[8]。在停训7个月后，力量举运动员所有的肌纤维平均萎缩了37.1%[182]；精英健美运动员在停训13.5个月后，去脂体重、大腿围、臂围以及平均肌纤维横截面积分别下降了9.3%、0.5%、11.5%和8.3%[72]。

小 结

对于身体的解剖学结构及多个系统而言，无氧运动产生了一种特殊的训练压力，而对无氧训练的适应则取决于所执行的运动的性质。很明显，一个人的年龄、营养、先前的健康水平和训练动机都会影响适应。一个完整的训练计划的设计需要仔细考量和监督，才能减少不兼容或过度训练的发生。爆发性训练会显著增加肌肉爆发力，而传统大负荷抗阻训练主要增加肌肉大小和力量。无氧训练（抗阻训练、冲刺训练、快速伸缩复合训练、敏捷性训练和高强度间歇训练）会引起神经系统的特异性适应，增强运动单位的募集、激发率、放电同步性以及强化肌肉功能，使力量和爆发力增强。

无氧训练对骨骼、肌肉和相关的结缔组织也有积极作用；整个肌肉骨骼系统经过协调，都会对运动产生适应。运动员通过进行剧烈运动训练，改变了肌肉的发力能力，同时让骨骼和其他结缔组织产生与之相协调的承受能力。无氧训练可以增加骨骼肌肌肉量、发力能力和代谢能力，并可能导致内分泌系统轻微改变，增强组织重塑过程。

无氧训练通常较少产生心血管和呼吸系统的急性和慢性反应，尽管低强度、大训练量的抗阻运动会产生一些类似于有氧运动的反应。总的来说，神经肌肉系统、肌肉骨骼系统、内分泌系统和心血管系统功能的提高会强化肌肉力量、爆发力、肌肉维度、肌肉耐力和运动能力——这些都有助于提高运动员的运动表现。在运动员身上观察到的适应与运动刺激的质量直接相关，因此与训练计划设计中的渐进式超负荷、特异性及变量有关。训练计划设计的科学依据最终体现在运动员提高成绩的有效性上。

关键词

actin 肌动蛋白
anaerobic alactic system 无氧非乳酸系统
anaerobic lactic system 无氧乳酸系统
anaerobic training 无氧训练
bilateral deficit 双侧逆差
bilateral facilitation 双侧促进
bone matrix 骨基质
bone mineral density（BMD）骨密度
collagen fiber 胶原纤维
cortical bone 皮质骨
cross-education 交叉迁移效应
cross-linking 交联
detraining 停训
elastin 弹性蛋白
electromyography（EMG）肌电图
fibrous cartilage 纤维软骨
functional overreaching（FOR）功能性过度努力
hyaline cartilage 透明软骨
hydroxyapatite 羟基磷灰石
hyperplasia 肌肉增生
hypertrophy 肌肉肥大
mechanical loading 机械负荷
microfibril 微纤维
minimal essential strain（MES）最小必要压力
motor unit 运动单位
myogenesis 肌肉生成
myosin 肌球蛋白
myotatic reflex 牵张反射
nebulin 伴肌动蛋白
neuromuscular junction（NMJ）神经肌肉接头
nonfunctional overreaching（NFOR）非功能性过度努力
osteoblasts 成骨细胞
osteogenic stimuli 成骨刺激
osteoporosis 骨质疏松症
overreaching 过度努力
overtraining 过度训练
overtraining syndrome（OTS）过度训练综合征

parasympathetic overtraining syndrome 副交感神经过度训练综合征
peak bone mass 峰值骨量
pennation angle 羽状角
periosteum 骨膜
procollagen 原胶原
progressive overload 渐进式超负荷
rate-pressure product 心率–血压乘积
reactive hyperemia 反应性充血
selective recruitment 选择性募集
size principle 大小原则
specificity of loading 负荷特异性
stress fractures 应力性骨折
structural exercises 结构性练习
sympathetic overtraining syndrome 交感神经过度训练综合征
tendon stiffness 肌腱刚度
titin 肌巨蛋白
trabecular bone 松质骨
ventilatory equivalent 通气当量

学习试题

1. 在抗阻训练中，导致神经对工作的肌肉系统驱动增强的原因是什么？（ ）
   I. 主动肌募集增加
   II. 肌肉肥大
   III. 激发率提高
   IV. 同步性增强
   a. 以上所有
   b. I和IV
   c. I、II和III
   d. I、III和IV
2. 当一个人在用跳箱做跳深练习时，为了在有限的时间内产生足够的力量，哪种肌纤维不属于选择性募集原则的范围？（ ）
   a. I
   b. IIa
   c. IIx
   d. IIc
3. 下列哪一项不是运动员处于非功能性过度努力状态下所能观察到的表现和生理特征？（ ）
   a. 运动表现的停滞及下降
   b. 激素混乱
   c. 情绪不安和压抑
   d. 疲劳感增加
4. 对于长期停训的精英力量型或爆发力型运动员，因为停止了无氧训练刺激，下列哪一项生理特征可能显示最大幅度的减少？（ ）
   a. 脂肪总量
   b. 快缩肌纤维横截面积
   c. 慢缩肌纤维横截面积
   d. 所有I型肌纤维含量

5. 长期进行高强度抗阻训练，身体系统会产生多种生理性适应，以此来提高运动员的力量/爆发力表现。如果一个精英运动员要执行一个12周的大负荷抗阻训练，下列哪一项不是对这种无氧训练的适应结果？（ ）
   a. IIx型肌纤维向IIa型肌纤维转变
   b. 特定肌肉的羽状角增加
   c. 肌浆网和T小管密度下降
   d. 钠–钾ATP酶活性提高
6. 在下列运动员中，你觉得哪位会因为其项目相关的力矢量和生理需求，导致其骨密度受到限制？（ ）
   a. 有7年体操训练经验的16岁体操运动员
   b. 有8年举铁经验的23岁橄榄球进攻前锋
   c. 深蹲1RM为352磅的33岁轨道自行车选手
   d. 有1年陆上训练经验的19岁800m自由泳运动员

第 6 章

有氧耐力训练计划的适应

安·斯旺克（Ann Swank），PhD；卡威·夏普（Carwyn Sharp），PhD
译者：王啸、周爱国
审校：高炳宏、崔雪原

完成这一章的学习后，你将能够：

- 识别和描述心血管和呼吸系统对有氧训练的各种急性反应；
- 识别和描述长期有氧耐力训练对心血管、呼吸、神经、肌肉、骨骼和结缔组织的生理特征的影响以及对内分泌系统的影响；
- 认识有氧耐力训练与所有身体系统的优化生理反应之间的相互作用；
- 识别和描述外部因素（包括海拔、性别、血液兴奋剂和停训等）对有氧运动的急性和长期适应的影响；
- 认识过度训练的起因、征兆、症状和影响。

理解人体系统对有氧运动的急性和长期反应，对体能教练能否提供高效的训练来说至关重要。本章介绍了心血管和呼吸系统对有氧运动的各种急性反应，以及用来测量这些反应的相关生理变量。本章还介绍了有氧耐力训练的长期适应。最后本章探讨了外部因素，例如海拔、停训和血液兴奋剂等，对有氧耐力训练的影响，以及过度训练所带来的负面影响。

有氧运动的急性反应

单次有氧运动就会对身体产生显著的新陈代谢需求（第5章的表5.1），特别是对心血管、呼吸和肌肉系统。长期运动训练中，身体反复受到急性压力刺激，这会导致身体所有系统的功能和反应的改变。对有氧运动急性反应的基础认知是了解长期适应的基石，有关长期适应的相关内容将会在后文进行讨论。

心血管反应

在有氧运动中，心血管系统的主要功能是向工作中的肌肉输送氧气和其他营养物质，并去除代谢产物和废物。本节将描述这些急性反应的心血管机制。

心输出量

心输出量是心脏每分钟泵出的血量（单位为L），由每次心跳所射出的血量（**每搏输出量**）和心脏泵血率来（**心率**）决定。

$$\dot{Q}=\text{每搏输出量}\times\text{心率} \qquad (6.1)$$

其中$\dot{Q}$是心输出量。每搏输出量是每次心跳所射出的血量（单位为mL）。心率是心脏每分钟跳动（收缩）的次数[46]。

从静息状态到稳态有氧运动的过程中，心输出量先迅速增加，随后逐渐升高（上升速度变缓），最后到达一个平台。在最大限度运动时，心输出量可能是静息状态的4倍左右，从约5L/min提升至最大20~22L/min[4]。每搏输出量从运动开始时增加，随后持续上升，直到耗氧量约为个人最大摄氧量的40%~50%[4]。这时，每搏输出量趋于一个稳定值。久坐不动的大学年龄段的男性的最大每搏输出量平均值为100~120mL。而大学年龄段的女性由于体型较小，心脏肌肉也较小，最大每搏输出量平均值是男性的75%左右[99]。训练的影响是显著的，我们看到大学年龄段的男性的最大每搏输出量可以提高至150~160mL，女性的最大每搏输出量则可以提高至100~110mL[99]。

每搏输出量

两种生理机制负责调节每搏输出量。首先是**舒张末期容积**，即左心室在充盈或舒张结束阶段可泵出的血量；其次是由于儿茶酚胺（包括肾上腺素和去甲肾上腺素）作用于交感神经系统，从而带来的心室强力收缩和心脏“排空”。

在有氧运动中，回流到心脏的血量（也称静脉回流）增加。这是由静脉收缩（交感神经系统激活增强导致）[6]、骨骼肌泵作用（肌肉收缩与单向静脉瓣膜相结合，“推动”更多的血液进入心脏[44]）和呼吸泵作用（增加呼吸频率和潮气量）[93]三者结合，共同导致的。所有这些都会导致心腔和胸腔静脉压力的改变，促进静脉回流，显著增加舒张末期容积。随着舒张末期容积的增加，与静息状态相比，心肌纤维会得到更多拉伸，导致更强烈的收缩（这就好比橡胶带在被用更大的力拉伸后会产生更大的弹性反冲），从而增加收缩期射血力和增强心脏“排空”[46]。这一原则被称为**弗兰克-斯塔林机制**，即收缩力是肌壁纤维长度的函数。这种心脏“排空”增加的特征

如何估算最大心率

一个简单的估算最大心率的方法是用220减去一个人的年龄。例如，估计一个47岁的人的最大心率：

220–47=173次/min。

此估算方法的方差或标准差是±10~12次/min，因此这个人实际的最大心率范围是161~185次/min。更多有关运动心率的计算参见第20章。最近一项Meta分析表明，如果用“208–0.7×年龄”可以更准确地预测健康成人的最大心率[123]。

是增加射血分数，即每博输出量占心室舒张末期容积的百分比[32, 46]。在运动开始，甚至仅仅预期即将进行运动时，交感神经都会受到刺激进而增加心肌收缩力，导致每搏输出量的上升[32, 91]。

心率

在运动开始前或刚刚开始时，交感神经系统的反射机制或预期刺激导致心率增加。进行有氧运动时，心率随着强度的增加呈线性增加[32]。心率增加率、急性心率反应和最大心率都与个体特征（如体形、年龄和运动负荷）相关。

摄氧量

摄氧量是人体组织所摄取并消耗的氧气量。在一次急性有氧运动中，工作肌群的氧需求量增加。氧需求量与工作肌群的量、代谢效率及运动强度直接相关。如果运动涉及更多肌群或更高强度的有氧运动，很可能带来更高的总摄氧量。代谢效率的增加会造成摄氧量的增加，尤其是在最高强度运动中。

最大摄氧量是全身在细胞水平上所能使用的最大氧气量。研究表明，最大摄氧量与体能水平具有相关性，同时也是最被广泛接受的衡量心血管健康的指标[32]。机体的用氧能力主要与心脏功能、循环系统供氧的能力以及人体组织中使用氧气的能力有关。一个普通人的静息摄氧量约为3.5毫升每千克体重每分（$mL \cdot kg^{-1} \cdot min^{-1}$），这个值被定义为1个代谢当量（MET）。通常，健康个体的最大摄氧量范围是25~80$mL \cdot kg^{-1} \cdot min^{-1}$，或7.1~22.9个MET，而且受到多种生理参数（包括年龄和体能水平在内）的影响[46]。

摄氧量（$\dot{V}O_2$）可以用Fick公式计算，此公式构建了心输出量、摄氧量和动静脉血氧差之间的关系。

$$\dot{V}O_2=\dot{Q} \times a\text{–}\bar{V}O_2\text{difference} \qquad (6.2)$$

其中$\dot{Q}$是心输出量，单位是mL/min；a–$\bar{V}O_2$difference是在每100mL（即1dL）血液中，动静脉血氧差（动脉和静脉血的氧含量差值）的毫升数。回顾公式6.1，我们可以计算出摄氧量，如下面的例子所示。

$$\dot{V}O_2=\text{心率} \times \text{每搏输出量} \times \text{动静脉血氧差}$$

$$\dot{V}O_2=72\text{次}/min \times 65mL/\text{次} \times 6mL/dL$$

$$=281mL/min$$

为了用常见单位表示摄氧量，我们将结果除以体重（kg）。这是一个体重为80kg（约176lb）的运动员的例子：

$$\dot{V}O_2=281mL/min \div 80kg$$

$$\dot{V}O_2=3.5mL \cdot kg^{-1} \cdot min^{-1}$$

血压

收缩压是指当心室收缩时血液泵出对动脉壁所造成的压力。与心率结合时，可以用来描述心脏的心肌耗氧量（做功）。心脏做功量可以根据被称为心率－血压乘积或双乘积的公式估算得出。

心率–血压乘积=心率 × 收缩压　（6.3）

舒张压是用来估计当没有血液强有力地射入血管时（舒张）动脉壁所受到的压力。舒张压反映了外周阻力，且可因有氧运动带来的血管舒张而降低。在体循环中，压力在主动脉和动脉中达到最高，并在静脉中迅速降低。此外，由于心脏的搏动，静息动脉压平均在收缩压120mmHg和舒张压80mmHg（近似值）之间波动。当血液继续通过体循环达到终点右心房的下腔静脉时，压力逐渐下降到接近0mmHg（静脉血压）[46]。

平均动脉压是一个心动周期的平均血压（公式6.4）。平均动脉压不是收缩压和舒张压的平均值，因为在一个心动周期内动脉压更靠近舒张压而不是收缩压，因此平均动脉压通常小于收缩压和舒张压的平均值。

平均动脉血压=

（收缩压–舒张压）÷3+舒张压　（6.4）

正常静息血压的收缩压范围一般为110~139mmHg，舒张压范围一般为60~89mmHg。在最大强度有氧运动中，收缩压通常可上升至220~260mmHg，而舒张压会保持静息水平或略有下降[46, 91]。

局部血流循环控制

血流阻力会随着血液黏度的上升而上升，同时也随着血管长度的增加而增加。但是，在大多数情况下，这些因素（血液黏度、血管长度）保持相对恒定。因此血管收缩和血管舒张是调节局部血流的主要机制。

在有氧运动过程中，主动肌的血流量随着局部动脉扩张而显著增加；同时，随着动脉的收缩，其他器官系统的血流量随之减少。在静息状态下，仅仅有15%~20%的心输出量分布到骨骼肌，而剧烈运动时，这个值可能会上升到心输出量的90%[32, 91]。

> 急性有氧运动会带来心输出量、每搏输出量、心率、摄氧量、收缩压、进入工作中的肌肉的血流量的上升和舒张压的下降。

呼吸反应

与其他形式的运动相比，例如无氧抗阻训练，有氧运动会让身体摄取更多的氧气和产生更多的二氧化碳。进行有氧运动时，输送到组织中的氧气量、返回肺部的二氧化碳量和每分钟通气量（每分钟呼吸的空气量）显著上升，从而使肺泡气体浓度处于合理水平[91]。

在进行有氧运动时，呼吸深度的增加和呼吸频率的加快使每分钟通气量增加。在剧烈运动中，一个健康成年人的呼吸频率从12~15次/min（静息状态）上升到35~45次/min。与此同时，潮气量（TV）（一次呼吸吸入和呼出的空气量），从静息值（0.4~1L）提高至3L或更多。因此，每分钟通气量可以增加到静息时的15~25倍，即90~150L/min[32, 46, 91]。

在低到中等强度的有氧运动中，通气量的增加与摄氧量的上升以及二氧化碳产生的增加有直接的联系。在这种情况下，通气量的增加主要是潮气量增加所致。每分钟通气量与每分钟摄氧量的比值被称作通气当量，它的范围是每升摄氧量对应20~25L空气。在进行更激烈的运动时（未受过训练的人一般在最大摄氧量的45%~65%，受训的运动员在最大摄氧量的70%~90%），呼吸频率发挥更大的作用。在如此高强度的运动下，虽然每分钟通气量和摄氧量的增加不成比例，但是与骤然上升的血乳酸相当。基于这一点，在进行高强度运动时，通气量可能增加到每升摄氧量对应35~40L空气[32, 91]。

在吸气时，空气进入肺泡——肺的功能单位，也是气体交换的主要场所。然而空气也同样进入了呼吸道（鼻、口、气管、支气管和细支气管）。这些部位不具有气体交换功能，被称为解剖无效腔。对于一个年轻人来说，解剖无效腔的正常体积约为150mL，同时随着年龄的增长而增大。呼吸道会因深呼吸而延展，所以解剖无效腔也会随着潮气量的增加而增大（图6.1）。不过，深呼吸时潮气量的增加比例要大于解剖无效腔的增加比例。因此，增加潮气量（更深的呼吸）比单纯提高呼吸频率，更能提供有效的通气[46, 91]。

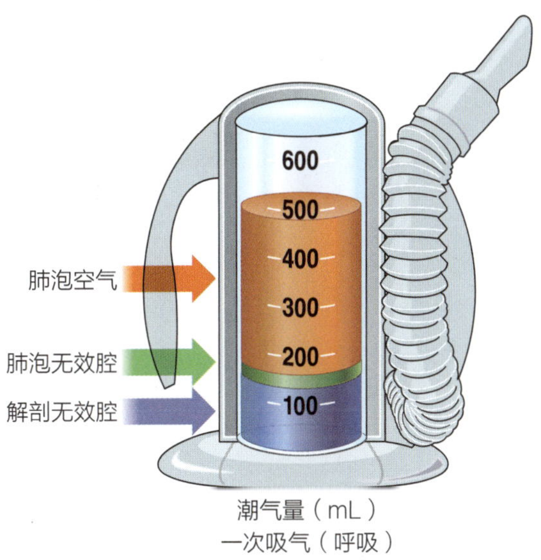

图6.1 健康运动员在静息状态下的潮气量分布：350mL的房间空气与肺泡空气的混合气体、较大呼吸道（解剖无效腔）中的150mL空气和少量分布在通气不良或不完全填充的肺泡里（肺泡无效腔）的空气

肺泡无效腔是指进入肺泡的气体，因血流不畅、通气不良或肺泡表面的其他问题导致无法进行气体交换的这部分肺泡容量。因为健康人的绝大多数的肺泡的功能是正常的，所以肺泡无效腔通常是可以忽略不计的。某些类型的肺部疾病，如慢性阻塞性肺疾病或肺炎，可以显著降低肺泡功能——使肺泡无效腔增加到解剖无效腔的10倍左右[46, 91]。

> 在有氧运动过程中，大量的氧气从毛细血管扩散进入组织，更多的二氧化碳从血液进入肺泡，以及每分钟通气增加，以维持适当的肺泡气体浓度。

气体反应

扩散是氧气和二氧化碳穿过细胞膜的运动，此过程取决于各气体浓度和各气体分子运动所产生的分压。气体的扩散遵循从高浓度到低浓度的规律。在组织中，氧气被用于新陈代谢，同时产生二氧化碳。在某些情况下，这些气体的分压和在动脉血中的分压截然不同（图6.2）。在静息时，组织间液（肌细胞外的组织液）的氧分压迅速从动脉血中的100mmHg降到40mmHg，与此同时，二氧化碳分压上升至高于在动脉血中的分压，达到约46mmHg。在高强度有氧运动中，氧分压大约是3mmHg，二氧化碳分压大约是90mmHg。因此，这种压力梯度导致了气体通过细胞膜。此外，在运动中，氧气及二氧化碳的扩散能力（尤其是二氧化碳的扩散能力）会显著地上升，这种情况使气体交换变得更加容易[32, 46, 91]。

气体和代谢产物的血液运输

氧气通过溶解于血浆中或与血红蛋白结合而被血液携带。由于氧气很难溶于液体，所以每升血浆中仅仅能溶解3mL的氧气。尽管如此，这有限的氧气足以影响到血液和其他体液的氧分压，从而在调节呼吸以及氧气向肺泡血液和身体组织细胞扩散的机制中发挥作用[46, 91]。

由于血浆携带氧气的能力有限，血液中的大部分氧气由血红蛋白携带。男性每100mL血液中的血红蛋白为15~16g，而女性每100mL血液中的血红蛋白约为14g。1g血红蛋白可以携

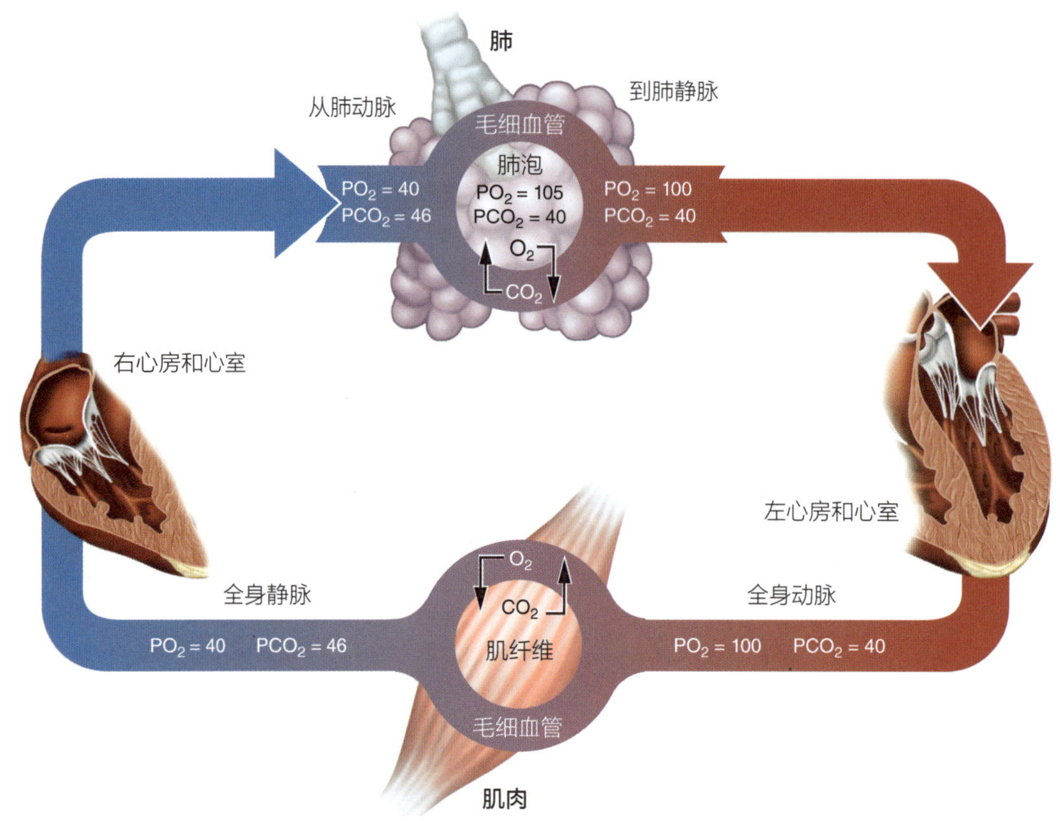

图6.2 静息状态下气体传输的压力梯度：肺泡气、静脉血和动脉血及肌肉组织中的氧气分压（PO_2）和二氧化碳分压（PCO_2）

带1.34mL的氧气。因此，男性100mL血液能携氧约20mL，而女性略少[91]。

二氧化碳从系统中清除的方式与氧气运输有一些相似之处，但是大量的二氧化碳是以更复杂的形式清除的。当二氧化碳在细胞内生成后，它很容易扩散穿过细胞膜，随后被运送到肺。与氧气一样，血浆只能携带有限的二氧化碳（大约是新陈代谢过程中产生的二氧化碳的5%），有限的二氧化碳有助于建立血液中的二氧化碳分压。一些二氧化碳也可以通过血红蛋白运输，但极其有限[91]。

大量的二氧化碳（约70%）和水结合，以碳酸氢根离子（HCO_3^-）的形式运送到肺。这个可逆反应的第一步是将溶液中的二氧化碳与红细胞中的水结合形成碳酸。此反应通常会很慢，除非受到碳酸酐酶的催化来加速反应过程。碳酸一旦形成，就会分解为氢离子和碳酸氢根离子。因为血红蛋白是一种重要的酸碱平衡缓冲剂，氢离子与血红蛋白相结合来维持血液的pH值。碳酸氢根离子从红细胞扩散到血浆，而氯离子扩散到红细胞中以取代它们[46, 91]。

乳酸是运动的另一个重要代谢产物。在中低强度的运动中，肌肉有足够的氧气，清除乳酸的速率大于或等于生产乳酸的速率，因此乳酸不会堆积。以上所提到的乳酸清除过程又称为科里循环（乳酸循环），即将血液中的乳酸运送到肝脏，在肝脏中进行糖异生。在较高的运动强度下，有氧代谢中乳酸的清除不足以跟上乳酸的形成，则血液中的乳酸水平开始上升。乳酸开始堆积时的有氧运动强度被称作血乳酸堆积起始点（OBLA，见第3章）。

有氧运动的长期适应

了解有氧耐力训练对身体系统的影响，对评估身体或运动表现及确定训练计划的影响至关重要。本节将讨论有氧耐力训练对身体心血管、呼吸、神经、肌肉、骨骼和结缔组织以及内分泌系统的影响（表6.1）。

表6.1　有氧耐力训练的生理适应

变量	有氧耐力训练适应
运动表现：	
肌肉力量	没有变化
肌肉耐力	低功率输出增加
有氧功率	增加
力的最大生成速率	不变或降低
垂直跳跃	能力不变
无氧功率	没有变化
冲刺速度	没有变化
肌纤维：	
纤维尺寸	没有变化或略有增加
毛细血管密度	增加
线粒体密度	增加
肌原纤维：	
堆积密度	没有变化
体积	没有变化
细胞质密度	没有变化
肌球蛋白质重链	无变化或数量减少
酶活性：	
肌酸激酶	增加
肌激酶	增加
磷酸果糖激酶	变化
乳酸脱氢酶	变化
钠-钾ATP酶	可能轻微增加
代谢能量储存：	
ATP的储存	增加
磷酸肌酸的储存	增加
糖原的储存	增加
甘油三酯的储存	增加
结缔组织：	
韧带强度	增加
肌腱强度	增加
胶原蛋白含量	变化
骨密度	没有变化或增加
身体成分：	
体脂百分率	减少
瘦体重	不变

心血管适应

有氧耐力训练会对心血管功能造成诸多影响，其中包括增加最大心输出量，提高每搏输出量，降低静息心率以及在次最高强度运动时的心率。此外，有氧耐力训练会带来肌纤维毛细血管密度的增加，支持氧气运输和二氧化碳的清除。

对于实现最佳的有氧运动表现，提高最大摄氧量是至关重要的。提高最大摄氧量的主要机制之一是提高中枢心血管的功能（心输出量）。窦房结的正常放电率是60~80次每分。而有氧耐力训练能够使副交感神经兴奋性提高，进而显著降低窦房结的放电率。每搏输出量增加也会影响静息心率——每次收缩的泵血量增加，所以在输出量相同的情况下，所需要的收缩频率随之减少。有氧耐力训练能增加心脏静息时收缩泵血的能力，这可以解释在一些高水平的有氧耐力运动员中观察到的显著心动过缓（心率低）现象，他们的静息心率大约是40~60次每分[46, 91]。

长期有氧耐力训练（6~12个月）带来的最显著的心血管功能变化是提高最大心输出量，这主要是由每搏输出量的增加引起的。在标准的次最大做功强度下的心率减慢是心血管功能改善的另一个指标。此外，在既定的运动负荷下，训练有素的运动员的心率增加速度小于久坐不动者[33, 91]。实际上，最大心率可能随着持续多年的训练而略有下降[83]，这也许是副交感神经增强的结果[11]，左心室体积（左心室腔体积和心壁厚度）和收缩能力（收缩增加）均是增加最大以及次最高强度运动时每博输出量的关键。

另外，毛细血管循环除了运送氧气、营养素和激素外，还可以进行散热和代谢产物的清除。据观察，肌纤维毛细血管密度因有氧运动造成的肌肉密度增加而增加，并且与有氧运动的量以及强度有函数关系。而毛细血管密度的增加减少了氧气和代谢物之间的扩散距离[76]。

呼吸适应

通气量一般不会限制有氧运动，而有氧训练对通气量产生的影响可能很小，甚至没有影响[7, 24]。此外，通气适应对训练中各运动类型活动展现出高度的特异性。也就是说，下肢运动的适应主要由下肢练习所导致。如果训练集中在下肢，则不会在上肢活动时观察到通气适应。训练适应包括在做最高强度运动时提高潮气量与呼吸频率。在次最高强度运动时，呼吸频率往往会降低而潮气量会增加。通过训练会在特殊的肌肉产生局部的神经或者化学适应，从而增加通气适应[7, 24]。

神经适应

在有氧耐力训练的早期阶段，神经系统适应起到重要作用[108]。在一开始，神经系统的效率增加，收缩疲劳机制延迟。此外，有氧运动表现的提高可能引起协同肌和肌肉中运动单位的神经活性转变（例如协同肌交替处于激活状态和非激活状态，以保持低水平的肌肉力量产生，而非一直保持激活状态[122]）。因此，运动员可以在较低能量消耗的情况下产生更高效的运动。

肌肉适应

有氧耐力训练中的一个基本适应是使受训肌肉的有氧能力提高。这种改变可以让运动员在完成一个既定强度的练习时更为轻松。更值一提的是，在训练结束后，运动员可以完成比当前有氧极限强度更大的练习。因此，只在有氧耐力训练之前和之后来测量运动员的最大摄氧量，也许不能准确地描述他们在比赛中的竞技状态。例如，一个运动员可以以最大摄氧量的75%跑完马拉松，在训练后，可以以80%的最大摄氧量完成比赛。这种变化是由于糖原的节省（运动过程中减少糖原使用）和肌肉内脂肪利用率增加，从而提高了运动表现[59]。所以，经过有氧训练的运动员，OBLA会发生在较高百分比的最大有氧能力（可达80%~90%）。这种有利的反应可能是由于有氧耐力运动员的肌纤维类型，有氧耐力训练导致乳酸生成减少的特定局部适应，激素释放的改变（特别是在高强度运动中释放儿茶酚胺），以及乳酸去除率的增加[91]。

有氧耐力训练计划包括次极限强度下大量重复的肌肉收缩和较短的恢复时间。因此，相对强度非常低，而总运动量非常高。这种训练模式会让I型肌纤维和II型肌纤维的有氧潜力提升程度相似[134]。与II型肌纤维相比，I型肌纤维具有更高的氧储存能力，训练后有氧潜力增加[43]。因此，I型肌纤维在训练前与训练后具有的氧化能力均大于II型肌纤维。然而，如果强度够大，如重复进行800米间歇跑，快肌纤维（特别是IIx型肌纤维）也会大量参与。在这样的条件下，快肌纤维有氧能力也将在训练中提高，但长期的有氧耐力会降低糖酵解酶的浓度，并且降低这些肌纤维整体的肌肉质量[82]。

与之相反，尽管在有氧运动中的I型肌纤维的横截面积不像在抗阻运动中的II型肌纤维的横截面积增大得那么明显，但是在有氧运动中的I型肌纤维会因为募集增多而产生选择性肥大[19]。此外，这种变化也小于进行健美风格的抗阻训练时I型肌纤维产生的肥大。

极少的研究认为，经过有氧训练后II型肌纤维可以转化为I型肌纤维。但可能存在2种主要的II型肌纤维亚群之间的逐渐转换——从IIx型肌纤维转换至IIa型肌纤维[2, 134]。这种转化至关重要，因为与IIx型肌纤维相比，IIa型肌纤维具有更强的氧化能力，其功能特性与I型肌纤维更为相近。这种转化的结果是有更多的肌纤维可对有氧耐力表现做出贡献。

在细胞层面上，肌肉适应有氧运动的表现包括线粒体大小和数量的增加[56]，以及肌红蛋白含量的增加[21, 52]。肌红蛋白是一种在细胞内输送氧的蛋白质。线粒体是细胞内的细胞器，负责通过糖原和游离脂肪酸的氧化，产生三磷酸腺苷（ATP）。随着肌红蛋白浓度的增大，更多氧气可以被输送到线粒体，并与更大、更多的线粒体结合，进而使肌肉组织吸收和利用氧气的能力得到增强。适应反应随着糖酵解酶的含量和活性的增加[61]，以及糖[41, 43]和甘油三酯[94]的储存增加而进一步增强。

骨骼和结缔组织适应

选择不同形式的有氧运动在改善骨质量方面取得了一定的成功。能成功促进骨骼生长的有氧运动应涉及更高强度的身体活动，如跑步和高强度健美操[10, 15]。有氧运动促进新骨形成的关键是，运动的强度必须明显高于日常所从事的活动，为了超过最小阈值强度，周期应力应该超过骨骼生长的最小应力频率[10]。为了使骨骼达到超负荷，活动的强度必须系统地增加。但氧气运输系统对运动强度提高的限制比骨骼肌系统更大，所以很难通过有氧运动来使骨骼达到超负荷。由于骨骼会对外部负荷的强度和速率产生反应，为了增强对骨骼系统的刺激，必须要增加肢体运动的速率。运用高强度间歇训练技术既可以更好地刺激骨骼，同时也能达到有氧训练的效果[12, 34]。

在成年人中，肌腱、韧带和软骨的生长与运动刺激的强度成正比，尤其是负重的身体活动[98]。只有对骨骼和肌肉的锻炼强度持续超出日常活动对结缔组织所需求的强度，结缔组织才会产生改变（参见第5章获得更多信息）。

负重活动对软骨产生积极影响的一个典型例子是，经过最大限度负重训练的膝关节表面比没有经过负重训练的厚[98]。所以，要维持组织的活力，进行整个关节活动范围的完整动作似乎是必要的[119]。

通过动物实验来研究有氧运动对软骨的潜在负面影响时发现，剧烈奔跑[单次12.5mile（约20km）]会降低软骨厚度[66]。但是以狗为研究对象的研究表明，一个中等强度的跑步计划（每天1小时，每周5天，连续15周）可以增加软骨厚度以及刺激骨组织重塑[67]。持续1年每次跑25mile（约40km），或持续550周每周5天负重跑（使用质量为动物体重的130%的负重夹克）2.5mile（约4km），均不会引起关节退行性疾病[15]。

内分泌适应

众所周知，内分泌会对抗阻（无氧）训练产生反应[75]。在有氧运动中，激素变化也同样重要[38, 39, 69, 91, 94]。睾酮、胰岛素、胰岛素样生长因子（IGF-I）和生长激素，不但影响肌肉、骨骼以及结缔组织的完整性，而且将代谢维持在一个正常的范围内[35, 36, 71, 72, 127]。激素循环的增加和受体水平的改变（包括受体的数量和转换率）都是有氧运动的适应性表现。

虽然训练有素的运动员在次最高强度运动时的激素反应减弱，但是高强度的有氧训练能增强许多激素在最高强度运动时的绝对分泌率[87]。一个训练有素的运动员和那些没有受过训练的人在次最高强度运动中的激素浓度基本相同[115]。在进行最高强度运动时，训练有素的运动员会有更高的激素水平，这能使他们忍受和延长这种高强度的有氧训练[138]。当运动强度很高且运动持续时间很短（5~10s）时，外周血液激素浓度只有“应激”变化（例如，肾上腺素和去甲肾上腺素浓度增加）[74]。

有氧训练，尤其是跑步，通常伴随着肌肉蛋白质净分解的增加[124]，这是由有氧训练导致皮质醇分泌引起的[115, 116]，但是身体会通过增加睾酮和IGF-I合成反应来抵消这部分分泌[128]。然而，最近的研究结果表明，耐力型运动员的骨骼肌中也存在蛋白质净合成，且可能引起肌肉肥大[68]。但这一现象很可能是由线粒体蛋白增加引起的，而非收缩蛋白[131, 133]。

有氧耐力训练的适应

大量的研究分析了与有氧耐力训练有关的适应[5, 13, 17, 26, 37, 53, 54, 131]。有氧代谢对人体运动表现十分重要，同时也是所有运动的基础，至少在恢复方面[125]。在代谢层面上，柠檬酸循环（又称克雷布斯循环和三羧酸循环）和电子传递链是产出有氧能量的主要途径。有氧代谢所产生的ATP远高于无氧代谢，脂肪、碳水化合物和蛋白质都是生产ATP的来源。许多运动涉及有氧代谢系统和无氧代谢系统的交互作用，因此这要求进行恰当的训练。例如足球、长曲棍球、篮球、曲棍球、冰球都涉及持续的移动（因此对氧有持续的需求），也包含冲刺和爆发性动作。适当地训练氧化系统对运动员维持这些运动和充分恢复起到至关重要的作用。

所有运动员都需要具备基本水平的心血管耐力，不仅是为了运动表现，也是出于对健康的考虑——这可以通过各种各样的训练方式和计划实现。除了常规的次最大有氧训练法，另一种方法也可以显著提升有氧能力（例如，提高最大摄氧量和乳酸阈值），那就是间歇训练[14, 37, 80]。

衡量有氧训练适应的最常见的指标是最大摄氧量和最大心输出量的增加[13, 23, 53, 131]。随着运动强度的增加，氧耗量上升到最高水平。即使再持续供氧，氧耗量也不再增加以满足身体需求，此时即为最大摄氧量。根据训练前的体能水平和个体基因潜能的不同，有氧耐力训练能使运动员的有氧能力上升5%~30%[5]。大多数的最大摄氧量适应可以通过6~12个月的训练实现。在此之后，有氧耐力运动表现的变化取决于跑步效率和乳酸阈值的提高[62]。代谢的变化包括呼吸能力的提高，次最高强度运动下血乳酸浓度的降低，线粒体和毛细血管密度的增加，以及酶活性的提高。有经验的跑者通过长期耐力训练，其最大摄氧量可能不会进一步提高，但可以察觉到他们的跑步效率在不断提高[13, 54]。

训练强度是提高和维持有氧功率最重要的因素之一。如果休息时间短，那么短且高强度的间歇冲刺训练可以提高最大摄氧量。Callister及其团队[17]发现，冲刺训练配合长的间歇时间可以提高冲刺速度，但是最大有氧功率不会有明显的提升。因此，较长的组间休息时间对有氧能力的提高作用不大。各种研究表明，高强度训练配合短时间休息可以改善骨骼肌的代谢过程，从而提高耐力表现[40]。

在恰当营养摄入的前提下，身体成分的变化通常与有氧耐力训练有关。有氧耐力训练通常会降低体脂，但对去脂体重产生很小或者没有影响。长期训练会引起体脂的大幅度下降[13, 26, 61]。过度训练可使体内分解代谢活动占主导地位，进而导致分解代谢和合成代谢之间的失衡[114]。

表6.2列出了进行短期有氧耐力训练后（3~6个月）的生理变化，并比较了未受过训练的人和有氧耐力精英运动员的差异。

> 有氧耐力训练可引起体脂下降，最大摄氧量增加，跑步效率上升，呼吸能力提高，次最大强度运动中的血乳酸浓度降低，线粒体和毛细血管密度增加，以及酶活性的提高。

表6.2 有氧耐力训练中的生理变量

	未受过训练的人		训练有素或精英运动员
	之前	之后	
心率（次/min）			
静息[104, 109]	76.4	57.0	45
最大[104, 109]	192.8	190.8	196
每搏输出量（mL）			
静息[109, 137]	79	76	94
最大[109, 137]	104	120	187
心输出量（L/min）			
静息[109, 137]	5.7	4.4	4.2
最大[109, 137]	20.0	22.8	33.8
心脏容积（mL）[104, 109]	860	895	938
血压（mmHg）[104, 109]			
静息[104, 109]	131/75	144/78	112/75
最大[104, 109]	204/81	201/74	188/77

续表

	未受过训练的人		训练有素或精英运动员
	之前	之后	
肺通气量（体温为37℃，压力为常压外周环境，饱和度为47mmHg）（L/min）			
静息[104, 109]	10.9	12.0	11.8
最大[104, 109]	128.7	156.4	163.4
动静脉血氧差（mL/100mL）			
静息	5.8	7.5	—
最大[109, 137]	16.2	17.1	15.9
最大摄氧量（$mL \cdot kg^{-1} \cdot min^{-1}$）[104, 109]	36.0	48.0	74.1
Ⅰ型肌纤维百分比[1]	48	51	72
肌纤维面积（μm^2）			
Ⅰ型肌纤维[27]	4947*	6284*	6485
Ⅱ型肌纤维[27]	5460*	6378*	8342
毛细血管密度			
数量/m^2[1, 51]	289	356	640
数量/纤维[1]	1.39	1.95	2.15
骨骼肌酶			
柠檬酸合酶（$\mu mol \cdot min^{-1} \cdot g^{-1}$湿重）[132]	35.9	45.1	—
乳酸脱氢酶（$\mu mol \cdot min^{-1} \cdot g^{-1}$）[27]	843*	788*	746
琥珀酸脱氢酶（$\mu mol \cdot min^{-1} \cdot g^{-1}$）[27]	6.4*	17.7*	21.6
磷酸果糖激酶（$\mu mol \cdot min^{-1} \cdot g^{-1}$）[42, 43]	27.13	58.82	20.1
最大肌纤维收缩速度（纤维长度/s）			
Ⅰ型[48, 126]	0.99	1.27	1.65
Ⅱ型[48, 126]	3.18	3.38	3.72

*数据不是来自训练研究，受试者未经训练或为长跑健将。

[源自：Date compiled by Carwyn Sharp. Unless otherwise indicated, data is from Saltin，B，Blomqvist，G，et al. Response to exercise after bed rest and after training. Circulation 38 (Suppl.7): 1-78，1968.]

影响有氧耐力训练适应的外部和个体因素

有许多外部和个体因素可以影响心血管及呼吸系统对运动产生的急性和长期适应，包括海拔高度、高氧呼吸、吸烟和血液兴奋剂（外部因素），以及基因潜能、年龄和性别（个体因素）。

海拔高度

当海拔超过3900ft（约1200m）时，为了补偿氧分压的下降，人体会产生急性生理调节[49]。表6.3给出了高海拔缺氧时的短期和长期身体调节。两种调节在适应过程的早期尤为重要。首先，在静息和运动时的肺通气量增加（过度换气）。这种通气量的增加主要是通过呼吸频率增加。如果在高海拔地区停留的时间过长，潮气量也会增加，进而有助于通气。稳定的通气量取决于海拔高度和在这一海拔停留的时间[64]。其次，初到高海拔地带，静息和次最高强度运动时的心输出量增加，这主要由心率增加导致[49, 91]。次最高强度运动心率和心输

表6.3 高海拔缺氧时的调节

系统	短期调节	长期调节
肺	过度换气	换气稳定性提高
酸碱	由于过度换气使二氧化碳减少，体液更偏碱性	肾脏排出HCO_3^-，同时碱储备减少
心血管	在静息和次最高强度运动时的心输出量增加 次最大心率增加 每搏输出量保持不变或略有下降 最大心率保持不变或略有下降 最大心输出量保持不变或略有下降	次最大心率持续上升 在静息、次最大和最高强度运动时的每搏输出量减少 最大心率降低 最大心输出量降低
血液系统	—	红细胞增加（红细胞增多症） 黏度增加 红细胞比容升高 血浆量减少
局部组织	—	骨骼肌毛细血管密度增加 线粒体数量增加 增加游离脂肪酸的使用，保留肌糖原

出量可以比海平面水平高出30%~50%，但每搏输出量恒定或略有减少。次最高强度运动心率和心输出量增加是因为在动脉血氧含量降低时，若要保持组织有足够的供氧，必须增大血流量。

在到达高原的10~14天后，身体会做出长期适应性反应：由于红细胞数量增加，心率和心输出量开始恢复到正常值。因此，刚上高原时，为了应对氧分压降低带来的挑战，过度换气和增加次最大心输出量是快速并相对有效的方法。然而，尽管有这些急性调整，动脉血氧饱和度还是会下降。因此，当海拔超过3900ft（约1200m）时，最大摄氧量和有氧表现下降。回到平原约一个月后，身体会恢复到之前的状态。如表6.3所示，长时间处于高海拔地区，产生的生理和代谢的长期调节包括：

- 血红蛋白增加（一般增加5%~15%，也可能会更高）和红细胞增加（30%~50%）；
- 增强氧气通过肺泡膜的扩散能力；
- 由于过度换气，肾脏排出HCO_3^-来维持酸碱平衡；
- 增加毛细血管。

在缺氧和高原的条件下，身体产生了适应过程，在适当的条件下，运动员可产生接近海平面地区的运动能力。在中等高度（2200~3000m）海拔处，最少需要3~6周时间才能适应。但是，在高原环境中，无论适应时间长短，运动员的运动能力都会下降。体能教练应当提醒运动员高原的急性反应与长期反应，以便让运动员持续调整训练计划，积极面对高原训练。

高氧呼吸

在休息或剧烈运动后，运动员吸入富氧混合气体（高氧呼吸），可能有利于提高运动表现，但其机制尚不明确。同时实验过程有争议，研究结果有分歧[117, 118]。高氧呼吸可以增加血液所携带的氧气量，继而输送更多的氧气到肌肉。然而，一个健康人在海平面呼吸时，他的动脉血氧饱和度已经在95%~98%。因此，在静息状态或运动后进行高氧呼吸所带来的潜在效益，还没有完全被阐明[46, 103]。

有氧运动可以改善哪些运动表现

受有氧运动影响的人体系统有肌肉骨骼、心血管和呼吸系统。所带来的变化包括以下内容。

*呼吸系统：*次最大呼吸频率降低[31]。

*心血管系统：*在固定的次最大负荷下[106]，心率降低与每搏输出量和心输出量的增加有关。血量也会增加，以支持每搏输出量和心输出量的增加[45]。

*肌肉骨骼系统：*动静脉血氧差的增加与肌肉中毛细血管的增加[110, 123]、氧化酶浓度的增加以及线粒体大小和密度的增加有关[58]。

*有氧能力（最大摄氧量）：*在有氧运动训练所引发的生理变化的变量中，最大摄氧量的提高可以说是最显著的，同时它也是心血管健康的一个标准。最大摄氧量的上升幅度部分取决于遗传，部分取决于运动员的训练。当精英运动员进行有氧耐力训练后，最大摄氧量仅仅产生微小变化（5%~10%），而对于未经训练的人，最大摄氧量可能会显著增加20%[55, 62]。较高的最大摄氧量与乳酸阈值，可以提高跑步类运动以及涉及间歇性跑步的运动（足球、篮球和其他团队运动）的表现。

*乳酸阈：*有氧训练可以提高乳酸阈。训练有素的个体与缺乏训练的个体相比，可以在更高的相对和绝对摄氧量下运动。这种对乳酸耐受力的提升可转化为很多运动表现的提升；这其中包括以更高百分比的最大摄氧量进行跑动（减少时间）、跑动距离增加、体能恢复水平提高，以及持续高强度运动的能力提高。高乳酸阈值的重要性在以下例子中得到揭示。假设两个人有相同的最大摄氧量，即50mL • kg^{-1} • min^{-1}；然而，如果其中一个人的乳酸阈值发生在80%最大摄氧量（即阈值发生在40mL • kg^{-1} • min^{-1}）时，而另一个发生在70%最大摄氧量（即35mL • kg^{-1} • min^{-1}）时，则第一个人能够保持高于第二个人5mL • kg^{-1} • min^{-1}的功率输出。在所有其他条件（如运动效率）一致的情况下，更高的输出功率可以带来更高的运动速度，从而提升运动表现。

*供能物质的有效利用：*碳水化合物是高强度间歇运动（例如团体性运动）的首选能量来源。有氧运动训练的结果是更多地使用脂肪作为能量来源，而节省碳水化合物的消耗。在这种条件下，进行耐力训练的个体可以保持长时间的高强度运动。通过补充碳水化合物以增加内源性糖原储存，可以进一步改善有氧运动表现[16]。

*肌纤维适应：*如果检查优秀长跑运动员的肌纤维会发现，其I型肌纤维占的比例（百分比）较高，同时现有的I型肌纤维的有氧代谢更高效（线粒体密度、氧化酶活性[57]和运输氧气的毛细血管网数量均增加）。有氧运动训练，特别是长距离高强度间歇运动，会提高I型肌纤维的氧化能力。研究表明，骨骼肌纤维可以通过改变肌球蛋白重链和其内部特征来改变肌纤维的类型。经观察发现，耐力训练运动员的IIx型肌纤维增加[8, 102]。从运动表现的角度来看，这些代谢和纤维的变化是为了更有效地利用氧气。

*运动效率：*运动经济性反映了生物力学和技巧的结合。两个有氧耐力运动员可能有相同的最大摄氧量和乳酸阈值，但运动表现大相径庭。效率更高的运动员（例如需要更少的能量，以保持相同的功率输出）可以维持同样的功率输出更长的时间，即使两人的最大摄氧量和乳酸阈值相同。

吸烟

关于吸烟和运动表现的研究相当少，可能是因为运动员和经常运动的人，害怕吸烟影响其运动表现或是增加疾病风险，从而刻意避免吸烟[85, 101]。长期吸烟能使肺功能受损，患慢性阻塞性肺疾病[88, 120]（例如慢性支气管炎[65]和肺气肿[86]）的风险增大。在年轻的吸烟运动员当中，我们观察到运动耐力和心肺功能在下降[85]。这证明尽管只有很短的吸烟史，吸烟仍然对运动能力产生了负面影响。吸烟的负面影响包括：

- 因尼古丁的作用导致支气管收缩或由于烟雾刺激导致支气管分泌液增多和肿胀，从而增加呼吸道阻力；
- 因尼古丁麻痹呼吸道表面纤毛，使之去除多余的液体和颗粒的能力下降，导致杂质在呼吸道积累，增大呼吸阻力。

因此，即使是轻度吸烟者，也会在运动过程中感到呼吸困难，同时伴随着运动水平的降低[46, 91]。

一氧化碳是香烟燃烧的另一个产物，会损害运动时的血液动力学反应，并且增加儿茶酚胺的释放。因为一氧化碳与血红蛋白的亲和力比氧高，由此形成一氧化碳血红蛋白（一氧化碳与血红蛋白的化合物）而降低了血红蛋白携氧量，并进一步降低了工作肌肉的供氧量。因此，最大运动能力下降，同时次最高强度运动时的心血管反应增强。此外，儿茶酚胺的释放导致了心率和血压的提高。

血液兴奋剂

以提高运动表现为目的，使用人工手段（血液兴奋剂）提高红细胞数量，这一做法无疑会对运动员的健康产生非常严重的影响[100]。但是，有研究表明，这种做法可以提高有氧运动的表现，增强机体对某些环境的耐受性[112]。

血液兴奋剂的使用可通过注射自身的红细胞和他人的红细胞或者使用刺激红细胞生成的促红细胞生成素（EPO）来实现。注射红细胞能迅速增加红细胞数量，但只能维持短短几周[97]。而EPO产生的影响变化可维持数周，并且只要继续给药即可持续维持这种状态[112]。无论哪种情况，本质上来说都是依靠红细胞总量增加而提升血液的携氧能力，最终增加做功肌肉的氧供应。经试验表明，无论是注射红细胞还是使用EPO，都能提高最大摄氧量11%左右[112, 113]。在标准的次最高强度运动负荷下，血液兴奋剂使心率和血乳酸下降以及血液pH值上升[112]。

血液兴奋剂能减少外部环境对个体的影响。例如血液兴奋剂的使用使海拔对机体的影响减少，但随着海拔的升高，血液兴奋剂的积极影响减弱[107]。环境因素，例如冷热，也会受到血液兴奋剂的影响。在高温下，使用血液兴奋剂的运动员对次最高强度运动带来的压力有更强的忍耐力[63, 111–113]。这与红细胞增加导致的血量的增加有关，不仅能让更多的血液流至皮肤，来提高体温调节能力，还能提供足够的血液对工作肌群供氧。然而，血液兴奋剂的这些好处似乎主要是针对已经适应高温的个体，对那些“水土不服”的人群帮助不大[112]。人们对血液兴奋剂在冷应激条件下的反应所知甚少，虽然有些人认为理论上是有效益的，但这种做法可能会增加健康风险[112]。

与血液兴奋剂相关的健康风险进一步加剧了这一做法的争议性。从理论上讲，高红细胞比容水平会增加患血栓疾病的概率，例如中风、心肌梗死、深静脉血栓形成或肺栓塞。EPO的使用可能会导致动脉血压增高，出现流感样症状，并使血钾水平升高[113]。最后，输血也存在一定的风险，虽然在大多数情况下风险相对较小[113]。

基因潜力

一个人基因潜力的上限对训练适应的绝对程度有着显著影响。而变化幅度也取决于个体目前的训练状况。每一个生物系统的适应，例如心血管系统，都存在着上限。越接近上限，进步幅度越小。例如，在高水平竞赛中（例如游泳比赛），冠军和第26名的成绩相比，差异很小。因此，在比赛中，零点几秒甚至零点零几秒都是巨大的差距，就算只能提高0.05%的成绩，额外的训练也是值得的。因为精英运动员在训练中可提高的地方很少，所以细致的训练设计和监控变得更加重要[26, 70, 77, 135]。

年龄和性别

有氧耐力训练的生理适应与年龄和性别息息相关[3, 131]。成年人的最大有氧能力会随着衰老所引发的各种生理变化［例如肌肉质量和力量的减少（又称为肌少症）[79]以及脂肪量的增加[3, 78]］而下降。平均而言，相同年龄的男性和女性相比，女性的有氧能力是男性的73%~85%[131]。然而，男性和女性对训练的一般生理反应是相似的[84]。有氧能力的差异可能是由多种因素造成的，包括女性体内的脂肪比例较高、血红蛋白值较低，以及男性的心脏较大、血量较大[13, 18]。

过度训练：定义、发生率、诊断和潜在特征

合理的训练计划是提高竞技运动员运动表现的关键。从高强度训练计划中得到充分的恢复也同样重要。当训练负荷与训练后恢复不匹配时，过度训练和过度训练综合征（OTS）就可能出现[28]。尽管人们针对OTS进行了大量研究，但对于如何定义、评估和治疗OTS仍存在争议[73, 121]。

最近，欧洲运动医学会和美国运动医学会发表了关于OTS的联合声明[92]。本节介绍了关于这一共识的一些成果，特别是其定义、潜在特征与对应的预防措施。

为了有效地研究OTS，使用统一的术语是必要的。术语取自Halson[47]和Urhausen[130]的研究报告。在这些定义中，过度训练是一个过程（表示为一个动词），其短期内可能会造成过度努力（功能性过度努力）、极端过度努力［非功能性过度努力（NFOR）］，长期则可能会造成OTS。这些情况都会导致运动表现下降，而运动表现下降也是过度训练的标志。功能性过度努力的情形是，有意加大训练强度以致运动表现出现暂时性下降，随后连着几天乃至几周进行恢复，这会带来运动表现的超量恢复。举个例子，在比赛前几周，进行最后一堂最高强度的训练课（这会引起功能性过度努力），随后逐渐减量从而可以在比赛时提高运动表现。非功能性过度努力的特征是运动表现停滞或下降，为了使运动员回到之前的运动水平，需要几个星期乃至几个月的恢复期。如果没有得到充分的恢复，反而增加训练强度，运动员将发展为OTS。一旦OTS发生，运动表现将会下降，并且需要几个月的恢复时间才可以回到之前的水平。这些过度训练的定义基于其是一个连续过程的假设：从触发功能性过度努力开始，持续增加训练负荷的同时休息不充分，进而触发过度训练综合征。OTS的发生率很难精确统计，最近的一项研究[105]表明，约10%（7%~21%）的大学生游泳运动员和其他有氧耐力运动员曾受到NFOR或OTS的困扰。

> 过度训练综合征会导致运动水平显著下降。最为普遍的原因是运动员在增加训练负荷的同时没有得到充分的恢复。

心血管反应

在OTS情况下，过大的训练量会影响心率。有趣的是，在OTS情况下，静息心率可能降低，也可能升高[136]。心率变异性随OTS的出现可能减小，这表明副交感神经输入减少或出现过度的交感神经刺激。当过度训练

发生时，运动所带来的最大心率会下降，仅达到次最高强度运动时的心率[50]。在特定的时间段内，过度训练情况下增加训练量一般不影响静息血压。然而，增加训练强度可以增加静息舒张压，但不影响静息收缩压。

生化反应

大运动量训练可导致肌酸激酶（CK）水平的升高，这预示着肌肉损伤[30]。另外，当训练量增加时，乳酸浓度减少或保持不变。血脂和脂蛋白不随过度训练量而改变。肌糖原随着长时间的过度训练而减少，尽管这主要属于饮食方面的考虑。糖原水平的降低可能会使乳酸反应降低。

内分泌反应

在运动的刺激下，男性睾酮总量会先增加后下降；然而，这应该被看作是对压力刺激的反应，而并非过度训练的标志[92]。在某些情况下，游离睾酮浓度也会降低。这些改变似乎不受脑垂体的调节，因为黄体生成素水平不受影响[129]。游离睾酮的变化似乎独立于蛋白质结合能力之外，因为性激素结合球蛋白的浓度没有改变[129]。因此，随着训练量的增加，总睾酮与性激素结合球蛋白的比值降低似乎是由总睾酮水平降低导致的。

运动员的合成–分解代谢状态可由睾酮与皮质醇的比值来表示，训练量增加时，比值下降或保持不变。游离睾酮成分在生理上可能更具影响。有研究表明，训练总量增加的同时，游离睾酮与皮质醇的比值会下降5%~50%。OTS的一个标志是这个比值降低30%或更多。

脑垂体分泌的生长激素也会在过度训练发生时减少。这种反应和其他内分泌反应似乎源于下丘脑功能受损，而非脑垂体功能所致。这些内分泌的改变是否是运动表现下降的原因还未有定论。但游离睾酮、总睾酮、皮质醇和肌酸激酶的浓度似乎只单纯反映训练总量。而运动表现有时与总睾酮浓度有关，但并不适用于所有情况。

儿茶酚胺对过度训练的刺激非常敏感。肾上腺素、去甲肾上腺素和多巴胺基准水平浓度的改变与过度训练跑者的自我报告的严重程度密切相关。过度训练中，儿茶酚胺和皮质醇浓度的变化可以互相反映，不过皮质醇对训练量的敏感度不如儿茶酚胺。训练量的急剧上升会导致夜间肾上腺素水平降低，表明其基准水平降低。而肾上腺素和去甲肾上腺素在运动前或静息时不变或增加。在过度训练发生时，与未发生过度训练相比，同样的运动量让肾上腺素和去甲肾上腺素水平升高更多，尽管肾上腺素和去甲肾上腺素最后所能达到的峰值保持不变。多巴胺的基准水平会因训练量过量而降低，相同绝对工作量下的多巴胺浓度也会降低。在次最高强度运动中，多巴胺的反应存在差异性，但它们似乎和去甲肾上腺素的反应模式相反。虽然通常难以记录，但有氧耐力运动员在大量过度训练时会产生副交感神经型的OTS症状，包括对儿茶酚胺的敏感性降低，并可能发展成严重的OTS综合征。

预防过度训练综合征的策略

过度训练综合征是由剧烈训练和恢复不足造成的压力的持续累积导致的[92]。然而其他因素，包括睡眠不足、环境不适（例如热、冷、海拔、污染）、社交压力和旅途劳顿等，也有一定影响。尽管OTS的确切定义仍然存在争议，但是运动员和教练员可以采取一些策略来防止OTS的发生。

遵循良好的营养准则，并保证足够的睡眠和恢复时间，不失为一个有效的策略。教练员应时刻跟进运动员的训练计划，且训练计划的强度和量应有所变化。坚持准确记录运动员的表现有助于在早期“抓住”OTS的先兆，并做出调整。最重要的是，运动员应该有一个全方位的健康团队（教练、医生、营养学家和心理学家），对与他们生活有关的任何问题进行研究讨论；这可以更早地获得信息，有助于避免OTS[92]。

停训

停训是指由于训练刺激不足而导致的训练适应部分或完全丧失[95, 96]。停训遵循训练的可逆性原则，即虽然运动训练可以产生一些生理上的适应，从而提高运动表现，但停止或显著减少训练则会导致这些适应部分或完全逆转，从而影响运动表现。在此需要对停训与减量训练做出区分。减量训练是有计划地减少训练量（通常指时间和频率，而不是强度），常常出现在赛前或有计划的恢复性小周

有氧过度训练的标志是什么

符合一些标准的指标可作为过度训练综合征产生的可靠标志。

- 指标应对训练负荷反应敏感。
- 指标之间互不影响。
- 指标必须在过度训练综合征发生之前就有变化。
- 指标应易于准确测量。
- 测量过程是非创伤性的。
- 测量成本不宜昂贵。

下列变量已被确定为潜在的标志，但没有一个能满足上述所有标准。

- 运动表现下降。
- 体脂百分比下降。
- 最大摄氧量下降。
- 血压改变。
- 肌肉酸痛增加。
- 肌糖原减少。
- 静息心率改变及心率变异性降低。
- 次最高强度运动心率增加。
- 乳酸降低。
- 肌酸激酶增加。
- 皮质醇浓度改变。
- 总睾酮浓度降低。
- 总睾酮与皮质醇比值下降。
- 游离睾酮与皮质醇比值下降。
- 总睾酮与性激素结合球蛋白比值下降。
- 交感神经张力（夜间及静息儿茶酚胺）下降。
- 交感神经应激反应增加。
- 情绪状态变化。
- 心理运动速度测试中的表现下降。

期内。这种减少训练的方式旨在提高运动表现和适应。

因为酶的基本特点，有氧耐力适应对停训期极为敏感。由于停训的细胞机制变化尚不明确，需要进行进一步研究以阐明其潜在的生理变化。有两篇文章[95, 96]阐述了影响有氧运动表现的因素，其中最重要的两个因素是（a）最大摄氧量及决定最大摄氧量的因素（心输出量和动静脉血氧差的影响）和（b）停训。作者讨论了短期（4周）[95]和长期（4周以上）[96]的停训带来的影响。对于训练有素的运动员，其最大摄氧量会因短期停训减少4%~14%[22, 90]，会因长期停训减少6%~20%[21, 25, 90]。最大摄氧量的减少主要是由血量减少[20]、每搏输出量减少[20, 21]，最大心输出量减少[20, 21]及次最大心率增加[20, 23, 25, 89]导致的。最大摄氧量的降低也支持了与有氧耐力相关的表现降低的说法[20, 21, 23, 25, 60, 89]。

> 恰当的运动变化、强度、维持计划以及积极的恢复期可以有效防止停训带来的严重影响。

小　结

有氧耐力运动会带来许多心血管和呼吸方面的急性反应，而有氧耐力训练也会使身体产生许多长期适应。这些信息对于制定体能计划目标具有特别的价值，并且为临床评价以及选择评价过程中涉及的重要参数提供了依据。了解心血管、呼吸、神经、肌肉、骨骼、结缔组织和内分泌系统对有氧耐力训练做出的反应，可以帮助体能教练站在科学的角度认识有氧训练，并在训练中可以预测和监控这些适应。身体对特定类型的训练刺激会有特殊的适应。最佳适应反映出对训练计划的精心设计、实施和有效执行。

关键词

alveoli 肺泡
anatomical dead space 解剖无效腔
arteriovenous oxygen difference 动静脉血氧差
blood doping 血液兴奋剂
bradycardia 心动过缓
cardiac output 心输出量
detraining 停训
diastole 舒张
diastolic blood pressure 舒张压
diffusion 扩散
double product 双乘积
ejection fraction 射血分数
end-diastolic volume 舒张末期容积
erythropoietin（EPO）促红细胞生成素
Fick equation Fick公式
frank-Starling mechanism 弗兰克-斯塔林机制
functional overreaching 功能性过度努力
heart rate 心率
hyperoxic breathing 高氧呼吸
hyperventilation 过度换气
maximal heart rate 最大心率
maximal oxygen uptake 最大摄氧量
mean arterial pressure 平均动脉压
metabolic equivalent（MET）代谢当量
minute ventilation 每分钟通气量
mitochondria 线粒体
myoglobin 肌红蛋白
nonfunctional overreaching 非功能性过度努力
overreaching 过度努力
overtraining 过度训练
overtraining syndrome（OTS）过度训练综合征
oxygen uptake 摄氧量
physiological dead space 肺泡无效腔
rate-pressure product 心率-血压乘积
stroke volume 每搏输出量
systole 收缩
systolic blood pressure 收缩压

tapering 减量训练
tidal volume 潮气量
vasoconstriction 血管收缩
vasodilation 血管舒张
venous return 静脉回流
ventilatory equivalent 通气当量

学习试题

1. 一个17岁的高中越野跑者为准备即将到来的赛季进行了6个月的有氧训练。下列哪一个肌肉适应是这个阶段会出现的？（ ）
   a. 糖酵解酶浓度增加
   b. II型肌纤维增生
   c. I型肌纤维向II型肌纤维转化
   d. I型肌纤维肥大
2. 每次心跳时，左心室射出的血量被称为什么？（ ）
   a. 心输出量
   b. 房室氧差
   c. 心率
   d. 每搏输出量
3. 下列哪一项在有氧运动期间通常不会增加？（ ）
   a. 心舒张末期容积
   b. 心肌收缩力
   c. 心输出量
   d. 舒张压
4. 平均动脉压的定义是什么？（ ）
   a. 整个心脏循环的平均血压
   b. 收缩压和舒张压的平均值
   c. 运动时的平均收缩压
   d. 血压和心率的平均值
5. 优秀的有氧训练运动员初级训练适应包括下列哪一项？（ ）
   I. 最大摄氧量的增加
   II. 血乳酸浓度降低
   III. 跑步效率增加
   IV. 毛细血管密度降低
   a. I和II
   b. II和IV
   c. I、II和III
   d. II、III和IV

第 7 章

年龄与性别差异对抗阻训练的影响

罗德里 · S. 劳埃德（Rhodri S. Lloyd），PhD；埃弗里 · D. 费尔根鲍姆（Avery D. Faigenbaum），EdD
译者：王梦迪、王雄
审校：高旦潇、崔雪原

完成这一章的学习后，你将能够：

- 评估关于儿童进行抗阻训练的安全性、有效性和重要性；
- 讨论肌肉功能存在的性别差异及其对女性的影响；
- 描述衰老对骨骼肌肉健康的影响，并讨论老年人的可训练性；
- 解释为何抗阻训练的适应在这三个不同人群之间存在很大的差异。

对于具有各种需求、目标和能力的个体，抗阻训练已被证明是一种安全有效的方法。尽管我们对于抗阻训练刺激的了解大部分是通过检查成年男性对各种训练方案的急性和长期反应而获得的，但儿童、女性和老年人的抗阻训练已经受到公众和医学界越来越多的关注。当设计和评估抗阻训练项目时，体能教练需要了解在身体成分、肌肉表现和可训练性方面的相关年龄和性别差异及其对个体的影响。

在本章中，抗阻训练被定义为一种体能训练的专业方法，凭此方法，个体可以在广泛的阻力负荷下运动，以增强健康、体能和运动表现能力。该术语应与举重运动区分开来，举重运动是指个体在比赛中尝试举起最大的重量，特别是在挺举和抓举运动中。童年是指在发展第二性征（例如，阴毛和生殖器官）之前的阶段，青春期是指介于童年和成年期之间的时期。为了便于论述，本文中的青年或年轻运动员是指儿童和青少年。老年人和年长者被定义为65岁以上的男性和女性。在本章中，肌肉力量采用绝对值（例如，以磅或千克计的总力量）或相对值（即绝对力量与总体重、去脂体重或肌肉横截面积的比值）表达。

儿　童

随着青少年抗阻训练的不断发展，对于体能教练来说，了解生长、成熟和发育的基本原则是非常重要的。理解这些原则，了解它们如何影响训练的适应和对研究数据的解读，对于安全有效地发展和评估抗阻训练计划十分必要。因为年轻运动员的训练正在变得越来越激烈和复杂，解剖、生理和心理因素与急性和慢性损伤的关系也要充分考量。

生长发育中的儿童

在本节中，术语生长、发育和成熟被用于描述整个生命过程中的身体变化。生长是指身材大小或身体特定部位的增大；发育描述了从胎儿期到成年的自然过程；而成熟是指变得成熟且功能完整的过程。青春期是指第二性征发展的时期，此时期内一个儿童逐渐成长为年轻成人。在青春期，身体组成和身体技能的表现也会发生变化，且个体之间的差异十分显著。

实际年龄与生物学年龄

由于个体的生长发育速率有很大差异，因此以年或月为单位的年龄（众所周知的实际年龄）不能特别准确地定义成熟或发育的阶段。儿童不会以恒定的速度生长，并且在任何特定实际年龄下，个体的身体发育都存在实质性的差异。一组均为14岁的儿童可以有高达9in（约23cm）的身高差异，以及高达40lb（约18kg）的体重差异。此外，一个11岁的女孩可能比11岁的男孩高，并且运动能力更好。这些差异反映了青春期生长发育时间、节奏和程度的不同[131]。女孩的青春期开始时间从8岁到13岁不等，男孩的青春期开始时间从9到15岁不等，一般来讲，女孩通常比男孩早两年进入青春期。

成熟阶段或青春期发育阶段通过生物学年龄进行评估更好，具体可以根据骨龄、体格（体质）成熟程度或性成熟程度来评估。例如，一个团队中的两个女孩可能具有相同的实际年龄，但她们的生物学年龄却相差几年。一个女孩可能出现了性成熟，而另一个女孩可能还需要几年才开始性成熟过程。女孩月经的出现（月经初潮）是性成熟的标志，而在男孩中，最接近性成熟的指标包括出现阴毛、胡须和声音低沉。评估儿童的成熟度很重要，具体有几个原因。成熟度的评估常用于评定儿童生长发育的类型。此外，由于成熟程度与体能衡量标准（包括肌肉力量和运动技能表现）有关[114]，因此评估成熟度的技术可以帮助确保儿童匹配更公平的体能测试和体育比赛，而不是按年龄分组。对于营养充足的儿童，没有科学证据表明运动训练会延迟或加速其生长或成熟[72, 135]。此外，身体活动（尤其是产生压力的负重训练）的成骨益处对骨骼重塑和生长至关重要[215]。

确定生物成熟的黄金标准是骨龄评估。这种技术是指具备经验或受过培训的放射学家将儿童的X线片或射线照片与标准参考射线照片进行比较，对照参考标准以确定左手腕骨的骨化程度[89, 186, 205-207]。骨化是指通过成骨细胞形成新骨材料的过程。虽然骨龄提供了最准确和可靠的评估成熟度的手段，但是考虑到成本、专业设备、时间限制以及对特定放射学专业知识的需求，该方法对于大多数相关研究人员来说不太可能实现。

Tanner[206]设计了另一种评估生物学年龄的替代方法，即可识别第二性征发育特征（女孩的乳房发育、男孩的生殖器官发育和两性的阴毛发育）的视觉评估。Tanner分期具有5个阶段：第1阶段为未成熟的青春期前阶段，第5阶段为完全性成熟阶段。虽然Tanner分期的某些方法的局限性显而易见[131]，但其最大的局限性在于侵犯身体的过程以及儿童与父母的顾忌。因此，这种技术不应该由体能教练执行，而是只在必要时由合格的临床医生进行操作。对于大多数测量人员来说，估计生物学年龄的最现实和最可行的方法是体格评估[131]。体格年龄反映整个身体的发育程度，或者更小维度的发育程度（例如，肢体长度）。专业人士可利用的技术包括纵向生长曲线的分析、成年最终身高的预测以及从**身高增长速度高峰（PHV）**预测年龄。PHV被定义为在青春期生长期间的最大生长速率的发生年龄。生长的测量方法相对容易实现，因为它是无创的，并且需要的设备最少。在某些情况下，每3个月进行一次体格发育测量比较合理[131]。

在力量房里，对运动能力、技术能力和运动经历方面的个体差异的敏感度对于儿童来说至关重要。一个早熟的14岁女孩可能已经做好了进行一项运动（例如举重）的训练准备，而一个晚熟的14岁男孩可能还没有达到进行大负荷抗阻训练的要求。此外，儿童的**训练年龄**（即儿童持续接受正规且有人指导的抗阻训练的时间长度）可以影响其对抗阻训练的适应；任何力量相关测量中的增益幅度都会受到之前产生的适应程度的影响。例如，一个12岁的具有2年抗阻训练经验的儿童（即2年的训练年龄）与没有训练经验的10岁儿童（即训练年龄为零）相比，可能无法在给定时间内获得相同的肌肉力量。对于测量人员来说，评估和监测青少年技术能力也很重要，因为具有相同训练年龄的两个孩子可能具有不同的技术能力水平，并且可能以不同的速度发展能力。体能教练必须意识到所有因素，并应根据每个孩子的技术能力、训练年龄和成熟水平，对其训练计划进行个性化设计。在制定任何青少年抗阻训练计划时，体能教练还应考虑到每个儿童独特的心理社会需求，然后根据这些特殊需求设计、实施和修订计划。例如，对于训练年龄短、缺乏自信、没有训练经验的孩子和有训练经验、完成度高但缺乏动力的孩子，体能教练需要用不同的人际交往技巧分别对他们进行指导。

在身高增长速度高峰时期，青少年运动员可能有更高的受伤风险[143]。女性身高增长速度高峰通常发生在12岁左右，男性则在14岁左右。重心的变化、肌肉不平衡以及跨越快速生长的骨骼的肌肉–肌腱单位相对僵硬是儿童在青春期快速成长期间产生过劳损伤的潜在风险因素[154, 213]。体能教练可能需要在儿童快速生长期间修改训练计划（即加强高质量动作模式、改善灵活性、纠正肌肉不平衡、减少训练量或强度或两者）。如果一个青少年运动员在快速生长期间抱怨疼痛或不适，体能教练应该考虑产生过劳损伤的可能性，而不是将这些抱怨视为“生长痛”，并与儿童父母或监护人协商，带儿童就医。

肌肉与骨骼的生长

在儿童的生长过程中，肌肉质量随着其年龄的增长稳步增加。出生时，肌肉质量约占儿童体重的25%，在成年后，该比例增加到大概40%[136]。在青春期，男孩的激素（例如睾酮、生长激素和胰岛素样生长因子）水平的显著增加导致肌肉质量明显增加和肩膀变宽；而在女孩体内，雌激素的增加导致体脂堆积、乳房发育和髋部变宽。虽然女孩的肌肉质量在青春期持续增加，但由于激素的差异，增加速度比男孩慢[136]。在这段时间内，两种性别肌肉质量的增加原因是个体肌纤维的肥大而不是增生[136]。如果没有受到抗阻训练、饮食或两者共同的影响，女性的肌肉质量峰值出现在16~20岁，而男性的肌肉质量峰值出现在18~25岁[136]。

大多数骨形成发生在作为长骨中心轴的**骨干**（初级骨化中心）和**生长软骨**（二级骨化中心），后者位于儿童身体的3个部位：骺板（生长板）、关节面和肌肉–肌腱单位附着的**骨突**处。当骺板完全钙化时，长骨停止生长（图7.1）。骨骼通常在青春期早期开始骨的融合，女孩出现骨的完全成熟普遍比男孩早2~3年。虽然完成骨融合的实际年龄差别很大，但大多数骨骼会在20岁出头完成融合。

需要特别注意的是，儿童的生长软骨容易受伤和产生过劳损伤[103]。生长软骨的损伤可能破坏骨骼的血液供应和营养供应，并导致永久性生长紊乱（例如，骨骼发育不全、骨骼过度发育或骨骼错位）。跌倒或过度的重复压力造成的创伤可能导致成年人的韧带撕裂及儿童出现骺板骨折。因为儿童骺板骨折最易发生在身高增长速度高峰时期，所以一

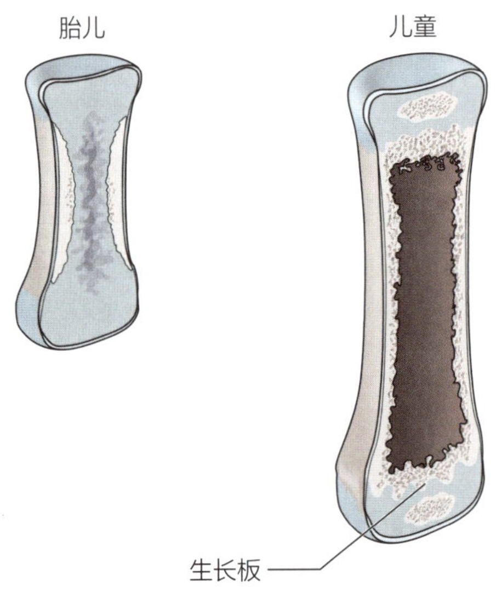

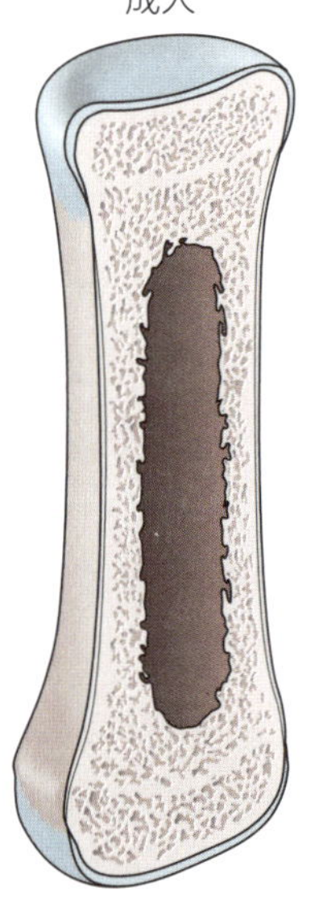

图7.1 骨骼形成是生长和发育的结果

个青春前期的儿童发生骺板骨折的风险可能比青春期的儿童低[145]。这表明年龄越小的儿童，其骺板越可以承受较强的剪切力，这也可能是造成生长软骨损伤的原因[145]。在抗阻训练期间骺板受伤的危险性将在后文讨论。

> 儿童的生长软骨位于骺板、关节面和骨突。生长软骨的损伤可能损害骨骼的生长发育。然而，这种损伤的风险可以通过使用合理的运动技术、合理增加训练负荷，以及接受合格的体能教练的指导来降低。

肌肉力量的发展变化

在整个青春前期和青春期，随着肌肉质量的增加，肌肉力量也在增加。事实上，力量的增长曲线与体重的生长曲线相似。在男孩中，肌力峰值出现在身高增长速度高峰出现的1.2年之后和体重增长速度高峰出现的0.8年之后，而体重是更清晰的指标[136]。这种模式表明，在快速生长期间，肌肉质量首先增加，然后出现肌肉力量增加[23]。最近的Meta分析显示，青少年所能获得的肌力增长比儿童多出将近50%[14]。在女孩中，肌力峰值增长通常也发生在身高增长速度高峰出现之后，不过与男孩相比，女孩的力量与身高和体重的关系存在更大的个体差异[136]。虽然男孩和女孩的肌力在青春前期基本持平，但是青春期的激素水平差异导致男孩肌力加速发展，而女孩的肌力达到一个平台[129, 136]。一般来讲，未受训练的女性的力量峰值通常出现在20岁左右，而未受训练的男性的力量峰值出现在20~30岁[136]。

影响儿童肌力的一个重要因素是神经系统的发育。如果神经纤维（运动神经元）的髓鞘缺失或不完全，则不能完成快速反应和熟练的动作，并且也不可能获得高水平的力量和爆发力。随着年龄的增长，神经系统不断发展，儿童提高了他们需要的平衡能力、敏捷性、力量和爆发力。由于许多运动神经元的髓鞘在性成熟之前是不完全的，所以在神经达到完全成熟前，不要期望儿童与成人达到同样的运动技能水平[121]。

由于生理功能与生物学年龄关系比与实际年龄的关系更加紧密，在特定的时间，早熟的儿童与具有较少肌肉质量的相同性别的晚熟儿童相比，可能具有获得绝对力量的优势。青春期结束时，早熟青少年的体型往往是中胚型（肌肉型和宽肩膀）或内胚型（更圆、更宽的髋部），而晚熟者往往是外胚型（苗条、高挑）[136]。显然，身材的差异性可能影响抗阻练习的执行。例如，上臂较短和胸部发达在卧推练习中具有生物力学的优势，而长腿和长躯干不利于进行深蹲练习。这些因素对那些试图标准化体能测试，或为一组身材差异很大的男孩和女孩制定抗阻训练计划的体能教练有影响。应当注意，无论在测试还是训练环境中，体能教练都应该使用“儿童尺寸”的抗阻器械，或使用自重、药球、弹力带、哑铃或杠铃开展训练。应向所有参与者解释采用个性化训练计划的原因，并向晚熟者提供特别鼓励，因为后者可能比生物成熟度更高的同龄人更小和更弱。虽然晚熟者到了青春期时会赶上早熟者，但青少年运动员还是应该认识到影响运动竞技成功的诸多因素，包括动机、执教方法和先天能力。

青少年抗阻训练

如今，医生、教练和运动科学专家均认同抗阻训练是一种安全、有效的儿童训练方法[12, 19, 54, 57, 64, 66, 74, 121, 129, 130]。越来越多的男孩和女孩正在参加抗阻训练，而主要的运动医学组织也支持儿童进行一系列不同模式的抗阻练习，前提是这些活动需要由合格的专业人员进行合理的设计和监督。目前，关于体育教育和体育成绩评定的指南和建议均指出了能够增强肌肉力量与骨骼强度的健身活动的重要性[199]。

体能教练必须记住，儿童不是成年人。无论儿童多么高大或强壮，他们的身体都没成熟，而且往往是第一次参加训练。儿童应该进行与他们的成熟水平、身体能力和个人目标水平相符的抗阻训练。成人的课程和培训理念不应该应用在青少年人群中。在这种情况下，训练的强度和运动量通常太大，恢复时间不足以产生训练适应。当安排儿童进行抗阻训练活动时，最好先低估他们的运动能力，然后逐渐增加训练量和训练强度；而不是超过他们的能力，并造成运动风险或长期的负面健康影响。

儿童对抗阻训练的反应

围绕青少年抗阻训练的许多争论源于儿童的可训练性问题，即儿童对抗阻训练刺激的反应。早期研究未能证明在青春前期参加抗阻训练可以增加力量[50, 99]。虽然这些研究缺乏重要发现的原因可以用方法上的缺陷来解释，如研究周期短、运动量不足或运动强度不足，但这些报告的结果有时被引用来证明抗阻训练对儿童是无效的。如前所述，肌力通常在儿童期到整个青少年阶段增加，因此从这些报告中得出的更恰当的结论可能是，短期、低训练量和低强度的训练的效果和自然的生长成熟结果无法区分。

其他调查清楚地表明，只要训练的强度和训练量合适，男孩和女孩可以增加超过自然生长和成熟的肌肉力量[62, 63, 71, 127, 175, 184, 220]。5岁的儿童即可受益于抗阻训练[8, 115]，并且各种训练模式已被证明是有效的[129]。虽然文献中已经报道的最大力量的增长范围约10%~90%[14]，但是未受过训练的青春前期儿童在进行短期（8~20周）训练之后，可以明显观察到其肌力增加约30%~40%[57, 129]。然而，在最初适应期过后，随着青少年逐渐适应训练计划，力量增加的速度将会减小，这就突显了渐进式训练的重要性。力量增益的变化可能是由几个因素造成的，包括儿童的生物学年龄、计划的设计、教学质量和运动背景。

参加抗阻训练的儿童可能会由于计划设计的原因、旅行计划的延长、繁忙的日程安排、损伤、参与多种运动或缺乏动机而减少训练时间或停止活动。这种暂时减少或取消训练刺激的行为被称为停训。与成年人不同的是，儿童在停训阶段的力量变化的评估会受到由生长引起的力量增加的干扰而变得复杂。然而，有数据表明，训练引起的儿童力量的增长不是永久的，会由于停训又回到没有训练时的水平[56, 70, 108, 211]。一份报告显示，在停训期间，参加体育课和有组织的运动不能维持青春前期训练所导致的力量增益[70]。另一项研究比较了每周1天或2天的抗阻训练对儿童的影响，发现每周只进行1次抗阻训练的受试者增加的力量是平均每周进行2次抗阻训练的受试者增加的力量的67%[63]。虽然最近的研究表明，训练频率的增加与青少年力量训练效果的提高有关[14]，但必须考虑青少年或青少年运动员在许多其他方面的投入时间（例如，比赛时间、学习时间以及与同龄人互动的时间）。总的来说，这些研究结果强调了持续训练对儿童保持由运动适应引发的力量优势的重要性。虽然停训反应的确切机制仍不清楚，但很可能至少与神经肌肉功能的变化有关。有趣的是，最近的研究表明，不同的神经肌肉质量的儿童在停训后的反应不同[56]。

肌肉肥大的变化对青少年和成人的力量增长有显著的促进作用，但是对于青春前期儿童，肌肉肥大不太可能是训练（至少达20周）

引发力量增长的主要原因[172, 184]。尽管一些研究结果不同意这个看法[81]，但由于循环激素（睾酮、生长激素和胰岛素样生长因子）水平不足，青春前期儿童似乎很难通过抗阻训练增加肌肉量。在青春前期，男孩和女孩的睾酮浓度为20~60ng/100mL；相比之下，在青春期，男性睾酮水平增加到约600ng/100mL，而女性的睾酮水平保持不变[136]。

由于神经因素的影响，如增加了运动单位活性、协调性以及增强了运动单位的募集和激发率，青春前期儿童可能有更多的潜力增加力量[87, 129, 172, 184]。还有人提出，训练引发的青春前期儿童的力量增加的部分原因是肌肉内在的适应、运动技能和相关肌群的协调性的改善[184]。然而，这不能肯定地表明抗阻训练不会导致青春前期的肌肉肥大，因为可能需要更长的研究周期、更大的训练量和更精确的测量技术（例如，数字成像）来揭示那些进行抗组训练的青少年因训练引发的肌肉肥大的潜力。此外，肌纤维羽状角随年龄的增长而增加[16]，但抗阻训练是否可以改变肌肉的结构性能，同时不使整体肌肉横截面积发生实质性变化，仍然不能确定。

然而，在青春期和青春期之后，由于体内激素的影响，训练引发的肌力增长通常与肌肉肥大相关。虽然青春期女性的较低水平的睾酮限制了其训练引发的肌肉肥大增加的程度，但其他激素和生长因子（例如生长激素和胰岛素样生长因子）至少能部分促进其肌肉发育[119]。图7.2显示了促进肌力发展的因素，即去脂体重、睾酮浓度、神经系统发育以及快肌和慢肌纤维的分布比例。

> 青春前期的男孩和女孩可以通过抗阻训练，显著增强其超越自然生长和成熟的力量。神经系统因素是力量增长的主要原因，而不是肌肉肥大。

潜在效益

除了增加肌肉力量、爆发力和耐力之外，青少年定期参加抗阻训练还会影响许多与健康和体能相关的因素[129, 198]。抗阻训练可以有

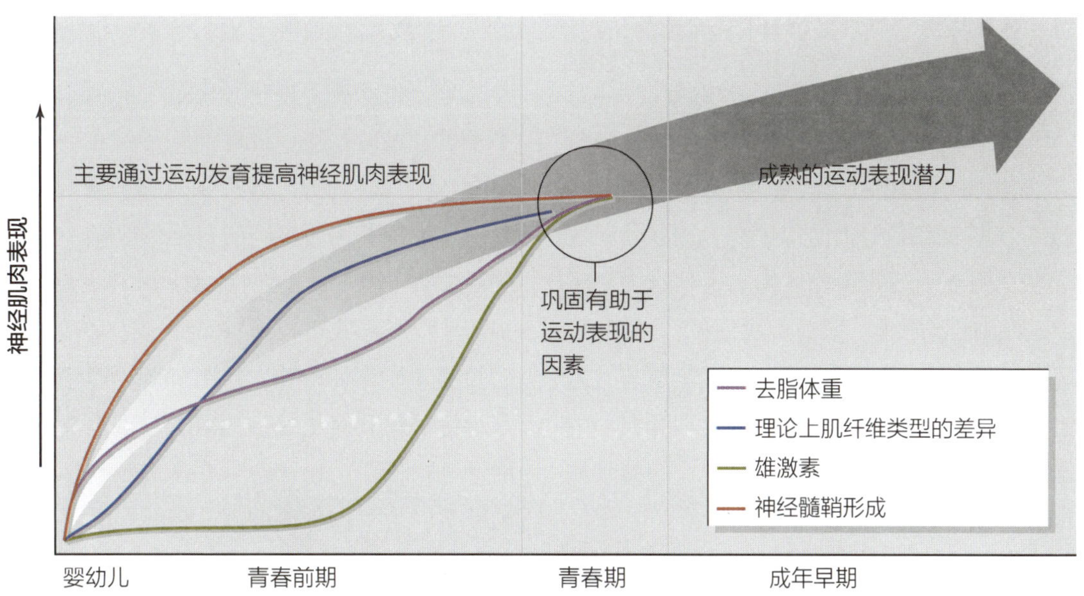

图7.2 肌肉力量适应和运动表现潜力相关发展因素的整合理论互动模型
[源自：Faigenbaum et al., 2013[58].]

效改变某些解剖学和社会心理学参数，减少运动损伤和娱乐活动中的损伤[212]，并且提升运动技能和运动成绩[13, 68, 203]。

从临床角度来看，已有报道表明定期参加抗阻训练，可以使肥胖儿童以及青少年减少体脂、提高胰岛素敏感性和增强心脏的功能[15, 139, 162, 193, 218, 219]。世界各地的青少年体育活动指标的评分都很低，普遍证据表明青少年存在着缺乏体育活动的情况[210]。肥胖的儿童或久坐不动的儿童（例如，乘坐公共汽车上学、放学后和周末看电视或玩电脑游戏）并没有准备进行每周4~5天、每天1~2小时的运动训练。来自全球183个国家的数据调查结果表明，在1980年至2013年，发达国家和发展中国家的身体质量指数≥25kg/m^{2}的儿童的发病率显著增加[165]。美国的2011年和2012年的数据显示，有16.9%［95%置信区间（CI），14.9%~19.2%］的2~19岁美国青少年是肥胖者[168]；尽管儿童发病率数据似乎趋于平稳，但目前肥胖或超重的儿童的数量仍然居高不下[168]。虽然对儿童肥胖症的治疗是复杂的，但肥胖青少年似乎偏好参加抗阻训练，因为它不像有氧训练一样繁重，并为所有参与者提供体验成功和运动表现提升的机会。

除了高发的儿童肥胖症之外，关于从事有组织的体育或娱乐活动的青少年肌肉功能的其他长期趋势也值得关注。例如，研究表明，各个学龄儿童群体的一系列肌力测试（例如，屈臂悬挂、握力）成绩[36, 152, 189]和运动技能[96, 189]都在下降。因此，尽管所有有抱负的年轻运动员都想从包括抗阻训练在内的预备训练中获益，但似乎受益最大的是那些刚开始训练且表现较差的人。

虽然抗阻训练不影响遗传因子，但只要遵循适当的准则，它可能对任何生长发育阶段都有良好的影响[10, 72]。事实上，定期参加抗阻训练和负重训练会增强儿童和青少年的骨密度[139, 153, 166]。为了支持这一观点，有报道表明，定期参加多关节负重训练的优秀青少年举重运动员的骨密度水平远高于同龄对照组[40, 216]。这些发现，对在老年时期得骨质疏松症的风险增加的女性来说尤其重要。骨质疏松临床症状表现为低骨骼质量和较高的骨折倾向。

在赛季前定期进行体能训练，包括抗阻训练，可增强青少年运动员预防损伤的能力[52, 103]。美国每年有数百万儿童和青少年在参与体育运动期间发生损伤[146]。据估计，50%以上的儿童可以通过简单的方法预防过劳损伤，包括遵循教练指导、充分进行准备活动和推迟专项训练[144, 212]。体能教练可以在青少年运动员准备进行体育运动的过程中发挥关键作用，从而最大限度降低青少年运动员常见的运动损伤的发生率和严重性或使他们避免损伤。在许多情况下，参加有组织的体育项目的当代青少年的身体不够强健，并且没有针对他们选择的运动做好充分的准备工作。

虽然一些教练认为早期体育专项化训练是成功的关键，但是青少年在很小的时候就参与单一运动或专攻单一位置可能面临肌肉不平衡、过劳损伤、过度训练和潜在衰竭的风险[2, 21, 49, 212]。此外，似乎在年轻时较晚进行专项化训练和同时参与各种运动更利于之后获得成功[2, 79, 134, 151]。虽然全面消除青少年运动损伤是一个不切实际的目标，但是在青少年运动员的体能训练中加入抗阻训练，能帮助其在训练和比赛时更好地应对长时间、高强度的活动[35, 66, 103]。由于个体在压力耐受性方面的差异，抗阻训练的强度、训练量和进展速度需要仔细考量，因为这种形式的训练增加了对青少年肌肉骨骼系统的长期重复性压力。合理的进度和计划变化将优化增益，防止厌倦，并减少可能导致的过度训练的压力。此外，精心制定的恢复性策略（例如，适当的放松运动、训练后加餐和充足的睡眠）可以帮助青少年最大限度地适应训练。例如，研究表明，青少年运动员在比赛后采用将主动恢复和冷水治疗相结合的方法进行恢复的效果比进行被动的赛后训练（包括腿部的拉伸和抬高）更好[117]。

因为许多运动都需要力量或爆发力，所以，假定抗阻训练能提高运动表现这一点是很吸引力的。虽然父母和孩子支持这种论点，但关于这个问题的科学研究是有限的。在参加8~20周的抗阻训练计划的儿童中，一些运动技能有明显的改善（例如跳远、垂直跳跃、30m冲刺和敏捷性跑）[13, 55, 73, 127, 167, 220]。虽然只有少数研究为青少年抗阻训练对运动能力的影响提供了直接评估[18, 24, 78]，但渐进式抗阻训练计划很可能会使青少年运动员的运动能力取得一定程度的提高[85, 86, 97, 180]。

潜在风险和问题

与儿童和青少年定期参加的其他运动和活动相比，合理计划的青少年抗阻训练方案相对安全[95]。矛盾的是，运动时施加在青少年运动员关节上的力可能远远大于预期，并且难以预测[66]。抗阻训练对儿童来说有危险的观点，与儿童的需求和此类训练相关的记录的风险不一致。儿童在力量房受伤更可能是意外事故[158]，并且通常发生在监督和教学水平、技术能力和训练负荷不合理的情况下[66]。这提醒体能教练在指导年轻人群进行训练时注意安全准则。虽然有报道称青少年在进行抗阻训练时出现骺板骨折，但这些报告是个例，并且通常是在无人监管的情况下进行高强度过顶上举所致[90, 187, 189]。在任何遵从训练准则的青少年抗阻训练中，未见骺板骨折报道[66]。值得注意的是，只要遵循合理的测试规定（即充分的准备活动、循序渐进的负荷和密切的监督）儿童和青少年的1RM测试被证明是安全的[61, 65, 100, 123, 192]。如果儿童和青少年接受了正确的抗阻训练指导，并了解抗阻训练准则和计划，那么骺板骨折的风险微乎其微。

儿童训练计划设计的注意事项

将抗阻训练作为全面的儿童练习计划的一部分，这一点很重要，可帮助儿童实现其他体能目标。虽然青少年参加抗阻训练没有最低年龄要求，但是儿童应该具有成熟的情感以接受并遵循指导，并且想要尝试这种类型的活动[129, 157]。训练前的体检对于明显健康的儿童不是强制性的；然而，所有参与者应接受针对可能限制或妨碍其安全进行抗阻训练的损伤或疾病的检查[2]。青少年参与抗阻训练的目标不应局限于增加肌肉力量，还应包括了解自己的身体，促进自己对身体活动的兴趣，明确健身房的规定，并从中获得乐趣。乐于参加体育活动和运动的儿童，似乎更可能在以后的生活中成为积极向上的人[208]。

在青少年抗阻训练方案的发展中，两个重要的方面是教学质量和渐进原则。体能教练必须彻底了解青少年抗阻训练的指导方针，并愿意展示正确的训练技术，以及知道必要的教学技巧从而能够让儿童理解他们所说的话[59, 129]。体能教练应该淡化参与者之间的竞争，注重合理的技术而不是大量的举重练习。使用个性化的训练日志可以帮助每个孩子理解渐进式的概念。虽然增加阻力或组数对于获得连续增益是必要的，但这并不意味着每次训练的强度和训练量都要比上一次更强。保持训练的新鲜性和挑战性很重要，但同时应该给孩子们一个发展恰当形式和技术的机会。当指导青少年训练时，重要的是注重内在因素，

如何降低青少年发生过劳损伤的风险

- 在参与有组织的或娱乐性运动之前，儿童和青少年应由运动专业医生评估，以确定是否存在任何医学问题。
- 家长应该了解竞技运动的利弊，并了解准备活动对有追求的年轻运动员的重要性。
- 应鼓励儿童和青少年参加长期训练，并在赛季之间有足够的时间进行恢复，以满足体育运动和身体活动的需求。
- 训练应该是多维度的，融合抗阻训练，基础运动技能，速度、快速伸缩复合训练和敏捷性的发展，以及动态稳定性等多种要素。此外，这些训练计划在类型、运动量和强度上应在全年的不同时间有所变化，并满足每个儿童的特定需求。
- 青少年运动教练应该精心制定高强度训练和比赛之间的恢复策略，以最大限度地促进青少年恢复并使其身体成熟过程能够正常发生。这种方法应该有助于减少青少年训练过度和倦怠的发生概率。
- 所有青少年都应保持健康的生活习惯（例如充分的营养、水分和睡眠质量）。
- 青少年运动教练应参加继续教育课程，以了解更多关于体能、运动技术、安全原则、安全设备、儿童的心理社会需求及其生长发育的生理机制等方面的知识。
- 教练应支持和鼓励所有儿童和青少年参与运动，但不应强迫他们进行超出其运动能力的运动。儿童的健康应始终被置于首位。
- 应该鼓励大多数参与运动的儿童参加不同运动，并尽可能推迟专项化训练，直到青春期。

如技能提高、个人成功和乐趣。

虽然关于儿童的重复次数和1RM百分比之间的关系的文献有限，但是在既定1RM百分比下，可以执行的重复次数是针对特定运动项目的[69]。因此，肌群的最小力量阈值用1RM百分比表示时是可变的，这可能是因为每次运动涉及的肌肉数量不同。即使体能教练能在研究环境下安全地使用1RM测试来确定青少年的力量水平，但是在运动环境中是不可能的（可能由于时间限制、班级规模或缺乏专业教练指导），此时需要使用其他评估力量的方法。体能教练可以使用预测公式，从次最大重复次数（例如，5RM或10RM）估计1RM负荷[129]。然而，体能教练应该意识到，由于技术形式上的多次重复产生的累积疲劳效应，可能使儿童处于更高的风险。为了不使用最大重复值方案获得肌肉力量的替代测量值，可以使用不同的跳跃方案（例如，垂直跳跃或者跳远）或握力测试，因为这些测试很明显与青少年的1RM值相关[30, 149]。无论使用什么力量测试方案，儿童或青少年都必须要在合格专业人员的监控下进行测试，以在整个测试中表现和保持正确的技术能力。

高阶的多关节训练，例如抓举和挺举，可以适时（在基础力量和技术训练完成后）融入儿童的训练计划中，但是重点必须是发展合理的形式和技术[25, 67]。错误的技术会对肌肉骨骼组织施加异常压力，并导致损伤。如果不能保持合理的训练技术，则必须降低阻力负荷。当学习新的技术时，儿童应该用没有负荷的杠铃杆、长木棍或PVC管来学习正确的技术。在这个发展阶段，在正确的时间以正确的方式提供正确的反馈对于确保促进技能提升的重要性是不可低估的。青少年训练应包括对不同练习的技术表现进行定期分级和评估，而不是简单地进行运动表现测试（例如提升的负荷或动作速度）[60]。这种方法可用来持续地指导年轻的举重运动员关于正确运动的技巧，提高他们对常见技术缺陷的认知，并作为教练和老师在实践或体育教育时的评估工具。下方专栏中提供了青少年抗阻训练指南的摘要。

女性运动员

经常参加抗阻训练的女性可以改善她们的健康状况，降低退行性疾病（例如骨质疏松症）的风险及损伤率，提高整体运动能力。虽然以前有些女性可能会质疑抗阻训练的价值，甚至会因为某些原因而避免此类运动，但证据清楚地表明，女性能够承受和适应抗阻训练中的压力，而且有实质性收益[122, 161]。此外，为了增强健康和体能并降低损伤率，现在建议抗阻训练应作为女性所进行的任何训练中必不可少的组成部分[155, 159, 204]。

性别差异

体能教练在设计和评估女性的抗阻训练计划时，需要了解体型、身体成分和抗阻练习的生理反应等方面的性别差异。了解这些差异，关注女性运动员的特殊性，可以帮助其提高运动能力，降低运动损伤的风险。

身材和身体成分

在青春期之前，男孩和女孩的身高、体重和身材基本没有差异。随着青春期开始和发展，性别差异变得越来越明显，这主要是因为激素产生了变化。在青春期，女孩雌激素的产生促进脂肪沉积和乳腺发育，而男孩睾酮的产生促进骨骼形成和蛋白质合成。虽然雌激素也刺激骨骼生长，但是男孩有更长的生长期，并较迟开始青春期，因此成年男性往往比成

青少年抗阻训练指南

- 每个儿童都应该了解抗阻训练的利弊。
- 应由有能力且细心的体能教练设计和监督训练课程。
- 运动环境应安全无危险，且设备尺寸应适合每个儿童。
- 应在抗阻训练前进行动态热身活动。
- 适当时，应在抗阻训练后进行静态拉伸运动。
- 仔细监测每个孩子对运动压力的耐受力。
- 从轻负荷开始训练，允许适当的调整。
- 随着技术和力量的提高逐渐增加阻力（例如5%~10%）。
- 根据个人的需要和目标，可以进行1~3组、每组6~15次重复的不同的单关节和多关节训练。
- 如果能以标准动作完成适当负荷训练，则可将进阶的多关节训练，例如抓举和挺举，纳入训练计划。
- 建议每周进行2次或3次非连续性的训练课；然而，训练年龄比较大的青少年可以每周进行更频繁的抗阻训练。
- 如有必要，成人观察员应在周围积极协助儿童，以防动作重复失败。
- 应在全年内定期、系统地进行抗阻训练，以确保儿童或青少年接受连续和多样化的训练刺激，并在训练周期之间有足够的休息和恢复时间。

［源自：A. Faigenbaum et al.，1996，“Youth resistance training position statement paper and literature review，” *Strength and Conditioning* 16(6): 71.］

年女性拥有更强壮的身材。平均来说，成年女性一般比成年男性具有更多的体脂、更少的肌肉量和更低的骨密度。此外，女性的总体重比男性轻。虽然一些女性运动员的脂肪百分比低于未经训练的男性，但女性过低的脂肪百分比可能会对健康产生不良的影响[171, 221]。成人的体格测量表明，相对于髋部，男性一般具有更宽的肩部；而相对于腰部和肩部，女性倾向于具有更宽的髋部。较宽的肩部有利于男性支撑更多的肌肉组织，也可为肩部的肌肉提供力学优势。

力量与爆发力输出

比较两性之间由训练引起的肌力变化时，重要的是区分绝对值和相对值。对于绝对力量而言，通常女性绝对力量仅为男性绝对力量的2/3[124]。与上肢绝对力量相比，女性的下肢绝对力量通常接近男性的下肢绝对力量。身体成分、形态指标和去脂体重分布（女性腰部以上肌肉量较少）可以部分解释这些性别差异。对于积极参加运动者和高水平的运动员，这种性别差异也很明显[17]。

当采用相对值时，肌肉力量的性别差异显著降低。因为男性和女性在身材上差异很大，所以采用肌力除以体重、去脂体重和肌肉横截面积来进行两性之间的比较更加有用。当用肌力除以体重进行比较时，女性的下肢力量与男性的相似，而女性的上肢力量仍然较低[105]。如果用肌力除以去脂体重进行比较，男性和女性之间的力量差异往往会消失[105]。值得注意的是，少量的数据表明，当用肌力除以去脂体重进行比较时，男性和女性之间的离心力量可能比向心力量更为相似[37, 196]。

当肌力除以肌肉横截面积进行比较时，两性之间没有显著差异，这表明肌肉性能（单位横截面积的最大力量）不存在性别差异性[29, 148]。即使男性和女性的肌纤维在分布和化学组成上相似，但男性的肌纤维横截面积比女性更大。尽管这些观察很重要，但是体能教练需要记住，肌力存在较大的差异范围，也就是说，某些情况下，两位女性（或两位男性）之间的肌力差异可能会比男女之间的差异还要大。

> 在绝对力量方面，女性通常比男性弱，因为女性肌肉量较少。当用肌力除以肌肉横截面积进行比较时，两性之间不存在显著差异，这表明肌肉性能没有性别差异。

爆发力的性别差异情况与肌力的性别差异情况相似。对竞技举重运动员的爆发力比较结果显示，在整个抓举和挺举过程中，女性相对于总体重的爆发力约为男性的63%[83]。关于爆发力的类似情况也在未受过训练的女性中被观察到[118]。最大垂直跳跃和立定跳远得分也是女性比男性低[38, 45, 137]，虽然用肌力除以去脂肪体重进行比较时，这种性别差异明显缩小。男性的运动能力总体上优于女性，但似乎去脂体重的差异并不完全造成爆发力的差异。虽然数据不明确，但与性别相关的力量发展速率间的差异[182, 183]和肌肉激活的募集策略[173]可以部分解释这些发现[191]。

女性运动员的抗阻训练

尽管存在性别差异，男性和女性基于其训练前的基准水平的对抗阻练习的反应是相同的。虽然所选变量的变化幅度可能有所不同，但总体趋势表明，女性进行抗阻训练的价值不仅仅包括肌肉力量的增加，还包括其他健康和体能重要指标的有利变化[122]。

女性抗阻训练的反应

通过参加抗阻训练，女性显然可以与男性以相同的速度或更快的速度增加其力量。虽然男性的绝对力量增幅通常更大，但女性的相对力量（百分比）增长与男性大致相同，甚至更大些[156]。然而，这可能反映了女性的神经肌肉平均基准水平较低[156]。即使神经系统的适应明显有助于力量的发展，但肌肉肥大的因素对女性的影响也不应忽视。当使用复杂技术（例如，计算机断层扫描）来精确测量肌肉横截面积的变化时，发现短期训练（最多16周）对肌肉肥大的影响不存在性别差异[43, 93]。

根据对未使用类固醇的女性举重运动员、健美运动员和田径运动员肌肉发育的观察发现，很明显，在经常参与大运动量或高强度训练的女性中，肌肉肥大是可能的，即使可能性小于男性。虽然还需要进行进一步的研究，但参与训练的女性体内的睾酮浓度会发生变化，而相对升高的睾酮水平更有利于增加肌肉的体积和力量[42, 94]。此外，在训练期间使用复杂的训练方法可能会影响肌肉肥大的程度[33]。更复杂的多关节运动，例如深蹲、抓举和挺举（与单关节运动相比，例如肱二头肌弯举），可能需要相对较长的神经适应期，从而延迟了躯干和腿部肌肉的肥大[33]。可以发展较大肌肉质量的遗传倾向也是原因之一[201]。

女性运动员三联征

与女性运动员合作的体能教练应该意识到与女性运动员三联征相关的潜在负面影响[6]。三联征是指能量供应、月经功能和骨密度之间的相互关系，对于进行长时间训练但热量摄入不能满足高能量消耗的训练和适应的女性运动员来说，是种健康风险[6, 47]。在女性运动员能量不足（由于大训练量或高强度，或两者都有，加上饮食摄入不足）的情况下，骨质疏松症发生的可能性更大[47]。除了增加骨质疏松症的风险，能量低还可导致亚临床月经紊乱。闭经被定义为停经时间超过3个月[6]，并且是由脑垂体分泌黄体生成素的频率降低引起的。闭经会对女性的健康产生负面影响，伴随着应力性骨折、内分泌失调和胃肠道并发症，在女性经历长期生殖抑制的过程中，运动能力减退也尤为常见[47]。

抗阻训练为女性提供了许多好处，包括减少与年龄相关的骨密度的下降[116]。具体来说，通过抗阻训练施加的机械负荷所产生的应力直接增加了骨骼重塑的程度，并因此增加了骨量。数据显示，在女性中，抗阻训练能增加身体各骨骼区域中的骨密度[116]。此外，更高强度的抗阻训练促进更大的成骨程度[133]，并且青春前期是参与负重训练以增强骨密度的最佳时期[91, 104]。

然而，当体能教练为女性运动员设计抗阻训练计划时，必须确保女性运动员的营养摄入足以支持训练计划，以帮助适应刺激和促进恢复。例如，如果一个女性中长跑运动员不能摄入足够水平的钙、维生素D和蛋白质，那么很可能出现能量不平衡及提前发生三联征的风险。被认为有营养不良风险的运动员应该由合格的注册运动营养师对其进行营养评估[47]。应当注意的是，能量摄入不足可能仅仅反映了无意间缺乏与活动引发的能量消耗相匹配的生物动力，或者可能是由于女性运动员普遍存在的临床饮食障碍或饮食行为紊乱[6]。饮食障碍的高危人群很可能是那些从事基于美学主观评分的运动或活动（例如，舞蹈或体操）的女性；在这种情况下，应让这些人寻求受过培训的医疗和营养专业人员的帮助。

女性训练计划设计的考虑因素

既然两性的肌肉生理特性是相同的，就没有充分的理由认为女性的抗阻训练计划必须与男性不同。事实上，参与特定运动或活动时，男性和女性使用的肌群显然是相同的，所以抗阻训练计划的设计应该是为了提升日常活动和成功的运动表现所需要的肌肉性能，无关乎性别。男性的训练计划和女性的训练计划之间唯一真正的区别通常是某项运动的绝对阻力值，这取决于个人的力量能力。对于年轻女性运动员来说，如果她们要在成年后发挥其骨骼肌力量和爆发力的遗传潜力，那么定期进行某种类型的抗阻训练就显得尤为重要。对优秀女子体操运动员能够做40个引体向上，以及竞技女子举重运动员能够做2倍体重以上的挺举的观察证明了这是有可能的。

上肢力量的发展

设计女性抗阻训练计划时必须考虑两个方面：上肢力量的发展和运动伤病的预防，尤其需要关注膝关节。由于女性的上肢绝对力量往往小于男性[122]，强调上肢的发展对于参与对上肢力量和爆发力有需求的项目的女性运动员是特别值得的。额外增加1~2个上肢练习或者1~2组上肢训练可能有益于因上肢力量受限而无法进行多关节自由重量训练（例如完整的或部分的抓举和挺举动作）的女性。女性运动员可以通过将各种抓举和高翻动作纳入她们的训练计划中受益，因为由这些大肌肉量参与的多关节运动产生的适应能很好地转变为文体活动中的运动能力。此外，进行这些举重运动消耗的热量相对较高[84]，这有助于维持健康的身体组成。

女性前交叉韧带损伤

对于体能教练来说，能够意识到女性运动员逐渐增加的膝关节损伤发生率是非常重要的，尤其是在足球和篮球项目中[6, 34, 73]。许多报告指出，女性运动员发生前交叉韧带（ACL）撕裂的可能性是男性运动员的6倍[39, 102, 111, 147, 160]。根据这些发现，一些观察者认为，大学生女性运动员每年可能会发生超过15 000例膝盖损伤[103]。虽然越来越多的膝关节损伤可能只是反映了女性参加有组织的体育运动的人数增加，但其他一些人则提出了导致这一现象的原因。关节松弛度、下肢力线、切迹尺寸、韧带尺寸、身体动作、鞋面的相互作用、技能水平、激素变化、踝关节支撑的使用和训练缺陷等可能导致男性和女性运动员膝关节受伤次数的不同[9, 101, 150, 194, 224]。虽然解剖学和激素原因可能导致女性前交叉韧带损伤风险的增加，但最显著的原因是神经肌肉控制能力不足，最终导致异常的生物力学（与地面接触时增加动态膝关节外翻）[159]。有证据表明，为了降低前交叉韧带损伤的风险，青少年应在青春前期进行准备训练，以优化训练适应[159]。参与由合格的专业人员设计和实施的合理体能训练计划（包括抗阻训练、快速伸缩复合训练、敏捷性训练和平衡训练）是为了在参与运动之前强化肌肉和结缔组织，并增强膝关节的神经肌肉控制，以减少受伤的风险[1]。由于女性运动员的大多数前交叉韧带损伤发生于非接触机制（例如减速、侧向移动或着地[20]），定期参与旨在增强支撑结构的力量和增加膝关节神经肌肉控制的体能训练计划，可能会降低发生运动损伤的风险[52, 103]。此外，重要的是，女性运动员要摄取足够的能量，在营养全面的前提下，注重优质蛋白和健康脂肪的摄取，以优化训练适应[47]。尽管仍然需要更多的临床试验来确定减少女性运动员前交叉韧带损伤发生率的最佳方法，并坚持改善这些训练方案，但下栏中列出的策略可能是有效的。

女性运动员应该如何减少前交叉韧带损伤的风险

为了帮助女性运动员降低前交叉韧带损伤的风险，其体能教练应该做到以下几点。

- 推荐由运动医学专业医生进行预先检查，包括确定损伤的危险因素及进行肌肉骨骼测试。
- 鼓励女性运动员参加包括抗阻训练、快速伸缩复合训练、速度和灵敏训练及柔韧性训练在内的全年性体能训练。体能训练计划应该满足每个运动员的具体需要，并应该采用渐进式周期性方式，以不断发展训练适应。
- 确保女性学习并可以在各种环境中反复展示正确的动作（例如跳跃、落地、转身和急停）。
- 在每次运动前都要进行一般的动态热身运动和专项热身运动，后者采用类似于该专项动作的练习对关键肌群（例如后链肌群）进行激活。
- 在训练课程中提供追加反馈，以优化技能转移和增强与前交叉韧带损伤相关的生物力学。
- 鼓励儿童参与损伤预防计划（包括渐进式抗阻训练，以发展技能和健康相关的体能素质）；早期干预似乎有利于这种方案的有效性[159]。
- 建议运动员在训练和比赛期间穿合适的衣服和鞋。

老年人

65岁以上的男性和女性的数量在增加，并且似乎老年人有更多机会参与到体育运动（从马拉松到举重）中。老年或年长运动员的心肺耐力和肌力很特殊，即使是最高水平的运动员，30岁后的运动能力也会下降。例如，随着年龄的增长，竞技举重能力以每年1%~1.5%的速度下降，直到大约70岁后，运动能力会加速下滑[140]。不参加运动的老年运动员在一些体能指标上通常会出现更大幅度的下降，并增加他们受伤的风险[174]。体能教练应该了解随着年龄增长而产生的生理变化以及老年人的可训练性。此外，需要考虑与老年人体育活动相关的潜在健康风险。

与年龄相关的肌肉骨骼健康变化

随着年龄增长，身体成分的显著变化可导致运动功能障碍和损伤的发生。骨和肌肉的流失，不仅影响日常生活的活动，例如从椅子站起来和开窗户变得更困难，而且增加了跌倒、骨折和长期残疾的风险[34, 105, 106]。骨骼随着年龄的增长而变得脆弱，原因是骨矿物质含量的减少导致骨孔隙率的增加。骨矿物质含量和骨骼的微结构退化到一定的程度，使骨折的风险增加，特别是在髋部、脊柱或腕部[5]。**骨质减少**被定义为骨密度介于年轻成人平均值的−1~−2.5个标准差（SD）之间；骨质疏松症被定义为骨密度低于年轻成人平均值的−2.5个标准差[112]。这些使骨密度和强度下降的情况，发生在老年人（特别是女性）身上是非常严重的问题，因为它们会增加骨折和骨骼健康情况不良的风险[5]。随着年龄的增长，骨质缓慢但渐进式地流失，这与缺乏运动、激素水平、营养状况、机械力和遗传因素有关[51]。图7.3显示了正常健康骨骼和低矿物质密度骨骼之间的结构差异。

年龄的增长也与肌肉质量和肌力的丧失相关，这被称为**肌少症**[5]。CT显示，30岁后个体肌肉的横截面积下降，肌肉密度下降，肌腱顺应性下降，肌内脂肪含量增加[5, 107]。这些变化结果似乎是随着年龄增加而可预测的，且在女性中最明显[107]。肌肉萎缩与衰老似乎是由缺乏运动以及肌纤维逐步地选择性地失去神经支配引起的[126, 181, 213]。肌肉质量下降会导致肌力的下降。一份报告指出，40%的年龄为56~64岁的女性、45%的年龄为65~74岁的女性和65%的年龄为75~84岁的女性无法提起约10lb（约4.5kg）的物体[110]。肌纤维大小和数量的下降，以及渐进式地失去神经支配也导致肌肉产生爆发力的能力（即快速发力）降低[11, 92, 181]；事实上，随着衰老，爆发力比肌力减退更快[142]。由于日常活动需要一定程度的爆发力，肌肉快速产生力的能力下降可能对老年人安全地进行一些活动（例如爬楼梯和走路）的能力产生不利影响。导致与年龄相关的肌力和爆发力下降的可能原因包括肌肉质量减少、神经系统改变、激素的变化、营养不良和缺乏活动[48, 98, 170]。这些与年龄相关的变化造成的功能性后果是非常明显的，因为变化的幅度和速率会让老年人在功能上依赖他人（例如，不能做家务或从坐的椅子上站起来）或达到不能活动的最低阈值。表7.1总结了衰老与抗阻训练的适应。

> 年龄的增长与肌肉质量的流失有关，且主要归因于缺乏运动。肌肉质量减少的直接后果是肌力和爆发力的下降。

表7.1　衰老与抗阻训练的适应

身体或生理变量	衰老	抗阻训练
肌肉力量	下降	增加
肌肉爆发力	下降	增加
肌肉耐力	下降	增加
肌肉质量	下降	增加
肌纤维大小	减小	增加
肌肉代谢能力	下降	增加
基础代谢率	下降	增加
体脂	增加	下降
骨密度	下降	增加
运动能力	下降	增加

神经运动功能与年龄相关的变化

老年人的跌倒风险增加，可能导致严重的健康、社会心理和经济后果，对生活质量造成负面影响。具体来说，跌倒可导致疼痛综合征、关节脱臼、骨折、日常功能活动受限以及自信心的降低[113]。跌倒也可导致永久性残疾、住院和死亡[26]。导致老年人跌倒风险增加的内在因素包括肌肉力量和爆发力下降[177]、反应时间增加[5]、平衡能力下降和姿

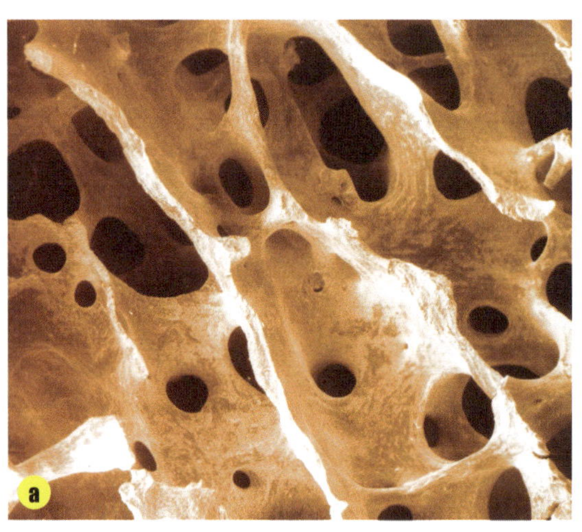

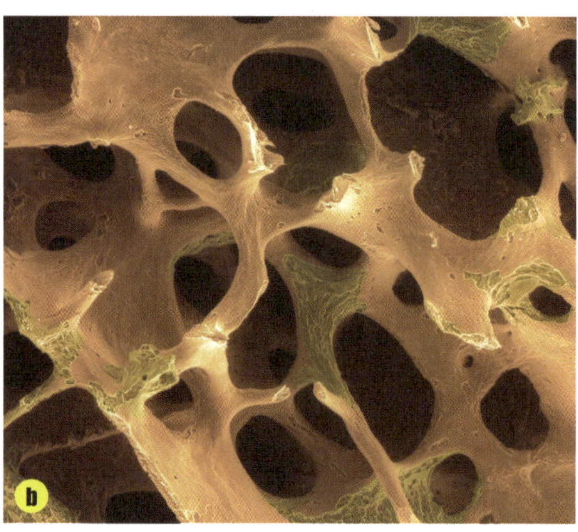

图7.3　健康骨骼（a）与由骨质疏松引起骨孔隙增大的骨骼（b）之间的差异

势稳定性下降[188]。在与地面接触之前的肌肉活动（预激活）和紧随其后的肌肉活动（共同收缩）是年轻人和老年人的制动和动态稳定性的重要调节者。增加预激活有助于通过快速牵张反射来增加肢体的刚度，以更好地准备与地面接触。共同收缩是一种动态稳定关节的运动控制策略；然而，由于同时激活相同关节的主动肌和拮抗肌，净关节力矩和收缩力的输出会减少[222]。研究表明，老年人依赖于将提高的肌肉共同收缩水平作为补偿机制，以减少失衡和姿势晃动[164]。直观上看，这个研究建议老年人通过专门设计的训练模式来抵消这些自然减少的预激活。这样的方法包括低强度快速伸缩复合训练、平衡训练和动态稳定性训练以及本体感觉训练，可以提升接触地面后产生有效反应的能力[88, 176]。

研究表明，身体活动干预可以有效地改善老年人的神经运动功能和防止其跌倒[209]。然而，仅增加运动似乎不能防止跌倒。相反，老年人必须参与包括抗阻和平衡元素的多维训练，并坚持下去[209]。此外，与其他人群的训练计划一样，老年人的训练计划应逐渐增加至超负荷，以营造有挑战性的训练环境，并且训练频率应保证能为个人提供足够的训练量[209]。值得注意的是，抗阻训练作为独立的训练方法似乎不能避免发生跌倒[197]，平衡和灵活性训练必须与抗阻训练一起进行，才能提供必要的训练刺激以降低跌倒风险。除了对老年人的许多其他健康益处之外，抗阻训练在增加肌力、爆发力和骨密度方面的相对重要性和有效性不容忽视。

老年人抗阻训练

衰老似乎不会提高或降低肌肉骨骼系统适应抗阻练习的能力。在参与渐进式抗阻训练计划的老年人中观察到了肌肉力量、肌肉爆发力、肌肉质量、骨密度和功能能力（例如步态速度）的显著改善[5, 34, 106, 132]。对于老年人来说，这样的改善能够增强其运动能力、降低损伤的风险、促进独立生活能力，以及改善生活质量。由于肌肉骨骼的健康情况会随着年龄的增长产生变化，因此对于需要增强肌肉骨骼系统的力量和爆发力，并需要应对肌肉质量、骨密度和功能能力降低的老年人来说，抗阻训练是有益的训练方式。数据还表明，肌肉力量是降低老年人死亡风险的一个重要因素[41, 128]。

老年人抗阻训练的反应

许多研究者将注意力集中在改善老年男性和女性肌肉骨骼健康的策略上。由于许多老年人体质较差，肌肉力量和功能的理想改变可以通过执行各种抗阻训练方案获得，特别是在训练的最初几个星期[82]。长期久坐的老年男性在进行12周的抗阻训练计划后[80]，其伸膝肌肉力量增加超过1倍，屈膝肌肉力量增加超过2倍，并且相同的情况也出现在进行了12周抗阻训练的老年女性身上[32]。在一项研究中，老年男性和女性（87~96岁）在进行8周的抗阻训练后明显提高了自身的肌肉力量[75]。步态速度、爬楼梯能力、平衡能力和总体自由活动能力的改善也与老年人通过训练获得的力量增加相关[34, 76, 132]。证据还表明，专门性的抗阻训练能提高爆发力，这可能有助于优化老年人的功能能力[5, 88, 98, 170]，并且爆发力训练可能与传统的抗阻训练一样可以有效地提升肌肉结构和下肢的神经肌肉激活[217]。在某些情况下，有人认为，与传统的渐进式抗阻训练相比，高速爆发式训练对产生爆发力的能力的影响更大[88, 179]。例如，Fielding和他的同事们[77]表明，完成高速抗阻训练的老年人与进行了16周慢速抗阻训练的老年人相比，在最大爆发力方面获得更大的增益，在最大力量方面也获得相似的增益。Reid和同事[185]报告了类似的结果；这项研究显示，在腿部推蹬最大爆发力方面，进行高速爆发式抗阻训练计划的老年人的获益明显大于进行慢速渐进式抗阻训练计划的老年人。虽然改善老年人肌力和爆发力的最佳训练方案尚未可知，但是训练强度与改善肌力和爆发力之间存在剂量-反应关系[48]，对于提升最大肌力，高强度抗阻训练比中等强度或低强度抗阻训练更有效[200]。

定期参加抗阻训练似乎会对老年人的合成代谢产生影响[32, 75, 80]。临床CT和肌肉活检分析显示，参与高强度抗阻训练的老年男性出现了肌肉肥大[80]；其他涉及老年人的研究表明，抗阻训练可以改善氮的保留，这可以对肌肉蛋白质代谢产生积极的影响[28, 225]。抗阻训练也被证明对老年人能量平衡有重要影响，因为相关研究发现进行抗阻训练的男性老年人和女性老年人的静息代谢率增加了[27]。值得注意的是，除了抗阻训练之外，同时进行饮食调整（总食物摄取量改变或选择的营养物质的变化）比单一的抗阻训练更能促进肥大反应[141]。

虽然骨骼对抗阻训练的反应受到多种变量（例如激素水平、运动史和营养）相互作用的复杂影响，但已有报道显示，抗阻训练对老年男性和老年女性的骨骼健康具有积极作用[44, 125, 163]。定期进行抗阻训练可维持或增加骨密度，从而抵消年龄相关的骨骼健康状态下降。抗阻训练还可以通过改善动态平衡、肌肉质量和总的运动素质，降低骨质疏松引起的骨折风险[5]。虽然抗阻训练可以改善老年人的骨骼健康是毫无疑问的，但是运动、激素和营养因素的相互作用会影响训练计划的实践效果。此外，只要持续训练，骨骼便会保留锻炼的有益效果。在不运动期间，骨密度倾向于回到训练前水平[109]。

> 虽然衰老与许多身体成分的不可预料的改变相关，但是老年男性和老年女性保有显著改善力量和功能的能力。有氧训练、抗阻训练和平衡训练都对老年人有益，但只有抗阻训练可以增加肌肉力量、肌肉爆发力和肌肉质量。

老年人训练计划设计的考虑因素

虽然有氧运动作为一种促进心血管健康的方法已被推荐多年，但是抗阻训练目前被认为是老年人全面健身计划的重要的组成部分[5, 34, 82, 120, 222]。因为与年龄相关的肌肉骨骼系统的力量、爆发力和肌肉质量的流失是普遍的，因此应该执行旨在维持或改善老年人肌肉骨骼健康的计划。定期参加抗阻训练不仅可以抵消一些与年龄相关的流失，而且可以帮助老年人维持积极的高品质生活方式。

为老年人和年轻人设计抗阻训练计划的基本原则大致相同，但体能教练在指导老年人训练时需要注意几个问题。在开始抗阻训练计划之前，应注意老年人已存在的疾病、之前的训练史和营养状况，因为这些因素可能会增加老年人在运动过程中发生损伤或疾病的风险。即使老年人保持着适应运动水平增加的能力，仍必须遵守安全和有效的运动指南。

在参加一个运动计划之前，老年人应完成病史和危险因素问卷调查[4]。可以通过这些信息来确定老年人在身体活动方面的潜在限制和可能的禁忌。在某些情况下，例如训练者是心脏康复患者或癌症幸存者，训练者在开始中等强度或剧烈运动之前需要获得医生许可[4]。关于训练者的医疗状况（例如心脏病、高血压、关节炎、骨质疏松症或糖尿病）

的任何问题应由专业人员解答。在获得这些信息后，应进行预评估以记录基础体能水平并评估对特定运动方式的反应。虽然跑步机测试常常用于评估有氧运动对心血管的影响，但是应当进行力量测试（优选在训练中使用的设备）以评估对抗阻练习的反应，这有助于运动处方的制定。值得注意的是，虽然由于平衡和灵活性的限制，抗阻器械可能在老年人训练计划的早期阶段被使用，但在适当的情况下，老年人应该使用自由重量、多关节抗阻练习，以提供更强的整体训练刺激，并满足其对姿势稳定性的更大需求。只要遵循合理的测试指南，就可将评估肌肉力量的不同方法，包括最大重复测试，应用于老年人[195]。体能教练应该意识到老年人呼吸暂停（瓦氏呼吸法）的潜在风险。虽然瓦氏呼吸法有助于在各种抗阻练习期间维持躯干和脊柱的稳定，但是由于技术所致，收缩压和舒张压突然上升，因而这种技术通常不推荐应用于年长者[4, 178]。对具有心血管疾病（即心律失常、心绞痛）或大脑病症（例如中风、眩晕）的成年人更是如此。

证据表明，当遵循合理的训练指南时，抗阻训练对老年人是安全的[53, 138, 222]。另一方面，设计不良的计划可能具有潜在的危险性。例如，训练组间不能提供足够的休息时间，在技术上太具挑战性的训练或者增加训练强度（通常是个体所对抗的外部负荷），都会增加抗阻训练的相关训练损伤。与青少年和女性的情况一样，抗阻训练刺激的增加不应该以牺牲技术能力为代价。

未受过训练的老年人进行抗阻训练时，应该以相对较低的运动强度和运动量开始运动，并且运动处方应该个性化。虽然一些老年男性和老年女性有抗阻训练经验，可以承受更高的运动强度和运动量，但是在训练的早期应该重点关注合理的运动技术的学习，同时将肌肉酸痛和损伤的发生风险最小化。在训练的前几个星期，较低强度的训练也可能更有益于那些对参与抗阻训练计划感到担心的老年人。在度过开始的适应期后，训练计划可以渐进式开展，只要它继续适合每个人的需要和健康状况。在指导老年男性和老年女性进行训练的过程中，特别重要的是关注其在日常活动（例如搬运物体和爬楼梯）中所使用的主要肌群的相互作用。

训练者掌握基本抗阻练习的技能后，更先进和更苛刻的训练就可以融入训练计划了，例如在站立姿势下使用自由重量（杠铃和哑铃）训练、多方向的药球练习，以及高级平衡训练（例如单腿站立和绕圈）。老年人应该从1组8~12次的强度相对较低的（例如40%~50%1RM）训练开始，逐渐向更高的训练量和训练强度（例如每次3组，60%~80%1RM）发展，具体调整取决于个人的需求、目标和能力[82, 120]。此外，高速爆发式训练可以逐渐纳入整体训练方案，前提是老年人已经成功完成了一般性抗阻练习。对于健康老年人增加爆发力的建议，包括在轻度至中度负荷（40%~60%1RM）的情况下，以高速度进行1~3组、每组6~10次重复的训练[120]。

针对老年人的抗阻训练，应在年度训练量和训练强度上有所不同，以降低过度训练的可能性，并确保在训练期间取得进展。因为老年人从训练中得到恢复可能需要更长时间，所以建议训练频率为每周2次，至少在最初适应阶段是如此。体能教练应该关心训练个体所关注的问题，并能够根据个体的健康史和个体目标修改训练计划。有效的指导和朋友的支持，让老年人可以获得进行抗阻训练的信心，这足以确保他们能很好地执行训练计划。然而，由于大多数老年人目前没有参加抗

老年人抗阻训练的安全建议

- 训练前应先对老年人进行健康检查，因为许多老年人患有各种与年龄相关的健康问题。如有需要，应就最适当的运动类型寻求医疗建议。
- 训练者应在每次训练开始前进行5~10min的热身活动。可被接受的热身活动包括低强度至中等强度的有氧活动和健身操。
- 老年人应在每次抗阻训练之前或之后（或二者皆有）进行静态拉伸。
- 老年人应使用不会过度刺激肌肉骨骼系统的阻力。
- 老年人不应在抗阻训练期间采用瓦氏呼吸法，以避免血压的异常升高。
- 在2节训练课之间，老年人应被允许休息48~72小时，以促进恢复。
- 老年人应该在无痛的活动范围内进行所有训练。
- 与其他进行抗阻训练的人一样，老年人应接受合格教练的训练指导。

阻训练[31, 202]，因此，体能教练一开始可能需要提高他们对抗阻训练相关的健身益处的认识，并解决老年人可能产生的对参与抗阻训练的担忧。

与老年人抗阻训练相关的额外考虑是合理的营养。个人食物摄入的质量和数量（或者选择的营养物）的不同，可能意味着肌肉质量的流失和获得的差异。特别是充足的蛋白质似乎对于老年人的肌肉肥大至关重要[169]。此外，宏量营养素（脂肪、蛋白质和碳水化合物）和微量营养素（维生素和矿物质）摄入量不足与潜在的负面健康后果（包括疲劳、免疫功能受损和延长损伤恢复的时间）相关。改善老年人的食物摄入不仅能够促进健康，而且还可以优化其对抗阻训练的适应。

小　结

研究表明，抗阻训练对于所有年龄段和能力水平的男性和女性均是一种安全有效的体能训练方法。抗阻训练有很多潜在的益处，包括对各种运动表现变量（例如力量和爆发力）、健康指标（例如身体成分和心脏功能）和社会心理发展（例如自我意象和信心）的积极影响。此外，定期参加抗阻训练可以降低运动员进行相关运动和体力活动的损伤风险，并促进老年人独立生活。虽然抗阻训练的基本原则对于不同性别和所有年龄的人都是相似的，但是需要关注每个人的特异性。了解与年龄和性别相关的差异对于发展和评估安全有效的抗阻训练计划至关重要。体能教练应该意识到，个体对抗阻训练的反应可能存在很大差异，应该顾及所有训练者的个人需求。

在过去的几十年中，教练、临床医生和运动科学家增强了我们对年龄和性别相关差异，以及其对抗阻训练影响的理解。他们的工作量化了抗阻训练对所有年龄段的男性和女性的影响，并为体能训练计划的设计提供了基础。本章和其他章中的信息有助于体能教练理解年龄和性别相关的差异，并提高他们为儿童、女性和老年人制定安全有效的抗阻训练计划的能力。

关键词

adolescence 青春期
adulthood 成年期
amenorrhea 闭经
anterior cruciate ligament（ACL）前交叉韧带
apophyseal 骨突
biological age 生物学年龄
childhood 童年
chronological age 实际年龄
cocontraction 共同收缩
development 发育
diaphysis 骨干
ectomorphic 外胚型
endomorphic 内胚型
female athlete triad growth 女性运动员三联征
growth 生长
growth cartilage 生长软骨
maturation 成熟
menarche 月经初潮
mesomorphic 中胚型
older 老年人
osteopenia 骨质减少
osteoporosis 骨质疏松症
peak height velocity（PHV）身高增长速度高峰
preactivation 预激活
puberty 青春期
senior 年长者
sarcopenia 肌少症
training age 训练年龄
youth 青年
young athlete 年轻运动员

学习试题

1. 一名8岁的男孩经过6个月的抗阻训练，大幅提高了其上肢的力量。以下哪项最可能是该男孩获得力量增长的原因？（　）
   a. 增加肌纤维的数量
   b. 增大肌肉横截面积
   c. 更大的肌肉密度
   d. 改善神经肌肉功能
2. 儿童的生长软骨的位置不包括下面哪项？（　）
   a. 骨干
   b. 骺板
   c. 关节面
   d. 骨突处
3. 骨密度低于年轻成年人平均值2.5个标准差以上，称为（　）。
   a. 肌肉减少症
   b. 骨质减少
   c. 骨质疏松症
   d. 脊柱侧弯
4. 为一位68岁的女性竞技网球运动员制定训练计划时，首先要进行哪一项评估？（　）
   a. 心血管健康
   b. 下肢力量
   c. 平衡性和敏捷性
   d. 病史

5. 体质较差的大学生女运动员参加篮球和足球等运动时，最可能发生损伤的部位是（　）。

a. 背部

b. 膝盖

c. 腕部

d. 颈部

第8章

运动准备与运动表现的心理学

特拉奇·A. 斯塔特勒（Traci A. Statler），PhD；安德烈娅·M. 杜波依斯（Andrea M. DuBois），MS
译者：朱建安、周爱国
审校：高志青、崔雪原

完成这一章的学习后，你将能够：

- 理解唤醒、动机、注意力和信心等心理学概念，并且能够明确这些因素对身体表现的影响；
- 理解心理学领域相关术语，如焦虑、注意力、理想表现状态、自我效能、表象和设定目标；
- 理解如何执行包括整体练习、部分练习、随机练习和可变练习在内的不同训练安排，并且理解如何利用这些训练安排促进技能学习和获得；
- 理解不同类型的指导和反馈，以及它们在一次练习和表现情境中的应用。

感谢布拉德利·D. 哈特菲尔德（Bradley D. Hatfield）和埃文·B. 布罗迪（Evan B. Brody）为本章内容做出的重要贡献。

优异的运动表现取决于扎实的技术和训练，以及与之相配合的最佳休息和恢复周期，还有适当的饮食习惯。在任一特定的生理阶段，运动员基因潜质的表型发展代表了一个相对稳定的表现上限，但是那些训练有素的表现可以在不同比赛里，甚至是某个瞬间产生巨大变化。运动心理学就是运用适当的心理策略和技术帮助运动员通过对身体情况的细致管理，取得接近或达到其生理潜能的更稳定一致的运动表现。理解了这些策略和技巧，体能教练就可以设计专门针对某一项目甚至某个身体部位的训练计划，从而实现使运动员发挥最佳运动表现的终极目标。

在介绍一些基础性概念后，笔者会阐述人的心智活动是如何通过认知影响身体表现的，然后描述每个运动员的终极目标——理想表现状态。在某种程度上，这种状态由心理和生理效率来标记（例如仅使用完成任务所需的心理和身体能量）。笔者还会讨论包括动机、注意力和唤醒在内的主要心理影响是如何体现在技术获取和比赛表现中的，并且引用一些与此相关的理论。最后，笔者讨论了一些技术，包括目标设定、能量管理和放松、表象和自信心发展。这些技术可以被用于在体能训练环境以及其他运动场所中增强整体表现。

运动心理学的角色

运动员是在标准化的场所中进行社会性较量[包括心理运动技能和身体能力（或两者兼具）较量]的人，并且通常需要接受公众的监督和评价。运动员比赛的实质是在规则的制约下，带着自我和自尊同他人比较。心理准备充分的运动员的思考和行动都富有效率。效率通常与熟练掌握技术相关，富有效率时，动作优美流畅。这个概念可以延伸到心理活动层面；有效率的运动员会把注意力集中在与完成技术动作相关的事情上，而不会在不相关的事情上，例如焦虑、意外，或者浪费精力去想一些其他的事情，例如挑剔的观众和教练。

运动心理学是一门综合学科，旨在利用运动科学和心理学原理，尝试了解行为过程和认知对运动的影响。运动心理学通常归类到运动医学领域，它有3个主要目标：

- 评估心理现象；
- 研究心理学因素和运动表现之间的关系；
- 应用心理学理论知识提升运动表现。

借助通过运动心理学原理获得的信息，运动员可以更好地管理他们的身体资源，从而获得更好的运动表现。事实上，许多运动员在训练和比赛中已经不自觉地掌握了很多心理技能，但是这些技能都好像是“碰巧的”，他们基本不了解或者没有去关注这些技能是怎么形成的，也不了解如何用适当的方式使用这些技巧，从而获得更高效的表现。本章介绍了一个基本框架，帮助我们去理解心理技巧之间的相互关系，以及心理技巧与体能、技术和在训练场馆和比赛场地逐渐发展起来的策略之间的相互关系。值得指出的是，这些技巧只有在实际应用中被不断理解和练习才会真的有效。像本书其余章描述的体能、技术和战术一样，心理技能也需要被教授、练习，同时融入运动表现中，并对其效果进行评估。

理想表现状态

人类已经从多个角度研究了理想表现状态。Williams和Krane[42]列举了以下几个由运动员描述的关于这种状态的特征。

- 不恐惧——没有对失败的恐惧。

- 不去过度考虑或分析自己的表现（和运动阶段的自主性有关）。
- 注意力聚焦于运动本身。
- 毫不费力的感觉——自然而然的体验。
- 一种自我控制感。
- 出现时间和空间扭曲，感觉时间变慢。

在某种程度上，这种理想表现状态代表了运动心理学课程想要实现的每一项内容：没有消极的自我对话，具有强烈的效能感，注意力集中在与完成动作相关的线索上。重要的一点是，运动员相信自己的技术和水平，让其自然发生，不受大脑皮层负面联想过程的干扰。

著名篮球运动员科比·布莱恩特（Kobe Bryant）谈及这种状态时，进行了如下描述。

> 当达到那种状态时，你就有了绝对的自信。这都不是可能或者不可能的事儿，就是行。周围都慢下来了，而你就是绝对自信。这个时候你真的不会注意发生了什么，因为这种感觉转瞬即逝。周围的一切都变得像一种你听不到或者根本不会注意到的噪声，你只是尽力保持在当下的状态并且不会让任何事打破这个节奏。只要你停在这种状态中，你会忘记所有事情。你不会去想你的周围或者观众及球队在干什么。你就像被锁在这种状态里，你真的只想保持在当下，并且不让任何事打破这种节奏。

布莱恩特的描述强有力地证明了本章讨论的许多理念和观点。很重要的一点是，科比的心理状态基于扎实的训练和过往的成功经验。布莱恩特展现出非凡的身体素质、高强度的冲刺跑能力和场地训练水平，并在非赛季坚持进行力量训练等。布莱恩特在篮球场上的出色表现，与其体能训练带给他的专注和自信的心理状态密不可分。

能量管理：唤醒、焦虑和压力

为了让运动表现更有效率，运动员应当学会管理心理和生理能量水平的最佳方法。运动员若因担心、愤怒、挫败或焦虑的情绪消耗能量，则更可能变得心烦意乱并降低自信心，并且在需要发挥运动表现的时候已经没什么能量了[11]。因此，对于运动员来说，在比赛场上保持自我控制和能量管理是一项关键技能。

心理能量的产生、保持、耗尽和恢复可通过我们的情绪得以体现。**情绪**是一种对事件做出反应，同时包含着生理和心理成分的临时情感状态[10]。这些情绪可以影响人们的心理和生理能量，对人体运动表现会产生有利或有害的作用，这通常取决于人们是如何理解这些情绪的。有利的情绪让我们感到兴奋，获得鼓舞，信心增强，行动水平提高；情绪太激动或太平静，可能对于表现是不利的；当我们的情绪失控（一个运动员不能控制自己的愤怒和挫败感时）时，我们在赛场的表现就不再有效率。训练运动员通过他们的情绪获得或提升能量，同时保持或者控制不让这些情绪干扰他们的表现，是获得理想运动表现的关键[40]。

给运动员以心理上的武装可以对抗消极的想法，并且可以增强信心、动力和投入性。当然，教练也会给运动员提供很多必要的方法，以帮助他们保持情绪稳定。

唤醒

训练环境提供了很多新的陌生的经验，这些经验创造了多种自我检验和效率评估的机会。正如此，运动表现经常受唤醒、焦虑和压力的影响。这些术语经常被互换使用，但实际上，它们是同一框架下的不同因素。

唤醒简单来说是生理和心理活动的混合体，并可以表示某一时刻的动机强度[40]。举个例子，一个“亢奋”的运动员可能会体验到极大的精神动力，这种精神动力的特征是让运动员拥有积极的想法和强烈的掌控感；反之，一个平静的运动员可能会体验最小的动力，这种精神动力的特征是让运动员容易走神并且觉得厌倦。唤醒总是以某种水平（从深层睡眠或昏迷到非常兴奋的连续区域内）存在于个体内。但是就其本身而言，它不会自动地跟愉快或不愉快的事件关联。它只是一种激活程度的衡量，可以通过检测心律、血压、脑电图、肌电图和儿茶酚胺水平等指标查出，或者利用自我评价工具，例如积极-消极对照表查出。影响高效表现所需的最佳唤醒水平的若干因素，我们会在本章后面加以讨论。

焦虑

焦虑是唤醒的子类别，是一种负面的情绪状态，以紧张、担心、不安或恐惧为特点，并与身体的生理激活有关。因为焦虑是个体对环境的负面感知，它含有认知焦虑的成分，以及通过肌肉紧张、心动过速（快的心率）和腹痛等症状表现出来的身体反应或称为躯体焦虑。

焦虑经常被混用于表示稳定持续的性格特征和短期可变的情绪状态。这实际上是焦虑情绪状态不同层次的表现形式。状态焦虑是不安和不确定感的主观体验，伴随着无关思维活动的增加和内分泌活动的增加[36]。状态焦虑的体验通常是消极的，但是它对运动表现的影响可以是积极的、消极的或者没有影响的，具体取决于运动员的技术水平和个性特征，以及运动的复杂程度。

状态焦虑和特质焦虑是截然不同但相互关联的两个概念，区别在于一个人感觉到环境存在威胁的可能性的大小。本质上，运动员先感受到特质焦虑再感受到状态焦虑[37]。特质焦虑同时影响着个体唤醒水平的合适程度。拥有高特质焦虑水平的人倾向于把大量的注意力集中在和任务无关的感受上，例如失败、灾难或者以自我为中心等的想法，在复杂的决策任务中，这些想法和念头可能影响人们的选择性注意。低特质焦虑的运动员能够处理更大的压力，因为他们可以降低陷入担忧个人灾难的可能性。

> 状态焦虑是一种真实的恐惧体验和失控的唤醒。特质焦虑是一种个性特征，代表个人将周围情况视为危险的潜在倾向。

在不焦虑的状态下，唤醒水平在运动员的控制范围之内并可根据需要提高或降低。心理准备充分的运动员知道最佳表现的适当区间，并且可以相应进行管理。在焦虑的状态下，唤醒相对不受控制。通常在状态焦虑下，唤醒水平过高；此时骨骼肌紧张，心跳加速，消极想法侵扰。生理和心理效率的不足通常从对正在或预期发生事件的不确定性开始。至少有3个重要因素经常被谈及：

- 高度的自我卷入让运动员感受到对自尊的威胁；
- 比赛获胜的要求和个人能力间存在矛盾；
- 害怕失败（例如失去来自队友、教练、家庭或同辈的支持）。

由于焦虑和唤醒的这些概念是复杂且相互关联的，图8.1概述了唤醒、状态焦虑和特质焦虑的相互关系，以及认知状态焦虑和躯体状态焦虑的表现。

压力

压力被定义为需求（生理、心理或两者兼具）和应对能力之间的不平衡，在某些条件下无法满足需求会产生严重的后果[31]。压力源是促使压力发生（即压力反应）的环境或认知事件。压力可以描述为一种消极（负面）或积极（正面）的状态。这两者都可以激发唤醒，但只有对压力源的感知是消极、负面的时，才会引起焦虑。因此，负面构成认知焦虑和躯体焦虑，反之，正面构成积极的心理能量和生理唤醒。

唤醒和焦虑对表现的影响

在知晓唤醒、焦虑和压力的基本概念以后，下一步就要对这些情绪元素如何影响表现进行解构。为什么唤醒对有些运动员有益而对有些运动员不利呢？本节将探讨一系列解释唤醒和表现之间关系的理论和模型。我们首先介绍最简单的Hull[35]的内驱力理论，然后介绍建立其上的Yerkes和Dodson[50]的倒U模型理论，该理论描述了技术水平、任务复杂性和个性的影响。其他相关理论，包括Hanin[12]的个体最佳功能区（IZOF）理论、Fazey和Hardy[13]的突变理论，以及Kerr[17]的逆转理论，也对这种关系进行了进一步解释并给出了要点。

内驱力理论

研究者最早开始研究唤醒和表现的关系时，都考虑沿着直接的线性发展思路。Hull的内驱力理论[35]提出个体的唤醒水平或状态焦虑增加时，表现随之发生变化，因此运动员心理准备得越好，表现也越好。运动员从相对低水平的唤醒到稍微高水平的唤醒，运动表现可以有所提升，但并不是意味着唤醒越多，运动表现就越好，运动员太兴奋了反而表

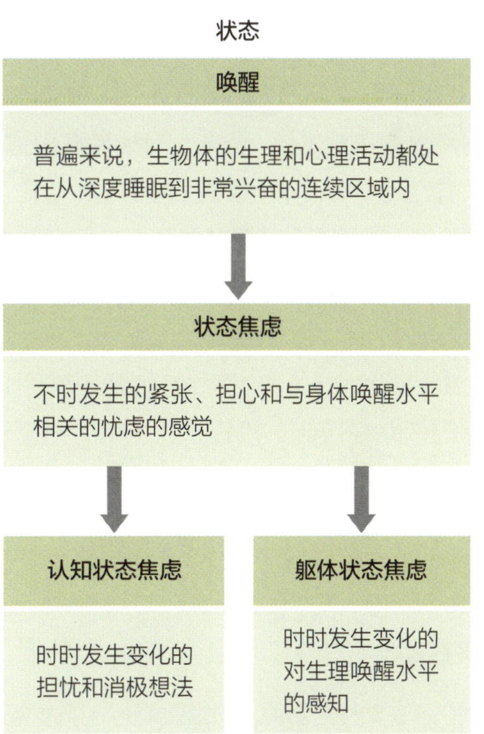

图8.1　唤醒、状态焦虑和特质焦虑的相互关系
[源自：Weinberg and Gould，2015[40].]

现不好。基于运动员不同水平的技术和经验及/或参与项目的复杂程度，更多唤醒或许是有益的，但实际结果也可能是不利的。当人们娴熟使用技能或者是简单的技巧时，高水平唤醒有益于提升表现。但是，需要的技术复杂程度增高，或者运动员比赛经验不足时，过多的唤醒可能会导致表现严重失常[40]。

技术水平

运动员的技术水平的提高可以延展最佳唤醒的范围，也就是说，运动员掌握的技术越多，他在达不到或超过最佳唤醒（范围或者水平）时表现得越好[40]。运动员开始学习一种技术时，经常处于分析和认知的状态，这意味着运动员必须思考动作本身[9]。例如，一个篮球新手在运球时需要分配一定的注意力在球上。在特定的唤醒水平下，令人不安的想法会自动分散表现（例如运球）上的注意力。如果遇到突发的情境，新手就会因注意力已经被与完成动作无关的想法所占据，对发生的新变化“视而不见”。

相比于精英运动员，技能不足的新手的最佳唤醒点相对较低。因此，对于发展中或者没有经验（有技术但缺乏比赛经验）的运动员来说，教练应设法降低他们的唤醒水平，同时减少他们做决策时所承担的责任，防止注意力过载（超出新手的能力范围），让他们能够专注于简单的任务上。在重要赛事中执教奥林匹克举重运动员时，给新手运动员的指令应该简单、清晰、直接。当他们有了成功的经验，他们获得的自信就可以减少消极的自我对话和没把握的感觉。

任务复杂性

任务复杂性是影响获得最佳表现适当唤醒水平的另一个因素[26]。从生物力学角度来看，大多数运动技巧都非常复杂，但与认知决策有关的任务更为复杂。例如，跑步是一项在运动控制和功能性解剖学中非常复杂的任务，但幸运的是，运动员并不需要花费过多精力在协调动作上。事实上，如果他们想得太多，反而导致动作变形和动作效率降低，因为他们开始运动时，想法过多改变了动作模式的神经序列。从注意力的角度看，简单或者娴熟的技术较少受到高水平唤醒的影响，因为需要大脑监控的与任务相关的线索很少[40]。幸运的是，生理唤醒通常伴随着情绪唤醒，这或许是有益处的，但对于那些需要花注意力做出决策的技术（例如足球守门员和垒球接球手在关键时刻的判断）来说，情况会发生戏剧性的反转。在这些例子中，唤醒必须保持在相对低的水平，因为运动员需要保持更广泛的注意力，才能觉察到与完成任务相关的线索。

倒U模型理论

基于内驱力理论概述的基本关系，Yerkes和Dodson提出了唤醒-表现关系的主要原则——**倒U模型理论**[50]。该理论认为提高唤醒水平可促使运动表现达到最佳水平，之后若继续提高唤醒水平，则会降低运动表现水平。图8.2展示了这种关系。大多数教练和运动员直觉上认可这种假设，因为他们在感觉平淡或不兴奋时以及感到“兴奋”或“失控”时都表现不佳。倒U模型理论帮助教练和运动员理解为什么唤醒会影响运动表现，并且可使他们在某项运动中更好地控制唤醒水平。但值得注意的是，基于我们对前文所述的技术、能力、经验和任务复杂度等对于运动表现影响的理解，倒U模型理论所表述的关系尚存在争议[11]。

个体最佳功能区理论

Hanin[12]注意到影响最佳唤醒的个体因素间的相互影响，提出了**个体最佳功能区**理

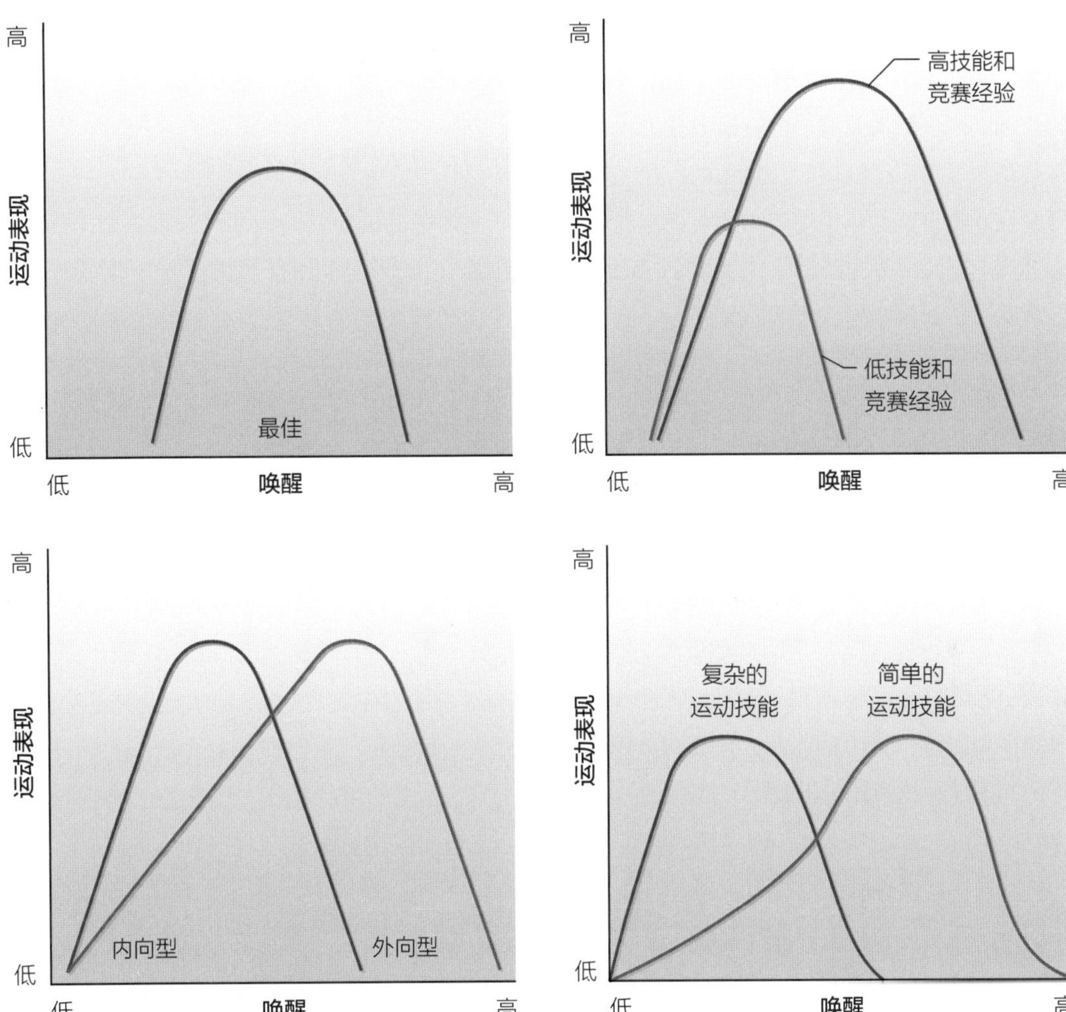

图8.2 倒U模型理论和它的变形
[源自：Hatfield and Walford，1987[14].]

论。Hanin博士认为不同的人在不同类型的运动中，达到最佳表现状态时的唤醒水平有很大区别。这个理论跟倒U模型理论相比有2处不同：(1)理想表现不是总发生在唤醒连续区域的中间点；(2)这种最佳表现可以在一个小范围的唤醒水平内发生，而不只是发生在特定唤醒点。进一步说，Hanin认为积极和消极的情绪（例如兴奋、紧张）都可以提升表现，积极和消极情绪（例如安逸、焦虑）也都可以降低表现。这个观点非常重要，因为任何特定的情绪，对一些运动员而言，可以产生积极的影响，对另一些运动员来说，则可能会产生消极的影响。在实际操作中，运动员可以回顾不同表现质量时的唤醒水平。然后他们就可以在重要的比赛前，监控情绪和唤醒水平，进而做出调整，以增加进入个体理想状态的机会。

突变理论

根据Hardy[13]的理论，认知和身体维度的唤醒可以加强预测（进而控制）它们在表现方面的影响。早期与倒U模型理论相关的假设认为，超过最佳水平的唤醒增强会逐渐削弱表现。然而常识告诉我们事情不总是这样，一个运动员的表现可能会出现灾难性的下降，而不是逐渐下降。即便冷静下来，也不见得能回到之前的状态。在突变理论模型中，身体唤醒与运动表现的关系符合倒U模型理论，而认知焦虑与运动表现呈稳定负相关。当生理唤醒增强发生在认知焦虑出现的情况下，运动表现会突然下降而不是逐渐下降。这个理论的实际意义在于，作为构成唤醒的成分，诸如认知焦虑、生理唤醒、躯体焦虑或它们之间的组合，尚需要被更清晰地描述和界定。

逆转理论

Kerr[17]的逆转理论假设唤醒和焦虑影响表现的途径取决于个体对唤醒的理解。通常，一个运动员可能把高水平的唤醒理解为兴奋，并预示着做好表现准备了，而另一个运动员却把同样的情绪、同样的唤醒水平理解成不愉快且信心不足。该理论告诉我们，运动员在他们的能力范围内可以反转他们对唤醒的理解；他们可以选择逆向思维把高水平的唤醒当成兴奋和期待，而不是理解为害怕和担心。这个理论非常重要，因为它强调了个体对唤醒的解释，而不仅仅是对数值（唤醒水平高低）的关注，是重要的。该理论为我们揭示了唤醒和焦虑对于运动表现的影响——好还是坏——是可以由个体控制的。

动　机

正如本章前面提到的，在获得动作技能及其有效表现的过程中，动机是一个主要的心理因素。动机可以理解为努力的方向和程度[40]。下文重点介绍了动机（现象）的几种表现形式：首先讨论的是内在动机和外在动机，因为二者对于运动员训练和比赛的愿望影响巨大；接着讨论的是成就动机，这有助于我们解释竞争力的个体差异；最后阐述的是正强化和负强化的反馈方式在技能学习和运动表现中的应用。

内在动机和外在动机

内在动机对任何运动员都很重要。Deci[7]将其定义为个体对能力和自我决定的渴望。内在动机让运动员获得被鼓舞的感觉，因为他们热爱这项运动并且能感受到参与运动带来的内在满足。这种动力来自运动员本身，跟物质奖励或处罚无关。具备内在动机的运动员专注于他们从事运动时的享受和快乐，并且通常会因为热爱而想去学习和提高[40]。如何保持和促进形成这种理想心态呢？答案正如Deci所说，就是强调成功（能力）和“自作主张”（自主决定）。适当的目标，尤其是过程目标或阶段目标，可以增加对自我能力的认知。另外，给运动员一些自己做决定的空间可以增强其自我决定认知[7]。虽然有时在充满压力和竞争激烈的环境中，有必要对运动员做出明确的指示，但完全缺乏责任授权可能会导致运动员的主动性和内在动力的丧失[40]。

相反，外在动机来自外部资源。在个体激励方面有大量例子，最常见的外部激励包括奖项、奖杯、教练和队友的称赞、社会认可和对惩罚的恐惧。需要说明的是，运动员基本不会只有内在动机或外在动机，这跟从事的项目、运动员对自我能力的认知及很多其他因素有关[5, 7, 23, 40, 42]。

成就动机

成就动机是动机家族中更为具体或有针对性的类型，指的是个体努力掌控任务，变得优秀，克服障碍以及参与竞争或社会性较量。比赛是公平的，谁的成就动机高，谁就更有可能成为更好的运动员，因为他更渴望竞争。

McClelland和他的同事们[23]认为所有人都

有相反的个性：追求成功的动机（MAS）和避免失败的动机（MAF）。MAS指在完成任务时感到骄傲，并且渴望挑战自己、证明自己的能力。MAF则指希望保护自己的自尊。尽管名称如此，但MAF并不是真的关于避免失败本身，更多的是关于躲避失败带来的羞愧感。

一般来说，MAS型的运动员更喜欢有一半成功可能性的具有挑战性环境[40]。这创造了评价个人的能力的机会。而MAF型运动员更喜欢非常容易成功的项目（可避免羞愧感）或者因为对他们来说太难而没人对他们有成功期望的项目（仍然是不想感到羞愧）[40]。在更高水平的体育比赛中，运动员很少受制于MAF，但他们会展现出不同的竞技水平。面对非常有挑战的目标时，例如在增肌期获得大量瘦体重，MAF型个体会减少努力，因为他们害怕失败，担心自尊受到威胁（他们可能会抱怨目标不现实），但MAS型个体会特别努力去接受挑战，且不会感受到威胁。

技能学习的动机方面（自我控制练习）

反馈不仅提供给个体技能获取、练习和指导的信息，还可以作为激励因素提高表现。满足个体对自主性、能力和社会关系在内的基本心理需求的训练安排可对动机产生影响[47]。近期运动技能学习的文献非常关注自我控制练习在增强动机、表现和技能学习等方面的作用。自我控制练习涉及运动员的与练习结构相关的决策行为，包括何时获得反馈，或者需要练习哪种技能，还包括简要询问运动员如何看待自己做的事情[4–6, 47]。这促使运动员更积极地参与训练，并且可以增强其能力和自主性[5, 6]。这些强化动机的练习促进了运动表现和学习的进步[5, 6]。鼓励运动员做与训练安排相关的决策是一个让运动员帮助自己达到运动表现目标的简单但有效的方法。反馈的概念和训练安排将在下文深入讨论。

教学时的正强化和负强化

教练可从对正强化和负强化及积极惩罚和消极惩罚的理解中受益，因为它们与动机有关[22]。正强化指通过积极的行为、对象或事件（例如赞美，把花贴在头盔上，或者奖金和奖品），增加给定行为（目标行为，例如篮球中的正确步法，被称为操作性行为）的发生概率。负强化指通过去除某些令人厌恶的行为、对象或事件增强给定操作性行为的发生概率。例如，如果团队在训练中展示出了很好的拼博精神（即运动员热情高涨，努力拼抢），教练就可以宣布在训练结束时不需要进行冲刺跑。教练应把注意力集中在增强运动员动作的准确性上。

从另一方面来说，惩罚是为了减少失误和懈怠等负面行为的发生概率。积极惩罚指通过某些行为减少某种不良行为、对象或事件的发生。例如在运动员出错时惩罚他，让他做俯卧撑或冲刺跑。消极惩罚则指去掉一些有价值的东西，例如减少比赛时间。尽管教练们会用奖惩结合的方式，但正强化（奖励）或积极的方法更好一些，因为这样的方法的焦点在运动员应该做什么以及他们做了什么（称为特定的积极反馈）。正强化和负强化都增加了任务相关的焦点，而不是忧虑相关的焦点。任务相关的焦点促进反应时间和决策制定。通过强化，运动员也建立起对于成功、自尊、自爱和自信的长期记忆。成功经验更有可能让运动员将竞争视作令人期待的、可以充分展现自我的机会。当然，教练们可以对不努力的行为进行惩罚，但对努力做出正确表现的运动员进行惩罚是缺乏效率的。

注意力和焦点

我们可以通过注意力的结构更好地理解运动员专注的能力。注意力是对环境和内在活动进行处理以达到觉察的过程。一个运动员的注意力不断受到各种外部刺激和可引导的内在想法的干扰。抑制对某些刺激的觉察以便处理其他刺激的能力被称为选择性注意，它在有限的注意力空间内抑制跟任务无关的线索（例如旁观的人和飞过体育场的飞机），而去处理任务相关的线索。对于一个棒球投手来说，任务相关的线索可能包括击球手的意图和跑垒者的位置。

> 选择性注意，通常被称为运动员的注意力水平，是对与任务无关的刺激和想法的抑制。

美式橄榄球教练们通常会利用对手的选择性注意，使用在射门前喊暂停的战术。在暂停时间里，对手可能选择性地注意到无关任务的想法，会自我怀疑，担心失败，而不能更好地注意射门。踢球者可以通过采用一些常规事项来有效地处理焦虑和注意力挑战，并把想法引导到与任务相关且可控的行为上（例如呼吸、检查草皮及拉伸腘绳肌）。

要注意一个重要的原则，即由于工作中的记忆能力是有限的，主动思考一套想法能阻止其他令人不安的想法。人类的这个缺陷可以转化为积极的利用方式。例如在举重前，运动员可以使用关键词使自己专注于与举重任务相关的线索上（例如下蹲过程中脚和背的位置、视线焦点和膝关节角度）。这个策略可以减少分心，不至于影响发挥。这样的专注策略可以促进在准备阶段的精神连贯性，从而进一步促进动作连贯性——这是技术出色运动员的标志。

这种集中注意力的能力可以学习并通过增加经验来改进。根据Fitts和Posner[9]的经典理论，当运动员学习新的技术时，会经历3个阶段：第1个阶段是认知阶段，其特点是专注在动作细节上，也就是说，运动员不得不去思考任务的细节；第2个阶段是关联阶段，其特点是运动员必须专注在任务上，减少了对动作细节的注意；第3个阶段是自主阶段，其特点是运动员的思想放松，不经思考就可以自主执行技术。如果有适当的指导和教授，运动员可以以放松的精神专注在任务相关的地方并自动屏蔽无关的线索。自如的动作和清晰的思考是许多运动员的目标。

注意力的类型

Nideffer[25]构想出运动心理学的一个重要概念，他提出个体会在表现时经历不同类型的注意力。这些类型有2个维度：方向（内-外）和宽度（宽-窄）。第1个维度是一个内省与外部导向的观点，而第2个维度是指一个综合（扩张）与高度选择性的方向。这些维度发生在彼此重叠的连续域内，构成注意力焦点的4个象限：（1）宽阔的外部，在这一区间，运动员通过观察环境和其中的要素判断形势；（2）宽阔的内部，在这一区间，运动员处理信

应该如何应用正强化和负强化

- 教练通常应采用强化策略，以协助运动员集中精力做正确的事。
- 应谨慎使用惩罚，因为惩罚增加了运动员将注意力集中在错误行为上的可能性。
- 在缩小注意力焦点的情况下，积极的强化有助于关注与任务有关的线索，而惩罚则会导致主要关注与任务无关的线索。

息并形成战术;(3)狭窄的内部，在这一区间，运动员在精神上模拟接下来的动作;(4)狭窄的外部，在这一区间，运动员集中注意力在1个或2个外部线索上去采取行动。这些概念和它们的关系如图8.3所示。

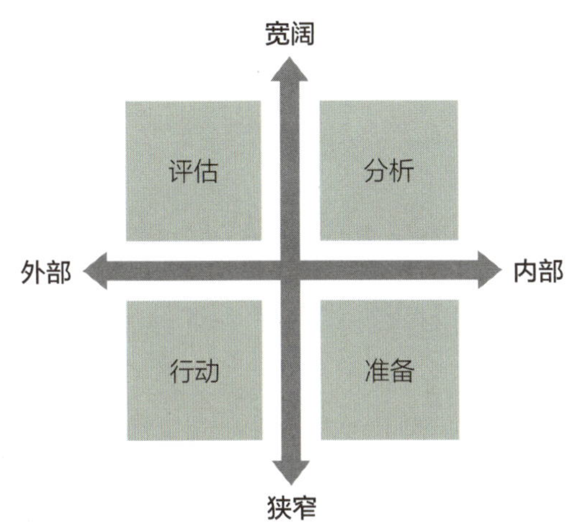

图8.3　注意力焦点的4个象限
[源自：Nideffer，1976[25].]

理解注意力的类型可以提高教练指导效率。例如，一个运动员被外界刺激影响到快要超负荷的时候，应该指导他专注在一个重要的线索（例如对手的脚步）上。已经头脑空白的运动员可以试着大声对教练说出自己的感觉。没有正确的指导，这些运动员可能因为注意在不恰当的线索上而行动迟缓。

改善表现的心理技巧

改善一个人的心理技巧能提高他在赛场和训练场上的表现，也能使他在生活的其他方面表现得更好。建立心理技巧可以改善商业、工作、学术甚至普通社会互动的表现。这些心理技巧跟体能、技术和战略技巧一样，是可以学习的，但如果想要取得长期进步，还需要进行规律的练习。接下来的内容将介绍几种能改善整体表现的心理技巧。

控制唤醒和焦虑的放松技术

有些技巧可以用来帮助运动员通过放松管理他们的心理活动。放松技术是用来减少生理唤醒并提高任务相关的注意力的。当人们处在充满压力的环境中，或需要集中焦点时，抑或是在执行复杂的或新的任务时，放松技术很重要。

腹式呼吸

一个可以让生理和心理达到高水平放松的简单的技术是腹式呼吸[39]。这种形式的呼吸是压力管理技术的基础，也是其他训练技巧的先驱。它让人们专注于呼吸的过程，从而使其思维更清晰，注意力更集中。在所有心理训练中，运动员都应该尝试通过有规律的深呼吸来放松。从生理学角度看，因为反馈机制连接了脑干的呼吸调节系统和心脏控制中心，这种呼吸形式对心脏心率和肌肉张力有重要影响。这种相对较深地吸气、然后有控制地呼气的方式，改变了自主神经系统的平衡，从而增加了迷走神经张力或副交感神经活动的发生[28]。副交感神经分支促进或战或逃反应的相反效果。因此规律的呼吸可以降低骨骼肌和器官（例如心脏、肺和肝）的神经刺激，并且得到深度放松。

腹式呼吸要求把注意力引向腹部。要熟悉这种呼吸，最好从呼吸不受抑制的站立式开始。运动员应该使双臂自然下垂，先做几次深呼吸，以放松身体，特别是肩颈区域，然后放松腹部肌肉，使其呈现松弛状态。每次呼吸都应从放松腹部肌肉开始，可以把一只手放在腹部，去感受每次呼吸时腹部的起伏。每次呼吸，腹部自然膨胀。当这个部分的技术被正确执行时，膈肌（在肺的底部的一块肌肉）收缩并下降，允许更深的呼吸发生。

整个吸气过程发生在3个不同的区域和阶段：下腹部、中胸部和上胸部。腹式呼吸可以和动态肌肉放松技术（例如渐进式肌肉放松和自主训练）结合。

渐进式肌肉放松

在上场前，运动员可以通过渐进式肌肉放松（PMR）使认知和身体活跃度达到适当的水平[15]。渐进式肌肉放松是一种通过控制骨骼肌张力自主调节生理和心理唤醒的技术。在本质上，通过经历一系列交替的肌肉紧张和放松的阶段，运动员学会意识到身体紧张，从而控制它。理想结果是通过身体的放松促进思想的放松。

这个紧张和放松的循环可从一个肌群进行到下一个肌群，直到所有肌群都放松。每次循环包括最大限度绷紧肌肉一小段时间（10~15秒），然后在进行到下一个肌群前完全放松。通过练习，运动员学会如何快速区分紧张肌肉和放松肌肉，然后积极采取行动进行放松。

很多例子表明，减少肌肉紧张可以提高灵活性、流畅性，增加关节活动度。这对一些运动员来说可以成为在赛前或赛中的有效的自我调节技术。但是应该注意的是在刚开始使用PMR技术时，运动员会有一段“嗜睡期”。所以运动员应该在赛前（而不是比赛当天）练习这个技术。

自主训练

如果运动员受伤或者因为其他原因觉得肌肉紧张或不舒服，可通过简单关注特定肌群的温度和沉重感来取代PMR技术。这个技术指的是自主训练，是由一系列针对本体感觉（一般是温度和沉重感）的练习组成的[40]。因为自主训练不会产生肌肉收缩–放松循环过程中的那种令人不舒服的肌肉紧张感，年长的或康复期的运动员更喜欢这种技术而不是PMR技术。

> 放松技术旨在减少生理唤醒，增加与任务相关的关注。当执行复杂的或全新的任务或者在高压情况下执行任务时，这些技术非常重要。

系统脱敏

有时恐惧是将以前的中性刺激与压力事件关联起来而获得的。例如一个不会游泳的成年人在年少时曾在水中受到过惊吓，可能会避免在水边活动。这个人可能会感到害怕，因此即使只是在游泳池边做简单抗阻练习或拉伸练习，并不去游泳池里游泳，也会感到肌肉紧张、僵硬。这个例子说明了解运动科学的重要性。例如，水中的环境对提高柔韧性很有帮助。为了从伸展训练中获得最大收益，训练者必须完全放松。如果为了提高柔韧性而在水池中进行训练，那么不会游泳的人就会因为不能在这种环境放松而得不到想要的效果。

有一种方法能帮助运动员开始面对或减少恐惧，那就是系统脱敏（SD）[45]。系统脱敏由心理和生理技术结合组成，它让运动员用轻松的反应取代恐惧反应。就像认知–情感应激管理训练（SMT）和应激预防训练（SIT），系统脱敏教会运动员运用具体的基于放松技术的反应控制认知觉醒[40]。这种适应、习得替换过程及SD背后的原理，叫作对抗性条件作用。

实践这个技术需要运动员拥有PMR和心理意象的能力。运动员应该能够构建让自己感到害怕的事件或环境的阶层或等级。例如，一名竞技体操运动员在平衡木上受到严重损

运动员应该如何运用唤醒控制技术

- 运动员在执行一项全新的或复杂的技能时，抑或在高压的情况下，应该使用减少唤醒的技术。
- 运动员在执行一些简单的或熟练的技能时，抑或在压力很小的情况下，应该采用增强唤醒的技术。
- 运用唤醒控制技术的目标是让运动员在身体和心理强度与任务要求相匹配的同时，放松地完成任务。

伤，可能会列出一系列可怕的场面，从比赛前的热身到导致受伤的实际动作发生时。

在轻松的环境中，运动员构想第一个场景，体验到轻度的焦虑。同时，运动员使用腹式呼吸、PMR或者其他生理放松技术，这种强烈的放松反应理论上能克服相对较弱的或战或逃综合征。实施这种技术，直到运动员能够在保持轻松状态的同时清楚地保持图像。运动员通过层次结构，经历了小的条件恐惧，再通过放松技术获得的松弛来克服。这个程序可以防止认知回避和反作用，对以前诱发恐惧的刺激做出新的反应（放松）[40]。

表象

表象指的是一种认知技术，指运动员可以在脑海里创造或再创造某种体验[40]。对于运动员，理想的情况是运用所有感官在脑海中创造比赛体验。运动员在脑海中模拟现实中的视觉、听觉、动觉甚至味觉（味道）线索。Feltz和Landers[8]提供了有说服力的证据证明心理表象在增强运动能力方面的有效性。刚开始使用时，运动员应从相对简单并熟悉的表象开始。这能成功地帮助这个技术的操作。就像学习任何技巧都必须由简到繁一样，人们应首先从静态表象开始练习，例如在脑海中看到一个高尔夫球，或在脑海中检视网球拍的特点。通过不断地实践，生动具体的表象越来越清晰。有些人在表象清晰度上有天赋，但是每个人都可以通过反复练习获得进步。

表象的角度可以是第一人称或第三人称。尽管研究文献未阐述清楚第一人称是否更优越，但是看起来越相关、越自然的表象对运动员来说越合适。当然，因为与实际任务执行方向一致，第一人称角度似乎对技术执行更具体。但是很多运动员更熟悉回顾他们比赛时的影片，从第三人称角度来看也很自然。

当运动员成功将具有生动细节的静态物体可视化，那他就可以开始在脑海中移动物体或“到处行走”，从各个角度审视表象。对于像篮球的表象，运动员会尝试拍球并感受球对指尖的作用力。运动员可以通过控制表象，或者通过有控制地移动表象（例如，拍球），又或者通过使用多感觉视角（即使用触觉或动觉，以及视觉感觉）来增加复杂性。

在想象的比赛条件下演练技术成功可以为潜意识提供积极的记忆，从而增加运动员的自信心和对特定运动的准备。当然，心理成像并不像实际成功那样能成为自我效能的决定性因素，但它确实提供了2个潜在有力要素。首先，成功的表现在脑海中完全受控于运动员，而在现实中总会有某种程度的不确定性。在想象中，运动员更容易体验到成功。我们相信运动员想象中的成功是可以实现的；也就是说，想象的画面应该对个人有挑战但可以实现。其次，运动员可以反复地“经历”比赛，培养熟悉的感觉并做好准备。

对于一些运动员，为一个赛季所做的几个月的准备工作——包括非赛季、赛季前和赛季中的体能训练和技术发展训练——可能只会换来几分钟的真实比赛体验。对于团体项目的新手，实际比赛经验相对练习时间可能少得多。表象画面允许运动员在现实世界的竞争机会很少的情况下，在更长的时间内习惯这种不确定的环境。

自我效能

当然，应用运动心理学的主要目标之一就是获得从心理学角度提高表现的能力。有人认为，知觉自信或自我效能[1]，能比唤醒和焦虑更好地预测任务执行力。自信是一个人可以成功完成渴望行为的信念[40]，自我效能是自信的一种有条件的形式，是一个人对自己能够在具体环境完成指定任务的能力的知觉[1]。高自我效能的人即使有过失败经验，也不会怀疑自己成功完成任务的能力。

根据Bandura[1]的理论，一个人的自我效能有一系列源头：

- 表现成就——过去的成功或失败经验；
- 替代经验——观察其他人（模拟）；
- 言语说服——从自己到他人的鼓励；
- 想象经验——用表象看自己的表现；
- 生理状态——促进或阻碍唤醒的知觉；
- 情绪状态——心情或情绪。

这些来源可以很好地转化应用于比赛和训练环境，并受教练和运动员本身影响。

人们认为，如果运动员具有必要的技能和可接受的动机水平，那么表现结果更倾向于由自我效能决定[1]。运动员要想确保获得良好的运动表现，光靠运动技能是不够的，他们必须想要表现得很好并且相信自己可以表现得很好。更进一步说，个体的自我效能水平影响着决策制定——不论是朝着个体觉得自信的方向行动，还是远离个体不自信的方向行动。同样地，这个概念影响个体整体努力的水平，也影响个体面对困难时的坚持程度，相信自己的人通常会比缺少自我效能的人更努力。显然，认为自己能够成功完成任务的感受对真实表现有直接影响。

> 自我效能影响着人们对活动的选择。在这项活动中的努力水平，以及面对挑战性障碍的坚持程度。

自我交谈

自我交谈是常用的增强自我效能的技术，有助于引导适当的关注方向，维持适当的唤醒水平，以及增强动机。自我交谈是我们与自己的内在交流[40]。它是我们对自己说的话，不管是说出来还是留在心里，都对我们的行为和表现提供了音频线索。

自我交谈通常可以是积极的、负面的或是有指导意义的，它能够自发产生，或者更有目的地用于改变情绪和行为[38]。积极的自我交谈可以包括鼓励性的（例如“加油！”）、鼓舞的（例如“我可以！”）或者坚定的（例如“我准备好了！”）的话语和表述，这通常会反映愉悦的情绪和感受。负面自我交谈通常反映烦恼、沮丧、怀疑或负面评价（例如“你真差劲！”“你不行！”“你想啥呢？”）。引导性自我交谈通常为特定技能或策略的必要表现线索提供了具体的方向和焦点（例如“双脚分开，与肩同宽”“保持躯干直立”）。

在实验室环境中已经发现，积极和引导性自我交谈能改善表现；但是由于显著的个体和环境差异，在实际表现场景中这些发现会发生改变[38]。例如，引导性自我交谈可以对专业选手造成伤害，因为转达具体表现线索会影响自主运动。另外，一些证据表明，积极的自我交谈可以导致某些运动员自我效能降低[46]。一般来说，消极的自我交谈跟不好的表现有关，因为它将一个人的注意力引导到不适合的线索上，这会激起负面情绪并降低自信。因此，为了更有效地利用自我交谈，运动员应该开始检查他们现在使用的自我交谈技术及它们对表现的影响，然后评估得出改进他们的自我交谈技术的最有效方式。

目标设定

本章节讨论的很多概念，会产生直接的相互影响。其中之一是自我效能，它会显著影响人们为自己所设定的目标类型。有着更强信心和效能的人，通常能够设想、创造并且努力实现更具挑战性的目标。目标设定是一个过程，在这个过程中，人们为了增加成功的可能性，按照明确的标准，逐步挑战更高的能力水准[21]。例如，游泳运动员可以设定这样的目标：使用正确的技术游完一段固定距离（例如50米自由泳）。一开始，运动员的技术可能比较差，难以完成上述任务，会产生强烈的沮丧和挫败感。但通过对运动员进行身体测试，教练会发现其实运动员具有足够的生理能力来完成该任务（例如，运动员的II型肌纤维比例较高，上下身均表现出优秀的肌肉爆发力或速度力量，并具有较高的无氧代谢能力）。然而，运动员划水/打水的动作效率比较低，运动员自身也因为意识到这一点而缺乏信心。针对这个例子，教练和运动员首先应将技术动作和体能训练分解为若干可控的组成部分（传统的总-分-总方法）。随着运动员变得更加专注，并且逐渐掌握了每个组成部分，他会感受到进步，获得成就感，从而更有信心，更有动力去完成更大的挑战。

系统化的目标设定能够同时提高运动员的意志水平和能力表现[40]。具体的原因有如下几点。

- 运动员会根据目标导向优化自己的努力。
- 达成目标能激发运动员持续努力。
- 目标能增强运动员获得的正向反馈。

通过深思熟虑所获得的目标的信息本质似乎是一种强大的改变行为的要素，可以提升运动员的努力程度，因为这些目标兼具可实现性和挑战性。

过程目标

与目标设定相关的一个需要重点区分的内容是过程与结果之间的差异。运动员通过控制过程目标来掌握成就。他们专注于在正确执行技能的过程中所必须参与的活动。如果他们付出努力，就会有更高的概率获得成功。例如，在技能领域内的过程目标会涉及动作模式和技术，虽然个人（例如游泳运动员或田径运动员）完成固定距离的时间也可以被认为是过程目标。举一个体能训练领域内的过程目标的例子：运动员应专注于减轻体重的策略［例如每天必须做的事（例如有氧活动和饮食改变）］而不是实际的结果（例如减轻的重量），从而增加对行动的控制感。通过采用过程目标，成功会更多地取决于努力。

结果目标

另一方面，结果目标则是运动员难以控制的目标。通常来说，获得胜利最为重要。运动中的结果目标主要都集中在赛事竞争中。因此奖牌、得分和获得高的排名都属于这一类目的。完成结果目标不仅取决于个人的努力，而且还取决于对手的努力和能力——这并非个人所能控制的。我们认为获胜是良好的目标导向，能够使运动员产生很高水平的动机。然而具有讽刺意味的是，相比于仅仅关注取得胜利，运动员更有可能通过兼顾过程和结果目标来获得成就。对于胜利的过度强调，可能会占据运动员过多的关注而导致注意力不够集中。在这种情况下，运动员会错过与任务相关的提示，反应变慢，并且由于身体刻意的行为

目标设定的原则

- 长期目标与短期目标应相互依存。
- 长期目标提供追求短期目标的方向和意义。
- 短期目标的达成提供了一种可以增强自信心的有层次的掌控感和成就感。
- 运动员应将过程目标的重点放在他们能控制的表现要素上。

和不自然的控制，改变了神经肌肉连接，从而影响身体的协调性。这些都会阻碍运动员达到期望的目标。

过程目标和结果目标都可以应用于体能训练领域。例如，在高翻训练中强调技术是过程导向，而关注于完成的训练组，则是结果导向。一般来说，我们需要避免仅仅关注结果目标。但有个例外，如果运动员在比赛中非常自信，而且能力无人可比，那么他们专注于结果会对个人产生最大的激励。

短期目标

除了刚刚讨论的过程目标和结果目标，目标还可以区分为短期目标和长期目标。短期目标通常与当下的训练或竞争直接相关，是在较短的时间内可实现的指导方针。短期目标尽管有一定的挑战性，但是接近运动员当前的能力水平，因此增加了成功的可能性，还可以增强运动员的信心、自我效能和动力。短期的过程目标和结果目标能够抵消无聊和沮丧——长期、艰苦的训练方案的潜在副作用。

长期目标

然而，成功的短期标准的含义是由适当的长期目标确定的。长期目标是由一系列相关联的短期目标组成的。实现这些短期目标，就能实现对应的长期目标。如果短期目标能够明确地显示出如何帮助运动员达到最终的表现水平，运动员就能在日常的实践目标中发现更多的相关性。例如，某位体操运动员的长期目标是在大四的时候赢得全国冠军。当她在训练馆里，感受到体能训练与梦想的关系时，那么她可能会更加积极和努力地训练。当运动员在训练中意识到今天的活动是向个人长期梦想迈进的下一步时，他的心理和生理唤醒水平会比较高。

最后，目标的特殊性（无论是短期或长期）在给予运动员有效的指导反馈方面是非常重要的。反馈是一种纠正机制。相比模糊的绩效标准，反馈（或对于成功与失败的理解）对于具体的可量化的目标更加有效。成功和失败都能帮助运动员保持向长期成功的方向前进。例如，相比“出去跑步”，在每分钟160~170次的心率范围内持续奔跑25分钟，是一个更为具体且有吸引力的目标。模糊的措辞也许适合于以休闲为目的的跑者，但对于参加国际性比赛的专业跑者来说是没有帮助的，尤其当目标是发展身体能力时。

最佳的目标设定需要掌握关于生物物理学和行为领域的运动科学的知识。提高运动员成绩的目标的有效性，在于其与运动员生理能力需要的相关性。例如，为了让参与400米赛跑的选手跑得更快，需要为其制定一系列合适的目标，这取决于充分了解该运动员的身体特征、相关代谢途径和生物力学技术的发展。

当然，某些目标可能完全是心理层面的，因此只能间接地与运动表现相关。例如，对所有的训练采取积极的情绪状态。虽然这种目标只需要了解较少的生物物理知识，但它们可能对提高运动表现有着深远的帮助，因为运动员能够充分地控制这些目标，并且能够促使自己抑制习惯性的负面自我交谈。然而，最全面的目标设定方案覆盖运动科学的多个领域，因为它们可能涉及各种细分领域的目标，包括生理、代谢、生物力学、营养和心理。这一要求将运动心理学与其他行为科学区别开来。

增强运动技能的获得和学习

如果缺乏运动技能的获得和学习方面的实践知识，那么就无法全面了解运动心理学对运动表现的影响和价值。对这种显著相关的行为科学的整合将提高运动员的表现和教练的能力。下文将讨论增强运动技能学习的选择技术，包括与练习时间表、说明和反馈有关的技巧。虽然研究表明了特定技术能够产生有利的成果，但更重要的是要考虑到运动员、任务和所处环境的独特性。某些能够促进一名运动员学习的方法，可能对另一名运动员有不同的影响。因此，以下内容可作为根据运动员、任务和环境的需要来调整的基本指南。

学习与表现的区别

在考虑学习提高运动技能的技巧之前，重要的是明确学习与表现的区别。学习是能导致运动技能产生永久性变化的过程[30]。而表现是在当前环境中技能的执行[16]。正如本章所讨论的，表现可能受到唤醒、动机和许多其他因素的影响，因此可能不适用于表示个人的技能水平[3]。虽然这里讨论的技巧将促进个人的技能学习，但有些技巧可能会在练习期间导致运动表现的下降。认识到这种可能性是必要的，而不是假定运动员在给定练习期间的每一个表现都反映了他或她对给定技能的学习。

练习安排

练习对于运动技能的学习至关重要。仅仅重复是不足以改变行为的，更重要的是通过具有挑战性的实践来获得运动技能[27]。对练习的结构和进度进行调整和把控，是促进技能学习的方式之一。

整体练习与部分练习

关于教授复杂的运动技能，一直存在关于整体练习与部分练习的有效性的争论。整体练习强调技能的完整性，而部分练习将运动技能拆解为一系列的子动作。一方面，通过部分练习可以更好地学习有挑战性但相互关联性较低的任务[24]。例如，抓举是一种很有技术含量的爆发力动作，可拆解为4个动作：第一次拉动、过渡、第二次拉动和抓住杠铃。另一方面，对于具有高度相关性的子技能动作，整体练习是更有利的，因为部分练习会抑制子技能动作的有效重新组合[24]。例如在做弓步时，将两条腿的运动分开是无效的，因为这两者是高度相关的。因此，弓步动作通过整体练习来学习更好。不论任务是否相互关联，如果使用整体练习来学习技能可能有危险或要付出高昂的代价，那么选择部分练习会更好。

如果要采用部分练习，则有许多方法可以将任务分解。分割法将任务分解成一系列在它们之间有明显界限的子动作[41]。如前文述，抓举可以分解成第一次拉动、过渡、第二次拉动和抓住杠铃4个动作。分化法将任务分解为同时发生的子动作[41]。在做借力推举时，运动员独立地执行手臂的推举运动和腿的推动运动。对任务的简化指通过改变任务的特征（例如动作速度或使用的设备）来调整任务的难度[41]。在训练抓举时，运动员首先用PVC管来练习子动作。在这种情况下，分割法和分化法两者都会被采用。

在教授任务的子动作时，有多种方法将它们再整合到完整技能中。纯粹的部分训练（也称为部分–整体方法）让运动员独立地多次练习技能的每个子动作。在练习过所有子动作后，技能被全部练习[41]。在抓举动作的学习中，首先练习第一次拉动，然后是过渡，随后是第二次拉动，以抓住杠铃结束。在对上述的所有的技能进行多次练习之后，抓举就练好了。渐进的部分训练会让运动员先孤立地练习前两个子动作，然后一起练习这两个子动作[41]。接着，运动员练习第三个子动作，再一起练习这三个子动作。例如在抓举动作的学习中，运动员首先练习第一次拉动，之后练习过渡，然后练习第一次拉动加上过渡。接下来，运动员练习第二次拉动，再对第一次拉动、过渡和第二次拉动进行整合练习。这一过程一直持续到整个技能重新整合完毕。重复进行部分训练使运动员首先孤立训练第一个子动作，然后添加每个后续子动作，直到整个任务重新整合[41]。因此，运动员将首先练习第一次拉动，然后练习第一次拉动和过渡，接着练习第一次拉动、过渡和第二次拉动，以此类推。利用简化法，任务的特性可以逐渐增加，并相应地增加任务的难度。而对部分练习排序的选择取决于给定训练课程的任务和目标。

随机练习

传统上，技能是以一种封闭（blocked）的方式进行练习的，这使运动员在练习另一个技能之前多次练习相同的技能。随机练习指在给定的练习期间以随机顺序练习多种技能。例如，封闭练习期间，运动员在练习另一个技能之前会先做多次深蹲跳。而在随机练习中，运动员会以随机顺序持续练习深蹲跳、横向跳跃、分腿深蹲跳和交替横向蹬跳。虽然在随机练习中，每个技能的表现最初都会下降，但这种练习设计促进了技能学习[33]。当具体进行某项运动训练时，使用封闭练习和随机练习的整合方式（对每个技能重复尝试数次）能够最大限度发挥两种练习方式的好处[18]。例如进行跳跃训练时，运动员将在进行另一动作（例如交替横向蹬跳）之前进行几次重复的深蹲跳。

可变练习

类似于随机练习，可变练习是指在单节训练课中使用某一技能的多种变化方式，而不是对该技能进行多次重复。例如，在可变练习中，运动员会练习垫步跳跃到不同高度的箱子上。与随机练习类似，可变练习可能会影响练习过程中的表现，但可以提高技能变式的表现[19]，例如从一个箱子上跳下来后快速地跳跃到不同高度的第二个箱子上。专项和可变练习的组合允许运动员发展运动专项技能，同时还为运动员提供在陌生环境中的灵活性[19]。这种灵活性对运动员的成功至关重要，因为运动员常常需要在陌生环境（例如客场比赛）发挥运动能力，并准确地修正技能以对抗对手。举个例子，从地面跳跃到不同高度的训练将使运动员更好地响应比赛，并在不熟悉的环境中执行技能。

观察练习

观察练习（动作观察）指通过观察要执行的任务或技能进行练习，对运动技能的学习具有重要意义。观察练习经常会使用预先录制的视频或现场演示。无论是新手，还是专业运动员，抑或是顶尖的竞技者，都可以使用。通过将实践与观察练习相结合，可以加强运动员的学习效果[32]。在体能训练过程中，与搭档一起训练能促进学习。当一名运动员完成试举时，另一名运动员可以在其休息期间进行观察，反之亦然。Sakadjian和他的同事们[29]发现，将观察练习与实践相结合，比一味进行实践更有助于改善高翻的技术。观察练习可以帮助运动员学会所需的技术，从而确保运动员的安全，并更快地进行更大重量的试举。

教练指导

针对运动员最擅长的学习风格，教练可在指导中通过更改细节来促进运动员的学习。教学风格可以分为明确指示、引导式发现和自主发现。明确指示包括规定性信息，即给予运动员有效执行给定任务的“规则”。在学习深蹲时，运动员会收到详细说明：在整个动作中的特定身体位置以及每个关节的运动方式（例如，屈曲或伸展）和运动量。引导式发现指并不明确告知运动员如何完成任务，而是提供关于整体运动目标和任务完成的重要提示。运动员被告知深蹲跳的目标和若干关键的提示（例如保持脊椎中立位），以防止运动伤害。这种方式能指导运动员探索动作模式和相关的运动目标之间的关系。最后，自主发现指仅仅告知运动员任务的总体目标，几乎没有任何详细的方向指导。在这种情况下，运动员会被告知要下蹲到特定的深度，并自行探索完成这项任务的方法。自主发现的教学风格会减缓学习过程，然而明确的指示方法可能会削弱运动员在紧张环境中的表现。引导式发现和自主发现的教学风格，则要求运动员更加注重与执行相关的任务线索。

反馈

反馈通过向运动员提供关于运动模式和相关目标的信息，在运动技能的获得中发挥着重要作用。运动员使用这类信息进行适当的调整，以实现期望的动作模式和目标。内部反馈是运动员从感官获得的反馈——例如在跳箱深蹲跳中没成功跳上跳箱的感官信息。对感觉信息的整合允许运动员调整动作模式以产生期望的运动，并达成相关的任务目标。追加反馈是由观察者（例如教练）或设备（例如视频或实验室设备）向运动员提供的反馈。在跳箱深蹲跳后，教练可告知运动员臀部的反向运动太慢，导致没成功跳上跳箱。

本节的其余部分内容将重点介绍追加反馈。追加反馈可被分解成对结果的感知和对表现的感知。对结果的感知为运动员提供关于任务目标的信息。例如，在T字形训练中，教练会告诉运动员完成训练的速度。运动员也可以获得他的完成时间与其他人的完成时间相比的信息。相比负面的规范反馈，积极的规范反馈和没有对比的反馈增强了对技能的学习[20]。对表现的感知反馈为运动员提供关于其动作模式的信息。这通常以视频分析的形式或通过使用专门的实验室设备（例如测力板）来进行。在T字形训练中，教练给予运动员关于T字形测试期间运动的具体信息，例如方向改变时的身体位置。当任务目标是运动的结果时，例如正确地进行高翻，对结果的感知与对表现的感知就会重叠，因此它们可以合二为一。

反馈的时机和频率也会影响学习成果。与任务相关的即时反馈有助于提升表现，但同时也妨碍了学习。因此，这种反馈在竞争环境中是有益的[43]。任务执行后提供的反馈有助于技能学习[43]。这类反馈可以在每次练习后或一系列练习后提供。虽然减少反馈的频率在练习中会降低表现，但相比每次练习后都提供反馈，较不频繁的反馈增强了技能的学习（除了技能较为复杂的情况）。因此，在技能学习的初期应提供更频繁的反馈，随着运动员技能水平的提高，降低反馈的频率是有益的。

> 反馈可以促进学习和运动表现提升。反馈的时间和频率对运动表现和学习有着不同的影响。即时的反馈有利于竞赛，延迟的反馈（最初是频繁的，随着时间的推移而减少）则有助于学习复杂的动作模式。

小　结

虽然科学和动机健全的指导计划可以大大帮助运动员的发展，但是其他几种补充性心理技巧也可以提高整体效能。实际上，通过练习和比赛，大多数运动员可能已经同时具有了适应的经验和不适应的经验，并因此已经或多或少发展了一些有效的心理技巧。对本章中包含的认知-行为变化的一些心理学原理和工具的理解可能有助于改善运动表现和提高生活质量。

教练和运动员都能通过了解有关指导和表现的心理学要素，提高表现，享受竞争。积极的以目标为导向的指导方法对运动的心理准备帮助最大。运动员的身体和营养准备是表现潜力的基础，心理学的作用是从心理层面管理全面发展的身体资源（即力量、速度、柔韧性和技能），从而使运动员在更稳定的基础上发挥潜力。此外，如果能对本章结构所反映的身心关系有充分的了解，可以促进体能教练与运动员之间的沟通，并帮助运动员控制和管理情绪、唤醒、焦点和动机。使用适当的心理技巧可以帮助这一自我管理的过程。在体育运动中取得成功的经验本身可能很重要，但我们认为提高心理技巧带来的更大成果将是使运动员在生活中增强自尊、自信和自我认知。

关键词

achievement motivation 成就动机
anxiety 焦虑
arousal 唤醒
attention 注意力
augmented feedback 追加反馈
autogenic training 自主训练
catastrophe theory 突变理论
cognitive anxiety 认知焦虑
counterconditioning 对抗性条件作用
diaphragmatic breathing 腹式呼吸
discovery 自主发现
distress 负面
drive theory 内驱力理论
emotions 情绪
enhancement 增强
eustress 正面
explicit instructions 明确指示
extrinsic motivation 外在动机
fractionalization 分化法
goal setting 目标设定
guided discovery 引导式发现
ideal performance state 理想表现状态
imagery 表象
individual zones of optimal functioning 个体最佳功能区
intrinsic feedback 内部反馈
intrinsic motivation 内在动机
inverted-U theory 倒U模型理论
knowledge of performance 对表现的感知
knowledge of results 对结果的感知
long-term goals 长期目标
mental imagery 表象画面
motivation 动机
motive to achieve success（MAS）追求成功的动机
motive to avoid failure（MAF）避免失败的动机
negative punishment 消极惩罚
negative reinforcement 负强化
observational practice 观察练习
operant 操作性行为
outcome goals 结果目标
part practice 部分练习
physiological efficiency 生理效率
positive punishment 积极惩罚
positive reinforcement 正强化

process goals 过程目标
progressive muscle relaxation（PMR）渐进式肌肉放松
progressive-part training 渐进的部分训练
psychological efficiency 心理效率
pure-part training 纯粹的部分训练
random practice 随机练习
repetitive part training 重复进行部分训练
reversal theory 逆转理论
routine 常规
segmentation 分割法
selective attention 选择性注意
self-confidence 自信
self-controlled practice 自我控制练习
self-efficacy 自我效能
self-talk 自我交谈
short-term goals 短期目标
simplification 简化
somatic anxiety 躯体焦虑
sport psychology 运动心理学
state anxiety 状态焦虑
stress 压力
stressor 压力源
systematic desensitization（SD）系统脱敏
trait anxiety 特质焦虑
variable practice 可变练习
whole practice 整体练习

学习试题

1. 尝试破纪录的奥运会举重运动员能够忽视观众，专注于自己的比赛。这位运动员最有可能在使用以下哪项能力？（ ）
   a. 选择性关注
   b. 躯体焦虑
   c. 引导性发现
   d. 自我效能
2. 运动员渴望表现出自己的潜力是一个关于（ ）的例子。
   a. 规避失败的动机
   b. 自主训练
   c. 选择性关注
   d. 成就动机
3. 在一支高中美式橄榄球队中，如果球员能以两倍体重做深蹲，他的名字就会被做成标志放在墙上，这是一个（ ）的例子。
   a. 负强化
   b. 正强化
   c. 消极惩罚
   d. 积极惩罚
4. 当技能和能力有限的时候，运动员的最佳唤醒水平会如何变化？（ ）
   a. 提升
   b. 下降
   c. 没有变化
   d. 和具体的活动无关
5. 在教授运动员借力推举时，以下哪一项是使用纯粹的部分训练进行整合的例子？（ ）
   a. 徒手练习借力推举，然后使用PVC管练习，最后用无负载的杠铃练习
   b. 练习下蹲，然后练习上推，最后练习完整的借力推举

c. 在练习完整的借力推举之前，独立地练习下蹲、上推，以及抓接
d. 独立地练习下蹲和上推，然后练习下蹲接上推，之后独立练习抓接，最后练习完整的借力推举

第 9 章

健康的基本营养因素

玛丽·斯帕诺（Marie Spano），MS，RD

译者：吴莹莹、闫琪

审校：李良、刘也、崔雪原

完成这一章的学习后，你将能够：

- 知道何时将运动员转介至适当的资源、医生或运动营养师；
- 确定运动员蛋白质、碳水化合物和脂肪的推荐摄入量；
- 提供预防疾病和保持健康的饮食建议；
- 为不同年龄、处于不同场景中的运动员提供补充水分和电解质方面的指导，并帮助运动员制定个性化的补水方案。

良好的营养可为运动员的整体健康、生长、发育以及修复、构建肌肉组织提供必需营养素，还能为训练、比赛、集中精神和维持注意力提供能量供给。根据运动员的具体需求所制定的营养计划有助于帮助运动员降低损伤和疾病的风险，并最大限度地提高训练的适应能力（通过训练取得的能力提升），同时帮助运动员达到自己的运动表现目标。本章的重点是增强运动表现的营养实践的科学原理，并为读者提供将运动营养科学应用于现实生活的相关建议。

由于大量错误的营养信息或相互矛盾的营养建议通过互联网、印刷品及口碑传播，运动员对于营养学的认识相当混乱[185]。另外，运动员的饮食需求与年龄和性别相当的久坐少动者的饮食需求不同，因为运动员所从事的运动项目有其特定的生理要求。为普通人制定的营养指南不一定适用于运动员。因为每位运动员的营养需求取决于诸多因素（如年龄、体形、身体成分、性别、遗传因素、训练环境和条件、运动损伤、医学营养需求，以及训练的时长、频率和强度等），处于相同位置的运动员的营养需求也可能存在很大差异。总而言之，营养学是一门复杂的、不断发展的学科，所以体能教练掌握基本的营养知识就显得十分重要，除了为运动员寻找专业的营养师之外，他们还可以根据最新的科学研究成果为运动员提供个性化的营养建议。

运动营养师的作用

运动营养学是一个复杂的多学科领域，运动防护师、体能教练、医生、运动科学家和食品供应者掌握营养学知识的程度不尽相同。应基于这些工作人员的营养学教育背景、知识储备、所能提供的营养信息类型及有关营养实践的许可法律条文来界定他们的工作职责。

所有运动营养专家都应有能力回答基本的营养问题（如“什么是健康的零食”）。但是，有的运动员的营养情况比较复杂，应将其转介给适当的人，如队医或运动营养师。队医负责监督运动员的医疗保健状况，运动营养师负责提供个性化的饮食建议。运动营养师是指在运动营养学领域具有特定教育背景和实践经验的注册营养学家（又称注册营养师）。美国营养和饮食协会（AND）的认证运动营养师（CSSD）将拥有运动营养专业知识的注册营养师与擅长其他领域的注册营养师区分开来（具体参照下一页的专栏）。尽管一些运动营养师拥有其他相关技能和培训背景，可能同时是社会工作者、运动防护师或厨师，但是设计全方位的运动营养计划需要运动营养师投入从事全职工作的精力；这些技能应被视为运动营养师的辅助技能，而非意味着运动营养师能够身兼数职。高级别的运动营养师都有硕士学位或博士学位，能帮助运动员在饮食与提高运动表现之间建立联系。

有时，医生和运动营养师要紧密协作以帮助饮食失调、营养不良或患有糖尿病等特殊疾病的运动员。教练员等工作人员或家庭成员会共享运动员的营养和医疗信息，从而为运动员提供全面的护理，正因如此，在美国，运动员的健康信息受到保护，所有相关人员在处理以上信息时，应遵循《美国健康保险携带和责任法案》（HIPAA）的指导方针。

运动营养教练不同于注册营养师，但也是受过营养学和运动科学基础培训的专业人员。例如，体能教练可以担任运动营养教练的角色，提供基本的营养教育和建议。遇到需利用食物或营养来治疗或控制疾病（包括营养不良）等更复杂的情况时，就必须将其交

认证运动营养师（CSSD）

根据美国营养和饮食协会的规定，认证运动营养师应遵循以下几点（这些信息也是体能教练应从运动营养师那里获得的）：

- 针对运动表现和健康情况，向运动员或运动队提供日常的营养建议；
- 将最新的科学研究成果转化为可应用于实践的运动营养建议；
- 跟踪和记录营养服务方面的成果，为教练、训练师及家长提供食品和营养的摄入建议；
- 根据运动表现和健康情况，评估和分析运动员的饮食习惯、身体成分和能量平衡状况（摄入量和消耗量）；
- 为运动员提供包括运动训练（让营养与训练阶段和目标相匹配）、竞赛、运动恢复、体重管理、水分补充、免疫健康、饮食平衡、旅行和运动补剂等方面的最佳营养规划；
- 指导运动员达成和维持一定的体重、体脂肪和肌肉质量，以保证身体健康和良好的运动表现；
- 提供个性化的膳食和加餐计划，帮助运动员达成短期和长期的运动表现和身体健康目标；
- 提供补水方案，帮助运动员满足自身水分和电解质需求；
- 通过营养方案设计，帮助运动员解决食物过敏、骨矿物质紊乱、胃肠道紊乱、缺铁和缺铁性贫血等问题；
- 根据需要，提供医学营养治疗建议，以帮助管理或治疗疾病，包括糖尿病、肠易激综合征和高血压等；
- 给予运动员最佳的营养方案，帮助其从疾病或损伤中恢复；
- 作为多学科运动医学/运动科学团队的成员，协调营养方面的整体管理；
- 作为运动员发生饮食失调等各种疾病时的住院和门诊联络员；
- 评估营养补剂的合法性、安全性、质量和功效；监督适当补剂的使用；
- 与运动员的家人、医生、教练和其他专业人员合作，并遵循HIPAA规章；
- 开发资源以支持教育工作；
- 指导运动员和运动队如何选择食物（在商店选购）、储存食物和制备食物（烹饪课）；
- 使用营养诊疗流程，记录所提供的营养服务并评估营养策略在达到预期结果方面的有效性；
- 制定并监督营养政策和程序。

[源自：Sports，Cardiovascular and Wellness Nutrition (SCAN)，2008；Hornick，2008[62].]

给运动营养师处理。运动营养教练可通过考取运动营养证书来获得进一步的教育。例如，美国运动委员会（ACE）向私人教练、健康指导师、团体健身教练和健康护理专业人员提供健身营养专家认证。此外，报考国际运动营养协会（ISSN）的运动营养专家认证需要具备高中以上学历，该认证也向未取得四年制大学学位的私人教练或其他健身专业人士开放。ISSN还拥有运动营养师（CISSN）认证，报考该认证需要具备四年制的本科学位（或是运动科学、营养学或相关专业的在读学生）。该认证旨在培训那些与运动员和运动爱好者共事的健康、健身及医学专业人员。

拥有高学历的运动营养师是专业人士，他们可能在运动营养行业工作或在进行运动营养领域的相关研究，因此有能力针对特定主题的文献进行讨论。持有高学历的运动营养师也可以选择考取运动营养方面的证书。一种选择是国际奥林匹克委员会（IOC）的运动营养文凭。这个为期两年的项目包含课程、研讨会、专题报告和实验室实践工作。IOC指出，对这一项目感兴趣的学生通常具有营养学学位、生物科学（包括生物化学、生理学或运动科学）学位或医学学位。

所有运动营养专业人士必须遵守相关的营养许可法律，其规定了哪些人具有提供个性化的营养咨询和医学营养治疗的资格。在美国，不同州的法律可能存在差异。例如，在路易斯安那州，很多学科都可以提供一般营养教育，只要相关信息是准确的、大众化的而非个性化的（基于特定人的饮食需要）。但只有具备认证资格的营养师或营养专家才可以提供营养评估和咨询服务。营养咨询被定义为“综合考虑来自营养评估的健康、文化、社会经济、功能和心理方面的信息，向有特殊需要的个体提供适当的食物和营养摄入指导，包括增加或减少饮食中营养素的建议，调整饮食时间、量和成分的建议，改变饮食结构及在极端情况下改变摄入途径的建议”[3]。

许多人自称运动营养师，但却没有（或几乎没有）接受过营养学和运动科学教育，也几乎未接触过任何正式的培训。提供运动营养信息或个性化饮食建议的个体的具体头衔并不重要，体能教练应仔细辨别他们的教育背景（包括参与课程）、先前的工作经验（特别是日常工作职责）、运动营养学知识和工作年限。

> 经验丰富的运动营养师帮助运动员在饮食和运动表现之间建立联系。他们在运动营养方面拥有先进的技能和专业知识。

进行营养指导时，首先要明确运动员的目标与教练的目标（因为二者可能不同）。然后，类似于体能教练进行的需求分析，运动营养师会详细了解运动员的饮食习惯、个人食物偏好、烹饪技术、获取食物的难易程度、经济限制、优质饮食选择的限制因素、营养补剂的使用、体重和身体成分、病史、训练计划及运动损伤。接着，运动营养师与运动员一同制定符合其生活习惯和口味偏好的饮食计划，包括：（1）适当的热量水平；（2）常量营养素和微量营养素的建议摄入量；（3）足够的水和电解质；（4）必要的补剂，以帮助改善营养缺乏状况，解决潜在的营养不良问题或满足训练目标。

标准营养指南

对于一般营养信息，体能教练可建议运动员参考**我的餐盘（MyPlate）**，这是由美国农业部根据2010年美国人饮食指南而创建的食品指导系统，以帮助消费者做出更好的食物选择[98]。MyPlate图标包括5类营养素（图9.1）。

图9.1 MyPlate图标

［源自：USDA's Center for Nutrition Policy and Promotion.］

我的餐盘

MyPlate图标代表的基本指南和相关的教育内容是通用的，但它们针对多数时间进行中等强度体力活动低于30min的人群提供了基于年龄和性别的热量以及水果、谷物、蛋白质和油脂等食物的摄入指南，如表9.1和表9.2所示。那些运动量更多的人应在此基础上调整摄入量，以满足他们具体的能量需求[136]。虽然油脂不是一个食物组别，但它们含有必需脂肪酸和维生素E等营养素。因此，MyPlate也提供了油脂的推荐摄入量。

表9.1 MyPlate各食物组别推荐摄入量

	年龄	活动量少的人群的每日热量**	水果*	蔬菜**	谷物*（最少量）	蛋白质食物*	乳制品	油脂***
儿童	2~3 4~8	1000 1200~1400	1杯 1~1.5杯	1杯 1.5杯	3盎司当量（1.5） 5盎司当量（2.5）	2盎司当量 4盎司当量	2杯 2.5杯	3茶匙 4茶匙
女孩	9~13 14~18	1600 1800	1.5杯 1.5杯	2杯 2.5杯	5盎司当量（3） 6盎司当量（3）	5盎司当量 5盎司当量	3杯 3杯	5茶匙 5茶匙
男孩	9~13 14~18	1800 2200	1.5杯 2杯	2.5杯 3杯	6盎司当量（3） 8盎司当量（4）	5盎司当量 6.5盎司当量	3杯 3杯	5茶匙 6茶匙
成年女性	19~30 31~50 >50	2000 1800 1600	2杯 1.5杯 1.5杯	2.5杯 2.5杯 2杯	6盎司当量（3） 6盎司当量（3） 5盎司当量（3）	5.5盎司当量 5盎司当量 5盎司当量	3杯 3杯 3杯	6茶匙 5茶匙 5茶匙
成年男性	19~30 31~50 >50	2400 2200 2000	2杯 2杯 2杯	3杯 3杯 2.5杯	8盎司当量（4） 7盎司当量（3.5） 6盎司当量（3）	6.5盎司当量 6盎司当量 5.5盎司当量	3杯 3杯 3杯	7茶匙 6茶匙 6茶匙

注：每个食物组别所需的摄入量取决于年龄、性别和体力活动水平。推荐的每日摄入量请参考上表。

*以上摄入量适用于在大多数时间中从事中等强度体力活动不足30min的人群。那些体力活动较多的人可能会在保持正常代谢需求的同时消耗更多的能量。计算总热量需求和空热量限制，请在MyPlate网站中的“我的每日食物计划”（My Daily Food Plan）中输入相关信息。

**每周蔬菜推荐摄入量参见表9.2。

***这里也提供了油脂的每日推荐摄入量。这个量适用于在大多数时间中从事中等强度体力活动不足30min的人群。那些体力活动较多的人可能会在保持正常代谢需求的同时消耗更多的能量。

*水果：*一般来说，1杯水果、100%纯果汁或1/2杯脱水水果相当于水果组别的1杯。

*蔬菜：*任何蔬菜或100%纯蔬菜汁属于该组别。蔬菜可以是生的或烹饪过的；新鲜的、冷冻的、罐装的或脱水的；整体的、切碎的或捣碎的。

*谷物：*由小麦、大米、燕麦、玉米粉、大麦或其他谷物加工成的食物都是谷物制品。例如，面包、意大利面、燕麦片、早餐谷物、玉米粉圆饼和粗玉米粉。

*蛋白质食物：*肉类、家禽、海鲜、豆类、鸡蛋、加工类豆制品、坚果和种子都属于蛋白质组别。豆类也属于蔬菜组别。一般来说，1盎司的肉类、家禽或鱼类，1/4杯熟豆，1个鸡蛋，1汤匙花生酱，1/2盎司的坚果或种子，约等于该组别中的1盎司蛋白质。

*乳制品：*所有液态乳制品和由牛奶加工制成的食品都归入这一分组。选择的乳制品食物应尽量脱脂或低脂。含钙的乳制品食物属于该组别。含钙量极低或不含钙的乳制品，如奶油奶酪、奶油和黄油，不属于该组别。高钙豆浆（大豆饮料）也是乳制品的一部分。

*油脂：*油脂是在室温下为液体的脂肪，如用于烹饪的植物油。油脂可以来自不同的植物和鱼类。油脂不是一个食物组别，但它提供必需营养素。因此，美国农业部食物表格中包含了油脂。

［源自：U.S. Department of Agriculture and U.S. Department of Health and Human Services.］

表9.2 MyPlate蔬菜组别推荐摄入量

	年龄	每周摄入量				
		深绿色蔬菜	红色和橙色蔬菜	豆类	淀粉类蔬菜	其他蔬菜
儿童	2~3 4~8	1/2杯 1杯	2.5杯 3杯	1/2杯 1/2杯	2杯 3.5杯	1.5杯 2.5杯
女孩	9~13 14~18	1.5杯 1.5杯	4杯 5.5杯	1杯 1.5杯	4杯 5杯	3.5杯 4杯
男孩	9~13 14~18	1.5杯 2杯	5.5杯 6杯	1.5杯 2杯	5杯 6杯	4杯 5杯
成年女性	19~30 31~50 >50	1.5杯 1.5杯 1.5杯	5.5杯 5.5杯 4杯	1.5杯 1.5杯 1杯	5杯 5杯 4杯	4杯 4杯 3.5杯
成年男性	19~30 31~50 >50	2杯 2杯 1.5杯	6杯 6杯 5.5杯	2杯 2杯 1.5杯	6杯 6杯 5杯	5杯 5杯 4杯

蔬菜组别推荐的摄入量是每周摄入量。没有必要每天吃遍各个类型的蔬菜。但是，对于各个类型的蔬菜，每周要摄入上面推荐的量，以达到每日推荐摄入量。

以上建议适用于大众；运动员可根据他们的训练水平和训练类型进行调整。

［源自：U.S. Department of Agriculture and U.S. Department of Health and Human Services.］

MyPlate可以作为运动员评估其饮食的起点。一般来说，如果饮食中已包含了每个组别的食物，那么摄入的维生素和矿物质很可能是足量的。然而，若饮食中缺乏某个组别的食物，就可能缺乏特定的营养素。例如，如果某个运动员不摄入乳制品（高钙牛奶和高钙酸奶），那么其对钙、钾和维生素D的需求很难被满足。虽然钙强化的非乳制替代品可以帮助人们满足对钙的需求，但它们在营养上不等同于乳制品，因此可能导致其他营养物质的缺乏[46]。如果不摄入动物性食品和鱼类，则无法满足自身对维生素B_{12}的需求（B_{12}常见于肉类、家禽、鱼类、鸡蛋、乳制食物及其他诸如早餐谷物、非乳制替代品、肉类替代品等食物中）。因此，强烈建议那些不摄入某些组别食物的人群向运动营养师咨询，以找到合适的替代品或调整食物组合，来确保他们维持健康和运动表现的营养需求被满足。

上表每个组别的食物都具有相似的营养成分，是可互换的；但是，应尽可能地在每个组别中摄入多种食物。例如，1个橙子、1个苹果和1个梨所提供的必需营养素的种类比3个苹果所提供的更为全面。包含各个组别的多种食物的饮食搭配更容易满足一个人对常量营养素（碳水化合物、蛋白质和脂肪）和微量营养素（维生素和矿物质）的需求。

MyPlate网站中的超级追踪器（SuperTracker）部分基于热量需求，罗列出食物摄入计划示例、空热量和食物标签信息。该部分还帮助用户计算他们的饮食量，并跟踪食物、体力活动和体重等信息。

膳食参考摄入量

由于运动员吃的是食物，而不是单独的营养素，所以需要根据所选择的具体食物来提出饮食建议。不仅如此，了解运动员的营养需求也是非常重要的，这有助于给出饮食建议。膳食参考摄入量（DRI）是由美国国家科学院医学研究所食品和营养委员会建立的一套完整的营养摄入量体系，用于评估和规划健康人群的饮食。膳食参考摄入量列出了常量营养素、微量营养素、电解质和水的推荐摄入量[68, 70, 72, 142, 169]。DRI是基于营养摄入和减少慢性疾病的相关研究结果的，而不仅仅是预防膳食营养缺乏[36]。DRI提供了一般人的日常摄入量。考虑到营养摄入量每天都有变化，当运动营养师评估一个人的营养摄入量时，必须通过几天的观察，来获取各种营养素的每日摄入量平均值。该过程在评估摄入频率较低的食物或摄入量较小的营养素时尤其重要[115]。而评估蛋白质的平均摄入量需要较少时间的跟踪记录，因为蛋白质每天的摄入量变化不大[115]。DRI包括以下内容。

推荐每日摄入量（RDA）——满足各年龄段和性别的大多数健康人群所需的平均每日营养素摄入量。

适宜摄入量（AI）——当RDA不能确定时，推荐的平均每日营养素摄入量。

可耐受上限摄入量（UL）——平均每日最大营养素摄入量，与任何不良健康影响无关。高于UL的摄入量会增加不良反应的潜在风险（UL代表所有来源的总摄入量，包括食物、水和补剂）。

估计平均需求量（EAR）——即足以满足各年龄段和性别中一半健康人口需要的平均每日营养素摄入量。

研究指出，就几种关注度较高的营养素而言，大部分人群的摄入量是不足的。在所有研究组（各年龄组的男性和女性）中，维生素E和镁摄入不足的情况均普遍存在[71, 173]。维生素E普遍存在于食物中，油、坚果和植物种子是该营养素的最佳来源。镁也存在于各种各样的食物中，虽然含量较少。镁的最佳来源是坚果、植物种子（特别是南瓜子、杏仁和腰果）和豆类（包括绿豆、利马豆）[175]。此外，就所有2岁以上的个体而言，纤维素和钾的平均摄入量均低于DRI[175]。2015年膳食指南咨询委员会的科学报告[176]将纤维素、钾、钙和维生素D列为主要关注的营养素。乳制品、强化饮料（大豆饮料、橙汁等）和罐装沙丁鱼是钙的优质来源，而含脂肪的鱼类、强化饮料（牛奶、橙汁和大豆饮料）和强化酸奶是维生素D的来源[176]。此外，特定人群铁的缺乏也受到了关注。许多孕龄妇女和青少年女性存在缺铁的现象，且她们中的很多人的膳食叶酸需求未被满足。红肉、铁强化谷物和豆类是铁的优质来源。豆类、花生和向日葵种子是叶酸的最佳膳食来源[176]。尽管维生素B_{12}不再被认为是一种值得关注的营养物质，但胃酸不足会影响其吸收（10%~30%的老年人都有这种情况）。因此，应鼓励50岁以上的成年人食用添加合成维生素B_{12}的食物或服用膳食补剂，进而促进维生素B_{12}的吸收[176]。维生素B_{12}存在于动物性食品、强化营养酵素和强化谷物中。牛肉、羊肉、小牛肉和鱼类是该营养素的优质来源[175]。

常量营养素

常量营养素是指在饮食中需求量占较大比重的营养素。3种重要的常量营养素是蛋白质、碳水化合物和脂肪。

蛋白质

蛋白质是人体细胞主要的构成成分和功能成分。通过饮食摄入的蛋白质用于细胞的生长、发育及修复；还可以作为酶、运输载体和激素来发挥功能。因此，日常的蛋白质摄入对于维持人体健康、生殖功能及细胞的结构和正常功能至关重要[69]。

蛋白质由碳、氢、氧和氮构成。“氨基”意味着“含氮”，氨基酸指含有氨基的分子，数十个到几百个氨基酸组合在一起，形成自然界中的数千种蛋白质。人体内的各种蛋白质由20种氨基酸组合而成。其中，有4种氨基酸可以在人体内合成，因此被认为是“非必需的”，即无须通过饮食摄取。9种氨基酸是“必需的”，即人体自身不能合成，必须通过饮食获得。最后，有8种氨基酸被认为是“条件必需的”。通常情况下，它们不是必需的，但是在发生疾病和处于压力之下时，它们则转化为必需的，此时必须通过饮食获得[169]。各类氨基酸详见表9.3。

表9.3 必需氨基酸、非必需氨基酸和条件必需氨基酸

必需氨基酸	非必需氨基酸	条件必需氨基酸
组氨酸	丙氨酸	精氨酸
异亮氨酸	天冬酰胺	半胱氨酸（胱氨酸）
亮氨酸	天冬氨酸	谷氨酰胺
赖氨酸	谷氨酸	甘氨酸
甲硫氨酸		脯氨酸
苯丙氨酸		丝氨酸
苏氨酸		酪氨酸
色氨酸		
缬氨酸		

［源自：Institute of Medicine (US).］

氨基酸通过肽键结合在一起。两个氨基酸分子结合在一起被称为二肽，多个氨基酸结合一起被称为多肽。多肽链结合，形成具有各种不同结构和功能的蛋白质。人体内约有一半的蛋白质以骨骼肌的形式储存，而约有15%的蛋白质构成皮肤和血液等结构性组织。体内其余的蛋白质则储存在内脏组织（如肝脏、肾脏）及骨骼中[48]。

蛋白质质量和饮食建议

蛋白质的质量是由氨基酸含量和蛋白质消化率决定的，衡量它的标准是，在其消化过程中被机体吸收的氮量，以及其提供生长、维持和修复所需要的氨基酸的能力。高质量的蛋白质容易被消化，并且包含所有的必需氨基酸。动物蛋白（包括鸡蛋、乳制品、肉、鱼和家禽）包含所有必需氨基酸，而大豆是唯一包含所有8种必需氨基酸的植物蛋白。一般来说，植物蛋白比动物蛋白难消化，尽管加工和制备有时可改善其消化率[69, 110]。尽管对蛋白质质量进行测量［如蛋白质消化率校正的氨基酸评分（PDCAAS）］时，考虑到了蛋白质消化率（或生物利用度）及蛋白质提供必需氨基酸以帮助机体合成蛋白质和其他代谢物的能力，但是并未考虑食物中其他化合物如何改变蛋白质氨基酸的生物利用度。食物中含有抗营养因子——一种减少营养物的消化和吸收，使其不易被人体利用的化合物[159]。一些抗营养因子会导致氨基酸的消化损失和结构改变，影响氨基酸的生物利用度[110]。例如，在烹饪过程中，某些食物会变为褐色；这种褐变被称为美拉德反应，产生的化合物可导致某些氨基酸的生物利用度降低。虽然大多数植物性食品缺乏一种或多种必需氨基酸，但素食者和绝对素食者（指只摄入植物和植物制品的人——不吃鱼、家禽、鸡蛋和牛奶等食物）仍可以通过摄入多种植物性食物，包括豆类、蔬菜、种子、坚果、大米和天然谷物，来满足蛋白质需求，因此，他们一天的饮食可满足其对所有必需氨基酸的需求[184]。

虽然饮食建议常用“蛋白质需求”一词，

但实际的需求是氨基酸。久坐不动的健康成年人对氨基酸的需求，源于细胞和细胞蛋白质的不断更新。在细胞更新（细胞不断分裂和再生的过程）中，人体的游离氨基酸库是氨基酸最大的即时供应者[106]。库中氨基酸的补充途径有两个：食物中蛋白质的消化和组织更新释放氨基酸。基本上，蛋白质每天的更新超过日常活动消耗，这表明氨基酸在循环利用[119]。然而，该过程并非完全有效，因此需要摄取饮食中的氨基酸来弥补损失。

根据氮平衡的相关研究，19岁及以上男性和女性的蛋白质RDA是每天每千克体重0.80g优质蛋白质[69]。根据RDA，儿童、青少年、怀孕和哺乳期女性对蛋白质有更高的需求。然而，蛋白质需求与热量摄入成反比，因为在人体处于负热量平衡时，即摄入的热量低于所消耗热量时，可以代谢少量的蛋白质作为能量来源（例如，在多数情况下，其占总热量消耗的1%~6%，但在长期运动中，在肝糖原耗竭时，这一数值可达到10%）[69, 95, 165]。此时，蛋白质就不再用于补充氨基酸库。在热量摄取减少时，蛋白质的需求量上升[101]。因此，美国医学研究所建立了蛋白质的**可接受的常量营养素分布范围（AMDR）**，其对蛋白质推荐量的涵盖较广泛。1~3岁儿童的AMDR是总热量的5%~20%，4~18岁儿童的AMDR为总热量的10%~30%，18岁以上成年人的AMDR为总热量的10%~35%。通常男性和女性总热量的15%来自蛋白质[172]。一种营养素的AMDR既提供一系列与降低慢性疾病风险相关的摄入量，也提供其他必需营养素的推荐摄入量[176]。尽管蛋白质DRI与AMDR匹配，但DRI是仅基于体重的，因此未考虑热量摄入高低。根据AMDR的规定，当摄入热量较低时，即总热量摄入低于2000kcal（1kcal ≈ 4185.9J）时，每减少100kcal，摄入蛋白质提供的热量占总热量的百分比就会增加1%。当总热量摄入较高时，蛋白质需求（以提供的热量占总热量的百分比表示）将下降至某一百分点。在实践指导中，运动营养师应首先确定运动员的蛋白质摄入量，然后根据总热量需求添加碳水化合物和脂肪[93]。

关于蛋白质的RDA

关于蛋白质的RDA存在争议，因为一些科学家认为，为了骨骼健康[54]、体重管理及肌肉重建和修复[121, 122]，成年人应摄入高于RDA推荐的蛋白质。此外，研究显示，高蛋白、低碳水化合物饮食可以有效地降低血脂（对肥胖人群来说尤为如此），因此也减少了心血管疾病和代谢综合征的一些风险因素[94]。

蛋白质是构成强健骨骼的基础物质，占骨容量的50%和骨质量的33%[56]。蛋白质对骨骼的影响部分在于其对IGF–I的影响。IGF–I在肝脏中产生，促进骨骼和肌肉形成[151]。研究表明，通过补剂而非膳食摄入蛋白质，尿液中流失的钙会增加，而健康个体每千克体重摄入0.7~2.1g蛋白质，尿钙的排泄和肠道对钙的吸收均会上升[87]。但事实上，低蛋白质的摄入（每天每千克体重0.7g蛋白质）会抑制肠道对钙的吸收[86]。

蛋白质在体重管理中也起到多方面的作用。首先，它以剂量依赖的方式提升饱腹感：较大量的蛋白质可引起饱腹感的增加[41]。然而，蛋白质的饱腹效应还取决于蛋白质摄入的时间和形式（固体或液体）、同时摄入的其他常量营养素，以及距离下一餐的时间[5]。蛋白质的类型也可能影响饱腹感，尽管研究尚未完全阐明哪些蛋白质具有最大的影响[16, 59, 101]。其次，与碳水化合物、脂肪相比，蛋白质具有最大的热效应，在消化期间燃烧更多的热量。最后，当一个人在进行低热量饮食时，高蛋白饮食有助于减少肌肉流失[91, 134]。

蛋白质中的氨基酸用于生长（包括肌肉生长）和组织修复、酶和激素合成，以及新细胞修复和制造。进行一般健身活动的成年人需要通过摄入每天每千克体重0.8~1.0g的蛋白质来满足他们对蛋白质的需求，运动员和那些进行高强度运动的人需要摄入更多的蛋白质[21]。有氧耐力运动员要想摄入足够的热量，需要摄入每天每千克体重1.0~1.6g的蛋白质[128, 165]。力量型运动员需要摄入每天每千克体重1.4~1.7g的蛋白质[96]。通常，在进行力量和有氧耐力或无氧冲刺相结合的训练时，需要摄入每天每千克体重1.4~1.7g的蛋白质来满足需求。低热量饮食的运动员则每天需要摄入更多的蛋白质，以便在减重期间维持足量的肌肉。

除了每天摄入适量的蛋白质外，有研究支持运动员在训练后也摄入足量的蛋白质，因为此时肌肉组织最容易吸收氨基酸。事实上，尽管在运动后的空腹状态下，净蛋白平衡呈负数[127]，但是肌肉蛋白质合成和分解都会增加。运动后的蛋白质摄入引起肌肉蛋白质合成增加，肌肉对氨基酸的敏感度上升可延续至训练后48小时。然而，这种敏感度会随时间的推移而降低；因此，相对于延迟摄入蛋白质，训练后尽早摄入蛋白质更有利于肌肉蛋白质的合成，产生更好的效果[28, 42, 97, 145]。运动员在有氧耐力练习后所需蛋白质的摄入量目前尚未完全阐明，但通常建议碳水化合物与蛋白质的比例为4：1或3：1[85]。在抗阻训练之后，蛋白质摄入量范围较大，摄入20~48g的蛋白质已被证明可最大限度地刺激肌肉蛋白质的快速合成[82]。该摄入量至少部分取决于蛋白质中亮氨酸的含量[28]，同时也受年龄影响，因为老年人对氨基酸的敏感性会降低[84]。

对于摄入超出RDA的蛋白质的担忧在大多数健康人身上尚未有证据支持[105]。超过组织合成所需的蛋白质会被分解[65]，氮转换成尿素从尿液排出，剩余的酮酸要么直接作为能量来源，要么转化成碳水化合物（糖异生）或身体脂肪[60]。事实上，一项针对进行高蛋白摄入的运动员的研究发现，摄入每天每千克体重2.8g的蛋白质（根据7天的饮食记录评估）并不会损害肾脏功能[132]。体能教练应该知道，不建议长时间摄入高于构建和修复肌肉组织所需蛋白质的饮食，因为碳水化合物和脂肪的摄入（营养物质也大多存在于碳水化合物和脂肪食物中）可能受到影响。

常见食品的蛋白质含量如表9.4所示。

> 运动员所需的蛋白质量高于RDA的建议，以便用来构建和修复肌肉组织。基于运动和训练计划，建议摄入每天每千克体重1.0~ 1.7g的蛋白质。

表9.4 普通食品的蛋白质含量

食物	每份	每份/g	每份蛋白质含量/g
杏仁	1/4 杯	39	8
培根	3片	27.3	10.5
黑豆	1/2 杯	92.5	7.5
腰果	1/4杯	32	5.5
奶酪切片，切达干酪	1片	21	5.5
奶酪切片，瑞士	1片	28	7.5

续表

食物	每份	每份/g	每份蛋白质含量/g
奶酪串，部分脱脂	1oz（1根）	28	7
鸡胸肉	3oz	85	25
干酪，1%	4oz	113	14
熟食火鸡	5oz	142	19
毛豆	1/2杯	73.5	8.5
鸡蛋	1个	56	7
鹰嘴豆	1/3 杯	83.5	6
希腊酸奶（脱脂）	6oz	170	17
汉堡肉饼	3oz	85	22
芸豆	1/2杯	88.5	7.5
羊排	3oz	85	23.5
利马豆	1/2 杯	94	7
1%低脂牛奶	8oz	245	8
花生酱	2汤匙	32	8
花生	1/4 杯	35.5	9
开心果	1/4杯	30.5	6.5
里脊	3oz	85	22.5
三文鱼	3oz	85	17
美式香肠	3串	63	10
虾（大）	4只	22	5
沙朗牛排	3oz	85	26
豆浆	8oz	245	8
大豆坚果	1/4杯	23	9
玉米饼，粉，8英寸	1个	51	4.5
金枪鱼罐头	3oz（1/2罐）	85	21.5
小麦百吉饼，5英寸	1个	98	10
小麦面包	1片	29	3
酸奶，低脂肪	6oz	170	7

[源自：U.S. Department of Agriculture, Agricultural Research Service.]

碳水化合物

碳水化合物是主要的能量来源。但碳水化合物并不是必需的营养物质，因为机体可以分解某些氨基酸的碳架并将其转化成葡萄糖（即糖异生）。碳水化合物由碳、氢和氧组成。根据其含有的单糖的数量，碳水化合物可以分为3类：单糖、双糖和多糖。

单糖（葡萄糖、果糖和半乳糖）是不能被再分解的糖类。在体内，葡萄糖以血糖的形式存在于血液循环中，是细胞的主要供能物质。不仅如此，葡萄糖分子还能聚合成糖原，即一种存储在肌肉和肝细胞中的多糖。在食物中，葡萄糖通常与其他单糖结合，形成各种糖类，如蔗糖。在糖果或运动饮料中游离的葡萄糖，以葡萄糖的化学异构体的形式存在。果糖与葡萄糖具有相同的化学式，但由于原子排列不同，所以前者味道更甜，而且具有与葡萄糖不同的特质。果糖是蜂蜜的甜味来源，水果和蔬菜也会生成天然果糖。与其他糖类相比，摄入果糖在体内引起的胰岛素分泌相对较少，这使其成为有氧耐力运动表现领域的一个研究热点。半乳糖是第三种单糖，与葡萄糖结合可形成乳糖。

双糖（蔗糖、乳糖和麦芽糖）由连接在一起的两个单糖分子构成。蔗糖（或白砂糖）是最常见的双糖，由一个葡萄糖分子和一个果糖分子组成。蔗糖存在于大多数水果中，我们常从甘蔗和甜菜的糖浆中提取蔗糖来制备红糖、白糖或糖粉。乳糖（葡萄糖+半乳糖）仅存在于在哺乳动物的乳汁中。麦芽糖（葡萄糖+葡萄糖）主要在多糖消化分解过程中产生。它也是酒精发酵过程的产物，是啤酒中主要的碳水化合物。

多糖，又称复杂碳水化合物，含有数千个葡萄糖分子。营养学上，最常见也最重要的多糖是淀粉、纤维和糖原。淀粉是植物中葡萄糖的储存形式。谷物、豆类和蔬菜是淀粉的优质来源。在淀粉被用作能量来源之前，它必须先被分解成葡萄糖。膳食纤维是植物细胞壁的组成成分，也是碳水化合物的一种形式。纤维素、半纤维、β-葡聚糖和果胶属于膳食纤维；这些和非碳水化合物纤维材料（木质素）对人类消化酶有部分抗性。纤维对人体具有不同的生理作用，有些可延迟胃排空，暂时增加饱腹感，而有些可增加体积和水含量，减少便秘和粪便排空时间。此外，某些可溶性纤维可降低胆固醇的吸收，因此，摄入它们可以改善血液中胆固醇的水平[104]。而益生菌膳食纤维可选择性地刺激肠道内益生菌的生长[32, 135]。富含纤维的食物包括豆类、麸皮、大部分水果和蔬菜，以及一些全麦食品。

糖原少量[77, 166]存在于肝脏和肌肉中，储存量约为每千克体重15g[1]，在动物组织中作为临时的能量储存来源[20]。而在我们食用的肉类（如牛排、鸡胸肉、鱼片）中，它的含量很少。当葡萄糖进入肌肉和肝脏时，若它没有被代谢以提供能量，则被合成糖原。人体3/4的糖原储存在骨骼肌中；其余的1/4储存在肝脏中[20]。将葡萄糖转化为糖原的过程称为糖原生成。

运动员通常在正常饮食中摄入各类碳水化合物。然而，当他们想通过减少摄入对整体健康或运动表现有不利影响的食物来提升饮食质量时，就要参考常量营养素排序系统，如血糖指数或血糖负荷。

血糖指数和血糖负荷

血糖指数（GI）根据餐后2小时内碳水化合物被消化、吸收进而提升血糖水平的速度来对其进行排名，常与同等数量（以克为单位）的参考食物（一般为白面包或葡萄糖，其血糖指数被设为100）相比[76]。

血糖指数=[摄入含25g或50g碳水化合物的食物后血糖反应曲线下的增量面积÷摄入含等量碳水化合物（g）的标准食物后血糖反应曲线下的增量面积]×100

相较于参考食物，低GI食物的消化和吸收缓慢，引起胰腺中血糖和胰岛素释放的增加较少[45]。胰岛素通过促进葡萄糖向细胞内的运输来降低血糖水平。细胞内葡萄糖的命运取决于其游离的场所。例如，肌细胞利用葡萄糖作为能量，而脂肪细胞将葡萄糖转化为甘油三酯（脂肪）。

虽然GI是为帮助人们更好地控制血糖水平而被提出的——其对糖尿病患者特别有帮助——但一些研究人员假设，由低GI和高GI食物组成的饮食可能有助于降低肥胖和其他疾病的风险[99, 100]。此外，GI系统存在一些可能会限制其准确性的问题。第一，已公布的特定类型食物的GI值可能由于测试、食用成分、食物成熟度、食品加工方法、烹饪和储存方法的不同而有较大偏差[27, 60]。第二，餐时摄入碳水化合物或摄入不同量的碳水化合物会影响GI[45]。低GI食品通常包括蔬菜、豆类和天然谷物（表9.5）。

虽然一些科学家推测，训练前摄入低GI食物能最大限度地减少胰岛素分泌，从而节省碳水化合物，以此来提高运动表现，但没有足够的证据支持这一假设[21]。研究也是有分歧的，其中一些研究显示，与训练前摄入低GI食物相比，摄入高GI食物可延长运动时间，减少疲劳[33, 167]，也有其他研究显示，摄入低GI食物与高GI食物对跑步成绩没有影响[160, 180]。

因此，运动员若将GI作为食物选择指导，则可在训练前同时摄入低GI食物和高GI食物，同时坚持在运动期间和运动后摄入高GI食物，前者为运动迅速提供能量来源（糖）[23]，后者有助于快速地补充糖原储存。

血糖负荷（GL）考虑到摄取食物中碳水化合物的量（g），这也是影响血糖反应的一个因素。因为GL考虑到食物分量的大小，因此与GI相比，是更实际的血糖反应指标。表9.6显示了特定食物的GI和GL差异。GL由一份食物的GI乘以食物中碳水化合物的重量，然后除以100所得。

血糖负荷 = 每份食物的GI ×
食物中碳水化合物的重量 ÷ 100

具有更高GL的食物可导致血糖及随后的胰岛素释放显著升高[45]。

低GL饮食与运动相结合，已被证实可改善老年人、肥胖成年人的胰岛素敏感性，因此可成为该类人群的潜在治疗方法[90]，而观察和干预研究也表明，低GI和低GL饮食与更低水平的炎症标志物存在关联性。慢性低度炎

表9.5 不同食物的血糖指数

低GI食物（55或以下）	中GI食物（55~69）	高GI食物（70或以上）
苹果汁	糙米，煮	玉米片谷物
水煮胡萝卜	蒸粗麦粉	葡萄糖
巧克力	蜂蜜	土豆，煮
玉米饼	菠萝，生	即食土豆泥
冰淇淋	爆米花	米饼、薯片
芸豆	土豆，薯条	牛奶糊
扁豆	燕麦片	西瓜，生
橙子，生	软饮料，苏打水	白面包
牛奶、大豆或乳制品	蔗糖	白米饭，煮
酸奶，水果味	红薯，煮	全麦面包

[源自：Atkinson，Foster-Powell，and Brand-Miller，2008[8].]

表9.6 血糖指数和血糖负荷

食物	分量/g	血糖指数（葡萄糖=100）	碳水含量（每份克数）	血糖负荷（每份）
天使蛋糕	50	67	29	19
苹果（不同品种）	120	38±2	15	6
苹果汁，不甜（250mL）	8oz	40±1	29	12
百吉饼，白色，冷冻	70	72	35	25
香蕉，熟	120	51	25	13
奶酪比萨饼	100	60	27	16
可可奶（牛奶加入可可粉）	250mL（8.5oz）	43	11	5
速食巧克力布丁、布丁粉加全脂牛奶	100	47±4	16	7
甜玉米	150	53±4	32	17
英式松饼	30	77±7	14	11
葡萄	120	46±3	18	8
冰淇淋	50	61±7	13	8
罐装芸豆	150	52	17	9
土豆泥，速食	150	85±3	20	17
燕麦片	50	69	35	24
葡萄干	60	64±11	44	28
糙米，蒸，美国产	150	50	33	16
长粒白米饭，煮20~30min	150	50	36	18
软饮料，可乐）	250mL（8.5oz）	63	26	16
草莓	120	40±7	3	1
红薯	150	61±7	28	17
香草味薄饼	25	77	18	14
小麦面包，75%小麦籽粒	30	53±3	20	11
低脂酸奶（0.9%），野生草莓	200	31±14	30	9

[源自：Foster-Powell，Holt，and Brand-Miller，2002[45].]

症被认为是慢性疾病的潜在危险因素[19]。此外，一些（但不是全部）研究表明，具有较低GI或GL的饮食与降低空腹胰岛素水平及减少心血管危险因素存在一定关联性[63, 152]。

纤维

低纤维饮食与便秘、心脏病、结肠癌和2型糖尿病有关。女性的纤维DRI范围（取决于年龄、怀孕和哺乳期）为每天21~29g，男性的（基于各年龄组）则为30~38g/天。纤维普遍存在于水果、蔬菜、坚果、种子、豆类及全麦面包、燕麦片和爆米花等全谷物食物中。

运动员的碳水化合物需求

多项研究表明，碳水化合物可以提高有氧耐力运动表现，延缓疲劳时间，对高强度间歇运动的力输出和表现也有增强的作用[2, 11]。研究显示，高糖原浓度水平可以用来避免使用蛋白质供能，从而有助于减少肌肉分解（尽管蛋白质摄入方面的差异也会影响肌肉分解）[64]。

碳水化合物的建议摄入量主要基于训练的类型。有氧耐力运动员每天以中等强度（70%~80%的最大摄氧量）训练90min或更长时间，碳水化合物的摄入量应为每天每千克体重8~10g[75]。这种水平的碳水化合物摄入能使从事持续有氧耐力运动的运动员受益，如长跑运动员、公路自行车运动员、铁人三项和越野滑雪运动员。研究表明，经常从事高强度、间歇性项目的运动员，如足球运动员，也受益于高碳水化合物饮食[10, 163]。目前，针对像篮球运动员、摔跤运动员和排球运动员的碳水化合物需求的研究相对有限。从事力量型、冲刺型和技巧型活动的运动员的碳水化合物摄入量应为每天每千克体重5~6g[153]。

有氧耐力训练后30min内，应补充约每千克体重1.5g高血糖指数的碳水化合物，以快速刺激糖原的重新合成[74]。运动员可以在运动后立即摄入少量碳水化合物，只要在完成训练之后以规律的间隔（约每2h）进食碳水化合物含量较高的加餐或零食即可。如果运动员并非每天训练，自己通过饮食中摄入足够的碳水化合物，糖原可在24小时内恢复。最后，尽管糖原对运动表现具有深远的影响，但运动员也会适应低碳水化合物饮食，这将减少他们在运动中对作为能量来源的碳水化合物的依赖[43]。一些运动员也使用这种策略来减少他们的总热量摄入。

> 运动员应适应饮食中的碳水化合物摄入变化。虽然在有氧训练中，运动员将碳水化合物作为主要的能量来源，但长期坚持低碳水化合物饮食可使机体更多地依赖脂肪作为能量来源。

脂肪

虽然脂肪和脂质这两个术语经常可互换使用，但脂质是涵盖面更广的术语。脂质包括甘油三酯（脂肪和油）及相关的脂肪化合物，如甾醇和磷脂。在营养学上，最重要的脂质是甘油三酯、脂肪酸、磷脂和胆固醇。甘油三酯通过甘油与三种脂肪酸的结合形成。在食物和人体内的大多数脂质以甘油三酯的形式存在，在本章中，术语“脂肪”一词指的是甘油三酯。

与碳水化合物相同，脂肪含有碳、氧、氢原子；但是因为脂肪酸链具有更多的碳、氢原子（相对于氧原子），所以每克脂肪酸可以提供更多的能量。例如，每克脂肪提供约9kcal能量，而每克碳水化合物和蛋白质可提供约4kcal能量。膳食脂肪和油是由不同类型的脂肪酸组成的。

饱和脂肪酸没有双键，它们的碳分子被氢饱和。饱和脂肪酸可用于一些生理和结构功能，但人体内可生成这类脂肪酸，因此对饱和脂肪酸没有饮食要求[174]。不饱和脂肪酸通过双键将碳分子连接在一起，使其更容易产生化学反应。含一个双键的脂肪酸被称为单不饱和脂肪酸。含有两个或更多双键的脂肪酸被称为多不饱和脂肪酸。由于人体自身不生产，以下两种多不饱和脂肪酸是必需的：亚麻油酸（ω-6）和亚麻脂酸（ω-3）。这两种脂肪酸在健康细胞膜的形成、大脑和神经系统正常的发育和运作及激素生成这3方面是不可或缺的。含有ω-6的食品类型丰富，包括大豆油、玉米油和红花油及它们的制品等。含有ω-3的食物较少，包括鱼类，特别是富含脂肪的鱼类，如鲑鱼、鲱鱼、大比目鱼、鳟鱼和鲭鱼，这些鱼的脂肪中含有ω-3、二十碳五烯酸（EPA）和二十二碳六烯酸（DHA）。摄入一定量的EPA和DHA能在一定程度上降低对甘油三酯剂量的依赖性；还有助于降低血压，虽然幅度很小，但在统计学上有显著意义，特别是对老年人；还有潜在的抗心律失常的作用[107, 113]。

人们还可以通过摄入亚麻籽、核桃、大豆油或芥花油来满足ω-3的需求，这些食物富含ω-3脂肪酸α-亚麻酸（ALA）——其可以转化为EPA和DHA。然而这种转换过程是低效的。相关研究表明，成人体内约5%的ALA转化为EPA，小于0.5%的ALA转化为DHA[130]。因此，摄入的含有ALA的食物虽可计入ω-3摄入量，但它对身体中的EPA和DHA水平没有显著影响。富含ALA的食物可能会改善心血管疾病的一些风险因素；然而，起作用的到底是ALA、富含该类营养的食物中的其他化合物，还是这二者的组合，目前还不清楚[38]。除了其生理功能，脂肪的重要性还体现在它构成了许多食物特有的风味、香气和质地。通常，大多数膳食脂肪和油是包含所有三类脂肪酸的混合物，而其中之一占主导地位。大豆油、玉米油、葵花籽油和红花油的多不饱和脂肪酸比例相对较高；橄榄油、花生油和菜籽油含有大量的单不饱和脂肪酸；大多数动物脂肪和热带油类（如椰子油、棕榈油）的饱和脂肪酸含量相对较高。

储存在人体内的脂肪具有许多功能。在人体中，能量主要以脂肪组织的形式储存，但也有一小部分存在于骨骼肌中，这在有氧训练的运动员体内更常见[150]。身体脂肪的作用包括隔离和保护器官、调节激素及运输和储存脂溶性维生素A、维生素D、维生素E和维生素K。

与胆固醇的关系

胆固醇是一种蜡状的类似脂肪的物质，是所有细胞膜的重要结构和功能成分。此外，胆固醇也用于生成胆汁盐、维生素D和几种激素，包括性激素（雌激素、雄激素和黄体酮）及皮质醇。虽然胆固醇在体内具有许多重要功能，但胆固醇含量过高会导致动脉粥样硬化，即斑块积聚在动脉壁上造成的动脉硬化，会使血液通过的动脉空间变窄。因此，血液中胆固醇过高是造成心脏病和中风的危险因素。

总胆固醇、低密度脂蛋白（LDL）和甘油三酯水平过高都与心脏病风险增加相关。根据粒径大小，低密度脂蛋白被进一步细分。较小的更紧密的颗粒被称为极低密度脂蛋白（VLDL），它比颗粒较大的LDL更易导致动脉粥样硬化（动脉堵塞）[44]。饱和或反式脂肪含量过高、体重增加、厌食症都会导致低密度脂蛋白胆固醇增加[162]。然而，VLDL浓度会随着碳水化合物摄入的增加而增加[116]。高浓度的高密度脂蛋白（HDL）可以预防心脏病，但它不是治疗的目标（医生被告知不能只关注HDL）。低密度脂蛋白、总胆固醇和高密度脂蛋白的分级见表9.7。

摄入大量精制碳水化合物、体重增加、过量饮酒和极低脂肪饮食可导致甘油三酯（血脂）的上升。然而，与胆固醇一样，以下几种因素影响会甘油三酯：久坐的生活方式、超重或肥胖、吸烟、遗传和某些疾病、药物[125, 162]。

2015年饮食指南咨询委员会的科学报告建议，避免摄入含有反式脂肪的部分氢化油，

表9.7 低密度脂蛋白、总胆固醇、高密度脂蛋白的分级（mg/dL）

低密度脂蛋白	
<100	最优状态
130~159	高至接近临界值
160~189	高
>190	非常高
总胆固醇	
<200	良好
200~239	高至接近临界值
>240	高
高密度脂蛋白	
<40	低
>60	高

脂蛋白水平测试应在禁食9~12h后进行。
低密度脂蛋白胆固醇是治疗的主要目标。
[源自：NIH.]

并控制饱和脂肪摄入低于总热量的10%，尽量选择不饱和脂肪，特别是以多不饱和脂肪代替饱和脂肪。此外，建议摄入的糖最多不超过总热量的10%[176]。

脂肪和运动表现

肌肉和血液循环中的脂肪酸都是运动中潜在的能量来源[126]。相较于身体储存有限的碳水化合物，脂肪的储存量非常大，能为训练提供大量的能量[54]。例如，一个体重为160lb（约72kg），体脂肪含量为4%的跑者体内的脂肪组织中储存了将近22 400kcal的热量[53]。在休息和低强度运动期间，较高比例的能量供给来自脂肪酸的氧化[140]。在运动强度增加时，逐渐转化成主要由碳水化合物供给能量。持续有氧训练能提高肌肉使用脂肪酸的能力[79]。

宏量营养素指南

蛋白质

- 选择多种蛋白质食物，包括海鲜、瘦肉和家禽、鸡蛋、豆类、大豆制品、坚果和种子。
- 选择增加摄入海鲜的数量和种类，代替一部分肉类和家禽。
- 选择用低固体脂肪含量和低热量食物，替代高固体脂肪含量的蛋白质食物[171]。
- 一般健身的年轻人：摄入每天每千克体重0.8g~1.0g的蛋白质。
- 有氧耐力运动员：摄入每天每千克体重1.0g~1.6g的蛋白质。
- 力量型运动员：摄入每天每千克体重1.4g~1.7g的蛋白质。
- 低热量饮食运动员：摄入每天每千克体重1.8g~2.7g的蛋白质。

碳水化合物

- 减少从添加糖中摄取热量。
- 增加蔬菜（不加盐或脂肪）和水果（不使用添加糖）的摄入量。
- 多吃各种蔬菜，包括豆类及深绿色、红色和橙色的蔬菜。
- 谷物中天然谷物的摄入至少占一半。用谷物代替精加工制品，以增加天然谷物的摄入量。

脂肪和酒精

- 从饱和脂肪中摄入不超过10%的热量，用不饱和脂肪（特别是多不饱和脂肪）来代替。
- 避免含有反式脂肪的部分氢化油。
- 减少从固体脂肪中摄入热量。
- 减少精加工谷物制品的摄入。
- 如果饮酒，请适度——女性每日不超过一杯，男性每日不超过两杯——仅适用于年满合法饮酒年龄的成年人[176]。孕妇应避免饮酒，处于哺乳期的女性如果要饮酒，应将摄入量保持在安全范围内[176]。运动后应避免饮酒，因为酒精会减缓肌肉蛋白质的合成[123]。

除了训练之外，在一段时间内进行高脂肪、低碳水化合物饮食，人体会适应利用更多的脂肪来供能[57, 79]。由于身体适应的饮食类型可能影响运动表现[66]，高脂肪、低碳水化合物饮食的效果因人而异[129, 139, 143]。

> 人体内有足够的脂肪为长时间的训练或比赛提供能量。

维生素

维生素是一种有机物质（即含有碳原子），执行特定代谢功能需要极少量的维生素[67, 177]。维生素常起辅酶的作用，促进体内的多种反应。例如，B族维生素帮助身体从碳水化合物的代谢中获得能量。表9.8显示了各种维生素的功能和一些食物来源。

表9.8 维生素

维生素	功能	食物来源[171]	每日DRI和UL**[67, 70–72]
维生素A	对视力、健康的皮肤、牙齿、身体组织、健康的黏膜和皮肤来说都是必要的	动物食物包括动物肝脏（牛、鹅、羊、火鸡）、肉类、全脂牛奶、奶酪、鲱鱼	男性：300~900μg RAE（视黄醛活性当量）（RDA） 女性：300~1300μg RAE（RDA） 男性：600~3000μg RAE（UL） 女性：600~3000μg RAE（UL）
β-胡萝卜素	抗氧化剂*，在体内转化为维生素A	红薯、胡萝卜、南瓜、菠菜、羽衣甘蓝、羽衣甘蓝、笋瓜、藜、甜菜叶、芜菁叶、卷心菜	无RDA或AI；但是来自食物的1IUβ-胡萝卜素=0.05μg RAE维生素A。 由于缺乏数据，UL不确定。只建议缺乏维生素A的个体补充
维生素D	帮助钙的吸收，并帮助维持血液中钙和磷的水平。对骨骼生长和防止骨质流失来说是必需物质	鱼类（剑鱼、鲑鱼、金枪鱼、沙丁鱼、鲭鱼、鲤鱼、鳗鱼、白鱼）、强化牛奶、强化早餐燕麦、蛋黄	男性：15~20μg（600~800IU）（RDA） 女性：15~20μg（600~800IU）（RDA） 男性：63~100μg（2500~4000IU）（UL） 女性：63~100μg（2500~4000IU）（UL）
维生素E	抗氧化剂*，免疫功能和新陈代谢的必需物质	油（小麦胚芽油、菜油）、早餐燕麦、坚果和种子、小麦胚芽、花生酱、玉米油	男性：6~15mg（7.5~22.4IU）（RDA） 女性：6~19mg（9~28.4IU）（RDA） 男性：200~1000mg（300~1500IU）（UL） 女性：200~1000mg（300~1500 IU）（UL）
维生素K（叶绿醌）	维持正常凝血功能。维持组织和骨骼健康	深绿色蔬菜（羽衣甘蓝、布鲁塞尔芽菜、菠菜、甜菜、芜菁和芥菜、甜菜叶、菊苣）、西蓝花、芦笋、藜	男性：30~120μg（AI） 女性：30~90μg（AI） 由于缺乏数据，没有UL
维生素C	促进细胞健康发育，帮助伤口愈合和抗感染。作为抗氧化剂*。将非活性叶酸转化为活性叶酸时的必须物质。使铁可用于血红蛋白合成	甜椒、桃子、番石榴、西蓝花、猕猴桃、柑橘类水果（草莓、橙子、青柠、柠檬、葡萄柚、橘子）、番木瓜、哈密瓜、番茄、土豆、洋葱	男性：15~90mg（RDA） 女性：15~120mg（RDA） 男性：400~2000mg（UL） 女性：400~2000mg（UL）

续表

维生素	功能	食物来源[171]	每日DRI和UL**[67, 70-72]
硫胺素（维生素B_1）	碳水化合物代谢的辅酶。维持神经系统、肌肉及心脏的正常运作	强化早餐燕麦、向日葵种子、豌豆、橙子、橙汁、利马豆、山核桃、强化米	男性：0.5~1.2mg（RDA） 女性：0.5~1.4mg（RDA） 由于缺乏数据，没有UL
核黄素（维生素B_2）	辅酶在红细胞形成，维持神经系统功能和碳水化合物、蛋白质和脂肪的代谢中。维持视力，有助于防止白内障	肝、小麦胚芽、啤酒酵母、杏仁、奶酪、强化早餐谷物、乳清蛋白、牛奶、鸡蛋、羊肉、小牛肉、牛肉、西蓝花、酸奶	男性：0.5~1.3mg（RDA） 女性：0.5~1.6mg（RDA） 由于缺乏数据，没有UL
烟酸	碳水化合物、蛋白质、脂肪代谢及适当神经系统功能的辅酶。高摄入量可以降低升高的胆固醇	大豆蛋白、大豆粉、结构化植物蛋白、乳清蛋白、牛肉、花生、花生酱、向日葵种子、强化早餐谷物	男性：6~16mg（RDA） 女性：6~18mg（RDA） 男性：10~35mg（UL） 女性：10~35mg（UL）
抗皮炎素（维生素B_6）	促进蛋白质代谢、维持神经系统和免疫系统功能的辅酶。参与激素和红细胞的合成	肝、香蕉、强化早餐谷物、大豆、鸡、金枪鱼、生胡萝卜、牛肉、花椰菜、菠菜、土豆、苜蓿芽、海军豆、花生酱、鹰嘴豆、核桃、葵花籽、鳄梨、鸡蛋、卷心菜、鲑鱼	男性：0.5~1.7mg（RDA） 女性：0.5~2.0mg（RDA） 男性：30~100mg（UL） 女性：30~100mg（UL）
叶酸	正常的生长发育和红细胞生产的必需物质。减少新生儿神经管先天缺陷的风险。可以降低心脏病和宫颈发育不良的风险	啤酒酵母、强化早餐燕麦、肝、黑眼豆、豆类（黑白斑豆、黑豆、利马豆、白色豆、鹰嘴豆、大豆）、花生、花生酱、菠菜、芜菁叶、芦笋、芥菜、海藻、鸡蛋、强化面包、橙子、橙汁	男性：150~400μg（RDA） 女性：150~600μg（RDA） 男性：300~1000μg（UL） 女性：300~1000μg（UL）
钴胺素（维生素B_{12}）	血液生成与健康神经系统所必需的物质	肝、牡蛎、羊肉、鸡蛋、牛肉、贝类、鱼、家禽、鸡肉、强化早餐燕麦	男性：0.9~2.4μg（RDA） 女性：0.9~2.8μg（RDA） 由于缺乏数据，没有UL
生物素	协助脂肪酸的代谢和B族维生素的利用	坚果（花生、榛子、杏仁、腰果、澳洲坚果）、大豆、花生酱、黑眼豆、肝、牛奶、蛋黄、酵母、奶酪、花椰菜、胡萝卜、鳄梨、红薯	男性：8~30μg（AI） 女性：8~35μg（AI） 由于缺乏数据，没有UL
泛酸（维生素B_5）	帮助正常生长和发育	肝、向日葵种子、强化早餐燕麦、蛋黄、乳清蛋白、大豆蛋白、花生、花生酱、山核桃、小牛肉、强化米、花椰菜、利马豆	男性：2~5mg（AI） 女性：2~7mg（AI） 由于缺乏数据，没有UL

*抗氧化剂是改变细胞信号通路的物质，能够抵消由活性氧和氮（自由基）引起的氧化应激造成的细胞损伤。自由基对人类健康来说利弊共存。自由基过量产生或过度暴露，再加上可结合的抗氧化剂缺乏，可导致氧化应激，进而对细胞脂质、蛋白质和DNA造成损害[67, 177]。

**膳食参考摄入量（DRI）：营养成分建议，包括推荐每日摄入量（RDA）、适宜摄入量（AI）、平均需求量（EAR）和可耐受上限摄入量（UL）。

可耐受上限摄入量（UL）：在大多数普通人中，营养物质的每日最高摄入量，超过该量可能会对健康造成不利影响。

上表已列出每个性别、每个阶段DRI和UL的范围。

水溶性维生素溶于水，包括B族维生素和维生素C，是通过血液运输的。除了常年储存于肝脏的维生素B_{12}外，水溶性维生素在体内的储存量并不多。人体只使用所需量的维生素，然后通过尿液排出多余的[170]。尽管维生素B_{12}摄入过多没有已知的副作用，但摄入超过身体的所需剂量并不会增加能量或改善健康[17, 72]。维生素A、维生素D、维生素E和维生素K是脂溶性的，因此通过血液中的脂肪运输，并储存在体内脂肪组织中[142]。过量预生成的维生素A（非β-胡萝卜素、α胡萝卜素或β-隐黄素，它们在体内转化并生成维生素A）具有毒性，并且与机体强烈的不良反应有一定的关联性，包括肝损伤、颅内压（假性脑瘤）、眩晕、恶心、头痛、皮肤刺痒、关节和骨骼疼痛、昏迷，甚至死亡[67, 141]。通过饮食可能摄入过量的维生素A，这通常是由补剂中维生素A的含量过高引起的[70, 142]。摄入的维生素D若达到中毒水平，可导致心律失常和血钙升高，进而引起血管和组织钙化，并对心脏、血管和肾脏造成损害。维生素E是抗氧化剂，可降低血液浓度[142]。经常摄入过量的维生素E可导致血清中维生素E浓度过高，这样的浓度与出血性中风的风险增加有关，特别常见于使用血液稀释剂的人[124]。因为维生素K有助于凝血，摄入过多，其可能会与一些抗凝血药物相互抑制[92]。

矿物质

矿物质有益于骨骼、牙齿和指甲的结构，也是酶的组成部分，并且具有多种代谢功能。例如，钙对于骨骼和牙齿的形成和功能、神经信号传递和肌肉收缩都是必需的。铁是氧气运输必需的，也是能量代谢所需酶的组成部分。钙、磷、镁、铁和电解质钠、钾以及氯化物通常被称为主要矿物质。矿物质对于运动员的骨骼健康、携氧能力及体液和电解质平衡都起到重要作用。表9.9列出了矿物质的功能和优质食物来源。

表9.9 矿物质

矿物质	功能	食物来源[153]	DRI和UL[67-68, 70-71]
钙	骨骼、牙齿发育和保持健康的重要物质。协助凝血、肌肉收缩和神经传递	加钙果汁和果汁饮料、奶酪、沙丁鱼、牛奶、酸奶酪、酸奶、冰淇淋、豆腐、芜菁叶、大白菜、芥菜、羽衣甘蓝、芜菁甘蓝	男性：700~1300mg（RDA） 女性：700~1300mg（RDA） 男性：2000~3000mg（UL） 女性：2000~3000mg（UL）
磷	与钙一起作用，促进牙齿和骨骼发育并使其保持坚固。促进其他营养素的利用。对能量代谢、DNA结构和细胞膜至关重要	奶酪、鱼、牛肉、全麦制品、可可粉、南瓜种子、葵花籽、杏仁	男性：460~1250mg（RDA） 女性：460~1250mg（RDA） 男性：3~4g（UL） 女性：3~4g（UL）
镁	激活近100种酶，协助神经和肌肉功能。是骨骼和牙齿的组成成分	麸（小麦和大米）、可可粉、强化早餐燕麦、种子（南瓜、向日葵）、大豆、坚果（杏仁、松子、榛子、腰果、核桃、花生）、菠菜	男性：80~420mg（RDA） 女性：80~400mg（RDA） 男性：65~350mg（UL） 女性：65~350mg（UL）

续表

矿物质	功能	食物来源[153]	DRI和UL[67-68, 70-71]
钼	DNA和RNA的代谢和尿酸产生所需的元素	牛奶、乳制品、豌豆、豆类、肝脏、天然谷物制品	男性：17~45μg（RDA） 女性：17~50μg（RDA） 男性：300~2000μg（UL） 女性：300~2000μg（UL）
锰	骨骼和结缔组织的正常发育所必需的元素。与碳水化合物的代谢有关	小麦胚芽、麦麸、米糠、强化早餐麦片、米饼、坚果（花生、山核桃、松子、核桃、杏仁、榛子）、大豆、蚌类、全麦制品（面食、面包和饼干）	男性：1.2~2.3mg（AI） 女性：1.2~2.6mg（AI） 男性：2~11mg（UL） 女性：2~11mg（UL）
铜	与铁的代谢、神经系统功能、骨骼健康和蛋白质的合成有关。在皮肤、毛发和眼睛的色素沉着中起作用	肝、贝类（尤其是牡蛎）、龙虾、坚果（腰果，巴西坚果、榛子、核桃、花生、杏仁、山核桃、开心果）、种子（向日葵、南瓜）、强化早餐麦片	男性：340~900μg（RDA） 女性：340~1300μg（RDA） 男性：1000~10 000μg（UL） 女性：1000~10 000μg（UL）
铬	协助葡萄糖代谢，协助调节糖尿病患者的血糖和胰岛素水平	蘑菇（白色）、生蚝、葡萄酒、苹果、啤酒酵母、啤酒、鸡肉	男性：11~35μg（AI） 女性：11~45μg（AI） 由于缺乏数据，没有UL
碘	甲状腺激素所需。有助于调节生长、发育和能量代谢	加碘盐、咸水鱼和海鲜	男性：90~150μg（RDA） 女性：90~290μg（RDA） 男性：200~1100μg（UL） 女性：200~1100μg（UL）
铁	对红细胞的形成和功能来说不可或缺。肌红蛋白和酶系统的组成成分	肝脏、牛肉、羊肉、小牛肉、家禽、蛤、牡蛎、强化早餐谷物、加铁面包制品、啤酒酵母、坚果（松子、腰果、杏仁）、豆（芸豆、青豆、鹰嘴豆）	男性：7~11mg（RDA） 女性：7~27mg（RDA） 男性：40~45mg（UL） 女性：40~45mg（UL）
硒	一种关键的抗氧化酶的基本成分。维持机体正常生长和发育，利于碘在甲状腺中的功能	牛里脊、鳕鱼、鳟鱼、金枪鱼、牡蛎、鲭鱼、比目鱼、肝、向日葵种子、麦麸、小麦胚芽、强化早餐谷物、鲈鱼、螃蟹、蛤、鳕鱼、黑线鳕、全麦面包	男性：20~55μg（RDA） 女性：20~70μg（RDA） 男性：90~400μg（UL） 女性：90~400μg（UL）
锌	涉及消化、新陈代谢、生殖和伤口愈合的100多种酶的重要成分	牡蛎、牛肉、小牛肉、羊肉、鸡肉、利马豆、黑眼豆、白豆	男性：3~11mg（RDA） 女性：3~13mg（RDA） 男性：7~40mg（UL） 女性：7~40mg（UL）

值得注意的是两种矿物质：铁和钙。如果运动员没有在饮食中摄入足够的铁，则会缺铁或缺铁性贫血，这两种情况都可能降低运动员的运动表现。饮食中钙不足可导致骨密度低，这会提升骨质减少或骨质疏松的风险。

铁

铁对血红蛋白的功能和合成来说都是必不可少的，而血红蛋白是一种将氧运输至全身的蛋白质[158]。除此之外，铁是肌红蛋白的重要组成部分，它将氧运输至肌肉[51]。铁在生长发育、细胞功能及某些激素的合成和功能中起重要作用[41, 46, 85]。

缺铁是世界上最普遍的营养缺乏症[183]。虽然缺铁现象不成比例地影响着发展中国家的人们，但在发达国家中也很常见。美国国家健康和营养调查（NHANES）发现，约16%的16~19岁的少女及约12%的20~49岁的女性普遍缺铁。在一些关于女性有氧耐力运动员的缺铁调查中，超过1/4的受试者缺铁检测呈阳性[102, 137]。缺铁现象分为3个阶段（按严重程度排序）：铁减少期、红细胞生成减少期和缺铁性贫血期[89, 118]。铁会将氧运输至工作中的肌肉，因此即使是轻微的缺铁也会影响运动表现[18, 61]。发生缺铁性贫血是由于体内的铁含量过低，导致身体无法产生足够的健康红细胞来将氧输送至全身[157, 161]。缺铁症状取决于个体；有些人无明显症状或习以为常，并认为这是正常的。缺铁性贫血症状包括虚弱、疲劳、易怒、注意力不集中、头痛、运动能力下降、脱发和口干[15]。与缺铁性贫血相关的其他症状包括经常感觉到身体发冷，舌头发炎（舌炎）、日常活动期间的呼吸急促和异食癖（需要食用非食物物质，如洗衣粉、污垢、黏土和冰）[111]。

育龄妇女、十几岁的女孩、孕妇、婴儿和幼儿对铁元素需求量最高，因此缺铁的风险也相应增加。此外，长跑运动员、素食运动员、女运动员、月经期间大量失血的女性、服用过量抗酸药物者和有消化系统疾病（如乳糜泻）的个体的缺铁风险更高，容易发生缺铁性贫血[70]。

食物中的铁有两种类型：血红素铁和非血红素铁。血红素铁来源于血红蛋白，常见于原本含血红蛋白和肌红蛋白的肉类食物（包括红肉、鱼和家禽）中。血红素铁比非血红素铁更易于吸收，并且我们摄入的其他任何食物都不会影响我们对血红素铁的吸收。人体对血红素铁的吸收率为15%~35%[111]。

非血红素铁是其他非肉类食物中铁元素的存在形式，包括蔬菜、谷物和含铁元素的强化早餐谷物。只有2%~20%的非血红素铁能被吸收[165]。而且，血红素铁不受同时摄入的食物中的化合物影响，非血红素铁的吸收却会受到诸多因素的影响。例如，菠菜中的非血红素铁就会受到一种被称为植酸的物质的影响（植酸是植物中磷酸盐的储存形式）。植酸会降低非血红素铁的吸收。此外，其他几种物质也会降低非血红素铁的吸收，包括单宁（常见于茶和葡萄酒中）、钙（常见于乳制品和多种维生素中）、多酚、植酸盐（常见于豆科植物和天然谷物中）及大豆中的部分蛋白质。为了增加非血红素铁的吸收，人们可以在摄入富含维生素C的食物、饮料或在摄入含非血红素铁食物的同时，摄入含血红素铁的食物。例如，同时摄入菠菜与肉类，这可以增加菠菜中铁的吸收[70, 165]。

补铁的方式很多；每种食物提供铁元素的数量都不尽相同，同时也有不同的生物利用率和潜在的副作用，如胃不适[103]。此外，补充钙、镁可能会干扰铁的吸收[179]。运动员很容易出现铁摄入不足，但由于影响铁摄入和吸收的因素有很多，包括摄入的其他矿物质，所以只有医生或注册营养师才能推荐铁的补剂，以及指导如何服用以获得最大的吸收量，同时将胃部不适降至最低[27, 47, 114, 144,179]。

钙

在儿童期和青少年期摄取足量的钙对于骨骼的发育至关重要。在青少年期摄入钙有助于骨骼的生长和骨密度的增加，高达90%的骨密度峰值发生在青少年期后期[58, 154]。钙有助于成人保持骨密度。当膳食中钙的摄入量不足时，储存在骨骼中的钙元素就会被释放，以满足机体的需求并维持血液、肌肉和细胞间液中钙浓度的恒定。钙是维持骨密度峰值必不可少的，缺钙可能造成骨质疏松，并导致老年期的骨折风险增加[71]。钙还能保证牙齿健康，帮助调节肌肉的收缩，并在神经功能、血管扩张和收缩、激素和酶的分泌中发挥着重要作用[71]。

NHANES的调查发现，只有15%的9~13岁女性和少于10%的14~18岁、51岁以上女性从饮食中摄入了足够的钙[9]。因此，应鼓励运动员在其饮食中加入乳制品和其他富含钙的食物。若运动员的钙需求无法通过饮食来满足，医生或注册营养师可以建议其开始补钙。

液体和电解质

水是人体最大的组成部分，占人体体重的45%~75%。在人体中，水起着润滑、减震及充当细胞介质和溶剂的作用。此外，水在调节体温（汗液的流失有助于降低体表温度，特别是在炎热的环境中或在训练期间）、营养物质的运输和代谢废物的排出、保持体液平衡及维持正常血压方面有着重要的作用[78]。水非常重要，即便在最佳温度条件下，一旦缺水，人仅能存活几天[99]。

保持适合的水合作用对所有人都很重要，运动员必须密切注意他们的水合状态，因为超过液体摄入量的汗液流失可能很快就会导致脱水状态，伴随核心温度升高，血浆容量减少，心率上升并且劳累感增加[31, 147]。当出现以上情况时，除非补充水分，否则排汗和散热速度无法缓解核心温度上升的问题。在炎热环境中锻炼有助于身体适应热应激（如增加排汗、降低汗液电解质浓度和开始排汗时的温度较低），因此在炎热季节初期，运动员可能更容易出现脱水和热应激反应[50]。此外，与训练有素的运动员相比，训练量较少的运动员更容易产生热应激反应[45]。由于身体的储水能力受生理变化和年龄因素影响，老年人脱水和水合不足的风险更高[45]。儿童存在脱水的风险也很高，这是因为相较于成年人，他们的体表面积与体重的比率更大，从环境中获得的热量更多，运动期间产生的热量也更多，通过排汗散热的能力下降，对口渴的感知更差[12, 40]。此外，有镰形细胞性状、囊性纤维化和其他疾病的个体也存在较高的脱水风险[12, 168]。即便是轻微脱水，即流失2%~3%体重的水时，也会造成核心温度升高并通过疲劳感的增加及积极性、神经肌肉控制、准确度、爆发力、力量、肌耐力的下降显著影响整体运动表现[13, 25, 37, 55, 81, 83, 112, 149, 158]。脱水会引起核心温度升高，每搏输出量减少，血压降低，流向肌肉的血液减少，心跳加快，严重时可导致劳累性横纹肌溶解症，增加中暑和死亡的风险[31, 52, 109, 146]。在炎热、潮湿和高海拔的环境中，脱水的风险会大幅地增加[26, 109, 117]。

液体平衡

男性和女性的适宜饮水量分别为每天3.7L（125.1oz或15.6杯）和每天2.7 L（91.3oz或11.4杯）。然而，孕妇和哺乳期女性的适宜饮水量分别是每天3.0L（101.4oz或12.7杯）和每天3.8L（128.49oz或16.1杯）。所有液体的来源包括咖啡、茶、果汁、苏打水等饮料，以

热量与营养密度高的食物

鉴于美国的肥胖率有所上升，有些人将美国人的饮食归类为热量密集但营养不足型。2015年膳食指南咨询委员会的科学报告就提出一种建议的饮食模式，其包含多种营养丰富的食物。尽管还没有关于营养密度这一术语的标准定义，但一般来说，选择营养密度高的食物意味着选择富含维生素、矿物质和纤维等营养物质及植物性化合物的食物，而热量密度高是指食物的热量高。营养密度高的食物包括牛奶、蔬菜、蛋白质食物和谷物，而热量密度高且营养密度低的食物通常包括薯片、甜点和糖果[39]。有关营养与热量密度的更多信息，可参考Drewnowski的著作[39]。

及食物中的液体，这些都有助于满足人体对水的需求[68]。

对许多运动员来说，在训练和比赛中保持体液平衡是一项挑战，尤其是对那些出汗量很大的运动员或在炎热、潮湿或高海拔环境中训练的运动员。除了环境因素，衣服、装备和较大的体形会提高出汗率，不安全的减肥方法（如频繁使用或过量使用利尿剂、泻药）会提高脱水的风险[31, 34]。美式橄榄球运动员，特别是前锋，脱水的风险较大，因为他们的装备很厚重且体形通常较大[31]。例如，一项针对美国职业橄榄球联盟球员的研究显示，进攻后卫和接球手的平均体重为93 ± 6kg（204.6 ± 13.2lb），每小时平均流失1.4 ± 0.45L（47.3 ± 15.2oz或6 ± 2杯）汗液，而平均体重为135.6 ± 17kg（298 ± 37.4lb）的前锋，训练中平均每小时流失汗液2.25 ± 0.68L（75.1 ± 1.5oz或9杯）。两个实验组进行了两次总时长为4.5小时的训练，所统计的汗液流失量为：后卫和接球手为6.4 ± 2.0L（216.4 ± 67.6oz或27 ± 8杯），前锋为10.1 ± 3.1L（341.5 ± 104.8oz或42.7 ± 13.1杯）[51]。冰球运动员身穿多层衣服和防护装备，这些是引起其排汗和脱水风险上升的原因[14]，而摔跤手在赛前特意脱水和进行其他不安全的减重锻炼，这会增加其脱水的风险[52, 181]。此外，值得注意的是，大量体液是通过排汗流失的。例如，NBA球员在一场40分钟的比赛中，汗液流失量为1.0~4.6L（33.8~155.5oz或4.2~19.4杯），平均流失量为2.2 ± 0.8L（74.4 ± 27.1oz或9.3 ± 3.4杯），平均出场时间为21 ± 8分钟[120]。而当人们久坐不动时，呼吸和汗水加在一起会造成的液体流失约为每小时0.3L（20.2oz或2.5杯）[148]。

防止脱水

考虑到脱水产生的负面影响，运动员应尽量防止水分流失超过体重的2%，同时补充因汗液流失而损失的电解质[146, 147]。防止脱水的第一步是评估水合状态（表9.10）。尿比重可以用于评估水合状态，该测试操作简单、所用器材价格低廉且便于携带[178]。然而，尿比重并不是急性水合变化的敏感指标，它更适合用于慢性水合状态的评估[120, 133]。快速且简单的评估水合状态的方法为测量运动员在运动前后的体重变化。运动员在运动前和运动后立即称重，称重应在体表干燥和排尿后进行，穿着尽量少的轻便衣服。训练中减少1lb（约0.45kg）体重意味着流失了16oz（约0.5L）的液体。体重减少2%或更多则表明运动员流失的汗液没有得到充分的补充[146]。除了用一次训练来识别急性脱水外，评估体重随时间的变化还有助于发现那些慢性脱水的运动员——那些在几天的过程中体重减少几磅的运动员[22]。

表9.10 水合状态的生物标志物

测量标准	实用性	有效性（急性与慢性变化）	水合正常值
身体总水量	低	急性和慢性	<2%
血浆渗透压	中等	急性和慢性	<290mOsmol
尿比重	高	慢性	<1.020g/mL
尿渗透压	高	慢性	<700mOsmol
体重	高	急性和慢性*	<1%

* 表示在相当长时间的评估期间，身体成分的变化有可能导致混淆。

[源自：Sawka et al., 2007[146].]

除了识别没有充分补水的运动员之外，还可以在训练前给运动员称重并在高强度训练后1小时再次给其称重，同时测量液体摄入量和产生的尿量，以此来计算出汗率，从而更好地了解其在运动过程中的液体需求量。出汗率=运动前体重−运动后体重+补液摄入量−产生的尿液[14, 22]。脱水后的快速水合期间，通过尿比重或尿量进行相关评估可能会产生误导，因为当运动员摄入大量低渗液体，他们在充分地补水之前就会产生大量尿液[156]。

除了监测体重变化，有时会建议运动员查看尿液颜色。然而，尿液颜色和水合状态之间的关联性是非常主观的[68, 109, 146]。而且甜菜、黑莓、某些食物色素和药物可使尿液呈粉色、红色或浅棕色[49]。此外，B族维生素、类胡萝卜素（如β胡萝卜素）和一些药物可使尿液呈黄色、亮黄色或橙色，人工合成食用色素（常见于某些运动饮料）可使尿液呈蓝色或绿色[178]。

> 运动员以排汗的形式流失大量的液体。因此，每个运动员都应该制定一个个性化的补水计划。

电解质

汗液中流失的电解质主要包括氯化钠，以及少量的钾、镁和钙（按从多到少的顺序排列）[88]。钠有助于将摄取的水分更多地储存在体内，从而影响体液调节[108]。此外，所有经汗液流失的电解质对肌肉收缩和神经传导都是必不可少的。因此，体液中的电解质平衡的任何紊乱都可能影响运动表现。经汗液流失的钠在运动员之间存在较大差异，有报告显示，其浓度范围为0.2~12.5g/L（10~544mEq/L）[31, 146]。一些运动员随汗液损失的钠量较大，他们想要弥补钠的损失，可能需要有意识地选择高钠食物，或在食物中添加盐、在运动饮料中添加电解质。参与长时间或高强度的运动且仅用水、无钠或低钠饮料过量补水的运动员，血液中钠的浓度可能会被稀释至危险的水平——低于130mmol/L——这被称为低钠血症。它可能导致细胞肿胀。血钠含量降至低于125mmol/L会引起头痛、恶心、呕吐、肌肉痉挛、手脚肿胀、烦躁不安和定向障碍。血钠低于120mmol/L会引起脑水肿、癫痫、昏迷、脑疝、呼吸停止和死亡风险增加[4, 6, 146]。为了避免发生低钠血症，这类液体摄入量不应超过排汗量（运动员在运动后的体重不应超过他们在运动前的体重），同时运动员应通过运动饮料或食物摄入钠[120, 146]。

运动饮料提供少量的钾，以弥补汗液中钾的流失。然而，它们并不是钾摄入的最主要来源。研究表明，美国仅有不到2%的成年人达到了钾的膳食建议量[29]，因此运动员应该注重在饮食中摄取更多的富含钾的食物，如番茄、柑橘类水果、瓜类、土豆、香蕉和牛奶。

> 那些进行剧烈运动或持续数小时训练的运动员，在运动或训练中仅补充大量的水、无钠或低钠的饮料可能导致他们血液中的钠被稀释至危险的较低水平。

液体补充指导

理想情况下，运动员应该在良好的水合状态下开始运动，运动期间体重的减少（汗液流失）应避免超过体重的2%，并在运动后和下一次运动之前充分补水。完全补水所需的液体量取决于距离下一次运动的时间长短。然而，研究表明，一些运动员在开始训练或比赛前处于低水合状态，这使他们在运动过程中很难摄入足够的水分来弥补运动前糟糕的水合状态[120, 138]。此外，在训练和比赛中，出汗很多的运动员可能不会主动补充足量的水来防止脱水。基于上述原因，口渴并不能作为判断运动员是否有液体补充需求的可靠指示，特别是对于穿着厚衣服或在炎热环境中进行高强度运动的运动员，因此一套系统的补水方案是必要的[22]。尽管液体和电解质补充指南应该尽可能地个性化，但考虑到运动员液体和电解质损失的范围广泛，在不能根据出汗率提供具体建议的情况下，以下数据能给运动员提供一般化的建议，也是一个良好的出发点[7]。此外，体能教练应确保运动员有足够的时间摄入较低温度的液体（10~15℃）[80]。

运动前

如有需要，在运动前几小时预先补水，以保证水分的吸收和尿液的排出[146]。

运动中

因为运动中出汗率和电解质浓度的变化很大，在特定天气条件下进行训练和比赛期间，运动员应密切关注体重的变化，并基于以上信息形成个性化的补水策略[146]。在炎热天气中进行长时间的持续运动时，美国医学研究所建议，每升补充的运动饮料应含有20~30mEq（460~690mg，氯化物为阴离子）的钠、2~5mEq（78~195mg）的钾和浓度为5%~10%的碳水化合物[73]。此外，运动员在高强度或持续长时间的运动中以较快速率摄入运动饮料时，应尽可能选择含多种类型碳水化合物的运动饮料，如葡萄糖、果糖和麦芽糖。摄入多种类型的碳水化合物与摄入单一类型的碳水化合物相比，运动员的胃排空更快，碳水化合物吸收及氧化效率更高，可能取得更好的运动表现[33, 80]。所有提供的饮料温度都应为10~15℃，最好不饮用冰水[22]。

美国儿科学会建议儿童定时补充水分。根据指导建议，体重为88lb（约40kg）的儿童在运动中即便不感到口渴，依然要每20分钟喝5oz（约148mL）的水或符合他们口味的含盐饮料；而体重为132lb（约60kg）的青少年在运动中应饮用9oz（约266mL）的水。另一建议是摄入氯化钠浓度为15~20mmol/L（每2品脱1g）的水，其水合作用比无味的水高90%[30, 182]。

运动后

运动后，运动员应补充流失的液体和电解质。若时间充分，正餐、零食（含钠）和水能补充流失的水分和电解质。当大量排汗造成钠流失时，可以在食物中加入额外的盐[68, 146]。若脱水显著，或者运动员在下次运动之前仅有短暂的恢复期（小于12h），则需采取更积极的方法：每减少1kg体重，运动员应该补充约1.5L含有足够电解质的水（每磅体重0.7L）。补充充足的水分有助于体液大量流失之后的

液体补充指南一览表

训练前

- 运动员的尿比重读数应小于1.020。若有必要，他们应提前几个小时补充水分，以保证水分的吸收和尿液的排出[146]。

训练中

儿童和青少年

- 体重为88lb（约40kg）的儿童应每20min喝5oz（约150mL）的冷水或符合他们口味的含盐饮料。
- 体重为132lb（约60kg）的青少年应每20min喝9oz（约250mL）的冷水或符合他们口味的含盐饮料[30, 182]。

成人

- 运动员的补水计划应是因人而异的。在炎热天气下进行长时间运动，他们应摄入每升含20~30mEq（460~690mg，氯化物为阴离子）的钠和2~5mEq（78~195mg）的钾及碳水化合物浓度为5%~10%的饮料。

训练后

- 运动员应摄入足够的食物、水分和钠，以恢复身体的水合状态。若运动员出现明显脱水，或是距离下次运动时间不足12h，则需要更加积极地补充水分。运动员每减少1kg体重应该摄入约1.5L含足够电解质的液体（每磅体重0.7L）。

尿量增加[146, 155]。

小　结

营养在体能训练中起着重要作用。补充充足的水分和电解质，摄入适当的热量以及足够的蛋白质、碳水化合物、脂肪、维生素和矿物质，能够帮助运动员在训练中取得最大收益。了解营养学原理和其在运动中实际的应用对体能教练来说相当重要，这样他们就可以帮助运动员识别错误的营养信息，并为运动员提供全面的营养指南、改善他们的饮食。

关键词

Acceptable Macronutrient Distribution Range（AMDR）可接受的常量营养素分布范围
Adequate Intake（AI）适宜摄入量
amino acids 氨基酸
anemia 贫血
bioavailability 生物利用度
carbohydrate 碳水化合物
cholesterol 胆固醇
dehydration 脱水
Dietary Reference Intake（DRI）膳食参考摄入量
disaccharides 双糖
docosahexaenoic acid（DHA）二十二碳六烯酸
eicosapentaenoic acid（EPA）二十碳五烯酸
electrolytes 电解质
Estimated Average Requirement（EAR）估计平均需求量
fat 脂肪
fatty acids 脂肪酸
fiber 纤维
fructose 果糖
galactose 半乳糖
gluconeogenesis 糖异生
glycemic index（GI）血糖指数
glycemic load（GL）血糖负荷
glycogen 糖原
glycogenesis 糖原生成
glucose 葡萄糖
high-density lipoprotein（HDL）高密度脂蛋白
hydration 水合作用
hypohydration 水合不足
hyponatremia 低钠血症
lactose 乳糖

low-density lipoprotein（LDL）低密度脂蛋白
macronutrient 常量营养素
maltose 麦芽糖
micronutrient 微量营养素
minerals 矿物质
monosaccharides 单糖
monounsaturated 单不饱和的
muscle protein synthesis 肌肉蛋白质合成
nutrient density 营养密度
omega-3 fatty acid alphalinolenic acid（ALA）ω-3脂肪酸 α-亚麻酸
polypeptide 多肽
polysaccharides 多糖
polyunsaturated 多不饱和的
protein 蛋白质
protein digestibility 蛋白质消化率
protein digestibility correct amino acid score（PDCAAS）蛋白质消化率校正的氨基酸评分
Recommended Dietary Allowances（RDA）推荐每日摄入量
saturated 饱和的
sports dietitian 运动营养师
sucrose 蔗糖
Tolerable Upper Intake Level（UL）可耐受上限摄入量
triglycerides 甘油三酯
very low-density lipoproteins（VLDL）极低密度脂蛋白
vitamins 维生素

学习试题

1. 维持足够的糖原储存，能够（ ）。
   a. 避免使用蛋白质供能
   b. 提高最大功率
   c. 降低耐力
   d. 帮助运动员增加体重
2. 下列哪个选项最能说明运动员需要增加蛋白质的摄入量？（ ）
   a. 在有氧运动期间蛋白质氧化降低
   b. 组织修复需求增加
   c. 通过限制热量摄入进行减肥
   d. 摄入蛋白质的质量
3. 下列哪个选项是造成疲劳和运动表现不佳的最可能因素？（ ）
   a. 蛋白质摄入量低
   b. 缺铁
   c. 钙摄入量低
   d. ω-3脂肪酸缺乏
4. 下列哪个选项是降低高血脂的建议？（ ）
   a. 减少碳水化合物摄入
   b. 将饱和脂肪酸摄入量限制在总热量的30%
   c. 每天至少摄入500mg的膳食胆固醇
   d. 用不饱和脂肪酸或多不饱和脂肪酸代替饱和脂肪酸
5. 以下哪种蛋白质来源不包含所有的必需氨基酸？（ ）
   a. 家禽
   b. 蛋类
   c. 扁豆
   d. 牛肉

第 10 章

运动表现最大化的营养策略

玛丽·斯帕诺（Marie Spano），MS，RD
译者：安良、周爱国
审校：陈俊飞、刘也、崔雪原

完成这一章的学习后，你将能够：

- 为不同运动项目的运动员列出赛前、赛中和赛后营养建议；
- 提供增重和减肥指导；
- 辨别进食障碍的体征和症状；
- 理解为疑似有进食障碍的运动员进行干预和转诊的重要性；
- 认识肥胖的发病率和病因，并协助肥胖者进行评估。

赛前和赛中饮食会影响运动员的运动表现；赛后饮食对恢复的影响更加显著，如果两场比赛的间隔少于24h，其还将影响下一场比赛的运动表现。因此，本章关注的重点是赛前、赛中和赛后营养，并为需要减肥和增重的运动员提供指导。此外，对于体重的讨论应包含饮食失调和进食障碍等知识，否则是不完整的。当运动员出现进食障碍的体征或症状时，体能教练务必及时发现，并积极地参与其治疗。

赛前、赛中和赛后营养

随着时间的推移，运动员的饮食习惯会影响到他们的健康和运动表现。此外，运动员的赛前和赛中饮食会从生理和心理层面影响运动表现，赛后饮食会影响运动员的恢复，并影响运动员接下来的比赛或训练。

赛前营养

赛前饮食要提供水分，以保持足够的水合作用，还要提供碳水化合物，以最大限度地维持血糖和糖原储备水平[5, 25]，同时避免运动员感到饥饿。糖原是高强度训练（>70% $\dot{V}O_2max$）的主要能量来源；一旦储备的糖原耗尽，运动员会感到肌肉疲劳[56]。肝脏和肌肉中储存有少量的糖原，每千克体重约含15g的糖原[1]。举个例子，一个体重为80kg的男性能储存约含1 200kcal能量的糖原。其中，肝脏储存的糖原可供全身使用，而肌肉储存的糖原只能用于肌肉收缩[56]。

尽管水合作用和糖原对于运动表现都至关重要，但是，由于研究对象和方法不同，关于赛前饮食的重要性及其对运动表现影响的研究结果仍然存有争议。有些研究表明，赛前高碳水化合物饮食可以延长青少年男性的有氧力竭时间[24, 93, 113]并提高无氧运动表现[71]，但其他研究发现，其对计时赛的运动表现没有影响[100]。尽管研究结果存在差异，并且在模拟运动表现的研究中，未能考虑到实验室环境与比赛环境不同的几个因素，如赛前的神经紧张、温度、湿度、海拔等，但是，运动员仍然可以遵循基于文献资料的一般赛前饮食原则，以满足自身的营养需求，并适应所处的比赛环境。

所有的赛前饮食应考虑时间安排、膳食和液体成分、赛事或运动项目及运动员的个人偏好等因素。为了将肠胃不适的可能性降至最低，临比赛前应当摄入少量的液体或食物。赛前的食物和液体应当是运动员吃过和喝过的（以前在训练中尝试过），且是低脂肪、低膳食纤维的，以便胃部能够更快地排空，并将肠胃不适的可能性降到最低，还要含有适量的蛋白质（蛋白质能使饱腹感持续更久）[5]。

赛前，运动员可以选择高或低糖的碳水化合物[124]，因为尚未有研究指出哪一种会更有益[12]。虽然摄入能快速升高胰岛素的碳水化合物（如葡萄糖）会使血糖在训练开始阶段下降，但血糖水平通常会在约20min内回到正常水平，且最初的下降对运动表现没有负面影响[78]。

有氧耐力项目

对于有氧耐力项目的运动员来说，因为次日早晨要进行持续2h以上的有氧耐力比赛，所以赛前饮食可能是最重要的。早上刚起床的时候，血糖水平较低，肝糖原储备大幅降低。二者降低了可用于供能的碳水化合物总量。对于那些在赛前3h或更早时间进食且在日常饮食中规律地摄入碳水化合物的运动员来说，食物中的碳水化合物能显著地提高糖原储备，并延长运动的力竭时间[27, 137]。

有一项交叉研究对比了赛前摄入高碳水化合物食物并在比赛中补充碳水化合物或电解质

减少胃肠道问题

为了尽可能减少比赛过程中发生胃部不适，运动员应当做到以下几点。

- 在训练中尝试摄入食物，经常在赛前的几次训练中尝试新的食物。
- 当用餐时间接近比赛开始时，摄入少量的食物和水。
- 避免摄入高脂肪和高纤维食物，脂肪和纤维都会减缓消化的速度，训练时如果食物仍在消化，很可能会引起胃痉挛[5]。
- 避免糖醇类食品。尽管它们叫糖醇，但其实并不含乙醇。它们的化学结构类似于糖和醇。糖醇是一种不能被肠道完全吸收的碳水化合物。因此，食用糖醇可能导致排气、腹胀或痉挛，并可能具有泻药效应。有一些低碳水化合物和无糖产品中含有糖醇，包括无糖口香糖、牙膏和漱口水等。山梨醇和甘露醇是两种最可能引起胃肠道问题的糖醇[131]。任何可能引起摄入20g甘露醇的产品都必须在标签上标明："过量食用可能导致泻药效应"。每个人对糖醇的反应各不相同。糖醇包括木糖醇（在牙齿产品中最常见的一种）、赤藓糖醇、山梨醇、甘露醇、麦芽糖醇、异麦芽糖醇、乳糖醇、氢化淀粉水解物和氢化葡萄糖浆[131]。

运动饮料与仅在比赛中补充运动饮料的效果，看前者是否能更有效地提高有氧耐力跑的能力（以70%$\dot{V}O_2max$的强度运动，直到力竭）[23]。研究人员让男性受试者进行3次跑步机测试，每次间隔1周且在整夜禁食后：①训练前3小时摄入碳水化合物食物，训练时补充碳水化合物和电解质运动饮料；②训练前3小时摄入碳水化合物食物，训练时补充水分；③训练前3小时摄入低热量的安慰剂饮料，其与运动饮料味道相同，训练时补充水分。在首次实验的前两天，测量受试者体重并记录他们的食物摄入量。每次测试前都摄入相同的食物和液体。在3次测试期间，受试者的每日平均热量摄入没有差异。运动前摄入高碳水化合物食物的运动员，与运动前喝安慰剂饮料的运动员相比，有氧耐力跑的能力提高了9%。然而，在训练过程中摄入高碳水化合物食物和电解质运动饮料的运动员，与训练前补充安慰剂和训练时喝运动饮料的运动员相比，有氧耐力跑的能力提高了22%。这些结果表明，训练或比赛前的高碳水化合物饮食有助于提高有氧耐力跑的能力[23]。

如果耐力运动员不能长期适应低碳水化合物的饮食结构且在糖原储备耗尽的情况下进行训练，则会分解肌肉，利用蛋白质供能，这可能会抑制免疫和中枢神经系统功能。因此训练前的高碳水化合物饮食有助于减少骨骼肌的分解，同时为免疫和神经系统的运转提供碳水化合物[20, 72]。随着时间的推移，身体会对低碳水化合物饮食产生适应，运动时会更多地依赖体内大量储备的脂肪供能，尽管在低糖原储备下训练会抑制免疫和中枢神经系统的功能[20, 45]。在一项分析蛋白质分解代谢的研究中，6名受试者在糖原负荷方案中或碳水化合物耗竭后，以61%$\dot{V}O_2max$的强度骑功率自行车1h。在碳水化合物耗竭状态下，蛋白质分解速率为13.7g/h，其提供的热量占运动期间消耗热量的10.7%[72]。

显然，赛前数小时的饮食有助于提高有氧耐力的表现。但是，早上过早开始比赛，会使食欲与同时存在的强烈睡眠欲望形成矛盾。例如，如果一名长跑运动员必须在早上7点开始比赛，那么在凌晨3点或4点醒来吃饭显然是不切实际的。面临这种情况的运动员应当尝试在赛前1~2h吃少量食物，同时保证在比赛中补充足量的碳水化合物。

以下是可以满足运动员个体营养需求的

一般建议。需要有更多的研究来调查不同项目运动员的个体需求，并确定不同剂量的各种常量营养素对运动表现的影响[95]。在此之前，有氧耐力运动员的饮食指南，也适用于其他类型的运动员。

- 如有必要，运动员应在运动前数小时补水，以便水分吸收和排尿。他们的尿比重应当小于1.020[112]。
- 那些容易恶心、比赛中有过腹泻经历、赛前紧张或焦虑、需要参加高强度对抗项目（剧烈的运动会使胃部不适增加）及在炎热的天气中比赛的运动员，可以考虑在距离比赛开始至少4h的时间进食。在距离比赛开始至少4h的时间进食的有氧耐力运动员应摄入1~4g/kg（体重）的碳水化合物和0.15~0.25g/kg（体重）的蛋白质[124]。
- 如果在赛前2小时进食，运动员应摄入1g/kg（体重）的碳水化合物。运动员应使用适合自己的补水方案。如果在炎热的天气下长时间训练，运动员应补充每升含有20~30mEq的钠（460~690mg，氯离子为阴离子）、2~5mEq的钾（78~195mg）且碳水化合物浓度为5%~10%的运动饮料[112]。
- 临近比赛进食时，应当少吃。此外，在赛前1h，液态形式的碳水化合物要优于固体食物[5]，因为它们在胃中的排空速度更快。凝胶、软糖和类似来源的碳水化合物也可以被非常快速地消化。表10.1总结了这些建议，同时提供了食物选择的示例。

运动员可以记录他们的食物摄入量，包括每次用餐和加餐的时间及他们训练时的感觉。通过记录摄入食物的类型和数量及在训练中的消耗，他们能识别出自己在比赛中的运动表现或胃部不适的相关问题，并制定一份更好的赛前计划。

表10.1　有氧耐力运动员赛前饮食和补液建议*

比赛前时间	饮食建议	补液建议	体重为68.2kg的运动员的赛前饮食示例	基于饮食和补液建议的样餐	
≥1h	0.5g/kg（体重）的碳水化合物		34g碳水化合物	1根小香蕉 8oz运动饮料	37g碳水化合物 8oz液体
2h	1g/kg（体重）的碳水化合物	如果未充分水合，按3~5mL（0.10~0.17oz）/kg（体重）的标准来补充水液[112]	68g液状碳水化合物 7~12oz液体	2.5杯水煮熟的土豆和肉 2个小百吉饼+1汤匙果酱+8oz运动饮料	66g碳水化合物 72g碳水化合物 8g蛋白质 8oz液体
≥4h	1~4g/kg（体重）的碳水化合物和0.15~0.25g/kg（体重）的蛋白质	应补充5~7mL/kg（体重）的水或运动饮料[112]	68~272.8g碳水化合物 10~17g蛋白质 少量脂肪	1碗麦片和水果：8oz脱脂牛奶+2杯麦片+1/4杯葡萄干	74g碳水化合物 11g蛋白质 14oz水
				鸡蛋白三明治：2片白面包上放2个鸡蛋白（训练前不宜选高纤维面包）	72g碳水化合物（假设每片重64g） 17g蛋白质 14oz水

*这些建议针对有氧耐力运动员，也适用于其他类型的运动员。

> 赛前饮食的主要目的是摄入充足的水分，以保持水合；摄入足量的碳水化合物，以最大限度地保持血糖水平和糖原储备，同时获得饱腹感。

糖原负荷法

长时间的有氧耐力运动会引起肌糖原和肝糖原的耗竭并导致疲劳[109, 123, 133]，因此出现了一种被称为“糖原负荷”的技术，该技术已被使用了几十年，可以提高有氧耐力比赛前肌糖原的含量。尽管糖原负荷方案非常多变，但是所有的糖原负荷方案都要求在比赛当日摄入大量的碳水化合物，使糖原储备最大化，从而保证运动员在比赛的最后阶段仍有可利用的碳水化合物[25]。糖原负荷法有利于长跑运动员、公路自行车选手、越野滑雪者和其他有糖原耗尽风险的有氧耐力运动员，可以想象，这也会使其他运动员受益[105]。

常用的糖原负荷方案包括3天的高碳水化合物饮食、赛前一周的减量训练和赛前一天的完全休息。每天的饮食应提供充足的热量和碳水化合物——8~10g/kg（体重）的碳水化合物。这种方法将使肌糖原储备比正常情况增加20%~40%[25]。不过，建议在马拉松比赛前的36~48h补充更多的碳水化合物，达到10~12g/kg（体重）的水平[19]。

研究表明，糖原负荷方案对男性是有效的[123, 129]。关于女性的研究尚无定论。有一项研究探讨了糖原负荷法对8名20~40岁体重稳定的女性跑者的有氧耐力运动表现和底物利用率的影响。受试者在研究前至少12个月里平均每周的跑量为53km，且摄入碳水化合物提供的热量低于总热量摄入的65%[7]。每名受试者在完成4天的实验饮食方案后，在跑步机上进行3次24.2km自定义强度的跑步测试。实验饮食方案有：（1）补充碳水化合物（50%的热量来自碳水化合物）；（2）糖原负荷和补充碳水化合物（75%的热量来自碳水化合物）；（3）安慰剂（无碳水化合物补充）。补充碳水化合物组和糖原负荷结合补充碳水化合物组在运动前摄入6%碳水化合物电解质溶液［6mL/kg（体重）］，运动中每20min摄入［3mL/kg（体重）］。虽然碳水化合物补充组和糖原负荷结合补充碳水化合物补充组在跑步期间碳水化合物的供能比例更高，然而3组受试者的运动表现没有显著差异。但是，研究未报告每天的总热量和碳水化合物克数；因此，有可能跑者的总热量或碳水化合物摄入（或二者）不足。此外，由于本研究的受试者数量较少，如果纳入更多的受试者，可能会发现运动表现上的差异[7]。

在另一项研究中，研究人员在次最大有氧耐力运动测试前，将受试者的碳水化合物摄入量从58%增加到74%后发现，男性运动员的糖原含量显著增加，而女性运动员的糖原含量没有变化，这是由碳水化合物或热量摄入不足（或二者都不足）或糖原储备的性别差异引起的[123]。在后续的一项研究中，相同的研究人员分析了训练有素的6名男性和6名女性的糖原储备能力[125]。他们将受试者随机分为3组并让其用不同的饮食方案：高碳水化合物饮食（75%的热量来自碳水化合物）、高碳水化合物加上额外的热量饮食（75%的热量来自碳水化合物，总热量增加34%）及其习惯的日常饮食，共进行4天。在男性中，高碳水化合物饮食组和高碳水化合物加上额外的热量饮食组的糖原水平显著高于习惯的日常饮食组。但是，在女性中，只有高碳水化合物加上额外的热量饮食组的糖原储备显著高于习惯的日常饮食组。在高碳水化合物状态下，男性可以将其总碳水化合物摄入量增加到7.9g/kg（体重），而女性仅能达到6.4g/kg（体重）。通过酶活性检测发现，男性和女性在糖原利用能力上没有差异。因此，以往的有关糖原负荷的研究未能发现女性运动员运动表现的改善，可能是由总碳水化合物摄入不足引起的[125]。一项女性骑行者的研究支持这个理论（女性在很多方案中都未能摄入足够的碳水化合物）。针对受过训练的女性骑行者的研究发现，在持续3天或4天的中等碳水化合物饮食（48%的热量来自碳水化合物）后，使摄入热量的78%来自碳水化合物［8.14g/kg（体重）］，同样持续3天或4天，相比持续7天的中等碳水化合物饮食，前者使受试者的糖原储存量显著增加，骑行的力竭时间显著延长[133]。研究人员发现，当男性和女性每单位体重摄入等量的碳水化合物［训练后即刻和运动后1小时摄入1g/kg（体重）的碳水化合物］，运动后4小时内的糖原储存能力没有差异[122]。在女性处于月经周期时，虽然激素差异会使黄体期的糖原储存能力比早期的卵泡期大，但糖原负荷可以弥补这种差异[94]。

糖原负荷带给女性运动员的挑战主要是她们每日摄入的总热量。习惯了每天摄入少于2 400kcal热量的女性运动员可能发现，摄入更多的碳水化合物是有困难的。因此，女性运动员必须增加她们的总能量摄入，使其超过2 400kcal，此外还要使用高碳水化合物饮食来增加糖原储备[123, 133]。

尽管大多数关于糖原负荷的研究均在有氧耐力运动员中进行，但也有一些研究尝试探讨高强度对抗性项目运动员的糖原负荷。在一项随机交叉试验中，7名平均碳水化合物进食量占总热量46%的职业足球运动员，在2天的测试里使用了碳水化合物比重分别为39%或65%的饮食。每次测试都模拟足球比赛，包括6 856m越野（以65%$\dot{V}O_2max$、57%$\dot{V}O_2max$和81%$\dot{V}O_2max$的强度完成），随后是在跑步机上跑到力竭。高碳水化合物饮食后，运动员总共跑了17.1km，比低碳水化合物饮食组的距离长0.9km（差异显著）。但是，高碳水化合物饮食组中有3名运动员比低碳水化合物饮食组运动员少跑420m，表明运动员对较高碳水化合物方案的反应有显著性差异[11]。这项研究结果是否适用于足球运动员还不清楚，因为在足球比赛中，平均的跑动距离比上述实验要短（有研究报道，一场足球比赛的平均跑动距离是10.3km，范围是9.7~11.3km），并且足球比赛中的跑动是以不同的强度和间歇方式进行的[68]。

在一项探讨糖原负荷对抗阻训练表现影响的研究中，8名健康的年轻男性被随机分为较高碳水化合物饮食［6.5g/kg（体重）］组和中等碳水化合物饮食［4.4g/kg（体重）］组，试验为期4天。之后，他们参加了一次抗阻测试，包含4组12次的全力负重深蹲跳，负重为一次重复最大重量（1RM）的30%，组间间歇为2min[44]。高碳水化合物饮食组和中碳水化合物饮食组的受试者的输出功率没有显著差异。因此，在这项研究中，高碳水化合物饮食未能提高受试者在4组抗阻测试中的爆发力表现。但是，如果试验要求做的组数更多，或者糖原负荷方案更接近于耐力运动员的需求，能提供8~10g/kg（体重）的碳水化合物，这样是否会影响功率输出的运动表现尚不清楚[44]。

个体对糖原负荷方案的受益程度因人而异，即便在有氧耐力运动员中也是如此，因此运动员应当在赛前的实践中确定该方案的价值并权衡负面作用（如短时的体重增加）。将糖原负荷法作为糖原储备最大化手段的运动员还要知道，不同类型的碳水化合物会有何影响。例如，在干豆和豌豆、洋葱、含有菊糖或其他低聚糖（如一些营养棒和奶昔）的食物中含有低聚糖，低聚糖在肠道中会被细菌迅速发酵，可能引起肠气过多和腹胀。蔬菜、水果、全谷物、干豆、豌豆、坚果和种子中含有膳食纤维[130]。表10.2为针对体重为68kg的运动员的每日膳食计划示例，该示例遵循了针对有氧耐力运动员的循证碳水化合物建议。

> 糖原负荷法是一种使糖原储备最大化的有效策略。但是，运动员在糖原负荷期间必须每天摄入8~10g/kg（体重）的碳水化合物，才能看到糖原负荷的益处。

赛中营养

对于持续时间超过45min的有氧耐力比赛、间歇运动或一天内有多场比赛的情况来说，营养补充是一个很重要的因素。补充水分和碳水化合物可以影响运动表现，而补充氨基酸可以减少肌肉损伤。

赛中适当的补水对运动表现至关重要，同时也有助于预防过热、脱水和中暑。运动员应当在运动前几小时就开始补水，以便于赛前水分吸收和排尿。此外，他们应在运动中补充足量的水，防止水分丢失超过体重的2%[112]。最佳的运动饮料每升应含有460~690mg的钠（氯离子为阴离子）、78~195mg的钾且碳水化合物浓度为5%~10%[53]。含更高浓度（超过8%）碳水化合物的运动饮料会使胃的排空延迟（饮料从胃排空的速度变慢），这可能引起胃部不适[82]。因此，理想的碳水化合物浓度是6%~8%[112]。

儿童的补液原则有所不同。根据美国儿科学会的研究，即便是在没有感到口渴的情况下，体重为40kg的儿童在练习期间应每20min喝148mL的水或咸味的饮料，而体重为60kg的青少年应每20min喝256mL。推荐氯化钠浓度为15~20mmol/L（每2品脱1g）的饮料，与无味的水相比，它能使自发性水合作用增加90%[4, 13, 138]。尽管有这些建议，但请记住，一次补充256mL的水对于青少年来说是相当大的量，并且可能引起胃部不适。因此，应根据运动员个体需求对这些指导原则进行调整。

有氧耐力项目

在长时间有氧耐力运动中，补充碳水化合物可以提高运动表现，同时还可减轻运动引起的应激压力和对免疫系统功能的抑制[90]。虽然运动饮料能提供碳水化合物，但在长时间剧烈的活动中，它们提供的量无法跟上运动员的利用速率（除非过量补液）。事实上，运动员进行高强度训练时，每小时燃烧600~1 200kcal甚至更多的热量[66]。一些研究表明，在有氧耐力活动期间，每小时摄入28~144g的碳水化合物（在自行车的研究中摄入量更高一些）可以减少对有限糖原储备的依赖，延长力竭时间，并通过提供稳定的可用于供能的碳水化合物来提高运动表现[26, 62, 85, 128]。

如上所述，虽然每小时补充量可以更大，但是外源（外部摄入的）碳水化合物的氧化速率不超过1.0~1.1g/min，这可能是由葡萄糖吸收速率和有限的运输速率导致的——葡萄糖以1g/min的速率进入血液[61]。然而，每种碳水化合物的氧化速率不同。葡萄糖、蔗糖、麦芽糖、麦芽糖糊精和支链淀粉能被快速氧化，而果糖、半乳糖和直链淀粉的氧化速率要慢25%~50%[61]。此外，每种类型的碳水化合物都有不同的肠道运输系统。如果运动员仅摄入一种类型的碳水化合物，如果糖，当肠道内果糖的转运蛋白饱和时，碳水化合物的消化将受到限制。因此，与仅摄入一种糖相比，在等热量摄入的情况下[58]，同时摄入多种类型的碳水化合物，如蔗糖、果糖、葡萄糖或麦芽糖糊精，能增加外源碳水化合物吸收和氧化的速率。除了提高机体碳水化合物的利用速率，研究还发现，运动中补充多种类型的碳水化合物

表10.2 有氧耐力运动员的糖原负荷方案和日常饮食计划示例*

碳水化合物的量	体重为68kg的运动员的日常饮食计划示例	营养分解
赛前第3天摄入8~10g/kg（体重）的碳水化合物[25]	**早餐：** 3个鸡蛋 4片15谷吐司 1杯混合切碎的水果 170g水果酸奶 **加餐：** 40块迷你椒盐脆饼 **午餐：** 炒鸡肉饭： 2杯糙米饭 6oz熟鸡胸肉 1杯用2汤匙芝麻油炒的混合蔬菜 **下午点心：** 1个百吉饼（硬面包圈）和2汤匙100%果酱 **运动后餐：** 8oz 100%果汁 2杯全麦谷物 8oz脱脂牛奶 **晚餐：** 3杯意大利面 1杯意大利面酱 由各种颜色的蔬菜和2oz奶酪做成的蔬菜沙拉 1汤匙沙拉酱	91g脂肪 576g碳水化合物 141g蛋白质 8.5g/kg（体重）的碳水化合物
赛前2天中的每一天摄入10~12g/kg（体重）的碳水化合物[19]	**早餐：** 3个鸡蛋 4片15谷吐司 1杯混合切碎的水果 170g水果酸奶 **加餐：** 40块迷你椒盐脆饼 1杯100%果汁 **午饭：** 炒鸡肉饭： 2碗糙米饭 4oz熟鸡胸肉 1杯用2汤匙芝麻油炒混合蔬菜 **下午点心：** 1个百吉饼（硬面包圈）和2汤匙100%果酱 **运动后餐：** 8oz 100%果汁 2杯全麦谷物 1/3杯装葡萄干 8oz脱脂牛奶 **晚餐：** 3杯意大利面 1杯意大利面酱 由各种颜色的蔬菜和2oz奶酪做成的蔬菜沙拉 1汤匙沙拉酱	91g脂肪 689g碳水化合物 128g蛋白质 10.1g/kg（体重）的碳水化合物

*这些建议是针对有氧耐力运动员的，也适用于其他类型的运动员。

可以提高自行车运动员在骑行120min后的计时赛成绩（研究模拟有氧耐力比赛的最后几个阶段，运动员必须尽最大的努力）。该发现基于对两组受试者的对比，一组以1.8g/min，即108g/h的碳水化合物的速度摄入葡萄糖和果糖，另一组以同样的速度摄入葡萄糖[28]。研究还发现，每15min摄入36g葡萄糖和果糖的自行车运动员骑行100km的时间比每15min仅摄入葡萄糖的运动员的短[128]。

除了实际摄入碳水化合物外，仅通过碳水化合物漱口（实际上不摄入它们）似乎能使运动表现每小时提高2%~3%，这大概是通过影响中枢神经系统实现的[60]。

除了在有氧耐力活动中提供碳水化合物外，在碳水化合物凝胶中添加蛋白质也会延长自行车骑行的力竭时间，同时还会减缓骑自行车过程中肌酸激酶（肌肉损伤的标志物）的升高，这归因于蛋白质本身或由蛋白质提供的额外热量[111]。这项Meta分析回顾了关于碳水化合物中添加蛋白质对有氧耐力运动表现的研究，发现了各种不同的结果[111]。只有运动至力竭的研究表明，蛋白质的添加会导致显著的差异。然而，这些研究没有控制试验期间的热量摄入，因此，目前还不清楚蛋白质或由蛋白质提供的额外热量是否有任何益处。3次试验研究显示，单纯碳水化合物和碳水化合物添加蛋白质之间没有任何差异[120]。

高强度间歇项目

很多集体性项目，如足球、网球、篮球和美式橄榄球，除了涉及广泛的技能之外，还包含短时间、高强度的运动。比赛中的疲劳可能源于多种因素，包括糖原储备减少、耗尽或脱水。补充水分和碳水化合物对于长时间间歇运动的表现至关重要。例如，一场长时间的网球比赛可能持续4个小时，比很多有氧耐力赛事都要长。由于网球运动员在比赛中不能时刻饮水，而每小时丢失的体液可能超过2.5L，所以建议运动员在每盘的间歇（换边时）补充200~400mL的水[65]。除了要保持水合状态外，研究显示，虽然补充碳水化合物对自感用力程度量表（RPE）评分没有影响[38]，但会在长时间的比赛中提高击球的质量（包括速度、精确度和错误率）[132]。

在每场比赛前15min和中场休息期间按5mL/kg（体重）的标准补充6.9%的葡萄糖聚合物饮料的足球运动员，在成功铲球、头球、控球和射门的运动表现等方面并没有区别[142]。然而，另一项针对职业足球的研究发现，补充碳水化合物电解质饮料的那一组在比赛中的一些运动表现参数提高了。在这项研究中，22名职业男子足球运动员采用了7天相同的饮食

果糖和胃肠道症状

果糖是一种天然存在于水果中的糖，很多食物和饮料中会添加果糖，包括很多运动营养品，其常被认为是导致运动期间胃部不适的罪魁祸首。虽然有些人不能完全吸收果糖，并可能因此而腹胀、胀气、腹部不适及肠道功能改变[116]，但研究并没有调查运动员仅补充果糖的胃肠道症状。因此，运动员要在实践中进行试验，看在训练中使用其他的运动饮料或产品（并试验无果糖状况）是否有助于减轻之前所经历的胃肠道症状[119]。患有肠易激综合征的运动员很可能会有果糖吸收的问题，这会带来一定的副作用[116]。

（55%的热量来自碳水化合物，25%来自脂肪，20%来自蛋白质），赛前3天避免运动，并在比赛前4小时摄入标准化早餐。之后他们被分成2组，分别摄入碳水化合物电解质饮料（含7%的碳水化合物、24mmol/L的钠离子、12mmol/L的氯离子、3mmol/L的钾离子）和安慰剂。在90min的比赛中，每组在比赛前按5mL/kg（体重）的标准摄入规定液体，比赛中每15min按2mL/kg（体重）的标准摄入规定液体。摄入碳水化合物电解质饮料组比摄入安慰剂组完成特定运球测试更快。此外，碳水化合物电解质饮料组相比安慰剂组测试的精度评级更高。然而，两组间协调性或爆发力测试的结果没有差别。在这个特定的研究中，补充碳水化合物电解质饮料组与安慰剂组相比，足球运动员的专项技能运动表现提高了[96]。

在另一项研究中，研究人员采用了随机、双盲方案，发现在比赛中补充碳水化合物是有益的。17名男子足球运动员在运动前按8mL/kg（体重）的标准补充6.4%碳水化合物电解质饮料，在90min间歇性折返冲刺试验期间，每15min按3mL/kg（体重）的标准补充（每小时共补充52g碳水化合物）[3]。与安慰剂组相比，碳水化合物电解质饮料组从运动前到运动阶段最后的15~30min，运动技术表现下降显著减少。碳水化合物电解质饮料组这一时间段的运动技术表现下降了3%，而安慰剂实验组的运动技术表现下降了15%。但是，该试验是在碳水化合物耗尽后安排低碳水化合物饮食，并在整夜禁食的状况下进行，因此，碳水化合物对运动表现的影响不仅取决于间歇运动期间补充的碳水化合物的量，还取决于运动员是否在进食或禁食、糖原耗竭状态下参赛[3]。

还有一项研究，研究人员采用4组，时长为15min的不同强度、不同运动形式的高强度间歇折返跑（步行、慢跑、跑步、冲刺和跳跃），接着让受试者休息20min，再让其折返跑至疲劳（模拟竞争激烈的足球或篮球比赛）。受试者在运动前［补充5mL/kg（体重）的6%溶液］和休息期间［补充5mL/kg（体重）的18%溶液］补充碳水化合物电解质（碳水化合物）饮料，相较于补充安慰剂的受试者，其到疲劳点的时间延长37%，并且在第4组的20米冲刺中明显更快。此外，碳水化合物补充组在运动末期的全身运动技能测试中表现更好，且报告了疲劳感觉的降低，这表明间歇运动期间补充碳水化合物电解质饮料是有益的[136]。

力量和爆发力项目

碳水化合物也是抗阻训练、力量和爆发力运动重要的能量来源。使用了不同举重方案的一系列研究发现，受试者肌糖原被大量消耗[74]。

比赛期间的饮食和补液建议

由于出汗量和电解质浓度的变化较大，运动员在特定环境下训练和比赛时，应测量体重的变化，并基于该数据形成个性化的水合策略[112]。在炎热的天气下长时间训练时，医学研究所建议摄入的运动饮料每升含460~690mg的钠（氯离子为阴离子）、78~195mg的钾，且碳水化合物浓度为5%~10%[53]。

- 体重为40kg的儿童在练习期间应每20min喝148mL的水或咸味的饮料。
- 体重为60kg的青少年应每20min喝256mL的水，即便他们没有感觉到口渴[4, 13]。
- 有氧耐力运动员进行长时间有氧耐力运动时，应每小时补充30~90g多种类型的碳水化合物，如蔗糖、果糖、葡萄糖或麦芽糖糊精[58]。
- 网球运动员应该在每场比赛的间歇补充200~400mL的水，并饮用碳水化合物电解质运动饮料[65]。

在这些研究中，大多数的受试者只进行几组练习。因此，在力量和爆发力比赛或运动中依赖肌肉力量和爆发力的运动员（链球运动员、美式橄榄球中的前锋）可能会耗尽肌肉中的糖原储备。此外，当运动员的碳水化合物储备很低时，其肌肉的分解增加[72]。力量和爆发力项目的运动员在赛前和赛中补充碳水化合物，可以保持他们的糖原储备水平，减缓肌肉中慢肌纤维的疲劳，更有可能达到更好的运动表现[39, 54]。

赛后营养

赛后饮食有助于运动员补充水分、恢复糖原储备和修复肌肉组织。因此，运动员在训练或比赛后尽早摄入食物，有助于他们为下一轮的运动做好身体准备。每名运动员的赛后营养需求会根据他或她所参与的运动项目、运动强度、运动时间、体重、年龄及性别而有所不同。但是，由于对男性的研究更多而对女性的研究相对很少，因此女性的研究数据较为缺乏，无法按照性别给出营养建议。

比赛后，运动员应补充丢失的体液和电解质。如果时间允许，正餐、加餐（提供一些含钠的食物）和水可以使体液和电解质恢复正常水平。人体出汗时伴随着钠的大量丢失，因此可以在食物中多加一些盐[51, 112]。运动员可以选择碳水化合物电解质运动饮料或纯水配合含有氯化钠的食物（或给食物加盐），因为钠有助于帮助身体保留水分[79, 112, 118]。补水策略应尽可能地个性化，有体重级别的项目（如摔跤或综合格斗）的运动员可能有意使自己脱水，以控制体重，而试图在比赛前充分补水，但称重和比赛间隔的时间较短，这可能意味着运动员要在脱水状态下开始比赛，这就会导致运动表现不佳，并带来健康风险。

有氧耐力比赛

在长时间的有氧耐力比赛后，重要的是在下一次训练或比赛之前（无论谁先到）使碳水化合物储备恢复正常，并摄入足量的蛋白质来生成和修复肌肉。糖原的合成发生在两个不同的阶段。第一个阶段不依赖胰岛素，持续30~60min，糖原快速合成。第二个阶段持续几个小时，糖原合成变慢。当摄入大量的碳水化合物时，糖原合成速率会变快，因此，在运动或比赛后应每隔15~60min定时补充碳水化合物，按每小时1.0~1.85g/kg（体重）的标准，并持续补充5h[57]。虽然运动员可能立刻或在长时间训练后的24h内完全恢复自身糖原储备，但是在比赛后却不一定。剧烈的有氧耐力比赛（如马拉松）可导致肌肉损伤，即使运动员摄入较高碳水化合物饮食，糖原的再合成也会延迟，这可能是由肌细胞的代谢紊乱或肌细胞的损伤造成的[9, 117, 134]。

虽然运动员常被告知比赛后要立即补充碳水化合物，但研究表明，这并不是必要的，他们可以在糖原耗竭2h后再摄入碳水化合物。在关于糖原再合成速率的研究中，运动员进行自行车训练2h，使糖原耗竭，在运动后的24h内运动员吃了5顿高血糖指数的餐食。第1组在运动后的4h内吃了前3顿；而第2组在运动后6h内吃了前3顿，每顿间隔2h，首顿在运动后2h被摄入。运动后8h和24h后各组的糖原再合成速率是相同的[98]。因此，有超过24h恢复时间的运动员无须在运动后立即进食，他们只要在运动后24h内补充足量的碳水化合物，糖原储备就能恢复。但是，每天训练2次或3次，只有不到24h恢复时间的运动员，可能需要在训练后立即摄入高碳水化合物食物，并在此后定期补充碳水化合物，以快速恢复糖原储备。

因为长时间的有氧耐力运动会使肌肉组织分解，所以，有氧耐力运动员训练后的饮食中也要含有蛋白质，以帮助生成和修复肌肉，这会减轻训练或比赛后的肌肉酸痛[80]。训练后补充蛋白质还有一个好处：在碳水化合物摄入不足［即摄入速率小于每小时1.2g/kg（体重）］的情况下提高糖原储存的速率[57]。在一项随机对照试验中，18名优秀的定向运动员在一周内参加了13次训练。一半的定向运动员（PRO-CON组）在训练前补充蛋白质饮料［0.3g/kg（体重）］，并且在训练后补充蛋白质结合碳水化合物的饮料［蛋白质为0.3g/kg（体重），碳水化合物为1g/kg（体重）］。另一半运动员（CHO组）在运动前和运动后仅补充等热量的碳水化合物饮料。在整个研究期间，除了添加的补剂，两组的饮食均保持一致（蛋白质/碳水化合物/脂肪为15%/63%/22%）。PRO-CON组：基础饮食+通过补剂每天摄入3g/kg（体重）的蛋白质和8.3~9.3g/kg（体重）的碳水化合物。CHO组：每天摄入1.8g/kg(体重）的蛋白质和8.8~10.8g/kg（体重）的碳水化合物。在摄入标准化早餐2h后，让受试者进行4km的跑步测试，在研究开始和结束时分别测试一次。PRO-CON组的运动表现显著提高，并且肌肉分解的标志物显著下降，而CHO组的运动表现并没有提高。但是，不清楚这种差异究竟是蛋白质补充时间上的差异造成的，还是PRO-CON组每日摄入的蛋白质总量更多（相较于CHO组）造成的[40]。

其他研究表明，在耐力运动后补充蛋白质很重要。例如，单盲、随机、三交叉的研究设计被用于评估不同剂量的蛋白质-亮氨酸混合物对肌原纤维蛋白合成速率（FSR）的影响。12名受过耐力训练的男性被要求进行100min的高强度自行车训练（在摄入标准化早餐3h后进行，测试前一天的饮食根据热量需求进行标准化，并为每个受试者提供相同百分比的碳水化合物、蛋白质和脂肪）。在240min（4h）恢复期的第一个90min内，受试者摄入蛋白质、亮氨酸、碳水化合物、脂肪的量分别为70g、15g、180g、30g；或分别为23g、5g、180g、30g；或分别为0g、0g、274g、30g（对照组）。与对照组相比，低蛋白质、低亮氨酸补充组（23g、5g、180g、30g）的FSR增加了33%±12%，而额外补充蛋白质和亮氨酸组（70g、15g、180g、30g）的FSR增加了51%±12%。虽然这两组之间没有显著差异，但都比对照组更好，表明在长时间艰苦训练后补充蛋白质是很重要的[110]。鉴于不同训练中采用的负荷不同，运动可能是在禁食或非禁食状态下完成的，并且其他研究使用了不同剂量的蛋白质（10~96g），耐力运动后使FSR最大化所需的蛋白质的确切最小剂量尚不清楚[18, 49]。此外，目前还不清楚在耐力训练后立即最大化的FSR是否会随时间推移转化为更好的运动表现。最后，在耐力训练后的理想时间段里应该摄入哪种蛋白质也不清楚，并且这可能取决于训练在禁食还是未禁食状态下进行及每日蛋白质总摄入量。然而，有一项研究发现，在耐力运动后，仅延迟3h补充蛋白质就会减弱其合成代谢作用[73]。

高强度间歇项目

因为高强度间歇项目（如篮球、曲棍球和足球）的运动员每天的比赛可能多于一场，有时两场比赛之间的间隔只有几个小时，所以赛后的快速恢复是下一场比赛运动表现的保障。当参加涉及长时间的高强度间歇运动的比赛时，如足球、美式橄榄球、曲棍球、冰球、英式橄榄球和网球，运动员肌肉的糖原储备会明显减少，这会引起肌肉疲劳[10, 55]。在接下来的训练或比赛前使肌糖原完全恢复，可以延缓疲劳并提高运动表现。在一项模拟足球比赛的研究中，Nicholas和同事们让6名男性受试者相隔22h完成2次相同的测试——先完成长达75min的高强度间歇折返跑测试，然后完成尽可能多的20m折返跑（每次折返在慢跑和冲刺之间转换）。在22h的恢复期，给受试者提供两种饮食中的一种：含有10g/kg（体重）碳水化合物的恢复饮食或蛋白质和脂肪含量比一般日常饮食更多的等热量饮食[89]。与摄入含有更多蛋白质和脂肪的高热量饮食相比，摄入高碳水化合物饮食可以提高间歇跑的能力。此外，Balsom及其同事发现，无论是在短时间（<10min）还是长时间（>30min）的高强度间歇运动中，在训练前48h补充高碳水化合物饮食的运动员，相较于补充低碳水化合物饮食的运动员，前者运动表现提高更多[10]。

高强度间歇运动引起一定程度的肌肉损伤的因素有很多，包括运动时间和强度、体形大小。研究表明，训练后补充蛋白质有助于降低一些肌肉损伤的标志物[34]。目前还不清楚在美式橄榄球或足球之类的比赛后，运动员应立即补充多少蛋白质是理想的。尽管训练后补充碳水化合物会影响接下来比赛或训练时的运动表现，特别是当比赛间隔时间较短时，但是在初次比赛或训练后4小时的恢复期内补充蛋白质不会影响在随后一轮比赛或训练中的运动表现[80]。

力量和爆发力项目

力量和爆发力项目的运动员在比赛中依靠血糖和糖原获得能量。由于一组抗阻训练可以引起糖原含量的显著下降[74]，并且糖原的下降会使力的产生和等长收缩的力量降低，同时使肌肉无力，所以这类运动员在进行下一组训练前必须使糖原水平恢复正常[39, 54]。在力量和爆发力项目比赛后的恢复期，如果运动员需要在初次训练或比赛后的24h内再次比赛或训练，则应着重补充高血糖指数的碳水化合物。他们需要多少碳水化合物来充分补充糖原储存受很多因素影响，包括比赛强度和时间、体重和肌肉质量、运动前的饮食（和赛前糖原储备状况）及比赛中是否补充碳水化合物。在一项交叉研究中，在整夜禁食后，8名男性进行负荷为1RM的70%的单腿伸膝练习，完成6组或直至不能在1RM的50%负荷下完成单腿伸膝动作后，他们的糖原水平降低至71%。抗阻训练后，让他们即刻摄入1.5g/kg（体重）的碳水化合物，1h后再补充一次糖原，6h后，他们的糖原储备水平恢复至运动前水平的91%。但是，当受试者在训练后即刻喝水，又在1h后再次喝水时，他们的肌糖原水平几乎没有提升，仅为75%[99]。

净蛋白平衡由肌肉蛋白质的合成和分解决定。尽管碳水化合物对肌肉蛋白质的合成没有影响，但它有助于减少由抗阻训练引起的急性蛋白质分解。蛋白质分解增加可能与抗阻刺激、人体整体的营养摄入、训练或赛前与赛后的饮食摄入量有关。一项针对未受过训练的年轻男性的研究发现，一次抗阻训练后，急性蛋白质分解增加了51% ± 17%[14]。在另一项研究中，未受过训练的4名男性和4名女性完成向心或离心运动后，测量他们的混合肌肉蛋白质合成和分解的速率。运动后3h内，合成速率显著高于静息水平，增加了112%。运动后24h内增加了65%，运动后48小时内增加了34%。运动后3h和24h内肌肉分解也分别增加了31%和18%，而运动后48h恢复到基线水平[104]。相对少量（30~100g）的碳水化合物可以充分减少肌肉蛋白质的分解[16, 35]。虽然肌肉蛋白质分解在蛋白质整体平衡中有一定作用，但肌肉蛋白质合成在蛋白质整体平衡中发挥了更重要的作用[35]。

在一次可以造成肌肉损伤的抗阻训练后补充蛋白质可以增加急性肌肉蛋白质的合成。抗阻训练后可使用各种蛋白质来促进肌肉蛋白质合成。对于年轻人来说，摄入20~25g（提供8.5~10g的必需氨基酸）高质量、高亮氨酸且可快速吸收的蛋白质（引起血液中的氨基酸含量快速上升）时就会发生最大刺激，但对老年人来说，可能需要摄入40g或更多的蛋白质才行[103]。米饭是一种中等速度的亮氨酸贫乏蛋白质（尽管在食用大米蛋白后，血液中亮氨酸含量的上升速度很快）；当添加适量的亮氨酸后，大量的米饭可以有效地促进肌肉蛋白质的合成，其效果与高质量的蛋白质相同[63]。因此，该蛋白质中亮氨酸的含量及其转运速度似乎是肌肉蛋白质合成最大刺激急性变化的决定因素。摄入2~3g亮氨酸或每千克体重0.05g的亮氨酸将最大限度地促进年轻人肌肉蛋白质的合成[91, 97, 127]。

随着时间的推移，与未补充蛋白质的受试者相比，抗阻训练后持续补充蛋白质的受试者，除了肌肉蛋白质合成急剧增加，肌肉也发生了轻度至中度的肥大[22, 115]。迄今为止，只有一项研究直接分析了肌肉蛋白质合成的急性变化和抗阻训练引起的肌肉肥大之间的关系。在这项研究中，23名至少在一年中只进行休闲娱乐活动而未参加过抗阻训练的年轻人，进行了初始肌肉力量、静息和运动后的蛋白质合成速率测试。接着他们参加了一个为期16周的线性抗阻训练项目。在整夜禁食后，早晨起来的第一件事就是训练。该训练项目包括两天的下肢训练（坐姿蹬腿、坐姿伸膝、俯卧腿弯举和坐姿提踵）和两天的上肢训练（胸推、肩上推举、坐姿划船、背阔肌下拉、肱二头肌弯举、肱三头肌伸展）。在每天运动后和非训练日的早餐，他们摄入含有30g牛奶蛋白、25.9g碳水化合物和3.4g脂肪的运动饮料。研究者发现，运动训练后产生的肌肉蛋白质合成的急剧上升（训练后6h）与肌肉肥大之间没有联系。但是，作者还指出，训练后蛋白质合成的变化在受试者之间并不一致；因此，虽然肌肉蛋白质合成的急性变化对肌肉肥大很重要，但这些急性变化并不是预测个体肌肉增长潜能的唯一因素[81]。此研究中使用的运动饮料所含的30g牛奶蛋白可提供24g酪蛋白、6g乳清蛋白和2.8g亮氨酸[129]。

同期训练

运动干扰指耐力训练和力量训练（背靠背训练）相结合时，与单独进行力量训练相比，力量的提高会削弱，但耐力的运动表现会提高[140]。虽然最近关于同期训练的研究在不断增加，但是关于同期训练的营养建议通常基于营养干预对单纯的耐力或抗阻训练影响的研究。在耐力训练后和抗阻训练前摄入碳水化合物有助于抑制骨骼肌分解。此外，考虑到耐力训练后补充蛋白质对肌肉蛋白质合成的影响，以及研究表明，与单纯补充碳水化合物的控制组相比，在长时间（>2h）的抗阻训练期间摄入蛋白质可以提高运动过程中肌肉蛋白质的合成速率，运动员应在耐力训练后、抗阻训练前或训练期间补充蛋白质[101]。

进餐时的蛋白质

除了在运动后立即补充蛋白质以外，成年人还应关注每餐摄入的蛋白质，主要因为抗阻训练可以在运动后24~48h内增加肌肉对氨基酸的敏感性而每餐膳食的合成代谢作用持续3~5h。为了达到最佳的肌肉重塑效果，专家建议每餐至少摄入20g蛋白质，并且每3~4h进餐一次[77, 101]。

因为需要采用有创的测试方法，所以关于儿童肌肉蛋白质合成的数据很有限，并且没有研究讨论健康儿童训练或运动后补充蛋白质对肌肉蛋白质合成的影响。但是，有一点是很清楚的：儿童不需要遵循与成年人相同的每餐蛋白质补充原则，因为儿童蛋白质合成的驱动力是胰岛素和能量摄入量而不是亮氨酸。因此，在一天中补充较少量的蛋白质就可以满足其对蛋白质的需求。有关运动项目蛋白质需求的更多信息，见表10.3。

表10.3 不同运动项目的蛋白质需求

运动项目	每日蛋白质需求量，以g/kg（体重）为单位	体重200lb的男性或女性的每日蛋白质摄入量示例	训练后的蛋白质需求量	训练后的蛋白质示例
低至中等强度耐力活动（如慢跑、铁人三项）	1.0~1.1	1杯希腊酸奶（22g） 烤鸡肉三明治（28g） 1条高蛋白营养棒（20g） 有肉丸（4oz）的意大利面（20g）	0.2~0.5g/kg（体重）	1根高蛋白营养棒（20g） 1杯高蛋白希腊酸奶加2汤匙花生酱 25g乳清蛋白
优秀耐力运动员或高强度训练者	>1.6	1杯希腊酸奶（22g） 烤鸡肉三明治（28g） 2oz全麦饼干奶酪（20g） 有肉丸（6oz）的意大利面（30g） 1杯8oz牛奶（8g） 1/2杯奶酪（15g）	0.2~0.5g/kg（体重）	20oz牛奶或高蛋白豆浆（20g）
美式橄榄球	1.0~2.0 对于那些进行高强度训练的运动员来说，需求量可能是这个范围的上限	2g/kg（体重）的蛋白质： 5个鸡蛋清或整蛋，与1oz奶酪（38g）一起煮 烤鸡肉三明治（28g） 1杯牛奶（或高蛋白豆浆）（8g） 1/2杯燕麦粥（用牛奶做）加2汤匙花生酱（约20g） 6oz烤三文鱼（48g） 1杯12oz牛奶+1勺乳清蛋白（37g）	未经研究阐明；因此，运动员可以遵循抗阻训练营养原则，并摄入20~25g可快速吸收、高质量、富含亮氨酸（2~3g亮氨酸）的蛋白质	乳清蛋白奶昔+水果 其他示例（虽然不是可被快速吸收的蛋白质）：≥1杯高蛋白希腊酸奶；用火鸡或鸡肉做的烤奶酪三明治
体操	限制饮食使其对蛋白质的需求增加（如果他们限制热量）；没有研究讨论体操运动员的蛋白质需求		未经研究阐明	
集体项目	1.0~2.0g/kg（体重），取决于运动项目和运动强度	2.0g/kg（体重）；遵循上面提到的与美式橄榄球相同的每日饮食计划示例	未经研究阐明	

续表

运动项目	每日蛋白质需求量，以g/kg（体重）为单位	体重200lb的男性或女性的每日蛋白质摄入量示例	训练后的蛋白质需求量	训练后的蛋白质示例
举重	1.5~2.0	2.0g/kg（体重）；遵循上面提到的与美式橄榄球相同的每日饮食计划示例	训练前或后（或二者兼有），摄入20g鸡蛋蛋白或25g乳清蛋白；20~70g蛋白质，补充时间靠近抗阻训练 建议摄入每份含有2~3g亮氨酸的蛋白质	乳清蛋白奶昔
摔跤	未知，但限制饮食会使蛋白质需求增加		目前没有研究明确地指出摔跤训练前、后的蛋白质需求	

不同运动表现目标的营养策略

有氧耐力运动表现和恢复的营养策略

- 有氧耐力运动员每天需摄入每千克体重8~10g的碳水化合物和1.0~1.6g的蛋白质，特别是当训练时间不少于90min时。
- 运动员至少在赛前4h进餐，应摄入1~4g/kg（体重）的碳水化合物和0.15~0.25g/kg（体重）的蛋白质[124]。如果在运动前2h进餐，运动员应摄入约1g/kg（体重）的碳水化合物[112]。
- 在长时间有氧耐力运动中，运动员每小时应补充28~144g多种类型的碳水化合物（如蔗糖、果糖、葡萄糖或麦芽糖糊精），以延长力竭时间，提高运动表现[26, 28, 62, 85, 128]。
- 在炎热天气下长时间运动时，运动员应补充含有460~690mg/L的钠（氯离子为阴离子）、78~195mg/L的钾且碳水化合物浓度为5%~10%的运动饮料[53]。
- 在训练结束后30min内，运动员应摄入约1.5g/kg（体重）的碳水化合物。一些研究表明，训练后摄入添加了蛋白质的碳水化合物，可以减少肌肉分解和酸痛，并增加肌肉蛋白质合成。根据目前的文献，还不清楚蛋白质的理想补充量和运动后补充时间，这些可能取决于运动是在非禁食还是禁食的状态下进行的，以及运动后摄入的总热量。尽管如此，一般的营养指导原则是，应当在耐力运动后3h内摄入至少10g的蛋白质（虽然研究中未阐明精确的补充时间，但越早越好）[73]。
- 应在运动后和下次训练前补充糖原储备。有规律的饮食和足量碳水化合物可以使糖原储备在24h内恢复。为了加快糖原的合成，运动员应在运动后立刻食用高碳水化合物食物。这对于在初次训练后不到24h需要再次训练的运动员来说特别重要[57]。

力量训练的营养策略

- 运动员应考虑在赛前和赛中补充碳水化合物，以保持力量，并最大限度地减少肌肉分解[39, 54]。一般来说，力量/速度运动员每天应摄入5~6g/kg（体重）的碳水化合物。训练后只要摄入30g的碳水化合物就可以减少肌肉分解。抗阻训练后碳水化合物补充的理想时间段尚未完全明确；但是，越早摄入碳水化合物（而不是等待）可能受益越多，特别是在禁食状态下进行训练时[35]。

- 低糖原会削弱肌肉力量，如果必须在初次比赛后24h内比赛或训练，运动员应当在举重、力量和爆发力比赛后立即补充高血糖碳水化合物。另外，他们可以在一天内补充足量的碳水化合物，在下一次训练或比赛前恢复糖原水平[39, 54, 99]。
- 一般来说，力量/速度运动员每天应摄入1.4~1.7g/kg（体重）的蛋白质，即便他们的运动或训练中包含有氧耐力成分。在抗阻训练后，年轻人应摄入20~25g（提供8.5~10g必需氨基酸）的高质量、高亮氨酸（2~3g）蛋白质，而老年人应摄入40g或更多，以最大限度地促进训练后急性期内的肌肉蛋白质合成[103]。如果运动在禁食状态下进行（运动员早起后的第一件事或距最后一次富含蛋白质的进餐超过3h），应当在结束后30min内摄入蛋白质；但如果运动在非禁食状态下进行（运动前摄入富含蛋白质的餐食或补剂），运动后补充蛋白质的时间窗口可能会更长一些[8]。
- 在会引起肌肉损伤的运动后，应补充30~100g的高血糖碳水化合物，以减少肌肉蛋白质的分解[16, 135]。
- 成年运动员应吃含有20~30g高亮氨酸蛋白质的食物。

增肌的营养策略

- 在会引起肌肉损伤的运动后，应补充30~100g的高血糖碳水化合物，以减少肌肉蛋白质的分解[16, 135]。
- 抗阻训练后，年轻人应摄入20~25g（提供8.5~10g必需氨基酸）的高质量、高亮氨酸（2~3g）蛋白质，而老年人应摄入40g或更多，以最大限度地促进训练后急性期内的肌肉蛋白质合成[103]。
- 成年运动员应每3~4h吃含有20~30g高亮氨酸蛋白质的食物。

肌肉耐力的营养策略

- 保持充分的水合，防止水分丢失超过体重的2%。
- 在长时间的训练或比赛期间，补充碳水化合物电解质运动饮料可以延缓疲劳，并提高运动表现，特别是在整夜禁食后进行运动时[3, 136]。
- 在下一次训练或比赛前使糖原储备完全恢复。
- 在训练或比赛后补充蛋白质，以减少肌肉损伤和酸痛[34]。

改变身体成分的营养策略

要想改变身体成分，运动员通常需要增肌、减脂或二者兼备。虽然有些情况下（通常是进食障碍），运动员可能需要同时增加肌肉和脂肪，但本节关注的是增肌和减脂。

改变身体成分的第一步是估算热量需求。运动员每天所需的热量受很多因素影响，包括遗传、体重、身体成分、训练计划和年龄。儿童青少年生长和发育也需要一部分热量。

基础代谢率（BMR）占每日能量消耗的65%~70%[59, 107]。它包含保持正常身体功能（如呼吸、血液循环、胃肠道和肾脏功能）所需的热量。基础代谢率和静息代谢率（RMR）通常可以交替使用，尽管它们略有不同。基础代谢率是在受试者仰卧、静止但清醒的状态下，经过整夜的禁食（12~14h的禁食）后测量的[32, 52]。静息代谢率更容易测定（不需要整夜禁食），因此通常用它代替BMR。但是，摄入的食物或体力活动会使能量消耗增加，所以RMR比BMR高10%~20%。一些因素会影响BMR和RMR，特别是去脂体重，它解释了70%~80%的个体间RMR差异[52, 88, 108]。其他因素包括年龄、营养状况、遗传和内分泌功能（如甲状腺功能减退或亢进）。

人体能量需求的第二大组成部分是体力活动所消耗的能量。在所有的组成部分中，它是个体间差异最大的一个。体力活动的能量消耗随训练的频率、强度、持续时间及非训练性质的日常活动（洗车、做家务等）量的增加而增加。通常，体力活动的能量消耗占全天总能量消耗的20%~30%，而这一数据在运动员中可能更高[59, 107]。体形较大的运动员长时间进行有氧活动时的能量消耗最高，而体形较小的运动员进行技巧和爆发力运动时的能量消耗最低。

食物的热效应，也就是饮食引起的生热作用，是在RMR之外的能量消耗，需在餐后数小时内对其进行测量。食物的热效应包括食物在体内的消化、吸收、代谢和储存引起的能量消耗。食物的热效应占每天总能量消耗的10%~15%[59, 107]。

有很多不同的预测公式可用于计算热量需求，包括Cunningham公式和Harris–Benedict公式。Harris–Benedict公式用性别、体重、身高和年龄来预测RMR。可以用静息代谢率乘以活动因子［1.2（久坐）~1.9（重体力活动）］来预测能量需求[42]。但是，Harris–Benedict公式没有考虑瘦体重对RMR的影响[83]。Cunningham公式既考虑到与Harris–Benedict公式相同的变量，也考虑到去脂体重变量，更适用于运动员[126]。

RMR=550+22（LBM）

采用基于瘦体重（LBM）的Cunningham公式估算出RMR后，可以使用活动因子来估算每日总能量消耗。体能教练可能会选择使用代谢当量（MET值）对活动期间能量消耗进行估计，而不使用基本的活动因子。一个MET值代表一个人静坐所需的能量，因此，运动强度越大，MET值越高[2]。

另一个更加费力的方法是，记录体重稳定期内有代表性的至少连续3天的饮食摄入量，该方法适用于配合意愿高的运动员。这种方法假设个体的日常能量需求等于每天摄入的平均热量。其缺点是，记录食物摄入量通常会改变正常的饮食习惯且人们不总能准确地记录所有的食物摄入[47, 114]。表10.4给出了一个非常简单的快速评估能量需求的方法。

增重

运动员增重的能力取决于很多因素，可控的因素包括饮食和训练。非赛季期间，运动员没有比赛的压力，应该把重点放在调整饮食结构和增重上。

如果运动员大量地、持续地增加他们的摄入量，那么他们获得的脂肪就会超过他们想要的。通常的原则是，根据运动员的实际情况调整。为了增加体重，运动员每天要额外摄入约500kcal的热量[106]。有助于增重的策略包括吃更大的分量、增加用餐频率、选择高热量的食物。除了增加总热量摄入，运动员还应

表10.4　按活动水平估算男性和女性运动员的每日能量需求

活动水平	男性		女性	
	kcal/lb	kcal/kg	kcal/lb	kcal/kg
轻	17	38	16	35
中	19	41	17	37
重	23	50	20	44

*低活动水平：*以2.5~3.0mile/h（4.0~4.8km/h）的速度在水平地面上步行、车库工作、电子贸易、木工、餐饮业、房屋清洁、儿童看护、高尔夫、帆船、乒乓球。

*中等活动水平：*以3.5~4.0mile/h（5.6~6.4km/h）步行、除草和锄地、骑自行车、滑雪、网球、跳舞。

*高活动水平：*负重步行上坡、重体力手工挖掘、篮球、登山、美式橄榄球、足球。

确保摄入足量的蛋白质：每天1.5~2.0g/kg（体重），以最大限度地增加瘦体重。考虑到蛋白质对饱腹感的影响及与高蛋白质饮食有关的热效应增加，运动员想通过增加蛋白质摄入来增重可能比较困难。但是，如果运动员可以维持这种饮食，摄入更多蛋白质是有利的。在一项随机、对照的过量饮食研究中，16名健康成年人在能量代谢实验室中住了8周，过量摄入蛋白质含量低（占总热量的5%）、正常（占总热量的15%）或高（占总热量的25%）的饮食。对摄入蛋白质含量正常和高饮食的受试者来说，摄入的约45%的过量热量以瘦体重形式储存，而对摄入蛋白质含量低的受试者来说，摄入的约95%的过量热量以脂肪形式储存[31]。除了改变饮食，要增重的运动员还可以考虑补充肌酸，因为肌酸是一种有助于安全、有效地增加瘦体重的补剂[69]。

最后，尽管运动员可能知道他们的能量和蛋白质需求，但是将这些知识用于实践可能较为复杂。因此，建议定期向具有高等学位的运动膳食专家或运动营养师咨询（或辅导），以更好地增重。在一项研究中，21名参加大负荷训练的精英运动员随机接受营养咨询或自由进食，结果显示，在8~12周的增重期，接受营养咨询组的总体重和瘦体重在干预期间和12个月后的总体重和瘦体重均有所增加，这表明接受营养咨询组在结束咨询后的几个月里仍从营养指导中受益[33]。

减重（脂）

各个项目的运动员都可能需要减掉体内的脂肪，以提高速度或耐力等方面的运动表现。另外，控制体重可以在比赛中给某些运动员带来心理优势[102]。此外，在一些运动项目中，运动员要反复保持或控制体重，包括有体重级别、体重限制或根据形体打分的项目，如举重、摔跤、拳击和体操等。

虽然在畅销书单上有很多关于饮食的书，但并没有完美的、适合所有人的饮食方案。相反，研究表明，就各种类型的饮食（包括低碳水化合物和低脂肪的饮食）而言，只要个体摄入的热量少于维持体重所需的热量，就能实现减重。此外，在减重效果上，低碳水化合物饮食与低脂肪（相应地，碳水化合物高）饮食没有差异[17, 30]。控制总热量摄入和严格遵循食谱是减重或减肥成功的两个最重要的因素。然而，在节食期间体重减轻很大一部分可能是因为肌肉减少[135]，因为肌肉蛋白质合成的过程是消耗能量的，节食期间的热量限制会降低肌肉蛋白质的合成。运动员想要在保持肌肉的情况下减脂，每天除了保持约500kcal的适度能量缺损外，还应摄入1.8~2.7g/kg（体重）的蛋白质，或2.3~3.1g/kg（去脂体重）的蛋白质[84]。

为了长期保持可持续性，饮食方案应是个性化且容易坚持的，并考虑到生活习惯、疾病史（包括糖尿病、胰岛素抵抗及其他疾病和医学问题）、饮食史和食物偏好，同时提供运动员训练和最佳运动表现所需的所有营养素。最后，研究表明，持续的行为治疗和支持可以提高长期的减重效果[76]。

> 没有一种理想的饮食。取而代之的是，运动员需要根据是否安全、是否含有足够的蛋白质来满足他们的需求及是否适合他们的生活方式来选择饮食，这样他们才能更容易坚持下去。

超重和肥胖

超重和**肥胖**，分别指**体重指数（BMI）**为25~29.9kg/m^{2}和不少于30kg/m^2，二者会增加高血压、血脂异常、冠心病、胆囊疾病、中风、2型糖尿病、睡眠呼吸暂停综合征、骨关节炎、呼吸系统疾病、子宫内膜癌、乳腺癌、前列腺癌和结肠癌的患病风险[86]。肥胖被归为一种疾病，美国有34.9%的成人和17%的儿童受到肥胖的影响[92]。

肥胖的原因很复杂，包括基因和环境的相互作用，涉及社会、行为、文化、代谢、生理和遗传因素。然而，有很多种治疗方法是有效的，包括饮食疗法、改变体力活动模式、行为治疗、药物治疗和手术。一些患者和临床医生会将这些治疗方法组合使用。超重和肥胖个体减重的初始目标应为在6个月内减掉初始体重的10%[86]。

体重指数是根据身高和体重计算出的对体脂的量化指标。体重指数常用于评估与体脂过多相关的疾病的风险，但是，它实际上衡量的是体重是否超标而不是体脂是否过多，因为根据BMI不能区分多余的是脂肪，还是肌肉或骨骼质量[21]。最后，年龄、性别和肌肉质量都会影响BMI和体脂之间的联系。因此，使用BMI可能高估运动员和其他肌肉发达者的体脂，并且低估老年人或肌肉丢失者的体脂[86]。影响儿童BMI和体脂之间关系的因素与成年人的相同。此外，身高和性成熟度也会影响儿童的BMI。儿童BMI的计算方法与成人的一样，但解释儿童BMI时要考虑年龄和性别的差异。

体重指数不应作为诊断工具，而应作为一种初步筛选工具，用于发现有潜在体重问题的人，并追踪基于人群的超重和肥胖率。此外，不应用单一的体脂测量方法来评估健康、疾病或疾病风险[21]。超重和肥胖加上其他的危险因素，包括高血压、低密度脂蛋白胆固醇高、高密度脂蛋白胆固醇低、高甘油三酯、高血糖、体力活动不足、早发性心脏病家族史或吸烟，往往会增加一个人患心脏疾病的风险[86]。

> 体重指数不应作为诊断工具，而应作为一种初步筛选工具，用于发现有潜在体重问题的人和追踪基于人群的超重和肥胖率。

低碳水化合物饮食

低碳水化合物饮食的普遍性和有效性与碳水化合物摄入量减少的关系不大（对健康个体来说），而与短时间内水的重量减少、热量减少和蛋白质摄入量增加的关系更密切一些。当碳水化合物的摄入量显著降低时，个体的糖原储存（碳水化合物与3~4份的水一起储存）下降，因此体重迅速下降。一旦在饮食中恢复碳水化合物的摄入，体重会迅速反弹[67]。

然而，随着时间的推移，由于蛋白质的摄入增加，低碳水化合物饮食可能适用于一些人。蛋白质以剂量依赖的方式增加饱腹感，也就是说，一次摄入的蛋白质越多，其对饱腹感的影响越大。但是，目前用于最大饱腹感的“最佳剂量”仍不清楚。蛋白质也会增加食物的热效应。消化和吸收蛋白质所消耗的热量比碳水化合物和脂肪更多。最后，在个体减重期间，蛋白质有助于减少瘦肌肉组织的代谢性消耗。这一点很重要，因为当个体处于静息状态时，肌肉比脂肪燃烧更多的热量，久而久之，便可以影响体重。此外，更多的肌肉意味着一个人可以更高的强度进行训练，从而在训练中燃烧更多的热量[84]。

虽然减少碳水化合物的摄入可能对很多竞技运动员有害，特别是在赛前和赛中阶段，但对于有胰岛素抵抗（机体不能有效使用胰岛素而引起血液中葡萄糖升高的病症）的个体及2型糖尿病患者来说，其是一种非常有效的方法，对于超重和肥胖的人来说，亦是如此[43, 46, 141]。

腰围是另一种常用于评估疾病风险的指标。如果男性腰围大于40in（约102cm），患病的相对风险就会增加；如果女性腰围大于35in（约89cm），患病的相对风险也会增加[86]。

表10.5描述了超重和肥胖的分级标准。表10.6提供了BMI分别为25kg/m²、27kg/m²和30kg/m²时对应的身高和体重。表10.7列出了儿童的BMI分级和相应的百分位数。有关筛选过程和风险评估的更多信息，请参阅美国国家心脏、肺和血液研究所网站上的《成年人超重和肥胖鉴定、评估和治疗临床指南》（*Clinical Guidelines on the Identification, Evaluation, and Treatment of Over-weight and Obesity in Adults*）。体能教练应使用其他更准确的身体成分测量方法，如皮褶测量法、双能X射线吸收法（DEXA）。因为运动员比同年龄、性别的人有更多的肌肉，所以根据BMI来评估，很有可能将其判定为超重或肥胖[70]。

计算BMI

以kg和m为单位估算BMI，请使用以下公式：

$$体重（kg）/身高（m）^2$$

以lb和in为单位估算BMI，请使用以下公式：

$$[体重（lb）/身高（in）^2]\times 703$$

超重指BMI为25~29.9kg/m²，肥胖指BMI不少于30kg/m²。

表10.5　成人体重指数（BMI）和相关疾病风险

分级	肥胖等级	BMI分类等级*（单位为kg/m²）	相对于正常体重和腰围的疾病风险**	
			男性<102cm（<40in）女性<88cm（<35in）	男性>102cm（>40in）女性>88cm（>35in）
过轻		<18.5		
正常		18.5~24.9		
超重		25.0~29.9	增加	高
肥胖	I	30.0~34.9	高	非常高
	II	35.0~39.9	非常高	非常高
极度肥胖	III	≥40	极高	极高

即使是正常体重的人，腰围增加也是疾病风险增加的标志。

* 使用BMI可能高估运动员和其他肌肉发达者的脂肪，还会低估老年人和其他肌肉丢失者的脂肪。

** 2型糖尿病、高血压和心血管疾病的风险。

[源自：National Heart, Lung, and Blood Institute, 1998[86].]

表10.6　选定BMI所对应的身高和体重

以in（cm）为单位的身高	以lb（kg）为单位的体重		
	BMI=25kg/m²	BMI=27kg/m²	BMI=30kg/m²
58（147.32）	119（53.98）	129（58.51）	143（64.86）
59（149.86）	124（56.25）	133（60.33）	148（67.13）
60（152.40）	128（58.06）	138（62.60）	153（69.40）

续表

以in（cm）为单位的身高	以lb（kg）为单位的体重		
	BMI=25kg/m^2	BMI=27kg/m^2	BMI=30kg/m^2
61（154.94）	132（59.87）	143（64.86）	158（71.67）
62（157.48）	136（61.69）	147（66.68）	164（74.39）
63（160.02）	141（63.96）	152（68.95）	169（76.66）
64（162.56）	145（65.77）	157（71.21）	174（78.93）
65（165.10）	150（68.04）	162（73.48）	180（81.65）
66（167.64）	155（70.31）	167（75.75）	186（84.37）
67（170.18）	159（72.12）	172（78.02）	191（86.64）
68（172.72）	164（74.39）	177（80.29）	197（89.36）
69（175.26）	169（76.66）	182（82.56）	203（92.08）
70（177.80）	174（78.93）	188（85.28）	207（93.89）
71（180.34）	179（81.19）	193（87.54）	215（97.52）
72（182.88）	184（83.46）	199（90.27）	221（100.25）
73（185.42）	189（85.73）	204（92.53）	227（102.97）
74（187.96）	194（88.00）	210（95.26）	233（105.69）
75（190.50）	200（90.72）	216（97.98）	240（108.86）
76（193.04）	205（92.99）	221（100.25）	246（111.58）

BMI=体重指数。

计算公式：体重/身高^2（kg/m^2）。

BMI计算示例：体重为78.93kg、身高为177cm的人的BMI为25kg/m^2，体重/身高^2=78.93kg/(1.77m)^2=25kg/m^2。

［源自：National Heart，Lung，and Blood Institute，1998[86].］

表10.7　不同年龄儿童的BMI分级和所对应的百分位数

百分位数	体重分级
<5%	体重不足
5%~84%	健康体重
85%~94%	超重
≥95%	肥胖

［源自：Centers for Disease Control.］

尽管所有肥胖的人都有体脂过量的特点，但不能对他们进行一视同仁的治疗，必须先进行筛查，以确定他们是否同时存在糖尿病、骨科问题、心脏病、暴食症和抑郁症等心理疾病，以及是否受社会和文化影响、是否做好改变的准备。肥胖运动员被强制进行减肥时（如被医生要求），面临着特殊的挑战，因为此时减肥是由外部因素驱动的，而不是一个内在目标。减肥需要付出很多，这些运动员可能需要与心理健康专业人员或注册营养师密切合作，以实现目标。

快速减重

虽然在文献中没有统一的定义，但快速减重通常指在短时间内非常快速的减重，比通过降低热量摄入和增加运动减重更快[29]。为了参加所期望的体重级别的比赛，运动员可能会使用多种技术来快速减重，以达到教练设定的体重目标，并提高运动表现。可能有危险的减重技术包括禁食、流行的减重饮食、自愿脱水（利尿剂、桑拿、水盐调控、穿着多层衣服）、过度吐口水、自我催吐、滥用泻药及不当或过度使用生热辅助剂[29]。

运动员减重太快、太多可能会导致丢失瘦体重，感到疲劳、头痛或情绪波动，训练和运动表现降低，并遭受潜在的严重副作用，包括脱水、中暑、肌肉痉挛、疲劳、头晕、免疫系统功能受到抑制、激素失衡、体温升高、肌肉力量下降、血浆和血容量减少、低血压、电解质失衡、肾功能衰竭（滥用利尿剂）、昏厥及死亡（极端情况）[29]。

体能教练应能识别与快速减重技术相关的体征和症状，及时将运动员转诊给相关专业人员，同时也将问题传达给本组的其他教练。此外，体能教练可能需要记录自己帮助运动员的步骤（为了保持良好的记录和避免责任），同时与医生或注册营养师一起，在评估了运动员的身体成分、饮食、医疗史和进食障碍史等之后，为运动员制定适当的体重目标。如果有些运动员不能在不影响健康或运动表现的情况下减轻体重，则可能需要重新考虑他们所参加的体重级别。

进食障碍

进食障碍包括暴食症、神经性厌食症和神经性贪食症，是严重的精神健康障碍，男性和女性均会受其影响。进食障碍可能发生在生命中的任何时候，并增加死亡的风险。有进食障碍的患者有更高的其他精神障碍患病风险，包括焦虑症和抑郁症等情绪障碍、冲动控制障碍和药物滥用障碍[41, 50]。

研究表明，与对照组相比，运动员饮食失调和进食障碍的患病率都更高[37, 121, 143]。有体重级别（如摔跤）、强调瘦（如越野跑）和强调美感（如体操）的运动项目的运动员可能更容易发生饮食失调和进食障碍[37, 121, 143]。进食障碍的体征包括：限制饮食、禁食、不吃饭及服用减肥药、泻药或利尿剂。而饮食紊乱的人不完全满足进食障碍的诊断标准[37]。

进食障碍是多因素疾病，因此其治疗需要多学科团队的合作。体能教练必须知道进食障碍的体征和症状，并建立一个转诊网络，以便运动员能够从专家那里获得与进食障碍相关的心理、医学和营养方面的帮助。

神经性厌食症

神经性厌食症的特征是对身体形象的认知扭曲及对体重增加或变胖强烈恐惧，导致患者过度限制热量摄入，进行严苛的减重[6]。神经性厌食症患者非常重视他们的体重或体形，且往往意识不到自身疾病的严重性。此外，神经性厌食症患者通常有仪式性行为，包括反复称重、将食物切成小块及仔细地把食物分成若干份[87]。

神经性厌食症有两种亚型。限制型不会进行规律的暴饮暴食或自我催吐，而暴饮暴食或自我催吐型则定期暴饮暴食或自我催吐。

神经性厌食症的平均发病年龄为19岁，女性和男性的终生患病率分别为0.9%和0.3%。只有33.8%的神经性厌食症患者正在接受治疗[50]。但是，这些统计数据基于较早的神经性厌食症诊断标准，根据2013年修订的诊断标准，患病率可能有所上升[48]。需要特别注意的是，在所有精神健康疾病中，神经性厌食症的死亡率最高[41]。了解有关神经性厌食症的更多信息，建议阅读美国精神病学协会的《精神障碍诊断和统计手册（第5版）》（*Diagnostic and Statistical Manual of Mental Disorders Fifth Edition*）。

暴食症

暴食症以前被归为“进食障碍”，在《精

神经性厌食症的症状

- 骨骼变薄（骨质减少或骨质疏松）。
- 头发和指甲易碎。
- 皮肤干燥且呈黄色。
- 全身的汗毛（胎毛）生长。
- 轻度贫血和肌肉萎缩、虚弱。
- 严重便秘。
- 低血压，呼吸和脉搏减慢。
- 心脏的结构和功能受损。
- 脑损伤。
- 多器官衰竭。
- 体内温度下降，导致人体始终感到寒冷。
- 总是无精打采、行动迟缓或感到疲劳。
- 不孕不育。

[源自：National Institute of Mental Health.]

神障碍诊断和统计手册（第5版）》中被单独列为一类[6]。暴食症的特征是反复发作，每周至少发生1次不受控制的暴饮暴食（在相同的条件下，短时间内比大多数人吃更多的食物）且持续3周[6]。暴食症发作时伴随以下症状的3种或更多种。

- 吃得比平时快得多。
- 吃到感觉撑得难受。
- 在身体不觉得饿时仍然吃大量的食物。
- 因食量大而感到尴尬，所以独自吃饭。
- 暴食后感到厌恶自己、沮丧或十分内疚[6]。

因为暴食症发作后，个体不会像神经性贪食症患者一样自我催吐，所以患有暴食症的人往往超重或肥胖。男性和女性的终生患病率分别为2.0%和3.5%，平均发病年龄为25岁。暴食症的终生患病率与病态的肥胖症（BMI>40）相关。只有43.6%的患者会在一生中的某个时段接受治疗[50]。但是，这些统计数据基于早期的暴食症诊断标准。暴食症在2013年被列为特定进食障碍，患病率可能随标准的修订而上升[48]。暴饮暴食会带来严重的身体和心理问题。此外，患有暴食症的人可能会对他们的行为感到尴尬、内疚或厌恶，并试图通过独自进食来隐藏他们的行为[6]。

神经性贪食症

神经性贪食症的特点是在不连续的时间段内反复地摄入大量的食物，其量远远大于日常的消耗量，例如，一整块比萨、半加仑冰淇淋，外加一包饼干。暴食之后会有清除行为，可能包括以下一种或多种情况：自我催吐、剧烈运动、服用泻药或利尿剂。暴饮暴食和自我催吐每周至少发生1次，持续3个月[6]。神经性贪食症的患者在暴饮暴食期间感到对自己的饮食缺乏控制，他们很可能体重正常，而非体重不足，且往往对自己的体重和身体不满意并担心体重增加。神经性贪食症的平均发病年龄为20岁，终生患病率为0.6%。只有43.2%的神经性贪食症患者会接受治疗[50]。但是，这些统计数据同样基于较早的神经性贪食症诊断标准，患病率也可能随

神经性贪食症的症状

- 慢性发炎和咽喉痛。
- 颈部和下颌区唾液腺肿胀。
- 牙釉质磨损，使牙齿因暴露于胃酸而变得越来越敏感和发炎。
- 胃酸反流失调和其他胃肠道问题。
- 滥用泻药引起的肠道不适和刺激。
- 自我催吐带来的严重脱水。
- 电解质失衡（钠、钙、钾和其他矿物质含量太低或太高），这可能引发心脏病。

［源自：National Institute of Mental Health.］

着《精神疾病诊断和统计手册（第5版）》对诊断标准的修订而上升[48]。有关神经性贪食症的更多信息，建议查阅该书。

回避性/限制性食物摄入障碍

回避性/限制性的食物摄入障碍（ARFID）是一种饮食或进食障碍，包括对饮食或食物缺乏兴趣、基于食物的感官特征回避或担心饮食的后果。这种疾病表现为以下一种（或多种）营养或能量需求长期无法被满足的情况[6]。

- 体重明显减轻（或儿童体重无法达到预期增长或增长缓慢）。
- 严重营养不良。
- 依赖肠内喂养或口服营养补剂。
- 社会心理功能受到明显干扰。

这种进食障碍无法用食物缺乏或相关的客观理由来解释。

进食障碍不仅仅发生在神经性厌食症或神经性贪食症的过程中，也没有证据表明人们的体重或外形会受其影响。

进食障碍不是由当前的医疗状况引起的，也不能用另一种精神障碍来解释。当进食障碍发生在另一种情况或障碍的背景下时，进食障碍的严重程度会超过相关情况或障碍的严重程度，需要额外的临床关注[6]。

异食癖

异食癖指患者食用非营养物质长达一个月。常见的非营养物质包括泥土、洗衣粉、冰块、烟头、头发和粉笔[64]。患有异食癖的人可能有电解质紊乱、代谢紊乱、肠梗阻、牙釉质磨损、胃肠道不适等其他问题。异食癖与铁缺乏有关，建议检查是否贫血[64]。

反刍症

反刍症包括咀嚼、再次吞咽或吐出反流食物。要被诊断为患有这种障碍，个体必须出现这种行为至少1个月，且该行为与任何医疗状况无关。

反刍症可能与其他饮食问题或进食障碍同时发生[6]。

进食障碍：管理和护理

治疗或诊断进食障碍并不是体能教练的职责。但是，体能教练有责任帮助运动员从有资质的医生那里获得正确的诊断，并在有资质的治疗团队那里得到治疗。因此，体能教练应当注意每种进食障碍的症状及饮食失调的体征。请记住，异常的饮食模式和单纯的闭经不是进食障碍的特征。当运动员的行为可疑时，应联系具有诊断和治疗进食障碍经验和资质的专业人员。

> 体能教练没有治疗进食障碍的职责，但要了解进食障碍的相关症状，及时将运动员转诊给相关的专业人员。

小　结

营养在体能训练中的主要作用是为运动表现提供支撑。大致了解营养原理和应用方法对于体能教练来说是至关重要的，这样他们才能为运动员提供一致的、准确的知识和信息，同时还能识别进食障碍的潜在体征和症状。虽然比赛前、比赛中和比赛后的营养摄入可以提高运动表现，但是为了整体健康、获得更好的训练适应和运动表现，也要强调营养健康的日常饮食。

关键词

anorexia nervosa 神经性厌食症
binge-eating disorder 暴食症
body mass index（BMI）体重指数
bulimia nervosa 神经性贪食症
carbohydrate loading 糖原负荷
diet-induced thermogenesis 食物的热效应
disordered eating 饮食失调
eating disorders 进食障碍
isocaloric 等热量
obesity 肥胖
precompetition meal 赛前饮食
voluntary dehydration 自愿脱水

学习试题

1. 在赛前饮食中，主要的宏量营养素是（　）。
   a. 脂肪
   b. 碳水化合物
   c. 蛋白质
   d. 维生素
2. 以下哪一项对总能量消耗贡献最大？（　）
   a. 静息代谢率
   b. 体力活动能量消耗
   c. 食物的热效应
   d. 静息血糖水平
3. 以下哪一项是神经性厌食症的体征？（　）
   a. 正常体重
   b. 非常低的膳食脂肪摄入量
   c. 专注于食物
   d. 偷吃
4. 当怀疑运动员有进食障碍时，体能教练应当（　）。
   a. 监测运动员的每日食物摄入量
   b. 要求运动员频繁称重
   c. 鼓励由进食障碍专家对运动员进行进一步的评估
   d. 为运动员提供营养信息

5. 为了在持续不到1h的比赛中保持水合，建议运动员每隔（　）补充3~8oz的水或运动饮料。

   a. 15min

   b. 30min

   c. 60min

   d. 2h

第 11 章

增强运动表现的补剂和方法

比尔·坎贝尔（Bill Campbell），PhD

译者：谢潇文、闫琪

审校：任满迎、刘也、崔雪原

完成这一章的学习后，你将能够：

- 向运动员提供最新信息，告知其增强运动表现的补剂（包括合成代谢类固醇）的风险和好处；
- 了解市场上增强运动表现的非处方膳食补剂的效果和副作用；
- 判断哪种补剂有利于提高力量、爆发力及耐力；
- 区分哪些是通过模拟体内的激素来提高运动表现的补剂；哪些是通过其他方式来提高运动表现的补剂。

感谢杰伊·R.霍夫曼（Jay R. Hoffman）和杰弗里·R.斯托特（Jeffrey R. Stout）对本章内容做出的重要贡献。

运动员希望使用能够增强运动表现的补剂来加强他们的训练适应性，进而提高运动表现[198]。理想状态下，运动补剂有益于运动员的健康，并且符合竞技体育的道德准则及比赛规则。基于与比赛不公正或其他负面事件相关的考虑，很多官方体育组织已经制定了一份在赛事中禁用的补剂的清单。运动员若被查出使用了这些补剂，将被禁赛或被剥夺奖牌。运动员若多次被查出服用违禁补剂，将会受到终身禁赛处罚。尽管如此，仍有大量的营养补剂和强力手段是允许使用的，运动员也经常使用它们来提高运动表现。然而，运动员有时会使用未经科学证实有效的补剂[198]。因此，当务之急是让运动员了解这些补剂是否合法，理解摄入后相关的潜在风险，并知晓是否有科学研究支持其有效性（即药物的功效）。体能教练可以通过提供相关信息和推荐专业营养师，为运动员提供极大帮助。运动强力手段可以是提高运动表现的任何方法，包括补剂、机械辅助或训练方法，在本章则特指药物类补剂。

运动员可能试图通过服用那些被认为能帮助提高运动表现但未被禁止的补剂来获得竞争优势，也可能服用违禁补剂，认为自己有办法侥幸通过药检[198]。这种情形可能会让不使用这些补剂的运动员感到压力倍增，进而也使用这些补剂来达到竞争对手的水平。然而，对这方面有充分了解的运动员，即使在有同伴宣称某些产品（可能有潜在危害）有效果时，仍能自觉地拒绝使用。如果运动员意识到服用禁药对身体有很大伤害，且有很高的概率被检测出来，那么他们可能会远离禁药。

运动员应当通过适当的周期性力量训练和体能训练方法及足够的营养来提高运动表现。解决了这两方面的问题，运动员才能考虑使用运动补剂或强力手段。运动员应当寻求专业人员的指导，以确保合法、有效地使用补剂，这点非常重要。

> 运动员的首要任务是确保良好的训练和足够的营养，之后才能考虑使用膳食补剂和药物类补剂。在购买和摄入补剂产品前，运动员应寻求专业人士的指导，以便选择合法、有效的产品。

增强运动表现的补剂种类

本章主要介绍两类运动补剂:（1）激素和有类似效果的药物;（2）膳食补剂。某些特定激素（如睾酮）在体能训练中发挥着不可或缺的作用；其他激素（如肾上腺素）对训练期间的能量调动有重要作用。本章将对上述和其他几种类型的激素进行广泛的讨论。在美国，药物类和膳食补剂之间的区别并不明显。例如，咖啡因虽存在于咖啡等饮料中，却被归为药物类。药物和膳食补剂之间的区别在于产品本身是否达到美国食品药品监督管理局（FDA）关于安全性和有效性的标准。如果某产品未被归为药物类或未公告其疗效，则FDA对其的销售管理相对宽松。这就意味着，任何公司都可以将一种新的膳食补剂投放市场，并且FDA不会对其安全性和有效性进行调查，除非使用该产品涉及健康风险，否则不会引起政府机构的注意[87]。FDA对药物的定义为能改变身体结构或功能的物质（包括刺激激素分泌的物质）。此外，若某种化合物在体内的代谢过程不同于一般食品，则可能被归为药品类。

> 药品和膳食补剂的区别在于FDA对产品安全性和有效性的认定。

通常，膳食补剂属于高度精制的产品，不

可作为膳食补剂销售的产品的定义

在美国，下列产品可作为膳食补剂销售。

1. 以补充饮食为目的的产品（除烟草外），包含下列一种或几种成分：
   A. 维生素；
   B. 矿物质；
   C. 草药或其他植物性药物；
   D. 氨基酸；
   E. 增加膳食总能量摄入的膳食补剂；
   F. 浓缩物、代谢产物、合成物、提取物或包含A至E所描述的成分。
2. 产品必须是口服的，不得宣称其能够替代传统食物，或作为正餐的唯一来源。

会与一般的食品混淆。它们可能不具有任何正面的营养价值，因此这些物质往往不被归为营养补剂。在比赛前，通过糖原负荷法来增加糖原储存被视为运动营养策略，如服用一片氨基酸片剂（不是为了药物价值），但这种片剂被归为膳食补剂。

FDA对膳食补剂的成品和原料进行监管，且监管的规则有别于传统食品和药物。美国国会在1994年通过了《膳食补剂健康与教育法令》（DSHEA）。根据DSHEA的规定，膳食补剂的制造商与经销商不得掺假或做虚假标记。这就意味着，这些公司在产品上市前有责任评估其产品的安全性和产品标识，以确保符合DSHEA和FDA规定的所有要求。然而，只要效果真实且没有误导消费者，公司就可以宣传产品对身体结构和功能的影响。这一要求没有药物效果的声明严格。

当某些补剂被公认为会影响比赛的公平性或使用其会对人体健康造成危害时，其通常会被禁用。颁布这种禁令无须确凿的证据来支持该物质是否有益，只要代表管理机构或临床认为它可能导致前文所提到的后果即可。如上所述，每个管理机构都可发布禁用清单。世界反兴奋剂机构（WADA）是全球范围内最受认可的监管兴奋剂的国际组织，该组织为国际奥林匹克委员会提供监管兴奋剂和发布禁用清单服务[69]。各个国家都设有它的附属机构［如美国反兴奋剂机构（USADA）、澳大利亚反兴奋剂机构（ASADA）］。澳大利亚反兴奋剂机构不仅管辖澳大利亚的奥林匹克运动相关事宜，还监管澳大利亚的职业体育赛事的兴奋剂事宜。世界反兴奋剂机构每年对禁用清单进行标准化和更新。尽管世界反兴奋剂机构的禁用清单是国际标准，但其他组织，如美国的大学生和职业体育赛事也可以有不同的禁用清单和处罚标准。无论是哪个组织的兴奋剂管制标准，所有的运动员、教练员、体能教练及相关人工作员都必须遵守。图11.1列出了

发布了禁用清单的一些体育组织

美国职业棒球联盟
美国大学生体育协会
美国职业橄榄球联盟
美国职业冰球联盟（使用WADA禁用清单）
世界反兴奋剂机构（WADA）

2013—2014年美国大学生体育协会禁药分类

A. 兴奋剂

安非他明（Adderall）、咖啡因（瓜拉那）、可卡因、麻黄碱、芬氟拉明、甲基苯丙胺、哌甲酯（利他林）、苯丁胺（芬特明）、辛弗林（苦橙）、“浴盐”（甲氧麻黄酮）等。

以下兴奋剂不被禁止：苯肾上腺素和伪麻黄碱。

B. 合成代谢制剂

3，6，17-雄烯三酮、雄烯二酮、勃拉睾酮、克仑特罗，脱氢表雄酮（DHEA）、表群勃龙、苯胆烷醇酮、甲基屈他雄酮、美雄酮、诺龙、去甲雄甾烯醇酮、司坦唑醇、司腾勃龙、睾酮、群勃龙等。

C. 酒精和β-阻断剂（仅限射击）

酒精、阿替洛尔、美托洛尔、纳多洛尔、吲哚洛尔、普萘洛尔、噻吗洛尔等。

D. 利尿剂（水丸）和其他掩蔽剂

布美他尼、氯噻嗪、呋塞米、氢氯噻嗪，丙磺舒、螺内酯（烯睾丙内酯）、氨苯蝶啶，三氯甲噻嗪等。

E. 毒品

海洛因、大麻、四氢大麻酚（THC）、合成大麻素（如、K2、JWH-018、JWH-073）。

F. 肽类激素和类似物

人类生长激素（hGH）、绒毛膜促性腺激素（hCG）、促红细胞生成素（EPO）等。

G. 抗雌激素

阿那曲唑、他莫昔芬、福美坦、3，17-二氧代-磷酸二乙硝苯酯-1，4，6-三烯（ATD）等。

H. β-2激动剂

班布特罗、福莫特罗、沙丁胺醇、沙美特罗等。

图11.1 美国大学生体育协会针对大学生运动会列出的禁药清单，请根据实际情况与相关机构或管理机构进行确认

2013—2014年美国大学生体育协会禁药分类。此分类被许多美国的大学执行，并每年更新。

在美国，存在关于图11.1中的某些物质的法律规定。例如，合成代谢类固醇属于Ⅲ类物质，若非医疗用途，非法持有初犯将被判处最高1年的监禁和1 000美元以上的罚款；非法交易初犯将被判处最高5年的监禁和250 000美元以下的罚款。如果再犯，最高监禁期和最高罚款均加倍。以上量刑基于美国联邦法律，各州对非法使用合成代谢类固醇亦有相应的罚款和处罚。

激　素

许多内源性激素可被用来提高运动表现。最常用的激素是睾酮及其合成衍生物[121]。睾酮是与骨骼肌组织相互作用的主要雄激素。此外，运动员还将身体产生的多种其他激素作为强力手段来刺激睾丸产生睾酮，或这些激素本身就具有合成代谢特性；生长激素就是个例子。促红细胞生长素是由肾脏分泌的，用于刺激红细胞的生成和增强有氧耐力；儿茶酚胺（或肾上腺素）对代谢和神经系统有影响，常被用来增强减肥效果。

合成代谢类固醇

合成代谢类固醇是男性性激素睾酮的合成衍生物。生理上，睾酮浓度升高会刺激蛋白合成，从而促进肌肉尺寸、体重和力量的增加[27]。此外，睾酮及其合成衍生物与男性第二性征（即体毛增加、男性嗓音、男性秃顶、性欲、精子生成和攻击性等）的发育和成熟相关。这些雄激素的特性与男性主要性特征的全面发展有关。因此，将睾酮的合成衍生物称为合成代谢雄激素类固醇更为准确。然而，它们也被称为雄激素、雄激素类固醇或合成代谢类固醇。

睾酮主要由睾丸间质细胞分泌。虽然在睾丸中可产生具有合成代谢雄激素特性的几种其他类固醇激素（如双氢睾酮和雄烯二酮），但是睾酮的量远高于其他。肾上腺（男性和女性）和卵巢（女性）也分泌极少量的睾酮和其他雄激素。目前市面上的一些补剂的主要成分是睾酮的前体（如雄烯二酮），本章随后将进一步讨论相关内容。

直到20世纪30年代，睾酮才被分离、合成，随后人们开始对其作用机理进行研究[61]。睾酮对机体生理变化的调节作用使其成为以力量、爆发力训练为主的运动员和其他想要增加肌肉量的运动员的首选药物之一[121]。然而，睾酮本身并不是一种很好的补剂。无论是口服还是注射，睾酮浓度都将迅速衰减[256]。对睾酮进行化学修饰可延缓其降解过程，以使其在较低浓度下仍具备雄激素和合成代谢的作用，并维持更长时间的有效血液浓度[256]。睾酮的许多衍生物问世于1940年至1960年间[207]；化学修饰使通过口服或注射的方式摄取合成代谢类固醇成为可能。近年来，以乳膏或凝胶形式提供合成代谢类固醇的局部涂抹药或皮肤贴片越来越受欢迎，它们主要用于医疗用途。然而，运动员最常使用的方式仍是口服和注射[121]。常用的口服和注射类固醇见表11.1。

表11.1 运动员常用的合成代谢类固醇

总称或类别	示例
口服活性类固醇	
美雄酮	大力补
氧化甲基双氧睾酮	氧甲氢龙
康力龙	康力龙
羟甲烯龙	康复龙50
氟甲睾酮	氟甲睾酮
甲睾酮	甲睾酮
甲二氢睾酮	双氢睾酮
注射类固醇	
睾酮酯*	能普－得特龙
诺龙酯*	代卡－多乐宝灵
康力龙	康力龙
诺龙庚酸酯	诺龙庚酸酯
十一烯酸去氢睾酮	宝丹酮
醋酸去甲雄三烯醇酮	群勃龙

*该物质的通用类别，每种物质可有多种不同的制剂。

剂量

运动员可通过“叠加”方案使用合成代谢类固醇，即同时使用几种不同的药物[187]。叠加的原理是通过累加效应增加每种药物的效果。也就是说，当一种合成代谢药物与另一种合成代谢药物同时服用时，其功效会提高。但该方面的研究还很有限，叠加的有效性尚未得到证实。许多人同时使用口服和注射药物。大多数使用者会周期性地使用合成代谢类固醇，也就是说他们使用药物数周或数月，然后停用一段时间，循环交替[187]。运动员在几周中的药物剂量往往以一个金字塔模式逐步增加[121]。在每个周期将近结束时，运动员进行“加速减量”，以减少可能产生的负面影响。此时，一些运动员也可能中断使用药物，或者开始循环使用另一种药物（例如，使用可促进内源性睾酮产生的药物，以防停药后睾酮浓度下降造成不利影响）。近期的一项研究显示：一个典型的类固醇疗程平均涉及3.1种物质，一个典型的循环周期为5~10周[187]。有报告显示，运动员实际服用的剂量大于生理替代剂量的5~29倍[187]。这些较高的药理剂量似乎能够帮助运动员达到期望值。Forbes[81]的一项关于合成代谢类固醇剂量效应曲线的经典研究显示，类固醇的总剂量与瘦体重的增长呈现对数关系；低剂量对机体只产生轻微的影响，但随着剂量的逐渐增加，瘦体重也逐渐增加。这些结果使运动员坚信，如果小剂量是有效的，那么大剂量一定会更好。

运动员通常使用更大剂量的药物。例如，美雄酮（大力补）用于维持性腺功能衰退男性正常的第二性征的替代剂量为每天15mg，而运动员所使用的剂量最高达到每天300mg[88]。在美国，这种口服的活性药物不允许被用于医疗行业已有十余年。庚酸睾酮是一种睾酮酯，是注射使用的类固醇，已经在美国上市，在临床上用于治疗罕见疾病或用作替代治疗方法。其替代剂量为每周75~100mg，每隔1周或2周给药。肌内注射类固醇药物的使用方法通常是在深层臀部肌肉注射。注射比口服类固醇有效，可能因为代谢途径，也可能因为它们不需要额外的化学修饰来防止自身被肝脏快速代谢。可注射的化合物普遍都有半衰期。在睾酮酯中，丙酸睾酮在血液循环中约维持1.5天，而单次注射睾酮甲酸盐后，其可在血液循环中维持3个月[18]。

合成代谢类固醇的使用者是谁

以提高运动表现为目标的运动员（尤其是力量型运动员）是合成代谢类固醇的主要使用者。美国前参议员George J. Mitchell在著名的“米切尔报告（2007年）”中指出，美国职业棒球联盟的运动员使用雄激素类固醇类药物的情况十分普遍[49]。在此次运动员使用合成代谢类固醇的事件被披露之前，也有类似的事件发生[49]。在美国，大量报道显示，此类物质在力量举运动员[59]、美国职业橄榄球联盟运动员[125]和大学生运动员[167]中被广泛使用。虽然多项调查结果显示，在过去几年中，合成代谢类固醇的使用量似乎有所下降[133, 238]，但由于过去几年其仍在许多体育项目中被广泛使用[84]，所以该物质的使用目前仍是高水平运动赛事存在的一个问题。

力量型运动员并不是合成代谢类固醇的唯一使用者。有时人们使用类固醇是为了改善肌肉外观而不是提高运动成绩[66]。一项针对美国男性高中生的全国调查表明，7%的被调查者正在使用或曾经使用过合成代谢类固醇[14, 39]。其中1/3的被调查者承认未参与学校组织的体育运动，超过1/4的被调查者使用类固醇的主要目的是改善肌肉外观，而不是提高运动成绩。Pope和同事[191, 193]对一组希望改变自我形象的健美者进行研究后发现，即使他们已经拥有了发达的肌肉，但他们仍然认为自己看起来很弱小。这些人通过使用补剂和力量训练来增大肌肉体积。Pope将这种情况称为“反向神经厌食症”，其也被称作**肌肉上瘾症**。这些健美者与竞技运动员饮用类固醇的目的有本质区别，他们中的一部分人愿意承担潜在健康风险，会大量使用类固醇。这种现象解释了为什么许多与类固醇使用有关的严重疾病几乎都发生在健美者身上，而不是其他使用类固醇的运动员身上[88]。

功效

使用合成代谢类固醇的优点主要体现在肌肉质量、力量和体能的提升，尤其是在高强度的运动中。当以超生理剂量服用合成代谢类固醇时，上述机能增进作用得以体现[27, 240]。

这些变化的程度和发生率是不尽相同的，在各种因素中，个人的训练状态在很大程度上起决定性作用[27]。

肌肉量与力量　专业运动员和非专业运动员使用合成代谢类固醇的一个主要目的是增加肌肉质量和最大力量。如果这样的改变确实发生，而其他的运动能力保持不变，则该运动员将会在运动中有更好的表现。当非专业运动员使用合成代谢类固醇的剂量达到与专业运动员相似的水平时，就能看到肌肉蛋白质合成增加的效果[106]。无论是非专业运动员还是专业运动员，摄入合成代谢类固醇后蛋白质合成的增加是引起瘦体重明显增加的原因[111, 113, 153, 240, 250]。即使不从事高强度的抗阻训练，正常成年男子使用合成代谢类固醇后，体重（包括去脂体重）也会增加[27, 82, 88, 252]。科学文献中已有利用合成代谢类固醇增加瘦体重和最大力量的研究案例[2]。在这项研究中，一名国际级水平的成年男性健美者在一年的训练期内自行注射雄激素（剂量为每天53mg），且仅有4周的停药期。在此训练期内，该健美者的去脂体重增加了7kg，6个月内，股外侧肌的平均纤维面积增加了约11%，并且最大力量显著提高。他的肌肉质量和力量得到提高，但是个人的健康状况却受到负面影响。尤其是在停止服药以后，该健美者睾丸萎缩，黄体生成素、促卵泡激素、睾酮含量较低。他的高密度脂蛋白（HDL）胆固醇也显著降低，这意味着动脉粥样硬化的风险变高。更多关于合成代谢类固醇使用对健康的影响，请参见下文“不良反应”部分。

一段时间以来，人们认为使用雄激素后的身体质量增加是由于身体水分的增加[113]。肌肉质量增加时，身体总水分也会增加，这是由于水占细胞重量的大部分；然而，合成代谢类固醇也可以通过增加细胞液和细胞外液体积来增加保水性。虽然保水性可以解释为什么终止使用类固醇后，并非全部增重都能得以维持，但这个问题仍然没有得到很好的解释。一项针对经验丰富的男性健美者的研究发现，使用癸酸诺龙（每周200mg，肌肉注射）8周后，他们的体重增加2.2kg（效果显著），去脂体重增加2.6kg，脂肪减少0.4kg，脂肪质量的水合状态没有变化[240]。此外，细胞外液和细胞内液比例不变。停用雄激素6周后，健美者的体重仍明显高于平均水平（1.6kg以上），但未见水合变化。去脂体重的增加和脂肪量的减少可能会持续数月才停止[82]（图11.2）。因此，运动员即使在比赛前为了使药检测试呈阴性而停止服用药物，也可以从类固醇的使用中获得好处。这就是为什么对一些精英运动员进行全年突击药检尤为重要——为了防止不公平的药物使用。

运动表现　最初，研究人员认为，服用机能增进的外源性代谢类固醇无法显著提高运动表现[75, 85, 161, 223]。因此，科学界和医学界认为合成代谢类固醇对运动表现影响不大。然而，这与健身房和体能训练中心反馈的合成代谢类固醇可使运动员的力量有很大增长的消息相反。在初步研究的基础上进行进一步的测试后，研究人员发现，此前的研究在方法上存在明显的缺陷。多数研究仅使用了生理剂量，与运动员自我服用超限剂量雄激素的情况完全不同。实质上，这些受试者体内已停止生成雄激素并由外源性合成代谢类固醇替代。另一个缺陷是力量评估方法。在某些研究中，使用不同于训练刺激的运动模式评估力量表现。这种缺乏专项性的测试可能掩盖了潜在的训练效果。此外，一些研究的受试者很少有抗阻训练的经验[85, 223]。有抗阻训练经验的运动员服用外源性雄激素后，力量显著增长[3, 113, 217, 250]。与新手相比，训练有素的力量型运动员的力量

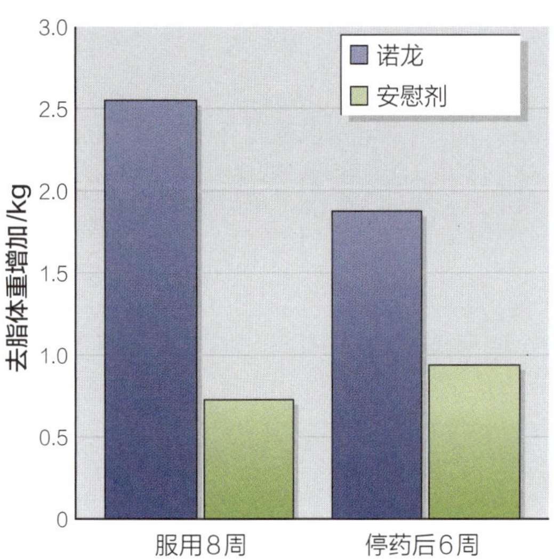

图11.2 合成代谢类固醇服用和停药后的去脂体重变化

［源自：Forbes，Porta，Herr and Griggs，1992[82].］

增长要少很多；但是当他们开始服用合成代谢类固醇时，力量增长的效果可能是普通运动员的2~3倍[113, 240, 250]。

> 普遍的观点是，使用合成代谢类固醇的益处主要体现在提高肌肉质量、力量和运动表现，但这些变化取决于个人的训练状态。

心理影响

合成代谢类固醇的使用也与攻击性、兴奋性和易怒性的变化相关[174]。据报道，有些人使用合成代谢类固醇达到此类效果：通过鼻腔吸入的方法，将大剂量合成代谢类固醇传送至中枢神经系统。这个问题还未得到深入的研究，但也有报告显示，这种做法明显增加了运动员的攻击性，并且提高了运动员的运动表现[65]。兴奋性和自尊心的增长对于合成代谢类固醇使用者可能是一个积极的副作用。攻击性的增强也可被视为一种好处，特别是对于参加同场对抗性项目的运动员。

然而，攻击性的增加可能不仅仅体现在运动表现上。合成代谢类固醇使用者攻击性增加可能还会对自己和所接触的人造成威胁[183, 192]。合成代谢类固醇还与情绪波动和精神病发作相关。研究显示，近60%合成代谢类固醇使用者有易怒倾向，其攻击性也会增加[192]。Pope和同事们[194]在受控的双盲交叉研究报告中提到，注射环戊丙酸睾酮12周后，受试者的攻击性和狂躁评分显著增加。有趣的是，这项研究结果在所有的受试者中并不统一。大多数受试者受到的心理影响不大，只有极少数受试者身上出现了显著的心理效应。在使用合成代谢类固醇的患者中，因果关系仍有待确认，但在停药后，类固醇使用者心理或行为上的改变明显得到恢复[91]。

不良反应

使用合成代谢类固醇的副作用见表11.2。重要的是要注意，在医生的监督下使用合成代谢类固醇的副作用与滥用药物（即高剂量服用一些药物）的副作用之间，存在差异。与使用合成代谢类固醇相关的医疗事件大多数都由运动员的自发行为引起。一些科学文献表明，滥用药物出现的许多副作用在停药后都可逆转，服用合成代谢类固醇所导致的医疗问题可能被夸大[26, 258]。有趣的是，与力量型、爆发型运动员相比，健美者使用合成代谢类固醇后副作用的发生率更高（已知他们服用了其他药物——利尿剂、甲状腺素、胰岛素和抗雌激素类，这减轻了一些副作用，但增加了其他风险）。

睾酮前体（激素原）

激素原是合成其他激素的前体，并且有理论证明，其可以增加身体产生特定激素的能力。将激素原作为强化补剂是由一项研究演变而来的。这项研究显示，健康的女性补充100mg雄烯二酮或脱氢表雄酮后，睾酮增加了

表11.2 滥用合成代谢类固醇导致的体征和症状

影响的系统	副作用
心血管	脂质分布变化 血压升高 心肌功能下降
内分泌	男性乳腺发育 精子量下降 睾丸萎缩 阳痿和短暂性不孕
泌尿生殖	男性: 精子数量减少 睾丸缩小 女性: 月经紊乱 阴蒂增大 声音变粗 男性化 男性和女性: 乳房发育 性欲改变
皮肤	粉刺 男性型秃发
肝脏	肝癌和肝损伤风险增加
骨骼肌	骨骼愈合 韧带撕裂风险增加 肌内脓肿
心理	狂躁 抑郁 攻击性 敌意 情绪波动

3倍[163]。持续补充睾酮前体的运动员［雄烯二酮、雄烯二醇和脱氢表雄酮（DHEA）］，睾酮会增加，力量、肌肉体积和训练意愿也会提高，在运动表现和整体运动能力提升方面，达到了和使用类固醇相似的效果。然而，这些前体本身仅具有相对较弱的雄激素性质；雄烯二酮和DHEA分别仅有1/5和1/10的睾酮生物活性[175]。尽管如此，在2004年美国国会通过的《合成代谢类固醇控制法》中，睾酮前体仍被正式列为受控物质。

研究发现，睾酮前体产生的效果各异。中年男性在抗阻训练时补充DHEA、雄烯二酮（100mg）或安慰剂，3个月后，他们的力量和身体成分无显著差异[248]。一个让年轻男性（19~29岁）补充脱氢表雄酮（150mg）的研究发现：8周［服药2周、停药1周］的补充周期后，受试者的力量和瘦体重并没有增长[37]。此外，研究人员也没有观察到血清睾酮、雌酮、雌二醇或脂质浓度的变化。即便在服用高剂量（300mg）雄烯二酮8周［服药2周、停药1周］的研究中，受试者的力量、肌肉大小和睾酮水平也没有明显变化[114]。但是补充雄烯二酮可导致雌二醇和雌酮在血清中的浓度增加，这种变化与较低浓度的高密度脂蛋白（HDL）有关。以上结果表明：虽然运动员使用该补剂后的运动表现可能没有变化，但其使用合成代谢类固醇的副作用风险可能更高。Broeder和同事[34]在他们的“雄烯二酮项目”研究中，研究了雄烯二酮与高强度抗阻训练计划对受试者生理和激素的影响，并做出以下声明：当服用制造商建议的剂量时，睾酮前体不会增强机体对抗阻训练的适应性；补充睾酮前体确实会导致雌激素相关化合物和脱氢表雄酮硫酸盐浓度显著增加、睾酮合成下降，以及35~65岁男性的血脂和冠心病风险降低。

基于科学证据，这些激素原所产生的影响远远低于与雄激素有关的一般合成代谢影响[36]。然而，科学研究几乎只专注于几种激素原补剂：DHEA、雄烯二醇、19-去甲基雄烯二酮和19-去甲基雄烯二醇。其他许多可用的激素原补剂仍未经过临床试验。此外，尚未在训练有素的运动员中对激素原的使用进行研究。再者，口服是使用激素原的主要方法，而口服激素原可能不会像其他方式（如注射）一样有效。所有的这些表明，仍有必要继续对睾酮前体提高运动表现的效果进行研究。特别值得注意的是，在训练有素的竞技运动员中检查其他摄入途径。

绒毛膜促性腺激素

人体绒毛膜促性腺激素（HCG）是从孕妇的胎盘中提取的一种激素，在结构和功能上与黄体生成素紧密相关。事实上，它是非处方验孕试剂盒使用的验孕指示剂，因为通常在其他任何时候，我们都不会在体内找到它。在一般人群中，出于减肥目的，超重妇女有时会在医疗监督下注射HCG，并摄入低热量饮食[99]。研究表明，如果用于这一目的，仅注射HCG并不能有效地减轻体重。与HCG注射同时进行的热量限制可能才是体重减轻的主要原因[99]。

功效

尽管HCG不能提高女性的运动表现，但有传言称它对使用合成代谢类固醇的男性有效。当将HCG注射到男性体内时，其可以促进睾丸生成大量睾酮；进行大剂量肌肉注射后的4天内，睾酮水平可以达到原来水平的近2倍[54]。HCG在男性体内产生作用是因为它可以模拟黄体生成素，这种垂体激素能刺激睾丸间质细胞分泌睾酮[160]。男性会通过注射HCG来增加内源性睾酮，这是因为内源性睾酮的产生在类固醇使用循环周期的末期会受到抑制[173, 176]。出于以上原因，如果运动员选择注射HCG，通常会在合成代谢类固醇使用周期即将结束时进行，以激活自身内源性睾酮的生成。

不良反应

人体绒毛膜促性腺激素用于皮下或肌肉注射；常见的副作用是注射部位周围疼痛、肿胀、敏感。很少有人对HCG注射的副作用进行研究。在一项为肥胖妇女注射HCG的研究中，未见其与血压或血常规有关的不良反应[218]。

胰岛素

胰岛素是一种有效的合成类代谢激素。当血糖浓度和特定氨基酸（如亮氨酸）浓度升高时，胰腺就会分泌这种物质。其作用是促进细胞对葡萄糖和氨基酸的吸收。胰岛素可促进蛋白质的合成，因此也被视为合成代谢类激素。

功效

当胰岛素浓度自然升高时（如在摄入碳水化合物后来自胰腺的内源性升高），其在健康个体的体内不会引起安全问题。此外，若干报告显示，锻炼后摄入碳水化合物，基于胰岛

禁用激素原补剂清单

此清单中包含部分2004年《合成代谢类固醇受控物质法案》禁止的激素原补剂，但这并不是一个完整的清单。

- 雄甾烯二酮
- 雄烯二酮
- 勃拉睾酮
- 甲睾酮
- 去甲基雄烯二醇
- 去甲基雄甾醇酮
- 19-去甲基-4-雄烯二醇
- 19-去甲基-5-雄烯二醇
- 1-睾酮

素的抗分解作用，这可以抑制肌肉蛋白质的分解[32, 201]。理论上，如果蛋白质的分解被抑制几周到几个月的时间，则可实现肌肉量的增加。

不良反应

因为胰岛素具有的合成代谢特性，且据说能增强生长激素和胰岛素样生长因子的功能，一些人（主要是健美者）会注射胰岛素。但是这种使用方法会导致严重的后果。原本健康的运动员可能会猝死、昏迷或具有患上胰岛素依赖型糖尿病的风险[160]。

人类生长激素

人类生长激素（HGH）是一种由垂体前叶分泌的蛋白质，具有多种重要的增强机能的生理作用。它是合成代谢类激素，可刺激骨骼和骨骼肌生长，同时也有重要的代谢功能，如保持血糖水平、增加肌细胞对葡萄糖和氨基酸的吸收[80]及刺激脂肪细胞释放脂肪酸。

药物类人类生长激素的主要来源是利用DNA重组技术合成的复杂分子。然而在1986年以前，该激素的唯一来源是人类尸体的脑垂体。由于人类的HGH受体无法与来自动物的生长激素发生交叉反应，故在1986年以前，HGH的成本十分高昂。尽管使用尸体生长激素具有一些显著的健康风险，但这并没有阻止运动员使用这种补剂，只是在很大程度上限制了使用[121]。

重组HGH的发展为医生提供了一个相对风险较低的药物，且其成本较低（与尸体生长激素相比），可用性较高。医生现在可以开具处方，使用重组HGH改善生长激素缺乏的矮小儿童的身高及改变成人的身体成分。竞技运动员将HGH作为提升运动表现的补剂这一现象非常普遍且呈上升趋势，可单独使用它或将其与类固醇叠加使用[17]。尽管重组技术增加了HGH的可用性，但它的价格极高，每月的购买费用高达几百甚至上千美金。

功效

目前没有关于HGH对职业运动员是否有效的研究。对HGH的大多数研究都集中在将使用HGH作为治疗生长激素缺乏症的成人、儿童或健康老年人的替代方法是否可行。这些研究显示：HGH对身体成分有正面影响（瘦肌肉组织增加和体脂减少）[79, 120, 204, 228]。生长激素缺乏的男性每晚注射重组HGH 6个月后，瘦体重平均增加12lb（约5.4kg）且脂肪减少了相同的量[204]。

很多研究并未涉及HGH对肌肉力量和运动表现的影响。一项研究显示，在12个月的治疗后，受试者的等速肌力没有变化[120]。然而该研究的受试者在治疗过程中没有进行任何抗阻训练。在一项研究中，受过训练的成年人接受HGH治疗（每周3天，持续6周）后，身体成分适当改变，但未对其进行力量评估[58]。没有关于运动员使用HGH的效果的科学报告，也无法进行这样的研究，这很可能将限制我们对HGH在提高人类运动表现方面的效果的认识。在过去的几年里，运动员在职业比赛中使用HGH的情况可能普遍存在，因为它被认为是有效的，而且无法在随机药检中被检测出来。目前，药检无法在尿液中检测到HGH，也可假设运动员出于这样的原因而选择使用它。然而，2004年的雅典奥运会首次引入了对HGH的血液检测。

人类生长激素是一种蛋白质分子，必须以注射的方式使用，以维持其代谢的完整性和有效性。口服使用不会有任何作用。人类生长激素的许多功能由胰岛素样生长因子–I（IGF–I）调节，IGF–I是由肝脏在生长激素的刺激下生成和分泌的另一种肽类激素。现可利用重组DNA技术合成IGF-I，其可能与HGH具有同等功效。

不良反应

使用HGH会产生一些潜在的严重健康风险。在儿童时期，过量分泌的人类生长激素可导致巨人症（即异常高大）。而青春期后，一旦线性生长停止，人类生长激素过量分泌会导致肢端肥大症，这是一种导致骨骼扩大、关节炎、脏器增大和代谢异常的疾病。这是运动员将HGH作为补剂的潜在风险。此外，这些副作用迹象也表明了运动员曾使用这种药物。在一项针对人类生长激素缺乏的成年人的临床试验中，即使他们采用了长达两年多的替代疗法，副作用似乎也很小[1, 120, 237]。然而，运动员使用HGH的剂量远大于替代疗法的剂量[17]。因此，鉴于运动员使用剂量会导致不良医疗的事件，我们不应该假设HGH的使用是良性的。滥用HGH的副作用为引发糖尿病、心血管功能障碍、肌肉、关节和骨骼疼痛、高血压、器官异常生长，以及加重骨关节炎[17]。

> 虽然作为替代疗法补充HGH对生长激素或IGF-I缺乏的人可能是有效的，具有很小的副作用，但运动员使用的剂量可能使其具有肢端肥大症患病风险。

促红细胞生成素

耐力运动表现的限制因素之一是机体向收缩的骨骼肌输送氧气的能力。多年来，已有多种方法可用于提高机体输送氧气的能力。一些新型训练方法可以自然地提高红细胞和血红蛋白水平（如高原训练），另一些方法涉及提高血液携氧能力（如血液兴奋剂）。血液兴奋剂可以增加红细胞量，通常采用自体血液回输的方式或摄取促红细胞生成素。输血通常有两种方式：自身血液回输和异体输血。自身血液回输是将自身血液储存（冷藏或冷冻），然后需要时将其回输进体内。异体输血是将同血型人的血输入体内。自20世纪80年代后期以来，自身血液回输的方式逐渐退居二线，更为流行的方法是摄取重组促红细胞生成素[47]。

促红细胞生成素（EPO）由肾脏分泌，可刺激新的红细胞生成。它也是一种可以通过DNA重组技术生产的蛋白质激素，据报道，其已经被运动员广泛使用[72]。兰斯·阿姆斯特朗（Lance Armstrong）承认在他作为一名职业自行车手的运动生涯中使用了促红细胞生成素。长期有氧耐力练习可以提高血液中的EPO水平。对于某些类型的贫血患者来说，尤其是EPO生成不足的肾病患者，重组EPO可以提高生活质量。

功效

注射EPO通常促使血红蛋白及红细胞比容升高。当给予正常男性6周的EPO治疗后，其红细胞比容从44.5%提高到50%，血红蛋白增加了10%，有氧能力增长了6%~8%，运动至疲劳的时间延长了17%[25, 73]。EPO能使血液的携氧能力增强，这使其成为对有氧耐力运动员有效的补剂。

不良反应

在医学监督下使用EPO有助于治疗与肾脏相关的贫血，但滥用EPO会给仅仅为了提高运动表现而使用EPO的运动员带来严重的健康风险。注射EPO导致红细胞比容增加有巨大的健康风险，因为红细胞数量增加会导致血液黏度变大（血液增稠），这会导致一系列问题，包括血液凝块增加、收缩压升高、中风、脑和肺栓塞等[95]。在有氧耐力项目中，人为升高红细胞比容可以提高运动表现，血液黏度增加可使运动表现下降，这形成一种平衡；然而脱水会打破这个平衡的安全边界，从而增加患心血管疾病的风险[95]。许多自行车运动员的死亡与EPO有关。与红细胞输入相比，EPO的主要风险在于缺乏预见性。一旦将注射EPO入人体，其对红细胞生成的刺激将不再受控。该药物导致的严重心血管风险可能引起死亡，因此有氧耐力运动员应避免使用这些药物。

β-肾上腺素激动剂

合成的β-肾上腺素激动剂（简称**β-激动剂**）的化学性质与肾上腺素有关，肾上腺素是在肾上腺髓质中产生的调节多项生理功能［如**脂类分解作用**（脂肪分解）和**生热作用**（增加能量消耗，导致热量产生）］的激素。β-激动剂最初用于治疗哮喘和其他威胁生命的疾病。其中一些化合物被发现会对身体成分产生影响，如瘦体重增加和储存脂肪减少[195]，正因如此，这些药物有时被称为身体成分的“变换药剂”[24]。克仑特罗就是一种很受运动员欢迎的β-激动剂[195]。

功效

克伦特罗是一种在世界范围内被广泛使用的β_2-激动剂，常作为支气管扩张剂（用于逆转支气管收缩受限）使用。运动员将它作为增加瘦肌肉组织和减少皮下脂肪的补剂[195]。克仑特罗的有效性数据通常不是基于健康运动员，而是基于心力衰竭的受试者[138]、肌肉萎缩患者[165]及动物模型[162, 164]。虽然对人的研究有限，但是一些研究结果证实，β_2-激动剂具有提高肌力的潜力[164, 166]。运动员以循环方式使用克伦特罗且剂量通常为临床推荐剂量的2倍（用药3周、停药3周；在用药周，2天用药、2天停药）[195]。这一方法被认为可以避免β_2受体的下降[160]。

不良反应

与治疗支气管收缩的吸入方式不同，运动员常以胶囊形式服用克仑特罗。虽然有许多已知的潜在副作用（如短暂性心动过速、体温升高、震颤、头晕、心悸和失眠），但有记录的事件相当有限[160]。此外，由于克伦特罗对人类机能增进潜能方面的数据不足，其功效很难确定。

β-受体阻滞剂

β-受体阻滞剂是一类可以阻断β-肾上腺素受体的药物，可防止儿茶酚胺（去甲肾上腺素和肾上腺素）结合。β-受体阻滞剂一般是由心脏专科医生开具的处方药，用于治疗包括高血压在内的多种心血管疾病。这类增强机能的药物可减少比赛期间的焦虑和心悸[155]。因此，需要在比赛期间保持稳定的运动员（如射箭运动员或射击运动员）可从此类药物中获益。此外，β-受体阻滞剂通过有氧耐力训练使β-受体增多，从而改善有氧耐力训练的生理适应。如果这一理论正确，在高强度训练期间停止补充β-受体阻滞剂将导致交感神经放电的过度反应。

功效

一些研究表明：β-受体阻滞剂可以提高慢速和快速射击的准确度[7, 152]。不仅如此，服用剂量的大小对改善幅度有显著影响。两组射击运动员服用两种不同剂量的β-受体阻滞剂（80mg和40mg氧烯洛尔），对其进行对比后发现，注射更高剂量的那组射击准确度更高[7]。但是在某些体育项目中，一定程度的焦虑可能是很重要的。在Tesch[229]的报告中，与在服用β-受体阻滞剂期间运动表现没有提高的保龄球运动员相比，运动表现提高的运动员在比赛前、比赛中和比赛后的心率都明显更高。

不良反应

β-受体阻滞剂也可能有机能抑制效应（降低运动表现）。研究表明，β-受体阻滞剂会降低最大心率、摄氧量和10km跑的成绩，从而削弱心血管对运动的反应[6]。此外，β-受体阻滞剂与自感疲劳度的增加有关[229]。与这类药物相关的风险包括支气管痉挛、心力衰竭、长期低血糖、心动过缓、心肌阻塞和间歇性跛行[89]。

膳食补剂

全球运动膳食营养品产业持续发展，2012年全球运动营养品市场销售额达到207亿美元，预计到2019年，其销售额将超过370亿美元[235]。

本节介绍了运动员常用的膳食营养补剂，并对其功效进行科学检验。

必需氨基酸与支链氨基酸

必需氨基酸（EAA）是非内源性的，必须通过饮食获得。必需氨基酸包括异亮氨酸、亮氨酸、缬氨酸、赖氨酸、甲硫氨酸、苯丙氨酸、苏氨酸和色氨酸。可以在任何动物蛋白质或专卖店的营养补剂中找到高浓度的必需氨基酸。在菠菜和西蓝花中也能发现亮氨酸，但是与动物性来源相比，其亮氨酸的含量是非常少的。

功效

科学家已经能够描述一定类别的氨基酸和单个氨基酸及它们在刺激肌肉蛋白质合成中的作用。例如，Tipton和同事[230, 231]称非必需氨基酸不是刺激肌肉蛋白合成所必需的；必需氨基酸才是关键。在该项研究中[230]，6位健康的成年人（3名男性和3名女性）参加抗阻训练（强度为80%1RM，8组8次）后，摄入40g混合氨基酸（由非必需氨基酸和必需氨基酸组成）、40g必需氨基酸或安慰剂。虽然混合氨基酸和必需氨基酸组的合成反应明显大于安慰剂组，但两组氨基酸之间没有明显差异。由此可得出结论，并不需要非必需氨基酸来刺激肌肉蛋白质合成。Rasmussen和同事[197]在跟进研究中，使用相同方案（但只有6g必需氨基酸和35g糖）对必需氨基酸组与安慰剂组进行比较后发现，与安慰剂组相比，必需氨基酸组（在抗阻训练后立即摄入）的合成代谢更明显——即生成更多新肌肉组织。

随后，Tipton和同事[232]研究在抗阻训练之前或之后摄入6g必需氨基酸加36g糖，对肌肉蛋白质合成代谢有何影响。他们在报告中指出：在抗阻训练前30min服用必需氨基酸和糖，急性（运动后3h）合成代谢反应比训练后服用要大158%。基于这些研究发现，Tiptop和同事[232]及Rasmussen和同事[197]证实，在训练前或训练后（或训练前后都有）服用必需氨基酸，数周后肌肉量的增长比只进行训练的改变更大。

值得注意的是，虽然非必需氨基酸并不是直接刺激肌肉蛋白合成所必需的，但并不意味着它对最大化运动员的训练适应性不重要。条件性必需氨基酸和非必需氨基酸在合成新的肌肉蛋白中充当基质；此外，它们也不需要从这些必需氨基酸中转化，从而有效提高必需氨基酸的水平。

前期在动物模型中的研究进一步证实了8种必需氨基酸中的3种［即异亮氨酸、亮氨酸和缬氨酸，统称为支链氨基酸（简称BCAA）]与肌肉蛋白合成增加有关[96]。BCAA中的亮氨酸似乎是通过Akt/mTOR通路刺激肌肉蛋白合成的关键氨基酸（图11.3）[42, 139, 199]。Norton和同事[180]在啮齿动物模型中证实了刺激肌肉蛋白质合成的亮氨酸阈值的存在。基于这项开创性研究，现在很多营养学研究人员认为：在骨骼肌的能力范围内，任何给定蛋白质摄入量中的亮氨酸含量才是最大化肌肉蛋白合成速率的限制因素，而不仅仅是蛋白质摄入总量。为了支持有关亮氨酸含量在蛋白质食物中重要性的理论，Pasiakos和同事[185]指出，与亮氨酸含量一般的必需氨基酸饮料相比，富含亮氨酸的必需氨基酸饮料能使肌肉蛋白合成显著提高。在以上研究中，有训练经验的男性在循环训练中分别摄入两种不同的含10g必需氨基酸的饮料，一种含有3.5g亮氨酸［46mg/kg（体重）］，另一种含有1.87克亮氨酸［约25mg/kg（体重）］。运动后（在3h评估期间），富含亮氨酸的EAA饮料组的肌肉蛋白质合成程度比另一组高33%。摄入亮氨酸的重要性及其在抗阻训练后骨骼肌的合成代谢反应中的作用是当今运动营养研究的一个热门话题。

不良反应

没有已知的报告或科学研究调查过支链氨基酸和必需氨基酸补剂的副作用。

> 支链氨基酸中的亮氨酸在刺激肌肉蛋白合成中起关键的调节作用。亮氨酸直接激活骨骼肌中的Akt/mTOR通路（骨骼肌蛋白合成的关键通路）。

精氨酸

精氨酸是一种条件性必需氨基酸，在营养和新陈代谢中发挥着关键作用。精氨酸是蛋白质和肌酸合成所必需的，其代谢可产生一氧化氮。有人认为，精氨酸补剂可以提高一氧化氮水平，增加肌肉血流量并提高运动表现。这些说法都来自运动员或经常运动的人群，他们都认为精氨酸有助于提高运动能力或最大限度地帮助适应训练。遗憾的是，很少有科学证据能够证明这类精氨酸补剂是有效果的。

功效

口服精氨酸的一大卖点是它可以提高一氧化氮水平。一氧化氮在人体内具有多种生理作用，但它对血管舒张的作用（即扩张血管）

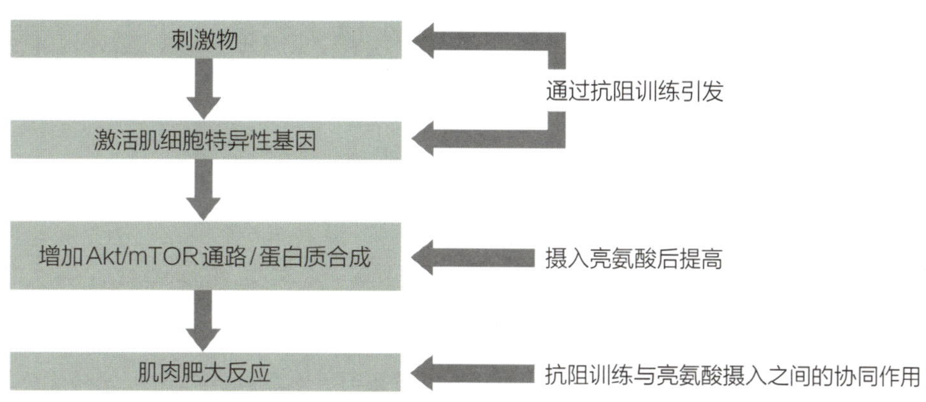

图11.3 亮氨酸在肌肉蛋白合成中的作用

是使其在锻炼中显得重要的原因。在运动中，一氧化氮水平会自然提高，使更多血液能流过动脉和微动脉，输送氧气和养分到收缩的骨骼肌中[30]。尽管一氧化氮对血管舒张是必需的，但在绝大多数科学文献中，并没有证据证明口服精氨酸补剂对一氧化氮产生水平的提高效果大于健康个体仅仅通过运动所达到的提高效果[5, 159, 208]。相对于健康个体，那些有心血管疾病或糖尿病的人群更能从口服精氨酸补剂带来的一氧化氮增加效果中获益[135, 136]。

一氧化氮含量提高的自然结果是肌肉血流量增加。因此，还有一种广为流传的说法是精氨酸可以增加肌肉血流量。尽管运动员和消费者对膳食补剂的普遍看法为补充精氨酸会增加肌肉血流量，但几乎所有对这一领域的科学研究都认为，健康人肌肉血流量在精氨酸补充后不会增加[76, 77, 226]。口服精氨酸补剂也被认为可以提高耐力运动表现。但是一项研究精氨酸对健康人群中有效性的报告指出：补充精氨酸并未改善疲劳时间、局部肌肉耐力和间歇性无氧运动表现[104, 159, 239]。口服精氨酸补剂并不能增加一氧化氮产生、提高肌肉血流量或改善几种类型的耐力运动表现，因此不建议身体健康的运动员口服精氨酸补剂。

不良反应

在大多数精氨酸科学研究中，让受试者服用6g的精氨酸都可以提高其运动表现。虽然这个剂量的精氨酸对改善耐力表现无效，但服用者的耐受性很好且没有副作用。如果增大口服剂量到13g，通常服用者的耐受性也良好。高剂量（13~30g）的常见不良反应包括肠胃不适，伴随恶心、腹部绞痛和腹泻症状[51]。

> 口服精氨酸补剂并不能增加一氧化氮产生，也不能提高肌肉血流量和耐力运动表现，因此不推荐身体健康的运动员口服精氨酸补剂。

β-羟基-β-甲基丁酸

β-羟基-β-甲基丁酸（HMB）是必需氨基酸亮氨酸及其代谢物α-酮异己酸的衍生物。有证据表明，它能通过抑制泛素-蛋白酶体刺激蛋白质合成[74]并减少蛋白质分解[211]。HMB能防止蛋白质分解，因此它被认为是一种有效的补剂。它在促进分解代谢状态方面，可以最大限度地减少肌肉量的损失。β-羟基-β-甲基丁酸目前没有被体育组织禁止或限制。

功效

HMB显现出抗分解代谢能力的最初研究由Nissen和同事进行[179]。在他们的试验中，未经专业训练的受试者不摄入HMB或摄入2种剂量的HMB（每天1.5g或3g）中的一种，并摄入2种剂量的蛋白质（每天117g或175g）中的一种，每周进行3天的抗阻训练，持续3周。作为肌原纤维蛋白分解的指标，测试尿3-甲基组氨酸水平（尿3-甲基组氨酸水平越高，意味着越多的肌肉蛋白被代谢或分解）。在抗阻训练方案执行一周后，对照组的尿3-甲基组氨酸增加了94%，而每天摄入1.5g和3gHMB的两组分别增加了85%和50%。在研究的第二周，对照组的尿3-甲基组氨酸仍有27%的增长，但每天摄入1.5g和3gHMB的两组仅比基准线分别低了4%和15%。在第三周，这两组受试者的尿3-甲基组氨酸水平无明显差异[179]。

在其他诱导代谢环境中进行的研究也证明了补充HMB的有效性。例如，有报告指出，当老年人因故卧床休息（分解代谢状态）10天时，每天补充3g HMB的受试者的瘦体重仅减少0.17kg，明显少于服用安慰剂的受试者

（减少2.05kg）[64]。其他研究结果与这些观察结果一致，显示HMB发挥了抗分解效应并抑制了肌肉损伤[146, 241]。

先前研究发现，未接受过训练的受试者经过为期4~8周的抗阻训练后，与安慰剂组相比，HMB组的力量和瘦体重有更大的改善[94, 179, 184]。与有长时间抗阻训练经验的人相比，这些新手在抗阻训练中出现的肌肉损伤和疼痛当然更多。鉴于HMB能够抑制肌肉损伤和肌肉蛋白质分解，对于新手来说，HMB是有效果的就不足为奇了。

HMB对训练有素的人的影响或增强作用尚不明确。有研究表明，类似的补充计划对抗阻训练者或竞技运动员的效果不如对业余选手的效果那样明显[150, 181, 196]。然而，许多关于HMB对受过训练的人产生的力量和瘦体重效果的研究都是短期的（少于5周），并且未使用周期化的高强度训练计划。为了使HMB有效，可能需要向个体提供新的刺激，以诱导肌肉损伤或加速蛋白质分解。

研究表明，训练有素的人不改变训练计划就不会从HMB中受益[150]。近期的一项调查显示，与参加相同训练计划的安慰剂组相比，抗阻训练组的男性在接受一段时间的抗阻训练并摄入HMB补剂后，力量和瘦体重显著提高[257]。其他相关研究表明，与安慰剂组相比，给予有训练经验的人足够的训练刺激，其最大力量和瘦肌肉的增长较多[179, 184]。

不良反应

在科学文献中，不同研究的HMB补充的持续时间、剂量和时间有所不同。在几乎所有已发表的与HMB补充相关的研究中，HMB的每天摄入量为3~6g。最常见的剂量是每天3g（分多次服用）。绝大多数关于HMB的研究使用的是HMB的钙盐，即HMB–Ca。最近研究员研究了HMB的另一种形态，即HMB游离酸[257]。HMB补剂的安全性已被广泛研究，迄今为止，人们一致认为，HMB没有明确的副作用。

> 当提供足够的训练刺激时，β－羟基－β－甲基丁酸是最有效的。对于没有训练经验的人来说，大量的训练并不是必需的。训练有素的人需要进行高强度、大重量的抗阻训练，以实现HMB补剂的功效。

营养性肌肉缓冲剂

在高强度的无氧运动中，氢离子（H^+）大量的堆积加上骨骼肌内的pH降低已被证实会对运动表现产生不利的影响[200]。在高强度运动中，调节骨骼肌H^+浓度的能力被称为**肌肉缓冲能力（MBC）**[22, 178]。肌肉缓冲能力和运动表现之间呈高度正相关（重复冲刺能力、高强度运动能力、无氧阈值和训练量）[70, 71]。事实上，研究人员已证实，篮球、足球、曲棍球、自行车、赛艇、铁人三项和短跑项目运动员的运动表现和肌肉缓冲能力之间呈正相关关系[29, 70, 71]。从理论上说，可通过训练或营养手段（β－丙氨酸、碳酸氢钠、柠檬酸钠）来改善肌肉缓冲能力。下面我们简要回顾一下β－丙氨酸、碳酸氢钠、柠檬酸钠对高强度运动表现的影响。

β－丙氨酸

β－丙氨酸是一种最常见于食物（如鸡肉等）中的非必需氨基酸。β－丙氨酸本身的增能特性有限。然而，当它进入肌细胞，就成为肌肽合成的限速底物[68]。Harris和同事[110]的研究表明，补充4周β－丙氨酸（每天4~6g）可引起骨骼肌β－丙氨酸浓度平均增长64%。在人类中，肌肽主要存在于快速收缩的骨骼肌（Ⅱ型）中，它在高强度的无氧运动期间的骨骼肌缓冲H^+中发挥的作用预计高达40%，从而促进了pH的下降[110, 114]。理论上，长期训练或补充β–丙氨酸（或二者兼具）能提升骨骼肌肌肽水平，提高肌肉缓冲能力，且有可能提高无氧运动能力。有趣的是，短跑运动员和健美运动员的肌肽浓度显著高于马拉松运动员、未接受过训练的人和老年人[110, 124]。

Suzuki和同事[224]测试了自行车运动员骨骼肌肌肽的水平和高强度运动表现之间的关系，指出肌肽浓度和30s无氧功率测试中最大冲刺的平均功率呈显著性正相关。这一发现支持了该理论：鉴于肌肽和肌肉缓冲能力的关系，骨骼肌肌肽水平和无氧运动表现呈正相关关系。

功效　一些研究人员研究了β–丙氨酸对力量、有氧代谢能力和短恢复间歇的短时高强度运动的影响。与肌酸相比，β–丙氨酸似乎不能提高最大肌力[122, 123, 140]。同样，补充β–丙氨酸似乎也不能提高有氧代谢能力[123, 140]。虽然不能提高有氧代谢能力，但有数据表明，补充β–丙氨酸能够改善无氧阈值[221, 259]。实际上，改善无氧阈值（通过测试乳酸和通气阈值）意味着可以在相对更高的强度下进行更长时间的运动。Hill和同事[114]研究了补充β–丙氨酸对无训练经验人群的肌肉肌肽水平与运动表现的影响。在双盲试验中，25名年龄为19~31岁的男性受试者在第一周补充4.0g β–丙氨酸或糖制安慰剂，在之后的9周，剂量逐渐增至6.4g。在开始、第4周和第10周使用功率自行车以最大功率进行分级自行车功率测试至力竭，以测试肌肉肌肽水平（用肌肉活检的方式）和完成的总功（kJ）。在第4周，受试者的肌肉肌肽水平平均增加了58%，在第10周时，又额外增加了15%。此外，在第4周和第10周的测试中，总功分别增加了13%和16%。

Artioli和同事[9]在综述中总结了补充β–丙氨酸对高强度运动表现的影响，指出摄入β–丙氨酸能在极端的肌肉酸中毒环境下，如多次持续60s以上的高强度练习，以及疲劳后的单次高强度练习中改善运动表现。在轻微酸中毒的情况下进行高强度练习不太可能从补充β–丙氨酸中受益。

不良反应　在已发表的文献中，β–丙氨酸的摄入量为每天2.4~6.4g。在许多β–丙氨酸试验中，β–丙氨酸每日的摄入总量被分成2~4个较小的剂量。单次较小剂量的服用策略是为了防止β–丙氨酸的副作用，即感觉异常的症状（刺痛感或皮肤麻木）[9]。感觉异常的症状是由单次高剂量或急性摄入引起的并在摄入后约1h内消失[9, 110]。

碳酸氢钠

碳酸氢钠是一种抗酸剂（碱化剂），意思是它能抵消或中和酸性（低pH）。碳酸氢钠在身体中自然形成，同时也是小苏打的主要成分。补充碳酸氢钠已被证实会使血液的pH上升[219]。肌细胞内外液间产生的pH差异，会导致H^+在骨骼肌中加速运动，以帮助调节肌内pH。补充碳酸氢钠已被证实可以同时提高肌肉缓冲能力和高强度运动表现。

功效　大多数关于碳酸氢钠对增强运动表现的研究都集中在持续60s到6min的短时间高强度训练[172]。McNaughton和同事[169, 171]及Coombes和McNaughton[55]已经证实，男性和女性短期补充碳酸氢钠能改善总功、最大功率、最大扭矩和力量。最近，Hobson和同事[117]测试了训练有素的男性赛艇运动员在摄入碳酸氢钠后的2 000m划船计时成绩。运动员在测试前服用0.3g/kg（体重）的碳酸氢钠或安慰剂。记录他们完成2 000m的用时和每500m的分段用时。虽然在2 000m划船计时测试的总成绩上，两组没有明显差异，但碳酸氢钠确实对第三个和最后一个500m成绩有显著提高的作用。一部分研究[28, 157]表明，在补充0.3g/kg（体重）的碳酸氢钠后，高强度运动表现会有所提高，但也有研究不赞同这个观点[10]。在许多研究中，摄入碳酸氢钠的时间通常为运动前60~90min。

不良反应　研究结果显示，在运动前60~90min服用0.3g/kg（体重）的碳酸氢钠才有助于提高短时间高强度运动的表现[117, 172]。若摄入高于此剂量，则会引发副作用，如腹泻、痉挛、恶心和呕吐。更易耐受的剂量［0.2g/kg（体重）］可以减轻此类副作用；然而研究显示，该剂量不能改善运动表现[156]。因此，运动前60~90min摄入碳酸氢钠以提高运动表现的最小剂量为0.3g/kg（体重）[126, 251]。由于会导致严重的副作用［即使摄入0.3g/kg(体重)，仍有部分运动员会出现副作用］，运动科学专家建议，若运动员将碳酸氢钠作为赛前的补剂，应在平时的训练中就尝试补充碳酸氢钠，以此来提高身体的适应性。

柠檬酸钠

虽然柠檬酸钠并不是一种碱，但它可以升高血液pH且不会导致补充碳酸氢钠后常见的胃肠道不适[242]。一旦柠檬酸钠在血液中分解成碳酸氢盐，就可以升高细胞外液的pH[233]。因此，和碳酸氢钠一样，柠檬酸钠有助于调节高强度训练时肌肉内部的pH。

功效　柠檬酸钠在短时间高强度训练中提高人体运动表现的数据尚不明确，一些研究报告表示其无任何益处[15, 57, 203, 242]，而另一些报告则显示其有提高的效果[158, 170]。例如，在训练前60~90min摄入0.44g/kg（体重）的剂量，能显著提高（至少20%）腿部的肌肉耐力[112]。然而，在推荐将柠檬酸钠用于训练或比赛之前，还需要进行更多的研究。

不良反应　柠檬酸钠可能具有肌肉缓冲能力，并且不会引起类似摄入碳酸氢钠后的典型肠胃不适症状[15, 158]。即使补充柠檬酸钠的副作用似乎少于补充碳酸氢钠的副作用，但摄入剂量为0.4~0.6g/kg（体重）时仍有可能发生肠胃不适[182, 205]。此外，个体间的肠胃反应大不相同；因此，如果运动员要在比赛中补充柠檬酸钠，则应在此之前，进行单独测试。

左旋肉碱

左旋肉碱由赖氨酸和蛋氨酸合成，负责将脂肪酸从细胞质溶胶中输送到线粒体，让其在此氧化产生能量[142]。它主要通过提升脂肪利用率及节省肌糖原来增强运动表现。它在脂质氧化中的作用引起了人们对将其作为膳食补剂的兴趣。然而，左旋肉碱作为补剂以增加脂肪氧化的效果还未在人或大鼠实验模型上得到证实[8, 33]。虽然Bacurau和同事[13]的研究显示，补充左旋肉碱3周后，肌肉中的肉碱含量增加，从而使脂肪酸氧化增强，但是大多数研究都未能证明补充左旋肉碱后肌肉中的肉碱含量升高[16, 247]。这可能与口服补充肉碱的吸收量有限有关[131]，也可能是因为肌肉内的反馈调节（如代谢产物丙二酰辅酶A）限制了通过肉碱系统将脂肪输送至线粒体内。

功效

有趣的是，一些研究表明，左旋肉碱可以促进运动后的恢复[116, 129, 245]。已经证实，未接受过训练的人或业余爱好者，在高强度抗阻训练后补充左旋肉碱，疼痛和肌肉损伤减少[97]，代谢应激指标降低[214]，恢复能力增强[245]。其机制是扩张血管以加强血流量调节，从而减少运动导致的缺氧[130]。此外，Kraemer和同事认为，补充左旋肉碱（每天2g，共3周）会使雄激素受体增多[147]并提高IGF结合蛋白质的速度，以保持IGF-I的浓度[148]。补剂引起的内分泌适应可能是导致高强度运动后恢复能力增强的重要因素。

不良反应

对于健康的受试者来说，每天补充高达3g的左旋肉碱（持续3周）似乎是安全剂量，未发现任何不良的主观、血液或代谢问题[202]。然而，与大多数补剂一样，以上信息不能推断以更大的剂量或长期服用这种补剂是否安全。

肌酸

肌酸是一种在人体内自然合成的含氮有机化合物，主要合成于肝脏中，有助于向体内所有细胞提供能量。它也可以在肾脏和胰腺中少量合成。精氨酸、甘氨酸和蛋氨酸是肌酸在这些器官中合成的前体。肌酸也可以通过饮食来补充。它在肉类和鱼类中的含量相对丰富。大约98%的肌酸以游离形态（40%）或磷酸化形态（60%）存储于骨骼肌中。有少量的肌酸存储于心脏、大脑和睾丸中。肌酸通过血液循环从合成部位被输送至骨骼肌。

肌酸对运动的重要性

以磷酸形成存在的肌酸［CP，也被称为磷酸肌酸（PCr）］在能量代谢中起着重要的作用，特别是在短时间高强度训练中，它是ADP生成ATP的基质。其能否迅速再磷酸化取决于肌酸激酶和CP在肌肉中的可利用性。随着CP被耗尽，高强度运动的能力也会衰退。在短时间冲刺跑（如百米冲刺）中，主要的供能方式依赖CP的水解[93]。然而，随着高强度运动持续时间的增加，磷酸原系统供能的能力急剧下降。

在高强度运动中，CP的消耗是导致疲劳的主要原因。在一次持续6s的最高强度运动中，肌肉内的CP水平与静息水平相比减少了35%~57%[93]。当高强度运动增加至30s时，CP水平与静息相比减少了64%~80%[31, 48]；在反复的高强度运动中，CP几乎完全耗尽[168]。当肌肉CP水平下降时，最高强度的运动能力随之降低。Hirvonen和同事[115]证实，在CP浓度下降时，冲刺时间变慢。显然如此，因为如果肌肉中CP浓度能够保持住，那么高强度运动的能力会提高。这是运动员补充肌酸的依据。

肌酸补充

研究报告显示，37.2%的大学生运动员在备赛阶段会使用或使用过肌酸[90]。而其在特定项目的力量/爆发型运动员中的普及率达80%以上[154]。肌酸在高中运动员中也很受欢迎，有90%的运动员选择补充肌酸[225]。由于他们的广泛使用，肌酸可能是近年来最被广泛研究的补剂。研究报道，补充肌酸可增加约20%的肌肉肌酸含量[40, 78, 132]。然而肌内肌酸饱和似乎存在极限。一旦骨骼肌肌酸浓度达到150~160mmol/kg（体重），额外的补充无法进一步增加肌肉肌酸浓度[102]。这对许多有着“越多越好”观念的运动员有着重要的启示作用，并可能影响正确和现实的肌酸补充方案的制定。

典型的肌酸补充方案包括每天摄入20~25g，持续5天，或按体重计算，剂量为0.3g/kg（体重）；随后维持每天2g的剂量[132]。未使用初始负荷剂量补充方式的人，其肌肉中肌酸浓度也可以达到与使用初始负荷剂量补充方式的人相似的水平，只不过达到这一水平需要更长的时间（约30天，对比5天）[132]。只要保持摄入一定的剂量［每天2g或0.03g/kg（体重）］，肌酸浓度将继续上升。一旦停止补充肌酸，肌肉肌酸浓度大约在4周内恢复到基线水平[78, 132]。

功效

多数研究证实，补充肌酸对力量运动表现有相当大的促进作用[23, 141, 186, 243, 246]（图11.4）。结果显示，训练有素的运动员补充肌酸后，卧推力量、深蹲及高翻表现水平比服用安慰剂组的运动员高2~3倍[122, 186]。这些研究结果可能突出了肌酸补充对有抗阻训练经历的运动员的好处，使他们原本可能有限的力量潜力得到提高。对有训练经验的力量型运动员来说，补充肌酸有助于提高训练质量（减少疲劳、促进恢复），这对给予肌肉更大的训练刺激至关重要。

> 补充肌酸已被证实可以增加有训练经历的人或普通人群的最大肌力、爆发力和瘦体重。此外，补充肌酸是安全且相对便宜的。

大多数研究显示，补充肌酸对单组爆发力训练（冲刺或跳跃能力）的效果并不明显[62, 145, 177, 212]。然而在这些研究中，受试者大多只补充了5天的剂量。虽然摄入5天的肌酸明显增加了肌肉内的肌酸存储[144, 177, 212]，但这个时间对完全产生训练适应性及证明爆发力训练的提高来说并不够。当受试者已经补充了较长时间（28~84天）的肌酸，可观察到其跳跃能力和爆发力有显著的提高[108, 243]。由此可见，肌酸是一种十分有效的运动补剂，比直接提高运动表现的补剂更有效果。

身体质量变化

长时间补充肌酸通常与体重的增加有关。增加的主要是去脂体重。一般认为，体重的增加与身体总水量增加有一定的关系。肌肉中肌酸含量的增加可以提高细胞内渗透压梯度，使细胞中充满水分[244]。不仅如此，肌肉中肌酸含量可使肌肉收缩蛋白合成率提高[246, 255]。总之，在几周到几个月的训练期内，补充肌酸通常可使体重或去脂体重增加0.5~2kg。

不良反应

体重增加有时被认为是补充肌酸的副作用[206]，尤其是对力量/体重比或爆发力/体重比来说。但对一些补充肌酸的运动员来说，增重往往是一个理想的结果。当人们谈论某一种药物或补剂的副作用时，他们通常指的是潜在

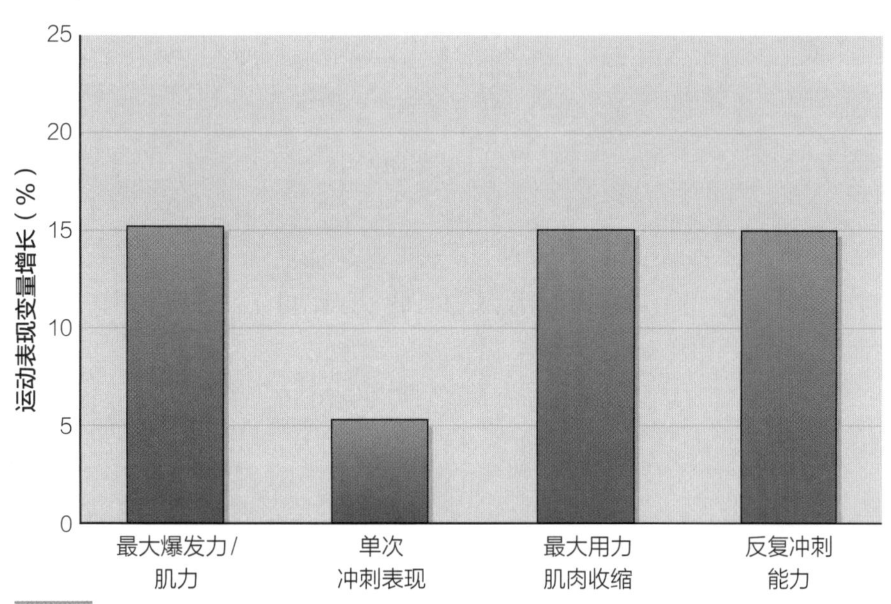

图11.4 补充肌酸后运动表现变量增长情况

的破坏性影响。有许多非官方报道称，补充肌酸会给胃肠道、心血管和肌肉带来问题，包括肌肉痉挛。然而，对照研究无法证实以上所说的补充肌酸后显著的副作用。无论是竞技运动员还是进行业余锻炼的人，即使长时间地补充（几周至几个月）肌酸，也未发现副作用[60, 103, 151]。

对于任何补剂来说，还有一个关注的点就是其对健康的长期影响。有一项关于26个退役或现役竞技运动员在使用肌酸长达4年后的健康状况的回顾性研究显示，这些运动员只在服用肌酸期间偶有肠胃不适[206]。这些症状包括胀气或轻度腹泻。关于补充肌酸的其他主要问题包括高氮含量肌酸对肾脏的负担和短期内肌酸摄入造成的排泄增加。然而无论是短期（5天）或长期（5年）的服用，均未见有肌酸会影响肾功能的报道[189, 190]。

> 尽管有媒体或非官方报道表示，补充肌酸会导致脱水和痉挛，但是没有理由相信补充肌酸会增加这些副作用的发生风险。

兴奋剂

兴奋剂对很多体育项目的作用都是毋庸置疑的；兴奋剂的影响包括减轻疲劳、提高反应能力和敏捷性、增强自信心，甚至兴奋。因为需要在比赛时使用兴奋剂以达到提高身体机能的目的，所以赛后即刻进行药检可以有效地减少兴奋剂的滥用[128]。许多兴奋剂（如咖啡因）可以从食物中获取，还有一些兴奋剂（如麻黄素）可存在于减充血剂和其他药物中。

咖啡因

在田径运动中，咖啡因是一种多功能补剂，并且在耐力训练和抗阻训练中都很受运动员欢迎。它存在于咖啡、茶、软饮料、巧克力和其他各种食物中。它是一种中枢神经系统兴奋剂，其作用与安非他命类似，但相对较弱。40多年来，咖啡因一直被用作提高运动表现的补剂，并且是为数不多的被有氧和无氧运动员同时使用的辅助补剂之一。

咖啡因提高耐力的机制尚不明确。已经提出的机制之一是通过脂肪组织或肌内脂肪中储存的游离脂肪酸使脂肪氧化增加[215]。脂肪作为主要供能物质的更大作用是减缓糖原消耗和延缓疲劳。单独的肌肉代谢改变不能充分解释咖啡因的机能促进作用。在短时间高强度运动中，咖啡因主要的机能促进作用归因于其增强了爆发力的产出。这是增强了兴奋收缩耦联的结果，其影响了神经肌肉传递及肌浆网细胞内钙离子的动员[227]。此外，摄入咖啡因被认为能提高糖酵解调节酶（如磷酸化酶）的动力[215]。

功效 对有氧运动员来说，咖啡因可以有效延长有氧耐力[56]。早期关于补充咖啡因对有氧耐力影响的研究表明，在强度为80%最大摄氧量的自行车训练中，摄入咖啡因后疲劳时间延长了21min（从安慰剂组的75min到咖啡因组的96min）[56]。这些结果得到了许多其他研究的证实。咖啡因在长时间的有氧耐力活动中发挥着促进作用[101, 216]。这些研究表明，补充咖啡因的剂量为3~9mg/kg（体重）（相当于70kg体重的人要摄入1.5~3.5杯咖啡）时，会产生显著的影响。在短时间高强度的运动中，咖啡因也有类似的效果[38, 67]。

然而，在关于摄入咖啡因对冲刺或爆发力运动表现的影响的研究中，其机能促进作用则没那么明显。一些研究表明，摄入咖啡因并不能提高爆发力[52, 105]，但这些研究的受试者都是业余运动员。当优秀柔道运动员摄入咖啡因［5mg/kg（体重）］时，据报道，与摄入安慰剂组相比，其峰值爆发力有显著提高[213]。

同样，竞技游泳运动员摄入咖啡因（250mg）后，在重复100m冲刺练习中，冲刺时间平均提高3%[53]。与咖啡因对有氧耐力影响的研究相比，咖啡因对冲刺、爆发力影响的研究数量较少。因此，关于咖啡因对爆发力的影响尚不明确。咖啡因对运动表现的积极帮助很可能发生在有训练经历的运动员身上。

食物中的咖啡因（咖啡摄入）和无水咖啡因对运动表现都有显著的影响；然而，当以片剂形式口服咖啡因时，其对运动表现提高的影响更大[101]。有研究指出，当以纯咖啡因形式补充咖啡因时，有氧耐力可提高28%~43%[101]。然而，当以食物形式补充咖啡因时，如喝咖啡（无论是含咖啡因的咖啡，还是在不含咖啡因的咖啡中加入咖啡因），有氧耐力的提高不是十分明显[46, 101]或增益程度很低[56, 236, 253]。Graham和同事们[101]提出，尽管无论是在食物来源中还是无水形式中，咖啡因的生物利用度是相同的，但咖啡中的一些化合物会减弱咖啡因的作用。

不良反应 咖啡因的副作用包括焦虑、胃肠道紊乱、烦躁、失眠、颤抖和心律失常。咖啡因也会导致生理上瘾，停止服用可能导致一些戒断症状，如头痛、疲劳、心情烦躁、注意力不集中和类似流感的症状[222]。咖啡因摄入量大于9mg/kg（体重）可能产生更大的副作用[98]。咖啡因过量可导致致命的后果。超过5g就是致命的剂量，这相当于42杯每杯含120mg咖啡因的咖啡[143]或25片每片含200mg咖啡因的片剂。

> 在运动前约60min或长时间运动期间，摄入3~9mg/kg（体重）的咖啡因，有提高身体机能的作用。当摄入更高剂量时[≥9mg/kg（体重）]无额外效果。咖啡因可以减少主观疲劳程度，提高运动表现，以及提高神经警觉性。科学文献不支持运动过程中咖啡因会利尿或破坏体液平衡从而对运动表现产生负面影响的说法。

运动前能量饮料

在过去的几年里，运动前饮用含咖啡因的液体饮料（即能量饮料）变得越来越受欢迎。研究表明，能量饮料是最受美国年轻人欢迎的膳食补剂之一[90]。摄入能量饮料的主要目的是增强锻炼效果，提高运动表现，以及促进更快的训练适应[188]。市面上销售的能量饮料中，最常见的成分包括咖啡因、碳水化合物、B族维生素、酪氨酸及银杏等。在这些成分中，咖啡因和碳水化合物是促进身体机能和提高运动表现的主要营养素[43]。

功效 有一些关于运动前能量饮料对几种运动模式有效性的研究，包括抗阻运动、无氧运动和有氧耐力运动。在关于抗阻运动的研究中，Forbes和同事[83]在运动前60min给15位身体强壮的大学生提供了市场上销售的能量饮料或等热量不含咖啡因的安慰剂。能量饮料的咖啡因含量的标准化规定是2mg/kg（体重）。每次练习由3组强度为1RM的70%的卧推组成，组间休息1min。与服用安慰剂的组相比，服用能量饮料的组卧推能力显著提高。其他关于饮用运动前功能饮料效果的试验表明[63, 100]，上肢与下肢的总推起重量都有提高。虽然在运动前摄入能量饮料似乎可以有效地提高抗阻训练的效果，但是这对其他类型的运动，如无氧运动（包括Wingate无氧功率测试和速度/敏捷性表现）没有作用[11, 83, 118]。在耐力运动表现方面，多数[4, 134, 249]（但非全部[44]）的研究指出，在运动前1h喝下含有咖啡因的能量饮料［2mg/kg（体重）］，专业的自行车运动员和业余锻炼的人在自行车骑行和跑步方面的耐力表现均有所提升[43]。有趣的是，能量饮料中的咖啡因含量［2mg/kg（体重）］小于提高运动表现的推荐用量［3~9mg/kg（体重）］。这可以归因于这样的假设：能量饮料中各种成分间的协同作用可能是运动表现提高的原因[43]。

不良反应 饮用能量饮料的不安全性大致与咖啡因摄入过量一致[209]，且与酒精混合摄入的危害有关[127]。能量饮料与酒精的混合饮用是在特定的社会环境下流行起来的，对于那些平时在运动前饮用运动饮料以达到增强运动能力或加快运动适应的人来说，这不是一种常见的做法。目前的大多数能量饮料中都含有咖啡因，因此咖啡因的潜在副作用也存在于能量饮料中。但大多数能量饮料中仅有适量的咖啡因，通常小于300mg[234]。即便能量饮料一般只含有较低或者中等含量的咖啡因，人们还是必须认识到，饮用能量饮料也有咖啡因摄入过量的风险[124]。尽管有关于咖啡因摄入过量不良反应的资料，但是能量饮料中还含有其他成分和兴奋剂。目前，尚不清楚能量饮料中的其他成分是否可能提高或降低产生副作用的阈值。因此，需要做更多研究以确定长期摄入能量饮料的影响，才能得出确定的结论。

麻黄素

麻黄素是另一种β-激动剂，已被世界各地广泛用于缓解支气管哮喘、支气管炎、过敏、呼吸急促、感冒和流感症状及其他轻微疾病。因麻黄素产热能力很强，其很受健美运动员欢迎[41]。产热补剂或药物能提高基础代谢率，加快能量消耗，有助于减脂。它常与咖啡因一起被服用，以提高产热作用。

功效 关于麻黄素机能增进功效的试验显示，它只有在与咖啡因同时被用时才能产生积极效果[21]。这与提高有氧耐力方面的研究结果一致[19, 20]。在无氧运动方面，研究麻黄素和咖啡因协同作用的科学文献尚不明确[137, 254]。然而25%的受试者摄入咖啡因［5mg/kg（体重）］和麻黄素［1mg/kg（体重）］的混合物后，体内产生了副作用（呕吐和恶心）[19]。该研究小组后续的研究表明，较低剂量的咖啡因［4mg/kg（体重）］和麻黄素［0.8mg/kg（体重）］同样能增强机能且无副作用[20]。摄入咖啡因和麻黄素的混合物比单独摄入任何一种补剂的效果更好[12]。

不良反应 麻黄是一种含有麻黄素的植物。在2004年以前，美国市面上的很多非处方药和减重产品中都含有麻黄素。然而在2004年4月，FDA禁止了所有含有麻黄素的产品，因为它会给使用者带来未知原因的风险。FDA的这项禁令基于Rand研究所发表的报告[210]。该报告指出，有16 000起副作用事件与使用含麻黄素的膳食补剂有关。Shekelle和同事[210]的进一步研究指出，使用含麻黄素的膳食补剂或麻黄素加咖啡因混合物会导致恶心、呕吐、焦虑和情绪变化的发病率升高、自主神经过度活跃、心悸，甚至死亡。因为副作用很多，麻黄素已被大多数体育管理组织禁用，包括国际奥林匹克委员会。

枳壳

枳壳来自一种通常被称为“酸橙”的水果，经常用来治疗消化问题[92, 107]。然而，它也是一种温和的兴奋剂，被认为有助于抑制食欲、提高代谢率和加速脂肪分解[92, 107]。

功效 当枳壳与咖啡因和其他草药混合使用时可显著缓解疲劳[220]。枳壳含有辛弗林，一种类似交感神经剂的药物，可以刺激特殊的肾上腺受体（β-3、非β-1或非β-2），进而刺激脂肪代谢，而没有其他刺激肾上腺素受体物质的副作用[45]。辛弗林是枳壳已知的一种活性成分，与β-3受体相互作用，增加脂肪分解（即分解体脂），并将肾上腺素类物质的典型心血管效应降到最低[45]。目前，还没有

机能增进和非机能增进膳食补剂的总结和应用

- 必需氨基酸和支链氨基酸——能够刺激肌肉蛋白合成，尤其是通过亮氨酸产生的合成代谢作用。
- 精氨酸——对健康的人来说，不能诱导一氧化氮和肌肉血流量增多，而且，似乎对改善健康人群的耐力表现无任何影响。
- β-羟基-β-甲基丁酸——对训练有素的人参加高强度、大运动量的抗阻训练最有效。
- β-丙氨酸——一种提高运动表现的物质，能提高机体在引发高乳酸状态的运动中的表现，如超过60s的高强度训练。
- 碳酸氢钠——已经证实可以改善高强度训练的运动表现和训练效果，但可能有胃肠不适的副作用。
- 柠檬酸钠——科学数据还不足以证明其具备在短时间高强度运动中提高身体机能的潜力。
- 左旋肉碱——可加快高强度抗阻训练后的恢复。
- 肌酸——对有训练经验或没有训练经验的人群来说都有增加最大肌力、爆发力和瘦体重的效果。
- 咖啡因——对延长耐力运动有效果，但对冲刺和爆发力表现的效果尚不明确。
- 运动前能量饮料——能有效提高抗阻训练的完成总量和耐力表现，但未提高身体的无氧运动能力（高强度功率自行车，速度/敏捷表现）。
- 麻黄素——当与咖啡因同时服用时，可以提高有氧耐力表现，但对无氧运动表现的效果并不显著。
- 枳壳——研究表明，当与咖啡因和其他草药相结合后，可以改善运动疲劳时间（一种耐力表现的测量方法）。

充足的数据支持将单独补充枳壳作为提升身体机能的方式。

不良反应　辛弗林已被证明可以刺激末梢α-1受体，引起血管收缩和血压升高[35]。然而，其他研究表明，单独摄入枳壳不会对血压产生影响[109]，但其与其他草药混合使用则可能导致收缩压显著升高[109, 119]。值得注意的是，辛弗林目前被美国大学生体育协会列入禁用药物的名单中。

小　结

运动员经常接触到有关促进身体机能、提高运动表现的补剂信息。体能教练在选择使用哪种方法增强身体机能的决策过程中起着至关重要的作用。因此，体能教练必须随时了解最新的科学研究，以了解关于补剂的效果、安全性和合法性的信息。如果体能教练在这方面没有做好，那么他们所服务的运动员就会受到负面炒作、虚假广告和其他没有考虑到运动员最大利益的人的影响。本章包含了增强身体机能、提高运动表现补剂的基本信息，明确指出了哪些补剂是被禁用的，哪些是有效或无效的，哪些是安全的且可以为体能教练提供帮助。

关键词

acromegaly 肢端肥大症
anabolic steroid 合成代谢类固醇
β-agonists β-激动剂
branched-chain amino acids 支链氨基酸
dietary supplement 膳食补剂
ergogenic aid 强力手段
ergolytic 机能抑制
ergolytic erythropoietin（EPO）促红细胞生成素
essential amino acids 必需氨基酸

human growth hormone（HGH）人类生长激素
lipolysis 脂类分解作用
muscle dysmorphia 肌肉上瘾症
muscle buffering capacity（MBC）肌肉缓冲能力
random drug tests 随机药检
stacking 叠加
testosterone 睾酮
thermogenesis 生热作用
vasodilation 血管舒张

学习试题

1. 以下哪种膳食补剂被认为是兴奋剂？（ ）
   I. 肌酸
   II. 咖啡因
   III. HMB
   IV. 枳壳
   a. I和II
   b. II和IV
   c. III和IV
   d. I和III
2. 以下哪一项不是咖啡因在提高运动表现中的作用？（ ）
   a. 增加功率输出
   b. 减少糖原消耗
   c. 增加脂肪氧化
   d. 减少尿液生成
3. 以下哪一项是有氧耐力运动员避免使用促红细胞生成素的最佳理由？（ ）
   a. 红细胞比容和血红蛋白水平可能下降
   b. 红细胞的生成不受限制地增加
   c. 对传染病的抵抗力降低
   d. 降低血液运输氧气的能力
4. 补充肌酸可改善除了以下哪项外的所有变量？（ ）
   a. 瘦体重
   b. 最大肌力
   c. 耐力表现
   d. 爆发力
5. 以下哪种增强运动表现的补剂最有可能增加瘦体重？（ ）
   a. 合成代谢类固醇
   b. 精氨酸
   c. 麻黄碱
   d. β–丙氨酸

第12章

测试选择与实施的原则

迈克尔·麦圭根（Michael McGuigan），PhD
译者：王喆、闫琪
审校：刘也、崔雪原

完成这一章的学习后，你将能够：

- 确定并解释进行测试的原因；
- 理解测试用的术语，以与运动员和同事进行清晰、顺畅的沟通；
- 评估测试的效度与信度；
- 选择适当的测试；
- 正确、安全地实施测试方案。

感谢埃弗雷特·哈曼（Everett Harman）对本章内容做出的重要贡献。

对运动科学有着广泛认识的体能教练，能够有效地使用测试与测量方法来制定训练计划，这有助于运动员实现既定目标且最大限度地激发自身潜能。测试和测量构成了评估过程的客观核心。本章涵盖了测试的原因、测试的专业术语、测试质量的评估、选择适当的测试及与正确地实施各种测试相关的内容。

测试的原因

测试可以帮助运动员和教练员评估运动天赋及确定需要提高的身体能力。另外，测试的分数可用于确立目标。基线测量有助于建立可实现目标的起点。定期进行测试有助于追踪运动员目标实现的进展情况。可以将测试作为设定训练目标的基础，这样可以使教练员为个体运动员设定具体的目标，所有具体的目标综合起来将有助于团体或团队总体目标的实现（有关设定目标的更多信息，请参阅第8章）。

运动天赋的评估

对于一名教练员来说，确定一名运动员是否具备符合团队竞技水平需求的身体潜能是十分重要的。如果一名待选运动员已经在运动项目中表现优异并且体形适合，这并不难做出判断。然而，在通常情况下，待选运动员并没有表现出他们的竞技能力，或者可能缺乏专项的比赛经验。因此，教练员需要采用一些方法来判断待选运动员是否具备与专项技术所匹配的、必要的基本身体能力——这种能力结合技术训练和日后的练习，往往能够培养出一名有竞争力的运动员。现场测试可以作为这种评估的工具。

确定需要改善的身体能力

虽然有些身体能力是天生的，且不能改变，但是有些身体能力是可以通过体能训练提高的。通过使用正确的测试方法与分析，体能教练可以确定运动员的哪些身体素质可以通过制定好的训练计划来进行针对性的提高与改善[25, 28]。

> 测试可以用来评估运动员的天赋、确定其身体能力和需要改善的地方、设定目标，以及评估进展情况。

测试的术语

为了与运动员和同事进行清晰的交流，体能教练需要使用统一的专业术语。下面的术语与定义是被广泛认同且会在本书中使用的。

测试——用特定的方法评估某种运动能力的过程。

现场测试——在实验室之外进行的用于评估能力的测试，通常不需要大量的培训或昂贵的设备[8]。

测量——收集测试数据的过程[14]。

评估——为了做出决定而分析测试结果的过程。例如，一名教练员仔细检查体能测试的结果，以确定训练计划是否有助于实现训练目标，或者是否需要对训练计划进行调整。

前期测试——在训练开始前进行的测试，用来确定运动员最初的基本能力水平。通过前期测试，教练员能够设计与运动员起始训练水平及整体训练目标一致的训练计划。

中期测试——在训练期间进行一次或多次的测试，用来评估训练进展及根据需要修改训练计划，以实现训练效果的最大化。

形成性评价——基于训练期间进行的中期测试的周期性再评估，通常定期进行[2]。它有助于监控运动员的训练进展及根据运动员的个性化需求调整训练计划。它还有助于对不同的训练方法进行评估并对标准化的数据进行采集。以形成性评价为依据，对训练计划进行有规律的调整，可以保持训练计划的新鲜感与趣味性，有助于避免身心疲惫。

后期测试——在训练期结束后进行的测试，用来确定使用训练计划是否成功地实现了训练目标。

测试质量的评价

只有测试实际测量到它应该测量的内容（效度）且是可重复的（信度），测试结果才有效。这两个特征是评价测试质量的关键因素，是证明测试有益的必要条件。

效度

效度是指一个测试或测试项目测量到它应该测量内容的程度，是测试最为重要的特征之一[2, 22]。对于身体属性（如身高、体重），测试效度是很容易建立的。例如，弹簧秤的读数与校正过的天平读数相符，这表明了弹簧秤称重具有较好的效度。而基本运动能力测试的效度是很难建立的。存在几种类型的效度，包括结构效度、表面效度、内容效度及标准参照效度。

> 效度是指一个测试或测试项目测量到它应该测量内容的程度，是测试最为重要的特征之一。

结构效度

结构效度指测试能代表基本结构的能力（为了组织与解释现有知识或观察结果的某些方面而发展起来的理论）。结构效度是整体的效度，或测试实际测量到符合它设计目的的测量内容的程度[21]。表面效度、内容效度及标准参照效度是其次级变量，为其提供了证据。

为了提高效度，运动表现测试应该对运动项目中重要的能力进行测量、产生可重复的结果（请参阅后面关于信度的阐述）、一次只测试一名运动员的运动表现（除非测试方案有其他的特殊安排）、显得有意义、有一定的难度、能区分不同的能力水平、能获取准确的得分、包含足够的测试次数，以及能经得起统计学分析检验。在两个有效测试之间做出选择时，应考虑测试实施的便捷性和经济性。

表面效度

表面效度指运动员和其他非专业观察者认为测试测量到它应该测量的内容的程度。如果一个测试或测试项目具有表面效度，运动员更有可能做出积极的反应[1]。对表面效度的评估往往是非正式且非量化的。在其他领域中，如心理学，测试可能被故意设计得表面效度较差，这是因为，如果受试者意识到测试的目的，他们有可能进行欺骗性地回答来操控他们的分数。然而，对于基本运动能力测试来说，表面效度较好是可取的，这是基于这样的假设：在进行身体能力测试时，每个人都希望取得好成绩，因此可以通过看似测试相关能力的测量对其进行激励。

内容效度

内容效度指由专家评估的测试以合适比例覆盖所有相关主题及能力构成要素的程度[1]。运动员测试应包括一个运动项目或运动位置需要的所有能力构成要素，如跳跃能力、冲刺能力及下肢力量等[34]。例如，对一名有潜力的足球运动员进行的一系列测试应该至少包括对冲刺速度、敏捷性、耐力及专项爆发力的测试。为了保证测试的内容效度，测试开发人员应该列出要进行评估的全部能力构成要素，并确保这些要素会在测试中得以体现。另外，特定能力构成要素得分在总得分中所占的比例应该与其在总体表现中的重要性成比例。尽管表面效度和内容效度两个术语有时会交换使用，但后者指实际的效度，而前者指非专业人员认为的效度[1]。

标准参照效度

标准参照效度指测试得分与针对相同能力的其他测试得分之间的相关程度。有4种标准参照效度：同时效度、聚合效度、预测效度及区分效度。

同时效度指测试得分与针对相同能力的其他公认测试得分之间的相关程度。标准参照效度通常是统计学层面的评估。例如，一种新的身体脂肪评估装置得分和双能X射线吸收仪得分的皮尔逊积矩相关系数将提供一种衡量新测试同时效度的方法。

聚合效度由公认的测量方法（金标准）得分与待评估测试得分之间存在高度的正相关来证明。聚合效度是同时效度的一个类型，是体能教练使用的现场测试所具备的。如果一个测试对于时间、装备、花费及专业技术的要求较低，但具有较好的聚合效度，那么它可能比金标准更可取。

预测效度指测试得分与未来的行为与表现之间的相关程度。这能通过对比测试得分与运动中的成功来衡量。例如，可以计算出一系列篮球运动潜能测试的总分与实际篮球运动表现之间的统计相关性。实际表现通过得分、篮板、助攻、盖帽、压迫防守导致的失误及抢断等数据来衡量。

区分效度指一个测试区分两种不同结构的程度，由测试得分与针对不同结构的测试得分之间的低相关性来证明[2]。如果用一系列测试来评估相对独立的能力构成要素（如柔韧性、速度和有氧耐力），采用区分效度是最好的。好的区分效度，避免了在实施彼此高度相关的测试时不必要的时间、精力及资源浪费。

信度

信度是指对测试方法的一致性或可重复程度的测量[2, 15]。如果一名运动员能力没有变化，采用信度较好的测试方法对其进行两次测试后能获得相同的分数。对于一个信度较差的测试来说，一个人可能会在某一天获得高分而在另一天获得低分。一个测试必须具备信度才可能是有效的，因为测试产生多变的结果是没有意义的。然而，有信度的测试未必是有效的，因为测试可能没有测量到应该测量的内容。例如，60m冲刺和1.5mile（约2.4km）跑都是可信的现场测试，但只有1.5mile跑是有氧运动能力的有效测试。还存在一种可能性，对一个组别（如大学网球运动员）来说测试的信度非常高，但对另一个组别（如高中网球运动员）来说测试的信度较低，这是因为他们身体与心理的成熟度及技术水平方面存在差异，而这些都会影响测试的表现。

有几种方法可以判定测试的信度，最明显的就是对同一组运动员进行几次相同的测试。两次测试得分在统计学上的相关性为我们提供了重测信度的衡量方法。两组得分间的差异代表测量误差。另一个计算出来的统计数值是典型测量误差，这包括装备误差及运动员的生理性变化[15]。两组测试得分之间的差异可能是由许多不同的因素造成的[2]。

- 受试者内差异性（受试者内）。
- 测试者间缺少信度与一致性（测试者间）。

- 测试者内差异性（测试者内）。
- 测试不能提供一致性的结果。

> 信度是对测试方法的一致性或可重复程度的测量，测试必须是可信的，才可能是有效的，因为多变的测试结果是没有意义的。

受试者内差异性指受试者缺少一致性的表现。测试者间信度也被称为客观一致性或测试者间一致性[2]，是随着时间推移与重复进行测试，不同测试者间的一致程度；这是对一致性的测量。一个清晰明确的得分系统和经过系统培训经验丰富的测试者，对于提高测试者间信度是至关重要的。即使是看起来十分简单的测试，如用秒表对40yd（约37m）冲刺计时，如果计时员没有经过系统培训且缺乏经验，那么也会表现出随机性与系统性的误差。使用手动秒表获得的冲刺时间通常情况下要比使用自动计时器获得的短，这是因为测试者听到发令枪响起时才按下开始键，这中间有反应时间的延迟，但他们可以看到运动员接近终点线，所以按下结束键时不存在延迟。如果由不同的测试者对不同组别的运动员进行测试，那么测试者间信度非常重要。一个相对宽松的测试者对一个组进行测试，将会人为地夸大所得的分数。为了对运动员的提升进行精确的测量，应该由同一测试者在训练的开始和结束阶段对同一组运动员进行测试。如果有两个测试者，开始阶段的测试者比结束时的测试者要求宽松或严格，那么测试结果将没有任何的可比性。试想测试运动员深蹲的情境。如果前期测试者比后期测试者要求宽松（对下蹲深度的要求较低），尽管运动员在力量上已经有了很大的提高，但是其在后期测试中可能得到较低的分数。

测试者间差异性的来源包括校准测试仪器、运动员准备及测试实施方面的差异。不同的测试者对运动员的激励程度不同，这基于每个人的个性、地位、体态、行为举止及性别等因素。通常情况下，当教练员对一些运动员进行测试而由其助手对其他运动员进行测试时，由教练测试的运动员可能会被更好地激励，从而有更好的表现。

测试者内差异性指测试者测得的分数缺乏一致性。这种差异与测试者间信度不同，后者指不同测试者之间的一致性程度。例如，一名教练员十分迫切地想看到运动员的提高，可能会不自觉地在后期测试中比在前期测试中更宽松。测试者内差异性的其他来源包括：系统培训不够完善、不专心、注意力不集中，以及未遵守校准测试仪器、运动员准备、测试实施及测试评分的标准化程序。为了避免出现类似的问题，准确性和一致性高的测试应该是所有体能教练优先选择的。

最后，有时候测试本身并不能提供一致性的结果。如果一个体能测试对技术有较高要求，而运动员的技术没有得到一致性的发展，就可能会发生这种情况。对技术要求较高的测试，通常情况下其结果会有很大的差异，受试者需要进行多次的预测试练习，以此来产生一致性的结果。

测试的选择

对测试的效度与信度进行评估时，体能教练必须依赖自身的基础知识及实践经验。体能教练还必须考虑运动项目的专项性（如能量代谢系统和生物力学运动模式）、运动员的运动经历、训练状态和年龄，以及环境因素。

能量代谢系统的专项性

一个有效的测试必须模拟运动专项的能量需求，以此对运动能力进行针对性评估。因此，体能教练应该对基本的能量代谢系统（磷酸原供能系统、糖酵解供能系统及有氧氧化供能系统）及它们的相互关系进行深入的了解，目的是在选择或设计测量专项运动能力的有效测试时应用专项性原则[7, 10, 16, 33]。例如，选择针对篮球运动跑动能力的适当测试时，体能教练必须认识到，篮球运动是一项以无氧代谢能力为主的运动项目[3, 23]，他们还应了解运动员在篮球比赛中冲刺的方向和跑动的距离。最好的测试方法应该模拟实际比赛中的动作及能量代谢的需求。

生物力学运动模式的专项性

同样重要的是，测试中的动作与运动专项中的重要动作越相似越好。不同运动项目，对身体素质的要求也不同。例如，对于篮球与排球运动来说，垂直纵跳测试就具备很高的专项性，因为它们的比赛都涉及垂直纵跳，但是该测试与曲棍球的相关性较低，因为曲棍球比赛不涉及垂直纵跳。同一运动项目的不同位置对身体素质的要求也不同。一名美式橄榄球的防守前锋需要具备能将对方前锋推开的力量，还要具备能防守对方四分卫的5~15yd（5~14m）冲刺速度，然而一名外接手无须具备太高的推的力量，但是他们必须具备30~100yd（27~91m）的快速冲刺能力。因此，卧推与10yd（约9m）冲刺测试对边锋更有意义，而30~100yd（27~91m）冲刺测试对外接手更有意义。

> 为了具有更好的效度，测试必须模仿专项能量需求及重要动作。

运动经历与训练状态

对于一名训练有素、经验丰富的运动员来说，采用技术要求较高的测试更为合适，因为它具备高度的专项性。因此，有这样一种假设：不好的技术并不会破坏受试者的表现。然而，在对初学者进行测试时，这一假设是不成立的。对经验丰富的跳远运动员来说，27yd（约25m）单腿跳次数作为快速伸缩复合能力测试的效度与信度较好，但对于一名初学者而言则不是[8]。

测试者必须考虑运动员在测试时的训练状态。例如，要求一名棒球运动员在秋季训练开始前一周进行一次3mile（约4.8km）跑的测试是不理想的，因为运动员在这期间可能正在进行间歇训练和相对距离较短的跑动训练[29]。对一名只使用腿部卧蹬进行力量训练的运动员进行使用平行蹲的下肢力量测试也是不理想的。

年龄与性别

年龄与性别都会影响测试的效度与信度。例如，对于处于大学阶段的男性和女性[18]，1.5mile（约2.4km）跑可能是有效且可靠的现场有氧能力测试，但该测试未必适合处于青春期前期的青少年[27]，这是因为他们缺乏跑步的经验和对持续跑步的兴趣。用最大数量引体向上测试来评估屈肘肌群的耐力，对于男性摔跤运动员来说可能是有效的，但是对于女性运动员来说可能就是无效的，这是因为她们的上肢拉力的差异较大[24]。这个测试可能无法区分女性运动员的肌肉耐力水平。因此，使用改良后双脚支撑的仰卧上拉测试可能更有效。

环境因素

在选择和执行基本运动能力测试时，必须要考虑环境因素。高温的环境（尤其再加上潮湿）会影响耐力表现、带来健康风险，还会使有氧耐力测试的效度降低。当气温超过26℃（尤其再加上湿度超过50%[17]）时，有氧耐力表现[26, 32]及间歇冲刺表现[13]都会受到影响。温度与湿度会影响测试表现，会在对一年中不同时间、不同日期甚至是一天中不同时间段的测试结果进行比较时带来问题。例如，高温会影响运动员的最大摄氧量，导致其1.5mile（约2.4km）跑测试的结果偏低。而跑动时间会受到低温的影响。因此，室外有氧耐力测试不适于在温度波动较大的地方进行。如果可以的话，有氧耐力测试可在室内田径场进行或使用跑步机、功率自行车进行测试。

> 运动员的运动经历、训练状态、年龄及性别都会影响测试的表现，因此这些因素应该在选择测试时予以考虑。环境因素，如温度、湿度及海拔等，同样会影响测试的表现。因此，测试者应该尽可能地将环境状况标准化。

海拔虽然不会影响力量与爆发力测试，但它确实会影响有氧耐力测试的表现[11]。当海拔超过580m时，需要对常规的有氧耐力测试做出相应的调整。当海拔超过2 740m时，每升高910m，最大摄氧量下降约5%。在海拔更高的地区，最大摄氧量下降更迅速。长期生活在接近海平面高度的运动员，到达海拔相对较高的地方时，在进行有氧耐力测试前，至少需要有10天的适应期[31]。对于所有测试来说，最好都记录当时的测试环境，然后在解释结果时考虑这些影响因素。

测试的实施

为得到精确的测试结果，必须安全、正确且有组织地进行测试。体能教练应该确保运动员的健康与安全；要仔细地挑选和培训测试者；要很好地组织并有效地实施测试；运动员应该做好准备并得到正确的指导。

健康与安全方面的考虑

即使所有的运动员在进行体能训练和比赛之前都已经经过医学检查，但体能教练必须注意到可能会威胁运动员健康的测试条件，并且还要密切关注运动员在测试之外产生健康问题的迹象与症状[4]。体能教练必须密切关注运动员的健康状态，尤其是在训练、测试及比赛中进行最高强度运动之前、期间和之后。高强度运动，如最高强度跑或1RM测试，可能会使现有的心脏问题（如心肌缺血和心律不齐）被发现或恶化。标准化的医学检查并不一定能发现潜在的心脏问题，这可能导致青少年运动员的死亡[27]。在高温环境下进行剧烈运动，尤其是当湿度较高时，热损伤也是一种风险。运动员应该在天气炎热时穿着轻薄、透气的衣服，并在高温下剧烈运动之前或期间及时地补水（关于补水指南的细节请参阅第9章与第10章）。肌肉骨骼的损伤也是一个问题。如果忽略了肌肉骨骼损伤的症状，恢复将会大大延迟。

如果运动员持续出现以下症状，很可能需要进行医疗转诊：胸闷、胸口痛或胸部不适；乏力；轻度头痛；眩晕；困顿；头痛；皮肤发热变红或苍白湿冷；心律不齐；骨骼关节疼痛；视力模糊；恶心；呼吸急促；脉搏出现与运动强度或休息状态不相符的急促或无力。这些症状可能会在训练结束后很久才出现。即使相关症状仅仅出现一次，但如果情况严重（如失去意识），也必须立即寻求医疗看护。在高温下进行有氧耐力测试时，必须确保运动员的健康及测试效度。图12.1列出了在不同的相对湿度下进行剧烈运动所对应的温度限制，后文还给出了高温下进行有氧耐力测试的指南。

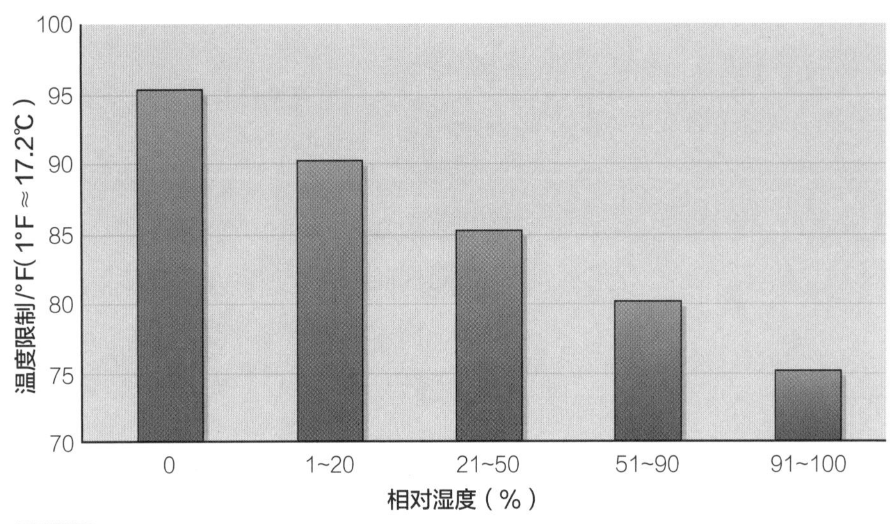

图12.1　不同的相对湿度下进行剧烈测试所对应的温度限制
［源自：McArdle，Katch and Katch[20]. ］

测试者的选择与培训

测试的实施者必须要接受良好的培训，同时要对测试所有的程序与方案有全面的了解。当用秒表对冲刺速度进行计时或测试深蹲的1RM时，测试主管要确保每名初学者都能正确地执行测试和给出得分。测试者具备充足的实践经验至关重要，以便于他们获得的分数与经验丰富且值得信赖人员获得的分数高度相关。测试者应该经过培训，以便于在解释和实施测试时尽可能地保持一致。例如，如果一名测试者对一组运动员给予了很大的口头鼓励，而另一名测试者对另外一组运动员没有口头鼓励，这样就会破坏测试的信度。测试的实施者应该准备好一份测试所需材料的清单，同时，设想测试过程中可能会发生的问题并提前写好应对预案。

记录表格

在测试前应该准备好评分表格，并且留出记录测试结果与备注的空间。应该记录下环境条件等因素。测试设置的具体细节也应该被标注出来。例如，对于1RM深蹲测试，测试者可以记录杠铃的高度。这样可以有效地利用测试时间，同时减少记录的误差。

测试格式

在组织良好的测试中，运动员会了解测试的目的与程序，这会提高测试的信度。在对体能水平及其在一段时间后的变化进行评估时，能从有效的测试中获得可靠的测量是一个有利条件。

测试计划必须解决这样的问题：同时对所有运动员进行测试还是分组进行；是否由同一名测试者对所有运动员进行测试。首要考虑的是将要进行测试的运动员的数量。如果时间与日程安排可行的话，由同一人进行测试是最佳的选择，因为这消除了评分者间信度问题。如果这样的方式不可行，测试主管可以允许不同的测试者实施简单、定义明确的测试（例如，数正确的俯卧撑次数），并且安排技术娴熟、经验丰富的测试者在需要专业判断的测试（例如，深蹲的正确姿势）中进行评分。通常情况下，一名测试者在同一时间只能执行一项测试，特别是当测试需要复杂判断时。当运动员已经准备好时，为了避免浪费时间，允许测试者在两个测试站点之间轮流测试。但是测试者必须一次只专注于一个测试项目。提前规划并练习测试方案将有助于测试计划的高效执行。

测试系列与多重测试

当时间有限且运动员人数较多时，可能会采用重复测试的设置，这样可以高效地利用测试的时间。例如，当进行300yd（约274m）的折返跑测试时，可设置2块测试场地[12]。只要测试具备信度，测试者可以对运动员依次进行2项非疲劳性的测试。例如，仅有一名测试者而要进行2项下肢爆发力的测试时，运动员可以先做垂直纵跳测试，之后立即做静态跳跃测试。

当执行多重测试（例如，通过多次尝试测出1RM值）或执行一个系列测试时，在测试之间允许受试者有充足的休息时间[28]。根据前一次测试或测试设置的相对难度进行判断：在没有接近运动员最高强度的两次测试之间至少休息2min，在接近最高强度的2次测试之间至少休息3min[19]。当执行一个测试系列（例如，为了测试局部的肌肉耐力，一名摔跤运动员进行最大次数俯卧撑和引体向上测试）时，为了防止疲劳影响测试的结果，2次测试之间的间隔至少为5min（也可以参考后文中关于测试的顺序的阐述）。

测试的顺序

了解运动科学有助于确定正确的测试顺序及测试之间的休息时间，从而确保测试的信度。安排测试顺序最基本的原则是不能影响接下来测试的表现。这样做是为了让受试者在每个测试中都有最佳的表现，同时可以将结果与之前的测试结果进行有效的对比。例如，运动员进行最大限度动用磷酸原供能系统的测试后，需要3~5min的休息才能完全地恢复[5, 9]，而其进行无氧糖酵解供能系统的最大限度测试后，至少需要1h才能完全地恢复[7]。因此，技术要求较高的测试，如敏捷性测试，应该先于容易产生疲劳且会干扰后续结果的测试。尽管会有一些变化，但测试基本上可按照以下顺序进行。

1. 非疲劳性测试（如身高、体重、柔韧性、皮褶厚度与围度测量、垂直纵跳）。
2. 敏捷性测试（如T形跑测试、PRO敏捷性测试）。
3. 最大爆发力与力量测试（如1RM高翻、1RM深蹲）。
4. 冲刺测试（如40m冲刺，分别在10m、20m处计时）。
5. 局部肌肉耐力测试（如俯卧撑测试）。
6. 疲劳性的无氧能力测试［如300yd（约274m）折返跑］。
7. 有氧能力测试［如1.5mile（约2.4km）跑或Yo-Yo间歇恢复测试］。

为了使测试更加高效，应该以在测试间设置最少的恢复时间为前提来设计测试的顺序。无氧能力测试与有氧能力测试不可以被安排在同一天进行。如果安排在同一天进行，这些测试应该放在最后，并且要有足够长的间歇时间。

重要的是在一天的同一时间进行测试，以避免生物节律差异造成的生理反应波动，这是非常重要的[30]。建议在室内进行测试，这可以使测试的气候与测试所用地面前后更为一致。

> 测试的顺序应该这样设计：确保完成一项测试不会对接下来的测试产生不利影响。

运动员的测试准备

应该提前告知运动员测试的日期、时间及目的，以便他们在生理与心理上做好准备。

高温下的有氧耐力测试

在高温环境下测试运动员时遵循以下指南，可使健康风险最小化并获得正确的测试结果[6, 20, 27]。

1. 在测试的数周前，运动员应该参加足够的训练，以具备测试所需的基本体能，体能教练要意识到，在高温下训练的反应是因人而异的。
2. 避免在极高温下进行测试。图12.1列出了造成热损伤的温度与湿度情况，推荐在低于列表中限制温度至少3℃的环境中进行测试（尤其是在阳光明媚时），以此来确保测试的安全和更好的测试表现。当温度超过或将要超过建议的限制范围时，如果可行的话，可以使用室内设施；或者选择在早晨或傍晚温度可接受时进行测试。
3. 特别是来自寒冷地区的运动员，在测试前至少适应高温高湿环境一周。他们可以从较短时间的训练开始，然后逐渐地增加训练时间。
4. 运动员应确保在高温下进行有氧测试前的24h内充足饮水。足量且清澈的尿液是补水充足的一个指标（关于训练前补水的指南，请参阅第9章）。通常情况下，应该避免服用盐片。
5. 在高温下应该鼓励运动员多喝水。进行持续时间在1h内的训练，白开水是补充体液的最佳选择。在持续时间更长的训练中，补充电解质饮料可以帮助补充体液，其在电解质的补充中也起到重要的作用。补液的量和速率取决于个人的出汗率、训练的持续时间和外界的环境因素。如果需要了解详细的指南以及怎样计算出汗率，请参阅第9章。
6. 运动员应穿浅色、宽松的背心和透气性较好（即多孔、吸湿、排汗的材料）的短裤。男运动员可以赤膊上阵。
7. 监控运动员心率，观察其对高温的反应。
8. 尽可能地留意热中暑或热衰竭的症状：肌肉痉挛、恶心、头晕、行走或站立困难，晕厥、语无伦次、排汗减少、皮肤发红或苍白及出现鸡皮疙瘩。
9. 了解低钠血症状或水中毒的症状。当水的摄入过量时，血液中的钠含量可能会降低至危险的水平，这是一种潜在的致命因素，症状包括：尿液过度稀释且伴有皮下水肿、意识发生改变或失去意识且体温没有明显升高。千万不要给低钠血症患者进行液体补充，应该请内科医生对其进行诊疗。
10. 应该配备足够的医疗保障，这样运动员在遇到与测试相关的健康问题时，才能够得到及时的治疗和解决。

为了使测试的信度最大化，运动员应该熟知测试的内容与程序。简言之，运动员在测试前的1~3天，提前接受简单的测试指导，熟悉测试内容。例如，运动员可以按照低于最高强度的某个强度进行练习，这通常是有益的。如果这样做了，那么在接下来的所有测试中，都重复这种操作。一种策略是把熟悉测试的过程融入日常的训练计划。

测试的指南应该包括：测试的目的、测试的方法、建议热身的量、允许的练习次数、允许的测试次数、测试的评分、测试失败的标准及使运动表现最佳的建议。向运动员发出的指令必须清楚、简洁，这会增加测试的信度与客观性[22]。

除了大声地朗读测试指南，如果有可能，测试者或能胜任的助手应该为运动员示范正确的测试动作。此外，在示范前与示范后，应该给予运动员提出问题的机会。测试者应该预先想到这些问题，并准备好答案。重要的是，给予所有运动员同样的激励，而不是仅仅对某些运动员给予特别的激励。可行的话，在每一项测试结束后，立即告诉运动员测试结果，这样可以激励他们在接下来的测试中有更好的表现[2]。

测试前做好热身有助于提高测试的信度[2]。一个合理且有组织的热身包括一般性热身和专项性热身。两种类型的热身都要包括与将要进行的测试动作相似的身体动作。一个有组织的且被教练指导的一般性热身确保了一致性。根据测试的方案，允许有2~3个极具专项性的热身，在这之后的测试才开始计分。根据测试的方案，可以取最好成绩或几个成绩的平均值[2]。

测试者要在心率显著增加的测试或一系列测试完成后，让运动员的身体进行有监督的“冷却”。例如，在完成300yd（约274m）折返跑之后，运动员不能立即地坐下或躺下；采用低强度的运动及轻微的拉伸进行主动恢复，这会加快恢复的速度[7]。

> 测试前的一般性热身和专项性热身会增加测试的信度。

小　结

测试和测量可以用来评估运动员的天赋、确定需要提高的身体素质、为评估训练计划的有效性提供参考价值，还有助于设定符合实际的训练目标。为了使测试质量最优化，测试者必须了解并考虑测试的效度与信度。选择测试时需要考虑运动专项所需的能量代谢系统、运动的专项性，以及运动员的经历、训练状态、年龄和性别。在实施测试之前，测试者还必须考虑环境因素，如气温、湿度及海拔。体能教练必须时刻关注测试中潜在的健康风险，并且留意是否需要进行医疗转诊及可能存在的健康问题的迹象与症状。必须仔细挑选测试者，并对其进行良好的培训，同时必须使用适当的测试顺序对测试进行良好的规划与组织。运动员为测试而进行统一且有效的准备也是至关重要的。

关键词

concurrent validity 同时效度
construct validity 结构效度
content validity 内容效度
convergent validity 聚合效度
criterion-referenced validity 标准参照效度
discriminant validity 区分效度
evaluation 评估
face validity 表面效度
field test 现场测试
formative evaluation 形成性评价
interrater agreement 测试者间一致性
interrater reliability 测试者间信度
intrarater variability 测试者内差异性
intrasubject variability 受试者内差异性
measurement 测量
midtest 中期测试
objectivity 客观一致性
posttest 后期测试
predictive validity 预测效度
pretest 前期测试
reliability 信度
test 测试
test battery 测试系列
test-retest reliability 重测信度
typical error of measurement 典型测量误差
validity 效度

学习试题

1. 一位大学篮球教练员想要知道哪个运动员的肌肉爆发力最大，下列哪一项测试对肌肉爆发力的测量最有效？（ ）
   a. 垂直纵跳
   b. 1RM卧推
   c. 5RM深蹲

d. 100m冲刺

2. 对一名足球运动员进行最大力量测试，下列哪一项测试可能会对重测信度产生潜在的负面影响？（ ）

I. 使用多名测试者

II. 在一天中不同的时间段再次进行测试

III. 受试者缺乏测试经验

IV. 使用已经建立起来的测试方案

a. 只有I和III

b. 只有II和IV

c. 只有I、II和III

d. 只有II、III和IV

3. 当在高温天气测试运动员的心肺耐力时，下列哪项不推荐？（ ）

a. 在室内进行

b. 使用盐片保持水分

c. 在早晨测试

d. 测试中补充液体

4. 对下列美式橄榄球运动员的哪个位置而言，卧推、垂直纵跳以及10m冲刺是最有效的测试？（ ）

a. 四分卫

b. 防守后卫

c. 外接手

d. 防守前锋

5. 下列哪种测试顺序会产生最可靠的测试结果？（ ）

a. 1RM高翻，T形跑测试，1.5mile（约2.4km）跑，1RM卧推

b. T形跑测试，1RM高翻，1RM卧推，1.5mile（约2.4km）跑

c. 1.5mile（约2.4km）跑，1RM卧推，T形跑测试，1RM高翻

d. 1RM卧推，1RM高翻，T形跑测试，1.5mile（约2.4km）跑

第 13 章

选定测试的执行、评分与解释

迈克尔·麦圭根（Michael McGuigan），PhD

译者：纳斯图、闫琪

审校：刘也、崔雪原

完成这一章的学习后，你将能够：

- 识别与运动表现相关的特定参数的最佳测试方法；
- 正确地实施现场测试；
- 评估与分析测试数据，并进行标准化的比较；
- 了解适用的统计学方法；
- 结合选定测试的结果来建立运动员档案。

感谢埃弗雷特·哈曼（Everett Harman）和约翰·加尔哈默（John Garhammer）对本章内容做出的重要贡献。

正如第12章曾讨论的，体能教练（在第12章被称为测试者）应具备丰富的运动科学知识，能够高效地选择和运用测试及测量方法，来制定训练计划，帮助运动员优化体能储备并充分发挥潜力。为了能有效地运用这些方法，测试者必须正确地实施测试，准确地分析测试数据，然后结合相关测试结果，建立运动员档案。本章内容包括测试运动表现相关参数的基本内容，还提供了选定测试的与年龄、运动专项相关的描述性和标准化数据。

运动表现的测量参数

运动竞技包含了诸多的身体素质，其中一些比其他更易通过训练提高。这些素质可以被称为运动表现的组成部分，也就是对某一特定运动项目的各种身体要求做出有效反应的能力。本节重点介绍如何测试每种身体素质，并强调相关问题。

最大肌肉力量（低速肌肉力量）

最大肌肉力量测试通常涉及相对较慢的动作速度，因此反映低速肌肉力量。这种情况下肌力与单一肌肉或肌群在维持适当形态的情况下单次最大努力所产生的力有关，可以通过一次性举起的最大重量来量化［一次重复最大重量（1RM）］，如卧推或深蹲，也可以通过传感器测量到的等长收缩（对抗固定物体）下施加的最大的力来量化，还可以通过在某一特定的速度下所能施加的最大的力来量化[5, 6, 31, 48, 70, 71, 73, 77, 90]。1RM测试不需要昂贵的仪器，却能反映出运动中所需的动态能力，所以这种测试方法是大多数体能教练在测试最大肌肉力量时的选择。

一般来讲，1RM测试是在运动员热身后进行的，先需要以次最大负荷进行几组测试练习，从相对较轻的负荷开始。第一次尝试的负荷通常为运动员预估单次最大力量的50%。在运动员充分休息之后（1~5min，依据试举的难度），体能教练根据此前完成的情况，增加负荷。一位有经验的体能教练能够在热身后的3~5次尝试内，比较准确地测出运动员的1RM负荷，且误差在几个百分点之内。

无氧或最大肌肉爆发力（高速肌肉力量）

高速肌肉力量或最大无氧爆发力（无氧功率）是指肌肉高速收缩时发力的能力。此类力量和爆发力测试的特点是时间短、以最大的速度进行及产生很高的输出功率。高速最大肌肉爆发力测试通常叫作（最大）无氧爆发力测试。高速肌肉力量测试得分包括爆发性练习（如高翻、抓举或挺举）的1RM、垂直纵跳的高度、冲刺跑上楼梯的时间等[45, 70, 77, 90, 93]。由于爆发力测试需要约1s，低速最大力量测试通常需要2~4s，所以肌肉内储存的三磷酸腺苷和磷酸肌酸是这两种类型测试的主要能量来源。当测量无氧爆发力时，保持正确的技术或动作对于测试的有效性和安全性很重要。

> 大多数最大肌肉力量测试采用相对较慢的动作速度，因此反映低速肌肉力量。而对高速肌肉力量的评估包括1RM抗阻爆发力测试或垂直纵跳。

功率输出反映了力和速度。垂直纵跳的高度与对地面施加的作用力和运动员离开地面的速度存在函数关系。一名运动员在抗阻训练周期内体重增加了，但垂直纵跳的高度没有提高，看起来总的输出功率没有变化。不过，其体重增加了并将身体带到了同样的高度，这表明起跳速度没变，那么其输出功率必然是增加的。这也适用于任何要控制体重的测试（如跑楼梯）。以同样的速度移动更重的身体需要更高的功率输出。

无氧爆发力测试的另一种方法是使用功率自行车。在一些运动员因负伤而跑步受限或运动员参加非身体重量支撑的运动（如划船或自行车）的情况下，这种类型的测试对体能教练是有利的。在这种类型的测试中，最常用的是Wingate无氧功率测试。现场测试可使用能机械调节阻力、测量踏板转数和转速的功率自行车。在实验室环境中，使用电子仪器能够使参数测量简单化，并且提高测量的准确性。典型的方法是先做准备活动，然后是30s的测试间歇[27]。在这个测试中，在踏板转速接近最大（典型的是90~110rpm）时，快速施加阻力。施加的阻力与运动员的体重成正比；对于有训练经历的运动员来说，该比例比没有训练经历的运动员更大。所做的功取决于阻力大小和踏板转动的圈数。功率通常是由所做的功除以时间推算出来的，如30s的测试中，用每个5s间隔的功除以时间。通常计算的参数包括峰值功率、平均功率和疲劳指数（如最大与最小间歇功率的比值）。关于功率自行车测试的规范是可以找到的[47, 73]。

无氧能力

无氧能力指在中等持续时间的活动中磷酸原供能系统和无氧糖酵解供能系统结合产生能量的最大速率。通过对上肢和下肢的各种测试，它通常被量化为30~90s肌肉活动的最大功率输出[27, 73, 90, 115]，而最大无氧功率测试的持续时间一般为几秒。

局部肌肉耐力

局部肌肉耐力指特定肌肉或肌群重复收缩以对抗次最大阻力的能力[11, 73]。局部肌肉耐力测试应以连续的方式进行几秒到几分钟，动作之间不休息且没有代偿动作，如引体向上、双杠臂屈伸、俯卧撑或固定负荷（如负荷为运动员1RM或体重的某一百分比值）抗阻训练[24, 64, 70, 73]。

有氧能力

有氧能力，也称有氧功率，是指运动员通过氧化能源物质（碳水化合物、脂肪与蛋白质）产生能量的最大速率，通常以每分钟每千克体重消耗的氧气量来表示（单位为$mL \cdot kg^{-1} \cdot min^{-1}$）[65]。极少的体能教练有条件使用设备直接测量氧气消耗量，所以通常通过有氧耐力测试，如1mile（约1.6km）跑，甚至更长距离跑，来估算有氧能力[45, 79, 88]。同样也可以使用其他现场测试，如最大有氧速度（MAS）测试[60]和Yo–Yo间歇恢复测试[9, 13, 58, 59]。

敏捷性

敏捷性传统上被认为是一种快速停止、启动和改变全身方向的能力[101, 108]。敏捷性主要包含两个方面：变向速度和认知因素[101]。近年来，敏捷性的定义被重新修订。考虑到感知特性，它现在被认为是“对特定运动刺激的快速的、全身性的、涉及变向或变速的反应”[101, 108]。通常使用针对变向速度或认知因素（如预判）的体能测试来评估敏捷性。T形跑测试、505敏捷性测试和PRO敏捷性测试等都用于评估变向能力。

速度

速度是物体在单位时间内移动的距离，通常以移动固定距离所需的时间来量化。从静止状态开始，10yd（约9.1m）的短距离冲刺用时，反映出了加速能力，而40yd（约36.6m）的长距离冲刺用时则反映了最大速度[126]。速度的测试距离一般不超过100m，因为较长距离的测试反映的是无氧或有氧能力，而不是以最大速度移动身体的绝对能力[73, 90, 126]。

电子计时器由于容易操作且价格低廉，逐渐被体能教练广泛使用。不过，更多的敏捷性和速度测试还是使用秒表，这可能是产生测量误差的主要原因，尤其是当测试者没有经过足够的培训时。即使在理想的情况下，秒表测量的时间也会比电子计时器测量的少且最多会少0.24s，因为测试者在枪响时按压秒表存在反应时间的延迟，此外，运动员将要到达终点时，测试者倾向于预测，从而过早地按下秒表[31, 44, 91]。因此，更提倡体能教练在速度和敏捷性测试中使用电子计时器。而分段计时也能提供更多的信息，因为这样可以让体能教练对运动员的速度和加速能力有深刻的认识。例如，可以记录10yd（约9.1m）、20yd（约18.3m）和40yd（约36.6m）的时间来计算冲刺时间和最大速度。最后，值得注意的是，需要穿合适的鞋在防滑地面上测试。

柔韧性

柔韧性可以定义为身体关节的活动范围[11]。测量柔韧性的典型仪器包括测量关节角度的手动式或电子式量角器及用于评估下背部和髋关节柔韧性的坐位体前屈推箱。先进行标准化的准备活动和静态拉伸，再进行柔韧性评估，结果更为可靠。在柔韧性测试过程中，运动员应该缓慢地移动到充分伸展的姿势并尽可能地保持这个姿势。弹震式拉伸以反弹的方式增加关节活动度，在任何柔韧性测试中都是严格禁止的[45, 79]。

体能教练可以使用一些体能素质筛查来评估运动员的整体柔韧性、灵活性及基础运动能力。目前，还没有关于使用哪种筛查及筛查结果与损伤之间关系的共识[68, 84]。优秀的体能教练会根据运动员在训练中的表现，定期进行姿势和表现筛查。例如，过顶深蹲作为一项常见练习，可以用来评估髋关节、膝关节、踝关节及肩关节、胸椎的活动能力[3, 16, 93]。

平衡性及稳定性

平衡性是保持静态和动态平衡的能力，或者将身体重心维持在其支撑面之上的能力[73, 90]。稳定性是身体受到干扰后恢复到预期姿势的能力[73]。平衡性差的运动员存在更大的下肢损伤风险[52, 53]。与非运动员相比，运动员往往拥有更好的平衡性[23]。平衡性测试可用于评估在训练或采取其他措施后稳定性提升的幅度[73]。常用的测试包括计时的静态站立测试（闭眼单腿或双腿站立）[14, 66]、不稳定表面上的平衡性测试[66]，以及使用专业平衡测试仪器（NeuroCom、Biodex平衡系统）的测试[90]。大量的测试可用于评估不同方面的平衡性和稳定性[73]。平衡误差评分系统（BESS）和星形偏移平衡测试（SEBT）的信度较好，并有大量文献支撑[14, 41, 43, 73, 83, 111]。

身体成分

身体成分通常指脂肪和瘦体重的相对比例。尽管可以使用复杂而昂贵的仪器得到骨骼和非骨骼两类瘦体重成分的比例，但是体能教练通常只使用身体成分的两个指标，即脂肪和非脂肪瘦体重。尽管水下称重和双能X射线吸收法（DEXA）被认为是身体成分测试的金标准，但是，如果测试者受过良好训练且经验丰富，皮褶测量法也是信度和效度非常高（r=0.99）的评估体脂的方法。它优于围度测量法，是体能教练普遍采用的[65]。皮褶测量法使用卡尺来测量两手指夹起的皮肤和皮下脂肪的厚度。无论皮下脂肪厚度是多少，一个好的皮褶测量装置应该以恒定的压力夹起皮肤和皮下脂肪[28, 45, 88]。也可以进行围度测量，因为这种方法简便易用，同时能反映重要的慢性疾病风险信息。例如，腰围可用于评估腹部脂肪，而且腰围超标往往会增加2型糖尿病、高胆固醇、高血压及特定类型的心脑血管疾病的患病风险[45]。

人体测量学

人体测量学是一门以人体为测量对象的测量科学，通常包括身高、体重和身体围度的测量[45]。理想条件下，最好使用测距仪测量身高。如果无法使用测距仪，则要求运动员靠墙站立，且将测量长尺贴住或靠近墙面。在测量身高时，通常不穿鞋子，单位精确到0.25in或0.5cm[73]。

最精确的身体质量或体重的测量方法是使用经过认证的电子体重秤，其通常比弹簧秤更精准，但要定期校准[73]。因此，应该选择校准过的电子体重秤进行测量。在测量体重时，运动员尽可能地少穿衣服（如运动短裤和T恤衫，不应穿鞋子）。在后续进行体重的比较时，应该在一天中的同一时间穿着同样的衣服再次进行测量。在晨起排便之后，空腹状态下测量的体重最可靠。水合作用也会对身体质量（体重）造成一定的影响。因此，应该在称重的前一天避免吃过咸的食物（会增加水分的摄入），且在睡觉前正常饮水。

最可靠的围度测量通常借助末端配有弹簧的柔性卷尺进行，当拉出至指定的标记位时，弹簧在尺带上施加恒定的拉力。围度测量应该在训练前进行，以便与后续测量进行比较[45, 73]。

测试条件

正如第12章详细讨论的，为了最大限度地提高测试的信度，尽可能地让所有被测试的运动员及进行重复测试的同一名运动员的测试条件相似是至关重要的。每次测试的环境条件不应有差异。对于在地面上进行的测试，测试表面应该保持统一，切勿干湿交替。进行最大肌肉力量测试时，同一运动员应该使用相同的测试设备，设备架起的高度也要相同。对于跳跃测试，所用设备的类型要一致。

运动员不要在运动后或在疲劳的状态下进行测试。测试之前，受试者应正常摄入水分及标准膳食。测试条件还包括在测试前不能摄入营养补剂（如肌酸，其会在某些测试中提高运动表现）[119]。进行重复测试的时间最好是一天中的同一时间点[92]。测试前的准备活动应该标准化，包括一般动态热身（如慢跑或较小强度的热身操）和一些涉及测试相关动作的热身（如以次最大强度进行的测试练习）。熟悉和练习测试项目对执行测试的运动员来说也是很重要的一方面。拉伸适用于任何需要柔韧性的测试。

选择性的测试方法和评分资料

13.1 1RM卧推

器材

- 一个杠铃杆，若干杠铃片，两个安全锁；总的重量能够满足最强壮的运动员的最大负荷；多种重量的杠铃片，重量相近的两个杠铃片重量差为5lb（或2.5kg）。
- 能够调整高度且坚固的架子和长凳。

人员

- 一名观察者和一名记录者。

测试过程

1. 按照第15章的说明，指导运动员掌握正确的杠铃平板卧推技术。
2. 在测试过程中，观察者站在长凳的前端，当运动员无法举起时帮助运动员把杠铃放回架子上。
3. 在进行最大力量测试时，运动员首先要以轻至中等负荷进行5~10次的卧推准备活动。
4. 通常，在第一次真正进行1RM尝试之前，至少要做2组、每组3~5次较重负荷的准备活动。
5. 一般来讲，准备活动结束后，应该在3~5次测试内测出最大力量，否则疲劳会影响最终的测试结果。
6. 关于1RM测试更详细的方法如图17.1所示。

*备注：*1RM卧推的标准化和描述性数据如表13.1至表13.4所示。

13.2 1RM卧拉

器材

- 一个杠铃杆，若干杠铃片，两个安全锁；总的重量能够满足最强壮的运动员的最大负荷；多种重量的杠铃片，重量相近的两个杠铃片重量差为5lb（或2.5kg）。
- 能够调整高度且坚固的长凳。

人员

- 一名观察者和一名记录者。

测试过程

1. 指导运动员掌握正确的卧拉技术（图13.1）。
2. 运动员双手向下，紧紧地正握杠铃，握距大于肩宽。
3. 调整长凳的高度，使运动员双肩自然下垂抓握杠铃时，杠铃不接触地面，处于悬空的位置（此时即为起始位置）。
4. 运动员从起始位置拉起杠铃，每次测试的抓握位置和方式应保持不变。
5. 将杠铃拉至下胸部或上腹部，肘关节朝上。
6. 头部可以面向下方或一侧，但测试过程中必须与长凳保持接触。
7. 有效的动作是杠铃碰触长凳下侧，然后被有控制地下放至起始位置。此时要求肘关节完全伸展，杠铃不得接触地面。
8. 双脚从始至终应离开地面，并始终保持在相同的位置。
9. 关于1RM测试更详细的方法如图17.1所示。

*备注：*1RM卧拉的描述性数据如表13.4所示。

图13.1 （a）卧拉的起始位置；（b）卧拉的顶点位置

13.3 1RM深蹲

器材

- 一个杠铃杆，若干杠铃片，两个安全锁；总的重量能够满足最强壮的运动员的最大负荷；多种重量的杠铃片，重量相近的两个杠铃片重量差为5lb（或2.5kg）。
- 一个稳定的可调节杠铃杆高度的深蹲架，当运动员无法站起时，其可及时支撑杠铃的重量（另一种方法是，杠铃两端各有一名观察者协助）。
- 地面要平坦且坚固。

人员

- 两名观察者和一名记录者。

测试过程

1. 请参照第15章，指导运动员掌握正确的深蹲技术。
2. 与1RM卧推测试一样，深蹲测试前要进行充分的准备活动。但是，蹲起的负荷通常要比卧推大，负荷的递增量也比卧推大。
3. 关于1RM测试更详细的方法如图17.1所示。

*备注：*1RM深蹲的标准化和描述性数据如表13.1至表13.4所示。

13.4 1RM高翻

说明：由于高翻练习对动作技术的要求非常高，相同肌肉力量的运动员进行1RM高翻测试时，结果可能存在很大的差异，这降低了该测试在预测运动员运动成绩上的价值。

器材

- 一个带有旋转轴的奥林匹克杠铃杆，不同重量的杠铃片，两个安全锁；总的重量能够满足最强壮的运动员的最大负荷；重量相近的两个杠铃片重量差为5lb（或2.5kg）。
- 为安全起见，测试台应放在指定区域或与其他设施分开放置。

人员

- 一名测试者和一名记录者。

测试过程

1. 指导运动员按照第15章中正确的高翻技术进行练习。
2. 做测试之前要进行充分的准备活动，与1RM卧推测试一样，渐进式地增加负荷。
3. 关于1RM测试更详细的方法如图17.1所示。

*备注：*1RM高翻的标准化和描述性数据如表13.1至表13.4所示。

13.5 立定跳远

器材

- 立定跳远测试的区域至少20ft（约6m）长，可以采用室内地板、人造草坪、草地或田径场。
- 一条测量尺，至少10ft（约3m）长。
- 胶带或标记胶带。
- 可以选择：提前标好尺度的跳远垫子，最小刻度为0.5in（或1cm）。

人员

- 一名距离测量者和一名记录员。

测试过程

1. 将2～3ft（0.6～0.9m）长的胶带粘在地板上作为起始线。
2. 运动员呈预备姿势时，脚尖在起始线的后方。
3. 运动员完成快速的预蹲并尽可能地向前跳跃。
4. 运动员必须双脚着地才能得分，否则要重新测试。
5. 测量从起始线到运动员脚跟位置的距离。
6. 一共测试3次，记录最好成绩，精确到0.5in（或1cm）。

*备注：*立定跳远的标准化和描述性数据如表13.5至表13.7所示。

13.6 垂直跳跃

器材

- 一面光滑的墙，且天花板的高度超过受试者的最大跳跃高度。
- 地面平整，有良好的摩擦力。
- 不同于墙面颜色的粉笔。
- 测量卷尺或测量杆。
- 也可以选择使用商用的垂直跳跃测量装置。

人员

- 一名测试者或记录者。

测试过程（使用墙面和粉笔）

1. 测试员将粉笔擦在运动员优势侧的指尖上。
2. 运动员采用站立的准备姿势，优势侧的肩部离墙面6in（约15cm），两脚平放在地板上，尽可能将优势侧的手臂伸直，用手指先在墙上做一个记号。
3. 然后，运动员放下手臂，在没有多余准备动作的情况下，快速地屈膝屈髋，躯干向前、向下移动，同时双臂向下、向后摆动［图13.2（a）]。在垂直跳跃的过程中，优势侧的手臂向上移动，而非优势侧的手臂相对身体向下移动。
4. 在跳起的最高点，运动员利用优势侧的手指在墙上做第2个记号。2个粉笔记号之间的距离为垂直跳跃的得分。
5. 共进行3次测试，取最好成绩并记录，精确到0.5in（或1cm）。

测试过程（使用商用Vertec装置）

1. 调整装置中可移动的彩色塑料滑片的高度，使其处于运动员站立时能够触及的范围。运动员站立时，用优势侧的手指向前推动滑片，以达到所能触及的最高高度，以此为起始高度。
2. 将滑片升起一段距离（在滑片的柱子上做上标记），这样运动员就不会跳得比滑片更高或更低。这需要粗略估计运动员能够跳起的高度，如果有必要，可以在第2次测试时，修改高度。
3. 在没有多余准备动作的情况下，运动员快速地屈膝屈髋，躯干向前、向下移动，同时手臂随着身体向下、向后摆动［图13.2（a）]，在垂直跳跃的过程中，优势侧的手臂向上移动，而非优势侧的手臂相对身体向下移动。
4. 在跳起的最高点，运动员尽可能地用优势侧的手指碰到更高的滑片［图13.2（b）]。最后的得分为在站立时触摸的最高处的滑片与跳起达到最高点时所能触摸的滑片之间的距离。
5. 共进行3次测试，取最好成绩并记录。精确到0.5in（约1cm）（相临滑片之间的距离）。

*备注：*垂直跳跃的描述性数据如表13.7所示。

图 13.2 （a）垂直跳跃的起始姿势；（b）垂直跳跃的最大高度

13.7 静态垂直跳跃

测试过程（使用电子感应垫装置）

1. 除了取消预蹲（反向运动），测试过程与垂直跳跃测试基本相同，从运动员站在垫子（或踏板）上开始（*备注:* 垂直跳跃同样可以使用电子感应垫装置）。
2. 运动员屈膝屈髋下蹲（膝盖屈曲约110°），保持这个姿势2~3s，然后垂直起跳（图13.3）。
3. 从测量装置获得跳跃高度。
4. 每次测试的起跳、落地及跳跃方式都应保持一致。
5. 共进行3次测试，取最佳成绩并记录。有预蹲（反向运动）的垂直跳跃和静态垂直跳跃的比值为离心利用率[69]。

备注: 静态垂直跳跃的描述性数据如表13.7所示。

图13.3 （a）静态垂直跳跃的起始姿势；（b）静态垂直跳跃的最大高度

13.8 反应力量指数

器材

- 不同高度的跳箱——如20cm、30cm和40cm。
- 可以测量接触时间的电子感应装置——如电子跳垫或接触垫（接触垫可以通过离地时间计算跳跃高度）。

人员

- 一名测试者或记录者。

测试过程

1. 运动员站在跳箱上，接触垫放置于跳箱前至少0.2m处。
2. 指导运动员将双手放置于髋部，然后单脚迈下箱子，不要主动向下或向上跳，接触垫子后立刻尽可能高地跳起，同时尽可能地减少触地时间（图13.4）。
3. 每次测试的起跳、落地及跳跃方式都应保持一致。
4. 从测量装置获得跳跃高度和触地时间。
5. 取3次跳跃的最佳成绩并记录。
6. 通过跳跃高度除以触地时间获得反应力量指数。
7. 可以通过不同高度的跳箱重复测试，以获得运动员的收缩反应范围。

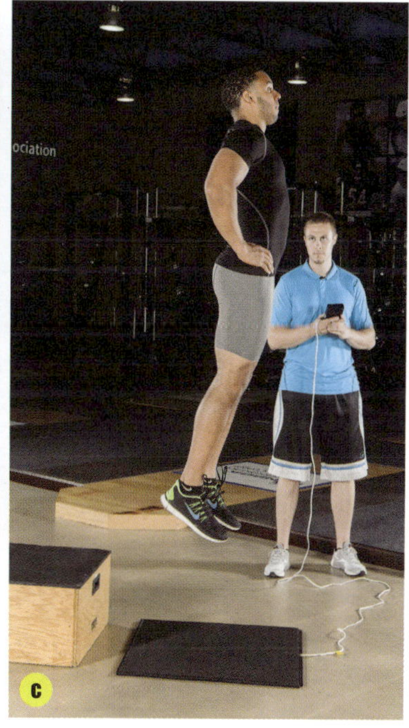

图13.4 （a）起始姿势；（b）接触电子感应垫；（c）获得下落起跳测试的最大高度，以此来测量反应力量指数

13.9 马格利亚－卡拉门测试

器材

- 9个或更多级的阶梯，一级台阶约7in(约18cm）高，直而平坦的准备区为20ft（约6m）或更长（图13.5）。
- 测量卷尺或测量杆。
- 一个有开始和停止开关的电子计时装置。
- 体重秤。

人员

- 一名测试者或记录者。

测试过程

1. 用直尺或卷尺测量一级台阶的高度，计算出从第3阶到第9阶的高度（6×台阶的高度）。
2. 计时的开始开关被安装在第3阶上，而结束开关被安装在9阶上。
3. 运动员测试之前要称重、进行准备活动并练习一次登上3级台阶。
4. 准备好了之后，运动员站在离底层台阶20ft（约6m）的距离处，每步3级台阶并尽可能快地登上第9阶。
5. 利用计时系统记录从第3阶到第9阶所用的时间，精确到0.01s。
6. 计算出功率（P），即运动员受到的重力（w）（lb×4.45或kg×9.807）乘以以米（m）为单位的从第3阶到第9阶的高度（h）（in×0.0254），再除以以秒（s）为单位的时间（t）。P[以瓦（W）为单位]=（w×h）/t。
7. 重复2次测试，每次测试间隔2~3min。

*备注：*马格利亚－卡拉门测试的标准化数据如表13.8所示。

图13.5 马格利亚－卡拉门测试

[源自：E. Fox, R. Bowers, and M. Foss, 1993, *The physiological basis for exercise and sport*, 5th ed.(Dubuque, IA: Wm. C. Brown), 675.]

13.10 300yd（约274m）折返跑

器材

- 一块至少精确到0.1s的秒表。
- 场地为两条平行线，距离为25yd（约23m），地面平坦（图13.6）。

人员

- 一名计时者和两名边线裁判员。

测试过程

1. 两名能力相似的运动员。
2. 两名运动员在同一起跑线之后并面向另一条线。
3. 听到声音信号，运动员冲向场地的另一侧，并且脚要触及25yd线，然后立即往回冲刺，脚触及起跑线，再重复。共6次折返，尽可能地快，没有停顿［6×50yd（约46m）=300yd（约274m）］。
4. 第1次测试完成之后，记录两名运动员的时间，精确到0.1s。计时休息5min。每对运动员完成第1次测试后，可以走动或拉伸，但在第2次测试开始前必须准备好。
5. 休息之后，按照相同的测试流程再测1次。
6. 取2次测试的平均成绩，精确到0.1s。

*备注：*有关300yd（约274m）折返跑的描述性数据如表13.9所示。

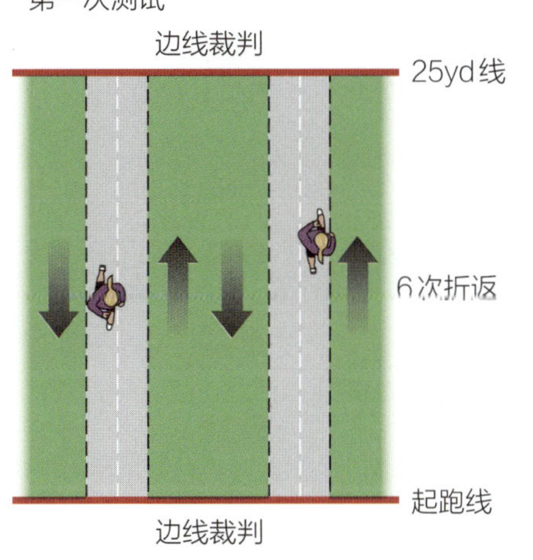

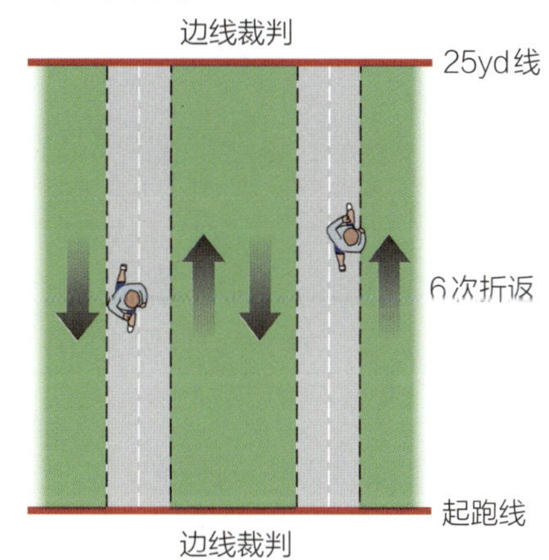

（5min休息）

图13.6　300yd（约274m）折返跑的场地示意图
[源自：Gilliam，1983[38].]

13.11 半卷腹

半卷腹主要测试腹肌的肌肉耐力。其效果优于仰卧起坐，主要原因是消除了屈髋肌群的影响。

器材

- 节拍器。
- 卷尺。
- 标记胶带。
- 垫子。

人员

- 一名记录者或技术裁判员。

测试过程

1. 运动员仰卧于垫子上，屈膝90°［图13.7（a）］。两臂放在身体两侧的地板上，掌心向下，手指触及有刻度标记的胶带，以记录活动幅度。第二个标记点与第一个标记点的距离取决于运动员的年龄（年轻人为12cm，而超过45岁为8cm）。
2. 将节拍器频率设置为每分钟40次，被测试者根据节拍器提示的节奏以每分钟20次的频率缓慢地抬高肩胛骨至离开垫子［躯干与垫子呈30°角，如图13.7（b）所示］。在开始之前，上背部要接触地面。运动员要避免靠屈颈使下颌接触胸部。
3. 运动员尽可能多地做卷腹，没有间歇停顿，最多75次。

*备注：*半卷腹的标准化数据如表13.10所示。

图13.7 （a）半卷腹的开始位置；（b）半卷腹的结束位置

13.12 俯卧撑

器材

- 一个直径4in（约10cm）的泡沫轴（女运动员使用）。

人员

- 一名记录者或技术裁判员。

测试过程

1. 根据美国陆军和美国运动医学会（ACSM）的标准，男性标准俯卧撑的开始位置是两手与肩同宽，肘部与身体均呈一条直线[图13.8（a）]。按照军队标准，女性与男性的姿势相同。按照ACSM标准，与男性的双脚接触地面不同，女性双膝触及地面、屈膝90°且踝关节交叠[图13.9（a）]。
2. 按照军队标准，俯卧撑至低位时上臂与地面平行[图13.8（b）]。按照ACSM标准，俯卧撑至低位时男性的胸部接触记录者放在地上的拳头；女性躯干接触放在地上的泡沫轴，而不是拳头[图13.9（b）]。无论什么标准，按照标准规定达到俯卧撑低位则计数，否则不计数。
3. 按照军队标准，以2min内尽可能多的重复次数来评分，运动员可以在顶部位置停顿。按照ACSM标准，连续地尽可能多地做俯卧撑，直到力竭不能撑起身体为止。

*备注：*ACSM有关俯卧撑的标准化数据如表13.11所示，美国陆军有关俯卧撑的评分标准如表13.12所示。

图13.8　美国陆军的俯卧撑标准：（a）开始位置；（b）结束位置

图13.9　ACSM关于女性的俯卧撑标准：（a）开始位置；（b）结束位置

13.13 YMCA卧推测试

器材

- 一个杠铃，不同重量的杠铃片，两个安全锁，总重量为80lb（约36kg）或35lb（约16kg）（包括安全锁）。
- 平坦的卧推长凳（最好带有垂直支撑杠铃的架子）。
- 节拍器。

人员

- 一名观察者和一名记录者。

测试过程

1. 指导运动员在平坦的卧推长凳上执行第15章描述的正确技术动作。
2. 观察者或记录者在测试过程中始终站在长凳的前端，当运动员尝试推起杠铃但失败时，帮助其把杠铃杆放到杠铃架上。
3. 男性使用80lb（约36kg）的重量，女性使用35lb（约16kg）的重量。
4. 设置节拍器节奏为每分钟60次，形成每分钟30次的速率（一上，一下）。
5. 运动员握紧杠铃，双手间距与肩同宽，把杠铃从架子上提起，向上伸肘。然后，跟随节拍器的节奏，使杠铃下降至胸部，随即再次伸肘上举，直到运动员不能跟上节拍器的节奏。运动过程应该是平稳而可控的，节拍器每次响起时，杠铃杆在最高点或最低点。

*备注：*YMCA卧推测试的标准化数据如表13.13所示。

13.14 1.5mile（约2.4km）跑

器材

- 秒表。
- 长为0.25mile（约0.4km）的跑道或能测量1.5mile（约2.4km）距离且表面良好的跑步场地。也可以选择1.84mile（约3km）的路线。

人员

- 一名终点计时员和一名记录者。

测试过程

1. 在测试前，让每位运动员都进行热身和拉伸。
2. 每位运动员都应该在终点线处被记录者识别。如果有可能，用别针将号码别在运动员的衣服上。
3. 在起跑前，所有运动员应站在起跑线后。
4. 指导运动员尽可能快地完成测试，并全程维持平稳的步频（注：有些运动员在这样的长跑中可能经验有限，所以建议做一些练习和预先的训练）。
5. 听到起跑信号之后，运动员出发，并以尽可能快的速度完成全程测试。
6. 当运动员通过终点线时，及时停表，每位运动员的时间，以min或s为单位，记录在一个表格中。

备注： 1.5mile（约2.4km）跑的标准化数据如表13.14至表13.17所示。对于不同跑步时间，表中显示了估计的最大摄氧量。不同运动项目中运动员的最大摄氧量的标准化数据如表13.18所示。

13.15 12min跑

设备

- 400m田径场或平坦的环形路线，每隔100m设置标记。
- 秒表。

人员

- 一名终点记时员和一名记录者。

测试过程

1. 运动员站在起跑线后。
2. 听到起跑信号之后，运动员在12min内尽可能跑得更远，但是，如有需要，也可以在跑步的过程中走一段距离或走完全程。
3. 当时间达到12min时，运动员会再次听到信号，此时应停在原地。
4. 计算和记录每位运动员跑动的距离（圈数×400m，如5.25圈×400m=2100m）。

备注： 12min跑的标准化数据如表13.19所示。

13.16 Yo-Yo间歇恢复测试

在团队运动的场地测试方案中，Yo-Yo间歇恢复测试（IRT1和IRT2）十分常见。这些测试更适用于团队运动，因为它们模拟了短时间高强度运动和伴随的短时间恢复。两个测试都包括2×20m的折返跑，速度不断提高，并穿插10s恢复时间。IRT1以10km/h的速度开始，IRT2以13km/h的速度开始，建议体能教练使用IRT1。

器材

- 标志桶。
- 长度至少为30m的卷尺。
- 专门用于Yo-Yo间歇恢复测试（IRT1）的音频（可从各种商业来源获得）。
- 音响（如无线扬声器）。
- 记录表。
- 平坦且摩擦力较好的地面。

人员

- 一名测试者或记录者，一名观察者。

测试过程

1. 测量一个20m的测试跑道，并放置标志桶，如图13.10所示。在起跑线和折返线的两端间隔2m放置标识，还要在起跑线后面5m的地方放置标识。
2. 让运动员在测试前热身和拉伸。运动员应该以低于最大强度的试跑进行练习。
3. 运动员于起跑线就位后开始测试。
4. 听到第1个声音信号，运动员开始跑向折返线。听到第2个声音信号，运动员必须到达折返线，然后立即跑回起跑线，在下次声音信号前准时到达起跑线。
5. 到达起跑线后，运动员慢跑至5m标识处，然后返回起跑线。在此处停下来等待下一个声音信号。
6. 运动员需要在听到每个“哔”声时将一只脚放在起跑线或折返线上。
7. 运动员只要能保持声音信号所指示的速度，就可以继续测试。
8. 在第一次未能在规定时间内到达折返线或起跑线时立刻给出警告。当运动员两次无法保持测试要求的速度时，测试终止。
9. 测试结束时，在记录表上记录下最后的级别和在该级别2×20m间歇跑的次数。
10. 最终的Yo-Yo间歇恢复测试速度和间歇得分可用于计算运动员在测试期间跑的总距离。

注意： Yo-Yo间歇恢复测试的描述性数据如表13.20所示。

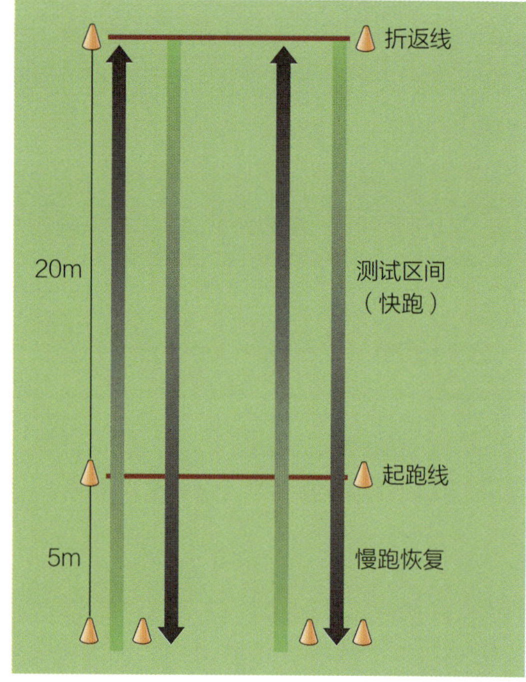

图13.10 Yo-Yo间歇恢复测试的场地示意图

13.17 最大有氧速度测试

器材

- 标志桶。
- 长度至少为30m的卷尺。
- 专门用于最大有氧速度测试的音频。
- 音响或播放器（如无线扬声器）。
- 记录表。
- 室内或室外跑道（至少200m）。

人员

- 一名测试者或记录者。

测试过程

1. 沿跑道每25m间隔放置标志桶。
2. 根据运动员的运动水平设定测试的初始速度（8~12km/h）。一般建议运动员以10km/h的速度开始。
3. 然后，速度每2min增加1km/h，直到运动员不能保持速度。
4. 保持至少2min的最大速度被认为是与$\dot{V}O_2max$或最大有氧速度（MAS）相关联的速度。
5. 如果运动员在规定的时间内连续两次未能到达下一个标志桶，则测试终止。
6. 如果运动员能够完成半个阶段，则可以将上一个完成阶段的速度提高0.5km/h。
7. 运动员的$\dot{V}O_2max$可以通过3.5 × MAS来计算（以km/h为单位）。
8. 如果教练无法播放音频，则可以使用口哨进行测试。根据设定的速度计算响哨的频率。例如，当标志桶之间的距离为25m且设定的速度为10km/h时，哨声响起的频率为每9秒1次。

*注：*各种运动项目中运动员的最大摄氧量的标准化数据如表13.18所示。

13.18 T形跑测试

器材

- 4个标志桶。
- 一个至少5yd（约4.6m）的卷尺。
- 秒表。
- 平坦且摩擦力较好的地面。

人员

- 一名测试者或记录者，一名观察者。

测试过程

1. 如图13.11所示放置4个标志桶（分别标记为A、B、C和D）。
2. 在测试前，所有运动员进行准备活动和拉伸。运动员可以进行次最大强度的练习。
3. 测试开始时，运动员站在标志桶A处。
4. 听到信号后，运动员跑向标志桶B，并用右手触碰标志桶B。
5. 面向前方，在不交叉脚步的情况下，运动员使用侧滑步向左侧跑5yd（约4.6m），用左手触碰标志桶C。
6. 运动员使用侧滑步向右侧跑10yd（约9.1m），用右手触碰标志桶D。
7. 运动员使用侧滑步向左侧跑5yd（约4.1m），用左手触碰标志桶B，再后退跑回标志桶A处，停止计时。
8. 安全起见，应该在标志桶A后面几米的地方安排观察者或放置垫子，以防运动员在后退跑时跌倒。
9. 取两次测试的最好成绩，时间精确到0.1s。
10. 取消测试资格的原因：运动员未能触及标志桶的任何位置；在移动时交叉脚步或在整个测试中没有面向前方。

*备注：*T形跑测试的描述性数据如表13.21所示。

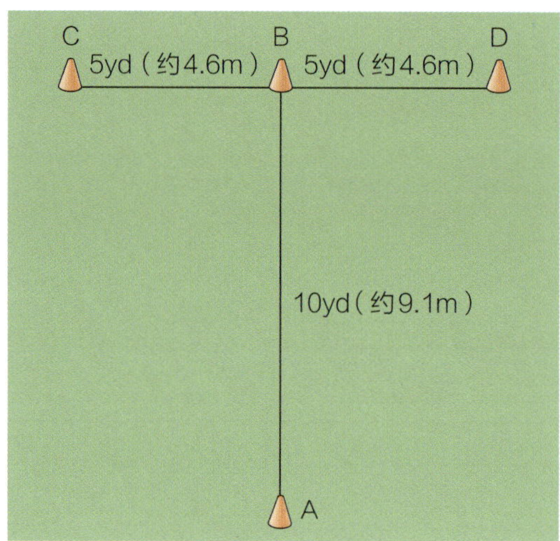

图13.11 T形跑测试的场地示意图
[源自：Semenick，1990[100].]

13.19 六边形测试

器材

- 与地面颜色形成反差、辨识度高的胶带。
- 测量卷尺或测量杆。
- 秒表。
- 平坦且摩擦力较好的地面。

人员

- 一名计时者或记录者，一名边线裁判员。

测试过程

1. 用胶带在地板上贴出六边形，每边长24in（约61cm），每个角为120°（如图13.12所示）。
2. 运动员测试前要做准备活动，可使用次最大速度进行练习。
3. 测试开始时，运动员站在六边形的中间。
4. 听到声音信号后，运动员按照顺时针方向，双脚从中心跳过每个边，再跳回中心，直到在每个边上来回跳3次（绕3圈共18次），最后回到中心。在整个测试过程中，运动员始终面向同一方向。
5. 如果运动员落在六边形的边线旁而未能越过边线、失去平衡而出现多余的步数或改变了身体方向，则要在充足的休息后重新测试。
6. 取3次测试中的最好成绩，精确到0.1s。

*备注：*六边形测试的描述性数据如表13.21所示。

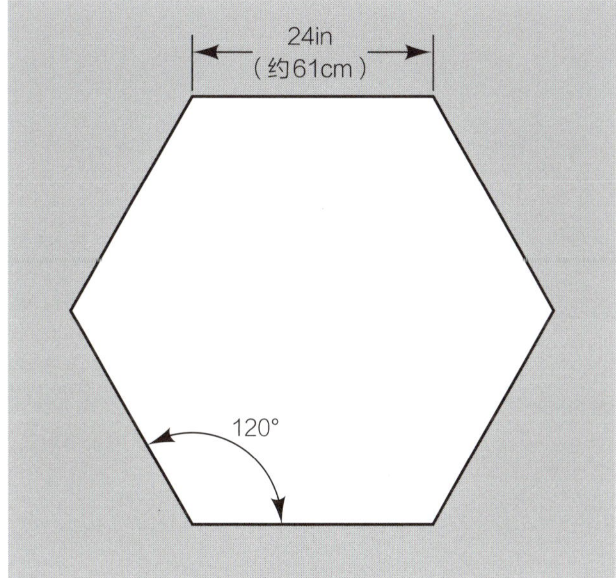

图13.12 六边形测试的场地示意图
[源自：Pauole, et al., 2000[86].]

13.20 PRO敏捷性测试

这个测试也被称为20yd（约18.3m）折返跑测试。

器材

- 一块美式橄榄球场地或带有3条间隔5yd（约4.6m）的平行线标记的其他场地（图13.13）。
- 一块秒表。

人员

- 一名计时者或记录者和一名边线裁判员。

测试过程

1. 运动员站在中间的平行线上。
2. 听到信号之后，运动员首先向左侧的平行线跑5yd（约4.6m），然后改变方向，向右边的平行线跑10yd（约9.1m），接着再改变方向，向中间的平行线跑5yd（约4.6m）。手（或脚）必须触碰设定好的平行线。
3. 取2次测试中的最好成绩，精确到0.01s。

*备注：*PRO敏捷性测试的标准化数据如表13.22所示。

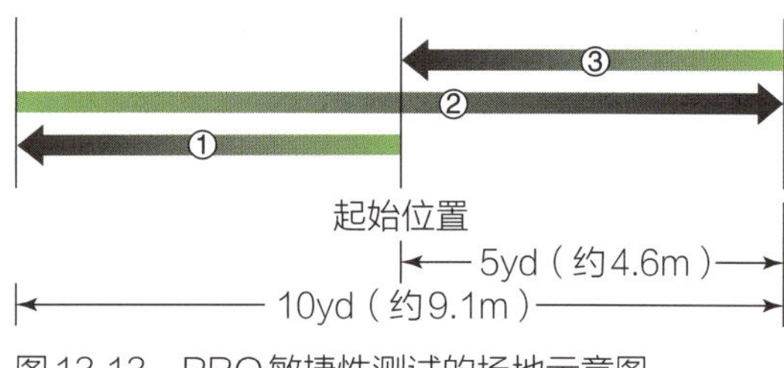

图13.13　PRO敏捷性测试的场地示意图

13.21 505敏捷性测试

器材

- 6个标志桶。
- 秒表或计时灯。

人员

- 一名计时者或记录者和一名边线裁判员。

测试过程

1. 如图13.14所示放置标志桶。如果计时灯可用，也可以如图所示设置。
2. 在测试之前让运动员热身和拉伸。运动员可以用次最大速度进行测试练习。
3. 运动员在起跑线后就位，开始测试。
4. 听到声音信号，运动员向第一组计时灯冲刺10m，然后再冲向5m外的折返线（一只脚必须在线上或过线），在那里，运动员必须转身加速离开。
5. 运动员在第二次经过计时灯后才可以减速。
6. 取2次测试中的最好成绩，精确到0.1s。
7. 运动员可以用同一只脚过线来完成测试序列，也可以用不同脚过线来完成测试序列（至少2次）。

*备注：*505敏捷测试的描述性数据如表13.21所示。

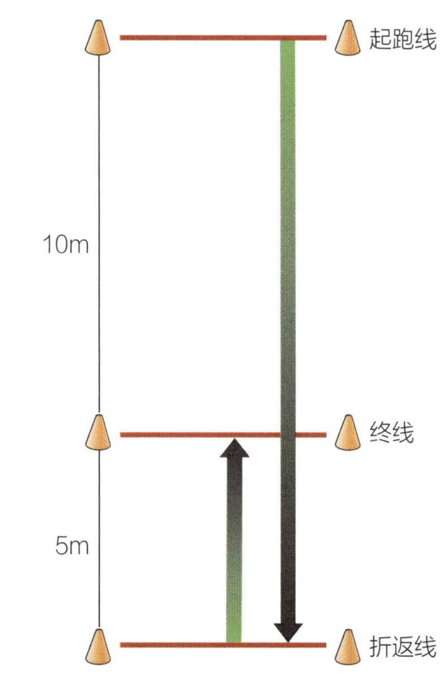

图13.14　505敏捷性测试的场地示意图

13.22 直线冲刺测试

器材

- 秒表或计时灯。
- 平坦的跑步场地，起点和终点之间有一定的距离（如40yd或37m；10m、20m和40m），终点再延伸至少20yd（约18m）的缓冲区域。

人员

- 一名计时者或记录者。

测试过程

1. 测试之前，运动员要进行充分的准备活动和数分钟的动态拉伸。
2. 至少需要进行2次次最大速度的热身跑。
3. 运动员在起跑线前采用三点或四点支撑的起跑姿势。
4. 听到信号之后，运动员以最大的速度向前冲刺，并完成规定距离。
5. 取2次测试的最好成绩，精确到0.1s。
6. 每次测试之间至少进行2min的恢复或休息。

*备注：*直线冲刺测试的描述性数据如表13.23所示。

13.23 平衡误差评分系统（BESS）

器材

- 平衡泡沫垫。
- 秒表。

人员

- 一名计时者或记录者。

测试过程

1. BESS的6个姿势如图13.15所示。
2. 3个站立姿势分别是：双脚并拢；非优势侧的腿单腿站立，对侧腿屈膝约90°；双脚前后相接，优势侧的脚在前。测试分别在硬质的表面和柔软的表面上进行。
3. 每个姿势都要保持20s，且闭合双眼，双手放在髋部。
4. 运动员被预先告知尽可能地保持稳定，如果失去平衡，他们应尽快恢复初始姿势。
5. 错误动作包括：睁开双眼；手从髋部抬起；非支撑脚触地；支撑腿有挪动、跳动或其他移动；抬起脚尖或脚跟；髋关节发生超过30°的屈曲或外展；偏离初始位置超过5s。
6. BESS测试的错误分数相加即为得分。

注： BESS测试的标准化数据如表13.24所示。

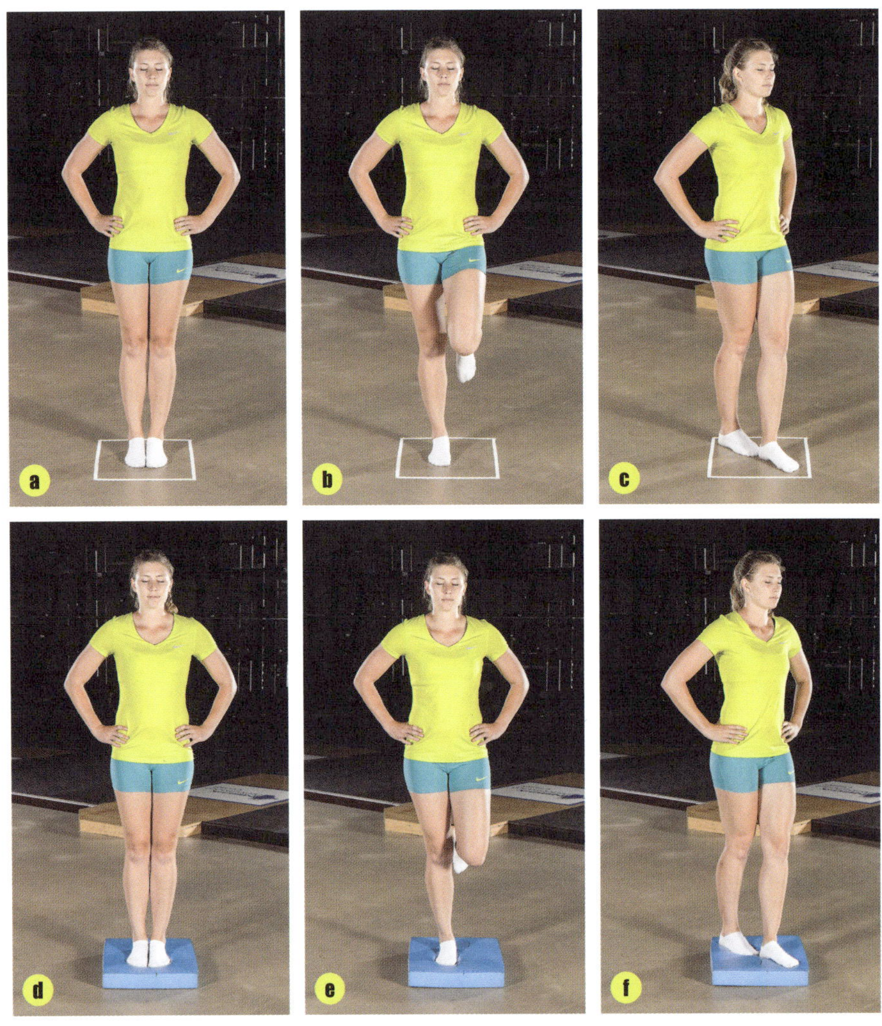

图13.15　平衡误差评分系统（BESS）：(a)～(c)硬质的表面；(d)～(f)柔软的表面

13.24 星形偏移平衡测试（SEBT）

器材

- 胶带。

人员

- 一名记录者。

测试过程

1. 运动员站立在星形的中心，8条线（长120cm）两两形成45° 角，如图13.16所示[83, 93]。
2. 运动员保持单脚站立，非支撑腿尽可能远地依次接近各标志线，同时保持身体朝向不变，之后还原成双脚站立。在此过程中，注意保持身体朝向和支撑腿的姿态。
3. 测量从星形中心和触及位置之间的距离。
4. 随机选择起始方向和支撑腿。在每种情况下进行3次测试，然后取平均值。
5. 每个动作之间允许15s的休息。
6. 如果运动员没有触及标志线、从星形中心抬起脚、失去平衡或未能保持起始和恢复姿态1s，则测试无效[73]。
7. 运动员在进行测试前应至少进行4次练习。
8. 在大多数情况下，测试前内侧、内侧和后内侧位置即可[43]。

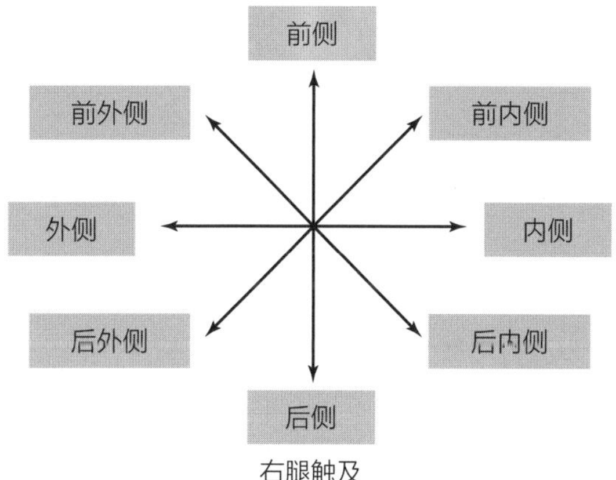

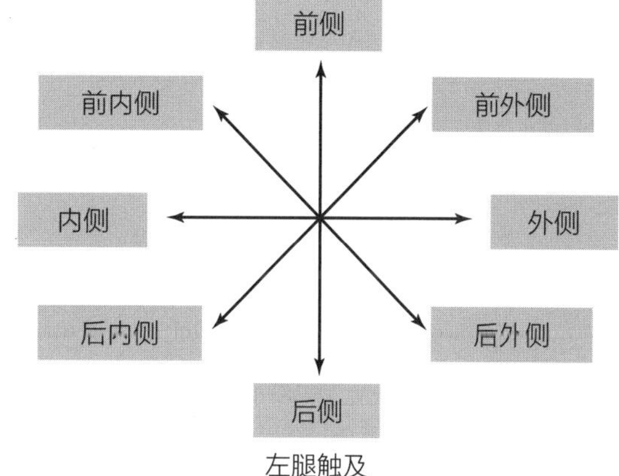

图13.16 星形偏移平衡测试（SEBT）的方向
[源自：Reiman and Mankse，2009[93].]

13.25 坐位体前屈测试

*说明：*如果定期进行坐位体前屈测试，需要保持测试方法的一致性。例如，如果在起初的坐位体前屈测试中，采用皮尺或直尺测量，那么在后续的测试中，仍然要采用皮尺或直尺测量（即不能用坐位体前屈箱来替代）。

设备

- 卷尺或直尺。
- 胶带。
- 允许的替代方案：标准的坐位体前屈箱。

人员

- 一名测试者或记录者。

测试过程

1. 将尺子固定在地面上，取24in（约61cm）长的胶带，让其在尺子的15in（约38cm）处与尺子垂直相交，像这样将其贴在地面上。
2. 在测试之前，运动员要进行非弹震式拉伸的准备活动，主要针对腘绳肌和下背部肌肉，如快步走3～5min。在站立位做几个体前屈动作，保持伸膝姿势，手指碰到脚尖，然后向上伸展（不要快速做动作）。慢跑，脚跟向后踢向臀部。以站姿摸脚尖或在地板上进行同样的拉伸结束。
3. 运动员脱掉鞋子，坐在地面上，让尺子位于双腿之间，且尺子的0刻度朝向运动员。双脚分开12in（约30cm），脚尖向上，脚跟触及15in（约38cm）处的直线标记[图13.17（a）]。
4. 运动员两手沿着尺子尽可能地向前伸，并短暂地维持这个姿势。为了能够得到最大的伸展幅度，运动员在伸展过程中随着呼气将头部下垂在双臂之间。运动员双手要保持彼此靠近，不要一前一后。指尖要始终保持与尺子接触[图13.17（b）]。如果有必要，测试者用手下压受试者的膝盖，使其保持伸膝状态。得分小于15in（约38cm）则表示该运动员不能触及脚底。
5. 取3次测试中的最好成绩，精确到0.25ft或1cm。

*备注：*坐位体前屈测试的标准化数据如表13.14至表13.17所示。

图13.17　坐位体前屈测试：（a）开始位置；（b）结束位置

13.26 过顶深蹲

器材

- 木杆或杠铃杆。

人员

- 一名测试者和一名记录者。

测试过程

1. 运动员将木杆举过头顶，肩关节充分伸展并且将肘关节锁死。握距两倍于肩宽，双脚站距约为肩宽，脚尖指向前方或略向外（图13.18）。
2. 运动员开始下蹲；初始动作是髋关节和膝关节屈曲，足跟始终保持接触地面。
3. 继续下蹲，直到髋折痕低于膝盖顶部。
4. 运动员应该能够在躯干保持直立（平行于胫骨）且能舒适地将木杆（或杠铃）举在头顶的前提下保持这个姿势。
5. 运动员至少重复该动作5次，测试者从侧面观察整个动作。
6. 这是一个定性评估，目标是评估身体能力，结果为通过或失败。
7. 运动员进行热身并熟悉运动模式对提高测试的有效性十分重要。

图13.18　过顶深蹲的身体姿势：（a）起始姿势；（b）下蹲姿势

13.27 皮褶厚度测量

器材

- 皮褶卡钳。
- 柔软的测量卷尺。
- 标记笔。

人员

- 一名测试者和一名记录者。

测试过程（获得皮褶测量值）

1. 皮褶测量要在干燥的皮肤上和运动前进行，以获得最大的效度和信度。还应根据测试人群选择测量位置的数量和公式（表13.25）。
2. 用拇指和食指牢牢地抓起皮肤和皮下脂肪，形成一个皱褶。
3. 将卡钳垂直放置在皮褶处距拇指和食指1~2cm的皱褶处。
4. 释放卡钳，使其弹簧张力施加在皮肤上。
5. 松开卡钳后的1~2s内读取刻度值，精确到0.5mm。
6. 对所有部位进行了一次测量后，再进行第二次测量。如果两次测量值的误差未超过10%，则取两次测试平均值，精确到0.5mm。否则，继续测量，直到连续两次测量值的误差小于10%，取二者的平均值，精确到0.5mm。

测试过程（测量选定的部位并计算体脂百分比）

1. 使用特定的公式来估算不同人群的身体密度（Db），然后将其转化为体脂百分比（%BF）。首先，从表13.25中选择适合运动员的公式。
2. 参照选择的公式和相关的说明，在恰当的解剖点上做标记。
   - 胸部——对于男性来说，是腋窝线与乳头间连线1/2处的对角线皮褶［图13.19（a）］。
   - 大腿——髋关节和膝关节的中间、大腿前侧的垂直皮褶［图13.19（b）］。
   - 腹部——在肚脐右侧2.5cm处的垂直皮褶［图13.19（c）］。
   - 肱三头肌——上臂后侧中间的垂直皮褶（在肱三头肌上），位于肩峰与尺骨鹰嘴连线的中间（手臂应该处于伸肘和放松的解剖位置）［图13.19（d）］。
   - 髂嵴——位于髂嵴上方、腋前线向下延伸部分的对角线皮褶［图13.19（e）］（有些人会选择更靠近腋中线的位置）。
   - 腋下——在腋中线向下至胸骨剑突同高的位置的垂直皮褶［图13.19（f）］。
   - 肩胛骨下缘——脊柱边缘延伸至肩胛骨下缘1~2cm位置的对角线皮褶［图13.19（g）］。
   - 小腿——小腿最大围度处外侧的垂直皮褶［图13.19（h）］。
3. 使用表中适当的针对特定人群的公式（表13.25）和皮褶测量结果来计算和估算身体密度。
4. 将所得的身体密度代入针对特定人群的公式（表13.26），依据身体密度推算出体脂百分比。
5. 注意，就身体成分而言，没有普遍认可的标准。当体能教练评估运动员的身体成分时，他们必须考虑估测的标准误差（SEE），并报告运动员进入的百分比范围。注意，针对特定人群的皮褶公式的最小SEE为±3%~±5%。因此，如果经测量和计算，一名25岁男性运动员的体脂百分比为24%，则相对最精确的范围为21%~27%。

*备注：*体脂百分比的相关数据如表13.14至表13.17和表13.27所示。

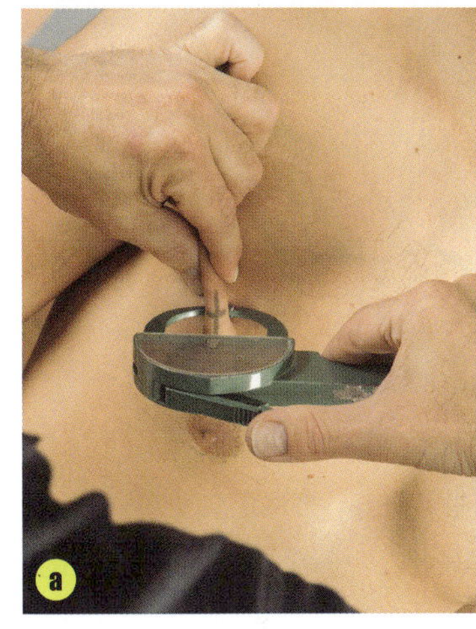
图 13.19（a） 胸部皮褶

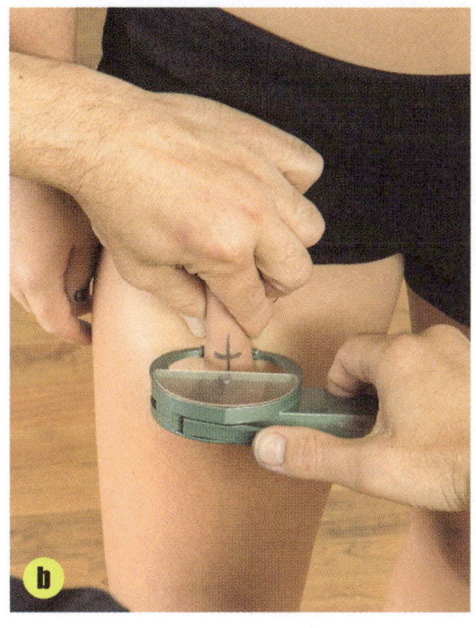
图 13.19（b） 大腿皮褶

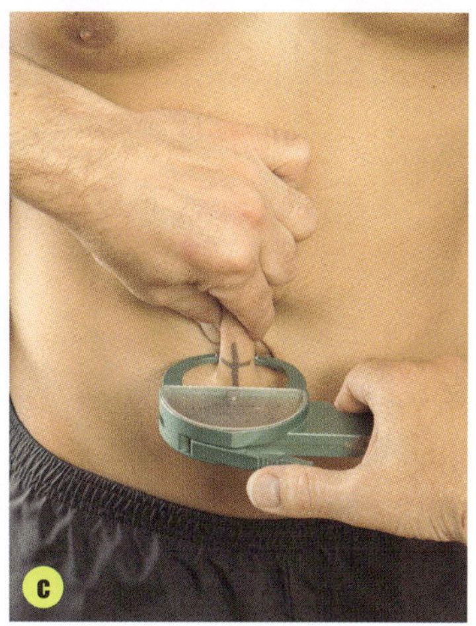
图 13.19（c） 腹部皮褶

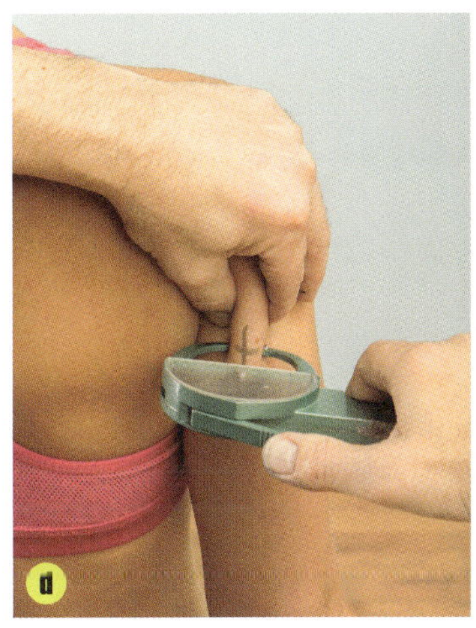
图 13.19（d） 肱三头肌皮褶

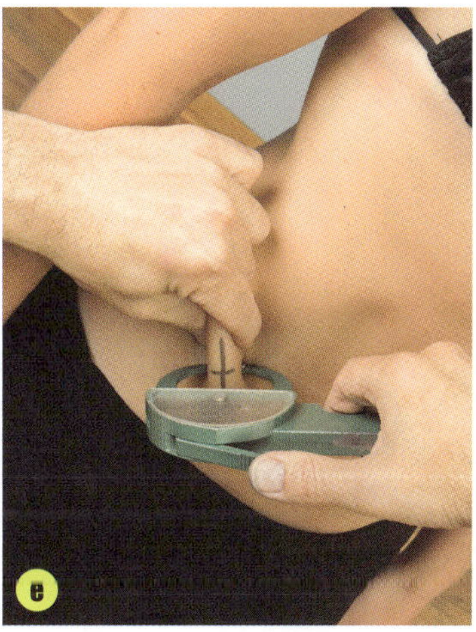
图 13.19（e） 髂嵴皮褶

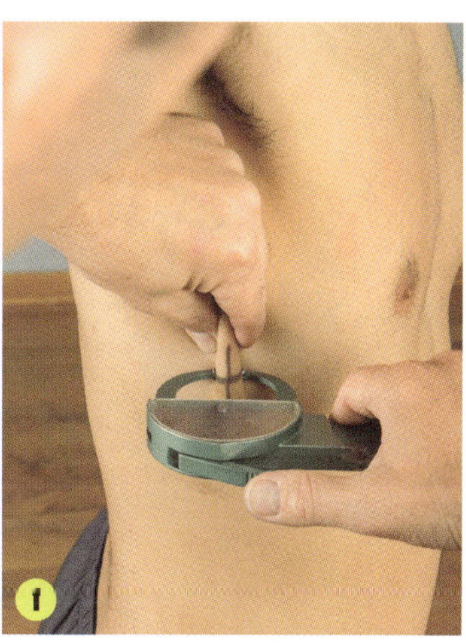
图 13.19（f） 腋下皮褶

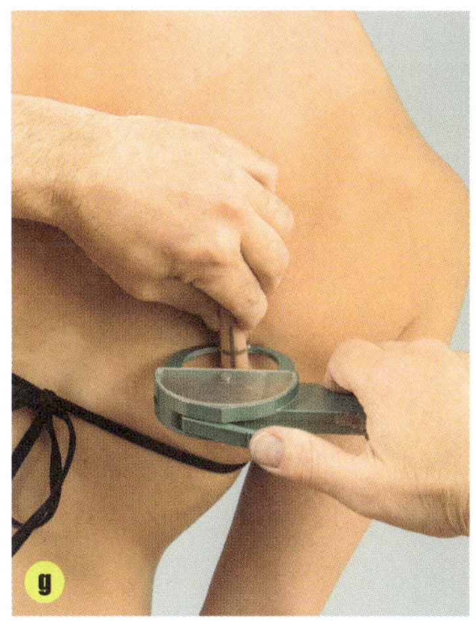
图 13.19（g） 肩胛骨下缘皮褶

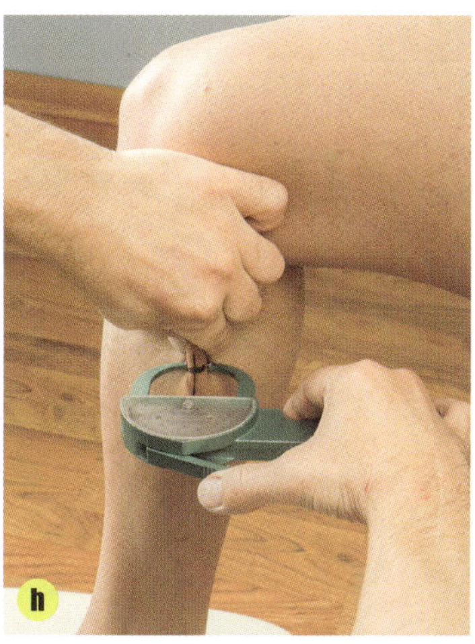
图 13.19（h） 小腿皮褶

13.28 围度测量

器材

- 柔软而有弹性的卷尺（如Gulick卷尺）。

人员

- 一名测试者和一名记录者。

测试过程

1. 在进行每一次的测量时，运动员均处于放松的解剖学位置（除非有特殊的测量需要）。
2. 测量下列部位，如图13.20所示。
    - 胸部——男性以乳头水平线为测量位置，女性以胸部最大围度处（约在乳房上方）为测量位置。
    - 上臂——肘关节伸直，手掌向上，手臂外展至与地面平行，在上臂最大围度处进行测量。
    - 前臂——肘关节伸直，手掌向上，手臂外展至与地面平行，在前臂最大围度处测量。
    - 腰部（腹部）——在肚脐处测量。
    - 髋部（臀部）——双脚并拢，在臀部最突出的位置测量。
    - 大腿——通常在臀部下方的最大围度处测量。
    - 小腿——在膝关节和踝关节之间的最大围度处测量。

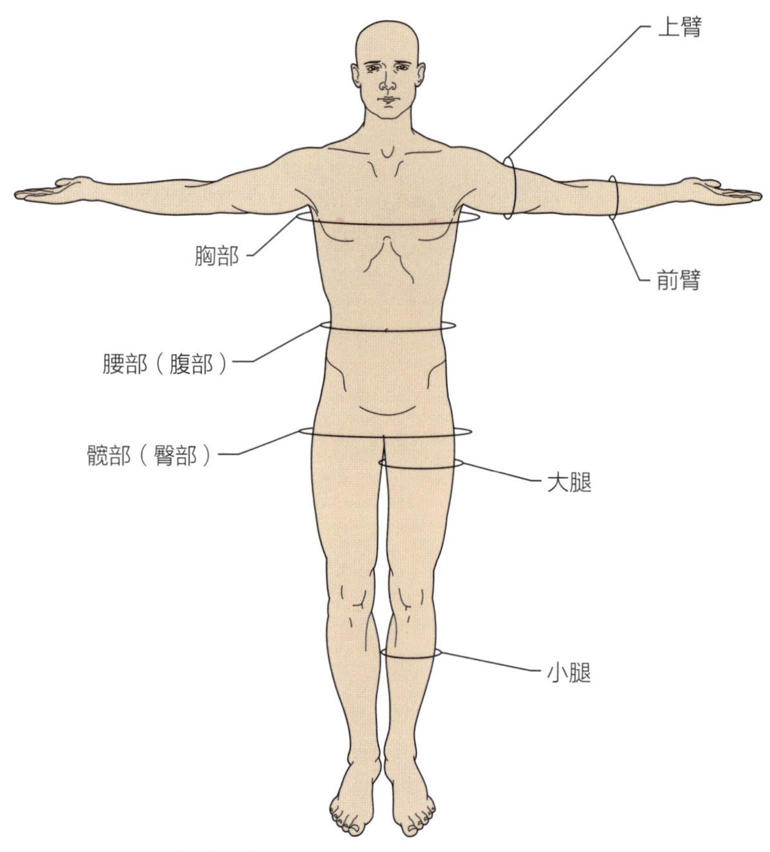

图13.20　围度测量位置

测试数据的统计评估

一旦选择并实施了适当的测试方法，收集了分数，那么接下来就将进行下列的处理步骤:（1）分析数据，以确定训练期间（几周、几月或几年）运动员个人或团体运动表现的变化;（2）将被测试运动员个人或团体的运动表现与已测得的相似水平的个人或团体的运动表现进行对比分析;（3）分析每位被测试运动员的运动表现得分与团队内其他运动员、团队整体得分的关系;（4）将运动员个人的成绩与当地、州级、全国和国际级水平进行比较。

重复的运动表现测试有一项重要的作用，就是根据测试分数的变化，对单个运动员的运动能力提高和整体的体能训练计划的成效进行评估[73]。差分值就是运动员训练前、后两次测试的分数差。百分比变化是可以使用的另一个测量方法。不过，仅仅依据运动能力提高的程度来判断训练计划的效果，存在两个局限性。首先，训练水平较高的运动员训练后运动能力的提高幅度要小于训练水平较低的运动员。对于训练水平一般的运动员来说，各种身体能力的适应窗口通常更大[77]。其次，运动员可以故意在训练前的测试不尽全力，而在训练后的测试中全力以赴，以此来提高成绩。因此，应鼓励运动员参加训练前和训练后的测试时都尽自己最大的努力。

统计类型

统计学是一门收集、分类、分析和解释数据的科学[18, 110]。了解统计学知识有助于对测试结果进行合理的评估。统计学有两个重要的分支——描述性统计和推论统计。最近，体能训练方面的科学家和一些实践者，越来越多地使用基于量值的方法，这可能更有意义，因为它们提供了关于在某项运动中对运动员非常重要的量值变化方面的信息。

描述性统计

描述性统计指对较大样本量数据进行汇总或描述。当所有关于这些样本的信息都是可知的时候，就可以使用这种统计方法。例如，如果运动队中所有样本均被测试，就可以利用描述性统计方法对这个运动队进行说明。描述性统计的有关数据测量有三大类：集中趋势、变异性和百分等级。在此将探讨这些术语的定义，并举例介绍如何推算。

集中趋势 集中趋势是对数据聚集趋向的一种评价。三种最常见的集中趋势测量方法如下[18, 110]。

平均数——分数的平均值（即分数之和除以样本数）。这是最常用的集中趋势的测量方法。

中位数——一系列的数据按照大小排列后的中间数值。如果样本数为偶数，中位数则取中间两个数值的平均值。所有样本中，一半分数在中位数的上面，一半分数在中位数的下面。根据分数的分布，中位数比平均数更能反映数据的集中趋势。尤其当数据中有一个或几个数据特别大或小时，它们会对平均值产生一定程度的影响，可能提高或降低平均值，从而不能充分地描述大多数样本的趋势。

众数——在所有数值中出现频率最高的数值为众数。如果每个数值仅出现一次，则没有众数。如果两个或更多的数值出现频率较高，那么所有相同的数值就是众数。通常，众数被认为是集中趋势最少用的测量值。

变异性 变异性代表所有样本分数的离散程度。两个常见的测量变异性的指标是区间和标准差。区间是指最小值和最大值的差值。区间的优点是容易被理解；缺点是只使用两个极端值，可能无法正确地测量变异性[110]。例如，除了异常的数据，一组非常分散的数据与一组分散度较小的数据的区间是一样的。标准差（SD）是计算一系列数据相对其平均数的变异程度，计算标准差的公式如下：

$$SD=\sqrt{\frac{\sum(x-\bar{x})^2}{n-1}} \quad (13.1)$$

Σ代表总和，x表示得分，$\bar{x}$是所有得分的平均值，n是样本量（得分的数量）。标准差相对较小表示一组得分更倾向于集中在平均值周围；而标准差相对较大表示一组得分更倾向于与平均值离散。当这组得分呈正态分布时即形成如图13.21所示的钟形曲线[18, 51]。

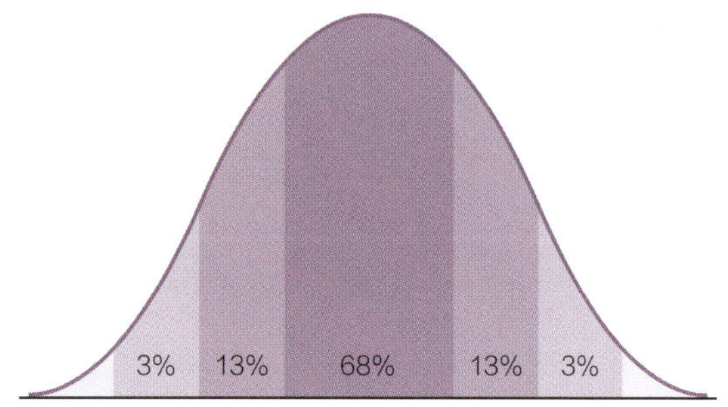

图13.21 正态钟形曲线图

z值常被用于表示任何单个分数与平均值相对标准差的距离，其计算公式如下：

$$z=(x-\bar{x})/SD \quad (13.2)$$

例如，如果一名运动员40yd（约37m）冲刺时用时4.6s，本组样本总的平均值和标准差分别为5.0s和0.33s，用上面的公式13.2可以得出这名运动员的z值约为−1.2。也就是说，该运动员的得分低于总的平均值约1.2个标准差（即比组平均成绩快）。图表是直观地展示z值的有效方式。体能教练可以直观地看出不同身体能力的比较，这有助于他们确定训练计划针对的短板（图13.22）。在示例中，体能教练可能决定重点提高耐力和柔韧性，同时改善身体成分（图13.22）。

百分等级 一个人的百分等级指得分低于此人的百分比。与计算中位数时一样，计算百分等级时也需要把所有得分按照由低到高的顺序排列。例如，如有一名运动员的百分等级为75%，则表明75%的运动员得分低于此运动员。大样本量的百分等级有时候甚至用均匀的百分比来表示，表13.1至表13.3、表13.5、表13.10、表13.13至表13.17，以及表13.22列出了几个百分等级表的例子。

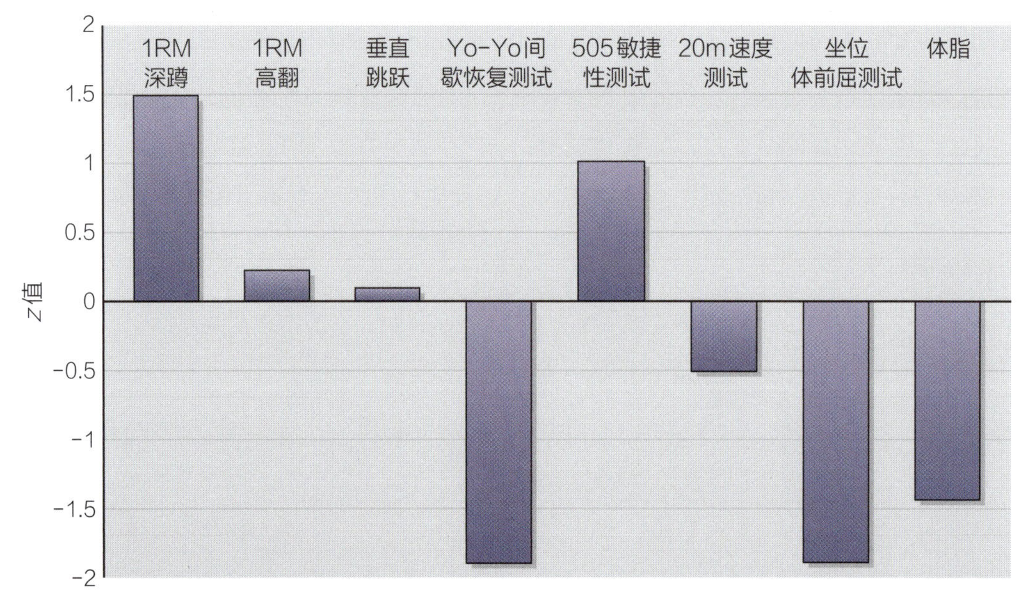

图13.22 用z值柱状图展示针对一个运动员的不同体能测试的标准化成绩。0表示团队平均水平

推论与量值统计

推论统计指基于从特定群体样本处收集到的信息，推测关于整个群体的一般性结论。例如，如果九年级男生在体操课上要进行一系列的测试，并假设某个班（样本）的测试水平能代表全校九年级男生的测试水平，那么这个班的测试成绩就可以用来推测全校九年级男生的测试成绩。推论统计的基本假设是抽取的样本能够代表整个样本的真实水平[18]。

量值统计可以为从业者提供更有用的方法，因为可以使用它对体能测试的临床显著性进行解释[51]。为了描述和评估体能测试成绩的变化幅度，测量最小的有价值变化和效果量大小是很重要的。

最小的有价值变化指测试能够检测出运动表现方面实际发生的最小重要改变的能力。体能测试跟踪变化的能力取决于该测试的效度和信度。最小的有价值变化可以通过多种方式确定，但通常的计算方式为组间标准差乘以0.2[51]。例如，如果一组女运动员的垂直跳跃测试成绩的标准差为10cm，那么这组运动员的最小有价值变化为2cm（0.2 × 10cm）。

效果量（ES）是用于计算训练后团队的成绩或比较不同组运动员成绩的统计数据[29]。可以使用平均分数的差异或变化占测试前标准差的比例来计算训练计划的效果量（公式13.3）。

$$\mathrm{ES}=(x_{测试后}-x_{测试前})/\mathrm{SD}_{测试前} \quad \textbf{(13.3)}$$

例如，一组运动员训练前的卧推平均值是104.5kg（标准差是5.7kg），并且在12周训练干预之后，卧推平均值为111.7kg，则计算的效果量为（111.7–104.5）/5.7=1.26。

已有的一些量表可用于比较效果的大小[19, 73, 94]，但对实践者来说，小（0.2）、中等（0.6）、大（1.2）和非常大（2.0）的参考值可以是个有用的起点[29, 51]。在刚刚给出的例子中，体能教练可能会将1.26的效果值解释为该训练计划产生了很大的成效。

建立运动员档案

为了分析运动员的专项训练状态，体能教练可以基于所选测试的结果来建立运动员档案。运动员档案是一组与运动能力相关的测试结果，这些能力对在运动中或运动位置上的高质量表现很重要。在对运动员进行评估时，体能教练应该按照以下的步骤进行。

1. 选择能够测量最接近专项或专项位置所需的独特运动能力的测试。例如，摔跤运动员的一系列测试项目应包括拉力测试、推力测试和局部肌肉耐力测试。

2. 选择有效和可靠的测试方法来测量这些参数，合理地安排测试顺序并在测试之间安排充足的休息时间，以保证测试的可靠性。例如，摔跤运动员的合理测试可能包括给定时间内最大重复次数的俯卧撑和仰卧起坐测试，这两个测试至少间隔10min，以便运动员进行充足的休息与恢复，从而提高测试的准确性。

3. 尽可能对更多的运动员进行测试。

4. 确定测试中最小的有价值变化，并在适当的情况下与标准化数据进行比较。建议教练使用标准化测试时存储测试结果并制定自己的标准。

5. 进行重复测试（如训练前和训练后测试），并使用图表来呈现数据。

6. 以一些有意义的方式使用测试结果。理想情况下，测试结果可以帮助体能教练直观地看出运动员的优势和劣势，进而设计出合理的训练计划。

小 结

可以通过体能教练设计的合理训练计划提高运动能力和身体成分变量，包括最大肌肉力量、最大肌肉爆发力、无氧能力、局部肌肉耐力、有氧能力、敏捷性、速度、柔韧性、围度、体脂百分比和瘦体重。运动表现测试常常用于评估基础的运动能力，以及运动员的进步程度和体能训练计划的有效性。诸多的测试方法可以测量运动员的专项运动能力和训练状态。体能教练可以利用现成的标准化数据来评估运动员现有的运动能力，也可以开发自己的标准化数据。集中趋势、变异性、百分等级、最小的有价值变化、效果量、标准分数有助于评估身体能力和团体、个人的进步。

关键词

aerobic capacity 有氧能力
aerobic power 有氧功率
agility 敏捷性
anaerobic capacity 无氧能力
anaerobic power 无氧功率
anthropometry 人体测量学
athletic performance 运动表现
athletic profile 运动员档案
balance 平衡性
body composition 身体成分
central tendency 集中趋势
descriptive statistics 描述性统计
difference score 差分值
effect size 效果量
flexibility 柔韧性
high-speed muscular strength 高速肌肉力量
inferential statistics 推论统计
local muscular endurance 局部肌肉耐力
low-speed muscular strength 低速肌肉力量
magnitude statistics 量值统计
maximal anaerobic muscular power 最大无氧爆发力
mean 平均数
median 中位数
mode 众数
percent change 百分比变化
percentile rank 百分等级
range 区间
smallest worthwhile change 最小的有价值变化
speed 速度
stability 稳定性
standard deviation 标准差
statistics 统计学
variability 变异性

学习试题

1. 在运动过程中，反映无氧能力的最大功率输出的持续时间为（ ）。
   a. 少于10s
   b. 30~90s
   c. 2~3min
   d. 超过5min
2. 下列所有测试中的哪一项不被用于测量最大肌肉爆发力？（ ）
   a. 马格利亚－卡拉门测试
   b. 垂直跳跃
   c. 40yd（约37m）冲刺
   d. 1RM高翻
3. 坐位体前屈测试对下列哪些肌群或身体部位进行了柔韧性评估？（ ）
   I. 腘绳肌
   II. 竖脊肌

III. 腰椎

IV. 屈髋肌

a. 仅I和III

b. 仅II和IV

c. 仅I、II和III

d. 仅II、III和IV

4. 下列哪项是导致T形跑测试被取消资格的原因（图13.11）？（　）

a. 触及了标志桶D的底部

b. 从标志桶C折返到标志桶D

c. 从标志桶B以交叉步跑到标志桶C

d. 从标志桶A跑到标志桶B

5. 当汇总排球队垂直跳跃成绩时，体能教练注意到，多数成绩是相同的，但是有三名队员的分数比其他队员高出很多。下列哪个集中趋势的测量指标最适合？（　）

a. 平均数

b. 中位数

c. 众数

d. 变异性

表13.1 NCAA一级大学女运动员1RM卧推、深蹲和高翻的百分等级

	1RM卧推		1RM深蹲		1RM高翻		1RM卧推		1RM深蹲	
	lb	kg	lb	kg	lb	kg	lb	kg	lb	kg
%等级	篮球						游泳			
90	124	56	178	81	130	59	116	53	145	66
80	119	54	160	73	124	56	109	50	135	61
70	115	52	147	67	117	53	106	48	129	59
60	112	51	135	61	112	51	101	46	120	55
50	106	48	129	59	110	50	97	44	116	53
40	102	46	115	52	103	47	94	43	112	51
30	96	44	112	51	96	44	93	42	104	47
20	88	40	101	46	88	40	88	40	101	46
10	82	37	81	37	77	35	78	35	97	44
平均值	105	48	130	59	106	48	98	45	118	54
SD	18	8	42	19	20	9	15	7	19	9
n	120		86		85		42		35	
	垒球						排球			
90	117	53	184	84	122	55	113	51	185	84
80	108	49	170	77	115	52	108	49	171	78
70	104	47	148	67	106	48	104	47	165	75
60	99	45	139	63	100	45	100	45	153	70
50	95	43	126	57	94	43	98	45	143	65
40	90	41	120	55	93	42	96	44	136	62
30	85	39	112	51	88	40	90	41	126	57
20	80	36	94	43	80	36	85	39	112	51
10	69	31	76	35	71	32	79	36	98	45
平均值	94	43	130	59	97	44	97	44	144	65
SD	18	8	42	19	20	9	14	6	33	15
n	105		97		80		67		62	

SD=标准差，*n*=样本量。

[源自：Hoffman，2006[47].]

表13.2　美国高中和大学橄榄球运动员的1RM卧推、深蹲和高翻的百分等级

	1RM卧推		1RM深蹲		1RM高翻		1RM卧推		1RM深蹲		1RM高翻	
	lb	kg	lb	kg	lb	kg	lb	kg	lb	kg	lb	kg
%等级	高中14～15岁						高中16～18岁					
90	243	110	385	175	213	97	275	125	465	211	250	114
80	210	95	344	156	195	89	250	114	425	193	235	107
70	195	89	325	148	190	86	235	107	405	184	225	102
60	185	84	305	139	183	83	225	102	365	166	223	101
50	170	77	295	134	173	79	215	98	335	152	208	95
40	165	75	275	125	165	75	205	93	315	143	200	91
30	155	70	255	116	161	73	195	89	295	134	183	83
20	145	66	236	107	153	70	175	80	275	125	165	75
10	125	57	205	93	141	64	160	73	250	114	145	66
平均值	179	81	294	134	176	80	214	97	348	158	204	93
SD	45	20	73	33	32	15	44	20	88	40	43	20
n	214		170		180		339		249		284	
	NCAA 一级						NCAA 三级					
90	370	168	500	227	300	136	365	166	470	214		
80	345	157	455	207	280	127	325	148	425	193		
70	325	148	430	195	270	123	307	140	405	184		
60	315	143	405	184	261	119	295	134	385	175		
50	300	136	395	180	252	115	280	127	365	166		
40	285	130	375	170	242	110	273	124	350*	159*		
30	270	123	355	61	232	105	255	116	335	152		
20	255	116	330	150	220	100	245	111	315	143		
10	240	109	300	136	205	93	225	102	283	129		
平均值	301	137	395	180	252	115	287	130	375	170		
SD	53	24	77	35	38	17	57	26	75	34		
n	1189		1074		1017		591		588			

*霍夫曼2006年报告，在NCAA三级1RM深蹲成绩中，365lb和166kg的百分等级为40%。

SD=标准差，*n*=样本量。

[源自：Hoffman，2006[47].]

表13.3 NCAA一级男子棒球和篮球运动员1RM卧推、深蹲和高翻的百分等级

	1RM卧推		1RM深蹲		1RM高翻		1RM卧推		1RM深蹲		1RM高翻	
	lb	kg	lb	kg	lb	kg	lb	kg	lb	kg	lb	kg
%等级	棒球						篮球					
90	273	124	365	166	265	120	269	122	315	143	250	114
80	260	118	324	147	239	109	250	114	305	139	235	107
70	247	112	310	141	225	102	240	109	29	134	230	105
60	239	109	293	133	216	98	230	105	280	127	220	100
50	225	102	270	123	206	94	225	102	265	120	215	98
40	218	99	265	120	200	91	216	98	245	111	205	93
30	203	92	247	112	190	86	210	95	225	102	195	89
20	194	88	237	107	182	83	195	89	195	89	180	82
10	175	80	218	99	162	74	185	84	166	75	162	74
平均值	227	103	281	128	210	95	225	102	251	114	209	95
SD	41	19	57	26	36	16	33	15	57	26	34	15
n	170		176		149		142		131		122	

SD=标准差，*n*=样本量。

[源自：Hoffman，2006[47].]

表13.4　各类团体1RM卧推、深蹲、高翻和卧拉的描述性数据*

团体、运动或位置	运动员人数	体重 lb	体重 kg	深蹲 lb	深蹲 kg	卧推 lb	卧推 kg	高翻 lb	高翻 kg	卧拉 lb	卧拉 kg
美国国家橄榄球联盟[7]	20	216.5±21.8	98.2±9.9	358.5±59.5	175.0±27.3						
州级橄榄球联盟[7]	20	201.2±18.5	91.3±8.4	329.8±30.9	149.6±14.3						
美国国家橄榄球联盟[8]	21	219.4±19.2	99.5±8.7			315.0±33.5	142.7±15.2				
州级橄榄球联盟[8]	21	200.0±19.6	90.7±8.9			258.8±35.9	117.4±16.3				
美国国家橄榄球联盟[5]	6	211.2±32.2	95.8±14.6			332.5±2.6	150.8±10.7				
美国国家帆船队（男子）[8]	11	215.6±27.6	97.8±12.5			310.6±58.6	140.9±26.6			265.9±37.3	120.6±16.9
美国国家皮划艇/赛船/柔道/摔跤队[96]	75	167.6±19.4	76.0±8.8			199.0±35.9	90.3±16.3			176.8±26.0	80.2±11.8
美国国家篮球队（女子）[105]	12	166.7±32.2	75.6±14.6			173.2±6.6	78.6±3.0				
NCAA一级橄榄球（男子）[12]	963					310.4	140.8				
NCAA一级橄榄球（男子）[12]	560			420.6	190.8						
美国国家垒球队（女子）[81]	10	158.1±24.5	71.7±11.1	183.6±22.0	83.3±10.0						
美国国家冰球队（女子）[89]	22	155.2±15.7	70.4±7.1			144.0±27.0	65.3±12.2				
美国国家足球队（男子）[123]	17	168.7±16.8	76.5±76	378.5±46.7	171.7±21.2						
美国国家足球队（男子）[124]	14	169.5±13.9	76.9±6.3	362.9±43.9	164.6±21.8	182.3±28.2	82.7±12.8				
美国国家足球队（男子）[124]	15	169.6±16.3	76.8±74	297.6±35.7	135.0±16.2	170.0±36.4	77.1±16.5				
NCAA一级橄榄球（男子）[82]	207	229.2±48.7	104.0±22.1			312.8±58.6	141.6±26.6				
NCAA一级橄榄球（男子）[82]	88	226.0±14.3	102.5±6.5					267.4±33.1	121.3±15.0		
NCAA一级橄榄球（男子）[82]	86	226.0±14.3	102.5±6.5	397.9±74.1	180.5±33.6						

续表

团体、运动或位置	运动员人数	体重		深蹲		卧推		高翻		卧拉	
		lb	kg	lb	kg	lb	kg	lb	kg	lb	kg
美国国家手球队（女子）[40]	16	152.7±18.1	69.3±8.2			113.8±14.8	51.6±6.7				
美国国家手球队（男子）[39]	15	207.0±37.3	93.9±16.9			235.7±25.6	106.9±11.6				
16岁以下橄榄球联盟（男子）[114]	30	165.8±24.5	75.2±11.1	221.3±48.3	100.4±21.9	162.9±29.1	73.9±13.2			156.3±22.3	70.9±10.1
17岁以下橄榄球联盟（男子）[114]	48	178.8±20.7	81.1±9.4	269.4±41.2	122.2±18.7	205.7±29.5	93.3±13.4			184.1±22.5	83.5±10.2
18岁以下橄榄球联盟（男子）[114]	55	188.1±22.0	85.3±10.0	295.4±34.2	134.0±15.5	228.6±33.7	103.7±15.3			200.8±22.3	91.1±10.1
19岁以下橄榄球联盟（男子）[114]	45	195.8±21.8	88.8±9.9	305.1±43.2	138.4±19.6	249.8±36.2	113.3±16.4			215.2±27.3	97.6±12.4
20岁以下橄榄球联盟（男子）[114]	26	196.0±18.7	88.9±8.5	318.8±48.7	144.6±22.1	252.0±33.7	114.3±15.3			220.5±24.7	100.0±11.2
NCAA三级曲棍球（女子）[49]	11	132.3±11.0	60.0±5.0	158.5±13.4	71.9±6.1	96.8±13.4	43.9±6.1				
美国国家橄榄球联盟前锋（男子）[72]	63					271.2±26.0	123.0±11.8				
美国国家橄榄球联盟后卫（男子）[72]	55					251.3±37.5	114.0±17.0				
美国国家橄榄球联合会（男子）[21]	30	236.1±22.3	107.1±10.1	351.6±58.0	159.5±26.3	308.6±35.9	140.0±16.3				
美国国家橄榄球联合会（女子）[10]	15	157.9±21.8	71.6±9.9	152.1±19.4	69.0±8.8						

*列出的值是平均值±标准差。数据应仅被视为描述性的，而非标准化的。

表13.5 优秀男性、女性运动员立定跳远标准

%等级	男性		女性	
	in	cm	in	cm
90	148	375	124	315
80	133	339	115	293
70	122	309	110	279
60	116	294	104	264
50	110	279	98	249
40	104	264	92	234
30	98	249	86	219
20	92	234	80	204
10	86	219	74	189

[源自：J. Hoffman，2006，*Norms for fitness，performance，and health* (Champaign，IL: Human Kinetics)，58. Adapted from D. A. Chu，1996，*Explosive power and strength* (Champaign，IL: Human Kinetics).]

表13.6 15~16岁的男性和女性运动员的立定跳远等级

等级	男性		女性	
	in	cm	in	cm
优秀	79	201	65	166
高于平均	73	186	61	156
平均水平	69	176	57	146
低于平均水平	65	165	53	135
差	<65	<165	<53	<135

[源自：J. Hoffman，2006，*Norms for fitness，performance，and health* (Champaign，IL: Human Kinetics)，58. Adapted from D. A. Chu，1996，*Explosive power and strength* (Champaign，IL: Human Kinetics).]

表13.7 各类团体垂直跳跃、静态垂直跳跃、立定跳远的描述性数据*

团体、运动或位置	运动员人数	垂直跳跃		静态垂直跳跃		立定跳远	
		in	cm	in	cm	in	cm
大学足球（女子）[118]	51	16.1±2.2	40.9±5.5				
高中足球（女子）[118]	83	15.6±1.9	39.6±4.7				
大学长柄曲棍球（女子）[118]	79	15.8±2.2	40.1±5.6				
18岁以下盖尔式足球（男子）[22]	265	17.0±2.0	43.3±5.1			78.0±8.1	198.2±20.7
美国国家足球队（女子）[17]	21	12.4±1.6	31.6±4.0	11.9±1.5	30.1±3.7		
19岁以下足球（女子）[17]	20	13.5±1.5	34.3±3.9	12.9±1.1	32.8±2.9		
17岁以下足球（女子）[17]	21	11.4±0.8	29.0±2.1	11.1±1.0	28.2±2.5		
21岁以下足球（男子）[17]	18	15.9±1.7	40.3±4.3	14.6±1.5	37.0±3.9		
20岁以下足球（男子）[17]	17	15.8±1.9	40.2±4.7	15.0±1.9	38.0±4.9		
17岁以下足球（男子）[17]	21	16.1±2.0	40.9±5.1	14.7±1.9	37.3±4.7		
西班牙一级足球（女子）[99]	100	10.3±1.9	26.1±4.8				
美国国家冰球队（女子）[89]	23	19.8±2.2	50.3±5.7#			84.6±4.3	214.8±10.9
美国国家足球队（女子）[42]	85	12.1±1.6	30.7±4.1				
挪威一级足球（女子）[42]	47	11.1±1.6	28.1±4.1				
美国国家冰球联盟现役（男子）[15]	853	24.4±3.0	62.0±7.6#			100.0±7.0	254.0±17.8
大学摔跤（男子）[109]	20	20.5±3.1	52.0±8.0#				
美国国家举重队（男子）[32]	6	23.9±1.5	60.8±3.9				
美国国家足球队（男子）[123]	17	22.2±1.6	56.4±4.0				
美国国家足球队（男子）[124]	14	22.3±2.6	56.7±6.6				
美国国家足球队（男子）[124]	15	20.9±1.6	53.1±4.0				

续表

团体、运动或位置	运动员人数	垂直跳跃		静态垂直跳跃		立定跳远	
		in	cm	in	cm	in	cm
美国国家足球队（男子）[106]	270	17.8±0.7	45.1±1.7	17.4±0.5	44.1±1.3		
美国国家手球队（女子）[40]	16	15.1±1.7	38.4±4.4				
美国国家手球队（男子）[39]	15	19.0±2.8	48.2±7.2				
16岁以下橄榄球联盟（男子）[114]	67	18.0±2.0	45.7±5.2				
17岁以下橄榄球联盟（男子）[114]	50	19.3±2.3	49.1±5.8				
18岁以下橄榄球联盟（男子）[114]	56	19.9±2.2	50.6±5.7				
19岁以下橄榄球联盟（男子）[114]	45	20.7±2.2	52.5±5.5				
20岁以下橄榄球联盟（男子）[114]	25	20.8±2.1	52.8±5.4				
高中排球（女子）[98]	27	18.5±3.3	47.1±8.5#				
NCAA一级排球（女子）[98]	26	20.8±2.5	52.8±6.3#				
美国国家橄榄球联盟 前锋（男子）[20]	12	14.7±1.7	37.3±4.4				
美国国家橄榄球联盟 后卫（男子）[20]	6	15.9±2.5	40.3±6.4				
美国国家橄榄球联盟（男子）[35]	26	20.0±2.9	50.7±9.8#				
美国国家橄榄球联盟（男子）[34]	58	24.7±2.2	62.8±5.7#				
美国国家橄榄球联会（男子）[21]	30					101.6±7.9	258.0±20.0
美国国家橄榄球联会（女子）[10]	15	15.0±1.6	38.0±4.0	13.8±1.2	35.0±3.0		
高中田径运动（女子）[75]	8					83.4±6.3	212.0±16.0
NCAA一级足球（女子）[67]	15	12.2±2.0	31.0±5.0			57.9±4.3	147.0±11.0
高中橄榄球联盟（男子）[112]	302	16.3±2.1	41.3±5.3				
美国国家青年排球队（男子）[33]	14	21.5±0.9	54.6±2.2#				
美国国家青年排球队（女子）[33]	15	18.0±0.6	45.7±1.6#				
18岁以下澳式橄榄球（男子）[127]	177	23.9±2.2	60.6±5.5#				
NCAA一级长柄曲棍球（女子）[117]	84	15.8±2.2	40.2±5.6				
NCAA一级足球（男子）[102]	27	24.3±2.8	61.6±7.1#				
美国国家足球队（女子）[1]	17	12.0±0.5	30.5±1.2				
美国国家足球队（女子）[76]	17	12.8±1.5	32.6±3.7				
美国国家足球队（男子）[76]	17	17.2±0.9	43.7±2.2				
美国国家青年足球队（女子）[76]	17	11.2±0.8	28.4±2.0				
美国国家青年足球队（男子）[76]	17	17.3±1.9	43.9±4.8				
美国国家足球队（男子）[2]	214	15.4±2.0	39.2±5.0	14.8±1.9	37.6±4.8		

*列出的值是平均值 ± 标准差。数据应仅被视为描述性的，而非标准化的。

#跳跃时允许手臂摆动。

表13.8 马格利亚-卡拉门测试指南（W）

等级	年龄/岁				
	15~20	20~30	30~40	40~50	超过50
男子					
优秀	超过2197	超过2059	超过1648	超过1226	超过961
良	1844~2197	1726~2059	1383~1648	1040~1226	814~961
平均水平	1471~1824	1373~1716	1098~1373	834~1030	647~804
合格	1108~1461	1040~1363	834~1088	637~824	490~637
差	低于1108	低于1040	低于834	低于637	低于490
女子					
优秀	超过1785	超过1648	超过1226	超过961	超过736
良	1491~1785	1383~1648	1040~1226	814~961	608~736
平均水平	1187~1481	1098~1373	834~1030	647~804	481~598
合格	902~1177	834~1089	637~824	490~637	373~471
差	低于902	低于834	低于637	低于490	低于373

[源自：E. Fox，R. Bowers，and M. Foss，1993，*The physiological basis for exercise and sport*，5th ed. (Dubuque，IA: Wm. C. Brown)，676.]

表13.9 300yd（约274m）折返跑的描述性数据*

团体、运动或位置	运动员人数	时间/s
高中排球（女子）	27	68.0±6.3
NCAA 一级排球（女子）	26	67.7±3.8
美国国家足球队（男子）	18	56.7±1.7
业余男子和女子	81	72.8±9.1
美国国家羽毛球队（男子）	12	73.3±3.4

*列出的值是平均值 ± 标准差。数据应仅被视为描述性的，而非标准化的。

表13.10　各年龄段男女的半卷腹百分等级

百分等级*	年龄/岁									
	20~29		30~39		40~49		50~59		60~69	
	男	女	男	女	男	女	男	女	男	女
90	75	70	75	55	75	55	74	48	53	50
80	56	45	69	43	75	42	60	30	33	30
70	41	37	46	34	67	33	45	23	26	24
60	31	32	36	28	51	28	35	16	19	19
50	27	27	31	21	39	25	27	9	16	13
40	24	21	26	15	31	20	23	2	9	9
30	20	17	19	12	26	14	19	0	6	3
20	13	12	13	0	21	5	13	0	0	0
10	4	5	0	0	13	0	0	0	0	0

*百分等级说明：90=远高于平均水平；70=高于平均水平；50=平均水平；30=低于平均水平；10=远低于平均水平。

[源自：American Collage of Sports Medicine，2014，*ACSM's guidelines for exercise testing and prescription*，9th ed. (Baltimore，MD: Lippincott，Williams，and Wilkins)，101.]

表13.11　各年龄段男女的俯卧撑等级

等级	年龄/岁									
	20~29		30~39		40~49		50~59		60~69	
	男	女	男	女	男	女	男	女	男	女
优秀	36	30	30	27	25	24	21	21	18	17
优	35	29	29	26	24	23	20	20	17	16
	29	21	22	20	17	15	13	11	11	12
良	28	20	21	19	16	14	12	10	10	11
	22	15	17	13	13	11	10	7	8	5
合格	21	14	16	12	12	10	9	6	7	4
	17	10	12	8	10	5	7	2	5	2
有待提高	16	9	11	7	9	4	6	1	4	1

[源自：Canadian Physical Activity，*Fitness & Lifestyle Approach: CSEP-Health & Fitness Program s Appraisal & Counselling Strategy*，Third Edition，© 2003.]

表13.12 美国陆军俯卧撑评分标准

年龄/岁	2分钟内俯卧撑的重复次数									
男性										
17 ~ 21	6	13	20	28	35	42	49	57	64	71
22 ~ 26	—	5	14	23	31	40	49	58	66	75
27 ~ 31	—	1	11	20	30	39	49	58	68	77
32 ~ 36	—	—	7	17	26	36	46	56	65	75
37 ~ 41	—	—	5	15	24	34	44	54	63	73
42 ~ 46	—	—	—	12	21	30	39	48	57	66
47 ~ 51	—	—	—	8	17	25	34	42	51	59
52 ~ 56	—	—	—	—	11	20	29	38	47	56
57 ~ 61	—	—	—	—	9	18	27	36	44	53
≥62	—	—	—	—	8	16	25	33	42	50
评分	10	20	30	40	50	60	70	80	90	100
女性										
17 ~ 21	—	—	2	8	13	19	25	31	36	42
22 ~ 26	—	—	—	2	11	17	24	32	39	46
27 ~ 31	—	—	—	—	10	17	25	34	42	50
32 ~ 36	—	—	—	—	9	15	23	30	38	45
37 ~ 41	—	—	—	—	7	13	20	27	33	40
42 ~ 46	—	—	—	—	6	12	18	25	31	37
47 ~ 51	—	—	—	—	—	10	16	22	28	34
52 ~ 56	—	—	—	—	—	9	15	20	26	31
57 ~ 61	—	—	—	—	—	8	13	18	23	28
≥62	—	—	—	—	—	7	12	16	21	25
评分	10	20	30	40	50	60	70	80	90	100

60分为及格，90分为优秀。

[源自：U.S. Department of the Army，1998[24].]

表13.13 YMCA卧推测试标准

百分等级	年龄/岁											
	18~25		26~35		36~45		46~55		56~65		>65	
	男	女	男	女	男	女	男	女	男	女	男	女
90	44	42	41	40	36	33	28	29	24	24	20	18
80	37	34	33	32	29	28	22	22	20	20	14	14
70	33	28	29	28	25	24	20	18	14	14	10	10
60	29	25	26	24	22	21	16	14	12	12	10	8
50	26	21	22	21	20	17	13	12	10	9	8	6
40	22	18	20	17	17	14	11	9	8	6	6	4
30	20	16	17	14	14	12	9	7	5	5	4	3
20	16	12	13	12	10	8	6	5	3	3	2	1
10	10	6	9	6	6	4	2	1	1	1	1	0

分数为1min内完成卧推的重复次数，男子使用80lb（约36kg）杠铃，女子使用35lb（约16kg）。

[源自：YMCA，2000[125].]

表13.14 20~29岁男性的最大摄氧量测试、1.5mile（约2.4km）跑、坐位体前屈测试和身体成分测试成绩的百分等级

百分等级	最大摄氧量/（$mL \cdot kg^{-1} \cdot min^{-1}$）	1.5mile（2.4km）跑步时间/min:s	坐位体前屈测试*		体脂/%
			in	cm	
99	60.5	8：29			4.2
90	54.0	9：34	22	55.9	7.9
80	51.1	10：09	20	50.8	10.5
70	47.5	10：59	19	48.3	12.6
60	45.6	11：29	18	45.7	14.8
50	43.9	11：58	17	43.2	16.6
40	41.7	12：38	15	38.1	18.6
30	39.9	13：15	14	35.6	20.7
20	38.0	14：00	13	33.0	23.3
10	34.7	15：30	11	27.9	26.6
01	26.5	20：58			33.4

*坐位体前屈测试针对18到25岁男性。

[源自：American Collage of Sports Medicine，2014，*ACSM's guidelines for exercise testing and prescription*，9th ed. (Baltimore，MD; Lippincott，Williams，and Wilkins).]

表13.15 20~29岁女性的最大摄氧量测试、1.5mile（约2.4km）跑、坐位体前屈测试和身体成分测试成绩的百分等级

百分等级	最大摄氧量/（mL·kg⁻¹·min⁻¹）	1.5mile（2.4km）跑步时间/min:s	坐位体前屈测试*		体脂/%
			in	cm	
99	54.5	9：30			11.4
90	46.8	11：10	24	61.0	15.1
80	43.9	11：58	22	55.9	16.8
70	41.1	12：51	21	53.3	18.4
60	39.5	13：24	20	50.8	19.8
50	37.8	14：04	19	48.3	21.5
40	36.1	14：50	18	45.7	23.4
30	34.1	15：46	17	43.2	25.5
20	32.3	16：46	16	40.6	28.2
10	29.5	18：33	14	35.6	33.5
01	23.7	23：58			38.6

*坐位体前屈测试针对18到25岁女性。

[源自：American Collage of Sports Medicine，2014，*ACSM's guidelines for exercise testing and prescription*，9th ed. (Baltimore，MD; Lippincott，Williams，and Wilkins).]

表13.16 30~39岁男性的最大摄氧量测试、1.5mile（约2.4km）跑、坐位体前屈测试和身体成分测试成绩的百分等级

百分等级	最大摄氧量/（mL·kg⁻¹·min⁻¹）	1.5mile（2.4km）跑步时间/min:s	坐位体前屈测试*		体脂/%
			in	cm	
99	58.3	8：49			7.3
90	51.7	10：01	21	53.3	12.4
80	48.3	10：46	19	48.3	14.9
70	46.0	11：22	18	45.7	16.8
60	44.1	11：54	17	43.2	18.4
50	42.4	12：24	15	38.1	20.0
40	40.7	12：58	14	35.6	21.6
30	38.7	13：44	13	33.0	23.2
20	36.7	14：34	11	27.9	25.1
10	33.8	15：57	9	22.9	27.8
01	26.5	20：58			34.4

*坐位体前屈测试针对26到35岁男性。

[源自：American Collage of Sports Medicine，2014，*ACSM's guidelines for exercise testing and prescription*，9th ed. (Baltimore，MD; Lippincott，Williams，and Wilkins).]

表13.17　30~39岁女性的最大摄氧量测试、1.5mile（约2.4km）跑、坐位体前屈测试和身体成分测试成绩的百分等级

百分等级	最大摄氧量/（mL·kg^{-1}·min^{-1}）	1.5mile（2.4km）跑步时间/min:s	坐位体前屈测试*		体脂/%
			in	cm	
99	52.0	9：58			11.2
90	45.3	11：33	23	58.4	15.5
80	42.4	12：24	22	55.9	17.5
70	39.6	13：24	21	53.3	19.2
60	37.7	14：08	20	50.8	21.0
50	36.7	14：34	19	48.3	22.8
40	34.2	15：43	17	43.2	24.8
30	32.4	16：42	16	40.6	26.9
20	30.9	17：38	15	38.1	29.6
10	28.0	19：43	13	33.0	33.6
01	22.9	24：56			39.0

*坐位体前屈测试针对26到35岁女性。

[源自：American Collage of Sports Medicine，2014，*ACSM's guidelines for exercise testing and prescription*，9th ed. (Baltimore，MD; Lippincott，Williams，and Wilkins).]

表13.18　不同运动项目中运动员的最大摄氧量的标准化数据

等级	参加这项运动的运动员的最大摄氧量/（$mL \cdot kg^{-1} \cdot min^{-1}$）男性	女性	运动项目
极高	＞69	＞59	越野滑雪 中距离跑步 长跑
非常高	63~69	54~59	自行车 划船 竞走
高	57~62	49~53	足球 中距离游泳 划船比赛 手球 壁球 速度滑冰 花样滑冰 高山滑雪 摔跤
高于平均	52~56	44~48	篮球 芭蕾舞 美式橄榄球（进攻跑锋，防守线卫） 体操 曲棍球 赛马 短道游泳 网球 短跑 跳跃类
平均水平	44~51	35~43	棒球，垒球 美式橄榄球（线锋，四分卫） 铅球 铁饼 奥林匹克举重 健美

[源自：Nieman，1995[78].]

表13.19 12min跑的百分等级

百分等级	年龄/岁					
	20~29		30~39		40~49	
	km	mile	km	mile	km	mile
男子						
90	2.90	1.81	2.82	1.75	2.72	1.69
80	2.78	1.73	2.67	1.66	2.57	1.60
70	2.62	1.63	2.56	1.59	2.46	1.53
60	2.54	1.58	2.48	1.54	2.40	1.49
50	2.46	1.53	2.40	1.49	2.30	1.43
40	2.37	1.47	2.32	1.44	2.22	1.38
30	2.29	1.42	2.24	1.39	2.14	1.33
20	2.20	1.37	2.14	1.33	2.06	1.28
10	2.06	1.28	2.01	1.25	1.95	1.21
女子						
90	2.59	1.61	2.53	1.57	2.43	1.51
80	2.46	1.53	2.40	1.49	2.27	1.41
70	2.35	1.46	2.27	1.41	2.20	1.37
60	2.27	1.41	2.19	1.36	2.11	1.31
50	2.20	1.37	2.14	1.33	2.04	1.27
40	2.12	1.32	2.04	1.27	1.96	1.22
30	2.03	1.26	1.95	1.21	1.90	1.18
20	1.95	1.21	1.88	1.17	1.82	1.13
10	1.82	1.13	1.75	1.09	1.70	1.05

[源自：ACSM，2014，*ACSM's guidelines for exercise testing and prescription*，9th ed. (Philadelphia: Wolters Kluwer Health/Lippincott Williams & Wilkins)，88.]

表13.20 不同人群Yo-Yo间歇恢复测试的描述性数据*

团体、运动或位置	运动员人数	IRT1	
		距离/m	距离/yd
美国国家足球队（男子）[74]	18	2260±80	2472±87
美国国家足球队（男子）[74]	24	2040±60	2231±66
美国国家橄榄球联盟（男子）[4]	23	1656±403	1811±441
半职业橄榄球联盟（男子）[4]	27	1564±415	1710±454
美国国家足球队（女子）[76]	17	1224±255	1339±279
美国国家足球队（男子）[76]	17	2414±456	2640±499
美国国家青年足球队（女子）[76]	17	826±160	903±175
美国国家青年足球队（男子）[76]	17	2092±260	2287±284
17岁以下足球（男子）[25]	60	1556±478	1702±523
16岁以下橄榄球联会（男子）[85]	150	1150±403	1258±441
14岁以下精英篮球（男子）[116]	15	1100±385	1203±421
15岁以下精英篮球（男子）[116]	15	1283±461	1403±504
17岁以下精英篮球（男子）[116]	17	1412±245	1544±268
18岁以下盖尔式足球（男子）[22]	265	1465±370	1602±405

*列出的值是平均值±标准差。数据应仅被视为描述性的，而非标准化的。

表13.21 不同人群敏捷性测试的描述性数据*

团体、运动或位置	运动员人数	时间（s）			
		PRO敏捷性测试	T形跑测试	505敏捷性测试	六边形测试
大学足球（女子）[118]	51	4.88±0.20			
高中足球（女子）[118]	83	4.91±0.22			
大学长柄曲棍球（女子）[118]	79	4.99±0.24			
美国国家垒球队（女子）[80]	10			2.66±0.14	
美国国家篮球队（女子）[105]	12			2.69±0.28	
大学学生（女子）[97]	34		11.92±0.52		
大学学生（男子）[97]	52		10.08±0.46		
NCAA二级足球（男子）[63]	12	4.80±0.33			
业余（非专业）运动员（女子）[108]	20	5.23±0.25	11.70±0.67		
业余（非专业）运动员（男子）[108]	24	4.67±0.21	10.31±0.46		
高中橄榄球联盟（男子）[113]	70			2.42±0.12	
高中橄榄球联盟（男子）[36]	28			2.30±0.13	
高中橄榄球联盟（男子）[112]	302			2.49±0.14	
高中橄榄球联盟（男子）[112]	870			2.51±0.15	
美国国家青年排球队（男子）[33]	14		9.90±0.17		
美国国家青年排球队（女子）[33]	15		10.33±0.13		
NCAA一级长柄曲棍球（女子）[117]	84	4.99±0.23			
NCAA三级长柄曲棍球（女子）[49]	11	4.92±0.22	10.50±0.60		
MLB棒球（男子）[50]	62	4.42±0.90			
AAA棒球（男子）[50]	52	4.53±0.20			
AA棒球（男子）[50]	50	4.42±0.68			
A棒球（男子）[50]	84	4.48±0.54			
新手棒球（男子）[50]	90	4.54±0.19			
高中排球（女子）[98]	27		10.96±0.58		
NCAA一级排球（女子）[98]	26		10.65±0.52		
业余（非专业）运动员（女子）[86]	52		12.52±0.90		13.21±1.68
业余（非专业）运动员（男子）[86]	58		10.49±0.89		12.33±1.47
大学运动员（女子）[86]	56		10.94±0.60		12.87±1.48
大学运动员（女子）[86]	47		9.94±0.50		12.29±1.39

*列出的值是平均值 ± 标准差。数据应仅被视为描述性的，而非标准化的。

表13.22 NCAA一级运动员PRO敏捷性测试成绩（单位为s）的百分等级

% 等级	女子 排球	女子 篮球	女子 垒球	男子 篮球	男子 棒球	男子 美式橄榄球
90	4.75	4.65	4.88	4.22	4.25	4.21
80	4.84	4.82	4.96	4.29	4.36	4.31
70	4.91	4.86	5.03	4.35	4.41	4.38
60	4.98	4.94	5.10	4.39	4.46	4.44
50	5.01	5.06	5.17	4.41	4.50	4.52
40	5.08	5.10	5.24	4.44	4.55	4.59
30	5.17	5.14	5.33	4.48	4.61	4.66
20	5.23	5.23	5.40	4.51	4.69	4.76
10	5.32	5.36	5.55	4.61	4.76	4.89
平均值	5.03	5.02	5.19	4.41	4.53	4.54
标准差	0.20	0.26	0.26	0.18	0.23	0.27
样本量	81	128	118	97	165	869

数据通过电子装置获得。

[源自：Hoffman，2006[47].]

表13.23 不同人群直线冲刺测试的描述性数据*

团体、运动或位置	运动员人数	时间/s		
		10m	20m	40m
大学足球（女子）[118]	51		3.38±0.17	5.99±0.29
高中足球（女子）[118]	83		3.33±0.15	5.94±0.28
大学长柄曲棍球（女子）[118]	79		3.37±0.14	5.97±0.27
NCAA一级足球（女子）[67]	15	2.31±0.25		
16岁以下橄榄球联盟（男子）[114]	67	1.82±0.07	3.13±0.00	
17岁以下橄榄球联盟（男子）[114]	50	1.81±0.06	3.12±0.10	
18岁以下橄榄球联盟（男子）[114]	56	1.80±0.06	3.09±0.10	
19岁以下橄榄球联盟（男子）[114]	89	1.82±0.07	3.11±0.12	
20岁以下橄榄球联盟（男子）[114]	22	1.79±0.06	3.07±0.12	
美国国家足球队（男子）[123]	17	1.82±0.30	3.00±0.30	
美国国家橄榄球联盟（男子）[7]	20	1.61±0.06		5.15±0.02
州级橄榄球联盟（男子）[7]	20	1.66±0.06		5.13±0.02
美国国家橄榄球联盟前锋（男子）[20]	12	1.66±0.20	3.00±0.08	
美国国家橄榄球联盟后卫（男子）[20]	6	1.65±0.15	2.91±0.10	
州级橄榄球联盟（男子）[36]	26	2.06±0.18	3.36±0.23	5.83±0.31
美国国家橄榄球联会（男子）[21]	30	1.69±0.10	2.93±0.20	
美国国家橄榄球联盟前锋（男子）[72]	63			5.27±0.19
美国国家橄榄球联盟后卫（男子）[72]	55			5.08±0.20

续表

团体、运动或位置	运动员人数	时间/s		
		10m	20m	40m
美国国家羽毛球队（男子）[120]	12	1.94±0.18	3.35±0.30	
美国国家橄榄球联盟（男子）[34]	58	1.73±0.07		5.25±0.17
18岁以下精英橄榄球联盟（男子）[36]	28	1.81±0.08	3.11±0.12	5.56±0.22
18岁以下次精英橄榄球联盟（男子）[36]	36	1.94±0.11	3.28±0.18	5.83±0.35
高中橄榄球联盟（男子）[112]	302	1.88±0.12	3.23±0.16	
高中橄榄球联盟（男子）[112]	870	1.90±0.12	3.27±0.19	
美国国家青年排球队（女子）[33]	20	1.90±0.01		
美国国家青年排球队（男子）[33]	14	1.80±0.02		
18岁以下澳式橄榄球（男子）[127]	177		3.13±0.09	
NCAA 三级足球（男子）[63]	12	1.96±0.11		5.79±0.31
NCAA 一级足球（男子）[102]	27	1.70±0.10		4.90±0.20
美国国家澳式橄榄球队（男子）[126]	35	1.89±0.07	3.13±0.10	5.40±0.17
美国国家澳式橄榄球队（男子）[126]	30	1.70±0.06	2.94±0.08	
美国国家足球队（女子）[42]	85	1.67±0.07		
美国国家足球队（女子）[42]	47	1.70±0.07		
美国国家足球队（女子）[1]	17		3.17±0.03	
美国国家足球队（男子）[106]	270	2.27±0.40	3.38±0.70	
18岁以下盖尔式足球（男子）[22]	265		3.22±0.15	
		10yd（约9.1m）	20yd（约18.3m）	40yd（约36.6m）
NCAA 一级长柄曲棍球（女子）[117]		1.99±0.10	3.37±0.14	5.97±0.26
MLB 棒球（男子）[50]	62	1.52±0.10		
AAA 棒球（男子）[50]	52	1.55±0.09		
AA 棒球（男子）[50]	50	1.58±0.07		
A 棒球（男子）[50]	84	1.59±0.07		
新手棒球（男子）[50]	90	1.57±0.09		

*列出的值是平均值 ± 标准差。数据应仅被视为描述性的，而非标准化的。

表13.24　平衡误差评分系统（BESS）测试的标准化数据

年龄	女子	男子
20~29	11.9±5.1	10.4±4.4
30~39	11.4±5.6	11.5±5.5
40~49	12.7±6.9	12.4±5.7
50~54	15.1±8.2	13.6±6.9
55~59	16.7±8.2	16.4±7.2
60~64	19.3±8.8	17.2±7.1
65~69	19.9±6.6	20.0±7.3

[源自：Iverson and Koehle，2013[54].]

表13.25 不同人群采用皮褶厚度测量估算身体密度的公式

SKF位置[a]	人群细分	性别	年龄	公式	参考
S7SKF（胸部+腹部+肱三头肌+肩胛骨下缘+髂嵴+腋下+大腿）	非洲裔或拉美裔	女子	18~55岁	Db（g/cc）[b]=1.0970 −0.00046971（S7SKF）+0.00000056（S7SKF）^{2} −0.00012828（年龄）	Jackson等[57]
S7SKF（胸部+腹部+肱三头肌+肩胛骨下缘+髂嵴+腋下+大腿）	非洲裔或运动员	男子	18~61岁	Db（g/cc）[b]=1.1120 −0.00043499（S7SKF）+0.00000055（S7SKF）^{2} −0.00028826（年龄）	Jackson和Pollock[55]
S4SKF（肱三头肌+髂嵴+腹部+大腿）	运动员	女子	18~29岁	Db（g/cc）[b]=1.096095 −0.0006952（S4SKF）−0.0000011（S4SKF）^{2} −0.0000714（年龄）	Jackson等[57]
S3SKF（肱三头肌+髂嵴+大腿）	非拉美裔白人或患有厌食症的人	女子	18~55岁	Db（g/cc）[b]=1.0994921 −0.0009929（S3SKF）+0.0000023（S3SKF）^{2} −0.0001392（年龄）	Jackson等[57]
S3SKF（胸部+腹部+大腿）	非拉美裔白人	男子	18~61岁	Db（g/cc）[b]=1.109380 −0.0008267（S3SKF）+0.0000016（S3SKF）^{2} −0.0002574（年龄）	Jackson和Pollock[55]
S2SKF（肱三头肌+小腿）	非洲裔或非拉美裔白人	男孩	6~17岁	%BF=0.735（S2SKF）+1.0	Slaughter等[103]
S2SKF（肱三头肌+小腿）	非洲裔或非拉美裔白人	女孩	6~17岁	%BF=0.610（S2SKF）+5.1	Slaughter等[103]
髂嵴，肱三头肌	运动员	女子	高中和大学年龄段	Db（g/cc）[b]=1.0764 −（0.00081×3髂嵴）−（0.00088×3肱三头肌）	Sloan和Weir[104]
大腿，肩胛骨下缘	运动员	男子	高中和大学年龄段	Db（g/cc）[b]=1.1043 −（0.00133×3大腿）−（0.00131×3肩胛骨下缘）	Sloan和Weir[104]
S3SKF（肱三头肌+腹部+大腿）	运动员	男子或女子	18~34岁	%BF=8.997+（S3SKF）−6.343（性别[c]）−1.998（族群[d]）	Evans等[28]

[a] SSKF=皮褶厚度总和（mm），例如，S7SKF代表7个部位的皮褶厚度之和；Db=身体密度；g/cc=g/cm^3。

[b] 采用特定人群转化公式（见表13.26）将身体密度转化为体脂百分比。

[c] 男性运动员=1；女性运动员=0。

[d] 非洲裔运动员=1；非拉美裔白人运动员=0。

[源自：V. H. Heyward，1998，*Advanced fitness assessment and exercise prescription*，3rd ed. (Champaign，IL: Human Kinetics)，155.]

表13.26 特定人群身体密度推算体脂百分比的公式

人群细分	年龄	性别	%BF[a]
人种			
印第安人	18~60	女性	（4.81/Db）-4.34
非洲裔	18~32	男性	（4.37/Db）-3.93
	24~79	女性	（4.85/Db）-4.39
拉美裔	20~40	女性	（4.87/Db）-4.41
日本人	18~48	男性	（4.97/Db）-4.52
		女性	（4.76/Db）-4.28
	61~78	男性	（4.87/Db）-4.41
		女性	（4.95/Db）-4.50
非拉美裔白人	7~12	男性	（5.30/Db）-4.89
		女性	（5.35/Db）-4.95
	13~16	男性	（5.07/Db）-4.64
		女性	（5.10/Db）-4.66
	17~19	男性	（4.99/Db）-4.55
		女性	（5.05/Db）-4.62
	20~80	男性	（4.95/Db）-4.50
		女性	（5.01/Db）-4.57
体脂水平			
患有厌食症的人	15~30	女性	（5.26/Db）-4.83
肥胖的人	17~62	女性	（5.00/Db）-4.56
运动员[b]	高中和大学年龄段	男性和女性	（4.57/Db）-4.142

BF=体脂；Db=身体密度。

[a]将该列的计算值乘以100，得到百分比值。

[b]使用这个公式与表13.25中的Sloan和Weir公式。

[源自：Heyward and Stolarczyk，1996[46].]

表13.27　不同运动项目的运动员的体脂百分比的描述性数据

等级	参加这项运动的运动员的体脂典型百分比		运动项目
	男性	女性	
极瘦	<7	<15	体操 健美（竞技状态） 摔跤（竞技状态） 越野比赛
非常瘦	8~10	16~18	男子篮球 壁球 划船 足球 田径十项全能（男子） 田径七项全能（女子）
低于平均水平	11~13	19~20	男子棒球 皮划艇 高山滑雪 速度滑冰 奥林匹克举重
平均水平	14~17	21~25	女子篮球 美式橄榄球四分卫、踢球手和线卫 冰球 赛马 网球 铁饼 排球 女子垒球 力量举
高于平均水平	18~22	26~30	美式橄榄球（线锋） 铅球

[源自：Nieman, 1995[78].]

第 14 章

准备活动与柔韧性训练

伊恩·杰弗里斯（Ian Jeffreys），PhD
译者：黄佳敏、周爱国
审校：杨斌、朱昌宇

完成这一章的学习后，你将能够：

- 明确运动前的准备活动的组成要素及其益处；
- 设计高效的准备活动计划；
- 明确影响柔韧性的因素；
- 利用PNF原理进行运动拉伸；
- 选择和应用合适的静态与动态拉伸方法。

本章主要涉及2个知识领域，分别为准备活动和柔韧性训练。虽然这两方面往往紧密相连，但区分二者仍非常重要，因为它们各自的作用存在着显著区别。准备活动旨在让运动员为即将开始的训练和比赛做好准备，提升运动表现，同时降低受伤概率。本章介绍了准备活动的目的，并为设计高效的准备活动计划提供了结构与内容方面的建议。另一方面，柔韧性训练旨在改善关节活动度，且通常运用不同形式的拉伸来实现这一目的。本章介绍了影响柔韧性的相关因素，以及如何运用不同的拉伸方法来改善柔韧性。

准备活动

目前，准备活动几乎已被普遍接受，并作为训练课或比赛不可分割的一部分[10]。本质上，其目标为让运动员在身心上为训练和比赛做好准备[51]。一份精心设计的准备活动计划能使运动员产生多种生理反应，进而提高运动表现。这些生理反应可以分为：与体温有关的效应以及与体温无关的效应[10]。与体温有关的效应包括肌肉温度、核心温度的上升[68]，神经功能改善以及结缔组织暂时性粘连的减少[33]；而与体温无关的效应包括肌肉血流量增加、基础耗氧量增加以及激活后增强效应的产生[10]。主动准备活动相较于被动准备活动产生的效果更好[33]，其对运动表现产生的积极效果如下：

- 主动肌与拮抗肌更加快速地收缩和放松[51]；
- 改善力的发展速率和反应时[3]；
- 提高肌肉力量和爆发力[9, 33]；
- 降低肌肉和关节的黏滞性[33]；
- 由于波尔效应改善了氧气运输能力，因此较高的体温促进了氧气从血红蛋白和肌红蛋白的释放[68]；
- 增加运动肌肉的血流量[68]；
- 提高代谢反应[33]；
- 增强对比赛的心理准备[10]。

尽管有大量研究表示准备活动对运动表现的影响很小，但它们普遍认为其所带来的影响是正面的[42]。这些正面的影响包括耐力（有氧耐力和无氧耐力）水平的提高、相关身体素质指标（例如跳跃能力）的改善以及实际运动表现的提升[42]。另一个已被证实的观点是，影响运动表现改善程度的主要因素是准备活动的内容结构和准备活动的专项性[42]。准备活动有许多内容可供选择，只要安排方式有助于解决运动专项以及运动员个体的生理、生物力学和心理层面的需求即可。

> 准备活动的结构会影响运动表现的改善程度；因此，准备活动应当符合专项特点。

传统上认为，有效的准备活动能够降低受伤概率。尽管目前没有明确的研究结果证实准备活动能够预防伤病，但现有的证据认为积极效果或许还是存在的[41, 85, 86]。例如，肌肉温度的升高有助于预防肌肉拉伤[81]。

准备活动的组成要素

普遍建议准备活动的内容应包括：一段时间的有氧运动，之后是拉伸，最后以一段时间的专项练习结束[42]。传统准备活动建立在这些内容之上，通常包括2个关键阶段。

第一阶段是一般准备活动阶段[21, 77]，通常由5min的低强度有氧运动组成，例如慢跑、跳绳或骑车。这一阶段的目的是增加心率、血流量、深层肌肉温度、呼吸频率、出汗以及降低关节液的黏滞性[30]。有氧运动之后通常是进行一般性拉伸，目的是使关节活动度达到之后的运动所需的要求。

一般准备活动阶段之后是专项准备活动阶段，由与运动专项相似的一系列动作组成。这一阶段还需练习专项技术[100]。

整个准备活动应逐步进行，在不造成疲劳、减少体内能源储备的前提下，达到提升肌肉温度及核心温度所需的足够的运动强度[68]。热身活动通常需持续10~20min。大部分训练课中存在准备活动时间偏短的情况。而那些将准备活动融入主课之中或者在特定比赛的情况下，持续时间往往偏长。准备活动结束与正式训练开始之间的休息时间不应超过15min（超过15min，准备活动所带来的积极效应就会开始消失）[33]。

准备活动的目标与结构

尽管一般和专项准备活动的结构已被普遍接受，但其具体内容形式却是多种多样的。因此，尽管运动员们可能都会做准备活动，但很难确保他们的准备活动内容能够为之后的运动表现带来最大的提升[42]。制定准备活动计划时应充分考虑对之后的运动表现产生的影响。同样，制定准备活动计划时应对赛前准备活动和更常见的训练前准备活动加以区分。赛前准备活动的目的是最大限度地提升在随后比赛中的运动表现，而训练前准备活动的目的同样是最大限度地提升训练中的运动表现。准备活动可以以其他富有成效的方式提高运动表现，因此，应该适当地对其进行计划。为了获得最好的效果，此计划还应考虑准备活动如何有助于运动员的长远发展；因此，准备活动计划应有短期、中期和长期的考虑。

中长期计划已成为近年来针对高效的准备活动的设计趋势。运动员在训练中总要花大量的时间做准备活动，如果能够充分利用好这段时间，可使准备活动成为教练员提升运动员竞技成绩的重要途径[54]。高效的准备活动应该作为训练课的一部分，而非单独孤立出来[54]。大多数训练中的准备活动的持续时间为10~20min，这在整堂训练课的持续时间中占了相当大的比重；只要计划设计得当，准备活动可以极大地促进运动员的整体发展，还将有助于运动员为之后的训练做好准备。

> 准备活动是训练课的一部分。体能教练在设计准备活动内容的时候应有短期、中期和长期计划，这将有助于运动员的整体发展。

最佳的准备活动计划应该是存在的[89]，其具体设计与准备活动类型（训练或比赛准备活动）、准备活动的任务、个体因素和环境因素有关。许多准备活动形式是有效的，关键是教练员的准备活动计划应围绕一个体系来设计。尽管一般与专项准备活动的体系是有效的，但可能还需要补充一些有助于促进运动员短期和长期发展的方法手段。一种被许多教练所采用并且满足一个有效准备活动所需具备的一切条件的体系是提升－激活与灵活性－增强（RAMP）体系[54]。该体系建立在一般与专项准备活动结构的基础之上，同时穿插一些有助于提升运动员短期、中期以及长期运动表现的方法手段[54]。正如其名字中所揭示的，提升、激活与灵活性以及增强是该体系的3个关键阶段。

RAMP体系的第一阶段的内容旨在提升主要生理指标水平以及技术水平。该阶段与一般准备活动相似，其目的是通过低强度运动的形式增加体温、心率、呼吸频率、血流量以及改善关节液的黏滞性。然而，与传统的一般准备活动不同的是，该阶段并非让运动员单纯地进行一般有氧练习，而是试着模拟接下来的训练中所涉及的动作模式，或者是发展运动员个体所需的动作模式或动作技术。如此一来，该阶段从一开始就针对关键动作和技术能力，同时提供活动所需的生理效应。由于该阶段始终针对专项安排练习，因此还有助于使运动员在心理上为训练或比赛做好准备。

第二阶段的激活与灵活性练习与传统准备活动中的拉伸环节相似。在这一阶段，关键动作模式（例如深蹲和弓箭步）的练习可为随后的训练和运动员的整体发展做准备。运动员应专注于灵活性或活动范围内的主动移动，这需要将运动控制、稳定性和柔韧性相结合，同时与动作需求紧密相关[54]。其中，最大的争议是在准备活动中是否该安排静态拉伸，目前该争议仍然存在，而且相关的研究证据仍然无法给出确切的结论。一些研究则质疑了静态拉伸的实践意义[83, 84, 100]，认为其会损害肌肉性能[59]。一些研究证据表明，静态拉伸在某些方面对运动表现有负面影响，包括力量输出[8, 25–27, 35, 76]、爆发力表现[23, 92, 99, 100]、跑步速度[38]、反应/动作时间[7]以及力量耐力[73]。其他一些研究则没有发现静态拉伸会造成运动表现下降，而Kay和Blazevich[56]近期发表的一个研究结果则认为，有明确的证据证实短时间的静态拉伸不会对随后的运动表现产生负面影响，除非拉伸时间超过60s。然而，最近Simic及其同事[87]通过Meta分析所做的研究则质疑了Kay和Blazevich[56]的结论，认为他们的研究没有采用正确的统计学方法。Simic及其同事[87]认为，相较于长时间静态拉伸，短时间（<45s）的静态拉伸造成的运动表现下降程度相对较小，但运动表现下降的现象仍然存在，并且可能会影响比赛时的发挥。因此，体能教练在决定是否在此阶段安排静态拉伸时，应先进行利弊分析[65]。在设计该阶段准备活动的内容时，要考虑的最重要的一个因素是专项所需的关节活动度；相较于对关节活动度要求不高的项目，对关节活动度要求较高的项目的运动员可能需要在此阶段花费更多的时间[46, 97]。

基于上述这些观点，在准备活动中安排激活与灵活性阶段较之于传统的拉伸阶段，有助于教练员更好地选择练习。目前并没有发现拉伸与伤病的预防[47, 50, 75, 86, 89]或运动后的肌肉酸痛[55]之间存在直接联系，因此准备活动应更多地把注意力放在运动表现提升上。准备活动中所安排的练习除了需有助于运动员为之后的训练课做好准备外，还需能够提高运动员的整体动作表现能力。那些涵盖了运动员所需的关键动作模式，进而有助于运动员发展必要的运动控制能力以及灵活性的练习内容，才是准备活动在该阶段理想的练习[54]。类似地，该阶段有助于解决运动员所存在的专项动作问题[54]。

使用动态拉伸和灵活性练习能带来很多好处。此外，在准备活动的提升阶段已经升高的体温也可通过动态拉伸得以保持[54]。再者，能够将多个关节整合到一起的拉伸动作往往是那些与专项相似的多平面动作。因此，动态拉伸更省时间，这在训练时间有限的情况下是相当重要的[49, 54]。除了这些优势之外，还有研究发现，动态拉伸和灵活性练习能够提高跑步的运动表现水平[38, 66, 98]，因此这些类型的练习相比于其他类型的练习更适合安排在绝大多数项目的准备活动当中[54]。

作为第三阶段的增强阶段与专项准备活动相似，但更重视运动强度。运动员将在该阶段进行一系列专项练习，强度逐渐提高直至达到接下来的比赛或训练所需的程度。这一阶段对之后训练或比赛的运动表现至关重要，尤其是在需要运动员表现出较高水平的速度、力量和爆发力的情况下，而在传统准备活动中常常是被忽略的。实际上，专项训练的爆发力需求越高，准备活动的增强阶段就越重要[17]，而进行高强度动态练习有助于提升之后训练时的运动表现水平[11, 14, 36, 99]。比赛准备活动应涵盖一系列逐步进阶的专项练习，使运动员在心理上和生理上为发挥最佳运动表现水平做好准备[11]。对于训练课准备活动，则应该在把重点放在即将到来的训练课之中，还应同时为运动员的长期发展考虑。只要进行精心地设计，该阶段的准备活动就能够成为训练的关键部分，并成为发展运动表现相关要素（例如速度和敏捷性）的好机会[54]。针对这个阶段进行有效的训练计划设计，可以将大量的时间用于发展身体的关键要素，而且不需要增加总体的训练时间[54]。实际上，该阶段最终决定了准备活动的最佳时长，因为增强阶段可成为训练课的关键组成部分，并与后面的训练（例如速度训练和敏捷性训练）更好地衔接。在这些情况下，训练课中的准备活动的时间往往更长，但能够逐步推进，并最终与主课部分形成无缝衔接。

柔韧性

关节的运动幅度被称为**关节活动度（range of motion，ROM）**。关节活动度的测量结果即**柔韧性**，有静态和动态之分。**静态柔韧性**是在被动活动的情况下[40, 44]，关节及其周围肌肉可能达到的活动度[22, 30]。进行静态柔韧性练习时，借由重力、同伴或器械施加外力，肌肉不需要进行自主运动。**动态柔韧性**指的是通过主动运动所达到的关节活动度，因此需要肌肉的自主运动。动态关节活动度通常比静态关节活动度更大。静态关节活动度和动态关节活动度的关系始终存在争议[52]，至今仍未有结论，而且在现实生活中，正常的活动度不能确保运动员具有正常的动作模式[19]。因此，无法确定静态柔韧性的测量结果与运动表现之间的直接关系。

在判断哪一种柔韧性更重要时，需结合运动的本质进行考虑。柔韧性的一个关键作用是它会影响运动员的动作。因此，孤立地看待柔韧性是错误的，因为正常的关节活动度无法确保运动员具有正常的动作模式[19]。如此一来，用“灵活性”（mobility）这个词也许更好，因为“灵活性”这一概念里还包括了动作，而动作的元素里还涉及其他方面，例如，平衡协调性、姿势控制协调性以及本体感觉[19]。因此，在“灵活性”的概念里，柔韧性是一种动态能力，运动员在表现出自己一定的关节活动度的同时需具备控制能力、协调性以及力量。当思考柔韧性在运动表现中的重要程度时，这么理解是较好的。的确，如果未能在改善关节活动度的同时建立起相应的运动控制能力，那么就无法使之产生提升运动表现的作用[82]。

柔韧性与运动表现

柔韧性对运动表现的影响与运动员所从事的运动项目的类型有关，而柔韧性最好的运动员并不总是最成功的[82]。因此，在训练中优化柔韧性与运动专项的关系，相较于单纯地改善柔韧性来说，更为重要[71]。不同的专项对关节活动度的要求各不相同，而运动员的柔韧性会影响他们的动作质量[45, 89]。体能教练还需知道在一定的关节活动度内所应当具备的运动模式，因为这会影响到之后的训练思路。增大关节活动度的目的往往与提升运动表现有关，通常包括在关节活动度终末端发力的能力和表现出专项所需的关键技术的能力。有时候，改善关节活动度甚至会成为运动员的爆发力训练计划里不可或缺的一环，因为关节活动度的增大能够使运动员的发力时间延长，使最终所产生的冲量增大，对许多运动项目来说，这都有助于运动表现的提高[67]。因此，体能教练既要知道运动员所需的最佳关节活动度，又要知道他们在该关节活动度下所需具备的发力模式，并应在训练时关注二者的协调发展，以促进运动员运动表现的提升。

不同的专项和活动有各自的最佳柔韧性范围，如果运动员达不到相应的柔韧性要求，其伤病概率就可能会增大。还需注意的是，柔韧性不足和过好都会造成受伤的概率增大[78, 89]。另外，身体各处柔韧性的不平衡也会使运动员的受伤概率增大[57, 58]。

影响柔韧性的因素

有许多解剖学因素和训练因素会影响柔韧性。有些因素无法通过训练获得改变，如关节结构、年龄和性别。然而，还有其他因素是可以改变的。因此，在设计柔韧性训练计划时，这些也是非常重要的考虑因素。长期的拉伸训练能够带来各种正向影响的积累，包括柔韧性改善和力量素质的提高[82]。体能教练在安排柔韧性练习及设计柔韧性训练计划时，应考虑到每个运动员的个体情况及其专项需求。

关节结构

关节结构决定了其活动度[66]。球窝关节（如髋关节和肩关节）能在所有的解剖学平面内运动，在所有关节中具备最大的关节活动度[2]。腕关节是椭圆关节（一块椭圆形的骨嵌合进椭圆形的关节腔中），能够在矢状面和冠状面内运动；它的关节活动度明显低于肩关节和髋关节的关节活动度[2]。相对地，膝关节是一种改良了的滑车关节，其运动主要发生在矢状面内，它的关节活动度比球窝关节和腕关节这样的椭圆关节都要小。关节类型、关节面的形状、关节周围的软组织都会影响关节的活动度。

年龄和性别

年轻人相较老年人的柔韧性更好[95]，女性相较男性的柔韧性更好[44]。造成年轻男性和年轻女性的柔韧性差异的原因，部分可能是在于他们的身体结构和解剖学上的差异，以及所参与的运动的类型的不同。老年人正经历纤维化的过程，即用纤维化的结缔组织替代退化的肌纤维[2]。纤维化的原因可能是长期不活动以及在运动时倾向于使用较小的可用关节活动度。正如老年人能够提高力量一样，他们也可以通过适当的运动来改善柔韧性。

肌肉和结缔组织

大量的身体组织能对柔韧性产生影响。例如肌组织、肌肉–肌腱单位、肌腱、韧带、筋膜、关节囊和皮肤，它们都可能会限制关节活动度[30]。但这些组成对短期及长期柔韧性改善的贡献度至今仍不清楚，对弹性和塑性也有影响。结缔组织的弹性（在被动拉伸后恢复到最初静息长度的能力）和塑性（在被动拉伸后维持新的更长的长度的能力）则是影响关节活动度的另外两个因素[39, 96]。尽管目前尚不清楚不同组织类型的重要性以及个体反应的差异性，但拉伸运动可以通过利用结缔组织的塑性对其产生积极影响[12]。

拉伸的忍耐力

影响运动员柔韧性的一个重要因素是他们对于拉伸的忍耐力，即他们对于拉伸产生的不适感的忍受能力[82]。具有更大关节活动度的人往往对于拉伸的忍耐力更强，因此他们所能承受的拉伸强度往往更大[12]。经常进行拉伸的其中一个重要作用是提高运动员对拉伸的忍耐力，因此有助于促进柔韧性的进一步改善。

神经控制

运动员对关节活动度的控制主要由中枢神经系统和周围神经系统负责，而非其他结构[62]。神经系统具有传入和传出机制，从而能够产生反射活动和意识活动，最终实现控制运动员所能达到的关节活动度。有效的柔韧性训练计划具备对神经控制能力发展产生积极影响的关键作用，最终能实现关节活动度的改善。

抗阻训练

全面且适当的抗阻训练或许能够改善柔韧性[60, 88]，同时也有助于提高人体在新增加的关节活动度内发力的能力。在拉伸之余，可将力量训练作为发展柔韧性的重要辅助手段[82]。然而需要注意的是，进行小幅度的大负荷抗阻训练可能会降低关节活动度[30]。为防止关节活动度下降，运动员需要对主动肌和拮抗肌进行协调发展训练[16]，并且训练的运动幅度需要覆盖整个关节活动范围。

肌肉体积

肌肉体积的显著增长会妨碍关节运动，因此可能会对关节活动度的增长起反作用。例如肱二头肌和三角肌较为发达的运动员，在拉伸肱三头肌时可能会遇到困难[30]，这会造成他们在做高翻或在前蹲抓杠铃时很不方便。尽管通过调整训练计划能够减小肌肉体积，但这对于那些参与对爆发力要求高的项目的运动员（例如铅球运动员或美式橄榄球进攻前锋）来说可能是不实际的。体能教练始终要结合运动员的专项进行考虑：有时候对肌肉体积的要求可能会胜过对关节活动度的要求，但类似地，当关节活动度更重要时，就应当考虑到肌肉体积所带来的负面影响并据此安排训练计划。

活动水平

经常运动的人相比那些不运动的人具有更好的柔韧性[44]。尤其是运动中涉及柔韧性练习时更是如此，在进行其他运动（例如抗阻训练）时，这一说法同样成立。通过合理的抗阻训练，男性和女性都能够成功地提高他们的柔韧性[94]。需要明白的是，活动水平本身不会起到改善柔韧性的效果；如果要保持或提高关节柔韧性，那么进行柔韧性练习或者那些需要身体大幅度运动的练习则是必要的。

拉伸频率、持续时间和强度

对于不同形式的训练而言，频率、持续时间和强度都是设计训练计划时需要重点考虑的因素[28]。静态拉伸[13]和本体感觉神经肌肉易化拉伸[34]已被证实能够改善膝关节、髋关节、躯干、肩关节以及踝关节的柔韧性[89]。尽管如此，我们仍然不清楚柔韧性获得改善的确切机制。拉伸对关节活动度的即时效应是暂时性的，在拉伸练习过后即刻的效果最大；之后逐渐减小，柔韧性练习带来的显著效果的持续时间为3min[29]~24h[31]。

只有持之以恒地进行柔韧性训练，才能维持其效果[89]。研究发现，每周拉伸2次，每次至少5min已能够为柔韧性带来显著改善[40]。然而，关于专门性拉伸方面的文献研究仍然有限，尤其是在本体感觉神经肌肉易化拉伸方面[30]。

普遍建议的静态拉伸合理持续时间为15~30s[78]，研究发现，相较于更短的持续时间，这个持续时间能够带来更好的拉伸效果[79, 93]。研究建议持续时间30s为宜[4–6]，超出这一时间后，获得的拉伸效益会逐渐减小。另一个需要考虑的因素是每天的拉伸总时间，这与单次拉伸的持续时间同样重要[17, 79]。在进行静态拉伸时，运动员需在能够感到轻微不适（而非疼痛）的体位下进行练习。增加关节活动度不应以减小关节之间的协同运动能力为代价。在进行拉伸练习前，应先进行一段时间的一般性活动以提高肌肉温度。由于神经和血管在进行柔韧性练习时也会受到牵拉，因此应留意运动员是否有感觉丧失或放射性疼痛的情况。

运动员应在什么时候进行拉伸

为了得到最好的效果，应在以下时间进行拉伸。

- *在训练后或比赛后进行拉伸*。训练后应进行5~10min的拉伸。在训练后进行拉伸有利于改善关节活动度[43]，因为训练使肌肉温度升高[39]，体温升高能够增加肌肉和肌腱内胶原蛋白的弹性，有利于增加拉伸幅度。训练后进行拉伸还可能减少肌肉的酸痛感[77]，但在这方面仍然缺乏确凿的证据[1, 61]。
- *单独安排拉伸课*。如果运动员确实需要提高柔韧性，那么可能有必要额外安排拉伸课。对于这种情况，拉伸应安排在一般准备活动之后进行，因为进行一般准备活动能够使肌肉温度升高，从而有助于提高拉伸的有效性。如果在比赛后将这种形式的拉伸课作为恢复课，将特别有效。

本体感受器与拉伸

拉伸时涉及的2个重要本体感受器是肌梭和高尔基腱器。肌梭位于与梭外肌纤维平行排列的梭内肌纤维中，负责感受肌肉长度的变化[40]。在进行快速拉伸时，肌梭中的感觉神经元会支配脊柱中的运动神经元。然后运动神经元会使被拉伸的梭外肌纤维收缩，这就是所谓的牵张反射。在拉伸时，应避免由于肌梭受到刺激而引发牵张反射，因为肌肉的反射性运动会限制拉伸幅度。如果没有刺激到肌梭，那么肌肉就能够处于安静状态，从而能够实现更大幅度的拉伸。静态拉伸时的速度较慢（见“拉伸的类型”），因此不会引起牵张反射。而快速（弹震式和动态）拉伸则可能会刺激肌梭，引发牵张反射。

高尔基腱器是一种机械性感受器，位于肌肉肌腱的接合处附近，对肌肉张力的增加很敏感。当高尔基腱器受到刺激时，它会使肌肉反射性放松。肌肉在张力增加后进而变得放松的情况被称为自生抑制[18, 22, 72]。在对肌肉进行被动拉伸前，使其做主动收缩，即可获得自生抑制效应。在肌肉主动收缩时，所产生的张力会刺激高尔基腱器，而这会引发肌肉在随后的被动拉伸中产生反射性放松。此外，肌肉张力增加使其对侧的拮抗肌肉获得放松的情况被称为交互抑制[18, 72]。这种情况发生在一侧肌肉正处于被动拉伸的同时，其对侧肌肉在收缩的时候。此时正在收缩的肌肉由于张力增加，会刺激对侧的高尔基腱器，进而引起对侧被拉伸的肌肉同步产生反射性放松。

拉伸的类型

所谓拉伸，即在关节活动度内，将身体某一部分延展至感受到阻力的幅度，并在该幅度下施加外力。拉伸既可以是主动的也可以是被动的。主动拉伸即拉伸者自己施加力量进行拉伸。例如在坐位体前屈拉伸练习中，运动员通过收缩腹肌和屈髋肌以使躯干前屈，从而拉伸腘绳肌和下背部。被动拉伸即由同伴或借助拉伸器械来施加外力进行拉伸。

静态拉伸

静态拉伸缓慢而持续，并且需在终末端保持15~30s[4, 6]。静态拉伸时，肌肉在保持放松的同时被延长[37]。由于静态拉伸速度缓慢，因此不会引起被拉伸肌肉的牵张反射[20]；也因此，其造成损伤的概率要小于弹震式拉伸[2, 39, 90]。另外，静态拉伸较易学习，且研究已证实其能够有效地改善关节活动度[13]。尽管如果静态拉伸的强度太大可能会引起肌肉或结缔组织的损伤，但只要拉伸技术正确，就不会有不利影响。静态拉伸对许多项目的运动员都能起到改善柔韧性的效果。

在以静态形式进行坐位体前屈拉伸时，运动员坐在地上，下肢并拢，膝盖伸直，躯干前屈并使身体缓慢靠近脚踝。运动员借由躯干前倾逐步提高拉伸强度，直至他感到腘绳肌或下背部的轻微不适。运动员在该姿势下保持15~30s，然后缓慢返回至坐直的姿势。由于该拉伸动作缓慢，并且在终末端保持了一段时间，因此它属于静态拉伸。

弹震式拉伸

进行弹震式拉伸时，肌肉主动发力，产生反弹式运动，因此其在终末端不保持静止[70]。弹震式拉伸通常安排在训练前的准备活动中；然而，如果没有良好地控制或未能循序渐进进行，其可能会对肌肉或结缔组织造成损伤，尤其是在运动员之前已经有损伤的情况下[20]。弹震式拉伸通常会引发牵张反射，从而无法使被拉伸的肌肉得到放松，这可能会限制关节活动度，因此体能教练应该在训练中对此现象加以监督。

在以弹震式而非静态形式进行坐位体前屈拉伸时，运动员首先坐在地上，膝盖伸直，下肢并拢，上半身垂直于双腿；然后，运动员快速地使身体靠近脚踝，在终末端迅速反弹恢复至初始姿势，上半身仍然接近垂直于双腿。每次拉伸时，身体达至终末端的拉伸幅度应高于前一次。研究证实，弹震式拉伸在改善关节活动度方面具有与静态拉伸同样的效果[63]，因此也可以用于改善柔韧性[24]。然而，需小心谨慎以确保运动员已经做好立刻或长期进行弹震式拉伸的准备，如果运动员之前已经有损伤的情况，则更需特别关注。

动态拉伸

动态拉伸是一种功能性拉伸，它通过一系列一般及专项拉伸动作使身体为运动做好准备[64]。动态拉伸有时候也被认为是灵活性练习[3]，因为它将重点放在运动专项所需的动作上，而非单独某块肌肉。这种类型的拉伸密切模拟专项动作[48]，例如行进间抱膝这一拉伸练习模拟的就是短跑运动员高抬膝盖的动作。本质上，可以将动态拉伸理解为是专项所需的关节主动活动度练习。

动态拉伸和弹震式拉伸看似相似，但还是有许多关键的不同之处，而这些差异也造成了它们在效果上的显著差别，例如动态拉伸能够避免弹震式拉伸所产生的负面效果。动态拉伸避免了反弹式运动形式，并且相较于弹震式拉伸，其形式更具有可控性。虽然通过动态拉伸所获得的关节活动度通常小于通过弹震式拉伸所获得的关节活动度，但却能够提高运动员在整个关节活动范围内运动的主动控制能力，以及在活动度终末端保持的能力。

相较于在静态拉伸的终末端保持静止的能力而言，在整个关节活动度内主动运动的能力更具有专项性。动态拉伸的优势在于它有助于改善动态柔韧性，发展专项所需的动作模式以及关节活动度。因此，正如之前所探讨的，动态拉伸愈发成为准备活动中较为合适的一种拉伸方式。

与静态拉伸不同，在动态拉伸过程中，关节在整个关节活动范围内运动时，肌肉处于激活状态，而非放松状态，这与专项动作模式的实际情况更为接近。虽然动态拉伸是准备活动中较为理想的一种拉伸方式，但对于改善静态关节活动度而言，它的效果可能不如静态拉伸和本体感觉神经肌肉易化拉伸[5]；对于那些更需要提高静态活动度的情况，静态拉伸或本体感觉神经肌肉易化拉伸可能是更好的方法。

在设计动态拉伸计划时，首先要仔细分析专项中的主要动作模式以及这些动作对关节活动度的要求。然后再选择那些模拟专项动作模式的拉伸练习。如此，才能够设计出一个具有高度专项性的柔韧性训练计划。

动态拉伸能够结合专项动作来安排[32, 49]。这使体能教练的计划安排有了更多的组合方式，使准备活动更加多样化。运动员进行动态拉伸时，既可以是在原地重复进行（例如原地做10次弓箭步），也可以是在行进间重复进行（例如弓箭步走15m）。如果不考虑所选择的方法，每个练习应由慢到快，并在之后逐步提高动作幅度和速度。例如，运动员在进行15m行进间抱膝练习时，刚开始以走路形式进行，之后逐步过渡到垫步进行。这种渐进方式有助于同时提高速度和关节活动度。在准备活动中进行动态拉伸，时间控制在10~15min为宜[64]。

动态拉伸在模拟专项技术（例如短跑运动员的抬膝练习）时，也应关注拉伸动作中所涉及的关键技术元素，如此才能够使这些重要的动作技术得到强化。例如，如果在准备活动中安排抱膝练习，除了要强调拉伸时的正确身体姿势外，还应关注各个关节（例如抬起的腿的脚踝应保持背屈位）。动态拉伸时的动作技术应该与专项动作技术保持一致，并且不能以破坏正确的技术为代价进行拉伸练习。

本体感觉神经肌肉易化拉伸

本体感觉神经肌肉易化（PNF）拉伸最早被用于神经肌肉康复训练，旨在使那些张力过大或过度活跃的肌肉得到放松[90]。此后，这种拉伸技术作为提高柔韧性的方法，逐渐被推广用于竞技体育。本体感觉神经肌肉易化拉伸通常需要有同伴帮助，且这种拉伸中同时包括了肌肉的被动和主动（向心和等长收缩）运动。虽然目前本体感觉神经肌肉易化拉伸效果方面的研究结论并不一致[28]，但由于它能够使肌肉更进一步被抑制，因此其效果可能要优于其他拉伸方式[21, 34, 53, 74, 80, 88, 91]。然而，PNF拉伸的实用性却并不强，因为其中大多数的拉伸动作都需要有同伴帮助，并且对拉伸技术的专业性有一定要求。接下来将对PNF拉伸进行简单介绍。

进行PNF拉伸时需要运用到3种肌肉运动形式来促进被动拉伸的进行。在进行被动拉伸前，拮抗肌（被拉伸的肌肉）需做等长和向心收缩，以获得自生抑制的效果。肌肉等长运动为保持阶段，而向心运动则是收缩阶段。主动肌向心运动的过程被称为主动肌收缩，它被使用于拮抗肌的被动拉伸之时，以获得交互抑制的效果。每一种PNF拉伸技术都包括被动的静态拉伸，其目的为放松。

PNF拉伸技术的基本类型有以下3种：

- 保持–放松[15, 18, 21, 80, 88]；
- 收缩–放松[15, 21]；
- 保持–放松同时主动肌收缩[18, 72]。

PNF拉伸分3个阶段完成。无论是哪种拉伸技术类型，第一阶段均为10s的被动静态预拉伸。而就第二阶段和第三阶段的内容而言，3种拉伸技术类型各有不同；这3种拉伸技术类型的名字也由第二和第三阶段的差异得来。下面以通过PNF拉伸改善腘绳肌柔韧性为例，阐述这3种技术类型的异同（图14.1~图14.11）。

保持-放松

保持-放松拉伸技术的步骤是：首先进行被动预拉伸，在感受到中等不适的位置保持10s（图14.3）。之后同伴施加一个使运动员屈髋的力量，同时告诉运动员“保持住姿势，不要让我移动你的腿”，运动员则“保持”住姿势，对抗阻力，此时肌肉在做等长收缩，此过程持续6s（图14.4）。然后运动员放松，由同伴对其进行被动拉伸，持续时间为30s（图14.5）。依据自生抑制原理（即腘绳肌因等长收缩而被激活，进而产生自生抑制效应），最后阶段的这一被动拉伸的幅度应该较之前更大。

收缩-放松

收缩-放松拉伸技术的步骤同样始于腘绳肌的被动预拉伸，并在感受到中等不适的位置保持10s（图14.6）。然后运动员伸髋，对抗同伴阻力，此时肌肉在关节全活动范围内做向心收缩（图14.7）。然后运动员放松，由同伴为其进行被动屈髋拉伸，持续时间为30s（图14.8）。如此一来，关节活动度由于自生抑制（即腘绳肌因被激活，进而产生自生抑制效应）而获得增大。还有另一种收缩-放松技术的形式：运动员试图伸髋，而同伴则阻止其移动[69]。由于这种形式与保持-放松技术在本质上是一样的，因此此处描述的收缩-放松方法才倾向于第一种。

保持-放松同时主动肌收缩

保持-放松同时主动肌收缩拉伸技术的前两个阶段与保持-放松拉伸技术完全一致（图14.9和图14.10）。在第三阶段，为了进一步增加拉伸幅度，在被动拉伸之外使主动肌做向心运动（图14.11）。即在保持阶段做等长收缩之后，运动员主动屈髋，从而使腘绳肌进一

图14.1 进行腘绳肌PNF拉伸时的起始位置

图14.2 进行腘绳肌PNF拉伸时，同伴和被拉伸者的手、脚的位置

图14.3 进行保持-放松PNF拉伸时，首先做被动预拉伸

图14.4　进行保持-放松PNF拉伸时，腘绳肌做等长收缩

图14.5　进行保持-放松PNF拉伸时，在被动拉伸阶段进一步增大拉伸幅度

图14.6　进行收缩-放松PNF拉伸时，腘绳肌首先做被动预拉伸

图14.7　进行收缩-放松PNF拉伸时，伸髋肌群做向心收缩

图14.8　进行收缩-放松PNF拉伸时，在被动拉伸阶段进一步增大拉伸幅度

图14.9　进行保持-放松同时主动肌收缩PNF拉伸时，首先做被动预拉伸

图 14.10　进行保持-放松同时主动肌收缩 PNF 拉伸时，腘绳肌做等长收缩

图 14.11　进行保持-放松同时主动肌收缩 PNF 拉伸时，股四头肌做向心收缩，使被动拉伸阶段的拉伸幅度进一步增大

步增大被伸展的幅度。运用这种拉伸技术，最后的被动拉伸阶段的拉伸幅度理应更大，首先是因为它利用了交互抑制的原理（即激活屈髋肌群）[69, 72]，其次是因为自生抑制的作用（即激活腘绳肌）[72]。

> 保持-放松同时主动肌收缩拉伸技术是最为有效的PNF拉伸技术，因为它同时利用了交互抑制和自生抑制原理。

常见的由同伴配合的PNF拉伸练习

以下是常见的由同伴配合进行的PNF拉伸练习，具体实施方式请参阅图片说明。

- 小腿三头肌和脚踝（图14.12）
- 胸部（图14.13）
- 腹股沟（图14.14）
- 腘绳肌和伸髋肌群（先前已描述过）
- 股四头肌和屈髋肌群（图14.15）
- 肩关节（图14.16）

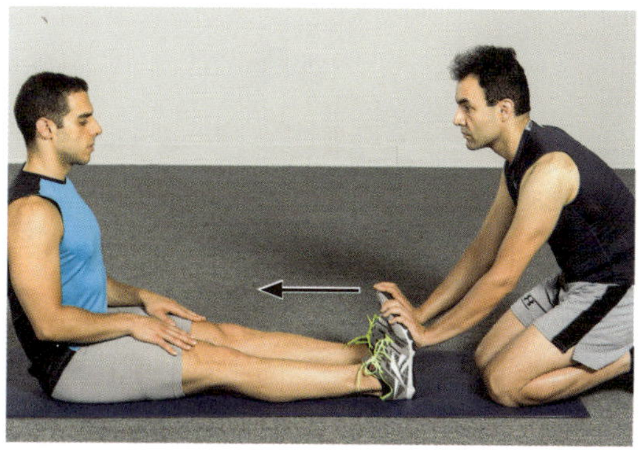

图 14.12　同伴帮助进行小腿三头肌 PNF 拉伸

图 14.13　同伴帮助进行胸部 PNF 拉伸

图14.14 同伴帮助进行腹股沟PNF拉伸

图14.15 同伴帮助进行股四头肌和屈髋肌群PNF拉伸

图14.16 同伴帮助进行肩关节PNF拉伸

小 结

进行准备活动有助于提升之后的运动表现。准备活动内容应结合专项进行，结构要合理，从而使运动员为之后的训练做最好的准备。高效的准备活动计划能够在确保运动员为之后的训练做好准备的同时不会造成过度疲劳。此外，准备活动内容应能对当下即将开始的训练课以及运动员中长期发展产生帮助。

不同运动项目对柔韧性的要求各有不同，具体与运动员在专项中所需展现的动作类型有关。“灵活性”这个概念可能相比“柔韧性”要更为恰当，因为它更多地体现了运动员在所需的关节活动度内进行主动运动的能力。对于那些需要改善柔韧性的运动员，静态拉伸和PNF拉伸都能够有效地改善关节活动度，并且这些拉伸技术也应该作为他们长期训练计划中的关键一环。体能教练在设计柔韧性训练计划时，应考虑到每一个运动员关节结构、年龄、性别和其参与的运动专项的特殊需求。

静态拉伸要领

- 处于一个有利于获得放松的体位。
- 拉伸至使你感受到中等不适的幅度。如果是由同伴协助进行PNF拉伸，则与你的同伴保持交流。
- 保持拉伸15~30秒。
- 双侧都进行拉伸。

静态拉伸注意事项

- 如果感觉到疼痛、放射性症状或感觉丧失，应降低拉伸强度。
- 对于那些活动度过大的关节，拉伸时应小心。
- 避免脊柱做出复合动作（例如脊柱同时伸展和侧屈）。
- 应激活相关的稳定肌以保护其他的关节，避免不必要的运动。

14.1 向左看向右看

1. 站立或坐位，头和颈部保持正直。
2. 肌肉以次最高强度向心运动，使头部右转。
3. 肌肉以次最高强度向心运动，使头部左转。

涉及的肌肉

胸锁乳突肌

颈部右转

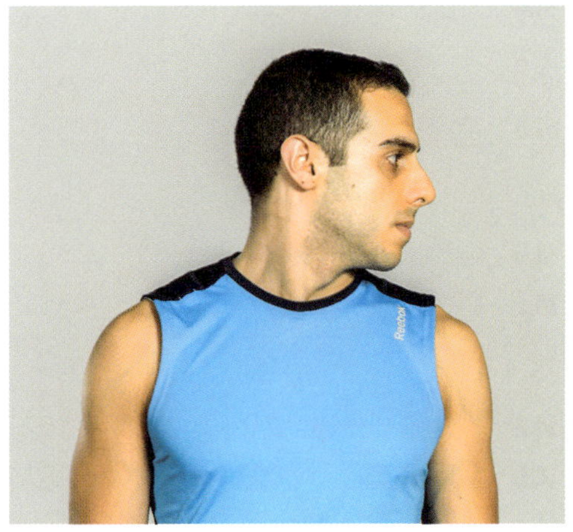

颈部左转

14.2 颈部屈伸

1. 站立或坐位，头和颈部保持正直，下巴靠胸，从而使颈椎前屈。
2. 如果下巴能够触及胸部，则使触及点尽可能地低。
3. 颈部后伸，使头尽可能靠近背部。

涉及的肌肉

胸锁乳突肌、枕骨下肌、夹肌

屈颈

伸颈

14.3 直臂后伸

1. 站立，将双手放于背后。
2. 掌心相对，十指交叉。
3. 肘关节伸直。
4. 缓慢抬起手臂，保持肘关节伸直。
5. 保持头部正直，颈部放松。

涉及的肌肉

三角肌前束、胸大肌

站立位 - 拉伸肩部

14.4 坐位后倾

1. 坐位，双腿伸直，双手后伸，掌心朝向地面且与髋部呈大约 12in（约 30cm）的距离。
2. 手指朝向后方。
3. 双手滑动向后，身体后倾。

涉及的肌肉

三角肌、胸大肌

坐位 - 拉伸肩部

14.5 颈后拉伸（鸡翅）

1. 站立或坐位，右肩外展并屈肘。
2. 右手朝下，触及左侧肩胛骨。
3. 用左手抓住右肘。
4. 用左手将右肘向下拉，以增大肩外展的幅度。

涉及的肌肉

肱三头肌、背阔肌

拉伸肱三头肌

14.6 胸前横臂

1. 站立或坐位，右肘略微屈曲（15°~30°），右臂横跨过身体（即肩水平内收）。
2. 左手抓握在右上臂的后面，抓握处刚好在肘关节上方。
3. 左手于胸前拉右臂（拉向左侧）。

涉及的肌肉

三角肌后束、菱形肌、斜方肌中束

拉伸上背部

14.7 直臂过头（支柱）

1. 站立，手臂放于躯干前面，手指交叉，掌心朝外。
2. 缓慢地将双手举过头，手臂保持伸直，掌心朝上。
3. 继续将手臂、手掌向上伸。
4. 手臂、手掌在向上伸的同时，缓慢向后展。

涉及的肌肉

背阔肌

拉伸上背部和前臂

14.8 脊柱旋转（椒盐卷饼）

1. 坐位，下肢伸直，躯干与地面接近垂直，右脚置于左膝的左侧。
2. 用左臂肘关节的后部顶住右腿膝关节的右侧，此时右腿的膝关节处于屈曲位。
3. 右手手掌放在地面上，位于髋关节后方12~16in（30~41cm）处。
4. 将头部和肩关节转向右侧的同时，用左肘尽可能地将右膝往左侧推。眼睛尽量向后看。

涉及的肌肉

腹内斜肌、腹外斜肌、梨状肌、竖脊肌

拉伸下背部和腰侧

14.9 屈腿分叉

1. 坐位，双膝屈曲30°~50°，使双腿完全放松。
2. 膝关节朝外，但膝关节外侧不一定要触及地面。
3. 腰部前倾，手臂伸直并往前伸。

*注：*屈膝并且使双腿放松能够降低腘绳肌的张力，从而增加下背部受到拉伸的程度。

涉及的肌肉

竖脊肌

坐位－拉伸下背部

14.10 前弓步

1. 站立，左腿向前迈出一大步，左膝屈曲，使小腿与地面垂直。
2. 左脚平放于地面上。
3. 保持后腿伸直。
4. 后脚与前脚的方向保持一致，后脚的脚跟不必落地。
5. 保持躯干直立，双手放松置于髋关节的两侧或前腿上。
6. 缓慢向前、向下降低髋关节。

涉及的肌肉

髂腰肌、股直肌

拉伸屈髋肌群

14.11 仰卧屈膝

1. 仰卧，双腿伸直。
2. 屈曲右侧髋关节与膝关节，右腿靠近胸部。
3. 双手放在右腿的大腿后方，继续将大腿拉向胸部。

涉及的肌肉

伸髋肌群（臀大肌和腘绳肌）

拉伸臀肌和腘绳肌

14.12 直臂侧屈

1. 站立，双脚与肩同宽。
2. 手指交叉，掌心朝外。
3. 手臂伸直并上举至头顶。
4. 手臂保持伸直，躯干向左侧屈。膝盖不能弯曲。

涉及的肌肉

腹外斜肌、背阔肌、前锯肌

拉伸腰侧和上背部

14.13 屈臂侧屈

1. 站立，双脚与肩同宽。
2. 右肘屈曲，肘关节举过头顶。
3. 右手朝左肩方向尽可能地向下伸。
4. 用左手抓住右肘。
5. 左手在头后向左拉右肘。
6. 保持手臂屈曲，躯干向左侧屈。
7. 膝盖不能弯曲。

涉及的肌肉

腹外斜肌、背阔肌、前锯肌、肱三头肌

拉伸腰侧、肱三头肌和上背部

14.14 侧卧股四头肌拉伸

1. 右侧卧，双腿伸直。
2. 右前臂平放于地面，上臂与地面垂直。
3. 右前臂与躯干呈 45° 角。
4. 屈左腿（膝），左脚脚后跟向臀部靠近。
5. 用左手抓住左脚脚踝前面并且将其拉向臀部。

注： 拉伸时需要屈膝和伸髋。

涉及的肌肉

股四头肌、髂腰肌

拉伸股四头肌

14.15 坐位体前屈

1. 坐位，躯干与地面接近垂直，双腿伸直。
2. 屈髋以使躯干前倾，双手抓住双脚脚趾。将脚趾轻轻地拉向躯干，同时使胸部向双腿靠近。如果你的柔韧性不足，可试着拉住脚踝。

涉及的肌肉

腘绳肌、竖脊肌、腓肠肌

拉伸腘绳肌和下背部

14.16 单腿屈膝分叉（四字练习）

1. 坐位，躯干与地面接近垂直，双腿伸直。
2. 右脚脚底正对着左腿膝关节的内侧。而右腿的外侧置于地面上。
3. 屈髋使躯干前倾，左手抓住左脚脚趾。将脚趾轻轻地拉向躯干，同时胸部也向左腿靠近。

涉及的肌肉

腓肠肌、腘绳肌、竖脊肌

拉伸腘绳肌和下背部

14.17 坐位分腿（鹰式分叉）

1. 坐位，躯干与地面接近垂直，双腿伸直。髋外展，双腿尽可能分开。
2. 双手抓住左脚脚趾，轻轻拉住脚趾，同时使胸部靠近左腿。
3. 再使身体靠近两腿中间，右手抓住右脚脚趾，左手抓住左脚脚趾。将躯干拉向前方的地面。

涉及的肌肉

腓肠肌、腘绳肌、竖脊肌、髋内收肌群、缝匠肌

拉伸腘绳肌和髋内收肌群

拉伸腘绳肌、髋内收肌群和下背部

14.18 蝶式

1. 坐位，躯干与地面接近垂直。双腿屈膝，两脚脚心相对。
2. 将双脚拉向身体。
3. 双手放在脚上，双臂肘关节分别置于双腿膝关节内侧。
4. 轻轻地将躯干向前拉，同时肘关节下压，使髋关节外展。

涉及的肌肉

髋内收肌群、缝匠肌

拉伸髋内收肌群

14.19 对墙拉伸

1. 面向墙壁站立，双脚与肩同宽，脚尖距离墙2ft（约0.6m）。
2. 躯干前倾，手掌放在墙上。
3. 拉伸腿向后移动2ft（约0.6m），另一条腿屈膝。
4. 拉伸腿的膝关节伸直，脚跟碰地，以利于拉伸的进行。

涉及的肌肉

腓肠肌、比目鱼肌、跟腱

拉伸小腿后部

14.20 台阶拉伸

1. 一只脚的脚趾踩在台阶或木板的边缘，台阶距地面3~4in（8~10cm），另一只脚平放于台阶上。
2. 处于台阶边缘的那条腿伸直，脚跟高度尽可能地下降。
3. 换另一侧重复动作。

*注：*要想拉伸到跟腱，则需在进行此练习时屈膝10°。

涉及的肌肉

腓肠肌、比目鱼肌、跟腱

站在台阶上拉伸小腿后部

动态拉伸要领

- 每个练习重复5~10次，可以是原地或行进间进行。
- 可以的话，每次逐步增大动作幅度。
- 可以的话，每组逐步提高动作速度，但始终要控制好动作。
- 动态拉伸时，保持肌肉对动作的主动控制。
- 可以的话，尽量模拟专项技术动作设计动态拉伸练习。

动态拉伸注意事项

- 拉伸幅度应循序渐进。
- 做动作时应保持专注，不要出现弹震式运动（拉伸动作应始终处于可控状态）。
- 不要为了增大动作幅度而降低动作技术的质量。

14.21 胸前横摆臂

1. 站直，举起双臂使之与地面平行。
2. 在走过一段特定距离的同时，双臂摆向左边，此时右臂应位于胸前。右手手指指向左肩的侧方，左臂则位于身体后面。
3. 迅速做反方向运动，双臂同时摆向右侧。
4. 运动只应发生在肩关节（即保持躯干和头面向前方）。
5. 继续向左、向右交替摆臂。

涉及的肌肉

背阔肌、大圆肌、三角肌前束、三角肌后束、胸大肌

14.22 爬行

1. 站直，双脚与肩同宽。
2. 在膝关节微屈的同时向前弯腰，双手放在地上且与肩同宽。
3. 重心向后移（即重力不要直接施加在双手上），臀部高高地悬在空中——想象身体呈倒V字。
4. 双手交替向前移动，就像在靠双手小步走一样，直至身体呈俯卧撑的起始姿势。
5. 双脚交替小步移动至双手处，同时保持膝关节微屈。
6. 重复这一动作向前走一段距离。

涉及的肌肉

竖脊肌、腓肠肌、臀大肌、腘绳肌、比目鱼肌、胫骨前肌

14.23 弓步走

1. 站直，双脚平行且与肩同宽。
2. 左脚向前迈出一大步且平放于地上，脚尖朝前。
3. 左髋和左膝缓慢屈曲，左膝位于左脚的正上方。
4. 右膝微微屈曲并缓慢下降至距地面 1~2in（3~5cm）；右脚脚尖朝前。
5. 身体重量均匀地分布在右脚大脚趾和左脚脚掌之间。
6. 身体“坐”在右腿上，以使躯干垂直于地面。
7. 伸展左髋和左膝，用力推离地面。
8. 右脚离地并往前置于左脚旁；动作要流畅。
9. 身体站直，停住，然后右脚向前跨步使身体往前，之后双脚交替向前重复上述动作。

涉及的肌肉

臀大肌、腘绳肌、髂腰肌、股四头肌

14.24 过头侧屈弓步走

1. 站直，双脚平行且与肩同宽。
2. 左脚向前迈出一大步且平放于地上，脚尖朝前。
3. 左髋和左膝缓慢屈曲，左膝位于左脚的正上方。
4. 右膝微微屈曲并缓慢下降至距地面 1~2in（3~5cm）；右脚脚尖朝前。
5. 右手高举，躯干向左侧屈。
6. 回到躯干直立的姿势，然后伸展左髋和左膝，用力推离地面。
7. 右脚离地并往前置于左脚旁；动作要流畅。
8. 身体站直，停住，然后右脚向前跨步使身体往前，之后双脚交替向前重复上述动作。

涉及的肌肉

臀大肌、腘绳肌、髂腰肌、背阔肌、腹内斜肌、腹外斜肌、股直肌

14.25 行进间抱膝

1. 站直，双脚平行且与肩同宽。
2. 左腿向前跨步，右髋和右膝屈曲，右腿大腿抬高，尽量靠近胸部。
3. 双手抱住右膝前面（胫骨上端），将右膝进一步向上提并使大腿靠近胸部。
4. 在右髋和右膝屈曲的同时，右脚背屈。
5. 保持躯干正直，停顿片刻，然后放下右脚。
6. 将重心移至右腿上，换左腿重复上述练习。
7. 每一步交替向前迈，并逐步增加动作幅度和速度。

涉及的肌肉

臀大肌、腘绳肌

14.26 弓步走手肘触脚背

1. 站直，双脚平行且与肩同宽。
2. 左脚向前迈出一大步且平放于地上，脚尖朝前。
3. 左髋和左膝缓慢屈曲，左膝位于左脚的正上方。
4. 右膝微微屈曲并缓慢下降至距地面 1~2in（3~5cm）；右脚脚尖朝前。
5. 身体前倾，左手放在身前，左臂肘关节碰到左脚脚背；右手可以放在地上以维持平衡。
6. 身体回到直立位，然后伸展左髋和左膝，用力推离地面。
7. 右脚离地并往前位于左脚旁；动作要流畅。
8. 身体站直，停住，然后右脚向前跨步使身体往前，之后双脚交替向前重复上述动作。

涉及的肌肉

股二头肌、竖脊肌、腓肠肌、臀大肌、腘绳肌、髂腰肌、背阔肌、腹内斜肌、腹外斜肌、股四头肌、股直肌、比目鱼肌

1

2

3

14.27 脚跟－脚尖走路

1. 站直，双脚平行且与肩同宽。
2. 右脚向前迈出一小步；右脚的脚跟先触地，保持足背屈。
3. 右脚迅速向前“滚动”，尽可能高地上升到大脚趾触地。
4. 左腿前摆以再迈出一小步。
5. 换左脚重复上述动作，之后继续双脚交替向前进行练习。

涉及的肌肉

腓肠肌、比目鱼肌、胫骨前肌

14.28 栏上栏下走

1. 站直，双脚平行且与肩同宽。
2. 左髋和左膝屈曲，直至左腿大腿与地面平行，然后左髋外展。
3. 左脚向左侧迈步并跨过第一个栏架。
4. 左脚稳稳地落在地上，接着将重心落在左脚上，然后抬起右脚跨过第一个栏架。
5. 在右脚跨过栏架并稳稳地落在地上之后，身体站直，短暂停顿片刻，然后在屈髋屈膝的同时足背屈，以使身体充分下蹲。
6. 左腿向侧方伸出，如同侧弓步的动作。
7. 保持低重心，身体向侧方移动并从第二个栏架下面钻过去。
8. 身体站直，停顿片刻，然后换反方向重复上述动作：从第二个栏架下方钻回去，再跨过第一个栏架。

*注：*如果没有栏架，运动员在做此练习时可以想象自己正试着横跨过一个栏架，再从另一个栏架下面钻过去。

涉及的肌肉

髋外展肌群、髋内收肌群、腓肠肌、臀大肌、腘绳肌、髂腰肌、股直肌、比目鱼肌

14.29 单腿站立体前屈

1. 站直，左脚向前迈出一小步。
2. 弯腰。
3. 左臂向前伸，同时右腿尽量向后伸。
4. 两侧大腿尽量呈 90° 夹角。
5. 俯身至感觉腘绳肌受到拉伸的位置即可，最终尽可能地使身体与地面平行。
6. 右手向下。
7. 支撑腿的腘绳肌和臀肌发力，使身体回到起始姿势。
8. 向前迈出一步，换另一条腿重复上述练习。

涉及的肌肉

臀大肌、腘绳肌、髋外展肌群、髋内收肌群、竖脊肌

14.30 直腿前踢

1. 站直，双臂向胸前伸出。
2. 左脚踮起，同时右腿伸直并尽可能地向前、向上抬。
3. 在右腿抬至最高处后，主动用力下压，回到起始姿势。
4. 在整个过程中维持身体直立姿势。
5. 一边向前走，一边换另一条腿重复上述动作。

涉及的肌肉

臀大肌、腘绳肌、髂腰肌、股直肌

1

2

3

14.31 蜘蛛爬行

1. 身体呈俯卧撑姿势，肘部屈曲，但身体高度要低于常规的俯卧撑姿势。
2. 左腿向前抬并旋外，左膝位于左肘外侧。
3. 双手在身前交叉向前移动。
4. 之后右脚向前迈至右手外侧，重复上述动作，继续向前走。
5. 双侧继续交替重复进行，向前走完一定的距离。

涉及的肌肉

股二头肌、竖脊肌、腓肠肌、臀大肌、腘绳肌、髂腰肌、背阔肌、腹内斜肌、腹外斜肌、股四头肌、股直肌、比目鱼肌

1

2

3

关键词

active stretch 主动拉伸
agonist contraction 主动肌收缩
autogenic inhibition 自生抑制
ball–and–socket joint 球窝关节
ballistic stretch 弹震式拉伸
contract–relax 收缩–放松
dynamic flexibility 动态柔韧性
dynamic stretch 动态拉伸
elasticity 弹性
ellipsoidal joint 椭圆关节
fibrosis 纤维化
flexibility 柔韧性
general warm–up 一般准备活动
Golgi tendon organ 高尔基腱器
hinge joint 滑车关节
hold–relax 保持–放松
hold–relax with agonist contraction 保持–放松同时主动肌收缩
mechanoreceptor 机械性感受器
mobility drills 灵活性练习
muscle spindles 肌梭
passive stretch 被动拉伸
plasticity 塑性
potentiation 增强
proprioceptive neuromuscular facilitation（PNF）本体感觉神经肌肉易化
Raise, Activate and Mobilize, and Potentiate（RAMP）提升–激活与灵活性–增强
range of motion（ROM）关节活动度
reciprocal inhibition 交互抑制
specific warm–up 专项准备活动
static flexibility 静态柔韧性
static stretch 静态拉伸
stretch reflex 牵张反射

学习试题

1. 以下哪项属于准备活动所产生的与体温无关的效应？（ ）
   a. 神经功能改善
   b. 结缔组织暂时性粘连的减少
   c. 基础耗氧量增加
   d. 肌肉温度上升
2. 在进行PNF拉伸时，高尔基腱器在受到刺激后会产生以下哪种放松？（ ）
   a. 通过对侧肌肉的收缩实现被拉伸肌肉的放松
   b. 通过被拉伸肌肉收缩以使对侧肌肉放松
   c. 通过对侧肌肉的收缩使对侧肌肉获得放松
   d. 通过被拉伸肌肉的收缩使被拉伸肌肉获得放松
3. 以下哪种拉伸技术能够降低对肌梭的刺激？（ ）
   a. 动态拉伸
   b. 弹震式拉伸
   c. 静态拉伸
   d. 被动拉伸
4. 刺激肌梭会引起（ ）。
   a. 高尔基腱器放松
   b. 被拉伸肌肉放松
   c. 被拉伸肌肉收缩
   d. 拮抗肌收缩

5. 在对腘绳肌进行“保持–放松同时主动肌收缩”的PNF拉伸时，以下哪项能够解释柔韧性提升的结果？（ ）

   I. 自生抑制

   II. 拉伸抑制

   III. 交互抑制

   IV. 交叉伸肌抑制

   a. I和III

   b. II和IV

   c. I、II和III

   d. II、III和IV

第 15 章

自由重量和器械训练技术

斯科特·考尔菲尔德（Scott Caulfield），BS；道格拉斯·贝尔宁格（Douglas Berninger），MEd
译者：刘建成、王雄
审校：朱昌宇

完成这一章的学习后，你将能够：

- 理解抗阻训练的常规动作技术；
- 提供针对呼吸的指导；
- 确定是否需要佩戴举重腰带；
- 提供针对自由重量训练的协助技术的建议；
- 教授正确的抗阻训练动作及协助技术。

感谢罗杰·W.厄尔（Roger W. Earle）和托马斯·R.贝希勒（Thomas R. Baechle）对本章内容做出的重要贡献。

本章在确保训练和教学安全的前提下，为提高抗阻训练效率、优化安全保护技术提供指导和建议。安全与高效的抗阻训练的核心内容是如何合理地进行训练。正确训练和合理保护可以降低受伤风险，节约训练时间。

本章的前半部分概述了基础技术，包括如何正确训练、正确协助以及如何在举重中使用腰带。后半部分以清单和图片的形式，描述了正确的抗阻训练技术和协助技术。本书假设读者已基本熟悉这些训练，因此只给出了一些简单的训练技术指导，代表了目前普遍接受的方法。本章内容并没有描述所有训练动作的变式。

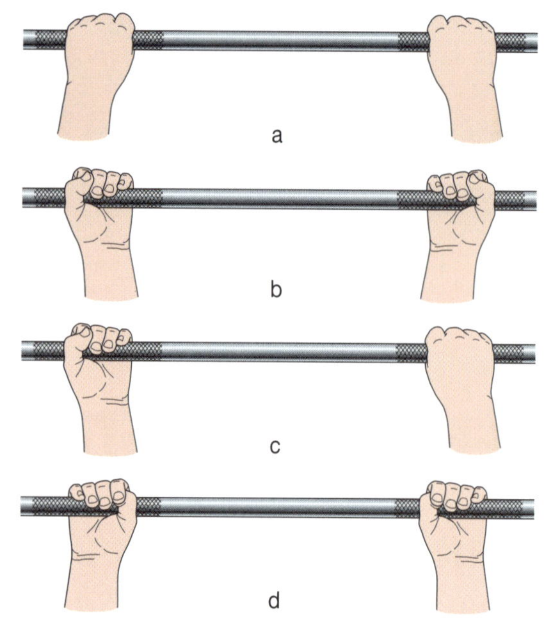

图15.1 握法：（a）正握；（b）反握；（c）正反握；（d）钩握

基础动作技术

抗阻训练中的动作技术有很多共性。多数自由重量和器械练习采用同样的抓握方式（针对杠铃、哑铃或手柄）。所有练习都需要采取最合理的身体姿势、动作幅度、速度和呼吸方式。此外，一些练习可能需要通过佩戴举重腰带和按照特定的程序来确保将杠铃抬离地面。

握法

在抗阻训练中，有2种较常见的抓握方式：（a）正握，掌心向下，指关节向上，也叫作高手握法或全握；（b）反握，掌心向上，指关节向下，也叫作低手握法（图15.1）（这2种握法可以变化为中立握，也叫作相对握或对握，掌心相对，指关节朝向侧面，就像握手）。还有2种不常见的握法：正反握，一只手正握，另一只手反握；钩握，和正握比较相似，但拇指位于食指和中指下方。钩握常用于一些需要强力握法的练习（爆发力练习，例如抓举）。注意，在以上所有的握法中，拇指都缠绕在杠铃上，这种方式被称为锁握或者闭握。如果拇指没有缠绕在杠铃上，则被称为开握或假握。

正确的抓握方式还包括保持正确的双手距离（抓握宽度或握距）、手与杠铃中心之间的距离（为了保持平衡）。图15.2显示了正常距、宽距和窄距3种常见握距。对于多数练习，握距接近与肩同宽。双手位置、甚至杠铃位置都要对称。举重练习和其他变式主要使用2种握法：（a）高翻握法；（b）抓举握法。这2种握法都是正手闭握。高翻握法中的双手位于双膝外侧，握距比肩宽略宽。抓举握法属于宽握，并且可以使用2种方法确定宽度：拳到对肩法（一臂自然下垂，一臂握拳外展，测量肩部到拳的距离）和肘对肘法（也叫作稻草人法：屈肘，双臂外展，测量两肘之间的距离）。高翻握法和抓举握法一般使用钩握，以帮助运动员有更强的握力。

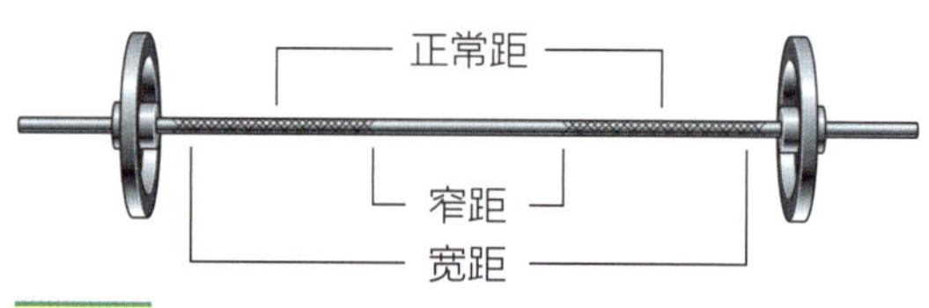

图15.2 抓握宽度（握距）

身体和四肢的稳定姿势

无论使用的是杠铃还是哑铃，无论动作是推还是拉，无论进行的是自由重量还是固定器械练习，建立稳定的姿势对于安全性和最佳表现都是至关重要的。稳定的姿势可以使运动员在练习过程中保持合适的身体排列，使肌肉和关节受到适当的压力。

站立位的练习通常要求双脚分开且距离略大于髋部，脚后跟和脚尖接触地面，全脚掌踩地。在使用器械的训练中，要将座位、阻力臂调节至合适，系紧安全带，确保身体稳定。

在训练凳上进行的坐位或仰卧（面部朝上）练习，对姿势有特殊的要求。运动员需要使用身体五点接触姿势：

1. 头部需要稳固地靠在训练凳或靠背上；
2. 肩部和上背部要稳固地贴在训练凳或靠背上；
3. 臀部要稳固地坐在训练凳或靠背上；
4. 右脚平放在地面上；
5. 左脚平放在地面上。

训练者应该在整个动作过程中建立并保持身体五点接触姿势，以获得最佳稳定性和脊柱支撑[2, 9, 10]。

> 站立位的练习通常要求双脚分开且距离略大于髋部，脚后跟和脚尖接触地面，全脚掌踩地。在训练凳上进行的坐位或仰卧练习要求建立并保持身体五点接触姿势。

使用凸轮、滑轮或者杠杆类器械进行训练时，为了安全和易于发力，对躯干和四肢的姿势有特殊要求。为了使动作涉及的主要关节与器械轴心对准，可以调整移动器械座椅，踝垫、臂垫，以及大腿、胸部或背部的靠垫。例如在做腿（膝）伸展练习之前，可以通过调节踝垫的高低和靠背的前后位置，使膝关节与器械的轴心对准。

动作幅度和速度

如果一项练习的动作幅度覆盖了整个关节活动度（ROM），该练习的价值达到了最大，同时可以保持或提高柔韧性。一项练习的最理想的动作幅度应该模拟该练习中涉及的关节的全活动范围才能带来最大进步。但有时这是做不到的（例如做弓步时，后侧腿的膝关节）或有时是不建议的（深蹲时，椎间关节的活动）。

有控制地、缓慢地进行每一次重复练习，可增加实现全幅度活动的可能性。但在进行爆发力或快速举重训练时（例如高翻、挺举和抓举等），运动员需要在将杠铃的运动速度加速到最大的同时，始终保持动作的控制和正确的姿势。

呼吸因素

一次重复动作中最费力的时候通常是从离心收缩阶段转换到向心收缩阶段之后不久，这个时刻或位置叫黏滞点。体能教练应该指导运动员在黏滞点的过程中呼气，在压力较小的阶段吸气[3, 6, 7]。例如，在肱二头肌弯举练习中，黏滞点发生在向上屈肘过程的中间阶段（向心屈肘），这时应该呼气；在杠铃下降至起始位置时吸气。大部分抗阻训练使用这种呼吸技巧。

有些情况也许需要憋气。抗阻训练经验丰富的运动员在进行大负荷的结构性练习（这些负荷加载在脊柱上，形成压力）时，常常采用瓦氏呼吸法，因为这种呼吸方式可以维持脊柱伸直。正如在第2章所介绍的，瓦氏呼吸法的过程包括呼气时紧闭声门，同时腹肌和肋间肌收缩，形成一个紧绷的躯干，膈肌以上充满气体、以下充满液体（像液态球）。这样的好处是增加了躯干的紧绷度，作为支撑，减少对椎间盘的压力，辅助完成背挺直的动作[1, 4, 5, 8]。此外，瓦氏呼吸法有助于建立和保持脊柱中立位，挺直上半身，而这些描述多见于某些动作练习的技术检查表中。值得注意的是，瓦氏呼吸法造成的腹内压上升可能会引起眩晕、高血压、无方向感、眼前发黑等副作用。因此，憋气的时间不能过久，最多1~2s。即使是训练有素的运动员，也不能过度延长憋气时间，因为屏气时血压可快速升高至安静时的3倍[7]。

进行1RM测试时，例如深蹲、硬拉、蹬腿练习、肩上推举或者高翻等，要记住瓦氏呼吸法的优缺点。虽然从安全和技术方面来看，瓦氏呼吸法具有从内部增加脊柱支撑度的重要作用，但我们建议运动员不要延长屏气时间。

> 多数情况下，抗阻训练在向心收缩阶段的黏滞点时呼气，在离心收缩的过程中吸气。经验丰富、训练有素的运动员在进行结构性练习时，为了维持脊柱正确姿势和支撑，可以采用瓦氏呼吸法[6]。

举重腰带

举重腰带的作用是在举重时维持腹内压[5, 7]。是否需要佩戴举重腰带取决于动作练习的类型和相对负荷的大小。压力集中在下腰背并且负荷接近极限时，建议使用举重腰带。这样可以降低下背部损伤的风险，但同时要配合正确的举重和保护技术。如果频繁佩戴举重腰带会减少腹部肌群进行训练的机会。此外，对于下腰背没有压力的练习（例如，肱二头肌弯举、背阔肌下拉），不要佩戴举重腰带；在做小负荷的深蹲或硬拉时，也不必佩戴举重腰带。

> 在下腰背受力并且负荷接近极限的练习中，运动员应该使用举重腰带；在下腰背不受力或者受力不大的练习中运动员不必使用举重腰带。

自由重量训练的协助

协助者的工作是辅助进行练习，保护运动员不受伤。协助者还可以激励运动员，帮助其完成强迫性重复（也叫同伴协助重复）。但协助者的主要责任是确保运动员的安全。协助者应意识到，协助动作执行不力，会导致运动员发生严重损伤，甚至协助者本人和旁边的人都会受伤。虽然强迫性重复的训练效果很好，但安全永远是第一位的。

本节其余部分提供了更多关于何时以及如何对自由重量训练进行协助的建议。这些信息为体能教练在特定环境下进行训练时的协助提供了基础指导。

需要协助的练习类型和所涉及的器械

自由重量练习可以高于头部（例如杠铃肩上推举），或者将杠铃放在背后（例如颈后深蹲）、肩前或锁骨上（例如颈前深蹲）及面部上方（例如仰卧推举、仰卧肱三头肌伸展）。这些练习比杠铃或哑铃在身体侧面或前面的练习（例如哑铃侧平举、杠铃肱二头肌弯举）更难、更危险。因此，至少需有一名协助者在场，且对协助者的要求也非常高。协助哑铃练习通常比协助杠铃练习需要更多的技巧，因为额外增加了一件需要注意的设备。爆发性练习不需要提供协助。

> 除了爆发性练习之外，杠铃在头顶上方、背后、肩前或面部上方的练习至少需有一名协助者。

协助杠铃在头顶上方、背后或肩前的练习

为确保运动员、协助者以及周围人员的

安全，最好在专用的架子内进行杠铃在头顶上方、背后或肩前的练习，且杠铃架的高度要合适。杠铃片、杠铃卡套，以及杠铃片存储架等都要从举重台范围内清理出去，以免发生碰撞或绊倒，并且不能影响到杠铃杆的运动。告知不参与举重的运动员远离练习区。为了发挥足够的杠杆作用，协助者的身高和力量起码要和训练者相当才能进行良好的协助。架外练习的（例如，前弓步、登阶）负重要小，如果过大可能引起运动损伤。这些大负荷的训练常常只能为训练有素的运动员安排，而且要由有经验的人来协助。

协助杠铃在面部上方的练习

协助杠铃在面部上方的练习时，重要的是协助者应采用正反握，且握距比运动员的窄。因为在一些练习（例如仰卧肱三头肌伸展、杠铃仰卧上拉）中，杠铃杆的运动轨迹是条弧线，用正反握将杠铃从地面抬起或放回架子上有利于防止杠铃片滑脱或砸向训练者。协助者要引导运动员接过杠铃或帮助运动员提起较重的负荷，因此一定要通过双脚建立宽而稳定的支撑，以及保持脊柱中立位，这是非常重要的。

在哑铃练习中，协助者要尽量贴近哑铃，在某些练习中甚至要直接扶着哑铃以进行协助。虽然有些人认为做协助时，将手放在运动员前臂或肘部即可［图15.3（a）］，但这种方法可能会导致运动伤害。因为协助者无法处于能够防止哑铃砸到运动员的面部或胸部的有利位置。正确的方法应该是在运动员的前臂、靠近手腕处［图15.3（b）］进行协助。在有些练习中（例如哑铃仰卧臂屈伸、哑铃上拉），直接把手放在哑铃上的协助方法是必要的。

不需要协助的爆发性练习

建议对前面讲述的一些练习类型进行协助，但不建议对爆发力练习进行协助。这种练习需要的不是为身体做保护，而是教会运动员如何避开失控的杠铃。对这种练习进行协助对运动员和协助者来说都过于危险。教练要教会运动员：如果杠铃在前方失控，应该及时推开杠铃或让杠铃自然落地；如果杠铃在脑后方失控，应该及时松开杠铃，并迅速向前跳开。基于上述原因，训练前一定要清理举重台周围的工具，并让其他人远离。

图15.3 （a）不正确的协助位置；（b）正确的协助位置

协助者的人数

所需协助者的人数很大程度上取决于运动员试举的重量、运动员和协助者的经验和能力，以及协助者的力量水平。试举重量越大，受伤风险越大，受伤后程度越严重。如果试举的负荷超过了协助者所能承担的保护的力量，一定要增加协助者的人数。另外，如果一个协助者的能力足以保护运动员，就不需要其他人。因为多名协助者之间需要协同保护，协助者跟运动员之间也需要协调配合。协助者越多，时间和技术上出差错的概率也越大。

运动员和协助者之间的沟通

沟通是运动员和协助者的共同任务。运动员应该在训练之前告诉协助者开始时怎样移动杠铃、做多少次重复，以及什么时候将杠铃放回等信息。如果协助者没有掌握这些情况，就不能很好地控制杠铃，可能会出现动作过早、过迟的情况，或者打乱运动员的练习节奏，甚至导致损伤发生。

合理起杠

术语“起杠”指把杠铃杆从杠铃架上取下来，并放在运动员准备开始练习的位置上。通常协助者会在运动员肘部伸展时把杠铃或哑铃放到运动员手中，并帮助运动员把杠铃或哑铃移动到恰当的起始位置。一些运动员需要协助者帮助起杠，而有些运动员则不需要。有时，运动员与协助者用事先商量好的口号起杠（例如，“起”或“数到3”等）。通常运动员做好准备活动后，协助者开始数“1、2、3”，在数到“3”时，杠铃就位。在进行卧推、肩

协助方法指南

为了安全考虑，某些高难度的练习（杠铃在面部上方、颈部上方或背部）需要协助。有潜在受伤风险的练习都需要协助。

- 在进行高难度技巧性的练习（包括将杠铃和哑铃举至头顶上方、背后、肩前和面部上方的练习）时，必须有协助者从旁协助和保护。
- 当练习需要将杠铃举至头顶上方、背后、肩前和面部上方时，可能需要多名协助者。这些协助者必须经过指导，懂得在何时采取何种协助方法。
- 在为器械位于面部上方的练习做协助时，协助者需要抓住器械或者运动员的手腕。协助者必须懂得正确的抓握方法，甚至也得懂得如何帮助运动员把哑铃放回初始位置。这样一来，即使运动员因动作难度太大而不能独立完成，协助者也能保证其安全。
- 由于运动员和协助者的安全因素问题，爆发力练习不用协助。而运动员在学习这些练习时，需要考虑“如何正确地躲避”。
- 某个练习需要的协助者的人数的确定取决于多种因素，尤其是负荷的大小，因为更大的负荷会大大增加受伤的可能性。
- 出于安全考虑，在训练开始之前协助者和运动员要互相交流。他们都必须参与沟通，并且清楚要做什么动作、大概做多少次。因此，对于需要进行起杠协助的练习而言，沟通对于安全是至关重要的。
- 起杠需要协助者在开始训练前帮助运动员将器械放置到适当的位置。可能需要多名协助者，具体情况取决于练习本身。
- 本章提供的协助指南应该作为任何体能教练专业培训的基础内容。运动员的安全问题是监督与实施训练计划，以及为运动员提供最安全的训练环境中最重要的一部分。

上推举和深蹲练习时，如果杠铃架太低或不能调节，通常需要协助者帮助取下杠铃。在有2名协助者的情况下，在起杠时（例如卧推），一名协助者应在帮助取下杠铃后马上移动到杠铃的一侧进行协助（另一名早就在另一侧准备协助）。协助者协助起杠后要确保运动员已经完全控制住杠铃，才算完成任务。如果有2名协助者，在练习结束时，两人需合力把杠铃放回杠铃架。

协助的时机和力度

知道何时对运动员进行何种程度的协助，是协助工作中的重要内容，也意味着协助者必须具备丰富的经验和娴熟的技术。大多数运动员通常只需要协助者帮助其通过黏滞点（即辅助动作）；有时也可能需要协助者承担全部重量。一旦运动员感觉自己有可能无法独立完成练习，应立刻向协助者发出求助信号（有时只需要哼一下或者发出声音），而协助者必须立刻尝试提供必要程度的协助。如果运动员已经完全无法进行练习，应立刻告诉协助者“拿走它”或者其他与协助者在训练前沟通好的措辞。无论何时、何种原因，只要运动员要求协助，协助者就应尽可能快速且平稳地接过杠铃，避免运动员承担的负荷突然变化。在这个过程中，运动员应始终握住杠铃，直到杠铃放回杠铃架或地面。这样有助于避免运动员和协助者受伤。

动作练习的技术检查表中提供的协助指南适用于典型的训练环境。在做大负荷的训练时，辅助的步骤也有所不同（例如进行1RM尝试），通常这种情况下需要更多的协助者。

小　结

体能教练为运动员提供正确的抗阻训练技术指导至关重要，包括基本的呼吸和举重腰带的使用。另外，体能教练需要告知运动员，在什么样的情况下需要什么样的保护。结合高质量的监督和持续的反馈，正确的指导可以带来安全的训练环境和有效合理的训练刺激。

15.1 屈膝仰卧起坐

起始位置

- 仰卧在垫上。
- 屈膝，脚后跟靠近臀部。
- 手臂交叉放于胸前或者腹部。
- 每次动作都从这个位置开始。

向上运动阶段

- 颈部屈曲，靠近胸部。
- 脚、臀部和下背部保持在中立位不动，躯干向大腿卷曲，直到上背部离开垫子。

向下运动阶段

- 躯干沿着卷曲的轨迹回到起始位置。
- 保持脚、臀部和下背部和手臂在相同位置。

涉及的肌肉

腹直肌

起始位置

向上和向下运动

15.2 卷腹

起始位置

- 仰卧在垫上。
- 把脚放在训练凳上，髋关节和膝关节屈曲约90°。
- 手臂交叉放于胸前或者腹部。
- 每次动作都从这个位置开始。

向上运动阶段

- 颈部屈曲，靠近胸部。
- 脚、臀部和下背部保持在中立位不动，躯干向大腿卷曲，直到上背部离开垫子。

向下运动阶段

- 躯干沿着卷曲的轨迹回到起始位置。
- 保持脚、臀部、下背部和手臂在相同位置。

涉及的肌肉

腹直肌

起始位置

向上和向下运动

15.3 卷腹（器械）

起始位置

- 坐在器械上，背部紧贴在器械的靠背上。
- 双脚在地上，双腿放在踝垫后面。
- 两腿保持平行。
- 背部伸展，双手使用闭握中立握的方式握住手柄，上臂后面压住臂垫。
- 每次动作都从这个位置开始。

向前运动阶段

- 保持臀部紧贴坐垫且双腿不动，躯干向大腿卷曲。

向后运动阶段

- 躯干沿着卷曲的轨迹回到起始位置。
- 保持脚、臀部、下背部和手臂在相同位置。

涉及的肌肉

腹直肌

起始位置

向前和向后运动

15.4 俯身划船

开始之前

- 双手使用闭握正握的方式抓握杠铃。
- 握距稍稍超过肩宽。
- 用硬拉姿势提起杠铃，双手保持正握，不要用正反握。

起始位置

- 双脚与肩同宽，膝关节微屈。
- 屈髋，躯干接近与地面平行。
- 脊柱保持在中立位。
- 眼睛看脚前方地面。
- 肘关节完全伸直，杠铃悬垂。
- 每次动作都从这个位置开始。

向上运动阶段

- 向躯干方向提拉杠铃。
- 保持躯干挺直，背部在中立位，膝关节微屈。
- 躯干不要向上晃动。
- 杠铃触及下胸部或上腹部。

向下运动阶段

- 下放杠铃至起始位置。
- 保持脊柱在中立位且躯干与膝关节不动。
- 完成一组练习后，屈髋屈膝，把杠铃放回地面后站立。

涉及的肌肉

背阔肌、大圆肌、斜方肌中部、菱形肌、三角肌后束

起始位置

向上和向下运动

15.5 单臂哑铃划船

起始位置

- 双脚站距与肩同宽，膝关节微屈。
- 屈髋，躯干接近与地面平行。
- 脊柱保持在中立位。
- 单手使用闭握中立握的方式握住哑铃。
- 对侧手放在训练凳上支撑身体。
- 肘关节完全伸直，哑铃悬垂。
- 每次动作都从这个位置开始。

向上运动阶段

- 向躯干方向提拉哑铃。
- 保持躯干挺直，背部在中立位，膝关节微屈。
- 哑铃触及同侧躯干。

向下运动阶段

- 下放哑铃至起始位置。
- 保持脊柱在中立位且躯干不动，膝关节微屈。

涉及的肌肉

背阔肌、大圆肌、斜方肌中部、菱形肌、三角肌后束

起始位置

向上和向下运动

15.6 背阔肌下拉（器械）

起始位置

- 双手使用闭握正握的方式握住把杆。
- 握距应该大于肩宽。
- 面对器械坐下。
- 把大腿放在挡板下面，脚踩住地面。如果需要，可以调节座位和挡板的高度。
- 躯干轻微向后倾斜。
- 肘关节完全伸直。
- 每次动作都从这个位置开始。

向下运动阶段

- 向上胸部方向下拉把杆。
- 保持躯干轻微后倾，躯干不要向后晃动。
- 把杆触及锁骨和上胸部。

向上运动阶段

- 肘关节完全伸直，回到起始位置。
- 保持躯干在相同位置。
- 完成最后一组练习后，起身把把杆放回。

涉及的肌肉

背阔肌、大圆肌、斜方肌中部、菱形肌、三角肌后束

起始位置

向下和向上运动

15.7 坐姿划船（器械）

起始位置

- 直立坐姿，双脚踩在踏板上，躯干顶住胸部挡板。
- 双手使用闭握正握或中立握的方式握住手柄。如果需要，调节座椅高度，使手臂与地面平行。
- 肘关节完全伸直。
- 每次动作都从这个位置开始。

向后运动阶段

- 向胸部或者上腹部方向拉动手柄。
- 保持躯干挺直，肘部贴近身体。
- 尽量将手柄向后拉。
- 不要向后晃动躯干。

向前运动阶段

- 将手柄向前放回至起始位置。
- 保持躯干在相同位置。

涉及的肌肉

背阔肌、大圆肌、斜方肌中部、菱形肌、三角肌后束

起始位置

向后和向前运动

15.8 低位滑轮坐姿划船（器械）

起始位置

- 坐在坐垫上（如果没有坐垫可以坐在地上），双脚踩在踏板上或器械架上。
- 双手使用闭握中立握或正握的方式握住手柄。
- 直立坐姿，躯干垂直地面，膝关节微屈，两侧足部和腿部彼此平行。
- 肘关节完全伸直，手臂与地面接近平行。
- 每次动作都从这个位置开始。

向后运动阶段

- 向腹部方向拉动手柄。
- 保持躯干挺直，膝关节微屈，上身不要倾斜或晃动。
- 向后拉动手柄至触及腹部。

向前运动阶段

- 肘关节慢慢伸直，回到起始位置。
- 保持躯干挺直，膝关节微屈。
- 完成最后一组练习后，屈膝屈髋，将配重放回。

涉及的肌肉

背阔肌、大圆肌、斜方肌中部、菱形肌、三角肌后束

起始位置

向后和向前运动

15.9 杠铃肱二头肌弯举

起始位置

- 双手采用闭握反握的方式抓握杠铃。
- 握距与肩同宽，手臂紧贴躯干。
- 双脚站距与肩同宽，膝关节微屈。
- 将杠铃置于大腿前方，肘关节完全伸直。
- 每次动作都从这个位置开始。

向上运动阶段

- 肘关节屈曲，至杠铃接近三角肌前束。
- 保持躯干挺直，上臂不动。
- 不要晃动身体或把杠铃向上摇摆。

向下运动阶段

- 下放杠铃至肘关节完全伸直。
- 保持躯干和膝关节在相同位置。
- 两次动作之间不要让杠铃在大腿上弹起。

涉及的肌肉

肱二头肌、肱肌、肱桡肌

起始位置

向上和向下运动

15.10 锤式弯举

起始位置

- 双手使用闭握中立握的方式握住哑铃。
- 双脚站距与肩同宽，膝关节微屈。
- 将哑铃置于大腿两侧，肘关节完全伸直。
- 每次动作都从这个位置开始。

向上运动阶段

- 双手保持中立握握法，一侧手臂屈肘至哑铃接近三角肌前束，另一侧手臂保持不动。
- 保持躯干挺直，上臂不动。
- 不要晃动身体或把杠铃向上摇摆。

向下运动阶段

- 下放哑铃至肘关节完全伸直。
- 双手保持中立握握法。
- 保持躯干和膝关节在相同位置。
- 两侧手臂交替重复向上和向下运动。

涉及的肌肉

肱二头肌、肱肌、肱桡肌

起始位置

向上和向下运动

15.11 站姿提踵（器械）

起始位置

- 在肩垫下站立，两侧肩关节正对肩垫。
- 握住手柄，把前脚掌放在踏板边缘，双脚平行站立，站距与髋同宽。
- 膝关节完全伸直，但不能锁死，身体站直。
- 让脚后跟下降到一个有拉伸感且舒适的位置。
- 每次动作都从这个位置开始。

向上运动阶段

- 保持躯干挺直、双脚平行，用脚趾支撑并尽可能高地向上推起身体。
- 推起至最大限度；注意足部不要内翻或外翻。
- 保持膝关节伸直，但不要锁死。

向下运动阶段

- 缓慢降低脚后跟至起始位置。
- 保持相同的身体位置。

涉及的肌肉

腓肠肌、比目鱼肌

起始位置

向上和向下运动

15.12 坐姿提踵（器械）

起始位置

- 直立坐姿，把前脚掌放在踏板边缘，双脚、双腿平行，距离与髋同宽。
- 将膝垫稳固地压在膝关节上方的大腿前部区域。
- 足跖屈，撑起负重支撑。
- 让脚后跟下降到一个有拉伸感且舒适的位置。
- 每次动作都从这个位置开始。

向上运动阶段

- 保持躯干挺直，双腿、双脚平行，用脚趾支撑并尽可能高地向上推起。
- 推起至最大限度；注意，足部不要内翻或外翻。

向下运动阶段

- 缓慢降低脚后跟至起始位置。
- 保持相同的身体位置。
- 完成最后一组练习后，将负重支撑调回至起始位置，把脚移开。

涉及的肌肉

腓肠肌、比目鱼肌

起始位置

向上和向下运动

15.13 水平杠铃卧推（和使用哑铃的变式）

这个练习也可以用哑铃来进行，使用闭握正握的方式。当使用哑铃时，协助者应在运动员的前臂、靠近手腕处进行协助。

起始位置：运动员

- 仰卧在训练凳上，呈身体五点接触姿势。
- 身体在训练凳上时，眼睛在杠铃下方。
- 双手使用闭握正握的方式抓握杠铃，握距比肩略宽。
- 示意协助者将杠铃从杠铃架上取下。
- 把杠铃置于胸部上方，肘关节完全伸直。
- 每次动作都从这个位置开始。

起始位置：协助者

- 在训练凳前方站直（但不要干扰运动员）。
- 双脚站距与肩同宽，膝关节微屈。
- 在运动员双手的内侧，使用闭握正反握的方式抓握杠铃。
- 在运动员做出示意后，帮助取下杠铃。
- 把杠铃置于运动员胸部上方的位置。
- 顺畅地松手释放杠铃。

向下运动阶段：运动员

- 降低杠铃至触及胸部，接近乳头的水平位置。
- 保持手腕稳定，两侧前臂平行且与地面垂直。
- 保持身体五点接触姿势。

向下运动阶段：协助者

- 保持正反握握法，在杠铃降低的过程中，手接近但不接触杠铃。
- 在跟随杠铃移动的过程中，膝关节、髋部和躯干微屈，同时背部保持在中立位。

向上运动阶段：运动员

- 向上并轻微向后方推杠铃，直到肘关节完全伸直。
- 保持手腕稳定，两侧前臂彼此平行且与地面垂直。
- 保持身体五点接触姿势。
- 不要拱背或挺胸迎杠。
- 完成一组练习后，示意协助者帮助放回杠铃。
- 直到杠铃放回杠铃架后，才能松手。

向上运动阶段：协助者

- 保持正反握握法，在杠铃向上的过程中，手接近但不接触杠铃。
- 在跟随杠铃移动的过程中，轻微伸展膝关节、髋关节和躯干，同时背部保持在中立位。
- 完成一组练习后，在运动员做出示意后，在运动员双手的内侧，使用正反握的方式握紧杠铃。
- 引导杠铃放回杠铃架上。
- 直到杠铃放回杠铃架后，才能松手。

涉及的肌肉

胸大肌、三角肌前束、肱三头肌

起杠

起始位置

向下运动

向上运动

放回杠铃

15.14 上斜哑铃卧推（和使用杠铃的变式）

这个练习也可以使用杠铃来进行，使用闭握正握的握法，握距比肩略宽。当使用杠铃时，协助者应在杠铃杆处进行协助。

起始位置：运动员

- 双手使用闭握正握的方式握住哑铃。
- 仰卧在上斜训练椅上，呈身体五点接触姿势。
- 示意协助者帮助把哑铃移动到起始位置。
- 双臂同时向上推举哑铃至肘关节完全伸直，此时双臂平行且位于头部上方。
- 每次动作都从这个位置开始。

起始位置：协助者

- 在靠近训练凳顶端的位置站直（但不要干扰运动员）。
- 双脚站距与肩同宽，膝关节微屈。
- 抓住运动员的前臂、靠近手腕处。
- 在运动员做出示意后，帮助把哑铃移动到运动员头部上方的位置。
- 顺畅地松开运动员的前臂。

向下运动阶段：运动员

- 降低哑铃，并且轻微向外，到腋窝附近，与胸部上方1/3处呈一条线（在锁骨和乳头之间）。
- 保持手腕稳定且在肘关节正上方，2只哑铃的手柄彼此对齐。
- 保持身体五点接触姿势。
- 不要拱背或挺胸迎向哑铃。

向下运动阶段：协助者

- 在哑铃降低的过程中，保持手接近但不碰到运动员的前臂靠近手腕处。
- 在跟随哑铃移动的过程中，膝关节、髋关节和躯干微屈，同时背部保持在中立位。

向上运动阶段：运动员

- 匀速向上推起哑铃，2只哑铃可以轻微接近，直到肘关节完全伸直。
- 保持手腕稳定且在肘部正上方。2只哑铃的手柄彼此对齐。
- 保持身体五点接触姿势。

向上运动阶段：协助者

- 在哑铃向上的过程中，保持手接近但不碰到运动员的前臂、靠近手腕处。
- 在跟随哑铃移动的过程中，轻微伸展膝关节、髋关节和躯干，保持背部在中立位。

涉及的肌肉

胸大肌、三角肌前束、肱三头肌

起始位置

向下和向上运动

15.15 水平哑铃飞鸟（和上斜变式）

这个练习也可以在上斜训练椅上进行。如果做上斜变式练习，起始位置时哑铃应在头部上方，而不是在胸部上方。

起始位置：运动员

- 双手使用闭握中立握的方式握住哑铃。
- 仰卧在训练凳上，呈身体五点接触姿势。
- 示意协助者帮助将哑铃移动到动作起始位置。
- 双臂同时向上推举哑铃至肘关节完全伸直，且哑铃在胸部上方。
- 肘关节微屈并指向外侧。
- 每次动作都从这个位置开始。

起始位置：协助者

- 一条腿跪地，另一条腿向前迈步，前侧脚紧贴地面（也可以采用双腿跪地的姿势）。
- 抓住运动员的前臂、靠近手腕处。
- 在运动员做出示意后，帮助把哑铃移动到运动员胸部上方的位置。
- 顺畅地松开运动员的前臂。

向下运动阶段：运动员

- 哑铃沿着大弧圈轨迹向下运动，直到与肩部或胸部同高。
- 肘关节向下运动时，保持哑铃手柄彼此平行。
- 保持手腕稳定且肘关节微屈。
- 保持手、手腕、前臂、肘关节、上臂和肩部在同一垂直平面内。
- 保持身体五点接触姿势。

向下运动阶段：协助者

- 在哑铃降低的过程中，保持手接近但不碰到运动员的前臂、靠近手腕处。

向上运动阶段：运动员

- 沿着大弧圈轨迹向上推举哑铃至起始位置。
- 保持手腕稳定且肘关节微屈。
- 保持手、手腕、前臂、肘关节、上臂和肩部在同一垂直平面内。
- 保持身体五点接触姿势。

向上运动阶段：协助者

- 在哑铃向上的过程中，保持手接近但不碰到运动员的前臂、靠近手腕处。

涉及的肌肉

胸大肌、三角肌前束

起始位置

向下和向上运动

15.16 垂直胸推（器械）

起始位置

- 坐下，背部倾斜且紧贴在器械的靠背上，呈身体五点接触姿势。
- 双手使用闭握正握的方式握住手柄。
- 调整手柄至对着乳头的位置。如有需要，可通过调整座椅高度使手柄处于正确的起始位置。
- 每次动作都从这个位置开始。

向前运动阶段

- 将手柄从胸部推至肘关节完全伸直的位置。
- 不要拱背或用力锁肘。
- 始终保持身体五点接触姿势。

向后运动阶段

- 慢慢屈曲肘关节，使手柄回到起始位置。
- 始终保持身体五点接触姿势。

涉及的肌肉

胸大肌、三角肌前束、肱三头肌

起始位置

向前和向后运动

15.17 夹胸（器械）

起始位置

- 坐下，背部紧贴在器械的靠背上，呈身体五点接触姿势（*注意：*一些靠背的长度可能不够，不能使头部接触训练椅）。
- 双手使用闭握中立握的方式握住手柄。
- 调整手柄至与胸部呈一条直线，双臂与地面平行。如果需要，可通过调整座椅高度使手柄处于正确的起始位置。
- 每次动作都从这个位置开始。

向前运动阶段

- 拉动2只手柄，使其互相靠近，保持肘关节微屈，直到手指在身体前方相互接触。
- 不要拱背或锁住肘部。
- 始终保持身体五点接触姿势。

向后运动阶段

- 让手柄慢慢向外移动，回至起始位置。
- 始终保持身体五点接触姿势。

涉及的肌肉

胸大肌、三角肌前束、肱三头肌

起始位置

向前和向后运动

15.18 腕屈曲

起始位置

- 坐在训练凳一端。
- 双手使用闭握反握的方式抓握杠铃杆，握距与髋部或肩部同宽。
- 双脚平行，脚尖向前。
- 躯干前倾，将肘部和前臂放在大腿上。
- 向前移动手腕至伸展时超过髌骨位置。
- 伸展手腕、打开手掌以使手指握住杠铃杆。

向上运动阶段

- 先屈曲手指，再屈曲手腕，以向上提起杠铃杆。
- 尽可能地屈曲手腕，但不能移动肘部和前臂。
- 不要向后缩动肩部或者摆动杠铃杆上提。

向下运动阶段

- 让手腕和手指慢慢伸展，回到起始位置。
- 保持躯干和手臂在相同位置。

涉及的肌肉

尺侧腕屈肌、桡侧腕屈肌、掌长肌

起始位置

向上和向下运动

15.19 腕伸展

起始位置

- 坐在训练凳一端。
- 双手使用闭握正握的方式抓握杠铃杆，握距与髋部或肩部同宽。
- 双脚平行，脚尖向前。
- 躯干前倾，将肘部和前臂放在大腿上。
- 向前移动手腕至伸展时超过髌骨位置。
- 保持闭握握住杠铃杆，让手腕朝地面屈曲。

向上运动阶段

- 通过伸展手腕向上提起杠铃杆。
- 尽可能地伸展手腕，但不能移动肘部和前臂。
- 不要向后缩动肩部或者摆动杠铃杆上提。

向下运动阶段

- 让手腕慢慢屈曲，回到起始位置。
- 保持躯干和手臂在相同位置。
- 始终保持闭握。

涉及的肌肉

尺侧腕伸肌、桡侧腕短伸肌（和桡侧腕长伸肌）

起始位置

向上和向下运动

15.20 蹬腿练习（器械）

起始位置

- 坐在器械上，下背部和臀部紧贴在器械的靠垫上。
- 双脚平放在踏板上，距离与肩同宽，脚尖微微向外。
- 双腿平行。
- 抓住手柄或座椅两侧，移动髋关节和膝关节，至膝关节完全伸直，不要强力锁膝。
- 保持臀部一直在座椅上，背部稳定地靠在靠垫上。
- 把器械支撑锁挪开，抓住手柄或座椅两侧。
- 每次动作都从这个位置开始。

向下运动阶段

- 慢慢屈曲髋关节和膝关节，使踏板下降。
- 不要让踏板下降过快。
- 保持臀部一直在座椅上，背部稳定地靠在靠垫上。
- 当屈曲膝关节时，膝关节和脚尖的方向始终一致。
- 屈曲髋关节和膝关节至大腿平行于踏板。
- 避免臀部在靠垫上卷起，臀部下端离开座椅，以及脚后跟从踏板上抬起。

向上运动阶段

- 伸髋、伸膝，推起踏板。
- 推起至膝关节完全伸直，但不要用力锁膝。
- 保持臀部和背部处于稳定位置，不要让臀部抬起。
- 伸展时，保持膝关节和脚尖的方向一致。
- 完成最后一组练习后，把支撑锁挪回到起始位置，脚先离开，然后从器械上离开。

涉及的肌肉

臀大肌、半膜肌、半腱肌、股二头肌、股外侧肌、股中间肌、股内侧肌、股直肌

脚的位置

起始位置

向下和向上运动

15.21 颈后深蹲

起始位置：运动员

- 双手使用闭握正握的方式握住杠铃（实际宽度取决于杠铃杆的位置）。
- 站在杠铃下方，双脚平行。
- 将杠铃平衡地置于上背部和肩部，具体包括以下2种位置：
  1. *低杠位*——放在三角肌后束和斜方肌中部（握距大于肩宽）；
  2. *高杠位*——在三角肌后束上方，颈部的底端（握距略微大于肩宽）。
- 肘部上抬，利用上背部和肩部肌群形成的“架子”来支撑杠铃。
- 胸部挺起并打开。
- 头部轻微抬起。
- 固定位置后，示意协助者帮助从杠铃架上取下杠铃。
- 伸展髋关节和膝关节，举起杠铃。
- 向后退1~2步。
- 双脚与肩同宽（或更宽），脚尖微微向外。
- 每次动作都从这个位置开始。

起始位置：两名协助者

- 在杠铃的两端站直，站距与肩同宽，膝关节微屈。

高杠位

低杠位

下蹲到最低的位置

高杠位起始位置

向下运动的位置

- 双手以环绕（掌心对着杠铃、大拇指交叉）的方式抓握杠铃的一端。
- 在运动员做出示意后，协助提起杠铃并在挪出杠铃架时保持杠铃平衡。
- 顺畅地松手释放杠铃。
- 手保持在杠铃下方2~3in（5~8cm）处。
- 随着运动员向后移动，协助者同步移动。
- 一旦运动员准备好，协助者双脚站距与髋同宽，膝关节微屈，躯干挺直。

向下运动阶段：运动员

- 保持背部挺直，肘关节高抬，胸部挺起并打开。
- 在躯干与地面角度固定情况下，慢慢屈曲髋关节和膝关节。
- 保持脚后跟一直在地面上，并且膝关节和脚尖的方向一致。
- 继续屈髋屈膝，直到大腿与地面平行，这时躯干会拱起或前倾，或者出现脚后跟离开地面的情况。

向下运动阶段：两名协助者

- 在杠铃降低的过程中，保持大拇指交叉，手接近但不碰到杠铃。
- 在跟随杠铃移动的过程中，膝关节、髋关节和躯干微屈，同时保持脊柱在中立位。

向上运动阶段：运动员

- 保持脊柱在中立位，肘部抬高，胸部挺起并打开。
- 以稳定的速度伸髋、伸膝（保持躯干和地面的角度）。
- 保持脚后跟一直在地面上，并且膝关节和脚尖的方向一致。
- 不要向前屈曲躯干或拱背。
- 继续伸髋、伸膝至起始位置。
- 完成一组练习后，朝杠铃架迈步。
- 将杠铃放回杠铃架后，下蹲撤出。

向上运动阶段：两名协助者

- 在杠铃向上的过程中，保持大拇指交叉，手接近但不碰到杠铃。
- 在跟随杠铃移动的过程中，轻微伸展膝关节、髋关节和躯干，保持背部在中立位。
- 完成一组练习后，随着运动员向杠铃架侧移。
- 同时抓杠并在杠铃上架的过程中协助保持其平衡。
- 平稳放回杠铃。

涉及的肌肉

臀大肌、半膜肌、半腱肌、股二头肌、股外侧肌、股中间肌、股内侧肌、股直肌

向上运动的位置

放回杠铃

15.22 前蹲

起始位置：运动员

- 站在杠铃下方，双脚平行。
- 抓握杠铃的姿势包括以下2种。
  1. 双臂平行姿势
     —— 双手用正握闭握的方式抓握杠铃。
     —— 握距应该比肩略宽。
     —— 把杠铃挪到三角肌前束和锁骨的顶端。
     —— 完全屈曲肘关节，上臂平行于地面。
  2. 双臂交叉姿势
     —— 屈肘，手臂在胸前交叉。
     —— 将杠铃挪到三角肌前束的顶端。
     —— 双手使用开握的方式抓握杠铃，即手在杠铃上方，用手指固定住杠铃。
     —— 肘部抬高，手臂与地面平行。
- 胸部挺起并打开。
- 头部轻微抬起。
- 固定位置后，示意协助者帮助从杠铃架上取下杠铃。
- 伸展髋关节和膝关节，举起杠铃。
- 向后退1~2步。
- 双脚与肩同宽（或更宽），脚尖微微向外。
- 每次动作都从这个位置开始。

双臂平行姿势

双臂交叉姿势

下蹲到最低的位置

双臂平行姿势起始位置

向下运动的位置

起始位置：两名协助者

- 在杠铃的两端站直，双脚站距与肩同宽，膝关节微屈。
- 双手以环绕（掌心对着杠铃、大拇指交叉）的方式抓握杠铃的一端。
- 在运动员做出示意后，协助提起杠铃并在挪出杠铃架时保持杠铃平衡。
- 顺畅地松手释放杠铃。
- 手保持在杠铃下方2~3in（5~8cm）处。
- 随着运动员向后移动，协助者同步移动。
- 一旦运动员准备好，协助者双脚站距与髋同宽，膝关节微屈，躯干挺直。

向下运动阶段：运动员

- 保持背部挺直，肘关节举高，胸部挺起并打开。
- 在躯干与地面角度固定情况下，慢慢屈曲髋关节和膝关节。
- 保持脚后跟一直在地面，并且膝关节和脚尖的方向一致。
- 不要向前屈曲躯干或拱背。
- 继续屈髋屈膝，直到大腿与地面平行，这时躯干会拱起或前倾，或者脚后跟离开地面的情况。

向下运动阶段：两个协助者

- 在杠铃降低的过程中，保持大拇指交叉，手接近但不碰到杠铃。
- 在跟随杠铃移动的过程中，膝关节、髋关节和躯干微屈，同时保持背部在中立位。

向上运动阶段：运动员

- 保持背部在中立位，肘部抬高，胸部挺起并打开。
- 以稳定的速度伸髋、伸膝（保持躯干和地面的角度）。
- 保持脚后跟一直在地面上，并且膝关节和脚尖的方向一致。
- 不要向前屈曲躯干或拱背。
- 继续伸髋、伸膝至起始位置。
- 完成一组练习后，向杠铃架迈步。
- 将杠铃放回杠铃架，下蹲撤出。

向上运动阶段：两名协助者

- 在杠铃向上的过程中，保持大拇指交叉，手接近但不碰到杠铃。
- 在跟随杠铃移动的过程中，轻微伸展膝关节、髋关节和躯干，保持背部在中立位。
- 完成一组练习后，随着运动员向杠铃架侧移。
- 同时抓杠并在杠铃上架的过程中协助保持其平衡。
- 平稳放回杠铃。

涉及的肌肉

臀大肌、半膜肌、半腱肌、股二头肌、股外侧肌、股中间肌、股内侧肌、股直肌

向上向下运动的位置

放回杠铃

15.23 前弓步

这个练习也可以用两个哑铃来进行，采用闭握中立握的方式。在运动过程中，哑铃在身体两侧。当使用哑铃时，协助者的协助方式和使用杠铃时一样，但没有了起杠的任务（*注意*：该练习不能在常规的杠铃架内进行，但可以使用阶梯式的深蹲架，或者外部支撑的杠铃架。为了清楚地呈现动作技术，图片中没有用杠铃架）。

起始位置：运动员

- 站在杠铃下方，双脚平行。
- 双手使用闭握正握的方式抓握杠铃。
- 将杠铃平衡地置于颈根处三角肌后束上方的上背部和肩部上，双手的握距稍大于肩宽。
- 肘部上抬，利用上背部和肩部肌群形成的“架子”来支撑杠铃。
- 胸部挺起并打开。
- 头部轻微抬起。
- 固定位置后，示意协助者帮助从杠铃架上取下杠铃。
- 伸髋、伸膝，举起杠铃。
- 向后退2~3步。
- 每次动作都从这个位置开始。

起始位置：协助者

- 站直，贴近运动员（但不要使其分神）。
- 站距与肩同宽，膝关节微屈。
- 在运动员做出示意后，协助提起杠铃，并在挪出杠铃架时保持杠铃平衡。
- 随着运动员向后移动，协助者同步向后移动。
- 一旦运动员准备好，协助者双脚站距与髋同宽，膝关节微屈，躯干挺直。
- 手的位置接近运动员的髋部、腰部或躯干。

向前运动阶段：运动员

- 一侧腿（导向腿）向前迈一大步。
- 在导向腿向前移动和落到地面的过程中，保持躯干挺直。
- 保持后侧脚在起始位置，但后侧腿的膝关节可以微屈。
- 导向脚平放在地面，指向正前方，或者微微向内。

起始位置

向前运动的起始位置

- 慢慢屈曲导向腿一侧的髋关节和膝关节。
- 保持导向腿的膝关节始终在脚尖正上方。
- 继续屈曲后侧腿的膝关节至距离地面1~2in（3~5cm）。
- 在后侧腿和导向腿之间平均分配重量。
- 用“后坐”的方式保持躯干始终垂直于地面。

向前运动阶段：协助者

- 向前迈出与运动员的导向腿同侧的腿（导向腿）。
- 保持导向腿一侧的膝关节和脚与运动员的导向脚在一条直线上。
- 导向脚在运动员的导向脚后约12~18in（30~46cm）处。
- 与运动员同步，慢慢屈曲导向腿的膝关节。
- 保持躯干挺直。
- 保持手接近运动员的髋部、腰部或者躯干。
- 只有在必要时协助运动员保持平衡。

向后运动阶段：运动员

- 通过伸展导向腿的髋关节和膝关节，用力推离地面。
- 保持躯干挺直，不要向后晃动上身。
- 带动导向腿向后回到后侧腿旁边，不要向后滑步。
- 在起始位置站直，停顿，然后换另一侧重复上述步骤。
- 完成一组练习后，迈向杠铃架，并放回杠铃。

向后运动阶段：协助者

- 与运动员同步，向后推起导向腿。
- 带动导向腿向后回到固定腿旁边，不要向后滑步。
- 保持手接近运动员髋部、腰部和躯干。
- 在起始位置站直，停顿，然后换另一侧重复上述步骤。
- 只有在必要时协助运动员保持平衡。
- 完成一组练习后，帮助运动员放回杠铃。

涉及的肌肉

臀大肌、半膜肌、半腱肌、股二头肌、股外侧肌、股中间肌、股内侧肌、股直肌、髂腰肌

向前运动的完成位置

向后运动的中间位置

15.24 登阶

*注意：*箱子的高度应该在12~18in（30~46cm），或者能够使脚在上面时形成膝关节屈曲90°的高度。为了清楚地呈现动作技术，图片中没有用杠铃架。

起始位置：运动员

- 双手使用闭握正握的方式抓握杠铃。
- 站在杠铃下方，双脚平行。
- 将杠铃平衡地置于颈根处三角肌后束上方的上背部和肩部上，双手的握距稍大于肩宽。
- 肘部上抬，利用上背部和肩部肌群形成的“架子”来支撑杠铃。
- 胸部挺起并打开。
- 头部轻微抬起。
- 固定位置后，示意协助者帮助从杠铃架上取下杠铃。
- 伸髋、伸膝，举起杠铃。
- 走到靠近箱子前面的位置。
- 每次动作都从这个位置开始。

起始位置：协助者

- 站直，贴近运动员（但不要使其分神）。
- 站距与肩同宽，膝关节微屈。
- 在运动员做出示意后，协助提起杠铃，并在挪出杠铃架时保持杠铃平衡。
- 随着运动员向后移动，协助者同步向后移动。
- 一旦运动员准备好，协助者双脚站距与髋同宽，膝关节微屈，躯干挺直。
- 手的位置接近运动员的髋部、腰部或躯干。

向上运动阶段：运动员

- 一侧腿（导向腿）向上迈，将整只脚放在箱子上。
- 保持躯干挺直，不要前倾。
- 保持后侧脚（固定脚）在起始位置，但不要把重心转换到导向腿。
- 导向腿用力伸髋、伸膝，使身体向上运动，在箱子上呈站立姿势。

起始位置

导向脚刚踏上箱子

- 不要用固定腿或脚用力推地或跳起的方式登阶。
- 在向下运动之前，在最高位置站直并停顿。

向上运动阶段：协助者

- 在运动员迈上箱子时，与运动员的导向腿同侧的腿（导向腿）向前迈出一小步。
- 当运动员到达最高位置时，后侧腿（固定腿）向前移动至导向腿旁边。
- 保持手尽量地接近运动员髋部、腰部或者躯干。
- 只有在必要时协助运动员保持平衡。

向下运动阶段：运动员

- 把身体重心转移到导向腿。
- 固定腿向后踏步下箱。
- 保持躯干挺直。
- 把固定腿放在地面上，与箱子的距离和起始位置相同。
- 当固定脚完全接触地面后，把重心转移到固定脚。
- 导向腿离开箱子。
- 导向脚向后移动至固定脚旁边。
- 在起始位置站直，停顿，然后换另一侧重复上述步骤。
- 完成一组练习后，迈向杠铃架，并放回杠铃。

向下运动阶段：协助者

- 在运动员的固定脚下箱回到地面的同时，同侧固定脚后退一小步。
- 在运动员的导向脚下箱回到地面的同时，同侧导向脚后退一步。
- 保持手接近运动员的髋部、腰部或躯干。
- 在起始位置站直，停顿，等待运动员。
- 只有在必要时帮助运动员保持平衡。
- 完成一组练习后，帮助运动员放回杠铃。

涉及的肌肉

臀大肌、半膜肌、半腱肌、股二头肌、股外侧肌、股中间肌、股内侧肌、股直肌

向上运动的中间位置

向上运动的完成位置

15.25 杠铃早安式

*注意：*为了清楚地呈现动作技术，图片中没有用杠铃架。

起始位置

- 双手使用闭握正握的方式抓握杠铃。
- 站在杠铃下方，双脚平行。
- 将杠铃平衡地置于颈根处三角肌后束上方的上背部和肩部上，双手的握距稍大于肩宽。
- 肘部上抬，利用上背部和肩部肌群形成的“架子”来支撑杠铃。
- 胸部挺起并打开。
- 头部轻微抬起。
- 双脚与肩同宽（或更宽），脚尖微微向外。
- 伸髋、伸膝，从杠铃架上举起杠铃。
- 向后退2~3步。
- 每次动作都从这个位置开始。

向下运动阶段

- 运动开始时，慢慢屈髋。在下降过程中，臀部应笔直向后移动。
- 保持脊柱在中立位，肘部始终高抬；在下降过程中，避免拱背。
- 在下降过程中，保持膝关节微屈，脚始终在地面上。
- 继续向下运动，直到躯干接近与地面平行。

向上运动阶段

- 伸髋，将杠铃抬高。
- 在上升过程中，始终保持背部在中立位，膝关节微屈。
- 继续伸髋，回至起始位置。
- 完成一组练习后，迈向杠铃架，并放回杠铃。

涉及的肌肉

臀大肌、半膜肌、半腱肌、股二头肌、竖脊肌

起始位置

向下和向上运动

15.26 硬拉

起始位置

- 双脚平行，站距在髋部宽度与肩部宽度之间，脚尖微微向外。
- 下蹲，臀部低于肩部（比第一张图片展示的高度差距更大），双手使用闭握正握的方式抓握杠铃。如果负荷很大不能正握，可换成正反握。
- 肘关节于膝关节外侧完全伸直，双手在杠铃杆上的握距比肩略宽。
- 双脚平放在地面，杠铃杆在脚背上方，距离胫骨约 1in（3cm）。
- 调整身体姿势：
  —— 背部平直或微弓；
  —— 肩胛骨向下向后缩；
  —— 胸部挺起并打开；
  —— 头部与脊柱呈一条直线，或者轻微后伸；
  —— 脚后跟接触地面；
  —— 肩部在杠铃上方或稍微偏前；
  —— 眼睛注视正前方或稍微向上。
- 每次动作都从这个位置开始。

向上运动阶段

- 伸髋、伸膝，提起杠铃。
- 保持躯干和地面的角度恒定，不要在抬高肩部之前抬高髋部。
- 保持脊柱在中立位。
- 保持肘关节安全伸直，肩部在杠铃杠上方或微微偏前。
- 拉起杠铃时尽量保持其贴近小腿。
- 当拉起杠铃至超过膝关节时，保持肩部在杠铃上方并伸髋，以保持杠铃贴近身体。
- 继续伸髋、伸膝，直到躯干完全挺直。

向下运动阶段

- 慢慢屈曲髋关节和膝关节，将杠铃下放到地面。
- 保持脊柱在中立位，躯干不要向前屈曲。

涉及的肌肉

臀大肌、半膜肌、半腱肌、股二头肌、股外侧肌、股中间肌、股内侧肌、股直肌

起始位置

中间位置

结束位置

15.27 直腿硬拉

起始位置

- 用硬拉动作把杠铃从地面拉起之后，轻微屈膝，并使膝关节在整个练习过程中保持在这个位置。
- 每次动作都从这个位置开始。

向下运动阶段

- 练习开始时，脊柱在中立位；然后屈髋，使杠铃缓慢而有控制地向地面下降。
- 在杠铃下降的过程中，保持膝关节在相同屈曲位置，背部挺直或微弓，肘关节完全伸直。
- 降低杠铃至杠铃片碰到地面、背部无法保持在中立位、膝关节完全伸直或脚后跟抬离地面。

向上运动阶段

- 伸髋，回到起始位置。
- 保持膝关节微屈，脊柱在中立位。
- 不要向后猛拉躯干或者屈肘。

涉及的肌肉

臀大肌、半膜肌、半腱肌、股二头肌、竖脊肌

起始位置

向上和向下运动

15.28 罗马尼亚硬拉

起始位置

- 双手使用闭握正握的方式抓握杠铃，也可以使用高翻或抓举的握法。
- 用硬拉动作把杠铃从地面拉起之后，轻微屈膝，并使膝关节在整个练习中保持在这个位置。
- 每次动作都从这个位置开始。

高翻握法

抓举握法

向下运动阶段

- 通过屈髋并向后顶开始练习，允许躯干向前移动，保持杠铃杆与大腿接触。
- 在屈髋时保持膝关节微屈。
- 保持躯干挺直，脊柱在中立位，肩部后收，直到杠铃与髌腱齐平，躯干平行于地板（*注意*：如果使用抓举握法，躯干将略低于平行位，这取决于运动员的人体测量指标数据）。
- 在动作过程中保持正常的脊柱前凸。

向上运动阶段

- 伸髋，躯干抬起至起始位置。
- 保持膝关节微屈，脊柱在中立位。
- 确保杠铃杠一直接触大腿。
- 避免出现背部过伸或屈肘。

涉及的肌肉

臀大肌、半膜肌、半腱肌、股二头肌、竖脊肌

起始位置

向下和向上运动

15.29 腿（膝）伸展（器械）

起始位置

- 坐在器械上，背部紧贴在器械的靠背上。
- 把脚贴在滚垫下面。
- 双腿平行。
- 膝关节对准器械轴心，如果需要，可通过调整靠背或者滚垫，使双腿处于正确的起始位置。
- 抓住手柄或座椅两侧。
- 每次动作都从这个位置开始。

向上运动阶段

- 充分伸展膝关节，把滚垫抬高。
- 保持躯干挺直，背部稳定地贴在靠背上。
- 保持两侧大腿、小腿和脚彼此平行。
- 保持抓紧手柄或座椅两侧。
- 不要过于用力锁膝。

向下运动阶段

- 慢慢屈曲膝关节，回至起始位置。
- 保持躯干挺直，背部稳定地贴在靠背上。
- 保持两侧大腿、小腿和脚彼此平行。
- 不要让臀部抬离座椅。
- 保持抓紧手柄或座椅两侧。

涉及的肌肉

股外侧肌、股中间肌、股内侧肌、股直肌

起始位置

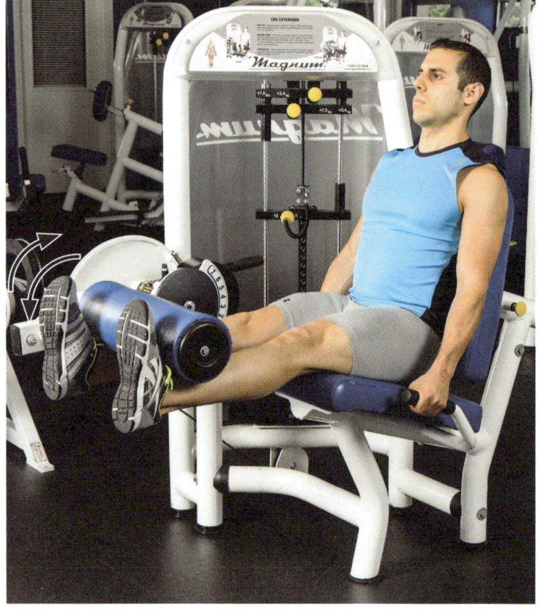

向上和向下运动

15.30 腿（膝）屈曲（器械）

起始位置

- 坐在器械上，背部紧贴在器械的靠背上。
- 把脚踝贴在滚垫的上面。
- 双腿平行。
- 膝关节对准器械轴心，如果需要，可通过调整靠背或者滚垫，使双腿处于正确的起始位置。
- 抓住手柄或座椅两侧。
- 每次动作都从这个位置开始。

向下运动阶段

- 充分屈曲膝关节，使下端滚垫低于座椅。
- 保持躯干不动，臀部和躯干紧贴座椅和靠背。
- 保持抓紧手柄或座椅两侧。

向上运动阶段

- 慢慢伸展膝关节，回到起始位置。
- 保持躯干不动，臀部和躯干紧贴座椅和靠背。
- 保持抓紧手柄或座椅两侧。
- 不要过于用力锁膝。

涉及的肌肉

半膜肌、半腱肌、股二头肌

起始位置

向下和向上运动

15.31 肩上推举（器械）

起始位置

- 坐下，背部倾斜且紧贴在器械的靠背上，呈身体五点接触姿势。
- 双手使用闭握正握的方式握住手柄。
- 调整手柄至对准肩部顶端。如果需要，可通过调整座椅高度，使手柄处于正确的起始位置。

向上运动阶段

- 向上推手柄，直到肘关节完全伸直。
- 始终保持身体五点接触姿势。
- 不要拱背或者用力锁肘。

向下运动阶段

- 慢慢屈曲肘关节，使手柄下降到起始位置。
- 始终保持身体五点接触姿势。

涉及的肌肉

三角肌前束、三角肌中束、肱三头肌

起始位置

向上和向下运动

15.32 坐姿杠铃肩上推举（和使用哑铃的变式）

这个练习也可以用哑铃来进行，使用闭握正握的握法。当使用哑铃时，协助者应在运动员的前臂靠近手腕处进行协助。

起始位置：运动员

- 坐在垂直的肩上推举训练椅上，躯干向后倾斜呈身体五点接触姿势。
- 双手使用闭握正握的方式抓握杠铃。
- 握距比肩略宽。
- 示意协助者帮助从杠铃架上取下杠铃。
- 向上推起杠铃，直到肘关节完全伸直。
- 每次动作都从这个位置开始。

起始位置：协助者

- 在训练椅后方站直，双脚站距与肩同宽，膝关节微屈。
- 在运动员双手的内侧，使用闭握正反握的方式抓握杠铃。
- 在运动员做出示意后，帮助取下杠铃。
- 把杠铃置于运动员头部上方的位置。
- 顺畅地松手释放杠铃。

向下运动阶段：运动员

- 慢慢屈曲肘关节，使杠铃下降。
- 保持手腕稳定，前臂彼此平行。
- 颈部微微伸展，让杠铃从面前下降，触及锁骨和三角肌前束。
- 保持身体五点接触姿势。

向下运动阶段：协助者

- 在杠铃降低的过程中，保持正反握姿势，但不碰到杠铃。
- 在跟随杠铃移动的过程中，保持膝关节微屈，背部在中立位。

向上运动阶段：运动员

- 向上推起杠铃，直到肘关节完全伸直。
- 颈部微微伸展，让杠铃杆从面前上升。
- 保持手腕稳定，前臂彼此平行。
- 保持身体五点接触姿势。
- 不要拱背，或抬离座椅。
- 完成一组练习后，示意协助者帮助把杠铃放回杠铃架。
- 保持握住杠铃，直到将其放回杠铃架。

起始位置

向下和向上运动

15.32（续）

向上运动阶段：协助者

- 在杠铃向上的过程中，保持正反握姿势，但不接触杠铃。
- 在跟随杠铃移动的过程中，轻微伸展膝关节、髋关节和躯干，保持背部在中立位。
- 完成一组练习后，在运动员双手的内侧，使用正反握的方式抓握杠铃。
- 引导杠铃放回杠铃架。
- 保持抓握杠铃，直到杠铃被放回杠铃架。

涉及的肌肉

三角肌前束和中束、肱三头肌

15.33 直立划船

起始位置

- 双手使用闭握正握的方式握住杠铃，握距接近与肩同宽或比肩略宽。
- 站直，站距与肩同宽，膝关节微屈。
- 把杠铃置于大腿前部，肘关节完全伸直且指向两侧。

向上运动阶段

- 沿着腹部和胸部向下巴方向拉起杠铃。
- 当杠铃贴着身体时，保持肘关节指向两侧。
- 保持躯干和膝关节在相同位置。
- 不要抬起脚趾或使杠铃向前摆动。
- 在最高位置处，肘关节应该达到或略超过肩部高度。

向下运动阶段

- 让杠铃慢慢下降回到起始位置。
- 保持躯干和膝关节在相同位置。

涉及的肌肉

三角肌、斜方肌上部

起始位置

向上和向下运动

15.34 侧平举

起始位置

- 双手使用闭握中立握的方式握住两只哑铃。
- 双脚与肩或与髋同宽，膝关节微屈，躯干挺直，肩胛骨向下、向后缩，目视前方。
- 把哑铃置于双腿前方，掌心相对。
- 在整个练习过程中，肘关节微屈并始终保持这个角度（*注意*：肘关节屈曲角度应稍稍大于图片）。

向上运动阶段

- 双手向上、向外举起哑铃，肘部和上臂应该与前臂、手和哑铃同步向上运动。
- 保持上身挺直，膝关节微屈，双脚平放在地面上。
- 不要猛拉晃动身体或者把哑铃向上摇摆。
- 继续抬高哑铃，直到手臂接近与地面平行，或者接近肩部高度。

向下运动阶段

- 让哑铃慢慢下降到起始位置。
- 保持躯干和膝关节在相同位置。

涉及的肌肉

三角肌

起始位置

向上和向下运动

15.35 仰卧杠铃肱三头肌伸展

起始位置：运动员

- 仰卧在训练凳上，呈身体五点接触姿势。
- 双手使用闭握正握的方式，从协助者手中接过杠铃杆，握距接近12in（约30cm）。
- 把杠铃杆置于胸部上方，肘关节完全伸直，双臂平行。
- 肘关节指向膝关节（不要指向外侧）。
- 每次动作都从这个位置开始。

起始位置：协助者

- 站直，贴近运动员（但不要使其分神）。
- 双脚交错站立，站距与肩同宽，膝关节微屈。
- 双手使用闭握正反握的方式抓握杠铃杆。
- 把杠铃杆递给运动员。
- 把杠铃杆置于运动员胸部上方。
- 顺畅地松手释放杠铃杆。

向下运动阶段：运动员

- 保持上臂不动，慢慢屈曲肘关节，使杠铃杆向面部下降。
- 保持手腕稳定，两侧上臂垂直地面且彼此平行。
- 降低杠铃杆，直到几乎碰到头部或面部。
- 保持身体五点接触姿势。

向下运动阶段：协助者

- 在杠铃杆降低的过程中，双手保持反握姿势，接近但不要碰到杠铃杆。
- 在跟随杠铃杆移动的过程中，保持膝关节、髋关节和躯干微屈，背部在中立位。

向上运动阶段：运动员

- 伸展肘关节，向上推起杠铃杆，回到起始位置。
- 保持手腕稳定，肘关节指向膝关节。
- 保持上臂彼此平行且垂直于地面。
- 保持身体五点接触姿势。
- 完成一组练习后，示意协助者移开杠铃杆。
- 保持握住杠铃杆，直到协助者将其移开。

向上运动阶段：协助者

- 在杠铃杆向上的过程中，双手保持反握姿势，接近但不要移到杠铃杆。
- 在跟随杠铃杆移动的过程中，膝关节、髋关节和躯干微微伸展，背部在中立位。
- 完成一组练习后，用正反握的方式抓握杠铃杆，并将其移动至地面。

涉及的肌肉

肱三头肌

起始位置

向下和向上运动

15.36 肱三头肌下压（器械）

起始位置

- 双手使用闭握正握的方式握住手柄，握距约6~12in（15~30cm）。
- 站直，双脚站距与肩同宽，膝关节微屈。在起始位置，身体要接近器械，足够让绳索拉直。
- 双手下拉手柄，上臂置于躯干两侧。
- 屈肘，前臂平行或者略高于地面。
- 每次动作都从这个位置开始。

向下运动阶段

- 下压手柄，直到肘关节完全伸直。
- 保持躯干挺直，上臂不动。
- 不要过于用力锁肘。

向上运动阶段

- 慢慢屈曲肘关节，回到起始位置。
- 保持躯干、上臂和膝关节在相同位置。
- 完成一组练习后，把手柄放回原位。

涉及的肌肉

肱三头肌

起始位置

向下和向上运动

15.37 借力推举

这个练习要快速并强力地把杠铃从肩部推过头顶。尽管向上运动的过程包含两个阶段，但是这两个阶段一气呵成，没有中断。借力推举和借力挺举练习都包括了首先通过快速地伸髋和伸膝，使杠铃加速离开肩部，紧接着将杠铃举过头顶的动作。将杠铃举过头顶的方法有多种变化形式。在推举中，伸膝伸髋猛推的力量仅仅足够驱动杠铃过顶距离中的1/2~2/3。从这个高度开始，杠铃是被“推起来”到达头顶最终位置的。髋关节和膝关节在猛推后保持完全伸直的状态。

在这两个练习中，运动员可以从与肩同高的杠铃架上取下杠铃，或者直接将杠铃从地面举起到肩部（通过一次高翻动作）。两个练习都可以使用高翻握法或抓举握法。下面的内容介绍了在爆发力训练架内进行练习的过程（尽管杠铃架在图中没有显示）。

起始位置

- 双手使用闭握正握的方式抓握杠铃。
- 握距比肩略宽（高翻握法）。
- 站在杠铃下面，站距与髋同宽，两脚平行。
- 把杠铃置于三角肌前束和锁骨的顶端。
- 伸髋伸膝，举起杠铃并将其抬离杠铃架。
- 从杠铃架后退，站在举重台中间。
- 双脚间距在与肩同宽到与髋同宽之间，脚尖微微向外。
- 每次动作都从这个位置开始。

准备阶段：下沉

- 在有控制的速度下屈髋屈膝，杠铃沿直线向下移动。
- 身体继续下沉，但不要超过1/4蹲，或身高的10%，接近做高翻的位置。
- 保持双脚平放在地面，躯干挺直，肘部在杠铃正下方或略微偏前。

向上运动阶段：发力驱动

- 一旦到达下蹲的最低位，快速强力地伸展髋关节、膝关节和踝关节，紧接着伸展肘关节，做出反向动作，使杠铃移动到头顶上方。

抓杠（用于推举）

- 在发力驱动阶段完全伸直膝关节和髋关节后，杠铃移动至头顶上方，此时用力向上推起杠铃，直到肘关节安全伸直。
- 在这个位置时，躯干挺直，头部处于中立位，双脚平放于地面，杠铃在耳朵上方微微偏后的位置。

向下运动阶段

- 逐渐减少手臂的肌肉张力，使杠铃有控制地下降到肩部位置。
- 同时屈膝屈髋，使杠铃有缓冲地落在肩上。
- 完成一组练习后，迈向杠铃架，把杠铃放在杠铃架上。

涉及的肌肉

臀大肌、半膜肌、半腱肌、股二头肌、股外侧肌、股中间肌、股内侧肌、股直肌、比目鱼肌、腓肠肌、三角肌、斜方肌

起始位置

下沉

发力驱动

抓杠（用于推举）

15.38 借力挺举

借力挺举需要具备更加有力的伸髋伸膝猛推的力量，使杠铃被“发力驱动”向上，双手于头顶上方抓握杠铃且肘关节用力伸展，同时膝关节和髋关节微屈。

起始位置

- 双手使用闭握正握的方式抓握杠铃。
- 握距应该比肩略宽（高翻握法）。
- 站在杠铃下面，站距在肩部到髋部之间的宽度，双脚平行。
- 靠近杠铃，把杠铃放在三角肌前束和锁骨处。
- 伸膝伸髋，从杠铃架上举起杠铃。
- 从杠铃架后退，站在举重台中间。
- 双脚间距与髋同宽或比髋略宽，脚尖向前或微微向外。
- 每次动作都从这个位置开始。

准备阶段：下沉

- 在有控制的速度下屈髋屈膝，杠铃沿直线向下移动。
- 继续下蹲到更深位置，但不要超过1/4蹲。
- 保持双脚平放在地面，躯干挺直，肘关节在杠铃正下方或略微偏前。

向上运动阶段：发力驱动

- 一旦到达下蹲的最低位，快速强力地伸展髋关节、膝关节和踝关节，紧接着伸展肘关节，做出反向动作，使杠铃移动到头顶上方。

抓杠（用于挺举）

- 在发力驱动阶段完全伸直膝关节和髋关节后，杠铃移动至头顶上方，此时快速屈髋屈膝至下沉姿势，同时完全伸直肘关节以使杠铃移动至最高位置。
- 抓杠时躯干挺直，头部处于中立位，双脚平放于地面，杠铃在头部上方微微偏后位置，躯干呈一条直线。

恢复阶段

- 在得到控制与平衡后，充分伸直髋关节和膝关节站起，双脚平放于地面。
- 保持肘关节锁住，保持杠铃在头顶上方稳定不动。

向下运动阶段

- 逐渐减少手臂肌肉张力，使杠铃有控制地下降到肩部位置。
- 同时屈髋屈膝，使杠铃有缓冲地落在肩上。
- 完成一组练习后，迈向杠铃架，把杠铃放在杠铃架上。

涉及的肌肉

臀大肌、半膜肌、半腱肌、股二头肌、股外侧肌、股内侧肌、股中间肌、股直肌、比目鱼肌、腓肠肌、三角肌、斜方肌

起始位置

下沉

发力驱动

抓杠（用于挺举）

恢复位置

15.39 高翻（和悬垂高翻变式）

这个练习要快速强力地把杠铃从地面拉起，最后落到肩部前侧，一气呵成。尽管向上运动的过程包含4个阶段，但是向上时的连续动作没有间断。悬垂高翻与高翻动作相似，但杠铃的起始位置在大腿处或膝部附近。这种变化形式的高翻，杠铃不从地面开始，两次重复练习之间也不回到地面。

起始位置

- 双脚分开站立，站距在髋部宽度与肩部宽度之间，脚尖微微向外。
- 下蹲，臀部低于肩部，用正握的方式抓握杠铃。如果需要强力抓握，可以使用钩握。
- 双手于膝关节外侧抓握杠铃，握距比肩略宽，肘关节完全伸直并指向外侧。
- 双脚平放在地面，杠铃距离小腿约1in（约3cm）且在前脚掌正上方。
- 调整身体姿势：
  —— 背部挺直或轻微弓起；
  —— 肩胛骨向下、向后缩；
  —— 胸部挺起并打开；
  —— 头部与脊柱呈一条直线，或轻微过度伸展；
  —— 肩部在杠铃上方或略微偏前；
  —— 双眼目视前方或略微偏上。
- 每次动作都从这个位置开始。

向上运动阶段：首拉

- 强力伸髋伸膝，把杠铃从地面提起。
- 保持躯干与地面角度不变；不要在抬高肩部之前抬高髋部。
- 保持脊柱在中立位。
- 保持肘关节完全伸直并指向外侧，肩部在杠铃上方或略微偏前。
- 当杠铃杆上升时，保持与小腿贴近。

向上运动阶段：转换

- 一旦杠铃被提拉至高于膝关节，向前送髋，膝关节微屈，大腿顶住杠铃，膝关节位于杠铃下方。
- 保持背部挺直，或轻微弓起，肘关节完全伸直且指向外侧。

起始位置/首拉的开始

首拉的结束/转换的开始

转换的结束/第二次拉的开始

*注意：*转换阶段类似罗马尼亚硬拉；事实上，举重运动员会使用罗马尼亚硬拉来强化运动模式。

向上运动阶段：第二次拉

- 快速伸展髋关节、膝关节和踝关节。（*注意：*脚后跟尽可能长时间地保持在地面上，是为了把力量最大化地转移到杠铃上。）
- 保持杠铃尽可能地贴近身体。
- 保持背部挺直，肘关节指向外侧。
- 保持肩部在杠铃上方，尽可能地伸展肘关节。
- 当下肢关节都接近完全伸展时，快速向上耸肩，肘关节仍然保持充分伸展并指向外侧。
- 当肩部接近最高位置时，屈肘，把身体拉到杠铃杆下方。
- 由于这个阶段的爆发性发力，躯干会挺直或者轻微过伸，头部可能需要倾斜轻微向后，脚可能与地面失去接触。

向上运动阶段：抓杠

- 在下肢充分伸展后，把身体拉到杠铃杆下方，并将手臂转到杠铃下方。
- 同时，屈髋屈膝到1/4蹲的位置。
- 一旦手臂在杠铃下方，上提肘关节，使上臂平行于地面。
- 杠铃置于锁骨与三角肌前束处。
- 抓杠时：

  —— 躯干几乎挺直；

  —— 肩部在髋部略微偏前；

  —— 头部在中立位；

  —— 双脚平放在地面。
- 在获得控制和平衡后，伸髋伸膝站起，呈充分站直的姿势。

向下运动阶段

- 降低肘关节，将杠铃从三角肌前束和锁骨处移开；然后慢慢把杠铃降到大腿处。
- 同时屈髋屈膝，使杠铃有缓冲地靠到大腿上。
- 下蹲，肘关节充分伸展，直到杠铃碰到地面。如果是橡胶缓冲型杠铃片，可直接放回到举重台上。

涉及的肌肉

臀大肌、半膜肌、半腱肌、股二头肌、股外侧肌、股内侧肌、股中间肌、股直肌、比目鱼肌、腓肠肌、三角肌、斜方肌

第二次拉的结束

抓杠

结束位置

15.40 抓举（和悬垂抓举变式）

这个练习要快速强力地把杠铃从地面拉起到头顶上方，肘关节完全伸直，所有动作一气呵成。尽管向上运动的过程包含多个阶段，但是向上时的连续动作没有间断。悬垂抓举与抓举动作相似，但杠铃的起始位置不在地面，并且每次重复练习之间不回到地面。

起始位置

- 双脚分开站立，站距在髋部宽度与肩部宽度之间，脚尖微微向外。
- 下蹲，臀部低于肩部，用正握的方式抓握杠铃。如果需要强力抓握，可以使用钩握。
- 握距比其他练习更宽；测量握距的方法有2种：

  1. 一侧手臂握拳侧平举时，测量拳到对侧肩的距离；
  2. 两臂侧平举时，测量两肘之间的距离。

- 肘关节完全伸直，并指向外侧。
- 双脚平放在地面，杠铃距离小腿约1in（3cm）且在前脚掌正上方。
- 调整身体姿势：

  —— 背部挺直或轻微弓起；
  —— 肩胛骨向下、向后缩；
  —— 胸部挺起并打开；
  —— 头部与脊柱呈一条直线，或轻微过度伸展；
  —— 双脚平放于地面；
  —— 肩部在杠铃上方或略微偏前；
  —— 双眼平视或稍微偏上。

- 每次动作都从这个位置开始。

向上运动阶段：首拉

- 强力伸髋伸膝，把杠铃从地面提起。
- 保持背部与地面角度不变；不要在抬高肩部之前抬高髋部。
- 保持脊柱在中立位。
- 保持肘关节完全伸直并指向外侧，肩部在杠铃上方或略微偏前。

握距测量：拳到对侧肩

握距测量：肘到肘

起始位置/首拉的开始

首拉的结束/转换的开始

转换的结束/第二次拉的开始

- 当杠铃杆上升时，保持贴近小腿。

向上运动阶段：转换

- 一旦杠铃被提拉至高于膝关节，向前送髋，膝关节微屈，大腿顶住杠铃，膝关节位于杠铃下方。
- 保持背部挺直，或轻微弓起，肘关节完全伸直并指向外侧。

*注意：*转换阶段类似罗马尼亚硬拉；事实上，举重运动员会使用罗马尼亚硬拉来强化运动模式。

向上运动阶段：第二次拉

- 快速伸展髋关节、膝关节和踝关节（*注意：*脚后跟尽可能长时间地保持在地面上，是为了把力量最大化地转移到杠铃上。）
- 保持杠铃尽可能地贴近身体。
- 保持背部挺直，肘关节指向外侧。
- 保持肩部在杠铃上方，尽可能地伸展肘关节。
- 当下肢关节都接近完全伸展时，快速向上耸肩，肘关节仍然保持充分伸展并指向外侧。
- 当肩部接近最高位置时，屈肘，把身体拉到杠铃杆下方。
- 由于这个阶段的爆发性发力，躯干会挺直或者轻微过伸，头部可能需要倾斜轻微向后，脚可能与地面失去接触。

向上运动阶段：抓杠

- 在下肢充分伸展后，把身体拉到杠铃下方，并将手臂转到杠铃下方。
- 同时，屈髋屈膝到1/4蹲的位置。
- 一旦身体在杠铃下方，双手应于耳朵上方或微微偏后的位置抓杠，此时身体应该：
  —— 完全伸直肘关节；
  —— 躯干挺直并保持稳定；
  —— 头部在中立位；
  —— 双脚平放在地面；
  —— 身体的重量在脚的中间。
- 在获得控制和平衡后，伸髋伸膝站起，呈充分站直的姿势。
- 使杠铃在头顶处稳定。

向下运动阶段

- 慢慢减少肩部肌肉张力，从头顶把杠铃有控制地降到大腿处。
- 同时屈髋屈膝，使杠铃有缓冲地靠到大腿上。
- 下蹲，肘关节充分伸展，直到杠铃碰到地面。如果是橡胶缓冲型杠铃片，可直接放回到举重台上。

涉及的肌肉

臀大肌、半膜肌、半腱肌、股二头肌、股外侧肌、股内侧肌、股中间肌、股直肌、比目鱼肌、腓肠肌、三角肌、斜方肌

第二次拉的结束

抓杠

结束位置

关键词

alternated grip 正反握
clean grip 高翻握法
closed grip 闭握或锁握
false grip 开握或假握
five-point body contact position 身体五点接触姿势
forced repetitions 强迫性重复
free weight exercises 自由重量练习
grip width 抓握宽度或握距
hook grip 钩握
liftoff 起杠
neutral grip 中立握
neutral spine 脊柱中立位
out-of-the-rack exercises 架外练习
overhand grip 高手握法或全握
over-the-face barbell exercises 杠铃在面部上方的练习
partner-assisted reps 同伴协助重复
power exercises 爆发性练习
pronated grip 正握
range of motion（ROM）关节活动度
snatch grip 抓举握法
spotter 协助者
sticking point 黏滞点
structural exercises 结构性练习
supinated grip 反握
supine 仰卧
underhand grip 低手握法
Valsalva maneuver 瓦氏呼吸法

学习试题

1. 以下哪个练习需要协助者？（ ）
   a. 背阔肌下拉　　b. 腕屈曲
   c. 高翻　　d. 登阶
2. 以下哪个练习需要协助者的手放在运动员的前臂、靠近手腕处？（ ）
   a. 卧推　　b. 上斜哑铃卧推
   c. 直立划船　　d. 仰卧杠铃肱三头肌伸展
3. 以下哪个握法应该在硬拉练习中使用？（ ）
   I. 正握
   II. 闭握
   III. 开握
   IV. 正反握
   a. I和III
   b. II和IV
   c. I、II和IV
   d. II、III和IV
4. 在登阶的动作中，以下哪个双脚的顺序模式是正确的？（ ）
   a. 抬起左脚，抬起右脚，落下左脚，落下右脚
   b. 抬起右脚，抬起左脚，落下左脚，落下右脚
   c. 抬起左脚，落下左脚，抬起右脚，落下右脚
   d. 抬起右脚，抬起左脚，落下右脚，落下左脚
5. 在高翻的第二上拉阶段中，主要动作是（ ）。
   a. 屈髋　　b. 伸髋
   c. 屈膝　　d. 足背屈

第 16 章

传统动作的变式训练和非传统器械训练的练习方法

G. 格雷戈里·哈夫（G. Gregory Haff），PhD；道格拉斯·贝尔宁格（Douglas Berninger），MEd；斯科特·考尔菲尔德（Scott Caulfield），BS

译者：赵鹏旺、王雄

审校：尹军、朱昌宇

完成这一章的学习后，你将能够：

- 理解利用变式动作模式及非传统器械进行抗阻训练的基本原则；
- 阐述自重训练的优势与不足；
- 认识核心训练的优势与不足；
- 学习变式训练的正确动作技术，并能识别关键技术错误；
- 在稳定平面自由重量练习中正确使用阻力带和铁链；
- 在训练中选择合适的变式练习和非传统训练器械练习。

传统动作的变式训练和非传统器械训练被越来越广泛地运用于体能训练中。在训练计划的实施阶段，需要严格遵循某些基本及特定的原则，以确保训练能够安全有效地进行。

一般原则

与传统的抗阻训练相比，传统动作的变式训练和非传统器械训练在一般应用原则上并无太大差别。在训练时，训练者的身体应处于一个稳定、安全和正确的姿势下，使骨骼肌的负荷处在一个合理的范围内。在稳定平面上以站姿进行训练时，一般使用略比肩宽的站距。而在使用不稳定器械进行训练时，身体需要不时地调整姿势以维持稳定。关于握法的使用问题，请在第15章列出的诸多传统握法中进行选择。握法的选择并不死板，要根据动作的具体需求进行调整。此外，需要强调的是，在很多使用非传统器械的练习中，握法可能会成为限制因素。

与大多数传统训练一样，我们提倡的呼吸模式是在动作的黏滞点（向心阶段）呼气，而在压力较小的离心阶段吸气。例如，在瑞士球上做哑铃卧推时，应该在哑铃下降时吸气，在将哑铃从胸前推起时呼气。而在结构性练习（即中轴骨承重的练习）中，可以采用屏气的方法。使用最大重量的80%及以上的负重进行训练或进行较轻的负重训练至力竭时，可能无法避免采用瓦氏呼吸法（在关闭声门的时候用力呼气）[32]。瓦氏呼吸法可以增大腹内压，增强脊柱的稳定性，可能会改善运动员在非传统练习中的运动表现。例如，在使用壮汉圆木进行高翻训练时，可以在提拉和抓杠阶段使用瓦氏呼吸法。关于瓦氏呼吸法，本书在第15章进行了详细讲解。

自重训练

自重训练是抗阻训练的最基本的内容之一。自重训练，即以自身重量提供训练的负重[37]。俯卧撑、正卧引体向上、反握引体向上、仰卧起坐和立握撑等都属于自重训练。而健身操、体操以及瑜伽等运动也可以被归入到自重训练的范畴[37]。Behm及其同事[10]指出，体操是体育教育的经典内容之一，可以很好地促进核心肌群的发展，而核心力量的增强可以降低运动损伤风险。自重训练可以提高相对力量水平，是低投入、高回报的训练方法。

自重训练的缺点是最大负重只能达到自重。因此，自重训练并不能显著地提高绝对力量[37]。增加自重训练的强度的方法有很多，包括增加动作次数或改变动作模式。增加动作次数，意味着训练量的改变，进而将针对力量的训练变成了针对力量耐力的训练。此时需要对训练做

传统动作的变式训练和非传统器械训练的一般原则

- 保持稳定、安全和正确的身体姿势。
- 在稳定平面上以站姿进行训练时，双脚站距略比肩宽，双脚要平放于地面（脚尖和脚跟不离开地面）。
- 根据具体的练习动作，选择合适的握法（详见第15章内容）。
- 在动作的向心阶段呼气，离心阶段吸气。
- 使用大负重进行训练（最大重量的80%及以上）或进行较轻的负重训练至力竭时，瓦氏呼吸法可能是保持脊柱稳定的有效技巧。

自重训练的优点

下面列出几条自重训练的好处[37]：

- 针对不同个体的身体形态，具有特异性；
- 常包含闭链练习；
- 同时增强多个肌群的力量；
- 可以发展相对力量（运动员单位体重所具有的最大力量）；
- 增强身体控制能力；
- 投入小，成本低。

出简单的调整，改变动作模式。例如，在做俯卧撑的时候将腿抬高，可以增加阻力。此外，悬吊器械也被用来增加自重训练的强度[71, 72]。相关研究表明，这种方法可以提高肌肉的激活程度[51]。Snarr和Esco[72]的研究表明，在悬吊器械上做俯卧撑的肌肉激活程度比在稳定平面上更高。

核心稳定性和平衡性训练方法

在人体健康、损伤康复以及运动表现等领域，“核心”一词越来越受到重视[10]。对于核心稳定性和平衡性，应用类文献中提倡的干预训练方法有：传统的稳定平面自由重量练习，以及在不稳定器械上进行的训练。

核心的解剖学基础

“核心”一词在大众媒体和一些训练期刊[10]中很常用，它指的是躯干，更具体一点，是腰椎-骨盆（骨盆及腰椎段）区域[81]。科研文献中一直尝试给“核心”一个更准确的定义[10, 82]。一般来说，解剖学上的核心指的是中轴骨以及它上面连接的所有软组织[9, 10]。需要注意的是，中轴骨包含骨盆和肩带，相关软组织包括关节软骨、纤维软骨、韧带、肌腱、肌肉以及筋膜[10]。软组织的作用是产生力量（肌肉向心收缩）以及抵抗运动（肌肉的离心收缩和等长收缩）。

核心肌群的作用是在整条动力链运动时（例如做踢和投掷的动作），传递扭矩以及角动量[81]。Willardson[81]的研究表明，运动员的核心稳定性的增强可为其上下肢的力量输出创造更稳定的基础。

孤立训练

孤立训练是在减少上下肢参与的情况下，孤立特定的核心肌群进行训练的方法。孤立训练通常包括动态或等长肌肉收缩[10]。最常见的孤立训练核心肌群的动作就是前平板支撑[68]和侧平板支撑[78]。有研究表明，这些孤立训练动作可以增强肌肉激活，而肌肉的激活可以增强脊柱稳定性，并减少运动损伤风险[56]。孤立训练对训练水平较低的人和伤后康复人群有效，但只有有限的研究表明孤立训练能够促进运动表现的提升[65, 81]。在最近的一篇系统回顾类文献中，Reed和他的同事们[65]发现，孤立训练对运动表现的提升效果并不大。另外，根据Behm和他的同事们[10]以及Willardson[81]的研究发现，稳定平面自由重量练习（例如深蹲、硬拉、推举、高翻以及一些躯干旋转类练习）对运动表现的促进作用远大于孤立核心训练。与孤立训练相比，稳定平面自由重量练习对核心肌群的激活效果与之相似，甚至更好[35, 60]。但对那些尚处于康复过程、不能在稳定平面上做自由重量训练的运动员来说，孤立训练或许是一个更好的选择[81]。

> 与孤立训练相比，稳定平面自由重量练习对核心肌群的激活效果与之相似，甚至更好。

固定轨迹器械训练与自由重量训练

固定轨迹器械训练和自由重量训练各有利弊[10, 34, 75]。固定轨迹器械训练中的训练器械可以提供良好的稳定性，对特定肌群的训练效果更好。但是从运动表现的角度来看，这种孤立训练的功能性并不高[10]。一般认为，自由重量训练对稳定肌的激活要强于固定轨迹器械训练[33]。Anderson和Behm[2]的研究表明，使用史密斯机进行深蹲训练，背部稳定肌的活跃程度比在自由重量深蹲中低了30%。另外，有研究表明，固定器械训练引起的肌力提升，对竞技运动中的肌肉激活模式产生的作用几乎可以忽略不计，甚至是负面的[2, 15, 57]。在稳定平面自由重量练习中加入不稳定器械或不稳定表面后，力的产生、力的发展速率和功率输出等指标均降低[23, 49]。以上研究表明，稳定平面自由重量练习能更好地将专项性、不稳定性结合起来，特别是在针对力量和爆发力进行训练时。传统的稳定平面自由重量练习已经可以提供足够的满足专项适应发展需求的不稳定性，因此没必要在稳定平面自由重量练习中继续增加不稳定性[10]。

> 稳定平面自由重量练习能更好地将专项性、不稳定性结合起来，特别是在针对力量和爆发力进行训练时。

不稳定器械

非稳定平面练习指的是在不稳定表面或不稳定设备上进行的练习，源自物理治疗领域。不稳定器械通过加强核心肌群的稳定性，进而纠正姿势失调和不平衡[10, 81]。在训练中加入扰动会对运动员的平衡性产生更大的挑战，因为此时运动员需要募集更多的核心肌肉进行姿势调整，以保持身体挺直[19]。

体能教练可使用的不稳定器械有很多种。最常用于增加训练的不稳定性的器械是瑞士球、理疗球和Pezzi体操球[10]。其他器械包括Bosu球、平衡板、瑜伽砖、泡沫轴以及多种软质垫。沙质地面等天然表面也可以增强训练的不稳定性，增加维持身体平衡的难度，强化核心肌群的激活。许多体能教练认为在训练中加入非稳定性练习可以在训练目标肌肉的同时增加对核心肌群的激活[10]。然而，有研究表明，虽然在这种训练方式下核心肌群的激活增多，但是主动肌产生的力量会减小[9, 23]。在不稳定平面上进行训练时，主动肌力量输出[8]和总功率输出[23]只达到在稳定平面上训练时的70%，另外，力的发展速率也会明显下降[60]。力的产生、功率输出和力的发展速率均发生明显下降，这表明非稳定性训练也许不是训练运动员的最好的方法。因为这几项指标对运动表现有巨大影响。

总的来说，非常有限的研究表明了在不稳定平面上进行抗阻训练能较好促进运动表现[21, 73]。也许是因为收益递减原则，相关文献大多给出了非稳定性训练的效益十分有限的结论。因为这些研究的研究对象多为高水平运动员，他们需要很强的适应性刺激（用于提升力量、运动速度和力的发展速率），而在不稳定表面上训练并不能带给他们足够的刺激[10, 47]。因此，非稳定性训练也许只能作为以提升平衡性和核心稳定性为目标而引入的那些动态或爆发性稳定平面自由重量训练（例如奥林匹克举重）之前奠定基础的训练[10]。

稳定平面自由重量练习（例如深蹲、硬拉和奥林匹克举重等）本身就包含一定的不稳定性，可以对动力链上的所有环节进行训练。与非稳定性练习相比，稳定平面自由重量练习能更好地促进核心稳定性的发展和运动表现的提升[10]。

在康复领域，使用不稳定器械训练能减少下背痛，且可以改善软组织功能，增强膝关节和踝关节的稳定性[9, 10]。一些与膝关节相关的肌肉的起点位于腰椎–骨盆区域，因此良好的核心力量可以预防前十字交叉韧带（ACL）损伤[58]。有另外几项研究表明，使用不稳定器械可以降低ACL的损伤风险[58]。尤其对于ACL损伤后进行康复的患者来说[59]，非稳定性训练预防再损伤的效果更加明显。Fitzgerald及其同事们[28]的研究表明，在运动员的康复过程中使用斜板、平衡板以及其他不稳定器械加入扰动刺激，运动员康复回归赛场的可能性增大5倍。另外，Caraffa及其同事[18]的研究表明，在传统训练中加入平衡训练会降低业余足球运动员的ACL损伤风险。然而，在一篇系统回顾类文献中，Grimm及其同事[31]对以上结论提出了质疑，并表示非稳定性训练并没有减少ACL损伤风险。相比非稳定性练习，稳定平面自由重量练习可以增强核心力量以及平衡能力，对运动表现的促进有着更均衡、全面的效果。总的来说，使用不稳定平面练习来增强核心有助于受伤运动员重返赛场。

可变阻力训练方法

抗阻训练包含3种：恒定外阻训练、可调节性抗阻训练和变阻训练[30, 54]。最常见的是恒定外阻训练，在传统训练手段中常被使用（例如自由重量训练）。恒定外阻训练，即外部阻力在动作活动范围中保持恒定，更多地反映了日常生活活动，其动作模式和骨骼肌的协作更接近于现实生活[36, 54, 63]。另外，可调节性抗阻训练（有时指的是半等速抗阻训练）可以在动作活动范围内控制动作速度和等速阻力[54, 75]。Stone及其同事[75]表示，这类训练器械的外部效度并不高。此外，与传统训练手段（例如使用恒定负重的自由重量练习，尤其是包含多关节运动模式的练习）相比，等速训练器械并不能产生足够的训练刺激。

在传统训练手段中，外部负重恒定不变，但是肌肉施加的力会随着运动中所涉及关节的机械效率的变化而改变[3, 13, 30]。研究人员一直致力于研发一种能让阻力随着关节角度的变化而改变的新器械，以适应进行恒定外阻训练时不断变化的机械效率，并对抗运动器械的惯性，因此，变阻训练应运而生[30]。它可以使肌肉在动作的全范围内输出最大的力量[29]。例如，在做颈后深蹲时，肌肉的力量输出在向上运动至顶端时达到最大，在向下运动至底端时达到最小。使用变阻训练，可以在最底端减少阻力，而在向上站起的阶段增加阻力。另外，在动作的向心阶段，很大一部分时间被用于做减速运动，使用变阻训练更容易控制减速过程[30]。总的来说，变阻训练可以让阻力与关节杠杆的变化相适应[85]，克服一些特定关节角度的机械劣势[24, 69, 70, 79]，并提供代偿性加速度[69, 70]。

现代体能训练中常使用的变阻训练器械是铁链和阻力带[30, 54]。将铁链和阻力带与传统的自由重量训练相结合的方法已经让阻力的设置形式变得和典型的恒定外阻训练有所不同[30, 41]。将铁链和阻力带加入训练后，阻力会在动作全程不断变化。

在现代体能训练中，常使用铁链和阻力带作为变阻训练器械[30, 54]。

铁链负重训练

近年来，在传统训练（例如卧推和深蹲）中加入铁链的训练方法愈加风靡[4, 13, 39, 54]。这种方法在力量举选手中最流行[69, 70]，而越来越多的体能教练也开始使用铁链进行训练[22]。尽管这种方法被很多从业人员认为是有效的，但这类观点大多未被科学研究证明[13, 14, 39, 54]。然而，也有一些文献证明，在传统抗阻训练（例如卧推）中应用铁链负重是有益的[6]。仔细观察这些研究后可以发现，铁链被应用于自由重量训练的方式，可能会影响研究结论。具体来说，上述研究的设计是使铁链只有在深蹲的最低点时，或者卧推触胸时才触地[6]。虽然有一些研究支持，但是对于在传统抗阻训练中应用铁链的问题，还需要进行进一步的研究。

确定铁链提供的阻力

铁链提供的阻力主要由铁链结构、密度、长度、环节直径和环节数目[13, 55]等决定。为了量化铁链提供的负重大小，Berning及其同事[13]绘制了一张表格，反映了铁链的长度和环节直径与其提供阻力大小的关系。McMaster及其同事[54]之后对这张表格做了一些修改，展示了铁链的重量、长度和环节直径之间的关系（表16.1）。

为了确定搭配铁链的最合理的杠铃重量，首先应明确动作最高点和最低点的绝对负重[4]。计算这两个负重的平均值，并根据计算结果调整杠铃负重，使运动员以规定范围内的负重进行训练。

Baker[4]建议，这种方法的适用对象应为动作技术稳定良好的、具有训练经验的、中等至精英级别的运动员。这是因为更大的负重很有可能会影响运动员的动作技术。

在自由重量训练中使用铁链

一般情况下，将铁链加入至传统抗阻训练后，训练负重在动作过程中呈线性变化[54]。应用铁链的方法一般有两种，第一种是在动作的最高点让铁链刚好触地[13]；第二种是先挂上最轻的铁链作为支撑链（图16.1），然后再在支撑链底端挂上成捆的负重链，铁链只在动作的最低点（图16.2）（深蹲达到最低点或卧推至与胸部齐平高度时）触地[4, 6]。Baker[4]表示第二种方法可以在3个方面影响运动速度。首先，在动作的上升阶段，杠铃–铁链复合体只在动作的最高点（例如伸展位）发挥作用，此时铁链完全离开了地面。而在动作的最低点，铁链充分触地，负重减小，运动员能以更快的速率将杠铃推起。其次，在铁链堆在地面上后，负重减小，可能会在一次动作当中就促成更强的神经肌肉激活。而更强的神经激活会引起激活后增强效应，使动作速率大大提升。最后，在动作的最低点，由于负重减小，可能使肌肉有一个快速的拉长–缩短周期。Baker[4]表示，这种拉长–缩短周期的出现原因是离心阶段铁链落地后负重减小，动作在由离心阶段向向心阶段切换时会出现一个更快的过渡阶段。

确定使用铁链训练时的负重

要想确定铁链训练的负重，首先要算出在动作最高点和最低点的负重，并求出其平均值。例如，如果运动员要以5RM的负重训练卧推，需要先算出未加铁链时卧推5RM的重量。如果此时5RM是120kg，那么杠铃提供的负重就等于120kg减去铁链重量的平均值。如果铁链在最低点的负重记为0，最高点的重量记为11.1kg，那么铁链负重的平均值为5.55kg。杠铃提供的负重应该在114~115kg。

表16.1　铁链的重量、长度以及环节直径之间的关系

环节直径	重量				
	10cm（4in）	50cm（20in）	100cm（40in）	150cm（59in）	200cm（79in）
6.4mm（1/4in）	0.3kg（0.6lb）	1.3kg（2.8lb）	2.5kg（5.5lb）	3.8kg（8.3lb）	5.0kg（11.0lb）
9.5mm（3/8in）	0.4kg（0.8lb）	1.9kg（4.1lb）	3.7kg（8.1lb）	5.6kg（12.2lb）	7.4kg（16.3lb）
12.7mm（1/2in）	0.7kg（1.6lb）	3.7kg（8.1lb）	7.4kg（16.3lb）	11.1kg（24.4lb）	14.8kg（32.6lb）
19.1mm（3/4in）	1.4kg（3.1lb）	7.0kg（15.4lb）	14.0kg（30.8lb）	21.0kg（46.2lb）	28.0kg（61.6lb）
22.2mm（7/8in）	2.2kg（4.8lb）	10.8kg（23.8lb）	21.6kg（47.5lb）	32.4kg（71.3lb）	43.2kg（95.0lb）
25.4mm（1in）	2.8kg（6.2lb）	14.0kg（30.8lb）	28.0kg（61.6lb）	42.0kg（92.4lb）	56.0kg（123.0lb）

[源自：McMaster，Cronin and McGuigan，2009(54).]

图16.1　外加铁链的卧推训练。负重链挂在相对较轻的支撑链上，支撑链只在杠铃到达与胸部齐平的高度时触地。在运动员将杠铃下降至与胸部齐平的高度的过程中，负重链逐渐落地，负重逐渐减小。相反，在动作的向心阶段，运动员将杠铃向上推，负重链逐渐离地，负重逐渐增大

图16.2　在卧推训练中，杠铃位于与胸部齐平的高度时，负重链堆在地上，并不提供负重

阻力带负重训练

近年来，在体能训练中使用阻力带为杠铃训练增加负重的方法愈加流行[4, 27, 46, 77]。一些研究支持这种方法[1, 74, 79]。例如，Wallace及其同事[79]的研究提出，颈后深蹲时使用阻力带来代替35%杠铃提供的负荷，可以将最大功率提升多达13%。此外，Baker和Newton[5]指出，使用阻力带在每次动作中都能引起激活后增强效应。Stevenson及其同事[74]的研究也表明，当阻力带提供的负荷占总负荷的20%时，运动员在向心阶段的力的发展速率比恒定负重训练时明显加快。以上资料表明，在传统的抗阻训练中加入阻力带是有效的，尤其对力的发展速率和爆发力而言，提升效果甚佳。然而，一些研究对这种观点提出了质疑[24, 41]。例如，Ebben和Jensen[24]提出，阻力带提供的负荷占总负荷的10%时，肌电和平均地面反作用力与传统训练相比，并无差异。

当前，几乎没有研究（尤其是纵向研究）能够证明前文中提到的“使用阻力带训练后力量和爆发力快速提升”是否长期有效。关于阻力带的使用方法的问题，需要进行进一步的研究。

确定阻力带提供的阻力

阻力带的制作材料有合成橡胶以及热塑性

塑料等，其成分会决定阻力带的刚度、密度、屈服强度及抗张强度等物理参数[54, 55, 77]。而使用阻力带时的张力（阻力）取决于其总体刚度以及拉长程度（形变）[55]。根据胡克定律，阻力带产生的张力等于其刚度（k）与形变量（d）的乘积。

张力=刚度（k）×形变量（d）

阻力带拉长（形变量增大）时，其张力呈线性增长。然而，一些研究表明，其阻力既有线性变化区间，也有曲线变化区间[1, 55, 62]。

在传统自由重量训练（例如深蹲、卧推等）中加入阻力带时，体能教练们必须知道，2根看上去一样的阻力带之间可能会有3.2%~5.2%的差异，而其平均张力差异可能达到8%~19%[55]。阻力带的基本的长度-张力关系见表16.2。知道阻力带的长度后，可用预测公式求出阻力带的张力。

与铁链的使用方法相似，在使用阻力带前要算好自由重量以及阻力带分别提供的负荷[4]。需要知道阻力带在动作的最低点和最高点提供的负荷，然后求出这两个值的平均值。Baker[4]建议，如果一个运动员的5RM为150kg，杠铃提供的负荷等于150kg减去上面求出的平均值。如果阻力带在最低点的张力是0，而在最高点提供的负荷是26.6kg，其提供的负荷的平均值为13.3kg。那么杠铃提供的负荷可通过用150kg减去13.3kg计算得出，即为136~137kg。

在自由重量训练中使用阻力带

在自由重量训练中使用阻力带的方法有多种。可以将阻力带的上端系在杠铃上，下端系在深蹲架底端的附挂点上或大重量的哑铃上[4]。加入阻力带后，最大负荷在最高点。而在最低点，阻力带并未被拉长，张力为0，总负荷最小。例如，深蹲位于最低点（图16.3）时，阻力带是松弛的，张力为0，并未提供额外负荷。在动作上升至最高点时，阻力带被拉长，此时

图16.3　阻力带深蹲的最低点

表16.2　阻力带的长度-张力关系

宽度（mm）	颜色	长度-张力关系					张力预测公式
		110cm（43.3in）	120cm（47.2in）	130cm（51.2in）	140cm（55.1in）	150cm（59.1in）	
14	黄	2.6kg	5.7kg	8.1kg	9.8kg	11.5kg	$Y=-0.003x^2+0.98x-69.82$
22	红	4.6kg	9.6kg	13.3kg	16.6kg	19.2kg	$Y=-0.004x^2+1.38x-99.49$
32	蓝	8.5kg	14.8kg	19.5kg	23.9kg	27.3kg	$Y=-0.004x^2+1.60x-114.86$
48	绿	6.8kg	16.5kg	24.0kg	30.0kg	49.3kg	$Y=-0.007x^2+2.43x-179.56$
67	黑	15.4kg	29.1kg	40.0kg	49.3kg	57.2kg	$Y=-0.010x^2+3.73x-269.21$

[源自：McMaster，Cronin and McGuigan，2010[55].]

张力最大。训练者承受的是杠铃以及阻力带两者提供的总负荷（图16.4）。当运动员从最低点向上做运动时，阻力带所产生的阻力逐渐增大。反之，在训练者下蹲时，阻力带所产生的阻力逐渐减小。

图16.4 阻力带深蹲的最高点

非传统器械训练的练习方法

抗阻训练常使用杠铃和哑铃等器械。近年来，为了训练方法的多变性，体能教练开始使用一些非传统器械。非传统器械训练与大力士训练关系紧密，常使用的训练器械有轮胎、壮汉圆木、壶铃、石头和阻力橇等[39]。

> 尽管非传统器械训练愈加风靡，但关于其训练效果的研究却十分有限。

大力士训练

近期，大力士训练越来越多地被用于增强运动表现。最常见的非传统器械训练是轮胎翻转、壮汉圆木举以及农夫行走。尽管对大力士训练的研究很有限，但有研究表明大力士训练能带来高强度刺激，引起血乳酸浓度反应升高[12, 44, 86]。此外，有人指出这些练习能为训练增加不稳定性。与传统抗阻训练相比，它们可以更有效地在多方面增强训练的挑战性[53]。

轮胎翻转

轮胎翻转通常使用卡车或重型车辆的大轮胎，这样可以在中间的空心区增加额外的重量以满足不同运动员的个人需求[39, 80]。在选择轮胎的尺寸时，需要考量多种因素。必须仔细考量的是轮胎的大小，包括高度、宽度以及重量等[16]。一般准则是，轮胎不应该高于运动员的站立身高。轮胎越高，需要翻转的总距离越大且力学劣势越明显，难度也就越大。此外，轮胎的宽度也是训练的影响因素。例如对身高较高的运动员来说，因为四肢长度较长等原因，窄的轮胎更难翻转。相反地，对身高较矮的运动员来说，因为其手臂长度较短，翻转宽的轮胎难度较大[16]。另一个需要考量的因素是轮胎的胎面。较旧的轮胎难以抓握，且表面上可能有切口、碎片以及裸露的金属，这也许会带来受伤风险[16, 80]。根据运动员的水平选好合适的轮胎后，需要考虑的就是规范运动员的动作技术，以将损伤风险最小化。

有3项可以在轮胎翻转中使用的基本技术：相扑式、后挺式以及肩对轮胎的技术[16, 80]。相扑式轮胎翻转采用与相扑式硬拉类似的宽站距以及窄握距。这种动作技术常被力量举选手在进行硬拉练习时使用。使用此技术的过程中，当轮胎到达髋部高度或胸部高度时，双手迅速由反握转变成正握，前推轮胎[16, 80]。后挺式的站距比相扑式的站距窄，更像传统硬拉的站距，在最后以前推的动作结束。此技术中，

轮胎翻转

技术讲解

动作要点：

- 选择适合的进行轮胎翻转的场地；
- 呈跪姿面向轮胎时，将下巴和三角肌前束置于轮胎上；
- 采用反握法抓住轮胎，手臂伸直但不要锁死肘关节；
- 足背屈，双膝抬离地面，前脚掌承重支撑；
- 挺胸，收紧下背部肌肉。

动作技术：

- 向上、向前推动轮胎时，伸髋、伸膝、足跖屈；
- 前进2~3步，有力地将轮胎前推；
- 屈髋提膝，用股四头肌发力，顶起轮胎；
- 顶起轮胎动作完成后，立刻转至正握法；
- 伸直手臂，将轮胎前推，并继续向轮胎行进。

常见的技术错误及其纠正方法

- *技术错误：动作的起始阶段，双脚距离轮胎过近；*在此姿势下，运动员为了将轮胎抬起，常要弓背并使膝盖向胸部靠近。*纠正方法：*指导运动员将双脚远离轮胎，同时提醒他们挺胸，收紧下背部肌肉。
- *技术错误：在最初推的动作中，髋部抬起的速度快于肩部；*这也是传统硬拉动作中的一个常见技术错误。*纠正方法：*指导运动员降低髋部，提醒他们要向前推动轮胎，而不是向上举，同时提醒他们在动作过程中保持髋部略低于肩部。
- *技术错误：用上举的动作代替了前推的动作；*使用较重的轮胎时，这个动作会降低上抬的速度；在轮胎到达髋部高度时，轮胎便失去了动量，运动员只能挣扎地将轮胎上举；此姿势下，运动员很容易被轮胎砸到，极其危险，需要尽早纠正。*纠正方法：*鼓励运动员在将轮胎抬起时向前推动它，脚步跟上，同时提醒运动员在轮胎到达髋部高度时提膝，然后继续前进。

轮胎翻转的协助

一般情况下需要有两位协助者，分别站于运动员两侧。协助者需要注意以下事宜：

- 在运动员需要协助时，帮助他们推动轮胎；
- 注意观察运动员的握法，确保其抓不住轮胎时给予一定的协助；
- 观察周边环境，确保行进路线内没有人或障碍物。

[源自：J. B. Bullock and D. M. M. Aipa，2010，“Coaching considerations for the tire flip”，*Strength & Conditioning*，32: 75-78.]

运动员的起始姿势为站距与髋同宽，屈髋屈膝。随后，运动员抓住轮胎底部，并做硬拉式的上拉动作[80]。轮胎被提起后，运动员改变握法，将轮胎前推并使其翻转[16]。

当前并没有研究去探究各种轮胎翻转技术的安全性。一些研究人员表示，相扑式是最安全的。但在最近的一些应用类文献中，肩对轮胎的技术受到了更多的青睐[16]。首先，将轮胎放倒，运动员呈跪姿面向轮胎且双脚与髋同宽，足背屈。在此姿势下，运动员再将下巴和肩部放在轮胎上。轮胎在肩上的放置方法和第15章中介绍的杠铃前蹲的杠铃放置方法类似。采用反握法，掌心向上抓住轮胎，握距取决于轮胎的尺寸（较宽的轮胎需要较窄的握距）。在此姿势下，继续保持足背屈，使膝盖抬离地面时前脚掌着地支撑。此时运动员的重心向轮胎转移，大部分重量压在轮胎上。之后运动员挺胸，并收紧下背部肌肉[16]（详见后文中轮胎翻转动作的起始位置一图）。

下一步，运动员需要以伸髋、伸膝、足跖屈的动作向上、向前推轮胎。此过程中，肩部和髋部应当以相同速率上升。运动员向前走2~3小步，至髋关节、膝关节和踝关节充分伸展。轮胎到达髋部高度后，一侧腿用力屈髋、提膝，股四头肌发力，顶起轮胎。此动作会带给轮胎一个向上的动量[16]。在这个过程中，运动员转为正握法。在改变握法后，伸直手臂，将轮胎前推，并继续向轮胎行进。在本章的后半部分，可以找到各动作阶段的示例图片。

壮汉圆木举

壮汉圆木举是大力士训练的经典内容之一，其动作本质即高翻。壮汉圆木也用于一些其他的经典举重动作，如高翻、推举、挺举、俯身划船、深蹲、硬拉及弓步走[39, 64, 83]等。壮汉圆木的把手固定，运动员可用双手以中握距正握器械，还可以直接在壮汉圆木上加杠铃片[64]，这意味着不需要准备不同重量的同种器械[39]。关于壮汉圆木的负重大小的选择的研究十分有限，但可以参考传统训练对负重的选择。Winwood及其同事[83]用70%1RM的重量进行传统高翻和壮汉圆木挺举训练。尽管看上去原理相似，但训练实践中发现，运动员在壮汉圆木训练中能够举起的重量低于在传统训练中能够举起的重量。原因是举起杠铃时，器械的运动轨迹比举起壮汉圆木时更靠近身体，使用壮汉圆木时可能在力学的角度上相对更困难[39]。

另外有一种圆木型器械，其阻力由水提供[39, 64]。Ratamess[64]指出，在此类圆木型器械内部的水的流动可能会增强稳定肌的激活。虽然看上去合理，但是并无研究证明其有效性。

圆木型器械越来越流行，但几乎没有研究证明其有效性，也几乎没有实验去探究其使用方法。为了增加对圆木型器械的理解，需要进行进一步的研究。

农夫行走

另一个常用的大力士训练项目是农夫行走。在农夫行走的训练过程中，运动员将负重置于体侧，并向前行进[53, 80]。农夫行走既包括单侧动作，也包括双侧动作，具有不稳定性且不易掌控，因此，Winwood及其同事[83]表示，农夫行走是一种良好的训练方法。此外，有研究指出，农夫行走有利于发展全身无氧耐力、背部肌群耐力以及握力[80]。McGill及其同事[53]指出，农夫行走能够增强运动员在传统抗阻训练中的运动表现。相比传统抗阻运动，农夫行走对身体联动性及稳定性有更强的挑战。农夫行走可以使用稳定性器械（例如哑铃）或不稳定器械（例如负重水袋）进行训练[80]。无论使用哪种类型的器械，农夫行走都能提供一种独特的核心激活。但关于农夫行走对体能训练效果的研究却十分有限。另外，并没有找到评估农夫行走安全性的研究，这使我们很难提前做好安全保护措施。因此，运动员需要遵循此练习的基本准则：只有力量素质较强的高水平运动员才能尝试此练习。尽管此练习在训练实践中很受欢迎，但还需要对其有效性进行进一步的研究评估。

壶铃训练

近年来，体能教练对壶铃愈加青睐[7, 17, 48]。最早的壶铃训练可以追溯至几百年前[38]。“Kettlebell”一词来自俄语单词“Girya”，指的是一种加了把手的铁质炮弹[20]。在西方文学中，

竞赛壶铃的参数

以下是竞赛壶铃的基本参数。

- 高度：228mm。
- 直径：210mm。
- 把手直径：35mm。

“Kettlebell”指的是一种带把手的球状训练器械，基本接近我们今天使用的壶铃[20]。

随着壶铃训练的流行，关于其在运动员和普通人当中的应用的有效性的研究也在逐渐增多。大部分研究表明，在常规的健身训练中使用壶铃是有效的[26, 40, 76]。大部分文献研究的动作是壶铃甩摆。壶铃甩摆分为双臂壶铃甩摆和单臂壶铃甩摆[40, 52, 76]。需要注意的是，尽管壶铃甩摆对心肺能力有积极影响，但效果不能和跑步机或传统有氧运动相提并论[40]。

最近，一些研究探究了壶铃作为力量训练工具的效果。结果表明，不管是康复人群还是健身人群，壶铃训练都能够增强其力量水平[43, 61]。此外，进行为期6周的壶铃训练（1套壶铃训练动作组合，包含壶铃甩摆、高脚杯深蹲以及加速甩摆等动作）干预后，受试者的力量和纵跳表现都有所提升[61]。然而，壶铃训练后的力量增长水平低于传统举重训练。Otto及其同事[61]的研究表明，进行6周的传统力量训练后，受试者纵跳高度提升4%，而进行6周的壶铃训练后，该指标只增加了0.8%。此外，进行6周的传统力量训练后，受试者的深蹲力量增加了13.6%，但进行6周的壶铃训练后，该指标只提升了4.5%[61]。

壶铃训练更适合作为一般训练的准备性练习。而举重训练等传统训练更适合发展最大力量，增强弹跳能力。关于壶铃训练，需要进行进一步的研究。

壶铃的种类

使用壶铃之前，先要学会识别壶铃的种类。壶铃主要有2种：经典壶铃（图16.5）以及竞赛壶铃（图16.6）[20]。经典壶铃的尺寸随着重量的增加而增大。竞赛壶铃有着统一的外形和尺寸，其尺寸并不随着重量的变化而变化，但不同重量的壶铃会有不同的颜色[20]。经典壶铃价格更低，且在体能训练中的应用更普及。

壶铃的挑选

挑选壶铃时，首先要考虑的是壶铃提供负荷的方式。按照两种最基本的提供负荷的方式，可将壶铃进一步分为定阻式壶铃和可调式壶铃[20]。经典壶铃和竞赛壶铃都属于定阻式壶铃，其重量不可变。在负重多变的训练中，需

图16.5 经典壶铃

图16.6 竞赛壶铃

要准备多个不同重量的壶铃才能满足训练需求。可调式壶铃又分为铃片式壶铃以及中空式壶铃。铃片式壶铃本质上就是一个将把手和杠铃片固定在一起的简易器械，虽然被归入壶铃类，但其并不是真正意义上的壶铃[20]。中空式壶铃是空心版本的传统壶铃。历史上，人们曾在其中装入沙子、水、铅块甚至水银来提供负重[20]。在中空式壶铃内部未装满填充物的情况下，填充物会在内部到处移动，这可以增加训练刺激。中空式壶铃在20世纪早期较为盛行，常被Arthur Saxon以及Eugen Sandow等马戏团大力士使用。当代体能训练中，该器械不再流行。

挑选壶铃时的第二个考虑因素应该是壶铃的把手，因为把手是训练者和壶铃之间的连接。经典壶铃的把手大小随着其重量的改变而变化。例如，20kg（45lb）及以上的壶铃会配有直径为33~35mm（1.3~1.4in）的把手；而重量较小的壶铃，其把手直径也相对减小。此外，较好的壶铃的把手至球体顶端的距离是有统一标准的。一般来说，把手底端至球体顶端的间隔应该是55mm（2.2in），把手的长度应该是186mm（7.3in）[20]。按照表面处理工艺，可将壶铃把手分为2种，一种是有涂层的光滑把手；另一种是抛光的金属把手，表面无涂层，只有裸露的金属。抛光的金属表面更容易与擦了镁粉的手掌贴合，因此更容易抓握，而不像加了涂层的把手那样容易打滑[20]。

单侧训练

在训练中，体能教练可以采用单侧训练以及双侧训练干预。这两种训练方法在上肢训练以及下肢训练中均可以采用。常用的下肢单侧训练动作有弓步、登阶以及单腿深蹲。单腿深蹲常指保加利亚分腿蹲，该动作针对单侧腿进行孤立训练，常见于许多项目的运动员的准备活动中。一般情况下，这些练习被纳入侧重点不同的训练计划[50]里是为了减少双侧不平衡[45]，或是作为一种康复方式[25]。单侧训练常被用来减轻双侧力亏损（指单侧肢体发力之和大于双侧联合发力的现象）[42]。双侧动作能表现出双侧易化，此过程中主动肌肌群的募集增强[8, 67]。较强壮的或有一定训练水平的运动员倾向于表现出双侧易化，而无训练经验、受伤的或力量水平较低的运动员常表现出双侧力亏损[10]。根据双侧易化的反应，高水平运动员在发展力量时不应该使用单侧训练。而对无训练经验、受伤的或力量水平较

> 在双侧训练中，较强壮的或有一定训练水平的运动员更可能表现出双侧易化，而无训练经验、受伤的或力量水平较低的运动员常表现出双侧力亏损[10]。

低的运动员来说，单侧训练可能会有效[10]。

小 结

在设计训练计划时，有很多种方法能提供超负荷。传统训练的变式训练以及非传统器械训练越来越受欢迎。在实践过程中，体能教练要仔细权衡各训练干预手段的利与弊。此外，要根据运动员的训练水平选择合适的方法。例如，对一个初级水平运动员或无训练经验的个体来说，自重训练以及针对核心稳定性的练习也许更有效。而对高水平和精英运动员来说，传统的稳定平面自由重量练习也许更合适。在传统训练中使用变阻训练也许会为高水平运动员带来更强的训练刺激。进行传统动作的变式训练和非传统器械训练时，体能教练要保证自己教授的是正确的技术动作，同时要时刻监督运动员，以保证训练安全。

模式与非传统练习

16.1 前平板支撑

起始位置

- 俯卧，双膝跪于地面。双脚距离等于或略宽于髋部。手掌平放于地面，肘尖向后，双手与肩同宽。
- 肘部落地，置于肩部正下方。
- 依次将双脚后移，使髋关节和踝关节伸展。此时，将腹部、髋关节前部以及双腿置于地面。

结束位置

- 提高髋部，使踝关节、膝关节、髋关节、肩关节以及头部呈一条直线。
- 保持躯干静止不动，肘部位于肩部正下方，头部处于中立位。

主要涉及的肌肉

腹直肌、腹内斜肌、腹外斜肌、竖脊肌

起始位置

结束位置

16.2 侧平板支撑

起始位置

- 向左侧躺于地面。
- 将左肘置于左肩下方，左前臂与身体垂直。
- 将右脚置于左脚上方或前方，并将右臂放在右侧躯干上。
- 目视前方，头部位于中立位。

结束位置

- 将臀部从地面抬起，肩关节、髋关节、膝关节和踝关节呈一条直线。
- 保持躯干静止不动，左肘位于左肩下方，头部位于中立位。
- 换另一侧重复上述步骤。

主要涉及的肌肉

腹内斜肌、腹外斜肌

起始位置

结束位置

16.3 瑞士球推滚

起始位置

- 呈跪姿面向瑞士球，上身挺直。双臂伸直，手触瑞士球。
- 手触球时，踝关节夹角为90°，并使膝关节、髋关节和肩关节形成的平面与地面近乎垂直。

结束位置

- 膝关节和脚尖着地，肘关节伸直，双臂平行。膝关节、髋关节和肩关节三点一线。屈肩伸膝，使球向前滚动。手臂经过球的最高点，直到脸部快与球接触的时候停止。
- 以等长收缩的方式保持躯干挺直，避免髋部向地面下降。

主要涉及的肌肉

腹直肌、髂腰肌

起始位置

结束位置

16.4 瑞士球屈体

起始位置

- 在瑞士球前方呈跪姿。
- 俯卧，头部在远离瑞士球的一端。
- 跪撑，手位于肩部下方，膝关节位于髋部后方，双脚搭在瑞士球上。
- 以等长收缩的方式保持躯干挺直。肘关节伸直，头部位于中立位。
- 每次动作都从这个位置开始。

向上运动阶段

- 保持膝关节和肘关节伸直，躯干挺直。屈髋，使球向胸部滚动。
- 继续屈髋，直至脚尖到达球的最高点。此时，髋部应位于肩部正上方。
- 保持头部处于中立位。

向下运动阶段

- 有控制地伸髋，回到起始姿势。
- 保持膝关节和肘关节伸直，并在动作全程挺直躯干。

主要涉及的肌肉

腹直肌、髂腰肌

起始位置

向上和向下运动

16.5 瑞士球屈腿

起始位置

- 在瑞士球前方呈跪姿。
- 俯卧，头部在远离瑞士球的一端。
- 跪撑，手位于肩部下方，膝关节位于髋部后方，双脚搭在瑞士球上。
- 以等长收缩的方式保持躯干挺直。肘关节伸直，头部位于中立位。
- 每次动作都从这个位置开始。

向前运动阶段

- 保持膝关节和肘关节伸直，躯干挺直。将髋部略微抬高，屈膝屈髋，使球向胸部滚动。
- 继续滚动瑞士球，直到到达屈膝屈髋的最大范围。
- 保持肩部位于手的正上方，头部处于中立位。

向后运动阶段

- 有控制地伸髋伸膝，回到起始位置。
- 保持肘关节伸直，并在动作全程挺直躯干。

主要涉及的肌肉

腹直肌、髂腰肌

起始位置

向前和向后运动

16.6 轮胎翻转

起始位置

- 面向轮胎站立，站距与肩同宽。
- 下蹲并倚向轮胎，下巴和三角肌前束贴在轮胎上。双脚要与轮胎拉开一定的距离，使脊柱处于中立位。
- 双臂伸直并置于膝关节外侧。采用反握法握住轮胎。
- 每次动作都从这个位置开始。

向上运动阶段

- 在将轮胎向前推的时候，伸髋、伸膝、足跖屈（又称三点伸展或下肢伸展），下肢充分伸展。
- 快速有力地朝着轮胎前进2~3步。
- 继续前推的动作，直到轮胎与训练者身体夹角呈45°。
- 一侧屈髋屈膝，膝盖顶向轮胎。
- 完成提膝动作后，双手迅速转成正握。
- 前进时，用力伸直手臂，将轮胎向前推。

主要涉及的肌肉

臀大肌、半膜肌、半腱肌、股二头肌、股外侧肌、股中间肌、股内侧肌、股直肌、比目鱼肌、腓肠肌、三角肌、斜方肌

起始位置

伸髋、伸膝、足跖屈（三点伸展或下肢伸展）

提膝位置

前推

前进

16.7 壮汉圆木高翻+借力推举

此练习源自大力士训练。在这个动作中，运动员需要将壮汉圆木快速有力地高翻至肩部，然后再做借力推举。高翻包含3个阶段、2个动作，并在动作末尾将壮汉圆木置于肩上。可以完成1次高翻加1次借力推举的组合动作，也可以在完成1次高翻后连续完成多次借力推举。

起始位置

- 双脚开立，站距介于肩部宽度和髋部宽度之间，脚尖向前或微外八字。
- 下蹲，臀部要低于肩部，双手闭锁式对握器械。
- 双手握在把手上，双臂伸直并置于膝外侧。
- 双脚平放于地面（脚尖或脚跟没有抬高）。将壮汉圆木置于前脚掌上方、小腿前方。
- 调整身体姿势：
  ——脊柱处于中立位；
  ——肩胛骨向后、向下收；
  ——头部与脊柱呈一条直线；
  ——肩部位于壮汉圆木的正上方或上方略靠前的位置。
- 每次动作都从这个位置开始。

向上运动阶段：第一次提拉

- 伸髋伸膝，将器械提离地面。
- 保持躯干与地面夹角恒定，不要在提肩之前抬臀。
- 保持肘关节伸直，肩部位于壮汉圆木的正上方或上方微靠前处。

向上运动阶段：过渡

- 当壮汉圆木高过膝关节后，屈膝屈肘，将圆木引向身体。
- 在1/4蹲且壮汉圆木在大腿上的位置稍停。

向上运动阶段：第二次提拉

- 三点伸展（伸膝、伸髋、足跖屈），用力跳起。
- 保持壮汉圆木靠近身体，并使双肘夹向躯干。
- 当下肢关节充分伸展时，前移肘部，使圆木扭转并继续向上运动。
- 由于此阶段动作具有爆发力，所以在练习时，要保持躯干挺直或微微反弓，头微微后仰，脚可以短暂地离开地面。

向上运动阶段：抓杠

- 下肢关节完全伸展后，器械位于高翻阶段的最高点。将身体拉回壮汉圆木下方，并将手臂扭转至壮汉圆木下方。
- 将壮汉圆木架在锁骨和三角肌前束之上。

准备阶段：屈膝下蹲

- 以适中的速度屈髋屈膝，使壮汉圆木沿着垂线下降。
- 继续下蹲至不超过1/4蹲的位置。
- 双脚平放于地面，躯干挺直，上臂在圆木正下方。

向上运动阶段：借力推举

- 在屈膝下蹲至最低点时，快速有力地伸髋、伸膝和伸肘，将壮汉圆木举过头顶。

起始位置

向下运动阶段

- 将壮汉圆木有控制地放回肩部。
- 同时屈髋屈膝，以缓冲圆木对肩部的冲击。之后再将器械放回地面。

主要涉及的肌肉

臀大肌、半膜肌、半腱肌、股二头肌、股外侧肌、股中间肌、股内侧肌、股直肌、三角肌、斜方肌

第一次提拉的结束/过渡阶段的起始

过渡阶段的结束/第二次提拉的起始

第二次提拉的结束/抓杠阶段的起始

抓杠阶段的结束/屈膝下蹲的起始

屈膝下蹲的结束/借力推举的起始

借力推举的结束（过肩推举的位置）

16.8 阻力带颈后深蹲

阻力带的放置

- 将阻力带的一端缠在杠铃架底端侧面的附挂点上。如果杠铃架底端没有附挂点，可以将阻力带绑在重量较大的哑铃把手上。
- 将阻力带另一端挂在杠铃片的外侧。
- 阻力带应该在深蹲最低点没有张力，而在其他位置均有张力。（*注意*：尽管第二张图的阻力带看上去是紧绷的，其实它对杠铃的拉力为零。）

起始位置

- 双手使用闭握正握的方式抓握杠铃。
- 立于杠下，双脚彼此平行。
- 将杠置于上背部和肩部区域的一个平衡位置。关于高低杠位的问题，请翻阅第15章关于颈后深蹲的内容。
- 伸髋伸膝，将杠铃移出杠铃架。站直后，后退1~2步。
- 站距与肩同宽或略宽于肩，脚尖微外八。
- 站立时，肩部向后收，头微仰。挺胸直腰，背部处于中立位或微反弓。
- 每次动作都从这个位置开始。

向下运动阶段

- 有控制地慢速屈髋屈膝，保持躯干与地面夹角相对恒定。
- 双脚平放于地面，动作过程中膝关节和脚尖方向一致。
- 继续屈髋屈膝，直到大腿与地面平行。不要弓背，不要过度前倾，脚跟不要抬离地面。

向上运动阶段

- 伸髋伸膝，开始向上运动。动作过程中保持躯干与地面夹角相对恒定。
- 肩部向后收，胸部向上、向外打开，躯干保持挺直。
- 保持脚跟不要抬离地面，膝关节与脚尖方向一致。
- 继续伸膝伸髋，直到完全站直。

主要涉及的肌肉

臀大肌、半腱肌、半膜肌、股二头肌、股外侧肌、股中间肌、股内侧肌、股直肌

起始位置

向上和向下运动

16.9 双臂壶铃甩摆

起始位置

- 双脚平放于地面，站距介于肩部宽度和髋部宽度之间。将壶铃置于双脚之间，脚尖向前。
- 下蹲，髋部低于肩部。双手使用闭握正握的方式抓握壶铃。
- 双手食指靠近或相触，握住壶铃。双臂伸直，壶铃位于两腿之间。
- 调整身体姿势：
  ——脊柱处于中立位；
  ——肩胛骨向下、向后收；
  ——双脚平放于地面；
  ——目视前方，视线可微微向上。
- 屈髋屈膝至1/4蹲。脊柱处于中立位或微微反弓。手握壶铃，悬垂于两腿之间。
- 每次动作都从这个位置开始。

向后运动阶段

- 屈髋，将壶铃从双腿之间摆向后方。
- 适当屈膝，脊柱位于中立位，肘关节伸直。
- 继续向后摆壶铃。直到躯干几乎与地面平行，且壶铃越过了身体正中线。

向前、向上运动阶段

- 向后摆壶铃的动作达到顶点后，伸膝伸髋，向前甩铃。
- 利用伸髋伸膝产生的力量，将壶铃甩至双眼高度。动作过程保持双臂伸直，脊柱处于中立位。

向下、向后运动阶段

- 壶铃向下摆动，并屈髋屈膝做缓冲。在动作过程中保持双臂伸直，脊柱处于中立位。
- 继续后摆，将壶铃摆至身体后侧。然后向前甩铃，开始下一次动作。

主要涉及的肌肉

臀大肌、半腱肌、半膜肌、股二头肌、股外侧肌、股中间肌、股内侧肌、股直肌

起始位置

向后摆的结束和向前、向上甩的起始

向前、向上甩的结束和向下、向后摆的起始

16.10 单腿杠铃深蹲

*注意：*单腿杠铃深蹲一般没有协助者。如果需要协助，需要有2名协助者站在杠铃两边。为了便于读者观察运动员的动作细节，配图中并未设置协助者。

起始位置：运动员

- 双手使用闭握正握的方式抓握杠铃（使用哑铃进行训练时，双手使用闭握中立握的方式握住哑铃）。
- 选择大约与膝关节同高的训练凳或箱子，站距介于肩部宽度和髋部宽度之间。
- 背对训练凳或箱子，一条腿向前跨适当距离，后脚脚背放在训练凳或箱子上。
- 双膝微屈，躯干近乎笔直。肩部后收，胸部向上、向外打开。
- 每次动作都从这个位置开始。

起始位置：两名协助者

- 协助者应于杠铃两侧站直，站距与髋同宽，膝关节微屈。
- 双手置于杠铃下方2~3in（5~8cm）处。

*注意：*用哑铃训练时，不需要协助者。

向下运动阶段：运动员

- 前腿屈髋屈膝，躯干挺直，并保持躯干与地面夹角相对恒定。
- 前脚脚跟不要离开地面，后脚脚背放在训练凳上。
- 继续屈髋屈膝，直到前侧大腿与地面平行。

向下运动阶段：两名协助者

- 双手卷成杯状置于杠铃下方，在动作的下降过程不要触杠。
- 微微屈膝屈髋，躯干轻微前倾，脊柱处于中立位。

向上运动阶段：运动员

- 前侧腿伸髋伸膝，有控制地站起。后侧腿亦伸髋伸膝，保持躯干与地面夹角相对恒定。
- 躯干挺直，脊柱保持中立位。
- 前侧腿的膝关节和脚尖方向一致。
- 躯干不要前倾，不要弓背。
- 继续伸髋伸膝，回到起始姿势。
- 完成计划次数，换另外一侧重复上述步骤。

向上运动阶段：两位协助者

- 手卷成杯状，置于杠铃下方，不要触杠。
- 微微屈髋屈膝，躯干轻微前倾，背部保持中立位。

主要涉及的肌肉

臀大肌、半腱肌、半膜肌、股二头肌、股外侧肌、股中间肌、股内侧肌、股直肌

起始位置

向下和向上运动

16.11 单腿罗马尼亚硬拉

*注意：*单腿罗马尼亚硬拉有2种形式。第一种是在支撑腿的同侧手加负重，另一种是在支撑腿的对侧手加负重。本节主要介绍负重加在对侧手的单腿罗马尼亚硬拉。

起始位置

- 右手使用闭握正握的方式握住1个哑铃或壶铃。
- 左腿支撑站立，并使左侧脚、髋部和肩部呈一条直线。
- 哑铃或壶铃置于大腿前方，右臂伸直，右脚置于后方。
- 所有动作都从这个位置开始。

向下运动阶段

- 左侧支撑腿屈膝至一个合适的角度，之后在动作全程保持这个角度不变。
- 左侧屈髋，使躯干前倾。
- 在躯干前倾的过程中，右侧肩部、髋部、膝盖以及脚踝呈一条直线。
- 背部保持中立位，右臂伸直。
- 继续前倾躯干，直到躯干、右腿与地面近乎平行。

向上运动阶段

- 左侧伸髋，回到起始姿势。
- 躯干不要过伸，负重一侧肘部不要弯曲。
- 完成计划次数，换另一侧重复上述步骤。

主要涉及的肌肉

臀大肌、半膜肌、半腱肌、股二头肌

起始位置

向下和向上运动

16.12 单臂哑铃抓举

起始位置

- 站距介于髋部宽度和肩部宽度之间，脚尖微外八，将哑铃置于两腿之间。
- 下蹲，使髋部低于肩部，一侧手使用闭握正握的方式握住哑铃，手臂伸直。
- 调整身体姿势：
  ——背部处于中立位或微微反弓；
  ——肩胛骨向下、向后收；
  ——胸部向上、向外打开；
  ——头部和脊柱呈一条直线或轻微后仰；
  ——身体重心落在正中线或前脚掌之间；
  ——双脚紧贴地面；
  ——负重一侧肩部位于哑铃正上方或比哑铃略靠前；
  ——目视前方，或视线微微向上。
- 每次动作从这个位置开始。

向上运动阶段

- 用力伸髋、伸膝、足跖屈，以加速哑铃运动。
- 哑铃沿着大腿上行，并贴近大腿。
- 在伸膝、伸髋、足跖屈时，抓握哑铃的手臂伸直。
- 在髋关节、膝关节和踝关节完全伸展后，快速耸起与抓握哑铃的手臂同侧的肩部。
- 在肩部抬升至最高点后，屈肘上抬抓握哑铃的手臂，并保持哑铃贴近身体。
- 未负重的一侧手臂置于体侧。
- 继续向上提拉哑铃。

抓铃阶段

- 转动手腕和手臂，把身体拉至哑铃下方，同时屈髋屈膝至1/4蹲的位置。
- 一旦哑铃超过抓握哑铃的手臂的高度，迅速伸肘将哑铃推起，同时身体下蹲，位于哑铃下方。
- 在手臂完全伸直的位置完成抓铃动作，此时身体恰好下蹲至1/4蹲的位置。
- 未负重的一侧手臂置于体侧。
- 身体稳定后，起立站直。

向下运动阶段

- 将哑铃依次慢慢降低至肩部、大腿高度，最后以深蹲动作放回地面。

主要涉及的肌肉

股外侧肌、股中间肌、股内侧肌、股直肌、臀大肌、半膜肌、半腱肌、股二头肌、三角肌、斜方肌

起始位置

向上运动

抓铃

站立位置

关键词

accommodating resistance 可调节性抗阻训练
alternative modes 传统动作的变式训练
anatomical core 解剖学上的核心
anterior cruciate ligament（ACL）前十字交叉韧带
axial skeleton 中轴骨
bilateral asymmetries 双侧不平衡
bilateral deficit 双侧力亏损
bilateral facilitation 双侧易化
bodyweight training 自重训练
chains 铁链
constant external resistance 恒定外阻训练
core 核心
farmer's walk 农夫行走
ground–based free weight exercises 稳定平面自由重量练习
isolation exercises 孤立训练
kettlebells 壶铃
logs 壮汉圆木
machine–based training 固定轨迹器械训练
muscle activation 肌肉激活程度
nontraditional implement 非传统器械训练
resistance band 阻力带
sticking point 黏滞点
strongman training 大力士训练
Valsalva maneuver 瓦氏呼吸法
variable resistance 变阻训练

学习试题

1. 轮胎翻转最初的推的动作中，如果运动员髋部抬起的速度快于肩部，作为教练应当怎样纠正其动作？（ ）
   a. 在起始位置时，抬高臀部
   b. 保持臀部略低于肩部的位置
   c. 不将轮胎向前推，而是将其向上举
   d. 做推的动作时，最先发力的是手臂
2. 如果一个较强壮的运动员的训练计划里只包含单侧训练，是因为其体能教练希望达到什么样的训练效果？（ ）
   a. 出现双侧易化
   b. 出现双侧力亏损
   c. 减少双侧不平衡
   d. 只增强单侧力量
3. 在进行核心训练时，非稳定性练习最好被应用于（ ）。
   a. 无训练经验，力量水平较低的运动员
   b. 伤后进行康复训练的高水平运动员
   c. 想要增强力量和爆发力的高水平运动员
   d. 无训练经验，首次进行尝试的运动员
4. 下列选项中，哪项是使用变阻训练的原因？（ ）
   a. 适应进行恒定外阻训练时不断变化的机械效率
   b. 在动作全程都输出最小力量
   c. 增加在上举的动作阶段中减速过程的时间
   d. 随着关节角度改变，保持阻力恒定不变

5. 在不稳定器械上训练时，主动肌力量输出和总功率输出只达到在稳定平面上训练时的（ ）。

a. 20%

b. 50%

c. 70%

d. 90%

第 17 章

抗阻训练的计划设计

杰里米·M. 谢泼德（Jeremy M. Sheppard），PhD；N. 特拉维斯·特里普利特（N. Travis Triplett），PhD

译者：龚文康、王雄

审校：沈兆喆、朱昌宇

完成这一章的学习后，你将能够：

- 评估运动项目的需求和特征，以及评估运动员的状态，并据此设计抗阻训练的计划；
- 依据类型、项目特征、技术经验、可用的设备与可用时间选择练习；
- 依据训练状态、运动赛季、训练负荷、练习类型和其他同期进行的训练确定训练频率；
- 依据运动员的类型安排一堂训练课的练习内容；
- 确定一次重复最大重量（1RM），通过多次的最大重复次数及其负荷重量预估一次重复最大重量；
- 依据训练目标设定训练负荷与重复次数；
- 知道如何及何时增加训练负荷；
- 根据运动员的训练状态与训练目标设定训练量；
- 根据训练目标确定休息时间的长短。

感谢罗杰·W. 厄尔（Roger W. Earle）、托马斯·R. 贝希勒（Thomas R. Baechle）和丹·沃森（Dan Wathen）对本章内容做出的重要贡献。

有效的训练计划包括以系统的方式协调很多变量，进而使身体适应和提高竞技水平。对不同训练刺激的生理反应有一个基本的了解是必不可少的，这样可以保障练习者能够成功地协调不同方面的训练。当侧重于综合训练计划中的抗阻训练内容时，需要牢记无氧运动处方的主要原则，这对一次只处理一项计划中的要素很有帮助。

无氧运动处方的原则

运动员群体的抗阻训练计划需要注意专项性、超负荷和渐进性的原则。所有训练计划都包含了一个最基本的概念，这就是专项性。这个术语最早由DeLorme在1945年提出[14]，指以专项的方式训练运动员以产生专项适应或获取训练效益的方法。在抗阻训练中，专项性是指参与的肌肉、动作模式和肌肉工作的方式（例如，动作速度和力的应用）等方面，但不总是反映所有这些方面的组合。重要的是，这并不意味着训练的所有方面都必须模仿运动技术。例如，深蹲动作与垂直跳跃相关，因为深蹲动作和垂直跳跃都涉及克服相同动作中的阻力和肌肉，但是深蹲和垂直跳跃的动作速度与力的应用是不一样的。有时，专项性可以和专项适应需求（SAID）交替使用，它代表对特定需求的专项适应。其基本原则是身体需求的类型决定了产生的适应的类型。例如，运动员在进行高速动作（例如，棒球投掷和网球发球）的爆发力训练中，应尽可能以最快的速度激活或募集运动所需的相同运动单位[8, 86]。专项性也与运动员的运动赛季有关，随着运动员经历赛季前、赛季中和赛季后，所有的训练形式应该逐渐地从一般性向专项性有序地进行发展[1]。虽然参与运动本身就是提高运动表现的最好机会，但合理地运用专项性原则无疑会增加其他训练对运动表现产生积极影响的可能性。

超负荷是指训练方案的负荷强度设定超过运动员已经适应的负荷强度。如果没有超负荷的刺激，即使是精心设计的训练计划，也会极大地限制运动员能力的提高。这条原则在设计抗阻训练计划中有着显著应用，能增加练习的负荷。其他更为巧妙的变化包括增加每周（或在某些情况下每天）的训练次数、增加练习或组数、强调复合式训练取代单一训练、缩短训练组间与练习间的休息时间，以及这些变化的任意组合或者其他变化。超负荷原则的目的在于强调对身体施加比以往更高的训练压力。当超负荷原则得到正确的应用时，可避免过度训练，并达到理想的训练适应。

如果训练计划要继续产生更高水平的运动表现，那么负荷强度必须逐步增大。正确地应用渐进性原则，可以促进长期的训练效益。

抗阻训练计划的设计变量

1. 需求分析
2. 练习选择
3. 训练频率
4. 练习顺序
5. 训练负荷与重复次数
6. 训练量
7. 休息时间

尽管通常情况下仅关注所使用的阻力，但可以通过以下方式渐进性地增加训练强度：增加每周的训练次数、在每堂训练课中增加更多的技术动作和练习、改变技术动作或练习的类型或技术要求，或者以其他方式增加训练刺激。例如，运动员可以从前蹲逐步进阶至学习悬垂高翻，并且最终进阶至学习高翻技术。重要的是，渐进性需基于运动员的训练状态，而且需系统且逐步地引入。

设计抗阻训练计划的过程相当复杂，需要了解并处理7个计划设计的变量（在本章中被称为步骤1到步骤7）。本章将讨论上页专栏中所列出的每一个设计变量，并列举出3个假设状况，这样有助于体能教练了解如何将训练原则与计划设计准则整合至一个完整的计划中。

3个假设状况是赛季前的篮球中锋（状况A）、非赛季的美式橄榄球进攻线锋（状况B）及赛季中的越野跑运动员（状况C）。每位运动员（他或她）的训练状态良好，肌肉骨骼功能正常，训练与比赛之前都通过了运动医学团队的检查。状况A（篮球中锋）和状况B（橄榄球进攻线锋）自高中起就已具备抗阻训练的经验，能够承受大重量的负荷，并且熟练掌握器械与自由重量的练习。相反的，状况C的越野跑运动员，4周前才刚开始实施赛季前的抗阻训练计划，所以训练经验有限，练习的技术尚未成熟。

步骤1：需求分析

体能教练的首要任务是进行需求分析，包括2个阶段程序：评估运动项目的需求和特征，以及评估运动员。

运动项目评估

需求分析的首要任务是确定运动项目典型的特征，包括总体生理学和生物力学特征、常见损伤位置和专项运动位置的特征，这些信息使体能教练能够设计出有明确的需求与特征的训练计划。尽管这项任务可以从多个方面着手[30]，但至少应该考虑以下几个运动项目特征[20, 43]：

- 躯干与肢体的动作模式以及参与的肌群（动作分析）；
- 肌肉力量、爆发力、肌肉肥大与肌肉耐力的优先顺序（生理分析）；
- 常见的关节与肌肉的损伤部位，以及导致损伤的因素（损伤分析）。

运动项目的其他特征，例如心血管耐力、速度、敏捷性和柔韧性的需求，也都需要评估。然而本章仅具体关注与设计抗阻训练计划相关的生理分析结果：肌肉力量、爆发力、肌肉肥大与肌肉耐力。

以田赛项目投掷铅球的动作分析为例：投掷是一个全身性动作，从多关节屈曲与内收的半蹲姿势开始，然后多关节伸直与外展，最终呈直立姿势。募集最多的肌群（不按顺序排列）是肘关节伸肌（肱三头肌）、肩关节外展肌（三角肌）、髋关节伸肌（臀肌、腘绳肌）、膝关节伸肌（股四头肌）与踝关节跖屈肌（腓肠肌、比目鱼肌）。在生理分析方面，投掷铅球要求有高水平的肌肉力量和爆发力，并且对增加肌肉肥大是有一定优势的，因为力量的产生是随着肌肉的横截面积增加而变大的[40]，然而对于肌肉耐力的需求却不高。由于训练和比赛的重复性，肩关节和肘关节周围的肌肉和肌腱往往会因过度使用而损伤[98]。

运动员评估

第二个任务是建档，指通过评估训练（和损伤）的状态，进行各种测试（例如最大力量测试），评估测定结果与确定训练的主要目标，

运动员的假设状况

状况A		状况B		状况C	
性别	女性	性别	男性	性别	男性
年龄	20岁	年龄	28岁	年龄	17岁
运动项目	大学篮球	运动项目	职业美式橄榄球	运动项目	高中越野跑
位置	中锋	位置	进攻线锋	位置	无
赛季	赛季前开始阶段	赛季	非赛季开始阶段	赛季	赛季中开始阶段

以建立运动员的需求和目标。评估过程越个性化，运动员的个体抗阻训练计划也就越具有专项性。

训练状态

设计训练计划时，应重点考虑运动员目前的体能状况或对开始一项新的或已经修订的计划的准备程度（**训练状态**）。这包括由运动医学专家评估任何可能影响训练的新旧损伤，同样重要的是评估运动员的**训练背景**或**训练史**（在他或她开始一项新的或已经修订的计划之前的训练），因为这些信息将有助于体能教练更加了解运动员的训练能力。对于运动员的训练背景评估应检查以下几个方面：

- 训练计划的类型（冲刺训练、快速伸缩复合训练和抗阻训练等）；
- 先前训练计划中近期有规律地参加训练的时长；
- 先前训练计划的强度水平；
- **动作练习的技术经验**程度（即正确实施抗阻训练相关动作练习的知识与技术）。

表17.1举例说明了如何利用这些信息将运动员的训练状态分为初级、中级和高级。体能教练应认识到这3个级别是一个连续的过程，之间没有明确的界限。

体能测试与评估

体能评估包括对运动员的肌肉力量、柔韧性、爆发力、速度、肌肉耐力、身体成分和心血管耐力等方面进行评估。在本章中，需求分析的重点是评估最大的肌肉力量，但一个全面、综合的评估的内容要更多。

为获取可以有效用于设计抗阻训练计划的相关可靠数据，所选用的测试必须与运动员的运动项目有关，与运动员的技术水平相匹配，并且务实地考虑可以使用的设备。前文所述的动作分析结果为选择测试提供了方向。通常情况下，主要的上肢练习（例如，卧推和肩上推举）

表17.1 抗阻训练状态分级示例

抗阻训练状态	抗组训练背景				
	目前计划	训练年限	训练频率（每周）	训练压力*	技术经验和技能
初级（未经训练）	无训练或才开始训练	<2个月	≤1~2次	无或低	无或很少
中级（中等抗阻训练）	目前有训练	2~6个月	≤2~3次	中	基础
高级（良好抗阻训练）	目前有训练	≥1年	≥3~4次	高	高

*示例中所说的训练压力指的是抗阻训练计划的身体需求或刺激的水平。

和以不同程度模拟跳跃动作的练习（例如，高翻、深蹲和蹬腿）被用于编成一套测试。

测试完成之后，结果应与标准的或描述性的数据进行比较，以便分析运动员的优势和劣势。根据此项评估以及对运动的需求分析能够设计出一份改善不足、保留优点，或促进身体素质发展，使运动员更好地满足运动需求的训练计划。

抗阻训练的主要目标

抗阻训练计划的主要目标是由运动员的体能测试结果、运动项目的动作分析与生理分析结果，以及运动赛季的训练优先性所决定的。总体上，这一目标是提高肌肉力量、爆发力、肌肉肥大或肌肉耐力。尽管有潜在的愿望或需要对两个不同的要素（例如，肌肉力量与肌肉耐力）进行改善，但在每一个赛季仍应专注其中一项要素为宜。表17.2显示了体能教练在4个主要的运动赛季中可能需要优先考虑的抗阻训练重点。

步骤2：练习选择

练习选择是指为抗阻训练计划选择练习。为了能做出正确的选择，体能教练必须了解各种类型的抗阻训练动作练习、运动项目的动作和肌肉的需求、运动员动作练习的技术经验，以及可用的训练设备与训练时间。

练习类型

在设计训练计划时，虽然有数以百计的抗阻训练动作练习可以选择，但可依据练习涉及的主要肌群或身体部位，以及对于运动项目的相对重要性加以分类。

主要练习与辅助练习

练习可以依据参与肌群大小以及对特定运动项目动作的贡献程度，分为主要与辅助两类。主要练习募集一个或多个大肌群（例如胸部、肩部、背部、髋部或大腿肌群），包含两个或更多关节（多关节练习）参与，因此可以直接应用于运动项目，在选择训练动作时，会被优先使用。辅助练习，通常募集相对较小的肌群（例如上臂、腹部、小腿、颈部、前臂、下背部或小腿前侧肌群），只有一个主要关节（单关节练习）参与，一般被认为对于提高运动表现并不是特别重要。将抗阻训练动作练习分为主要或辅助练习时，通常将肩部的所有关节（盂肱关节与肩带关节）视为单一的主要关节。脊柱同样也被视为单一的主要关节（例如在卷腹与背部伸展的练习中）。

辅助练习经常用于损伤预防和康复，因

表17.2 不同运动赛季一般训练的优先性示例

运动赛季	优先性		抗阻训练目标*
	运动练习	抗阻训练	
非赛季	低	高	肌肉肥大与肌肉耐力（前期）；肌肉力量与爆发力（后期）
赛季前	中	中	运动项目与专项动作（依运动项目确定需要肌肉力量、爆发力还是肌肉耐力）
赛季中	高	低	维持赛季前的训练目标
赛季后（主动休息）	不定	不定	没有特殊目标（可能包含专项技术或抗阻训练以外的活动）

*实际的训练目标与优先性基于运动项目或活动，可能与本表所列目标有所差异。

为这些练习通常可以孤立特定的肌肉或肌群。由于运动项目技术的独特要求因而易于损伤的肌肉（例如肩上投球所使用的肩外旋肌群），以及损伤（例如，股四头肌挫伤）之后需要康复的肌肉，均可通过辅助练习有针对性地进行训练。

需求分析的应用

（关于运动员状况的描述请参阅本章的第1个专栏）

状况A 女子大学篮球中锋 赛季前	状况B 男子职业美式橄榄球线锋 非赛季	状况C 男子高中越野跑运动员 赛季中
运动项目评估 **动作分析** *运动项目：* 跑、跳、控球、投篮、封盖和抢篮板球 *参与肌群：* 所有的大肌群，尤其是髋部、大腿与肩部肌群 **生理分析（主要需求）** 肌肉力量/爆发力	**运动项目评估** **动作分析** *运动项目：* 抓、推、挡和推离 *参与肌群：* 所有的大肌群，尤其是髋部、大腿、胸部、手臂与下背部肌群 **生理分析（主要需求）** 肌肉肥大	**运动项目评估** **动作分析** *运动项目：* 跑，腿与手臂动作的重复 *参与肌群：* 所有的下肢肌群、姿势肌群、肩部与手臂肌群 **生理分析（主要需求）** 肌肉耐力
运动员的描述 **训练背景** • 高中开始有规律地实施抗阻训练 • 具有良好的自由重量与器械练习的技能 • 在非赛季期间，刚完成每周4次的抗阻训练计划 *上肢练习*（每周2次）： 6个练习（2个主要练习、4个辅助练习），负荷为10RM~12RM，3组 *下肢练习*（每周2次）： 6个练习（2个主要练习、4个辅助练习），负荷为10RM~12RM，3组	**运动员的描述** **训练背景** • 在高中、大学和目前的职业生涯中有规律地实施抗阻训练 • 具有良好的自由重量与器械练习的技能 • 赛季后[b]，刚完成每周2次的抗阻训练计划 *每次训练执行所有的动作练习：* 8个练习（3个主要练习、5个辅助练习；2个下肢练习、6个上肢练习），负荷为12RM~15RM，3组	**运动员的描述** **训练背景** • 赛季前才开始实施抗阻训练 • 自由重量与器械练习的技能有限 • 赛季前[c]，刚完成每周2次的抗阻训练计划 *每次训练执行所有的动作练习：* 7个练习（3个主要练习，4个辅助练习），负荷为15RM，1~2组
抗组训练状态分级 高级	**抗组训练状态分级** 高级	**抗组训练状态分级** 初级
主要的赛季前抗阻训练目标 肌肉力量/爆发力[a]	**主要的非赛季抗阻训练目标** 肌肉肥大	**主要的赛季中抗阻训练目标** 肌肉耐力
备注 [a]赛季前应该专注于选择适当的练习与安排适当的负荷	**备注** [b]由于美式橄榄球对身体的要求非常高，这名运动员赛季后训练的负荷量应比传统计划积极休息阶段所安排的负荷量更多	**备注** [c]因为这名运动员才开始实施抗阻训练计划，他的赛季前抗阻训练频率只限每周2次，而其他更有训练经验的运动员通常每周训练3次或4次

专栏中的信息反映了对运动项目的需求和运动员进行评估的方法。

结构性练习与爆发性练习

强调负荷直接加载在脊柱（例如，颈后深蹲）或间接加载在脊柱（例如，杠铃高翻）的主要练习可以进一步被描述为结构性练习。更具体地说，结构性练习包括在举起动作过程中姿势肌肉的稳定（例如，做颈后深蹲时，维持躯干挺直以及脊柱的中立位）。一个结构性练习做得非常快或具有爆发性，被称为爆发性练习。通常情况下，爆发性练习是依据运动员专项训练的优先性进行安排的[45]。

运动项目的动作分析

在需求分析中（步骤1），体能教练已经确定了运动项目的独特需求与特征。在针对某项运动的体能训练而设计抗阻训练计划时，所选的练习需要与运动项目的身体及肢体的动作模式、关节的活动范围以及参与肌群相关。动作练习也应使肌肉均衡发展，以减少因训练不当而导致的损伤风险。

专项运动的动作练习

训练活动与实际运动项目动作越相似，对该项运动正向迁移的可能性就越大[8, 19, 20, 42, 72, 86]。表17.3提供了抗阻训练动作练习的例子，这些动作练习在不同程度上与各种运动项目的动作模式相关，有助于体能教练选定专项运动的练习。例如，篮球跳跃动作的主要参与肌群是伸髋和伸膝肌群，运动员在练习这些肌肉时可以采用蹬腿或颈后深蹲的动作。但究竟哪一个更好？显然两个练习都能强化伸髋和伸膝肌群的肌肉力量，但考虑跳跃是从平衡且承受身体体重的直立姿势开始发力的，因此颈后深蹲更能符合跳跃的专项动作特征，要比蹬腿更为理想[97]。高翻和抓举由于具有快速动作的特征，与跳跃相关，因而能够较快地发展力量和提高爆发力水平。

肌肉平衡

为适应运动项目的特殊需要而选用练习时，应该考虑到维持关节两端肌群间以及作用相反的肌群间（例如，肱二头肌与肱三头肌）的肌力平衡。避免在设计抗阻训练计划时因主动肌（主动产生动作的肌肉或肌群，例如，伸膝动作中的股四头肌）与拮抗肌（位于肢体对侧的、被动的肌肉或肌群，例如，伸膝动作中的腘绳肌）之间的不对称而增加损伤的风险。

表17.3 与动作模式相关的抗阻训练动作练习示例

动作模式	相关练习
运球与传球	闭握卧推、哑铃卧推、肱三头肌下压、反向弯举、锤式弯举
踢球	单侧髋关节内收和外展、单腿深蹲、前弓步、腿（膝）伸展、举腿
自由泳（包括起动和转身）	引体向上、肩侧平举、前弓步、直立划船、杠铃仰卧上拉、单腿深蹲
垂直跳跃	抓举、高翻、借力挺举、颈后深蹲、前蹲、站姿提踵
球拍击球	水平哑铃飞鸟、弓步、俯身侧平举、腕屈曲、腕伸展
划船	高翻、高拉、高抓、俯身划船、坐姿划船、上斜蹬腿、坐姿蹬腿、硬拉、直腿硬拉、杠铃早安式
跑步/冲刺	抓举、高翻、前蹲、前弓步、登阶、腿（膝）伸展、腿（膝）屈曲、勾脚尖（背屈）
投掷/投球	弓步、单腿深蹲、杠铃仰卧上拉、过头肱三头肌伸展、肩内旋和外旋

一旦发现肌力有所不均时，就应选用可使肌力恢复平衡的练习，例如，等速肌力测试发现腘绳肌肌力明显弱于股四头肌，就应额外增加腘绳肌的练习，以弥补肌力失衡[20, 72, 86]。但请注意，肌肉平衡并非表示肌力相等，而是某一肌肉或肌群的肌力、爆发力或者肌耐力，与另一肌肉或肌肉群相比具有适当的比例。

促进恢复的练习

不对肌肉和神经系统造成高压力，但促进动作和修复的练习可以归类为恢复性练习。这些练习通常会安排在主要的抗阻训练课结束以后，或是作为小周期内一节单独的训练课，从而促进机体恢复与修复。它们可以通过小负荷抗阻训练练习或低强度有氧运动的形式，

练习选择指南的应用

（关于运动员状况的描述请参阅本章的第1个专栏，练习并非按顺序呈现）

状况A 女子大学篮球中锋 赛季前	状况B 男子职业美式橄榄球线锋 非赛季	状况C 男子高中越野跑运动员 赛季中
主要练习 悬垂高翻（全身，爆发力）[a] 抓举和高翻（全身，爆发力）[a] 借力挺举（全身，爆发力）[a] 前蹲（髋部与大腿） 上斜卧推（胸部） 引体向上（背部，肩部，手臂）	**主要练习**[b] 高翻（全身，爆发力） 翻转轮胎（全身，爆发力） 颈后深蹲（髋部与大腿） 硬拉（髋部与大腿） 卧推（胸部） 肩上推举（肩部）	**主要练习** 弓步（髋部与大腿）[c] 垂直胸推（胸部）[d] 后腿抬高硬拉（髋部与大腿）
辅助练习 卷腹（腹部） 坐姿划船（上背部） 直腿硬拉（髋部后侧与大腿） 站姿提踵（小腿后侧）	**辅助练习** 握毛巾引体向上（前臂握力） 卷腹（腹部） 登阶（髋部与大腿） 腿（膝）屈曲（大腿后侧） 俯身划船（上背部） 耸肩（上背部与颈部） 杠铃肱二头肌弯举（上臂前侧） 仰卧肱三头肌伸展（上臂后侧） 坐姿提踵（小腿后侧）	**辅助练习** 卷腹（腹部） 腿（膝）屈曲（大腿后侧） 肩侧平举（肩部） 单臂哑铃划船（上背部）[e] 勾脚尖（背屈）（小腿前侧） 器械背部伸展（下背部） 绳索式髋屈曲（屈髋肌群）
备注 [a]这些练习具有最大爆发力的特征，符合篮球的跳跃动作	**备注** 这位运动员有额外的时间进行更多的抗阻训练，因为在非赛季期间，运动技术练习并非是第一优先 [b]较大的训练频率可以加入更多的主要练习（见步骤3）	**备注** [c]虽然弓步不常被视为主要练习，但是所募集的肌肉与使用的关节直接应用于跑步 [d]这个练习也包含肱三头肌，所以不需要安排孤立肱三头肌进行训练的辅助练习，这可以减少赛季中计划用于抗阻训练的时间 [e]这个练习也包含肱二头肌，所以不需要安排孤立肱二头肌进行训练的辅助练习，这可以减少赛季中计划用于抗阻训练的时间

协助身体恢复到原先的状态[8]。这些练习有助于去除体内的代谢废物及副产物，并且保持一定量的血液流到锻炼的肌肉，从而优化修复过程。

动作练习的技术经验

在前文所述的需求分析中，评估运动员的训练状态与动作练习的技术经验是很重要的部分。如果体能教练对运动员的练习技术存有疑虑，可以要求运动员试做一下练习。如果有任何错误，体能教练应给予充分的指导。技术尚未成熟的运动员常被推荐进行器械练习或自由重量辅助练习[20]，因为这些练习相对主要练习而言，对平衡与协调性的要求较低，比较容易实施[20, 86]。尽管如此，即使是那些很容易完成的动作，也不能假定运动员都能正确地完成。

可用的抗阻训练设备

在选择练习时，必须考虑可用的训练设备，缺少某个设备就可能被迫选用不符合运动项目特征的练习。例如，奥林匹克杠铃杆没有带螺旋套夹，所以必须排除进行诸如高翻的练习；再例如，如果没有足够的杠铃片，就得选用达到相同抗阻要求的替代练习（例如，可以采用前蹲代替颈后深蹲）。

每次训练课的可用时间

体能教练必须依据执行某一练习所需的时间，衡量该练习的价值。有些练习耗时较长，如果训练课的可用时间有限，就得优先考虑时间效益较高的练习，例如可以使用器械式蹬腿练习替代自由重量的弓步练习来训练百米选手的髋部与大腿。将器械上的插销正确地插入销孔以及重复蹬腿10次的动作时间，要少于做弓步练习时在杠铃杆两端加载杠铃片、旋紧锁片、退后移出杠铃架、建立稳定的起始姿势、每侧腿各完成10次以及将杠铃放回所需的时间。虽然使用器械式蹬腿练习缺少运动项目的特征，但所节省的时间可以加入其他练习或进行更多组数。考虑到弓步练习具有更多符合运动项目的特征，因此也许值得花些额外的时间进行练习，尽管最终取决于运动赛季的训练目标和可用时间。

步骤3：训练频率

训练频率是指在一定周期内完成的训练课次数。在抗阻训练计划方面，时间周期通常是一周。在决定训练频率时，体能教练必须考虑运动员的训练状态、运动赛季、预期的训练负荷、练习类型以及目前同时进行的其他的训练或活动。

训练状态

运动员对训练的准备程度是由需求分析（步骤1）确定的，它是决定训练频率的一个重要因素，因为它决定了两次训练课之间需要的休息天数。传统上，许多运动员被建议每周训练3天，好让他们在两次训练课之间的时间内获得充分的恢复[20]。当运动员已经对训练产生适应，体能逐渐变好之后，最好考虑将每周的训练天数增加至4天，甚至5天、6天或7天（表17.4）。针对相同肌群实施训练，安排训练课的一般准则是在两次训练课之间至少休息或恢复一天，但不得超过3天[38]。例如，如果体能教练想要初级运动员每周实施2次全身性的抗阻训练计划，2次训练课必须均衡安排（例如，安排在周一与周四或者周二与周五）。反之，如果运动员仅在周一与周三训练，则可能因周四至下周一缺少训练刺激而使训练状态下降[16, 24, 38]，不过，在短时间

表17.4　基于训练状态设定抗阻训练频率

训练状况	频率指南（次/周）
初级	2~3
中级	3~4
高级	4~7

[数据来自参考文献24、26、27、28、37和47。]

内，一名受过良好训练的运动员每周训练1天就足以维持肌力了[16, 24]。

抗阻训练经验较多（中级或高级）的运动员，可采用分段训练的方法加强训练，即在不同训练日训练不同的肌群。虽然几乎每天都安排训练看起来会违背推荐的恢复指南，但是若将训练某些身体部位（例如，上肢或下肢）或某些肌群（例如，胸部肌群、肩部肌群和肱三头肌）的练习结合成组，可使运动员在两次内容相似的训练课之间获得充分恢复的机会（表17.5）。例如，一种常见的下肢和上肢训练方案包括每周进行4次训练课：周一与周四训练下肢，周二与周五训练上肢（反之亦然）。在这种方案中，虽然运动员每周进行2次的连续2天训练课，但是每两次上肢或下肢的训练课间有2天或3天的休息时间[39]。若分段训练中包括3类训练日，休息日就无法安排在每周的同一天。

运动赛季

影响抗阻训练频率的另一个因素是运动赛季。例如，赛季中更加关注运动技术练习，就需要减少花在力量房的时间，因而减少抗阻训练的频率（表17.2和表17.6）。问题主要在于一天之中没有足够的时间可以安排所有想要的训练。因此，即使是受过良好训练的运动员，具有每周完成4次或4次以上抗阻训练的

表17.6　基于运动赛季的抗阻训练频率（有训练经验的运动员）

运动赛季	训练频率的指南（课次/周）
非赛季	4~6
赛季前	3~4
赛季中	1~3
赛季后（主动休息）	0~3

[数据来自参考文献20、87和90。]

表17.5　常见的分段训练示例

训练日	训练的身体部位或肌群	训练周范例							总计训练频率
		星期日	星期一	星期二	星期三	星期四	星期五	星期六	
1	下肢	休息	下肢	上肢	休息	下肢	上肢	休息	每周4次
2	上肢								
1	胸部、肩部、肱三头肌	休息	胸部、肩部、肱三头肌	下肢	背部、斜方肌、肱二头肌	休息	胸部、肩部、肱三头肌	下肢	每周5次*
2	下肢								
3	背部、斜方肌、肱二头肌								
1	胸部与背部	胸部与背部	下肢	肩部与手臂	休息	胸部与背部	下肢	肩部与臂部	每周6次*
2	下肢								
3	肩部与手臂								

*依照每周的第一个训练日，训练频率为每周5次或6次。

训练频率指南的应用

（关于运动员状况的描述请参阅本章的第1个专栏）

状况A 女子大学篮球中锋 赛季前	状况B 男子职业美式橄榄球线锋 非赛季	状况C 男子高中越野跑运动员 赛季中
高级的训练状态允许 每周4~7次	**高级的训练状态允许** 每周4~7次	**初级的训练状态允许** 每周2~3次
基于运动赛季的频率指南 每周3~4次	**基于运动赛季的频率指南** 每周4~6次	**基于运动赛季的频率指南** 每周1~3次
安排抗阻训练的频率 每周3次[a] • 周一、周三和周五 • 每次训练课都需要完成所有的练习	**安排抗阻训练的频率** 每周4次（分段训练[b]） • 周一和周四（下肢练习） • 周三和周五（上肢练习）	**安排抗阻训练的频率** 每周2次[c] • 周三和周六 • 每次训练课都需要完成所有的练习
备注 [a]训练频率比前一运动赛季（非赛季期）减少，故有更多的时间与体力用于篮球专项技术训练	**备注** [b]分段训练能做更多的全面练习，也不会过度增加每次训练课的时间，因为这些练习被分在更多的训练日完成	**备注** [c]训练日的安排需加以规划，以免影响运动员在计划的越野跑比赛日的表现

能力，但因其他训练也需要时间，以至于无法这样安排。

训练负荷与练习类型

实施最大或接近最大负荷训练的运动员，在下次训练课前需要较多的恢复时间[20, 74, 86]。在训练周期中交替安排小负荷和大负荷的训练日，可使训练更加频繁[20, 86]。也有证据表明，大负荷的训练课后，上肢肌肉的恢复速度要比下肢肌肉快[37]。同样的，运动员进行单关节练习之后的恢复能力也要比进行多关节练习之后快[85]。这些研究结果可能解释了，为什么力量举运动员每周只安排一次负重较大的硬拉或深蹲的训练课。

其他训练

训练频率也受施加的负荷总量的影响，因此体能教练必须考虑所有各种形式训练的影响。如果运动员的训练计划已经包含有氧或无氧的训练（例如，冲刺、敏捷性、速度耐力和快速伸缩复合训练）、运动技术的练习或上述各项的任意组合，就需要减少抗阻训练的频率[13]。除此之外，职业方面的体力需求也有影响，从事体力劳动、指导或协助他人进行身体活动或整天都需要站立的训练者，可能无法像与运动项目无关的活动相对较少的运动员那样，承受相同的训练频率。

步骤4：练习顺序

练习顺序是指一节训练课中抗阻练习的实施顺序。尽管安排练习顺序的方法有很多，但要依据某一练习对另一练习的完成质量与技术的影响而定。通常情况下，练习的安排是使运动员能以正确的技术、用最大的力量完成一组训练（在有足够的休息时间或恢复时间之后）。以下描述了4种常见的抗阻练习的安排方法。

爆发性以及其他主要、辅助练习

在一堂训练课中，首先进行爆发性练习，例如抓举、悬垂高翻、高翻和借力挺举，接着进行其他非爆发性的主要练习，然后再进行辅助练习[20, 83, 88]。文献中也称这种安排方法是先进行多关节练习，而后进行单关节练习，或者是先进行大肌群练习，而后进行小肌群练习[18, 20, 72, 86, 90]。实施爆发性练习时，所有练习都需要最高水平的技术与专注度，而且受疲劳的影响[20]。已经疲劳的运动员易于使用错误的技术，有较高的损伤风险。爆发性的练习会动员许多肌肉，也会消耗大量的能量[80]。这是希望运动员在体能仍然充沛时，先做爆发性练习的另一个理由。如果在步骤2（练习选择）中没有选用爆发性练习，则建议的顺序是先进行主要练习，后进行辅助练习。

上肢与下肢的练习（交替）

上肢练习与下肢练习交替实施，能使运动员在2个练习之间获得更为充分的恢复。这种安排对于未经训练的运动员尤其有用，因为要连续完成数个上肢或下肢练习确实太过剧烈[20, 72]。而且，如果训练时间有限，这种安排可以最大限度地减少相邻2个练习间的休息时间，并且最大限度地增加针对身体相同部位的2个练习间的休息时间。结果就是减少了总的训练时间，因为运动员做完上肢练习之后，不必等到上肢休息就可立即进行下肢练习。如果各个练习是以最短的休息时间（20~30s）连续进行，亦可称之为循环训练。这种训练方法也常用于提高心肺耐力[23]，但训练效果比传统的有氧运动差一些。

“推”与“拉”的练习（交替）

提高恢复和募集的另一种方法是交替进行推的练习（例如，卧推、肩上推举和肱三头肌伸展）与拉的练习（例如，背阔肌下拉、俯身划船和肱二头肌弯举）[2]。这种推与拉的安排能够确保使连续的2个（或2组）练习不会使用相同的肌群，因而缓解参与肌肉的疲劳。反之，连续安排几个拉的练习（例如，引体向上、坐姿划船和锤式弯举），虽然期间有安排休息时间，但仍会因为肱二头肌的疲劳（3个练习都有参与）变得反应不佳，从而影响重复的次数。如果几个推的练习（例如，上斜卧推、肩上推举和肱三头肌下压）也被连续地安排（这3个练习都有肱三头肌参与），结果是相同的[83]。推与拉的安排也可应用于下肢，例如蹬腿与颈后深蹲是推的练习，直腿硬拉与腿（膝）屈曲是拉的练习，但有些练习［例如腿（膝）伸展］并不能明确地被分类为推的练习或拉的练习。推与拉的交替练习也可用于循环训练计划，对于初学者或重新恢复抗阻训练计划的运动员而言，也是理想的安排[3, 20]。

超级组和复合组

另一个安排练习顺序的方法是要求运动员做由2个练习组成一组的训练，期间很少休息或没有休息。2个常见的例子就是超级组与复合组。超级组包含连续2个练习，以此训练2种对立的肌肉或肌群（即主动肌和其拮抗肌）[2]。例如，运动员先完成10次杠铃肱二头肌弯举练习，然后放下杠铃，再完成10次肱三头肌下压练习。复合组指同一肌群相继完成2种不同的练习动作[2]。例如，运动员先完成一组杠铃肱二头肌弯举练习，然后马上换哑铃完成一组锤式弯举练习。在此例中，作用在同一肌肉的压力是复合的，因为2个练习募集同一个肌肉部位。上述2种完成成对练习的安排方法具有时效性，且故意让强度更大，但对于体能不佳的运动员而言，可能并不适合。

练习顺序指南的应用

（关于运动员状况的描述请参阅本章的第1个专栏）

状况A 女子大学篮球中锋 赛季前	状况B 男子职业美式橄榄球线锋 非赛季	状况C 男子高中越野跑运动员 赛季中
安排练习顺序的策略 • 爆发性以及其他主要、辅助练习 •“推”与“拉”的练习（交替）	**安排练习顺序的策略** • 主要及辅助练习 •“推”与“拉”的练习（交替）	**安排练习顺序的策略** • 主要及辅助练习 • 上肢与下肢练习（交替）
周一、周三和周五 悬垂高翻[a] 借力挺举[b] 前蹲[a] 上斜卧推[b] 坐姿划船 哑铃交替弯举 肱三头肌下压 卷腹	**下肢** *（周一和周四）* 硬拉[c] 颈后深蹲[c] 登阶[c] 腿（膝）屈曲 坐姿提踵 **上肢** *（周二和周五）* 卧推 俯身划船 杠铃肱二头肌弯举[d] 耸肩 仰卧肱三头肌伸展 卷腹	**周三和周六** 弓步 垂直胸推 腿（膝）屈曲 单臂哑铃划船 勾脚尖（背屈） 肩侧平举 器械背部伸展[e] 卷腹[f] 每个练习完成一组，然后重复
备注 [a、b]交替进行这些练习，相似的动作模式间有一定的休息时间，采用“爆发性以及其他主要、辅助练习”的策略	**备注** [c]这些练习没有按照“推”和“拉”的练习（交替）策略安排，可用不同的顺序执行（例如，颈后深蹲、硬拉和登阶） [d]虽然杠铃肱二头肌弯举是“拉”的练习，并且发生在其他“拉”的练习（耸肩）之前，但它并不影响运动员做耸肩练习的能力	**备注** [e]针对下背部肌肉的练习应该在躯干保持直立位或是脊柱保持中立位的练习（例如，弓步和肩侧平举）之后进行。下背部肌肉的疲劳可能会引起结构性练习或站姿练习的技术动作不正确，进而容易损伤 [f]8个练习各做一组，做完一个练习后立刻做下一个练习（即构成一个“循环”）

需要注意的是，超级组与复合组的含义有时候会被互换[20]。

步骤5：训练负荷与重复次数

所谓**负荷**，最简单的说法是为一组练习设定的总负重，常被认为是抗阻训练计划中最关键的部分[20, 63, 73, 86]。

定量与定性机械功的术语

机械功可被定义为作用力与位移（有时候也指距离）的乘积。运动员可以根据身体的需求产生代谢能量（内部）做机械功（外部）。如此，为了规划好训练计划中的变量以及避免过度训练引起由Selye（加拿大心理学家）提出的一般适应综合征中的疲惫阶段，量化机械功或代谢需求的程度是非常重要的[8]。

抗阻训练的“功”的数量测量是有必要的。传统上，至少在奥林匹克举重运动中，这个“功”被称为“负荷”，并且可以通过每次上举的重量乘以上举的次数进行计算并对所有的值求和，以此统计每堂训练课的负荷。

然而，负荷量[48, 77]可能是一个比之前提到的负荷更好的术语，这个量与机械功[59, 60, 62]高度相关，并与能量代谢需求以及生理应激有一定的联系，但与重复量有所区别（即重复次数的总量，参见步骤6的更多解释）。

进一步解释负荷量，如果一个100个“重量单位”的杠铃被垂直上举2个“距离单位”，且重复了15次，则总的向心机械功是3000个（100×2×15）“功单位”；然而，负荷量（1500个单位）不包括距离的值，但仍与运动员为了完成既定次数的练习所需要的机械功的量以及代谢需求的程度有关。在对抗阻训练中运动员或物体移动的负荷量（例如，负重跳蹲）进行相关计算时，负荷量应被视为系统质量的负荷量[10, 59, 61]。例如，一名80kg的运动员，负重40kg，完成4组、每组3次跳蹲，总计完成1440kg（120kg×12）。由于可用于区分主要与辅助练习或描述肌肉肥大、最大力量与爆发力的训练，负荷量方法在量化总抗阻训练负荷的特性上也非常有用。这样，体能教练可以计划或决定的不仅包括一节训练课的总负荷量，还包括这节训练课想获得的某些刺激。

值得注意的是，负荷量不受重复次数和组数方案的影响（即15组、每组1次，5组、每组3次，3组、每组5次或1组15次）。各种重复次数和组数方案影响抗阻练习的真实强度，并影响做功的质量。使用与时间成比例的值，即重复量，比使用时间来计算机械或代谢功率或强度更实际。完成的重复次数越多，训练课持续时间越长（休息时间长短是额外的考虑因素，不能直接考虑）。负荷量除以重复量得出的是每堂训练课每次举起重物重量的平均值[86]。这是机械功和代谢功率输出的良好的近似值，反映了真实强度或做功质量。

负荷与重复次数之间的关系

运动员所能执行的某个练习的重复次数与所举负荷呈反比关系：负荷越重，重复次数越少。因此，当专注于一个训练目标时，自然而然就明确了应采用的负荷与重复次数（例如，以增强肌力为目标，采用的负荷较重，重复次数较少）。

在设定训练负荷之前，体能教练应该了解负荷与重复次数之间的关系。负荷常以一次重复最大重量（1RM）（以正确的技术所能举起一次的最大重量）的多少百分比来表示或以能举起某特定重复次数的最大重量（RM）来表示[19]。例如，某名运动员已尽最大努力，能以60kg负重完成10次颈后深蹲练习，则他的10RM就是60kg。如果他做9次就停止，但还有能力再做一次，这就表示他未能达到10RM。同理，如果他以55kg完成10次重复（但还能多做几次），表示没有正确设定真正的10RM，因为他有可能举起60kg并完成10次重复。

表17.7显示了次最大负荷（以1RM的百分比来计算）与在该负荷下能够重复的次数的关系。根据定义，100%1RM只能举起1次，当1RM的百分比（即举起的负荷）减少，运动员可以成功完成更多的重复次数。在其他文献（1RM百分比重复次数表）中可能发现[9, 49, 54, 65]，1RM百分比的值与表17.7略有不同，但差异仅在0.5%~2.0%而已。

表17.7 1RM百分比与能够重复的次数（%1RM-重复次数的关系）

%1RM	能够重复的次数
100	1
95	2
93	3
90	4
87	5
85	6
83	7
80	8
77	9
75	10
70	11
67	12
65	15

[数据来自参考文献9、49、54和65。]

尽管表17.7对运动员训练负荷安排提供了有益的指导，但截至目前的研究仍然无法证实其能够广泛用于运动员每一个练习的负荷的设定，原因如下。

- 表17.7假设举起的重量与重复次数呈线性关系，但仍有一些研究显示它们呈非线性关系[5, 54, 56]。
- 受过抗阻训练的运动员对于表中所列的任一1RM特定的百分比可能做出更多的重复次数，尤其是下肢的主要练习，更是如此[35, 36]。
- 重复次数是根据1RM的百分比来决定的一个单组训练的数量。当运动员完成多组训练时，可能需要减轻负荷重量才能完成所有组数内期望的重复次数[20]。
- 尽管当前1RM研究很普遍，但是运动员可执行动作的次数并不总是与1RM特定百分比的强度所预测的重复次数相同[20, 90]。例如，Hoeger及其同事[35, 36]的研究显示，受试者能够完成的重复次数超出表17.7中列出的数值的2~3倍。
- 针对某一特定1RM百分比，采用固定器械训练所完成的重复次数比相似的自由重量练习所完成的重复次数要多[35, 36]。
- 涉及小肌群的练习可能无法完成表17.7中的重复次数，而动用大肌群的练习，重复次数则有可能更多[90]。
- 负荷大于75%1RM和重复次数小于10次时，1RM的百分比与最多重复次数的关系最为精准[9, 84, 94]。实验证据进一步表明，当1RM的百分比下降时，重复次数的变异率可能会加大。

因此，用表17.7的%1RM计算所得的负荷只能用来作为估算的指导，以此来估计抗阻训练练习的某一特定RM的负荷。尽管有上述缺陷，但在设定负荷时根据测试所得的1RM百分比，要比根据次最大负荷估计所得的1RM百分比更加精确[34, 35]。

1RM与多RM测试的选择

收集设定训练负荷所需的信息，体能教练必须选择决定运动员的：

- 真正的1RM的值（直接测试）；
- 多RM（例如10RM）测试估计的1RM的值；
- 依据练习所计划的重复次数（目标重复次数，例如每组重复5次）决定的多RM的值。

一旦测试出或估算出真正的1RM，运动员的训练负荷可用1RM的百分比来计算。再者，多RM测试可以根据目标重复次数来实施，从而减少计算或估算。许多实例中，体能教练依据选择的练习与运动员的训练背景选用不同的测试方式。针对体能优良的运动员，常用的测试策略是：主要练习采用1RM法，辅助练习采用多RM法。

1RM测试

按照1RM的百分比设定训练负荷时，体能教练首先需确定运动员的1RM。这种评估方法通常用于有抗阻训练经验并对测试动作有技术经验的中级或高级运动员。那些未经训练、不具备训练经验、有损伤或者处于伤病观察中的运动员可能不适合参加1RM测试。1RM测试要求训练状态良好且具备力量训练的经验，因为最大力量的测试会对参与肌群、结缔组织与关节施加巨大的压力。因此，有人建议可以采用3RM测试取代1RM测试[90]。忽略运动员的训练状态与动作练习的技术经验会降低1RM测试的安全性与准确性。

当选择1RM测试时，体能教练应该选用主要练习动作，因为大肌群与多关节能够更好地控制较重的负荷。尽管如此，没有效度与信度（即无法正确与一致地测定最大肌肉力量）的测试动作还是不能被选用。例如，参与俯身划船练习的上背部肌群与多个关节，也许可以承受1RM测试的负荷，但在整个测试过程中，身体很难维持正确的身体姿势。经过几组测试后，下背较弱的稳定肌可能会变得非常疲劳，使正常的练习动作技术发生变形从而获得无效或可能不可靠的测试数据。

正确测定1RM的流程有很多种，图17.1所示的是其中之一，尽管测试的顺序井然有序，但训练状态与练习形式不同也会影响测试过程中绝对重量的增加。例如，一个能负重495lb（约225kg）做颈后深蹲的运动员，每个测试组可以递增20~30lb（9~14kg），但对只能负重100lb（约45kg）做颈后深蹲的运动员，每个测试组递增20~30lb就太激进了，而且不足以精确测出真正的1RM值。为了提高连续测试组的适合度和准确性，图17.1还提供了相对百分比，可以用来代替绝对负荷的调整。

估计1RM

当不适宜实施最大力量测试时，测试10RM的负荷（然后估计或预测1RM的值）是合适的次佳选择。只要能够在测试动作中做出正确的技术，这种方法几乎适用于所有运动员。主要练习与辅助练习都可以被用于10RM测试，但是过多的热身与测试组数可能会使运动员疲劳，从而影响测试的准确性。再者，爆发性练习不太适合采用重复次数高于5次的多RM测试，因为技术会被快速地破坏[8, 86]。当运动员具有充分的训练与技术经验后可以使用负荷较大、次数较少（而且更准确）的多RM测试。

10RM测试的过程与1RM测试相似，但每组完成10次重复，而不是1次。完成热身活动之后，运动员有规律地调整负荷（约为图17.1所列的一半）。继续此测试过程，直到确定某一重量只能完成10次重复为止。有经验的体能教练能调整重量，使运动员做3~5组测试后，就能确定其10RM的值。

使用1RM表估计运动员的1RM，请参阅表17.8中的“最大重复次数（RM）=10（%1RM=75）”一栏，首先找出测试所得的10RM负荷，然后顺着该行看到“最大重复次数（RM）=1（%1RM=100）”的一栏，就可查出预估的该运动员1RM。例如，如果运动员的10RM是300lb，则估计的1RM是400lb。如同表17.7的说明，%1RM–重复次数的关系在不同文献中或有不同。本表的目的是作为一个指导，直到运动员的神经肌肉得到的充分发展，从而可以安全有效地进行负荷较重（例如1RM~5RM）的测试[20, 86]。

使用测试公式同样能实现从多RM负荷预测1RM[9, 54]。研究人员指出，多RM测试采

1RM的测试流程

1. 指导运动员进行热身活动，采用运动员可以轻松完成5~10次重复次数的较轻的负重。
2. 休息1分钟。
3. 用以下加重方式估计一个运动员能够完成3~5次重复的热身负荷：
   - 上肢练习10~20lb（5~9kg）或5%~10%；
   - 下肢练习30~40lb（14~18kg）或10%~20%。
4. 休息2min。
5. 用以下加重方式保守估计一个运动员能够完成2~3次重复的接近最大负荷：
   - 上肢练习10~20lb（5~9kg）或5%~10%；
   - 下肢练习30~40lb（14~18kg）或10%~20%。
6. 休息2~4min。
7. 继续加重：
   - 上肢练习10~20lb（5~9kg）或5%~10%；
   - 下肢练习30~40lb（14~18kg）或10%~20%。
8. 指导运动员试举1RM的负荷。
9. 如果成功，休息2~4min，然后回到流程7。如果失败，休息2~4min，然后采用以下减重方式：
   - 上肢练习5~10lb（2~5kg）或2.5%~5%；
   - 下肢练习15~20lb（7~9kg）或5%~10%。

   回到步骤8。

继续加重或减重，直到可以用正确的练习技术完成一次重复，最好能在3~5组测试中得出运动员的1RM。

图17.1 个1RM的测试流程
[源自：Earle，2006[18].]

用的负荷越重（即负荷越接近实际的1RM），估计的1RM就越准。再者，根据负荷等于或低于10RM而建立的公式，预测的准确性较高[9, 55, 84, 86, 94]。此外，若运动员在实施测试的数月前开始采用少次数的多RM抗阻（即重的负荷）进行持续训练，则该运动员通过更少次数的多RM测试（以及后续的1RM预测）获得的结果通常更为准确[8]。

基于目标重复次数的多RM测试

决定训练负荷的第三种选择方法要求体能教练首先确定运动员在实际训练计划中需要完成的测试练习的重复次数（即目标重复次数）。例如，如果体能教练决定让运动员在训练计划中完成6次卧推练习，则多RM测试流程需要运动员以完成6次重复的负荷完成练习。主要练习与辅助练习都可以被用于多RM测试，但是如前所述，高重复次数测试组会造成显著的疲劳，可能会降低多RM测试的准确性。对涉及多关节与大肌群的练习而言，由于更高的代谢需求，这种影响似乎更严重[86]。此外，使用辅助练习的多RM测试必须等于或高于8RM以减轻参与关节与结缔组织的压力[2, 18]。换言之，即使某运动员的肌肉力量训练计划包含负荷为2RM的主要练习，但其辅助练习的负荷最重只应该设定在8RM。

表17.8　估计1RM与训练负荷

最大重复次数（RM）	1	2	3	4	5	6	7	8	9	10	12	15
%1RM	100	95	93	90	87	85	83	80	77	75	67	65
负荷（lb或kg）	10	10	9	9	9	9	8	8	8	8	7	7
	20	19	19	18	17	17	17	16	15	15	13	13
	30	29	28	27	26	26	25	24	23	23	20	20
	40	38	37	36	35	34	33	32	31	30	27	26
	50	48	47	45	44	43	42	40	39	38	34	33
	60	57	56	54	52	51	50	48	46	45	40	39
	70	67	65	63	61	60	58	56	54	53	47	46
	80	76	74	72	70	68	66	64	62	60	54	52
	90	86	84	81	78	77	75	72	69	68	60	59
	100	95	93	90	87	85	83	80	77	75	67	65
	110	105	102	99	96	94	91	88	85	83	74	72
	120	114	112	108	104	102	100	96	92	90	80	78
	130	124	121	117	113	111	108	104	100	98	87	85
	140	133	130	126	122	119	116	112	108	105	94	91
	150	143	140	135	131	128	125	120	116	113	101	98
	160	152	149	144	139	136	133	128	123	120	107	104
	170	162	158	153	148	145	141	136	131	128	114	111
	180	171	167	162	157	153	149	144	139	135	121	117
	190	181	177	171	165	162	158	152	146	143	127	124
	200	190	186	180	174	170	166	160	154	150	134	130
	210	200	195	189	183	179	174	168	162	158	141	137
	220	209	205	198	191	187	183	176	169	165	147	143
	230	219	214	207	200	196	191	184	177	173	154	150
	240	228	223	216	209	204	199	192	185	180	161	156
	250	238	233	225	218	213	208	200	193	188	168	163
	260	247	242	234	226	221	206	208	200	195	174	169
	270	257	251	243	235	230	224	216	208	203	181	176
	280	266	260	252	244	238	232	224	216	210	188	182
	290	276	270	261	252	247	241	232	223	218	194	189
	300	285	279	270	261	255	249	240	231	225	201	195
	310	295	288	279	270	264	257	248	239	233	208	202
	320	304	298	288	278	272	266	256	246	240	214	208
	330	314	307	297	287	281	274	264	254	248	221	215
	340	323	316	306	296	289	282	272	262	255	228	221
	350	333	326	315	305	298	291	280	270	263	235	228
	360	342	335	324	313	306	299	288	277	270	241	234
	370	352	344	333	322	315	307	296	285	278	248	241

续表

最大重复次数（RM）	1	2	3	4	5	6	7	8	9	10	12	15
%1RM	100	95	93	90	87	85	83	80	77	75	67	65
负荷（lb或kg）	380	361	353	342	331	323	315	304	293	285	255	247
	390	371	363	351	339	332	324	312	300	293	261	254
	400	380	372	360	348	340	332	320	308	300	268	260
	410	390	381	369	357	349	340	328	316	308	274	267
	420	399	391	378	365	357	349	336	323	315	281	273
	430	409	400	387	374	366	357	344	331	323	288	280
	440	418	409	396	383	374	365	352	339	330	295	286
	450	428	419	405	392	383	374	360	347	338	302	293
	460	437	428	414	400	391	382	368	354	345	308	299
	470	447	437	423	409	400	390	376	362	353	315	306
	480	456	446	432	418	408	398	384	370	360	322	312
	490	466	456	441	426	417	407	392	377	368	328	319
	500	475	465	450	435	425	415	400	385	375	335	325
	510	485	474	459	444	434	423	408	393	383	342	332
	520	494	484	468	452	442	432	416	400	390	348	338
	530	504	493	477	461	451	440	424	408	398	355	345
	540	513	502	486	470	459	448	432	416	405	362	351
	550	523	512	495	479	468	457	440	424	413	369	358
	560	532	521	504	487	476	465	448	431	420	375	364
	570	542	530	513	496	485	473	456	439	428	382	371
	580	551	539	522	505	493	481	464	447	435	389	377
	590	561	549	531	513	502	490	472	454	443	395	384
	600	570	558	540	522	510	498	480	462	450	402	390

依据训练目标设定训练负荷与重复次数

在需求分析中，体能教练被要求依据运动员的体能测试结果、运动项目的动作分析与生理分析结果以及运动赛季的训练优先性来选择抗阻训练计划的主要目标。训练目标一旦确定之后，可以通过RM连续图、1RM的百分比（直接测试或估计）或多RM测试结果来设定专项负荷与重复次数。如前所述，测试方法确定了如何设定每一个练习的负荷与重复次数（即训练负荷是通过实际测试或估计1RM的百分比来计算得出的，或者是由多RM测试来确定的）。图17.2总结了训练负荷与重复次数的测试与设定方法。

RM连续图

图17.3显示了RM的范围与训练目标之间的关系，如果训练目标是肌肉力量或爆发力，需采用相对较重的负荷；如果训练目标是肌肉肥大，应采用中等的负荷；如果训练目标是肌肉耐力，则应采用较轻的负荷。换言之，大重量、少次数的训练对于力量与最大爆发力的提高最为有效，而小重量、多次数的训练对于

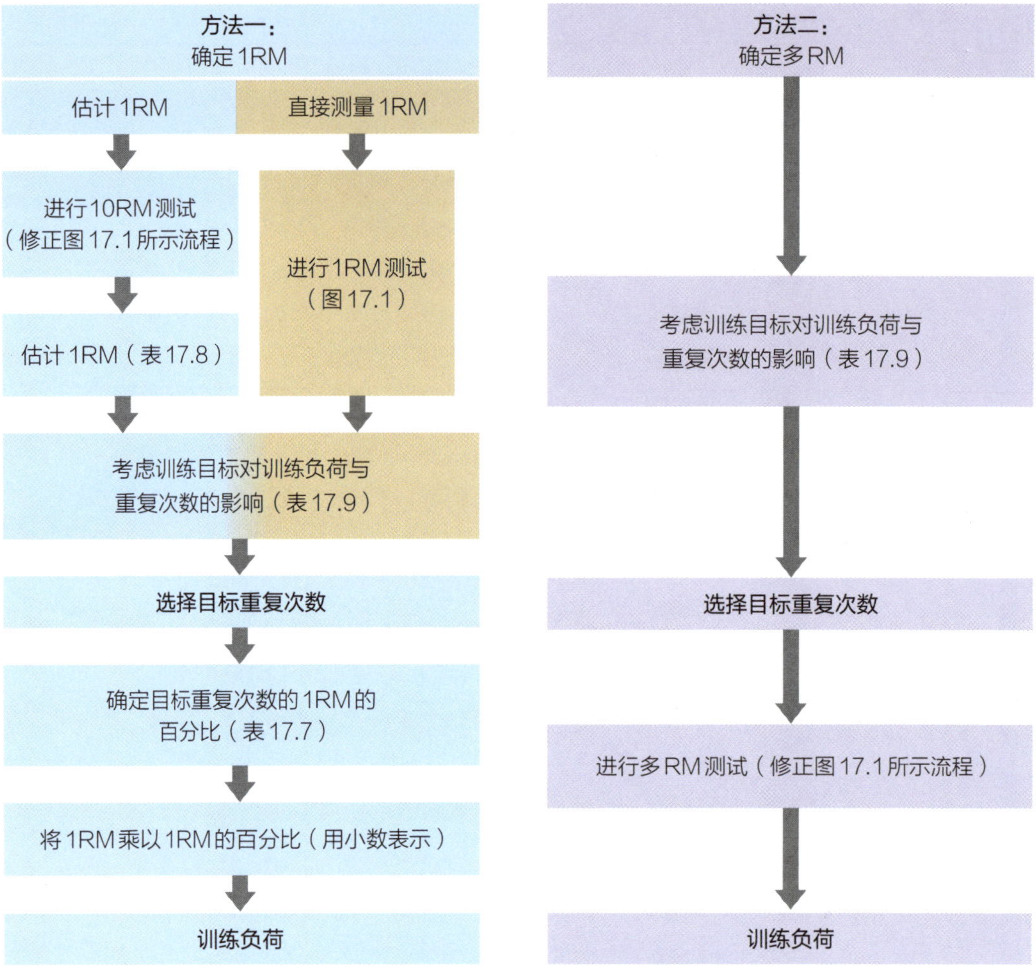

方法一：
确定1RM

估计1RM

进行10RM测试
（修正图17.1所示流程）

估计1RM（表17.8）

直接测量1RM

进行1RM测试
（图17.1）

考虑训练目标对训练负荷与
重复次数的影响（表17.9）

选择目标重复次数

确定目标重复次数的1RM的
百分比（表17.7）

将1RM乘以1RM的百分比（用小数表示）

训练负荷

方法二：
确定多RM

考虑训练目标对训练负荷与
重复次数的影响（表17.9）

选择目标重复次数

进行多RM测试（修正图17.1所示流程）

训练负荷

图17.2　训练负荷与重复次数的测试与设定方法总结
[源自：Earle，2006[18].]

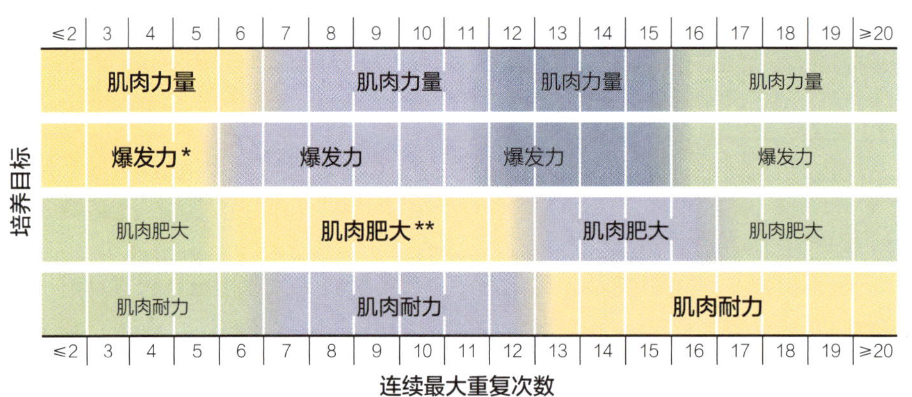

图17.3　RM的范围与各种训练目标的关系的连续图

*本图中展示的爆发力的重复次数范围与%1RM-重复次数的关系并不一致。进一步的说明请参阅下文“设定爆发力训练的1RM的百分比”的内容。

**虽然现有的重复范围显示对于肌肉肥大似乎是最有效的，但有新的证据显示，在不同的训练状态下，一些纤维类型可能会在此范围之外出现显著的肌肉肥大。现在还不清楚这些结果是否会被更多人接受。

[改编自参考文献20和87。]

肌肉耐力的提高更为有效[1, 20, 63, 90]。连续图的理念有效地说明为获得某一结果所应采用的RM，但是，任何设定的RM都有一定的训练效果。

1RM的百分比

尽管训练的生理效果是混合的，但是专项性原则仍然主导着某一特定训练负荷可以获得与促进的某些针对性的结果。体能教练可以借助1RM的百分比与估计该重量可以重复多少次的关系（表17.7）来设定训练课中某练习特定的负荷。换言之，训练目标是依靠使用某一1RM特定百分比的重量重复完成某一特定重复次数而达成的（表17.9）。

如何计算训练负荷 例如，假设某运动员的训练目标是肌肉力量，而测得其卧推练习的1RM负荷是220lb（约100kg）。为了增加力量，他必须使用至少85%1RM的重量（在热身后），完成至多每组6次重复（表17.9）。特别需要注意的是，如果体能教练对该练习设定4次重复，则相对应的负荷大约应为90%1RM

表17.9 基于训练目标设定训练负荷与重复次数

训练目标	训练负荷（%1RM）	目标重复次数
肌肉力量*	≥85	≤6
爆发力**		
单次用力项目	80~90	1~2
多次用力项目	75~85	3~5
肌肉肥大	67~85	6~12
肌肉耐力	≤67	≥12

*这种肌肉力量训练的设定仅适用于主要练习，辅助练习的负荷要限制在不超过8RM。

**基于举重衍生动作（高翻和抓举等）。本表中为爆发力而设定的训练负荷和重复次数与%1RM-重复次数的关系并不一致。在非爆发力动作中，负荷约为80%1RM的重量对应能做2~5次重复的范围。进一步的说明请参阅下文“设定爆发力训练的1RM的百分比”的内容。

[数据来自参考文献7、20、32、33、45、86、91和92。]

（表17.7），约为200lb（约91kg）。体能教练应该注意观察运动员按其设定的负荷以及卧推指定次数时的难易程度，随时调整设定的负荷。

设定爆发力训练的1RM的百分比 力量与速度的关系曲线说明，产生的向心收缩力量越大，肌肉收缩的速度及相应的动作速度越慢（反之亦然）。相反，最大爆发力是在小到中等负荷及以中等速度完成动作时产生的，而非最大负荷[11, 12, 57, 61, 67, 68]。实施1RM训练，动作速度缓慢，可以产生最大力量，但却减少了爆发力输出[20, 21, 100]。运动项目中，很少有要求运动员单次使出最大且慢速的肌肉力量［除了力量举重项目（20世纪70年代一项以深蹲、卧推和硬拉为比赛内容的运动）］。大多数运动的动作比1RM测试时的动作速度快[60]，且功率输出较高[41]。然而这并非表示运动员的爆发力不受最大肌肉力量训练的影响。因为与速度或与爆发力有关的运动动作经常从零或接近零的速度开始，慢速力量的增长可以直接应用于爆发力的产生。因此，为爆发力训练而设定的训练负荷与重复次数会与力量训练的指南（表17.9）有所重叠。

非举重多关节爆发力练习（例如，蹲跳、仰卧上推和过头投掷）与单关节肌肉运动数据揭示了最大爆发力通常需要采用非常轻的负荷——自身体重（0）至1RM的30%[11, 12, 21, 57, 61, 68]。但是在如此轻的重量下，运动员很难用传统的抗阻训练器械正确做出多关节的训练动作，因为运动员如果不在动作范围的最后部分减速，肌肉就无法受到充分的超负荷刺激。例如，可以在史密斯机中实施练习（卧推投掷和过头投掷），这样有助于解决安全的问题。蹲跳是一个例外，最好在力量架中执行[11, 12, 57, 59, 61, 68]。在负荷连续图的另一端，来自多个国家以及世界级举重和力量举冠军的数据清楚地指出，随着举起的重量从1RM的100%（即1RM）减少到1RM的90%，功率输出会有所增加[21, 22, 81]。事实上，对于颈后深蹲和硬拉练习，90%1RM负荷的功率输出是1RM负荷的2倍，这是由于在较轻负荷下完成练习所需的时间大幅减少[22]。即使爆发力练习的动作速度足够快（基于举重的动作），当负荷从1RM减小到1RM的90%时，功率输出仍然有5%~10%的增加[22]。考虑到这些问题，最有效和实际的应用是在能使用较大负荷的抗阻练习中，例如抓举和高翻以及其他举重的衍生动作，使用75%~90%1RM进行训练[11, 21, 45, 57, 61]。

为了增强计划的专项性，应对单次用力的爆发性运动项目（例如，铅球、跳高和举重）及多次用力的爆发性运动项目（例如，篮球和排球）进行特殊的训练负荷与重复次数设定。例如，单次用力运动项目的运动员可能会被安排以80%~90%1RM的负荷，每组完成1~2次重复，特别是在重训练日。对于多次最大爆发力用力的运动（例如，排球拦网经常采用最大垂直跳跃），则采用75%~85%1RM的负荷，每组完成3~5次重复[8, 11]。

根据表17.7中的%1RM–重复次数的关系，体能教练可能会质疑表17.9中的爆发力训练的负荷设定，因为%1RM的负荷显然要比目标重复次数对应的负荷低。例如，根据表17.7所示，完成3~5次重复的负荷通常应是87%~93%1RM，而非表17.9所示的75%~85%1RM。爆发力练习在任何重复次数方案中都不能达到最大限度的负荷，因为动作技术质量的下降会在多RM练习使肌肉暂时性疲劳之前出现[20]。因此，较轻的负荷会使运动员以最快的速度完成重复次数，以促进最大爆发力的发展。例如，爆发力练习通常限于每组5次重复，但是负荷较低，至多或等于10RM（即大约为75%1RM）[45]。这种促进最大功率输出的负荷调整也应用于RM连续图（图17.3）。爆发力训练的重复次数可以被强调在5次或更少的范围内，但是体能教练应该意识到，这些负荷不是重复次数所对应的真正的最大值。

训练负荷的变化

肌肉力量和爆发力训练对运动员的身体施加较高的生理压力。受过抗阻训练的中级和高级运动员比较习惯采用较重的负荷，而且具有在每组练习中发挥出接近最大重复的经验和动力，但不应该一直将此作为目标。尽管训练状态的评级很高，但是这种程度的训练需求通常不能维持很长时间，否则会导致过度训练。例如，某运动员可以承受每周3天以肌肉力量作为目标的抗阻训练（例如，星期一、星期三和星期五），但是该运动员很难执行相同的高负荷、低量的训练方案而2次训练课之间——尤其是在爆发力和其他主要练习之间——仅休息1~2天。

针对上述情况，有一种均衡策略是改变爆发力和其他主要练习的负荷（%1RM），使每周只有一个重训练日（例如星期一），此重训练日的负荷被设为能够成功完成目标重复次数的最大重量，并完成最大重复次数。其他训练日的负荷（有意地）减小，为重训练日之后提供恢复，同时仍保持足够的训练频率和负荷量。在每周训练3天的计划示例中，星期三和星期五分别是“轻”和“中等”训练日。对于轻训练日，采用重训练日（星期一）的爆发力和其他主要练习的80%的负荷，并完成相同的目标重复次数。即使运动员能够完成的重复次数比设定的目标重复次数更多，也不应该这样做。类似地，“中等”训练日的爆发力和其他主要练习中的负荷应采用“星期一”的90%，并完成相同的目标重复次数。这种方式可用于任何不同的训练频率[2, 8, 86]。例如，每周训练2天的计划可能有一个重训练日和一个轻训练日，或者是使用上肢/下肢分段训练，即包括2个重训练日（一个上肢日和一个下肢日）和2个轻训练日。改变训练负荷也可在运动员的其他训练中发挥作用。大重量力量训练日可以安排在低强度专项运动训练日的当天，而小重量力量训练日可以安排在高强度专项运动训练日的当天[8]。体能教练需要监控这个日程表，以便它不会导致每天都是重训练日。

渐增训练负荷

运动员适应训练刺激之后，体能教练就需要拟定出增加训练负荷的策略，使之能随着时间的推移而持续（渐进性）进步。监控每一位运动员的训练，并且将其对于训练处方的反应做成图表，从而了解应在何时增加训练负荷，以及增加多少训练负荷。

增加负荷的时机

一种可以用来增加运动员的训练负荷的保守方法被称为2-2法则[2]。如果运动员能够连续在两次训练课的最后一组训练中，重复某动作练习超过目标重复次数2次甚至更多，则运动员应该在下一次训练课中增加该动作练习的负荷。例如，体能教练设定完成3组卧推练习，每组重复10次，经过几次训练课后（具体的课次取决于许多因素），运动员在连续两次训练课的第三组（最后一组）训练中都能完成12次卧推练习，则应该在下一次训练课中增加该练习的负荷。

增加负荷的量

要明确决定增加多少负荷是比较困难的，但表17.10基于运动员的状况（较强或较弱）和训练的身体部位（上肢或下肢）提供了一般性的建议。尽管可将这些建议作为准则，但训练状态、负荷量和练习（类型和参与肌群）的显著变化对适当地增加负荷影响极大。为了应对这种变化，可以使用增加2.5%~10%的相对负荷来代替表17.10中所示的绝对负荷。

表17.10 增加负荷的示例

运动员的状况*	训练的身体部位练习	负荷增加的估计值**
矮小、瘦弱且训练经验较少者	上肢	2.5~5lb（1~2kg）
	下肢	5~10lb（2~5kg）
高大、强壮且训练经验较多者	上肢	5~10lb以上（2~5kg以上）
	下肢	10~15lb以上（5~7kg以上）

*体能教练需确定某个运动员更适合这两种主观类别中的哪一种。

**这些负荷的增加适用于完成3组、每组重复5~10次的训练计划。注意，随着负荷的增加，每组的目标重复次数保持不变。

训练负荷与重复次数指南的应用

（关于运动员状况的描述请参阅本章的第1个专栏）

状况A 女子大学篮球中锋 赛季前	状况B 男子职业美式橄榄球线锋 非赛季	状况C 男子高中越野跑运动员 赛季中
主要的赛季前抗阻训练目标 肌肉力量/爆发力	**主要的非赛季抗阻训练目标** 肌肉肥大	**主要的赛季中抗阻训练目标** 肌肉耐力

续表

状况A 女子大学篮球中锋 赛季前	状况B 男子职业美式橄榄球线锋 非赛季	状况C 男子高中越野跑运动员 赛季中
测试与设定训练负荷和重复次数 **训练目标的影响** 爆发力练习：75%~85%1RM；3~5次[a] *其他主要练习:* >85%1RM；<6次 *辅助练习：* 负荷不得重于8RM	**测试与设定训练负荷和重复次数** **训练目标的影响** 67%~85%1RM；6~12 次	**测试与设定训练负荷和重复次数** **训练目标的影响** <67%1RM；>12次
目标重复次数 *爆发力练习：* 5 *主要练习：* 6 *辅助练习：* 10	**目标重复次数** *主要练习：* 10 *辅助练习：* 10	**目标重复次数** *主要练习：* 12 *辅助练习：* 15
测试方法 *爆发力练习的3RM测试*[b]*:* 悬垂高翻 借力挺举 *其他主要练习的1RM测试*[c]*:* 前蹲 上斜卧推 *辅助练习的10RM测试*[d]*:* 坐姿划船 哑铃交替弯举 肱三头肌下压	**测试方法** *主要练习的1RM测试:* 硬拉 颈后深蹲[i] 卧推[i] 肩上推举[i] *新的辅助练习的10RM测试*[j]*:* 登阶 坐姿提踵 俯身划船 耸肩	**测试方法** *主要练习的12RM测试*[k]*:* 弓步 垂直胸推 *辅助练习的15RM测试*[k]*:* 单臂哑铃划船 肩侧平举
测试结果 3RM悬垂高翻115lb（53kg） *估计1RM*[e] *124lb（56kg）* 3RM借力挺举110lb（50kg） *估计1RM*[e] *118lb（54kg）* 1RM前蹲185lb（84kg） 1RM上斜卧推100lb（45kg） 10RM坐姿划船90lb（41kg） 10RM哑铃交替弯举20lb（9kg） 10RM肱三头肌下压40lb（18kg）	**测试结果** 1RM硬拉650lb（295kg） 1RM颈后深蹲675lb（307kg） 1RM卧推425lb（193kg） 1RM肩上推举255lb（116kg） 10RM登阶205lb（93kg） 10RM坐姿提踵155lb（70kg） 10RM俯身划船215lb（98kg） 10RM耸肩405lb（184kg）	**测试结果** 12RM弓步45lb（20kg） 12RM垂直胸推70lb（32kg） 15RM单臂哑铃划船25lb（11kg） 15RM肩侧平举10lb（5kg）

续表

状况A 女子大学篮球中锋 赛季前	状况B 男子职业美式橄榄球线锋 非赛季	状况C 男子高中越野跑运动员 赛季中
训练负荷 *爆发力练习:* • 设定负荷为预估1RM的75% 悬垂高翻95lb(43kg) 借力挺举90lb(41kg) (误差在5lb以内的负荷均可顺利完成) *其他主要练习:* • 设定负荷为测定1RM的85% 前蹲155lb(70kg) 上斜卧推85lb(39kg) (误差在5lb以内的负荷均可顺利完成) *辅助练习:* • 设定负荷等于10RM测试的负荷	**训练负荷** *其他主要练习:* • 设定负荷为测定1RM的75% 硬拉490lb(223kg) 颈后深蹲505lb(230kg) 卧推320lb(145kg) 肩上推举190lb(86kg) (误差在5lb以内的负荷均可顺利完成) *辅助练习:* • 设定负荷等于10RM测试的负荷,或 • 等于用于上一个赛季后的负荷 腿(膝)屈曲190lb(86kg) 杠铃肱二头肌弯举115lb(52kg) 仰卧肱三头肌伸展125lb(57kg)	**训练负荷** *所有练习:* • 设定负荷等于12RM(或15RM)测试的负荷,或 • 等于赛季前的负荷 腿(膝)屈曲65lb(30kg) 勾脚尖(背屈)20lb(9kg) 器械背部伸展50lb(23kg)
每周的负荷设定(爆发力/主要练习)[f] *周一(重训练日)* • 设定负荷为完全负荷(根据“训练负荷”计算) *周三(轻训练日)* • 设定负荷为周一“重训练日”负荷的80%[g] *周五(中训练日)* • 设定负荷为周一“重训练日”负荷的90%[h]		
备注 [a]爆发力练习的训练负荷与重复次数的设定基于多次用力项目——篮球,与%1RM重复次数的关系并不一致 [b]爆发力练习采用多RM(3RM)训练流程。从其结果可以估计1RM,而设定负荷由估计的1RM百分比计算得出 [c]运动员虽已在上一个非赛季进行过这些练习,但为提高赛季前负荷设定的准确性,运动员还是必须测定当前的1RM	**备注** [i]运动员虽已在上一个赛季后进行过这些练习,但为提高非赛季负荷设定的准确性,运动员还是必须测定当前的1RM	**备注** [k]这里所示的练习是赛季中训练计划的新练习,因此需要进行12RM或15RM测试,其他主要练习沿用赛季前的练习,因为负荷及重复次数安排都相同,无需进行测试

续表

状况A 女子大学篮球中锋 赛季前	状况B 男子职业美式橄榄球线锋 非赛季	状况C 男子高中越野跑运动员 赛季中
备注 [d]虽然有些练习是非赛季训练计划中的一部分，但仍需再进行多RM测试，因为这些练习在赛季前训练的目标重复次数是10次，而非12次。 [e]用表17.8估计1RM [f]辅助练习的负荷在整周内都维持相同，只有爆发力与其他主要练习的负荷有所变化 [g]计算周一训练课所举负荷的80%，完成相同的目标重复次数，即使运动员有能力完成更多次，也不能允许其进行超过目标重复次数的训练（爆发力练习5次，其他主要练习6次） [h]计算周一训练课所举负荷的90%，完成相同的目标重复次数，即使运动员有能力完成更多次，也不能允许其进行超过目标重复次数的训练（爆发力练习5次，其他主要练习6次）	**备注** [j]这里所示的训练动作是非赛季训练计划的新练习，因此需要进行10RM测试，其他主要练习沿用上一个赛季后的练习，因为负荷及重复次数安排都相同，无需进行测试	

步骤6：训练量

训练量是指训练课中举起的重量总数[20, 58, 69]，而所谓组是在运动员停下来休息之前连续进行的动作的组合[20]。重复量是在训练期间完成重复次数的总数[4, 20, 75, 86]，而负荷量是总组数乘以每组的重复次数，然后再乘以每一次举起的重量。例如，2组重复10次举起50lb（约23kg）的负荷量可表示为2×10×50lb，即1000lb（约454kg）。（如果不同的组使用不同的重量完成，则先计算各组的重量，然后求和以获得训练课的总训练量。）

在刚刚给出的实例（1000lb的负荷量）中，每组次数乘以重物在垂直方向上位移的额外系数，则可以得出向心运动所做的功。这个位移系数对于某一位运动员是相对恒定的，一般不考虑，但是所得到的负荷量仍然与向心运动所做的功直接呈正比。如前所述，负荷量除以重复量得出每次重复举起的平均重量，这与强度或做功的质量相关。在跑步运动中，训练量常以距离来衡量。如果已知或可测量得到强度值（例如配速，这与最大摄氧量百分比有关），则可以算出总代谢能量消耗值（与所做的机械功呈正比），后者相当于抗阻练习中的负荷量。同样的概念也适用于在快速伸缩复合练习中手或脚接触的数量（训练量）、在游泳或赛艇中划臂的数量（训练量）、在各种运动活动中投掷或跳跃的数量（训练量）。

多组与单组

一些人发现，进行一组8~12次重复（热身活动后）的训练，直至肌肉疲劳，就能使肌肉力量与肌肉肥大获得最大的收获。此外，也有人指出，每节课的每个练习仅完成一组后就能使最大力量增加[24, 52, 53]。

单组训练可能适合没有训练经验的个体[20]，或在刚开始训练的前几个月[24]，但许多研究表明，更大的训练量对于促进获得更大的肌肉力量是必要的，尤其是对于抗阻训练状态为中级和高级的运动员而言[44, 64, 89, 99]。再者，肌肉骨骼系统最终会对进行单组训练至疲劳的刺激有所适应，因此需要多组的附加刺激，才能获得持续的力量增长[20]。而且，与进行一组8~12次重复的训练至使肌肉疲劳相比，进行3组、每组10次重复且肌肉尚未疲劳的训练对增强肌肉力量的效果更好[46, 48]，后者更高的训练量是造成这种结果的重要的因素[4, 20, 86]。因此，运动员开始抗阻训练计划时，进行多组训练将比进行单组训练更快地增加肌肉力量[48, 63]。然而，体能教练不能期望运动员能够在每次训练课的每一个练习中使用与固定的重复次数相对应的最大负荷重量，并成功地完成多个组数，因为疲劳将会影响后续各组所能完成的重复次数。

训练状态

运动员的训练状态会影响他们所能安全承受的训练量。初练者刚开始时可以采用一组或两组，待熟练之后，逐渐增加组数。当运动员对一贯的和精心设计的训练计划产生适应之后，可以逐渐增加更多的组数以匹配与给定的训练目标相关的指导。

主要的抗阻训练目标

训练量的设定直接基于运动员的抗阻训练目标。表17.11提供了与肌肉力量、爆发力、肌肉肥大和肌肉耐力训练计划相关的重复次数和组数的总结性指南。

表17.11　基于训练目标设定训练量

训练目标	目标重复次数	组数*
力量	≤6	2~6
**爆发力		
单次发力项目	1~2	3~5
多次发力项目	3~5	3~5
肌肉肥大	6~12	3~6
肌肉耐力	≥12	2~3

*这些设定不包括热身组，而且基本上只适用于主要练习[2, 45]。

**基于举重衍生动作（高翻和抓举等）。本表中为爆发力而设定的训练负荷与重复次数与%1RM-重复次数的关系并不一致。在非爆发力动作中，负荷约为80%1RM的重量对应能做2~5次重复的范围。进一步的说明请参阅前文“设定爆发力训练的1RM的百分比”的内容。

[数据来自参考文献20、32、86、91和92。]

力量与爆发力

DeLorme个人[14]及其与Watkins[15]的经典研究建议将每组10次重复作为理想的增加肌肉力量的训练方式，尽管这种方式最初被发展应用于损伤康复领域。后来，Berger[6, 7]确定至少在卧推和颈后深蹲的练习中，3组、每组6次重复的方式能使力量最大限度地增长。虽然Berger的研究似乎是没有争议的，但他的后续研究[5]表明，尽管训练量不同，但6组2RM负荷、3组6RM负荷和3组10RM负荷的训练效果没有明显的差异。此后，许多其他研究也无法支持某一特定组数和重复次数的组合会促进肌肉力量的最大限度地增长[17, 24, 25, 70, 80, 85]。导致众说纷纭的主要原因是，大多数的研究以未经训练的人为对象，因此这意味着，几乎任何类型的训练计划都会让这些人的肌肉力量有所增长。

当训练运动员的肌肉力量时，训练量的设定最初是从查阅实现力量最大限度地增长的最佳重复次数开始的，如前所述（图17.3和表17.9），主要练习似乎每组应该完成6次或6次以下[20, 32, 33, 45, 86, 87, 91, 92]。Fleck和Kraemer[20]及Tan[90]对文献进行全面总结后得出结论，2~5组或3~6

训练量指南的应用

（关于运动员状况的描述请参阅本章的第1个专栏）

状况A 女子大学篮球中锋 赛季前		状况B 男子职业美式橄榄球线锋 非赛季		状况C 男子高中越野跑运动员 赛季中	
爆发力练习：4组、每组5次 其他主要练习：3组、每组6次 辅助练习：2组、每组10次 （这些组数不包括热身组）		主要练习：4组、每组10次 辅助练习：3组、每组10次 （这些组数不包括热身组）		主要练习：3组、每组12次 辅助练习：2组、每组15次 （这些组数不包括热身组）	
周一、周三、周五		**下肢（周一、周四）**		**周三、周六**	
悬垂高翻	4×5[a]	硬拉	4×10	弓步	3×12
借力挺举	4×5	颈后深蹲	4×10	垂直胸推	3×12
前蹲	3×6	登阶	3×10	腿（膝）屈曲	2×15
上斜卧推	3×6	腿（膝）屈曲	3×10	单臂哑铃划船	2×15
坐姿划船	2×10	坐姿提踵	3×10	勾脚尖（背屈）	2×15
哑铃交替弯举	2×10	**上肢（周二、周五）**		肩侧平举	2×15
肱三头肌下压	2×10	卧推	4×10	器械背部伸展	2×15
卷腹	3×20	俯身划船	3×10	卷腹	3×20
		肩上推举	4×10	每个练习完成一组，然后重复[b]	
		杠铃肱二头肌弯举	3×10		
		耸肩	3×10		
		仰卧肱三头肌伸展	3×10		
		卷腹	3×20		
备注 [a]代表组数乘以次数，状况B、C均同				**备注** [b]8个练习各做一组，做完一个练习之后立刻接着做另一个练习（即构成一个“循环”），做完第二个循环之后，在第三组依顺序做完弓步、垂直胸推与最后的卷腹练习	

组（分别）的范围促进了肌肉力量的最大增加。基于练习类型而设定的训练组数指南建议辅助练习所适合的或必要的组数是1~3组[2, 45]。

爆发力训练的设定训练量通常应低于肌肉力量训练的设定训练量，以便最大限度地提高动作练习的质量。训练量的减少是因为较少的目标重复次数和较轻的负荷（图17.3和表17.9），而不是推荐的组数[11, 12, 45, 57, 61, 68]。一般推荐有训练经验的运动员在训练计划中安排3~5组（热身活动之后）爆发力练习。

肌肉肥大

增加肌肉尺寸需要采用较高的训练量是普遍接受的观点[31, 63]。通常推荐每组采用中等或较多的重复次数（6~12次；参见图17.3和表17.9）和每个练习做3~6组[20, 32, 33, 71, 91]。此外，尽管研究经常只关注1个或2个练习（所有或每个肌群），但是观察所得的经验和访谈杰出健美运动员得出的结果，以及更多的详尽处方指南建议表明[20, 45]，每个肌群完成3个或3个以上的动作练习是增加肌肉尺寸的最为有效的策略[32]。这种安排对训练量有相当大的影响。

肌肉耐力

肌肉耐力的抗阻训练计划应强调每组完成多次重复（每组12次或更多）[20, 45, 87, 91, 92]。

尽管设定的重复次数相对较高，但是总负荷量未必就会增加，因为举起的重量更轻，且完成的组数较少，每个练习一般只完成2~3组[45]。

步骤7：休息时间

两组之间和练习之间用于恢复的时间称为休息时间或组间间歇。休息时间的长度主要取决于训练目标、举起的相对重量与运动员的训练状态（如果运动员的体能状态不佳，休息时间可能需要比传统设定更长一些）。

组间的休息时间与负荷密切相关，运动员举起的负荷越重，需要的组间休息时间就越长，以便安全和成功地完成规定的后续组数。例如，以4RM负荷进行肌肉力量训练的组间休息时间比以15RM负荷进行肌肉耐力训练的组间休息时间要长[20, 74, 86]。尽管训练目标和休息时间的长度之间有一定的关系（例如，肌肉力量训练计划的组间休息时间比较长），但是在抗阻训练计划中，并不是所有练习都应当被安排相同的休息时间。重要的是，体能教练必须依据每一练习所举起的重量以及参与肌群的数量来安排休息时间。作为抗阻训练计划一部分的辅助练习就是具体的例子。作为主要练习的卧推可能采用4RM负荷和4min的休息时间，而作为辅助练习的肩侧平举，可能采用12RM负荷和1min的休息时间（虽然1min休息通常适用于肌肉肥大的训练计划）。表17.12提供了针对肌肉力量、爆发力、肌肉肥大与肌肉耐力的训练计划的建议休息时间长度。

力量与爆发力

训练可以增强运动员只需短暂休息的运动能力[20, 86]，但是试图在较重负荷下进行最大或接近最大重复次数训练的运动员通常需要较长的休息时间，尤其是进行下肢或全身结构性练习时[95]。例如，Robinson及其同事[77]观察到，在颈后深蹲练习中，相比30s的休息时间，3min的休息时间能够获得更大的肌力增长。相关通用指南中建议，休息时间长度至少为2min[45, 82, 93]，或2~5min[47, 50]，又或者3~5min[20, 86, 96]，这样的休息时间长度似乎同样适用于旨在提高最大力量和专注于肌肉爆发力的抗阻训练计划[45]。

表17.12　基于训练目标设定休息时间

训练目标*	休息时间长度
肌肉力量	2~5min
爆发力： 单次发力项目 多次发力项目	2~5min
肌肉肥大	30s~1.5min
肌肉耐力	≤30s

*因为设定的1RM的百分比有时会超出训练目标的范围（例如，建议辅助练习采用≥8RM的负荷作为抗阻训练计划的一部分），体能教练设定组间休息时间时，必须检视每一项练习采用的负荷，而非应用针对训练目的的一般性准则。[数据来自参考文献20、47、50、86和96。]

肌肉肥大

需要增加肌肉体积的运动员经常采用短到中度的休息时间[20, 45, 47, 74, 86]。有关肌肉肥大的训练研究显示，肌肉肥大训练的休息时间较短，建议运动员在未完全恢复之前开始下一组训练[32, 91]。尽管如此，在分配休息时间长度时，要充分考虑有大肌肉群参与的高代谢需求的练习（即额外的恢复时间）[86]。休息时间长度的典型策略是小于1.5min[45]、30s~1min[47, 50, 92]或30s~1.5min[32, 91]。

肌肉耐力

肌肉耐力训练计划的休息时间很短，通常短于30s。限制恢复时间的目的在于多次重复举起较轻的重量之后，只休息短暂的时间，以满足肌肉耐力训练的特殊训练原则[2]。短休

休息时间指南的应用

（参阅本章有关3位假设运动员的描述）

状况A 女子大学篮球中锋 赛季前	状况B 男子职业美式橄榄球线锋 非赛季	状况C 男子高中越野跑运动员 赛季中
爆发性与主要练习：3min 辅助练习：60s~1.5min	主要练习：1.5min 辅助练习：60s	主要练习：30s[e] 辅助练习：20s[e]
周一、周三、周五 悬垂高翻 3min 借力挺举 3min 前蹲 3min 上斜卧推 3min 坐姿划船 1.5min[a] 哑铃交替弯举 60s[a] 肱三头肌下压 60s[a] 卷腹 20s[b]	**下肢（周一、周四）** 硬拉 1.5min 颈后深蹲 1.5min 登阶 1.5min[c] 腿（膝）屈曲 60s 坐姿提踵 60s **上肢（周二、周五）** 卧推 1.5min 俯身划船 60s 肩上推举 1.5min 杠铃肱二头肌弯举 60s 耸肩 60s 仰卧肱三头肌伸展 60s 卷腹 20s[d]	**周三、周六** 弓步 30s 垂直胸推 30s 腿（膝）屈曲 20s 单臂哑铃划船 20s 勾脚尖（背屈） 20s 肩侧平举 20s 器械背部伸展 20s 卷腹 20s 每个练习完成一组，然后重复[f]
备注 [a]不管随后的肌肉力量训练计划如何，运动员在这一练习的每组训练中需要完成10次重复，训练量是为肌肉肥大训练而设定的。因此，休息时间应在30s~1.5min。单关节练习的休息时间较短，因为参与肌群较少 [b]虽然此运动员在进行肌肉力量训练，但她在这一练习的每组训练中需要完成20次重复，训练量是为肌肉耐力训练而设定的。因此，休息时间应该不超过30s	**备注** [c]此训练动作归为辅助练习，如同其他辅助练习一样，休息时间应为60s。尽管如此，登阶是单侧练习，每组完成所需时间较长。因此，应给予较长的休息时间 [d]虽然此运动员主要为肌肉肥大而训练，但他在这一练习的每组训练中需要完成20次重复，训练量是为肌肉耐力而设定的。因此，休息时间应该不超过30s	**备注** [e]设定的休息时间长度在肌肉耐力训练的指南以内。由于辅助练习的目标重复次数较多、负荷较轻，所以休息时间较短 [f]8个练习各做一组，做完一个练习之后立刻接着做另一个练习（即构成一个“循环”），做完第二个循环之后，在第三组依顺序做完弓步、垂直胸推与最后的卷腹动作

息时间是循环训练计划的特征[23, 29]，运动员要不断地交替练习并将休息时间长度限制为30s或更少[76, 78, 79]。

小 结

设计完善的计划有赖于在设计过程中的每个步骤应用正确的原则，该过程从需求分析开始，以确定运动项目的具体需求和运动员的训练状态。利用这些知识选择适当的练习与训练频率，然后考虑练习的安排顺序，以及依据训练目标设定的训练量，最后决定休息时间的长短。以下专栏展示了3个假设状况的全部计划设计变量（步骤1~7）的应用。

全部计划设计变量的应用（步骤1~7）

（关于运动员状况的描述请参阅本章的第1个专栏）

状况A 女子大学篮球中锋 赛季前	状况B 男子职业美式橄榄球线锋 非赛季	状况C 男子高中越野跑运动员 赛季中
周一（重训练日） 悬垂高翻[a] 4×5 95lb（43kg） 借力挺举[a] 4×5 90lb（41kg） 前蹲[a] 3×6 155lb（70kg） 上斜卧推[a] 3×6 85lb（39kg） 坐姿划船[b] 2×10 90lb（41kg） 哑铃交替弯举[d] 2×10 20lb（9kg） 肱三头肌下压[d] 2×10 40lb（18kg） 卷腹[c] 3×20	**下肢（周一、周四）** 硬拉[b] 4×10 490lb（223kg） 颈后深蹲[b] 4×10 505lb（230kg） 登阶[b] 3×10 205lb（93kg） 腿（膝）屈曲[d] 3×10 190lb（86kg） 坐姿提踵[d] 3×10 155lb（70kg）	**周三、周六** 弓步[e] 3×12 45lb（20kg） 垂直胸推[e] 3×12 70lb（32kg） 腿（膝）屈曲[c] 2×15 65lb（30kg） 单臂哑铃划船[c] 2×15 25lb（11kg） 勾脚尖（背屈）[c] 2×15 20lb（9kg） 肩侧平举[c] 2×15 10lb（5kg） 器械背部伸展[c] 2×15 50lb（23kg） 卷腹[c] 3×20 每个练习完成一组，然后重复[f]
周三（轻训练日） 周一爆发力练习/主要练习负荷的80% 悬垂高翻[a] 4×5 75lb（34kg） 借力挺举[a] 4×5 70lb（32kg） 前蹲[a] 3×6 125lb（57kg） 上斜卧推[a] 3×6 70lb（32kg） 坐姿划船 2×10 90lb（41kg） 哑铃交替弯举[d] 2×10 20lb（9kg） 肱三头肌下压[d] 2×10 40lb（18kg） 卷腹 3×20	**上肢（周二、周五）[g]** 卧推[b] 4×10 320lb（145kg） 俯身划船[d] 3×10 215lb（98kg） 肩上推举[b] 4×10 190lb（86kg） 杠铃肱二头肌弯举[d] 3×10 115lb（52kg） 耸肩[d] 3×10 405lb（184kg） 仰卧肱三头肌伸展[d] 3×10 125lb（57kg） 卷腹[c] 3×20	
周五（中训练日） 周一爆发力练习/主要练习负荷的90% 悬垂高翻[a] 4×5 85lb（35kg） 借力挺举[a] 4×5 80lb（36kg） 前蹲[a] 3×6 140lb（64kg） 上斜卧推[a] 3×6 75lb（34kg） 坐姿划船[b] 2×10 90lb（41kg） 哑铃交替弯举[d] 2×10 20lb（9kg） 肱三头肌下压[d] 2×10 40lb（18kg） 卷腹 3×20		

续表

状况A 女子大学篮球中锋 赛季前	状况B 男子职业美式橄榄球线锋 非赛季	状况C 男子高中越野跑运动员 赛季中
备注 休息时间长度 [a]3min [b]1.5min [c]20s [d]60s [e]30s [f]8个练习各做一组，做完一个练习之后立刻接着做另一个练习（即构成一个“循环”），做完第二个循环之后，在第三组依顺序做完弓步、垂直胸推与最后的卷腹动作 [g]减少周二及周五5%~10%的负荷		

关键词

1-repetition maximum（1RM）一次重复最大重量
2-for-2 rule 2-2法则
agonist 主动肌
antagonist 拮抗肌
assistance exercise 辅助练习
circuit training 循环训练
compound set 复合组
core exercise 主要练习
exercise history 训练史
exercise order 练习顺序
exercise selection 练习选择
exercise technique experience 动作练习的技术经验
goal repetitions 目标重复次数
injury analysis 损伤分析
intensity 强度
interset rest 组间间歇
load 负荷
mechanical work 机械功
movement analysis 动作分析
multijoint exercise 多关节练习
muscle balance 肌肉平衡
needs analysis 需求分析
overload 超负荷
physiological analysis 生理分析
power exercise 爆发力练习
profile 建档
program design 计划设计
progression 渐进性
recovery exercise 恢复性练习
repetition 重复次数
training frequency 训练频率
repetition maximum（RM）特定重复次数的最大重量
repetition-volume 重复量
rest period 休息时间
specific adaptation to imposed demands（SAID）专项适应需求
set 组
single-joint exercise 单关节练习
specificity 专项性
split routine 分段训练
structural exercise 结构性练习
superset 超级组
training background 训练背景
training status 训练状态
volume 训练量
volume-load 负荷量

学习试题

1. 篮球教练说他的先发中锋需要跳得更高，除了开始做快速伸缩复合训练外，哪些抗阻练习是为了达成目标所必需的？（ ）

   I. 高翻

II. 腿（膝）屈曲

III. 前蹲

IV. 坐姿提踵

a. 只有I和III

b. 只有II和IV

c. 只有I、II和III

d. 只有II、III和IV

2. 足球队正在从非赛季训练过渡到赛季前训练，球队的抗阻训练频率应该如何改变？（　）

a. 增加频率以改善肌肉耐力

b. 频率不变，增加快速伸缩复合训练

c. 减少频率以便增加运动技术练习

d. 进行分段训练，训练3天，然后休息1天

3. 一位橄榄球线锋对突破对方防守感到困难，而且确定他的爆发力能力下降，以下哪项是帮助他提高运动表现的最佳练习顺序？（　）

a. 颈后深蹲、蹬腿练习、腿（膝）屈曲、高翻

b. 高翻、颈后深蹲、蹬腿练习、腿（膝）屈曲

c. 腿（膝）屈曲、颈后深蹲、高翻、蹬腿练习

d. 蹬腿练习、高翻、腿（膝）屈曲、颈后深蹲

4. 以下哪种训练量最能增加肌肉力量？（　）

a. 5组、每组5次重复

b. 1组、5次重复

c. 5组、每组15次重复

d. 1组、15次重复

5. 一位女子铁人三项运动员需要改善她的上肢肌肉耐力。采用每个练习做3组、每组15次重复的训练方式，以下哪个休息时间能达成最佳目标？（　）

a. 3min

b. 1.5min

c. 45s

d. 30s

第 18 章

快速伸缩复合训练的计划设计和技术

戴维·H. 波塔奇（David H. Potach），PT；唐纳德·A. 初（Donald A. Chu），PhD，PT
译者：王雄
审校：陈洋、刘也

完成这一章的学习后，你将能够：

- 解释快速伸缩复合训练的生理机制；
- 确定拉长－缩短周期的阶段；
- 确定快速伸缩复合训练计划的构成；
- 设计一个安全有效的快速伸缩复合训练计划；
- 为快速伸缩复合训练推荐合适的器材；
- 指导正确的下肢和上肢快速伸缩复合训练的技术动作。

快速伸缩复合训练是指那些能让肌肉在最短的时间内达到最大力量的训练动作。Plyometric是希腊文的合成词，字面上的意思是增加程度（plio表示增加，metric表示程度）[56]。实际上，快速伸缩复合训练是一种含有预拉长或反向动作且快速、具有爆发力的训练动作，其中包含拉长–缩短周期（SSC）[53]。快速伸缩复合训练的目的是同时利用肌肉和肌腱的天然弹性成分以及牵张反射来增加后续动作的力量。为了有效地将快速伸缩复合训练作为训练计划的一部分，重要的是要理解：（1）快速伸缩复合训练的力学原理和生理机制；（2）快速伸缩复合训练计划设计的原则；（3）安全有效地进行特定的快速伸缩复合训练。

快速伸缩复合训练的力学原理和生理机制

功能性动作和运动的成功都取决于所有活动肌肉的正常功能，也取决于这些肌肉力量的使用速度。学术上通常定义这样的力量–速度关系为**爆发力**。如果使用正确，那么快速伸缩复合训练已经被证明能够提高肌肉力量和爆发力的产生[30, 50]。这种爆发力产生的增加，可以被2种被提出的模型来最好地解释：力学模型和神经生理学模型[53]。

快速伸缩复合训练的力学模型

在力学模型中，肌腱结构里的弹性势能因受到快速拉长而增加，然后被储存[3, 14, 31]。当这个离心拉长的运动紧接着一个快速的向心收缩的运动时，所储存的弹性势能被瞬间释放，因此增加了整体的力量输出[3, 14, 31]。Hill[13]提供了一个很好的描述（图18.1），它有助于理解骨骼肌的运动表现。**串联弹性组件（SEC）**是快速伸缩复合训练力学模型中的重要环节。虽然SEC包含了一些肌肉成分，但构成SEC的大多数是肌腱。例如：在离心运动时，SEC就像弹簧一样被拉长；当被拉长时，弹性势能被储存起来。如果肌肉在离心收缩之后立刻开始向心收缩，所储存的能量就会释放出来，使SEC能够通过让肌肉或肌腱自然恢复到未被拉长时的结构从而对总体的力量产生做出贡献。如果在离心收缩后没有立刻进行向心收缩，或者离心收缩的时间太长或关节动作幅度太大，那么所储存的能量将会以热能的形式散失。

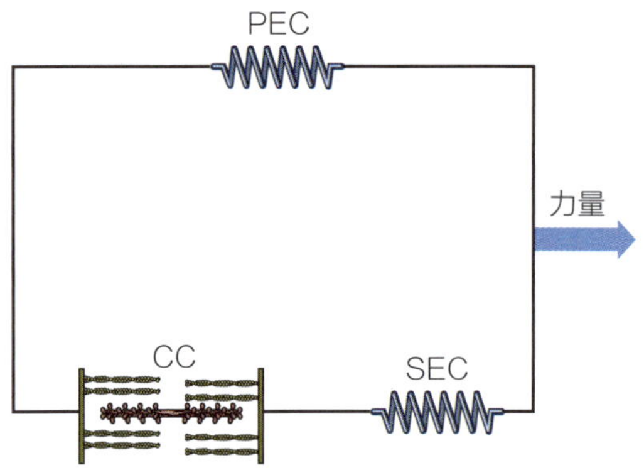

图18.1 骨骼肌功能的力学模型。SEC被拉长时，储存弹性势能，增加力的产生。收缩组件（CC）（例如肌动蛋白、肌球蛋白和横桥）是肌群向心运动时的主要力量来源。并联弹性组件（PEC）（例如肌外膜、肌束膜、肌内膜以及肌纤维膜）通过未受刺激的肌肉伸展来施加被动的力量

[源自：Albert，1995[1].]

快速伸缩复合训练的神经生理学模型

神经生理学模型涉及利用牵张反射（产生力–速度的特性变化[21]）来**增强**肌肉的向心收缩的力量（图18.2）[8–11]。**牵张反射**是身体对拉长肌肉的外部刺激所做出的非自主性的反应[27, 42]。快速伸缩复合训练的反射成分主要是由肌梭的活动决定的。**肌梭**是对肌肉伸展速率和幅度十分敏感的本体感受器，当检测到快速拉长时，肌肉活动反射性地增加[27, 42]。在快速

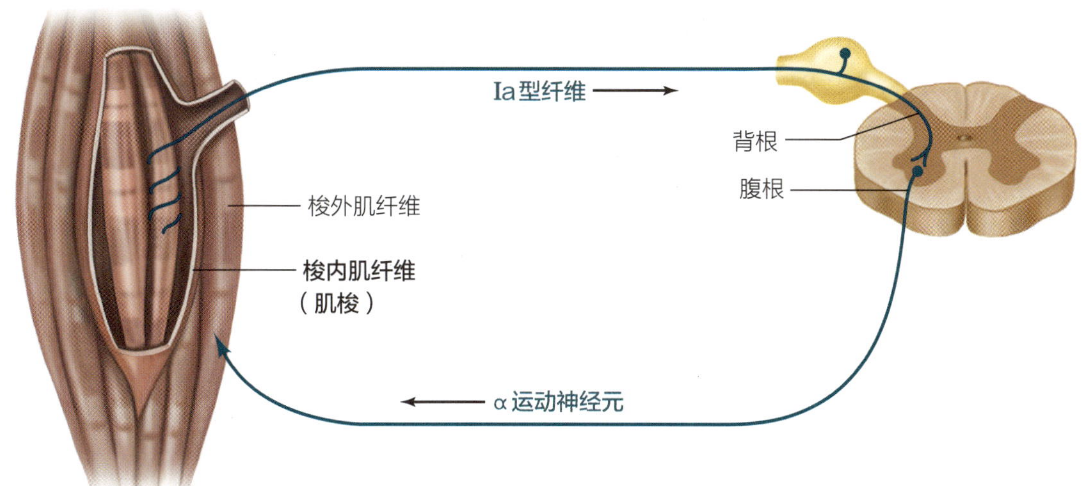

图18.2　牵张反射图。当肌梭（梭内肌纤维）受到刺激时就会刺激牵张反射，反射信号通过Ia型神经纤维输入到脊髓，经由突触使脊髓中的α运动神经元将脉冲传导至主动收缩的肌纤维（梭外肌纤维），引起反射性肌肉动作

[源自：Wilk et al.，1993[53].]

伸缩复合训练中，肌梭受到快速拉伸的刺激，从而引起反射性的收缩。这种本能反应增强或增加了肌肉活性，从而增加了肌肉产生的力量[8-11, 35]。和在力学模型中一样，如果肌肉在离心收缩之后没有立刻进行向心收缩（即肌肉向心收缩与离心收缩之间衔接的时间过长或动作幅度超过一定范围），则牵张反射的增强能力就会被抵消。

虽然力学模型和神经生理学模型似乎都有助于在快速伸缩复合训练的过程中增加力的产生[3, 8-11, 14, 31, 35]，但每个模型的贡献程度仍不确定。需要进一步的研究来提高我们对这两种模型以及它们各自在快速伸缩复合训练中的作用的认知。

拉长-缩短周期

拉长-缩短周期（SSC）利用了SEC的能量储存能力和牵张反射，以促进在最短的时间内最大限度地募集肌肉的能力。SSC涵盖了3个不同的阶段，如表18.1所示。尽管该表列出了SSC在每个阶段独特的力学和神经生理学事件，但重点在于，列出的所有事件并不一定在特定的阶段发生。也就是说，某些事件可能在对应的阶段里执行的持续时间过长或只需要更短的时间就能完成。第一阶段是离心阶段，包含了对主动肌群施加前负荷。在此阶段，SEC储存弹性能量，并且刺激肌梭。当肌梭被拉长时，会通过Ia型传入神经纤维将信号发送至

表18.1　拉长-缩短周期

阶段	运动	生理活动
I—离心	主动肌群的拉长	弹性能量存储在SEC中； 肌梭受到刺激
II—过渡	阶段I和阶段III之间的短暂间歇	信号经Ia型传入神经突触与α运动神经元； α运动神经元向主动肌群传递信号
III—向心	主动肌群的收缩	弹性能量从SEC中释放出来； α运动神经元刺激主动肌群

脊髓（图18.2）。可以参考跳远的起跳过程来解释离心阶段，即从脚尖触地到整个脚底触地的动作过程就是离心阶段［图18.3（a）］。

第二阶段是从离心收缩到向心收缩的阶段，被称之为过渡（转换）阶段。这段时间从离心阶段结束到肌肉开始做向心动作。肌肉离心和向心动作之间的延迟转换正是信号经Iα型传入神经突触与处于脊髓腹根的α运动神经元之间的过程（图18.2）。α运动神经元将信号传递给主动收缩肌群。对于能产生更大力量的最关键因素可能就是SSC的第二阶段，其持续时间必须很短。如果转换阶段持续时间过长，在离心阶段储存的能量将作为热能消散，同时在向心阶段，牵张反射也不会增加肌肉力量[12]。同样参考前面提到的跳远：一旦脚触地且动作停止，过渡阶段就开始了；一旦运动再次开始，过渡阶段就结束了［图18.3（b）］。

第三阶段为向心阶段，是身体对离心阶段和过渡阶段的反应。在这个阶段中，SEC于离心阶段储存的能量要么用于增加后续动作的力量，要么作为热能消散。相比肌肉单独地进行向心动作，这种储存的弹性能量增加了向心阶段动作产生的力量[13, 50]。此外，α运动神经元刺激主动肌群，导致肌肉的向心动作（即牵张反射）。这些子系统的效率对正确地进行快速伸缩复合训练是至关重要的。再想象一下跳远的过程，一旦开始向上运动，过渡阶段就结束了，并且SSC的向心阶段已经开始［图18.3（c）］。在这个例子中，主动收缩的肌肉是腓肠肌。脚落地后，腓肠肌迅速拉长（离心阶段）；动作中有个短暂的延迟（过渡阶段），然后肌肉向心收缩，弯曲踝关节（跖屈），才能让运动员蹬离地面（向心阶段）。

肌腱的伸展速率对于快速伸缩复合训练来说，是极为重要的[35]。更快的肌腱伸展速率

图18.3　跳远与拉长-缩短周期：（a）离心阶段从触地开始并且持续到完全触地结束；（b）过渡阶段是从离心到向心阶段的过渡，是快速且无运动的；（c）向心阶段紧跟在过渡阶段之后并且包含整个蹬地的时间，直到运动员的脚离开地面

是在SSC的向心阶段产生较大肌肉募集和活动的关键。伸展速率的重要性可以通过3种不同的垂直跳跃测试说明：静态蹲跳、原地纵跳和助跑跳。随着伸展速率的增加，运动员在这些测试中的绝对表现也会提高；静态蹲跳的测试结果是跳跃高度中最低的，助跑跳是最高的。静态蹲跳要求运动员处于蹲位（即屈髋、屈膝90°），然后跳起。这种跳跃无法利用储存的弹性能力，并且由于动作太慢而无法从牵张反射中获得增强，因为其本质上没有离心阶段。原地纵跳利用了一次快速的离心动作（即半蹲）后紧接着快速的肌肉向心收缩（即跳起）。快速的离心阶段能让运动员在拉长的肌肉–肌腱单位中储存（和使用）弹性能量和激发牵张反射，从而增强肌肉的活动[6, 29]。助跑跳利用了比原地纵跳更快、更有力的离心阶段[4, 5, 7, 25]。

> 拉长–缩短周期结合了力学机制和神经生理学机制，是快速伸缩复合训练的基础。快速的肌肉离心运动会激发弹性能量的储存和牵张反射，从而增加随后肌肉向心运动所产生的力量。

快速伸缩复合训练的计划设计

快速伸缩复合训练计划类似于抗阻训练计划和有氧训练计划，其中必须包含强度、频率、持续时间、恢复、进阶和热身。很可惜的是，很少有研究去界定快速伸缩复合训练计划中各设计变量的最佳设定。因此，在设计快速伸缩复合训练计划时，必须依靠现有的研究、实践经验和用于抗阻训练计划和有氧训练计划的设计方法。遵循的指导方针主要基于Chu[16, 18]的研究和NSCA的立场声明[44]。

需求分析

为了设计一份合理的快速伸缩复合训练计划，体能教练必须通过评估运动员参与的运动项目、场上位置和训练状态去分析其专项需求。每个运动项目和不同的位置都有其独特的要求，其中一些要求具有独特的伤害特征和风险。此外，每个运动员都有独特的训练状态。有些人可能是第一次训练并且从来没做过快速伸缩复合训练；有些人可能已经存在伤病。因此每个运动员都需要采用不同的快速伸缩复合训练方法。通过了解每项运动的专项化需求，结合运动中的不同位置以及每个运动员的个性化需求，体能教练才能设计一份安全、有效的快速伸缩复合训练计划。

形式

快速伸缩复合训练的形式是由执行给定练习的身体部位所决定的。例如，单腿跳就是一个下肢快速伸缩复合训练的动作练习，而双手抛药球是一个上肢快速伸缩复合训练的动作练习。各种类型的快速伸缩复合训练的动作练习会在后面的内容中进行介绍。

下肢快速伸缩复合训练

下肢快速伸缩复合训练几乎适合于任何运动员和任何运动项目，包括田径投掷项目、短跑、足球、排球、篮球、美式橄榄球和棒球，甚至包括长跑和铁人三项这样的耐力性项目。许多运动项目要求运动员在短时间内产生最大的肌肉力量。美式橄榄球、棒球和短跑通常需要运动员在比赛中进行水平或横向移动，而排球需要运动员进行水平或垂直方向的移动。足球和篮球运动员必须能够完成快速的、有力的动作并且能在所有平面上完成方向的改变，从而获得比赛的胜利。在篮球项目中，中锋就是一个可以从快速伸缩复合训练计划中受益很大的例子，因为中锋必须多次起跳抢篮板球。要想成功，中锋必须要比对方的中锋跳得更高，这样才能抢到更多的篮板球。下肢快速伸缩复合训练会提高运动员在更短的时间内产生更多力量的能力，从而能跳得更高。此外，进行快速伸缩复合训练还可以让肌肉以更少的能量产生更多的力量，从而提高耐力运动员的跑步和自行车运动表现。

不同的下肢快速伸缩复合训练方法有不同的强度和不同方向的动作。下肢快速伸缩复合训练方法的类型包括原地跳、立定跳、多形式单脚跳和双脚跳、交换跳、跳箱练习，以及跳深练习。详细说明参见表18.2。

上肢快速伸缩复合训练

许多运动项目，包括棒球、垒球、网球、高尔夫、田径投掷项目（例如铅球、铁饼和标枪），需要快速、有力的上肢动作。举个例子，顶尖的棒球投手的球速，可以高达129~161km/h。为了达到这个速度，投手肩关节的动作速度必须超过6000°/s[19, 22, 23, 46]。肩关节的快速伸缩复合训练不仅能提高投掷的速度，还可以预防肩关节和肘关节的损伤，尽管还需要进一步的研究来证实快速伸缩复合训练对预防损伤的作用。

上肢快速伸缩复合训练没有像下肢快速伸缩复合训练那样被频繁地使用，也没有得到广泛的研究。但对于需要上肢爆发力的运动员来说，进行上肢快速伸缩复合训练是必要的[45]。上肢快速伸缩复合训练动作包括抛、接药球，以及多种类型的俯卧撑等。

躯干快速伸缩复合训练

一般来说，很难针对躯干肌群进行真正的快速伸缩复合训练。因为所有必要的快速伸缩复合训练元素可能都不存在。快速伸缩复合

表18.2 下肢快速伸缩复合训练方法

类型	原理
原地跳	这些练习的特点是在同一地点跳起和落地。原地跳强调要垂直跳跃，并且反复进行，两次跳跃之间没有休息；跳跃之间的时间是拉长-缩短周期的过渡阶段。原地跳的例子包括深蹲跳和抱膝跳
立定跳	这些练习强调水平和垂直跳跃。立定跳需进行最大努力跳跃且两次跳跃之间有休息。立定跳的例子包括纵跳和障碍跳
多形式的单脚跳和双脚跳	多形式的单脚跳和双脚跳包含重复动作并且可以看作是原地跳和立定跳的组合。多形式的单脚跳和双脚跳的例子包括之字形跳
交换跳	相对其他的练习动作，交换跳具有更快的水平速度和大幅度的跳跃动作。其训练量通常以距离衡量，但是也可以以重复跳跃的次数衡量。交换跳的练习距离一般超过98ft（约30m），除了本章配有插图的交换跳以外，还包含单腿和双腿的交换跳
跳箱练习	这些练习通过使用跳箱增加了多形式的单脚跳和双脚跳的训练强度。跳箱可以用来跳上或跳下。跳箱的高度取决于运动员的体型大小、着陆面及训练计划的目标。跳箱练习包含单腿、双腿和交替的动作
跳深练习	跳深使用重力和运动员体重来增加训练的强度。运动员站在一个跳箱上，迈下跳箱，落地后立刻垂直跳、水平跳或者跳上另一个箱子。跳箱的高度取决于运动员的体型大小、着陆面及训练计划的目标。跳深练习包含单腿和双腿的动作

训练利用储存的弹性能量（力学模型），并通过牵张反射来增强肌肉的力量（神经生理学模型）。紧接着SSC的离心阶段之后，在躯干的“快速伸缩复合训练”中可能会储存一些弹性能量。然而，研究支持这样的观点：在许多躯干练习中的牵张反射不足以增强肌肉力量。牵张反射的潜伏期（从反射性刺激到主动肌运动开始的时间）在很大程度上取决于神经传导速率，因此随着脊髓与肌肉之间距离的增加（即更长的神经）而增加[34, 36, 38, 47]。股四头肌和腓肠肌各自的牵张反射时间通常是20~30ms和30~45ms[34, 47]。尽管还没有研究涉及腹部的牵张反射，但可以假定它会产生更快的动作，因为腹部肌肉更靠近于脊髓。

如果想对躯干进行“快速伸缩复合训练”，可以尝试对训练动作加以修正。具体来说，练习的动作必须更短和更快才能产生刺激和使用到牵张反射。相对较大的动作幅度和完成动作所需的时间不允许腹部肌群的反射性增强。所以可以通过缩小动作幅度和完成时间使主动肌群的收缩能力增强，同时让练习更接近于快速伸缩复合训练。

强度

快速伸缩复合训练的强度是指施加在相关的肌肉、结缔组织和关节上的应力的大小，主要由所进行的训练方法的类型控制。快速伸缩复合训练的强度覆盖范围较大：例如像跳绳一样轻跳，强度就相对较低，而像跳深练习的强度就相对较大，会让肌肉和关节承受更大的压力。除了训练方法的类型，其他因素也会影响快速伸缩复合训练的强度（表18.3）。一般来说，随着训练强度的增加，训练量应该减少[49]。因为快速伸缩复合训练的强度会有很大变化，所以在一个特定的训练周期中，必须要仔细考虑如何选择合适的训练。

频率

频率是指每周进行快速伸缩复合训练的次数，可根据不同的运动项目、运动员进行快速伸缩复合训练的经验和一年中的赛季安排而定，通常为每周1~3次。与关于其他设计变量的最佳设定的研究一样，关于快速伸缩复合训练的最佳频率的研究也相当有限。由于缺乏相关文献，当体能教练要确定运动员的训练频率时，往往依赖于实践经验。许多作者建议，与其关注频率，不如更多地关注快速伸缩复合训练之间的恢复时间[16]。两次快速伸缩复合训练之间相隔48~72h是一个典型的快速伸缩复合训练计划的恢复时间设计准则[16]；根据这一准则，运动员每周通常进行2~3次快速伸缩复合训练。但一年的赛季安排、专项特点和经验通常是快速伸缩复合训练频率的决定因素。

如前所述，快速伸缩复合训练频率可能

表18.3　影响下肢快速伸缩复合训练强度的因素

因素	影响
接触点	相比双腿的快速伸缩复合训练，在做单腿训练时，地面的反作用力对下肢肌肉、结缔组织和关节施加的压力更大
速度	速度越快，训练的强度就越大
高度	身体的重心越高，落地的力量就越大
体重	运动员的体重越大，对于肌肉、结缔组织和关节施加的压力就越大。外加重量（例如负重背心、踝关节负重和腕关节负重）也会增加训练的强度

会因运动项目的特定要求、强度、每天的训练量（例如，专项训练、抗阻训练、跑步和快速伸缩复合训练）、运动员进行快速伸缩复合训练的经验和训练周期的时间而发生改变。例如，在赛季期间，每周1次的训练频率十分适合美式橄榄球运动员，而每周2次或3次的训练通常适合田径运动员[2]。在非赛季期间，美式橄榄球运动员的快速伸缩复合训练的频率可能会增加到每周2次或3次，而田径运动员的训练频率则增加到每周3次或4次[2]。由于迄今为止的研究不足以为快速伸缩复合训练频率提供指导准则，所以两次训练之间的恢复时间和实践经验可能是决定训练频率的最佳参考因素。

恢复

因为快速伸缩复合训练旨在通过最大努力来提高无氧功率，所以完全和充分的恢复（恢复时间是指两次重复之间、两组之间和两个训练日之间的时间）是必需的[44]。跳深的恢复时间包括每两次重复之间休息5~10s和两组重复之间休息2~3min。间歇取决于做功-休息比（即1∶10~1∶5），并且会因训练类型和训练量而有所不同。快速伸缩复合训练不应该被当成是心肺功能的训练而应该是爆发力训练。和抗阻训练一样，两次训练之间的恢复必须充分，以防止过度训练（2~4天的恢复，由运动项目和赛季决定）。此外，不应连续两天进行针对同一个身体部位的练习[44]。尽管已有新的研究间接地涉及恢复和训练频率[47]，但针对快速伸缩复合训练中两次重复之间、两组之间和两个训练日之间的休息时间的控制的研究尚不充分，需要在这一方面做出进一步努力，以提供更具体的恢复参考时间。

训练量

快速伸缩复合训练的训练量通常表示为在一节给定的训练课中的重复次数和组数。下肢快速伸缩复合训练的训练量通常按每次训练时脚触地的次数来计算（每次一只脚或双脚触地）[2, 16]，有些快速伸缩复合训练的训练量用距离来衡量。例如，一个运动员开始一份快速伸缩复合训练计划时，在相同的训练课里，可以从每次重复双脚跳跃98ft（约30m）增加到328ft（约100m）。不同水平运动员的下肢快速伸缩复合训练的训练量应该有所变化；建议训练量参照表18.4。上肢快速伸缩复合训练的训练量通常表示为每次训练中抛或接的次数。

表18.4　适当的快速伸缩复合训练的训练量

快速伸缩复合训练经验	初始训练量*
初级（没有经验）	80~100
中级（有些经验）	100~120
高级（经验丰富）	120~140

*训练量给定于每一期的训练中。

实施快速伸缩复合训练计划的步骤

1. 评估运动员，包括运动员的运动项目和训练史。
2. 确定运动项目、场上位置和运动员的特定目标。
3. 选定适当的快速伸缩复合训练计划的设计变量，尤其是强度、频率、恢复、训练量和训练周期。
4. 教授运动员正确的跳跃、落地和（药球）抛接技术。
5. 正确地执行快速伸缩复合训练计划。

训练周期

研究尚未确定一个最佳的快速伸缩复合训练计划的时间长短。目前，大多数训练计划的时间介于6周到10周[2, 30]；但是，纵跳高度的改善最快在快速伸缩复合训练计划开始的4周后就得以体现[47]。一般来说，快速伸缩复合训练应类似于抗阻训练和有氧训练。对于那些需要快速、爆发性动作的运动项目而言，在整个周期（大周期）内都进行快速伸缩复合训练是有益的。训练的强度和训练量应根据运动项目和赛季（即非赛季、赛季前或赛季中）的不同而改变。

训练的进阶

快速伸缩复合训练是抗阻训练的一种形式，因此必须遵循渐进式超负荷原则。渐进式超负荷指在不同组合情况下，训练频率、训练量和训练强度的系统性增加。通常情况下，随着训练强度的增加，训练量应减小。运动项目、训练阶段和体能训练计划（抗阻训练、跑步、快速伸缩复合训练和赛季）的设计决定了训练安排和渐进式超负荷的方法。

例如，在一份为美式橄榄球运动员所设计的非赛季快速伸缩复合训练计划中，一周可以安排2次训练。这个计划进阶次序可以是：训练量从小到中等的低强度训练，训练量从小到中等的中强度训练，训练量从小到中等的高强度训练。

热身

在任何训练计划中，快速伸缩复合训练必须从一般热身、拉伸和一个专项性的热身方案开始（参见第14章内容）。针对快速伸缩复合训练的专项性热身方案应该是由低强度的动态动作构成的。具体热身动作类型的列表和说明见表18.5。

> 有效的快速伸缩复合训练计划包括对任何训练计划设计来说都至关重要的变量：形式、强度、频率、恢复、训练量、训练周期、训练的进阶和热身。

表18.5　快速伸缩复合训练的热身动作

练习	说明
军步走	模仿跑步动作； 强调姿势与动作技术； 针对跑步加强合理的下肢运动
慢跑	为有冲击性的和高强度的快速伸缩复合训练动作做准备： • 踮脚慢跑——不让脚跟接触地面（强调快速反应）； • 直腿慢跑——不允许或者尽量减少腿部屈曲，为快速伸缩复合训练中的冲击性动作做准备； • 踢臀跑——屈曲膝盖，让脚跟接触臀部
垫步跳	较大幅度的上下肢交互的动作形式； 强调快速起跳和着地，模拟快速伸缩复合训练动作
步法	以改变方向为目标的动作； 为在快速伸缩复合训练动作中改变方向做准备； 例如：折返、侧滑步、交叉步和大步走的动作
弓箭步	以向前弓箭步走练习为基础； 可以是多方向的（例如向前、向两侧和向后）

不同人群的考虑因素

越来越多的年轻人和中老年人想要把快速伸缩复合训练加入到他们的训练计划中。如果应用得当，这些人群一样可以体验到与其他年龄人群相同的积极训练效果，包括降低受伤的风险。

青少年

虽然快速伸缩复合训练通常被认为只适合成年精英运动员，但青春期前和正处于青春期的孩子也可能从快速伸缩复合训练中受益。除了肌肉力量和骨骼强度的适应外，定期参加适当的快速伸缩复合训练可以通过提高神经肌肉控制来为年轻运动员的训练和比赛中所需的要求做好准备[17]。研究尚未确定一个从体格上来说能够进行快速伸缩复合训练的年龄。一份发表在期刊上的人体生长分析报告提供了一些深刻的见解。因为青春期前儿童的骨骺板尚未闭合[33, 40]，所以跳深等高强度的下肢练习是不适合的[2, 32, 39]。虽然生长板是开放的，但是高强度的训练和损伤可能会导致它们过早地闭合，从而导致肢体长度的差异[32]。此外，和其他练习形式一样，男孩和女孩应该有稳定的情绪去接受和遵循指导，并且能够认识到训练所带来的益处和问题。根据经验，7岁和8岁的儿童，可以渐进地进行快速伸缩复合训练，并持续训练到青少年和成年时期[17]。

在童年时期，以及儿童进入更高水平的比赛时，针对儿童的快速伸缩复合训练计划应该用以发展神经肌肉控制、无氧运动技能，才能使儿童更安全地进行体育运动。例如，一些研究表明，使用正确的落地技术是降低运动员下肢受伤风险的一种方法（图18.4）。膝盖过度内扣（外翻）极大地增加了运动员膝关节损伤的风险（关于这个话题更详细的讨论见第22章）。

针对儿童的快速伸缩复合训练计划应该从相对简单的训练计划逐步进阶到更复杂的训练计划，这一点是非常重要的。对发展更高级的训练来说，最重要的是要关注动作的质量（例如，适当的身体姿势和运动的速度）。

和成年人一样，两次训练之间必须有足够的恢复，以防止过度训练。虽然两次快速伸缩复合训练之间所需的最佳恢复时间是未知的，但它应该根据训练计划的强度，运动员的技术、能力和耐受性，以及赛季（即非赛季、赛季前、赛季中）而改变。因此，为了优化快速伸缩复合训练计划的适应性，将运动员受伤的风险降到最低，两次训练之间至少间隔2~3天[17]。

> 在适当的监督下进行合适的训练计划，青春期前和正处于青春期的孩子也可以进行快速伸缩复合训练。要特别注意在训练的过程中膝关节是否有内扣，以减少下肢损伤的风险。跳深和高强度的下肢快速伸缩复合训练显然不适合儿童或青少年。

精英运动员

精英运动员发现他们能够保持将身体能力融入生活中，并且一直在寻找额外的训练关注。当为精英运动员设计一个快速伸缩复合训练计划时，体能教练需要在决定该计划的目标时更加关注特异性，需要考虑的主要问题有原有的骨科疾病（例如骨关节炎或任何手术的干预）或关节退变。如果存在这些问题，运动员在做快速伸缩复合训练时要更加谨慎和小心。例如，一个健康的、没有手术史的精英运动员想要提高自己的跑步成绩，就应该谨慎地使用跳深和单腿练习，所以交换跳和双腿连续跳是更好的选择。同样，一个做过膝关节手术（半月板部分切除）或关节有明显退变的精

图18.4 正确的快速伸缩复合训练落地姿势:（a）从侧面看，肩部与膝盖在一条线上，这有助于把重心放在稳定的支撑上;（b）当从正面看，注意运动员的膝盖在脚趾的正上方，过度的内扣（外翻）动作会增加运动员下肢损伤的风险

英跑步运动员，应禁止进行跳深和单腿的快速伸缩复合训练，并且谨慎地使用其他形式的快速伸缩复合训练。

在考虑到与精英运动员的身体条件相关的因素后，他们的快速伸缩复合训练计划应同样按成年运动员的指导原则去设计，并做如下修改：不超过5种低到中等强度的练习；训练量更低，相对于标准的快速伸缩复合训练计划要减少总触地次数；2次快速伸缩复合训练之间的恢复时间应该是3天或4天。有了这些指导准则，就像所有运动员一样，重要的是要注意精英运动员在训练和恢复后的感觉。他们可能会出现酸痛，但一旦出现了慢性或疼痛及不适，就要立即修改训练计划。

快速伸缩复合训练和其他形式的训练

快速伸缩复合训练只是运动员整体训练计划中的一部分。许多训练和练习要动用多种能量代谢系统，使运动员为比赛做好准备。每一种能量代谢系统和专项需求都要被考虑到训练计划之中。

快速伸缩复合训练和抗阻训练

在一个训练周期中，结合快速伸缩复合训练和抗阻训练应该能实现最大效率和生理适应的改善。以下为组合训练计划的指南，表18.6提供了相关案例。

- 下肢抗阻训练与上肢快速伸缩复合训练组合，上肢抗阻训练和下肢快速伸缩复合训练组合。
- 通常不建议在同一天进行大负荷的抗阻训练和快速伸缩复合训练[15, 20]。然而，一些运动员可能从复合式训练（即在快速伸缩复合训练前进行高强度抗阻训练的方式）中受益。如果运动员要进行比赛训练，需要在快速伸缩复合训练和其他高强度训练之间进行充分的恢复。
- 传统的抗阻训练与快速伸缩复合训练结合，可以进一步增加肌肉爆发力[54, 55]。例如，以深蹲的一次重复最大重量（1RM）的30%的负荷做深蹲跳练习，可进一步提高运动表现[54, 55]。这是一种高级的组合训练形式，只适合那些曾经参加过高强度快速伸缩复合训练的运动员。

表18.6 抗阻训练和快速伸缩复合训练相结合的时间表

时间	抗阻训练	快速伸缩复合训练
星期一	高强度 上肢	低强度 下肢
星期二	低强度 下肢	高强度 上肢
星期四	低强度 上肢	高强度 下肢
星期五	高强度 下肢	低强度 上肢

快速伸缩复合训练与有氧训练

许多运动，例如篮球和足球，是无氧（即爆发力）和有氧相结合的运动。因此，为了让运动员为此类运动项目做好准备，他们的训练必须结合多种形式。因为有氧运动可能会对爆发力的输出产生负面影响[15]，所以建议在有氧耐力训练之前进行快速伸缩复合训练。设计的变量不用改变，但应与比赛相结合，才能让运动员获得最佳的训练效果。

安全注意事项

快速伸缩复合训练本身并不危险；然而，与其他的训练形式一样，的确存在受伤的风险。受伤可能仅仅是由于偶然的事故造成的，但更多地发生在违反了正常训练的程序、缺乏体能基础、热身不充分、动作准备阶段的进阶不当、不恰当的训练量或强度、功能性不强、质量不好的鞋或地面及缺乏技巧的情况下。以下内容对这些风险因素进行了识别和标注，了解风险因素，可以提高运动员进行快速伸缩复合训练的安全性。

运动员训练前的评估

为了降低受伤的风险并高质量地进行快速伸缩复合训练，运动员必须学习正确的快速伸缩复合训练动作技术，同时具备足够的力量、速度和平衡基础。此外，运动员必须在生理和心理上足够成熟，才能参加快速伸缩复合训练。下面的评估项目可以帮助我们确定一个运动员是否符合这些条件。

技术

在向运动员的快速伸缩复合训练计划中加入任何动作练习之前，体能教练必须向运动员展示正确的技术，以最大限度地提高训练效率，并将受伤的风险降到最低。对于下肢快速伸缩复合训练来说，正确的落地技术十分重要，特别是对于跳深动作。如果重心偏离，就可能会造成损伤。在落地过程中，肩要在膝盖上方且膝盖在脚趾上方，运动员通过屈髋、屈膝和踝背屈来完成缓冲。此外，当观察一个运动员在下肢快速伸缩复合训练中的额状面运动时，应注意其膝盖的位置必须在脚趾上方（图18.4）。膝盖向内的运动也被称为动态外翻，是膝关节损伤［包括前交叉韧带、髌股关节疼痛和前交叉韧带（ACL）撕裂］的重要危险因素。

力量

在运动员进行快速伸缩复合训练之前进行力量等级评估是必要的。对于下肢快速伸缩复合训练来说，训练之前建议运动员的深蹲1RM应该至少是其体重的1.5倍[15, 20, 32, 44, 52]。但是，我们认为更重要的考虑因素应该是动作技术。这样才可以将许多快速伸缩复合训练安全地教给年轻的运动员。我们建议所有参与需要跑动、落地、跳跃或变向的运动项目的运动员进行快速伸缩复合训练。并没有研究证明快速伸缩复合训练会造成损伤，相反，这种类型的训练被反复证明能够降低运动员在训练和比赛中受伤的风险[43]。

平衡

下肢快速伸缩复合训练的平衡需求并不明显。平衡指在给定的时间内没有移动并保持一个身体姿态不动。许多下肢快速伸缩复合训练动作要求运动员以非传统的方式（例如，双腿之字形跳和向后垫步跳）或单腿（如单腿抱膝跳和单腿跳）完成。这些类型的动作练习需要固定的、稳定的支撑，以安全、正确地进行训练。表18.7提供了3种按难度排序的平衡测试，每个测试动作必须保持30s[51]。例如，运动员首次进行快速伸缩复合训练前，需要保持单腿站立30s。一个有经验的运动员进行一个高难度的快速伸缩复合训练计划前，必须保持单腿半蹲30s。进行平衡测试的地面必须与快速伸缩复合训练使用的地面相同。

表18.7　平衡测试

测试	变化
站立	双腿
	单腿
1/4蹲	双腿
	单腿
半蹲	双腿
	单腿

体质特征

体重超过220lb（约100kg）的运动员在进行快速伸缩复合训练时面临更大的受伤风险[44, 52]。在训练过程中，较大的体重会增加关节压力，从而容易造成这些关节受伤。因此，体重超过220lb（约100kg）的运动员应避免大训练量、高强度的快速伸缩复合训练和超过18in（约46cm）的跳深练习[44, 52]。与其他形式的训练一样，必须在开始快速伸缩复合训练之前对运动员的关节结构和以往的旧伤进行检查。以往的脊柱、下肢或上肢的损伤或异常可能会增加运动员在快速伸缩复合训练中的受伤风险。具体来说，有肌肉拉伤史、病理性关节松弛和脊柱功能障碍（包括椎间盘功能障碍或受到压迫）的运动员，在开始快速伸缩复合训练时应该更加谨慎[24, 25, 32, 48]。

器材和设施

除了运动员的体能和健康状况，快速伸缩复合训练的场地和器材也与运动员的安全息息相关。

落地表面

为了防止受伤，用于下肢快速伸缩复合训练的地面必须具备足够的缓冲性能。草地、空心地板或橡胶垫是很好的选择[32]。不推荐在水泥地、瓷砖和硬木上训练，因为它们缺乏有效的缓冲性能[32]。太厚的运动垫［6in（约15cm）或更厚］可能会延长过渡阶段的时间，因此无法有效地利用牵张反射。迷你蹦床通常应用于刚开始进行的快速伸缩复合训练和康复过程中的平衡训练[28]。虽然这些器材（例如迷你蹦床和厚厚的运动垫）对于那些从肌肉骨骼损伤恢复中的人来说可以提供必要的引导，但是对于没有伤病的运动员来说并非有效，因为运动员接触弹性表面延长了快速伸缩复合训练过渡阶段的时间。

训练场地

快速伸缩复合训练所需的空间大小取决

于动作练习。大多数的跳跃和跑动练习至少需要30m的直线距离，有些可能需要100m。但对于大多数原地跳、跳箱练习和跳深练习而言，只需确保最小的落地面积，但垂直高度必须满足3~4m。

器材

用于跳箱练习和跳深练习的箱子必须坚固且顶部具有防滑表面，同时高度应在15~107cm，落地面积应至少有46×61cm[16]。跳箱要用坚固的木材（例如，1.9cm的胶合板）或厚重的金属制成。为了进一步降低受伤的风险，推荐以下能使落地表面具有良好的防滑性能的方法：添加防滑踏板、将混合了沙子的油漆刷在跳箱表面或在跳箱顶部粘贴橡胶地板[16]。

适合的鞋子

运动员必须穿着具有良好的护踝和支撑功能、横向稳定性好且防滑、宽底的鞋子[44]。鞋底窄和缺少支撑的鞋子（例如，跑步鞋）可能会导致脚踝损伤，尤其在做横向移动时。脚部支撑不足的鞋可能导致足弓、小腿受伤或两者都受伤，而没有良好缓冲的鞋子可能会导致更多的近端关节（例如，膝关节和髋关节）损伤。

监督

除了前面所述的安全注意事项外，还必须密切监控运动员在训练过程中的动作技术是否正确。正确地进行快速伸缩复合训练本质上是没有危险的；但与其他形式的训练一样，错误的动作技术可能会导致运动员受伤。

跳深

为了安全、有效地进行跳深，存在一个最大落地高度的限制。1.2m的高度就会使肌肉承受很大的负荷，但对于大多数运动员来说，会因这种负荷太大而无法保证正确的动作技术[40]。从这样的高度跳下会增加受伤的可能性；此外，要克服如此之大的力，会延长过渡阶段的时间，进而无法达到训练的目的。因此，推荐的跳深高度最高为16~42in（41~107cm），推荐的正常高度为30~32in（76~81cm）[4, 18, 26, 37, 38, 41]。体重超过220lb（100kg）的运动员的跳深高度应不超过46cm。

小结

快速伸缩复合训练的主要目的是通过快速产生力量，使主动收缩的肌群超负荷。虽然文中多次提到，快速伸缩复合训练能增加运动员的肌肉爆发力[30, 47, 54, 55]，但研究尚未确定提高肌肉爆发力的原因是力学适应还是神经生理学适应。快速伸缩复合训练不应该仅局限于训练本身，而应被视为包含力量、速度、有氧和柔韧性训练及营养补充的整体训练计划中的一部分。在运动员开始实施适当的体能训练后，可以用快速伸缩复合训练来进一步发展爆发力。

下肢快速伸缩复合训练

上肢快速伸缩复合训练

躯干快速伸缩复合训练

18.1 双脚伸踝跳

强度等级：低。
跳跃方向：垂直方向。
起始姿势：调整到一个舒服、直立的姿势，双脚站距与肩同宽。
手臂动作：没有或者双臂参与。
预备动作：从一个小幅度的反向动作开始。
向上动作：起跳时，主要利用踝关节蹬伸发力。
向下动作：落回到起始姿势并马上重复跳跃。
注意事项：这个练习应尽量减少水平（向前或向后）或横向移动。

18.2 单脚伸踝跳

强度等级：中等。
跳跃方向：垂直方向。
起始姿势：调整到一个舒服的单脚站立姿势。不进行跳跃的腿在整个练习中始终保持屈膝的固定姿态。
手臂动作：没有或双臂参与。
预备动作：从一个小幅度的反向动作开始。
向上动作：用支撑腿完成动作，起跳时，主要利用踝关节蹬伸发力。
向下动作：落回到起始姿势并马上使用同一条腿进行重复跳跃。
短暂休息后，换另一条腿重复练习。
注意事项：这个练习应尽量减少水平（向前或向后）或横向移动。

18.3 深蹲跳

强度等级： 低。
跳跃方向： 垂直方向。
起始姿势： 调整到一个双脚站距与肩同宽的下蹲姿势（大腿略高于水平线）手指交叉置于头后。
手臂动作： 无。
预备动作： 无。
向上动作： 爆发式地跳跃至最大高度。
向下动作： 落回到下蹲姿势并马上重复跳跃。

18.4 纵跳摸高

强度等级： 低。
跳跃方向： 垂直方向。
起始姿势： 调整到一个舒服、直立的姿势，双脚站距与肩同宽。
手臂动作： 在跳跃至最大高度时，双手触摸一个物体或目标。
预备动作： 从一个反向动作开始。
向上动作： 爆发式地跳起并去触摸一个物体或目标。
向下动作： 落回起始姿势并马上重复跳跃。
注意事项： 强调的是两次最短时间间隔的跳跃的垂直高度。
注意事项： 这个练习应尽量减少水平（向前或向后）或横向移动。

18.5 抱膝跳

*强度等级：*中等。

*跳跃方向：*垂直方向。

*起始姿势：*调整到一个舒服、直立的姿势，双脚站距与肩同宽。

*手臂动作：*双臂。

*预备动作：*从一个反向动作开始。

*向上动作：*爆发式地跳起后，膝关节靠近胸前，双手快速抓住膝关节，并在落地前放开。

*向下动作：*落回到起始姿势并马上重复跳跃。

18.6 分腿蹲跳

*强度等级：*中等。

*跳跃方向：*垂直方向。

*起始姿势：*一条腿向前（屈膝、屈髋约90°）且另一条腿在身体中心线后方，呈弓步姿势。

*手臂动作：*双臂或无。

*预备动作：*从一个反向动作开始。

*向上动作：*爆发式地跳起，如有需要可以借助手臂辅助。应强调跳跃的最大高度和爆发性。

*向下动作：*落地时，保持弓步姿势（同一条腿在前）并马上重复跳跃。

*注意事项：*完成一组练习后，休息并换腿。

18.7 交替分腿蹲跳

强度等级： 高。

跳跃方向： 垂直方向。

起始姿势： 一条腿向前（屈膝、屈髋约90°）且另一条腿在身体中心线后方，呈弓步姿势。

手臂动作： 双臂或无。

预备动作： 从一个反向动作开始。

向上动作： 爆发式地跳起，如有需要可以借助手臂辅助。应强调跳跃的最大高度和爆发性。

向下动作： 落地时，保持弓步姿势（换一条腿在前）且马上重复跳跃。

注意事项： 确保弓步不要蹲的太深（如第三幅图所示），以免SSC无法有效地促进随后的跳跃。

18.8 单腿抱膝跳

强度等级： 高。

跳跃方向： 垂直方向。

起始姿势： 调整到一个舒服的单脚站立姿势。不进行跳跃的腿在整个练习中始终保持屈膝的固定姿态。

手臂动作： 双臂。

预备动作： 从一个反向动作开始。

向上动作： 爆发式地跳起后，膝关节靠近胸前，双手快速抓住膝关节，并在落地前放开。

向下动作： 同一条腿落回到起始姿势并马上重复跳跃。

短暂休息后，换另一条腿重复练习。

18.9 直膝屈体跳

强度等级： 高。

跳跃方向： 垂直方向。

起始姿势： 调整到一个舒服、直立的姿势，双脚站距与肩同宽。

手臂动作： 双臂。

预备动作： 从一个反向动作开始。

向上动作： 爆发式地跳起。保持双腿并拢伸直，尝试将其抬高并向前，同时尝试用双手触碰脚趾。

向下动作： 落回到起始姿势并马上重复跳跃。

18.10 双腿纵跳

*强度等级：*低。

*跳跃方向：*垂直方向。

*起始姿势：*调整到一个舒服、直立的姿势，双脚站距与肩同宽。

*手臂动作：*双臂。

*预备动作：*从一个反向动作开始。

*向上动作：*爆发式地跳起，利用双臂辅助，达到跳跃目标。

*向下动作：*落回到起始姿势并重复跳跃。两次跳跃之间可以有恢复时间。

18.11 单腿纵跳

*强度等级：*高。

*跳跃方向：*垂直方向。

*起始姿势：*调整到一个舒服的单脚站立姿势。不进行跳跃的腿在整个练习中始终保持屈膝的固定姿态。

*手臂动作：*双臂。

*预备动作：*从一个反向动作开始。

*向上动作：*爆发式地跳起，利用双臂辅助，达到跳跃目标。

*向下动作：*同一条腿落回到起始姿势并重复跳跃。两次跳跃之间可以有恢复时间。

短暂休息后，换另一条腿重复练习。

18.12 障碍跳

强度等级： 中等。

跳跃方向： 水平和垂直方向。

器材： 一种类似标志桶或栏架的障碍物。

起始姿势： 调整到一个舒服、直立的姿势，双脚站距与肩同宽。

手臂动作： 双臂。

预备动作： 从一个反向动作开始。

向上动作： 主要通过屈髋、屈膝使双腿同时跳过障碍物，保持双膝和双脚朝向正前方，无侧向偏移。

向下动作： 落回到起始姿势并重复跳跃，两次跳跃之间可以有恢复时间。

注意事项： 障碍物的高度应逐渐增加。

18.13 立定跳远

强度等级： 低。

跳跃方向： 水平方向。

起始姿势： 调整到一个舒服、直立的姿势，双脚站距与肩同宽。

手臂动作： 双臂。

预备动作： 从一个反向动作开始。

向上动作： 向前和向上爆发式地跳起，利用双臂协助，以达到最大水平跳跃距离为目的。

向下动作： 双脚同时落地并重复跳跃。两次跳跃之间可以有恢复时间。

18.14 双腿连续跳

*强度等级：*中等。
*跳跃方向：*水平和垂直方向。
*起始姿势：*调整到一个舒服、直立的姿势，双脚站距与肩同宽。
*手臂动作：*双臂。
*预备动作：*从一个反向动作开始。
*向上动作：*尽可能远地向前跳跃。
*向下动作：*落回到起始姿势并马上重复跳跃。

18.15 双腿之字形跳

*强度等级：*高。
*跳跃方向：*对角线方向。
*器材：*以之字形样式摆放10个栏架，每两个栏架间距18~24in（46~61cm）。
*起始姿势：*调整到一个舒服、直立的姿势，双脚站距与肩同宽。站在第一个栏架外侧。肘部屈曲90°并置于身体两侧。
*手臂动作：*双臂。
*预备动作：*从一个反向动作开始。
*向上动作：*从第一个栏架的外侧跳到第二个栏架的外侧，保持肩部与所有栏架的中心的假想连线相垂直。
*向下动作：*落地在第二个栏架外侧后马上改变方向，从第二个栏架外侧斜向跳至第三个栏架外侧。重复跳跃至跃过所有栏架。
*注意事项：*在强度较小的训练中，通常将栏架摆成一条直线并且每次只跳过一个跨栏。可以通过单腿跳跃的方式增加之字形跳的强度。

18.16 单腿跳

强度等级： 高。

跳跃方向： 水平和垂直方向。

起始姿势： 调整到一个舒服的单脚站立姿势。不进行跳跃的腿在整个练习中始终保持屈膝的固定姿态。

手臂动作： 双臂。

预备动作： 从一个反向动作开始。

向上动作： 爆发式地向前跳跃，使用双臂协助。

向下动作： 落回到起始姿势并马上用同一条腿重复跳跃。

短暂休息后，换另一条腿重复练习。

18.17 纵向障碍连续跳

强度等级： 中等。

跳跃方向： 水平和垂直方向。

器材： 两个障碍物，例如两个标志桶或两个栏架。

起始姿势： 面对第一个障碍物，调整到一个舒服、直立的姿势，双脚站距与肩同宽。

手臂动作： 双臂。

预备动作： 从一个反向动作开始。

向上动作： 主要通过屈髋、屈膝使双腿同时跳过第一个障碍物，保持双膝和双脚朝向正前方，无侧向偏移。

向下动作： 落回到起始姿势并马上重复跳跃，跳过第二个障碍物。

注意事项： 可以通过逐步增加障碍物高度或单腿跳跃的方式增加纵向障碍连续跳的强度。

18.18 横向障碍跳

强度等级： 中等。

跳跃方向： 横向和垂直方向。

器材： 一个障碍物，例如一个标志桶或栏架。

起始姿势： 站在障碍物的一侧，调整到一个舒服、直立的姿势，双脚站距与肩同宽。

手臂动作： 双臂。

预备动作： 从一个反向动作开始。

向上动作： 主要利用屈髋、屈膝使双腿同时跳过障碍物，保持双膝和双脚朝向正前方。

向下动作： 跳至障碍物的对侧，并立即重复跳跃到起始侧。

注意事项： 可以通过逐步增加障碍物高度或单腿跳跃的方式将横向障碍跳的强度从中等强度提高至高强度。

18.19 4-栏架训练

强度等级： 高。
跳跃方向： 横向和垂直方向。
器材： 将4个栏架组合为2组栏架。每两个栏架间距12in（约30cm）。每组栏架间距18in（约46cm）。
起始姿势： 调整到一个舒适、直立的右脚站立姿势，4个栏架于运动员左侧排列成一条直线，不进行跳跃的腿在练习中始终保持屈膝的固定姿态。
手臂动作： 双臂。
预备动作： 从一个反向动作开始。

动作：

1. 右脚爆发式地向左跳过第一个栏架，利用双臂协助。
2. 右脚落地并马上向左重复跳过下一个栏架。
3. 右脚落地并马上向左重复跳过接下来的两个栏架。
4. 左脚落地并马上向右跳过一个栏架，利用双臂协助。
5. 左脚落地并马上向右重复跳过下一个栏架。
6. 左脚落地并马上向右重复跳过接下来的两个栏架。
7. 右脚落地支撑。

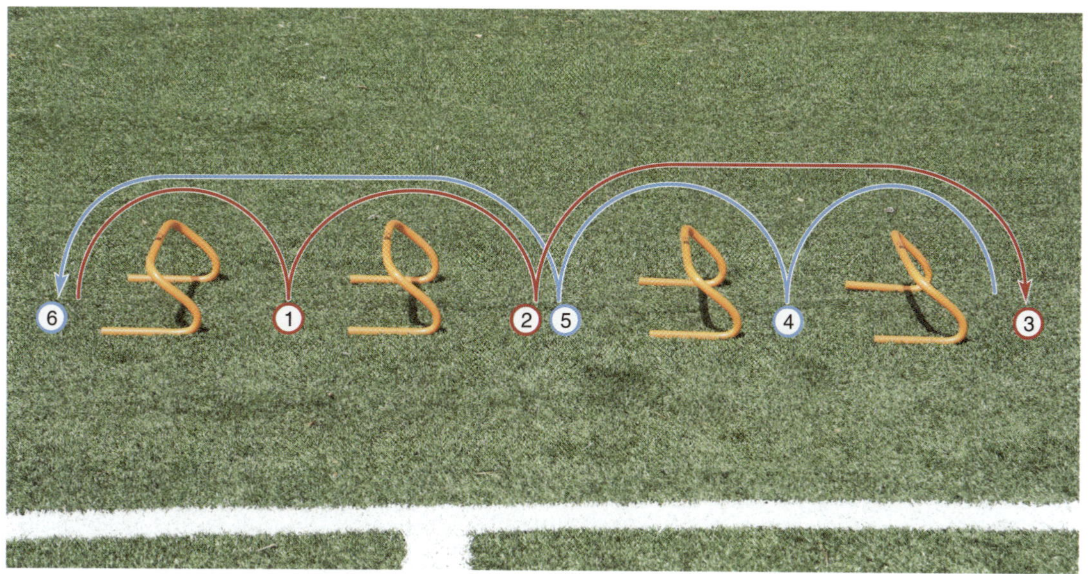

图 18.5　4-栏架训练的栏架摆放位置和动作模式

18.20 垫步跳

*强度等级：*低。

*跳跃方向：*水平和垂直方向。

*起始姿势：*抬起一条腿，同时屈髋、屈膝约90°。

*手臂动作：*协调摆臂（例如抬起一侧腿，用对侧手臂摆臂）。

*预备动作：*从一个单腿的反向动作开始。

*向上动作：*一条腿向上、向前跳起。对侧腿在落地前都应保持在屈曲的姿势。

*向下动作：*同一条腿落回到起始姿势，马上换对侧腿重复完成垫步跳。

18.21 爆发式垫步跳

强度等级： 低。

跳跃方向： 垂直和水平方向。

起始姿势： 抬起一条腿，同时屈髋、屈膝约90°。

手臂动作： 双臂。

预备动作： 从一个单腿的反向动作开始。

向上动作： 一条腿向上、向前跳起，利用双臂协助，同时向上移动非跳跃腿，并使其在跳跃中屈髋、屈膝的幅度更大。

向下动作： 同一条腿落回到起始姿势。马上换对侧腿重复完成爆发式垫步跳。

18.22 向后垫步跳

强度等级： 低。

跳跃方向： 向后、水平和垂直方向。

起始姿势： 抬起一条腿，同时屈髋、屈膝约90°。

手臂动作： 双臂。

预备动作： 从一个单腿的反向动作开始。

向上动作： 单腿向后跳跃，利用双臂协助，同时非跳跃腿屈髋、屈膝大约90°。

向下动作： 同一条腿落回到起始姿势。马上换对侧腿重复完成向后垫步跳。

18.23 侧向垫步跳

强度等级： 中等。

跳跃方向： 垂直和横向方向。

起始姿势： 抬起一条腿，同时屈髋、屈膝约90°。

手臂动作： 协调摆臂（例如抬起一侧腿，用对侧手臂摆臂）。

预备动作： 从一个单腿的反向动作开始。

向上动作： 一条腿向上且横向跳跃，对侧腿保持在屈曲的位置，直到落地。

向下动作： 同一条腿落回到起始姿势。马上换对侧腿重复跳跃。

18.24 交换跳-单臂前摆

强度等级： 中等。

跳跃方向： 水平和垂直方向。

起始姿势： 调整到一个舒服、直立的姿势，双脚站距与肩同宽。

手臂动作： 单臂。

预备动作： 以舒适的速度慢跑；开始练习时，左脚在前。

向上动作： 左脚在接触地面的瞬间立刻蹬地。在蹬离地面的过程中，右腿向前移动且屈髋至大腿接近与地面平行且屈膝90°。在腾空阶段，左臂向前摆动。

向下动作： 右脚落地后，马上换另一侧腿重复完成动作。

注意事项： 交换跳是一个动作幅度较大的跑步姿势，目的是让每一步跨出尽可能大的距离。

18.25 交换跳－双臂摆动

强度等级： 中等。

跳跃方向： 水平和垂直方向。

起始姿势： 调整到一个舒服、直立的姿势，双脚站距与肩同宽。

手臂动作： 双臂。

预备动作： 以舒适的速度慢跑；开始练习时，左脚在前。

向上动作： 左脚在接触地面的瞬间立刻蹬地。在蹬离地面的过程中，右腿向前移动且屈髋至大腿接近与地面平行且屈膝90°。在腾空阶段，双臂向前摆动。

向下动作： 右脚落地后，马上换另一侧腿重复完成动作。

注意事项： 交换跳是一个动作幅度较大的跑步姿势，目的是让每一步跨出尽可能大的距离。

18.26 单腿蹬跳

*强度等级：*低。

*跳跃方向：*垂直方向。

*器材：*跳箱，高6~18in（15~46cm）。

*起始姿势：*面向跳箱，一只脚放在跳箱上，脚跟靠近跳箱边缘，另一只脚撑地。

*手臂动作：*双臂。

*预备动作：*无。

*向上动作：*在跳箱上的脚蹬箱跳起。

*向下动作：*先前在跳箱上的脚落回到跳箱上，且这只脚应该先于撑地的脚落回。立刻重复动作。

*注意事项：*强度可能会随着跳箱高度的增加而增大。跳箱的起始高度为6in（约15cm）。

18.27 交换腿蹬跳

强度等级： 低。

跳跃方向： 垂直方向。

器材： 跳箱，高6~18in（15~46cm）。

起始姿势： 面向跳箱，一只脚放在跳箱上，脚跟靠近跳箱边缘，另一只脚撑地。

手臂动作： 双臂。

预备动作： 无。

向上动作： 在跳箱上的脚蹬箱跳起。

向下动作： 先前撑地的脚落回到跳箱上，且这只脚应该先于现在撑地的脚（先前在跳箱上的脚）落回。立刻重复动作，并在每一次重复时交换双脚位置。

注意事项： 强度可能随着跳箱高度的增加而增大。跳箱的起始高度为6in（约15cm）。

18.28 横向蹬跳

强度等级： 低。

跳跃方向： 垂直方向。

器材： 跳箱，高6~18in（15~46cm）。

起始姿势： 站在跳箱的一侧，一只脚放在跳箱上，内侧靠近跳箱边缘，另一只脚撑地。

手臂动作： 双臂。

预备动作： 无。

向上动作： 在跳箱上的脚蹬箱跳起。

向下动作： 先前在跳箱上的脚落回到跳箱上，且这只脚应该先于撑地的脚落回。立刻重复动作。

注意事项： 强度可能会随着跳箱高度的增加而增大。跳箱的起始高度为6in（约15cm）。

18.29 交替横向蹬跳

*强度等级：*中等。

*跳跃方向：*垂直方向。

*器材：*跳箱，高6~18in（15~46cm）。

*起始姿势：*站在跳箱的一侧，一只脚放在跳箱上，内侧靠近跳箱边缘，另一只脚撑地。

*手臂动作：*双臂。

*预备动作：*无。

*向上动作：*在跳箱上的脚蹬箱跳起。

*向下动作：*先前撑地的脚应落回到跳箱顶部，且这只脚应该先于现在撑地的脚（先前在跳箱上的脚）落回。对侧立刻重复动作。

*注意事项：*强度可能会随着跳箱高度的增加而增大。跳箱的起始高度为6in（约15cm）。

18.30 双腿跳上跳箱

*强度等级：*低。

*跳跃方向：*垂直方向或轻微水平方向。

*器材：*跳箱，高6~42in（15~107cm）。

*起始姿势：*面对跳箱，调整到一个舒服、直立的姿势，同时双脚站距与肩同宽。

*手臂动作：*双臂。

*预备动作：*从一个反向动作开始。

*向上动作：*双腿同时跳上跳箱顶部。

*向下动作：*双脚落于跳箱时，身体保持半蹲姿势。走下跳箱，重复练习。

*注意事项：*强度可能会随着跳箱高度的增加而增大。跳箱的起始高度为6in（约15cm）。

18.31 单腿跳上跳箱

强度等级：高。
跳跃方向：垂直方向和轻微水平方向。
器材：跳箱，高6~42in（15~107cm）。
起始姿势：面对跳箱，调整到一个舒适的单脚站立的姿势。非跳跃腿在运动时保持在膝关节弯曲的固定姿态。
手臂动作：双臂。
预备动作：从一个反向动作开始。
向上动作：单腿跳上跳箱顶部。
向下动作：同侧脚落于跳箱时，身体保持半蹲姿势。走下跳箱，重复练习。
注意事项：强度可能会随着跳箱高度的增加而增大。跳箱的起始高度为6in（约15cm）。

18.32 双腿跳上跳箱－抱头

强度等级：中等。
跳跃方向：垂直方向和轻微水平方向。
器材：跳箱，高6~42in（15~107cm）。
起始姿势：双手交叉置于头后，面对跳箱，调整到一个舒适、直立的姿势，且双脚站距与肩同宽。
手臂动作：无。
预备动作：从一个反向动作开始。
向上动作：双腿同时跳上跳箱的顶部。
向下动作：双脚落于跳箱时，身体保持半蹲姿势。走下跳箱，重复练习。
注意事项：强度可能会随着跳箱高度的增加而增大。跳箱的起始高度为6in（约15cm）。

18.33 横向跳上跳箱

强度等级： 中等。

跳跃方向： 垂直方向和轻微横向方向。

器材： 跳箱，高6~42in（15~107cm）。

起始姿势： 站在跳箱的一侧；调整到一个舒服、直立的姿势，且双脚站距与肩同宽。

手臂动作： 双臂。

预备动作： 从一个反向动作开始。

向上动作： 双腿同时跳上跳箱的顶部。

向下动作： 双脚落于跳箱时，身体保持半蹲姿势。从另一侧跳下跳箱，反向重复练习。

注意事项： 强度可能会随着跳箱高度的增加而增大。跳箱的起始高度为6in（约15cm）。

18.34 下落制动

强度等级： 中等。

跳跃方向： 垂直方向。

器材： 跳箱，高12~42in（约30~107cm）。

起始姿势： 在跳箱上方调整到一个舒服、直立的姿势，且双脚站距与肩同宽；脚趾应该靠近跳箱的边缘。

手臂动作： 无。

预备动作： 从跳箱上迈下。

向下动作： 双脚同时落地，迅速缓冲落地的冲击力。

返回跳箱并重复练习。

注意事项： 强度可能会因跳箱高度的增加而增大。跳箱的起始高度为12in（约30cm）。

18.35 跳深

*强度等级：*高。

*跳跃方向：*垂直方向。

*器材：*跳箱，高12~42in（30~107cm）。

*起始姿势：*调整到一个舒服、直立的姿势，且双脚站距与肩同宽；脚趾应该靠近跳箱的边缘。

*手臂动作：*双臂。

*预备动作：*从跳箱上迈下。

*向下动作：*双脚同时落地。

*向上动作：*落地后立即起跳，跳得越高越好。

*注意事项：*直接从跳箱上向前迈，不要向上或向下改变重心，因为这些调整都将改变最终跳跃的高度。

*注意事项：*落地时，与地面接触的时间应越短越好。强度可能会随着跳箱高度的增加而增大。跳箱的起始高度为12in（约30cm）。

*注意事项：*落地时，应强调垂直跳跃的高度，尽量减少水平方向的移动。第三张照片中的运动员向前移动过多。

18.36 跳深至第二跳箱

*强度等级：*高。

*跳跃方向：*垂直和水平方向。

*器材：*两个跳箱，高12~42in（30~107cm）。

*起始姿势：*在跳箱上方调整到一个舒服、直立的姿势，且双脚站距与肩同宽，面对第二个跳箱；脚趾应该靠近跳箱的边缘。

*手臂动作：*双臂。

*预备动作：*从跳箱上迈下。

*向下动作：*双脚同时落地。

*向上动作：*落地后，立即跳上第二个跳箱。

*注意事项：*直接从跳箱上向前迈，不要向上或向下改变重心，因为这些调整都将改变最终跳跃的高度。

*注意事项：*落地时，与地面接触的时间越短越好。强度可能会随着跳箱高度的增加而增大。跳箱的起始高度为12in（约30cm）。

*注意事项：*跳箱之间的距离取决于运动员的经验和能力；跳箱之间的距离越大，跳跃的强度就越高。两个跳箱的起始间距为24in（约61cm）。

1

2

3

4

18.37 跳深＋蹲跳

*强度等级：*高。

*跳跃方向：*垂直方向。

*器材：*跳箱，高12~42in（30~107cm）。

*起始姿势：*在跳箱上方调整到一个舒服、直立的姿势，且双脚站距与肩同宽；脚趾应该靠近跳箱的边缘。

*手臂动作：*双臂或无。

*预备动作：*从跳箱上迈下。

*向下动作：*双脚落地时，保持一个下蹲姿势（第二张照片中的运动员的髋关节和膝关节屈曲角度过大）。

*向上动作：*落地后立即起跳，跳得越高越好；落地时，保持同样的下蹲姿势。

*注意事项：*直接从跳箱上向前迈，不要向上或向下改变重心，因为这些调整都将改变最终跳跃的高度。

*注意事项：*落地时，与地面接触的时间越短越好。强度可能会随着跳箱高度的增加而增大。跳箱的起始高度为12in（约30cm）。

*注意事项：*落地时，应强调垂直跳跃的高度，尽量减少水平方向的移动。

18.38 跳深+横向冲刺

强度等级： 高。

跳跃方向： 垂直和横向运动。

器材： 跳箱，高12~42in（30~107cm）；一个搭档。

起始姿势： 在跳箱上方调整到一个舒服、直立的姿势，且双脚站距与肩同宽；脚趾应该靠近跳箱的边缘。

手臂动作： 双臂。

预备动作： 从跳箱上迈下。

向下动作： 双脚同时落地。搭档应在你落地前的一瞬间做出向右或向左的指示。

向上动作： 落地后，立即向搭档指定的方向冲刺。

注意事项： 落地时，与地面接触的时间越短越好。强度可能会随着跳箱高度的增加而增大。跳箱的起始高度为12in（约30cm）。

18.39 跳深+立定跳远

*强度等级：*高。

方向跳：垂直和水平方向。

*器材：*跳箱，高12~42in（30~107cm）。

*起始姿势：*在跳箱上方调整到一个舒服、直立的姿势，且双脚站距与肩同宽；脚趾应该靠近跳箱的边缘。

*手臂动作：*双臂。

*预备动作：*从跳箱上迈下。

*向下动作：*双脚同时落地。

*向上动作：*落地后，立即向前跳跃，越远越好。

*注意事项：*直接从跳箱上向前迈，不要向上或向下改变重心，因为这些调整都将改变最终跳跃的高度。

*注意事项：*落地时，与地面接触的时间越短越好。强度可能会随着跳箱高度的增加而增大。跳箱的起始高度为12in（约30cm）。

18.40 跳深+180度跳转

*强度等级：*高。

*跳跃方向：*垂直和水平方向。

*器材：*跳箱，高12~42in（30~107cm）。

*起始姿势：*在跳箱上方调整到一个舒服、直立的姿势，且双脚站距与肩同宽；脚趾应该靠近跳箱的边缘。

*手臂动作：*双臂。

*预备动作：*从跳箱上迈下。

*向下动作：*双脚同时落地。

*向上动作：*落地后，立即向上跳跃，越高越好。腾空时，转体180°，落地后面向相反的方向。

*注意事项：*直接从跳箱上向前迈，不要向上或向下改变重心，因为这些调整都将改变最终跳跃的高度。

*注意事项：*落地时，与地面接触的时间越短越好。强度可能会随着跳箱高度的增加而增大。跳箱的起始高度为12in（约30cm）。

18.41 单腿跳深

*强度等级：*高。

*跳跃方向：*垂直方向。

*器材：*跳箱，高12~42in（30~107cm）。

*起始姿势：*在跳箱上调整到一个舒服、直立的姿势，且双脚站距与肩同宽；脚趾应该靠近跳箱的边缘。

*手臂动作：*双臂。

*预备动作：*从跳箱上迈下。

*向下动作：*单脚落地。

*向上动作：*落地后，立即用落地脚向上跳跃，越高越好。

*注意事项：*直接从跳箱上向前迈，不要向上或向下改变重心，因为这些调整都将改变最终跳跃的高度。

*注意事项：*落地时，与地面接触的时间越短越好。强度可能会随着跳箱高度的增加而增大。跳箱的起始高度为12in（约30cm）。

*注意事项：*这是一个非常高阶的跳深练习，只有那些有足够的经验和能力的运动员才能完成类似的跳深练习。

18.42 胸前快速传球

*强度等级：*低。

*投掷方向：*向前。

*器材：*药球或快速伸缩复合训练专用球，重2~8lb（0.9~3.6kg）；回弹器或搭档。

*起始姿势：*调整到一个舒服、直立的姿势，且双脚站距与肩同宽；面对回弹器或搭档，间距大约为10ft（约3m）。屈肘，将球抬至胸部水平位置。

*预备动作：*从一个反向动作开始（反向动作是为了让手臂能够翘起，也就是说，在实际投掷之前让手臂有轻微的后移）。

*手臂动作：*双臂同时快速伸展肘关节，把球传向回弹器或搭档。在回弹器或搭档回传时接住球，回到起始姿势，并立即重复动作。

*注意事项：*强度可能随着药球重量的增加而增大。药球的起始重量为2lb（约0.9kg）。

18.43 双手过头前抛药球

*强度等级：*低。

*投掷方向：*向前和向下。

*器材：*药球或快速伸缩复合训练专用球，重2~8lb（0.9~3.6kg）；回弹器或搭档。

*起始姿态：*调整到一个舒服、直立的姿势，且双脚站距与肩同宽；面向回弹器或搭档，间距大约为10ft（约3m）。将球上举过头顶。

*预备动作：*从一个反向动作开始。（反向动作是为了让手臂能够翘起，也就是说，在实际投掷之前让手臂有轻微的后移。）

*手臂动作：*双臂同时将球抛向回弹器或搭档。在回弹器或搭档回抛时接住球并上举过头顶，立即重复抛接。运动员和其同伴也可通过向下动作和接住反弹球来让球在他们之间的地面来回反弹（见照片）。

*注意事项：*强度可能随着药球重量的增加而增大。药球的起始重量为2lb（约0.9kg）。

18.44 双手换边快速抛药球

强度等级：低。

投掷方向：向前和对角线方向。

器材：药球或快速伸缩复合训练专用球，重2~8lb（0.9~3.6kg）；回弹器或搭档。

起始姿势：调整到一个舒服、直立的姿势，且双脚站距与肩同宽；面对回弹器或搭档，间距大约为10ft（约3m）。屈肘，将球上举至一侧肩部上方。

预备动作：从一个反向动作开始。（反向动作是为了让手臂能够翘起，也就是说，在实际投掷之前让手臂有轻微的后移。）

手臂动作：双臂同时快速伸展肘关节，将球抛向回弹器或搭档。在回弹器或搭档回抛时接住球并上举至对侧肩部上方，立即重复抛接。

注意事项：强度可能随着药球重量的增加而增大。药球的起始重量为2lb（约0.9kg）。

18.45 单臂快速抛接

强度等级： 中等。

投掷方向： 向前。

器材： 药球或快速伸缩复合训练专用球，重1~5lb（0.5~2.3kg）；回弹器或搭档。

起始姿势： 调整到一个舒服、直立的姿势，且双脚站距与肩同宽；面对回弹器或搭档，间距大约为10ft（约3m）。用一只手将球举至肩外展90°且屈肘90°的位置，伴随着手臂外旋，使前臂垂直于地面。

预备动作： 从一个反向动作开始。（反向动作是为了让手臂能够翘起，也就是说，在实际投掷之前让手臂有轻微的后移。）

手臂动作： 用一只手臂，将球抛向回弹器或搭档。在回弹器或搭档抛回时接住球并恢复至起始姿势，然后让肩关节稍微向外旋转，并立即重复抛接。

注意事项： 强度可能随着药球重量的增加而增大。药球的起始重量为1lb（约0.5kg）。

注意事项： 这个练习也可以使用常规的抛接动作来完成。

18.46 爆发式抛球

*强度等级：*高。

*投掷方向：*向上。

*器材：*药球或快速伸缩复合训练专用球，重2~8lb（0.9~3.6kg）；一个搭档；跳箱，高12~42in（30~107cm）。

*起始姿势：*仰卧在地面上，肘部伸直，双肩前屈约90°，头部靠近跳箱底座。搭档应站在跳箱上，双手持药球于运动员手臂的正上方。

*预备动作：*无。

*手臂动作：*当搭档松手放球时，运动员用双手接住球，并立即将球向搭档抛回。

*注意事项：*强度可能随着药球重量或跳箱高度的增加而增大。药球的起始重量为2lb（约0.9kg），跳箱的起始高度为12in（约30cm）。

18.47 爆发式俯卧撑（药球）

强度等级： 中等。

运动方向： 垂直方向。

器材： 药球或快速伸缩复合训练专用球，重5~8lb（2.3~3.6kg）。

起始姿势： 将手置于药球上并伸直肘部，呈俯卧撑姿势。

预备动作： 无。

向下动作： 双手快速从药球上移开并下落，且落地时间距略比肩宽，肘部轻微屈曲。屈肘，至胸部几乎接触到药球。

向上动作： 立刻通过完全伸展肘关节爆发式地向上推起身体。迅速把手掌放在药球上并重复练习。

注意事项： 当上肢在完成向上动作并达到最大高度时，双手应高于药球。

注意事项： 强度可能随着药球重量的增加而增大。药球的起始重量为5lb（约2.3kg）。

18.48 45度仰卧起坐（抛药球）

*强度等级：*中等。

*器材：*药球或快速伸缩复合训练专用球，重2~8lb（0.9~3.6kg）；一个搭档。

*起始姿势：*运动员坐在地面上，躯干与地面成大约45°夹角；搭档双手持药球，站在运动员的前方。

*预备动作：*搭档把球抛向运动员，运动员伸出双手，准备接球。

*向下动作：*当搭档抛出球后，运动员用双手接住，并在躯干做出最小幅度的缓冲后，立即将球抛回给搭档。

*注意事项：*强度可能随着药球重量的增加而增大。药球的起始重量为2lb（约0.9kg）。

*注意事项：*将球回抛给搭档的力量主要来自腹部肌群。

关键词

amortization phase 过渡阶段
balance 平衡
bound 交换跳
box drill 跳箱练习
complex training 复合式训练
concentric phase 向心阶段
depth jump 跳深练习
eccentric phase 离心阶段
jumps in place 原地跳
multiple hops and jumps 多形式单脚跳和双脚跳
muscle spindle 肌梭
potentiation 增强
power 爆发力
push-up 俯卧撑
series elastic component（SEC）串联弹性组件
standing jump 立定跳
stretch reflex 牵张反射
stretch-shortening cycle（SSC）拉长-缩短周期

学习试题

1. 下列哪项不是拉长-缩短周期的阶段之一？（ ）
   a. 过渡阶段
   b. 向心阶段
   c. 离心阶段
   d. 等张阶段
2. 下列哪种结构可以检测到快速运动并引发牵张反射？（ ）
   a. 高尔基腱器
   b. 肌梭
   c. 梭外肌纤维
   d. 帕西尼氏小体
3. 在开始下肢快速伸缩复合训练计划前，应该进行下列哪项评估？（ ）
   I. 平衡
   II. 力量
   III. 训练历史
   IV. 瘦体重
   a. I和III
   b. II和IV
   c. I、II和III
   d. I、II、III和IV
4. 下列哪种快速伸缩复合训练的类型通常被认为是强度最大的？（ ）
   a. 原地跳
   b. 交换跳
   c. 跳深练习
   d. 跳箱练习
5. 下列哪种做功-休息比最适合快速伸缩复合训练？（ ）
   a. 1∶5
   b. 1∶4
   c. 1∶3
   d. 1∶2

第19章

速度与敏捷性训练的计划设计和技术

布拉德·H. 德威斯（Brad H. DeWeese），EdD；索菲娅·尼菲斯（Sophia Nimphius），PhD

译者：崔灿、王雄

审校：沈兆喆、何璘瑄

完成这一章的学习后，你将能够：

- 描述短跑、变向和敏捷性表现所涉及的生物力学机制；
- 将合理的动作原理应用于移动模式和技术的指导；
- 分析完成专项动作任务所需的能力和技能；
- 有效监控短跑、变向以及敏捷性能力的发展；
- 采取合理的手段和方法发展速度、变向和敏捷性；
- 设计并实施训练计划以最大限度地提高运动表现。

感谢史蒂文·S.普利斯科（Steven S. Plisk）对本章内容的重要贡献。同时感谢马特·L.萨姆斯（Matt L. Sams）；克里斯·贝隆（Chris Bellon），MA，CSCS；水口聡史（Satoshi Mizuguchi），PhD；N.特拉维斯·特里普利特（N. Travis Triplett），PhD，CSCS*D，FNSCA；贾里德·M.波特（Jared M. Porter），PhD；亚当·本兹（Adam Benz），MS，CSCS；妮娅·斯皮泰里（Tania Spiteri），MS。

本章主要讨论速度、变向和敏捷性能力的发展。虽然“速度”这个名词通常用于运动员表现出身体素质的一个或上述全部方面，但重要的是要了解运动员的发展需要多方面的基础身体素质和技能，而这些是由不同的生物力学需求所决定的。身体素质的这3个重要方面可以按以下方式进行定义。

- 速度：达到高动作速度所需的技术和能力；
- 变向：爆发式地改变动作方向、速度或模式所需的技术和能力；
- 敏捷性：对刺激做出反应，进而改变方向、速度或模式所需的技术和能力。

能在比赛中取得速度优势是绝大多数运动员努力的目标。此外，在运动中快速变向的能力可以避免受对手速度的影响，或在身体和战术上取得优势。尽管这些情景可能看起来都涉及运动员的“速度”，但这种所谓的“速度”可能是上述提到的1种能力或3种能力组合的结果。在运动中，高速的人体移动可以被分为直线性和多向性两类。在直线上产生高速率，通常表现为冲刺能力，是在众多田径及需要在比赛中奔跑的运动项目中获胜的基础要求。尽管直线速率在团队运动项目中是重要的，但在实际比赛中，运动员主要进行多向性移动。因此，运动员的成功在某种程度上依赖于通过快速的、有效的变向来应对不断变化的场上环境，而**速度**则要求具有加速并达到最大速度的能力。

鉴于大多数运动项目的本质，在一些情况下，运动员有预先确定的变向，这样他们仅受完成这些活动（例如路线、策略或预先确定的模式）所需身体能力的限制。能够在减速的情况下改变方向，随即再加速，甚至有时使用不同的行进模式的身体能力，称为**变向**能力；而**敏捷性**与变向能力相结合时，便对知觉-认知能力的应用提出了要求。这样就凸显出速度、变向和敏捷性的相似性和差异性。例如，加速是变向能力和敏捷性中的一部分，而其他方面，例如减速能力和动作模式，可以将速度训练与变向、敏捷性训练区分开。改变方向的身体能力可以是敏捷性的一部分，但在知觉-认知层面会影响敏捷性的身体要求。因此，在阅读本章时，读者应该明白在这些身体能力之间虽有重叠之处，但这些身体能力的针对性提高所需的身体、技能或知觉-认知的发展却是不同的。

当运动员在短跑或变向时，身体能力和技术流畅性决定了他们的运动表现。虽然生物力学和代谢上的效率能够加强有氧运动的表现，但力的产生效率会影响速度、变向和敏捷性。简而言之，这些爆发性动作的成功执行依赖于运动员本身的力量水平，以及其在运动限定条件下发挥力量的能力。**力量**通常与运动员自身产生力的能力相关，但很重要的一点是，尽管对于运动而言，高水平的最大力量是令人向往的，但间断发生的冲刺、变向及敏捷性动作会使运动员无法产生并表现其最大力量水平。

在冲刺时，力的施加使运动员能够加速、达到并试图维持高的速度。此外，施力与加速和在短跑中所达到的速度有关，而变向能力则要求通过有效的施力先减速，随后向另一个方向再次加速。更进一步地说，敏捷性表现不仅是运动员改变方向的能力，而且是必须对一个刺激（例如，面对防守或来球）做出变向的特有能力[4]。因此，体能教练必须重视田径运动中关于身体特征发展的训练方法与手段的选择，因为这些有助于提升速度、变向和敏捷性。

> 速度需要加速并达到最大速度的能力，而敏捷性表现需要知觉-认知能力与减速后向目标方向再加速的能力相结合。

速度与敏捷性的机制

为了执行动作技术，运动员必须施加力——质量与加速度的乘积。由于在大多数运动的活动中，产生力的可用时间较短，有两个变量可以描述力与产生力的可用时间之间的关系：

- 力的发展速率（RFD）——在最短的时间内产生最大力，通常被视为爆发性力量的指标[3]；
- 冲量——产生的力和产生力所需时间的乘积，用力-时间曲线下的面积来衡量。根据冲量与动量的关系，冲量决定了物体动量变化的大小。

短跑、变向和敏捷性的物理学

力是两个物体的相互作用。力是一个矢量，具有大小和方向。传统上，力可以被描述为一个物体被另一个物体推或拉，以防止两个物体占据相同的空间。这种移动（推或拉）改变了物体的速度，产生了加速度。

在体能训练领域，速度和速率往往被交替使用。为了更正确地描述短跑和敏捷性表现，这些术语需要被区分开。速率是标量，这意味着它仅描述了物体移动得多快。速率是物体移动一定距离的快慢。速度是矢量，就像力那样，速度描述物体移动得多快及移动的方向。简而言之，速度是有方向的速率。

加速度是指物体的速度随时间变化的变化率。一旦力作用于一个物体，该物体很可能会改变方向，离开它原先占据的空间。只要外力继续改变速度，物体的加速度就会继续存在。在实际环境中，用减速度代替负加速度来描述速度从高到低的变化。

力的发展速率

在体育运动中，快速产生力的能力比产生最大力的能力更为重要[89]。虽然产生高水平最大力的能力已被证明可以提高跳跃高度及其他运动表现，但在大多数运动竞赛环境中，由于时间极为短暂，不可能产生最大的力[19]。进一步来说，产生最大的力至少需要300ms，但是大多数体育运动动作的发力时间为0~200ms（图19.1）[1]。基于这个原因，在必须短时间内成功完成动作的运动环境中，力的发展速率可能是用于衡量运动员爆发力的一个更有用的指标[5]。力的发展速率可以被描述为：力的变化除以时间的变化[89]。

一个物体加速的能力取决于外力的作用下引起的速度变化。因此，从实用的角度来看，一个运动员若想获得更高的加速能力，则应以更大的速率施加力[73]。

冲量

为了改变物体的位置，必须施力以让物体产生速度的变化。试图通过力的产生来增加速率的运动员，并不是瞬间施力的。事实上，运动员会在短跑的支撑阶段（图19.2）或变向的触地阶段中的一段时间内对跑步表面施加力。运动员在支撑阶段或触地阶段的时间长短被称为触地时间。向地面施加力的时间和施力大小的乘积被称为冲量，可以用力-时间曲线下的面积表示。冲量的改变会导致运动员动量的改变，进而发生加速或减速的情况。

图19.2说明了加速阶段（图19.7）和最大速度阶段（图19.8）的垂直力和水平力的变化差异，反映了两个不同的、通过充分地蹬伸产生力的身体姿势。此外，图19.2阐释了制动阶段（反向水平作用力）和推进阶段（正向水平作用力）的冲量的概念（表示为力-时间曲线下的面积）。这两个阶段的冲量通过垂直的虚线进行区分表示。需要指出的是，在最大速度阶段，产生了不对称的力且RFD的值非

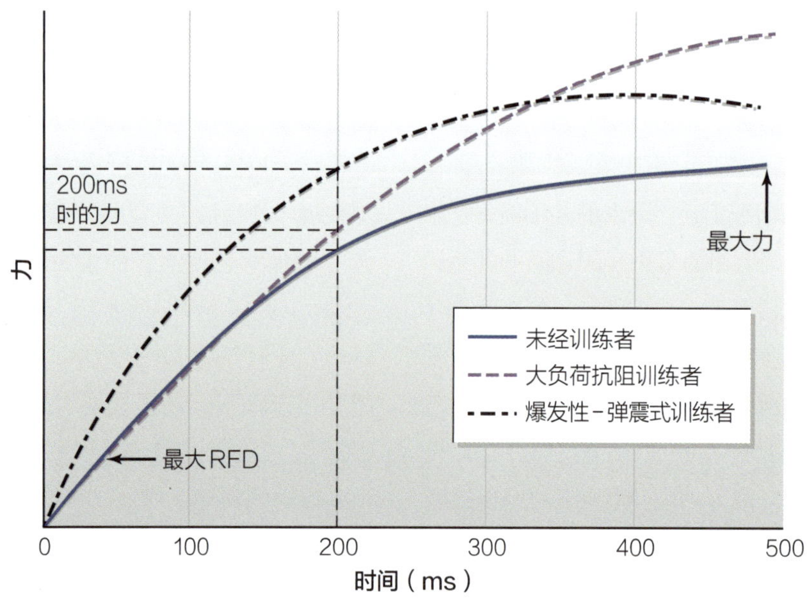

图19.1 力与时间的函数关系。图中展示了未经训练者（蓝色实线）、大负荷抗阻训练者（紫色虚线）和爆发性-弹震式训练者（黑色虚线）的最大力、力的发展速率（RFD）和在0.2s时的力。冲量是由力产生的动量变化，以力和时间的乘积来衡量（由每条曲线下的面积表示），并且可通过提高RFD来增加。在完成一些功能性动作时，通常力的作用时间很短，一般为0.1~0.2s，而绝对最大力的发展可能需要0.6~0.8s

[源自：Häkkinen and Komi，1985[34].]

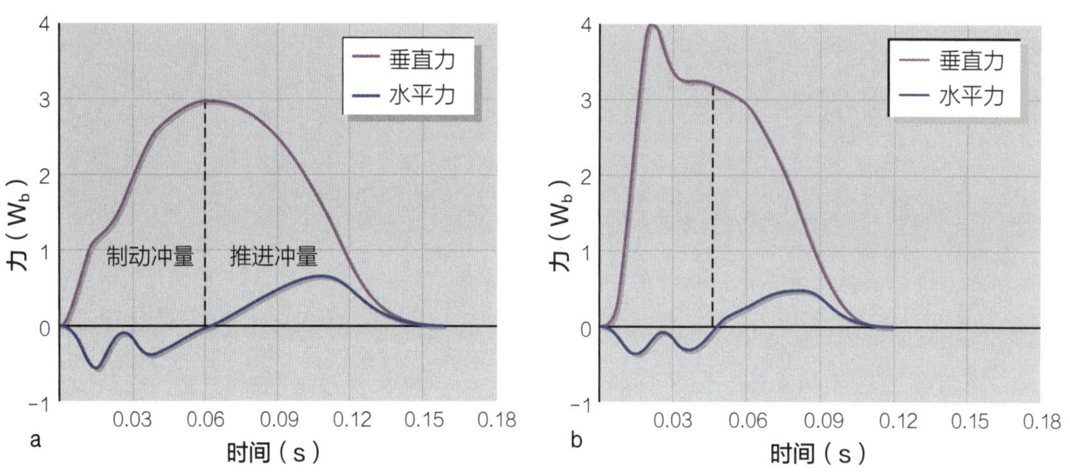

图19.2 短跑中的（a）加速阶段和（b）最大速度阶段的地面反作用力和冲量，其中W_b=身体重量

常高，这导致此阶段的触地时间比加速阶段的触地时间更短。

动量被定义为物体质量与运动速度之间的乘积。在冲刺过程中，运动员的身体质量保持不变。因此，在时间相同的前提下，达到更大冲量的唯一方法就是产生更大的力。这种冲量的增加会导致动量的增加或减少，具体取决于运动员是否打算在变向前加速、再加速，抑或是减速。换言之，冲量的变化导致动量的变化，这是物体运动的原因。

在人体的移动过程中，一次迈步中脚施加于地面的力的大小和产生力的时长对短跑成绩是至关重要的。这些力的变化可以增加或减少运动员的动量。因此，除了RFD以外，训

练应着重于冲量，即力-时间曲线下的面积。

这里没有讨论功率，因为它是由力和速度的公式导出的。因此，功率可以看作是一个机械性概念，并没有真正表现最大爆发力的情况[32]。从实际情况上讲，功率值并不能以一个完全有帮助的形式给专业人士提供更多关于运动表现的见解，因为它无法确定功率变化是由速度还是力的变化造成的。力、RFD和冲量是更为直接的测量方式，因此，不需要使用功率这种更为复杂的衍生指标。

速度的实际应用

为了能够在跑道或场地上移动，运动员必须产生足以克服重力的力，在速度上创造一个积极的变化。在短跑冲刺中，力是运动员加速并达到他或她的最高可达到的速度所付出的努力，且在很大程度上是由生理因素决定的。这些力迅速地产生，由于时间的限制，往往比产生最大收缩力所需的时间要短。因此，力的发展速率可能是影响冲刺获胜的更重要的因素。此外，由于冲刺获胜很大程度上取决于在很短的时间内产生的力，冲量也是重要的根本因素。

变向和敏捷性的实际应用

在进行变向和敏捷性训练时，除了考虑对加速度的需求，还应考虑制动冲量，即在一定的时间内产生制动力。能够有效地改变动量所需的冲量是变向时身体需求的直接反映。例如，由于方向变化的角度或进入方向变化的速度增加，那么改变动量所需的冲量也相应地增加。因此，执行这样的活动对于身体的要求也就越高。此外，由于知觉-认知方面的时间限制，敏捷性动作会改变对身体的要求。因为运动员需对一个刺激快速做出反应，产生成功完成变向所需的力（和冲量）。

速度的神经生理学基础

冲刺跑、敏捷性和变向是力的产生在运动环境中的动态表现。由于体能教练经常需要指导运动员发展这些有助于建立竞争优势的素质，因此全面了解这些力在运动过程中是如何产生的是很必要的。

神经系统

神经肌肉功能对短跑的运动表现至关重要，因为中枢神经系统与肌肉的活动和相互作用，最终影响着肌肉收缩的速度和强度。研究表明，力量训练、快速伸缩复合训练和冲刺跑训练的组合可在神经肌肉系统内产生多种适应，这可能有助于提高短跑的运动表现。力量训练增强神经驱动，即提高神经系统向目标肌肉发出脉冲的速度和幅度[1]。神经驱动增强表示动作电位发生率增加，有助于提高肌力的产生和力的产生速率。同样，快速伸缩复合训练可以增加高阈值运动神经元的兴奋性，而兴奋性的增加最终增强了神经驱动。总之，神经驱动的增强可以增加运动员的RFD和冲量的产生。

拉长-缩短周期

很多功能性动作都是从反向动作开始的，这种类似弹簧机制的过程被称为**拉长-缩短周期（SSC）**。SSC是一种离心收缩-向心收缩耦合的现象，在此过程中，肌肉-肌腱复合体被快速且强制性地拉长或负荷性拉长，随后以反应性或弹性方式缩短。实际上，SSC表明在运动中出现了一个快速的从离心运动到向心运动的转变。因此，在涉及跑步、跳跃和其他速度出现爆发式变化的运动中，SSC尤为常见。对高水平运动员而言，SSC是一种独特的区别于最大力量的直接能力的体现[45, 46, 71, 72, 80, 87, 99]。

拉长-缩短周期运动有2种机制：（1）肌肉-肌腱的内在特性；（2）力和长度对于神经系统的反射性反馈[3, 4, 9, 14, 25]。实际上，SSC运动往往通过快速的弹性能量恢复提高机械效率和冲量，长期下来，可提高肌肉硬度及神经肌肉激活水平[35, 45, 46, 71, 72]。

以提高SSC能力为目的进行的训练活动应该满足以下2个标准[36, 71, 72, 80, 87]。

- 训练应包括技巧性的多关节动作，即通过运动链和利用弹性-反射机制来传递力。
- 为了进一步管理疲劳、保证动作质量和技术，应该减小训练量或采用较多的间歇段落来分割较大的训练量。

在实际运用中，渐进式快速伸缩复合训练和大负荷抗阻训练相结合可以实现上述目标。这个方法的一个有趣的例子是复合式训练，即在同一堂训练课中交替完成SSC运动与大负荷抗阻练习，以提高它们的训练效果。这种训练方式的依据是一种急性应激的现象，称为激活后增强效应[37, 66, 69]。这种训练方式正变得越来越流行，通常使用于提高高水平运动员的运动表现，但可能不适合新手或青少年。

弹簧-质量模型

力量与速度训练可能会提升在短跑中所使用肌肉的预激活水平[43, 46]。预张力的发生可能与肌梭的敏感性增加有关。肌梭反馈所需时间的改善可以使肌肉硬度和肌腱顺应性增强[44, 48, 68]。这样的生理机制对SSC提供支持，而SSC是弹簧-质量模型（SMM）的基础。SMM（图19.3）是一个数学模型，它将冲刺跑描述为人类移动的一种方式，其中，身体质量的位移是能量产生后的结果，通过肌肉结构内弹簧式的卷绕和伸展活动实现[10, 21, 27, 29]。在一个完整的跑步周期中，支撑腿像弹簧一样压缩并推动短跑运动员的身体向前移动。同时，另一根弹簧（摆动腿）向前摆动，为触地做准备。

在上身直立的全速短跑过程中，弹簧压缩从脚触地开始，从而产生水平方向的制动力。这种突然和短暂的减速有助于促使摆动腿向前并为下一步做准备。随着身体质量中心向脚的前方移动，短跑运动员处于支撑中期。在SMM中，弹簧被压缩到最低点，这与支撑中期重心降低的特征相一致。最后，该模型将支撑阶段的蹬离部分描述为通过螺旋式弹簧的延长使能量得以恢复的过程。由此产生的能量和力推动运动员向前移动。

尽管SMM为上身直立的高速跑步提供了一个概念性框架，但最近的调查表明，该模型在描述高水平短跑运动员的支撑阶段方面是有局限性的。如图19.2所示，在最大速度阶段，高水平短跑运动员往往偏离经典的SMM，在触地的前半阶段产生大量的垂直力。相比之下，普通的短跑选手，例如那些参与多个团队赛或田赛的选手，他们在支撑阶段的数据与SMM曲线的描述相一致[17]，也就是说，他们的垂直力曲线更对称（图19.3）。因此，SMM应该作为一种描述SSC、肌肉硬度和全速短跑之间的关系的方法。事实上，随着在固定的跑步速度下步频的增加，腿部弹簧模型的最重要特征之一就是使肌肉硬度提高[29]。

> 因为全速短跑要求运动员高速移动，体能教练应注重那些被证实能够增加神经驱动，同时在拉长-缩短周期中使髋关节和膝关节的肌肉超负荷参与的练习。

变向和敏捷性发展在神经生理学方面的注意事项

除了前面所讨论的速度表现的神经生理

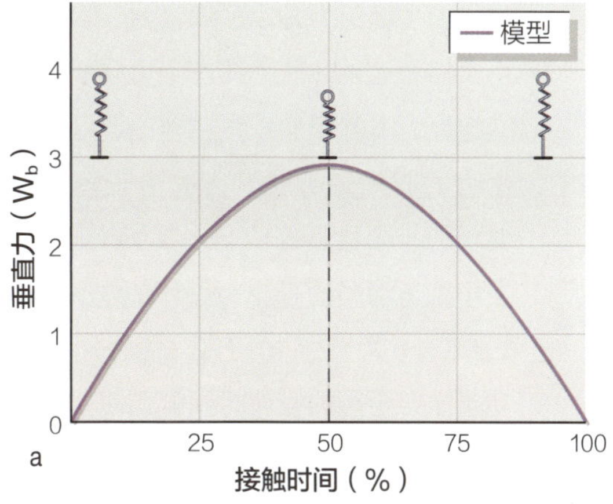

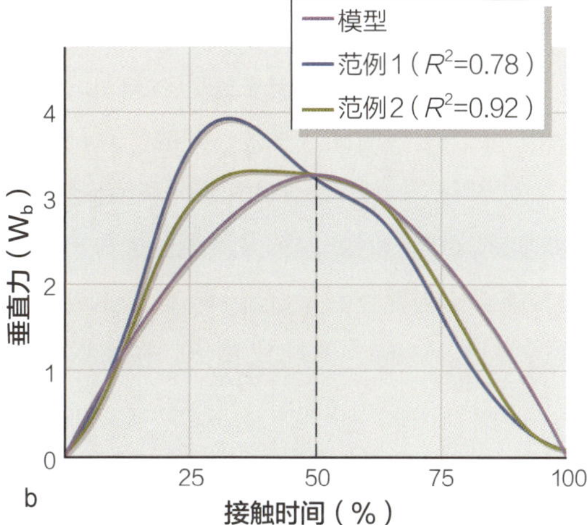

图19.3　这是一个与冲刺的支撑阶段的地面反作用力相关的简单的弹簧-质量模型。在支撑阶段，该模型展示了腿（表示为弹簧）在初始触地时未被压缩的状态，以及在之后的支撑中期或当垂直反作用力增加时如何被压缩（表示为弹簧长度的变化）的过程

[源自：Clark and Weyand，2014[17].]

图19.4　触地阶段，在短跑或变向动作中也可被称为支撑阶段。这是变向动作的一个关键点，它代表了减速阶段和加速阶段发生转换。在减速以及使身体向另一个新方向奔跑时，身体姿势以及维持躯干姿态的能力对于运动表现而言，尤为重要

学方面的内容，对于变向和敏捷性表现而言，还有其他因素要考虑。如图19.4所示的触地阶段，无论是敏捷性（0.23~0.25s）[7]，还是变向动作（0.44~0.722s）[8, 39, 54]，其触地时间都超过了短跑加速阶段（0.17~0.2s）[4]和短跑最大速度阶段（0.09~0.11s）[92, 93]的触地时间。鉴于此，大多数变向需要更长时间的SSC运动。

由于有效制动是敏捷性表现的一个重要组成部分[83, 84]，与神经肌肉系统发展有关的高速度、高强度离心收缩应受到重视，原因有两个。第一，离心收缩中的适应或运动单位募集方式，与向心收缩不同[28]。第二，对离心训练的适应对于离心负荷的速度来说可能具有特异性[62]。此外，训练运动员的有效敏捷性表现要求必须具有知觉-认知方面的知识和与变向有关的神经生理学知识。对运动员的知觉-认知要求不仅与其视觉搜索能力、预判能力、决策能力以及反应时间有关[76]，而且与其大脑处理战术情况（无论进攻还是防守）的策略有关[82, 85]。

当你开始了解变向和敏捷性的各种神经生理学需求，包括SSC、肌肉的离心训练、时间的长短或变向策略在SMM中的需求，就会更加清楚改善敏捷性的训练要求。此外，需要理解敏捷性表现的神经生理学需求已从身体需求扩展到特定战术情况下的知觉-认知需求。

跑步速度

短跑由一系列成对出现的腾空阶段和支

撑阶段组成，这个过程又被称为步态。短跑通常指运动员在较短距离内用较短的时间，以最大加速度或最大速度（或两者兼有）在跑道上发生位移的运动。短跑被描述为快速、无节奏、尽最大努力且持续时间不超过15s的运动[67]。然而，短跑速度的经典定义涉及步幅和步频之间的关系[53]。

基于这种理解，短跑速度可以通过增加步幅或增快步频来提高（图19.5）。虽然这些变量的变化看似是合理的，但步幅和步频最大化的基础与快速产生力有关。

- 优秀短跑运动员和新手之间的差异可通过一项指标来评估。目前关于短跑的文献表明[13, 52, 93, 94]，支撑阶段施加于地面的垂直力可能是提高速度的最关键因素。此外，更大的力必须在尽可能最短的时间内作用到地面上（力的发展速率）。
- 力的施加是使物体移动的必要条件。在冲刺跑中，步幅代表一步移动的距离。在最大速度时，优秀男子短跑运动员的步幅能达到2.70m，而新手男子短跑运动员的步幅仅为2.56m［图19.6（a）］[52]。
- 由于需要触地才能继续产生力并随后改变速度，因此增加步频在理论上可使产生力的时间最大化。优秀男子短跑运动员的步频接近每秒4.63步，而新手男子短跑运动员的步频为每秒4.43步［图19.6（b）］[52]。换句话说，优秀短跑运动员需要更短的触地时间就能使其身体移动。因此，这些速度更快的短跑运动员会因其步频更快而腾空时间更长。有趣的是，优秀短跑运动员的摆动腿的复位时间与其他速度更慢的运动员的摆动腿的复位时间几乎是一样的[52, 94]。

尽管优秀短跑运动员和新手短跑运动员触地后摆动期的时间差不多，但是优秀短跑运动员能够恰当地控制垂直力，从而产生更好的推进效果。Mann[52]的建议指出，在回摆腿的膝关节最大限度地屈曲时，能够获得一个优化的膝关节高度，使垂直力更好地施加在跑道上。这个更高的膝关节位置能够为力的产生以及随后的离地提供更多的时间。该技术的优势

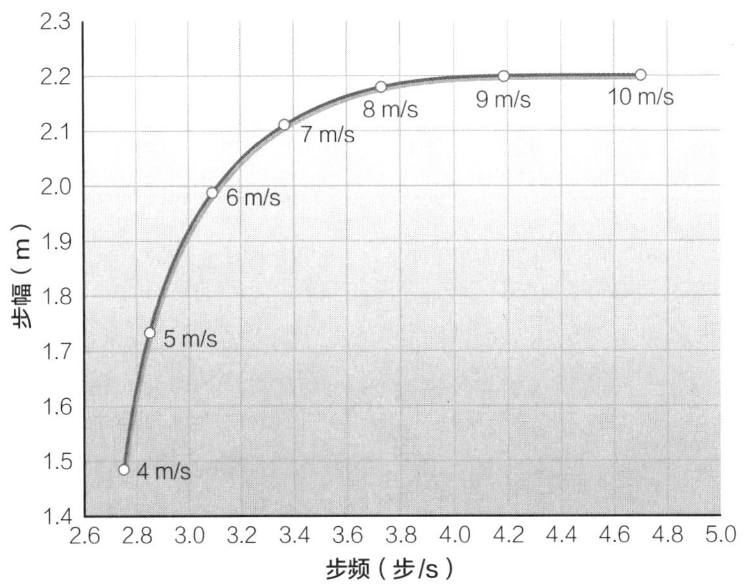

图19.5 步幅和步频的交互关系形成了跑步速度

[源自：Dillman，1975[26].]

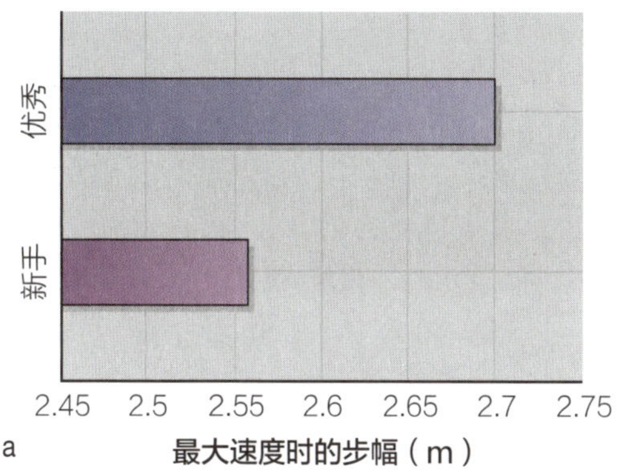

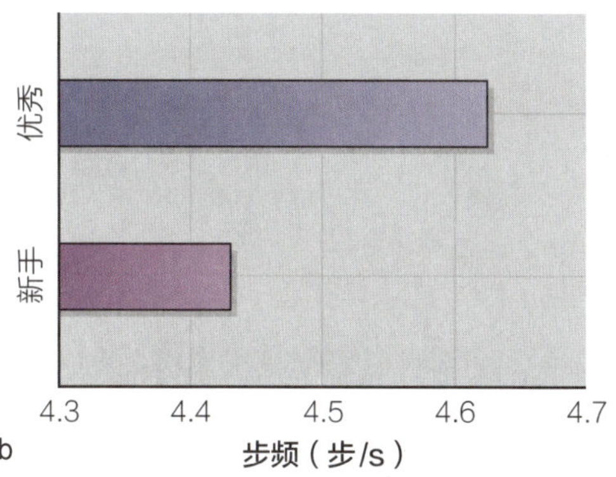

图19.6 不同水平的短跑运动员的（a）步幅和（b）步频表现
[源自：Mann[52].]

可能进一步证明了为什么优秀短跑运动员一般在支撑阶段的前半阶段产生绝大部分的力。

此外，更快的短跑运动员能够通过在时间较短的支撑阶段内持续将更大的力作用于地面实现更快的速度，因此可以在更快的步频的情况下产生更长的步幅。优秀男子短跑运动员的速度能达到12.55m/s左右，而新手短跑运动员的速度最快为11.25m/s左右。虽然力的产生可能是限制因素，但技术效率和训练设计同样也会影响短跑速度。

> 短跑速度是由运动员的步频和步幅决定的；更成功的短跑运动员能够将力恰当地作用于地面，从而具有更大的步幅，同时还展示出更快的步频。研究发现，RFD和适当的生物力学机制是影响短跑表现的两个主要限制因素。

短跑技术指导

直线短跑由若干阶段组成，包括启动阶段、加速阶段（图19.7）和最大速度阶段（图19.8）。虽然短跑的这些阶段在技术上是不同的，但是它们都要求运动员通过一系列的支撑阶段和腾空阶段，以最大的速度自主地移动下肢。支撑阶段可以进一步细分为离心制动期以及随后的向心推进期。与此相对应，腾空阶段由摆动腿的恢复期和准备触地期构成。

图19.9是与图19.7和图19.8相对应的短跑技术清单。这些基于直线短跑的建议，可能对动作的教学与评价有所裨益。图19.10描述的是最大速度短跑的基本动作。

技术错误与纠正

表19.1列出了许多常见的短跑技术错误及可能的原因与纠正策略。这些错误通常是由不当的指导提示、灵活性不足或外部干扰影响了

图19.7 最初加速（启动）阶段和加速阶段的短跑技术

图19.8 最大速度阶段的短跑技术：腾空后期至支撑前期；支撑前期；支撑中期；支撑后期，离地

短跑技术清单：启动阶段、加速阶段和最大速度阶段

启动阶段（图19.7）

运动员应该试图通过一个固定的起跑姿势（脚蹬起跑器、三点式或四点式分腿站立预备）均衡分配自身体重，使身体各个部位处于合适的角度，这对启动提供爆发性力的产生至关重要

- 优秀短跑运动员的前腿的膝关节角度约为90°。
- 优秀短跑运动员的后腿的膝关节角度约为130°。

双腿猛烈伸展

- 目标是通过对起跑器或地面最大限度地发力（推）以产生很高的水平速度。
- 在启动的一刹那（0.28s），双腿共同产生的力约为905N。
- 为了克服静态的启动姿势，短跑运动员必须依靠产生的垂直力支撑身体重量，还要使身体的重心向上移动至跑步姿势。
- 由于需要适当地抬高身体的重心，垂直速度在双脚蹬离起跑器和随后迈出两步时达到峰值。

当位于起跑器上的前侧腿的膝关节接近完全伸直时，启动完成。

- 优秀男子短跑运动员的前腿离开起跑器时，其膝关节的伸展角度约为160°。
- 触地的第一步与起跑线的最佳距离为0.5m。
- 优秀短跑运动员的初始速度可达到5m/s。

加速阶段（图19.7）

初始步伐

- 在启动和加速阶段的最初几步，摆动腿的回摆应尽可能低，使脚趾几乎贴着地面。
- 在第二步的步频方面，优秀男子短跑运动员的步频可以达到5.26步/s，而新手短跑运动员的步频仅为3.45步/s。
- 优秀短跑运动员离开起跑器的前两步的步幅为1.13~1.15m，而新手短跑运动员的前两步的步幅为1.21~1.50m。
- 优秀短跑运动员在加速前期的步幅较短，是因为可以通过减少腾空时间实现更频繁地触地，从而增加水平速度。
- 优秀男子短跑运动员的第二步从开始到结束的平均触地时间约为0.123s，而新手短跑运动员约为0.223s。

接近20m时，短跑运动员的身体重心会上升，躯干接近直立；头部则处于一个轻松中立的位置，且抬起的速率与躯干一致。

图19.9 短跑技术清单：启动阶段、加速阶段和最大速度阶段

[源自：Mann，2011[52].]

最大速度阶段（图19.8）

在支撑阶段，短跑运动员的各个关节处于堆叠的位置：即肩部、髋部和脚踝从上至下依次垂直排列；头部继续保持在一个轻松中立的位置，目视前方；肩部保持放松下沉，使手臂能够在整个支撑阶段与摆动阶段以与腿部相同的速率周期性前后摆动。

- 优秀男子短跑运动员的水平速度可达到约12.55m/s，而新手短跑运动员的水平速度约为11.25m/s。
- 在最大速度阶段，获得第一名的短跑运动员的步频比竞争对手的步频更快。具体来讲，优秀男子短跑运动员的步频可达到4.63步/s，而新手男子短跑运动员步频为4.43步/s。
- 达到最大速度时，优秀男子短跑运动员的步幅可达到2.70m，而新手短跑运动员的步幅为2.56m。
- 在最大速度阶段，优秀男子短跑运动员将触地时间缩短至0.087s，而新手短跑运动员的触地时间为0.101s。

图19.9（续）

最大速度短跑的基本动作

腾空前期

- 离心髋关节屈曲：大腿减速后摆
- 离心膝关节伸展：腿与脚减速后摆

腾空中期

- 向心髋关节屈曲：大腿加速前摆
- 离心膝关节伸展→离心膝关节屈曲

腾空后期

- 向心髋关节伸展：大腿后摆，为脚触地做准备
- 离心膝关节屈曲：腿向后加速，限制膝关节伸展；在脚触地前停止（通过向心膝关节屈曲将触地时的制动力减小至最低程度）

支撑前期

- 持续向心髋关节伸展：尽可能减小脚触地时的制动力
- 短暂向心膝关节屈曲，接着离心髋关节伸展：阻止因髋关节与踝关节进一步伸展而导致的过度伸膝的趋势；缓冲触地时的冲击力
- 离心踝关节跖屈：缓冲冲击力以及控制脚踝上方的胫骨向前摆动

支撑后期

- 离心髋关节屈曲：大腿减速后摆；躯干转动，准备向前腾空
- 向心膝关节伸展：推动身体重心向前运动
- 向心踝关节跖屈：辅助推动身体向前运动

图19.10　最大速度短跑的腾空和支撑阶段的基本动作列表

[源自：Putnam and Kozey 1989[65]; Wood 1987[95].]

运动员的正常步态而造成的发力不恰当导致的。例如，一名运动员可能会因不恰当的训练指导（例如为了提升速度，连续拉长步伐）或因为相信在比赛中增大步幅能“追赶”上竞争对手而出现步幅过大的错误。无论什么原因，教练的目标在于指导运动员通过适当地向地面施力，优化运动员的步态周期，从而提高运动员的速度。

表19.1 常见的短跑技术错误、原因及纠正策略

错误	原因	指导建议
	启动和加速阶段	
预备姿势的髋关节位置过高	对预备姿势的理解有误	指导运动员双脚间距离应为1.5~2个脚掌的长度，然后通过降低后腿小腿至尽可能平行于跑道表面，缓慢下蹲至预备姿势
运动员在最初的起跑推进阶段向外侧蹬地	力的分布不当	指导运动员在起跑初始阶段向地面推或蹬
运动员摆臂过于僵硬且幅度过小	对手臂自然摆动的理解有误	指导运动员（a）肘向下、向后摆动，或（b）类似拉绳子那样，将手向下、向后拉。此外，提示运动员向后摆臂时，让手充分下摆至腰部的位置，向前摆臂时，手上摆至身体的中线（从鼻子到肚脐连接的假想线）
背肌不必要的紧张；颈部超伸	对动作的理解有误	指导运动员保持头部与脊柱呈一条直线，躯干和头部在短跑加速阶段和过渡阶段的抬起速率应该保持一致
运动员“跳”出第一步，或者跑出第一步时抬脚的高度超过支撑腿膝关节的高度	蹬推角度过大；向上挺身过猛	指导运动员通过蹬推地面来开始动作，并使摆动腿水平地“切”过支撑腿，而非跨过支撑腿。此外，可提示运动员保持摆动腿的脚贴近地面，以便建立适当的加速阶段
躯干过早直立	蹬推力不足；头部不正确地抬起	指导运动员持续施力于地面，同时保持躯干自然前倾。此外，提示运动员保持头部与脊柱在一条直线上，因为抬起头部可能会导致躯干突然抬起，最终阻碍加速模式
	最大速度阶段	
当小腿已经明显垂直于地面时，运动员还尝试保持加速	对动作模式的理解不当	指导运动员当小腿和髋部逐渐抬高至与地面垂直时，躯干和头部也应如此。鼓励运动员感受髋部的抬高，使肩关节、髋关节和踝关节保持在一条线上。这样的姿势可使力能够有效地传递至地面
在摆动腿的膝关节高度这一方面，运动员没有展示出最佳的前侧机制	力产生不足	摆动腿的提膝高度（传统上称为前侧机制）纯粹是地面反作用力的表现。不恰当地提示运动员提膝，可能会进一步导致力的不恰当的传递，并最终改变在短跑项目中自然使用的肌肉组织
运动员步幅过大	对施力的理解有误	短跑项目的成功源于在短时间内产生大的垂直方向的力的能力。一个运动员步幅过大是试图通过更长的触地时间来提高速度，但这一方式最终减弱了拉长-缩短周期的效果。指导运动员“在自己的跑道上奔跑”，并保持自然的步态周期
运动员患有慢性腘绳肌损伤或疼痛	灵活性不足，骨盆位置不正确	在短跑项目的摆动阶段，由于离心（拉长）力而导致腘绳肌损伤的可能性很高。运动员在短跑项目中，若呈现骨盆前倾，也容易造成这类损伤。在训练或比赛之前，为了使骨盆稳定在中正位置，可采取灵活性改善训练和软组织治疗

续表

错误	原因	指导建议
运动员试图让腿“划圈”，导致摆动阶段的完成时间增加。这会使支撑阶段的双腿膝关节之间出现明显的间隙	不恰当的施力	指导运动员脚掌向下、向后蹬地，而非扒地。由于短跑时脚近乎水平地运动，教练经常会错误地提示运动员用脚掌扒地。脚掌水平地扒地会阻碍运动员利用垂直力，从而使拉伸－缩短周期过载，降低其效益
运动员手臂在水平面出现错误的动作	对动作模式的理解不当	虽然传统观念认为，不稳定的手臂运动是疲劳的症状。但很多文献资料表明，速度受机械力施加的限制，而不受代谢效率的限制。在这种新的模式下，教练应强调手臂向下、向后摆动，同时保持躯干直立。此外，为了有效利用盂肱关节的自然活动范围，教练应该指导运动员的摆臂接近身体的正中线

训练目标

短跑的首要目标就是通过正确地把力施加到地面，实现最优化的步幅和步频。强大的力的传递一定发生在时间极短的支撑阶段，也就是我们通常所说的触地时间。在加速阶段，推进力帮助抬高髋部至高于地面的某个位置，直到速度不再大幅增加。之后进入最大速度阶段，利用SSC（通过调节肌肉的硬度）推动运动员的身体质量中心水平地在跑道上移动。

在提高速度的实践过程中，应考虑以下两个有关增强运动表现和预防损伤的基本训练目标。

- 强调将缩短地面支撑时间作为一种实现快速步频的手段。如前所述，这需要较高水平的爆发力。通过持续的速度训练及设计合理的力量训练计划，能够系统、有效地提高这种素质。
- 强调将进一步发展SSC能力作为增加短跑的每一步的冲量幅度的手段。尤其是以最大速度短跑的高水平运动员，能够通过SSC在更短的支撑阶段产生强大的力。完整的举重动作及其衍生动作是使SSC超负荷的重要练习，其施加的力往往大于短跑时所产生的力。

敏捷性表现和变向能力

在室内与室外运动项目中，有很多变向移动是预先设计的，同时也有很多需要针对球、对手或比赛的情况做出相应的方向变化的情况。在棒球、垒球、橄榄球和篮球等运动项目中，运动员需要在开始移动之前就决定他们将要跑动的路线。类似的模式通常包含一个快速或突然的方向改变，例如，滑步出垒后爆发式地进入冲刺，或在接球前的跑动路线。然而，许多运动项目还包括快速变向以应对对手或战术情况。这种反应可能发生在进攻或防守的情况下，这对运动员的身体动作和知觉－认知层面提出了不同的要求。因此，应该从身体角度（变向能力）以及结合知觉－认知层面（敏捷性）来彻底理解与敏捷性表现相关的因素。

> 运动员通过在各种速度和运动模式下发展一些身体素质和技术技能来提高变向能力。敏捷性的发展还需要提高与运动需求相关的知觉－认知能力。

影响变向和知觉-认知能力的因素

愈发清楚的是，触地阶段（图19.4）中的触地时间和地面反作用力为影响变向表现提供了有价值的物理因素，而在讨论敏捷性时，知觉-认知因素也必须被考虑到。涉及小切角（小于75°）和较短的触地时间（小于250ms）[83]的变向与敏捷性的动作将得益于类似与身体需求相关的速度训练的训练，除此之外，仍需进行额外的知觉-认知训练。另一方面，运动员若进行更大的切角（等于或大于75°）的动作，由于更大的制动要求，触地时间往往超过250ms[8, 38, 54]。因此，我们应重视离心力量以及再加速所需的向心爆发收缩的最大力量。图19.11举例说明了不同测试要求（变向角度或敏捷性的知觉-认知要求）是如何影响运动员的地面反作用力和触地时间的。特别令人感兴趣的是变向（对于相同切角）的各种方式对地面反作用力和触地时间的影响。不同的变向方式的效果见图19.11，其中505敏捷性测试采用单腿（外侧腿转向）变向或进行“跳转”（可在测试环境中使用，但在运动场上不常见）。然而，这表明所选择的技术决定需求。因此，如果试图从运动员身上获得特定的适应性，应提供特定的指导。

用于敏捷性表现评估的测试将影响运动员感知敏捷性的能力。一系列的测试被用于测量“敏捷性”，然而其中不包含反应层面的测试应当作为变向能力测试，而根据现在的定义，包含反应层面的测试对于大多数运动而言才是敏捷性测试。此外，测试的要求可能会导致除变向能力或知觉-认知要求以外的评估因素出现。因此，测试前必须告知测试者，该测试用于评估“敏捷性”还是“变向能力”。例如，伊利诺斯敏捷性测试经常被用于足球运动员[91]，如果在赛季前训练完成之后进行该测试，那么在该测试中的表现提高可能是由于代谢能力的改善，而非变向能力。这可能是由于伊利诺斯敏捷性测试的时间较长，对代谢提出了更高的需求。

然而，应该指出，即使是同一运动员进行类似时间长度的不同测试，例如传统的505敏捷性测试、改良版的505敏捷性测试（没有启动时的10m助跑）及L形跑测试，测试结果之间只呈现出中度的相关性[31]，这种情况说明这些测试并非针对同一类型的变向能力进行评估，对应的身体需求也不同。当人们意识到一些测试需要快速变向，而另一些需要多方向变向时，这就变得更加明显了。多方向变向的测试常常需要绕着标志物（例如圆锥桶）进行更多的方向变化，而且应尽可能保持较快的速度；相比之下，快速变向的测试则需要迅速地减速。因此，像伊利诺斯敏捷性测试或L形跑测试这样更需要身体弯曲以保持速度而不是方向的急剧变化的测试，被认为是具有可操作性的测试[58]。基于此，表19.2给出了解决“敏捷性”领域内不同的身体需求的变向和敏捷性测试和练习的例子。当选择变向和敏捷性测试时，应考虑对于运动专项最重要的方面是什么，而且应考虑测试和监测各种类型的变向和知觉-认知能力。

变向能力

如前文所述，我们必须明白，运动员的变向能力测试结果可能会因不同变向测试的需求差异而有所变化。因此，选择不同的测试方法来测量在高速紧急制动需求下的变向能力是有益的，例如有多方向变化的情况，或者像将要讨论的那样，需对特定的比赛场景、对手或刺激做出反应。另一个变向时应考虑因素是减速时身体的方向：通过转换阶段，运动员停下

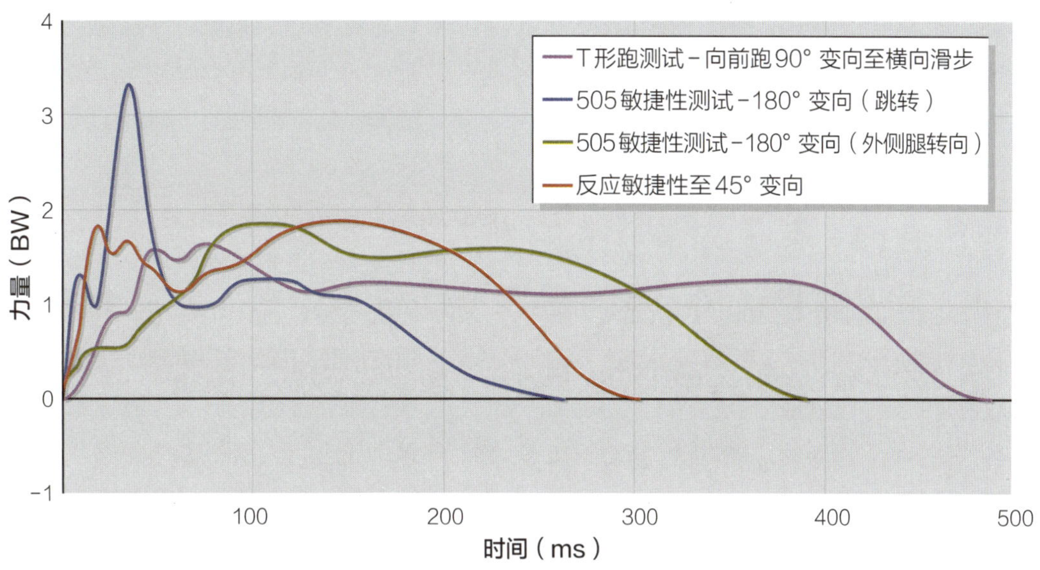

图19.11 不同变向和敏捷性测试的地面反作用力和触地时间的对比

来，然后调整身体姿势向随后变向的方向再加速。因此，躯干姿势的调整能力会影响变向的运动表现。减速、重新调整身体朝向或部分朝向接下来运动的方向，以及随后爆发式地再加速的能力，这三者结合从而真正决定了变向的能力。

当为优秀篮球运动员做T形跑测试评估时，考虑到动量快速变化的需求，增加肌肉质量且减少体脂已经被视为变向表现的预测因素[6]。其他的人体测量学因素及其与变向能力之间的相互关系则不在这里讨论。例如身高和肢体长度等，这些方面是体能教练无法改变的。相反，身体重心的高度与改善侧向变向能力有关[78]，教练可指导运动员就这一点进行针对性训练。

总体而言，不同动作模式下的变向能力（不同切角）已被证明可以随着伸髋速度的增加（快速应用髋关节伸肌的力量）、身体重心的降低、制动冲量和推蹬冲量的增加、进入变向时的屈膝程度的增加、进入变向时的躯干角位移的最小化（减速阶段）和躯干侧倾角度（180° 范围内变化）的增加而提高[15, 70, 78, 83, 84, 86]。在实现更快的变向和敏捷性表现的动力学与运

表19.2 各种敏捷性练习或测试的侧重点

	变向的速度	控制能力	知觉－认知能力	代谢需求（平均测试时长）
反应敏捷性测试	√		√	<3s
505敏捷性测试	√			<3s
PRO敏捷性测试	√			<5s
T形跑测试	√	√		<12s*
伊利诺斯敏捷性测试		√		<12s*
L形跑测试		√		<6s

*测试的时长对代谢需求有很大的影响，测试表现的改变可能源自体能的提高，与变向或敏捷性能力的改善无直接关系。
[数据源自参考文献31、60、63、75、79、90、91和97。]

动学需求的描述中，减速、保持身体姿态并重新加速的能力至关重要。因此，显而易见地，一个包含了动态、等长，尤其是离心力量能力的全面的力量发展方法，是获得更好的变向表现所需的[41, 86]。与短跑训练相反，在变向能力训练中，建议运动员通过训练让神经肌肉系统有效地适应制动时所要求的负荷。理解了制动能力对神经肌肉的要求，就知道制动能力必须通过快速的离心收缩进行专门训练[28]，例如从高处落地、负重跳跃的落地阶段、高翻或高抓的抓杠阶段。这些不同负重的离心负荷都要求髋关节、膝关节和踝关节周围的神经肌肉产生适应[56]。

知觉–认知能力

当身体具备快速变向的能力时，人们就可以专注于知觉–认知能力（即在赛场上控制身体和精神的能力）的构成要素。知觉–认知能力的组成部分包括：视觉扫描、预判、模式识别、情况判断、决策时间和准确性，以及反应时间[75, 77, 83, 97, 98]。这些方面中有些属于运动专项的范畴，超出了本文的讨论范围。但是，提高这些技能的一般性训练，会在“发展敏捷性的方法”中进行讨论。

技术方针和指导

与短跑相反，由于在变向期间有大量的动作发生，变向和敏捷性有很大的自由空间。进一步说，若敏捷性被对手、其他战术或赛况限制，则不能通过单一的技术来训练敏捷性。不过，以下有一些技术方针和指导建议。

视觉聚焦

- 当针对对手（进攻或防守）做出变向的反应时，运动员应该专注于对手的肩部、躯干和髋部。
- 除非对手在做假动作，否则在预判将会发生的动作后，运动员应当快速将注意力转移到新的区域，这样有助于引导身体的移动。

制动和再加速阶段的身体姿势

- 控制躯干进入减速阶段（减少大量的躯干运动）[70]。
- 通过支撑阶段，重新调整躯干和髋部至朝着将要行进的方向，以期能够更有效地再加速[15]。
- 就像加速机制那样，让脚踝、膝、髋、躯干和肩部形成有力的排列，使身体倾斜，这对恰当地向地面施力至关重要。
- 在变向开始和结束时应有更低的身体重心；完成侧滑步变向时，保持低重心是十分关键的[78]。

腿部动作

- 确保运动员能够通过膝关节的有效活动承受离心制动负荷，并避免直腿制动[81, 83]。
- 尤其是在封闭式技能学习中，应强调“蹬推地面”以提高其运动表现。外源性关注点可以引导运动员将注意力集中在蹬推地面上而不是身体的某一部分，这已经被证明可以提高变向表现[64]。

上肢动作

- 有力的手臂动作可以用于促进腿的摆动。
- 确保上肢动作不产生阻碍作用（即不导致速度或效能降低），尤其是在很多复杂的方向转换过程中（例如从向后跑到向前冲刺）。

训练目标

发展敏捷性的3个目标:（1）增强在各种情况和战术情景下的知觉–认知能力;（2）高

效的快速制动；（3）快速地朝新的方向再加速。为了达到这3个目标，我们应该强调以下几点。

- 将视觉聚焦于对手的肩部、躯干和髋部，增强感知能力，从而通过预测对对手的移动进行进攻或防守[75]。
- 将身体调整至能有效地向地面施加力以使制动最高效的姿势，并提高能快速停止或从某个动作方向制动的速度（向前跑动、向后跑动或侧向滑步）[15, 70, 78, 83, 84, 86]。
- 在制动后维持良好的身体姿势，调整身体姿势朝着新的方向且能够有效利用加速机制进行再加速[58]。

发展速度的方法

从实践角度来看，良好的速度表现是通过精心编排的训练计划使运动员所需技能从根本上发展并成熟的结果。这种短跑训练的方法来自一种发展模式，该模式基于在各个训练阶段强调与削弱特定的素质，例如加速和最大速度能力。此外，训练计划应通过阶段性进展来协调这些非凡的身体特质。一个结构合理的训练计划应有所侧重，以便充分发挥运动员的潜力。

短跑

虽然有多种训练的刺激对运动表现的优化是重要的，但可以说没有任何一项训练能比最大速度短跑更能提高跑步速度。运动员的短跑能力取决于短时间内产生出的力的大小[52, 93]。强调最大力量和最大动作速度的长期训练计划能使神经系统适应性提高，进而提高RFD（力的发展速率）和产生的冲量[1, 89]。在体能训练中，不同负荷的举重动作和跳跃训练被用来提高力的发展速率和产生的冲量，因为这些动作包含了拉长–缩短周期机制。同样，直立短跑也包含了拉长–缩短周期机制，它被界定为快速伸缩复合训练动作。长期采用包含拉长–缩短周期机制的训练动作可以增加肌肉硬度，对于全速短跑能力而言，这是一个潜在的生理优势[29]。

此外，短跑要求接近最大或最大程度的肌肉激活，这取决于中枢神经系统高度的兴奋性。此活动通常被称为速率编码（rate coding）[47, 68]。当神经冲动信号频率达到某一阈值时，众多的刺激使骨骼肌不可能完全放松[47]。不完全放松的肌肉会导致之后的收缩更有力和更大的力的发展速率[57]。因此，长期进行冲刺训练可提高中枢神经系统对肌肉的控制能力。这会引起周期性的刺激反应关系，因为神经生理系统会适应之前的训练，进而为后续较大负荷的训练做准备。为了提高所需的力或增强潜在的神经肌肉适应，从而提高短跑成绩，助力训练与阻力训练经常被使用。表19.3概述了这两种训练的优势、劣势及注意事项。

力量

正如本章所指出的，短跑速度的基础是运动员在短时间内产生强大的力的能力。这些力必须足够大（a）以在重力的作用下支撑体重，并（b）通过速度的增加来移动身体[52]。因此，许多体能训练的专业人士意识到为短跑运动员安排负重训练的重要性。力量训练所讨论的核心问题是如何最好地把在力量房新获得的力量素质应用在田径场上[96]。若要把获得的力量转化到短跑中，可能需要专项化的训练。这种训练效果的转化涉及运动表现的适应程度，可能是由动作模式、峰值力、力的发展速率、加速度、速度模式与运动环境的相似性造成的[87]。

虽然最大力量训练可能有益，但应该强调最大力量和速度力量二者相结合的训练[34]。被选中的练习和动作提供了展示与短跑中类

表19.3 用于发展速度的助力训练和阻力训练

训练类型	训练模式举例	潜在优势	潜在劣势	实践操作中的建议
助力训练（例如超速训练）	训练模式包括绳牵引、弹力绳拉或下坡跑，目的是使运动员以超过最大速度的速度跑步	从理论上讲，这些训练工具的使用是为了让运动员通过增快步频实现比无助力短跑更快的速度。所增快的步频被假定为有可能通过神经肌肉适应来提高最大的短跑速度	助力跑可能会使运动员过早地完成支撑阶段，从而减少了施加适当力所需的时间，并且已证明与最大速度跑相比，降低了肌肉的激活水平，减少了推进力的产生[55]。因此，经常可以观察到类似于“切”的步子与最大速度跑相比，依靠运动员的牵引训练可能会增大制动力[55]，因为运动员会承受由于生物力学效率、训练状态或两者兼而有之而无法自然产生或适应的速度 下坡跑可能会通过调整支撑腿让运动员处于不必要的离心力的环境中，导致运动员不得不“找到地面”。这也可能影响拉长-缩短周期，因为拉长-缩短周期是通过脚在身体重心前的位置进行优化的，这只发生在在平地上进行的直立短跑中[55] 到目前为止，很少有研究支持超速训练，因为短跑的成功在于运动员在短的触地时间内产生大的力的能力	最大速度应该通过更自然、更安全的训练手段发展，并且要考虑运动员的训练状态和最佳的支撑生物力学 教练在实施前应仔细评估助力方式的影响
阻力训练	训练模式包括拉雪橇、风阻、上坡跑和推雪橇跑，目的是提高运动员的加速能力	通过使运动员处于更小的躯干、髋关节以及胫骨角度的姿势来突出加速阶段的生物力学机制 通过使加速阶段超负荷，阻力跑可能会优化运动员快速完成短距离跑的能力，使其在触地时间内产生更大的推进力 提高加速度（即在速度上的变化）可能会通过提高力的发展速率提升最大速度	短跑时对抗过重的负荷可能会导致更长的触地时间和更短的步幅，这与专项特征不符[49] 坡度过大可能会改变正确的短跑生物力学，造成技术运用不当，从而限制训练效果的转移 推重物跑可能会改变自然奔跑的步态周期，因为手臂动作与腿部动作无法做到同步和平衡	试图改善短跑加速阶段表现的教练员和运动员可采取与无阻力短跑正常生物力学模式相同的阻力训练方式 负荷的选择应基于运动环境，同时考虑运动员的身体状况。例如，田径短跑运动员可以使用的负荷不能使跑步速度降低10%~12%[2, 39, 51, 42]。相反，场地项目的运动员克服外界阻力（例如拦截、抢断和对抗）时，可以使用大小为体重的20%~30%的负荷来改善最初5~10m的运动表现[20, 42]

[数据源自参考文献2、20、40、42、49、51和55。]

似的力量和速度的机会，这些练习和动作对于提高速率编码和神经脉冲频率，以及改变Ⅱ型肌纤维的结构，例如肌肉横截面积和肌纤维长度，有最大的益处[30, 33]。例如，有证据表明，举重动作及其衍生动作（例如高翻、抓举或大腿中段起始的硬拉）可能会使运动员产生生理适应（例如增加肌肉硬度，增强力的发展速率和围绕髋关节和膝关节的肌肉的协同作用），进而提高短跑成绩[6, 18, 24]。

灵活性

软组织处理虽然不是一个动力学变量，但在速度型运动员的成长过程中被应用得越来越多。教练员依靠诸如拉伸、按摩和筋膜松解等手段使运动员能在动态运动中达到最佳的灵活性。灵活性是运动员的肢体在所需运动范围内活动的自由程度，而柔韧性则是关节运动的总范围。姿势是运动表现的限制因素之一，教练员应确保运动员在训练或比赛开始前已具备良好的身体姿势。

基于先前描述的速度结构，目前公认的短跑成功模式基于运动员在短时间内产生力及克服地面反作用力的能力。尽管这些地面反作用力能够通过向前推进协助运动员产生最佳步幅，但是处于腾空阶段的短跑运动员的姿势会因灵活性不足而受限。具体而言，运动员可能具备在短时间内产生强大的力所需的身体素质，但关节运动的自由度受限会导致力施加不当。由错误的触地方式造成的力施加不当将导致短跑速度的降低和受伤可能性的增加。

发展敏捷性的方法

就像我们在全章探讨的一样，在持续提升敏捷性表现的过程中，想要同时发展身体能力及知觉–认知能力这两个方面的话，采用一种多因素的方法（全面的方法）是必要的。因此，教练应制定一份能够利用各种力量发展策略来巩固身体素质，在封闭技能环境中通过特定动作（变向能力）培养技术能力，以及通过敏捷性训练和内在技能练习提高知觉–认知能力的训练计划[58]。

力量

与速度方面的力量发展相似，敏捷性方面的力量发展应强调相对力量以及沿力–速度曲线发展的多种速度力量素质。然而，由于变向和敏捷性动作的制动力大，应考虑进一步发展运动员离心收缩的力量。这意味着，训练可以根据负荷–速度曲线选取一系列在力量房内进行的动作[32]，以及在场地内进行的各种动作。例如蹲跳、有反向动作跳跃和结合变向和敏捷性训练的各种高度的下落跳练习。敏捷性的多因素性决定了运动员需要一个全面性发展力量的方法。表19.4提供了一个如何在力量房和场地内进行训练以满足敏捷性表现的力量需求的示例。运动员在将新获得的力量转化为技术能力之前，应优先发展身体能力，这将有助于教练员和运动员意识到一个正确的技术的性能效益不如改善基本身体能力的性能效益高[88]。

变向能力

与快速伸缩复合训练的进阶类似（基于每个练习强度和难度），根据本章所讨论的身体负荷要求，封闭式变向练习的进阶也可以从初级到中级，再到高级。表19.5给出了一个关于变向（包括快速变向及控制能力）及敏捷性进阶训练的示例。敏捷性训练中的身体负荷将高于初级变向训练中的身体负荷。因此，表19.5为实践者提供了一系列的练习以及如何安全有效地提升运动员水平的指导方针，以促进他们的身体素质和技术水平的进一步发展。

表19.4 新手运动员与优秀运动员的敏捷性发展重点比较

力量要求	新手运动员（力量房训练）	新手运动员（场地训练）	优秀运动员（力量房训练）	优秀运动员（场地训练）
动态力量 要求为后续训练提供基础的力量支撑，并确保在自重和负荷训练中有足够的灵活性	自重练习	“身体意识”训练，例如直立前倾练习	深蹲（及其变式） 硬拉（及其变式）	各种变向练习
向心爆发性力量（可能包含等长收缩训练） 要求能够在制动阶段后有效地重新加速或在变向和敏捷性过渡阶段维持强有力的姿势	跳箱练习	加速练习	跳箱练习 奥林匹克举重 蹲跳（负重）	高阶加速练习（例如，推雪橇）
离心力量 要求具备在变向和敏捷性的制动阶段有效缓冲负荷的能力	落地练习	减速练习（着重于向前的动作）	落地练习和在奥林匹克举重抓举接杠阶段所需的力量 强化离心训练	减速练习（高速和各角度变化）
反应力量 要求提高从高强度的离心负荷向向心爆发力转换的能力	—	初级快速伸缩复合训练	负重跳 下落起跳 复合式训练	高级快速伸缩复合训练
多方向力量 要求在多方向移动中保持强有力的身体姿势	弓步练习	低速变向训练（例如，Z形跑练习） 侧向、向后和向前的变向练习	单侧力量举 更大活动幅度的动作（例如，地雷架练习）	高速变向练习 具有挑战性的切角变向训练
知觉-认知能力 要求提高视觉扫描以及有效地做出预判和决策的能力	—	简单的反应练习：增加时间或空间的不确定性	—	小边界游戏 具有严格时间和空间限制的敏捷性练习

[源自：Nimphius，2014[58].]

表19.5 变向和敏捷性进阶训练

训练目标	初级	中级	高级
变向	减速练习（向前）进阶至以更快的速度或更短的距离制动 向前、向后和侧向移动的基本动作模式 低速变向练习（从加速到变向的距离少于5yd），例如Z形跑练习	减速练习（侧向），进阶方式与向前的减速练习的进阶方式相同 扩展到包括切角小于75°的各种角度的练习 在练习过程中增加变向前的速度（从加速到变向的距离增加至10yd）	在向前和侧向上同时减速再加速的练习 进一步扩展到全面的切角（包括大于75°）
控制能力	基础练习或测试，例如伊利诺斯敏捷性测试这种要求以略微弯曲的姿势进行近乎直线的跑动	增大弧线跑动难度的练习，例如L形跑 需要进行运动模式（侧向滑步、冲刺跑和向后跑）转换的练习，例如T形跑	

续表

训练目标	初级	中级	高级
敏捷性	在进行敏捷性训练之前应确保具备一定的身体与技术能力	在初级和中级训练中增加简单的刺激（箭头指向某个方向）的变向练习。这些练习为运动员针对信号做出反应提供了有限的选择（例如向右或向左，向前或向后）	大幅增加空间和时间的不确定性（因此有更大的知觉-认知压力） 小边界游戏 躲避游戏和练习

[源自：Nimphius，2014[58].]

知觉-认知能力

在多年的（运动专项）技术训练中，运动员不断提高视觉扫描、模式识别和对环境的认知能力，同时在训练中（技术练习之外）主要通过改善预判、决策时间和准确性来提高敏捷性。运动员会经常增加对身体训练的需求以不断提高运动表现，那么也应以同样的方式来训练知觉-认知能力（表19.5）。因此，敏捷性训练应该从在常见的封闭式变向练习中加入知觉-认知成分开始。例如，通过一个常用的刺激源（例如一声哨响、教练的口令、闪光的箭头或灯），减速或Z形跑训练就可以变成敏捷性训练[76, 97]。在上述敏捷性练习完成良好后，进阶性练习需要带有一些运动专项性的刺激，例如躲避性练习和小边界的游戏，有观点认为这些练习能更好地实现训练效益向运动表现的转化[76, 97]。在一个专门的敏捷性练习中，通过逐渐增大运动员面临的时间或空间压力，可以使一般性和专项性刺激变得更加困难。

训练计划设计

训练计划设计包括几个层次的规划，每个层次都有一套自身需要考虑的因素，包括小周期（短期）、中周期（中期）和大周期（长期）。**周期**是通过以循环性和阶段性训练负荷为划分基础的有序训练阶段，对运动员的准备状态进行的战略性调节。这些有计划的训练负荷是多种多样的，以便于整合所设计的计划，协调训练引起的疲劳和身体适应之间的关系[22]。此外，周期训练的进程由运动员训练过程监测中收集的信息所引导。具体而言，当运动员完成一个训练阶段时，通过各种监测方法所获得的可信的信息有助于了解运动员在短期内对训练刺激的反应，以及运动员应该如何在长期得到发展，即原来的训练计划应该如何修改，才能真实反映运动员对训练的反应。

在训练计划发展的每一个层次，体能教练一定要控制已知的变量。尽管这些变量有助于描述训练日程安排以及量化负荷，但是教练应该记住，必须对每个变量本身及其对整体系统的影响进行综合考虑。此外，对运动员的监测所揭示的运动员的训练反应，也应该用于这些变量的控制。

- 练习（或做功）间隔——一次动作重复执行的时长或距离。
- 练习顺序——一组中的动作练习（多个）的执行顺序。
- 训练频率——在一定的时间段内（例如，一天或一周）进行训练的次数。
- 强度——执行一次动作重复时的努力程度（最大努力的百分比）。
- 恢复（休息）间隔——两次动作重复之间或两组之间的时间间隔。
- 动作重复——执行特定的工作负荷或动作技术。

- 系列——包括多组和组之间的休息间隔。
- 组——包括多次动作重复及其之间的休息间隔。
- 量——在一堂训练课中或某个时间段内所做的功（例如，练习3组、每组5次动作重复）。
- 做功–休息比——在一组训练中，练习与休息的相对密度，表示为比例。
- 负荷量——在规定的强度下完成的量。例如，以100kg负重完成3组、每组5次动作重复，所完成的负荷量为1500kg。

第21章阐述了抗阻训练计划的周期，相同的概念也可以应用到短跑、变向和敏捷性训练中。

发展速度的策略

发展速度的规划过程与体能教练在力量房发展力量的规划过程是非常相似的。具体而言，规划的策略应分阶段执行，通过阶段性的方式强化和弱化某些特定的身体素质，改善短跑中的生理和心理因素。运动员的短跑能力可以通过结合不同的训练期来提高，这些训练期旨在充分提高并使某项身体素质达到顶峰。这可以加强后续训练计划的效果。

为了提高速度，专业人员应该考虑人体运动和力的产生之间的关系。本章指出了良好的短跑表现与某些生理现象之间的联系。优秀短跑运动员能在很短的时间内产生大量的力。这种高水平的力使短跑运动员以更快的步频产生更大的步幅。在跑道上的这种运动表现是最大力量、力的发展速率和冲量等神经肌肉因素增强的反映。这些变化得益于一份精心设计的训练计划，该训练计划的目标在于增强特定素质，例如目标运动单位的肥大、激发率、速率编码以及肌肉–肌腱刚性。

下一页的专栏中所提供的速度发展的实例，展示了在进行最大速度训练之前，如何通过连续的训练阶段完善加速能力，无缝地发展短跑潜能。这种模式，可以被称为短距离到长距离的短跑训练模式，也是一个概念性的进阶，它试图整合更大的加速度和更大的短跑速度之间的关系（本章前面讨论）[23]。具体地说，采用短距离到长距离训练模式的运动员，将在训练开始时着重于通过短距离跑（保持与短跑加速阶段相同的生物力学机制）来提高推进力。之后，运动员进入更长距离的短跑训练，旨在优化直立短跑技术，进而提高最大速度。这个模式背后的设想是通过发展和优化加速阶段的投入，就能在理想的速度和时间产生力，运动员的最大速度可能会得到进一步提升[52]。

短跑能力的监测

长期使用的评估一名运动员的速度能力的方法是测试该运动员在最大努力下直线短跑的成绩。很多时候，最大努力短跑测试只进行一段距离，例如40yd（约36.6m）。尽管完成时间是评价短跑成绩变化的有效指标，但是这些测试不能完全反映运动员在比赛或场地训练方面的微小变化。此外，手动计时和各种启动形式产生的测试误差也会混淆对测试结果的解释。因此，体能教练可考虑采用其他的监测手段，作为评估测试的一部分。

有一种评估方法借助高速摄像机或光学定时系统，利用红外线中断来捕捉运动员全部的触地数据[12]。这项技术可以使教练员进一步了解运动员的短跑能力。表19.6提供了对速度发展的监测有价值的关键变量的相关描述。

速度发展策略的应用：短距离全速短跑（100m）的阶段性发展

板块和相应的重点	训练手段和提示	负荷安排说明（组间间歇时长）——以每一板块第1周为例
板块1 主要目标：发展加速能力	1. 使用上坡跑，以使运动员进入合理的加速机制，这可以为短跑的初始阶段提供最大的推进力 2. 强调低足回摆；使脚“向下并且经过”地面；积极且完整的手臂动作；头部处于中正位，与脊柱保持呈一条直线	**周一和周三：** **上坡跑** 1×3×15m（1.5min） 1×4×20m（2min） **周五：** **上坡跑** 1×2×15m（1.5min） 1×3×20m（2min） 1×2×25m（2.5min）
板块2 主要目标：发展长距离加速能力 次要目标：发展从加速跑逐渐到直立短跑的过渡能力 第三目标：进入速度耐力阶段	1. 不断减少上坡跑训练，逐步引入低起跑姿势或牵引机制的平地短跑 2. 通过加入加速保持训练*，促进从加速阶段到最大速度阶段正确的生物力学的过渡	**周一：** **上坡跑** 1×3×30m（3min） 1×3×40m（4min） **周三：** **俯卧撑启动** 1×4×15m（2min） **拉雪橇** 2×3×20m（2min/4min） **周五：** **蹲姿启动** 1×4×15m（2min） **加速度保持** 1×3×40m（4min）
板块3 主要目标：引入到最大速度阶段的训练 次要目标：维持加速能力 第三目标：持续采用速度耐力训练；逐步引入专项耐力训练	1. 通过在大多数训练课开始时加入的短距离跑来保持加速能力 2. 通过采用直立短跑机制的练习，进行最大速度训练 3. 速度耐力或专项耐力训练，安排在每周后几天，即当疲劳累积可能影响或抑制神经活动的时候	**周一：** **起跑器启动** 1×2×20m（2.5min） 1×2×30m（3.5min） **从蹲姿启动的加速跑** 1×3×40m（5min） **周三：** **高站姿启动** 1×3×20m（2.5min） **加速跑** 1×4×15m逐渐增速/20m快跑（4min） **周五：** **起跑器启动** 1×4×25m（3min） **从蹲姿启动的加速跑** 1×2×45m（5min） **从高站姿启动的速度耐力跑** 1×2×60m（5.5min）

续表

板块和相应的重点	训练手段和提示	负荷安排说明（组间间歇时长）——以每一板块第1周为例
板块4 主要目标：强化最大速度的能力 次要目标：维持加速能力 第三目标：持续采用速度耐力训练和专项耐力训练	1. 通过更长距离的加速跑或比赛模式的练习，不断进行最大速度训练 2. 通过在大多数训练课开始时加入的短跑距离来保持加速能力 3. 采用与运动员主要项目有关的速度耐力或专项耐力训练	**周一：** **俯卧撑启动** 1×3×15m（2min） **起跑器启动** 1×2×20m（2.5min） 1×2×30m（3.5min） **加速度保持** 1×2×40m（5min） **周三：** **高站姿启动** 1×3×20m（2min） **加速－匀速－加速** 1×4×20/20/20（7min） **周五：** **起跑器启动** 1×3×25m（3min） **从蹲姿启动的加速跑** 1×1×40m（5min） **从高站姿启动的速度耐力跑** 1×1×70m（6.5min） 1×2×90m（8.5min）

*加速保持是短跑的一种训练方式，教练员利用圆锥筒在运动员的胫骨通常上升到垂直状态的位置附近或稍早之前进行标记，以提示运动员已进入上身直立的跑姿。然后，指导运动员在短跑剩余阶段保持到达圆锥桶位置时的速度。例如，一名运动员可能被要求进行40m的加速保持练习，但教练将结束加速区的标记放在跑道20m处。然后，运动员需在从20m到40m的阶段保持到达20m处时的速度。这个练习被用于从一开始就专注于改善过渡阶段的力学以及引入速度耐力的方法。

表19.6　速度发展的监测

测量（变量）	描述	解释
触地时间	单脚支撑阶段的总时长	通常来说，触地时间的减少以及短跑完成时间的变短可能表明运动员在更短的时间内高速率产生力的能力已经提高。然而，由于加速机制，运动员在短跑的初始阶段可能会表现出稍长一些的触地时间
步长	两个连续的脚步（脚印）之间的脚趾和脚跟的距离	通过改进的短跑技术或姿势并最终增强力的输出，可能会进一步增加步长（即增加行进的距离）
步幅	同一脚的脚后跟在连续的两步之间的距离。例如：右脚脚后跟与右脚的下一次触地时的脚后跟之间的米数	通过改进的短跑技术或姿势并最终增强力的输出，可以增加步幅（即增加连续两步行进的距离）

续表

测量（变量）	描述	解释
腾空时间	运动员与地面不接触的时长。这发生于前一步的结束与下一步的开始之间	两种方式可以解释腾空时间的增加：（1）运动员在较短的时间内产生更大的垂直力，从而使运动员的身体有更多的腾空时间沿跑道水平地移动；（2）运动员在较长的时间内产生更大的力，这可能会导致身体重心的不必要的垂直振幅
步幅角	脚离开跑道的瞬间与地面的夹角	步幅角可以使教练有能力确定运动员是否通过正确的短跑力学实现了在恰当的时刻产生力。此外，步幅角的数据还能用于判断短跑运动员正处于短跑的什么阶段（加速阶段、过渡阶段或最大速度阶段），而且步幅角可能与触地时间有关
速度	步长与第一步的触地时间和下一步触地前腾空时间的总和之间的关系	速度决定运动员在特定距离上移动身体的快慢
加速度	速度的变化取决于两步（例如右脚跟到左脚跟的距离）间的增量和每一步触地时间与腾空时间之和	加速度提供了对运动员在规定距离内如何改变速度的信息（在一个方向上增加速度）。对于大多数运动员来说，如果运动员的姿势完整性和技术良好，那么延长运动员的加速距离会获得更高水平的最大速度

敏捷性发展计划的示例

以下是一个关于如何选择适当的测试、分析结果并用其来规划运动员敏捷性长期发展的步骤示例。因为敏捷性的表现是由多种因素支撑的，我们应该通过直接评估运动员的长处与短板，选择出发展空间最大的方面。

第1步：对运动项目进行需求分析，采用适当的测试方法对运动员的身体素质进行评估（见下一页的表格）。

第2步：通过对比标准化的素质表现得分值或团队平均值，确定运动员的优势和劣势（图19.12）。

第3步：确定运动员的主要发展需求和次要发展需求。

第4步：基于运动员的需求确认，分配可供发展训练的时间。

第5步：通过对各训练板块进行时间占比分配（见下一页的表格），提供一个初步的计划。通过表19.7所描述的对变向和敏捷性发展的监测判断训练进展是否合适。

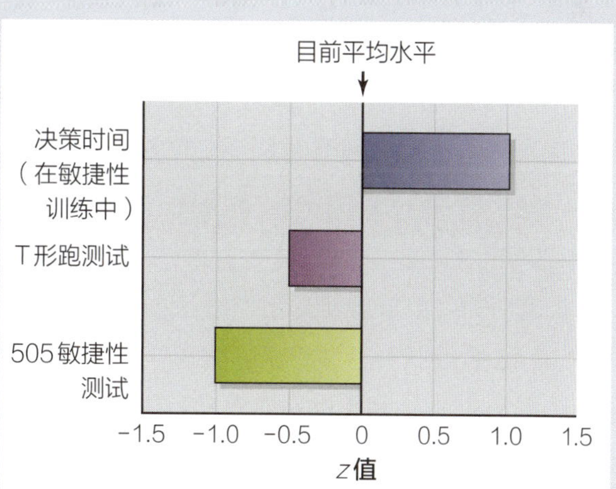

图19.12　通过与标准分值的比较，了解运动员在知觉-认知能力、控制能力和变向能力方面的优势和劣势。负值表明该能力低于平均值，而正值表明该能力优于平均值

敏捷性发展的需求分析

运动项目	篮球
时间安排	12周（8周非赛季训练和4周赛季前训练）
运动专项敏捷性需求分析	高速变向 ● 反跑、横切、快攻以及球权转换 控制能力（多种变向模式） ● 横向滑步防守、后退防守和利用掩护摆脱防守时的俯身变向 敏捷性（知觉-认知能力） ● 决策时长（无论是防守还是进攻，该能力的提高会提供很大的优势） ● 根据比赛或对手的情况，做出敏捷移动的能力
推荐的测试	505敏捷性测试、T形跑测试、敏捷性测试（对决策时长方面的测试）

敏捷性发展训练板块的计划分布

	变向能力 主要目标	控制能力 次要目标	敏捷性（知觉-认知能力） 第三目标
各板块的时间占比分配	板块1中约占65% 板块2中约占50% 板块3中约占50%	板块1中约占35% 板块2中约占30% 板块3中约占25%	板块1中无 板块2中约占20% 板块3中约占25%
附加注释	测试力量或与运动专项相关的落地时缓冲负荷的能力	在横向移动和变向中评估身体姿势的控制能力	可能会依赖运动员的知觉-认知能力。这可能会掩盖运动员可以提高身体变向的能力

通过测试提供的信息以及考虑到其他的身体素质能力，我们可以实施适当的周期性计划。“敏捷性发展策略的应用”专栏展示了3个训练板块（每个板块4周的时间）的示例。每次训练时长为10~15min（包括做功和休息时间），每周可以进行1~3次训练，具体视运动员的额外需求而定（例如在赛季前，技术训练会增加）。虽然有各式各样的练习可以代替这里给出的示例，但应该根据这些练习的分类（表19.2）满足运动员的需要的能力来进行选择。

发展敏捷性的策略

敏捷性的发展最好使用周期性计划设计的方法。任意编制的计划或仅仅使用“运动专项化的方法”（例如小边界游戏）来发展敏捷性并没有被发现是有效的[11]。尽管敏捷性在比赛或技术训练中是一个恒定的要素，但建议敏捷性的发展应从变向训练（预先计划）开始，并通过增加身体需求来提高难度；随后增加涉及知觉-认知压力或传统意义上认为的“敏捷性”训练[50, 97]。根据这一建议，敏捷性的发展应该从运动员的变向和敏捷性能力的评估分析开始。敏捷性测试应具体评价知觉-认知能力，如表19.2所述。此外，针对运动专项的额外动作需求，教练可以选择使用更依赖于控制能力的测试。以下是用这种类型的测试信息来创建一个敏捷性方案的示例。

敏捷性和变向能力的监测

与在监测短跑运动表现时所考虑的概念一致，仅仅通过所选定的测试的完成时间来评估变向能力或敏捷能力这两者中的一项，并不能将真正想要检验的身体能力或知觉-认知能力独立出来，也就是无法测得真正的变向能

敏捷性发展策略的应用

板块和相应的重点	训练手段和提示	负荷安排说明（组间间歇时长）——以每一板块第1周为例
板块1: 主要目标：变向能力（直线减速能力） 次要目标：控制能力（身体姿势）	1. 制动任务以离心机制为核心；因此，应从低训练量开始，类似于用于加入一些离心训练（快速伸缩复合训练） 2. 关注运动员保持低重心的姿势；可降低速度以维持姿势	每周安排2~3次训练 **变向训练:** 减速练习**（向前） 2×4（30s；2min）（优势腿和非优势腿交替完成制动） **控制能力训练:** 横向滑步 1×4×10m（30s） （在运动时，用绳子或其他物体设置到头部高度，以向运动员提供不要“站立”而是保持低重心的反馈）
板块2: 主要目标：变向能力（横向减速能力） 次要目标：控制能力（不同变向模式的转换——滑步后冲刺跑，再滑步）	1. 确保运动员在向前和横向运动时都能利用身体姿势来有效制动，专注于运动员缓冲制动。扩大对常用刺激反应的单一效果 2. 促进力有效地施加到地面（“推蹬地面”）；观察小腿与地面的角度，以提供视觉反馈	每周安排2~3次训练 **变向训练:** 减速练习**（向前） 1×4（30s；2min） **同第1周一样** 减速练习（横向） 1×4（30s；2min） **控制能力训练:** Z形跑练习（向前） 2×4（30s；2min）（总是交替启动方向，从左到右或从右到左。） **敏捷性训练** 减速练习1×4（30s）（听到哨声减速）
板块3: 主要目标：变向能力（有效减速后再加速） 次要目标：控制能力（结合有效的转换和身体姿势） 第三目标：敏捷性（即使在一个常用的刺激下，专注于变向的运动表现和身体姿势）	1. 关注变向过程中的“快速制动”与“爆发式蹬出” 2. 注重步法和保持低重心，使脚步在变向时能够帮助人体“下落并蹬推” 3. 被用于检查身体训练对一个更贴近运动专项刺激（但仍属于一般性刺激）是否有“转移”的效果。强调“决定并立马行动”，检查运动员能否有效地调整身体方向或“是否能按照自己的决定有效行动”。	每周安排1~2次训练（取决于技术训练的量） **变向训练:** 改良版的505敏捷性测试 2×4（30s；2min）（交替支撑脚） **控制能力训练:** T形跑测试 1×4（30s；2min） **敏捷性训练** 反应敏捷性（Y形跑敏捷性测试） 1×4（30s）（和指令方向一致） 技术训练中也包含专项性刺激训练

**减速练习的速度应该在几周内逐步提升，例如，进入速度从二分之一提升到四分之三。

注：这里不另行强调加速能力，因为其应在速度训练时已经一起被强调。

力[59, 61, 81, 85]。因此，当监测变向或敏捷性表现时，体能教练可以考虑表19.7中的方法。虽然一般使用昂贵的设备对这些方面的运动表现进行测试，例如三维运动分析设备，但在没有高端生物力学设备的情况下，可以结合使用现成的高速摄像机（每秒采集100帧以上）与通常的计时方法（手动或电子）进行测试。

表19.7　敏捷性发展的监测

测量方式	描述	解释
变向赤字	等距离的直线冲刺跑与变向跑测试在完成时间上的差异	通过评估变向赤字，教练可以了解运动员由于变化方向的要求所需的额外时间。例如，将505敏捷性测试的时间（变向测试距离是10m）减去10m全速冲刺跑的时间，便可得知运动员在变向时所花的时间
触地时间	在变向时，脚与地面接触的总时间（触地阶段的时长）	结合其他变量评估触地时间，就可以判断运动员是否有效地提高了实际的变向能力，而这不依赖完成变向测试所需的总时间，因为变向测试通常要求直线冲刺跑占更大的比例
离开速度	运动员在变向时触地阶段的第一步（也被认为是再加速的第一步，即从支撑脚的脚尖离地到下一步脚触地）的水平速度	与评估总时间的方式不同的是，使用高速摄像机来评估运动员（髋关节或身体重心）的速度，可以直接测量出变向的能力。被提高的离开速度与相同或更快的触地时间相结合，意味着更大的力的发展速率，且与提高变向能力有关
进入速度	运动员在触地阶段前的速度，可以通过进入变向触地阶段前的几步或最后一步进行测量计算	专业人员也可使用与评估离开速度类似的方法来评估进入速度。这使教练能够了解在跟踪离开速度时应考虑的变向的需求
决策时间	测量在两个动作之间的决策时间，可以是正值或负值。决策时间可以按照两种不同的情景进行划分，这样可以更为全面地评估运动员在比赛场景中的反应:（1）防守（朝着与刺激相同的方向移动）;（2）进攻（朝着与刺激相反的方向移动）	与离开速度和进入速度的测量类似，高速摄像机可定位在方向变化的一侧，以捕捉刺激和运动员在做出变向反应时，脚制动静止的关键性的第一步。如果决策时间是负的，这表明运动员在刺激出现之前就预料到了方向的变化。负的决策时间只有在对另一个人的动作（视频或人的刺激）做出反应时才会被观察到，这强调了刺激的特异性在敏捷性练习过程中的重要性。攻防双方决策时间的测量，可让教练确定运动员是否需要在特定的比赛环境中培养知觉–认知能力

小　结

速度、变向和敏捷性在大多数运动项目中皆可被精确评估。因此，体能教练应在训练计划的设计和执行上清楚了解这些能力是如何建立和改善的。这些运动员在比赛中展现出的移动能力，需通过特定任务的施力方式才能达成。在这项特定任务中产生的力必须足够大到能够在重力的存在下支撑运动员的体重，使运动员从一点移至另一点，且能够继续以高速移动。

跑步速度与步幅和步频之间的关系有关。短跑被定义为在很短的支撑时间内产生很大的力的发展速率，以接近最大速度的速度或最大速度跑步。表现更好的短跑运动员在空中花费的时间更多，这是因为与速度更慢的短跑运动员相比，他们的步频更快、步幅更大。敏捷性包括在刺激下爆发式地改变运动速度或模式所需的技能和能力。与缓慢的动作相比，短跑和敏捷性运动均使用拉长-缩短周期机制以及更高的神经肌肉效能。然而，敏捷性包含知觉-认知的需求，例如视觉扫描、决策、预判和反应时间，这些需求使其成为一种单独的训练。

致力于改善以上表现的体能教练，应该通过循环式和渐进式的训练阶段安排，协调力量训练与速度、敏捷性、变向训练或三者的不同组合的关系。为了实现训练效果最大化，教练应选择具有专项性并能提升动作力学机制的练习。这种训练应该被安排在一个长期的训练阶段或一年的训练开始的时候，且能反映出该运动项目的真实需求。此外，后续训练计划应通过持续的运动员监测计划进行优化，这有助于体能教练确定运动员对训练安排的反应。

速度练习

敏捷性练习

19.1 A形垫步跳

A形垫步跳是一种常用的短跑练习，可用于模拟直立短跑的技术和垂直力的产生过程。

起始姿势

- 以直立站姿开始，躯干与髋关节、膝关节和踝关节呈一条直线（多关节堆叠）。

运动阶段

- 以屈膝抬起一条腿至该腿的大腿与地面接近平行的姿势开始运动。抬起腿（摆动腿）的脚大约与支撑腿的膝关节等高，双腿呈“4字形”，后续摆动腿总是维持在这一位置。
- 摆动腿快速用力向下蹬推地面，开始第一步的垫步跳，过程中踝关节保持轻度的背屈。可通过“抬起大脚趾”建立适当的踝背屈。
- 通过前脚掌完成摆动腿的快速用力向下蹬推，直至新的支撑腿呈接近三关节伸展的姿势。
- 新支撑腿的脚掌的前部至中部应落在髋关节下方的位置，保持多关节堆叠的姿势。
- 触地瞬间，对侧腿应当快速抬起并成为新的摆动腿。
- 力通过主动蹬推地面产生，配合垫步跳的动作，使人体沿着跑道水平移动。

技术提示

- 在整个动作过程中，保持肩膀放松的直立姿势。
- 在运动周期中，手臂要与腿的摆动速度同步，尽量减少或避免停顿。

双腿呈“4字形”

19.2 快速小步跑

此练习的目的是提高短跑运动员的步频。

起始姿势

- 以直立站姿开始，躯干与髋关节、膝关节和踝关节呈一条直线（多关节堆叠）。

运动阶段

- 运动员以屈膝抬起一条腿至同侧脚大约与支撑腿的小腿中部等高的姿势开始运动。后续摆动腿总是维持在这一位置。
- 一旦到达这个位置，运动员应在维持多关节堆叠的同时尽可能快地进行支撑腿和摆动腿的交替轮换。
- 通过前脚掌完成摆动腿快速且有力地向下蹬推，确保脚不高于对侧小腿的中部位置。摆动腿抬起高度的减小，目的是为了确保更快的步频。
- 新支撑腿的脚掌的前部至中部应落在髋关节下方的位置，保持多关节堆叠的姿势。
- 在运动周期中，手臂要与腿的摆动速度同步，尽量减少或避免停顿。

技术提示

- 尽管这个练习通常被认为能够提高短跑运动员的步频，但要明白，步频是在短的触地时间内产生高的垂直力所带来的结果。换句话说，运动员在短跑项目中不能通过快速地摆动脚而提高步频。

摆动腿快速驱动下压

19.3 抗阻冲刺跑：上坡加速跑

上坡加速跑是一种抗阻式的冲刺跑，目的在于提高加速阶段的速度。

起始姿势

- 运动员采用正确的启动姿势（通常被称为蹲踞式起跑姿势）开始练习。教练指导运动员两腿分开站立，主导腿在前，摆动腿在后，双脚距离为1~2个脚掌的长度。
- 蹬离腿和摆动腿之间的距离很大程度上取决于运动员是否可产生足够大的力去克服低重心姿势的能力以及自我感觉的舒适度。此外，双脚分开的位置，需要保证前后腿与骨盆在同一条直线上（不超过骨盆宽度），避免骨盆出现不必要的扭转。
- 一旦运动员准备好分腿姿，教练就指导其将后腿膝关节“垂直向下”，直至小腿尽量接近（更接近平行于）地面。这有助于建立开始加速所必需的正确驱动姿势。
- 在保持躯干收紧稳定的同时，运动员应该把蹬离腿的对侧手臂举至该侧手接近或略高于额头的位置，且该侧手应距离额头约6~8in（15~20cm）。后臂（与后/摆动腿相对应）应向后拉至该侧手靠近臀部外侧的位置，肘关节角度为100°~120°。这个姿势可使手臂在摆动过程中产生足够的推力来克服静止惯性。
- 运动员完成准备姿势后，教练应指导运动员身体向前倾，将60%的体重压在前腿上。确保运动员在这个转变过程中不会“松腰”。运动员应继续保持平衡与稳定。

运动阶段

- 当体重发生转移后，运动员可以通过前/蹬离腿有力地向下蹬地开始向前冲刺跑。后腿也应协助产生力，但由于启动支撑姿势，后脚会比前脚稍早地蹬离地面。手臂动作应与腿部动作同步。

技术提示

- 为了达到最佳的加速机制，应指导运动员采用后/摆动腿的低脚跟回摆动作。这个动作需通过前面所述的蹲踞式起跑姿势达成。
- 指导运动员持续且强有力地蹬地，同时手臂向后并向下摆动。提醒运动员手臂动作应与腿部动作同步。
- 躯干维持直立稳定，头部处于中立位。躯干和头部呈一条线，随着髋部逐渐抬升，躯干和头部也以相同的速率逐渐抬起。

蹲踞式起跑姿势

19.4 减速练习

减速练习的目的是提高运动员的制动能力，有助于使在力量房进行的离心力量练习向实际运动中的专项动作模式转移。在练习的过程中，首先进行单纯的向前跑动后减速的动作练习，然后可以渐进至向前跑动后横向减速的动作练习。在向前减速练习中，运动员迅速加速，然后在固定的步数中，控制身体呈弓步制动姿势。在横向减速练习中，运动员迅速加速，然后在一个既定的位置前减速，制动时垂直于原来的跑步方向，并积极缓冲制动力。

运动阶段

- 根据运动员的身体和技术能力，要求其以最大速度的二分之一的速度向前跑，然后在3步内减速和停止。
- 如果运动员通过第三步能够有效地缓冲负荷，可将减速前的速度增加至最大速度的四分之三 [加速距离超过10yd（约9m）]，然后减速且在5步之内停止。

向前减速练习

- 这个练习的最大难度变化是以最大速度向前跑动后，在7步之内减速，完成制动。
- 制动过程中最困难的一步或减速幅度最大的一步通常出现在完全制动的前一步或前几步，而非只出现在减速或变向的最后一步。

技术提示

- 这个练习及其变化练习同样可用于横向动作和向后跑的情况。其中一种中等难度变化练习为要求运动员加速5~15yd（4.6~13.7m）（类似于505敏捷性测试和改良版的505敏捷性测试的要求）后面朝原方向的垂直方向完全停止。这个练习可以进阶为减速后再加速。

横向减速练习

19.5 Z形跑练习

Z形跑练习作为初级变向练习，能够提高侧移变向、变向后加速和变向前减速的效率。标志盘的摆放位置和跑动方向如图所示。

起始姿势

- 运动员在开始练习前，应在第一个标志盘处呈准备姿势，降低身体重心，双脚间距比肩宽。

运动阶段

- 侧向移动到下一个标志盘，同时维持重心在相同高度（与起始姿势时的身体重心高度一样）。强调推离地面。教练可以通过观察小腿与地面的角度，确保运动员朝着规定方向行进。
- 运动员应在达到或接近标志盘的一刹那调整脚步，接着快速地过渡到向对角线的标志盘冲刺。
- 接近标志盘时，运动员应该有效地减速，并转向下一个标志盘进行侧向移动（减速后的第二步）。

技术提示

- 这个练习可以调整为反向的Z形跑练习，即要求运动员向后跑，这种增加另一个基本动作模式的方式对于变向能力发展的开始阶段非常重要。在整个动作过程中，应该评估运动员在变向和转换时有效地控制躯干的能力，以及在减速和加速阶段的力的有效发展。

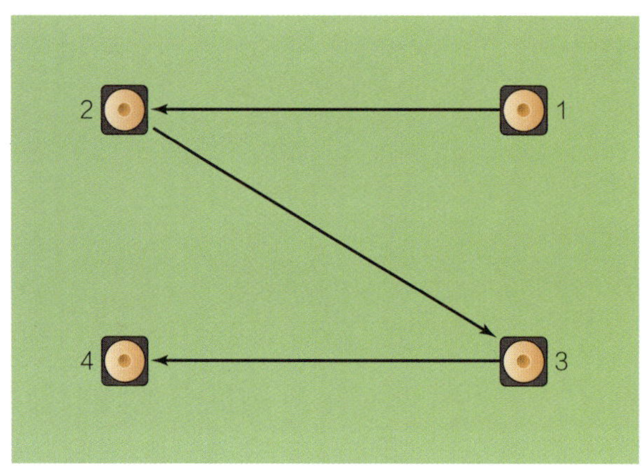

Z形跑练习的设置

1
2
3
4

19.6 敏捷性练习（Y形跑练习）

这个练习的目的是发展敏捷性，利用一般性刺激渐进至专项性刺激的方式，在变向动作中融入知觉-认知能力的需求。

起始姿势

- 运动员站于标志盘旁边，距离发出指令信号或指引方向的人10yd（约9m）。

运动阶段

- 根据指挥者指出的方向或提供的听觉信号（这两个选项被认为是一般性刺激），运动员改变方向以跑向指定方向。
- 当运动员的跑动距离达到5yd（约4.6m）（用另一个标志盘标记该位置，以供参考），指挥者指向左边或右边。
- 运动员应尽快地制动和变向，向45°、距离为3yd（约2.7m）的左侧或右侧的标志盘加速跑。

技术提示

可通过采用更贴近专项的刺激来进行变化练习（进阶练习）。

- 令运动员朝着与一般刺激相反的方向移动（或进攻）。
- 指挥者可向前踩一步或两步作为刺激，让运动员对进攻或防守进行反应（在每次练习前预先告知运动员）。踩两步的方式可增加这个练习的空间上的难度，运动员可以直接对最开始的向左或向右的第一步做出反应，但随之而来的第二步，将会使运动员对最终方向感到迷惑。
- 指挥者可将与运动项目有关的器材作为刺激，让运动员将器材传给站在右侧或左侧的两名队友中的一位，增加运动员在决策上的难度。

关键词

acceleration 加速度
agility 敏捷性
change of direction 变向
complex training 复合式训练
force 力
ground preparation 准备触地期
recovery 恢复期
impulse 冲量
momentum 动量
periodization 周期
postactivation potentiation 激活后增强效应
rate of force development（RFD）力的发展速率
speed 速度（速率）
spring–mass model（SMM）弹簧–质量模型
sprinting 短跑（冲刺）
strength 力量
stretch–shortening cycle（SSC）拉长–缩短周期
velocity 速度

学习试题

1. 术语“冲量”指的是什么？（　）
   a. 功率与速度之间的关系
   b. 加速度与速度之间的关系
   c. 力与速度之间的关系
   d. 力与时间之间的关系
2. 与新手短跑运动员相比，优秀短跑运动员能够在（　）的触地时间里产生（　）的力。
   a. 更长，更大
   b. 更短，相似
   c. 更短，更大
   d. 更长，更小
3. 在上身直立的短跑过程中，运动员的步幅大小很大程度上取决于（　）。
   a. 支撑阶段产生垂直力的大小
   b. 运动员的柔韧性
   c. 运动员的步频
   d. 支撑阶段脚趾离地时产生的水平力大小
4. 要求运动员对某一刺激（例如哨音、指向或对手）做出快速移动的训练或测试主要针对的是以下哪一种能力？（　）
   a. 变向
   b. 控制能力
   c. 敏捷性
   d. 加速度
5. 当训练目标是提高变向能力时，以下哪个方面是需要在训练中着重强调的？（　）
   a. 力量
   b. 离心力量
   c. 反应力量
   d. 力的发展速率

第20章

有氧耐力训练的计划设计和技术

本杰明·H. 路透（Benjamin H. Reuter），PhD；J. 杰伊·道斯（J. Jay Dawes），PhD
译者：贾洪建、王雄
审校：李春雷、何璘瑄

完成这一章的学习后，你将能够：

- 讨论与有氧耐力表现有关的因素；
- 选择有氧耐力训练的模式；
- 基于训练情况、赛季和恢复要求设置有氧耐力训练的频率；
- 设定有氧耐力训练的持续时间，并了解其和训练强度的关系；
- 设定有氧耐力训练的强度，并了解用于监控强度的各种方法；
- 描述各种类型的有氧耐力训练计划；
- 根据赛季确定训练计划的设计变量；
- 设计有氧耐力训练计划时，解决交叉训练、停止训练、减量训练、额外的抗阻训练和高原训练的一些问题。

感谢帕特里克·S.哈格曼（Patrick S. Hagerman）对本章内容的重要贡献。

有氧耐力训练计划的设计与无氧运动处方有很多相似之处。本章论述有氧耐力训练计划设计的一般性原则，以及如何用阶梯式的方法去设计一个安全、有效的计划。

只有在训练之中应用合理的原则，才能使有氧耐力表现得到提升。虽然在训练中产生适应的基础机制还不明确，但很明显，为了对一个训练刺激（如专项性和超负荷）产生适应，各个系统都会发生改变。在训练期间，生理系统不参与或受到的运动压力不足，就不会对训练计划产生适应[47, 48]。

训练的专项性指训练引起的对生理系统的特殊适应。训练效果受限于训练期间的生理系统和超量恢复[48, 73]。除非对训练计划进行严格的设计，使训练涉及某个生理系统且对其施加压力，否则系统产生的适应将非常有限，甚至可能不产生任何适应变化。为了提高有氧耐力表现，必须以提高呼吸系统、心肺系统和肌肉骨骼系统的功能为目的来设计训练计划。

为了产生训练适应，必须以超过现有水平的强度训练生理系统[72]。继续承受超负荷，生理系统将适应训练的压力。适应在生理系统内发生，直至身体组织不再承受超负荷，此时就需要使用更大的超负荷。训练频率、持续时间、训练强度等变量常被控制，使身体系统承受超负荷。

包括跑步、自行车、游泳在内的有氧耐力比赛的成绩取决于运动员在最短时间内通过固定距离的能力。这就需要运动员的身体情况处于最佳状态。为了达到这个水平，运动员必须努力训练且聪明地训练，以从训练中获得最大的生理适应。事实上，如果有氧耐力运动员想在比赛中取得理想成绩，体能是最重要的[15, 24, 54, 77, 82]。一个普遍的趋势是，很多有氧运动员信奉并仅用其他非常成功或著名的有氧耐力运动员的训练方法。虽然这种方式可能对一小部分运动员有一些作用，但是对大多数有氧耐力运动员来说，只有基于良好的训练原理并充分了解自己身体的限制和需求才能构建出对自己有帮助的训练方法。

目前有很多专门为有氧耐力运动员设计的训练计划。这些训练计划在练习模式、频率、持续时间和强度上都有所不同。所有成功的有氧耐力运动员的训练计划有个共同点，就是旨在提高他们的强项并改善他们的弱项。本章的目的是为体能教练提供有氧耐力训练的相关科学知识。特别要说明的是，本章的相关信息包括运动表现、有氧耐力训练计划设计的变量和各种类型的训练计划。额外的讨论集中在赛季训练，以及与有氧耐力训练相关的特殊因素。由于对所有可能的有氧耐力运动相关知识进行讨论会过于烦冗，所以这里仅对基础的有氧耐力训练及与跑步、自行车和游泳相关的特殊例子进行讨论。

有氧耐力表现的相关因素

当设计有氧耐力训练计划时，重要的是了解在成功的有氧耐力表现中扮演重要角色的因素。这样才能设计出合理的训练计划，减少可能导致的负面适应、疲劳、过度工作或过度训练。

最大摄氧量

随着有氧耐力活动持续时间的不断增加，有氧代谢占总能量需求的比例也不断增高。因此，**最大摄氧量（$\dot{V}O_2max$）**对于成功的有氧耐力活动是必不可少的[59]。在有氧耐力活动中，最大摄氧量与运动表现之间有高度的相关性[1, 19, 32, 59, 60]。因此，有氧耐力训练计划应该被设计用于提高最大摄氧量。然而，尽管高的最大摄氧量对于好的有氧耐力表现很重要，但是其他因素也可能同等重要或更重要，包括高的乳酸阈、好的运动经济性、高的脂肪能量利用率和较高的I型肌纤维比例等。

对于一个训练有素的耐力运动员来说，可能只能在一定程度上提高最大摄氧量，因为这类人通常已具有良好的有氧代谢能力。因此，在比赛和训练期间，相较于小幅度地提升有氧能力，维持更高速度的能力可能对运动表现的改善更有益。正因为如此，许多运动员使用高强度间歇训练（HIIT）。虽然这个问题不太容易理解，但高强度间歇训练可能会通过改善峰值功率输出、通气阈值、氢离子缓冲和脂肪能量源利用率来改善训练有素的耐力运动员的运动表现[55]。

乳酸阈

在有氧耐力项目中，优秀的运动员在较高的最大摄氧量百分比强度下工作时，仍可以保持有氧能力，并且肌肉与血液中不会堆积大量乳酸[54]。尽管很多术语被用来描述这种现象，但在文献中**乳酸阈**是最常使用的。乳酸阈指的是血乳酸浓度增加至超过静息水平时的动作速度或最大摄氧量百分比[82]。多项研究表明，与最大摄氧量相比，乳酸阈是更适合用来描述有氧耐力表现的指标[21, 22]。**最大乳酸稳定状态**是另一个经常出现在有氧耐力训练文献中的名词。最大乳酸稳定状态指身体内最大乳酸生成量等于最大乳酸清除量时的训练强度[4]。最大乳酸稳定状态被许多人认为是比最大摄氧量和乳酸阈更好的有氧耐力指标[4, 34]。显然，有氧耐力运动员必须提高乳酸阈或最大乳酸稳定状态，这需要运动员在血液和肌肉内乳酸升高的情况下训练，从而最大限度地提升训练效果。

运动经济性

运动经济性是对给定运动速度下的能量消耗的测量。运动经济性高的运动员以给定速度活动（如跑步）会消耗较少的能量。一些研究者认为，运动经济性是影响**跑步比赛成绩的**重要因素[14, 31]。成绩好的运动员比成绩不好的运动员有更短的步幅和更高的步频[12]。在自行车运动中，运动经济性受体重大小、骑行速度和空气动力学姿势的影响[22, 61, 78]。对于自行车运动员来说，体重、骑行速度增大及不利的身体姿态会产生更大的风阻，这会导致运动经济性的降低。先前的研究表明，精英游泳运动员比非精英游泳运动员的运动经济性高[81]，而且在任何给定游泳速度下的耗氧量更低。当游泳技术变得更有效时，其会对运动经济性产生更大的影响。当游泳姿势得到改进，运动员在给定游泳速度下的能量需求会减少[80]。提高运动经济性的训练对有氧耐力运动员很重要。

> 提高运动经济性可以提高最大摄氧量和乳酸阈。

设计有氧耐力训练计划

一个有效的有氧耐力训练计划必须包括专门为个体运动员设计的运动方案。这需要对训练计划的关键变量进行调控。下面的步骤1到步骤5列出了关键变量。不幸的是，教练和运动员经常在他们的训练中使用当前成功的教练和运动员的训练计划。这种做法未认真考虑当前运动员的优点和缺点，可能导致训练计划无效或有潜在危险。设计一份合理训练计划的最佳方式是评估与运动员的有氧耐力表现有关的因素，然后运用这些信息为运动员设计一份具有针对性的训练计划。例如，一个运动

有氧耐力训练计划的关键变量

步骤1： 练习模式
步骤2： 训练频率
步骤3： 训练强度
步骤4： 训练时间
步骤5： 训练进阶

经济性较低的运动员的训练重点应该是提升其运动经济性。其训练可能包括以技术为重点的间歇训练及长时间的间歇。相反，需要提高乳酸阈的运动员则需要考虑进行更多的高强度间歇训练。

女性运动员的训练计划没有必要不同于男性运动员。研究表明，男性和女性对于训练计划的反应相似[10, 60, 67]。请参阅第7章关于性别差异对运动的影响的讨论。

步骤1：练习模式

练习模式指运动员进行的特定运动，如骑车、跑步和游泳等。当目标为提高有氧耐力表现时，运动员应该尽可能地选择以接近比赛情况的练习模式来训练，这有利于引起生理系统的积极适应。例如，在有氧耐力训练期间，特定肌纤维的募集和那些肌纤维内能量系统的适应性应受到挑战。应在训练中选择正确的练习模式，以确保在比赛时使用的系统受到挑战并得以改进。需要记住的是，训练模式与运动项目的关系越密切，运动表现的提升越明显。参与多个有氧耐力运动的运动员或对一般有氧耐力健身计划感兴趣的个体，可能需要进行交叉训练或参与复合型的有氧耐力运动[35]。

步骤2：训练频率

训练频率指的是每周或每天进行的训练课的次数。训练课的频率由训练的强度和持续时间、运动员的训练状态及特定的赛季等因素之间的相互作用决定。若训练强度持续时间较长，则可能需要降低训练频率，以使运动员在训练课后得到足够的恢复。运动员的训练状态也会影响训练频率，接受较少训练的运动员在训练初期比接受较多训练的运动员需要更多的恢复天数。所处的赛季时期同样会影响运动员的训练频率，在非赛季的训练计划中，一周可能有五个训练日，但是在赛季前的训练计划中，训练频率可能增至每天都训练（铁人三项运动员甚至每天有多节训练课）。此外，维持现有生理功能和运动表现所需的训练课次数比当初达到这一水平时的少[77]。适当的训练频率对有氧耐力运动员是很重要的，因为太多的训练可能会增加受伤、疾病及过度训练的风险。一系列研究表明，高于每周5次的训练频率会增加受伤率[49, 69]。这些研究的受训者是各年龄段的活跃个体，不仅是年轻且健康的运动员。相反，太少的训练不会使身体产生积极适应。研究表明，为了提高最大摄氧量，每周2次以上的训练频率是必需的[38, 83]。许多教练认为，为了提高一些耐力运动员的成绩，他们每天可能要进行多次训练。在Hansen和同事[43]进行的研究中，7位未经训练的健康男性每隔1天训练2次。10周后，与每天训练1次的个体相比，他们在力竭时间、休息时的肌糖原浓度和柠檬酸合成酶活性等方面的表现都有所加强。据推测，在糖原耗尽的状态进行训练可以通过增加专门负责训练适应的某些基因的转录和转录速率来提高糖原再合成的效率。然而，研究人员警告，这些结果不应该作为教练和从业者的训练指导原则，因为低糖原浓度可能会减少运动员训练的时间，并可能增加过度训练的风险。这也是监测训练负荷对运动员的影响的很重要的一个原因。

如果运动员想从随后的训练课中获得最大收益，从个人训练中恢复是必要的。在艰苦的训练课后[2]，获得足够的休息、水分及补充能量是运动员恢复的关键。数天的高强度或长时间的训练后，放松和避免剧烈的身体活动是特别重要的。在运动中要充分补液，以补充运动中流失的水分。如果训练时间特别长或强度较大，运动后碳水化合物的摄取对于补充可能耗尽的肌糖原和肝糖原储存也是至关重要的。更多有关此主题的详细信息见第10章。

步骤3：训练强度

引起身体产生训练适应的主要因素是训练强度和训练持续时间的相互作用。一般来说，训练强度越高，持续时间越短。身体对训练强度或努力程度的适应具有特殊性。高强度的有氧训练能强化心血管和呼吸系统的功能并提高将氧气运输到工作肌的能力[72]。提高运动强度可能影响肌纤维的募集，从而有利于骨骼肌的适应[28]。随着运动强度的增加，为满足增加爆发力的需求，更多的Ⅱ型肌纤维被募集。这样的训练刺激会使那些肌纤维受到更多的有氧训练，从而可能提高整体的有氧运动表现。

调控运动强度对每次训练课和整个训练计划的成功都很关键。过低强度的训练无法让人体系统达到超负荷，也不会让其产生所需的生理适应；反之，过高强度的训练会造成疲劳，使训练课过早结束[70]。在实践中，这两种情况都会导致训练计划的效果较差或无效。

调控训练强度最准确的方法是监控运动中的摄氧量，以确定最大摄氧量百分比，并定期测量血乳酸浓度，以确定其与乳酸阈的关系。如果无法进行最大摄氧量测试，可以使用心率、自感用力程度、代谢当量或运动速度等指标来监控训练强度。功率自行车是专业的或高水平业余运动员最常用的测试工具。

心率

心率可能是测定有氧训练强度的最常用的方法，因为心率与摄氧量有着密切的关系，特别是运动强度为50%~90%的功能容量（最大摄氧量）时，这也叫作储备心率（HRR），即运动员的最大心率减去他们的静息心率[5]。调控运动强度最准确的方法是确定最大摄氧量百分比与特定心率的关系或心率与乳酸阈的关系。更精准地确定运动强度需要在实验室中进行。无法进行实验室测试时，可以将个体的年龄预测的最大心率（APMHR）作为确定运动强度的基础参考。参考“目标心率的计算”专栏，用卡氏公式法或最大心率（MHR）百分比法来确定有氧耐力运动的心率范围。最大摄氧量、储备心率和最大心率之间的关系如表20.1所示。

尽管卡氏公式和最大心率百分比均可在实践中用于监控强度，但在监测骑行和跑步期间的运动强度时，使用基于年龄预测的最大心率可能存在一些误差（相较于在实验室测得的最大心率）[65]。相关文献已确定，年龄占了心率变异性的75%；用心率监测强度时，还需要考虑其他因素，如练习模式和健康水平[65]。此外，通过估计的最大心率公式推算的运动强度并不能提供与乳酸阈相关的强度的信息。没有运动员乳酸阈的信息，就无法设计出一份高效的有氧耐力训练计划。

表20.1 最大摄氧量、储备心率和最大心率的关系

% $\dot{V}O_2max$	% HRR	% MHR
50	50	66
55	55	70
60	60	74
65	65	77
70	70	81
75	75	85
80	80	88
85	85	92
90	90	96
95	95	98
100	100	100

HRR=储备心率，MHR=最大心率。

自感用力程度量表

自感用力程度量表（RPE）也可以用于调控有氧耐力训练强度[26, 39]。当健康水平发生变化时，自感用力程度量表似乎可用于准确地调整运动强度[6]。然而，研究人员指出，自感用力程度量表与运动强度的关系会受到各种外部环境因素的影响，如干扰物和环境温度[13, 71]。Haddad、Padula和Chamari[41]的研究指出，多种因素会影响自感用力程度，例如年龄、性别、训练状态和健康水平等。此外，一些环境因素也可能影响自感用力程度，如听音乐、看电视或视频、环境温度、海拔、营养因素和外部反馈等。然而，研究人员建议，尽管这些因素有潜在影响，但自感用力程度量表仍

目标心率的计算

卡氏公式法

公式：

- 年龄预测的最大心率（APMHR）=220-年龄
- 储备心率（HRR）=APMHR-静息心率（RHR）
- 目标心率（THR）=（HRR×运动强度）+RHR

利用本公式计算2次，确定目标心率的范围。

举例：

某30岁运动员的静息心率为60次/min，设定的运动强度为最大摄氧量的60%~70%。

- APMHR=220-30=190次/min
- RHR=60次/min
- HRR=190-60=130次/min
- 运动员低限目标心率=（130×0.6）+60=138次/min
- 运动员高限目标心率=（130×0.7）+60=151次/min

当监控运动心率时，一般将目标心率除以6，得到运动员每10s的目标心率范围：

138/6=23　　151/6=25

即运动员每10s的目标心率为23~25次。

最大心率百分比法

公式：

- APMHR=220-年龄
- THR=APMHR×运动强度

利用本公式计算2次，确定目标心率的范围。

举例：

某20岁运动员设定的运动强度为最大心率的70%~85%。

- APMHR=220-20=200次/min
- 运动员低限目标心率=200×0.7=140次/min
- 运动员高限目标心率=200×0.85=170次/min

当监控运动心率时，一般将目标心率除以6，得到运动员每10s的心率范围：

140/6=23　　170/6=28

运动员每10s的目标心率为23~28次。

然是一个有效的监控工具（表20.2）。

表20.2　自感用力程度量表

等级	描述
1	没有感觉（平躺）
2	极其轻松
3	非常轻松
4	轻松（能做这个一整天）
5	感觉适中
6	开始吃力（开始有感觉）
7	吃力
8	很吃力（要努力才能保持）
9	极其吃力
10	需要最大限度的努力（不能再继续了）

[源自：NSCA，2012，Aerobic endurance training program design，by P. Hagerman. In *NSCA's essentials of personal training*，2nd ed.，edited by J. W. Coburn and M.H. Malek (Champaign，IL: Human Kinetics)，figure 16.1，395.]

代谢当量

代谢当量（MET）也可用于设定运动强度，一个代谢当量相当于个体每分钟每千克体重消耗3.5mL氧气（$3.5mL \cdot kg^{-1} \cdot min^{-1}$），并且被认为是人在静息状态下所需的氧气量[1]。不同体力活动的代谢当量不同，详见表20.3。进行代谢当量为10的体力活动时，所需耗氧量为静息状态的10倍。若以代谢当量为参考来设计有氧运动方案，需要体能教练了解（或估算）运动员的最大摄氧量，以便算出合理的代谢当量[40]。

功率测量

骑行者可以使用功率自行车的曲柄调节按钮来监控运动强度[25]。但由于成本过高，这些设备只适用于专业人员和高水平业余爱好者。研究表明，在这些器材中至少有两种可提供有效且可靠的功率测量[36, 57]。使用功率自行车监控强度比其他方法有优势，原因是代谢率与运动功率紧密相关[25]。用功率衡量强度时，不管环境条件如何，都可进行重复的强度测试，而这些环境条件因素可能影响其他强度测量方法（如心率和训练速度）的结果[25]。

表20.3　身体活动的代谢当量

代谢当量	身体活动
1.0	静躺或静坐，什么事也不做，清醒地躺着或坐着
2.0	水平地面步行，速度小于2mile/h（约3.2km/h）
2.5	水平地面步行，速度为2mile/h（约3.2km/h）
3.0	抗阻训练（自由重量，如常用的哑铃、杠铃），低或中等强
3.5	固定功率自行车练习，30~50W，较为轻松
3.0	水平地面行走，速度为2.5mile/h（约4km/h）
3.5	水平地面行走，速度为2.8~3.2mile/h（4.5~5.2km/h）
3.5	徒手练习，家中练习，低或中等强度
4.3	水平地面行走，速度为3.5mile/h（约5.6km/h）
4.8	上下楼梯，每步高度为4in（约10cm），每分钟30步
5.0	有氧舞蹈，低强度
5.0	水平地面行走，速度为4mile/h（约6.4km/h）

续表

代谢当量	身体活动
5.0	椭圆机，中等强度
5.5	踏板操，踏板高度为4in（约10cm）
5.5	水中有氧运动，水中健美操
5.8	室内游泳、自由泳，速度较慢，中等或低强度
6.0	室外自行车，速度为10~11.9mile/h（16.1~19.2km/h）
6.0	抗阻训练（自由重量，如常用的哑铃、杠铃）力量举或健美，较高强度
6.3	上下楼梯，每步高度为12in（约30cm），每分钟20步
6.3	水平地面行走，速度为4.5mile/h（约7.2km/h）
6.8	固定功率自行车练习，90~100W，低强度
6.9	上下楼梯，每步高度为8in（约20cm），每分钟30步
7.0	划船机练习，100W，中等强度
7.3	有氧舞蹈，高强度
7.5	踏板操，踏板高度为6~8in（15~20cm）
8.0	徒手练习（如俯卧撑、仰卧起坐、引体向上、开合跳），高强度
8.0	循环训练，包括几个有氧练习站点，较短的间歇
8.0	室外自行车，速度为12~13.9mile/h（19.3~22.4km/h）
8.3	快速步行，速度为5mile/h（约8.0km/h）
8.5	划船机练习，150W，中等强度
8.8	固定功率自行车练习，101~160W，中等强度
9.0	跑步，速度为5.2mile/h（约8.4km/h）
9.0	上下楼梯［每步为12in（约30cm）高度］
9.8	跑步，速度为6mile/h（约9.7km/h）
9.5	踏板操，踏板高度为10~12in（25.4~30cm）
9.8	自由泳，速度较快，高强度
10.0	户外自行车练习，速度为14~15.9mile/h（22.5~25.6km/h）
10.5	跑步，速度为6.7mile/h（约10.8km/h）
11.0	跑步，速度为7mile/h（约11.3km/h）
11.0	固定功率自行车练习，161~200W，高强度
11.0	跳绳运动，中等的强度
11.8	跑步，速度为7.5mile/h（约12.1km/h）
11.8	跑步，速度为8mile/h（约12.9km/h）
12.0	户外自行车练习，速度为16~19mile/h（25.7~30.6km/h）
12.0	划船机练习，100W，中等强度
12.3	跑步，速度为8.6mile/h（约13.7km/h）
12.8	跑步，速度为9mile/h（约14.5km/h）

续表

代谢当量	身体活动
14.0	固定功率自行车练习，201~270W，非常高的强度
14.5	跑步，速度为10mile/h（约16.1km/h）
15.8	户外自行车，速度大于20mile/h（约32.2km/h）

[源自：Ainsworth et al., 2011, "Compendium of physical activities: A second update of codes and MET values," *Medicine and Science in Sports and Exercise* 43: 1575-1581.]

步骤4：训练时间

训练时间指训练课进行的时间长短。训练时间通常受运动强度的影响，训练时间越长，训练强度越低[74]。例如，强度超过最大乳酸稳定状态（如最大摄氧量的85%）的训练只能持续较短的时间（20~30min），因为肌肉内乳酸的堆积会促成疲劳的产生。反之，以较低的强度（如最大摄氧量的70%）训练，运动员能持续几个小时而不会疲劳。

> 训练时间经常受到强度的影响，训练时间越长，训练强度越低。

步骤5：训练进阶

一旦运动员开始执行一份有氧耐力运动计划，他们需要持续执行计划以保持或提高他们的有氧水平。研究指出，训练强度保持在一定水平的情况下，即使训练频率降至每周2次，运动员的有氧能力在5周内也不会下降[46]。

依据运动员的目标，一份有氧耐力训练计划的进阶最开始涉及训练频率、训练强度和训练时间的增加。一般建议是，运动员一周的训练至少包含一个恢复日或积极休息日。大多数运动员的目标都是提升有氧能力，而不仅仅是保持有氧能力，这就需要定期升级训练计

有氧练习进阶示例

示例A

- 第1周：每周4次，强度为70%~85%时的THR，40min
- 第2周：每周5次，强度为70%~85%时的THR，45min
- 第3周：每周3次，强度为70%~85%时的THR，40min；每周1次，强度为60%~75%时的THR，50min
- 第4周：每周4次，强度为70%~85%时的THR，45min；每周1次，强度为60%~75%时的THR，50min
- 第5周：每周4次，强度为70%~85%时的THR，45min；每周1次，强度为60%~75%时的THR，55min

示例B

- 第1周：每周3次，强度为60%~70%时的THR，30min
- 第2周：每周4次，强度为60%~70%时的THR，35min
- 第3周：每周3次，强度为65%~75%时的THR，35min
- 第4周：每周4次，强度为65%~75%时的THR，35min
- 第5周：每周3次，强度为70%~75%时的THR，30min

划。一般来说，每周的运动频率、训练强度或持续时间的增加不应该超过原计划的10%[42]。如果运动员的体能水平很高，其将到达一个瓶颈期，单纯依靠增加训练频率或训练时间都无法突破。当这种情况发生时，需要调整训练强度来改变现状[42]。

如前文“有氧练习进阶示例”所示，运动员和体能教练可以综合调控频率、强度和时间。训练频率的进阶可能受到学习和工作时间的制约，运动员不一定每天都能进行1次以上的训练课。应该使用与原来训练强度处方中一样的训练强度测量方法，最好能用监控训练强度的设备来进行监控（如监控心率、自感用力程度量表或用仪器测量代谢当量负荷量）。在设计训练强度的进阶时应该小心谨慎，以免引发过度训练。每次的训练时间也会受到与训练频率一样的制约。主要在室外训练的运动员在秋末、冬天及早春时，训练时间易受到白天日光时数的影响和限制。

有氧耐力训练计划的类型

有氧耐力训练计划的类型很多，每一种均有不同的频率、强度、时间和进阶参数，每种类型由5种变量组合而成，可使用其为特定的目标创建训练计划。表20.4总结了有氧耐力训练的不同类型及其指导原则。下文提供了每种有氧耐力训练计划的基本示例，也将在训练计划示例表中对特殊训练模式进行讨论。

长距离慢速训练

耐力教练和运动员经常使用长距离慢速训练（LSD）这个传统名词指代强度相当于最大摄氧量的70%（或最大心率的80%）的训练。健身达人和运动员应该记住，“慢”这个术语指的是速度比标准的比赛速度慢。现在需要对LSD这个术语进行某些修改，才能更好地反映出其训练目的，但是，我们现在依然使用LSD这个常用的术语。在LSD训练课中，训练距离应大于比赛距离，或持续时间应该为30min至2h[24]。这种强度和持续时间的运动被描述为“聊天”运动，运动员在训练过程中能够无呼吸困难地交谈。其带来的生理益处主要包括增强心血管和体温调节功能，提升骨骼肌中线粒体的能源产生和氧化能力，以及提高脂肪能量源的利用率[7, 11, 16, 18, 28, 33, 40, 47, 48, 52, 73, 82]。这些改变通过增强身体清理乳酸的能力而可能使乳酸阈提高。长时间使用这种训练形式也会

表20.4 有氧耐力训练的类型

训练类型	频率每周次数*	持续时间（主体部分）	训练强度
长距离慢速训练	1~2	比赛距离或更远（30~120min）	约$\dot{V}O_2max$的70%
配速/节奏训练	1~2	20~30min	在乳酸阈强度；与比赛速度相同或略快于比赛速度
间歇训练	1~2	3~5min（做功-休息比为1：1）	接近$\dot{V}O_2max$
高强度间歇训练	1	30~90s（做功-休息比为1：5）	大于$\dot{V}O_2max$
法特莱克训练	1	20~60min	强度在长距离慢速训练和配速/节奏训练之间变化

*一周的其他时间由其他训练类型和休息恢复日组成。

［数据源自参考文献15、24、54、77和82。］

引起肌肉代谢特点的改变[40, 50]，并最终促进部分Ⅱ型肌纤维向Ⅰ型肌纤维转变[68, 76]。

提高脂肪能量源的利用率也可以节省肌肉中的糖原[20, 23, 44, 48, 52, 58, 82]。但是，LSD的强度要低于比赛强度，做太多这种类型的训练可能产生不利的结果。另外，LSD也无法刺激到比赛时运动员肌纤维募集的神经模式[82]，这将导致训练获得的肌纤维适应无法用于比赛。

配速/节奏训练

配速/节奏训练采用的强度等于或略高于正式比赛，强度相当于乳酸阈强度。因此，这种训练方式也被称为乳酸阈训练[24]或有氧/无氧间歇训练[15]。配速/节奏训练有两种类型：稳定的和间歇的[24]。稳定的配速/节奏训练指以相当于乳酸阈的强度持续进行20~30min的训练。配速/节奏训练的目的是用特定的强度对运动员施压，以增加其有氧代谢和无氧代谢所产生的能量。间歇的配速/节奏训练也被称为节奏间歇训练、巡航间歇训练或乳酸阈训练[24]。间歇的配速/节奏训练的强度和稳定阈值训练的强度相同，但训练课包含了一系列较短的运动间歇和休息间歇。在配速/节奏训练期间，重要的是避免训练强度高于设定的速度。如果训练显得相对容易，增加距离比增加强度更好。这种训练类型的主要目的是优化比赛时的速度节奏感觉和提高身体系统维持该节奏的能力。配速/节奏训练涉及的肌纤维募集模式与比赛需求一致。这种训练类型的益处包括改善跑步经济性和提高乳酸阈。

间歇训练

间歇训练包含接近最大摄氧量强度的训练[1]。运动间歇一般持续3~5min，也可以缩短至30s。如果休息间歇为3~5min，那么训练时间也应该和这个差不多，从而保持做功-休息比为1∶1。间歇训练是让运动员以接近最大摄氧量的强度训练，相较于连续高强度训练的时间，间歇训练持续的时间更长。只有在具有很好的有氧耐力训练基础后才可以使用这种类型的训练方法[54]。间歇训练会对运动员产生很大压力，应该谨慎使用。间歇训练的益处包括增加最大摄氧量和提高无氧代谢水平。

高强度间歇训练

高强度间歇训练，也被称为HIIT，是一种重复进行高强度训练且在训练之间设置短暂休息的训练方法[9]。根据Buchheit和Laursen[9]的研究，为了让身体达到最佳刺激状态，运动员需要在强度高于最大摄氧量的90%的情况下持续进行几分钟的高强度间歇训练。无论是短时间（<45s）还是长时间（2~4min）的高强度间歇训练，都可以引起不同的训练反应。随着单次训练课的训练时间持续增加，无氧糖酵解产生的能量增多，血乳酸水平提高。此外，HIIT可能有利于提高跑步的速度和经济性。在有氧耐力比赛后期，“最后一脚”或“冲刺”对超过对手、创造纪录或个人最好成绩来说是非常重要的。

进行高强度间歇训练时，在两次重复之间适当地休息是关键。如果休息时间太短，运动员在后续的训练中将无法具有高质量的表现，同时也将面临更高的受伤风险。如果休息时间太长，无氧糖酵解能量系统获得的益处将可能减少。长间隔高强度间歇训练的适当做功-休息比的示例是，以大于或等于90% $\dot{V}O_2max$ 的强度训练2~3min，休息时间小于或等于2min[8, 9, 55]。

法特莱克训练

法特莱克（该词来源于瑞典速度游戏中的术语）训练是前面提到的几种类型训练的组合。虽然法特莱克训练通常与跑步相关，但其也可以用于自行车和游泳训练中。一个法特莱克跑的示例包含轻松的斜坡跑（约70%$\dot{V}O_2max$的强度）和短时间的快速冲刺（85%~95%$\dot{V}O_2max$的强度）。运动员也可以将这种基本方法与LSD、配速/节奏训练和间歇训练结合，用于自行车和游泳项目。法特莱克训练可以挑战全身的所有系统，并有助于减少每天训练的单调和无聊。这种类型的训练还有助于提高最大摄氧量、乳酸阈并改善跑步的经济性和能量利用率。

不同的训练类型可以激发不同的生理反应。一个完整的训练计划必须将所有的训练类型纳入运动员每周、每月和每年的训练。

马拉松初学者长距离慢速训练计划示例

周日	周一	周二	周三	周四	周五	周六
休息	45min 法特莱克跑	**60min LDS跑**	45min 间歇跑	60min 比赛配速斜坡与平地跑	45min 重复跑	**120min LSD跑**

备注：

- 频率：为了降低过度训练和过度使用，2次的长距离慢速训练要在1周内均衡分布，使运动员在2次训练之间得到充分的恢复。
- 持续时间：因为训练对象是马拉松运动员（比赛距离约为42km），至少有1次长距离慢速训练的时间或跑步距离接近马拉松的训练标准（训练有素的运动员）。
- 强度：要完成时间较长的长距离慢速训练，运动员需要以较低的强度或训练配速（min/mile或min/km）进行；呼吸压力无须太高。

50km自行车初学者配速/节奏训练计划示例

周日	周一	周二	周三	周四	周五	周六
休息	60min LSD骑行	**30min 配速/节奏骑行**	45min 法特莱克骑行	45min 轻松骑行	**30min 配速/节奏骑行**	90min LSD骑行

备注：

- 频率：因为配速/节奏骑行有一定强度，2个训练日要在1周内均衡分布，进而使运动员在2次训练之间得到充分的恢复。
- 持续时间：对于稳定的配速/节奏训练，训练距离或时间应短于比赛的距离或时间，以达到更高的训练强度。
- 强度：运动员要在高强度或高配速（min/mile或min/km）下训练；需要提高呼吸压力来模拟比赛配速。

10km中级运动员（有一定的训练经验）间歇训练计划示例

周日	周一	周二	周三	周四	周五	周六
休息	**以比赛配速重复10次0.5km跑，做功-休息比为1：1**	10km 轻松跑	45min LSD跑	3min强度为90%$\dot{V}O_2max$的HIIT，重复6次，组间间歇2min	45min LSD跑	45min 法特莱克平地跑

备注：

- 频率：因为间歇训练有一定强度，2个训练日要在1周内均衡分布，2次训练之间得到充分的恢复。
- 持续时间：随着运动员的适应性和水平逐渐提升，训练的总距离或总时间（即训练的总量）要接近比赛。
- 强度：运动员应该以接近$\dot{V}O_2max$的强度（配速）去完成间歇训练。

铁人三项中级运动员高强度间歇训练游泳计划示例[游泳部分，比赛距离为2.4mile（约3.9km）]

周日	周一	周二	周三	周四	周五	周六
休息	60min LSD游泳	2min强度为95%$\dot{V}O_2$ max的HIIT，重复8次，组间间歇2min	45min LSD游泳	休息日（无游泳训练）	以比赛配速游1mile	60min LSD游泳

备注：

- 频率：因为高强度间歇训练有一定强度，所以1周应该只安排1次。
- 持续时间：训练时间为2~3min，中间安排不超过2min的休息时间。
- 重复次数：6~10次 ×2min，5~8次 × 不低于3min。
- 强度：运动员以达到或高于90%$\dot{V}O_2$max的游泳训练强度（配速）完成高强度间歇训练。

女性5km越野跑运动员法特莱克训练计划示例

周日	周一	周二	周三	周四	周五	周六
休息或轻松跑	60min LSD跑	45min在斜坡和平地的激烈或轻松的法特莱克跑	25min配速/节奏跑	45min LSD跑	25min LSD跑	比赛

备注：

- 频率：因为法特莱克训练有一定强度，所以1周只安排1次。
- 持续时间：随着运动员的适应性和水平逐渐提升，训练部分的总距离或总时间（即训练的总量）要接近比赛。
- 强度：运动员应该以接近$\dot{V}O_2$max的强度（配速）去完成法特莱克训练。

赛季训练计划的设计和应用

训练计划变量及各类型的有氧耐力训练计划常被用于运动员的各赛季时间，以形成年度训练计划。通常情况下，年度训练计划包括非赛季（有时也被称为基础训练阶段）、赛季前、赛季中（专项比赛）和赛季后（积极休息）这几个时期。表20.5总结了每个赛季时期训练的主要目标和任务。

非赛季（基础训练）

非赛季训练应该优先发展基础心肺功能。一开始，训练计划应该由长时间和低强度的训练组成。随着非赛季的持续，训练强度和训练时间有较小程度的增加。然而，每周增加的训练时间不应超过原训练时间的5%~10%[87]。训练时间增加太多可能会降低有氧耐力的表现[18]。当运动员适应了训练刺激并需要额外的超负荷时，应该增强周期性的运动强度，以使运动员获得持续性的进步。

表20.5　不同赛季时期训练的目标与计划

赛季时期	目标	频率（每周）	持续时间	强度
非赛季（基础训练）	发展完整的体能基础	5~6	长	低至中等
赛季前	优化影响有氧耐力表现的重要因素	6~7	中等至长	中等至高
赛季中（专项比赛）	维持影响有氧耐力表现的重要因素	5~6（训练与比赛）	短（训练）	低（训练）
			比赛距离	高（比赛）
赛季后（积极休息）	从赛季中恢复	3~5	短	低

[数据源自参考文献15、24、54、77和82。]

赛季前

在赛季前，运动员应把重心放在提高训练强度及保持或减少训练时间上，并将所有的训练类型纳入训练计划。同时，应根据运动员个体的优点和缺点，确定每种训练类型的训练量和频率。

赛季中（专项比赛）

在设计赛季中训练计划时，需要考虑比赛日的影响。应在比赛之前安排低强度和短时间的训练，以便运动员能获得充分的恢复和休息。要基于改善运动员的劣势和保持其优势的目标来考虑赛季中的训练模式。

赛季后（积极休息）

赛季后训练的主要任务应该是从之前的赛季中完全恢复过来。在这个积极休息阶段，最典型的训练是以低强度和短持续时间的训练为主，同时进行足够的全身性活动，以保持良好的心肺功能、肌肉力量和瘦体重。在赛季后，有氧耐力运动员应致力于从比赛中受到的伤害康复，并改善力量较弱或状况不佳的肌群。

> 应按照赛季时期对完整的年度有氧耐力训练计划进行划分，每个时期都应有明确的目标，从而使运动员的运动表现逐渐被改善。

与有氧耐力训练相关的特殊问题

设计有氧耐力训练计划时，除了训练计划的变量，还需要考虑其他相关问题，包括交叉训练、停止训练、减量训练和额外的抗阻训练。体能教练需要考虑以上问题，并基于不同的赛季时期和运动员的个性特点来设计适合的有氧耐力训练计划。

交叉训练

交叉训练又称换项训练，是一种运动员因受伤而减少训练量或处于训练周期的恢复期时用于维持体能的训练模式[33]。交叉训练将训练的身体压力分散在平时训练不常用的肌群上，这可以减少过度使用性损伤的风险[87]。多项目运动员也用交叉训练来提升运动表现。交叉训练的益处包括呼吸、心血管与肌肉骨骼系统的适应[53, 57, 87]。单项目运动员为了保持体能水平而进行交叉训练（例如，跑步运动员进行自行车和游泳训练），似乎也是一种合理的训练预期。为了有效地保持最大摄氧量，交叉训练的训练强度和持续时间必须与运动员的主要训练模式相同[37, 56, 85]。然而，交叉训练对单项目运动成绩的提升，无法达到只用运动员自身专项训练模式时的提升幅度[33]。

停止训练

停止训练指运动员因为受伤或生病而降低训练强度或训练时间，甚至完全中断训练。此时，因为缺乏适当的训练刺激，运动员训练所得的生理适应会有一定的损失。研究证明，移除训练刺激后，训练获得的大部分生理适应会快速退回到训练之前的水平[27, 29, 52]。为了避免停止训练带来的一些影响，运用其他模式的训练可能是有益的。然而，交叉训练只能减缓完全停止训练带来的生理适应消退。如有可能，有氧耐力运动员可以减少训练的时间与强度，但仍继续使用他们的主要训练模式，从而将停止训练的影响减至最小[82]。

减量训练

有氧耐力运动员准备参加比赛时，减量训练是训练计划的重要组成部分。减量训练包括训练持续时间和强度的减少，并且更加强调运动技术的改善和营养手段的介入。减量训练的目标是在比赛中达到最佳表现。虽然减量训练的持续时间取决于多种因素，但是典型的减量周期可以持续7~28天[63]。虽然多数可供参考的减量训练研究都是以游泳运动员为对象[17, 46, 79]，但减量训练的使用并不局限于游泳项目的有氧耐力运动员。对跑步和自行车运动员的研究表明，这些耐力运动员也受益于减量训练[63, 64, 75]。赛前采用减量训练有助于身体恢复和水分补充，并且可增加运动员肌糖原和肝糖原的储备[63]。

为了修复因严格训练而受损的生理能力，可以使用几种减量训练的模式。最常用的是线性的、阶梯式的和进阶式的减量模式[79]。线性减量训练模式的特征是通过逐渐减少训练时间来减少白天的总训练量。相反，阶梯式减量训练模式的特征是训练量突然大幅减少（≥50%），而这个训练量在减量时保持不变，没有波动。进阶式减量训练模式使用的是线性和阶梯式组合的减量方式。在进阶式减量训练模式中，训练量快速减少10%~15%，在往下的每一级上，减量更小、更慢，这种方法让运动员在保持训练强度和频率的同时，有条不紊地减少训练量。

抗阻训练

抗阻训练对提高运动员的有氧耐力表现很重要，但是经常被忽视。总的来说，关于抗阻训练对训练有素的有氧耐力运动员的运动表现的影响的研究非常有限。然而，一些数据表明，在有氧耐力训练期间进行抗阻训练有助于提升训练效果。特别重要的是，Hickson和同事[45]研究发现，尽管训练有素的有氧耐力运动员的最大摄氧量没有因抗阻训练而有所改善，但在骑自行车和跑步运动中的短期表现却有所改善。有氧耐力运动员可以从抗阻训练中获得的好处包括更快地从受伤中恢复、防止过度训练造成的伤害和减少肌肉不平衡等。增加力量对有氧耐力比赛的各个方面都很重要，包括登山项目，可弥补运动员从团队中突围及最后的冲刺时与对手的差距[87]。最近，Mikkola及其同事[62]研究了各种抗阻训练计划对休闲跑步者的运动表现的影响。肌肉耐力训练、爆发力训练和大负荷抗阻训练计划都可以提高运动员在跑步机上的表现。

第17章提供了设计抗阻训练计划的准则，这些准则也可被用于有氧耐力运动员。侧重于高中越野跑运动员的示例计划见“状况C”的方案。

海拔

海拔可被定义为相对于海平面的高度。海拔分为几类，分别为海平面（≤500m）、低（501~2000m）、中等（2001~3000m）、高（3001~5500m）和极端（>5500m）[30]。与普遍观点相反，氧气的百分比在不同的海拔都是一样的[66]。然而，随着海拔增加，大气压下降，这会引起氧分压的降低，而氧分压是肺中气体交换的驱动力[30, 66]，因此人体会出现一系列生理反应来应对氧分压的降低。从海拔700m的位置开始，有氧耐力表现会随海拔的急剧升高而下降[86]。

在2300m的中等海拔高度，运动员可能需要12~14天的适应期；然而，研究发现，适应期也可能持续几个月[86]。根据Wyatt[86]的研究，从比赛前（24~48h），到到达高原12周，在海拔高度优化运动表现的建议各不相同。

许多精英运动员和次精英运动员都在进

行高原训练，以促进机能提升。为了体验这种类型训练的益处，运动员必须在中等高度（2100~2500m）接受至少每天12h的低氧训练且持续至少3周[51, 86]。“高住低训”是运动员试图从高原训练的建议中获益时常用的方法。高住低训要求个体生活在中等高度（2000~3000m），而在接近海平面的高度进行训练[51]，这种训练方法允许运动员同时体验高原适应和海平面训练的好处[84]。因此，高住低训可通过利用运动员在高海拔地区生活经历的代谢和血液适应优势以增强在较低海拔时的神经肌肉发展来增进机能[30, 84]。

小 结

提高有氧耐力表现的训练需要一个周全而科学的计划。应结合定期的运动表现评估结果来制定训练计划，并应以增强运动员的优势和改善运动员的弱点为目标来构建训练计划。应该组合使用本章中介绍的各种训练类型，这样才能使所有涉及的生理系统受到超负荷刺激和挑战，并且产生积极的适应。

训练计划必须有足够的前瞻性和结构上的完整性，以确保运动表现的提高，但还要具有足够的灵活性，以避免过度使用性损伤和过度训练。虽然可以采用其他形式的训练来避免单调和过度训练，但是与运动员专项相关的训练才能形成最佳的适应性，从而更好地提升运动表现。

有氧耐力训练常用练习

以下部分讨论了有氧耐力训练的一些基本技术，同时也提供了常见的有氧器械和非器械练习的一般准则。这些练习的说明大部分都改编自Beck[3]。

20.1 跑步机

起始阶段

- 将安全夹连接在衣服上不会妨碍下肢或上肢动作的位置。
- 双脚跨过履带，分别放在左右两侧的平台上。
- 阅读跑步机控制台上的说明，以了解如何调整所使用的特定跑步机的速度和坡度。
- 打开跑步机并调节履带的速度，使其处于所需的热身速度。

运动阶段

- 抓住扶手，允许一条腿自由摆动，使用扒地的方式，用脚掌在跑步机上大跨步走。
- 一旦适应了履带的速度，开始在跑步机上步行或跑步。
- 跑步或步行时，保持面对跑步机的前部，同时保持在跑步机的中间。
- 从扶手上松开手，调整速度和坡度，直到达到所需的训练强度。
- 避免在步行或跑步时握住控制台或前扶手，也避免身体向后倾斜。

结束阶段

- 降低跑步机的速度，进行3~5min的整理运动，防止血液淤积并促进静脉回流。
- 踏上履带两侧的平台，关闭跑步机[3]。

20.2 固定自行车

起始阶段

- 开始时先调整座椅高度，让伸展腿的膝关节在脚踏板到达最低点时稍微屈曲（25°~30°）。
- 向下踏的脚应该平放在脚踏板上且与地面平行，前脚掌与脚踏板接触。
- 调整座椅，使伸展腿的膝关节在脚踏板中心的上方，在蹬踏过程中腹部不会来回晃动。
- 脊柱保持在中立位，身体从髋部稍稍向前倾。
- 调整把手，使双肘位置高于双手且稍微屈曲。理想情况下，前臂和躯干的夹角约为90°。

运动阶段

- 开始踩脚踏板，同时保持前脚掌与脚踏板持续接触。
- 保持中立的姿势，不要圆肩驼背。
- 对于“牛角式”手把，可以使用各种手部位置，包括：
  - 旋前姿势，手掌朝下抓住把手，使上半身更直立；
  - 手掌自然握住把手的两侧，使上半身更前倾；
  - 比赛姿势，前臂放松地靠在把手上，使上半身最大限度地前倾。

结束阶段

- 减速，直到脚踏板完全静止，然后从自行车上下来。

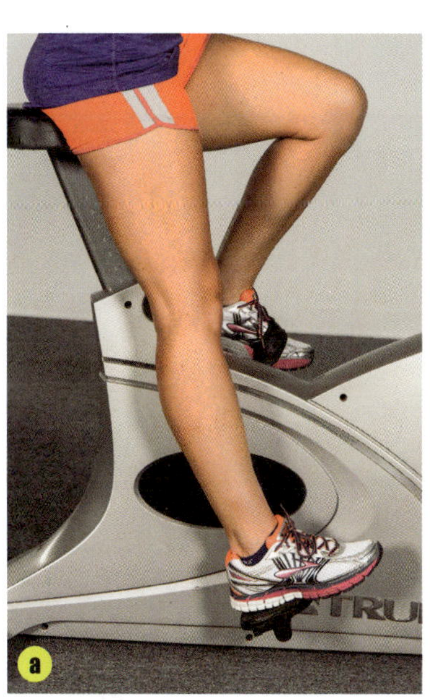

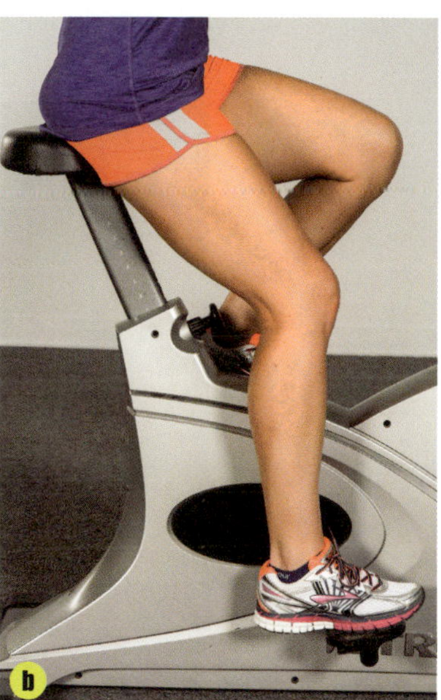

调整合适的座椅高度：（a）腿伸直，膝关节锁死，脚跟放在脚踏上；（b）膝关节稍微屈曲，前脚掌放在脚踏上板；（c）脚踏板在12点钟方向时，膝关节与髋关节齐高且约与地面平行

20.3 划船机

起始阶段

- 保持背部挺直，不要弓背，骨盆稍微向前倾。
- 保持头部直立，眼睛正视前方。
- 双手向前伸，握住把手，屈髋、屈膝至小腿胫骨垂直于地面。

运动阶段（驱动）

- 伸髋、伸膝，同时双手将把手拉向肋骨下方的腹部。
- 调整划船机的阻力装置，以增加或减小阻力。

结束阶段

- 腿完全伸直，躯干稍微后倾。
- 手肘屈曲，将把手置于肋骨下方的腹部位置。还原阶段是从结束阶段回到起始阶段。

起始（抓住把手）

驱动

结束

还原

20.4 踏步机

起始阶段

- 向前踏上踏板，同时握住扶手。
- 全脚掌踏在踏板上。

运动阶段

- 手扶扶手，开始踏步。
- 保持直立姿势，进行高度较高[4~8in（10~20cm）]的踏步。
- 不要让踏板碰触地板或踏步机的上限。
- 轻握扶手，向前看，双肩平齐，肩部保持放松，躯干和髋部对齐，膝和脚踝对齐，脚尖向前。

结束阶段

- 握住扶手，向后踏下踏板。

在踏步机上的正确姿势

20.5 椭圆机

起始阶段

- 面向椭圆机的控制台，双脚分别踩在两侧的踏板上。
- 保持身体直立，眼睛正视前方，握住把手，躯干挺直、保持适当的平衡并与髋部对齐，头部保持抬高，肩部放松（不要圆肩）。

运动阶段

- 开始向前踩踏，手臂和腿进行往返交替运动。
- 除非椭圆机的设计导致脚跟抬起，否则动作过程中应该保持整个脚掌与踏板接触。
- 膝关节屈曲时，不要超过脚尖。
- 手握把手，保持平衡。如无须手握把手，则像走路或跑步时，自然地摆动双手。
- 增加椭圆机倾斜角度来模拟跑步，或减少其倾斜角度来模拟步行。
- 向前练习可能更着重于股四头肌的训练，向后练习可能更着重于腘绳肌和臀肌的训练。

结束阶段

- 减速，椭圆机完全停止后，从踏板上下来。

在椭圆机上的正确姿势

20.6 步行（步态）

身体姿态

- 头部直立，正视前方。
- 肩部自然放松，不要圆肩驼背。
- 保持上半身在髋部正上方，同时保持耳朵、肩部与骨盆对齐。

足部触地

- 脚跟先着地，紧接着做一个脚跟至前脚掌的缓和“滚动”，使身体重量均匀分布在脚上。
- 重心应该从脚跟外侧持续前移到前脚掌内侧，然后完成蹬地。

跨步

- 在髋部不旋转的情况下（除非是竞走），髋部可以轻松自如地屈伸，以增加跨步距离。
- 抬起膝盖，在跨步动作中多使用髋部及臀部的肌肉。

手臂动作

- 手臂与下肢交替前后摆动（例如当左手在前，右腿也在前，反之亦然）。
- 肩部放松，手臂自然摆动。
- 快速行走时，手臂应该：
  - 屈肘90°，手臂动作由肩部带动；
  - 手和手臂应该前后摆动，摆动过程中不要越过身体的中线，以产生向前的推动力；
  - 双手放松，向前摆至两乳头连线高度，向后摆至体侧髋骨高度。

*提示：*竞走运动员可以增加髋部的旋转，每次跨步都可以扭动骨盆，从而增加跨步距离，并始终保持有一只脚与地面相接触。

20.7 跑步（步态）

身体姿态

- 头部直立，正视前方。
- 肩部自然放松，不要圆肩驼背。
- 保持上半身在髋部正上方，同时保持耳朵、肩部与骨盆对齐。

足部触地

- 脚跟先着地，紧接着做一个脚跟至前脚掌的缓和“滚动”，使身体重量均匀分布在脚上。
- 重心应该从脚跟外侧持续前移。

跨步

- 在髋部不旋转的情况下（除非是竞走），髋部可以轻松自如地屈伸，以增加跨步距离。
- 抬起膝盖，在跨步动作中多使用髋部及臀部的肌肉。
- 在跑步的每一次跨步中，脚部落地位置应该位于髋部的下方，以防止出现“刹车”现象，或在空中停留太长时间。

手臂动作

- 手臂与下肢交替前后摆动（例如当左手在前时，右腿也在前，反之亦然）。
- 肩部放松，手臂自然摆动。
- 与步行不同，跑步时大部分手臂的动作由前臂带动，因为肩部动作太多会浪费能量。
- 前臂应该在腰部和胸部之间摆动。
- 手和手臂应该前后摆动，摆动过程中不要越过身体的中线，以产生向前的推动力。

关键词

age-predicted maximal heart rate （APMHR）年龄预测的最大心率
altitude 海拔
base training 基础训练
cross-training 交叉训练（换项训练）
detraining 停止训练
duration 持续时间
exercise economy 运动经济性
Fartlek training 法特莱克训练
frequency 频率
functional capacity 功能容量
heart rate reserve（HRR）储备心率
high-intensity interval training 高强度间歇训练
in-season 赛季中
intensity 强度
interval training 间歇训练
Karvonen method 卡氏公式法
lactate threshold 乳酸阈
long, slow distance training（LSD）长距离慢速训练
maximal aerobic capacity （$\dot{V}O_2max$）最大摄氧量
maximal lactate steady state 最大乳酸稳定状态
metabolic equivalent（MET）代谢当量
mode 模式
off-season 非赛季
overload 超负荷
pace/tempo training 配速/节奏训练
percentage of maximal heart rate （MHR）method 最大心率百分比法
postseason 赛季后
preseason 赛季前
ratings of perceived exertion（RPE）自感用力程度量表
recovery 恢复
resistance training 抗阻训练
tapering 减量训练

学习试题

1. 在接受有氧耐力训练后，机体会产生以下哪种适应？（ ）
   I. 运送到工作肌的氧气量增加
   II. 更高的有氧能量输出
   III. 更高的脂肪能量源利用率
   IV. 酸碱平衡失调加剧
   a. I和III
   b. II和IV
   c. I、II和III
   d. II、III和IV
2. 下列哪种训练类型的强度等同于乳酸阈强度？（ ）
   a. 配速/节奏训练
   b. 间歇训练
   c. 高强度间歇训练
   d. 法特莱克训练
3. 下列哪方式最常用于设定及调整训练强度？（ ）
   a. 耗氧量
   b. 心率
   c. 自感用力程度
   d. 比赛配速

4. 停止训练后生理适应消失在以下哪种训练方式中会出现？（　）

   a. 专项训练

   b. 交叉训练

   c. 停止训练

   d. 减量训练

5. 下列哪个赛季时期的有氧耐力训练时间最长？（　）

   a. 赛季后

   b. 赛季前

   c. 赛季中

   d. 非赛季

第21章

周期

G. 格雷戈里·哈夫（G. Gregory Haff），PhD
译者：项恒、周爱国
审校：刘也、朱昌宇

完成这一章的学习后，你将能够：

- 理解训练周期的核心概念；
- 了解周期在体能训练计划中的价值、角色及应用；
- 描述传统周期模型中的4个时期；
- 描述传统周期模型中准备期的2个阶段；
- 将体育中的4个赛季期与传统周期模型中的4个时期配对；
- 应用训练计划变量制定周期性的力量训练计划。

感谢丹·沃森（Dan Wathen）、托马斯·R.贝希勒（Thomas R. Baechle）和罗杰·W.厄尔（Roger W.Earle）对本章内容做出的重要贡献。

体能训练计划是否能激发必要的生理适应以提高运动表现，很大程度上与其调整训练应激源从而提高适应及降低出现运动表现平台期和过度训练概率的能力有关。当训练负荷安排不当时，损伤和过度训练的风险都会提高[46]。最终，运动员的训练水平越高或训练年限越长，运动表现越难提高。因此，往往需要在高水平运动员的训练计划中增加变量，从而提升长期训练的效果并使运动员的运动表现持续提升[3, 59]。为了满足这一要求，训练计划的设计需要具有逻辑性，这样一来，训练计划的内容才具有系统性，使训练量、强度、频率、密度、重点、训练模式和练习动作等变量的设定更加符合运动员个体和专项的需求。周期的概念是制定有效训练干预计划的核心[28]。一般认为，周期概念源自Leonid Matveyev[43]，他在20世纪60年代提出了周期的基本理论。尽管人们常常认为Matveyev是周期概念的提出者，但在同一时期，也有其他学者探索了这个概念，包括László Nádori[48]、Tudor Bompa[2]和Yuri Verkoshansky[64]等。后来，美国运动科学家Michael H. Stone、Harold O' Bryant和John Garhammer对早期周期理论学者们提出的概念进行了改编，并将其应用在力量型和爆发力型运动员的身上[57, 58]。最终，周期演变为兼具理论性和实践性的结构，使得具有系统性、连续性和整体性的训练干预措施被规划进相互独立又彼此依存的训练阶段，以产生专门的生理适应，从而提升运动表现。

本章讨论了周期的概念及其在体能训练计划中的应用。为了理解周期理论及如何将其应用于训练计划的设计。首先，必须了解身体对训练刺激（即应激源）做何反应[24, 28]，其次应讨论周期性训练计划的基本层次结构，以展示如何将完整的训练年分解成更小的训练阶段，使每个阶段都有各自的训练目标和侧重点。要注意的是，这个完整的训练安排包含了运动员训练计划的所有方面，包括一般体能训练、专项化训练和抗阻训练。本章后半部分详细地展示了一个年度周期性体能训练计划的示例。为了了解训练计划的复杂性，鼓励读者先阅读本书的第17章。

与周期相关的核心概念

成功的训练计划应当考虑到特定干预的适应和恢复反应[28]。任何训练计划的成功与否均取决于其诱发特定生理适应的能力和将特定生理适应转换为提高运动表现的能力。这个过程的核心是控制适应反应、处理累积的疲劳及利用各种训练因素产生的后效的能力。周期性训练计划的优点在于其能够对训练干预进行排序和组织，以便控制所有因素，以使峰值运动表现出现在适当的时间点上[4–6, 51, 59, 63]。最终，峰值运动表现只能维持较短的时间（7~14天），而且维持的平均时间与训练计划的平均强度呈负相关[17, 33, 59]。为了阐明周期训练模型如何控制这些因素，目前已经形成了3种关于其基本机制的理论：一般适应综合征（GAS）、刺激–疲劳–恢复–适应理论和体适能–疲劳模型[22, 28, 59, 65]。

> 周期是对训练干预进行排序和整合，以使峰值运动表现出现在适当的时间点的过程，具有逻辑性和系统性。

一般适应综合征

1956年，应激刺激环境下的生物学效应方面的先驱研究者Hans Selye提出了GAS的基本概念，并对刺激的三阶段反应（预警、抵抗和疲劳）进行了界定[54, 55]。虽然在身体训练的领域，这称不上是原创概念，但随着时间的推移，GAS已经成为推动周期理论发展的基础概念之一[21, 59]。任何时候，当身体经历不同以往的、全新的或更强烈的刺激（例如更大的训练负荷或更大的训练量；见第17章）时，初始反应或预警阶段是疲劳、酸痛、僵硬或能量储备减少的累积，这会导致运动表现的下降[59]。根据运动员受到刺激的大小，这些反应可能会持续数小时、数天或数周。经历过初始反应之后，身体进入抵抗阶段，此时身体适应刺激，回归正常功能水平。如果训练刺激是适当的、结构化的而不是过度的，这些适应反应会导致特定的生化、结构和力学调整，从而进一步提高运动员的运动表现，出现所谓的**超量恢复**[58]。

然而，如果应激持续较长的时间，运动员可能会进入疲劳阶段。一旦发生这种情况，运动员表现为无法适应被施加的应激源，出现一些与预警阶段相同的症状。最终，当运动员进入疲劳阶段时，极可能出现过度训练反应[20]。从训练的角度来看，过高的负荷、单调的训练和变化过多的训练都可能导致疲劳阶段的出现。另外，个人对训练的反应也会受其他非训练应激（如工作上的问题、睡眠不足、人际关系和糟糕的饮食）的影响，这些应激会提高运动员的整体压力水平。体能教练应该通过合理地规划和控制（即周期）训练应激源，以尽可能地避免GAS中疲劳阶段的出现。虽然图21.1所示曲线的实际情况（即斜率、幅度和时间）因人而异，但该图展现了一般适应综合征在训练反应方面的基本应用。

刺激–疲劳–恢复–适应理论

刺激–疲劳–恢复–适应理论是对GAS的延伸，表明训练刺激会产生一种普遍的反应（图21.2），该反应会受到训练刺激整体强度的影响[59]。具体来说，负荷越大，疲劳累积越多，完全恢复和适应所需的时间也越长。随着运动员从训练刺激中恢复并适应，疲劳消失，

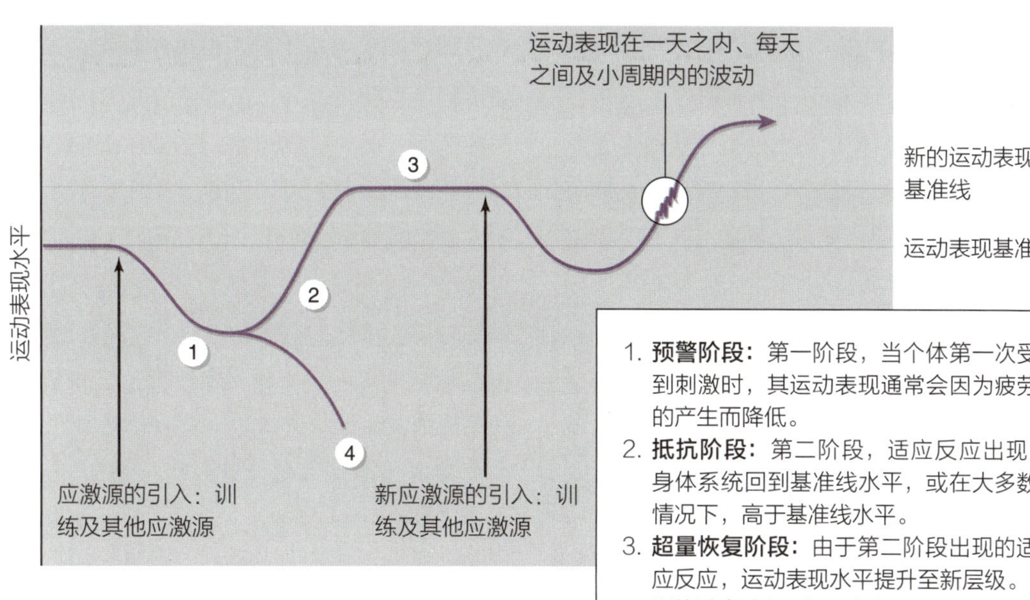

图21.1 一般适应综合征（GAS）及其在周期上的应用
[源自：Haff and Haff，2012[28].]

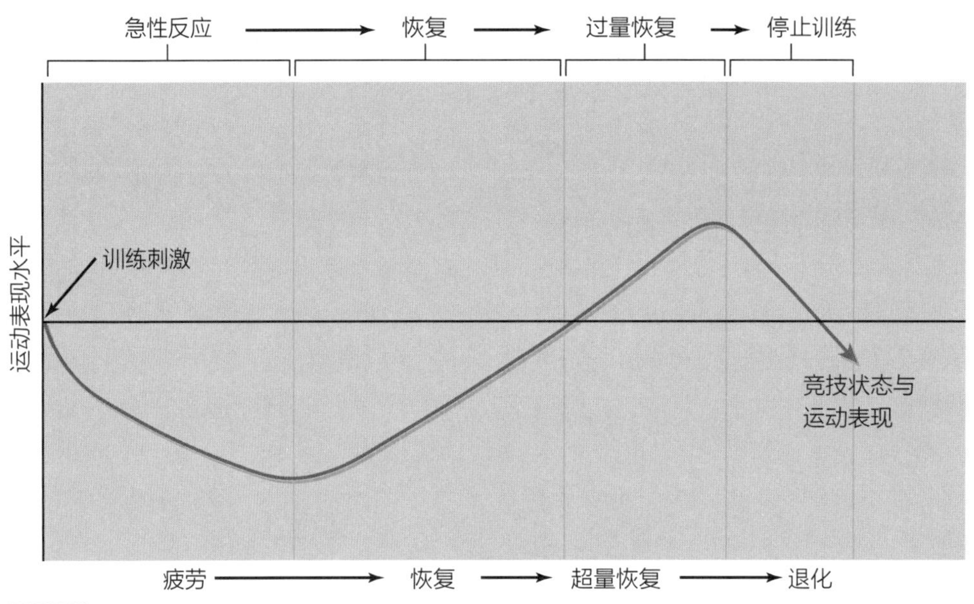

图21.2 刺激-疲劳-恢复-适应理论，使用可互换的术语
[源自：Haff and Haff，2012[28].]

竞技状态变好，运动表现提高。如果没有引入新的训练刺激，运动员则会出现退步或去训练化状态（即总体能力降低到当前基准线水平以下）。相反，如果引入了新的训练刺激，则该过程将会重复。当运动员执行周期性训练计划时，无论是在一次练习中、一节训练课中、一个训练日中或一个周期中，这种基本模式都会出现。应该指出的是，虽然恢复是训练过程的重要组成部分，但在开始一次新的练习或训练课之前，并不总是需要达到完全恢复的状态[49]。应通过低负荷与高负荷结合的训练课或训练日来控制负荷和训练强度，以调节疲劳和恢复反应[9, 19]，同时增加或维持适应性。从概念上讲，这个理论是有序的周期模型的基础。周期模型通过控制各种训练因素来调节运动员的整体疲劳程度、恢复速度和对训练刺激的适应反应。

体适能-疲劳模型

一般来说，影响运动员竞技状态的训练干预主要会产生两种训练后效（即体适能和疲劳）[3, 14, 66]。Zatsiorsky[65]提出的体适能-疲劳模型（图21.3）对这些关系进行了经典的解释。每一次练习、训练课或训练周期都会产生疲劳和体适能两方面的后效，它们共同决定即将形成的竞技状态[14, 65]。当训练负荷达到最高时，体适能水平会上升；但由于训练负荷高，疲劳程度也随之上升。在这种情况下，体适能与疲劳两方面的后效相加，过高的疲劳程度会导致竞技状态的下滑。另外，当训练负荷过低时，几乎没有疲劳产生，但体适能水平的提升也很少，这会导致低水平的竞技状态。因此，训练负荷的排序变得非常重要，它允许训练负荷以有条理的方式变化。需要记住的重点是，疲劳的消退速度比体适能的消退速度更快，因此采用适当的训练策略来保持体适能并减少疲劳，就可以使竞技状态变好[25, 28]。虽然体适能-疲劳模型的经典表达方式为一条反映疲劳、体适能和竞技状态关系的曲线，但很可能每个训练因素都会产生不同的体适能、疲劳和竞技状态方面的后效[14, 59]。这些后效通常被认为是剩余的训练效果，并且被当作有序的周

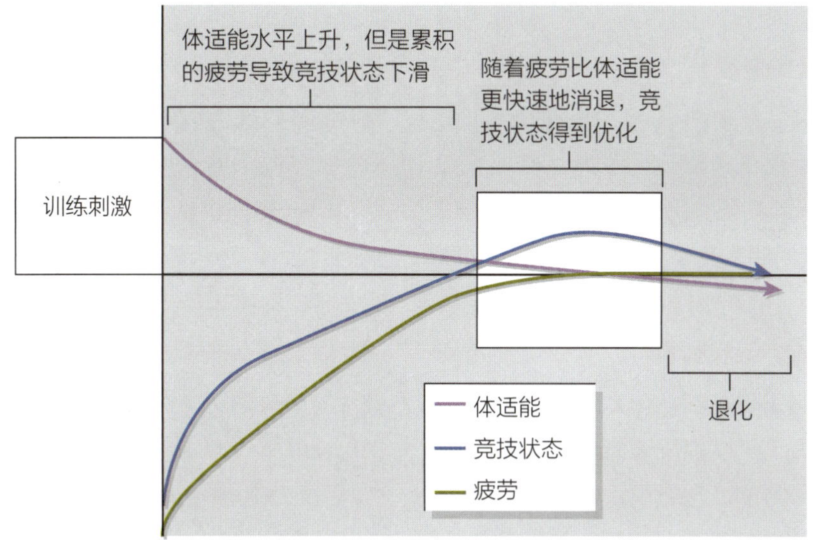

图21.3 体适能-疲劳模型
[源自：Haff and Haff，2012[28].]

期模型使用的基本概念[25, 28]。最终，一个训练周期的剩余训练效果有可能影响后续训练周期的竞技状态，这具体取决于周期性训练计划的总体结构[28]。

周期层次结构

从根本上来说，周期是规划训练干预的一种方法，可以把计划划分为特定的时间段（表21.1）[22, 24]。多年训练计划的时间跨度很长，但在周期训练结构中是最不详细的计划。例如，它可能涉及大学生美式橄榄球运动员从大学一年级到高年级的基本进阶过程，并且包含每个年度训练的关键发展目标。多年训练结构会被细分为更详尽的几个**年度训练计划**。应根据运动员在不同阶段的发展目标制定年

表21.1 周期化的不同周期类型

时期	时长	描述
多年训练计划	2~4年	一个4年训练计划被称为4年期计划
年度训练计划	1年	年度训练计划包含单个或多个大周期，大周期又被分为不同的训练时期，包括准备期、比赛期和过渡期等
大周期	几个月到1年	有些人将此称为年度计划，分为准备期、比赛期和过渡期
中周期	2~6周	中周期有时被称为训练模块，其最常见的持续时间是4周，包括连接在一起的小周期
小周期	几天到2周	小周期的持续时间为几天到2周，最常见的持续时间是1周（7天），其由多个单次训练组成
训练日	1天	训练日包含多个训练课，是根据其所在特定小周期的任务而设计的
训练课	几小时	一般由几个小时的训练组成。如果一次训练后的休息时间超过30min，那么该次训练即被视为训练课

[源自：G. G. Haff and E. E. Haff，2012，Training integration and periodization. In *NSCA guide to program design*，edited by J. Hoffman(Champaign，IL: Human Kinetics)，220.]

度训练计划。对于全年只有一个赛季的运动项目（如美式橄榄球），年度训练计划将被视为一个大周期。然而，像大学田径这样的运动项目，由于存在典型的室内赛季和室外赛季，年度训练计划被分为两个大周期。通常，大周期的持续时间从几个月到一年不等，这取决于各运动项目的赛季特点。每个大周期里都有中周期，一般持续数周至数月；2~6周是最典型的中周期持续时间。每个大周期里的中周期数量取决于年度训练计划的训练目标和大周期的时间跨度。每个中周期会被分解成持续数天至数周的几个小周期；最常见的小周期持续时间是1周[22, 28]。在小周期中，每个训练日将被进一步细分为若干次训练课。

> 周期训练开始于多年或年度训练计划中阐述的整体训练目标，并被进一步、具体地划分为大周期、中周期和小周期。例如，年度训练计划为一个训练年度设定了大体方向，而其他周期则设定了训练手段、训练方法和训练模式，以帮助运动员达成主要的训练目标。

周期的时期

根据大周期或年度训练计划中包含的时期，设计不同的中周期、小周期计划中变量的总体变化和结构[22, 25]。纵观这些时期，体能训练计划的训练量和训练强度往往是最重要的；但是，当构建完整的周期性训练计划时，必须考虑到获得和完善专项技术所花的时间[57]。最终，周期性训练计划系统地将训练重点从大训练量、低训练强度的一般性非专项化训练，转移为持续数周或数月的小训练量、更高训练强度的训练，以降低运动员过度训练的概率，同时优化运动表现。

周期性训练计划的基本顺序和达到特定训练目标的进阶方式与学习学术概念的顺序及进阶非常相似。例如，在学术界，从简单的概念和技能开始，进阶到更复杂的概念。从根本上讲，掌握简单的技能是为了给学习更复杂的内容提供良好的基础。周期性训练计划中的时期就是将简单的技能转化为更复杂的专项目标的途径。

在经典的关于周期的文献中，训练过程被分为准备期、比赛期和过渡期[24, 43]。Stone、O'Bryant和Garhammer[57]修改了这个经典模型，在训练的准备期和比赛期之间加入了“第一过渡期”。基于这种结构，当代周期模型通常包含4个截然不同而又相互关联的训练时期：准备期、第一过渡期、比赛期和第二过渡期。图21.4展示了Stone、O'Bryant和Garhammer[57]所描述的基本周期模型。该模型经常应用于训练水平较低的初级运动员。通常来说，在应用中，训练强度在开始时较低并逐渐升高，同时训练量在开始时较高并随着运动员体能的提高而逐渐降低。要注意的重点是，并不是所有的初级运动员都能承受这些训练变量的较大变动，所以训练变量的变动幅度应较小[58, 61, 62]。同样要重点注意的是，尽管在图形上通常以直线表示，但由于在小周期和中周期层面上发生的负荷波动，训练量和训练强度的进阶实际上是非线性的[22, 24, 25, 51]。这种对经典周期模型的误解导致这类模型被误称为线性周期模型[25, 51]。

训练水平较高的运动员倾向于进行接近他们能力的训练，其训练适应窗口较小。因此，这些运动员需要更多的训练变化及更高的训练量和训练强度，这样才能够获得适当的训练刺激[51]。例如，Zatsiorsky和Kraemer[66]证明，能使初级运动员产生刺激的负荷只能使高级运动员维持现有的状态。为了解决这个问题，应使高训练量到高训练强度的转变发生于准备

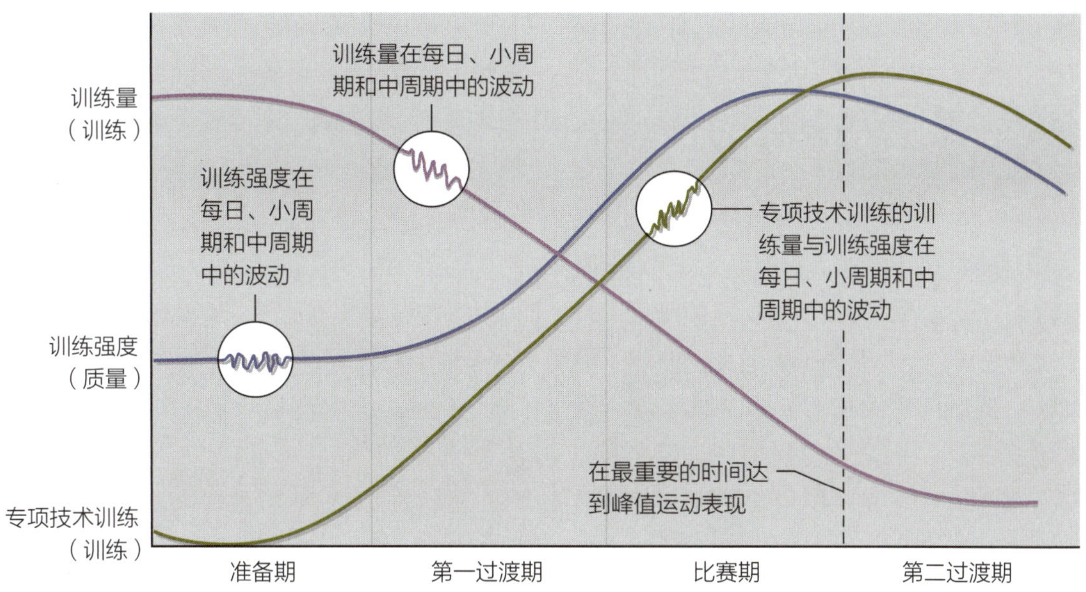

图21.4 Matveyev的周期模型（适合初级运动员）

[源自：G. G. Haff and E. E. Haff, 2012, Training integration and periodization. In *NSCA's guide to program design*, edited by J. Hoffman(Champaign，IL: Human Kinetics)，223; Reprinted from *Weight training: A scientific approach*，2nd edition，by Michael H. Stone and Harold St. O' Bryant，copyright © 1987 by Burgess.]

期的早期，这样与图21.4所示的基本模型相比，整体的训练量会更高。

准备期

在设计周期性训练计划时，起点通常是准备期。该时期出现在没有比赛的时候，其技术、战术或专项训练是有限的。这个时期往往对应着非赛季。准备期的主要目标是发展基础体能，以提高运动员承受更高强度训练的能力。基于图21.4所示的模型，体能训练将从相对较低的训练强度和相对较大的训练量开始：长距离、慢速度的跑步或游泳；低强度的快速伸缩复合训练；低至中等阻力且高重复次数的抗阻训练。准备期一般会被细分为一般准备阶段和专项准备阶段。一般准备阶段被安排在这个时期的最早期，通常针对一般的体能基础发展[3]。准备期的一般准备阶段包括高训练量、低训练强度及多种训练手段，从而有条理地提高一般运动能力和技能[36, 44]。专项准备阶段在一般准备阶段结束之后，涉及训练重点的转移。在已经建立的训练基础上，专项准备阶段更加强调通过专项化的训练活动来强化运动员的训练基础，让运动员为比赛期做好准备[15]。在准备期，可以构建抗阻训练阶段，以更精准地描绘训练强度和训练量的差异。因此，抗阻训练阶段可被划分为肌肉肥大/力量耐力阶段和基础力量阶段[57, 58]。

肌肉肥大/力量耐力阶段

肌肉肥大阶段（也被称为力量耐力阶段），通常出现在准备期的前期（即一般准备阶段）[18, 27, 28]。在该阶段，训练强度由低到中等，总体训练量很高。该阶段的主要目标：（a）增加瘦体重；（b）发展耐力（肌肉和代谢）基础；（c）二者兼有。该阶段是后续阶段高强度训练的基础[29, 30]。力量型或爆发力型运动员的主要目标是在刺激肌肉肥大的同时提高力量耐力。而耐力型运动员的主要目标是提高力量耐力而使肌肉肥大增加不显著。关于准备期，应该达成的共识是，无论训练何种专项的运动员，在一般准备阶段，训练活动可以不针对其从事的专项。然而，随着运动员进入专项准备阶段，数周内，训练活动将变得更具有专项性和针对性。例如，短跑运动员在一般准备阶段会在较慢的速度下跑更长的距离（长于比赛距离，而不是传统的长距离跑步，例如，一个100m短跑运动员可以通过400m跑来建立基础），并结合低强度的快速伸缩复合训练，例如双腿的跳跃和纵跳，以及更多的基础抗阻训练，而不一定要进行在生物力学或结构上与跑步动作相似的练习［例如颈后深蹲、腿（膝）屈曲等］。一般来说，运动员在该阶段应当进行中低强度且大训练量的抗阻训练（表21.2）。

然而，要注意的是，在整个阶段，训练强度和负荷的每日变化要有助于恢复[27]。另外，恢复周或小周期可能贯穿整个阶段，最常出现在一个阶段结束之后和下一阶段开始之前。

> 肌肉肥大/力量耐力阶段包括中低训练强度（1RM的50%~75%）和大训练量（3~6组，每组8~20次重复）。

基础力量阶段

基础力量阶段一般被安排在准备期后期的专项准备阶段。基础力量阶段的主要目的是增加主要专项动作所需的肌肉力量[11-13]。例如，短跑运动员的跑步计划将会进阶到中等距离的间歇冲刺及更复杂、更具专项性的快速伸缩复合训练。抗阻训练计划也更具专项性（例

表21.2 抗阻训练的周期模型

周期	准备期		第一过渡期	比赛期			第二过渡期
子周期	一般准备阶段	专项准备阶段	赛前阶段	主要比赛阶段			赛后阶段
赛季时期	非赛季	赛季前		赛季中			赛季后
阶段	肌肉肥大/力量耐力	基础力量	力量/爆发力	最大化（峰值阶段）	或	维持	积极休息
训练强度	低到中等	高	低到非常高	非常高到低		中等到高	休闲娱乐活动（可能不涉及抗阻训练）
	1RM的50%~75%	1RM的80%~95%	1RM的87%~95%* 1RM的30%~85%**	1RM的50%~93%（甚至更高）		1RM的85%~93%	
训练量	大	中等到大	小	非常小		小到中等	
	3~6组***	2~6组***	2~5组***	1~3组***		2~5组***	
	8~20次重复	2~6次重复	2~5次重复	1~3次重复		3~6次重复	

*这些1RM的百分比只适用于非爆发性的主要练习。

**这些1RM的百分比只适用于爆发力练习。训练的实际百分比取决于训练动作的安排。更多的信息请看Kawamori和Haff的相关研究。

***这些推荐的组数并不包含热身练习的组数，仅代表主要练习的目标组数；也不包含恢复日的低强度训练的组数，而恢复日通常也是周期性训练计划中的一部分。

[源自参考文献27及56至59。]

如深蹲、高翻和单腿深蹲等），且比肌肉肥大/力量耐力阶段（表21.2）的负荷更高、训练量更低。与肌肉肥大/力量耐力阶段一样，训练负荷的每日变化有助于促进机体恢复[27, 28]。

> 基础力量阶段包括更高的强度（1RM的80%~95%）和中等到大的训练量（2~6组，每组2~6次重复）。

第一过渡期

正如Stone及其同事[56-58]原本描述的那样，第一过渡期是准备期与比赛期的连接。传统上，这个时期的抗阻训练主要针对力量和爆发力的发展，如Stone、O'Bryant和Garhammer[57]在关于周期化力量训练的新论文中所述。该时期的主要目标是将训练重点转移到最大力量的提升及将其转换为爆发力的提升[56, 57]。为了最大化这个过程并促进恢复，在小周期层面上的训练强度和负荷将产生变化[27, 28]。另外，该时期的最后一个星期的特征是减少训练量或降低训练强度（或二者兼有），以便运动员可以在比赛期开始之前得到恢复。

力量/爆发力阶段

第一过渡期的主要阶段是力量/爆发力阶段。在该阶段，短跑运动员的间歇和速度训练将提升至接近比赛的节奏；进行速度训练（如拖阻力雪橇、抗阻冲刺和上坡冲刺）；进行模拟冲刺的快速伸缩复合训练；抗阻训练计划包括负荷由低至较高而训练量较小的爆发力/爆发式练习。如第17章所述，爆发力练习的负荷安排不符合典型的%RM-重复次数关系，但在该阶段，其相对强度是较高的（表21.2）。更具体地说，在该阶段中，选择的练习决定采用的负荷[39]。例如，当以最大化爆发力为发展目标选择悬垂高翻时，通常采用的负荷为1RM的80%[38]，而选择快速卧推时，通常采用的负荷为1RM的50%~70%[39]。最终，要想同时提高最大力量和爆发力，使用混合的训练方法是必要的——应同时使用高负荷和低负荷的训练来优化这两种体能特质[31]。

> 力量/爆发力阶段包括低到非常高的负荷（1RM的30%~95%，视具体练习而定）和小训练量（2~5组，每组2~5次重复）。

比赛期

比赛期的主要训练目标是通过额外增加训练强度同时减少训练量来进一步提高最大力量和爆发力，从而让运动员为比赛做好准备。整个过程可以是一个微妙的平衡行为，因为既需要足够的训练量和训练强度以维持比赛的竞技状态，又需要减少训练量或训练强度（或同时减少二者）来优化运动表现。为了理解这个难题，请结合前面提到的体适能-疲劳模型进行思考。如果训练负荷（训练量或训练强度）减少太多，虽然疲劳程度减少，但总体体适能水平也降低，导致竞技状态下降。在比赛期，进行专项技能和战术训练的时间也急剧增加，而进行体能训练（如抗阻训练）的时间将会按一定比例下降。例如，短跑运动员更加重视速度、反应时间、专门发展冲刺能力的快速伸缩复合训练和技术训练。一些运动项目的比赛期可能持续1~2周，在这期间应执行峰值运动表现计划[7, 23]。峰值运动表现计划试图使运动员的峰值竞技状态维持1~2周。试图使峰值竞技状态维持更长时间的行为可能最终引起体适能水平的下降及过度训练，进而导致运动表现的下降[3, 23]。根据所使用的降低负荷策略，在峰值运动表现计划中，训练强度逐渐从高向低转变，旨在让运动员在赛前逐渐降低疲劳程度[23]。如表21.2所示，抗阻训练强度可能在1RM的50%到93%之间（甚至更高），具体取决于运动员在峰值运动表现计划中所处的时间点。

对于团队项目而言，比赛期跨越整个赛季时期，可能持续数月，需要采用运动表现维持计划[3]。这种情况下，比赛期持续时间较长，必须在小周期的基础上设定训练强度和训练量，以便在控制与密集赛程相关的疲劳的同时维持最大力量和爆发力。通常，该维持计划的特征是在小至中等训练量下进行中等至高强度（如1RM的85%~93%）的训练。在小周期层面上，根据训练、旅途和赛程调整训练负荷。在团队项目的比赛期，对运动员的运动表现和恢复情况进行科学的监控至关重要。

> 比赛期包括峰值运动表现计划和运动表现维持计划。在峰值运动表现计划中，运动员使用非常高到低的训练强度（1RM的50%到93%甚至更高）和非常小的训练量（1~3组，每组1~3次重复）训练1~2周。在维持运动表现计划中，运动员使用中等到高训练强度（1RM的85%~93%）和中等训练量（2~5组，每组3~6次重复）进行训练。

第二过渡期（积极休息）

在比赛期和下一个年度训练计划或大周期的准备期之间，我们经常使用第二过渡期来建立联系[57]。该时期有时被称为积极休息或恢复时期，通常持续1~4周[3]。要重点注意的是，如果积极休息的时间过长，运动员将需要更长的准备期才能恢复其运动表现水平[26]。因此，一般建议第二过渡期不超过4周，除非运动员需要额外的时间从伤病中康复。在此期间，应避免在峰值运动表现阶段或运动表现维持阶段结束后立即进行激烈的训练，而应让运动员能够从伤病中康复，身心均得到休息[11-13]。例如，短跑运动员可以进行一些休闲娱乐活动，如排球、持拍类项目和游泳，同时进行非常低训练量和低负荷的非专项抗阻训练。积极休息概念的另一种运用是在较长阶段（3周）或时期的训练之间安排休息1周。其目的是创建一个减量周，以便让身体为后续的训练阶段或时期做好准备。许多体能教练认为，通过减少训练强度和训练量来减少训练负荷的做法可以降低过度训练的概率。

> 第二过渡期（积极休息）提供了一段时间，让运动员们可以在开始新的年度训练计划或大周期之前从伤病中康复，让身心均得到休息。本阶段不应超过4周，因为长期地减少训练会使运动员需要更长的准备期来重新获得竞技状态。

周期在运动赛季中的应用

实际上，按照运动项目和运动员的赛季需求，周期涉及逻辑性、系统性的变化和训练的整合，以引导训练反应，同时控制疲劳和优化运动表现。应根据赛季时期，系统性地制定整体的年度训练计划或大周期，以有序地提高运动员所需的专项体能特质。为了避免训练单调、乏味和降低过度训练的概率，训练计划必须涉及关键训练变量（如训练量、训练强度、训练频率、训练重点和练习选择）的结构性变化[28]。一般来说，大多数高校体育和职业体育的年度时间表包括非赛季、赛季前、赛季中和赛季后。将这些赛季时期与周期训练模型的时期关联起来很容易（图21.5）。

非赛季

非赛季应被视为准备期。它通常从赛季后结束时到赛季前开始时，可能在第一场重大比赛的前6周（尽管差异很大）。准备期被细分为一般准备阶段和专项准备阶段，并被分解为几个中周期；它们相互联系，让运动员为后续的赛季时期做好准备。例如，运动员可以完成几轮中周期，重点是发展肌肉肥大/力量耐力和基础力量（图21.5）。从根本上讲，根据运动项目和运动员的需要来确定中周期的轮换。例如，如果一名美式橄榄球运动员需要获得更多的肌肉量，就应安排更多以肌肉肥大为目标的中周期。

赛季前

在非赛季结束后的赛季前被用于引导运动员进入第一场重大比赛。第一过渡期通常在这个时间段，抗阻训练的重点是发展力量/爆发力，让运动员为后续的比赛期做好准备。要注意的重点是，赛季前已经不是建立运动项目所需的基础体能的阶段了；基础体能的发展主要被安排在非赛季。赛季前旨在利用非赛季的成果，提高运动员在比赛期的运动表现。

赛季中

比赛期或赛季中包含了该年内的所有比赛安排，包括锦标赛。大多数运动项目都有一个漫长的赛季，需要围绕关键比赛安排多个中周期。因此，长时间的赛季（12~16+周）是计划设计的一个挑战。一种解决方案是安排持续3周或4周的中周期模块，在最后一个小周期中减量，以便在关键比赛之前降低运动员的疲劳程度，并让其运动表现出现超量恢复[28]。这并不意味着运动员在其他比赛中状态不佳，因为在中周期内改变训练强度和训练量可以调节竞技状态。具体来说，可以增加或减少训练强度和训练量，以维持体能水平，同时降低运动员在比赛之前的疲劳程度，以使其达到峰值竞技状态。另一种方法是制定中等至小训练量、中等训练强度的竞技状态维持计划。

赛季后

最后一场比赛结束后，赛季后或第二过渡期让运动员可以在次年的非赛季或准备期开始之前进行相对的或积极的休息。要记住的重点是，赛季后的时间越长，停止训练的概率就越大，而后者会使运动员下一个非赛季的一般准备阶段更长[3]。

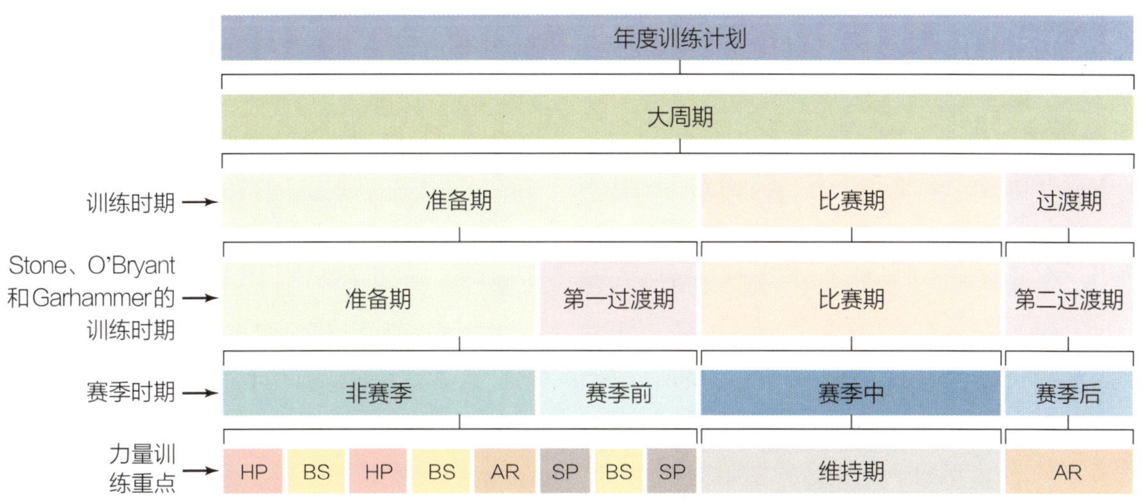

图21.5　周期的时期和赛季时期与力量训练重点的关系。HP表示肌肉肥大/力量耐力；BS表示基础力量；AR表示积极休息；SP表示力量/爆发力

波动与线性周期模型

无论好与坏，现代关于周期的文献在提及周期模型时都采用线性和非线性两个术语。但是，应该注意的是，周期的核心宗旨是从训练中移除线性过程[25, 32, 37, 43, 49, 51]。传统的抗阻训练模型往往被错误地认为是线性的，因为随着时间的推移，中周期的强度逐渐升高[8, 37, 51]。然而，仔细观察Stone、O' Bryant和Garhammer[57, 58]以及其他文献[37]中所描述的传统模型后可发现，传统模型在小周期层面上包含训练强度和负荷量的非线性变化，这种变化同时也贯穿中周期。无论如何，被称为非线性周期模型的替代模型已经被引入体能领域[42, 53]。这个模型可能更适合被称为波动的或每日波动的周期模型，因为该模型涉及每日（即小周期内）主要抗阻练习的负荷和训练量（如重复次数和负荷量）的较大波动。例如，使用此模型，可以在一周的第一天（如星期二）使用6RM的负荷（目标为最大力量）训练4组，在下一个训练日（如星期四）使用10RM的负荷（目标为肌肉肥大）训练3组，并在最后一个训练日（如星期六）使用3RM的负荷（目标为爆发力）训练5组。在这种情况下，负荷、训练量（如重复次数和负荷量）和训练重点都在小周期内发生了改变。这些修改与传统周期模型不同，后者被误称为线性周期模型，根据传统模型，运动员在不同训练日使用相同的组数和重复次数而改变训练负荷。例如，运动员可以在训练的第一天以1RM的85%的强度进行4组、每组6次的训练，第二天以1RM的75%的强度，第三天以1RM的65%的强度，基本上使用一个由重到轻的训练结构。虽然传统模型似乎仅仅改变了训练强度，因为重复次数并没有改变，但是必须记住，该模型中的负荷量变化会导致负荷和训练量的波动，从而印证传统模型实际上是非线性的，不应被当作线性的[37]。

一些研究表明，波动模型比传统模型更有效[16, 41, 45, 47, 53]，尽管有其他证据表明，两个模型之间没有差异[1, 10, 52]，或传统模型更好[34, 35, 50]。波动模型的支持者认为，波动模型的一大优点是，不会引发在传统模型中常见的由不断增加的训练强度引起的累积神经疲劳[40]。相反，传统模型的支持者认为，波动模型的训练总体的高负荷量会激发高程度的代谢疲劳，从而导致更高程度的外周神经疲劳并增加损伤风险[50]。另外，对体适能–疲劳模型（图21.3）和刺激–疲劳–恢复–适应理论（图21.2）的检验表明，波动模型有可能降低运动员的竞技状态，因为累积的疲劳会在更高负荷量的训练课中出现。一些学者认为，根据一般适应综合征（GAS），这种反应实际上会增加高水平运动员过度训练的概率[25, 60]，并导致将该模型与基于专项的训练相结合的运动员的受伤风险增加。

年度训练计划示例

本章结尾提供了如何设计涵盖全部4个赛季时期的年度训练计划（即只有一个赛季的运动项目的大周期）的示例。该训练计划是基于第17章“抗阻训练的计划设计”状况A的赛季前抗阻训练计划，它针对某大学女子篮球队中锋球员。运动员的背景信息和初步测试信息见第17章。

本章提供的年度训练计划示例也开始于第17章的赛季前计划，并通过赛季中、赛季后计划及下一年的非赛季计划展示了训练计划的延续性。年度训练计划示例的重点是状况A的抗阻训练。尽管也简要描述了其他训练模式（如快速伸缩复合训练、无氧能力训练和有氧耐力训练），但该示例并不用于说明篮球体能训练计划各个变量的设定。此外，在这个示例中，年度训练计划被分成4个赛季时期，并由2~4周的中周期组成，但也可以将每个赛季时期作为一个独立的大周期。

赛季前

运动员在非赛季结束后先进行1个或2个减量训练周训练，然后开始赛季前训练。在这个示例中，这个时期持续约3.5个月（8月中旬到第一场比赛，可能是11月中旬）。赛季前的目标是增加专项训练的强度并关注篮球练习和技能训练。抗阻训练计划为每周3天，重点关注力量和爆发力表现。其他的训练模式（如快速伸缩复合训练和无氧能力训练）也很重要，特别是与篮球训练直接相关的。虽然第17章没有显示小周期的进阶，但它详细描述了赛季的抗阻训练计划。因此，请参阅第17章中名为"全部计划设计变量的应用"的专栏，了解赛季前计划的设计。本章描述的应用周期概念的方法也可用于设计赛季前其他时期的计划。

赛季中

在赛季前的减量训练周后，运动员准备开始比赛期的训练。赛季中持续约20周，跨越11月至次年4月这一时间段（包括4周的锦标赛时间，其也可能会持续更长时间）。赛季中的目标是保持并尽可能提高最大力量、爆发力、柔韧性和无氧能力。受限于比赛时间、技战术训练时间及旅途时间，场外训练的量减少。由于每周有多场比赛，抗阻训练时间可能减至每周1~3次，每次30min，由负荷量和相对强度不同的波动方案组成。训练动作应该以爆发力和与篮球专项相关的非爆发力主要练习为主体，包括一些额外的辅助性练习，以保持肌力平衡。请参阅本章后面的赛季中计划示例。快速伸缩复合训练与抗阻训练应每周交替进行1次或2次，具体次数取决于比赛的数量。

在没有抗阻训练的日程里，可以进行各种间歇性短距离冲刺15~20min，每周进行1~2次。速度、敏捷性和其他跑动能力可以被纳入这个训练时间，柔韧性训练可以作为训练与比赛的热身和放松的一部分。根据赛程，应该在抗阻训练、快速伸缩复合训练和冲刺间歇训练之间安排2~3天的休息时间。这个时期类似于前一个训练时期，因为运动员的主要时间要花在技战术的提高上，剩余时间才能用于提高体能。

经过了之前的中周期，受训的女篮运动员处于良好的状态中，她不仅需要保持这种状态，如果球队继续参加联盟锦标赛，她还需要再次达到峰值状态。如果球队有机会参加联盟锦标赛之后的全国锦标赛，她将回到第2个中周期，然后再进阶到第3个中周期。如果赛程不允许她每周进行1次以上的抗阻训练，她应进行全部的爆发力和主要练习（如果时间允许），并忽略辅助练习。本章的最后提供了两个具体的锦标赛周计划示例。

赛季后（积极休息）

赛季后是一个（第二个）过渡期，这是个积极休息期，不安排正式或系统的训练。在这个示例中，过渡期持续1个月（从4月4日到5月1日）。该时期的目标是让运动员的生理与心理都从漫长的赛季中恢复过来。休闲娱乐和健身活动包括游泳、慢跑、循环式力量训练、排球、壁球和非正式篮球。所有活动都以低强度和低训练量的方式进行。

非赛季

在赛季后的积极休息期后，运动员应该已休息好并准备开始非赛季（准备期）的训练。在该示例中，准备期从5月初持续到8月初，共约14个星期。该时期的目标是发展基础体能，以提高运动员承受后续阶段的更高强度训练的能力。运动员应在第1周进行测试，这样体能教练才能确定第1个中周期练习的初始负荷。在之后的中周期，当需要增加其他练习时，其负荷可以根据类似练习使用的负荷进行估算，或者通过RM测试确定。例如，体能教练可以通过高翻的最大重量测试来合理预测悬垂高翻的训练负荷，也可以测量实际的RM负荷。与篮球相关的其他监控测试包括肩部与髋部灵活性测试、12min跑、300yd（约274m）折返跑、直线加速测试、T形跑测试、垂直跳跃和皮褶厚度测量（参见本书第13章的测试方案）。

抗阻训练在非赛季应占较高的比重，运动员可以按照分割法，每周训练4天或更多天。在该示例中，篮球运动员在非赛季开始时实施每周训练3次的全身训练方案，但是很快进阶到每周训练4天，同时在小周期中通过改变训练强度来控制疲劳程度。这些进阶还涉及负荷的逐步增加及训练量的相应减少。其他的训练包括维持或改善身体成分和心血管健康的有氧耐力训练。可以将这些训练安排在非抗阻训练日里，而将柔韧性训练安排在每节训练课的热身和放松部分。

年度计划示例回顾

要想最大限度地发挥周期模型的作用，专项教练和体能教练应当共同设计计划，实现目标和策略的共享。协同工作有助于整合与运动员有关的所有训练因素，进而更好地控制训练应激源并调节疲劳和恢复，这是一个极为重要的问题。没有所有相关专家的共同协助，就没有运动员的最佳运动表现。

本章的示例是仅用一个周期模型来为一个样本运动员构建的，其他运动项目或位置的运动员在应用时可能需要进行小幅度或大幅度的结构调整。要记住的重点是，周期模型可以被改变，以适应各种运动项目和个体运动员的需要。

小　结

周期是一个逻辑性、系统性地安排运动员的训练，以使运动员在最重要的比赛中达到峰值状态（竞技状态）的过程。年度训练计划（训练年）被划分为准备期、比赛期和过渡期这几个大周期。每个时期被细分为提高特定目标的中周期：肌肉肥大/力量耐力、基础力量或力量/爆发力。过渡阶段用于连接中周期或大周期，并为运动员提供一个减量训练阶段，以促进其恢复。大周期、中周期和独立小周期的总体结构由运动项目的赛季和需求决定。

赛季中（比赛期）
大学女篮中锋
5个月（20周）：11月21日至次年4月3日（包括锦标赛）

［在一个减量周（11月15日至11月21日）后开始］

第1个中周期

4周：11月22日至12月19日；减量周：12月20日至12月26日

训练课	训练动作	组数	次数	训练负荷				
				第1周	第2周	第3周	第4周	第5周
1	高拉	1	4	1RM的75%	1RM的80%	1RM的85%	1RM的90%	1RM的60%
	颈后深蹲	1	6	6RM的80%	6RM的85%	6RM的90%	6RM的95%	6RM的65%
	上斜卧推	1	6	6RM的80%	6RM的85%	6RM的90%	6RM的95%	6RM的65%
	肩侧平举	1	10	10RM的75%	10RM的80%	10RM的85%	10RM的90%	10RM的70%
	卷腹	60秒内尽可能多地重复						
2	借力推举	1	6	6RM的70%	6RM的75%	6RM的80%	6RM的85%	6RM的60%
	蹬腿练习	1	6	6RM的70%	6RM的75%	6RM的80%	6RM的85%	6RM的60%
	窄握卧推	1	6	6RM的70%	6RM的75%	6RM的80%	6RM的85%	6RM的60%
	坐姿划船	1	6	6RM的70%	6RM的75%	6RM的80%	6RM的85%	6RM的60%
	仰卧举腿	60秒内尽可能多地重复						

第2个中周期

4周：12月27日至次年1月23日；减量周：1月24日至1月30日

训练课	训练动作	组数	次数	训练负荷				
				第1周	第2周	第3周	第4周	第5周
1	悬垂高翻	1	3	1RM的70%	1RM的75%	1RM的80%	1RM的85%	1RM的65%
	前蹲	1	5	5RM的75%	5RM的80%	5RM的85%	5RM的90%	5RM的60%
	站姿肩上推举	1	5	5RM的75%	5RM的80%	5RM的85%	5RM的90%	5RM的60%
	仰卧肱三头肌伸展	1	10	10RM的75%	10RM的80%	10RM的85%	10RM的90%	10RM的70%
	卷腹	60秒内尽可能多地重复						
2	借力挺举	1	3	1RM的65%	1RM的70%	1RM的75%	1RM的80%	1RM的60%
	登阶	1	5	5RM的70%	5RM的75%	5RM的80%	5RM的85%	5RM的60%
	窄握卧推	1	10	10RM的65%	10RM的70%	10RM的75%	10RM的80%	10RM的60%
	背部下拉	1	10	10RM的65%	10RM的70%	10RM的75%	10RM的80%	10RM的60%
	仰卧举腿	60秒内尽可能多地重复						

第3个中周期

4周：1月31日至2月27日；减量周：2月28日至3月6日

训练课	训练动作	组数	次数	训练负荷				
				第1周	第2周	第3周	第4周	第5周
1	高翻	1	2	1RM的75%	1RM的80%	1RM的85%	1RM的90%	1RM的70%
	颈后深蹲	1	4	4RM的75%	4RM的80%	4RM的85%	4RM的90%	4RM的65%
	卧推	1	4	4RM的75%	4RM的80%	4RM的85%	4RM的90%	4RM的65%
	杠铃弯举	1	8	8RM的75%	8RM的80%	8RM的85%	8RM的90%	8RM的65%
	卷腹	60秒内尽可能多地重复						
2	悬垂抓举	1	3	1RM的65%	1RM的70%	1RM的75%	1RM的80%	1RM的60%
	前弓步	1	4	4RM的65%	4RM的70%	4RM的75%	4RM的80%	4RM的60%
	窄握下斜卧推	1	8	8RM的65%	8RM的70%	8RM的75%	8RM的80%	8RM的60%
	直立划船	1	8	8RM的65%	8RM的70%	8RM的75%	8RM的80%	8RM的60%
	仰卧举腿	60秒内尽可能多地重复						

锦标赛中周期

4周：3月7日至4月3日

回到第2个中周期；如果锦标赛超过4周，则再进阶至第3个中周期

注释：

- 每个中周期被视为一个训练模块，包含5个单独的小周期，第5个小周期是1个减量小周期。
- 这个赛季中计划使用非线性方法，负荷量、训练强度（kg）和目标训练动作均发生变化。
- 这里并没有使用RM负荷，因为做至力竭的训练已被证明会降低功率输出并增加过度训练的风险。因此，使用RM负荷的百分比，以控制与赛季中训练和比赛相关的疲劳累积。
- 重点注意，这些只是主体训练的目标组数，还应进行3~5个热身组，以便为目标负荷提供合适的针对性热身。
- %RM和能够重复的次数之间的关系见表17.7，表17.8则用于估算1RM。
- 根据重复次数的目标，休息时间的分配见表17.12。

锦标赛周A（2场比赛）

周日	周一	周二	周三	周四	周五	周六
技战术练习（或休息）	技战术练习	技战术练习	技战术练习	比赛	技战术练习	比赛
	抗阻训练		快速伸缩复合训练		间歇冲刺训练	

锦标赛周B（3场比赛）

周日	周一	周二	周三	周四	周五	周六
比赛	技战术练习（或休息）	技战术练习	技战术练习	比赛	技战术练习	比赛
		抗阻训练			间歇冲刺训练	

非赛季（准备期）
大学女篮中锋
3个半月（14周）：5月2日至8月7日

第一次前测

（第1个中周期）第1个小周期：5月2日至5月8日

5RM爆发力练习测试	10RM辅助练习测试	其他测试
高翻	1. 腿（膝）屈曲 2. 背部下拉 3. 肱二头肌弯举 4. 仰卧肱三头肌伸展 5. 直立划船	1. 坐位体前屈 2. 肩部上提 3. 1.5mile（约2.4km）跑 4. 300yd（约274m）折返跑 5. 直线加速测试 6. T形跑测试 7. 垂直跳跃 8. 身体成分测试（皮褶厚度）
10RM非爆发力主要练习测试 1. 颈后深蹲 2. 卧推		

第1个中周期

2周：5月9日至5月22日；肌肉肥大/力量耐力第1阶段

天	训练动作	第1周			第2周		
		组数	次数	强度	组数	次数	强度
周一/周五	高翻	2	10/2*	5RM的65%	3	10/2*	5RM的70%
	颈后深蹲	2	10	10RM的65%	3	10	10RM的70%
	腿（膝）屈曲	2	10	10RM的65%	3	10	10RM的70%
	卧推	2	10	10RM的65%	3	10	10RM的70%
	仰卧肱三头肌伸展	2	10	10RM的65%	3	10	10RM的70%
	直立划船	2	10	10RM的65%	3	10	10RM的70%
	卷腹	2	20		3	20	
	备注：周五的训练负荷比周一减少10%。						
周三	高翻式高拉（从地面起）**	2	10	5RM的60%	3	10	10RM的65%
	罗马尼亚硬拉**	2	10	5RM的60%	3	10	10RM的65%
	背部下拉	2	10	10RM的60%	3	10	10RM的65%
	肱二头肌弯举	2	10	10RM的60%	3	10	10RM的65%
	卷腹	2	20		3	20	

*该练习以2次为1组，每组之间休息20秒。

**训练负荷基于5RM高翻测试的结果。

第2个中周期

2周：5月23日至6月5日；基础力量第1阶段

天	训练动作	第1周			第2周		
		组数	次数	强度	组数	次数	强度
周一/周五	高翻	3	5	5RM的80%	3	5	5RM的85%
	颈后深蹲	3	5	5RM的80%	3	5	5RM的85%
	腿（膝）屈曲	3	5	5RM的80%	3	5	5RM的85%
	卧推	3	5	5RM的80%	3	5	5RM的85%
	仰卧肱三头肌伸展	2	10	10RM的70%	3	10	10RM的75%
	直立划船	2	10	10RM的70%	2	10	10RM的75%
	卷腹	2	25		3	25	
	备注：周五的训练负荷比周一减少10%。						
周三	高翻式高拉（从地面起）*	3	5	5RM的85%	3	5	5RM的90%
	罗马尼亚硬拉*	3	5	5RM的75%	3	5	5RM的80%
	背部下拉	2	10	10RM的70%	3	5	10RM的75%
	杠铃肱二头肌弯举	2	10	10RM的70%	3	5	10RM的75%
	卷腹	2	25		2	10	

*训练负荷基于5RM高翻测试的结果。

减量周

1周：6月6日至6月12日

天	练习	组数	次数	强度
周一/周五	高翻	3	5	5RM的70%
	颈后深蹲	3	5	5RM的70%
	卧推	3	5	5RM的70%
	卷腹	3	20	
周三	高翻式高拉（从地面起）*	3	5	5RM的70%
	罗马尼亚硬拉	3	5	5RM的70%
	背部下拉	2	10	10RM的60%
	卷腹	3	20	

*训练负荷基于5RM高翻测试的结果。

第3个中周期

2周：6月13日至6月26日；肌肉肥大/力量耐力第2阶段

天	训练动作	第1周			第2周		
		组数	次数	强度	组数	次数	强度
周一/周四	悬垂抓举	3	10	10RM的55%	3	10	10RM的60%
	颈后深蹲	3	10	10RM的70%	3	10	10RM的75%
	上斜卧推	3	10	10RM的70%	3	10	10RM的75%
	弓步	3	10	10RM的70%	3	10	10RM的75%
	腿（膝）屈曲	3	10	10RM的70%	3	10	10RM的75%
	坐姿提踵	3	10	10RM的70%	3	10	10RM的75%
	备注：周四的训练负荷比周一减少15%。						
周二/周五	借力挺举	3	10	10RM的60%	3	10	10RM的65%
	高翻式高拉（从地面起）*	3	10	10RM的65%	3	10	10RM的70%
	俯身划船	3	10	10RM的65%	3	10	10RM的70%
	肩上推举	3	10	10RM的65%	3	10	10RM的70%
	杠铃肱二头肌弯举	3	10	10RM的65%	3	10	10RM的70%
	肱三头肌下压	3	10	10RM的65%	3	10	10RM的70%
	卷腹	3	20		3	20	
	备注：周五的训练负荷比周二减少10%。						

*训练负荷基于高翻测试结果。

第4个中周期

2周：6月27日至7月10日；基础力量第2阶段

天	训练动作	第1周			第2周		
		组数	次数	强度	组数	次数	强度
周一/周四	悬垂抓举	4	5	5RM的80%	4	5	5RM的85%
	颈后深蹲	3	5	5RM的80%	3	5	5RM的85%
	上斜卧推	3	5	5RM的80%	3	5	5RM的85%
	弓步蹲	3	6	6RM的80%	3	6	6RM的85%
	腿（膝）屈曲	3	6	6RM的80%	3	6	6RM的85%
	坐姿提踵	3	6	6RM的80%	3	6	6RM的85%
	备注：周四的训练负荷比周一减少15%。						

天	训练动作	第1周			第2周		
		组数	次数	强度	组数	次数	强度
周二/周五	借力挺举	4	5	5RM的75%	4	5	5RM的80%
	高翻式高拉（从地面起）*	3	5	5RM的75%	3	5	5RM的80%
	俯身划船	3	6	6RM的75%	3	6	6RM的80%
	肩上推举	3	6	6RM的75%	3	6	6RM的80%
	杠铃肱二头肌弯举	3	6	6RM的75%	3	6	6RM的80%
	肱三头肌下压	3	6	6RM的75%	3	6	6RM的80%
	卷腹	3	20		3	20	
	备注：周五的训练负荷比周二减少10%。						

*训练负荷基于高翻测试的结果。

减量周

1周：7月11日至7月17日

天	练习	组数	次数	强度
周一/周四	悬垂抓举	4	5	5RM的70%
	颈后深蹲	3	5	5RM的70%
	卷腹	3	20	
	备注：周四的训练负荷比周一减少15%。			
周二/周五	借力挺举	4	5	5RM的70%
	高翻式高拉（从地面起）*	3	5	5RM的70%
	上斜卧推	3	5	5RM的70%
	肩上推举	3	5	5RM的70%
	备注：周五的训练负荷比周二减少10%。			

*训练负荷基于高翻测试的结果。

第5个中周期

2周：7月18日至7月31日；力量/爆发力第1阶段

天	训练动作	第1周			第2周		
		组数	次数	强度	组数	次数	强度
周一/周四	高翻	4	3	3RM的90%	4	3	3RM的95%
	前蹲	5	3	3RM的85%	5	3	3RM的90%
	借力挺举	4	3	3RM的85%	4	3	3RM的90%
	卧推	5	3	3RM的85%	5	3	3RM的90%
	锤式弯举	2	6	6RM的80%	2	6	6RM的85%
	仰卧肱三头肌伸展	2	6	6RM的80%	2	6	6RM的85%
	站姿提踵	2	6	6RM的80%	2	6	6RM的85%
	备注：周四的训练负荷比周一减少15%。						
周二/周五	悬垂抓举	4	3	3RM的80%	4	3	3RM的85%
	高翻式高拉（从地面起）*	5	3	3RM的80%	5	3	3RM的85%
	俯身划船	3	6	6RM的75%	3	6	6RM的80%
	背部下拉	3	6	6RM的75%	3	6	6RM的80%
	罗马尼亚硬拉	3	5	6RM的75%	3	5	6RM的80%
	卷腹	3	20		3	20	
	备注：周五的训练负荷比周二减少10%。						

*训练负荷基于高翻测试的结果。

减量周

1周：8月1日至8月7日

天	练习	组数	次数	强度
周一/周四	悬垂抓举	4	3	3RM的70%
	颈后深蹲	5	3	3RM的70%
	卷腹	3	20	
	备注：周四的训练负荷比周一减少15%。			
周二/周五	借力挺举	4	3	3RM的70%
	高翻式高拉（从地面起）*	5	3	3RM的70%
	上斜卧推	5	3	3RM的70%
	备注：周五的训练负荷比周二减少10%。			

*训练负荷基于5RM高翻测试的结果。

后测

（赛季中之前）小周期：8月8日至8月14日

1RM爆发力练习测试	1RM非爆发力主要练习测试	其他测试
1. 高翻 2. 悬垂抓举 3. 借力挺举 4. 借力推举	1. 颈后深蹲 2. 前蹲 3. 卧推	1. 坐位体前屈 2. 肩部上提 3. 1.5mile（约2.4km）跑 4. 300yd（约274m）折返跑 5. 直线加速测试 6. T形跑测试 7. 垂直跳跃 8. 身体成分测试（皮褶厚度）
其他需要测试的练习基于赛季中计划		

注释：

- 这个赛季中计划使用非线性方法，负荷量、训练强度（kg）和目标训练动作均发生变化。
- 这里没有使用RM负荷，因为做至力竭的训练已被证明会降低功率输出并增加过度训练的风险。因此，使用RM负荷的百分比，以控制与赛季中训练和比赛相关的疲劳累积。
- 重点注意，这些只是主体要训练的目标组数，还应进行3~5个热身组，以便为目标负荷提供合适的针对性热身。
- %RM和能够重复的次数之间的关系见表17.7，表17.8则用于估算1RM。
- 根据重复次数的目标，休息时间的分配见表17.12。

关键词

active rest 积极休息
annual training plan 年度训练计划
basic strength phase 基础力量阶段
competitive period 比赛期
daily undulating periodization 每日波动的周期
first transition period 第一过渡期
fitness–fatigue paradigm 体适能–疲劳模型
General Adaptation Syndrome（GAS）一般适应综合征
general preparatory phase 一般准备阶段
hypertrophy/strength endurance phase 肌肉肥大/力量耐力阶段
linear periodization 线性周期
macrocycle 大周期
maintenance 维持
mesocycle 中周期
microcycle 小周期
nonlinear periodization 非线性周期
peaking 峰值
periodization 周期
preparatory period 准备期
recovery 恢复
restoration 修复
second transition period 第二过渡期
specific preparatory phase 专项准备阶段
stimulus–fatigue–recovery–adaptation theory 刺激–疲劳–恢复–适应理论
strength/power phase 力量/爆发力阶段
supercompensation 超量恢复
traditional periodization 传统周期

学习试题

1. 在一般适应综合征的哪个阶段中，身体在生理上适应了较重的训练负荷？（ ）
   a. 预警阶段
   b. 抵抗阶段
   c. 疲劳阶段
   d. 恢复阶段
2. 将赛季时期与周期的时期相关联时，哪个赛季时期对应于训练的准备期？（ ）
   a. 赛季中
   b. 赛季前
   c. 非赛季
   d. 赛季后
3. 在以下哪个时期，应以最大的训练量进行专项训练？（ ）
   a. 准备期
   b. 第一过渡期
   c. 比赛期
   d. 第二过渡期
4. 在中等规格的训练周期中，持续2~6周的周期是（ ）。
   I. 训练模块
   II. 大周期
   III. 小周期
   IV. 中周期
   a. 只有II和III
   b. 只有I和IV

c. 只有I、II和IV

d. 只有III和IV

5. 在准备期，以下哪个阶段常被用于改变训练内容？（ ）

I. 肌肉肥大阶段

II. 心肺阶段

III. 基础力量阶段

IV. 超量恢复阶段

a. 只有I和III

b. 只有II和IV

c. 只有I、II和III

d. 只有II、III和IV

第22章

康复与重建

戴维·H. 波塔奇（David H. Potach），PT；特里·L. 格林德斯塔夫（Terry L. Grindstaff），PhD，PT，ATC
译者：肖东升、王雄
审校：袁鹏、赵芮

完成这一章的学习后，你将能够：

- 明确运动医疗团队的人员组成及他们在受伤运动员的康复与重建中所承担的责任；
- 识别运动员所受损伤的类型；
- 了解组织愈合的时间和事件；
- 理解组织愈合各阶段的目标；
- 描述体能教练在损伤后康复与重建中的作用。

随着职业体能教练人数持续增加，他们的职责有所扩展，会更多地参与到受伤运动员的康复与重建中。体能教练对最佳运动功能有着独特的认识和见解，并能在高级康复项目的最后阶段发挥重要作用，帮助运动员做好重返赛场的准备。这些能力使体能教练在受伤运动员的康复过程中肩负着独特的职责。要想充分理解体能教练在促进受伤运动员的康复中发挥的作用，首先必须认识运动医疗团队中每位成员的作用。此外，了解损伤的不同类型及生理愈合的过程对于加快伤后康复来说，是极为重要的。

本章并不会给读者提供特定损伤的康复方案。本章的目的是解释肌肉骨骼损伤后的生理事件，从而让体能教练能够为损伤恢复设定最佳的目标。本章的信息最终应被用来使受伤运动员的功能最大化。康复与重建方法遵循下文专栏中列出的五个基本原则。

运动医疗团队

运动医疗团队以运动员的需求和关注为首要关注点，提供健康保障服务[8]。运动医疗团队的所有成员都有责任就损伤的风险、预防及治疗对教练和运动员进行教育；他们还需要负责运动员的损伤预防和康复。不同的专业人员能在协助受伤运动员重返赛场时发挥重要作用，他们需要进行有效的沟通。

运动医疗团队成员

队医向组织、学校或机构提供医疗保障。队医通常由临床医生（MD）或骨科医生（DO）担任。队医可能在多个领域（如家庭医疗、内科、儿科和骨科）接受过专业培训（住院医生或研究员）[43, 60]，但必须精通肌肉骨骼损伤的护理和与运动相关的医学情况[20]。队医的具体职责包括运动前检查、现场急救、损伤及疾病的评估与诊断，还有根据需要转介其他医护人员[43]。尽管不负责日常的康复，队医却拥有运动员重返赛场的决定权[20, 43]。队医的另一重要职责是根据需要开具处方药，包括消炎、止痛及治疗感冒和流感的药物。

专门负责运动员日常身体健康的人是运动防护师或运动治疗师。在美国，运动防护师由美国国家运动防护师协会认证委员会认证后，成为认证运动防护师（ATC）。运动防护师的工作是在队医的督导之下开展的，主要受聘于中学、大学和职业运动队，也可以在物理治疗门诊工作，主要职责包括运动损伤的处理和康复，也包括开具运动专项处方和应用防护设备（如绷带和支具）来预防损伤的发生。具体来说，运动防护师进行损伤评估，为受伤的运动员提供康复性训练，以加速康复进程，治疗运动员损伤，并担任运动医疗团队的管理者[8]。由于运动防护师与运动员接触较为密切，他们在促进运动员、教练与运动医疗团队的沟通方面发挥着关键作用[8]。

具有骨科或运动医学背景的物理治疗师（或理疗师），在运动员损伤后的疼痛缓解和功能重建中扮演着重要角色。尽管物理治疗师一般在物理治疗诊所工作，但许多大学和职业运动队如今也会直接聘用物理治疗师作为运动医疗团队的一员。物理治疗师可帮助制定具体的治疗策略或管理长期康复过程。在美国，具有运动损伤管理专业知识的物理治疗师可经美国物理治疗专业理事会（ABPTS）认证，获得运动认证专家（SCS）证书。这些获得资格认证的治疗师越来越多地参与到运动员急性损伤的评估、治疗与康复中，且常同时兼任运动防护师和运动康复师。

体能教练主要致力于力量、爆发力和运动表现的提升。体能教练也是运动医疗团队

康复与重建的原则

- 组织在愈合过程中不能过度受力。
- 在运动员康复过程中，必须达到特定标准，才能从一个阶段过渡到下一阶段。
- 康复计划必须基于现阶段的临床和科学研究。
- 康复计划必须适合每一个个体及其特定的要求和目标。
- 康复是团队合作的过程，要求运动医疗团队所有成员为同一个目标努力，让运动员快速且安全地重返赛场。

中极具价值的角色，是康复与重建过程中不可或缺的一部分。在美国，理想状况下，他们应是获得美国国家体能协会认证的体能训练专家，以确保他们能够有可用于康复进程的足够知识和背景。在与运动防护师和运动康复师交流后，体能教练可以运用适合的技术和多样的训练方式（如抗阻训练、快速伸缩复合训练和有氧训练）开发康复与重建计划，使损伤的运动员做好重返赛场的准备。此外，体能教练对生物力学在各种运动和活动中所起的作用有广泛的了解，这可能使他们能够在各种伤病的康复与重建的高级阶段提供运动建议。

此外，运动医疗团队还包括协助受伤运动员在急性损伤后期康复与重建的专业人员。运动生理学专家拥有专业的运动科学背景，可以利用自身专长协助制定体能训练计划，包括仔细考虑人体对训练的代谢反应及哪种方式有助于恢复进程。由于恰当的营养对损伤恢复极其重要，因此，具备运动营养学背景的营养师或注册的营养学专家能够提供合适的食物指南，使组织恢复达到最优。在美国，理想状况是营养师已接受过正规的食品与营养科学方面的培训，并且在营养与膳食认证委员会认证、注册，成为营养学专家。最后，运动员在损伤恢复过程中也会产生心理创伤，拥有运动背景的注册心理咨询师、心理学专家或精神病医师可以提供帮助，以使受伤运动员更好地应对损伤诱发的心理压力。

交流

运动医疗团队成员间的沟通非常必要[8, 65]。受伤运动员通常与教练、运动防护师及体能教练的接触最多。在某些情况下，运动员在咨询运动防护师前，会先向教练和体能教练透露最初的伤病情况。因此，团队成员之间的持续沟通是极其必要的。这并不意味着与那些平时接触较少的运动医疗团队成员（运动生理学专家、物理治疗师、营养师、心理咨询师）的交流不重要。在运动医疗团队的周例会上，所有成员都可以探讨每个运动员在运动损伤后的训练需求和禁忌事项。可讨论的有关问题如下：运动员现阶段的状态（不能参与、限制参与或能够参与）；何种训练或活动是运动员现阶段在做的；哪些是禁忌或必须调整的；运动员如何进阶及有没有哪些计划是需要改变的。

为了给受伤运动员开发更有效的训练计划，体能教练必须了解其伤情的诊断及训练的适应和禁忌。适应是运动员康复所需的治疗形式。例如，患有肩关节撞击综合征的垒球外场手必须保持下肢的功能，因此运动防护师可以要求运动员在进行肩关节康复时继续执行下肢的力量、速度、敏捷性及爆发力训练计划。因此，下肢训练就是适应训练。禁忌就是损伤后应该避免或禁止的活动或训练。例如，在肩关节前脱位的康复后期，一位橄榄球运动员在重返赛场前需要进行上身力量训练。运动防护师在开始时会让其进行上身力量训练，但是卧推训练可能是禁忌，因为这会让存在前侧不稳情况的肩关节处于易受伤的位置。为了明确体能教练在这一过程中的作用，由运动医疗团队做出训练的适应和禁忌表是很有必要的，这能保障训练的安全和效率（图22.1）。此外，体能教练还可以使用相似的表（图22.2）去交流既定计划的构成及运动员对这些内容的主观和客观反应。

> 运动医疗团队包含大批专业人员，他们共同努力来提供一个理想的康复与重建环境。因此，运动医疗团队成员要相互深入沟通，确保为受伤运动员提供安全、和谐的氛围。

损伤类型

宏观创伤指组织的特定突发性超负荷损伤，造成组织的完整性被破坏。在骨头上的创伤可能会导致挫伤或骨折。骨受到直接重击而造成的骨折可以分为数种类型（如闭合性、开放性、粉碎性或非完全性骨折）。关节的创伤分为脱臼（完全脱离关节表面）或半脱位（部分脱离关节表面），会造成关节的松弛和不稳定。韧带创伤被称为扭伤，程度分为一级扭伤（韧带部分撕裂，未引起关节不稳定）、二级扭伤（韧带部分撕裂，关节轻微不稳定）、三级扭伤（韧带完全撕裂，关节完全失去稳定性）。

肌肉肌腱创伤分为挫伤（直接的创伤）或拉伤（间接的创伤）。肌肉挫伤指在损伤肌肉的周围组织中，血液和液体过度堆积，会严重限制损伤肌肉的功能。肌肉拉伤指肌纤维的撕裂，可进一步划分为不同等级或程度。一级拉伤指单一肌纤维的部分撕裂，它的特征是肌肉仍有力量但是活动时伴随疼痛。二级拉伤指部分纤维的撕裂，肌肉力量减弱且活动时伴随疼痛。三级拉伤指肌纤维完全撕裂，肌肉

康复转诊

日期：2016.1.2

姓名：艾利森·皮尔森（Allison Pierson）　项目与位置：排球二传手

受伤时间：2015.11.22

手术日期：2015.12.3

诊断：左膝前交叉韧带（ACL）重建

适应建议：

固定自行车：逐渐进阶至60min，在此阶段不要进行跑步。

单侧髋蹬伸：左膝屈曲小于90°，开始无阻力，与运动防护人员讨论后逐渐增加阻力。

上肢抗阻训练。

禁忌：

腿部伸展练习

深蹲

快速伸缩复合练习

跑步

乔纳·格雷（Jonah Grey），ATC　2016.1.2

图22.1　康复转诊表格示例，向运动医疗团队成员传达适应和禁忌

体能训练小结

日期：2015.10.22

姓名：莫莉·杰克逊（Molly Jackson）

运动：足球

位置：中场

诊断：二级内侧副韧带（MCL）扭伤

活动汇总

阶段序号：7

开始日期：2015.10.15

当前活动

活动	组数	次数	阻力
1/2深蹲	3	10	115
腿部伸展	3	10	60
腿部屈曲	3	10	50
提踵	3	15	95

	时间	速度
固定自行车	20min	80r/min
阶梯训练	20min	70ft/min
慢跑	10min	5mile/h

评估

1/2深蹲无困难，可进阶至3/4深蹲。

建议

增加深蹲深度，提高慢跑速度和时间。

吉尔·迈克尔斯（Jill Michaels），CSCS 2015.10.22

图22.2 体能训练小结表格示例，记录运动员的当前活动以及对这些活动的反应

力量明显减弱且活动时无痛感。肌腱与肌肉一样，当张力超过极限时也会撕裂。一般来说，肌腱的胶原纤维强度比其所附着的肌纤维要强壮得多，所以损伤较容易发生在肌腹、肌肉肌腱连接处或肌腱和骨头的连接处，而不是肌腱本身。

微观创伤或过度使用性损伤由持续训练或缺少足够恢复的训练带给组织的重复和异常的压力导致。过度使用性损伤也有可能是训练错误（如错误的训练计划、过度的训练量）、不佳的训练场地（如太硬或不平整）、错误的运动力学机制或技巧、缺乏神经控制、柔韧性不足、骨骼排列异常或体质虚弱引起的[54, 66]。骨骼与肌腱最易发生过度使用性损伤。对骨骼而言，应力性骨折是最为常见的过度使用性损伤。尽管身体形态和结构、营养、新陈代谢等因素在应力性骨折发生中扮演着重要的角色，但在坚硬的训练场地上过快地增加

训练量或过度的训练量常常也会导致应力性骨折[3, 66]。肌腱炎是肌腱上发生的炎症[52]，如果不对造成炎症的原因加以明确，其就会发展成慢性肌腱炎（tendinitis，后缀-itis在学术上指的是炎症）或肌腱病。肌腱病是以最小限度的发炎和新血管形成为特征的退行性病变[52]。

组织愈合

伤后重返赛场的过程包括损伤组织的愈合和损伤组织的功能重建。为了更好地理解体能教练在康复与重建中所扮演的角色，有必要回顾一下肌肉骨骼损伤后组织愈合的一般阶段[22, 24]。不同组织在不同阶段的愈合情况各有不同，而且会受到各种系统和局部因素的影响，包括年龄、生活方式、损伤程度和受损结构。但是，所有的组织都遵循同样的愈合基本模式（表22.1）。

表22.1 组织愈合

炎症反应阶段	疼痛、肿胀和发红
↓	胶原物质合成减少
	炎症细胞数量增加
成纤维细胞修复阶段	胶原纤维生成
↓	胶原纤维有序性下降
	炎症细胞数量减少
成熟-重塑阶段	正确的胶原纤维排列
	组织强度增加

> 损伤后重返赛场的过程涉及损伤组织的愈合，使这些组织恢复功能的准备工作，以及运用正确的技术来达到最佳的康复和重建效果。

炎症反应阶段

炎症是损伤后的初始反应[22, 24]，也是组织愈合的必经阶段。局部和全身性的炎症反应会在炎症反应阶段发生，使损伤组织最终愈合和被替换。炎症反应阶段会发生多种变化，促成组织的愈合并伴随初期功能下降。损伤区域的红肿是由血管、血流和毛细血管渗透压的改变造成的。在组织损伤后，局部的缺氧环境会导致组织的死亡和多种化学介质的释放，包括组胺和缓激肽，这些物质会进一步增加血流和毛细血管的渗透压，导致组织间液被释放到周围组织，产生水肿。水肿会抑制收缩组织并明显地限制其功能。损伤区域的组织碎片和病原体会随血流的增加而被清除出损伤区域，这个过程被称为吞噬作用；吞噬作用会释放巨噬细胞，巨噬细胞会寻找并清除那些阻碍愈合的细胞碎片。

在这一阶段存在的炎症物质会刺激疼痛的纤维，让受伤运动员感觉到疼痛，并进一步导致功能下降。这一阶段通常在急性损伤后持续2~3天，但如果造成了血液供应问题或是更严重的结构损伤，这一阶段将持续更久。尽管炎症反应阶段在组织愈合过程中极为重要，但如果其没有在合理的时间内结束，组织愈合不会进入下一阶段，这会影响康复进程。通常，这一阶段的持续时间少于1周。

成纤维细胞修复阶段

一旦炎症反应阶段结束，组织就开始修复[22, 24]；成纤维细胞修复阶段以分解代谢（组织分解）和更新损伤后的无效组织为特征。为了提高组织的完整性，在损伤区域会形成新的毛细血管和结缔组织（瘢痕组织）。Ⅲ型胶原蛋白沿损伤结构随机排列并作为组织再生的支架。然而，这种新生组织弱于原生组织，因此组织力量还未达到最优。只有沿着应力线纵向排列时，胶原纤维的强度才最大，然而许多新生胶原纤维处于横向排列中，这就限制了胶原纤维有效传递力的能力。这一组织愈合阶段最早可在伤后2天开始，并可持续2个月之久。

成熟－重塑阶段

在成熟－重塑阶段，修复阶段生成的脆弱组织会逐渐强韧[22, 24]。胶原纤维的生成已经转为更强韧的I型胶原纤维，使新生组织有机会改善结构、力量和功能。随着负荷的增加，新生瘢痕组织的胶原纤维开始肥大，并沿着应力线方向排列[18]。增厚且排列齐整的胶原纤维更加强韧，这会促进功能的恢复。尽管胶原纤维和愈合组织的力量已经得到增强，但新生组织的强度也无法恢复到原生组织的水平。成熟－重塑阶段的组织重塑过程会持续数月到数年[22, 24, 32]。

> 损伤发生后，所有受损组织都会经历相同的愈合阶段：发炎、修复和重塑。组织愈合的各个阶段的不同进程的发生时机不尽相同，受组织类型、多种系统和局部因素的影响，包括年龄、生活方式、损伤程度和损伤结构等。特征性事件定义了每个阶段，并将不同阶段划分开来。

康复与重建的目标

体能教练必须同时考虑运动员对损伤的主观反应和组织愈合的生理机制。这两方面对运动员恢复最佳表现状态极其重要。损伤后重返赛场的过程涉及损伤组织的愈合，使这些组织恢复功能的准备工作，以及运用正确的技术来达到最佳的康复和重建效果。然而，当目标是快速恢复活动时，要谨记每位运动员对损伤的反应不尽相同，康复过程也因人而异。

在阐述损伤康复的治疗目标之前，必须说明两点。第一，组织在愈合过程中不能过度受力[44]。在组织愈合过程中，虽然适度的治疗性压力有助于胶原基质的形成[4, 18]，但是过度的压力将破坏新生结构并明显延缓运动员重返赛场的时间，这意味着应选择一个不会给运动员的组织愈合提供太多或太少压力的负荷水平。显而易见，在选择负荷时必须考虑愈合的阶段和运动员的类型。例如，一项对成熟－重塑阶段的组织来说负荷过小的练习，可能对炎症反应阶段的组织来说负荷过大（增加组织压力）。此外，一项对职业篮球运动员来说压力很小的练习可能会给业余越野跑者带来过大的压力。运动平面是另一个必须考虑的因素。例如，伸膝动作末端的额状面负荷（如外翻压力）会给膝关节内侧副韧带带去极大的压力。因此，如果运动员有内侧副韧带损伤，应在愈合早期阶段避免额状面运动（外翻压力），但愈合后期阶段应涉及额状面的运动形式。

第二，运动员必须达到特定的阶段目标后，才能从一个阶段进阶到下一阶段[67, 68]。这些目标包括活动度、肌力和活动水平，队医、运动防护师、物理治疗师或由这些人员组成的专业团队负责制定这些阶段目标。

> 组织愈合时禁止负荷过大，但可控的治疗性压力对于优化胶原蛋白结构的形成很有必要。运动员必须达到特定的阶段目标，康复过程才能进阶到下一阶段。

炎症反应阶段

受伤后的第一个反应是炎症，炎症对随后的愈合至关重要。应妥善处理炎症，以免耽误康复进程。

治疗目标

炎症反应阶段的首要治疗目标是防止新生

组织的破损。一个健康的新生组织的再生和形成环境，对于预防长期炎症和防止新生血管、胶原生成受到破坏是非常重要的。适度休息和物理因子疗法，包括冰敷、加压、抬高和电刺激，常作为首选的治疗方式，用以减少组织损伤和缓解急性疼痛，但其疗效不尽相同[40, 62]。

同时必须认识到，功能快速恢复也依赖于机体其他组织的健康状况。因此，必须要维持肌肉骨骼组织的爆发力、力量和耐力，以及心肺、呼吸系统的功能。体能教练在这方面可以提供丰富的专业知识。为了完成这些任务，体能教练必须要和运动防护师讨论，确定哪些训练对于特定损伤是适合或禁忌的。这一阶段的主要目标是对损伤组织提供最大限度的保护。假设这些要求能够得到充分满足，训练可以包含一般性的有氧、无氧训练，以及健侧肢的抗阻训练。如果患侧肢运动不被禁止，只要不在患处施加压力，便可将患侧肢的近端和远端作为目标区域进行孤立训练。例如，膝关节损伤后，可以进行髋关节外展和旋转训练[14, 26, 41]；盂肱关节损伤后，可以进行肩胛骨稳定训练[35, 64, 69]。

训练策略

虽然快速重返赛场是一个常规目标，但为了保护损伤组织，使其免于不必要的伤害，损伤区域的被动休息在初期还是十分必要的。因此在这一阶段，不提倡直接涉及或加压于受伤区域的训练，依然可以进行没有直接涉及或加压于受伤区域的训练（如下肢受伤时的上肢训练、健侧肢的单腿训练）。

成纤维细胞修复阶段

炎症反应阶段后，机体开始用与损伤组织相似的新生组织来修复受损部位，但此时新生组织的弹性较低。在施以合适的恢复压力的情况下，弱化的损伤部位的修复可能需要8周。如果压力过大或过小，修复或许需要更长的时间。

治疗目标

成纤维细胞修复阶段的治疗目标是预防损伤区域的肌肉过度萎缩和关节退化。此外，应小心翼翼地保持平衡，既要避免新生胶原纤维被破坏，同时还要逐步施加低压力负荷，来促进胶原纤维合成及预防关节活动度的丢失。为了保护新生但薄弱的胶原纤维，运动员应避免进行损伤组织主动发力的抗阻运动。然而，活动太少也会造成负面影响，例如，新生的胶原纤维无法合理地排列并可能形成粘连，从而妨碍正常活动。早期保护性活动可以加速胶原纤维的合理排列并改善组织的灵活性。与炎症反应阶段一样，也可以使用治疗仪器，但是现阶段的目标是促进胶原纤维合成和控制疼痛。超声波、电刺激和冰敷可以持续支持与促进新生组织的形成[5, 27, 51]。此外，维持机体非损伤区域的肌肉和心肺功能也是必要的。体能教练所具备的专业能力可协助运动医学团队的其他成员选择正确的训练方式。成纤维细胞修复阶段可采用的运动形式包括健侧肢、患侧肢近端或远端的肌力训练，有氧、无氧训练，以及提高相关区域力量和神经肌肉控制的训练。

训练策略

以下列出的训练方法只有在成纤维细胞修复阶段与队医、运动防护师或物理治疗师共同商定后才能执行。可采用等长训练，但要确保在无痛或医生、运动防护师允许的情况下进行。次最大强度的等长训练可使运动员保持神经肌肉功能，并以不会破坏新生胶原纤维的低强度运动提高力量。遗憾的是，等长训练是特定于关节角度的；也就是说，力量的增加只发生在使用的角度上[28]。因此，当运动员被推荐等长训练时，应合理进行多角度的训练[28]。等速训练使用以特定速度（如60°/s或120°/s）提供阻力的器械。然而，没有哪种运动形式是在恒定速度下进行的，因此等速训练在实际应用中非常受限。不仅如此，大部分等速训练设备仅能用于单关节训练，只允许特定肌肉或关节的向心收缩，这不是最具功能性的力量训练方法。

虽然等张训练（向心或离心）涉及外在阻力恒定的运动，但是移动阻力所需的力的大小是变化的，其主要取决于关节角度和每块主动肌的长度。等张训练使用多种不同的阻力形式，包括重力（即无器械运动，仅以重力作为阻力源）、哑铃、杠铃、重量训练器械。向心和离心肌肉活动可用于提高肌力，并合理施力于愈合组织。同向心训练相比，离心训练可以以较少的能量消耗产生更大的作用力[38]。随着组织愈合过程的发展，可以增加负荷以提供更大的挑战。运动员可自我控制等张训练的动作速度；动作速度可作为训练计划的变量，急性损伤要求动作速度较慢，而愈合后期要求动作速度更快、专项动作更多。

神经肌肉控制是肌肉对传入感觉信息做出反应来维持关节稳定性的能力[53]。这种传入感觉信息被称为**本体感受**，在皮肤、肌肉、肌腱、韧带和关节囊的感觉感受器受到刺激时产生。本体感受有助于有意识或无意识的姿势、平衡、稳定和位置控制[53]。例如，在不平坦的路面跑步时，越野跑者依靠来自下肢的输入感觉来适应地面，防止跌倒和受伤；这种调节能力即是神经肌肉控制。损伤后，神经肌肉控制就像力量和柔韧性一样会衰退[13]，运用专门性的训练（如改变平面稳定性、视觉和速度等条件的训练）可以改善损伤后的神经肌肉控制能力。用迷你蹦床、平衡板、瑞士球打造的不稳定平面可以训练上下肢的本体感觉。运动员可在不稳定的表面上完成下蹲、俯卧撑等常规动作，来提高神经肌肉控制能力。也可以通过闭眼来屏蔽视觉输入，进一步刺激平衡能力。最后，增加训练中的动作速度也是对本体感觉系统的一种挑战。在可控环境中，对上述变量进行针对性的调控，将有利于运动员在下一阶段中承受更多的挑战。

成熟-重塑阶段

成纤维细胞修复阶段的结果是胶原纤维替代受损组织。待这些纤维就位后，机体就可以开始重塑并强化这些新生组织，使运动员逐渐恢复正常活动。

治疗目标

成熟-重塑阶段的主要目标是优化组织功能，同时过渡到重返比赛或活动阶段。在修复阶段，运动员通过持续和进阶式的练习及可将进阶式压力作用于损伤组织的更高级练习和运动专项练习来改善功能。运动员总是试图“过多、过早”地训练，这有可能进一步破坏损伤组织。要记住，此阶段的活动虽然伴随较少的疼痛，但受损组织还未完全愈合，需要进一步关注，以完全恢复（图22.3）。逐渐增加组织负荷可改善胶原纤维排列和纤维肥大[4, 18]。重返运动或活动的决策，应基于对正常组织愈合时间框架及满足既定目标的标准化过程的理解。这些目标通常包括：关节活动度和力量测试、功能性测试及使用已建立的患者报告表格获得的患者自我报告的功能[1, 53, 69]。运动医疗团队间的交流、成员相互间职责明确及运用确保安全重返比赛的标准非常重要。

训练策略

随着体能方面的改善，康复与重建训练必

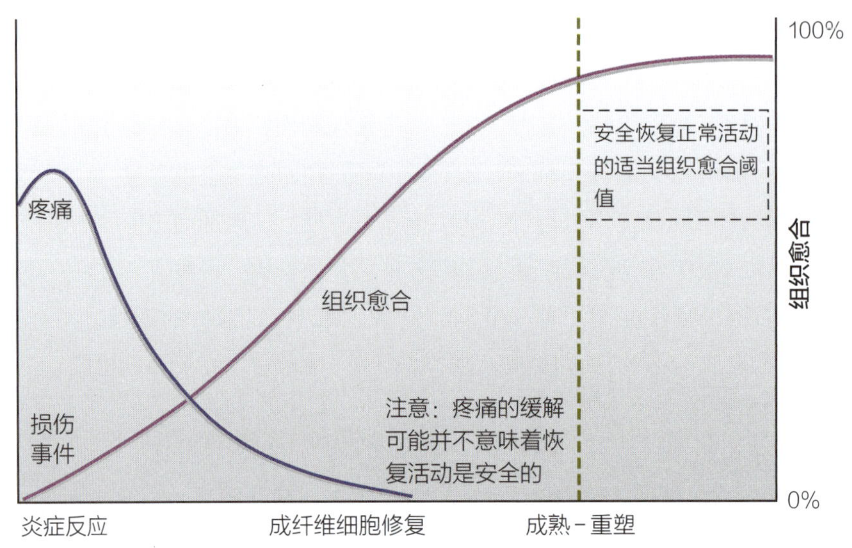

图22.3 典型软组织损伤反应的示意图。疼痛程度常被当作组织健康程度的指标。疼痛程度（蓝线）往往在组织愈合（紫线）前完全下降，这可能导致运动员误以为组织已经充分愈合（垂直的黄线）且完全恢复活动是安全的

须着重于模拟特定活动的要求和功能性，即反应特异性。特定功能性训练包括特定关节角度的肌力强化训练、特定速度的肌肉活动、闭链运动和进一步促进神经肌肉控制的训练。在进行肌力强化训练时，应该由一般性练习过渡到模拟专项运动常见动作的专项练习。例如，对于脚踝扭伤的篮球后卫，康复训练可以从一般性单关节练习进阶至与其专项运动和位置更有关联性的练习（图22.4）。运动速度特异性是另一个重要的计划变量；康复时的肌力强化训练也要模拟专项速度要求，即要进行有高速度要求活动（如冲刺）的运动就应该用更快的速度进行训练。如图22.4所示，由相对缓慢的、可控制的平衡肌力强化训练，进阶至更快的快速伸缩复合和冲刺训练。同样，一名腘绳肌拉伤的短跑运动员，最初的重建可能聚焦于柔韧性和损伤部位肌肉力量的恢复，但在康复与重建阶段的后期，运动员自身专项的性质要求其进行速度较快的练习。对于腘绳肌张力得到改善的短跑运动员，其运动选择可能从腘绳肌的柔韧性训练到离心肌力训练，再到向心肌力训练、动态拉伸，最后到快速的等张肌力训练。特殊速度训练包括抗阻训练、快速伸缩复合训练及速度训练。可以参考第18章和第19章对快速伸缩复合训练及速度训练的深入探讨。

动力链指两个或多个相邻关节共同参与产生动作[56]。在**闭链**运动中，关节末端受到巨大阻力，防止或限制其自由活动[56]，也就是说远端关节被固定。下肢闭链运动常被视为比开链运动更具功能性的运动形式[23, 63]。因为大多数训练是脚“固定”在地面上的，例如，在闭链深蹲训练中，脚被“固定”在地面上，几乎不移动，提供一个活动的基础［图22.5（a）］。闭链运动有很多优点，如强化关节稳定性和功能性运动模式。毕竟，我们在运动时，关节不是孤立运动的，而是与邻近的关节、肌肉协同工作。尽管闭链运动一般在下肢练习中更常见，但是在上肢练习中也同样存在［图22.5（b）］[35, 69]。

在**开链**运动中，相邻关节相互配合，关节末端可以自由活动；开链运动允许单一关

图22.4 图示的练习可用于篮球运动员踝关节扭伤的恢复进程，由一般性练习至篮球专项练习

节或肌肉更集中地发力[23]。例如，在腿（膝）伸展训练中，脚和小腿可以自由活动（图22.6）。腿（膝）伸展训练可以让膝关节的股四头肌更集中地发力；深蹲虽然同样需要股四头肌和膝关节的参与，但还依赖于髋关节和踝关节的肌肉活动［图22.5（a）］。虽然闭链运动被认为更具功能性，但是大部分活动会同时涉及闭链和开链动作。例如，短跑冲刺时，一只脚踏在地面（闭链），另一只脚悬在空中（开链），这就意味着两类运动同时发生（图22.7）。在某些情况下，开链运动可能同样是一个合适的选择。

图22.5 闭链运动：（a）深蹲（向下运动）和（b）俯卧撑

在修复阶段引入的旨在改善神经肌肉控制的练习，应在成熟-重塑阶段继续并适当进阶。下页的专栏对康复与重建的目标和策略进行了总结。

图22.6　开链运动：腿（膝）伸展训练

图22.7　冲刺是一个闭链与开链运动共存的示例

康复与重建的目标和策略

康复和重建方案必须因人而定，下面列出的是每个阶段的一般性目标和方法。

炎症反应阶段

- 通过相对休息和被动方式预防新生组织被破坏和长期炎症。
- 维持心肺及周围神经肌肉骨骼系统的功能。
- 避免损伤区域的主动运动。

成纤维细胞修复阶段

- 预防损伤区域的肌肉过度萎缩和关节退化。
- 维持心肺及神经肌肉骨骼系统的功能。
- 可行的训练项目如下。
  - 次最大强度的等长、等速和等张训练。
  - 平衡和本体感受训练。

成熟－重塑阶段

- 组织功能优化。
- 按要求逐步增加神经系统和心肺系统的负荷。
- 可行的训练项目如下。
  - 特定关节角度的肌力强化训练。
  - 等速肌肉活动。
  - 闭链与开链运动。
  - 本体感受训练。

计划设计

在康复与重建中，体能教练最大的贡献在于为受伤运动员设计抗阻和有氧训练计划。体能教练为未受伤运动员制定计划的经验，使他们能够很好地为伤后恢复的运动员制定合适的训练计划。尽管确实存在损伤后的运动处方，但许多方案并没有某些为专项运动而设计的变量；在康复与重建过程中，应采用为未受伤运动员设计抗阻和有氧训练计划的原则。

抗阻训练

一些协助抗阻训练设计的方案已经被开发出来了[9, 12, 29, 57, 73]，当中有许多被提倡用于康复计划的设计[9, 29, 36, 42, 73]。DeLorme[9]和Oxford[73]的方案都使用3组重复10次的金字塔式设计。DeLorme的方案是从低阻力到高阻力的进阶：第一组以50%的10RM（10次最大重复重量）做10次；第二组的阻力增至75%的10RM；最后一组要求使用100%的10RM。Oxford的方案与DeLorme的刚好相反，即从高阻力到低阻力的渐进：第一组用100%的10RM；第二组用75%的10RM；第三组用50%的10RM。

Knight[30]的**每日可调节、进阶式抗阻训练（DAPRE）**方案相比DeLorme和Oxford的方案[9, 10, 73]，要求和允许给予训练强度和训练量更多的调节。DAPRE一共包含4组，重复次数由10次到甚至1次。第一组要求用50%的预估1RM重复10次，第二组要求用75%的预估1RM重复6次，第三组要求用100%的预估1RM重复最大次数，第三组重复的次数决定了对第四组的调整（表22.2）。DeLorme、Oxford和Knight的方案已被证实可用于增加肌力[10, 30, 36, 42, 73]且或许适用于康复抗阻训练。然而，运动员要求康复与重建项目与他们所从事的运动专项相匹配。尽管这些是已被开发出的肌力强化方案[10, 30, 73]，但对于不同项目运动员的个人训练来说可能过于狭隘。

受伤运动员的健康和损伤组织的训练计划的设计都要基于第17章所提供的基本原则。根据专项适应需求（SAID）原则，人体系统将对特定需求产生专项适应。因此，训练目标（专项适应）应决定抗阻训练计划的设计（特定需求）。例如，在马拉松跑者髌股关节损伤后康复的重建阶段，对其股四头肌的肌肉耐力训练应为重点。因此，要想让肌肉为长跑做好准备，运动员就需要完成多次重复的康复练习。相反，奥林匹克举重运动员在相同损伤恢复中的重建阶段后期，需要进行少次数、高强度的康复与重建练习，使肌肉为这项运动所需的爆发力做好准备。对这两个运动员的康复策略的比较见下一页的专栏。

有氧和无氧训练

虽然研究还没有确定用于康复的最佳有氧训练计划，但是通常认为，计划应该尽可能地模仿特定的运动和代谢需求。具有为健康运动员设计和实施体能训练背景的体能教练，是在运动医疗团队中设计和监督受伤运动员重建项目的有氧训练计划的理想成员。抗阻训练项目也是如此，体能教练必须考虑特定运动对受伤运动员的要求。谨记损伤的适应与禁忌的同时，体能教练可根据第17章和第20章的指导，创建一个合适的训练计划

表22.2　每日可调节、进阶式抗阻训练的调整

在第三组中需要进行的重复次数	第四组调整的阻力	下一阶段的阻力
0~2	减5~10lb（2.3~4.5kg）	减5~10lb（2.3~4.5kg）
3~4	减0~5lb（0~2.3kg）	相同阻力
5~6	相同阻力	加5~10lb（2.3~4.5kg）
7~10	加5~10lb（2.3~4.5kg）	加5~15lb（2.3~6.8kg）
11	加10~15lb（4.5~6.8kg）	加10~20lb（4.5~9kg）

以帮助运动员重返赛场。

再次以马拉松跑者和摔跤选手及奥林匹克举重运动员的髌股关节损伤康复为例，他们康复与重建的新陈代谢能量要求明显不同。马拉松跑者更关注有氧适能且最好尽快达成。而摔跤选手的代谢需求包含有氧和无氧系统的共同参与，因此，间歇训练更适合[16]。相反，奥林匹克举重运动员的训练更侧重无氧适能。选择合适的训练设备还要以身体受伤区域为依据。尽管训练的专项性很重要，但仍可通过身体其他部位的训练来提升训练能力（如通过上肢训练来改善耗氧量）[61]。有多种有氧和无氧训练方法供选择，包括上半身测力器、水中跑步、下肢自行车和椭圆机训练。即使在炎症反应阶段，也可以尽早实行保持心肺能力的策略。就如之前强调的，需要牢记，想要达到最佳愈合效果，应在初始时给愈合组织施加尽可能小的压力，给非损伤部位施加合适的压力。以右侧膝关节急性损伤的足球运动员为例。尽管在最初，右侧下肢肌力训练是被限制的，但是该足球运动员可以进行上肢和左侧下肢的训练（如左腿负重深蹲）。体能教练需要调整左侧下肢的训练动作，以保证对右侧下肢的保护。训练非损伤下肢同样可以改善损

设计原则在髌股关节损伤康复和重建期间阻力训练计划设计中的应用

愈合阶段	设计变量	运动员	
		马拉松跑者	奥林匹克举重运动员
炎症反应阶段	目标和练习	• 股四头肌无须活动，静养以减轻炎症 • 维持相邻区域（如髋伸肌、膝屈肌、跖屈肌）的肌力与耐力 • 维持心肺适能	• 股四头肌无须活动，静养以减轻炎症 • 维持相邻区域（如髋伸肌、膝屈肌、跖屈肌）的肌力与爆发力 • 保持上身肌力与爆发力
成纤维细胞修复阶段	目标和练习	• 全角度伸膝股四头肌等长收缩强化训练（进阶至其他角度） • 进阶至无痛股四头肌等张收缩强化训练（咨询运动医疗团队后） • 持续训练相邻区域 • 继续有氧训练，可以做固定式自行车或踏步机运动（遵循运动医疗团队的建议）	• 全角度伸膝股四头肌等长收缩强化训练（进阶至其他角度） • 进阶至无痛股四头肌等张收缩强化训练（咨询运动医疗团队后） • 持续训练相邻区域 • 继续上身肌力和爆发力练习
	组数 × 次数	2~3组 × 15~20次	3~4组 × 8~10次
	强度	次最大强度（≤50%的1RM）	次最大强度（≤50%的1RM）
成熟-重塑阶段	目标和练习	• 开始更具专项性的活动、动作、速度练习 • 恢复跑步，在可承受范围内逐渐增加距离和速度 • 加入弓步和深蹲（尽可能地增加膝关节活动度）	• 开始更具专项性的活动、动作、速度练习 • 提高动作速度至与比赛中的速度相似 • 加入罗马尼亚硬拉和深蹲（尽可能地增加膝关节活动度）
	组数 × 次数	2~3组 × 15~20次	4~5组 × 3~8次
	强度	进阶至最大强度（50%~75%的1RM）	渐进至最大强度（>75%的1RM）

伤下肢的肌力[33, 34]。这也是受伤运动员持续对身体非损伤区域进行体能训练的原因。

> 受伤运动员的体能训练计划设计要求体能教练检查康复与重建目标，确定何种类型的训练能够使运动员最快地重返赛场。

降低损伤和再损伤的风险

除了使用体能训练策略帮助运动员从损伤中恢复，体能教练还可以应用研究成果来降低运动员损伤和再损伤的风险[49, 58]。下肢[15, 17, 21, 48]及上肢[35, 71]的结构性训练方案已经被开发出来。这些方案通常针对特定专项的常见风险因素。

在运动个体中，既往损伤是未来损伤的最主要危险因素之一[19, 47, 54, 59]。上肢损伤风险因素包括盂肱关节活动度降低、肩胛运动障碍及肩部力量减弱[6, 7, 70]。关节活动度训练和投掷者十项训练是常被用于降低上肢损伤风险的结构性训练[71]。下肢损伤的风险因素包括平衡能力降低、跳起及落地时神经肌肉控制能力下降和下肢肌力减弱[2, 31, 72]。减少下肢受伤风险的结构性训练方案应该是为专项制定的，并且侧重于神经肌肉控制活动，如起跳落地后急速变向。有两种练习可以用于降低下肢损伤风险，一种是快速伸缩复合训练中正确的起跳和落地技巧［图22.8（a）］，另一种是单腿深蹲，以增强单侧肌力［图22.8（b）和图22.8（c）］。

图22.8 可以降低下肢损伤风险的两种练习：（a）快速伸缩复合训练中正确的起跳和落地技巧；（b）~（c）单腿深蹲，以增强单侧肌力

尽管有降低上肢损伤风险的方案[71]，但大部分的研究都集中在预防下肢损伤，特别是前交叉韧带（ACL）损伤。有两个结构化方案被用于降低损伤风险：Sportsmetrics[21]和PEP（Prevent Injury and Enhance Performance，损伤预防和提高表现）[39]。尽管关注的点有细微不同，但每一个方案都包含被表明可解决损伤风险因素和降低下肢损伤率的练习和动作，尤其是前交叉韧带损伤和踝关节扭伤[15, 17, 21, 48]。此外，离心训练已被表明能显著降低腘绳肌损伤的风险[46, 50]。

在重返运动后，运动员的肌力、生物力学和功能表现可能仍欠佳[45, 55]。一般通过与健侧肢[37]或规范量表[11, 25]的对比来确定是否欠佳。力量和功能表现方面小于10%的双侧差异被认为是可接受的[37]。有监督的损伤康复向不受限制的活动的过渡是一个关键时期，需要运动医疗团队成员就如何处理力量和表现方面的缺陷进行沟通。

▶ 既往损伤是活跃个体未来损伤最常见的风险因素之一。降低下肢损伤风险的方案应能满足特定运动的需求，并且侧重于特定活动需要的神经肌肉控制，如起跳落地后急速变向。

小　结

运动员的损伤康复与重建需要运动医疗团队成员之间进行有效的沟通。每一位成员在确保受伤运动员恢复功能上扮演着独一无二的角色；尽管每一位专业人员的职责不同，但其与其他成员的任务互补。运动医疗团队应为每个运动员确立目标，并根据组织愈合进程设计、实施和进阶治疗性训练计划。计划必须针对个体，以有效地帮助运动员恢复正常功能和重返赛场。康复早期比后期在结构上更侧重保护和强化新生组织；后期则是针对运动员的专项和位置进行专项化的功能发展。设计受伤运动员的重建计划时，需要仔细检查和彻底了解专项运动的相关要求，并且对愈合进程和治疗性训练有全面的理解。

关键词

athletic trainer 运动防护师
closed kinetic chain 闭链
contraindication 禁忌
contusion 挫伤
counselor 心理咨询师
daily adjustable progressive resistive exercise（DAPRE）每日可调节、进阶式抗阻训练
dislocation 脱臼
edema 水肿
exercise physiologist 运动生理学专家
fibroblastic repair 成纤维细胞修复
indication 适应
inflammation 炎症
inflammatory response 炎症反应
macrotrauma 宏观创伤
maturation–remodeling 成熟–重塑
microtrauma 微观创伤
neuromuscular control 神经肌肉控制
nutritionist 营养师
open kinetic chain 开链
physical agent 物理因子疗法
physical therapist 物理治疗师
physiotherapist 理疗师
proprioception 本体感受
psychiatrist 精神病医师
psychologist 心理学专家
remodeling 重塑
repair 修复
sprain 扭伤
strain 拉伤
strength and conditioning professional 体能教练
subluxation 半脱位
team physician 队医
tendinitis 肌腱炎

学习试题

1. 下列专业人员中，除了哪位，其余均可在大学足球比赛期间提供医疗监督任务？（　）
   a. 运动防护师
   b. 队医
   c. 认证体能教练
   d. 认证运动物理治疗师
2. 下列哪一项不是典型的过度使用后果？（　）
   a. 应力性骨折
   b. Ⅲ级关节扭伤
   c. 肌腱炎
   d. 微创伤
3. 下列哪项不属于受伤后愈合进程？（　）
   a. 炎症反应
   b. 修复肥大
   c. 成熟–重塑
   d. 成纤维细胞修复
4. 在内侧副韧带损伤的炎症反应阶段，下列哪一种活动不适合？（　）
   a. 下肢快速伸缩复合训练
   b. 次最大强度股四头肌等长收缩强化训练
   c. 髋关节伸展
   d. 上肢肌力测试

5. 肩袖肌是肩关节的稳定肌。在一个篮球运动员肩袖肌（冈上肌）肌腱炎康复的成熟-重塑阶段，下列哪一个训练重复次数范围最适合用于提高肩袖肌耐力？（ ）

a. 3~5次

b. 5~8次

c. 8~12次

d. 12~20次

第 23 章

场地设计、布局与规划

安德烈娅·胡迪（Andrea Hudy），MA
译者：夏章利、王雄
审校：王轩、赵芮

完成这一章的学习后，你将能够：

- 明白新场地建设的4个阶段（初步设计、设计、建造和试运营）；
- 了解旧场地改造的各个方面，明白新场地建设与旧场地改造或翻新之间的区别；
- 理解如何评估运动计划的需求及如何设计满足这些需求的场地；
- 解释如何设计具体的设施特征，包括监管地点、通道、天花板高度、地板、环境因素、电力供应及镜子；
- 理解如何对器材设备进行合理分组和布局，以创造更科学的场地流动性；
- 理解在专业体能训练场地中，维护、清洁地面和设备的需求。

感谢迈克尔·格林伍德（Michael Greenwood）与洛丽·格林伍德（Lori Greenwood）对本章内容的重要贡献。

体能训练场地的设计与建造需要经验丰富的专家委员会制定周密的计划。本章内容将提供如下信息：建造新场地的不同阶段、场地的设计和规划及设备的维护。同时，本章还将概述场地施工与改造的各个阶段。为了让布局最为高效，设计时必须考虑运动训练计划或运动员和工作人员的具体需求。

建造新场地的一般要求

建造一个新场地需要大量的时间和精心策划。首要的事情便是组建一个专家委员会。这个委员会的成员应该包括承包商、建筑师、设计师、律师及使用者。此外，这个委员会至少要包含一位之后将在这个场地工作的指导员、教练、体能教练或其他专家，以获得关于场地建造的另一个视角，帮助最大限度地提高场地的空间使用率与安全性。这个委员会将帮助设计场地并考虑与开设新场地相关的经济因素。建造体能训练场地的主要挑战之一是根据目标客户的需求来定制场地，图23.1概述了建造一个新场地的4个基本阶段及其主要的目标。

初步设计阶段

初步设计阶段是建造新场地的第一步，这个阶段应该包含需求分析、可行性调研和总计划的形成。在这一阶段的末尾，应该聘用一位知名的建筑师——可以通过投标的方式选拔——来制作基本的场地设计图。

需求分析是设计师和专家合作并确定运动训练需求的部分[5]。示例问题包括“你需要多少空间”或“这个已分配的空间被用于做什么”。需求分析应该与体能教练的训练方法及其训练计划的理念相一致。例如，如果一名教练经常使用快速伸缩复合训练或其他特定的训练手段，那么就应该为这些训练预留出一块合适的区域。

初步设计阶段的第二部分是可行性调研，包括分析场地的优势、弱势、机会及威胁（即SWOT分析）[5]，其目的是确保投资会产生切实且持续的利润。可行性调研还应该考虑地理位置、任何关于场地设计的想法的优缺点，以及运动训练与体能训练计划的发展潜力，同样也要考虑潜在的机会与竞争威胁。要通过市场评估来发现最好的机会，从而用最高的效率训练更多的运动员，并且分析出竞争场地的目标市场与发展潜力。可行性研究的目的在于帮助确定场地在竞争中是否有成功的机会。

总计划是建造新场地的各个阶段的总体规划。总计划应该包括建筑施工计划、场地设计、预算信息及场地建成后的运营计划[5]。运营计划应该包括短期与长期的目标，以提升近期与将来的成功概率。运营计划要同时包括员工发展与聘用章程方面的内容。

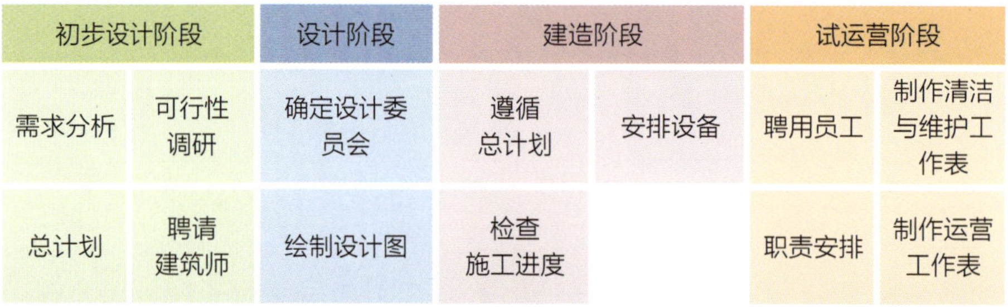

初步设计阶段		设计阶段	建造阶段		试运营阶段	
需求分析	可行性调研	确定设计委员会	遵循总计划	安排设备	聘用员工	制作清洁与维护工作表
总计划	聘请建筑师	绘制设计图	检查施工进度		职责安排	制作运营工作表

图23.1　建造新场地的各个阶段与目标

初步设计阶段的最后一部分是聘请一位建筑师。建筑师的选择对于是否可以达到管理者与教练的目标来说至关重要。根据以往的工作经验，从清单中选择那些拥有良好声誉的建筑师是非常重要的。可能的话，最好选择一位在体能训练行业有一定经验的建筑师。另外，建筑师很有可能通过投标而被聘用，这就意味着我们所聘请的建筑师很有可能是报价最低的建筑师。投标计划要求我们有效地利用资源，让钱花在最有价值的地方。

设计阶段

设计阶段是建造新场地的第二个阶段。在这一阶段，委员会重点关注场地的结构与设计要素。在遵守所有相关的法律与法规的前提下围绕场地动线进行设计是非常重要的。关于设计的法规非常详细。城市规划部门可以提供当地的指南与法规。

设计阶段的第一部分是确定设计委员会。再一次强调，委员会成员应该包括在建设和设计场地方面有经验的体能教练。这一部分也需要设计师与建筑师密切合作，绘制场地设计图。

设计图与规划需要考虑设备的规格，这将对场地动线的设计有帮助，并影响场地运营后人们从一个区域移动到另一个区域的效率。设计场地时，动线是一个非常重要的因素，当多组运动员同时出现时，能否为每个人使用设备提供足够的便利会对场地的安全与功能产生重大的影响。另外，场地动线也应该允许教练与主管可以清楚地看到整个楼层。为了方便拿取以及在场地中央创造清晰的视野，我们应将较低的器械与哑铃架摆放在场地的中心。

建造阶段

建造阶段指的是施工开始至结束的时间段。这通常是场地建造过程中最长的阶段。在施工期间，委员会需要不停地参考总计划并确保项目在既定目标与设计方面正常进行。保证项目处于截止日期前的正常进度中是这一阶段的重中之重。如果因为延期，使拥有者损失了潜在的收入，那么延期造成的损失将由承包商或建筑师承担。这种情况通常会引起诉讼，可能会通过退回所有钱款或降低初始出价的方式使拥有者得到补偿。

试运营阶段

试运营阶段是场地开放前的最后一步，包括完成室内装饰（记住，美观的环境可以大大地增强用户体验）与聘用合格的员工。员工应该至少具备最低要求的认证与教育水平。美国大学体育协会正在执行相关规定，要求体能教练具有相关认证。对于成功运行一个体能训练项目来说，找到勤奋、知识渊博、忠诚且值得信赖的员工是非常重要的。在准备阶段，提出员工发展计划也非常重要，这个计划可以是每半年一次的研讨会，也可以是每周一次的员工会议。

在试运营阶段，我们需要创造一个使场地更容易对外营业的计划。例如，应该将每周的清洁与维护工作分配给员工。只要制作出清洁与维护工作表并在营业后按照工作表来执行，这一点是很容易做到的。

在这一阶段，我们还应该制定管理与文书职责计划，以更好地组织诸如责任险、日程安排与预算等方面的工作。在场地开放之前，还需要考虑选择任务管理软件与安排文书工作等细节。

现有的体能训练场地

除了没有重新在地面上建造场馆的过程，改造现有体能训练场地的过程与建造新场地类似。在某些情况下，改造也是一个漫长的过程。我们同样可以组建一个委员会，但是可能不需要像承包商与建筑师这样的成员。现有的场地同样会使用不同的聘用过程。有时，尽管场地的拥有者或管理者变了，但体能教练依旧在此工作。但是，依然应关注标准、教育、职业精神以及员工发展等事宜。图23.2概述了改造现有场地的主要步骤。

> 体能教练应根据使用该场地的运动员及运动队的需求来评估现有设备。

评估运动计划的需求

建造体能训练场地时，最重要的一个考虑因素是运动员及运动计划的需求与要求。运动员的数量、教练的训练方法、运动员的年龄与训练经验、运动员的时间表及可使用的器械等因素都会影响场地的设计[6]。在评估相关需求时，场地的设计者应能回答下列问题。

- *有多少运动员将使用这个场地？* 这是一个非常重要的问题，因为场地的大小在很大程度上受到该场地同时要接纳的训练人数和每天、每周、每赛季使用该场地的总人数的影响。训练人数同样也会影响该场地的时间表与动线，尤其是在有两组或更多运动员同时训练的情况下。基于消防法规及其他职业健康与安全法规的规定，城市规划部门明确规定了一个场地同时可以允许多少运动员使用。
- *教练、运动员与管理部门的训练目标是什么？* 教练与运动员的训练目标将会影响场地训练设备的选择。例如，如果一位教练想让运动员将训练重点放在快速伸缩复合训练与敏捷性训练上，那么需要规划一块专门为这些训练而存在的区域（草皮或跑道）。体能教练同样也应该以自身的训练方法为指导来采购设备。如果训练计划中包含抗阻训练，那么力量架与举重台比用途单一的卧推架或上斜卧推架更节省空间。
- *运动员的人口统计特征是什么？* 在确定场地设备需求时，了解使用者的人口统计特征很重要。他们主要是老年人还是年轻人，男性还是女性，高中生、大学生还是职业运动员？如果使用该场地的主要是老年人，那么可能不需要那么多的自由重量器械，反而需要更多的组合器械。在大学或团队训练环境下，将设备分组并分成不同区域，使多组人可以在互不干扰的情况下同时训练，可能是一个更高效的使用方法。

第一步	组成委员会	可行性调研	需求分析
第二步	制定实施计划	改造与/或升级	完成设计与装修
第三步	安排设备	制作员工职责与日程表	聘用/续用员工

图23.2 改造现有场地的主要步骤

- *运动员的训练经验如何？* 这个问题的答案将帮助体能教练设计训练计划，进而决定所需的设备。运动员的训练经验的不同导致训练内容的差异。相较于做更多举重训练的高水平运动员，先前没有举重训练经验的运动员可能要做更多的自重训练。同样，我们还要评估设备需求是否会随着时间的变化而改变，又是否会随着赛季时期的变化而改变。例如，在高中或大学，在每一学年的伊始进入这个场地的运动员的训练经验可能有限。
- *运动员的时间如何安排？* 运动员或运动员团队的时间安排可能是运营一个场地最困难的部分。员工的数量、场地的布局与设计都可能被运动员的时间安排所影响。如果同一时间有超过一组的运动员来到场地，那么将场地分为几个部分就非常必要了，因为这样可以最大限度地避免他们相互影响。我们应该将运动员的训练安排在一天中的不同时段，这样他们便不会一拥而进。这还有助于维持推荐的员工-运动员比例并确保有足够的设备供运动员使用（更多的细节请参阅第24章）。
- *什么设备需要修理或调整？* 场地内的所有设备都不应该出现破洞、割裂或缺件等问题。如果拉力器绳索出现磨损或损坏，那么在绳索被更换之前就不要再使用拉力器了。如果现有的设备出现损坏，那么就应该进行维修或更换。应定时清理现有的设备，同时及时修复破损设备或卖掉这些设备来为购买新设备提供资金。在某些情况下，一件设备处于良好的维修状态，但可能需要添加一个配件来升级。例如，为了充分发挥功能，需要给拉力器添加新的附件。

一旦上述问题都有了答案，设计场地的过程就会变得容易得多。理想情况下，场地设计者应针对每个问题提出解决方案，这将创造出最理想的训练环境。然而，实际上，预算和空间的限制常常成为阻碍。所以最重要的是，其中哪一项对场地的影响最大，我们就从哪里入手。例如，对训练环境与时间安排而言，没有足够的空间会比没有某一设备的影响更大。我们建议每位运动员的最小使用空间为100ft^2（约9.3m^2）。

设计体能训练场地

无论场地新旧，在安排和放置设备之前，我们都必须先考虑其设计。体能教练应该十分注意场地的选址与路线、结构与功能、环境、安全与监管等因素。

选址

理想情况下，场地应该建在远离办公室与教室的一楼，这样可以防止这些区域受到场地内杠铃片落地、音乐或其他噪声引起的干扰。如果场地不在一楼，那么地板一定要足够坚固，可以承受大重量的设备与频繁被摔至地面的器械。地板的承重能力至少应为100lb/ft^2（约488 kg/m^2）。

监管地点

场地监管站或监管办公室应该位于场地中央，并能提供清晰的视野与镜子，使监管人员足以看到每个人和设备。一种选择是使办公室的位置高于训练场地的地板，从而获得更好的视野。

通道

应在场地内任何高度差超过0.5in（约13mm）的地方设置斜坡或使用轮椅升降机，以使场地可以被残疾人士使用。每1in的高度差设置12in的斜坡（即每2.5cm的高度差设置30.5cm的斜坡）。还要在每个台阶的边缘设计一条粗糙的斜坡地带以防止摔倒。另外一个方案是使用机械升降机或电梯。力量训练室应该使用双门，使大型的设备可以被轻易搬进、搬出场地。但是，如果走廊太过狭窄，门的大小就变得没有意义了[8]。在这种情况下搬运设备，我们要暂时移除外墙或将车库门打开。

天花板高度

天花板应足够高，使场地内可以进行任何跳跃或爆发性训练。这个高度包括运动员的身高和跳箱的高度，以及进行垂直纵跳、奥林匹克举重等训练所需要的空间。建议高度为12~14ft（3.66~4.27m），为运动员提供舒适地进行这些训练的足够空间[8]。

地板

有几种类型的地板适用于体能训练场地。最常见的是某些橡胶地板与抗真菌地毯。其他的选择有室内草皮，当体能教练安排运动员进行快速伸缩复合训练、敏捷性训练或其他体能训练时，这种草皮就变得非常有用。草皮对于推雪橇和其他地面练习动作来说是良好的接触面。尽管橡胶地板的价格更昂贵，但其往往比地毯更易清洁。一般情况下，商家可以提供成卷或拼接式的橡胶地板。

理想情况下，举重台中间应使用木制地板，外部应使用橡胶地板。在木质地板上，鞋子不易打滑或出现阻力过大的情况，从而为举重运动创造一个安全的表面。

环境因素

场地的光线应该包括自然光与人造光。根据天花板的高度与自然光的强弱来设定场地灯的亮度，一般为50~100lm。自然光是太阳通过窗户照射进来的光。窗户可以使场地显得更加通透，镜子可以通过将光线反射到房间里没有自然光的地方以增加光量[2]。

体能训练场地需要维持一个舒适的训练温度。暖气、通风与空调（HVAC）系统要有独立调节某一区域的温度的能力。大多数资料表明，20~25℃之间的任何温度都是适宜温度，也有许多人认为22~25℃是最佳温度范围[2, 4]。如果场地过热或过冷，运动员可能会感到不舒服，这可能影响训练质量。

此外，我们应该监控体能训练场地内的湿度。在任何身体活动区域，相对湿度都不应该超过60%。这有助于抑制细菌和微生物的生长，避免感染与疾病的传播[2]。

空气流通也应该是场地设计与HVAC系统的主要关注点。HVAC系统、新鲜空气交换系统及天花板或箱式风扇都可以提供必要的空气流通性。空气交换频率应为每小时8~12次，以免因不流通而产生异味。如果使用风扇，一般建议是每1200ft^2（约111.5m^2）安装2~4个风扇。风扇有助于防止空气不流通和闷热，从而创造一个更好的训练环境。

许多场地都有音响系统，这有助于创造更利于艰苦训练的环境。尽管音乐不是必需的，但是它确实可以使运动员更有激情且富有节奏。安装音响系统时有两个因素要考虑：音量与位置。声音的大小应低于90dB，以使运动员可以听到说明和提示[2]。扬声器应该被放在拐角的高处，以防遭受损坏，还有助于将声音均匀地投射至场地的中间。

背景噪声与外部噪声是另一个需要考虑

的问题。这些声音来自HVAC系统与旁边建筑中的人群。如果场地中有瑜伽房或舞蹈房，地板与墙面应使用吸音材料，以防止过多的噪声影响到场地中的其他人。我们也可以使用吸音性橡胶地板来降低运动员跳跃、奔跑或器械掉落所产生的声音[4]。

电力供应

体能训练场地会比其他场地需要更多的插座。一些插座因连接功率较大的设备（楼梯攀爬机、椭圆机与跑步机）可能需要相对较高的电压。电力系统需要被正确地接地，以避免整个系统因雷击或功率波动而出现故障。接地故障电路同样也是必需的，这可以确保运动员在电流短路时的安全性[1]。

镜子

在体能训练场地中，镜子的用途多种多样。如果训练架与举重台被放置在合适的位置，镜子就可以被用作指导工具，因为它们能为运动员提供即刻的视觉反馈[8]。镜子还可以增加房间的美观性，同时通过反射透过窗户或人工照明的光，使空间在视觉上变得更大。

镜子与任何设备之间的距离至少为6in（约15cm），与地板的距离至少为20in（约51cm），这样设计的原因是确保哑铃或杠铃不会滚到、反弹到或滑到镜子底部而使其破裂。标准杠铃片的直径为18in（约46cm），我们要考虑杠铃片落在镜子旁或镜子下方的情况，预留出2in（约5cm）的安全距离[8]。

其他因素

饮水机是体能训练场地很重要的附加设施。其应该远离训练区域，且不妨碍场地动线，因此常被放在场地入口或靠近浴室与储物柜的地方。

更衣室也是一个不错的附加设施。至少，在场地内设置一个洗澡的地方可以使训练后的清洗变得方便。良好的卫生对于预防感染与疾病的传播是非常重要的。尽管并不是每个人都使用淋浴与储物柜，但是将这些设施提供给活跃的运动员可能会鼓舞他们的士气，或许可以给他们一个在训练中推动自己的理由。

每个场地都应该至少设置一部供轮椅使用者使用的电话，这符合美国残疾人法（ADA），并且在出现紧急情况而唯一可以提供帮助的人是轮椅使用者时，能显著提高场地的安全性。理想情况下，电话应设在场地前方的办公室内或外面，以便管理人员可以在事故发生后尽快地拨打紧急服务电话[2]。

在那些需要保护的地方，如镜子与墙面，我们可以放置保护栏杆或衬垫。保护栏杆可以使设备表面免受人或物体的撞击。栏杆同样可以用在舞蹈房或瑜伽工作室，人们在有需要时可以握住它以获得平衡。

体能训练场地需要空间来储存额外的设备、清洁用品、工具或损坏的设备。拥有更多设备的大场地需要更大的储藏室。储藏室中的绝大部分空间被用来收纳闲置的设备。

体能训练场地设备摆放

在可用空间放置设备时，必须考虑特定的需求。我们可以画出平面图来可视化设备摆放，尤其在每种类型的设备与训练模式都有相应的安全与效率建议时。

设备摆放

首先应该将设备分组，放置在不同的区域，如拉伸与热身区、敏捷性与快速伸缩复合训练区、自由重量区、有氧区和抗阻器械区。理想情况下，自由重量器械与其架子应该沿着墙壁摆放，并与其他器械之间设有过道[1]。这种方式可以优化力量房内的动线，防止出现堵塞并使空间使用率最大化。

组合器械应被安排在力量房的中间，并在四周各设一条过道。提前规划和组织设备，使其可以成为一个循环，这有助于优化力量房的动线。应该用螺栓将较高的器械固定在地上、柱子上或墙壁上，使其无法翻倒。

心肺训练器械应被放置在单独的区域。我们应对其进行适当的排列与管理，使跑步机、椭圆机、攀爬机与单车都成组摆放。记住，大多数需要电力的设备一定要沿墙摆放，除非地板或柱子上有插座。另外这些设备也应远离过道，以免人群走过时被它们或电线绊倒。

为了确保训练者与协助者在架子中间做动作时不会有危险，杠铃、哑铃与其他杠铃或哑铃之间的距离应至少为36in（约91cm）。如果需要协助者（如在架子旁），应该提供允许多个协助者接近架子的空间。杠铃片架应被放置在使用杠铃片的设备的旁边，而且二者之间的距离应为36in（约91cm）。

最好沿墙摆放架子，除非将架子两两一排背对背摆放。在任何情况下，在整个架子四周都应该留出36in（约91cm）的空间用来行走。

将较好的视野作为一条指导方针。最好将较矮的设备摆在场地的中央，这样教练与训练师可以轻易地看见整个场地。较高的设备可以被固定在没有窗户与镜子的墙面上。

场地动线

设备的摆放方式会对场地动线造成很大影响。很多场地都是一个大房间，通道实际上是通过设备的摆放来创造的。就像刚刚提到的，大多数架子与器械最好沿着场地摆成一条线。这种方式往往会创造出2~3条主要通道，而每条通道都应该至少36in（约91cm）宽。

> 在为场地安排设备位置时，安全与功能性是首要考虑因素。

拉伸与热身区

拉伸与热身区是一个开放的区域，配有软组织工具、垫子或弹力带。这个区域应该包含泡沫轴、弹力带、PVC管、网球、高尔夫球及垒球，甚至还可能有跳绳。如果可能的话，这个区域应至少有49ft^2（约4.6m^2）的开放空间供运动员进行动态热身[7]，也应有足够的空间供多人同时使用。为了让运动员不必躺在硬地板上，有时也需要提供垫子，但是这并不是必需的。

循环训练区

循环训练区的器械通常摆放在一直线上或成组摆放，以便人们可以轻松地从一个器械换至另一个器械。我们可以使用几种方式对器械分组，如上肢与下肢器械、推拉组合器械和不同身体部位器械等。在许多场地中，受伤运动员通过使用循环训练区的器械来训练依旧健康的身体部位。为了使受伤运动员能够自如地在器械间移动，记住，应使他们在器械之间的切换是方便的。

为了提供足够宽的行走空间和一定的安全缓冲区，循环训练区的器械至少相隔24in（约61cm）——最好是36in（约91cm）。而为了给运动员提供足够的移动空间，循环训练区内的任意过道应该宽4~7ft（1.2~2.1m）[7]。

自由重量区

自由重量器械包括哑铃、杠铃、训练凳、壶铃、农夫行走把手、六角杠铃、深蹲架及其余使用这些器械所需的设备。如先前所言，架子与哑铃应该沿墙摆放在一条直线上，墙面与架子间应预留足够的空间以供行走，支架末端间的距离至少应为36in（约91cm）。这不仅可以使工作人员有更多的空间来进行打扫，还可以防止重物碰到墙面或镜子。壶铃可以成排摆放在哑铃架下方，或者单独的区域。因为大多数与壶铃相关的动作是动态的且需要大量的空间，所以这个区域一定要大。

举重区

举重区通常有力量架与举重台，或只有举重台。当然，举重区也可以是没有举重台的开放区域。举重区通常使用的是含有混凝土基层的橡胶地板。为了保证训练器械的有序摆放，我们可以在不使用器械时，将其放在杠铃片架或单纯的架子与杠铃架上。

架子与举重台间应预留足够的空间（相隔3~4ft，即0.9~1.2m），这样如果有人跌倒，周边的人也不会受伤。

为了确保力量架在使用中不会晃动，我们应该将其固定在地板上。如果架子是便携式的，当不用时应该将其放在储存区域。

有氧区

有氧区是心肺训练设备集中放置的区域。这些设备包括固定自行车、爬楼机、椭圆机、跑步机和划船机等。表23.1列出了有氧设备本身及其与相邻设备之间所需的空间[7]。这些空间需求包括了每件设备所占的空间及其安装或移动时所需的空间，可有效避免因设备跌落引发的事故。

场地的规划从将设备安排在安全且体现功能性的位置开始。这一部分提供了合理安排设备所需的工具。在空白的场地平面图上描绘出设备的位置将帮助你更有效地摆放设备。图23.3与图23.4展示了中学与大学场地布局的示例。注意图中过道的空间与设置及器械的规划与分组。同样注意管理者办公室与窗户的位置设计。表23.2提供了确定各种类型设备空间需求的计算方法。

表23.1 有氧设备空间需求

设备	空间需求
自行车	24ft^2（约2.2m^2）
爬楼机	24ft^2（约2.2m^2）
滑雪机	6ft^2（约0.6m^2）
划船机	40ft^2（约3.7m^2）
跑步机	45ft^2（约4.2m^2）

[源自：Kroll，1991[7].]

地面和设备的清洁与维护

应定期清洁体能训练场地的地面，以确保设备安全有效。从长远来看，适当的维护可以节省资金，因为清洁材料比更换靠垫、地板等更便宜。如果没有使用杀菌清洁剂擦洗表层，那么微生物将开始繁殖。频繁使用的设备（如靠垫）更容易滋生细菌，应该每天或每隔一天清洁这些设备一次。另外，在场地内使用的任何杀菌清洁剂都应有阻止HIV与肝炎病毒扩散的功能。应定期擦拭不吸水的地板，以除去上方积聚的尘垢。应该经常检查木制举重台是否存在开裂与破碎现象，并用适当的清洁剂洗掉可能导致脚部滑动的尘垢。在清理架子与器械时，应定期检查和加固用作固定的螺栓与螺钉。应定期检查配有绳索的拉力器并在出现松动或磨损的情况下对其进行维修。如果场地使用的地板是拼接或成卷的，那么2块之间不应留有缝隙和溢出的胶水。应定期用吸尘器来打扫地毯，以抑制霉菌与真菌的生长。

应该至少每一两周清洁墙壁和天花板一

表23.2　所需空间的计算

区域	示例	公式
俯卧与仰卧类练习	卧推 仰卧肱三头肌伸展	**公式：**实际训练凳长度［6~8ft（1.8~2.4m）］与安全空间3ft（约0.9m）相加的结果乘以建议使用训练凳的宽度7ft（约2.1m）与安全空间3ft（约0.9m）相加的结果
		例1：如果使用6ft长的训练凳进行卧推训练，则为（6ft+3ft）×（7ft+3ft）=90ft^2
		例2（公制近似值）：如果使用2m长的举重凳进行卧推训练，［2m（训练凳）+1m（安全空间）］×［2m（使用空间）+1m（安全空间）］=9m^2
站姿练习	肱二头肌弯举 直立划船	**公式：**实际杠铃长度[4~7ft（1.2~2.1m）]与2倍的安全空间6ft（约1.8m）相加的结果乘以建议站姿练习所使用的空间宽度4ft（约1.2m）
		例1：如果使用4ft长的曲杠进行肱二头肌弯举训练，则为（4ft+6ft）×（4ft）=40ft^2
		例2（公制近似值）：如果使用1m长的曲杠进行肱二头肌弯举训练，则为［1m（杠铃）+2m（安全空间）］×［1m（使用空间）］=3m^2
站姿训练架练习	颈后深蹲 肩上推举	**公式：**实际杠铃长度［5~7ft（1.5~2.1m）］与2倍的安全空间6ft（约1.8m）相加的结果乘以建议站姿训练架练习所使用的空间宽度8~10ft（2.4~3m）
		例1：如果使用7ft长的奥林匹克杠铃杆进行颈后深蹲训练，则为（7ft+ 6ft）×（10ft）=130ft^2
		例2（公制近似值）：如果使用2m长的奥林匹克杠铃杆进行颈后深蹲训练，则为［2m（杠铃）+2m（安全空间）］×［3m（安全空间）］= 12m^2
奥林匹克举重区域	高翻	**公式：**举重台高度［8ft（约2.4m）］与周边行走安全空间4ft（约1.2m）相加的结果乘以举重台宽度8ft（2.4m）与周边行走安全空间4ft（约1.2m）相加的结果
		例1：（8ft+ 4ft）×（8ft+4ft）=144ft^2
		例2（公制近似值）：［2.5m（平台）+1m（安全空间）］×［2.5m（平台）+1m（安全空间）］=12.25m^2

次。墙壁与天花板上不应有积垢，角落处不应有灰尘。蜘蛛喜欢在墙壁与天花板临接的高处织网，在清理时应该将其去除。如果场地中有窗户与镜子，那么应该定期对其进行检查，一旦发现裂痕，就应立即替换。干净的镜子与窗户也会增加场地的美感。使用窗户清洁剂与超细纤维毛巾来清洁镜子表面。另外，墙上的固定物品的边缘及悬挂在天花板上的固定装置可能堆积灰尘，所以应定期对所有窗台、架子和悬挂在天花板上的装置进行除尘。如果训练设备悬挂在天花板上，那么就应该定期检查该设备，以确定其不会掉落[3]。图23.5列出了地板、墙壁与天花板的清洁清单，可供您在制作清洁表时使用。

> 安排频繁的维护和清洁，可以确保训练的安全、保护资产并维持场地整洁美观。

维护不应只针对地面，也应包括设备。我们应该定期检查设备，以及时发现损坏，尤其是那些影响设备功能的部分。如果某个设备被频繁使用却又未得到仔细的清洁，那么遗留物将会堆积并引起功能或健康问题。已损坏的设备应标有“禁止使用”的标记[2]。如果损坏设备的维修需要一段时间，那这个设备就应该被收至储藏室。就像地面一样，如果不对设备进行正确的维护与清洁，则可能会使资金的投入增加。

NSCA训练场地与设备维护安全清单（图23.6）可以帮助确定场地设备的维护需求。我们应该制定一份清洁表，规定每天、每周、每两周及每月需要清洁的设备。这个清单也包括了一些场地布局问题，尤其是那些安全相关的问题。

清洁和维护材料应存放在储藏室或壁橱里。可能的话，最好将清洁材料锁住，在有需要的时候才拿出使用。任何工具都应被放置在工具箱中，工具箱应被收至力量房之外。工具与清洁材料也应该定期清点并进行适当的补充，表23.3是维修工具与清洁用品清单。

表23.3 维修工具与清洁用品清单

维修工具	清洁用品
文件	消毒剂（杀菌剂）
锤子	专业清洁剂（针对木材、墙壁和室内装潢等）
钳子	玻璃清洁剂
螺丝刀	润滑剂
扳手套件	纸巾
小刀	喷雾瓶
订书机	布毛巾和抹布
胶带	海绵
备用螺母、螺栓和垫圈	笤帚和簸箕
强力胶水	吸尘器
电钻和钻头	拖把和桶
大力钳	去污剂

小　结

建造体能训练场地是一个漫长的过程，这涉及大量的设计与计划。这个过程从组建一个委员会开始，这个委员会将帮助进行场地的建造与设计。下一步则是评估训练计划的需求，以确定运动员的人数、运动员的训练经验、教练的需求、时间表安排以及设备需求等问题。这些都确定后，就应该开始场地的设计与设备的放置了。在确定每个设备的位置及其与相邻设备之间的间隔时，要遵循指导原则。

在完成设计过程后，我们必须妥善维护和保养场地的设备，以保证训练的安全与对资产的保护。对设备与地面进行定期的维护与清洁对于场地的寿命是至关重要的，并且应该将维护与清洁的重点放在那些被频繁使用的设备上。这将有助于防止病菌在设施使用者之间传播，并可以适当地提高环境的卫生与美观。

关键词

construction phase 建造阶段
design phase 设计阶段
feasibility study 可行性调研
master plan 总计划
needs analysis 需求分析
predesign phase 初步设计阶段
preoperation phase 试运营阶段
safety cushion 安全缓冲区

学习试题

1. 建造一个新的体能训练场地涉及的四个阶段的顺序是什么？（ ）
   a. 建造阶段，初步设计阶段，设计阶段，试运营阶段
   b. 试运营阶段，设计阶段，建造阶段，初步设计阶段
   c. 初步设计阶段，建造阶段，设计阶段，试运营阶段
   d. 初步设计阶段，设计阶段，建造阶段，试运营阶段
2. 应该在下列哪个阶段制定具有可操作性的计划？（ ）
   a. 初步设计阶段
   b. 设计阶段
   c. 建造阶段
   d. 试运营阶段
3. 地板与墙上镜子底部间的最小推荐距离为（ ）。
   a. 16in（约41cm）
   b. 18in（约46cm）
   c. 20in（约51cm）
   d. 22in（约56cm）
4. 在确定大学体能训练场地的空间需求时，下列哪项不是关键的考虑因素？（ ）
   a. 运动员使用的无障碍性
   b. 设备的种类与数量
   c. 使用该场地的运动员数量
   d. 想要使用该场地的运动员数量
5. 如果需提供空间给协助者，架子间的最小推荐距离是多少？（ ）
   a. 1ft（约30cm）
   b. 2ft（约61cm）
   c. 3ft（约91cm）
   d. 4ft（约122cm）

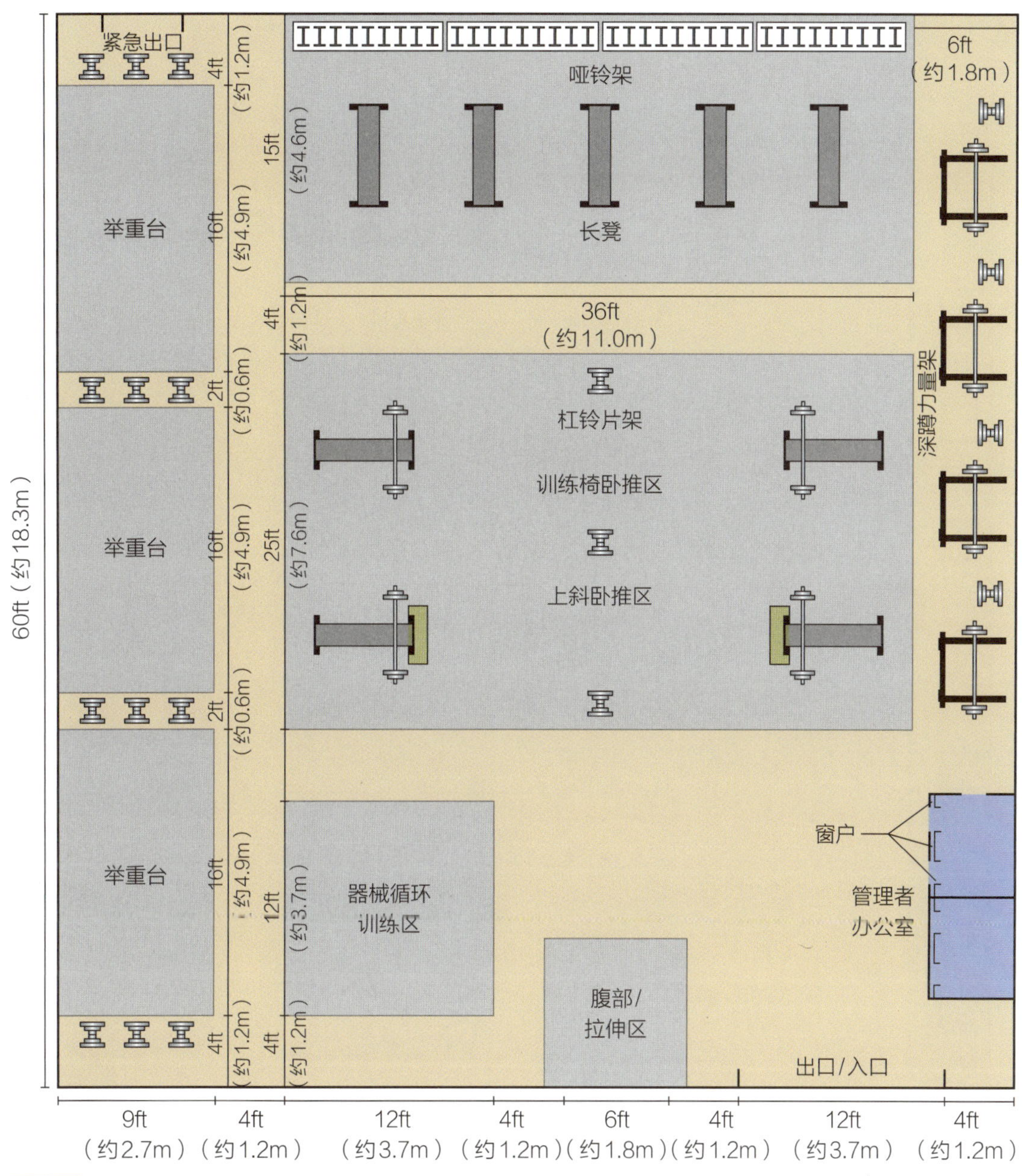

图23.3 中学体能训练场地建筑平面图

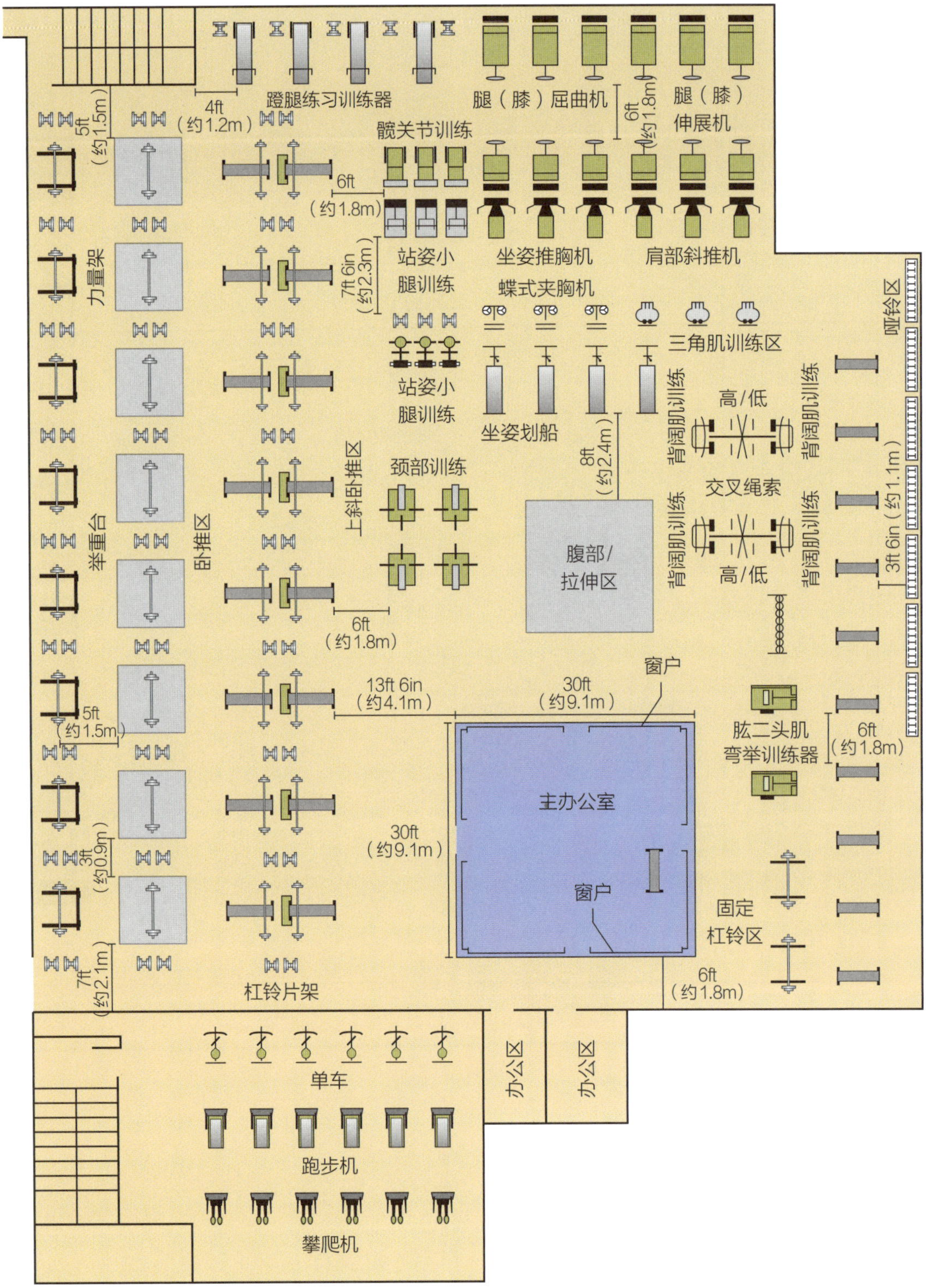

蹬腿练习训练器
腿（膝）屈曲机
腿（膝）伸展机
4ft（约1.2m）
5ft（约1.5m）
6ft（约1.8m）
髋关节训练
6ft（约1.8m）
坐姿推胸机
肩部斜推机
站姿小腿训练
7ft 6in（约2.3m）
蝶式夹胸机
哑铃区
三角肌训练区
力量架
站姿小腿训练
背阔肌训练
高/低
背阔肌训练
坐姿划船
8ft（约2.4m）
上斜卧推区
颈部训练
交叉绳索
3ft 6in（约1.1m）
举重台
卧推区
腹部/拉伸区
背阔肌训练
背阔肌训练
高/低
6ft（约1.8m）
窗户
13ft 6in（约4.1m）
30ft（约9.1m）
5ft（约1.5m）
肱二头肌弯举训练器
6ft（约1.8m）
主办公室
30ft（约9.1m）
3ft（约0.9m）
窗户
固定杠铃区
7ft（约2.1m）
杠铃片架
6ft（约1.8m）
单车
办公区
办公区
跑步机
攀爬机

图23.4 大学体能训练场地建筑平面图

地板、墙壁和天花板清洁清单

地板

- ☐ 检查是否有大的裂缝或污垢
- ☐ 检查举重台是否有裂缝和断裂情况
- ☐ 检查地板中是否掉入螺栓或螺钉
- ☐ 确认没有胶水从地板挤出
- ☐ 确认地板坚固并固定到位
- ☐ 检查地毯是否发霉和有破洞

墙壁

- ☐ 检查墙壁是否有污垢
- ☐ 更换破裂的镜子
- ☐ 每周至少清洁一次镜子上的污迹
- ☐ 每周至少清洁一次窗户上的污迹
- ☐ 每周进行一次窗户和置物架除尘
- ☐ 镜子至少离地面20in（约51cm）

天花板

- ☐ 确认场地的灯正常工作
- ☐ 检查是否有灰尘和蜘蛛网堆积
- ☐ 确认天花板上没有任何物体松动
- ☐ 如有需要，尽快更换天花板
- ☐ 为确保净空，天花板应至少距离地板12ft（约3.7m）

图23.5 地板、墙壁和天花板清洁清单

[源自：NSCA，2016，*Essentials of strength training and conditioning*，4th ed.，edited by G. Haff and T. Triplett (Champaign，IL: Human Kinetics).]

NSCA训练场地与设备维护安全清单

训练场地

地板

- ☐ 每天检查和清洁
- ☐ 木地板上没有碎片、孔洞、突出的钉子和松动的螺丝
- ☐ 瓷砖地板防滑；无水分或粉尘堆积
- ☐ 橡胶地板无切口和裂缝，两块之间无大缝隙
- ☐ 垫子之间确保锁紧且无隆起
- ☐ 非吸湿地毯无裂缝；磨损区域有软垫保护
- ☐ 定期使用吸尘器或拖把进行清洁
- ☐ 确认地板被正确地胶合或固定

墙壁

- ☐ 墙面每周清洁2~3次（如果需要，则更频繁地清洁）
- ☐ 训练人数较多的区域的墙壁没有突出的电器、设备或悬挂物
- ☐ 镜子和架子被牢固地固定在墙上
- ☐ 定期清洁镜子和窗户（尤其是在人较多的区域，如饮水机附近和门口）
- ☐ 所有区域的镜子离地面至少20in（约51cm）
- ☐ 镜子未破裂或变形（如果损坏，请立即更换）

天花板

- ☐ 所有天花板设备及其附件均需进行定期除尘
- ☐ 天花板保持清洁
- ☐ 根据需要更换损坏或缺失的天花板吊顶
- ☐ 对于开放式天花板，如有需要，应清理暴露的管道

训练设备

拉伸和自重训练区

- ☐ 垫子区域无训练凳与其他设备
- ☐ 垫子和训练凳座垫没有裂缝和破洞
- ☐ 拉伸垫之间没有大缝隙
- ☐ 每日清扫和消毒
- ☐ 使用后正确放回设备
- ☐ 确认弹力带被安全结固定在底座上并检查其磨损情况
- ☐ 使用抗真菌剂和抗菌剂对接触皮肤表面的区域进行清洁
- ☐ 在快速伸缩复合训练跳箱的表面或底部使用防滑材料
- ☐ 天花板高度足以进行过顶训练［最小为12ft（约3.7m）］，并且没有悬挂物（横梁、管道、吊灯和标志牌等）

抗阻器械区

- ☐ 轻松使用每个设备而不觉得拥挤［器械之间至少留有2ft（约61cm）的距离；3ft（约91cm）的距离是最佳的］

图23.6 NSCA训练场地与设备维护安全清单

[源自：NSCA，2016，*Essentials of strength training and conditioning*，4th ed.，edited by G. Haff and T. Triplett (Champaign，IL: Human Kinetics). Adapted，by permission，from National Strength and Conditioning Association，2004，*NSCA's essentials of personal training*，edited by R. W. Earle and T. R. Baechle(Champaign，IL: Human Kinetics) 604-606.]

- □ 该区域没有松动的螺栓、螺钉、绳索和铁链
- □ 使用合适的插销
- □ 确保皮带功能完好
- □ 适当的润滑与清洁零部件与表面
- □ 保护垫无裂纹和裂缝
- □ 使用抗真菌剂和抗菌剂对接触皮肤表面的区域进行清洁
- □ 没有需要拧紧或拆卸的突出螺钉或零件
- □ 腰带、铁链和绳索与机器部件相匹配
- □ 没有磨损部件（磨损的绳索、松散的链条、磨损的螺栓、裂纹的接头等）

自由重量区

- □ 轻松使用每个设备和区域而不觉得拥挤［器械之间至少留有2ft（约61cm）的距离；3ft（约91cm）的距离是最佳的］
- □ 奥林匹克杠柃杆间隔适当［3ft（约91cm）］
- □ 使用后正确放回设备，以避免阻塞通道
- □ 使用后需归还安全设备（腰带、锁扣和安全杆）
- □ 保护垫无裂纹和裂缝
- □ 使用抗真菌剂和抗菌剂对接触皮肤表面的区域进行清洁
- □ 紧固螺栓和设备部件（锁扣和曲杠）
- □ 深蹲架区域的地板需防滑
- □ 奥林匹克杠柃杆需可转动，并进行适当的润滑和紧固
- □ 训练凳、配重架和标准件等物品需固定在地板或墙壁上
- □ 从区域移除或停用不具有功能性或已损坏的设备
- □ 天花板高度足以进行过顶训练［最小为12ft（约3.7m）］，并且没有悬挂物（横梁、管道、吊灯和标志牌等）

举重区

- □ 奥林匹克杠柃杆的两端之间间隔适当［3ft（约91cm）］
- □ 使用后正确放回设备，以避免阻塞通道
- □ 奥林匹克杠柃杆需可旋转，并进行适当的润滑和紧固
- □ 更换弯曲的奥林匹克杠铃杆；清除滚花内的碎屑
- □ 固定锁扣功能正常
- □ 有足够的防滑粉可用
- □ 腕带、腰带和膝带需可正常使用，并正确地被储存
- □ 训练凳、训练椅和跳箱与该区域保持一定距离
- □ 垫子上没有缝隙、切口、裂痕和碎片
- □ 区域被正确地扫过并擦拭过以去除碎片和粉尘
- □ 天花板高度足以进行过顶训练［最小为12ft（约3.7m）］，并且无悬挂物

设备（横梁、管道、吊灯和标志牌等）

有氧区

- □ 轻松使用每个设备和区域而不觉得拥挤［器械之间至少2ft（约61cm）的距离；3ft（约91cm）的距离是最佳的］
- □ 拧紧螺栓和螺丝

图23.6（续）

- ☐ 能够方便地调节功能部件
- ☐ 零件和表面经过适当润滑和清洁
- ☐ 固定带功能完善，没有裂痕
- ☐ 测量设备的张力、时间和每分钟转数是否正常
- ☐ 使用抗真菌剂和抗菌剂对接触皮肤表面的区域进行清洁

维护和清洁工作的频率

日常

- ☐ 检查所有地板是否损坏或磨损
- ☐ 清洁（清扫、吸尘或用拖把擦拭及消毒）所有地板
- ☐ 清洁和消毒内饰
- ☐ 清洁和消毒饮水机
- ☐ 检查固定设备与地面的连接
- ☐ 使用抗真菌剂和抗菌剂对接触皮肤表面的区域进行清洁
- ☐ 清洁镜子
- ☐ 清洁窗户
- ☐ 检查镜子是否损坏
- ☐ 检查所有设备是否损坏、磨损、松散或是否有突出的带子、螺钉、绳索与链条；是否存在不安全或功能异常的脚带和身体固定带；是否有功能异常或不正当使用的附件、插销或其他设备
- ☐ 清洁并润滑设备的移动部件
- ☐ 检查所有保护性衬垫是否有裂纹和缝隙
- ☐ 检查防滑材料和垫子是否妥善放置，有无损坏与磨损
- ☐ 清除垃圾
- ☐ 清洁灯罩、风扇、通风口、时钟和扬声器
- ☐ 确保在使用后正确放回并存放设备

每周两次或三次

- ☐ 清洁并润滑有氧器械与抗阻器械的把手与部件

每周一次

- ☐ 清洁天花板固定设备和附件
- ☐ 清洁天花板

如果需要

- ☐ 更换灯泡
- ☐ 清洁墙壁
- ☐ 更换损坏或缺失的天花板吊顶
- ☐ 清洁管道暴露在外的开放式天花板
- ☐ 移除损坏的设备（或放置提示）
- ☐ 填充防滑粉盒
- ☐ 清洁杠铃杆滚花
- ☐ 使用除锈溶液清洁地板、杠铃片、杠铃杆和设备上的铁锈

图23.6（续）

第 24 章

场地的政策、程序与法律问题

特拉奇·斯塔特勒（Traci Statler），PhD；维克托·布朗（Victor Brown），MS
译者：夏章利、闫琪
审校：王轩、赵芮

完成这一章的学习后，你将能够：

- 制定或阐明体能训练计划的目的与目标；
- 了解与体能训练计划及场地相关的有助于达到目的和目标的日常操作；
- 建立使体能训练计划安全有效的实践标准；
- 确定常见的潜在责任风险领域并实施适当的风险管理策略；
- 为体能训练计划和场地制定政策与程序手册；
- 妥善做好体能训练场地的日程安排，制定有关赛季规划与工作人员－运动员比例的准则。

感谢博伊德·埃普利（Boyd Epley）、约翰·泰勒（John Taylor）、迈克尔·格林伍德（Michael Greenwood）与洛丽·格林伍德（Lori Greenwood）对本章内容的重要贡献。

体能训练行业在不断发展，一般来说，从业者的知识与技能会涉及运动科学、行政管理、人员管理、教育或训练等多个领域，我们要以学生运动员的安全与福利为前提，制定场地政策与程序手册，为实施安全有效的计划与服务提供蓝图。

政策本质上是场地的规章制度，反映了计划的目的与目标。程序则描述了政策是如何被遵守与执行的。因为计划的目的与目标是制定政策与程序的基础，所以我们必须仔细审查它们。另外，具体的政策与程序还应包括保护计划及雇员免受诉讼风险的内容，以及监督指导、场馆管理、应急行动方案与响应等内容。这一章的目的就是确定风险领域与增加安全性的方法，指导体能教练提高服务与计划的质量。

任务声明与计划目的

任务声明是一个机构关于目的的声明[2]。制作任务声明需要我们提前思考最后的结果。一个好的任务声明可为体能训练计划提供侧重点和方向，并且也是有效管理的基础。根据Drucker基金会的观点[22]，以下是建议的有效任务声明的标准。

- 语言凝练且重点突出。
- 表达清晰且易于理解。
- 解释机构存在的原因。
- 不规定实际方法。
- 范围广泛。
- 提供道德准则的维护方向。
- 强调且符合机构的实践范围。
- 可以激发忠诚度。

任务声明强调3个重要的部分：目标客户（主要市场）、提供什么服务（作用）及这种服务的独特之处（区别）[2]。

以下是体能训练计划任务声明的示例。

为运动员提供安全、整洁且专业的训练环境，使其可以在指定时间内进行持续、科学且系统的训练，从而预防损伤并提高运动表现。

计划目的是体能训练计划期望得到的成果，是广义且笼统的阐述。一个有效的体能训练计划应该以科学原则为基础，目的是增强运动表现，并根据运动专项位置的特点，降低运动员的损伤风险[2]。

制定防护标准是一项共同的责任。因此，制定任务声明与计划目的清单不应只涉及体能训练部门，还应涉及整个机构，这其中应包括但不限于运动管理部门与运动医学部门。总之，参与的人越多越好，这样所有有关的团体与个人都可以各司其职，以完成体能训练计划的任务、目的与目标。

> 任务声明是一个机构关于目的的声明，为体能训练计划提供侧重点和方向。

计划目标

计划目标是实现计划目的的具体方法。如果已经提出计划目的而却没有提出达到目的的具体方法，那么可能出现的结果便是运动员无法达到这些目的。为了确保计划目的的实现，计划目标应覆盖计划的所有领域。以下为一份目标清单示例，这个清单可以帮助实现计划目的，并使体能教练充分掌握工作要求。

- 设计并施行力量训练、柔韧性训练、有氧训练、快速伸缩复合训练与其他训练计划，这些训练计划可以降低受伤风险并提高运动表现。更准确地说，设计并实施可以在身体成分、肌肉量、力量、肌耐力、心肺耐力、速度、敏捷性、协调性、平衡性及爆发力等方面得到所需结果的训练计划。

- 根据个体的生物力学与生理学差异设计训练计划，在设计时要考虑个体的性别、年龄、训练状态、极限阈值及伤病状态。
- 了解急性与慢性的生理反应与训练适应能力，以及它们对专项训练计划设计的影响。
- 让运动员了解营养与睡眠的重要性，以及二者对健康与运动表现的影响。
- 让运动员了解运动表现增强补剂的作用、滥用危害及相关的政策法规。

运动表现团队（将具有特定领域知识的个人整合在一起）的概念可以被应用于体能训练计划的设计，以达成先前确定的目标。例如，当一名运动员需要进行康复训练时，应该去咨询运动医学相关人员。为了让相关人员各司其职来提供更安全且高效的服务，体能训练主管需要建立书面的政策与程序。此外，在每一学年或赛季的开始，都应该举办年度介绍会，让工作人员、教练与参与者互相熟悉，建立目的、目标、政策与程序，并定期重新评估和审查这些目的和目标。

体能和运动表现团队

体能教练的职责会随着行业的不断发展变得更加明确[14]。应通过聘用受过正规教育且在某一基础学科（解剖学、运动生理学、生物力学）有一定专业性的从业者来使体能训练团队的成员在专业上保持一致性。一个组合团队可以使从业者使用互补的技术来寻求最佳解决方案，并为各个成员提供接触和学习自身领域之外的知识的机会。表24.1展示了体能和运动表现团队示例。体能训练主管的职责是规定体能训练团队的不同职位的义务与责任，包括计划的设计、训练技巧、组织与管理及测试与评估。

尽管在不同的机构内工作职责有所不同，但是当你在建立一个体能和运动表现团队时，务必参考《体能教练标准与准则》（*Strength and Conditioning Professionals Standards and Guidelines*）[20]。这份文件中的准则2.3如下所示。

> 体能工作人员的整体工作效率、个人学习能力和技能的培养，应该能够通过在一个由具有相互依赖的学科背景并共享领导角色的合格从业人员组成的专业团队中工作和学习而得到加强。一旦团队组建起来，应该根据每个成员的“科学基础”专长来委派“实践/应用”领域（CSCS考试内容描述中指出的）内的相应活动与职责及适宜的对接工作。

表24.1　体能和运动表现团队示例

科学基础 教育与专业知识	实践应用与责任	对接工作
训练与运动解剖学；生物力学	训练技术；测试与评估；康复与重建	训练与运动科学机构；运动队教练；运动医学团队
训练与运动生理学	计划设计；测试与评估	训练与运动科学机构；运动队教练
训练与运动营养学	营养师	训练与运动科学机构
训练与运动教育学	计划设计；训练技术；组织与管理	训练与运动科学机构；运动管理团队
训练与运动心理学；动作学习	训练技术；康复与重建	训练与运动科学机构；运动医学团队

续表

科学基础 教育与专业知识	实践应用与责任	对接工作
训练方法学	计划设计；组织与管理	训练与运动科学机构；运动管理团队
运动学；物理治疗学；运动医学	康复与重建	运动医学团队

[源自：NSCA，2009[20].]

体能训练主管（体能训练主教练）

体能训练主管（以下简称为主管）——同样也被称为体能训练主教练——既是执行人员，也是管理人员。体能训练主管负责整体的体能训练计划、场地、设备和工作人员相关事宜，以及制作预算、购买设备和准备提案等管理上的事务，并且还需要与媒体和管理部门的人员共事。图24.1为该职位的招聘启事示例。图24.2提供了体能训练主管的一般职责描述。

主管还负责制定、提出与计划中的工作人员与参与者有关的书面政策与程序并监督其执行。确保工作人员受过适当的培训并做好准备同样是主管的职责。主管通过举办工作人员与学生运动员的介绍会及定期评估员工的专业表现、确定与评估职业目标的实现进度来做到这一点。图24.3是学生工作人员评估表的示例。该表格可以用于评估实习生，经过调整也可以用于对体能和运动表现团队进行有效且具有针对性的评估。

体能训练工作人员（人员资质）

持有独立认证机构的认证（如CSCS）的人员可建立维护标准。2015年8月1日，NCAA（美国大学体育协会）I级联赛通过了“体能教练应获得并一直持有由美国认可的体能训练专业认证”的规则[16]。继续教育是维持专业认证并减少责任风险的必要部分，尤其是在监督与指导方面[1]。这一方面的诉讼常常涉及“教练指导资格”问题，而这个问题与继续教育有关[19]。因此，助理体能教练也应该获得并一直持有相关的职业认证，这些认证包含：标准急救、心肺复苏（CPR）和自动体外除颤技术（AED）认证（每个工作人员需要做好的准备工作见图24.4）。

体能训练主管招聘启事

由体能训练主管分配的义务和责任包括：为运动队制定运动训练计划并监督其执行；根据科学原则，设计并实施安全有效的计划；教授正确的抗阻训练技巧，帮助运动员发展速度和敏捷性；对运动员进行测试与评估。体能训练主管将与机构合作，监督体能训练团队的政策和程序、场地规划与风险管理。体能教练应该与医务人员合作，以促进学生运动员的发展、健康并提升其幸福感。应聘者必须拥有学士学位，优先考虑硕士学位（运动科学方向）。体能教练必须先获得独立认证机构的认证（如NSCA的CSCS），并进行继续教育。体能教练还需要具备急救、心肺复苏和自动体外除颤技术认证。晋升至发展和管理专项运动的个人和团队训练计划的职位需要至少两年的工作经验。应聘者需要有良好的监督和管理技巧。工资待遇与教育背景和工作经验相匹配。

图24.1　可用于吸引高素质求职者的招聘启事示例

[源自：Casa et al.，2012[6].]

体能训练主管的职责

- 指导所有员工，把控训练计划及场地运营各个方面的工作。
- 设计所有训练计划或对其进行最终审查。
- 监督体能训练的实施，确保其符合院校、委员会和管理机构的规则和法规。
- 制定并提交年度预算，并通过有效的财务管理来确保预算合规。
- 为设备的维护和改进创造收入和筹集资金。
- 监督设备的选择、安装和维护，包括清洁和维修。
- 为学生运动员举办介绍会，讲解场地规则、训练和营养的价值及禁用物质的危害等。
- 制定员工工作和监督计划，分配职责和评估绩效。
- 协调每个运动队和个别学生运动员使用场地的时间。
- 协助以潜在学生运动员客户为目标的校内招募活动。
- 服务于各部门、机构、会议、管理机构、专业委员会和工作组。
- 与运动部门的教练一起工作和沟通。
- 随运动队出行（如有可能），提供远程训练计划，包括赛前热身。
- 为了职业发展，维护运动训练资料库。
- 符合继续教育要求和道德规范，同时取得并一直持有专业证书，如NSCA的CSCS证书。根据专业人员的执业范围、责任和知识要求，由其他机构提供的相关认证也可行。
- 按照监管者的要求执行其他职责和特殊项目。
- 根据需要履行助理体能教练和场地监管者的职责。

图24.2 体能训练主管的职责描述示例
[源自：Earle 1993[7]; Epley 1998[8].]

此外，每个员工都应该了解体能训练计划的目的与目标，与他人（如运动医学团队中的其他成员）进行合作，并遵守专业的行为准则。

《体能教练标准与准则》对体能教练的定义如下。

> 通过CSCS认证的体能教练是以提高运动表现为目的，将基础知识应用于评估、激励、教育及训练运动员的专业人员。他们先进行运动专项测试，后设计并实施安全有效的力量与体能训练计划，并为运动员提供营养与伤病预防方面的指导。要认识到，他们的专业领域与医疗、饮食、运动防护及专项训练等领域是相互独立的，但他们在恰当的时候会向这些领域的专业人员寻求意见来帮助指导运动员（第13页）。

法律与道德问题

任何与体育活动相关的人员，包括体能教练，都应该认识到法律责任问题。虽然无法完全规避伤病风险，但是体能教练可以对其进行有效的管理。风险管理就是运用各种策略来减少和控制运动员参与运动所带来的受伤风险，从而降低责任风险。风险管理的第一步是了解所有的关键术语，并确定有潜在的会引起伤病并导致诉讼的责任风险领域。虽然每个场地都是不一样的，但是所有体能训练场地都存在潜在的责任风险领域。下面的部分将讨论这些风险领域、应急防护方案、可靠的记录保存及责任险的必要性。

学生工作人员评估表

评估的工作人员:________________________________

工作时间:________________ 至 ________________

评估过程是评价个人表现的一种方法。借由这个方法，可以发现学生工作人员的任何突出贡献或不足，有助于提高个人表现、确定适宜的就业方向并促进个人发展。

交流

在保持纪律的同时，尊重运动员	1	2	3	4	5	N/A
教授正确的抗阻训练技术	1	2	3	4	5	N/A
有能力激励运动员并团结队伍	1	2	3	4	5	N/A
认真遵守力量房的使用规则	1	2	3	4	5	N/A
对男女运动员均保持礼貌	1	2	3	4	5	N/A
不对运动员进行言语攻击或身体虐待	1	2	3	4	5	N/A

承担责任与领导能力

遵从指导	1	2	3	4	5	N/A
可适应新的想法	1	2	3	4	5	N/A
不断试图学习	1	2	3	4	5	N/A
未经允许不越权	1	2	3	4	5	N/A
具有很高的诚信水平	1	2	3	4	5	N/A
根据运动员的技能与年龄水平适当调整训练内容	1	2	3	4	5	N/A
展示良好的判断力	1	2	3	4	5	N/A
展示始终如一的出勤率和守时性	1	2	3	4	5	N/A
按要求及时完成文字工作	1	2	3	4	5	N/A
拥有完成各类大小计划的能力	1	2	3	4	5	N/A
展现高质量的工作能力	1	2	3	4	5	N/A
外表整洁得体	1	2	3	4	5	N/A

态度

与所有工作人员、运动员及其他部门均能协调合作	1	2	3	4	5	N/A
在敏感问题上值得信赖	1	2	3	4	5	N/A
不私下讨论教练、运动防护师与运动员	1	2	3	4	5	N/A
努力实现部门所定下的目标与任务	1	2	3	4	5	N/A

分值

1=低于预期

2=可以接受

3=与预期相当

4=超过预期

5=相当卓越

图24.3 可以用来评估员工能力的学生工作人员评估表示例

[源自：NSCA，2016，*Essentials of strength training and conditioning*，4th ed.，edited by G. Haff and T. Triplett (Champaign，IL: Human Kinetics). Reprinted，by permission，from R. W. Earle，1993，Staff and facility policies and procedures manual(Omaha，NE: Creighton University).]

工作人员的准备工作

1. 一直持有专业认证。
2. 一直持有标准急救、CPR与AED认证。
3. 检查应急反应程序。
   a. 每年的基本应急程序。
   b. 常见的训练场地损伤及其预防方案。
   c. 建立疏散计划。
4. 了解和理解计划政策和程序。
   a. 检查房间容量和安全监管比例。
   b. 检查运动前的筛查和许可程序。
   c. 检查个人和专业责任、过失及保险范围事宜。
5. 充分认识并理解管理机构的规章和条例。
   a. 了解规章的一般知识。
   b. 了解体能训练计划的特定管理制度。
6. 了解清洁和维护问题和需求。
7. 了解计划理念和教学方法。
   a. 技术和练习指导。
   b. 身体成分指导和营养咨询。
   c. 激励事宜。
      - 推动运动员超越身体极限。
      - 过度训练的运动员。
      - 拒绝实施推荐训练计划的运动员。

图24.4　需要每个工作人员做好的准备工作
[源自：Taylor，2006[23].]

常见法律术语

要了解运营体能训练场地的潜在法律问题，体能教练必须先懂得下列常见的法律术语。

知情同意——向参与者说明程序或活动的过程，并解释所涉及的内在风险与收益，允许个人来确定他或她是否愿意继续参与。

责任——法律职责或义务。体能教练对他们所服务的运动员有一定的责任，这个责任不仅仅是在伤病发生时采取行动，也在于防止伤病的发生[5]。

防护标准——一个理智且谨慎的人在类似的情况下会怎么做。体能教练应该根据自身所受的教育、训练水平、认证状态（CSCS、NSCA-CPT）及急救技术（EMT、CPR、AED）来做出行动。

过失——在类似情况下未做到理智且谨慎处理时可能发生的事情。认定体能教练出现过失要满足4个要素：**职责**、**失职**、**直接原因**及**伤害**[20]。必须证实体能教练有义务按照相应的防护标准履行职责，但她或他并没有这样做（失职），最终导致另一人出现可预见（直接原因）的伤害（经济或身体方面）。例如，体能教练发现抗阻训练器上的绳索过度磨损并记下这一情况，但没有放上“禁止使用”的标识，此时运动员使用了这个器械并受伤。这种情况下，体能教练存在过失。她或他的职责应该是修理好绳索或张贴标识，但并没有这样做，最终导致了运动员因使用了有潜在断裂危险的绳索而受伤。

风险自负——参与者知道参加活动的风险并自愿参加[11]。所有的体育活动，包括体能训练，都存在一定程度的风险，运动员必须彻底了解该风险，并签署一份声明。

运动前的筛查与体检

运动员在被允许进入场地之前，需要根据相关管理机构（如NCAA、运动医学机构和高中运动协会）的要求进行运动前的筛查并达到合格标准。该要求根据《体能教练标准与准则》第一章的内容制定[20]。条例1.1指出“在参加运动之前，参与者需通过医疗机构的筛查”。体能教练并不需要实际体检结果的副本，但应要求参与者出示一份可以证明其体检合格的签署声明。伤病后重返运动的或具有特殊情况（如糖尿病、哮喘、癫痫或高血压）的运动员同样需要在回到体能训练计划之前出示体检合格的证明。

因此，我们的程序必须确保每个运动员只有在接受了运动医学人员的筛查并得到许可之后，才能参加训练，且应该将相关的记录放在主办公室中。但是，请注意，判断是否允许运动员开始正式参加体能训练计划是运动医学人员（例如团队或计划的认证运动防护师、医师或物理治疗师）的职责。在学校中，这适用于刚入学的新生、刚开始训练计划的运动员与刚从伤病中恢复的人。这一条款是非常重要的，因为诊断或评价个人的医学或健康状况并不是体能教练的执业范围（即恰当的法律界限与专业职责）。因此，只有运动医学人员才能提供体检（及其证明）并回答是否允许运动员参加训练等问题。

合格标准

为了使场地工作人员将注意力与努力方向都放在目标人群上，我们应该建立相关的进场要求。以下便是能够使用体能训练场地的个人或团体清单。

- 参加运动部门发起的体育活动的全日制或兼职学生运动员。
- 已经在学校注册并由主教练分配了团队位置的新生或刚刚转学过来的学生运动员。
- 上体育课的学生。
- 所有运动部门的教练和行政人员。
- 所有运动医学部门的工作人员。
- 参加过运动部门发起的运动并认证过的校友。
- 由运动部门主管或体能训练主管批准的个人和团体。

其他个人或团体可能也想进入体能训练场地，这些个人或团体必须先得到运动部门主管或体能训练主管的批准，并预先安排好时间表以在指定时间使用该场地，这有利于监管。为了保证一致性与客观性，提前制定一项政策来规范行为而不是根据具体情况做出决定是非常有必要的。这项政策非常重要，因为它与场地收费相关（如果有的话）。以下是确定外来组织是否可以使用体能训练场地的标准范例。

- 必须由运动部门主管预先批准才可使用场地。
- 必须由体能训练主管预先批准才可使用场地。
- 训练计划与训练课必须在体能训练部门工作人员的监管下进行。
- 训练计划与训练课必须安排在运动员不在场的时间。

- 个人或组织必须提供额外的责任险书面证明。
- 所有参与者必须签署责任豁免协议书。图24.5展示了责任豁免协议书的示例。在使用前检查此类协议书是否符合当地和国家法律。
- 所有参与者必须遵守体能训练场地的规章制度。
- 运动部门主管、体能训练主管有权规定个人或团体的访问权限。

记录保存

文件是有效管理体能训练场地的基础。安全记录应该被保存在各类文件中，如清洁与维护文件、安全程序文件、制造商条款与指南文件、风险自负或其他知情同意书、医疗豁免或合格表、人事证明、专业人员指南与建议（如使用举重腰带和抗阻力训练技术）文件及伤病报告表等[20]。应尽可能久地保存伤病报告表，以防发生受伤诉讼。个人可以诉讼的时间（诉讼时效）在各个地方都是不一样的，所以应该无限期地保存该文件或咨询法律专业人士[12]。

责任险

因为运动过程中存在潜在的受伤风险，所以，对于体能教练来说，购买职业责任险是必要的，尤其是责任险不包含在场地政策内时。责任险是一种合同承诺，保险公司承诺在规定的责任范围内保护被保险人不受某些规定责任风险的影响并进行赔付，被保险人支付保险费来交换保险公司的赔付。体能教练应该咨询他们的人力资源经理、法律顾问或专业组织（如NSCA），以获取更多的信息。

场地外部个人或团体租用场地的责任豁免协议书示例

（学校名称）

责任豁免协议书

我，即签名人，承认并知晓我将使用＿（学校名称）＿的体能训练场地。

我也承认，我已被告知使用该场地内设备涉及的风险，并已被警告，场馆地的设备可能导致自身出现伤病或给自身带来伤害。

当我使用该场地内的设备时，我承认并愿意承担这些风险。

在我使用体能训练场地及其设备而造成自我伤害时，我不会追究＿（学校名称）＿的教练、训练师、主管或任何其他员工的责任。

我已阅读并完全理解本协议的内容，并自愿执行协议内容。

如果有要求，我同意修改我的训练时间，以满足＿（学校名称）＿的时间安排，且如果＿（学校名称）＿的工作人员要求我离开该场地，我也将同意并离开。

签名:＿＿＿＿＿＿＿＿＿＿＿＿＿＿＿＿

日期:＿＿＿＿＿＿＿＿＿＿＿＿＿＿＿＿

名字（印刷）:＿＿＿＿＿＿＿＿＿＿＿＿＿＿＿＿

图24.5　所有参与者必须签署责任豁免协议书（应根据当地法律进行修改）。在任何风险管理策略中，减少设备使用过程中发生的内部伤害的责任风险都是至关重要的

[源自：Earle 1993[7]；Epley 1998[8].]

> 责任险是一种合同承诺，保险公司承诺在规定的责任范围内保护被保险人不受某些规定责任风险的影响并进行赔付，被保险人支付保险费来交换保险公司的赔付。

产品责任

产品责任指的是当人们因使用某产品而受到伤害或发生损伤时，生产方或销售方应承担的法律责任[1]。

尽管体能教练可能既不生产也不销售产品，但是他们也可能成为产品责任诉讼中的共同被告。因此，对于体能教练而言，更重要的是懂得产品责任的概念及可能使自身面临诉讼的行为。虽然产品责任仅仅适用于生产或销售产品的人员，但是在有些行为中，他们的责任是可以免除的，责任会被转移至体能教练身上。决定生产方或销售方是否对事故负责时有两个关键因素，其一是产品是否经过更改而导致不符合出厂时的设置，其二是是否按照生产方的要求使用产品[5]。为了避免体能专业训练设备造成运动员受伤，我们应该采取以下行动。

- 仅按照生产方生产设备的目的来使用设备，参考生产方的说明材料，包括使用者年龄与尺寸规格。
- 确保设备符合现有的专业标准与指导原则。不要购买与使用那些专业机构与专家认为不安全或无效的设备。注意设备召回信息，一旦商家要求召回设备，立即退回。
- 从信誉好的生产方购买设备。体能教练必须检查生产方或销售方的安全记录及任何可能使生产方或销售方被索赔的声明。我们可以从相关政府机构、其他体能教练及专业机构来获得相关的信息。
- 不要私自调整设备，除非产品信息中有关于这种调整方式或类似的说明。根据一些特殊的需求，某些设备是可以被调整的，如配件，但也必须按照产品说明进行调整。
- 当你购买新设备时，应检查并使用所有的警告标签。当这些标签没有被平整地贴在设备上，而又有人受伤时（伤病与标签内容相关），可以追究体能教练的责任。
- 经常检查会让运动员有受伤风险的设备磨损与故障情况。为了能够发现潜在的问题，体能教练必须清楚地了解设备的目的、性能与局限性及设备处于什么样的状态会使运动员受伤。在使用新设备前一定要对其进行检查，如果到货时就有故障，立即通知生产方与销售方并将其更换。如果现有设备出现故障，立即将其移走进行修理或更换。如果设备太大，没有空间存放，那么就在设备上贴上标识，告知不允许使用。
- 不允许运动员在无人监管的情况下私自使用设备。体能教练要对运动员进行持续的监管，确保设备是按预期用途且在适当的技术下被使用的[20]。

纪律

为了确保运动员遵守场地规章，体能训练主管应该要求他们在场地规章与指南的副本上签署名字和日期，以确定他们在使用场地之前理解并遵守所有规章。这种做法可以减少他们声称自己不知道违规行为后果的可能性。场地规章应通过张贴、记录并分级可能的纪律处分来强制执行。不鼓励使用体能训练的方式作为惩罚。根据相关协会的建议："在任何情况下，都不应该在运动员的身上施加会增加伤病或者猝死风险的额外身体负荷。"以下是一个适用于重复违规的分级惩罚系统的示例[7]。（记住，只有在运动部门主管及所有教练都充分支持的情况下，才可以建立这种类型的政策。通常情况下，体能训练场地工作人员不必去执行第一次或第二次违规后的纪律处分，因为大多数教练会主动处理这种情况。）

- *第一次：*由场地工作人员口头警告，解释其所破坏规则的性质及重要性，并提醒其如果第二次违规将受到惩罚。
- *第二次：*禁止其使用场地一天，并由场地工作人员做好归档记录，与该运动员的教练交流，并提醒其第三次违规将会受到更严重的惩罚。
- *第三次：*禁止其使用场地一周，并由场地工作人员做好归档记录；与该运动员的教练交流，并提醒其第四次违规将会受到更严重的惩罚。
- *第四次：*本年内禁止其使用场地，并由场地工作人员做好归档记录；与该运动员的教练交流，并提醒其第五次违规将会受到更严重的惩罚。
- *第五次：*永久性禁止其使用场地，由场地工作人员做好归档记录；与该运动员的教练及运动主管交流。

补剂、机能增进剂与禁用物质

运动员常向体能教练寻求关于营养与补剂的建议。体能教练必须遵守相关准则。《体能教练标准与准则》的条例9.1规定："体能教练不得以任何目的（增强运动表现、体能或体质）给运动员开具处方，以及建议或提供违法、违禁或有害的受管制物质或补剂。只有那些合法的且被科学证明有益的（或至少是无害的）物质才能被体能教练建议或提供给年满18岁的个体。"

各个体育管理机构（如NCAA、美国奥林匹克委员会、MLB、NBA、NFL与NHL）的规章和条例可能是不一样的。掌握各个机构最新的规章和条例与最新的支持或反对某种营养补剂的科学证据是每个体能教练的职责。我们建议体能教练可以就营养补剂的事宜咨询运动营养师或营养专家。

员工政策与活动

这部分讨论的是各种各样的政策以及体能训练场地中常见的活动。这些信息仅供参考；每个场地都是不一样的且可能具有某些特征，这些特征决定了以下政策与活动的具体应用。

介绍会

通常情况下，介绍会的举办时间为学年或赛季刚开始，在运动员和专项教练第一次使用体能训练场地之前。在这个会议上，主管会提供场地与工作人员的电话号码，并解释工作人员的职责（计划的目的、目标与任务），宣布包括团队训练时间表的运营时间、包括惩罚制度的场地规章制度，以及应急程序等。另外，会议内容还包括解释准备工作和合格要求，介绍设备的正确使用方法、在正确执行动作时的保护技术及由不正确或不专业的技术或保护而引起的常见风险。

报告与文档

如前所述，合理的归档与记录保存对体能训练计划与场地来说至关重要。发生紧急事故或出现伤害时，风险管理控制链的构建就显得尤为重要。这可能涉及教练、体能训练主管、运动医学人员与运动部门主管。我们要大力保护参与者的隐私。在美国，根据联邦监管法律，如HIPAA法案，在没有书面许可的情况下不能公开参与者的医疗保险信息，包括由运动医学人员提供的伤病报告。当伤病发生时，应该填好事故伤害报告表并妥善保存[19]。

还有一些需要记载和保存的额外记录，这些记录对于整个体能训练计划和场地的运营至关重要，包括以下内容[20]。

- 人事证明。
- 专业标准和指南。
- 操作和安全的政策和程序（书面应急方案）。
- 生产方提供的设备使用手册（保修、操作指南、安装、设置）。
- 设备和场地维护（检查、维护、清洁和维修）记录。
- 运动前的医疗检查证明。
- 损伤后重返训练场的医疗证明。
- 保护性法律文件，如知情同意书、免责书和个人合同。
- 训练日志、评估记录和教学笔记。

参与者应该在年度介绍会上签署这些法律文件。

道德规范和专业精神

道德规范是专业人员恪守的标准与原则。大多数专业组织都有道德规范或行为守则，成员们必须遵守并将其应用于专业实践[17]。建立这些守则的目的是建立职业精神与高标准的道德行为，同时保护个人的权利与尊严。体能教练应熟知NSCA道德规范，还应该熟知其所在机构的道德规范与学生运动员行为守则。运动员的幸福感通常是焦点，我们同样应解决社交媒体指南等方面的内容。另外，请考虑在外观、着装、电话的使用、个人训练及工作人员对公司设备的使用等方面制定具体的政策，并为教练-运动员、教练-实习生和教练-专项教练等关系及运动员在力量房中的行为定下参考标准[4, 18]。这些书面规则旨在建立高标准的行为守则，从而提升体能训练计划的有效性。

指导与监督

一个合格的体能教练必须合理地指导运动员使用安全有效的体能训练技术。指导包括以安全的方式教授运动员技术，并在必要时纠正运动员的错误。要强调抗阻训练的安全与技术正确性，而不是单纯地增加负荷，这样的方式可以有效地降低伤病的概率，从而降低责任风险。教练应该使用与专业指南与标准相一致的指导方法、程序和进阶方式[5]。

此外，要最大化地提升运动表现、安全性及指导效果，还需要进行直接的监督。工作人员应该有能力与运动员进行良好的沟通并可以看到运动员与整个工作区域（如果不是整个场地）。保护与使用安全的设备都很重要[19]。工作人员需要与运动员进行有效的沟通，以确保运动员在进行抗阻训练或自由重量训练的时候，那些自由重量器械在躯干上或被移动到面部和头部上方时，工作人员可以提供安全、正确且有效的保护。监督原则包括以下几条[5]。

- 永远留在现场
- 主动且亲力亲为。
- 谨慎、小心且做好准备。
- 具有相关资质。
- 保持机敏。
- 告诉参与者安全与应急程序。
- 了解参与者的健康状况。
- 监督和执行规章制度。
- 监测和检查环境。

《体能教练标准与准则》的条例3.1的内容如下。

> 应该提前做好体能训练规划，并提供足够数量的合格工作人员。在高峰期，以下指标应达到最小推荐量：每个参与者的最小空间占用量（100ft², 约为9.3m²）、专业人员–参与者比例（初中为1∶10，高中为1∶15，大学为1∶20）和每个杠铃或训练区域所分配的训练人员数量。

据估计，80%由伤病发生而引起的法律纠纷是由指导与监督的不充分造成的[5]。所有的运动员都应该一直被监督，这需要有足够的体能教练在场监督所有的活动[12, 13, 15]。为了提供充足的监督，我们应该设置一个能清楚地看到所有设备与运动员的监督站[19]。工作人员–运动员比例应达到建议标准，但是该标准会因为训练的类型不同而改变。例如，正在做器械循环训练的运动员无须像进行自由重量训练的运动员那样受到那么多的关注。同样，低年龄的运动员需要比那些在力量房内经验丰富的运动员得到更多的关注。

在监督对运动表现的影响方面，当监督比例较小时，力量的增长较多[10]。雇主与从业者必须明白工作人员对于安全及运动表现提升的重要性。在实际中，如果出于各种原因无法达到最佳监督比例，应该不断努力以尽快达成最适合的比例。

体能教练通常要参加各种团队训练与竞赛，并与运动队共同出行。我们应该鼓励他们去参加这种活动，只要不会对场地内的教练–运动员比例产生不利影响即可。

> 伤病风险无法完全移除，但是体能教练可以对其进行有效的管理。

计划设计

有效的体能训练计划应该以科学原则为基础，用于提高运动表现并降低特定专项的损伤风险[6]。训练计划的强度应该满足NSCA的标准与指南。当你在设计训练计划时，请将本书第14章至第21章及NSCA的各种文献当作设计的根据。体能训练主管应该审查并监督所有的训练计划，包括康复训练计划。所有由员工设计的计划（将要执行的动作列表）的副本都应被审查并存档在主管办公室内[18]。

训练表（训练卡）

对于每个体能训练计划来说，训练表的生成过程都是不同的。我们应该事先安排好体能训练，因此运动员在训练时必须有已经被批准了的训练表。应该由监督体能训练的教练为额外的训练确定合适的强度与训练量。体能教练必须对运动员训练表上的每一个动作了然于心，并且不应该建议运动员去做训练表上没有的动作，除非运动医学人员做出建议，而这个建议在训练后也应尽快被写入训练表。对于团队训练表中的每项练习，包括快速伸缩复合练习、敏捷性和速度练习，主管都应该告知工作人员应该如何将这些练习教授给运动员，并提供演示与指导。为了更好地监督，从业者可以要求运动员在工作人员的监督下完成最后一组基础练习，并被检查是否按正确的方式执行。我们建议在不同的运动表现训练计划之中使用一致的指令。

场地管理

体能训练场地规章与指南对于为参与者提供行为上的指导、维持秩序、使计划朝向既定目标正常运行，以及形成安全、整洁、专业的训练环境来说是很重要的。图24.6提供了一份场地规章与指南清单，这份清单应该被贴在训练区域内容易被看到的地方。

每个体能训练场地都是独特的，并且可能具有一些特征，这些特征决定了政策与活动的具体应用。可用器械的选择与场地或团队的规模会给教练安排并决定训练时间带来逻辑上的挑战。在进行时间规划时，我们需要考虑的一点是，怎样的训练形式能够为数量最多的运动员提供训练。尤其是对空间限制较大的大学或高中来说，它们的目的是在恰当的监督比例下，根据现有设备与时间，让从业者与尽可能多的练习者共事。无论如何，团队训练时间的优先级取决于他们所处的赛季阶段。处于赛季中的团队的优先级高于处于非赛季团队，因为训练时间表往往围绕着比赛时间表制定。如果场地一次无法容纳多个团队，处于非赛季的团队可能要在早晨进行训练。

一个可能的解决方案是让处于非赛季的团队在星期一、星期三和星期五进行训练，这使处于赛季中的团队可以在星期二和星期四使用场地。如果星期五的比赛会干扰这种安排，第二种方案便是将一部分处于非赛季的团队安排在星期一、星期二和星期四，另一部分则安排在星期二、星期四和星期五，这样处于赛季中的团队便可以在星期一和星期三使用该场地。考虑在典型的下午训练时间安排处于非赛季的团队，那么处于赛季中的团队就可以将训练安排在早些或晚些的时间，与他们错开，以避免场地过于拥挤[3]。

场地的开放与关闭政策常依据体能训练场地的日常运营、检查与清洁情况来调整。另外，还应根据假期或学校的学期安排、音响与音乐、办公时间、库存及工作人员更衣室活动等方面来设计特有的运营程序。同样，这些书面原则旨在提高场地的效率并提高训练计划的有效性[19]。

应急行动方案与响应

提供防护标准是包括但不限于医学人员、教练、体能教练、行政人员与机构在内的各方的共同责任。保障生命安全始终是紧急情况发生时的第一要务。请记住，包括运动伤病在内的紧急情况可能在训练期间随时随地发生。在紧急情况发生时，拥有一份针对有生命威胁与无生命威胁的环境情况的书面应急行动方案是很重要的，这份方案为正确程序的遵循与执行提供了指导。**应急行动方案**是一份书面文件，详细说明了护理伤员的适当程序。体能训练场地内的所有人员都必须了解该应急行动方案与处理紧急事务的正确程序。

应急行动方案的组成部分

以下为应急行动方案中包含或描述的典型项目。

- 紧急救援系统（EMS）激活程序。
- 主要联系人、次要联系人与第三联系人的姓名和电话号码。
- 体能训练场地的具体地址（提供给EMS）。
- 电话的位置。
- 最近出口的位置。
- 有资格护理伤员的指定人员（即运动医学人员）。
- 救护车通道。
- 应急用品和急救箱的位置。
- 发生火灾、龙卷风、危及生命的伤害等状况时的行动计划。

除了在一个清晰可见的位置张贴应急防护方案之外，所有体能教练都持有急救或CPR

场地规章与指南

- 在进入并使用该场地之前，运动员必须先通过运动前的筛查和许可程序。
- 在进入并使用该场地之前，所有运动员必须接受与抗阻训练相关的常见风险的指导，了解各种训练的正确执行方式及使用不正确技术可能产生的后果。
- 运动员必须有训练表并按照训练表上的内容进行训练。
- 如果运动员存在影响一部分训练的伤病，那么必须听从运动医学部门的建议，使用改良的训练计划。运动医学部门会告诉运动员应该避免哪些动作及可以使用哪些动作代替它们。
- 运动员需要在所有杠铃的两端使用锁扣。
- 任何人都不得在深蹲架外做深蹲。
- 所有在平台上进行的爆发力训练，都需要使用全胶杠铃片。
- 当举重腰带可能触及器械时，运动员不得使用举重腰带。
- 运动员应将杠铃片从架子上移至杠铃杆上。杠铃片不应被放在地板上或斜靠在设备与墙上。运动员应按正确的顺序将哑铃送回哑铃架。运动员不应摔砸杠铃片或哑铃。
- 运动员应始终尊重设备和场地使用规则，禁止随地吐痰或破坏训练设备，否则会被即刻请离场地。
- 在力量房中进行训练时需要集中注意力。不允许出现嬉戏打闹、大声吵闹和发脾气等行为或发出令人讨厌的噪声。
- 在没有得到许可的情况下，运动员不可使用员工办公室的电话。
- 运动员应随时穿着适当的训练服，尤其是运动上衣和运动鞋。
- 运动员进行以下类型的训练时应有人进行协助:（1）将杠铃放在背部或肩前;（2）杠铃或哑铃在面部或头部上方移动。爆发力训练不需要协助。
- 运动员有义务立即向当值管理者报告任何场地内发生的伤害或场地与设备使用不规范的情况。
- 体能训练场地中不允许出现香烟、食品、口香糖、玻璃瓶、罐头、酒精、药物和禁用物质；塑料水瓶是被允许出现的。
- 场地使用者的个人财物丢失或被盗，管理者概不负责。
- 不应该佩戴项链、手镯、耳环和手表等珠宝首饰及贵重物品进入训练场地。
- 运动员的双脚应远离墙壁。
- 运动员应尽量避免将滑石粉撒在地板上。
- 所有访客都必须向办公室报告并签署免责表。
- 退役运动员的训练计划必须得到管理人员的预先批准，他们还应签署免责表，才可进场训练。
- 运动部门的工作人员在不干预运动员使用的前提下，可以使用场内设备进行个人训练。
- 非运动部门的工作人员在签署免责表并得到运动主管许可的情况下方可使用设备。这可能包括运动员、学生、访客、工作人员、获得授权的教职工、退役运动员、家庭成员和到访团队。
- 运动员离开力量房时，所使用过的设备都应由管理人员检查并做好记录。
- 值班管理人员对力量房所有设备的使用具有话语权，并有权请离没有遵守规章的运动员。

图24.6 应张贴在训练区域内容易被看见的地方的场地规章与指南

[源自：Earle 1993[7]; Epley，Flight manual，1998[8]; Epley，Make the play，1998[9].]

认证且至少每一季度进行一次应急行动方案演习也很重要。

应急人员

协同工作，建立允许并确定医疗保险需求的方案。应急行动方案应该包括立即处理或计划处理程序，让医生能够尽快进行评估。作为潜在的第一响应者，体能教练及任意与训练、技术指导和体能相关的人员都应该获得并一直持有标准急救、CPR与AED的专业认证[6, 20]。

应急通信

建立直接的通信线路并制定备用方案。即时通信对于快速进行紧急护理至关重要。如果医护人员不在场，可以使用电话（座机或手机）。确保体能训练计划的参与者和监督主管知道最近的可用电话的位置，无论是在场馆内部还是外部[6, 20]。

应急设备

应急设备在紧急情况下应该随时可用。一直持有标准急救、CPR与AED的专业认证意味着工作人员已经提前参与了适当的使用培训。第一响应者应该定期进行演练。另外，训练者的急救信息应随时供医务人员使用[20]。

应急团队中的角色

我们建议专业人员根据他们自己的环境制定相应的应急行动方案。表24.2是一份应急行动方案的示例。一份应急行动方案应该列出掌控应急状况的策略并提供应急团队中重要联系人的姓名、职位及电话。每个人可能有不同的角色，但是了解这些角色可以让应急小组有效地工作。

火灾
第1步：打开火警报警器
第2步：将人群疏散出大楼

表24.2 应急行动方案示例

有生命威胁的情况	环境类情况	无生命威胁的情况
第1步： 拨打911	**第1步：** 打开相应的警报，并使每个人撤离至预先确定的安全点	**第1步：** 提供急救
第2步： 不要移动受害者	**第2步：** 如有需要，拨打911寻求医疗救助	**第2步：** 如有需要，拨打911寻求医疗救助
第3步： 如果受害者有意识，先获得其允许，再实施急救	**第3步：** 通知各方与救援人员	**第3步：** 激活应急通信方案，以通知相关方
第4步： 如有需要，使用CPR或AED	**第4步：** 激活应急通信方案，以通知相关方	**第4步：** 保存受伤事件报告
第5步： 与受害者一起等待援助的到来	**第5步：** 保存受伤事件报告	
第6步： 激活应急通信方案，以通知相关方		
第7步： 保存受伤事件报告		

[源自：NSCA，2011[18].]

在应急团队中，有4个主要角色，第1个主要角色为运动员提供即时护理，因为时间是紧急情况下最关键的因素。第2个主要角色负责寻找应急设备，在事件发生之前，场地的使用者就应该知道应急设备的类型与位置。第3个主要角色要激活紧急救援系统（EMS）。建立一种方法，以便在紧急运输工具尚未到达现场的情况下进行直接通信。第4个主要角色是打电话的人，其应该已在定向会议上了解了场地的位置。这将使EMS更易直接到达现场。应为运输与快速进出场地清理出一条直达线路。

小　结

计划目的确定计划的实施方向与目标，计划目标提供实现计划目的的具体措施并保障其进度。根据这些目的与目标，我们制定政策与程序来指导参与者与工作人员的行为，确保训练环境的安全。如果体能训练场地的相关文件未被恰当地保存，场地设备未被很好地维护，那么就会引发意外伤病导致的法律责任。如果在没有采取适当预防措施的情况下发生伤病事件，那么可能会被认为是工作人员存在过失。体能教练在场地的日常运营中有各种职责，包括有意识地检查所有设备是否功能正常且对其进行维护，以减少产品责任风险。为了给运动员和体能教练提供指导，并将发生诉讼的可能性降到最低，每个场地都应该有自己独特的政策与程序手册，手册中应该包含对本章涉及的所有方面的指导。

关键词

assumption of risk 风险自负
breach of duty　失职
damages 伤害
duty 职责
emergency action plan 应急行动方案
informed consent 知情同意
liability 责任
litigation 诉讼
mission statement 任务声明
negligence 过失
policies 政策
procedures 程序
product liability 产品责任
program goals 计划目的
program objectives 计划目标
proximate cause 直接原因
risk management 风险管理
scope of practice 执业范围
standard of care 防护标准
statute of limitations 诉讼时效

学习试题

1. 在大学环境中，力量房使用高峰期内，建议的教练-运动员比例为多少？（　）
   a. 1：10
   b. 1：15
   c. 1：20
   d. 1：25
2. 下列哪一位可以允许运动员开始正式参与体能训练计划？（　）
   a. 运动主管
   b. 运动员的父母或监护人
   c. 团队中的认证运动防护师
   d. 体能教练

3. 恰当的文档保存对于体能训练场地至关重要，下列哪项不是体能训练场地中应该保存的？（ ）

a. 生产方的用户手册

b. 参与者的训练日志

c. 书面应急行动方案

d. 医学健康史

4. 体能教练应掌握的知识与技能不包括以下哪项？（ ）

a. 训练与运动科学

b. 行政与管理

c. 金融与估值

d. 教学与执教

5. 以下哪项不是应急行动方案的组成部分？（ ）

a. 应急医学

b. 应急通信

c. 应急设备

d. 应急人员

学习试题答案

第 1 章
1. b, 2. a, 3. b, 4. b, 5. b

第 2 章
1. c, 2. d, 3. a, 4. a, 5. c

第 3 章
1. b, 2. a, 3. a, 4. c, 5. d

第 4 章
1. d, 2. a, 3. b, 4. b, 5. a

第 5 章
1. d, 2. a, 3. c, 4. b, 5. c, 6. d

第 6 章
1. d, 2. d, 3. d, 4. a, 5. c

第 7 章
1. d, 2. a, 3. c, 4. d, 5. b

第 8 章
1. a, 2. d, 3. b, 4. b, 5. c

第 9 章
1. a, 2. b, 3. b, 4. d, 5. c

第 10 章
1. b, 2. a, 3. b, 4. c, 5. a

第 11 章
1. b, 2. d, 3. b, 4. c, 5. a

第 12 章
1. a, 2. c, 3. b, 4. d, 5. b

第 13 章
1. b, 2. c, 3. a, 4. c, 5. b

第 14 章
1. c, 2. d, 3. c, 4. c, 5. a

第 15 章
1. d, 2. b, 3. c, 4. b, 5. b

第 16 章
1. b, 2. a, 3. b, 4. a, 5. c

第 17 章
1. a, 2. c, 3. b, 4. a, 5. d

第 18 章
1. d, 2. b, 3. c, 4. c, 5. a

第 19 章
1. d, 2. c, 3. a, 4. c, 5. b

第 20 章
1. c, 2. a, 3. b, 4. c, 5. d

第 21 章
1. b, 2. c, 3. c, 4. b, 5. a

第 22 章
1. c, 2. b, 3. b, 4. a, 5. d

第 23 章
1. d, 2. a, 3. c, 4. d, 5. c

第 24 章
1. c, 2. c, 3. d, 4. c, 5. a

参考文献

第 1 章　身体系统的结构和功能

1. Billeter, R, and Hoppeler, H. Muscular basis of strength. In *The Encyclopaedia of Sports Medicine: Strength and Power in Sport*. 2nd ed. Komi, PV, ed. Oxford: Blackwell Science, 50-72, 2003.
2. Castro, MJ, Apple, DF, Staron, RS, Campos, GER, and Dudley, GA. Influence of complete spinal cord injury on skeletal muscle within six months of injury. *J Appl Physiol* 86:350-358, 1999.
3. Castro, MJ, Kent-Braun, JA, Ng, AV, Miller, RG, and Dudley, GA. Fiber-type specific Ca^{2+} actomyosin ATPase activity in multiple sclerosis. *Muscle Nerve* 21:547-549, 1998.
4. Dudley, GA, Czerkawski, J, Meinrod, A, Gillis, G, Baldwin, A, and Scarpone, M. Efficacy of naproxen sodium for exercise-induced dysfunction, muscle injury and soreness. *Clin J Sport Med* 7:3-10, 1997.
5. Dudley, GA, Harris, RT, Duvoisin, MR, Hather, BM, and Buchanan, P. Effect of voluntary versus artificial activation on the relation of muscle torque to speed. *J Appl Physiol* 69:2215-2221, 1990.
6. Harris, RT, and Dudley, GA. Factors limiting force during slow, shortening muscle actions in vivo. *Acta Physiol Scand* 152:63-71, 1994.
7. Hather, BM, Tesch, PA, Buchanan, P, and Dudley, GA. Influence of eccentric actions on skeletal muscle adaptations to resistance. *Acta Physiol Scand* 143:177-185, 1991.
8. Hunter, GR, Bamman, MM, Larson-Meyer, DE, Joanisse, DR, McCarthy, JP, Blaudeau, TE, and Newcomer, BR. Inverse relationship between exercise economy and oxidative capacity in muscle. *Eur J Appl Physiol* 94:558-568, 2005.
9. Kent-Braun, JA, Ng, AV, Castro, MJ, Weiner, MW, Dudley, GA, and Miller, RG. Strength, skeletal muscle size and enzyme activity in multiple sclerosis. *J Appl Physiol* 83:1998-2004, 1997.
10. Klug, GA, and Tibbits, GF. The effect of activity on calcium mediated events in striated muscle. In *Exercise and Sport Science Reviews.* Pandolf, KB, ed. New York: Macmillan, 1-60, 1988.
11. Mudd, LM, Fornetti, W, and Pivarnik, JM. Bone mineral density in collegiate female athletes: Comparisons among sports. *J Athl Train* 42:403-408, 2007.
12. Ploutz, LL, Biro, RL, Tesch, PA, and Dudley, GA. Effect of resistance training on muscle mass involvement in exercise. *J Appl Physiol* 76:1675-1681, 1994.
13. Tortora, GJ, and Derrickson, B. *Principles of Anatomy and Physiology.* Hoboken, NJ: Wiley, 259, 292-304, 692-699, 704-711, 730-737, 849-852, 857-860, 865-866, 2014.

第 2 章　抗阻训练的生物力学

1. Almond, LM, Hamid, NA, and Wasserberg, J. Thoracic intradural disc herniation. *Br J Neurosurg* 21:32-34, 2007.
2. Anderson, CK, and Chaffin, DB. A biomechanical evaluation of five lifting techniques. *Appl Ergon* 17:2-8, 1986.
3. Bartelink, DL. The role of abdominal pressure in relieving the pressure on the lumbar intervertebral discs. *J Bone Joint Surg Br* 39-B:718-725, 1957.
4. Chou, LW, Kesar, TM, and Binder-Macleod, SA. Using customized rate-coding and recruitment strategies to maintain forces during repetitive activation of human muscles. *Phys Ther* 88:363-375, 2008.
5. Cleather, DJ. Adjusting powerlifting performances for differences in body mass. *J Strength Cond Res* 20:412-421, 2006.
6. Cormie, P, McCaulley, GO, Triplett, NT, and McBride, JM. Optimal loading for maximal power output during lower-body resistance exercises. *Med Sci Sports Exerc* 39:340-349, 2007.
7. Dolan, P, and Adams, MA. Recent advances in lumbar spinal mechanics and their significance for modelling. *Clin Biomech* 16 Suppl 1:S8-S16, 2001.
8. Ellenbecker, TS, Reinold, M, and Nelson, CO. Clinical concepts for treatment of the elbow in the adolescent overhead athlete. *Clin Sports Med* 29:705-724, 2010.
9. Folland, J, and Morris, B. Variable-cam resistance training machines: Do they match the angle-torque

relationship in humans? *J Sports Sci* 26:163-169, 2008.

10. Frey-Law, LA, Laake, A, Avin, KG, Heitsman, J, Marler, T, and Abdel-Malek, K. Knee and elbow 3D strength surfaces: Peak torque-angle-velocity relationships. *J Appl Biomech* 28:726-737, 2012.
11. Funato, K, Kanehisa, H, and Fukunaga, T. Differences in muscle cross-sectional area and strength between elite senior and college Olympic weight lifters. *J Sports Med Phys Fitness* 40:312-318, 2000.
12. Gowitzke, BA, and Milner, M. *Scientific Bases of Human Movement.* Baltimore: Williams & Wilkins, 1988.
13. Gray, M, Di Brezzo, R, and Fort, IL. The effects of power and strength training on bone mineral density in premenopausal women. *J Sports Med Phys Fitness* 53:428-436, 2013.
14. Greenland, KO, Merryweather, AS, and Bloswick, DS. Prediction of peak back compressive forces as a function of lifting speed and compressive forces at lift origin and destination—a pilot study. *Saf Health Work* 2:236-242, 2011.
15. Hackett, DA, and Chow, CM. The Valsalva maneuver: Its effect on intra-abdominal pressure and safety issues during resistance exercise. *J Strength Cond Res* 27:2338-2345, 2013.
16. Harman, EA, Johnson, M, and Frykman, PN. A movement-oriented approach to exercise prescription. *NSCA J* 14:47-54, 1992.
17. Harman, EA, Rosenstein, RM, Frykman, PN, and Nigro, GA. Effects of a belt on intra-abdominal pressure during weight lifting. *Med Sci Sports Exerc* 21:186-190, 1989.
18. Hartmann, H, Wirth, K, and Klusemann, M. Analysis of the load on the knee joint and vertebral column with changes in squatting depth and weight load. *Sports Med* 43:993-1008, 2013.
19. Hill, TL, and White, GM. On the sliding-filament model of muscular contraction, IV. Calculation of force-velocity curves. *Proc Natl Acad Sci U S A* 61:889-896, 1968.
20. Ichinose, Y, Kanehisa, H, Ito, M, Kawakami, Y, and Fukunaga, T. Relationship between muscle fiber pennation and force generation capability in Olympic athletes. *Int J Sports Med* 19:541-546, 1998.
21. Ikegawa, S, Funato, K, Tsunoda, N, Kanehisa, H, Fukunaga, T, and Kawakami, Y. Muscle force per cross-sectional area is inversely related with pennation angle in strength trained athletes. *J Strength Cond Res* 22:128-131, 2008.
22. Jenkins, NH, and Mintowt-Czyz, WJ. Bilateral fracture-separations of the distal radial epiphyses during weight-lifting. *Br J Sports Med* 20:72-73, 1986.
23. Jorgensen, K. Force-velocity relationship in human elbow flexors and extensors. In *Biomechanics A-V.* PV Komi, ed. Baltimore: University Park Press, 1976.
24. Kahrizi, S, Parnianpour, M, Firoozabadi, SM, Kasemnejad, A, and Karimi, E. Evaluation of spinal internal loads and lumbar curvature under holding static load at different trunk and knee positions. *Pak J Biol Sci* 10:1036-1043, 2007.
25. Kanehisa, H, and Fukunaga, T. Velocity associated characteristics of force production in college weight lifters. *Br J Sports Med* 33:113-116, 1999.
26. Lake, JP, Carden, PJ, and Shorter, KA. Wearing knee wraps affects mechanical output and performance characteristics of back squat exercise. *J Strength Cond Res* 26:2844-2849, 2012.
27. Lander, JE, Bates, BT, Sawhill, JA, and Hamill, J. A comparison between free-weight and isokinetic bench pressing. *Med Sci Sports Exerc* 17:344-353, 1985.
28. Lander, JE, Simonton, RL, and Giacobbe, JK. The effectiveness of weight-belts during the squat exercise. *Med Sci Sports Exerc* 22:117-126, 1990.
29. Maffulli, N, and Bruns, W. Injuries in young athletes. *Eur J Pediatr* 159:59-63, 2000.
30. Mandell, PJ, Weitz, E, Bernstein, JI, Lipton, MH, Morris, J, Bradshaw, D, Bodkin, KP, and Mattmiller, B. Isokinetic trunk strength and lifting strength measures. Differences and similarities between low-back-injured and noninjured workers. *Spine* 18:2491-2501, 1993.
31. Maughan, RJ, Watson, JS, and Weir, J. Muscle strength and cross-sectional area in man: A comparison of strength-trained and untrained subjects. *Br J Sports Med* 18:149-157, 1984.
32. Milone, MT, Bernstein, J, Freedman, KB, and Tjoumakaris, F. There is no need to avoid resistance training (weight lifting) until physeal closure. *Phys Sportsmed* 41:101-105, 2013.
33. Moritani, T, and deVries, HA. Neural factors versus hypertrophy in the time course of muscle strength gain. *Am J Phys Med* 58:115-130, 1979.
34. Perrine, JJ, and Edgerton, VR. Muscle force-velocity and power-velocity relationships under isokinetic loading. *Med Sci Sports* 10:159-166, 1978.
35. Pierson, EH, Bantum, BM, and Schaefer, MP. Exertional rhabdomyolysis of the elbow flexor muscles from weight lifting. *Phys Med Rehabil* 6:556-559, 2014.
36. Raske, A, and Norlin, R. Injury incidence and

prevalence among elite weight and power lifters. *Am J Sports Med* 30:248-256, 2002.

37. Reynolds, KL, Harman, EA, Worsham, RE, Sykes, MB, Frykman, PN, and Backus, VL. Injuries in women associated with a periodized strength training and running program. *J Strength Cond Res* 15:136-143, 2001.
38. Rokito, AS, and Lofin, I. Simultaneous bilateral distal biceps tendon rupture during a preacher curl exercise: A case report. *Bull NYU Hosp Jt Dis* 66:68-71, 2008.
39. Rutherford, OM, and Jones, DA. Measurement of fibre pennation using ultrasound in the human quadriceps in vivo. *Eur J Appl Physiol Occup Physiol* 65:433-437, 1992.
40. Scott, SH, and Winter, DA. A comparison of three muscle pennation assumptions and their effect on isometric and isotonic force. *J Biomech* 24:163-167, 1991.
41. Siewe, J, Rudat, J, Rollinghoff, M, Schlegel, UJ, Eysel, P, and Michael, JW. Injuries and overuse syndromes in powerlifting. *Int J Sports Med* 32:703-711, 2011.
42. Stone, MH, Sanborn, K, O'Bryant, HS, Hartman, M, Stone, ME, Proulx, C, Ward, B, and Hruby, J. Maximum strength-power-performance relationships in collegiate throwers. *J Strength Cond Res* 17:739-745, 2003.
43. Toji, H, and Kaneko, M. Effect of multiple-load training on the force-velocity relationship. *J Strength Cond Res* 18:792-795, 2004.
44. Zemper, ED. Four-year study of weight room injuries in a national sample of college football teams. *NSCA J* 12:32-34, 1990.

第3章 运动与训练的生物能量学

1. Adeva-Andany, M, Lopez-Ojen, M, Funcasta-Calderon, R, Ameneiros-Rodriguez, E, Donapetry-Garcia, C, Vila-Altesor, M, and Rodriguez-Seijas, J. Comprehensive review on lactate metabolism in human health. *Mitochondrion* 17:76-100, 2014.
2. Ahlborg, G, and Felig, P. Influence of glucose ingestion on fuel-hormone response during prolonged exercise. *J Appl Physiol* 41:683-688, 1976.
3. Ahlborg, G, and Felig, P. Lactate and glucose exchange across the forearm, legs, and splanchnic bed during and after prolonged leg exercise. *J Clin Invest* 69:45-54, 1982.
4. Allen, DG, Lamb, GD, and Westerblad, H. Skeletal muscle fatigue: Cellular mechanisms. *Physiol Rev* 88:287-332, 2008.
5. Allen, DG, and Westerblad, H. Role of phosphate and calcium stores in muscle fatigue. *J Physiol* 536:657-665, 2001.
6. Altenburg, TM, Degens, H, van Mechelen, W, Sargeant, AJ, and de Haan, A. Recruitment of single muscle fibers during submaximal cycling exercise. *J Appl Physiol* 103:1752-1756, 2007.
7. Åstrand, P, Rodahl, K, Dahl, HA, and Stromme, SB. *Textbook of Work Physiology: Physiological Bases of Exercise.* Champaign, IL: Human Kinetics, 12-17, 2003.
8. Baker, JS, Thomas, N, Cooper, SM, Davies, B, and Robergs, RA. Exercise duration and blood lactate concentrations following high intensity cycle ergometry. *Res Sports Med* 20:129-141, 2012.
9. Barany, M, and Arus, C. Lactic acid production in intact muscle, as followed by ^{13}C and ^{1}H nuclear magnetic resonance. In *Human Muscle Power.* Jones, NL, McCartney, N, and McComas, AJ, eds. Champaign, IL: Human Kinetics, 153-164, 1986.
10. Barnard, RJ, Edgerton, VR, Furukawa, T, and Peter, JB. Histochemical, biochemical, and contractile properties of red, white, and intermediate fibers. *Am J Physiol* 220:410-414, 1971.
11. Barnett, C, Carey, M, Proietto, J, Cerin, E, Febbraio, MA, and Jenkins, D. Muscle metabolism during sprint exercise in man: Influence of sprint training. *J Sci Med Sport* 7:314-322, 2004.
12. Bastien, C, and Sanchez, J. Phosphagens and glycogen content in skeletal muscle after treadmill training in young and old rats. *Eur J Appl Physiol Occup Physiol* 52:291-295, 1984.
13. Berg, WE. Individual differences in respiratory gas exchange during recovery from moderate exercise. *Am J Physiol* 149:597-610, 1947.
14. Bogdanis, GC, Nevill, ME, Boobis, LH, and Lakomy, HK. Contribution of phosphocreatine and aerobic metabolism to energy supply during repeated sprint exercise. *J Appl Physiol* 80:876-884, 1996.
15. Bogdanis, GC, Nevill, ME, Boobis, LH, Lakomy, HK, and Nevill, AM. Recovery of power output and muscle metabolites following 30 s of maximal sprint cycling in man. *J Physiol* 482 (Pt 2):467-480, 1995.
16. Boobis, I, Williams, C, and Wooten, SN. Influence of sprint training on muscle metabolism during brief maximal exercise. *J Physiol* 342:36-37, 1983.
17. Borsheim, E, and Bahr, R. Effect of exercise intensity, duration and mode on post-exercise oxygen consumption. *Sports Med* 33:1037-1060, 2003.
18. Bridges, CR, Jr., Clark, BJ, 3rd, Hammond, RL, and Stephenson, LW. Skeletal muscle bioenergetics during frequency-dependent fatigue. *Am J Physiol* 260:C643-C651, 1991.

19. Brooks, GA. The lactate shuttle during exercise and recovery. *Med Sci Sports Exerc* 18:360-368, 1986.
20. Brooks, GA. Amino acid and protein metabolism during exercise and recovery. *Med Sci Sports Exerc* 19:S150-S156, 1987.
21. Brooks, GA, Brauner, KE, and Cassens, RG. Glycogen synthesis and metabolism of lactic acid after exercise. *Am J Physiol* 224:1162-1166, 1973.
22. Brooks, GA, Fahey, TD, and Baldwin, KM. *Exercise Physiology: Human Bioenergetics and Its Applications*. New York: McGraw-Hill, 102-108, 2005.
23. Buchheit, M, and Laursen, PB. High-intensity interval training, solutions to the programming puzzle: Part I: Cardiopulmonary emphasis. *Sports Med* 43:313-338, 2013.
24. Buchheit, M, and Laursen, PB. High-intensity interval training, solutions to the programming puzzle. Part II: Anaerobic energy, neuromuscular load and practical applications. *Sports Med* 43:927-954, 2013.
25. Burgomaster, KA, Heigenhauser, GJ, and Gibala, MJ. Effect of short-term sprint interval training on human skeletal muscle carbohydrate metabolism during exercise and time-trial performance. *J Appl Physiol* 100:2041-2047, 2006.
26. Burgomaster, KA, Hughes, SC, Heigenhauser, GJ, Bradwell, SN, and Gibala, MJ. Six sessions of sprint interval training increases muscle oxidative potential and cycle endurance capacity in humans. *Eur J Appl Physiol Occup Physiol* 98:1985-1990, 2005.
27. Busa, WB, and Nuccitelli, R. Metabolic regulation via intracellular pH. *Am J Physiol* 246:R409-R438, 1984.
28. Carling, D. AMP-activated protein kinase: alancing the scales. *Biochimie* 87:87-91, 2005.
29. Cerretelli, P, Ambrosoli, G, and Fumagalli, M. Anaerobic recovery in man. *Eur J Appl Physiol Occup Physiol* 34:141-148, 1975.
30. Cerretelli, P, Rennie, D, and Pendergast, D. Kinetics of metabolic transients during exercise. *Int J Sports Med* 55:178-180, 1980.
31. Christensen, EH, Hedman, R, and Saltin, B. Intermittent and continuous running (A further contribution to the physiology of intermittent work). *Acta Physiol Scand* 50:269-286, 1960.
32. Coggan, AR, and Coyle, EF. Reversal of fatigue during prolonged exercise by carbohydrate infusion or ingestion. *J Appl Physiol* 63:2388-2395, 1987.
33. Constable, SH, Favier, RJ, McLane, JA, Fell, RD, Chen, M, and Holloszy, JO. Energy metabolism in contracting rat skeletal muscle: Adaptation to exercise training. *Am J Physiol* 253:C316-C322, 1987.
34. Constantin-Teodosiu, D, Greenhaff, PL, McIntyre, DB, Round, JM, and Jones, DA. Anaerobic energy production in human skeletal muscle in intense contraction: A comparison of 31P magnetic resonance spectroscopy and biochemical techniques. *Exp Physiol* 82:593-601, 1997.
35. Coyle, EF, Hagberg, JM, Hurley, BF, Martin, WH, Ehsani, AA, and Holloszy, JO. Carbohydrate feeding during prolonged strenuous exercise can delay fatigue. *J Appl Physiol Respir Environ Exerc Physiol* 55:230-235, 1983.
36. Craig, BW, Lucas, J, Pohlman, R, and Stelling, H. The effects of running, weightlifting and a combination of both on growth hormone release. *J Appl Sport Sci Res* 5:198-203, 1991.
37. Cramer, JT. Creatine supplementation in endurance sports. In *Essentials of Creatine in Sports and Health*. Stout, JR, Antonio, J, and Kalman, D, eds. Totowa, NJ: Humana, 45-100, 2008.
38. Creer, AR, Ricard, MD, Conlee, RK, Hoyt, GL, and Parcell, AC. Neural, metabolic, and performance adaptations to four weeks of high intensity sprint-interval training in trained cyclists. *Int J Sports Med* 25:92-98, 2004.
39. Davis, JA, Frank, MH, Whipp, BJ, and Wasserman, K. Anaerobic threshold alterations caused by endurance training in middle-aged men. *J Appl Physiol Respir Environ Exerc Physiol* 46:1039-1046, 1979.
40. di Prampero, PE, Peeters, L, and Margaria, R. Alactic O_2 debt and lactic acid production after exhausting exercise in man. *J Appl Physiol* 34:628-632, 1973.
41. Dohm, GL, Williams, RT, Kasperek, GJ, and Vanrij, AM. Increased excretion of urea and N-tau-methylhistidine by rats and humans after a bout of exercise. *J Appl Physiol* 52:27-33, 1982.
42. Donaldson, SK, Hermansen, L, and Bolles, L. Differential, direct effects of H^+ on Ca^{2+}-activated force of skinned fibers from the soleus, cardiac and adductor magnus muscles of rabbits. *Eur J Appl Physiol* 376:55-65, 1978.
43. Donovan, CM, and Brooks, GA. Endurance training affects lactate clearance, not lactate production. *Am J Physiol* 244:E83-E92, 1983.
44. Dudley, GA, and Djamil, R. Incompatibility of endurance- and strength-training modes of exercise. *J Appl Physiol* 59:1446-1451, 1985.
45. Dudley, GA, and Murray, TF. Energy for sport. *NSCA J* 3:14-15, 1982.
46. Dudley, GA, and Terjung, RL. Influence of aerobic

metabolism on IMP accumulation in fast-twitch muscle. *Am J Physiol* 248:C37-C42, 1985.

47. Dufaux, B, Assmann, G, and Hollmann, W. Plasma lipoproteins and physical activity: A review. *Int J Sports Med* 3:123-136, 1982.
48. Edington, DW, and Edgerton, VR. *The Biology of Physical Activity.* Boston: Houghton Mifflin, 35-46, 1976.
49. Eriksson, BO, Gollnick, PD, and Saltin, B. Muscle metabolism and enzyme activities after training in boys 11-13 years old. *Acta Physiol Scand* 87:485-497, 1973.
50. Essen, B. Glycogen depletion of different fibre types in human skeletal muscle during intermittent and continuous exercise. *Acta Physiol Scand* 103:446-455, 1978.
51. Fabiato, A, and Fabiato, F. Effects of pH on the myofilaments and the sarcoplasmic reticulum of skinned cells from cardiac and skeletal muscles. *J Physiol* 276:233-255, 1978.
52. Farrell, PA, Wilmore, JH, Coyle, EF, Billing, JE, and Costill, DL. Plasma lactate accumulation and distance running performance. *Med Sci Sports* 11:338-344, 1979.
53. Fitts, RH. The cross-bridge cycle and skeletal muscle fatigue. *J Appl Physiol* 104:551-558, 2008.
54. Fleck, SJ, and Kraemer, WJ. *Designing Resistance Training Programs.* Champaign, IL: Human Kinetics, 65-73, 2003.
55. Freund, H, and Gendry, P. Lactate kinetics after short strenuous exercise in man. *Eur J Appl Physiol Occup Physiol* 39:123-135, 1978.
56. Friedman, JE, Neufer, PD, and Dohm, GL. Regulation of glycogen resynthesis following exercise: Dietary considerations. *Sports Med* 11:232-243, 1991.
57. Fuchs, F, Reddy, Y, and Briggs, FN. The interaction of cations with the calcium-binding site of troponin. *Biochim Biophys Acta* 221:407-409, 1970.
58. Gaesser, GA, and Brooks, GA. Metabolic bases of excess post-exercise oxygen consumption: A review. *Med Sci Sports Exerc* 16:29-43, 1984.
59. Ganong, WF. *Review of Medical Physiology.* New York: McGraw-Hill Medical, 8-10, 2005.
60. Garrett, R, and Grisham, C. *Biochemistry.* Belmont, CA: Brooks/ Cole, 536, 2012.
61. Garrett, R, and Grisham, CM. *Biochemistry.* Fort Worth, TX: Saunders College, 618-619, 1999.
62. Gastin, PB. Energy system interaction and relative contribution during maximal exercise. *Sports Med* 31:725-741, 2001.
63. Gibala, MJ, Little, JP, van Essen, M, Wilkin, GP, Burgomaster, KA, Safdar, A, Raha, S, and Tarnopolsky, MA. Short-term sprint interval versus traditional endurance training: Similar initial adaptations in human skeletal muscle and exercise performance. *J Physiol* 575:901-911, 2006.
64. Gollnick, PD, Armstrong, RB, Saltin, B, Saubert, CW, Sembrowich, WL, and Shepherd, RE. Effect of training on enzyme activity and fiber composition of human skeletal muscle. *J Appl Physiol* 34:107-111, 1973.
65. Gollnick, PD, Armstrong, RB, Saubert, CW, Piehl, K, and Saltin, B. Enzyme activity and fiber composition in skeletal muscle of untrained and trained men. *J Appl Physiol* 33:312-319, 1972.
66. Gollnick, PD, and Bayly, WM. Biochemical training adaptations and maximal power. In *Human Muscle Power.* Jones, NL, McCartney, N, and McComas, AJ, eds. Champaign, IL: Human Kinetics, 255-267, 1986.
67. Gollnick, PD, Bayly, WM, and Hodgson, DR. Exercise intensity, training, diet, and lactate concentration in muscle and blood. *Med Sci Sports Exerc* 18:334-340, 1986.
68. Gollnick, PD, and Saltin, B. Significance of skeletal muscle oxidative enzyme enhancement with endurance training. *Clin Physiol* 2:1-12, 1982.
69. Graham, TE, Rush, JWE, and MacLean, DA. Skeletal muscle oxidative enzyme enhancement with endurance training. In *Exercise Metabolism.* Hargreaves, M, and Spriet, LL, eds. Champaign, IL: Human Kinetics, 41-72, 2006.
70. Grassi, B. Delayed metabolic activation of oxidative phosphorylation in skeletal muscle at exercise onset. *Med Sci Sports Exerc* 37:1567-1573, 2005.
71. Green, HJ, Duhamel, TA, Holloway, GP, Moule, J, Ouyang, J, Ranney, D, and Tupling, AR. Muscle metabolic responses during 16 hours of intermittent heavy exercise. *Can J Physiol Pharm* 85:634-645, 2007.
72. Greenwood, JD, Moses, GE, Bernardino, FM, Gaesser, GA, and Weltman, A. Intensity of exercise recovery, blood lactate disappearance, and subsequent swimming performance. *J Sports Sci* 26:29-34, 2008.
73. Häkkinen, K, Alen, M, Kraemer, WJ, Gorostiaga, E, Izquierdo, M, Rusko, H, Mikkola, J, Häkkinen, A, Valkeinen, H, Kaarakainen, E, Romu, S, Erola, V, Ahtiainen, J, and Paavolainen, L. Neuromuscular adaptations during concurrent strength and endurance training versus strength training. *Eur J Appl Physiol* 89:42-52, 2003.
74. Häkkinen, K, and Myllyla, E. Acute effects of

muscle fatigue and recovery on force production and relaxation in endurance, power and strength athletes. *J Sports Med Phys Fitness* 30:5-12, 1990.

75. Harris, RC, Edwards, RH, Hultman, E, Nordesjo, LO, Nylind, B, and Sahlin, K. The time course of phosphorylcreatine resynthesis during recovery of the quadriceps muscle in man. *Eur J Appl Physiol* 367:137-142, 1976.
76. Hedman, R. The available glycogen in man and the connection between rate of oxygen intake and carbohydrate usage. *Acta Physiol Scand* 40:305-321, 1957.
77. Henry, FM. Aerobic oxygen consumption and alactic debt in muscular work. *J Appl Physiol* 3:427-438, 1951.
78. Hermansen, L. Effect of metabolic changes on force generation in skeletal muscle during maximal exercise. *Ciba Found Symp* 82:75-88, 1981.
79. Hermansen, L, and Stensvold, I. Production and removal of lactate during exercise in man. *Acta Physiol Scand* 86:191-201, 1972.
80. Hickson, RC. Interference of strength development by simultaneously training for strength and endurance. *Eur J Appl Physiol Occup Physiol* 45: 255-263, 1980.
81. Hickson, RC, Dvorak, BA, Gorostiaga, EM, Kurowski, TT, and Foster, C. Potential for strength and endurance training to amplify endurance performance. *J Appl Physiol* 65:2285-2290, 1988.
82. Hickson, RC, Rosenkoetter, MA, and Brown, MM. Strength training effects on aerobic power and short-term endurance. *Med Sci Sports Exerc* 12:336-339, 1980.
83. Hill, AV, and Lupton, H. Muscular exercise, lactic acid, and the supply and utilization of oxygen. *Q J Med* 16:135-171, 1923.
84. Hirvonen, J, Rehunen, S, Rusko, H, and Harkonen, M. Breakdown of high-energy phosphate-compounds and lactate accumulation during short supramaximal exercise. *Eur J Appl Physiol Occup Physiol* 56:253-259, 1987.
85. Housh, TJ, Housh, DJ, and DeVries, HA. *Applied Exercise & Sport Physiology with Labs.* Scottsdale, AZ: Holcomb Hathaway, 39-43, 2012.
86. Hulsmann, WC. On the regulation of the supply of substrates for muscular activity. *Bibl Nutr Dieta* 11-15, 1979.
87. Hultman, E, and Sjoholm, H. Biochemical causes of fatigue. In *Human Muscle Power.* Jones, NL, McCartney, N, and McComas, AJ, eds. Champaign, IL: Human Kinetics, 215-235, 1986.
88. Hurley, BF, Seals, DR, Hagberg, JM, Goldberg, AC, Ostrove, SM, Holloszy, JO, Wiest, WG, and Goldberg, AP. High-density-lipoprotein cholesterol in bodybuilders v. powerlifters: Negative effects of androgen use. *JAMA* 252:507-513, 1984.
89. Jacobs, I. Blood lactate. Implications for training and sports performance. *Sports Med* 3:10-25, 1986.
90. Jacobs, I, Kaiser, P, and Tesch, P. Muscle strength and fatigue after selective glycogen depletion in human skeletal muscle fibers. *Eur J Appl Physiol Occup Physiol* 46:47-53, 1981.
91. Jacobs, I, Tesch, PA, Bar-Or, O, Karlsson, J, and Dotan, R. Lactate in human skeletal muscle after 10 and 30 s of supramaximal exercise. *J Appl Physiol Respir Environ Exerc Physiol* 55:365-367, 1983.
92. Jones, NL, and Ehrsam, RE. The anaerobic threshold. *Exerc Sport Sci Rev* 10:49-83, 1982.
93. Juel, C. Intracellular pH recovery and lactate efflux in mouse soleus muscles stimulated in vitro: The involvement of sodium/proton exchange and a lactate carrier. *Acta Physiol Scand* 132:363-371, 1988.
94. Kappenstein, J, Ferrauti, A, Runkel, B, Fernandez-Fernandez, J, Muller, K, and Zange, J. Changes in phosphocreatine concentration of skeletal muscle during high-intensity intermittent exercise in children and adults. *Eur J Appl Physiol* 113:2769-2779, 2013.
95. Karatzaferi, C, de Haan, A, Ferguson, RA, van Mechelen, W, and Sargeant, AJ. Phosphocreatine and ATP content in human single muscle fibres before and after maximum dynamic exercise. *Eur J Appl Physiol* 442:467-474, 2001.
96. Karlsson, J. Lactate and phosphagen concentrations in working muscle of man with special reference to oxygen deficit at the onset of work. *Acta Physiol Scand* 358 (Suppl): 1-72, 1971.
97. Karlsson, J, Nordesjo, LO, Jorfeldt, L, and Saltin, B. Muscle lactate, ATP, and CP levels during exercise after physical training in man. *J Appl Physiol* 33:199-203, 1972.
98. Kindermann, W, Simon, G, and Keul, J. The significance of the aerobic-anaerobic transition for the determination of work load intensities during endurance training. *Eur J Appl Physiol Occup Physiol* 42:25-34, 1979.
99. Knuttgen, HG, and Komi, PV. Basic definitions for exercise. In *The Encyclopaedia of Sports Medicine: Strength and Power in Sport.* Komi, PV, ed. Oxford, Boston: Blackwell Scientific, 3-8, 1991.
100. Lanza, IR, Wigmore, DM, Befroy, DE, and Kent-Braun, JA. In vivo ATP production during free-flow and ischaemic muscle contractions in humans. *J Physiol* 577:353-367, 2006.

101. Lehmann, M, and Keul, J. Free plasma catecholamines, heart rates, lactate levels, and oxygen uptake in competition weight lifters, cyclists, and untrained control subjects. *Int J Sports Med* 7:18-21, 1986.

102. Lemon, PW, and Mullin, JP. Effect of initial muscle glycogen levels on protein catabolism during exercise. *J Appl Physiol Respir Environ Exerc Physiol* 48:624-629, 1980.

103. MacDougall, JD. Morphological changes in human skeletal muscle following strength training and immobilization. In *Human Muscle Power*. Jones, NL, McCartney, N, and McComas, AJ, eds. Champaign, IL: Human Kinetics, 269-288, 1986.

104. MacDougall, JD, Ward, GR, Sale, DG, and Sutton, JR. Biochemical adaptation of human skeletal muscle to heavy resistance training and immobilization. *J Appl Physiol Respir Environ Exerc Physiol* 43:700-703, 1977.

105. Mainwood, GW, and Renaud, JM. The effect of acid-base balance on fatigue of skeletal-muscle. *Can J Physiol Pharm* 63:403-416, 1985.

106. Mazzeo, RS, Brooks, GA, Schoeller, DA, and Budinger, TF. Disposal of blood [1-C-13] lactate in humans during rest and exercise. *J Appl Physiol* 60:232-241, 1986.

107. McArdle, WD, Katch, FI, and Katch, VL. *Exercise Physiology: Energy, Nutrition, and Human Performance*. Philadelphia: Lippincott Williams & Wilkins, 143-144, 2007.

108. McCartney, N, Spriet, LL, Heigenhauser, GJ, Kowalchuk, JM, Sutton, JR, and Jones, NL. Muscle power and metabolism in maximal intermittent exercise. *J Appl Physiol* 60:1164-1169, 1986.

109. Medbo, JI, and Burgers, S. Effect of training on the anaerobic capacity. *Med Sci Sports Exerc* 22:501-507, 1990.

110. Medbo, JI, and Tabata, I. Relative importance of aerobic and anaerobic energy release during short-lasting exhausting bicycle exercise. *J Appl Physiol* 67:1881-1886, 1989.

111. Meyer, RA, and Terjung, RL. Differences in ammonia and adenylate metabolism in contracting fast and slow muscle. *Am J Physiol* 237:C111-C118, 1979.

112. Nader, GA. Concurrent strength and endurance training: From molecules to man. *Med Sci Sports Exerc* 38:1965-1970, 2006.

113. Nakamaru, Y, and Schwartz, A. The influence of hydrogen ion concentration on calcium binding and release by skeletal muscle sarcoplasmic reticulum. *J Gen Physiol* 59:22-32, 1972.

114. Nelson, CR, Debold, EP, and Fitts, RH. Phosphate and acidosis act synergistically to depress peak power in rat muscle fibers. *Am J Physiol* 307: C939-C950, 2014.

115. Nelson, CR, and Fitts, RH. Effects of low cell pH and elevated inorganic phosphate on the pCa-force relationship in single muscle fibers at near-physiological temperatures. *Am J Physiol* 306:C670-C678, 2014.

116. Neric, FB, Beam, WC, Brown, LE, and Wiersma, LD. Comparison of swim recovery and muscle stimulation on lactate removal after sprint swimming. *J Strength Cond Res* 23:2560-2567, 2009.

117. Nicolo, A, Bazzucchi, I, Lenti, M, Haxhi, J, Scotto di Palumbo, A, and Sacchetti, M. Neuromuscular and metabolic responses to high-intensity intermittent cycling protocols with different work-to-rest ratios. *Int J Sports Physiol Perform* 9:151-160, 2014.

118. Nielsen, JJ, Mohr, M, Klarskov, C, Kristensen, M, Krustrup, P, Juel, C, and Bangsbo, J. Effects of high-intensity intermittent training on potassium kinetics and performance in human skeletal muscle. *J Physiol* 554:857-870, 2004.

119. O'Reilly, KP, Warhol, MJ, Fielding, RA, Frontera, WR, Meredith, CN, and Evans, WJ. Eccentric exercise-induced muscle damage impairs muscle glycogen repletion. *J Appl Physiol* 63:252-256, 1987.

120. Opie, LH, and Newsholme, EA. The activities of fructose 1,6-diphosphatase, phosphofructokinase and phosphoenolpyruvate carboxykinase in white muscle and red muscle. *Biochem J* 103:391-399, 1967.

121. Pike, RL, and Brown, ML. *Nutrition: An Integrated Approach*. New York: Wiley, 463-465, 1984.

122. Poortmans, JR. Protein turnover and amino acid oxidation during and after exercise. *Med Sport Sci* 17:130-147, 1984.

123. Robergs, RA, Ghiasvand, F, and Parker, D. Biochemistry of exercise-induced metabolic acidosis. *Am J Physiol* 287:R502-R516, 2004.

124. Robergs, RA, Pearson, DR, Costill, DL, Fink, WJ, Pascoe, DD, Benedict, MA, Lambert, CP, and Zachweija, JJ. Muscle glycogenolysis during differing intensities of weight-resistance exercise. *J Appl Physiol* 70:1700-1706, 1991.

125. Roberts, AD, Billeter, R, and Howald, H. Anaerobic muscle enzyme changes after interval training. *Int J Sports Med* 3:18-21, 1982.

126. Ronnestad, BR, Hansen, EA, and Raastad, T. High volume of endurance training impairs adaptations to 12 weeks of strength training in well-trained endurance athletes. *Eur J Appl Physiol* 112:1457-

1466, 2012.

127. Rozenek, R, Rosenau, L, Rosenau, P, and Stone, MH. The effect of intensity on heart rate and blood lactate response to resistance exercise. *J Strength Cond Res* 7:51-54, 1993.

128. Sahlin, K, and Ren, JM. Relationship of contraction capacity to metabolic changes during recovery from a fatiguing contraction. *J Appl Physiol* 67:648-654, 1989.

129. Sahlin, K, Tonkonogi, M, and Soderlund, K. Energy supply and muscle fatigue in humans. *Acta Physiol Scand* 162:261-266, 1998.

130. Saltin, B, and Gollnick, PD. Skeletal muscle adaptability: Significance for metabolism and performance. In *Handbook of Physiology.* Peachey, LD, Adrian, RH, and Geiger, SR, eds. Baltimore: Williams & Wilkins, 540-555, 1983.

131. Saltin, B, and Karlsson, J. Muscle glycogen utilization during work of different intensities. In *Muscle Metabolism During Exercise.* Pernow, B, and Saltin, B, eds. New York: Plenum Press, 289-300, 1971.

132. Sant'Ana Pereira, JA, Sargeant, AJ, Rademaker, AC, de Haan, A, and van Mechelen, W. Myosin heavy chain isoform expression and high energy phosphate content in human muscle fibres at rest and post-exercise. *J Physiol* 496:583-588, 1996.

133. Scala, D, McMillan, J, Blessing, D, Rozenek, R, and Stone, MH. Metabolic cost of a preparatory phase of training in weightlifting: A practical observation. *J Appl Sport Sci Res* 1:48-52, 1987.

134. Sedano, S, Marin, PJ, Cuadrado, G, and Redondo, JC. Concurrent training in elite male runners: The influence of strength versus muscular endurance training on performance outcomes. *J Strength Cond Res* 27:2433-2443, 2013.

135. Sherman, WM, and Wimer, GS. Insufficient dietary carbohydrate during training: Does it impair athletic performance? *Int J Sport Nutr* 1:28-44, 1991.

136. Sjodin, B, and Jacobs, I. Onset of blood lactate accumulation and marathon running performance. *Int J Sports Med* 2:23-26, 1981.

137. Skurvydas, A, Jascaninas, J, and Zachovajevas, P. Changes in height of jump, maximal voluntary contraction force and low-frequency fatigue after 100 intermittent or continuous jumps with maximal intensity. *Acta Physiol Scand* 169:55-62, 2000.

138. Smith, SA, Montain, SJ, Matott, RP, Zientara, GP, Jolesz, FA, and Fielding, RA. Creatine supplementation and age influence muscle metabolism during exercise. *J Appl Physiol* 85:1349-1356, 1998.

139. Stainsby, WN, and Barclay, JK. Exercise metabolism: O_2 deficit, steady level O_2 uptake and O_2 uptake for recovery. *Med Sci Sports* 2:177-181, 1970.

140. Sugden, PH, and Newsholme, EA. The effects of ammonium, inorganic phosphate and potassium ions on the activity of phosphofructokinases from muscle and nervous tissues of vertebrates and invertebrates. *Biochem J* 150:113-122, 1975.

141. Sutton, JR. Hormonal and metabolic responses to exercise in subjects of high and low work capacities. *Med Sci Sports* 10:1-6, 1978.

142. Tanaka, K, Matsuura, Y, Kumagai, S, Matsuzaka, A, Hirakoba, K, and Asano, K. Relationships of anaerobic threshold and onset of blood lactate accumulation with endurance performance. *Eur J Appl Physiol Occup Physiol* 52:51-56, 1983.

143. Taylor, DJ, Styles, P, Matthews, PM, Arnold, DA, Gadian, DG, Bore, P, and Radda, GK. Energetics of human muscle: Exercise-induced ATP depletion. *Magn Reson Med* 3:44-54, 1986.

144. Tesch, P. Muscle fatigue in man. With special reference to lactate accumulation during short term intense exercise. *Acta Physiol Scand* 480 (Suppl):1-40, 1980.

145. Tesch, PA, Komi, PV, and Häkkinen, K. Enzymatic adaptations consequent to long-term strength training. *Int J Sports Med* 8 (Suppl 1):66-69, 1987.

146. Tesch, PA, Ploutz-Snyder, LL, Ystrom, L, Castro, MJ, and Dudley, GA. Skeletal muscle glycogen loss evoked by resistance exercise. *J Strength Cond Res* 12:67-73, 1998.

147. Thorstensson, A. Muscle strength, fibre types and enzyme activities in man. *Acta Physiol Scand* 443 (Suppl):1-45, 1976.

148. Thorstensson, A, Sjodin, B, Tesch, P, and Karlsson, J. Actomyosin ATPase, myokinase, CPK and LDH in human fast and slow twitch muscle fibres. *Acta Physiol Scand* 99:225-229, 1977.

149. Vandewalle, H, Peres, G, and Monod, H. Standard anaerobic exercise tests. *Sports Med* 4:268-289, 1987.

150. Vanhelder, WP, Radomski, MW, Goode, RC, and Casey, K. Hormonal and metabolic response to three types of exercise of equal duration and external work output. *Eur J Appl Physiol Occup Physiol* 54:337-342, 1985.

151. Vihko, V, Salminen, A, and Rantamaki, J. Oxidative and lysosomal capacity in skeletal-muscle of mice after endurance training of different intensities. *Acta Physiol Scand* 104:74-81, 1978.

152. Wakefield, BR, and Glaister, M. Influence of work-interval intensity and duration on time spent at a high percentage of VO2max during intermittent supramaximal exercise. *J Strength Cond Res*

23:2548-2554, 2009.

153. Walsh, B, Tonkonogi, M, Soderlund, K, Hultman, E, Saks, V, and Sahlin, K. The role of phosphorylcreatine and creatine in the regulation of mitochondrial respiration in human skeletal muscle. *J Physiol* 537:971-978, 2001.

154. Weir, JP, Beck, TW, Cramer, JT, and Housh, TJ. Is fatigue all in your head? A critical review of the central governor model. *Br J Sports Med* 40:573-586, 2006.

155. Weir, JP, and Cramer, JT. Principles of musculoskeletal exercise programming. In *ACSM Resource Manual for Exercise Testing and Prescription.* Kaminsky, LA, ed. Philadelphia: Lippincott Williams & Wilkins, 350-364, 2005.

156. Wells, JG, Balke, B, and Van Fossan, DD. Lactic acid accumulation during work: A suggested standardization of work classification. *J Appl Physiol* 10:51-55, 1957.

157. Whipp, BJ, Seard, C, and Wasserman, K. Oxygen deficit-oxygen debt relationships and efficiency of anaerobic work. *J Appl Physiol* 28:452-456, 1970.

158. Williams, JH, and Klug, GA. Calcium exchange hypothesis of skeletal-muscle fatigue—a brief review. *Muscle Nerve* 18:421-434, 1995.

159. Withers, RT, Sherman, WM, Clark, DG, Esselbach, PC, Nolan, SR, Mackay, MH, and Brinkman, M. Muscle metabolism during 30, 60 and 90 s of maximal cycling on an air-braked ergometer. *Eur J Appl Physiol Occup Physiol* 63:354-362, 1991.

160. York, JW, Oscai, LB, and Penney, DG. Alterations in skeletal-muscle lactate-dehydrogenase isoenzymes following exercise training. *Biochem Biophys Res Commun* 61:1387-1393, 1974.

161. Yoshida, T. Effect of dietary modifications on lactate threshold and onset of blood lactate accumulation during incremental exercise. *Eur J Appl Physiol* 53:200-205, 1984.

162. Zehnder, M, Muelli, M, Buchli, R, Kuehne, G, and Boutellier, U. Further glycogen decrease during early recovery after eccentric exercise despite a high carbohydrate intake. *Eur J Nutr* 43:148-159, 2004.

第4章 抗阻训练的内分泌反应

1. Adem, A, Jossan, SS, d'Argy, R, Gillberg, PG, Nordberg, A, Winblad, B, and Sara, V. Insulin-like growth factor 1 (IGF-1) receptors in the human brain: Quantitative autoradiographic localization. *Brain Res* 503:299-303, 1989.

2. Allen, RE, Merkel, RA, and Young, RB. Cellular aspects of muscle growth: Myogenic cell proliferation. *J Anim Sci* 49:115-127, 1979.

3. Allen, RE, and Boxhorn, LK. Regulation of skeletal muscle satellite cell proliferation and differentiation by transforming growth factor-beta, insulin-like growth factor I, and fibroblast growth factor. *J Cell Physiol* 138:311-315, 1989.

4. Aristizabal, J, Freidenreich, D, Volk, B, Kupchak, B, Saenz, C, Maresh, C, Kraemer, W, and Volek, J. Effect of resistance training on resting metabolic rate and its estimation by a dual-energy X-ray absorptiometry metabolic map. *Eur J Clin Nutr,* 2014.

5. Atha, J. Strengthening muscle. *Exerc Sport Sci Rev* 9:1-73, 1981.

6. Bartalena, L. Recent achievements in studies on thyroid hormone-binding proteins. *Endocr Rev* 11:47-64, 1990.

7. Baxter, RC, and Martin, JL. Structure of the Mr 140,000 growth hormone-dependent insulin-like growth factor binding protein complex: Determination by reconstitution and affinity-labeling. *Proc Natl Acad Sci U S A* 86:6898-6902, 1989.

8. Baxter, RC, Martin, JL, and Beniac, VA. High molecular weight insulin-like growth factor binding protein complex. Purification and properties of the acid-labile subunit from human serum. *J Biol Chem* 264:11843-11848, 1989.

9. Beauloye, V, Muaku, SM, Lause, P, Portetelle, D, Renaville, R, Robert, AR, Ketelslegers, JM, and Maiter, D. Monoclonal antibodies to growth hormone (GH) prolong liver GH binding and GH-induced IGF-I/IGFBP-3 synthesis. *Am J Physiol* 277:E308-E315, 1999.

10. Ben-Ezra, V, McMurray, R, and Smith, A. Effects of exercise or diet on plasma somatomedin-C. *Med Sci Sports Exerc* 17:209, 1985.

11. Biro, J, and Endroczi, E. Nuclear RNA content and synthesis in anterior pituitary in intact, castrated and androgen sterilized rats. *Endocrinol Exp* 11:163-168, 1977.

12. Bleisch, W, Luine, VN, and Nottebohm, F. Modification of synapses in androgen-sensitive muscle. I. Hormonal regulation of acetylcholine receptor number in the songbird syrinx. *J Neurosci* 4:786-792, 1984.

13. Blum, WF, Jenne, EW, Reppin, F, Kietzmann, K, Ranke, MB, and Bierich, JR. Insulin-like growth factor I (IGF-I)-binding protein complex is a better mitogen than free IGF-I. *Endocrinology* 125:766-772, 1989.

14. Borer, KT, Nicoski, DR, and Owens, V. Alteration of pulsatile growth hormone secretion by growth-inducing exercise: Involvement of endogenous opiates and somatostatin. *Endocrinology* 118:844-850, 1986.

15. Boule, NG, Weisnagel, SJ, Lakka, TA, Tremblay, A, Bergman, RN, Rankinen, T, Leon, AS, Skinner, JS, Wilmore, JH, Rao, DC, Bouchard, C, and HERITAGE Family Study. Effects of exercise training on glucose homeostasis: The HERITAGE Family Study. *Diabetes Care* 28:108-114, 2005.
16. Buckler, JM. The effect of age, sex and exercise on the secretion of growth hormone. *Clin Sci* 37:765-774, 1969.
17. Buckler, JM. The relationship between exercise, body temperature and plasma growth hormone levels in a human subject. *J Physiol* 214 Suppl: 25P-26P, 1971.
18. Bush, JA, Mastro, AM, and Kraemer, WJ. Proenkephalin peptide F immunoreactivity in different circulatory biocompartments after exercise. *Peptides* 27:1498-1506, 2006.
19. Chang, FE, Dodds, WG, Sullivan, M, Kim, MH, and Malarkey, WB. The acute effects of exercise on prolactin and growth hormone secretion: Comparison between sedentary women and women runners with normal and abnormal menstrual cycles. *J Clin Endocrinol Metab* 62:551-556, 1986.
20. Clarkson, PM, and Tremblay, I. Exercise-induced muscle damage, repair, and adaptation in humans. *J Appl Physiol* 65:1-6, 1988.
21. Clasen, BF, Krusenstjerna-Hafstrom, T, Vendelbo, MH, Thorsen, K, Escande, C, Moller, N, Pedersen, SB, Jorgensen, JO, and Jessen, N. Gene expression in skeletal muscle after an acute intravenous GH bolus in human subjects: Identification of a mechanism regulating ANGPTL4. *J Lipid Res* 54:1988-1997, 2013.
22. Clemmons, DR, Busby, HW, and Underwood, LE. Mediation of the growth promoting actions of growth hormone by somatomedin-C/ insulin-like growth factor I and its binding protein. In *The Physiology of Human Growth.* Tanner, JM, and Preece, MA, eds. Cambridge: Cambridge University Press, 111-128, 1989.
23. Clemmons, DR, Thissen, JP, Maes, M, Ketelslegers, JM, and Underwood, LE. Insulin-like growth factor-I (IGF-I) infusion into hypophysectomized or protein-deprived rats induces specific IGF-binding proteins in serum. *Endocrinology* 125:2967-2972, 1989.
24. Coviello, AD, Lakshman, K, Mazer, NA, and Bhasin, S. Differences in the apparent metabolic clearance rate of testosterone in young and older men with gonadotropin suppression receiving graded doses of testosterone. *J Clin Endocrinol Metab* 91:4669-4675, 2006.
25. Craig, SK, Byrnes, WC, and Fleck, SJ. Plasma volume during weight lifting. *Int J Sports Med* 29:89-95, 2008.
26. Cumming, DC, Wall, SR, Galbraith, MA, and Belcastro, AN. Reproductive hormone responses to resistance exercise. *Med Sci Sports Exerc* 19:234-238, 1987.
27. Czech, MP. Signal transmission by the insulin-like growth factors. *Cell* 59:235-238, 1989.
28. Daughaday, WH, and Rotwein, P. Insulin-like growth factors I and II. Peptide, messenger ribonucleic acid and gene structures, serum, and tissue concentrations. *Endocr Rev* 10:68-91, 1989.
29. De Souza, MJ, Maguire, MS, Maresh, CM, Kraemer, WJ, Rubin, KR, and Loucks, AB. Adrenal activation and the prolactin response to exercise in eumenorrheic and amenorrheic runners. *J Appl Physiol* 70:2378-2387, 1991.
30. D'Ercole, AJ, Stiles, AD, and Underwood, LE. Tissue concentrations of somatomedin C: Further evidence for multiple sites of synthesis and paracrine or autocrine mechanisms of action. *Proc Natl Acad Sci U S A* 81:935-939, 1984.
31. Deschenes, MR, Maresh, CM, Armstrong, LE, Covault, J, Kraemer, WJ, and Crivello, JF. Endurance and resistance exercise induce muscle fiber type specific responses in androgen binding capacity. *J Steroid Biochem* 50:175-179, 1994.
32. Deschenes, MR, Kraemer, WJ, Bush, JA, Doughty, TA, Kim, D, Mullen, KM, and Ramsey, K. Biorhythmic influences on functional capacity of human muscle and physiological responses. *Med Sci Sports Exerc* 30:1399-1407, 1998.
33. Djarova, T, Ilkov, A, Varbanova, A, Nikiforova, A, and Mateev, G. Human growth hormone, cortisol, and acid-base balance changes after hyperventilation and breath-holding. *Int J Sports Med* 7:311-315, 1986.
34. Ekins, R. Measurement of free hormones in blood. *Endocr Rev* 11:5-46, 1990.
35. Elliot, DL, Goldberg, L, Watts, WJ, and Orwoll, E. Resistance exercise and plasma beta-endorphin/ beta-lipotrophin immunoreactivity. *Life Sci* 34:515-518, 1984.
36. Estrada, M, Espinosa, A, Muller, M, and Jaimovich, E. Testosterone stimulates intracellular calcium release and mitogen-activated protein kinases via a G protein-coupled receptor in skeletal muscle cells. *Endocrinology* 144:3586-3597, 2003.
37. Fagin, JA, Fernandez-Mejia, C, and Melmed, S. Pituitary insulin-like growth factor-I gene expression: Regulation by triiodothyronine and growth hormone. *Endocrinology* 125:2385-2391, 1989.
38. Fahey, TD, Rolph, R, Moungmee, P, Nagel, J, and Mortara, S. Serum testosterone, body composition,

and strength of young adults. *Med Sci Sports* 8:31-34, 1976.

39. Faria, AC, Veldhuis, JD, Thorner, MO, and Vance, ML. Half-time of endogenous growth hormone (GH) disappearance in normal man after stimulation of GH secretion by GH-releasing hormone and suppression with somatostatin. *J Clin Endocrinol Metab* 68:535-541, 1989.
40. Finkelstein, JW, Roffwarg, HP, Boyar, RM, Kream, J, and Hellman, L. Age-related change in the twenty-four-hour spontaneous secretion of growth hormone. *J Clin Endocrinol Metab* 35:665-670, 1972.
41. Fischer, E. Über die optischen isomeren des traubenzuckers, der gluconsäure und der zuckersäure. In *Untersuchungen Über Kohlenhydrate und Fermente (1884–1908)*. Anonymous. Berlin: Springer, 362-376, 1909.
42. Fleck, SJ. *Successful Long-Term Weight Training*. Indianapolis: Masters Press, 1999.
43. Fleck, SJ, and Kraemer, WJ. *Periodization Breakthrough*. Ronkonkoma, NY: Advanced Research Press, 1996.
44. Fleck, SJ, and Kraemer, WJ. *Designing Resistance Training Programs*. 3rd ed. Champaign, IL: Human Kinetics, 2003.
45. Florini, JR. Hormonal control of muscle growth. *Muscle Nerve* 10:577-598, 1987.
46. Florini, JR. Hormonal control of muscle cell growth. *J Anim Sci* 61:21-38, 1985.
47. Florini, JR, Prinz, PN, Vitiello, MV, and Hintz, RL. Somatomedin-C levels in healthy young and old men: Relationship to peak and 24-hour integrated levels of growth hormone. *J Gerontol* 40:2-7, 1985.
48. Fluckey, JD, Kraemer, WJ, and Farrell, PA. Arginine-stimulated insulin secretion from isolated rat pancreatic islets is increased following acute resistance exercise. *J Appl Physiol* 79:1100-1105, 1995.
49. Forbes, B, Szabo, L, Baxter, RC, Ballard, FJ, and Wallace, JC. Classification of the insulin-like growth factor binding proteins into three distinct categories according to their binding specificities. *Biochem Biophys Res Com* 157:196-202, 1988.
50. Fortunati, N, Catalano, MG, Boccuzzi, G, and Frairia, R. Sex Hormone-Binding Globulin (SHBG), estradiol and breast cancer. *Mol Cell Endocrinol* 316:86-92, 2010.
51. Fragala, MS, Kraemer, WJ, Denegar, CR, Maresh, CM, Mastro, AM, and Volek, JS. Neuroendocrine-immune interactions and responses to exercise. *Sports Med* 41:621-639, 2011.
52. Fragala, MS, Kraemer, WJ, Mastro, AM, Denegar, CR, Volek, JS, Kupchak, BR, Hakkinen, K, Anderson, JM, and Maresh, CM. Glucocorticoid receptor expression on human B cells in response to acute heavy resistance exercise. *Neuroimmunomodulation* 18:156-164, 2011.
53. French, DN, Kraemer, WJ, Volek, JS, Spiering, BA, Judelson, DA, Hoffman, JR, and Maresh, CM. Anticipatory responses of catecholamines on muscle force production. *J Appl Physiol* 102:94-102, 2007.
54. Fry, A, Schilling, B, Weiss, L, and Chiu, L. Beta2-adrenergic receptor downregulation and performance decrements during high-intensity resistance exercise overtraining. *J Appl Physiol* 101:1664-1672, 2006.
55. Fry, AC, Kraemer, WJ, Lynch, JM, Triplett, NT, and Koziris, LP. Does short-term near-maximal intensity machine resistance training induce overtraining? *J Strength Cond Res* 8:188-191, 1994.
56. Fry, AC, Kraemer, WJ, Stone, MH, Warren, BJ, Kearney, JT, Maresh, CM, Weseman, CA, and Fleck, SJ. Endocrine and performance responses to high volume training and amino acid supplementation in elite junior weightlifters. *Int J Sport Nutr* 3:306-322, 1993.
57. Fry, AC, Kraemer, WJ, Stone, MH, Warren, BJ, Fleck, SJ, Kearney, JT, and Gordon, SE. Endocrine responses to overreaching before and after 1 year of weightlifting. *Can J Appl Physiol* 19:400-410, 1994.
58. Fry, AC, Kraemer, WJ, van Borselen, F, Lynch, JM, Marsit, JL, Roy, EP, Triplett, NT, and Knuttgen, HG. Performance decrements with high-intensity resistance exercise overtraining. *Med Sci Sports Exerc* 26:1165-1173, 1994.
59. Fry, AC, Kraemer, WJ, and Ramsey, LT. Pituitary-adrenal-gonadal responses to high-intensity resistance exercise overtraining. *J Appl Physiol* 85:2352-2359, 1998.
60. Galbo, H. *Hormonal and Metabolic Adaptation to Exercise*. Stuttgart: Georg Thieme Verlag, 1983.
61. Gharib, SD, Wierman, ME, Shupnik, MA, and Chin, WW. Molecular biology of the pituitary gonadotropins. *Endocr Rev* 11:177-199, 1990.
62. Goldberg, AL, and Goodman, HM. Relationship between growth hormone and muscular work in determining muscle size. *J Physiol* 200:655-666, 1969.
63. Goldspink, G. Changes in muscle mass and phenotype and the expression of autocrine and systemic growth factors by muscle in response to stretch and overload. *J Anat* 194(Pt 3):323-334, 1999.

64. Gordon, SE, Kraemer, WJ, Vos, NH, Lynch, JM, and Knuttgen, HG. Effect of acid-base balance on the growth hormone response to acute high-intensity cycle exercise. *J Appl Physiol* 76:821-829, 1994.

65. Gordon, SE, Kraemer, WJ, Looney, DP, Flanagan, SD, Comstock, BA, and Hymer, WC. The influence of age and exercise modality on growth hormone bioactivity in women. *Growth Horm IGF Res* 24:95-103, 2014.

66. Gregory, SM, Headley, SA, Germain, M, Flyvbjerg, A, Frystyk, J, Coughlin, MA, Milch, CM, Sullivan, S, and Nindl, BC. Lack of circulating bioactive and immunoreactive IGF-I changes despite improved fitness in chronic kidney disease patients following 48 weeks of physical training. *Growth Horm IGF Res* 21:51-56, 2011.

67. Gregory, SM, Spiering, BA, Alemany, JA, Tuckow, AP, Rarick, KR, Staab, JS, Hatfield, DL, Kraemer, WJ, Maresh, CM, and Nindl, BC. Exercise-induced insulin-like growth factor I system concentrations after training in women. *Med Sci Sports Exerc* 45:420-428, 2013.

68. Guezennec, Y, Leger, L, Lhoste, F, Aymonod, M, and Pesquies, PC. Hormone and metabolite response to weight-lifting training sessions. *Int J Sports Med* 7:100-105, 1986.

69. Guma, A, Zierath, JR, Wallberg-Henriksson, H, and Klip, A. Insulin induces translocation of GLUT-4 glucose transporters in human skeletal muscle. *Am J Physiol* 268:E613-E622, 1995.

70. Hakkinen, K, Pakarinen, A, Alen, M, and Komi, PV. Serum hormones during prolonged training of neuromuscular performance. *Eur J Appl Physiol Occup Physiol* 53:287-293, 1985.

71. Hakkinen, K, Komi, PV, Alen, M, and Kauhanen, H. EMG, muscle fibre and force production characteristics during a 1 year training period in elite weight-lifters. *Eur J Appl Physiol Occup Physiol* 56:419-427, 1987.

72. Hakkinen, K, Pakarinen, A, Alen, M, Kauhanen, H, and Komi, PV. Relationships between training volume, physical performance capacity, and serum hormone concentrations during prolonged training in elite weight lifters. *Int J Sports Med* 8 Suppl 1:61-65, 1987.

73. Hakkinen, K, Pakarinen, A, Alen, M, Kauhanen, H, and Komi, PV. Neuromuscular and hormonal adaptations in athletes to strength training in two years. *J Appl Physiol* 65:2406-2412, 1988.

74. Hakkinen, K, Pakarinen, A, Alen, M, Kauhanen, H, and Komi, PV. Daily hormonal and neuromuscular responses to intensive strength training in 1 week. *Int J Sports Med* 9:422-428, 1988.

75. Hakkinen, K. Neuromuscular and hormonal adaptations during strength and power training. A review. *J Sports Med Phys Fitness* 29:9-26, 1989.

76. Hakkinen, K, Pakarinen, A, Kyrolainen, H, Cheng, S, Kim, DH, and Komi, PV. Neuromuscular adaptations and serum hormones in females during prolonged power training. *Int J Sports Med* 11:91-98, 1990.

77. Han, VK, D'Ercole, AJ, and Lund, PK. Cellular localization of somatomedin (insulin-like growth factor) messenger RNA in the human fetus. *Science* 236:193-197, 1987.

78. Hansen, S, Kvorning, T, Kjaer, M, and Sjogaard, G. The effect of short-term strength training on human skeletal muscle: The importance of physiologically elevated hormone levels. *Scand J Med Sci Sports* 11:347-354, 2001.

79. Hansson, HA, Brandsten, C, Lossing, C, and Petruson, K. Transient expression of insulin-like growth factor I immunoreactivity by vascular cells during angiogenesis. *Exp Mol Pathol* 50:125-138, 1989.

80. Henning, PC, Scofield, DE, Rarick, KR, Pierce, JR, Staab, JS, Lieberman, HR, and Nindl, BC. Effects of acute caloric restriction compared to caloric balance on the temporal response of the IGF-I system. *Metabolism* 62:179-187, 2013.

81. Hetrick, GA, and Wilmore, JH. Androgen levels and muscle hypertrophy during an eight-week training program for men/women. *Med Sci Sports Exerc* 11:102, 1979.

82. Hill, DJ, Camacho-Hubner, C, Rashid, P, Strain, AJ, and Clemmons, DR. Insulin-like growth factor (IGF)-binding protein release by human fetal fibroblasts: Dependency on cell density and IGF peptides. *J Endocrinol* 122:87-98, 1989.

83. Horikawa, R, Asakawa, K, Hizuka, N, Takano, K, and Shizume, K. Growth hormone and insulinlike growth factor I stimulate Leydig cell steroidogenesis. *Eur J Pharmacol* 166:87-94, 1989.

84. Housley, PR, Sanchez, ER, and Grippo, JF. Phosphorylation and reduction of glucocorticoid components. In *Receptor Phosphorylation.* Moudgil, VM, ed. Boca Raton, FL: CRC Press, 289-314, 1989.

85. Ikeda, T, Fujiyama, K, Takeuchi, T, Honda, M, Mokuda, O, Tominaga, M, and Mashiba, H. Effect of thyroid hormone on somatomedin-C release from perfused rat liver. *Experientia* 45:170-171, 1989.

86. Ishii, DN. Relationship of insulin-like growth factor II gene expression in muscle to synaptogenesis. *Proc Natl Acad Sci U S A* 86:2898-2902, 1989.

87. Jahreis, G, Hesse, V, Schmidt, HE, and Scheibe, J.

Effect of endurance exercise on somatomedin-C/ insulin-like growth factor I concentration in male and female runners. *Exp Clin Endocrinol* 94:89-96, 1989.

88. Jamurtas, AZ, Koutedakis, Y, Paschalis, V, Tofas, T, Yfanti, C, Tsiokanos, A, Koukoulis, G, Kouretas, D, and Loupos, D. The effects of a single bout of exercise on resting energy expenditure and respiratory exchange ratio. *Eur J Appl Physiol* 92:393-398, 2004.
89. Jensen, MD, Nielsen, S, Gupta, N, Basu, R, and Rizza, RA. Insulin clearance is different in men and women. *Metabolism* 61:525-530, 2012.
90. Kelly, A, Lyons, G, Gambki, B, and Rubinstein, N. Influences of testosterone on contractile proteins of the guinea pig temporalis muscle. *Adv Exp Med Biol* 182:155-168, 1985.
91. Kjaer, M, and Galbo, H. Effect of physical training on the capacity to secrete epinephrine. *J Appl Physiol* 64:11-16, 1988.
92. Kraemer, WJ, and Fleck, SJ. Resistance training: Exercise prescription. *Phys Sportsmed* 16:69-81, 1988.
93. Kraemer, WJ, Fleck, SJ, and Deschenes, M. A review: Factors in exercise prescription of resistance training. *NSCA J* 110:36-41, 1988.
94. Kraemer, WJ, and Baechle, TR. Development of a strength training program. In *Sports Medicine*. 2nd ed. Ryan, AJ, and Allman, FL, eds. San Diego: Academic Press, 113-127, 1989.
95. Kraemer, WJ, Patton, JF, Knuttgen, HG, Hannan, CJ, Kittler, T, Gordon, S, Dziados, JE, Fry, AC, Frykman, PN, and Harman, EA. The effects of high intensity cycle exercise on sympatho-adrenal medullary response patterns. *J Appl Physiol* 70:8-14, 1991.
96. Kraemer, WJ. Endocrine responses and adaptations to strength training. In *The Encyclopaedia of Sports Medicine: Strength and Power in Sport*. Komi, PV, ed. Oxford: Blackwell Scientific, 291-304, 1992.
97. Kraemer, WJ. Hormonal mechanisms related to the expression of muscular strength and power. In *The Encyclopaedia of Sports Medicine: Strength and Power in Sport*. Komi, PV, ed. Oxford: Blackwell Scientific, 64-76, 1992.
98. Kraemer, WJ. The physiological basis for strength training in midlife. In *Sports and Exercise in Midlife*. Gordon, SL, ed. Park Ridge, IL: American Academy of Orthopaedic Surgeons, 413-433, 1994.
99. Kraemer, WJ, Fleck, SJ, and Evans, WJ. Strength and power training: Physiological mechanisms of adaptation. In *Exercise and Sport Sciences Reviews, vol. 24*. Holloszy, JO, ed. Baltimore: Williams & Wilkins, 363-397, 1996.
100. Kraemer, WJ, Fry, AC, Frykman, PN, Conroy, B, and Hoffman, J. Resistance training and youth. *Pediatr Exerc Sci* 1:336-350, 1989.
101. Kraemer, WJ, and Koziris, LP. Olympic weightlifting and power lifting. In *Physiology and Nutrition for Competitive Sport*. Lamb, DR, and Knuttgen, HG, eds. Traverse City, MI: Cooper, 1-15, 1994.
102. Kraemer, WJ. A series of studies—the physiological basis for strength training in American football: Fact over philosophy. *J Strength Cond Res* 11:131-142, 1997.
103. Kraemer, WJ, and Nindl, BC. Factors involved with overtraining for strength and power. In *Overtraining in Sport*. Kreider, RB, Fry, AC, and O'Toole, ML, eds. Champaign, IL: Human Kinetics, 107-127, 1997.
104. Kraemer, WJ, Noble, B, Culver, B, and Lewis, RV. Changes in plasma proenkephalin peptide F and catecholamine levels during graded exercise in men. *Proc Natl Acad Sci U S A* 82:6349-6351, 1985.
105. Kraemer, WJ, Noble, BJ, Clark, MJ, and Culver, BW. Physiologic responses to heavy-resistance exercise with very short rest periods. *Int J Sports Med* 8:247-252, 1987.
106. Kraemer, WJ. Endocrine responses to resistance exercise. *Med Sci Sports Exerc* 20:S152-S157, 1988.
107. Kraemer, WJ, Armstrong, LE, Hubbard, RW, Marchitelli, LJ, Leva, N, Rock, PB, and Dziados, JE. Responses of plasma human atrial natriuretic factor to high intensity submaximal exercise in the heat. *Eur J Appl Physiol Occup Physiol* 57:399-403, 1988.
108. Kraemer, WJ, Deschenes, MR, and Fleck, SJ. Physiological adaptations to resistance exercise. Implications for athletic conditioning. *Sports Med* 6:246-256, 1988.
109. Kraemer, WJ, Rock, PB, Fulco, CS, Gordon, SE, Bonner, JP, Cruthirds, CD, Marchitelli, LJ, Trad, L, and Cymerman, A. Influence of altitude and caffeine during rest and exercise on plasma levels of proenkephalin peptide F. *Peptides* 9:1115-1119, 1988.
110. Kraemer, WJ, Fleck, SJ, Callister, R, Shealy, M, Dudley, GA, Maresh, CM, Marchitelli, L, Cruthirds, C, Murray, T, and Falkel, JE. Training responses of plasma beta-endorphin, adrenocorticotropin, and cortisol. *Med Sci Sports Exerc* 21:146-153, 1989.
111. Kraemer, WJ, Patton, JF, Knuttgen, HG,

Marchitelli, LJ, Cruthirds, C, Damokosh, A, Harman, E, Frykman, P, and Dziados, JE. Hypothalamic-pituitary-adrenal responses to short-duration high-intensity cycle exercise. *J Appl Physiol* 66:161-166, 1989.

112. Kraemer, WJ, Dziados, JE, Gordon, SE, Marchitelli, LJ, Fry, AC, and Reynolds, KL. The effects of graded exercise on plasma proenkephalin peptide F and catecholamine responses at sea level. *Eur J Appl Physiol Occup Physiol* 61:214-217, 1990.

113. Kraemer, WJ, Marchitelli, L, Gordon, SE, Harman, E, Dziados, JE, Mello, R, Frykman, P, McCurry, D, and Fleck, SJ. Hormonal and growth factor responses to heavy resistance exercise protocols. *J Appl Physiol* 69:1442-1450, 1990.

114. Kraemer, WJ, Gordon, SE, Fleck, SJ, Marchitelli, LJ, Mello, R, Dziados, JE, Friedl, K, Harman, E, Maresh, C, and Fry, AC. Endogenous anabolic hormonal and growth factor responses to heavy resistance exercise in males and females. *Int J Sports Med* 12:228-235, 1991.

115. Kraemer, WJ, Fry, AC, Warren, BJ, Stone, MH, Fleck, SJ, Kearney, JT, Conroy, BP, Maresh, CM, Weseman, CA, and Triplett, NT. Acute hormonal responses in elite junior weightlifters. *Int J Sports Med* 13:103-109, 1992.

116. Kraemer, WJ, Dziados, JE, Marchitelli, LJ, Gordon, SE, Harman, EA, Mello, R, Fleck, SJ, Frykman, PN, and Triplett, NT. Effects of different heavy-resistance exercise protocols on plasma beta-endorphin concentrations. *J Appl Physiol* 74:450-459, 1993.

117. Kraemer, WJ, Fleck, SJ, Dziados, JE, Harman, EA, Marchitelli, LJ, Gordon, SE, Mello, R, Frykman, PN, Koziris, LP, and Triplett, NT. Changes in hormonal concentrations after different heavy-resistance exercise protocols in women. *J Appl Physiol* 75:594-604, 1993.

118. Kraemer, WJ, Aguilera, BA, Terada, M, Newton, RU, Lynch, JM, Rosendaal, G, McBride, JM, Gordon, SE, and Hakkinen, K. Responses of IGF-I to endogenous increases in growth hormone after heavy-resistance exercise. *J Appl Physiol* 79:1310-1315, 1995.

119. Kraemer, WJ, Patton, JF, Gordon, SE, Harman, EA, Deschenes, MR, Reynolds, K, Newton, RU, Triplett, NT, and Dziados, JE. Compatibility of high-intensity strength and endurance training on hormonal and skeletal muscle adaptations. *J Appl Physiol* 78:976-989, 1995.

120. Kraemer, WJ, Hakkinen, K, Newton, RU, McCormick, M, Nindl, BC, Volek, JS, Gotshalk, LA, Fleck, SJ, Campbell, WW, Gordon, SE, Farrell, PA, and Evans, WJ. Acute hormonal responses to heavy resistance exercise in younger and older men. *Eur J Appl Physiol Occup Physiol* 77:206-211, 1998.

121. Kraemer, WJ, Volek, JS, Bush, JA, Putukian, M, and Sebastianelli, WJ. Hormonal responses to consecutive days of heavy-resistance exercise with or without nutritional supplementation. *J Appl Physiol* 85:1544-1555, 1998.

122. Kraemer, WJ, Loebel, CC, Volek, JS, Ratamess, NA, Newton, RU, Wickham, RB, Gotshalk, LA, Duncan, ND, Mazzetti, SA, Gomez, AL, Rubin, MR, Nindl, BC, and Hakkinen, K. The effect of heavy resistance exercise on the circadian rhythm of salivary testosterone in men. *Eur J Appl Physiol* 84:13-18, 2001.

123. Kraemer, WJ, Rubin, MR, Hakkinen, K, Nindl, BC, Marx, JO, Volek, JS, French, DN, Gomez, AL, Sharman, MJ, Scheett, T, Ratamess, NA, Miles, MP, Mastro, A, VanHeest, J, Maresh, CM, Welsch, JR, and Hymer, WC. Influence of muscle strength and total work on exercise-induced plasma growth hormone isoforms in women. *J Sci Med Sport* 6:295-306, 2003.

124. Kraemer, WJ, and Ratamess, NA. Hormonal responses and adaptations to resistance exercise and training. *Sports Med* 35:339-361, 2005.

125. Kraemer, WJ, Nindl, BC, Marx, JO, Gotshalk, LA, Bush, JA, Welsch, JR, Volek, JS, Spiering, BA, Maresh, CM, Mastro, AM, and Hymer, WC. Chronic resistance training in women potentiates growth hormone in vivo bioactivity: Characterization of molecular mass variants. *Am J Physiol Endocrinol Metab* 291:E1177-E1187, 2006.

126. Kraemer, WJ, Spiering, BA, Volek, JS, Ratamess, NA, Sharman, MJ, Rubin, MR, French, DN, Silvestre, R, Hatfield, DL, Van Heest, JL, Vingren, JL, Judelson, DA, Deschenes, MR, and Maresh, CM. Androgenic responses to resistance exercise: Effects of feeding and L-carnitine. *Med Sci Sports Exerc* 38:1288-1296, 2006.

127. Kraemer, WJ, Nindl, BC, Volek, JS, Marx, JO, Gotshalk, LA, Bush, JA, Welsch, JR, Vingren, JL, Spiering, BA, Fragala, MS, Hatfield, DL, Ho, JY, Maresh, CM, Mastro, AM, and Hymer, WC. Influence of oral contraceptive use on growth hormone in vivo bioactivity following resistance exercise: Responses of molecular mass variants. *Growth Horm IGF Res* 18:238-244, 2008.

128. Kraemer, WJ, Dunn-Lewis, C, Comstock, BA, Thomas, GA, Clark, JE, and Nindl, BC. Growth hormone, exercise, and athletic performance: A continued evolution of complexity. *Curr Sports Med Rep* 9:242-252, 2010.

129. Kuoppasalmi, K, and Adlercreutz, H. Interaction

between catabolic and anabolic steroid hormones in muscular exercise. In *Exercise Endocrinology*. Berlin: Walter de Gruyter, 65-98, 1985.

130. Kvorning, T, Andersen, M, Brixen, K, and Madsen, K. Suppression of endogenous testosterone production attenuates the response to strength training: A randomized, placebo-controlled, and blinded intervention study. *Am J Physiol Endocrinol Metab* 291:E1325-E1332, 2006.

131. Kvorning, T, Andersen, M, Brixen, K, Schjerling, P, Suetta, C, and Madsen, K. Suppression of testosterone does not blunt mRNA expression of myoD, myogenin, IGF, myostatin or androgen receptor post strength training in humans. *J Physiol* 578:579-593, 2007.

132. Lukaszewska, J, Biczowa, B, Bobilewixz, D, Wilk, M, and Bouchowixz-Fidelus, B. Effect of physical exercise on plasma cortisol and growth hormone levels in young weight lifters. *Endokrynol Pol* 2:149-158, 1976.

133. MacDougall, J. Morphological changes in human skeletal muscle following strength training and immobilization. In *Human Muscle Power*. Jones, NL, McCartney, N, and McComas, AJ, eds. Champaign, IL: Human Kinetics, 269-288, 1986.

134. Mahler, DA, Cunningham, LN, Skrinar, GS, Kraemer, WJ, and Colice, GL. Beta-endorphin activity and hypercapnic ventilatory responsiveness after marathon running. *J Appl Physiol* 66:2431-2436, 1989.

135. Maksay, G, and Toke, O. Asymmetric perturbations of signalling oligomers. *Prog Biophys Mol Biol* 114:153-169, 2014.

136. Martin, JB. Growth hormone releasing factor. In *Brain Peptides*. Krieger, DT, Brownstein, JJ, and Martin, JB, eds. New York: Wiley, 976-980, 1983.

137. Matheny, RW, Jr., and Nindl, BC. Loss of IGF-IEa or IGF-IEb impairs myogenic differentiation. *Endocrinology* 152:1923-1934, 2011.

138. Mauras, N, Rini, A, Welch, S, Sager, B, and Murphy, SP. Synergistic effects of testosterone and growth hormone on protein metabolism and body composition in prepubertal boys. *Metabolism* 52:964-969, 2003.

139. McCall, GE, Byrnes, WC, Fleck, SJ, Dickinson, A, and Kraemer, WJ. Acute and chronic hormonal responses to resistance training designed to promote muscle hypertrophy. *Can J Appl Physiol* 24:96-107, 1999.

140. McCusker, RH, Camacho-Hubner, C, and Clemmons, DR. Identification of the types of insulin-like growth factor-binding proteins that are secreted by muscle cells in vitro. *J Biol Chem* 264:7795-7800, 1989.

141. McKoy, G, Ashley, W, Mander, J, Yang, SY, Williams, N, Russell, B, and Goldspink, G. Expression of insulin growth factor-1 splice variants and structural genes in rabbit skeletal muscle induced by stretch and stimulation. *J Physiol* 516(Pt 2):583-592, 1999.

142. McMurray, RG, Eubank, TK, and Hackney, AC. Nocturnal hormonal responses to resistance exercise. *Eur J Appl Physiol Occup Physiol* 72:121-126, 1995.

143. Migiano, MJ, Vingren, JL, Volek, JS, Maresh, CM, Fragala, MS, Ho, JY, Thomas, GA, Hatfield, DL, Hakkinen, K, Ahtiainen, J, Earp, JE, and Kraemer, WJ. Endocrine response patterns to acute unilateral and bilateral resistance exercise in men. *J Strength Cond Res* 24:128-134, 2010.

144. Nindl, BC, Kraemer, WJ, Gotshalk, LA, Marx, JO, Volek, JS, Bush, FA, Hakkinen, K, Newton, RU, and Fleck, SJ. Testosterone responses after resistance exercise in women: Influence of regional fat distribution. *Int J Sport Nutr Exerc Metab* 11:451-465, 2001.

145. Nindl, BC. Insulin-like growth factor-I as a candidate metabolic biomarker: Military relevance and future directions for measurement. *J Diabetes Sci Technol* 3:371-376, 2009.

146. Nindl, BC. Insulin-like growth factor-I, physical activity, and control of cellular anabolism. *Med Sci Sports Exerc* 42:35-38, 2010.

147. Nindl, BC, Alemany, JA, Tuckow, AP, Rarick, KR, Staab, JS, Kraemer, WJ, Maresh, CM, Spiering, BA, Hatfield, DL, Flyvbjerg, A, and Frystyk, J. Circulating bioactive and immunoreactive IGF-I remain stable in women, despite physical fitness improvements after 8 weeks of resistance, aerobic, and combined exercise training. *J Appl Physiol* 109:112-120, 2010.

148. Nindl, BC, and Pierce, JR. Insulin-like growth factor I as a biomarker of health, fitness, and training status. *Med Sci Sports Exerc* 42:39-49, 2010.

149. Nindl, BC, McClung, JP, Miller, JK, Karl, JP, Pierce, JR, Scofield, DE, Young, AJ, and Lieberman, HR. Bioavailable IGF-I is associated with fat-free mass gains after physical training in women. *Med Sci Sports Exerc* 43:793-799, 2011.

150. Nindl, BC, Santtila, M, Vaara, J, Hakkinen, K, and Kyrolainen, H. Circulating IGF-I is associated with fitness and health outcomes in a population of 846 young healthy men. *Growth Horm IGF Res* 21:124-128, 2011.

151. Nindl, BC, Urso, ML, Pierce, JR, Scofield, DE, Barnes, BR, Kraemer, WJ, Anderson, JM, Maresh, CM, Beasley, KN, and Zambraski, EJ. IGF-I

measurement across blood, interstitial fluid, and muscle biocompartments following explosive, high-power exercise. *Am J Physiol Regul Integr Comp Physiol* 303:R1080-R1089, 2012.

152. Okayama, T. Factors which regulate growth hormone secretion. *Med J* 17:13-19, 1972.

153. Pakarinen, A, Alen, M, Hakkinen, K, and Komi, P. Serum thyroid hormones, thyrotropin and thyroxine binding globulin during prolonged strength training. *Eur J Appl Physiol Occup Physiol* 57:394-398, 1988.

154. Perry, JK, Liu, DX, Wu, ZS, Zhu, T, and Lobie, PE. Growth hormone and cancer: An update on progress. *Curr Opin Endocrinol Diabetes Obes* 20:307-313, 2013.

155. Rance, NE, and Max, SR. Modulation of the cytosolic androgen receptor in striated muscle by sex steroids. *Endocrinology* 115:862-866, 1984.

156. Ratamess, NA, Kraemer, WJ, Volek, JS, Maresh, CM, Vanheest, JL, Sharman, MJ, Rubin, MR, French, DN, Vescovi, JD, Silvestre, R, Hatfield, DL, Fleck, SJ, and Deschenes, MR. Androgen receptor content following heavy resistance exercise in men. *J Steroid Bio-chem Mol Biol* 93:35-42, 2005.

157. Rogol, AD. Growth hormone: Physiology, therapeutic use, and potential for abuse. *Exerc Sport Sci Rev* 17:353-377, 1989.

158. Ronnestad, BR, Nygaard, H, and Raastad, T. Physiological elevation of endogenous hormones results in superior strength training adaptation. *Eur J Appl Physiol* 111:2249-2259, 2011.

159. Rosner, W. The functions of corticosteroid-binding globulin and sex hormone-binding globulin: Recent advances. *Endocr Rev* 11:80-91, 1990.

160. sRubin, MR, Kraemer, WJ, Maresh, CM, Volek, JS, Ratamess, NA, Vanheest, JL, Silvestre, R, French, DN, Sharman, MJ, Judelson, DA, Gomez, AL, Vescovi, JD, and Hymer, WC. High-affinity growth hormone binding protein and acute heavy resistance exercise. *Med Sci Sports Exerc* 37:395-403, 2005.

161. Sale, DG. Neural adaptation to resistance training. *Med Sci Sports Exerc* 20:S135-S145, 1988.

162. Schakman, O, Kalista, S, Barbe, C, Loumaye, A, and Thissen, JP. Glucocorticoid-induced skeletal muscle atrophy. *Int J Biochem Cell Biol* 45:2163-2172, 2013.

163. Sedliak, M, Finni, T, Cheng, S, Kraemer, WJ, and Hakkinen, K. Effect of time-of-day-specific strength training on serum hormone concentrations and isometric strength in men. *Chronobiol Int* 24:1159-1177, 2007.

164. Selye, H. A syndrome produced by diverse nocuous agents. *Nature* 138:32, 1936.

165. Selye, H. Stress and disease. *Geriatrics* 10:253-261, 1955.

166. Shaner, AA, Vingren, JL, Hatfield, DL, Budnar, RG, Jr., Duplanty, AA, and Hill, DW. The acute hormonal response to free weight and machine weight resistance exercise. *J Strength Cond Res* 28:1032-1040, 2014.

167. Skierska, E, Ustupska, J, Biczowa, B, and Lukaszewska, J. Effect of physical exercise on plasma cortisol, testosterone and growth hormone levels in weight lifters. *Endokrynol Pol* 2:159-165, 1976.

168. Skottner, A, Kanie, M, Jennische, E, Sjogren, J, and Fryklund, L. Tissue repair and IGF-1. *Acta Paediatr Scand* 347:110-112, 1988.

169. Smilios, I, Pilianidis, T, Karamouzis, M, and Tokmakidis, SP. Hormonal responses after various resistance exercise protocols. *Med Sci Sports Exerc* 35:644-654, 2003.

170. Sonntag, WE, Forman, LJ, Miki, N, and Meiters, J. Growth hormone secretion and neuroendocrine regulation. In *Handbook of Endocrinology.* Gass, GH, and Kaplan, HM, eds. Boca Raton, FL: CRC Press, 35-39, 1982.

171. Spiering, BA, Kraemer, WJ, Vingren, JL, Ratamess, NA, Anderson, JM, Armstrong, LE, Nindl, BC, Volek, JS, Hakkinen, K, and Maresh, CM. Elevated endogenous testosterone concentrations potentiate muscle androgen receptor responses to resistance exercise. *J Steroid Biochem Mol Biol* 114:195-199, 2009.

172. Staron, RS, Karapondo, DL, Kraemer, WJ, Fry, AC, Gordon, SE, Falkel, JE, Hagerman, FC, and Hikida, RS. Skeletal muscle adaptations during early phase of heavy-resistance training in men and women. *J Appl Physiol* 76:1247-1255, 1994.

173. Stone, MH, Byrd, R, and Johnson, C. Observations on serum androgen response to short term resistive training in middle age sedentary males. *NSCA J* 5:40-65, 1984.

174. Stone, MH, and O'Bryant, HS. *Weight Training: A Scientific Approach.* Minneapolis: Burgess International Group, 1987.

175. Suikkari, AM, Koivisto, VA, Koistinen, R, Seppala, M, and Yki-Jarvinen, H. Dose-response characteristics for suppression of low molecular weight plasma insulin-like growth factor-binding protein by insulin. *J Clin Endocrinol Metab* 68:135-140, 1989.

176. Suikkari, AM, Sane, T, Seppala, M, Yki-Jarvinen, H, Karonen, SL, and Koivisto, VA. Prolonged exercise increases serum insulinlike growth factor-binding protein concentrations. *J Clin Endocrinol*

Metab 68:141-144, 1989.

177. Sutton, JR. Effect of acute hypoxia on the hormonal response to exercise. *J Appl Physiol* 42:587-592, 1977.

178. Szivak, TK, Hooper, DR, Dunn-Lewis, C, Comstock, BA, Kupchak, BR, Apicella, JM, Saenz, C, Maresh, CM, Denegar, CR, and Kraemer, WJ. Adrenal cortical responses to high-intensity, short rest, resistance exercise in men and women. *J Strength Cond Res* 27:748-760, 2013.

179. Tapperman, J. *Metabolic and Endocrine Physiology.* Chicago: Year Book Medical, 1980.

180. Terjung, R. Endocrine response to exercise. *Exerc Sport Sci Rev* 7:153-180, 1979.

181. Thomas, GA, Kraemer, WJ, Kennett, MJ, Comstock, BA, Maresh, CM, Denegar, CR, Volek, JS, and Hymer, WC. Immunoreactive and bioactive growth hormone responses to resistance exercise in men who are lean or obese. *J Appl Physiol* 111:465-472, 2011.

182. Triplett-McBride, NT, Mastro, AM, McBride, JM, Bush, JA, Putukian, M, Sebastianelli, WJ, and Kraemer, WJ. Plasma proenkephalin peptide F and human B cell responses to exercise stress in fit and unfit women. *Peptides* 19:731-738, 1998.

183. Turner, JD, Rotwein, P, Novakofski, J, and Bechtel, PJ. Induction of messenger RNA for IGF-I and -II during growth hormone-stimulated muscle hypertrophy. *Am J Physiol* 255:E513-E517, 1988.

184. Vanhelder, WP, Goode, RC, and Radomski, MW. Effect of anaerobic and aerobic exercise of equal duration and work expenditure on plasma growth hormone levels. *Eur J Appl Physiol Occup Physiol* 52:255-257, 1984.

185. Vanhelder, WP, Radomski, MW, and Goode, RC. Growth hormone responses during intermittent weight lifting exercise in men. *Eur J Appl Physiol Occup Physiol* 53:31-34, 1984.

186. Vicencio, JM, Ibarra, C, Estrada, M, Chiong, M, Soto, D, Parra, V, Diaz-Araya, G, Jaimovich, E, and Lavandero, S. Testosterone induces an intracellular calcium increase by a nongenomic mechanism in cultured rat cardiac myocytes. *Endocrinology* 147:1386-1395, 2006.

187. Vingren, JL, Koziris, LP, Gordon, SE, Kraemer, WJ, Turner, RT, and Westerlind, KC. Chronic alcohol intake, resistance training, and muscle androgen receptor content. *Med Sci Sports Exerc* 37:1842-1848, 2005.

188. Vingren, JL, Kraemer, WJ, Hatfield, DL, Volek, JS, Ratamess, NA, Anderson, JM, Hakkinen, K, Ahtiainen, J, Fragala, MS, Thomas, GA, Ho, JY, and Maresh, CM. Effect of resistance exercise on muscle steroid receptor protein content in strength-trained men and women. *Steroids* 74:1033-1039, 2009.

189. Vingren, JL, Kraemer, WJ, Ratamess, NA, Anderson, JM, Volek, JS, and Maresh, CM. Testosterone physiology in resistance exercise and training: The up-stream regulatory elements. *Sports Med* 40:1037-1053, 2010.

190. Weiss, LW, Cureton, KJ, and Thompson, FN. Comparison of serum testosterone and androstenedione responses to weight lifting in men and women. *Eur J Appl Physiol Occup Physiol* 50:413-419, 1983.

191. Westerlind, KC. Exercise and serum androgens in women. *Phys Sportsmed* 15:87-90, 1987.

192. Willoughby, DS, and Taylor, L. Effects of sequential bouts of resistance exercise on androgen receptor expression. *Med Sci Sports Exerc* 36:1499-1506, 2004.

193. Wolf, M, Ingbar, SH, and Moses, AC. Thyroid hormone and growth hormone interact to regulate insulin-like growth factor-I messenger ribonucleic acid and circulating levels in the rat. *Endocrinology* 125:2905-2914, 1989.

194. Yeoh, SI, and Baxter, RC. Metabolic regulation of the growth hormone independent insulin-like growth factor binding protein in human plasma. *Acta Endocrinol (Copenh)* 119:465-473, 1988.

195. Young, IR, Mesiano, S, Hintz, R, Caddy, DJ, Ralph, MM, Browne, CA, and Thorburn, GD. Growth hormone and testosterone can independently stimulate the growth of hypophysectomized prepubertal lambs without any alteration in circulating concentrations of insulin-like growth factors. *J Endocrinol* 121:563-570, 1989.

196. Zorzano, A, James, DE, Ruderman, NB, and Pilch, PF. Insulin-like growth factor I binding and receptor kinase in red and white muscle. *FEBS Lett* 234:257-262, 1988.

第5章 无氧训练计划的适应

1. Aagaard, P. Training-induced changes in neural function. *Exerc Sport Sci Rev* 31:61-67, 2003.

2. Aagaard, P, Andersen, JL, Dyhre-Poulsen, P, Leffers, A, Wagner, A, Magnusson, P, Halkjaer-Kristensen, J, and Simonsen, EB. A mechanism for increased contractile strength of human pennate muscle in response to strength training: Changes in muscle architecture. *J Physiol* 534:613-623, 2001.

3. Aagaard, P, Simonsen, EB, Andersen, JL, Magnusson, P, and Dyhre-Poulsen, P. Neural adaptation to resistance training: Changes in evoked V-wave and H-reflex responses. *J Appl Physiol* 92:2309-2318, 2002.

4. Aagaard, P, Simonsen, EB, Andersen, JL, Magnu-

sson, P, and Dyhre-Poulsen, P. Increased rate of force development and neural drive of human skeletal muscle following resistance training. *J Appl Physiol* 93:1318-1326, 2002.

5. Aagaard, P, Simonsen, EB, Andersen, JL, Magnusson, P, Halkjaer-Kristensen, J, and Dyhre-Poulsen, P. Neural inhibition during maximal eccentric and concentric quadriceps contraction: Effects of resistance training. *J Appl Physiol* 89:2249-2257, 2000.
6. Abe, T, Kumagai, K, and Brechue, WF. Fascicle length of leg muscles is greater in sprinters than distance runners. *Med Sci Sports Exerc* 32:1125-1129, 2000.
7. Adams, GR, Harris, RT, Woodard, D, and Dudley, D. Mapping of electrical muscle stimulation using MRI. *J Appl Physiol* 74:532-537, 1993.
8. Allen, GD. Physiological and metabolic changes with six weeks of detraining. *Aust J Sci Med Sport* 21:4-9, 1989.
9. Always, SE, MacDougall, JD, and Sale, DG. Contractile adaptations in the human triceps surae after isometric exercise. *J Appl Physiol* 66:2725-2732, 1989.
10. Andersen, JL, and Aagaard, P. Myosin heavy chain IIX overshoot in human skeletal muscle. *Muscle Nerve* 23:1095-1104, 2000.
11. Baker, D, Nance, S, and Moore, M. The load that maximizes the average mechanical power output during explosive bench press throws in highly trained athletes. *J Strength Cond Res* 15:20-24, 2001.
12. Baker, D, Nance, S, and Moore, M. The load that maximizes the average mechanical power output during jump squats in power trained athletes. *J Strength Cond Res* 15:92-97, 2001.
13. Baty, JJ, Hwang, H, Ding, Z, Bernard, JR, Wang, B, Kwon, B, and Ivy, JL. The effect of a carbohydrate and protein supplement on resistance exercise performance, hormonal response, and muscle damage. *J Strength Cond Res* 21:321-329, 2007.
14. Beck, KC, and Johnson, BD. Pulmonary adaptations to dynamic exercise. In *ACSM's Resource Manual for Guidelines for Exercise Testing and Prescription*. Roitman, JL, ed. Baltimore: Williams & Wilkins, 305-313, 1998.
15. Behm, DG, Anderson, K, and Curnew, RS. Muscle force and activation under stable and unstable conditions. *J Strength Cond Res* 16:416-422, 2002.
16. Bell, GJ, Syrotuik, D, Martin, TP, Burnham, R, and Quinney, HA. Effect of concurrent strength and endurance training on skeletal muscle properties and hormone concentrations in humans. *Eur J Appl Physiol* 81:418-427, 2000.
17. Bell, GJ, and Wenger, HA. The effect of one-legged sprint training on intramuscular pH and nonbicarbonate buffering capacity. *Eur J Appl Physiol* 58:158-164, 1988.
18. Bickel, CS, Slade, J, Mahoney, E, Haddad, F, Dudley, GA, and Adams, GR. Time course of molecular responses of human skeletal muscle to acute bouts of resistance exercise. *J Appl Physiol* 98:482-488, 2005.
19. Biolo, G, Maggi, SP, Williams, BD, Tipton, KD, and Wolfe, RR. Increased rates of muscle protein turnover and amino acid transport after resistance exercise in humans. *J Physiol* 268:E514-E520, 1995.
20. Blazevich, AJ, Gill, ND, Bronks, R, and Newton, RU. Training-specific muscle architecture adaptations after 5-wk training in athletes. *Med Sci Sports Exerc* 35:2013-2022, 2003.
21. Budgett, R. Overtraining syndrome. *Br J Sports Med* 24:231-236, 1990.
22. Bush, JA, Kraemer, WJ, Mastro, AM, Triplett-McBride, T, Volek, JS, Putukian, M, Sebastianelli, WJ, and Knuttgen, HG. Exercise and recovery responses of adrenal medullary neurohormones to heavy resistance exercise. *Med Sci Sports Exerc* 31:554-559, 1999.
23. Callister, R, Callister, RJ, Fleck, SJ, and Dudley, GA. Physiological and performance responses to overtraining in elite judo athletes. *Med Sci Sports Exerc* 22:816-824, 1990.
24. Callister, R, Shealy, MJ, Fleck, SJ, and Dudley, GA. Performance adaptations to sprint, endurance and both modes of training. *J Appl Sport Sci Res* 2:46-51, 1988.
25. Campos, GE, Luecke, TJ, Wendeln, HK, Toma, K, Hagerman, FC, Murray, TF, Ragg, KE, Ratamess, NA, Kraemer, WJ, and Staron, RS. Muscular adaptations in response to three different resistance-training regimens: Specificity of repetition maximum training zones. *Eur J Appl Physiol* 88:50-60, 2002.
26. Carolan, B, and Cafarelli, E. Adaptations in coactivation after isometric resistance training. *J Appl Physiol* 73:911-917, 1992.
27. Chilibeck, PD, Calder, A, Sale, DG, and Webber, CE. Twenty weeks of weight training increases lean tissue mass but not bone mineral mass or density in healthy, active young women. *Can J Physiol Pharm* 74:1180-1185, 1996.
28. Colletti, LA, Edwards, J, Gordon, L, Shary, J, and Bell, NH. The effects of muscle-building exercise on bone mineral density of the radius, spine, and hip in young men. *Calcif Tissue Int* 45:12-14, 1989.

29. Conroy, BP, Kraemer, WJ, Maresh, CM, and Dalsky, GP. Adaptive responses of bone to physical activity. *Med Exerc Nutr Health* 1:64-74, 1992.

30. Conroy, BP, Kraemer, WJ, Maresh, CM, Fleck, SJ, Stone, MH, Fry, AC, Miller, PD, and Dalsky, GP. Bone mineral density in elite junior Olympic weightlifters. *Med Sci Sports Exerc* 25:1103-1109, 1993.

31. Cormie, P, McCaulley, GO, Triplett, NT, and McBride, JM. Optimal loading for maximal power output during lower-body resistance exercise. *Med Sci Sports Exerc* 39:340-349, 2007.

32. Cornelissen, VA, Fagard, RH, Coeckelberghs, E, and Vanhees, L. Impact of resistance training on blood pressure and other cardiovascular risk factors: A meta-analysis of randomized, controlled trials. *Hypertension* 58:950-958, 2011.

33. Costill, DL, Barnett, A, Sharp, R, Fink, WJ, and Katz, A. Leg muscle pH following sprint running. *Med Sci Sports Exerc* 15:325-329, 1983.

34. Craig, BW, Brown, R, and Everhart, J. Effects of progressive resistance training on growth hormone and testosterone levels in young and elderly subjects. *Mech Ageing Dev* 49:159-169, 1989.

35. Cussler, EC, Lohman, TG, Going, SB, Houtkooper, LB, Metcalfe, LL, Flint-Wagner, HG, Harris, RB, and Teixeira, PJ. Weight lifted in strength training predicts bone change in postmenopausal women. *Med Sci Sports Exerc* 35:10-17, 2003.

36. De Luca, CJ, and Contessa, P. Hierarchical control of motor units in voluntary contractions. *J Neurophysiol* 107:178-195, 2012.

37. Deligiannis, A, Zahopoulou, E, and Mandroukas, K. Echocardiographic study of cardiac dimensions and function in weight lifters and body builders. *Int J Sports Cardiol* 5:24-32, 1988.

38. Deschenes, MR, Covault, J, Kraemer, WJ, and Maresh, CM. The neuromuscular junction: Muscle fibre type differences, plasticity and adaptability to increased and decreased activity. *Sports Med* 17:358-372, 1994.

39. Deschenes, MR, Judelson, DA, Kraemer, WJ, Meskaitis, VJ, Volek, JS, Nindl, BC, Harman, FS, and Deaver, DR. Effects of resistance training on neuromuscular junction morphology. *Muscle Nerve* 23:1576-1581, 2000.

40. Deschenes, MR, Maresh, CM, Crivello, JF, Armstrong, LE, Kraemer, WJ, and Covault, J. The effects of exercise training of different intensities on neuromuscular junction morphology. *J Neurocytol* 22:603-615, 1993.

41. Dettmers, C, Ridding, MC, Stephan, KM, Lemon, RN, Rothwell, JC, and Frackowiak, RS. Comparison of regional cerebral blood flow with transcranial magnetic stimulation at different forces. *J Appl Physiol* 81:596-603, 1996.

42. Dook, JE, Henderson, JC, and Price, RI. Exercise and bone mineral density in mature female athletes. *Med Sci Sports Exerc* 29:291-296, 1997.

43. Duclos, M. A critical assessment of hormonal methods used in monitoring training status in athletes. *Int SportMed J* 9:56-66, 2008.

44. Dudley, GA, and Djamil, R. Incompatibility of endurance- and strength-training modes of exercise. *J Appl Physiol* 59:1446-1451, 1985.

45. Dupont, G, Millet, GP, Guinhouya, C, and Berthoin, S. Relationship between oxygen uptake kinetics and performance in repeated running sprints. *Eur J Appl Physiol* 95:27-34, 2005.

46. Eckstein, F, Hudelmaier, M, and Putz, R. The effects of exercise on human articular cartilage. *J Anat* 208:491-512, 2006.

47. Edge, J, Bishop, D, Hill-Haas, S, Dawson, B, and Goodman, C. Comparison of muscle buffer capacity and repeated-sprint ability of untrained, endurance-trained and team-sport athletes. *Eur J Appl Physiol* 96:225-234, 2006.

48. Enoka, RM. Neural adaptations with chronic physical activity. *J Biomech* 30:447-455, 1997.

49. Falkel, JE, Fleck, SJ, and Murray, TF. Comparison of central hemodynamics between power lifters and bodybuilders during exercise. *J Appl Sport Sci Res* 6:24-35, 1992.

50. Felici, F, Rosponi, A, Sbriccoli, P, Filligoi, C, Fattorini, L, and Marchetti, M. Linear and non-linear analysis of surface electromyograms in weightlifters. *Eur J Appl Physiol* 84:337-342, 2001.

51. Fisher, AG, Adams, TG, Yanowitz, FG, Ridges, JD, Orsmond, G, and Nelson, AG. Noninvasive evaluation of world class athletes engaged in different modes of training. *Am J Cardiol* 63:337-341, 1989.

52. Fleck, SJ. Cardiovascular adaptations to resistance training. *Med Sci Sports Exerc* 20:S146-S151, 1988.

53. Fleck, SJ. Cardiovascular responses to strength training. In *The Encyclopaedia of Sports Medicine: Strength and Power in Sport*. Komi, PV, ed. Oxford: Blackwell Scientific, 387-406, 2003.

54. Fleck, SJ, and Dean, LS. Resistance-training experience and the pressor response during resistance exercise. *J Appl Physiol* 63:116-120, 1987.

55. Fleck, SJ, Henke, C, and Wilson, W. Cardiac MRI of elite junior Olympic weight lifters. *Int J Sports Med* 10:329-333, 1989.

56. French, DN, Kraemer, WJ, Volek, JS, Spiering, BA, Judelson, DA, Hoffman, JR, and Maresh, CM. Anticipatory responses of catecholamines on muscle force production. *J Appl Physiol* 102:94-102, 2007.

57. Frost, HM. Why do marathon runners have less bone than weight lifters? A vital-biomechanical view and explanation. *Bone* 20:183-189, 1997.

58. Fry, AC, and Kraemer, WJ. Resistance exercise overtraining and overreaching. *Sports Med* 23:106-129, 1997.

59. Fry, AC, Kraemer, WJ, Lynch, JM, Triplett, NT, and Koziris, LP. Does short-term near maximal intensity machine resistance training induce overtraining? *J Strength Cond Res* 8:188-191, 1994.

60. Fry, AC, Kraemer, WJ, and Ramsey, LT. Pituitary-adrenal-gonadal responses to high-intensity resistance exercise overtraining. *J Appl Physiol* 85:2352-2359, 1998.

61. Fry, AC, Kraemer, WJ, Stone, MH, Warren, BJ, Fleck, SJ, Kearney, JT, and Gordon, SE. Endocrine responses to over-reaching before and after 1 year of weightlifting training. *Can J Appl Physiol* 19:400-410, 1994.

62. Fry, AC, Kraemer, WJ, van Borselen, F, Lynch, JM, Marsit, JL, Roy, EP, Triplett, NT, and Knuttgen, HG. Performance decrements with high-intensity resistance exercise overtraining. *Med Sci Sports Exerc* 26:1165-1173, 1994.

63. Gabriel, DA, Kamen, G, and Frost, G. Neural adaptations to resistive exercise: Mechanisms and recommendations for training practices. *Sports Med* 36:133-149, 2006.

64. Gettman, LR, Culter, LA, and Strathman, T. Physiological changes after 20 weeks of isotonic vs isokinetic circuit training. *J Sports Med Phys Fitness* 20:265-274, 1980.

65. Glowacki, SP, Martin, SE, Maurer, A, Back, W, Green, JS, and Crouse, SF. Effects of resistance, endurance, and concurrent exercise on training outcomes in men. *Med Sci Sports Exerc* 36:2119-2127, 2004.

66. Goldspink, G. Changes in muscle mass and phenotype and the expression of autocrine and systemic growth factors by muscle in response to stretch and overload. *J Anat* 194:323-334, 1999.

67. Goldspink, G, and Yang, SY. Effects of activity on growth factor expression. *Int J Sport Nutr Exerc Metab* 11:S21-S27, 2001.

68. Gonyea, WJ. The role of exercise in inducing skeletal muscle fiber number. *J Appl Physiol* 48:421-426, 1980.

69. Gorassini, M, Yang, JF, Siu, M, and Bennett, DJ. Intrinsic activation of human motor units: Reduction of motor unit recruitment thresholds by repeated contractions. *J Neurophysiol* 87:1859-1866, 2002.

70. Granhed, H, Jonson, R, and Hansson, T. The loads on the lumbar spine during extreme weight lifting. *Spine* 12:146-149, 1987.

71. Green, H, Dahly, A, Shoemaker, K, Goreham, C, Bombardier, E, and Ball-Burnett, M. Serial effects of high-resistance and prolonged endurance training on Na+-K+ pump concentration and enzymatic activities in human vastus lateralis. *Acta Physiol Scand* 165:177-184, 1999.

72. Hakkinen, K, and Alen, M. Physiological performance, serum hormones, enzymes and lipids of an elite power athlete during training with and without androgens and during prolonged training. A case study. *J Sports Med Phys Fitness* 26:92-100, 1986.

73. Häkkinen, K, Alén, M, Kallinen, M, Izquierdo, M, Jokelainen, K, Lassila, H, Maikia, E, Kraemer, WJ, and Newton, RU. Muscle CSA, force production and activation of leg extensor during isometric and dynamic actions in middle-aged and elderly men and women. *J Aging Phys Act* 6:232-247, 1998.

74. Häkkinen, K, Alén, M, Kraemer, WJ, Gorostiaga, E, Izquierdo, M, Rusko, H, Mikkola, J, Häkkinen, A, Valkeinen, H, Kaarakainen, E, Romu, S, Erola, V, Ahtiainen, J, and Paavolainen, L. Neuromuscular adaptations during concurrent strength and endurance training versus strength training. *Eur J Appl Physiol* 89:42-52, 2003.

75. Häkkinen, K, Izquierdo, M, Aguado, X, Newton, RU, and Kraemer, WJ. Isometric and dynamic explosive force production of leg extensor muscles in men at different ages. *J Hum Mov Stud* 31:105-121, 1996.

76. Häkkinen, K, Kallinen, M, Izquierdo, M, Jokelainen, K, Lassila, H, Maikia, E, Kraemer, WJ, Newton, RU, and Alén, M. Changes in agonist-antagonist EMG, muscle CSA and force during strength training in middle-aged and older people. *J Appl Physiol* 84:1341-1349, 1998.

77. Häkkinen, K, Newton, RU, Gordon, SE, McCormick, M, Volek, JS, Nindl, BC, Gotshalk, LA, Campbell, WW, Evans, WJ, Häkkinen, A, Humphries, B, and Kraemer, WJ. Changes in muscle morphology, electromyographic activity, and force production characteristics during progressive strength training in young and older men. *J Gerontol Biol Sci* 53:415-423, 1998.

78. Häkkinen, K, and Pakarinen, A. Acute hormonal responses to two different fatiguing heavy-resistance protocols in male athletes. *J Appl Physiol* 74:882-887, 1993.

79. Häkkinen, K, Pakarinen, A, Alén, M, Kauhanen, H, and Komi, PV. Relationships between training volume, physical performance capacity, and serum hormone concentrations during prolonged training in elite weight lifters. *Int J Sports Med* 8:61-65, 1987.

80. Häkkinen, K, Pakarinen, A, Alén, M, Kauhanen, H, and Komi, PV. Neuromuscular and hormonal adaptations in athletes to strength training in two years. *J Appl Physiol* 65:2406-2412, 1988.

81. Halson, SL, and Jeukendrup, AE. Does overtraining exist? An analysis of overreaching and overtraining research. *Sports Med* 34:967-981, 2004.

82. Hansen, S, Kvorning, T, Kjaer, M, and Szogaard, G. The effect of short-term strength training on human skeletal muscle: The importance of physiologically elevated hormone levels. *Scand J Med Sci Sports* 11:347-354, 2001.

83. Hather, BM, Tesch, PA, Buchanan, P, and Dudley, GA. Influence of eccentric actions on skeletal muscle adaptations to resistance. *Acta Physiol Scand* 143:177-185, 1991.

84. Henderson, NK, White, CP, and Eisman, JA. The role of exercise and fall risk reduction in prevention of osteoporosis. *Endocrin Metab Clin* 27:369-387, 1998.

85. Hibbs, AE, Thompson, KG, French, DN, Hodgson, D, and Spears, IR. Peak and average rectified EMG measures: Which method of data reduction should be used for assessing core training exercises? *J Electromyogr Kinesiol* 21:102-111, 2011.

86. Hickson, RC. Interference of strength development by simultaneously training for strength and endurance. *Eur J Appl Physiol* 45:255-263, 1980.

87. Ho, K, Roy, R, Taylor, J, Heusner, W, Van Huss, W, and Carrow, R. Muscle fiber splitting with weightlifting exercise. *Med Sci Sports Exerc* 9:65, 1977.

88. Hortobagyi, T, Houmard, JA, Stevenson, JR, Fraser, DD, Johns, RA, and Israel, RG. The effects of detraining on power athletes. *Med Sci Sports Exerc* 25:929-935, 1993.

89. Howatson, GI, Zult, T, Farthing, JP, Ziidewind, I, and Hortobagyi, T. Mirror training to augment cross-education during resistance training: A hypothesis. *Front Hum Neurosci* 24:394, 2013.

90. Hurley, BF. Effects of resistance training on lipoprotein-lipid profiles: A comparison to aerobic exercise training. *Med Sci Sports Exerc* 21:689-693, 1989.

91. Kanehisa, H, and Fukunaga, T. Profiles of musculoskeletal development in limbs of college Olympic weightlifters and wrestlers. *Eur J Appl Physiol* 79:414-420, 1999.

92. Kannus, P, Jozsa, L, Natri, A, and Jarvinen, M. Effects of training, immobilization and remobilization on tendons. *Scand J Med Sci Sports* 7:67-71, 1997.

93. Karlsson, TS, Johnell, O, and Obrandt, KJ. Is bone mineral advantage maintained long-term in previous weightlifters? *Calcif Tissue Int* 57:325-328, 1995.

94. Kearns, CF, Abe, T, and Brechue, WF. Muscle enlargement in sumo wrestlers includes increased muscle fascicle length. *Eur J Appl Physiol* 83:289-296, 2000.

95. Kelley, GA, and Kelley, KS. Progressive resistance exercise and resting blood pressure: A meta-analysis of randomized controlled trials. *Hypertension* 35:838-843, 2000.

96. Kellis, E, Arabatzi, F, and Papadopoulos, C. Muscle co-activation around the knee in drop jumping using the co-contraction index. *J Electromyogr Kinesiol* 13:229-238, 2003.

97. Khaled, MB. Effect of traditional aerobic exercises versus sprint interval training on pulmonary function tests in young sedentary males: A randomised controlled trial. *J Clin Diagn Res* 7:1890-1893, 2013.

98. Kim, JS, Cross, JM, and Bamman, MM. Impact of resistance loading on myostatin expression and cell cycle regulation in young and older men and women. *Am J Physiol Endocrinol Metab* 288:E1110-1119, 2005.

99. Kjaer, MJ. Role of extracellular matrix in adaptation of tendon and skeletal muscle to mechanical loading. *Physiol Rev* 84, 649-698, 2004.

100. Konig, D, Huonker, M, Schmid, A, Halle, M, Berg, A, and Keul, J. Cardiovascular, metabolic, and hormonal parameters in professional tennis players. *Med Sci Sports Exerc* 33:654-658, 2001.

101. Kosek, DJ, Kim, JS, Petrella, JK, Cross, JM, and Bamman, MM. Efficacy of 3 days/wk resistance training on myofiber hypertrophy and myogenic mechanisms in young vs. older adults. *J Appl Physiol* 101:531-544, 2006.

102. Kraemer, WJ. Endocrine responses to resistance exercise. *Med Sci Sports Exerc* 20:152-157, 1998.

103. Kraemer, WJ, Adams, K, Cafarelli, E, Dudley, GA, Dooly, C, Feigenbaum, MS, Fleck, SJ, Franklin, B, Fry, AC, Hoffman, JR, Newton, RU, Potteiger, J, Stone, MH, Ratamess, NA, Triplett-McBride, T, and American College of Sports Medicine. American College of Sports Medicine position stand. Progression models in resistance training for healthy adults. *Med Sci Sports Exerc* 34:364-380, 2002.

104. Kraemer, WJ, Fleck, SJ, Dziados, JE, Harman, EA, Marchitelli, LJ, Gordon, SE, Mello, R, Frykman, PN, Koziris, LP, and Triplett, NT. Changes in hormonal concentrations after different heavy-resistance exercise protocols in women. *J Appl Physiol* 75:594-604, 1993.

105. Kraemer, WJ, Fleck, SJ, Maresh, CM, Ratamess, NA, Gordon, SE, Goetz, KL, Harman, EA, Frykman, PN, Volek, JS, Mazzetti, SA, Fry, AC, Marchitelli, LJ, and Patton, JF. Acute hormonal responses to a single bout of heavy resistance exercise in trained power lifters and untrained men. *Can J Appl Physiol* 24:524-537, 1999.

106. Kraemer, WJ, Gordon, SE, Fleck, SJ, Marchitelli, LJ, Mello, R, Dziados, JE, Friedl, K, Harman, E, Maresh, CM, and Fry, AC. Endogenous anabolic hormonal and growth factor responses to heavy resistance exercise in males and females. *Int J Sports Med* 12:228-235, 1991.

107. Kraemer, WJ, and Koziris, LP. Olympic weightlifting and power lifting. In *Physiology and Nutrition for Competitive Sport.* Lamb, DR, Knuttgen, HG, and Murray, R, eds. Carmel, IN: Cooper, 1-54, 1994.

108. Kraemer, WJ, Koziris, LP, Ratamess, NA, Häkkinen, K, Triplett-Mc-Bride, NT, Fry, AC, Gordon, SE, Volek, JS, French, DN, Rubin, MR, Gómez, AL, Sharman, MJ, Lynch, JM, Izquierdo, M, Newton, RU, and Fleck, SJ. Detraining produces minimal changes in physical performance and hormonal variables in recreationally strength-trained men. *J Strength Cond Res* 16:373-382, 2002.

109. Kraemer, WJ, Marchitelli, L, McCurry, D, Mello, R, Dziados, JE, Harman, E, Frykman, P, Gordon, SE, and Fleck, SJ. Hormonal and growth factor responses to heavy resistance exercise. *J Appl Physiol* 69:1442-1450, 1990.

110. Kraemer, WJ, and Nindl, BC. Factors involved with overtraining for strength and power. In *Overtraining in Sport.* Kreider, RB, Fry, AC, and O'Toole, ML, eds. Champaign, IL: Human Kinetics, 69-86, 1998.

111. Kraemer, WJ, Noble, BJ, Culver, BW, and Clark, MJ. Physiologic responses to heavy-resistance exercise with very short rest periods. *Int J Sports Med* 8:247-252, 1987.

112. Kraemer, WJ, Patton, J, Gordon, SE, Harman, EA, Deschenes, MR, Reynolds, K, Newton, RU, Triplett, NT, and Dziados, JE. Compatibility of high intensity strength and endurance training on hormonal and skeletal muscle adaptations. *J Appl Physiol* 78:976-989, 1995.

113. Kraemer, WJ, and Ratamess, NA. Physiology of resistance training: Current issues. *Orthop Phys Ther Clin N Am* 4:467-513, 2000.

114. Kraemer, WJ, and Ratamess, NA. Fundamentals of resistance training: Progression and exercise prescription. *Med Sci Sports Exerc* 36:674-678, 2004.

115. Kraemer, WJ, and Ratamess, NA. Hormonal responses and adaptations to resistance exercise and training. *Sports Med* 35:339-361, 2005.

116. Kraemer, WJ, Ratamess, NA, and French, DN. Resistance training for health and performance. *Curr Sport Med Rep* 1:165-171, 2002.

117. Kraemer, WJ, Rubin, MR, Häkkinen, K, Nindl, BC, Marx, JO, Volek, JS, French, DN, Gómez, AL, Sharman, MJ, Scheett, TP, Ratamess, NA, Miles, MP, Mastro, AM, Van Heest, JL, Maresh, CM, Welsch, JR, and Hymer, WC. Influence of muscle strength and total work on exercise-induced plasma growth hormone isoforms in women. *J Sci Med Sport* 6:295-306, 2003.

118. Kraemer, WJ, Spiering, BA, Volek, JS, Ratamess, NA, Sharman, MJ, Rubin, MR, French, DN, Silvestre, R, Hatfield, DL, Van Heest, JL, Vingren, JL, Judelson, DA, Deschenes, MR, and Maresh, CM. Androgenic responses to resistance exercise: Effects of feeding and L-carnitine. *Med Sci Sports Exerc* 38:1288-1296, 2006.

119. Kraemer, WJ, Staron, RS, Karapondo, D, Fry, AC, Gordon, SE, Volek, JS, Nindl, BC, Gotshalk, L, Newton, RU, and Häkkinen, K. The effects of short-term resistance training on endocrine function in men and women. *Eur J Appl Physiol* 78:69-76, 1998.

120. Kraemer, WJ, Volek, JS, Clark, KL, Gordon, SE, Incledon, T, Puhl, SM, Triplett-McBride, NT, McBride, JM, Putukian, M, and Sebastianelli, WJ. Physiological adaptations to a weight-loss dietary regimen and exercise programs in women. *J Appl Physiol* 83:270-279, 1997.

121. Kubo, K, Kanehisa, H, and Fukunaga, T. Effects of resistance and stretching training programmes on the viscoelastic properties of human tendon structures in vivo. *J Physiol* 538:219-226, 2002.

122. Kubo, K, Komuro, T, Ishiguro, N, Tsunoda, N, and Sato, Y. Effects of low-load resistance training with vascular occlusion on the mechanical properties of muscle and tendon. *J Appl Biomech* 22:112-119, 2006.

123. Kubo, K, Yata, H, Kanehisa, H, and Fukunaga, T. Effects of isometric squat training on the tendon stiffness and jump performance. *Eur J Appl Physiol* 96:305-314, 2006.

124. Kuipers, H, and Keizer, HA. Overtraining in elite athletes: Review and directions for the future. *Sports Med* 6:79-92, 1988.

125. Langberg, H, Rosendal, L, and Kjaer, M. Training-induced changes in peritendinous type I collagen turnover determined by microdialysis in humans. *J Physiol* 534:297-302, 2001.

126. Leveritt, M, and Abernethy, PJ. Acute effects of high-intensity endurance exercise on subsequent resistance activity. *J Strength Cond Res* 13:47-51, 1999.

127. Leveritt, M, Abernethy, PJ, Barry, B, and Logan, PA. Concurrent strength and endurance training: The influence of dependent variable selection. *J Strength Cond Res* 17:503-508, 2003.

128. Luthi, JM, Howald, H, Claassen, H, Rosler, K, Vock, P, and Hoppeler, H. Structural changes in skeletal muscle tissue with heavy-resistance exercise. *Int J Sports Med* 7:123-127, 1986.

129. MacDougall, JD, Elder, GCB, Sale, DG, and Sutton, JR. Effects of strength training and immobilization on human muscle fibers. *Eur J Appl Physiol* 43:25-34, 1980.

130. MacDougall, JD, Gibala, MJ, Tarnopolsky, MA, MacDonald, JR, Interisano, SA, and Yarasheski, KE. The time course for elevated muscle protein synthesis following heavy resistance exercise. *Can J Appl Physiol* 20:480-486, 1995.

131. MacDougall, JD, Sale, DG, Always, SE, and Sutton, JR. Muscle fiber number in biceps brachii in bodybuilders and control subjects. *J Appl Physiol* 57:1399-1403, 1984.

132. MacDougall, JD, Sale, DG, Elder, GC, and Sutton, JR. Muscle ultrastructural characteristics of elite powerlifters and bodybuilders. *Eur J Appl Physiol* 48:117-126, 1982.

133. MacDougall, JD, Sale, DG, Moroz, JR, Elder, GCB, Sutton, JR, and Howald, H. Mitochondrial volume density in human skeletal muscle following heavy resistance training. *Med Sci Sports Exerc* 11:164-166, 1979.

134. MacDougall, JD, Tuxen, D, Sale, DG, Moroz, JR, and Sutton, JR. Arterial blood pressure response to heavy resistance exercise. *J Appl Physiol* 58:785-790, 1985.

135. MacDougall, JD, Ward, GR, Sale, DG, and Sutton, JR. Biochemical adaptation of human skeletal muscle to heavy resistance training and immobilization. *J Appl Physiol* 43:700-703, 1977.

136. McCall, GE, Byrnes, WC, Fleck, SJ, Dickinson, A, and Kraemer, WJ. Acute and chronic hormonal responses to resistance training designed to promote muscle hypertrophy. *Can J Appl Physiol* 24:96-107, 1999.

137. McCarthy, JP, Agre, JC, Graf, BK, Pozniak, MA, and Vailas, AC. Compatibility of adaptive responses with combining strength and endurance training. *Med Sci Sports Exerc* 27:429-436, 1995.

138. McCarthy, JP, Pozniak, MA, and Agre, JC. Neuromuscular adaptations to concurrent strength and endurance training. *Med Sci Sports Exerc* 34:511-519, 2002.

139. McCartney, N, McKelvie, RS, Martin, J, Sale, DG, and MacDougall, JD. Weight-training induced attenuation of the circulatory response of older males to weight lifting. *J Appl Physiol* 74:1056-1060, 1993.

140. Meeusen, R, Duclos, M, Foster, C, Fry, A, Gleeson, M, Nieman, D, Raglin, J, Rietiens, G, Steinacker, J, and Urhausen, A. Prevention, diagnosis, and treatment of the over training syndrome: Joint consensus statement of the European College of Sports Science and the American College of Sports Medicine. *Med Sci Sports Exerc* 45:186-205, 2013.

141. Meeusen, R, Piacentini, MF, Busschaert, B, Buvse, L, De Schutter, G, and Stray-Gundersen, J. Hormonal responses in athletes: The use of a two bout exercise protocol to detect subtle differens in (over) training status. *Eur J Appl Physiol* 91:140-146, 2004.

142. Miller, BF, Olesen, JL, Hansen, M, Døssing, S, Crameri, RM, Welling, RJ, Langberg, H, Flyvbjerg, A, Kjaer, M, Babraj, JA, Smith, K, and Rennie, MJ. Coordinated collagen and muscle protein synthesis in human patella tendon and quadriceps muscle after exercise. *J Physiol* 15:1021-1033, 2005.

143. Minchna, H, and Hantmann, G. Adaptation of tendon collagen to exercise. *Int Orthop* 13:161-165, 1989.

144. Moore, CA, and Fry, AC. Nonfunctional overreaching during off-season training for skill position players in collegiate American football. *J Strength Cond Res* 21:793-800, 2007.

145. Moritani, T, and deVries, HA. Neural factors versus hypertrophy in the time course of muscle strength gain. *Am J Phys Med* 58:115-130, 1979.

146. Mujika, I, and Padilla, S. Muscular characteristics of detraining in humans. *Med Sci Sports Exerc* 33:1297-1303, 2001.

147. Munn, J, Herbert, RC, and Gandevia, SC. Contralateral effects of unilateral resistance training: A meta-analysis. *J Appl Physiol* 96:1861-1866, 2004.

148. Nardone, A, Romano, C, and Schieppati, M. Selective recruitment of high-threshold human motor units during voluntary isotonic lengthening of active muscles. *J Physiol* 409:451-471, 1989.

149. Newton, RU, Kraemer, WJ, Häkkinen, K, Humphries, BJ, and Murphy, AJ. Kinematics, kinetics, and muscle activation during explosive

upper body movements: Implications for power development. *J Appl Biomech* 12:31-43, 1996.

150. Ortenblad, N, Lunde, PK, Levin, K, Andersen, JL, and Pedersen, PK. Enhanced sarcoplasmic reticulum Ca(2+) release following intermittent sprint training. *Am J Physiol* 279:R152-R160, 2000.

151. Pensini, M, Martin, A, and Maffiuletti, MA. Central versus peripheral adaptations following eccentric resistance training. *Int J Sports Med* 23:567-574, 2002.

152. Perry, J, Schmidt Easterday, C, and Antonelli, DJ. Surface versus intramuscular electrodes for electromyography of superficial and deep muscles. *Phys Ther* 61:7-15, 1981.

153. Pette, D, and Staron, RS. Mammalian skeletal muscle fiber type transitions. *Int Rev Cytol* 170:143-223, 1997.

154. Pette, D, and Staron, RS. Cellular and molecular diversities of mammalian skeletal muscle fibers. *Rev Physiol Biochem Pharmacol* 116:1-76, 1990.

155. Pette, D, and Staron, RS. Myosin isoforms, muscle fiber types, and transitions. *Microsc Res Tech* 50:500-509, 2002.

156. Phillips, S, Tipton, K, Aarsland, A, Wolf, S, and Wolfe, R. Mixed muscle protein synthesis and breakdown after resistance exercise in humans. *Am J Physiol Endocrinol Metab* 273:E99-E107, 1997.

157. Ploutz, LL, Tesch, PA, Biro, RL, and Dudley, GA. Effect of resistance training on muscle use during exercise. *J Appl Physiol* 76:1675-1681, 1994.

158. Pocock, NA, Eisman, J, Gwinn, T, Sambrook, P, Kelley, P, Freund, J, and Yeates, M. Muscle strength, physical fitness, and weight but not age to predict femoral neck bone mass. *J Bone Min Res* 4:441-448, 1989.

159. Raastad, T, Glomsheller, T, Bjoro, T, and Hallen, J. Changes in human skeletal muscle contractility and hormone status during 2 weeks of heavy strength training. *Eur J Appl Physiol* 84:54-63, 2001.

160. Ratamess, NA, Falvo, MJ, Mangine, GT, Hoffman, JR, Faigenbaum, AD, and Kang, J. The effect of rest interval length on metabolic responses to the bench press exercise. *Eur J Appl Physiol* 100:1-17, 2007.

161. Ratamess, NA, and Izquierdo, M. Neuromuscular adaptations to training. In *The Olympic Textbook of Medicine in Sport.* Hoboken, NJ: Wiley, 67-78, 2008.

162. Ratamess, NA, Kraemer, WJ, Volek, JS, Maresh, CM, Van Heest, JL, Sharman, MS, Rubin, MR, French, DN, Vescovi, JD, Silvestre, R, Hatfield, DL, Fleck, SJ, and Deschenes, MR. Effects of heavy resistance exercise volume on post-exercise androgen receptor content in rcsistancc-trained men. *J Steroid Biochem* 93:35-42, 2005.

163. Ratamess, NA, Kraemer, WJ, Volek, JS, Rubin, MR, Gómez, AL, French, DN, Sharman, MJ, McGuigan, MM, Scheett, TP, Häkkinen, K, and Dioguardi, F. The effects of amino acid supplementation on muscular performance during resistance training overreaching: Evidence of an effective overreaching protocol. *J Strength Cond Res* 17:250-258, 2003.

164. Sabo, D, Bernd, L, Pfeil, J, and Reiter, A. Bone quality in the lumbar spine in high-performance athletes. *Eur Spine J* 5:258-263, 1996.

165. Sadusky, TJ, Kemp, TJ, Simon, M, Carey, N, and Coulton, GR. Identification of Serhl, a new member of the serine hydrolase family induced by passive stretch of skeletal muscle in vivo. *Genomics* 73:38-49, 2001.

166. Sale, DG. Influence of exercise and training on motor unit activation. *Exerc Sport Sci Rev* 15:95-151, 1987.

167. Sale, DG. Neural adaptations to strength training. In *The Encyclopaedia of Sports Medicine: Strength and Power in Sport.* Komi, PV, ed. Oxford: Blackwell Scientific, 281-314, 2003.

168. Sale, DG, Jacobs, I, MacDougall, JD, and Garner, S. Comparison of two regimens of concurrent strength and endurance training. *Med Sci Sports Exerc* 22:348-356, 1990.

169. Sale, DG, Moroz, DE, McKelvie, RS, MacDougall, JD, and McCartney, N. Effect of training on the blood pressure response to weight lifting. *Can J Appl Physiol* 19:60-74, 1994.

170. Sale, DG, Upton, ARM, McComas, AJ, and MacDougall, JD. Neuromuscular functions in weight-trainers. *Exp Neurol* 82:521-531, 1983.

171. Santana, JC, Vera-Garcia, FJ, and McGill, SM. A kinetic and electromyographic comparison of the standing cable press and bench press. *J Strength Cond Res* 21:1271-1277, 2007.

172. Sedano, S, Marín, PJ, Cuadrado, G, and Redondo, JC. Concurrent training in elite male runners: The influence of strength versus muscular endurance training on performance outcomes. *J Strength Cond Res* 27:2433-2443, 2013.

173. Semmler, J. Motor unit synchronization and neuromuscular performance. *Exerc Sport Sci Rev* 30:8-14, 2002.

174. Semmler, JG, Sale, MV, Meyer, FG, and Nordstrom, MA. Motor-unit coherence and its relation with synchrony are influenced by training. *J Neurophysiol* 92:3320-3331, 2004.

175. Sharp, RL, Costill, DL, Fink, WJ, and King, DS. Effects of eight weeks of bicycle ergometer sprint

training on human muscle buffer capacity. *Int J Sports Med* 7, 13-17, 1986.

176. Shima, SN, Ishida, K, Katayama, K, Morotome, Y, Sato, Y, and Miyamura, M. Cross education of muscular strength during unilateral resistance training and detraining. *Eur J Appl Physiol* 86:287-294, 2002.

177. Shinohara, M, Kouzaki, M, Yoshihisa, T, and Fukunaga, T. Efficacy of tourniquet ischemia for strength training with low resistance. *Eur J Appl Physiol* 77:189-191, 1998.

178. Skerry, TM. Mechanical loading and bone: What sort of exercise is beneficial to the skeleton? *Bone* 20:179-181, 1997.

179. Spiering, BA, Kraemer, WJ, Anderson, JM, Armstrong, LE, Nindl, BC, Volek, JS, and Maresh, CM. Resistance exercise biology. Manipulation of resistance exercise programme variables determines the response of cellular and molecular signaling pathways. *Sports Med* 38:527-540, 2008.

180. Staff, PH. The effects of physical activity on joints, cartilage, tendons, and ligaments. *Scand J Med Sci Sports* 29:59-63, 1982.

181. Staron, RS. The classification of human skeletal muscle fiber types. *J Strength Cond Res* 11:67, 1997.

182. Staron, RS, Hagerman, FC, and Hikida, RS. The effects of detraining on an elite power lifter. A case study. *J Neurol Sci* 51:247-257, 1981.

183. Staron, RS, Karapondo, DL, Kraemer, WJ, Fry, AC, Gordon, SE, Falkel, JE, Hagerman, FC, and Hikida, RS. Skeletal muscle adaptations during the early phase of heavy-resistance training in men and women. *J Appl Physiol* 76:1247-1255, 1994.

184. Staron, RS, Malicky, ES, Leonardi, MJ, Falkel, JE, Hagerman, FC, and Dudley, GA. Muscle hypertrophy and fast fiber type conversions in heavy resistance-trained women. *Eur J Appl Physiol* 60:71-79, 1989.

185. Stone, MH, Keith, RE, Kearney, JT, Fleck, SE, Wilson, GD, and Triplett, NT. Overtraining: A review of the signs, symptoms and possible causes. *J Appl Sport Sci Res* 5:35-50, 1991.

186. Strope, MA, Nigh, P, Carter, MI, Lin, N, Jiang, J, and Hinton, PS. Physical activity-associated bone loading during adolescence and young adulthood is positively associated with adult bone mineral density in men. *Am J Mens Health,* 2014 [e-pub ahead of print].

187. Taaffe, DR, Robinson, TL, Snow, CM, and Marcus, R. High impact exercise promotes bone gain in well-trained female athletes. *J Bone Min Res* 12:255-260, 1997.

188. Takarada, Y, Sato, Y, and Ishii, N. Effects of resistance exercise combined with vascular occlusion on muscle function in athletes. *Eur J Appl Physiol* 86:308-314, 2002.

189. Ter Haar Romeny, BM, Dernier Van Der Goen, JJ, and Gielen, CCAM. Changes in recruitment order of motor units in the human biceps muscle. *Exp Neurol* 78:360-368, 1982.

190. Tesch, PA. Skeletal muscle adaptations consequent to long-term heavy-resistance exercise. *Med Sci Sports Exerc* 20:S124-S132, 1988.

191. Tesch, PA, and Larsson, L. Muscle hypertrophy in bodybuilders. *Eur J Appl Physiol* 49:310, 1982.

192. Tipton, KD, and Ferrando, AA. Improving muscle mass: Response of muscle metabolism to exercise, nutrition and anabolic agents. *Essays Biochem* 44:85-98, 2008.

193. Tremblay, MS, Copeland, JL, and Van Helder, W. Effect of training status and exercise mode on endogenous steroid hormones in men. *J Appl Physiol* 96, 531-539, 2003.

194. Urhausen, A, and Kinderman, W. Diagnosis of overtraining: What tools do we have? *Sports Med* 32:95-102, 2002.

195. Vanwanseele, B, Lucchinetti, E, and Stüssi, E. The effects of immobilization on the characteristics of articular cartilage: Current concepts and future directions. *Osteoarthritis Cartilage* 10:408-419, 2002.

196. Virvidakis, K, Georgion, E, Konkotsidis, A, Ntalles, K, and Proukasis, C. Bone mineral content of junior competitive weightlifters. *Int J Sports Med* 11:244-246, 1990.

197. Wilson, JM, Marin, PJ, Rhea, MR, Wilson, SM, Loenneke, JP, and Anderson, JC. Concurrent training: A meta-analysis examining interference of aerobic and resistance exercises. *J Strength Cond Res* 26:2293-2307, 2012.

198. Wittich, A, Mautalen, CA, Oliveri, MB, Bagur, A, Somoza, F, and Rotemberg, E. Professional football (soccer) players have a markedly greater skeletal mineral content, density, and size than age- and BMI-matched controls. *Calcif Tissue Int* 63:112-117, 1998.

第6章 有氧耐力训练计划的适应

1. Andersen, P. Capillary density in skeletal muscle of man. *Acta Physiol Scand* 95:203-205, 1975.

2. Andersen, P, and Henriksson, J. Training induced changes in the subgroups of human type II skeletal muscle fibres. *Acta Physiol Scand* 99:123-125, 1977.

3. Astrand, PO. Physical performance as a function of age. *JAMA* 205:729-733, 1968.

4. Astrand, PO, Cuddy, TE, Saltin, B, and Stenberg,

J. Cardiac output during submaximal and maximal work. *J Appl Physiol* 19:268-274, 1964.

5. Åstrand, PO, Rodahl, K, Dahl, HA, and Strømme, SB. *Textbook of Work Physiology: Physiological Basis of Exercise*. Champaign, IL: Human Kinetics, 313-368, 2003.
6. Barcroft, H, and Swan, HJC. Sympathetic control of human blood vessels. *California Medicine* 79:337, 1953.
7. Beck, KC, and Johnson, BD. Pulmonary adaptations to dynamic exercise. In *ACSM's Resource Manual for Guidelines for Exercise Testing and Prescription*. Roitman, JL, ed. Baltimore: Williams and Wilkins, 305-313, 1998.
8. Blaauw, B, Schiaffino, S, and Reggiani, C. Mechanisms modulating skeletal muscle phenotype. *Compr Physiol* 3:1645-1687, 2013.
9. Bompa, TO, and Haff, GG. *Periodization: Theory and Methodology of Training*. Champaign, IL: Human Kinetics, 156-160, 2009.
10. Borer, KT. Physical activity in the prevention and amelioration of osteoporosis in women: Interaction of mechanical, hormonal and dietary factors. *Sports Med* 35:779-830, 2005.
11. Borresen, J, and Lambert, MI. Autonomic control of heart rate during and after exercise: Measurements and implications for monitoring training status. *Sports Med* 38:633-646, 2008.
12. Boudenot, A, Presle, N, Uzbekov, R, Toumi, H, Pallu, S, and Lespessailles, E. Effect of interval-training exercise on subchondral bone in a chemically-induced osteoarthritis model. *Osteoarthritis Cartilage* 22:1176-1185, 2014.
13. Brooks, GA, Fahey, TD, and Baldwin, KM. *Exercise Physiology: Human Bioenergetics and Its Applications*. 4th ed. Mountain View, CA: Mayfield, 2004.
14. Buchheit, M, and Laursen, PB. High-intensity interval training, solutions to the programming puzzle: Part I: Cardiopulmonary emphasis. *Sports Med* 43:313-338, 2013.
15. Buckwalter, JA. Osteoarthritis and articular cartilage use, disuse, and abuse: Experimental studies. *J Rheumatol Suppl* 43:13-15, 1995.
16. Burke, LM, Hawley, JA, Wong, SH, and Jeukendrup, AE. Carbohydrates for training and competition. *J Sports Sci* 29(Suppl 1):S17-S27, 2011.
17. Callister, R, Shealy, MJ, Fleck, SJ, and Dudley, GA. Performance adaptations to sprint, endurance and both modes of training. *J Appl Sport Sci Res* 2:46-51, 1988.
18. Charkoudian, N, and Joyner, MJ. Physiologic considerations for exercise performance in women. *Clin Chest Med* 25:247-255, 2004.
19. Costill, DL, Daniels, J, Evans, W, Fink, W, Krahenbuhl, G, and Saltin, B. Skeletal muscle enzymes and fiber composition in male and female track athletes. *J Appl Physiol* 40:149-154, 1976.
20. Coyle, EF, Hemmert, MK, and Coggan, AR. Effects of detraining on cardiovascular responses to exercise: Role of blood volume. *J Appl Physiol* 60:95-99, 1986.
21. Coyle, EF, Martin, WH, Bloomfield, SA, Lowry, OH, and Holloszy, JO. Effects of detraining on responses to submaximal exercise. *J Appl Physiol* 59:853-859, 1985.
22. Coyle, EF, Martin, WH, Sinacore, DR, Joyner, MJ, Hagberg, JM, and Holloszy, JO. Time course of loss of adaptations after stopping prolonged intense endurance training. *J Appl Physiol Respir Environ Exerc Physiol* 57:1857-1864, 1984.
23. Drinkwater, BL, and Horvath, SM. Detraining effects on young women. *Medicine and Science in Sports* 4:91-95, 1972.
24. Durstine, JL, and Davis, PG. Specificity of exercise training and testing. In *ACSM's Resource Manual for Guidelines for Exercise Testing and Prescription*. Roitman, JL, ed. Baltimore: Williams and Wilkins, 472-479, 1998.
25. Fardy, PS. Effects of soccer training and detraining upon selected cardiac and metabolic measures. *Res Q* 40:502-508, 1969.
26. Fardy, PS. Training for aerobic power. In *Toward an Understanding of Human Performance*. Burke, EJ, ed. Ithaca, NY: Mouvement, 10-14, 1977.
27. Fink, WJ, Costill, DL, and Pollock, ML. Submaximal and maximal working capacity of elite distance runners: Part II. Muscle fiber composition and enzyme activities. *Ann N Y Acad Sci* 301:323-327, 1977.
28. Fleck, SJ, and Kraemer, WJ. The overtraining syndrome. *NSCA J* 4:50-51, 1982.
29. Fleck, SJ, and Kraemer, WJ. *Periodization Breakthrough: The Ultimate Training System*. Ronkonkoma, NY: Advanced Research Press, 1996.
30. Flynn, MG, Pizza, FX, Boone, JB, Jr., Andres, FF, Michaud, TA, and Rodriguez-Zayas, JR. Indices of training stress during competitive running and swimming seasons. *Int J Sports Med* 15:21-26, 1994.
31. Franch, J, Madsen, K, Djurhuus, MS, and Pedersen, PK. Improved running economy following intensified training correlates with reduced ventilatory demands. *Med Sci Sports Exerc* 30: 1250-1256, 1998.

32. Franklin, BA. Normal cardiorespiratory responses to acute exercise. In *ACSM's Resource Manual for Guidelines for Exercise Testing and Prescription.* Roitman, JL, ed. Baltimore: Williams and Wilkins, 137-145, 1998.
33. Franklin, BA, and Roitman, JL. Cardiorespiratory adaptations to exercise. In *ACSM's Resource Manual for Guidelines for Exercise Testing and Prescription.* Roitman, JL, ed. Baltimore: Williams and Wilkins, 146-155, 1998.
34. Frost, HM. Why do marathon runners have less bone than weight lifters? A vital-biomechanical view and explanation. *Bone* 20:183-189, 1997.
35. Fry, AC, and Kraemer, WJ. Resistance exercise overtraining and overreaching: Neuroendocrine responses. *Sports Med* 23:106-129, 1997.
36. Fry, AC, Kraemer, WJ, and Ramsey, LT. Pituitary-adrenal-gonadal responses to high-intensity resistance exercise overtraining. *J Appl Physiol* 85:2352-2359, 1998.
37. Gaesser, GA, and Wilson, LA. Effects of continuous and interval training on the parameters of the power-endurance time relationship for high-intensity exercise. *Int J Sports Med* 9:417-421, 1988.
38. Galbo, H. Endocrinology and metabolism in exercise. *Curr Probl Clin Biochem* 11:26-44, 1982.
39. Galbo, H. *Hormonal and Metabolic Adaptation to Exercise.* New York: Thieme-Stratton, 1983.
40. Gibala, MJ, and Mcgee, SL. Metabolic adaptations to short-term high-intensity interval training: A little pain for a lot of gain? *Exerc Sport Sci Rev* 36:58-63, 2008.
41. Gollnick, PD. Relationship of strength and endurance with skeletal muscle structure and metabolic potential. *Int J Sports Med* 3(Suppl 1):26-32, 1982.
42. Gollnick, PD, Armstrong, RB, Saltin, B, Saubert, CWT, Sembrowich, WL, and Shepherd, RE. Effect of training on enzyme activity and fiber composition of human skeletal muscle. *J Appl Physiol* 34:107-111, 1973.
43. Gollnick, PD, Armstrong, RB, Saubert, CWT, Piehl, K, and Saltin, B. Enzyme activity and fiber composition in skeletal muscle of untrained and trained men. *J Appl Physiol* 33:312-319, 1972.
44. Gonzalez-Alonso, J, Mortensen, SP, Jeppesen, TD, Ali, L, Barker, H, Damsgaard, R, Secher, NH, Dawson, EA, and Dufour, SP. Haemodynamic responses to exercise, ATP infusion and thigh compression in humans: Insight into the role of muscle mechanisms on cardiovascular function. *J Physiol* 586:2405-2417, 2008.
45. Green, HJ, Jones, LL, and Painter, DC. Effects of short-term training on cardiac function during prolonged exercise. *Med Sci Sports Exerc* 22:488-493, 1990.
46. Guyton, AC, and Hall, JE. *Textbook of Medical Physiology.* 10th ed. Philadelphia: Saunders, 101-114, 2000.
47. Halson, SL, and Jeukendrup, AE. Does overtraining exist? An analysis of overreaching and overtraining research. *Sports Med* 34:967-981, 2004.
48. Harber, M, and Trappe, S. Single muscle fiber contractile properties of young competitive distance runners. *J Appl Physiol* 105:629-636, 2008.
49. Havenith, G, and Holewijn, M. Environmental considerations: Altitude and air pollution. In *ACSM's American College of Sports Medicine Resource Manual for Guidelines for Exercise Testing and Prescription.* Roitman, JL, ed. Baltimore: Williams and Wilkins, 215-222, 1998.
50. Hedelin, R, Kentta, G, Wiklund, U, Bjerle, P, and Henriksson-Larsen, K. Short-term overtraining: Effects on performance, circulatory responses, and heart rate variability. *Med Sci Sports Exerc* 32:1480-1484, 2000.
51. Hermansen, L, and Wachtlova, M. Capillary density of skeletal muscle in well-trained and untrained men. *J Appl Physiol* 30:860-863, 1971.
52. Hickson, RC. Skeletal muscle cytochrome c and myoglobin, endurance, and frequency of training. *J Appl Physiol Respir Environ Exerc Physiol* 51:746-749, 1981.
53. Hickson, RC, Bomze, HA, and Holloszy, JO. Linear increase in aerobic power induced by a strenuous program of endurance exercise. *J Appl Physiol Respir Environ Exerc Physiol* 42:372-376, 1977.
54. Hickson, RC, Dvorak, BA, Gorostiaga, EM, Kurowski, TT, and Foster, C. Potential for strength and endurance training to amplify endurance performance. *J Appl Physiol* 65:2285-2290, 1988.
55. Hickson, RC, Hagberg, JM, Ehsani, AA, and Holloszy, JO. Time course of the adaptive responses of aerobic power and heart rate to training. *Med Sci Sports Exerc* 13:17-20, 1981.
56. Holloszy, JO. Adaptation of skeletal muscle to endurance exercise. *Med Sci Sports* 7:155-164, 1975.
57. Holloszy, JO. Biochemical adaptations in muscle: Effects of exercise on mitochondrial oxygen uptake and respiratory enzyme activity in skeletal muscle. *J Biol Chem* 242:2278-2282, 1967.
58. Holloszy, JO. Regulation by exercise of skeletal muscle content of mitochondria and GLUT4. *J*

Physiol Pharmacol 59(Suppl 7):5-18, 2008.

59. Holloszy, JO, Kohrt, WM, and Hansen, PA. The regulation of carbohydrate and fat metabolism during and after exercise. *Front Biosci* 3:D1011-D1027, 1998.
60. Houston, ME, Bentzen, H, and Larsen, H. Interrelationships between skeletal muscle adaptations and performance as studied by detraining and retraining. *Acta Physiol Scand* 105:163-170, 1979.
61. Howald, H. Training-induced morphological and functional changes in skeletal muscle. *Int J Sports Med* 3:1-12, 1982.
62. Jones, AM, and Carter, H. The effect of endurance training on parameters of aerobic fitness. *Sports Med* 29:373-386, 2000.
63. Jones, M, and Tunstall Pedoe, DS. Blood doping—a literature review. *Br J Sports Med* 23:84-88, 1989.
64. Joseph, V, and Pequignot, JM. Breathing at high altitude. *Cell Mol Life Sci* 66:3565-3573, 2009.
65. Kim, V, and Criner, GJ. Chronic bronchitis and chronic obstructive pulmonary disease. *Am J Respir Crit Care Med* 187:228-237, 2013.
66. Kiviranta, I, Tammi, M, Jurvelin, J, Arokoski, J, Saamanen, AM, and Helminen, HJ. Articular cartilage thickness and glycosaminoglycan distribution in the canine knee joint after strenuous running exercise. *Clin Orthop Relat Res*:302-308, 1992.
67. Kiviranta, I, Tammi, M, Jurvelin, J, Saamanen, AM, and Helminen, HJ. Moderate running exercise augments glycosaminoglycans and thickness of articular cartilage in the knee joint of young beagle dogs. *J Orthop Res* 6:188-195, 1988.
68. Konopka, AR, and Harber, MP. Skeletal muscle hypertrophy after aerobic exercise training. *Exerc Sport Sci Rev* 42:53-61, 2014.
69. Kraemer, WJ, and Baechle, TR. Development of a strength training program. In *Sports Medicine*. Allman, FL, and Ryan, AJ, eds. Orlando, FL: Academic Press, 113-127, 1989.
70. Kraemer, WJ, and Fleck, SJ. Aerobic metabolism, training, and evaluation. *NSCA J* 5:52-54, 1982.
71. Kraemer, WJ, Fry, AC, Warren, BJ, Stone, MH, Fleck, SJ, Kearney, JT, Conroy, BP, Maresh, CM, Weseman, CA, Triplett, NT, et al. Acute hormonal responses in elite junior weightlifters. *Int J Sports Med* 13:103-109, 1992.
72. Kraemer, WJ, Marchitelli, L, Gordon, SE, Harman, E, Dziados, JE, Mello, R, Frykman, P, McCurry, D, and Fleck, SJ. Hormonal and growth factor responses to heavy resistance exercise protocols. *J Appl Physiol* 69:1442-1450, 1990.
73. Kraemer, WJ, and Nindl, BC. Factors involved with overtraining for strength and power. In *Overtraining in Sport*. Kreider, RB, Fry, AC, and O'Toole, ML, eds. Champaign, IL: Human Kinetics, 69-86, 1998.
74. Kraemer, WJ, Patton, JF, Knuttgen, HG, Marchitelli, LJ, Cruthirds, C, Damokosh, A, Harman, E, Frykman, P, and Dziados, JE. Hypothalamic-pituitary-adrenal responses to short-duration high-intensity cycle exercise. *J Appl Physiol* 66:161-166, 1989.
75. Kraemer, WJ, and Ratamess, NA. Endocrine responses and adaptations to strength training. In *The Encyclopedia of Sports Medicine: Strength and Power in Sport*. Komi, PV, ed. Malden, MA: Blackwell Scientific, 361-386, 1992.
76. Kraemer, WJ, Volek, JS, and Fleck, SJ. Chronic musculoskeletal adaptations to resistance training. In *ACSM's Resource Manual for Guidelines for Exercise Testing and Prescription*. Roitman, JL, ed. Baltimore: Williams and Wilkins, 174-181, 1998.
77. Kuipers, H, and Keizer, HA. Overtraining in elite athletes: Review and directions for the future. *Sports Med* 6:79-92, 1988.
78. Kyle, UG, Genton, L, Hans, D, Karsegard, L, Slosman, DO, and Pichard, C. Age-related differences in fat-free mass, skeletal muscle, body cell mass and fat mass between 18 and 94 years. *Eur J Clin Nutr* 55:663-672, 2001.
79. Landi, F, Marzetti, E, Martone, AM, Bernabei, R, and Onder, G. Exercise as a remedy for sarcopenia. *Curr Opin Clin Nutr Metab Care* 17:25-31, 2014.
80. Laursen, PB. Training for intense exercise performance: High-intensity or high-volume training? *Scand J Med Sci Sports* 20(Suppl 2):1-10, 2010.
81. Lehmann, MJ, Lormes, W, Opitz-Gress, A, Steinacker, JM, Netzer, N, Foster, C, and Gastmann, U. Training and overtraining: An overview and experimental results in endurance sports. *J Sports Med Phys Fitness* 37:7-17, 1997.
82. Lemon, PW, and Nagle, FJ. Effects of exercise on protein and amino acid metabolism. *Med Sci Sports Exerc* 13:141-149, 1981.
83. Lester, M, Sheffield, LT, Trammell, P, and Reeves, TJ. The effect of age and athletic training on the maximal heart rate during muscular exercise. *Am Heart J* 76:370-376, 1968.
84. Lewis, DA, Kamon, E, and Hodgson, JL. Physiological differences between genders: Implications for sports conditioning. *Sports Med* 3:357-369, 1986.

85. Louie, D. The effects of cigarette smoking on cardiopulmonary function and exercise tolerance in teenagers. *Can Respir J* 8:289-291, 2001.

86. Lovasi, GS, Diez Roux, AV, Hoffman, EA, Kawut, SM, Jacobs, DR, Jr., and Barr, RG. Association of environmental tobacco smoke exposure in childhood with early emphysema in adulthood among nonsmokers: The MESA-lung study. *Am J Epidemiol* 171:54-62, 2010.

87. Luger, A, Deuster, PA, Kyle, SB, Gallucci, WT, Montgomery, LC, Gold, PW, Loriaux, DL, and Chrousos, GP. Acute hypothalamic-pituitary-adrenal responses to the stress of treadmill exercise: Physiologic adaptations to physical training. *N Engl J Med* 316:1309-1315, 1987.

88. Lundback, B, Lindberg, A, Lindstrom, M, Ronmark, E, Jonsson, AC, Jonsson, E, Larsson, LG, Andersson, S, Sandstrom, T, and Larsson, K. Not 15 but 50% of smokers develop COPD? Report from the Obstructive Lung Disease in Northern Sweden Studies. *Respir Med* 97:115-122, 2003.

89. Madsen, K, Pedersen, PK, Djurhuus, MS, and Klitgaard, NA. Effects of detraining on endurance capacity and metabolic changes during prolonged exhaustive exercise. *J Appl Physiol* 75:1444-1451, 1993.

90. Martin, WH, Coyle, EF, Bloomfield, SA, and Ehsani, AA. Effects of physical deconditioning after intense endurance training on left ventricular dimensions and stroke volume. *J Am Coll Cardiol* 7:982-989, 1986.

91. McArdle, WD, Katch, FI, and Katch, VI. *Exercise Physiology*. Philadelphia: Lea and Febiger, 2014.

92. Meeusen, R, Duclos, M, Foster, C, Fry, A, Gleeson, M, Nieman, D, Raglin, J, Rietjens, G, Steinacker, J, and Urhausen, A. Prevention, diagnosis, and treatment of the overtraining syndrome: Joint consensus statement of the European College of Sport Science and the American College of Sports Medicine. *Med Sci Sports Exerc* 45:186-205, 2013.

93. Moreno, AH, Burchell, AR, Van Der Woude, R, and Burke, JH. Respiratory regulation of splanchnic and systemic venous return. *Am J Physiol* 213:455-465, 1967.

94. Morgan, T, Cobb, L, Short, F, Ross, R, and Gunn, D. Effects of long-term exercise on human muscle mitochondria. In *Muscle Metabolism During Exercise*. Pernow, B, and Saltin, B, eds. New York: Plenum Press, 87-95, 1971.

95. Mujika, I, and Padilla, S. Detraining: Loss of training-induced physiological and performance adaptations: Part I. Short term insufficient training stimulus. *Sports Med.* 30:79-87, 2000.

96. Mujika, I. and Padilla, S. Detraining: Loss of training-induced physiological and performance adaptations: Part II. Long term insufficient training stimulus. *Sports Med.* 30:145-154, 2000.

97. Muza, SR, Sawka, MN, Young, AJ, Dennis, RC, Gonzalez, RR, Martin, JW, Pandolf, KB, and Valeri, CR. Elite special forces: Physiological description and ergogenic influence of blood reinfusion. *Aviat Space Environ Med* 58:1001-1004, 1987.

98. Oettmeier, R, Arokoski, J, Roth, AJ, Helminen, HJ, Tammi, M, and Abendroth, K. Quantitative study of articular cartilage and subchondral bone remodeling in the knee joint of dogs after strenuous running training. *J Bone Miner Res* 7(Suppl 2):S419-S424, 1992.

99. Ogawa, T, Spina, RJ, Martin, WH, Kohrt, WM, Schechtman, KB, Holloszy, JO, and Ehsani, AA. Effects of aging, sex, and physical training on cardiovascular responses to exercise. *Circulation* 86:494-503, 1992.

100. Oliveira, CD, Bairros, AV, and Yonamine, M. Blood doping: Risks to athletes' health and strategies for detection. *Subst Use Misuse* 49:1168-1181, 2014.

101. Papathanasiou, G, Georgakopoulos, D, Georgoudis, G, Spyropoulos, P, Perrea, D, and Evangelou, A. Effects of chronic smoking on exercise tolerance and on heart rate-systolic blood pressure product in young healthy adults. *Eur J Cardiovasc Prev Rehabil* 14:646-652, 2007.

102. Pette, D, and Staron, RS. Transitions of muscle fiber phenotypic profiles. *Histochem Cell Biol* 115:359-372, 2001.

103. Ploutz-Snyder, LL, Simoneau, JA, Gilders, RM, Staron, RS, and Hagerman, FC. Cardiorespiratory and metabolic adaptations to hyperoxic training. *Eur J Appl Physiol Occup Physiol* 73:38-48, 1996.

104. Pollock, ML. Submaximal and maximal working capacity of elite distance runners: Part I. Cardiorespiratory aspects. *Ann N Y Acad Sci* 301:310-322, 1977.

105. Raglin, J, and Wilson, G. Overtraining and staleness in athletes. In *Emotions in Sports*. Hanin, YL, ed. Champaign, IL: Human Kinetics, 191-207, 2000.

106. Rankinen, T, Sung, YJ, Sarzynski, MA, Rice, TK, Rao, DC, and Bouchard, C. Heritability of submaximal exercise heart rate response to exercise training is accounted for by nine SNPs. *J Appl Physiol* 112:892-897, 2012.

107. Robertson, RJ, Gilcher, R, Metz, KF, Skrinar, GS, Allison, TG, Bahnson, HT, Abbott, RA, Becker, R, and Falkel, JE. Effect of induced erythrocythemia

on hypoxia tolerance during physical exercise. *J Appl Physiol Respir Environ Exerc Physiol* 53:490-495, 1982.

108. Sale, DG. Influence of exercise and training on motor unit activation. *Exerc Sport Sci Rev* 15:95-151, 1987.

109. Saltin, B, Blomqvist, G, Mitchell, JH, Johnson, RL, Jr., Wildenthal, K, and Chapman, CB. Response to exercise after bed rest and after training. *Circulation* 38:1-78, 1968.

110. Saltin, B, Nazar, K, Costill, D.L, Stein, E, Jansson, E, Essen, B, and Gollnick, D. The nature of the training response: Peripheral and central adaptations of one-legged exercise. *Acta Physiol Scand* 96:289-305, 1976.

111. Sawka, MN, Dennis, RC, Gonzalez, RR, Young, AJ, Muza, SR, Martin, JW, Wenger, CB, Francesconi, RP, Pandolf, KB, and Valeri, CR. Influence of polycythemia on blood volume and thermoregulation during exercise-heat stress. *J Appl Physiol* 62:912-918, 1987.

112. Sawka, MN, Gonzalez, RR, Young, AJ, Muza, SR, Pandolf, KB, Latzka, WA, Dennis, RC, and Valeri, CR. Polycythemia and hydration: Effects on thermoregulation and blood volume during exercise-heat stress. *Am J Physiol* 255:R456-R463, 1988.

113. Sawka, MN, Joyner, MJ, Miles, DS, Robertson, RJ, Spriet, LL, and Young, AJ. American College of Sports Medicine position stand: The use of blood doping as an ergogenic aid. *Med Sci Sports Exerc* 28:i-viii, 1996.

114. Seene, T, Alev, K, Kaasik, P, Pehme, A, and Parring, AM. Endurance training: Volume-dependent adaptational changes in myosin. *Int J Sports Med* 26:815-821, 2005.

115. Silverman, HG, and Mazzeo, RS. Hormonal responses to maximal and submaximal exercise in trained and untrained men of various ages. *J Gerontol A Biol Sci Med Sci* 51:B30-B37, 1996.

116. Skoluda, N, Dettenborn, L, Stalder, T, and Kirschbaum, C. Elevated hair cortisol concentrations in endurance athletes. *Psychoneuroendocrinology* 37:611-617, 2012.

117. Sperlich, B, Zinner, C, Krueger, M, Wegrzyk, J, Achtzehn, S, and Holmberg, HC. Effects of hyperoxia during recovery from 5×30-s bouts of maximal-intensity exercise. *J Sports Sci* 30:851-858, 2012.

118. Sperlich, B, Zinner, C, Krueger, M, Wegrzyk, J, Mester, J, and Holmberg, HC. Ergogenic effect of hyperoxic recovery in elite swimmers performing high-intensity intervals. *Scand J Med Sci Sports* 21:e421-e429, 2011.

119. Staff, PH. The effects of physical activity on joints, cartilage, tendons and ligaments. *Scand J Soc Med Suppl* 29:59-63, 1982.

120. Staton, GW. Chronic obstructive diseases of the lung. In *ACP Medicine*. Dale, DC, and Federman, DD, eds. New York: WebMD Professional, 2720-2743, 2007.

121. Stone, MH, Keith, RE, Kearney, JT, Fleck, SJ, Wilson, GD, and Triplett, NT. Overtraining: A review of the signs, symptoms and possible causes. *Journal of Strength and Conditioning Research* 5:35-50, 1991.

122. Tamaki, H, Kitada, K, Akamine, T, Murata, F, Sakou, T, and Kurata, H. Alternate activity in the synergistic muscles during prolonged low-level contractions. *J Appl Physiol* 84:1943-1951, 1998.

123. Tanaka, H, Monahan, KD, and Seals, DR. Age-predicted maximal heart rate revisited. *J Am Coll Cardiol* 37:153-156, 2001.

124. Tipton, KD, and Wolfe, RR. Exercise-induced changes in protein metabolism. *Acta Physiol Scand* 162:377-387, 1998.

125. Tomlin, DL, and Wenger, HA. The relationship between aerobic fitness and recovery from high intensity intermittent exercise. *Sports Med* 31:1-11, 2001.

126. Trappe, S, Harber, M, Creer, A, Gallagher, P, Slivka, D, Minchev, K, and Whitsett, D. Single muscle fiber adaptations with marathon training. *J Appl Physiol* 101:721-727, 2006.

127. Triplett-McBride, NT, Mastro, AM, McBride, JM, Bush, JA, Putukian, M, Sebastianelli, WJ, and Kraemer, WJ. Plasma proenkephalin peptide F and human B cell responses to exercise stress in fit and unfit women. *Peptides* 19:731-738, 1998.

128. Tuna, Z, Güzel, NA, Aral, AL, Elbeg, S, Özer, C, Erikoglu, G, Atak, A, and Pinar, L. Effects of an acute exercise up to anaerobic threshold on serum anabolic and catabolic factors in trained and sedentary young males. *Gazi Med J* 25:47-51, 2014.

129. Urhausen, A, Gabriel, H, and Kindermann, W. Blood hormones as markers of training stress and overtraining. *Sports Med* 20:251-276, 1995.

130. Urhausen, A, and Kindermann, W. Diagnosis of overtraining: What tools do we have? *Sports Med* 32:95-102, 2002.

131. Vogel, JA, Patton, JF, Mello, RP, and Daniels, WL. An analysis of aerobic capacity in a large United States population. *J Appl Physiol* 60:494-500, 1986.

132. Vollaard, NB, Constantin-Teodosiu, D, Fredriksson, K, Rooyackers, O, Jansson, E, Greenhaff, PL, Timmons, JA, and Sundberg, CJ. Systematic

analysis of adaptations in aerobic capacity and submaximal energy metabolism provides a unique insight into determinants of human aerobic performance. *J Appl Physiol* 106:1479-1486, 2009.

133. Wilkinson, SB, Phillips, SM, Atherton, PJ, Patel, R, Yarasheski, KE, Tarnopolsky, MA, and Rennie, MJ. Differential effects of resistance and endurance exercise in the fed state on signalling molecule phosphorylation and protein synthesis in human muscle. *J Physiol* 586:3701-3717, 2008.

134. Wilson, JM, Loenneke, JP, Jo, E, Wilson, GJ, Zourdos, MC, and Kim, JS. The effects of endurance, strength, and power training on muscle fiber type shifting. *J Strength Cond Res* 26:1724-1729, 2012.

135. Wilt, F. Training for competitive running. In *Exercise Physiology*. Fall, HB, ed. New York: Academic Press, 395-414, 1968.

136. Wyatt, FB, Donaldson, A, and Brown, E. The overtraining syndrome: A meta-analytic review. *J Exerc Physiol Online* 16:12-23, 2013.

137. Zhou, B, Conlee, RK, Jensen, R, Fellingham, GW, George, JD, and Fisher, AG. Stroke volume does not plateau during graded exercise in elite male distance runners. *Med Sci Sports Exerc* 33:1849-1854, 2001.

138. Zouhal, H, Jacob, C, Delamarche, P, and Gratas-Delamarche, A. Catecholamines and the effects of exercise, training and gender. *Sports Med* 38:401-423, 2008.

第7章 年龄与性别差异对抗阻训练的影响

1. Alentorn-Geli, E, Myer, GD, Silvers, HJ, Samitier, G, Romero, D, Lázaro-Haro, C, and Cugat, R. Prevention of non-contact anterior cruciate ligament injuries in soccer players. Part 2: A review of prevention programs aimed to modify risk factors and to reduce injury rates. *Knee Surg Sports Traumatol Arthrosc* 17:859-879, 2009.

2. American Academy of Pediatrics. Intensive training and sports specialization in young athletes. *Pediatrics* 106:154-157, 2000.

3. American Academy of Pediatrics. Strength training by children and adolescents. *Pediatrics* 121:835-840, 2008.

4. American College of Sports Medicine. *ACSM's Guidelines for Exercise Testing and Prescription*. 9th ed. Philadelphia: Lippincott Williams & Wilkins, 184, 2014.

5. American College of Sports Medicine position stand. Exercise and physical activity for older adults. *Med Sci Sports Exerc* 41:1510-1530, 2009.

6. American College of Sports Medicine position stand. The female athlete triad. *Med Sci Sports Exerc* 39:1867-1882, 2007.

7. American Orthopaedic Society for Sports Medicine. *Proceedings of the Conference on Strength Training and the Prepubescent*. Chicago: American Orthopaedic Society for Sports Medicine, 1-14, 1988.

8. Annesi, J, Westcott, W, Faigenbaum, AD, and Unruh, JL. Effects of a 12 week physical activity program delivered by YMCA after-school counselors (Youth Fit for Life) on fitness and self-efficacy changes in 5–12 year old boys and girls. *Res Q Exerc Sport* 76:468-476, 2005.

9. Arendt, E, and Dick, R. Knee injury patterns among men and women in collegiate basketball and soccer: NCAA data and review of literature. *Am J Sports Med* 23:694-701, 1995.

10. Bailey, D, and Martin, A. Physical activity and skeletal health in adolescents. *Pediatr Exerc Sci* 6:330-347, 1994.

11. Bassey, E, Fiatarone, M, O'Neill, E, Kelly, M, Evans, W, and Lipsitz, L. Leg extensor power and functional performance in very old men and women. *Clin Sci* 82:321-327, 1992.

12. Behm, DG, Faigenbaum, AD, Falk, B, and Klentrou, P. Canadian Society for Exercise Physiology position paper: Resistance training in children and adolescents. *Appl Physiol Nutr Metab* 33:547-561, 2008.

13. Behringer, M, vom Heede, A, Matthews, M, and Mester, J. Effects of strength training on motor performance skills in children and adolescents: A meta-analysis. *Pediatr Exerc Sci* 23:186-206, 2011.

14. Behringer, M, vom Heede, A, Yue, Z, and Mester, J. Effects of resistance training in children and adolescents: A meta-anlaysis. *Pediatrics* 126: e1199-e1210, 2010.

15. Benson, AC, Torode, ME, and Fiatarone Singh, MA. The effect of high intensity progressive resistance training on adiposity in children: A randomized controlled trial. *Int J Obes* 32:1016-1027, 2008.

16. Binzoni, T, Bianchi, S, Hanquinet, S, Kaelin, A, Sayegh, Y, Dumont, M, and Jéquier, S. Human gastrocnemius medialis pennation angle as a function of age: From newborn to the elderly. *J Physiol Anthropol* 20:293-298, 2001.

17. Bishop, P, Cureton, K, and Collins, M. Sex difference in muscular strength in equally-trained men and women. *Ergonomics* 30:675-687, 1987.

18. Blanksby, B, and Gregor, J. Anthropometric, strength, and physiological changes in male and female swimmers with progressive resistance training. *Aust J Sport Sci* 1:3-6, 1981.

19. Blimkie, C. Benefits and risks of resistance training

in youth. In *Intensive Participation in Children's Sports*. Cahill, B, and Pearl, A, eds. Champaign, IL: Human Kinetics, 133-167, 1993.

20. Boden, BP, Dean, GS, Feagin, JA, and Garrett, WE. Mechanisms of anterior cruciate ligament injury. *Orthopedics* 23:573-578, 2000.
21. Brenner, JS. Overuse injuries, overtraining, and burnout in child and adolescent athletes. *Pediatrics* 119:1242-1245, 2007.
22. British Association of Exercise and Sport Sciences. BASES position statement on guidelines for resistance exercise in young people. *J Sports Sci* 22:383-390, 2004.
23. Buenen, G, and Malina, R. Growth and physical performance relative to the timing of the adolescent growth spurt. In *Exercise and Sport Science Reviews*. Pandolf, K, ed. New York: Macmillan, 503-540, 1988.
24. Bulgakova, N, Vorontsov, A, and Fomichenko, T. Improving the technical preparedness of young swimmers by using strength training. *Soviet Sports Rev* 25:102-104, 1990.
25. Byrd, R, Pierce, K, Rielly, L, and Brady, J. Young weightlifters' performance across time. *Sports Biomech* 2:133-140, 2003.
26. Campbell, AJ, Borrie, MJ, Spears, GF, Jackson, SL, Brown, JS, and Fitzgerald, JL. Circumstances and consequences of falls experienced by a community population 70 years and over during a prospective study. *Age Ageing* 19:136-141, 1990.
27. Campbell, W, Crim, M, Young, V, and Evans, W. Increased energy requirements and changes in body composition with resistance training in older adults. *Am J Clin Nutr* 60:167-175, 1994.
28. Campbell, W, Crim, M, Young, V, Joseph, J, and Evans, W. Effects of resistance training and dietary protein intake on protein metabolism in older adults. *Am J Appl Physiol* 268:E1143-E1153, 1995.
29. Castro, M, McCann, D, Shaffrath, J, and Adams, W. Peak torque per unit cross-sectional area differs between strength-training and untrained adults. *Med Sci Sports Exerc* 27:397-403, 1995.
30. Castro-Piñero, J, Ortega, FB, Artero, EG, Girela-Rejón, MJ, Sjöström, M, and Ruiz, JR. Assessing muscular strength in youth: Usefulness of standing long jump as a general index of muscular fitness. *J Strength Cond Res* 24:1810-1817, 2010.
31. Centers for Disease Control and Prevention. Strength training among adults >65 years United States, 2001. *MMWR* 53:1-4, 2004.
32. Charette, S, McEvoy, L, Pyka, G, Snow-Harter, C, Guido, D, Wiswell, R, and Marcus, R. Muscle hypertrophy response to resistance training in older women. *J Appl Physiol* 70:1912-1916, 1991.
33. Chilibeck, P, Calder, A, Sale, D, and Webber, C. A comparison of strength and muscle mass increases during resistance training in young women. *Eur J Appl Physiol* 77:170-175, 1998.
34. Christmas, C, and Andersen, R. Exercise and older patients. Guidelines for the clinician. *J Am Geriatr Soc* 48:318-324, 2000.
35. Chu, D, Faigenbaum, A, and Falkel, J. *Progressive Plyometrics for Kids*. Monterey, CA: Healthy Learning, 15-19, 2006.
36. Cohen, DD, Voss, C, Taylor, MJD, Delextrat, A, Ogunleye, AA, and Sandercock, G. Ten-year secular changes in muscular fitness in English children. *Acta Paediatr* 100:e175-e177, 2011.
37. Colliander, E, and Tesch, P. Bilateral eccentric and concentric torque of quadriceps and hamstrings in females and males. *Eur J Appl Physiol* 59:227-232, 1989.
38. Colliander, E, and Tesch, P. Responses to eccentric and concentric resistance training in females and males. *Acta Physiol Scand* 141:149-156, 1990.
39. Comstock, RD, Collins, CL, Corlette, JD, Fletcher, EN, and Center for Injury Research and Policy of the Research Institute at Nationwide Children's Hospital. National high-school sports-related injury surveillance study, 2011-2012 school year. Accessed June 10, 2014.
40. Conroy, B, Kraemer, W, Maresh, C, Fleck, S, Stone, M, Fry, A, Miller, P, and Dalsky, G. Bone mineral density in elite junior Olympic weightlifters. *Med Sci Sports Exerc* 25:1103-1109, 1993.
41. Cooper, R, Kuh, D, and Hardy, R. Objectively measured physical capability levels and mortality: Systematic review and meta-analysis. *Br Med J* 341:c4467, 2010.
42. Cumming, D, Wall, S, Galbraith, M, and Belcastro, A. Reproductive hormone responses to resistance exercise. *Med Sci Sports Exerc* 19:234-238, 1987.
43. Cureton, K, Collins, M, Hill, D, and McElhannon, F. Muscle hypertrophy in men and women. *Med Sci Sports Exerc* 20:338-344, 1988.
44. Dalsky, G, Stocke, K, Ehasani, A, Slatopolsky, E, Lee, W, and Birge, S. Weight-bearing exercise training and lumbar bone mineral content in post menopausal women. *Ann Intern Med* 108:824-828, 1988.
45. Davies, B, Greenwood, E, and Jones, S. Gender differences in the relationship of performance in the handgrip and standing long jump tests to lean limb volume in young athletes. *Eur J Appl Physiol* 58:315-320, 1988.
46. De Loes, M, Dahlstedt, L, and Thomeé, R. A 7-year study on risks and costs of knee injuries in male and female youth participants in 12 sports. *Scand J*

Med Sci Sports 10:90-97, 2000.

47. De Souza, MJ, Nattiv, A, Joy, E, Misra, M, Williams, NI, Mallinson, RJ, Gibbs, JC, Olmstead, M, Goolsby, M, and Matheson, G. Female athlete triad coalition consensus statement on treatment and return to play of the female athlete triad. *Clin J Sports Med* 24:96-119, 2014.
48. De Vos, N, Singh, N, Ross, D, Stavrinos, T, Orr, R, and Singh, M. Optimal load for increasing muscle power during explosive resistance training in older adults. *J Gerontol A Biol Sci Med Sci* 60:638-647, 2005.
49. DiFiori, JP, Benjamin, HJ, Brenner, J, Gregory, A, Jayanthi, N, Landry, G, and Luke, A. Overuse injuries and burnout in youth sports: A position statement from the American Medical Society for Sports Medicine. *Clin J Sports Med* 24:3-20, 2014.
50. Docherty, D, Wenger, H, Collis, M, and Quinney, H. The effects of variable speed resistance training on strength development in prepubertal boys. *J Hum Mov Stud* 13:377-382, 1987.
51. Drinkwater, B. Weight-bearing exercise and bone mass. *Phys Med Rehabil Clin* 6:567-578, 1995.
52. Emery, C. Injury prevention and future research. *Med Sci Sports Exerc* 48:179-200, 2005.
53. Evans, W. Exercise training guidelines for the elderly. *Med Sci Sports Exerc* 31:12-17, 1999.
54. Faigenbaum, A. Strength training for children and adolescents. *Clin Sports Med* 19:593-619, 2000.
55. Faigenbaum, AD, Farrell, A, Fabiano, M, Radler, T, Naclerio, F, Ratamess, NA, Kang, J, and Myer, GD. Effects of integrative neuromuscular training on fitness performance in children. *Pediatr Exerc Sci* 23:573-584, 2011.
56. Faigenbaum, AD, Farrell, A, Fabiano, M, Radler, T, Naclerio, F, Ratamess, NA, Kang, J, and Myer, GD. Effects of detraining on fitness performance in 7-year-old children. *J Strength Cond Res* 27:323-330, 2013.
57. Faigenbaum, AD, Kraemer, WJ, Blimkie, CJ, Jeffreys, I, Micheli, LJ, Nitka, M, and Rowland, TW. Youth resistance training: Updated position statement paper from the National Strength and Conditioning Association. *J Strength Cond Res* 23:S60-S79, 2009.
58. Faigenbaum, AD, Lloyd, RS, and Myer, GD. Youth resistance training: Past practices, new perspectives and future directions. *Pediatr Exerc Sci* 25:591-604, 2013.
59. Faigenbaum, AD, Lloyd, RS, Sheehan, D, and Myer, GD. The role of the pediatric exercise specialist in treating exercise deficit disorder in youth. *Strength Cond J* 35:34-41, 2013.
60. Faigenbaum, AD, and McFarland, JE. Criterion repetition maximum testing. *Strength Cond J* 36:88-91, 2014.
61. Faigenbaum, AD, McFarland, JE, Herman, RE, Naclerio, F, Ratamess, NA, Kang, J, and Myer, GD. Reliability of the one-repetition-maximum power clean test in adolescent athletes. *J Strength Cond Res* 26:432-437, 2012.
62. Faigenbaum, A, and Mediate, P. The effects of medicine ball training on fitness performance of high school physical education students. *Physical Educator* 63:160-167, 2006.
63. Faigenbaum, A, Milliken, L, LaRosa-Loud, R, Burak, B, Doherty, C, and Westcott, W. Comparison of 1 and 2 days per week of strength training in children. *Res Q Exerc Sport* 73:416-424, 2002.
64. Faigenbaum, A, Milliken, L, Moulton, L, and Westcott, W. Early muscular fitness adaptations in children in response to two different resistance training regimens. *Pediatr Exerc Sci* 17:237-248, 2005.
65. Faigenbaum, A, Milliken, L, and Westcott, W. Maximal strength testing in healthy children. *J Strength Cond Res* 17:162-166, 2003.
66. Faigenbaum, AD, and Myer, GD. Resistance training among young athletes: Safety, efficacy and injury prevention effects. *Br J Sports Med* 44:56-63, 2010.
67. Faigenbaum, A, and Polakowski, C. Olympic-style weightlifting, kid style. *Strength Cond J* 21:73-76, 1999.
68. Faigenbaum, A, and Schram, J. Can resistance training reduce injuries in youth sports? *Strength Cond J* 26:16-21, 2004.
69. Faigenbaum, A, Westcott, W, Long, C, LaRosa-Loud, R, Delmonico, M, and Micheli, L. Relationship between repetitions and selected percentages of the one repetition maximum in healthy children. *Pediatr Phys Ther* 10:110-113, 1998.
70. Faigenbaum, A, Westcott, W, Micheli, L, Outerbridge, A, Long, C, LaRosa-Loud, R, and Zaichkowsky, L. The effects of strength training and detraining on children. *J Strength Cond Res* 10:109-114, 1996.
71. Faigenbaum, A, Zaichkowsky, L, Westcott, W, Micheli, L, and Fehlandt, A. The effects of a twice per week strength training program on children. *Pediatr Exerc Sci* 5:339-346, 1993.
72. Falk, B, and Eliakim, A. Resistance training, skeletal muscle and growth. *Pediatr Endocrinol Rev* 1:120-127, 2003.

73. Falk, B, and Mor, G. The effects of resistance and martial arts training in 6 to 8 year old boys. *Pediatr Exerc Sci* 8:48-56, 1996.

74. Falk, B, and Tenenbaum, G. The effectiveness of resistance training in children. A meta-analysis. *Sports Med* 22:176-186, 1996.

75. Fiatarone, M, Marks, E, Ryan, N, Meredith, C, Lipsitz, L, and Evans, W. High-intensity strength training in nonagenarians: Effects on skeletal muscle. *JAMA* 263:3029-3034, 1990.

76. Fiatarone, M, O'Neill, E, Ryan, N, Clements, K, Solares, G, Nelson, M, Roberts, S, Kehayias, J, Lipsitz, L, and Evans, W. Exercise training and nutritional supplementation for physical frailty in very elderly people. *New Engl J Med* 330:1769-1775, 1994.

77. Fielding, RA, LeBrasseur, NK, Cuoco, A, Bean, J, Mizer, K, and Fiatarone Singh, MA. High-velocity resistance training increases skeletal muscle peak power in older women. *J Am Geriatr Soc* 50:655-662, 2002.

78. Ford, H, and Puckett, J. Comparative effects of prescribed weight training and basketball programs on basketball test scores of ninth grade boys. *Percept Mot Skills* 56:23-26, 1983.

79. Fransen, J, Pion, J, Vandendriessche, J, Vandorpe, B, Vaeyens, R, Lenoir, M, and Philippaerts, RM. Differences in physical fitness and gross motor coordination in boys aged 6-12 years specializing in one versus sampling more than one sport. *J Sports Sci* 30:379-386, 2012.

80. Frontera, W, Meredith, C, O'Reilly, K, Knuttgen, H, and Evans, W. Strength conditioning of older men: Skeletal muscle hypertrophy and improved function. *J Appl Physiol* 42:1038-1044, 1988.

81. Fukunga, T, Funato, K, and Ikegawa, S. The effects of resistance training on muscle area and strength in prepubescent age. *Ann Physiol Anthropol* 11:357-364, 1992.

82. Galvao, D, and Taaffe, D. Resistance training for the older adult: Manipulating training variables to enhance muscle strength. *J Strength Cond Res* 27:48-54, 2005.

83. Garhammer, J. A comparison of maximal power outputs between elite male and female weightlifters in competition. *Int J Sports Biomech* 7:3-11, 1991.

84. Garhammer, J. A review of power output studies of Olympic and powerlifting: Methodology, performance prediction and evaluation tests. *J Strength Cond Res* 7:76-89, 1993.

85. Gonzalez-Badillo, JJ, Gorostiaga, EM, Arellano, R, and Izquierdo, M. Moderate resistance training volume produces more favorable strength gains than high or low volumes during a short-term training cycle. *J Strength Cond Res* 19:689-697, 2005.

86. Gonzalez-Badillo, JJ, Izquierdo, M, and Gorostiaga, EM. Moderate volume of high relative training intensity produces greater strength gains compared with low and high volume in competitive weightlifters. *J Strength Cond Res* 20:73-81, 2006.

87. Granacher, U, Goesele, A, Roggo, K, Wischer, T, Fischer, S, Zuerny, C, Gollhofer, A, and Kriemler, S. Effects and mechanisms of strength training in children. *Int J Sports Med* 32:357-364, 2011.

88. Granacher, U, Muehlbauer, T, Zahner, L, Gollhofer, A, and Kressig, RW. Comparison of traditional and recent approaches in the promotion of balance and strength in older adults. *Sports Med* 41:377-400, 2011.

89. Greulich, WW, and Pyle, SI. *Radiographic Atlas of Skeletal Development of the Hand and Wrist.* 2nd ed. Los Angeles: Stanford University Press, 1959.

90. Gumbs, V, Segal, D, Halligan, J, and Lower, G. Bilateral distal radius and ulnar fractures in adolescent weight lifters. *Am J Sports Med* 10:375-379, 1982.

91. Gunter, K, Almstedt, H, and Janz, K. Physical activity in childhood may be the key to optimizing lifespan skeletal health. *Exerc Sport Sci Rev* 40:13-21, 2012.

92. Häkkinen, K, and Häkkinen, A. Muscle cross-sectional area, force production and relaxation characteristics in women at different ages. *Eur J Appl Physiol* 62:410-414, 1991.

93. Häkkinen, K, Pakarinen, A, and Kallinen, M. Neuromuscular adaptations and serum hormones in women during short-term intensive strength training. *Eur J Appl Physiol* 64:106-111, 1992.

94. Häkkinen, K, Pakarinen, A, Kyrolainen, H, Cheng, S, Kim, D, and Komi, P. Neuromuscular adaptations and serum hormones in females during prolonged power training. *Int J Sports Med* 11:91-98, 1990.

95. Hamill, B. Relative safety of weight lifting and weight training. *J Strength Cond Res* 8:53-57, 1994.

96. Hardy, LL, King, L, Farrell, L, Macniven, R, and Howlett, S. Fundamental movement skills among Australian preschool children. *J Sci Med Sport* 13:503-508, 2010.

97. Harries, SK, Lubans, DR, and Callister, R. Resistance training to improve power and sports performance in adolescent athletes: A systematic review and meta-analysis. *J Sci Med Sport* 15:532-540, 2012.

98. Henwood, T, and Taaffe, D. Improved physical performance in older adults undertaking a short-

term programme of high-velocity resistance training. *Gerontology* 51:108-115, 2005.

99. Hetherington, M. Effect of isometric training on the elbow flexion force torque of grade five boys. *Res Q* 47:41-47, 1976.

100. Hetzler, R, DeRenne, C, Buxton, B, Ho, KW, Chai, DX, and Seichi, G. Effects of 12 weeks of strength training on anaerobic power in prepubescent male athletes. *J Strength Cond Res* 11:174-181, 1997.

101. Hewett, T. Neuromuscular and hormonal factors associated with knee injuries in female athletes: Strategies for intervention. *Sports Med* 29:313-327, 2000.

102. Hewett, TE, and Myer, GD. The mechanistic connection between the trunk, hip, knee, and anterior cruciate ligament injury. *Exerc Sport Sci Rev* 39:161-166, 2011.

103. Hewett, T, Myer, G, and Ford, K. Reducing knee and anterior cruciate ligament injuries among female athletes. *J Knee Surg* 18:82-88, 2005.

104. Hind, K, and Burrows, M. Weight-bearing exercise and bone mineral accrual in children and adolescents: A review of controlled trials. *Bone* 40:14-27, 2007.

105. Holloway, J. A summary chart: Age related changes in women and men and their possible improvement with training. *J Strength Cond Res* 12:126-128, 1998.

106. Hurley, B, and Hagberg, J. Optimizing health in older persons: Aerobic or strength training? In *Exercise and Sport Sciences Reviews*. Holloszy, J, ed. Philadelphia: Williams & Wilkins, 61-89, 1998.

107. Imamura, K, Ashida, H, Ishikawa, T, and Fujii, M. Human major psoas muscle and sacrospinalis muscle in relation to age: A study by computed tomography. *J Gerontol* 38:678-681, 1983.

108. Ingle, L, Sleap, M, and Tolfrey, K. The effect of a complex training and detraining programme on selected strength and power variables in early pubertal boys. *J Sports Sci* 24:987-997, 2006.

109. Iwamoto, J, Takeda, T, and Ichimura, S. Effect of exercise training and detraining on bone mineral density in postmenopausal women with osteoporosis. *J Orthop Sci* 6:128-132, 2001.

110. Jette, A, and Branch, L. The Framingham disability study: II. Physical disability among the aging. *Am J Public Health* 71:1211-1216, 1981.

111. Joseph, AM, Collins, CL, Henke, NM, Yard, EE, Fields, SK, and Comstock, DA. A multisport epidemiological comparison of anterior cruciate ligament injuries in high school athletes. *J Athl Train* 48:810-817, 2013.

112. Kanis, J, Melton, L, Christiansen, C, Johnson, C, and Khaltaev, N. The diagnosis of osteoporosis. *J Bone Miner Res* 9:1137-1141, 1994.

113. Karlsson, MK, Vonschewelov, T, Karlsson, C, Cöster, M, and Rosengen, BE. Prevention of falls in elderly: A review. *Scand J Public Health* 41:442-454, 2013.

114. Katzmarzyk, P, Malina, R, and Beunen, G. The contribution of biologic maturation to the strength and motor fitness of children. *Ann Hum Biol* 24:493-505, 1997.

115. Kaufman, LB, and Schilling, DL. Implementation of a strength training program for a 5-year-old child with poor body awareness and developmental coordination disorder. *Phys Ther* 87:455-467, 2007.

116. Kelley, GA, Kelley, KS, and Tran, ZV. Resistance training and bone mineral density in women: A meta-analysis of controlled trials. *Am J Phys Med Rehabil* 80:65-77, 2001.

117. Kinugasa, T, and Kilding, AE. A comparison of post-match recovery strategies in youth soccer players. *J Strength Cond Res* 23:1402-1407, 2009.

118. Komi, P, and Karlsson, J. Skeletal muscle fibre types, enzyme activities and physical performance in young males and females. *Acta Physiol Scand* 103:210-218, 1978.

119. Kraemer, W. Endocrine responses to resistance exercise. *Med Sci Sports Exerc* 20(Suppl):152-157, 1988.

120. Kraemer, W, Adams, K, Cafarelli, E, Dudley, G, Dooly, C, Feigenbaum, M, Fleck, S, Franklin, B, Newtown, R, Potteiger, J, Stone, M, Ratamess, N, and Triplett-McBride, T. Progression models in resistance training for healthy adults. *Med Sci Sports Exerc* 34:364-380, 2002.

121. Kraemer, W, Fry, A, Frykman, P, Conroy, B, and Hoffman, J. Resistance training and youth. *Pediatr Exerc Sci* 1:336-350, 1989.

122. Kraemer, W, Mazzetti, S, Nindl, B, Gotshalk, L, Bush, J, Marx, J, Dohi, K, Gomez, A, Miles, M, Fleck, S, Newton, R, and Häkkinen, K. Effect of resistance training on women's strength/power and occupational performances. *Med Sci Sports Exerc* 33:1011-1025, 2001.

123. Kravitz, L, Akalan, C, Nowicki, K, and Kinzey, SJ. Prediction of 1 repetition maximum in high-school power lifters. *J Strength Cond Res* 17:167-172, 2003.

124. Lauback, L. Comparative muscle strength of men and women: A review of the literature. *Aviat Space Environ Med* 47:534-542, 1976.

125. Layne, J, and Nelson, M. The effects of progressive resistance training on bone density: A review. *Med Sci Sports Exerc* 31:25-30, 1999.

126. Lexell, J, and Downham, D. What is the effect of ageing on Type II muscle fibers? *J Neurol Sci* 107:250-251, 1992.

127. Lillegard, W, Brown, E, Wilson, D, Henderson, R, and Lewis, E. Efficacy of strength training in prepubescent to early postpubescent males and females: Effects of gender and maturity. *Pediatr Rehabil* 1:147-157, 1997.

128. Ling, CHY, Taekema, D, de Craen, AJM, Gussekloo, J, Westendorp, RGJ, and Maier, AB. Handgrip strength and mortality in the oldest old population: The Leiden 85-plus study. *Can Med Assoc J* 182:429-435, 2010.

129. Lloyd, RS, Faigenbaum, AD, Stone, MH, Oliver, JL, Jeffreys, I, Moody, JA, Brewer, C, Pierce, K, McCambridge, TM, Howard, R, Herrington, L, Hainline, B, Micheli, LJ, Jaques, R, Kraemer, WJ, McBride, MG, Best, TM, Chu, DA, Alvar, BA, and Myer, GD. Position statement on youth resistance training: The 2014 international consensus. *Br J Sports Med* 48:498-505, 2014.

130. Lloyd, RS, and Oliver, JL. The Youth Physical Development model: A new approach to long-term athletic development. *Strength Cond J* 34:61-72, 2012.

131. Lloyd, RS, Oliver, JL, Faigenbaum, AD, Myer, GD, and De Ste Croix, M. Chronological age versus biological maturation: Implications for exercise programming in youth. *J Strength Cond Res* 28:1454-1464, 2014.

132. Lopopolo, R, Greco, M, Sullivan, D, Craik, R, and Mangione, K. Effect of therapeutic exercise on gait speed in community-dwelling elderly people: A meta analysis. *Phys Ther* 86:520-540, 2006.

133. Maddalozzo, GF, and Snow, CM. High intensity resistance training: Effects of bone in older men and women. *Calcif Tissue Int* 66:399-404, 2000.

134. Magill, R, and Anderson, D. Critical periods as optimal readiness for learning sports skills. In *Children and Youth in Sport: A Biopsychosocial Perspective.* Smoll, F, and Smith, R, eds. Madison, WI: Brown & Benchmark, 57-72, 1995.

135. Malina, R. Physical activity and training: Effects on stature and the adolescent growth spurt. *Med Sci Sports Exerc* 26:759-766, 1994.

136. Malina, R, Bouchard, C, and Bar-Or, O. *Growth, Maturation, and Physical Activity.* Champaign, IL: Human Kinetics, 2004.

137. Mayhew, J, and Salm, P. Gender differences in anaerobic power tests. *Eur J Appl Physiol* 60:133-138, 1990.

138. McCartney, N. Acute responses to resistance training and safety. *Med Sci Sports Exerc* 31:31-37, 1999.

139. McKay, H, MacLean, L, Petit, M, MacKelvie-O'Brien, K, Janssen, P, Beck, T, and Khan, K. "Bounce at the Bell": A novel program of short bursts of exercise improves proximal femur bone mass in early pubertal children. *Br J Sports Med* 39:521-526, 2005.

140. Meltzer, D. Age dependence of Olympic weightlifting ability. *Med Sci Sports Exerc* 26:1053-1067, 1994.

141. Meredith, C, Frontera, W, and Evans, W. Body composition in elderly men: Effect of dietary modification during strength training. *J Am Geriatr Soc* 40:155-162, 1992.

142. Metter, E, Conwit, R, Tobin, J, and Fozard, J. Age-associated loss of power and strength in the upper extremities in women and men. *J Gerontol Biol Sci Med* 52:B267-B276, 1997.

143. Micheli, L. The child athlete. In *ACSM's Guidelines for the Team Physician.* Cantu, R, and Micheli, L, eds. Philadelphia: Lea & Febiger, 228-241, 1991.

144. Micheli, L, and Natsis, KI. Preventing injuries in sports: What the team physician needs to know. In *F.I.M.S. Team Physician Manual.* 3rd ed. Micheli, LJ, Pigozzi, F, Chan, KM, Frontera, WR, Bachl, N, Smith, AD, and Alenabi, T, eds. London: Routledge, 505-520, 2013.

145. Micheli, L. Strength training in the young athlete. In *Competitive Sports for Children and Youth.* Brown, E, and Branta, C, eds. Champaign, IL: Human Kinetics, 99-105, 1988.

146. Micheli, L, Glassman, R, and Klein, M. The prevention of sports injuries in children. *Clin Sports Med* 19:821-834, 2000.

147. Mihata, LC, Beutler, AI, and Boden, BP. Comparing the incidence of anterior cruciate ligament injury in collegiate lacrosse, soccer, and basketball players: Implications for anterior cruciate ligament mechanism and prevention. *Am J Sports Med* 34:899-904, 2006.

148. Miller, A, MacDougall, J, Tarnopolsky, M, and Sale, D. Gender differences in strength and muscle fiber characteristics. *Eur J Appl Physiol* 66:254-262, 1992.

149. Milliken, LA, Faigenbaum, AD, and LaRousa-Loud, R. Correlates of upper and lower body muscular strength in children. *J Strength Cond Res* 22:1339-1346, 2008.

150. Moeller, J, and Lamb, M. Anterior cruciate ligament injuries in female athletes. *Phys Sportsmed* 25:31-48, 1997.

151. Moesch, K, Elbe, AM, Hauge, MLT, and Wikman, JM. Late specialization: The key to success in centimeters, grams, or seconds (cgs) sports. *Scand J Med Sci Sports* 21:e282-e290, 2011.

152. Moliner-Urdiales, D, Ruiz, JR, Ortega, FB, Jiménez-Pavón, D, Vicente-Rodriguez, G, Rey-López, JP, Martinez-Gómez, D, Casajus, JA, Mesana, MI, Marcos, A, Noriega-Borge, MJ, Sjöström, M, Castillo, MJ, and Moreno, LA. Secular trends in health-related physical fitness in Spanish adolescents: The AVENA and HELENA studies. *J Sci Med Sport* 13:584-588, 2010.

153. Morris, F, Naughton, G, Gibbs, J, Carlson, J, and Wark, J. Prospective ten-month exercise intervention in premenarcheal girls: Positive effects on bone and lean mass. *J Bone Miner Res* 12:1453-1462, 1997.

154. Myer, GD, Ford, KR, Divine, JG, Wall, EJ, Kahanov, L, and Hewett, TE. Longitudinal assessment of noncontact anterior cruciate ligament injury risk factors during maturation in a female athlete: A case report. *J Athl Train* 44:101-109, 2009.

155. Myer, GD, Ford, KR, Brent, JL, and Hewett, TE. The effects of plyometric versus dynamic balance training on power, balance and landing force in female athletes. *J Strength Cond Res* 20:345-353, 2006.

156. Myer, GD, Ford, KR, Palumbo, JP, and Hewett, TE. Neuromuscular training improves performance and lower-extremity biomechanics in female athletes. *J Strength Cond Res* 19:51-60, 2005.

157. Myer, GD, Lloyd, RS, Brent, JL, and Faigenbaum, AD. How young is "too young" to start training? *ACSM Health Fit J* 17:14-23, 2013.

158. Myer, GD, Quatman, CE, Khoury, J, Wall, EJ, and Hewett, TE. Youth versus adult "weightlifting" injuries presenting to United States emergency rooms: Accidental versus nonaccidental injury mechanisms. *J Strength Cond Res* 23:2054-2060, 2009.

159. Myer, GD, Sugimoto, D, Thomas, S, and Hewett, TE. The influence of age on the effectiveness of neuromuscular training to reduce anterior cruciate ligament injury in female athletes: A meta-analysis. *Am J Sports Med* 41:203-215, 2013.

160. National Collegiate Athletic Association. Injury rate for women's basketball increases sharply. *NCAA News* 31(May 11):9, 13, 1994.

161. National Strength and Conditioning Association. Strength training for female athletes. *NSCA J* 11:43-55, 29-36, 1989.

162. Naylor, LH, Watts, K, Sharpe, JA, Jones, TW, Davis, EA, Thompson, A, George, K, Ramsay, JM, O'Driscoll, G, and Green, DJ. Resistance training and diastolic myocardial tissue velocities in obese children. *Med Sci Sports Exerc* 40:2027-2032, 2008.

163. Nelson, M, Fiatarone, M, Morganti, C, Trice, I, Greenberg, R, and Evans, W. Effects of high intensity strength training on multiple risk factors for osteoporotic fractures. *JAMA* 272:1909-1914, 1994.

164. Nelson-Wong, E, Appell, R, McKay, M, Nawaz, H, Roth, J, Sigler, R, 3rd, and Walker, M. Increased fall risk is associated with elevated co-contraction about the ankle during static balance challenges in older adults. *Eur J Appl Physiol* 112:1379-1389, 2012.

165. Ng, M, Fleming, T, Robinson, M, Thomson, B, Graetz, N, Margano, C, et al. Global, regional and national prevalence of overweight and obesity in children and adults during 1980-2013: A systematic analysis for the Global Burden of Disease study 2013. *Lancet* 384:766-781, 2014.

166. Nichols, D, Sanborn, C, and Love, A. Resistance training and bone mineral density in adolescent females. *J Pediatr* 139:494-500, 2001.

167. Nielsen, B, Nielsen, K, Behrendt-Hansen, M, and Asmussen, E. Training of "functional muscular strength" in girls 7-19 years old. In *Children and Exercise IX*. Berg, K, and Eriksson, B, eds. Baltimore: University Park Press, 69-77, 1980.

168. Ogden, CL, Carroll, MD, Kit, BK, and Flegal, KM. Prevalence of childhood and adult obesity in the United States, 2011-2012. *JAMA* 311:806-814, 2014.

169. Ormsbee, MJ, Pdaro, CM, Ilich, JZ, Purcell, S, Siervo, M, Folsom, A, and Panton, L. Osteosarcopenic obesity: The role of bone, muscle, and fat on health. *J Cachexia Sarcopenia Muscle* 5:183-192, 2014.

170. Orr, R, de Vos, N, Singh, N, Ross, D, Stavrinos, T, and Fiatarone-Singh, M. Power training improves balance in healthy older adults. *J Gerontol A Biol Sci Med Sci* 61:78-85, 2006.

171. Otis, C, Drinkwater, B, and Johnson, M. ACSM position stand: The female athlete triad. *Med Sci Sports Exerc* 29:i-ix, 1997.

172. Ozmun, J, Mikesky, A, and Surburg, P. Neuromuscular adaptations following prepubescent strength training. *Med Sci Sports Exerc* 26:510-514, 1994.

173. Padua, DA, Carcia, CR, Arnold, BL, and Granata, KP. Sex differences in leg stiffness and stiffness recruitment strategy during two-legged hopping. *J Mot Behav* 37:111-125, 2005.

174. Park, CH, Elavsky, S, and Koo, KM. Factors influencing physical activity in older adults. *J Exerc Rehabil* 10:45-52, 2014.

175. Pfeiffer, R, and Francis, R. Effects of strength training on muscle development in prepubescent,

pubescent and postpubescent males. *Phys Sportsmed* 14:134-143, 1986.

176. Piirainen, JM, Cronin, NJ, Avela, J, and Linnamo, V. Effects of plyometric and pneumatic explosive strength training on neuromuscular function and dynamic balance control in 60-70 year old males. *J Electromyogr Kinesiol* 24:246-252, 2014.

177. Pizzigalli, L, Filippini, A, Ahmaidi, S, Jullien, H, and Rainoldi, A. Prevention of falling risk in elderly people: The relevance of muscular strength and symmetry of lower limbs in postural stability. *J Strength Cond Res* 25:567-574, 2011.

178. Pollock, ML, Franklin, BA, Balady, GJ, Chaitman, BL, Fleg, JL, Fletcher, B, Limacher, M, Piña, IL, Stein, RA, Williams, M, and Bazzare, T. Resistance exercise in individuals with and without cardiovascular disease: Benefits, rationale, safety, and prescription. *Circulation* 101:828-833, 2000.

179. Porter, MM. Power training for older adults. *Appl Physiol Nutr Metab* 31:87-94, 2006.

180. Potdevin, FJ, Alberty, ME, Chevutschi, A, Pelayo, P, and Sidney, MC. Effects of a 6-week plyometric training program on performances in pubescent swimmers. *J Strength Cond Res* 25:80-86, 2011.

181. Purves-Smith, FM, Sgarioto, N, and Hepple, RT. Fiber typing in aging muscle. *Exerc Sport Sci Rev* 42:45-52, 2014.

182. Quatman, CE, Ford, KR, Myer, GD, and Hewett, TE. Maturation leads to gender differences in landing force and vertical jump performance. *Am J Sports Med* 34:806-813, 2006.

183. Quatman-Yates, CC, Myer, GD, Ford, KR, and Hewett, TE. A longitudinal evaluation of maturational effects on lower extremity strength in female adolescent athletes. *Pediatr Phys Ther* 25:271-276, 2013.

184. Ramsay, J, Blimkie, C, Smith, K, Garner, S, and MacDougall, J. Strength training effects in prepubescent boys. *Med Sci Sports Exerc* 22:605-614, 1990.

185. Reid, KF, Callahan, DM, Carabello, RJ, Phillips, EM, Frontera, WR, and Fielding, RA. Lower extremity power training in elderly subjects with mobility limitations: A randomized controlled trial. *Aging Clin Exp Res* 20:337-343, 2008.

186. Roche, AF, Chumlea, WC, and Thissen, D. *Assessing the Skeletal Maturity of the Hand-Wrist: Fels Method.* Springfield, IL: Charles C Thomas, 1988.

187. Rowe, P. Cartilage fracture due to weight lifting. *Br J Sports Med* 13:130-131, 1979.

188. Rubenstein, LZ. Falls in older people: Epidemiology, risk factors and strategies for prevention. *Age Ageing* 35:ii37-ii41, 2006.

189. Runhaar, J, Collard, DCM, Kemper, HCG, van Mechelen, W, and Chinapaw, M. Motor fitness in Dutch youth: Differences over a 26-year period (1980-2006). *J Sci Med Sport* 13:323-328, 2010.

190. Ryan, J, and Salciccioli, G. Fractures of the distal radial epiphysis in adolescent weight lifters. *Am J Sports Med* 4:26-27, 1976.

191. Ryushi, T, Häkkinen, K, Kauhanen, H, and Komi, P. Muscle fiber characteristics, muscle cross sectional area and force production in strength athletes, physically active males and females. *Scand J Sports Sci* 10:7-15, 1988.

192. Sadres, E, Eliakim, A, Constantini, N, Lidor, R, and Falk, B. The effect of long term resistance training on anthropometric measures, muscle strength and self-concept in pre-pubertal boys. *Pediatr Exerc Sci* 13:357-372, 2001.

193. Shaibi, G, Cruz, M, Ball, G, Weigensberg, MJ, Salem, GJ, Crespo, NC, and Goran, MI. Effects of resistance training on insulin sensitivity in overweight Latino adolescent males. *Med Sci Sports Exerc* 38:1208-1215, 2006.

194. Shambaugh, J, Klein, A, and Herbert, J. Structural measures as predictors of injury in basketball players. *Med Sci Sports Exerc* 23:522-527, 1991.

195. Shaw, C, McCully, K, and Posner, J. Injuries during the one repetition maximum assessment in the elderly. *J Cardiopulm Rehabil* 15:283-287, 1995.

196. Shephard, R. Exercise and training in women, part 1: Influence of gender on exercise and training response. *Can J Appl Physiol* 25:19-34, 2000.

197. Sherrington, C, Whitney, JC, Lord, SR, Herbert, RD, Cumming, RG, and Close, JCT. Effective exercise for the prevention of falls: A systematic review and meta-analysis. *J Am Geriatr Soc* 56:2234-2243, 2008.

198. Smith, JJ, Eather, N, Morgan, PJ, Plotnikoff, RC, Faigenbaum, AD, and Lubans, DR. The health benefits of muscular fitness for children and adolescents: A systematic review and meta-analysis. *Sports Med* 44:1209-1223, 2014.

199. Society of Health and Physical Educators. *National Standards & Grade-Level Outcomes for K-12 Physical Education.* Champaign, IL: Human Kinetics, 11-13, 2014.

200. Steib, S, Schoene, D, and Pfeifer, K. Dose–response relationship of resistance training in older adults: A meta-analysis. *Med Sci Sports Exerc* 42:902-914, 2010.

201. Stewart, CHE, and Rittweger, J. Adaptive processes in skeletal muscle: Molecular and genetic influences. *J Musculoskelt Neuronal Interact* 6:73-86, 2006.

202. Straight, CR, Lofgren, IE, and Delmonico, MJ.

Resistance training in older adults: Are community-based interventions effective for improving health outcomes? *Am J Lifestyle Med* 6:407-414, 2012.

203. Strong, W, Malina, R, Blimkie, C, Daniels, S, Dishman, R, Gutin, B, Hergenroeder, A, Must, A, Nixon, P, Pivarnik, J, Rowland, T, Trost, S, and Trudeau, F. Evidence based physical activity for school-age youth. *J Pediatr* 46:732-737, 2005.
204. Sugimoto, D, Myer, GD, Foss, KD, and Hewett, TE. Dosage effects of neuromuscular training intervention to reduce anterior cruciate ligament injuries in female athletes: Meta- and sub-group analyses. *Sports Med* 44:551-562, 2014.
205. Tanner, JM, Healy, MJR, Goldstein, H, and Cameron, N. *Assessment of Skeletal Maturity and Prediction of Adult Height (TW3 Method).* 3rd ed. London: Saunders, 2001.
206. Tanner, JM, Whitehouse, RH, Cameron, N, Marshall, WA, Healy, MJR, and Goldstein, H. *Assessment of Skeletal Maturity and Prediction of Adult Height (TW2 Method).* New York: Academic Press, 1975.
207. Tanner, JM, Whitehouse, RH, and Healy, MJR. *A New System for Estimating Skeletal Maturity From the Hand and Wrist, with Standards Derived From a Study of 2,600 Healthy British Children.* Paris: International Children's Centre, 1962.
208. Telama, R, Yang, X, Viikari, J, Valimaki, I, Wanne, O, and Raitakari, O. Physical activity from childhood to adulthood: A 21 year tracking study. *Am J Prev Med* 28:267-273, 2005.
209. Tiedemann, A, Sherrington, C, Close, JCT, and Lord, SR. Exercise and Sports Science Australia position statement on exercise and falls prevention in older people. *J Sci Med Sport* 14:489-495, 2011.
210. Tremblay, MS, Gray, CE, Akinroye, K, Harrington, DM, Katzmarzyk, PT, Lambert, EV, Liukkonen, J, Maddison, R, Ocansey, RT, Onywera, VO, Prista, A, Reilly, JJ, Martínez, MDPR, Duenas, OLS, Standage, M, and Tomkinson, G. Physical activity of children: A global matrix of grades comparing 15 countries. *J Phys Act Health* 11 (Suppl 1): s113-s125, 2014.
211. Tsolakis, C, Vagenas, G, and Dessypris, A. Strength adaptations and hormonal responses to resistance training and detraining in preadolescent males. *J Strength Cond Res* 18:625-629, 2004.
212. Valovich-McLeod, TC, Decoster, LC, Loud, KJ, Micheli, LJ, Parker, T, Sandrey, MA, and White, C. National Athletic Trainers' Association position statement: Prevention of pediatric overuse injuries. *J Athl Train* 46:206-220, 2011.
213. Van der Sluis, A, Elferink-Gemser, MT, Coelho-e-Silva, MJ, Nijboer, JA, Brink, MS, and Visscher, C. Sports injuries aligned to peak height velocity in talented pubertal soccer players. *Int J Sports Med* 35:351-355, 2014.
214. Vandervoot, A, and McComas, A. Contractile changes in opposing muscle of the human ankle joint with aging. *J Appl Physiol* 61:361-367, 1986.
215. Vicente-Rodriguez, G. How does exercise affect bone development during growth? *Sports Med* 36:561-569, 2006.
216. Virvidakis, K, Georgiu, E, Korkotsidis, A, Ntalles, K, and Proukakis, C. Bone mineral content of junior competitive weightlifters. *Int J Sports Med* 11:244-246, 1990.
217. Wallerstein, LF, Tricoli, V, Barroso, R, Rodacki, ALF, Russo, L, Aihara, AY, Fernandes, ARC, de Mello, MT, and Ugrinowitsch, C. Effects of strength and power training on neuromuscular variables in older adults. *J Aging Phys Act* 20:171-185, 2012.
218. Watts, K, Beye, P, and Siafarikas, A. Exercise training normalizes vascular dysfunction and improves central adiposity in obese adolescents. *J Am Coll Cardiol* 43:1823-1827, 2004.
219. Watts, K, Jones, T, Davis, E, and Green, D. Exercise training in obese children and adolescents. *Sports Med* 35:375-392, 2005.
220. Weltman, A, Janney, C, Rians, C, Strand, K, Berg, B, Tippet, S, Wise, J, Cahill, B, and Katch, F. The effects of hydraulic resistance strength training in pre-pubertal males. *Med Sci Sports Exerc* 18:629-638, 1986.
221. West, R. The female athlete: The triad of disordered eating, amenorrhoea and osteoporosis. *Sports Med* 26:63-71, 1998.
222. Westcott, W, and Baechle, T. *Strength Training for Seniors.* Champaign, IL: Human Kinetics, 1-13, 1999.
223. Winter, DA. *Biomechanics and Motor Control of Human Movement.* 3rd ed. New York: Wiley, 151-152, 2005.
224. Wojtys, E, Huston, L, Lindenfeld, T, Hewett, T, and Greenfield, M. Association between the menstrual cycle and anterior cruciate injuries in female athletes. *Am J Sports Med* 26:614-619, 1998.
225. Yarasheski, K, Zachwieja, J, and Bier, D. Acute effects of resistance exercise on muscle protein synthesis in young and elderly men and women. *Am J Appl Physiol* 265:210-214, 1993.

第 8 章 运动准备与运动表现的心理学

1. Bandura, A. Self-efficacy: Toward a unifying theory of behavioral change. *Psychol Rev* 84:191-215, 1977.
2. Burton, D, Naylor, S, and Holliday, B. Goal setting

in sport: Investigating the goal effectiveness paradox. In *Handbook of Sport Psychology.* Singer, R, Hausenblas, H, and Janelle, C, eds. New York: Wiley, 497-528, 2001.

3. Cahill, L, McGaugh, JL, and Weinberger, NM. The neurobiology of learning and memory: Some reminders to remember. *Trends Neurosci* 24:578-581, 2001.
4. Chiviacowsky, S, and Wulf, G. Self-controlled feedback is effective if it is based on the learner's performance. *Res Q Exerc Sport* 76:42-48, 2005.
5. Chiviacowsky, S, Wulf, G, and Lewthwaite, R. Self-controlled learning: The importance of protecting perceptions of competence. *Front Psychol* 3:458, 2012.
6. Chiviacowsky, S, Wulf, G, Lewthwaite, R, and Campos, T. Motor learning benefits of self-controlled practice in persons with Parkinson's disease. *Gait Posture* 35:601-605, 2012.
7. Deci, EL. Intrinsic motivation: Theory and application. In *Psychology of Motor Behavior and Sport.* Landers, DM, and Christina, RW, eds. Champaign, IL: Human Kinetics, 388-396, 1978.
8. Feltz, DL, and Landers, DM. The effects of mental practice on motor skill learning and performance: A meta-analysis. *J Sport Psychol* 5,1:25-57, 1983.
9. Fitts, PM, and Posner, MI. *Human Performance.* Belmont, CA: Brooks/Cole, 1967.
10. Gill, D, and Williams, L. *Psychological Dynamics of Sport and Exercise.* Champaign, IL: Human Kinetics, 2008.
11. Gould, D, and Udry, E. Psychological skills for enhancing performance: Arousal regulation strategies. *Med Sci Sports Exerc* 26:478-485, 1994.
12. Hanin, YL. Interpersonal and intragroup anxiety in sports. In *Anxiety in Sports: An International Perspective.* Hackfort, D, and Spielberger, CD, eds. New York: Taylor & Francis, 19-28, 1989.
13. Hardy, L. Testing the predictions of the cusp catastrophe model of anxiety and performance. *Sport Psychol* 10:140-156, 1996.
14. Hatfield, BD, and Walford, GA. Understanding anxiety: Implications for sport performance. *NSCA J* 9:60-61, 1987.
15. Jacobson, E. *Progressive Relaxation.* Chicago: University of Chicago Press, 1929.
16. Kantak, SS, and Winstein, CJ. Learning-performance distinction and memory processes for motor skills: A focused review and perspective. *Behav Brain Res* 228:219-231, 2012.
17. Kerr, JH. *Motivation and Emotion in Sport: Reversal Theory.* East Sussex, UK: Psychology Press, 1999.
18. Landin, D, and Hebert, EP. A comparison of three practice schedules along the contextual interference continuum. *Res Q Exerc Sport* 68:357-361, 1997.
19. Landin, DK, Hebert, EP, and Fairweather, M. The effects of variable practice on the performance of a basketball skill. *Res Q Exerc Sport* 64:232-237, 1993.
20. Lewthwaite, R, and Wulf, G. Social-comparative feedback affects motor skill learning. *Q J Exp Psychol* 63:738-749, 2010.
21. Locke, EA, and Latham, GP. The application of goal setting to sports. *J Sport Psychol* 7:205-222, 1985.
22. Martens, R. *Social Psychology and Physical Activity.* New York: Harper & Row, 1975.
23. McClelland, DC, Atkinson, JW, Clark, RA, and Lowell, EL. *The Achievement Motive.* New York: Appleton-Century-Crofts, 1953.
24. Naylor, JC, and Briggs, GE. Effects of task complexity and task organization on the relative efficiency of part and whole training methods. *J Exp Psychol* 65:217-224, 1963.
25. Nideffer, RM. Test of attentional and interpersonal style. *J Pers Soc Psychol* 34:394-404, 1976.
26. Oxendine, JB. Emotional arousal and motor performance. *Quest* 13:23-32, 1970.
27. Plautz, EJ, Milliken, GW, and Nudo, RJ. Effects of repetitive motor training on movement representations in adult squirrel monkeys: Role of use versus learning. *Neurobiol Learn Mem* 74:27-55, 2000.
28. Porges, S, McCabe, P, and Yongue, B. Respiratory-heart rate interactions: Psychophysiological implications for pathophysiology and behavior. In *Perspectives in Cardiovascular Psychophysiology.* Caccioppo, JT, and Petty, RE, eds. New York: Guilford, 223-264, 1982.
29. Sakadjian, A, Panchuk, D, and Pearce, AJ. Kinematic and kinetic improvements associated with action observation facilitated learning of the power clean in Australian footballers. *J Strength Cond Res* 28:1613-1625, 2014.
30. Schmidt, RA, and Lee, T. *Motor Control and Learning.* 5th ed. Champaign, IL: Human Kinetics, 327-329, 1988.
31. Selye, H. The stress concept: Past, present and future. In *Stress Research: Issues for the Eighties.* Cooper, CL, ed. New York: Wiley, 1983.
32. Shea, CH, Wright, DL, Wulf, G, and Whitacre, C. Physical and observational practice afford unique learning opportunities. *J Mot Behav* 32:27-36, 2000.

33. Shea, JB, and Morgan, RL. Contextual interference effects on the acquisition, retention, and transfer of a motor skill. *J Exp Psychol Hum Learn* 5:179, 1979.

34. Smeeton, NJ, Williams, AM, Hodges, NJ, and Ward, P. The relative effectiveness of various instructional approaches in developing anticipation skill. *J Exp Psychol Appl* 11:98-110, 2005.

35. Spence, JT, and Spence, KW. The motivational components of manifest anxiety: Drive and drive stimuli. In *Anxiety and Behavior.* Spielberger, CD, ed. New York: Academic Press, 291-326, 1966.

36. Spielberger, CD. *Understanding Stress and Anxiety.* London: Harper & Row, 1979.

37. Spielberger, CD, Gorsuch, RL, and Lushene, RE. *Manual for the State-Trait Anxiety Inventory.* Palo Alto, CA: Consulting Psychologists Press, 1970.

38. Van Raalte, JL. Self talk. In *Routledge Handbook of Applied Psychology.* Anderson, SHM, ed. New York: Routledge, 210-517, 2010.

39. Weinberg, RS. Activation/arousal control. In *Routledge Handbook of Applied Sport Psychology.* Anderson, SHM, ed. New York: Routledge, 471-480, 2010.

40. Weinberg, RS, and Gould, D. *Foundations of Sport and Exercise Psychology.* 3rd ed. Champaign, IL: Human Kinetics, 2015.

41. Wightman, DC, and Lintern, G. Part-task training for tracking and manual control. *Hum Factors* 27:267-283, 1985.

42. Williams, JM, and Krane, V. Psychological characteristics of peak performance. In *Applied Sport Psychology: Personal Growth to Peak Performance.* Williams, JM, ed. Mountain View, CA: Mayfield, 158-170, 1998.

43. Winstein, CJ, Pohl, PS, Cardinale, C, Green, A, Scholtz, L, and Waters, CS. Learning a partial-weight-bearing skill: Effectiveness of two forms of feedback. *Phys Ther* 76:985-993, 1996.

44. Winstein, CJ, and Schmidt, RA. Reduced frequency of knowledge of results enhances motor skill learning. *J Exp Psychol Learn Mem Cogn* 16:677-691, 1990.

45. Wolpe, J. Psychotherapy by reciprocal inhibition. *Cond Reflex* 3:234-240, 1968.

46. Wood, JV, Perunovic, WE, and Lee, JW. Positive self-statements: Power for some, peril for others. *Psychol Sci* 20:860-866, 2009.

47. Wulf, G, Shea, C, and Lewthwaite, R. Motor skill learning and performance: A review of influential factors. *Med Educ* 44:75-84, 2010.

48. Wulf, G, Shea, CH, and Matschiner, S. Frequent feedback enhances complex motor skill learning. *J Mot Behav* 30:180-192, 1998.

49. Wulf, G, and Weigelt, C. Instructions about physical principles in learning a complex motor skill: To tell or not to tell. *Res Q Exerc Sport* 68:362-367, 1997.

50. Yerkes, RM, and Dodson, JD. The relation of strength of stimulus to rapidity of habit-formation. *J Comp Neurol Psychol* 18:459-482, 1908.

第9章 健康的基本营养因素

1. Acheson, KJ, Schutz, Y, Bessard, T, Anantharaman, K, Flatt, JP, and Jequier, E. Glycogen storage capacity and de novo lipogenesis during massive carbohydrate overfeeding in man. *Am J Clin Nutr* 48:240-247, 1988.

2. Akermark, C, Jacobs, I, Rasmusson, M, and Karlsson, J. Diet and muscle glycogen concentration in relation to physical performance in Swedish elite ice hockey players. *Int J Sport Nutr* 6:272-284, 1996.

3. Allen, S, McBride, WT, Young, IS, MacGowan, SW, McMurray, TJ, Prabhu, S, Penugonda, SP, and Armstrong, MA. A clinical, renal and immunological assessment of surface modifying additive treated (SMART) cardiopulmonary bypass circuits. *Perfusion* 20:255-262, 2005.

4. Almond, CS, Shin, AY, Fortescue, EB, Mannix, RC, Wypij, D, Binstadt, BA, Duncan, CN, Olson, DP, Salerno, AE, Newburger, JW, and Greenes, DS. Hyponatremia among runners in the Boston Marathon. *New Engl J Med* 352:1550-1556, 2005.

5. Anderson, GH, Tecimer, SN, Shah, D, and Zafar, TA. Protein source, quantity, and time of consumption determine the effect of proteins on short-term food intake in young men. *J Nutr* 134:3011-3015, 2004.

6. Arieff, AI, Llach, F, and Massry, SG. Neurological manifestations and morbidity of hyponatremia: Correlation with brain water and electrolytes. *Medicine* 55:121-129, 1976.

7. Armstrong, LE, Maresh, CM, Castellani, JW, Bergeron, MF, Kenefick, RW, LaGasse, KE, and Riebe, D. Urinary indices of hydration status. *Int J Sport Nutr* 4:265-279, 1994.

8. Atkinson, FS, Foster-Powell, K, and Brand-Miller, JC. International tables of glycemic index and glycemic load values: 2008. *Diabetes Care* 31:2281-2283, 2008.

9. Bailey, RL, Dodd, KW, Goldman, JA, Gahche, JJ, Dwyer, JT, Moshfegh, AJ, Sempos, CT, and Picciano, MF. Estimation of total usual calcium and vitamin D intakes in the United States. *J Nutr* 140:817-822, 2010.

10. Balsom, PD, Wood, K, Olsson, P, and Ekblom, B.

Carbohydrate intake and multiple sprint sports: With special reference to football (soccer). *Int J Sports Med* 20:48-52, 1999.

11. Bangsbo, J, Graham, TE, Kiens, B, and Saltin, B. Elevated muscle glycogen and anaerobic energy production during exhaustive exercise in man. *J Physiol* 451:205-227, 1992.
12. Bar-Or, O, Blimkie, CJ, Hay, JA, MacDougall, JD, Ward, DS, and Wilson, WM. Voluntary dehydration and heat intolerance in cystic fibrosis. *Lancet* 339:696-699, 1992.
13. Bardis, CN, Kavouras, SA, Kosti, L, Markousi, M, and Sidossis, LS. Mild hypohydration decreases cycling performance in the heat. *Med Sci Sports Exerc* 45:1782-1789, 2013.
14. Batchelder, BC, Krause, BA, Seegmiller, JG, and Starkey, CA. Gastrointestinal temperature increases and hypohydration exists after collegiate men's ice hockey participation. *J Strength Cond Res* 24:68-73, 2010.
15. Bermejo, F, and Garcia-Lopez, S. A guide to diagnosis of iron deficiency and iron deficiency anemia in digestive diseases. *World J Gastroenterol* 15:4638-4643, 2009.
16. Borzoei, S, Neovius, M, Barkeling, B, Teixeira-Pinto, A, and Rossner, S. A comparison of effects of fish and beef protein on satiety in normal weight men. *Eur J Clin Nutr* 60:897-902, 2006.
17. Bozian, RC, Ferguson, JL, Heyssel, RM, Meneely, GR, and Darby, WJ. Evidence concerning the human requirement for vitamin B12. Use of the whole body counter for determination of absorption of vitamin B12. *Am J Clin Nutr* 12:117-129, 1963.
18. Brownlie, T, 4th, Utermohlen, V, Hinton, PS, Giordano, C, and Haas, JD. Marginal iron deficiency without anemia impairs aerobic adaptation among previously untrained women. *Am J Clin Nutr* 75:734-742, 2002.
19. Buyken, AE, Goletzke, J, Joslowski, G, Felbick, A, Cheng, G, Herder, C, and Brand-Miller, JC. Association between carbohydrate quality and inflammatory markers: Systematic review of observational and interventional studies. *Am J Clin Nutr* 99:813-833, 2014.
20. Cahill, GF, Jr. Starvation in man. *Clin Endocrinol Metab* 5:397-415, 1976.
21. Campbell, B, Kreider, RB, Ziegenfuss, T, La Bounty, P, Roberts, M, Burke, D, Landis, J, Lopez, H, and Antonio, J. International Society of Sports Nutrition position stand: Protein and exercise. *J Int Soc Sports Nutr* 4:8, 2007.
22. Casa, DJ, Armstrong, LE, Hillman, SK, Montain, SJ, Reiff, RV, Rich, BS, Roberts, WO, and Stone, JA. National Athletic Trainers' Association position statement: Fluid replacement for athletes. *J Athl Train* 35:212-224, 2000.
23. Cermak, NM, and van Loon, LJ. The use of carbohydrates during exercise as an ergogenic aid. *Sports Med* 43:1139-1155, 2013.
24. Chen, HY, Cheng, FC, Pan, HC, Hsu, JC, and Wang, MF. Magnesium enhances exercise performance via increasing glucose availability in the blood, muscle, and brain during exercise. *PLoS One* 9:e85486, 2014.
25. Cheuvront, SN, Carter, R, 3rd, Castellani, JW, and Sawka, MN. Hypohydration impairs endurance exercise performance in temperate but not cold air. *J Appl Physiol* 99:1972-1976, 2005.
26. Cheuvront, SN, Carter R, 3rd, and Sawka, MN. Fluid balance and endurance exercise performance. *Curr Sports Med Rep* 2:202-208, 2003.
27. Chiu, YT, and Stewart, ML. Effect of variety and cooking method on resistant starch content of white rice and subsequent postprandial glucose response and appetite in humans. *Asia Pac J Clin Nutr* 22:372-379, 2013.
28. Churchward-Venne, TA, Burd, NA, and Phillips, SM. Nutritional regulation of muscle protein synthesis with resistance exercise: Strategies to enhance anabolism. *Nutr Metab* 9:40, 2012.
29. Cogswell, ME, Zhang, Z, Carriquiry, AL, Gunn, JP, Kuklina, EV, Saydah, SH, Yang, Q, and Moshfegh, AJ. Sodium and potassium intakes among US adults: NHANES 2003-2008. *Am J Clin Nutr* 96:647-657, 2012.
30. Committee on Sports Medicine and Fitness. Climatic heat stress and the exercising child and adolescent. *Pediatrics* 106:158-159, 2000.
31. Coris, EE, Ramirez, AM, and Van Durme, DJ. Heat illness in athletes: The dangerous combination of heat, humidity and exercise. *Sports Med* 34:9-16, 2004.
32. Costabile, A, Kolida, S, Klinder, A, Gietl, E, Bauerlein, M, Frohberg, C, Landschutze, V, and Gibson, GR. A double-blind, placebo-controlled, cross-over study to establish the bifidogenic effect of a very-long-chain inulin extracted from globe artichoke (Cynara scolymus) in healthy human subjects. *Br J Nutr* 104:1007-1017, 2010.
33. Currell, K, and Jeukendrup, AE. Superior endurance performance with ingestion of multiple transportable carbohydrates. *Med Sci Sports Exerc* 40:275-281, 2008.
34. Davis, SE, Dwyer, GB, Reed, K, Bopp, C, Stosic, J, and Shepanski, M. Preliminary investigation: The impact of the NCAA Wrestling Weight Certification Program on weight cutting. *J Strength Cond Res* 16:305-307, 2002.

35. DeMarco, HM, Sucher, KP, Cisar, CJ, and Butterfield, GE. Pre-exercise carbohydrate meals: Application of glycemic index. *Med Sci Sports Exerc* 31:164-170, 1999.

36. Devaney, BL, and Frazão, E. *Review of Dietary Reference Intakes for Selected Nutrients: Challenges and Implications for Federal Food and Nutrition Policy.* Washington, DC: U.S. Department of Agriculture, Economic Research Service, 1, 2007.

37. Distefano, LJ, Casa, DJ, Vansumeren, MM, Karslo, RM, Huggins, RA, Demartini, JK, Stearns, RL, Armstrong, LE, and Maresh, CM. Hypohydration and hyperthermia impair neuromuscular control after exercise. *Med Sci Sports Exerc* 45:1166-1173, 2013.

38. Djousse, L, Pankow, JS, Eckfeldt, JH, Folsom, AR, Hopkins, PN, Province, MA, Hong, Y, and Ellison, RC. Relation between dietary linolenic acid and coronary artery disease in the National Heart, Lung, and Blood Institute Family Heart Study. *Am J Clin Nutr* 74:612-619, 2001.

39. Drewnowski, A. Concept of a nutritious food: Toward a nutrient density score. *Am J Clin Nutr* 82:721-732, 2005.

40. Drinkwater, BL, Kupprat, IC, Denton, JE, Crist, JL, and Horvath, SM. Response of prepubertal girls and college women to work in the heat. *J Appl Physiol* 43:1046-1053, 1977.

41. Duraffourd, C, De Vadder, F, Goncalves, D, Delaere, F, Penhoat, A, Brusset, B, Rajas, F, Chassard, D, Duchampt, A, Stefanutti, A, Gautier-Stein, A, and Mithieux, G. Mu-opioid receptors and dietary protein stimulate a gut-brain neural circuitry limiting food intake. *Cell* 150:377-388, 2012.

42. Esmarck, B, Andersen, JL, Olsen, S, Richter, EA, Mizuno, M, and Kjaer, M. Timing of postexercise protein intake is important for muscle hypertrophy with resistance training in elderly humans. *J Physiol* 535:301-311, 2001.

43. Evans, WJ, and Hughes, VA. Dietary carbohydrates and endurance exercise. *Am J Clin Nutr* 41:1146-1154, 1985.

44. Fan, J, and Watanabe, T. Inflammatory reactions in the pathogenesis of atherosclerosis. *J Atheroscler Thromb* 10:63-71, 2003.

45. Foster-Powell, K, Holt, SH, and Brand-Miller, JC. International table of glycemic index and glycemic load values: 2002. *Am J Clin Nutr* 76:5-56, 2002.

46. Fulgoni, VL, 3rd, Keast, DR, Auestad, N, and Quann, EE. Nutrients from dairy foods are difficult to replace in diets of Americans: Food pattern modeling and an analyses of the National Health and Nutrition Examination Survey 2003-2006. *Nutr Res* 31:759-765, 2011.

47. Garfinkel, D, and Garfinkel, L. Magnesium and regulation of carbohydrate metabolism at the molecular level. *Magnesium* 7:249-261, 1988.

48. Geigy, LC. *Units of Measurement, Body Fluids, Composition of the Body, Nutrition.* West Caldwell, NJ: Ciba-Geigy Corporation, 217, 1981.

49. Gerber, GS, and Brendler, CB. Evaluation of the urologic patient: History, physical examination, and urinalysis. In *Campbell-Walsh Urology*. 10th ed. Wein, AJ, Kavoussi, LR, Novick, AC, Partin, AW, and Peters, CA, eds. Philadelphia: Elsevier Saunders, 73-98, 2011.

50. Godek, SF, Godek, JJ, and Bartolozzi, AR. Hydration status in college football players during consecutive days of twice-a-day preseason practices. *Am J Sports Med* 33:843-851, 2005.

51. Godek, SF, Peduzzi, C, Burkholder, R, Condon, S, Dorshimer, G, and Bartolozzi, AR. Sweat rates, sweat sodium concentrations, and sodium losses in 3 groups of professional football players. *J Athl Train* 45:364-371, 2010.

52. Gonzalez-Alonso, J, Calbet, JA, and Nielsen, B. Muscle blood flow is reduced with dehydration during prolonged exercise in humans. *J Physiol* 513:895-905, 1998.

53. Hall, KD. What is the required energy deficit per unit weight loss? *Int J Obes* 32:573-576, 2008.

54. Hawley, JA, Schabort, EJ, Noakes, TD, and Dennis, SC. Carbohydrate-loading and exercise performance. An update. *Sports Med* 24:73-81, 1997.

55. Hayes, LD, and Morse, CI. The effects of progressive dehydration on strength and power: Is there a dose response? *Eur J Appl Physiol* 108:701-707, 2010.

56. Heaney, RP, and Layman, DK. Amount and type of protein influences bone health. *Am J Clin Nutr* 87:1567S-1570S, 2008.

57. Helge, JW, Watt, PW, Richter, EA, Rennie, MJ, and Kiens, B. Fat utilization during exercise: Adaptation to a fat-rich diet increases utilization of plasma fatty acids and very low density lipoprotein-triacylglycerol in humans. *J Physiol* 537:1009-1020, 2001.

58. Henry, YM, Fatayerji, D, and Eastell, R. Attainment of peak bone mass at the lumbar spine, femoral neck and radius in men and women: Relative contributions of bone size and volumetric bone mineral density. *Osteoporos Int* 15:263-273, 2004.

59. Henson, S, Blandon, J, Cranfield, J, and Herath, D. Understanding the propensity of consumers to comply with dietary guidelines directed at heart

health. *Appetite* 54:52-61, 2010.

60. Hermansen, K, Rasmussen, O, Gregersen, S, and Larsen, S. Influence of ripeness of banana on the blood glucose and insulin response in type 2 diabetic subjects. *Diabet Med* 9:739-743, 1992.

61. Hinton, PS, Giordano, C, Brownlie, T, and Haas, JD. Iron supplementation improves endurance after training in iron-depleted, nonanemic women. *J Appl Physiol* 88:1103-1111, 2000.

62. Hornick, BA. *Job Descriptions: Models for the Dietetics Profession.* Chicago: American Dietetic Association, 9-14, 2008.

63. Hosseinpour-Niazi, S, Sohrab, G, Asghari, G, Mirmiran, P, Moslehi, N, and Azizi, F. Dietary glycemic index, glycemic load, and cardiovascular disease risk factors: Tehran Lipid and Glucose Study. *Arch Iran Med* 16:401-407, 2013.

64. Howarth, KR, Phillips, SM, MacDonald, MJ, Richards, D, Moreau, NA, and Gibala, MJ. Effect of glycogen availability on human skeletal muscle protein turnover during exercise and recovery. *J Appl Physiol* 109:431-438, 2010.

65. Huang, PC, and Chiang, A. Effects of excess protein intake on nitrogen utilization in young men. *J Formos Med Assoc* 91:659-664, 1992.

66. Hulston, CJ, Venables, MC, Mann, CH, Martin, C, Philp, A, Baar, K, and Jeukendrup, AE. Training with low muscle glycogen enhances fat metabolism in well-trained cyclists. *Med Sci Sports Exerc* 42:2046-2055, 2010.

67. Institute of Medicine (U.S.). Panel on Dietary Antioxidants and Related Compounds. *Dietary Reference Intakes for Vitamin C, Vitamin E, Selenium, and Carotenoids.* Washington, DC: National Academy Press, 2000.

68. Institute of Medicine (U.S.). Panel on Dietary Reference Intakes for Electrolytes and Water. *Dietary Reference Intakes for Water, Potassium, Sodium, Chloride, and Sulfate.* Washington, DC: National Academies Press, 1-405, 2005.

69. Institute of Medicine (U.S.). Panel on Macronutrients. *Dietary Reference Intakes for Energy, Carbohydrate, Fiber, Fat, Fatty Acids, Cholesterol, Protein, and Amino Acids.* Washington, DC: National Academies Press, 589-738, 2005.

70. Institute of Medicine (U.S.). Panel on Micronutrients. *Dietary Reference Intakes for Vitamin A, Vitamin K, Arsenic, Boron, Chromium, Copper, Iodine, Iron, Manganese, Molybdenum, Nickel, Silicon, Vanadium, and Zinc.* Washington, DC: National Academy Press, 82-161, 290-393, 2001.

71. Institute of Medicine (U.S.). Standing Committee on the Scientific Evaluation of Dietary Reference Intakes. *Dietary Reference Intakes for Calcium, Phosphorus, Magnesium, Vitamin D, and Fluoride.* Washington, DC: National Academy Press, 71-145, 1997.

72. Institute of Medicine (U.S.). Panel on Folate, Other B Vitamins, and Choline. *Dietary Reference Intakes for Thiamin, Riboflavin, Niacin, Vitamin* B_6*, Folate, Vitamin* B_{12}*, Pantothenic Acid, Biotin, and Choline.* Washington, DC: National Academy Press, 1-400, 1998.

73. Institute of Medicine (U.S.). Committee on Military Nutrition Research. *Fluid Replacement and Heat Stress.* Washington, DC: National Academy Press, 8, 1994.

74. Ivy, JL. Glycogen resynthesis after exercise: Effect of carbohydrate intake. *Int J Sports Med* 19 (Suppl):S142-S145, 1998.

75. Jacobs, KA, and Sherman, WM. The efficacy of carbohydrate supplementation and chronic high-carbohydrate diets for improving endurance performance. *Int J Sport Nutr* 9:92-115, 1999.

76. Jenkins, DJ, Wolever, TM, Taylor, RH, Barker, H, Fielden, H, Baldwin, JM, Bowling, AC, Newman, HC, Jenkins, AL, and Goff, DV. Glycemic index of foods: A physiological basis for carbohydrate exchange. *Am J Clin Nutr* 34:362-366, 1981.

77. Jensen, J, Rustad, PI, Kolnes, AJ, and Lai, YC. The role of skeletal muscle glycogen breakdown for regulation of insulin sensitivity by exercise. *Front Physiol* 2:112, 2011.

78. Jequier, E, and Schutz, Y. Long-term measurements of energy expenditure in humans using a respiration chamber. *Am J Clin Nutr* 38:989-998, 1983.

79. Jeukendrup, AE. Regulation of fat metabolism in skeletal muscle. *Ann NY Acad Sci* 967:217-235, 2002.

80. Jeukendrup, AE, Jentjens, RL, and Moseley, L. Nutritional considerations in triathlon. *Sports Med* 35:163-181, 2005.

81. Jones, LC, Cleary, MA, Lopez, RM, Zuri, RE, and Lopez, R. Active dehydration impairs upper and lower body anaerobic muscular power. *J Strength Cond Res* 22:455-463, 2008.

82. Joy, JM, Lowery, RP, Wilson, JM, Purpura, M, De Souza, EO, Wilson, SM, Kalman, DS, Dudeck, JE, and Jager, R. The effects of 8 weeks of whey or rice protein supplementation on body composition and exercise performance. *Nutr J* 12:86, 2013.

83. Judelson, DA, Maresh, CM, Anderson, JM, Armstrong, LE, Casa, DJ, Kraemer, WJ, and Volek, JS. Hydration and muscular performance: Does fluid balance affect strength, power and high-intensity endurance? *Sports Med* 37:907-921, 2007.

84. Katsanos, CS, Kobayashi, H, Sheffield-Moore, M, Aarsland, A, and Wolfe, RR. A high proportion of

leucine is required for optimal stimulation of the rate of muscle protein synthesis by essential amino acids in the elderly. *Am J Physiol* 291:E381-E387, 2006.

85. Kerksick, C, Harvey, T, Stout, J, Campbell, B, Wilborn, C, Kreider, R, Kalman, D, Ziegenfuss, T, Lopez, H, Landis, J, Ivy, JL, and Antonio, J. International Society of Sports Nutrition position stand: Nutrient timing. *J Int Soc Sports Nutr* 5:17, 2008.
86. Kerstetter, JE, O'Brien, KO, and Insogna, KL. Dietary protein affects intestinal calcium absorption. *Am J Clin Nutr* 68:859-865, 1998.
87. Kerstetter, JE, O'Brien, KO, and Insogna, KL. Dietary protein, calcium metabolism, and skeletal homeostasis revisited. *Am J Clin Nutr* 78:584S-592S, 2003.
88. Kilding, AE, Tunstall, H, Wraith, E, Good, M, Gammon, C, and Smith, C. Sweat rate and sweat electrolyte composition in international female soccer players during game specific training. *Int J Sports Med* 30:443-447, 2009.
89. Kim, SK, Kang, HS, Kim, CS, and Kim, YT. The prevalence of anemia and iron depletion in the population aged 10 years or older. *Korean J Hematol* 46:196-199, 2011.
90. Kirwan, JP, Barkoukis, H, Brooks, LM, Marchetti, CM, Stetzer, BP, and Gonzalez, F. Exercise training and dietary glycemic load may have synergistic effects on insulin resistance in older obese adults. *Ann Nutr Metab* 55:326-333, 2009.
91. Krieger, JW, Sitren, HS, Daniels, MJ, and Langkamp-Henken, B. Effects of variation in protein and carbohydrate intake on body mass and composition during energy restriction: A meta-regression. *Am J Clin Nutr* 83:260-274, 2006.
92. Kurnik, D, Loebstein, R, Rabinovitz, H, Austerweil, N, Halkin, H, and Almog, S. Over-the-counter vitamin K1-containing multivitamin supplements disrupt warfarin anticoagulation in vitamin K1-depleted patients. A prospective, controlled trial. *Thromb Haemost* 92:1018-1024, 2004.
93. Layman, DK. Dietary Guidelines should reflect new understandings about adult protein needs. *Nutr Metab* 6:12, 2009.
94. Layman, DK, Clifton, P, Gannon, MC, Krauss, RM, and Nuttall, FQ. Protein in optimal health: Heart disease and type 2 diabetes. *Am J Clin Nutr* 87:1571S-1575S, 2008.
95. Lemon, PW, and Mullin, JP. Effect of initial muscle glycogen levels on protein catabolism during exercise. *J Appl Physiol* 48:624-629, 1980.
96. Lemon, PW, Tarnopolsky, MA, MacDougall, JD, and Atkinson, SA. Protein requirements and muscle mass/strength changes during intensive training in novice bodybuilders. *J Appl Physiol* 73:767-775, 1992.
97. Levenhagen, DK, Gresham, JD, Carlson, MG, Maron, DJ, Borel, MJ, and Flakoll, PJ. Postexercise nutrient intake timing in humans is critical to recovery of leg glucose and protein homeostasis. *Am J Physiol* 280:E982-E993, 2001.
98. Levine, E, Abbatangelo-Gray, J, Mobley, AR, McLaughlin, GR, and Herzog, J. Evaluating MyPlate: An expanded framework using traditional and nontraditional metrics for assessing health communication campaigns. *J Nutr Educ Behav* 44:S2-S12, 2012.
99. Liu, S, Willett, WC, Stampfer, MJ, Hu, FB, Franz, M, Sampson, L, Hennekens, CH, and Manson, JE. A prospective study of dietary glycemic load, carbohydrate intake, and risk of coronary heart disease in US women. *Am J Clin Nutr* 71:1455-1461, 2000.
100. Ludwig, DS. Dietary glycemic index and obesity. *J Nutr* 130:280S-283S, 2000.
101. Luhovyy, BL, Akhavan, T, and Anderson, GH. Whey proteins in the regulation of food intake and satiety. *J Am Coll Nutr* 26:704S-712S, 2007.
102. Malczewska, J, Raczynski, G, and Stupnicki, R. Iron status in female endurance athletes and in non-athletes. *Int J Sport Nutr Exerc Metab* 10:260-276, 2000.
103. Manoguerra, AS, Erdman, AR, Booze, LL, Christianson, G, Wax, PM, Scharman, EJ, Woolf, AD, Chyka, PA, Keyes, DC, Olson, KR, Caravati, EM, and Troutman, WG. Iron ingestion: An evidence-based consensus guideline for out-of-hospital management. *Clin Toxicol* 43:553-570, 2005.
104. Marlett, JA, Hosig, KB, Vollendorf, NW, Shinnick, FL, Haack, VS, and Story, JA. Mechanism of serum cholesterol reduction by oat bran. *Hepatology* 20:1450-1457, 1994.
105. Martin, WF, Armstrong, LE, and Rodriguez, NR. Dietary protein intake and renal function. *Nutr Metab* 2:25, 2005.
106. Martini, WZ, Chinkes, DL, and Wolfe, RR. The intracellular free amino acid pool represents tracer precursor enrichment for calculation of protein synthesis in cultured fibroblasts and myocytes. *J Nutr* 134:1546-1550, 2004.
107. Mattar, M, and Obeid, O. Fish oil and the management of hypertriglyceridemia. *Nutr Health* 20: 41-49, 2009.
108. Maughan, RJ, and Leiper, JB. Sodium intake and post-exercise rehydration in man. *Eur J Appl Physiol Occup Physiol* 71:311-319, 1995.

109. Maughan, RJ, Watson, P, and Shirreffs, SM. Heat and cold: What does the environment do to the marathon runner? *Sports Med* 37:396-399, 2007.

110. Millward, DJ, Layman, DK, Tome, D, and Schaafsma, G. Protein quality assessment: Impact of expanding understanding of protein and amino acid needs for optimal health. *Am J Clin Nutr* 87:1576S-1581S, 2008.

111. Monsen, ER. Iron nutrition and absorption: Dietary factors which impact iron bioavailability. *J Am Diet Assoc* 88:786-790, 1988.

112. Montain, SJ, and Coyle, EF. Influence of graded dehydration on hyperthermia and cardiovascular drift during exercise. *J Appl Physiol* 73:1340-1350, 1992.

113. Mori, TA. Omega-3 fatty acids and hypertension in humans. *Clin Exp Pharmacol Physiol* 33:842-846, 2006.

114. Moshfegh, AJ, Goldman, JA, Jaspreet, A, Rhodes, D, and LaComb, R. *What We Eat in America: NHANES 2005-2006: Usual Nutrient Intakes From Food and Water Compared to 1997 Dietary Reference Intakes for Vitamin D, Calcium, Phosphorus, and Magnesium*. U.S. Department of Agriculture, Agricultural Research Service, 6-16, 2009.

115. Murphy, SP. Using DRIs for dietary assessment. *Asia Pac J Clin Nutr* 17 (Suppl):299-301, 2008.

116. Musunuru, K. Atherogenic dyslipidemia: Cardiovascular risk and dietary intervention. *Lipids* 45: 907-914, 2010.

117. Nadel, ER. Control of sweating rate while exercising in the heat. *Med Sci Sports* 11:31-35, 1979.

118. Naghii, MR, and Fouladi, AI. Correct assessment of iron depletion and iron deficiency anemia. *Nutr Health* 18:133-139, 2006.

119. Neale, RJ, and Waterlow, JC. The metabolism of 14C-labelled essential amino acids given by intragastric or intravenous infusion to rats on normal and protein-free diets. *Br J Nutr* 32:11-25, 1974.

120. Osterberg, KL, Horswill, CA, and Baker, LB. Pregame urine specific gravity and fluid intake by National Basketball Association players during competition. *J Athl Train* 44:53-57, 2009.

121. Paddon-Jones, D, Short, KR, Campbell, WW, Volpi, E, and Wolfe, RR. Role of dietary protein in the sarcopenia of aging. *Am J Clin Nutr* 87:1562S-1566S, 2008.

122. Paddon-Jones, D, Westman, E, Mattes, RD, Wolfe, RR, Astrup, A, and Westerterp-Plantenga, M. Protein, weight management, and satiety. *Am J Clin Nutr* 87:1558S-1561S, 2008.

123. Parr, EB, Camera, DM, Areta, JL, Burke, LM, Phillips, SM, Hawley, JA, and Coffey, VG. Alcohol ingestion impairs maximal post-exercise rates of myofibrillar protein synthesis following a single bout of concurrent training. *PLoS One* 9:e88384, 2014.

124. Pastori, D, Carnevale, R, Cangemi, R, Saliola, M, Nocella, C, Bartimoccia, S, Vicario, T, Farcomeni, A, Violi, F, and Pignatelli, P. Vitamin E serum levels and bleeding risk in patients receiving oral anticoagulant therapy: A retrospective cohort study. *J Am Heart Assoc* 2:e000364, 2013.

125. Pejic, RN, and Lee, DT. Hypertriglyceridemia. *J Am Board Fam Med* 19:310-316, 2006.

126. Pendergast, DR, Horvath, PJ, Leddy, JJ, and Venkatraman, JT. The role of dietary fat on performance, metabolism, and health. *Am J Sports Med* 24:S53-S58, 1996.

127. Phillips, SM. A brief review of critical processes in exercise-induced muscular hypertrophy. *Sports Med* 44 (Suppl):71-77, 2014.

128. Phillips, SM, Moore, DR, and Tang, JE. A critical examination of dietary protein requirements, benefits, and excesses in athletes. *Int J Sport Nutr Exerc Metab* 17 (Suppl):S58-S76, 2007.

129. Pitsiladis, YP, Duignan, C, and Maughan, RJ. Effects of alterations in dietary carbohydrate intake on running performance during a 10 km treadmill time trial. *Br J Sports Med* 30:226-231, 1996.

130. Plourde, M, and Cunnane, SC. Extremely limited synthesis of long chain polyunsaturates in adults: Implications for their dietary essentiality and use as supplements. *Appl Physiol Nutr Metab* 32:619-634, 2007.

131. Poole, C, Wilborn, C, Taylor, L, and Kerksick, C. The role of post-exercise nutrient administration on muscle protein synthesis and glycogen synthesis. *J Sport Sci Med* 9:354-363, 2010.

132. Poortmans, JR, and Dellalieux, O. Do regular high protein diets have potential health risks on kidney function in athletes? *Int J Sport Nutr Exerc Metab* 10:28-38, 2000.

133. Popowski, LA, Oppliger, RA, Patrick Lambert, G, Johnson, RF, Kim Johnson, A, and Gisolf, CV. Blood and urinary measures of hydration status during progressive acute dehydration. *Med Sci Sports Exerc* 33:747-753, 2001.

134. Raben, A, Agerholm-Larsen, L, Flint, A, Holst, JJ, and Astrup, A. Meals with similar energy densities but rich in protein, fat, carbohydrate, or alcohol have different effects on energy expenditure and substrate metabolism but not on appetite and energy intake. *Am J Clin Nutr* 77:91-100, 2003.

135. Ramnani, P, Gaudier, E, Bingham, M, van

Bruggen, P, Tuohy, KM, and Gibson, GR. Prebiotic effect of fruit and vegetable shots containing Jerusalem artichoke inulin: A human intervention study. *Br J Nutr* 104:233-240, 2010.

136. Reimers, KJ. Evaluating a healthy, high performance diet. *Strength Cond* 16:28-30, 1994.

137. Risser, WL, Lee, EJ, Poindexter, HB, West, MS, Pivarnik, JM, Risser, JM, and Hickson, JF. Iron deficiency in female athletes: Its prevalence and impact on performance. *Med Sci Sports Exerc* 20:116-121, 1988.

138. Rivera-Brown, AM, Ramirez-Marrero, FA, Wilk, B, and Bar-Or, O. Voluntary drinking and hydration in trained, heat-acclimatized girls exercising in a hot and humid climate. *Eur J Appl Physiol* 103:109-116, 2008.

139. Robins, AL, Davies, DM, and Jones, GE. The effect of nutritional manipulation on ultra-endurance performance: A case study. *Res Sports Med* 13:199-215, 2005.

140. Romijn, JA, Coyle, EF, Sidossis, LS, Gastaldelli, A, Horowitz, JF, Endert, E, and Wolfe, RR. Regulation of endogenous fat and carbohydrate metabolism in relation to exercise intensity and duration. *Am J Physiol* 265:E380-E391, 1993.

141. Ross, AC. *Modern Nutrition in Health and Disease.* Philadelphia: Wolters Kluwer Health/Lippincott Williams & Wilkins, 17-18, 2014.

142. Ross, AC, and Institute of Medicine (U.S.). Committee to Review Dietary Reference Intakes for Vitamin D and Calcium. *Dietary Reference Intakes: Calcium, Vitamin D.* Washington, DC: National Academies Press, 1-512, 2011.

143. Rowlands, DS, and Hopkins, WG. Effects of high-fat and high-carbohydrate diets on metabolism and performance in cycling. *Metabolism* 51:678-690, 2002.

144. Ryan, MF. The role of magnesium in clinical biochemistry: An overview. *Ann Clin Biochem* 28:19-26, 1991.

145. Saunders, MJ, Kane, MD, and Todd, MK. Effects of a carbohydrate-protein beverage on cycling endurance and muscle damage. *Med Sci Sports Exerc* 36:1233-1238, 2004.

146. Sawka, MN, Burke, LM, Eichner, ER, Maughan, RJ, Montain, SJ, and Stachenfeld, NS. American College of Sports Medicine position stand. Exercise and fluid replacement. *Med Sci Sports Exerc* 39:377-390, 2007.

147. Sawka, MN, and Coyle, EF. Influence of body water and blood volume on thermoregulation and exercise performance in the heat. *Exerc Sport Sci Rev* 27:167-218, 1999.

148. Sawka, MN, Latzka, WA, Matott, RP, and Montain, SJ. Hydration effects on temperature regulation. *Int J Sports Med* 19 (Suppl):S108-S110, 1998.

149. Schoffstall, JE, Branch, JD, Leutholtz, BC, and Swain, DE. Effects of dehydration and rehydration on the one-repetition maximum bench press of weight-trained males. *J Strength Cond Res* 15:102-108, 2001.

150. Schrauwen-Hinderling, VB, Hesselink, MK, Schrauwen, P, and Kooi, ME. Intramyocellular lipid content in human skeletal muscle. *Obesity* 14:357-367, 2006.

151. Schurch, MA, Rizzoli, R, Slosman, D, Vadas, L, Vergnaud, P, and Bonjour, JP. Protein supplements increase serum insulin-like growth factor-I levels and attenuate proximal femur bone loss in patients with recent hip fracture. A randomized, double-blind, placebo-controlled trial. *Ann Int Med* 128:801-809, 1998.

152. Schwingshackl, L, and Hoffmann, G. Long-term effects of low glycemic index/load vs. high glycemic index/load diets on parameters of obesity and obesity-associated risks: A systematic review and meta-analysis. *Nutr Metab Cardiovasc Dis* 23:699-706, 2013.

153. Sherman, WM, Doyle, JA, Lamb, DR, and Strauss, RH. Dietary carbohydrate, muscle glycogen, and exercise performance during 7 d of training. *Am J Clin Nutr* 57:27-31, 1993.

154. Shils, ME, and Shike, M. *Modern Nutrition in Health and Disease.* Philadelphia: Lippincott Williams & Wilkins, 141-156, 2006.

155. Shirreffs, SM, and Maughan, RJ. Volume repletion after exercise-induced volume depletion in humans: Replacement of water and sodium losses. *Am J Physiol* 274:F868-F875, 1998.

156. Shirreffs, SM, Taylor, AJ, Leiper, JB, and Maughan, RJ. Post-exercise rehydration in man: Effects of volume consumed and drink sodium content. *Med Sci Sports Exerc* 28:1260-1271, 1996.

157. Siraki, AG, Deterding, LJ, Bonini, MG, Jiang, J, Ehrenshaft, M, Tomer, KB, and Mason, RP. Procainamide, but not N-acetylprocain-amide, induces protein free radical formation on myeloperoxidase: A potential mechanism of agranulocytosis. *Chem Res Toxicol* 21:1143-1153, 2008.

158. Smith, MF, Newell, AJ, and Baker, MR. Effect of acute mild dehydration on cognitive-motor performance in golf. *J Strength Cond Res* 26:3075-3080, 2012.

159. Soetan, KO, and Oyewole, OE. The need for adequate processing to reduce the antinutritional factors in plants used as human foods and animal

feeds: A review. *Afr J Food Sci* 3:223-232, 2009.

160. Sparks, MJ, Selig, SS, and Febbraio, MA. Pre-exercise carbohydrate ingestion: Effect of the glycemic index on endurance exercise performance. *Med Sci Sports Exerc* 30:844-849, 1998.

161. Stoltzfus, R. Defining iron-deficiency anemia in public health terms: A time for reflection. *J Nutr* 131:565S-567S, 2001.

162. Stone, NJ, Robinson, JG, Lichtenstein, AH, Bairey Merz, CN, Blum, CB, Eckel, RH, Goldberg, AC, Gordon, D, Levy, D, Lloyd-Jones, DM, McBride, P, Schwartz, JS, Shero, ST, Smith, SC, Jr., Watson, K, and Wilson, PW. Guideline on the treatment of blood cholesterol to reduce atherosclerotic cardiovascular risk in adults: A report of the American College of Cardiology/American Heart Association Task Force on Practice Guidelines. *J Am Coll Cardiol* 63:2889-2934, 2014.

163. Sugiura, K, and Kobayashi, K. Effect of carbohydrate ingestion on sprint performance following continuous and intermittent exercise. *Med Sci Sports Exerc* 30:1624-1630, 1998.

164. Tapiero, H, Gate, L, and Tew, KD. Iron: Deficiencies and requirements. *Biomed Pharmacother* 55:324-332, 2001.

165. Tarnopolsky, M. Protein requirements for endurance athletes. *Nutrition* 20:662-668, 2004.

166. Taylor, R, Magnusson, I, Rothman, DL, Cline, GW, Caumo, A, Cobelli, C, and Shulman, GI. Direct assessment of liver glycogen storage by 13C nuclear magnetic resonance spectroscopy and regulation of glucose homeostasis after a mixed meal in normal subjects. *J Clin Invest* 97:126-132, 1996.

167. Thomas, DE, Brotherhood, JR, and Brand, JC. Carbohydrate feeding before exercise: Effect of glycemic index. *Int J Sports Med* 12:180-186, 1991.

168. Tripette, J, Loko, G, Samb, A, Gogh, BD, Sewade, E, Seck, D, Hue, O, Romana, M, Diop, S, Diaw, M, Brudey, K, Bogui, P, Cisse, F, Hardy-Dessources, MD, and Connes, P. Effects of hydration and dehydration on blood rheology in sickle cell trait carriers during exercise. *Am J Physiol* 299: H908-H914, 2010.

169. Trumbo, P, Schlicker, S, Yates, AA, and Poos, M. Dietary reference intakes for energy, carbohydrate, fiber, fat, fatty acids, cholesterol, protein and amino acids. *J Am Diet Assoc* 102:1621-1630, 2002.

170. Tsuji, T, Fukuwatari, T, Sasaki, S, and Shibata, K. Twenty-four-hour urinary water-soluble vitamin levels correlate with their intakes in free-living Japanese schoolchildren. *Public Health Nutr* 14:327-333, 2011.

171. U.S. Department of Agriculture.

172. U.S. Department of Agriculture, Agricultural Research Service. *Nutrient Intakes From Food: Mean Amounts and Percentages of Calories From Protein, Carbohydrate, Fat, and Alcohol, One Day, 2005-2006*. Accessed February 15, 2015.

173. U.S. Department of Agriculture, Agricultural Research Service. *Nutrient Intakes From Food: Mean Amounts Consumed per Individual, by Gender and Age*. What We Eat in America, NHANES 2009-2010, 2012.

174. U.S. Department of Agriculture, Agricultural Research Service. *Report of the Dietary Guidelines Advisory Committee on the Dietary Guidelines for Americans, 2010*. Washington, DC: U.S. Department of Agriculture, 2010.

175. U.S. Department of Agriculture, Agricultural Research Service. *USDA National Nutrient Database for Standard Reference, Release 27*. Washington, DC: U.S. Department of Agriculture, 2014.

176. U.S. Department of Health and Human Services. *Scientific Report of the 2015 Dietary Guidelines Advisory Committee*. Washington, DC: U.S. Department of Health and Human Services, 2015.

177. Valko, M, Rhodes, CJ, Moncol, J, Izakovic, M, and Mazur, M. Free radicals, metals and antioxidants in oxidative stress-induced cancer. *Chem Biol Interact* 160:1-40, 2006.

178. Volpe, SL, Poule, KA, and Bland, EG. Estimation of prepractice hydration status of National Collegiate Athletic Association Division I athletes. *J Athl Train* 44:624-629, 2009.

179. Wallace, KL, Curry, SC, LoVecchio, F, and Raschke, RA. Effect of magnesium hydroxide on iron absorption after ferrous sulfate. *Ann Emerg Med* 34:685-687, 1999.

180. Wee, SL, Williams, C, Gray, S, and Horabin, J. Influence of high and low glycemic index meals on endurance running capacity. *Med Sci Sports Exerc* 31:393-399, 1999.

181. Wenos, DL, and Amato, HK. Weight cycling alters muscular strength and endurance, ratings of perceived exertion, and total body water in college wrestlers. *Percept Mot Skills* 87:975-978, 1998.

182. Wilk, B, and Bar-Or, O. Effect of drink flavor and NaCl on voluntary drinking and hydration in boys exercising in the heat. *J Appl Physiol* 80:1112-1117, 1996.

183. World Health Organization. Worldwide prevalence of anaemia 1993-2005. WHO Global Database on Anaemia.

184. Young, VR, and Pellett, PL. Plant proteins in relation to human protein and amino acid nutrition. *Am J Clin Nutr* 59:1203S-1212S, 1994.

185. Zawila, LG, Steib, CS, and Hoogenboom, B. The female collegiate cross-country runner: Nutritional knowledge and attitudes. *J Athl Train* 38:67-74, 2003.

第10章 运动表现最大化的营养策略

1. Acheson, KJ, Schutz, Y, Bessard, T, Anantharaman, K, Flatt, JP, and Jequier, E. Glycogen storage capacity and de novo lipogenesis during massive carbohydrate overfeeding in man. *Am J Clin Nutr* 48:240-247, 1988.

2. Ainsworth, BE, Haskell, WL, Herrmann, SD, Meckes, N, Bassett, DR, Jr., Tudor-Locke, C, Greer, JL, Vezina, J, Whitt-Glover, MC, and Leon, AS. 2011 Compendium of Physical Activities: A second update of codes and MET values. *Med Sci Sports Exerc* 43:1575-1581, 2011.

3. Ali, A, and Williams, C. Carbohydrate ingestion and soccer skill performance during prolonged intermittent exercise. *J Sports Sci* 27:1499-1508, 2009.

4. American Academy of Pediatrics. Climatic heat stress and the exercising child and adolescent. *Pediatrics* 106:158-159, 2000.

5. American College of Sports Medicine, American Dietetic Association, and Dietitians of Canada. Joint position statement: Nutrition and athletic performance. *Med Sci Sports Exerc* 41:709-731, 2009.

6. American Psychiatric Association, DSM-5 Task Force. *Diagnostic and Statistical Manual of Mental Disorders*. Washington, DC: American Psychiatric Association, 329-354, 2013.

7. Andrews, JL, Sedlock, DA, Flynn, MG, Navalta, JW, and Ji, H. Carbohydrate loading and supplementation in endurance-trained women runners. *J Appl Physiol* 95:584-590, 2003.

8. Aragon, AA, and Schoenfeld, BJ. Nutrient timing revisited: Is there a post-exercise anabolic window? *J Int Soc Sports Nut* 10:5, 2013.

9. Asp, S, Rohde, T, and Richter, EA. Impaired muscle glycogen resynthesis after a marathon is not caused by decreased muscle GLUT-4 content. *J Appl Physiol* 83:1482-1485, 1997.

10. Balsom, PD, Gaitanos, GC, Soderlund, K, and Ekblom, B. High-intensity exercise and muscle glycogen availability in humans. *Acta Physiol Scand* 165:337-345, 1999.

11. Bangsbo, J, Norregaard, L, and Thorsoe, F. The effect of carbohydrate diet on intermittent exercise performance. *Int J Sports Med* 13:152-157, 1992.

12. Bennett, CB, Chilibeck, PD, Barss, T, Vatanparast, H, Vandenberg, A, and Zello, GA. Metabolism and performance during extended high-intensity intermittent exercise after consumption of low- and high-glycaemic index pre-exercise meals. *Br J Nutr* 108 (Suppl):S81-S90, 2012.

13. Bergeron, M, Devore, C, and Rice, S. Climatic heat stress and exercising children and adolescents. *Pediatrics* 128:e741-e747, 2011.

14. Biolo, G, Maggi, SP, Williams, BD, Tipton, KD, and Wolfe, RR. Increased rates of muscle protein turnover and amino acid transport after resistance exercise in humans. *Am J Physiol* 268:E514-E520, 1995.

15. Boisseau, N, and Delamarche, P. Metabolic and hormonal responses to exercise in children and adolescents. *Sports Med* 30:405-422, 2000.

16. Borsheim, E, Cree, MG, Tipton, KD, Elliott, TA, Aarsland, A, and Wolfe, RR. Effect of carbohydrate intake on net muscle protein synthesis during recovery from resistance exercise. *J Appl Physiol* 96:674-678, 2004.

17. Bradley, U, Spence, M, Courtney, CH, McKinley, MC, Ennis, CN, McCance, DR, McEneny, J, Bell, PM, Young, IS, and Hunter, SJ. Low-fat versus low-carbohydrate weight reduction diets: Effects on weight loss, insulin resistance, and cardiovascular risk: A randomized control trial. *Diabetes* 58:2741-2748, 2009.

18. Breen, L, Philp, A, Witard, OC, Jackman, SR, Selby, A, Smith, K, Baar, K, and Tipton, KD. The influence of carbohydrate-protein co-ingestion following endurance exercise on myofibrillar and mitochondrial protein synthesis. *J Physiol* 589:4011-4025, 2011.

19. Burke, LM. Nutrition strategies for the marathon: Fuel for training and racing. *Sports Med* 37:344-347, 2007.

20. Burke, LM. Fueling strategies to optimize performance: Training high or training low? *Scand J Med Sci Sports* 20 (Suppl):48-58, 2010.

21. Centers for Disease Control. Body Mass Index: Considerations for Practitioners. Accessed February 6, 2015.

22. Cermak, NM, Res, PT, de Groot, LC, Saris, WH, and van Loon, LJ. Protein supplementation augments the adaptive response of skeletal muscle to resistance-type exercise training: A meta-analysis. *Am J Clin Nutr* 96:1454-1464, 2012.

23. Chryssanthopoulos, C, and Williams, C. Pre-exercise carbohydrate meal and endurance running capacity when carbohydrates are ingested during exercise. *Int J Sports Med* 18:543-548, 1997.

24. Chryssanthopoulos, C, Williams, C, Nowitz, A, Kotsiopoulou, C, and Vleck, V. The effect of a high carbohydrate meal on endurance running capacity. *Int J Sport Nutr Exerc Metab* 12:157-171, 2002.

25. Coyle, EF. Timing and method of increased carbohydrate intake to cope with heavy training, competition and recovery. *J Sports Sci* 9:29-52, 1991.

26. Coyle, EF, Coggan, AR, Hemmert, MK, and Ivy, JL. Muscle glycogen utilization during prolonged strenuous exercise when fed carbohydrate. *J Appl Physiol* 61:165-172, 1986.

27. Coyle, EF, Coggan, AR, Hemmert, MK, Lowe, RC, and Walters, TJ. Substrate usage during prolonged exercise following a preexercise meal. *J Appl Physiol* 59:429-433, 1985.

28. Currell, K, and Jeukendrup, AE. Superior endurance performance with ingestion of multiple transportable carbohydrates. *Med Sci Sports Exerc* 40: 275-281, 2008.

29. Fletcher, GO, Dawes, J, and Spano, M. The potential dangers of using rapid weight loss techniques. *Strength Cond J* 36:45-48, 2014.

30. Foster, GD, Wyatt, HR, Hill, JO, Makris, AP, Rosenbaum, DL, Brill, C, Stein, RI, Mohammed, BS, Miller, B, Rader, DJ, Zemel, B, Wadden, TA, Tenhave, T, Newcomb, CW, and Klein, S. Weight and metabolic outcomes after 2 years on a low-carbohydrate versus low-fat diet: A randomized trial. *Ann Int Med* 153:147-157, 2010.

31. Frost, E, Redman, L, and Bray, G. Effect of dietary protein intake on diet-induced thermogenesis during overfeeding [abstract]. The 32nd Annual Scientific Meeting of The Obesity Society, 2014.

32. Garby, L, Lammert, O, and Nielsen, E. Changes in energy expenditure of light physical activity during a 10 day period at 34 degrees C environmental temperature. *Eur J Clin Nutr* 44:241-244, 1990.

33. Garthe, I, Raastad, T, and Sundgot-Borgen, J. Long-term effect of nutritional counselling on desired gain in body mass and lean body mass in elite athletes. *Appl Physiol Nutr Metab* 36:547-554, 2011.

34. Gilson, SF, Saunders, MJ, Moran, CW, Moore, RW, Womack, CJ, and Todd, MK. Effects of chocolate milk consumption on markers of muscle recovery following soccer training: A randomized crossover study. *J Int Soc Sports Nutr* 7:19, 2010.

35. Glynn, EL, Fry, CS, Drummond, MJ, Dreyer, HC, Dhanani, S, Volpi, E, and Rasmussen, BB. Muscle protein breakdown has a minor role in the protein anabolic response to essential amino acid and carbohydrate intake following resistance exercise. *Am J Physiol* 299:R533-R540, 2010.

36. Goh, Q, Boop, CA, Luden, ND, Smith, AG, Womack, CJ, and Saunders, MJ. Recovery from cycling exercise: Effects of carbohydrate and protein beverages. *Nutrients* 4:568-584, 2012.

37. Goltz, FR, Stenzel, LM, and Schneider, CD. Disordered eating behaviors and body image in male athletes. *Rev Bras Psiquiatr* 35:237-242, 2013.

38. Gomes, RV, Moreira, A, Coutts, AJ, Capitani, CD, and Aoki, MS. Effect of carbohydrate supplementation on the physiological and perceptual responses to prolonged tennis match play. *J Strength Cond Res* 28:735-741, 2014.

39. Haff, GG, Lehmkuhl, MJ, McCoy, LB, and Stone, MH. Carbohydrate supplementation and resistance training. *J Strength Cond Res* 17:187-196, 2003.

40. Hansen, M, Bangsbo, J, Jensen J, Bibby, BM, and Madsen, K. Effect of whey protein hydrolysate on performance and recovery of top-class orienteering runners. *Int J Sport Nutr Exerc Metab,* 2014. [e-pub ahead of print].

41. Harris, EC, and Barraclough, B. Excess mortality of mental disorder. *Br J Psychiatry* 173:11-53, 1998.

42. Harris, J, and Benedict, F. *A Biometric Study of Basal Metabolism in Man.* Washington, DC: Carnegie Institution, 370-373, 1919.

43. Harvie, M, Wright, C, Pegington, M, McMullan, D, Mitchell, E, Martin, B, Cutler, RG, Evans, G, Whiteside, S, Maudsley, S, Camandola, S, Wang, R, Carlson, OD, Egan, JM, Mattson, MP, and Howell, A. The effect of intermittent energy and carbohydrate restriction v. daily energy restriction on weight loss and metabolic disease risk markers in overweight women. *Br J Nutr* 110:1534-1547, 2013.

44. Hatfield, DL, Kraemer, WJ, Volek, JS, Rubin, MR, Grebien, B, Gomez, AL, French, DN, Scheett, TP, Ratamess, NA, Sharman, MJ, McGuigan, MR, Newton, RU, and Hakkinen, K. The effects of carbohydrate loading on repetitive jump squat power performance. *J Strength Cond Res* 20:167-171, 2006.

45. Helge, JW, Watt, PW, Richter, EA, Rennie, MJ, and Kiens, B. Fat utilization during exercise: Adaptation to a fat-rich diet increases utilization of plasma fatty acids and very low density lipoprotein-triacylglycerol in humans. *J Physiol* 537:1009-1020, 2001.

46. Hession, M, Rolland, C, Kulkarni, U, Wise, A, and Broom, J. Systematic review of randomized controlled trials of low-carbohydrate vs. low-fat/low-calorie diets in the management of obesity and its comorbidities. *Obes Rev* 10:36-50, 2009.

47. Hill, RJ, and Davies, PS. The validity of self-reported energy intake as determined using the doubly labelled water technique. *Br J Nutr* 85:415-430, 2001.

48. Hoek, HW. Classification, epidemiology and treatment of DSM-5 feeding and eating disorders. *Curr Opin Psychiatry* 26:529-531, 2013.

49. Howarth, KR, Moreau, NA, Phillips, SM, and Gibala, MJ. Coingestion of protein with carbohydrate during recovery from endurance exercise stimulates skeletal muscle protein synthesis in humans. *J Appl Physiol* 106:1394-1402, 2009.

50. Hudson, JI, Hiripi, E, Pope, HG, Jr., and Kessler, RC. The prevalence and correlates of eating disorders in the National Comorbidity Survey Replication. *Biol Psychiatry* 61:348-358, 2007.

51. Institute of Medicine (U.S.). Panel on Dietary Reference Intakes for Electrolytes and Water. *Dietary Reference Intakes for Water, Potassium, Sodium, Chloride, and Sulfate.* Washington, DC: National Academies Press, 2005.

52. Institute of Medicine (U.S.). Panel on Macronutrients. *Dietary Reference Intakes for Energy, Carbohydrate, Fiber, Fat, Fatty Acids, Cholesterol, Protein, and Amino Acids.* Washington, DC: National Academies Press, 111-121, 2005.

53. Institute of Medicine (U.S.). Committee on Military Nutrition Research. *Fluid Replacement and Heat Stress.* Washington, DC: National Academy Press, 8, 1994.

54. Jacobs, I, Kaiser, P, and Tesch, P. Muscle strength and fatigue after selective glycogen depletion in human skeletal muscle fibers. *Eur J Appl Physiol Occup Physiol* 46:47-53, 1981.

55. Jacobs, I, Westlin, N, Karlsson, J, Rasmusson, M, and Houghton, B. Muscle glycogen and diet in elite soccer players. *Eur J Appl Physiol Occup Physiol* 48:297-302, 1982.

56. Jensen, J, Rustad, PI, Kolnes, AJ, and Lai, YC. The role of skeletal muscle glycogen breakdown for regulation of insulin sensitivity by exercise. *Front Physiol* 2:112, 2011.

57. Jentjens, R, and Jeukendrup, A. Determinants of post-exercise glycogen synthesis during short-term recovery. *Sports Med* 33:117-144, 2003.

58. Jentjens, RL, Achten, J, and Jeukendrup, AE. High oxidation rates from combined carbohydrates ingested during exercise. *Med Sci Sports Exerc* 36:1551-1558, 2004.

59. Jequier, E, and Schutz, Y. Long-term measurements of energy expenditure in humans using a respiration chamber. *Am J Clin Nutr* 38:989-998, 1983.

60. Jeukendrup, AE. Oral carbohydrate rinse: Placebo or beneficial? *Curr Sports Med Rep* 12:222-227, 2013.

61. Jeukendrup, AE, and Jentjens, R. Oxidation of carbohydrate feedings during prolonged exercise: Current thoughts, guidelines and directions for future research. *Sports Med* 29:407-424, 2000.

62. Jeukendrup, AE, Wagenmakers, AJ, Stegen, JH, Gijsen, AP, Brouns, F, and Saris, WH. Carbohydrate ingestion can completely suppress endogenous glucose production during exercise. *Am J Physiol* 276:E672-E683, 1999.

63. Joy, JM, Lowery, RP, Wilson, JM, Purpura, M, De Souza, EO, Wilson, SM, Kalman, DS, Dudeck, JE, and Jager, R. The effects of 8 weeks of whey or rice protein supplementation on body composition and exercise performance. *Nutr J* 12:86, 2013.

64. Khan, Y, and Tisman, G. Pica in iron deficiency: A case series. *J Med Case Rep* 4:86, 2010.

65. Kovacs, MS. A review of fluid and hydration in competitive tennis. *Int J Sports Physiol Perform* 3:413-423, 2008.

66. Kreider, RB. Physiological considerations of ultraendurance performance. *Int J Sport Nutr* 1:3-27, 1991.

67. Kreitzman, SN, Coxon, AY, and Szaz, KF. Glycogen storage: Illusions of easy weight loss, excessive weight regain, and distortions in estimates of body composition. *Am J Clin Nutr* 56:292S-293S, 1992.

68. Krustrup, P, Mohr, M, Ellingsgaard, H, and Bangsbo, J. Physical demands during an elite female soccer game: Importance of training status. *Med Sci Sports Exerc* 37:1242-1248, 2005.

69. Kutz, MR, and Gunter, MJ. Creatine monohydrate supplementation on body weight and percent body fat. *J Strength Cond Res* 17:817-821, 2003.

70. Lambert, BS, Oliver, JM, Katts, GR, Green, JS, Martin, SE, and Crouse, SF. DEXA or BMI: Clinical considerations for evaluating obesity in collegiate division I-A American football athletes. *Clin J Sport Med* 22:436-438, 2012.

71. Lee, JD, Sterrett, LE, Guth, LM, Konopka, AR, and Mahon, AD. The effect of preexercise carbohydrate supplementation on anaerobic exercise performance in adolescent males. *Pediatr Exerc Sci* 23:344-354, 2011.

72. Lemon, PW, and Mullin, JP. Effect of initial muscle glycogen levels on protein catabolism during exercise. *J Appl Physiol* 48:624-629, 1980.

73. Levenhagen, DK, Gresham, JD, Carlson, MG, Maron, DJ, Borel, MJ, and Flakoll, PJ. Postexercise nutrient intake timing in humans is critical to recovery of leg glucose and protein homeostasis. *Am J Physiol* 280:E982-E993, 2001.

74. MacDougall, JD, Ray, S, Sale, DG, McCartney, N, Lee, P, and Garner, S. Muscle substrate utilization and lactate production. *Can J Appl Physiol* 24:209-215, 1999.

75. Maclean, WC, Jr., Placko, RP, and Graham, GC. Plasma free amino acids of children consuming a diet with uneven distribution of protein relative to energy. *J Nutr* 106:241-248, 1976.

76. Makris, A, and Foster, GD. Dietary approaches to the treatment of obesity. *Psychiatr Clin North Am* 34:813-827, 2011.

77. Mamerow, MM, Mettler, JA, English, KL, Casperson, SL, Arentson-Lantz, E, Sheffield-Moore, M, Layman, DK, and Paddon-Jones, D. Dietary protein distribution positively influences 24-h muscle protein synthesis in healthy adults. *J Nutr* 144:876-880, 2014.

78. Marmy-Conus, N, Fabris, S, Proietto, J, and Hargreaves, M. Pre-exercise glucose ingestion and glucose kinetics during exercise. *J Appl Physiol* 81:853-857, 1996.

79. Maughan, RJ, and Shirreffs, SM. Development of individual hydration strategies for athletes. *Int J Sport Nutr Exerc Metab* 18:457-472, 2008.

80. Millard-Stafford, M, Warren, GL, Thomas, LM, Doyle, JA, Snow, T, and Hitchcock, K. Recovery from run training: Efficacy of a carbohydrate-protein beverage? *Int J Sport Nutr Exerc Metab* 15:610-624, 2005.

81. Mitchell, CJ, Churchward-Venne, TA, Parise, G, Bellamy, L, Baker, SK, Smith, K, Atherton, PJ, and Phillips, SM. Acute post-exercise myofibrillar protein synthesis is not correlated with resistance training-induced muscle hypertrophy in young men. *PLoS One* 9:e89431, 2014.

82. Mitchell, JB, Costill, DL, Houmard, JA, Fink, WJ, Robergs, RA, and Davis, JA. Gastric emptying: Influence of prolonged exercise and carbohydrate concentration. *Med Sci Sports Exerc* 21:269-274, 1989.

83. Muller, MJ, Bosy-Westphal, A, Klaus, S, Kreymann, G, Luhrmann, PM, Neuhauser-Berthold, M, Noack, R, Pirke, KM, Platte, P, Selberg, O, and Steiniger, J. World Health Organization equations have shortcomings for predicting resting energy expenditure in persons from a modern, affluent population: Generation of a new reference standard from a retrospective analysis of a German database of resting energy expenditure. *Am J Clin Nutr* 80:1379-1390, 2004.

84. Murphy, CH, Hector, AJ, and Phillips, SM. Considerations for protein intake in managing weight loss in athletes. *Eur J Sport Sci* 15:1-8, 2014.

85. Murray, R, Paul, GL, Seifert, JG, and Eddy, DE. Responses to varying rates of carbohydrate ingestion during exercise. *Med Sci Sports Exerc* 23:713-718, 1991.

86. National Heart, Lung, and Blood Institute. Clinical guidelines on the identification, evaluation, and treatment of overweight and obesity in adults. The evidence report. *Obes Res* 6:464, 1998.

87. National Institute of Mental Health. What are eating disorders? Accessed February 7, 2015.

88. Nelson, KM, Weinsier, RL, Long, CL, and Schutz, Y. Prediction of resting energy expenditure from fat-free mass and fat mass. *Am J Clin Nutr* 56:848-856, 1992.

89. Nicholas, CW, Green, PA, Hawkins, RD, and Williams, C. Carbohydrate intake and recovery of intermittent running capacity. *Int J Sport Nutr* 7:251-260, 1997.

90. Nieman, DC. Influence of carbohydrate on the immune response to intensive, prolonged exercise. *Exerc Immunol Rev* 4:64-76, 1998.

91. Norton, LE, Layman, DK, Bunpo, P, Anthony, TG, Brana, DV, and Garlick, PJ. The leucine content of a complete meal directs peak activation but not duration of skeletal muscle protein synthesis and mammalian target of rapamycin signaling in rats. *J Nutr* 139:1103-1109, 2009.

92. Ogden, CL, Carroll, MD, Kit, BK, and Flegal, KM. Prevalence of childhood and adult obesity in the United States, 2011-2012. *JAMA* 311:806-814, 2014.

93. Okano, G, Takeda, H, Morita, I, Katoh, M, Mu, Z, and Miyake, S. Effect of pre-exercise fructose ingestion on endurance performance in fed men. *Med Sci Sports Exerc* 20:105-109, 1988.

94. Oosthuyse, T, and Bosch, AN. The effect of the menstrual cycle on exercise metabolism: Implications for exercise performance in eumenorrhoeic women. *Sports Med* 40:207-227, 2010.

95. Ormsbee, MJ, Bach, CW, and Baur, DA. Pre-exercise nutrition: The role of macronutrients, modified starches and supplements on metabolism and endurance performance. *Nutrients* 6:1782-1808, 2014.

96. Ostojic, SM, and Mazic, S. Effects of a carbohydrate-electrolyte drink on specific soccer tests and performance. *J Sports Sci Med* 1:47-53, 2002.

97. Paddon-Jones, D, Sheffield-Moore, M, Zhang, XJ, Volpi, E, Wolf, SE, Aarsland, A, Ferrando, AA, and Wolfe, RR. Amino acid ingestion improves muscle protein synthesis in the young and elderly. *Am J Physiol* 286:E321-E328, 2004.

98. Parkin, JA, Carey, MF, Martin, IK, Stojanovska, L, and Febbraio, MA. Muscle glycogen storage following prolonged exercise: Effect of timing of ingestion of high glycemic index food. *Med Sci Sports Exerc* 29:220-224, 1997.

99. Pascoe, DD, Costill, DL, Fink, WJ, Robergs, RA, and Zachwieja, JJ. Glycogen resynthesis in skeletal

muscle following resistive exercise. *Med Sci Sports Exerc* 25:349-354, 1993.

100. Paul, D, Jacobs, KA, Geor, RJ, and Hinchcliff, KW. No effect of pre-exercise meal on substrate metabolism and time trial performance during intense endurance exercise. *Int J Sport Nutr Exerc Metab* 13:489-503, 2003.
101. Perez-Schindler, J, Hamilton, DL, Moore, DR, Baar, K, and Philp, A. Nutritional strategies to support concurrent training. *Eur J Sport Sci,* 2014. [e-pub ahead of print].
102. Pettersson, S, Ekstrom, MP, and Berg, CM. Practices of weight regulation among elite athletes in combat sports: A matter of mental advantage? *J Athl Train* 48:99-108, 2013.
103. Phillips, SM. A brief review of critical processes in exercise-induced muscular hypertrophy. *Sports Med* 44 (Suppl):S71-S77, 2014.
104. Phillips, SM, Tipton, KD, Aarsland, A, Wolf, SE, and Wolfe, RR. Mixed muscle protein synthesis and breakdown after resistance exercise in humans. *Am J Physiol* 273:E99-E107, 1997.
105. Pizza, FX, Flynn, MG, Duscha, BD, Holden, J, and Kubitz, ER. A carbohydrate loading regimen improves high intensity, short duration exercise performance. *Int J Sport Nutr* 5:110-116, 1995.
106. Rankin, JW. Weight loss and gain in athletes. *Curr Sports Med Rep* 1:208-213, 2002.
107. Ravussin, E, Burnand, B, Schutz, Y, and Jequier, E. Twenty-four-hour energy expenditure and resting metabolic rate in obese, moderately obese, and control subjects. *Am J Clin Nutr* 35:566-573, 1982.
108. Ravussin, E, Lillioja, S, Anderson, TE, Christin, L, and Bogardus, C. Determinants of 24-hour energy expenditure in man. Methods and results using a respiratory chamber. *J Clin Invest* 78:1568-1578, 1986.
109. Rico-Sanz, J, Zehnder, M, Buchli, R, Dambach, M, and Boutellier, U. Muscle glycogen degradation during simulation of a fatiguing soccer match in elite soccer players examined noninvasively by 13C-MRS. *Med Sci Sports Exerc* 31:1587-1593, 1999.
110. Rowlands, DS, Nelson, AR, Phillips, SM, Faulkner, JA, Clarke, J, Burd, NA, Moore, D, and Stellingwerff, T. Protein-leucine fed dose effects on muscle protein synthesis after endurance exercise. *Med Sci Sports Exerc*, 2014. [e-pub ahead of print].
111. Saunders, MJ, Luden, ND, and Herrick, JE. Consumption of an oral carbohydrate-protein gel improves cycling endurance and prevents postexercise muscle damage. *J Strength Cond Res* 21:678-684, 2007.
112. Sawka, MN, Burke, LM, Eichner, ER, Maughan, RJ, Montain, SJ, and Stachenfeld, NS. American College of Sports Medicine position stand: Exercise and fluid replacement. *Med Sci Sports Exerc* 39:377-390, 2007.
113. Schabort, EJ, Bosch, AN, Weltan, SM, and Noakes, TD. The effect of a preexercise meal on time to fatigue during prolonged cycling exercise. *Med Sci Sports Exerc* 31:464-471, 1999.
114. Schoeller, DA. Limitations in the assessment of dietary energy intake by self-report. *Metabolism* 44:18-22, 1995.
115. Schoenfeld, BJ, Aragon, AA, and Krieger, JW. The effect of protein timing on muscle strength and hypertrophy: A meta-analysis. *J Int Soc Sports Nutr* 10:53, 2013.
116. Shepherd, SJ, and Gibson, PR. Fructose malabsorption and symptoms of irritable bowel syndrome: Guidelines for effective dietary management. *J Am Diet Assoc* 106:1631-1639, 2006.
117. Sherman, WM, Costill, DL, Fink, WJ, Hagerman, FC, Armstrong, LE, and Murray, TF. Effect of a 42.2-km footrace and subsequent rest or exercise on muscle glycogen and enzymes. *J Appl Physiol* 55:1219-1224, 1983.
118. Shirreffs, SM, and Maughan, RJ. Volume repletion after exercise-induced volume depletion in humans: Replacement of water and sodium losses. *Am J Physiol* 274:F868-F875, 1998.
119. Skoog, SM, and Bharucha, AE. Dietary fructose and gastrointestinal symptoms: A review. *Am J Gastroenterol* 99:2046-2050, 2004.
120. Stearns, RL, Emmanuel, H, Volek, JS, and Casa, DJ. Effects of ingesting protein in combination with carbohydrate during exercise on endurance performance: A systematic review with meta-analysis. *J Strength Cond Res* 24:2192-2202, 2010.
121. Sundgot-Borgen, J, and Torstveit, MK. Prevalence of eating disorders in elite athletes is higher than in the general population. *Clin J Sport Med* 14:25-32, 2004.
122. Tarnopolsky, M, Bosman, M, Macdonald, J, Vandeputte, D, Martin, J, and Roy, B. Postexercise protein-carbohydrate and carbohydrate supplements increase muscle glycogen in men and women. *J Appl Physiol* 83:1877-1883, 1997.
123. Tarnopolsky, MA, Atkinson, SA, Phillips, SM, and MacDougall, JD. Carbohydrate loading and metabolism during exercise in men and women. *J Appl Physiol* 78:1360-1368, 1995.
124. Tarnopolsky, MA, Gibala, M, Jeukendrup, AE, and Phillips, SM. Nutritional needs of elite endurance athletes. Part I: Carbohydrate and fluid requirements. *Eur J Sport Sci* 5:3-14, 2005.

125. Tarnopolsky, MA, Zawada, C, Richmond, LB, Carter, S, Shearer, J, Graham, T, and Phillips, SM. Gender differences in carbohydrate loading are related to energy intake. *J Appl Physiol* 91:225-230, 2001.

126. Thompson, J, and Manore, MM. Predicted and measured resting metabolic rate of male and female endurance athletes. *J Am Diet Assoc* 96:30-34, 1996.

127. Tipton, KD, Ferrando, AA, Phillips, SM, Doyle, D, Jr., and Wolfe, RR. Postexercise net protein synthesis in human muscle from orally administered amino acids. *Am J Physiol* 276: E628-E634, 1999.

128. Triplett, D, Doyle, JA, Rupp, JC, and Benardot, D. An isocaloric glucose-fructose beverage's effect on simulated 100-km cycling performance compared with a glucose-only beverage. *Int J Sport Nutr Exerc Metab* 20:122-131, 2010.

129. U.S. Department of Agriculture, Agricultural Research Service. *National Nutrient Database for Standard Reference, Release 26*, 2013. Accessed February 15, 2015.

130. U.S. Department of Agriculture, Human Nutrition Information Service. *Report of the Dietary Guidelines Advisory Committee on the Dietary Guidelines for Americans, 2010.* Washington, DC: U.S. Department of Agriculture, 40-41, 2010.

131. U.S. Food and Drug Administration. Part 180—Food additives permitted in food or in contact with food on an interim basis pending additional study. Subpart B—Specific requreiments for certain food additives. Accessed February 7, 2015.

132. Vergauwen, L, Brouns, F, and Hespel, P. Carbohydrate supplementation improves stroke performance in tennis. *Med Sci Sports Exerc* 30:1289-1295, 1998.

133. Walker, JL, Heigenhauser, GJ, Hultman, E, and Spriet, LL. Dietary carbohydrate, muscle glycogen content, and endurance performance in well-trained women. *J Appl Physiol* 88:2151-2158, 2000.

134. Warhol, MJ, Siegel, AJ, Evans, WJ, and Silverman, LM. Skeletal muscle injury and repair in marathon runners after competition. *Am J Pathol* 118:331-339, 1985.

135. Weinheimer, EM, Sands, LP, and Campbell, WW. A systematic review of the separate and combined effects of energy restriction and exercise on fat-free mass in middle-aged and older adults: Implications for sarcopenic obesity. *Nutr Rev* 68:375-388, 2010.

136. Welsh, RS, Davis, JM, Burke, JR, and Williams, HG. Carbohydrates and physical/mental performance during intermittent exercise to fatigue. *Med Sci Sports Exerc* 34:723-731, 2002.

137. Widrick, JJ, Costill, DL, Fink, WJ, Hickey, MS, McConell, GK, and Tanaka, H. Carbohydrate feedings and exercise performance: Effect of initial muscle glycogen concentration. *J Appl Physiol* 74:2998-3005, 1993.

138. Wilk, B, and Bar-Or, O. Effect of drink flavor and NaCl on voluntary drinking and hydration in boys exercising in the heat. *J Appl Physiol* 80:1112-1117, 1996.

139. Williams, C, Brewer, J, and Walker, M. The effect of a high carbohydrate diet on running performance during a 30-km treadmill time trial. *Eur J Appl Physiol Occup Physiol* 65:18-24, 1992.

140. Wilson, JM, Marin, PJ, Rhea, MR, Wilson, SM, Loenneke, JP, and Anderson, JC. Concurrent training: A meta-analysis examining interference of aerobic and resistance exercises. *J Strength Cond Res* 26:2293-2307, 2012.

141. Yamada, Y, Uchida, J, Izumi, H, Tsukamoto, Y, Inoue, G, Watanabe, Y, Irie, J, and Yamada, S. A non-calorie-restricted low-carbohydrate diet is effective as an alternative therapy for patients with type 2 diabetes. *Int Med* 53:13-19, 2014.

142. Zeederberg, C, Leach, L, Lambert, EV, Noakes, TD, Dennis, SC, and Hawley, JA. The effect of carbohydrate ingestion on the motor skill proficiency of soccer players. *Int J Sport Nutr* 6:348-355, 1996.

143. Zucker, NL, Womble, LG, Milliamson, DA, and Perrin, LA. Protective factors for eating disorders in female college athletes. *Eat Disord* 7:207-218, 2007.

第 11 章　增强运动表现的补剂和方法

1. Abrahamsen, B, Nielsen, TL, Hangaard, J, Gregersen, G, Vahl, N, Korsholm, L, Hansen, TB, Andersen, M, and Hagen, C. Dose-, IGF-I- and sex-dependent changes in lipid profile and body composition during GH replacement therapy in adult onset GH deficiency. *Eur J Endocrinol* 150:671-679, 2004.

2. Alén, M, and Häkkinen, K. Physical health and fitness of an elite bodybuilder during 1 year of self-administration of testosterone and anabolic steroids: A case study. *Int J Sports Med* 6:24-29, 1985.

3. Alén, M, Häkkinen, K, and Komi, PV. Changes in neuromuscular performance and muscle fiber characteristics of elite power athletes self-administering androgenic and anabolic steroids. *Acta Physiol Scand* 122:535-544, 1984.

4. Alford, C, Cox, H, and Wescott, R. The effects of red bull energy drink on human performance and mood. *Amino Acids* 21:139-150, 2001.

5. Alvares, TS, Conte-Junior, CA, Silva, JT, and

Paschoalin, VM. Acute L-arginine supplementation does not increase nitric oxide production in healthy subjects. *Nutr Metab* 9:54, 2012.

6. Anderson, RL, Wilmore, JH, Joyner, MJ, Freund, BJ, Hartzell, AA, Todd, CA, and Ewy, GA. Effects of cardioselective and nonselective beta-adrenergic blockade on the performance of highly trained runners. *Am J Cardiol* 55:149D-154D, 1985.
7. Antal, LC, and Good, CS. Effects of oxprenolol on pistol shooting under stress. *Practitioner* 224:755-760, 1980.
8. Arenas, J, Ricoy, JR, Encinas, AR, Pola, P, D'Iddio, S, Zeviani, M, Didonato, S, and Corsi, M. Carnitine in muscle, serum, and urine of nonprofessional athletes: Effects of physical exercise, training, and L-carnitine administration. *Muscle Nerve* 14:598-604, 1991.
9. Artioli, GG, Gualano, B, Smith, A, Stout, J, and Lancha, AH, Jr. Role of beta-alanine supplementation on muscle carnosine and exercise performance. *Med Sci Sports Exerc* 42:1162-1173, 2010.
10. Aschenbach, W, Ocel, J, Craft, L, Ward, C, Spangenburg, E, and Williams, J. Effect of oral sodium loading on high-intensity arm ergometry in college wrestlers. *Med Sci Sports Exerc* 32:669-675, 2000.
11. Astorino, TA, Matera, AJ, Basinger, J, Evans, M, Schurman, T, and Marquez, R. Effects of red bull energy drink on repeated sprint performance in women athletes. *Amino Acids* 42:1803-1808, 2012.
12. Astrup, A, Breum, L, Toubro, S, Hein, P, and Quaade, F. The effect and safety of an ephedrine/caffeine compound compared to ephedrine, caffeine and placebo in obese subjects on an energy restricted diet. A double blind trial. *Int J Obes Relat Metab Disord* 16:269-277, 1992.
13. Bacurau, RF, Navarro, F, Bassit, RA, Meneguello, MO, Santos, RV, Almeida, AL, and Costa Rosa, LF. Does exercise training interfere with the effects of L-carnitine supplementation? *Nutrition* 19:337-341, 2003.
14. Bahrke, MS, and Yesalis, CE. Abuse of anabolic androgenic steroids and related substances in sport and exercise. *Curr Opin Pharmacol* 4:614-620, 2004.
15. Ball, D, and Maughan, RJ. The effect of sodium citrate ingestion on the metabolic response to intense exercise following diet manipulation in man. *Exp Physiol* 82:1041-1056, 1997.
16. Barnett, C, Costill, DL, Vukovich, MD, Cole, KJ, Goodpaster, BH, Trappe, SW, and Fink, WJ. Effect of L-carnitine supplementation on muscle and blood carnitine content and lactate accumulation during high-intensity sprint cycling. *Int J Sport Nutr* 4:280-288, 1994.
17. Baumann, GP. Growth hormone doping in sports: A critical review of use and detection strategies. *Endocrinol Rev* 33:155-186, 2012.
18. Behre, H, and Nieschlag, E. Testosterone buciclate (20 Aet-1) in hypogonadal men: Pharmacokinetics and pharmacodynamics of the new long-acting androgen ester. *J Clin Endocrinol Metab* 75:1204-1210, 1992.
19. Bell, DG, and Jacobs, I. Combined caffeine and ephedrine ingestion improves run times of Canadian forces warrior test. *Aviat Space Environ Med* 70:325-329. 1999.
20. Bell, DG, Jacobs, I, McLellan, TM, and Zamecnik, J. Reducing the dose of combined caffeine and ephedrine preserves the ergogenic effect. *Aviat Space Environ Med* 71:415-419, 2000.
21. Bell, DG, Jacobs, I, and Zamecnik, J. Effects of caffeine, ephedrine and their combination on time to exhaustion during high-intensity exercise. *Eur J Appl Physiol Occup Physiol* 77:427-433, 1998.
22. Bell, GJ, and Wenger, HA. The effect of one-legged sprint training on intramuscular pH and nonbicarbonate buffering capacity. *Eur J Appl Physiol Occup Physiol* 58:158-164, 1988.
23. Bemben, MG, Bemben, DA, Loftiss, DD, and Knehans, AW. Creatine supplementation during resistance training in college football athletes. *Med Sci Sports Exerc* 33:1667-1673, 2001.
24. Bergen, WG, and Merkel, RA. Body composition of animals treated with partitioning agents: Implications for human health. *FASEB J* 5:2951-2957, 1991.
25. Berglund, B, and Ekblom, B. Effect of recombinant human erythropoietin treatment on blood pressure and some haematological parameters in healthy men. *J Intern Med* 229:125-130, 1991.
26. Berning, JM, Adams, KJ, and Stamford, BA. Anabolic steroid usage in athletics: Facts, fiction, and public relations. *J Strength Cond Res* 18:908-917, 2004.
27. Bhasin, S, Storer, TW, Berman, N, Callegari, C, Clevenger, B, Phillips, J, Bunnell, TJ, Tricker, R, Shirazi, A, and Casaburi, R. The effects of supraphysiologic doses of testosterone on muscle size and strength in normal men. *New Engl J Med* 335:1-7, 1996.
28. Bishop, D, Edge, J, Davis, C, and Goodman, C. Induced metabolic alkalosis affects muscle metabolism and repeated-sprint ability. *Med Sci Sports Exerc* 36:807-813, 2004.
29. Bishop, D, Lawrence, S, and Spencer, M. Predictors of repeated-sprint ability in elite female hockey players. *J Sci Med Sport* 6:199-209, 2003.
30. Bode-Böger, SM, Böger, RH, Schröder, EP, and

Frölich, JC. Excrcise increases systemic nitric oxide production in men. *J Cardiovasc Risk* 1:173-178, 1994.

31. Bogdanis, GC, Nevill, ME, Boobis, LH, and Lakomy, HK. Contribution of phosphocreatine and aerobic metabolism to energy supply during repeated sprint exercise. *J Appl Physiol* 80:876-884, 1996.
32. Børsheim, E, Cree, MG, Tipton, KD, Elliott, TA, Aarsland, A, and Wolfe, RR. Effect of carbohydrate intake on net muscle protein synthesis during recovery from resistance exercise. *J Appl Physiol* 96:674-678, 2004.
33. Brandsch, C, and Eder, K. Effect of L-carnitine on weight loss and body composition of rats fed a hypocaloric diet. *Ann Nutr Metab* 46:205-210, 2002.
34. Broeder, CE, Quindry, J, Brittingham, K, Panton, L, Thomson, J, Appakondu, S, Breuel, K, Byrd, R, Douglas, J, Earnest, C, Mitchell, C, Olson, M, Roy, T, and Yarlagadda, C. The Andro Project: Physiological and hormonal influences of androstenedione supplementation in men 35 to 65 years old participating in a high-intensity resistance training program. *Arch Intern Med* 160:3093-3104, 2000.
35. Brown, CM, McGrath, JC, Midgley, JM, Muir, AG, O'Brien, JW, Thonoor, CM, Williams, CM, and Wilson, VG. Activities of octopamine and synephrine stereoisomers on alpha-adrenoceptors. *Br J Pharmacol* 93:417-429, 1988.
36. Brown, GA, Vukovich, M, and King, DS. Testosterone prohormone supplements. *Med Sci Sports Exerc* 38:1451-1461, 2006.
37. Brown, GA, Vukovich, MD, Sharp, RL, Reifenrath, TA, Parsons, KA, and King, DS. Effect of oral DHEA on serum testosterone and adaptations to resistance training in young men. *J Appl Physiol* 87:2274-2283, 1999.
38. Bruce, CR, Anderson, ME, Fraser, SF, Stepto, NK, Klein, R, Hopkins, WG, and Hawley, JA. Enhancement of 2000-m rowing performance after caffeine ingestion. *Med Sci Sports Exerc* 32:1958-1963, 2000.
39. Buckley, WE, Yesalis, CE, Friedl, KE, Anderson, WA, Streit, AL, and Wright, JE. Estimated prevalence of anabolic steroid use among male high school seniors. *JAMA* 260:3441-3445, 1988.
40. Buford, TW, Kreider, RB, Stout, JR, Greenwood, M, Campbell, B, Spano, M, Ziegenfuss, T, Lopez, H, Landis, J, and Antonio, J. International Society of Sports Nutrition position stand: Creatine supplementation and exercise. *J Int Soc Sports Nutr* 4:6, 2007.
41. Cafri, G, Thompson, JK, Ricciardelli, L, McCabe, M, Smolak, L, and Yesalis, C. Pursuit of the muscular ideal: Physical and psychological consequences and putative risk factors. *Clin Psychol Rev* 25:215-239, 2005.
42. Campbell, B. Dietary protein strategies for performance enhancement. In *Sports Nutrition: Enhancing Athletic Performance.* Campbell, B, ed. Boca Raton, FL: CRC Press, 163-164, 2014.
43. Campbell, B, Wilborn, C, La Bounty, P, Taylor, L, Nelson, MT, Greenwood, M, Ziegenfuss, TN, Lopez, HL, Hoffman, JR, Stout, JR, Schmitz, S, Collins, R, Kalman, DS, Antonio, J, and Kreider, RB. International Society of Sports Nutrition position stand: Energy drinks. *J Int Soc Sports Nutr* 10:1, 2013.
44. Candow, DG, Kleisinger, AK, Grenier, S, and Dorsch, KD. Effect of sugar-free Red Bull energy drink on high-intensity run time-to-exhaustion in young adults. *J Strength Cond Res* 23:1271-1275, 2009.
45. Carpene, C, Galitzky, J, Fontana, E, Atgie, C, Lafontan, M, and Berlan, M. Selective activation of beta3-adrenoreceptors by octopamine: Comparative studies in mammalian fat cells. *Naunyn Schmiedebergs Arch Pharmacol* 359:310-321, 1999.
46. Casal, DC, and Leon, AS. Failure of caffeine to affect substrate utilization during prolonged running. *Med Sci Sports Exerc* 17:174-179, 1985.
47. Cazzola, M. A global strategy for prevention and detection of blood doping with erythropoietin and related drugs. *Haematologica* 85:561-563, 2000.
48. Cheetham, ME, Boobis, LH, Brooks, S, and Williams, C. Human muscle metabolism during sprint running. *J Appl Physiol* 61:54-60, 1986.
49. Choong, K, Lakshman, KM, and Bhasin, S. The physiological and pharmacological basis for the ergogenic effects of androgens in elite sports. *Asian J Androl* 10:351-363, 2008.
50. Cohen, PA, Travis, JC, and Venhuis, BJ. A synthetic stimulant never tested in humans, 1,3-dimethylbutylamine (DMBA), is identified in multiple dietary supplements. *Drug Test Anal,* 2014. [e-pub ahead of print].
51. Collier, SR, Casey, DP, and Kanaley, JA. Growth hormone responses to varying doses of oral arginine. *Growth Horm IGF Res* 15:136-139, 2005.
52. Collomp, K, Ahmaidi, S, Audran, M, Chanal, JL, and Prefaut, C. Effects of caffeine ingestion on performance and anaerobic metabolism during the Wingate test. *Int J Sports Med* 12:439-443, 1991.
53. Collomp, K, Ahmaidi, S, Chatard, JC, Audran, M, and Prefaut, C. Benefits of caffeine ingestion on sprint performance in trained and untrained swimmers. *Eur J Appl Physiol* 64:377-380, 1992.

54. Cooke, RR, McIntosh, RP, McIntosh, JG, and Delahunt, JW. Serum forms of testosterone in men after an hCG stimulation: Relative increase in non-protein bound forms. *Clin Endocrinol* 32:165-175, 1990.

55. Coombes, J, and McNaughton, L. Effects of bicarbonate ingestion on leg strength and power during isokinetic knee flexion and extension. *J Strength Cond Res* 7:241-249, 1993.

56. Costill, DL, Dalsky, GP, and Fink, WJ. Effects of caffeine ingestion on metabolism and exercise performance. *Med Sci Sports* 10:155-158, 1978.

57. Cox, G, and Jenkins, DG. The physiological and ventilatory responses to repeated 60 s sprints following sodium citrate ingestion. *J Sports Sci* 12:469-475, 1994.

58. Crist, DM, Peake, GT, Loftfield, RB, Kraner, JC, and Egan, PA. Supplemental growth hormone alters body composition, muscle protein metabolism and serum lipids in fit adults: Characterization of dose-dependent and response-recovery effects. *Mech Ageing Dev* 58:191-205, 1991.

59. Curry, LA, and Wagman, DF. Qualitative description of the prevalence and use of anabolic androgenic steroids by United States powerlifters. *Percept Mot Skills* 88:224-233, 1999.

60. Dalbo, VJ, Roberts, MD, Stout, JR, and Kerksick, CM. Putting to rest the myth of creatine supplementation leading to muscle cramps and dehydration. *Br J Sports Med* 42:567-573, 2008.

61. David, KG, Dingemanse, E, Freud, J, Laqueur, E. Über krystallinisches mannliches Hormon aus Hoden (Testosteron) wirksamer als aus harn oder aus Cholesterin bereitetes Androsteron [On crystalline male hormone from testicles (testosterone) effective as from urine or from cholesterol]. *Hoppe Seylers Z Physiol Chem* 233:281, 1935.

62. Dawson, B, Cutler, M, Moody, A, Lawrence, S, Goodman, C, and Randall, N. Effects of oral creatine loading on single and repeated maximal short sprints. *Aust J Sci Med Sport* 27:56-61, 1995.

63. Del Coso, J, Salinero, JJ, González-Millán, C, Abián-Vicén, J, and Pérez-González, B. Dose response effects of a caffeine-containing energy drink on muscle performance: A repeated measures design. *J Int Soc Sports Nutr* 9:21, 2012.

64. Deutz, NE, Pereira, SL, Hays, NP, Oliver, JS, Edens, NK, Evans, CM, and Wolfe, RR. Effect of β -hydroxy- β -methylbutyrate (HMB) on lean body mass during 10 days of bed rest in older adults. *Clin Nutr* 32:704-712, 2013.

65. Dickman, S. East Germany: Science in the disservice of the state. *Science* 254:26-27, 1991.

66. Dodge, T, and Hoagland, MF. The use of anabolic androgenic steroids and polypharmacy: A review of the literature. *Drug Alcohol Depend* 114:100-109, 2011.

67. Duncan, MJ, and Oxford, SW. The effect of caffeine ingestion on mood state and bench press performance to failure. *J Strength Cond Res* 25:178-185, 2011.

68. Dunnett, M, and Harris, RC. Influence of oral beta-alanine and L-histidine supplementation on the carnosine content of the gluteus medius. *Equine Vet J* (Suppl) 30:499-504, 1999.

69. Dvorak, J, Baume, N, Botre, F, Broseus, J, Budgett, R, Frey, WO, Geyer, H, Harcourt, PR, Ho, D, Howman, D, Isola, V, Lundby, C, Marclay, F, Peytavin, A, Pipe, A, Pitsiladis, YP, Reichel, C, Robinson, N, Rodchenkov, G, Saugy, M, Sayegh, S, Segura, J, Thevis, M, Vernec, A, Viret, M, Vouillamoz, M, and Zorzoli, M. Time for change: A roadmap to guide the implementation of the World Anti-Doping Code 2015. *Br J Sports Med* 48:801-806, 2014.

70. Edge, J, Bishop, D, and Goodman, C. The effects of training intensity on muscle buffer capacity in females. *Eur J Appl Physiol* 96:97-105, 2006.

71. Edge, J, Bishop, D, Goodman, C, and Dawson, B. Effects of high- and moderate-intensity training on metabolism and repeated sprints. *Med Sci Sports Exerc* 37:1975-1982, 2005.

72. Eichner, ER. Blood doping: Infusions, erythropoietin and artificial blood. *Sports Med* 37:389-391, 2007.

73. Ekblom, B, and Berglund, B. Effect of erythropoietin administration on mammal aerobic power. *Scand J Med Sci Sports* 1:88-93, 1991.

74. Eley, HL, Russell, ST, Baxter, JH, Mukerji, P, and Tisdale, MJ. Signaling pathways initiated by beta-hydroxy-beta-methylbutyrate to attenuate the depression of protein synthesis in skeletal muscle in response to cachectic stimuli. *Am J Physiol* 293:E923-E931, 2007.

75. Fahey, TD, and Brown, CH. The effects of an anabolic steroid on the strength, body composition, and endurance of college males when accompanied by a weight training program. *Med Sci Sports* 5:272-276, 1973.

76. Fahs, CA, Heffernan, KS, and Fernhall, B. Hemodynamic and vascular response to resistance exercise with L-arginine. *Med Sci Sports Exerc* 41:773-779, 2009.

77. Fayh, AP, Krause, M, Rodrigues-Krause, J, Ribeiro, JL, Ribeiro, JP, Friedman, R, Moreira, JC, and Reischak-Oliveira, A. Effects of L-arginine supplementation on blood flow, oxidative stress status and exercise responses in young adults with

uncomplicated type I diabetes. *Eur J Nutr* 52:975-983, 2013.

78. Febbraio, MA, Flanagan, TR, Snow, RJ, Zhao, S, and Carey, MF. Effect of creatine supplementation on intramuscular TCr, metabolism and performance during intermittent, supramaximal exercise in humans. *Acta Physiol Scand* 155:387-395, 1995.
79. Finkelstein, BS, Imperiale, TF, Speroff, T, Marrero, U, Radcliffe, DJ, and Cuttler, L. Effect of growth hormone therapy on height in children with idiopathic short stature: A meta-analysis. *Arch Pediatr Adolesc Med* 156:230-240, 2002.
80. Fong, Y, Rosenbaum, M, Tracey, KJ, Raman, G, Hesse, DG, Matthews, DE, Leibel, RL, Gertner, JM, Fischman, DA, and Lowry, SF. Recombinant growth hormone enhances muscle myosin heavy-chain mRNA accumulation and amino acid accrual in humans. *Proc Natl Acad Sci U S A* 86:3371-3374, 1989.
81. Forbes, G. The effect of anabolic steroids on lean body mass: The dose response curve. *Metabolism* 34:571-573, 1985.
82. Forbes, GB, Porta, CR, Herr, BE, and Griggs, RC. Sequence of changes in body composition induced by testosterone and reversal of changes after drug is stopped. *JAMA* 267:397-399, 1992.
83. Forbes, SC, Candow, DG, Little, JP, Magnus, C, and Chilibeck, PD. Effect of Red Bull energy drink on repeated Wingate cycle performance and bench-press muscle endurance. *Int J Sport Nutr Exerc Metab* 17:433-444, 2007.
84. Foster, ZJ, and Housner, JA. Anabolic-androgenic steroids and testosterone precursors: Ergogenic aids and sport. *Curr Sports Med Rep* 3:234-241, 2004.
85. Fowler, WM, Jr., Gardner, GW, and Egstrom, GH. Effect of an anabolic steroid on physical performance of young men. *J Appl Physiol* 20:1038-1040, 1965.
86. Franke, WW, and Berendonk, B. Hormonal doping and androgenization of athletes: A secret program of the German Democratic Republic government. *Clin Chem* 43:1262-1279, 1997.
87. Frankos, VH, Street, DA, and O'Neill, RK. FDA regulation of dietary supplements and requirements regarding adverse event reporting. *Clin Pharmacol Ther* 87:239-244, 2010.
88. Friedl, K, Dettori, J, Hannan, C, Jr., Patience, T, and Plymate, S. Comparison of the effects of high dose testosterone and 19-nortestosterone to a replacement dose of testosterone on strength and body composition in normal men. *J Steroid Biochem* 40:607-612, 1991.
89. Frishman, WH. Beta-adrenergic receptor blockers. Adverse effects and drug interactions. *Hypertension* 11:1121-1129, 1988.
90. Froiland, K, Koszewski, W, Hingst, J, and Kopecky, L. Nutritional supplement use among college athletes and their sources of information. *Int J Sport Nutr Exerc Metab* 14:104-120, 2004.
91. Fudala, PJ, Weinrieb, RM, Calarco, JS, Kampman, KM, and Boardman, C. An evaluation of anabolic-androgenic steroid abusers over a period of 1 year: Seven case studies. *Ann Clin Psychiatry* 15:121-130, 2003.
92. Fugh-Berman, A, and Myers, A. Citrus aurantium, an ingredient of dietary supplements marketed for weight loss: Current status of clinical and basic research. *Exp Biol Med* 229:698-704, 2004.
93. Gaitanos, GC, Williams, C, Boobis, LH, and Brooks, S. Human muscle metabolism during intermittent maximal exercise. *J Appl Physiol* 75:712-719, 1993.
94. Gallagher, PM, Carrithers, JA, Godard, MP, Schulze, KE, and Trappe, SW. Beta-hydroxy-beta-methylbutyrate ingestion, part I: Effects on strength and fat free mass. *Med Sci Sports Exerc* 32:2109-2115, 2000.
95. Gareau, R, Audran, M, Baynes, RD, Flowers, CH, Duvallet, A, Senécal, L, and Brisson, GR. Erythropoietin abuse in athletes. *Nature* 380:113, 1996.
96. Garlick, PJ, and Grant, I. Amino acid infusion increases the sensitivity of muscle protein synthesis in vivo to insulin. Effect of branched-chain amino acids. *Biochem J* 254:579-584, 1988.
97. Giamberardino, MA, Dragani, L, Valente, R, Di Lisa, F, Saggini, R, and Vecchiet, L. Effects of prolonged L-carnitine administration on delayed muscle pain and CK release after eccentric effort. *Int J Sports Med* 17:320-324, 1996.
98. Goldstein, ER, Ziegenfuss, T, Kalman, D, Kreider, R, Campbell, B, Wilborn, C, Taylor, L, Willoughby, D, Stout, J, Graves, BS, Wildman, R, Ivy, JL, Spano, M, Smith, AE, and Antonio, J. International Society of Sports Nutrition position stand: Caffeine and performance. *J Int Soc Sports Nutr* 7:5, 2010.
99. Goodbar, NH, Foushee, JA, Eagerton, DH, Haynes, KB, and Johnson, AA. Effect of the human chorionic gonadotropin diet on patient outcomes. *Ann Pharmacother* 47:e23, 2013.
100. Gonzalez, AM, Walsh, AL, Ratamess, NA, Kang, J, and Hoffman, JR. Effect of a pre-workout energy supplement on acute multi-joint resistance exercise. *J Sports Sci Med* 10:261-266, 2011.
101. Graham, TE, Hibbert, E, and Sathasivam, P. Metabolic and exercise endurance effects of coffee and caffeine ingestion. *J Appl Physiol* 85:883-889, 1998.

102. Greenhaff, PL. Creatine and its application as an ergogenic aid. *Int J Sport Nutr* 5 (Suppl): S100-S110, 1995.

103. Greenwood, M, Kreider, RB, Melton, C, Rasmussen, C, Lancaster, S, Cantler, E, Milnor, P, and Almada, A. Creatine supplementation during college football training does not increase the incidence of cramping or injury. *Mol Cell Biochem* 244:83-88, 2003.

104. Greer, BK, and Jones, BT. Acute arginine supplementation fails to improve muscle endurance or affect blood pressure responses to resistance training. *J Strength Cond Res* 25:1789-1794, 2011.

105. Greer, F, McLean, C, and Graham, TE. Caffeine, performance, and metabolism during repeated Wingate exercise tests. *J Appl Physiol* 85:1502-1508, 1998.

106. Griggs, RC, Kingston, W, Jozefowicz, RF, Herr, BE, Forbes, G, and Halliday, D. Effect of testosterone on muscle mass and muscle protein synthesis. *J Appl Physiol* 66:498-503, 1989.

107. Haaz, S, Fontaine, KR, Cutter, G, Limdi, N, Perumean-Chaney, S, and Allison, DB. Citrus aurantium and synephrine alkaloids in the treatment of overweight and obesity: An update. *Obes Rev* 7:79-88, 2006.

108. Haff, GG, Kirksey, KB, Stone, MH, Warren, BJ, Johnson, RL, Stone, M, O'Bryant, H, and Proulx, C. The effect of 6 weeks of creatine monohydrate supplementation on dynamic rate of force development. *J Strength Cond Res* 14:426-433, 2000.

109. Haller, CA, Benowitz, NL, and Jacob, P. Hemodynamic effects of ephedra-free weight-loss supplements in humans. *Am J Med* 118:998-1003, 2005.

110. Harris, RC, Tallon, MJ, Dunnett, M, Boobis, L, Coakley, J, Kim, HJ, Fallowfield, JL, Hill, CA, Sale, C, and Wise, JA. The absorption of orally supplied beta-alanine and its effect on muscle carnosine synthesis in human vastus lateralis. *Amino Acids* 30:279-289, 2006.

111. Hartgens, F, Van Marken Lichtenbelt, WD, Ebbing, S, Vollaard, N, Rietjens, G, and Kuipers, H. Body composition and anthropometry in bodybuilders: Regional changes due to nandrolone decanoate administration. *Int J Sports Med* 22:235-241, 2001.

112. Hausswirth, C, Bigard, AX, Lepers, R, Berthelot, M, and Guezennec, CY. Sodium citrate ingestion and muscle performance in acute hypobaric hypoxia. *Eur J Appl Physiol Occup Physiol* 71: 362-368, 1995.

113. Hervey, GR, Knibbs, AV, Burkinshaw, L, Morgan, DB, Jones, PR, Chettle, DR, and Vartsky, D. Effects of methandienone on the performance and body composition of men undergoing athletic training. *Clin Sci* 60:457-461, 1981.

114. Hill, CA, Harris, RC, Kim, HJ, Harris, BD, Sale, C, Boobis, LH, Kim, CK, and Wise, JA. Influence of beta-alanine supplementation on skeletal muscle carnosine concentrations and high intensity cycling capacity. *Amino Acids* 32:225-233, 2007.

115. Hirvonen, J, Nummela, A, Rusko, H, Rehunen, S, and Härkönen, M. Fatigue and changes of ATP, creatine phosphate, and lactate during the 400-m sprint. *Can J Sport Sci* 17:141-144, 1992.

116. Ho, JY, Kraemer, WJ, Volek, JS, Fragala, MS, Thomas, GA, Dunn-Lewis, C, Coday, M, Häkkinen, K, and Maresh, CM. l-Carnitine l-tartrate supplementation favorably affects biochemical markers of recovery from physical exertion in middle-aged men and women. *Metabolism* 59: 1190-1199, 2010.

117. Hobson, RM, Harris, RC, Martin, D, Smith, P, Macklin, B, Elliott-Sale, KJ, and Sale, C. Effect of sodium bicarbonate supplementation on 2000-m rowing performance. *Int J Sports Physiol Perform* 9:139-144, 2014.

118. Hoffman, JR, Kang, J, Ratamess, NA, Hoffman, MW, Tranchina, CP, and Faigenbaum, AD. Examination of a pre-exercise, high energy supplement on exercise performance. *J Int Soc Sports Nutr* 6:2, 2009.

119. Hoffman, JR, Kang, J, Ratamess, NA, Jennings, PF, Mangine, G, and Faigenbaum, AD. Thermogenic effect from nutritionally enriched coffee consumption. *J Int Soc Sports Nutr* 3:35-41, 2006.

120. Hoffman, AR, Kuntze, JE, Baptista, J, Baum, HB, Baumann, GP, Biller, BM, Clark, RV, Cook, D, Inzucchi, SE, Kleinberg, D, Klibanski, A, Phillips, LS, Ridgway, EC, Robbins, RJ, Schlechte, J, Sharma, M, Thorner, MO, and Vance, ML. Growth hormone (GH) replacement therapy in adult-onset GH deficiency: Effects on body composition in men and women in a double-blind, randomized, placebo-controlled trial. *J Clin Endocrinol Metab* 89:2048-2056, 2004.

121. Hoffman, JR, Kraemer, WJ, Bhasin, S, Storer, T, Ratamess, NA, Haff, GG, Willoughby, DS, and Rogol, AD. Position stand on androgen and human growth hormone use. *J Strength Cond Res* 23 (Suppl):S1-S59, 2009.

122. Hoffman, J, Ratamess, N, Kang, J, Mangine, G, Faigenbaum, A, and Stout, J. Effect of creatine and beta-alanine supplementation on performance and endocrine responses in strength/power athletes. *Int J Sport Nutr Exerc Metab* 16:430-446, 2006.

123. Hoffman, J, Ratamess, NA, Ross, R, Kang, J,

Magrelli, J, Neese, K, Faigenbaum, AD, and Wise, JA. Beta-alanine and the hormonal response to exercise. *Int J Sports Med* 29:952-958, 2008.

124. Holmgren, P, Nordén-Pettersson, L, and Ahlner, J. Caffeine fatalities—four case reports. *Forensic Sci Int* 139:71-73, 2004.

125. Horn, S, Gregory, P, and Guskiewicz, KM. Self-reported anabolic-androgenic steroids use and musculoskeletal injuries: Findings from the center for the study of retired athletes health survey of retired NFL players. *Am J Phys Med Rehabil* 88:192-200, 2009.

126. Horswill, CA, Costill, DL, Fink, WJ, Flynn, MG, Kirwan, JP, Mitchell, JB, and Houmard, JA. Influence of sodium bicarbonate on sprint performance: Relationship to dosage. *Med Sci Sports Exerc* 20: 566-569, 1988.

127. Howland, J, and Rohsenow, DJ. Risks of energy drinks mixed with alcohol. *JAMA* 309:245-246, 2013.

128. Hsu, KF, Chien, KY, Chang-Chien, GP, Lin, SF, Hsu, PH, and Hsu, MC. Liquid chromatography-tandem mass spectrometry screening method for the simultaneous detection of stimulants and diuretics in urine. *J Anal Toxicol* 35:665-674, 2011.

129. Huang, A, and Owen, K. Role of supplementary L-carnitine in exercise and exercise recovery. *Med Sport Sci* 59:135-142, 2012.

130. Hülsmann, WC, and Dubelaar, ML. Carnitine requirement of vascular endothelial and smooth muscle cells in imminent ischemia. *Mol Cell Biochem* 116:125-129, 1992.

131. Hultman, E, Cederblad, G, and Harper, P. Carnitine administration as a tool of modify energy metabolism during exercise. *Eur J Appl Physiol Occup Physiol* 62:450, 1991.

132. Hultman, E, Söderlund, K, Timmons, JA, Cederblad, G, and Greenhaff, PL. Muscle creatine loading in men. *J Appl Physiol* 81:232-237, 1996.

133. Irving, LM, Wall, M, Neumark-Sztainer, D, and Story, M. Steroid use among adolescents: Findings from Project EAT. *J Adolesc Health* 30:243-252, 2002.

134. Ivy, JL, Kammer, L, Ding, Z, Wang, B, Bernard, JR, Liao, YH, and Hwang, J. Improved cycling time-trial performance after ingestion of a caffeine energy drink. *Int J Sport Nutr Exerc Metab* 19:61-78, 2009.

135. Jabłecka, A, Bogdański, P, Balcer, N, Cieslewicz, A, Skołuda, A, and Musialik, K. The effect of oral L-arginine supplementation on fasting glucose, HbA1c, nitric oxide and total antioxidant status in diabetic patients with atherosclerotic peripheral arterial disease of lower extremities. *Eur Rev Med Pharmacol* 16:342-350, 2012.

136. Jabłecka, A, Checiński, P, Krauss, H, Micker, M, and Ast, J. The influence of two different doses of L-arginine oral supplementation on nitric oxide (NO) concentration and total antioxidant status (TAS) in atherosclerotic patients. *Med Sci Monit* 10:CR29-CR32, 2004.

137. Jacobs, I, Pasternak, H, and Bell, DG. Effects of ephedrine, caffeine, and their combination on muscular endurance. *Med Sci Sports Exerc* 35:987-994, 2003.

138. Kamalakkannan, G, Petrilli, CM, George, I, LaManca, J, McLaughlin, BT, Shane, E, Mancini, DM, and Maybaum, S. Clenbuterol increases lean muscle mass but not endurance in patients with chronic heart failure. *J Heart Lung Transpl* 27:457-461, 2008.

139. Katsanos, CS, Kobayashi, H, Sheffield-Moore, M, Aarsland, A, and Wolfe, RR. A high proportion of leucine is required for optimal stimulation of the rate of muscle protein synthesis by essential amino acids in the elderly. *Am J Physiol* 291:E381-E387, 2006.

140. Kendrick, IP, Harris, RC, Kim, HJ, Kim, CK, Dang, VH, Lam, TQ, Bui, TT, Smith, M, and Wise, JA. The effects of 10 weeks of resistance training combined with beta-alanine supplementation on whole body strength, force production, muscular endurance and body composition. *Amino Acids* 34:547-554, 2008.

141. Kerksick, CM, Wilborn, CD, Campbell, B, Harvey, TM, Marcello, BM, Roberts, MD, Parker, AG, Byars, AG, Greenwood, LD, Almada, AL, Kreider, RB, and Greenwood, M. The effects of creatine monohydrate supplementation with and without D-pinitol on resistance training adaptations. *J Strength Cond Res* 23:2673-2682, 2009.

142. Kerner, J, and Hoppel, C. Fatty acid import into mitochondria. *Biochim Biophys Acta* 1486:1-17, 2000.

143. Kerrigan, S, and Lindsey, T. Fatal caffeine overdose: Two case reports. *Forensic Sci Int* 153:67-69, 2005.

144. King, DS, Sharp, RL, Vukovich, MD, Brown, GA, Reifenrath, TA, Uhl, NL, and Parsons, KA. Effect of oral androstenedione on serum testosterone and adaptations to resistance training in young men: A randomized controlled trial. *JAMA* 281:2020-2028, 1999.

145. Kinugasa, R, Akima, H, Ota, A, Ohta, A, and Kuno, SY. Short-term creatine supplementation does not improve muscle activation or sprint performance in humans. *Eur J Appl Physiol* 91:230-237, 2004.

146. Knitter, AE, Panton, L, Rathmacher, JA, Petersen, A, and Sharp, R. Effects of beta-hydroxy-beta-

methylbutyrate on muscle damage after a prolonged run. *J Appl Physiol* 89:1340-1344, 2000.

147. Kraemer, WJ, Spiering, BA, Volek, JS, Ratamess, NA, Sharman, MJ, Rubin, MR, French, DN, Silvestre, R, Hatfield, DL, Van Heest, JL, Vingren, JL, Judelson, DA, Deschenes, MR, and Maresh, CM. Androgenic responses to resistance exercise: Effects of feeding and L-carnitine. *Med Sci Sports Exerc* 38:1288-1296, 2006.
148. Kraemer, WJ, Volek, JS, French, DN, Rubin, MR, Sharman, MJ, Gómez, AL, Ratamess, NA, Newton, RU, Jemiolo, B, Craig, BW, and Häkkinen, K. The effects of L-carnitine L-tartrate supplementation on hormonal responses to resistance exercise and recovery. *J Strength Cond Res* 17:455-462, 2003.
149. Kreider, RB. Effects of creatine supplementation on performance and training adaptations. *Mol Cell Biochem* 244:89-94, 2003.
150. Kreider, RB, Ferreira, M, Wilson, M, and Almada, AL. Effects of calcium beta-hydroxy-beta-methylbutyrate (HMB) supplementation during resistance-training on markers of catabolism, body composition and strength. *Int J Sports Med* 20:503-509, 1999.
151. Kreider, RB, Melton, C, Rasmussen, CJ, Greenwood, M, Lancaster, S, Cantler, EC, Milnor, P, and Almada, AL. Long-term creatine supplementation does not significantly affect clinical markers of health in athletes. *Mol Cell Biochem* 244:95-104, 2003.
152. Kruse, P, Ladefoged, J, Nielsen, U, Paulev, PE, and Sørensen, JP. Beta-blockade used in precision sports: Effect on pistol shooting performance. *J Appl Physiol* 61:417-420, 1986.
153. Kuipers, H, Wijnen, JA, Hartgens, F, and Willems, SM. Influence of anabolic steroids on body composition, blood pressure, lipid profile and liver functions in body builders. *Int J Sports Med* 12:413-418, 1991.
154. LaBotz, M, and Smith, BW. Creatine supplement use in an NCAA Division I athletic program. *Clin J Sport Med* 9:167-169, 1999.
155. Liddle, DG, and Connor, DJ. Nutritional supplements and ergogenic AIDS. *Prim Care* 40:487-505, 2013.
156. Linderman, JK, and Gosselink, KL. The effects of sodium bicarbonate ingestion on exercise performance. *Sports Med* 18:75-80, 1994.
157. Lindh, AM, Peyrebrune, MC, Ingham, SA, Bailey, DM, and Folland, JP. Sodium bicarbonate improves swimming performance. *Int J Sports Med* 29:519-523, 2008.
158. Linossier, MT, Dormois, D, Brégère, P, Geyssant, A, and Denis, C. Effect of sodium citrate on performance and metabolism of human skeletal muscle during supramaximal cycling exercise. *Eur J Appl Physiol Occup Physiol* 76:48-54, 1997.
159. Liu, TH, Wu, CL, Chiang, CW, Lo, YW, Tseng, HF, and Chang, CK. No effect of short-term arginine supplementation on nitric oxide production, metabolism and performance in intermittent exercise in athletes. *J Nutr Biochem* 20:462-468, 2009.
160. Llewellyn, W. *Anabolics 2005: Anabolic Steroid Reference Manual.* Jupiter, FL: Body of Science, 267-331, 2005.
161. Loughton, SJ, and Ruhling, RO. Human strength and endurance responses to anabolic steroid and training. *J Sports Med Phys Fitness* 17:285-296, 1977.
162. MacRae, JC, Skene, PA, Connell, A, Buchan, V, and Lobley, GE. The action of the beta-agonist clenbuterol on protein and energy metabolism in fattening wether lambs. *Br J Nutr* 59:457-465, 1988.
163. Mahesh, VB, and Greenblatt, RB. The in vivo conversion of dehydroepiandrosterone and androstenedione to testosterone in the human. *Acta Endrocrinol* 41:400-406, 1962.
164. Maltin, CA, Delday, MI, Hay, SM, Smith, FG, Lobley, GE, and Reeds, PJ. The effect of the anabolic agent, clenbuterol, on overloaded rat skeletal muscle. *Biosci Rep* 7:143-149, 1987.
165. Maltin, CA, Delday, MI, Watson, JS, Heys, SD, Nevison, IM, Ritchie, IK, and Gibson, PH. Clenbuterol, a beta-adrenoceptor agonist, increases relative muscle strength in orthopaedic patients. *Clin Sci* 84:651-654, 1993.
166. Martineau, L, Horan, MA, Rothwell, NJ, and Little, RA. Salbutamol, a beta 2-adrenoceptor agonist, increases skeletal muscle strength in young men. *Clin Sci* 83:615-621, 1992.
167. McCabe, SE, Brower, KJ, West, BT, Nelson, TF, and Wechsler, H. Trends in non-medical use of anabolic steroids by U.S. college students: Results from four national surveys. *Drug Alcohol Depend* 90:243-251, 2007.
168. McCartney, N, Spriet, LL, Heigenhauser, GJ, Kowalchuk, JM, Sutton, JR, and Jones, NL. Muscle power and metabolism in maximal intermittent exercise. *J Appl Physiol* 60:1164-1169, 1986.
169. McNaughton, L, Backx, K, Palmer, G, and Strange, N. Effects of chronic bicarbonate ingestion on the performance of high-intensity work. *Eur J Appl Physiol Occup Physiol* 80:333-336, 1999.
170. McNaughton, L, and Cedaro, R. Sodium citrate ingestion and its effects on maximal anaerobic exercise of different durations. *Eur J Appl Physiol Occup Physiol* 64:36-41, 1992.

171. McNaughton, LR, Ford, S, and Newbold, C. Effect of sodium bicarbonate ingestion on high intensity exercise in moderately trained women. *J Strength Cond Res* 11:98-102, 1997.

172. McNaughton, LR, Siegler, J, and Midgley, A. Ergogenic effects of sodium bicarbonate. *Curr Sports Med Rep* 7:230-236, 2008.

173. Menon, DK. Successful treatment of anabolic steroid-induced azoospermia with human chorionic gonadotropin and human menopausal gonadotropin. *Fertil Steril* 79:1659-1661, 2003.

174. Midgley, SJ, Heather, N, and Davies, JB. Levels of aggression among a group of anabolic-androgenic steroid users. *Med Sci Law* 41:309-314, 2001.

175. Migeon, CJ. Adrenal androgens in man. *Am J Med* 53:606-626, 1972.

176. Moss, JL, Crosnoe, LE, and Kim, ED. Effect of rejuvenation hormones on spermatogenesis. *Fertil Steril* 99:1814-1820, 2013.

177. Mujika, I, Chatard, JC, Lacoste, L, Barale, F, and Geyssant, A. Creatine supplementation does not improve sprint performance in competitive swimmers. *Med Sci Sports Exerc* 28:1435-1441, 1996.

178. Nevill, ME, Boobis, LH, Brooks, S, and Williams, C. Effect of training on muscle metabolism during treadmill sprinting. *J Appl Physiol* 67:2376-2382, 1989.

179. Nissen, S, Sharp, R, Ray, M, Rathmacher, JA, Rice, D, Fuller, JC, Jr., Connelly, AS, and Abumrad, N. Effect of leucine metabolite beta-hydroxy-beta-methylbutyrate on muscle metabolism during resistance-exercise training. *J Appl Physiol* 81:2095-2104, 1996.

180. Norton, LE, Wilson, GJ, Layman, DK, Moulton, CJ, and Garlick, PJ. Leucine content of dietary proteins is a determinant of postprandial skeletal muscle protein synthesis in adult rats. *Nutr Metab* 9:67, 2012.

181. O'Connor, DM, and Crowe, MJ. Effects of beta-hydroxy-beta-methylbutyrate and creatine monohydrate supplementation on the aerobic and anaerobic capacity of highly trained athletes. *J Sports Med Phys Fitness* 43:64-68, 2003.

182. Oöpik, V, Saaremets, I, Medijainen, L, Karelson, K, Janson, T, and Timpmann, S. Effects of sodium citrate ingestion before exercise on endurance performance in well trained college runners. *Br J Sports Med* 37:485-489, 2003.

183. Pagonis, TA, Angelopoulos, NV, Koukoulis, GN, and Hadjichristodoulou, CS. Psychiatric side effects induced by supraphysiological doses of combinations of anabolic steroids correlate to the severity of abuse. *Eur Psychiatry* 21:551-562, 2006.

184. Panton, LB, Rathmacher, JA, Baier, S, and Nissen, S. Nutritional supplementation of the leucine metabolite beta-hydroxy-beta-methylbutyrate (HMB) during resistance training. *Nutrition* 16: 734-739, 2000.

185. Pasiakos, SM, McClung, HL, McClung, JP, Margolis, LM, Andersen, NE, Cloutier, GJ, Pikosky, MA, Rood, JC, Fielding, RA, and Young, AJ. Leucine-enriched essential amino acid supplementation during moderate steady state exercise enhances postexercise muscle protein synthesis. *Am J Clin Nutr* 94:809-818, 2011.

186. Pearson, DR, Hamby, DG, Russel, W, and Harris, T. Long-term effects of creatine monohydrate on strength and power. *J Strength Cond Res* 13:187-192, 1999.

187. Perry, P, Lund, B, Deninger, M, Kutscher, E, and Schneider, J. Anabolic steroid use in weightlifters and bodybuilders: An internet survey of drug utilization. *Clin J Sport Med* 15:326-330, 2005.

188. Petroczi, A, Naughton, D, Pearce, G, Bailey, R, Bloodworth, A, and McNamee, M. Nutritional supplement use by elite young UK athletes: Fallacies of advice regarding efficacy. *J Int Soc Sports Nutr* 5:22, 2008.

189. Poortmans, JR, Auquier, H, Renaut, V, Durussel, A, Saugy, M, and Brisson, GR. Effect of short-term creatine supplementation on renal responses in men. *Eur J Appl Physiol Occup Physiol* 76:566-567, 1997.

190. Poortmans, J, and Francaux, M. Long-term oral creatine supplementation does not impair renal function in healthy athletes. *Med Sci Sports Exerc* 31:1108-1110, 1999.

191. Pope, HG, Jr., Gruber, AJ, Choi, P, Olivardia, R, and Phillips, KA. Muscle dysmorphia. An underrecognized form of body dysmorphic disorder. *Psychosomatics* 38:548-557, 1997.

192. Pope, HG, Jr., and Katz, DL. Psychiatric and medical effects of anabolic-androgenic steroid use. A controlled study of 160 athletes. *Arch Gen Psychiatry* 51:375-382, 1994.

193. Pope, HG, Jr., Katz, DL, and Hudson, JI. Anorexia nervosa and "reverse anorexia" among 108 male bodybuilders. *Comp Psychiatry* 34:406-409, 1993.

194. Pope, HG, Jr., Kouri, EM, and Hudson, JI. Effects of supraphysiologic doses of testosterone on mood and aggression in normal men: A randomized controlled trial. *Arch Gen Psychiatry* 57:133-140, 2000.

195. Prather, ID, Brown, DE, North, P, and Wilson, JR. Clenbuterol: A substitute for anabolic steroids? *Med Sci Sports Exerc* 27:1118-1121, 1995.

196. Ransone, J, Neighbors, K, Lefavi, R, and Chromiak,

J. The effect of beta-hydroxy-beta-methylbutyrate on muscular strength and body composition in collegiate football players. *J Strength Cond Res* 17:34-39, 2003.

197. Rasmussen, BB, Tipton, KD, Miller, SL, Wolf, SE, and Wolfe, RR. An oral essential amino acid-carbohydrate supplement enhances muscle protein anabolism after resistance exercise. *J Appl Physiol* 88:386-392, 2000.

198. Reardon, CL, and Creado, S. Drug abuse in athletes. *Subst Abuse Rehabil* 14:95-105, 2014.

199. Rieu, I, Balage, M, Sornet, C, Giraudet, C, Pujos, E, Grizard, J, Mosoni, L, and Dardevet, D. Leucine supplementation improves muscle protein synthesis in elderly men independently of hyperaminoacidaemia. *J Physiol* 575:305-315, 2006.

200. Robergs, RA, Ghiasvand, F, and Parker, D. Biochemistry of exercise-induced metabolic acidosis. *Am J Physiol* 287:R502-R516, 2004.

201. Roy, BD, Tarnopolsky, MA, MacDougall, JD, Fowles, J, and Yarasheski, KE. Effect of glucose supplement timing on protein metabolism after resistance training. *J Appl Physiol* 82:1882-1888, 1997.

202. Rubin, MR, Volek, JS, Gómez, AL, Ratamess, NA, French, DN, Sharman, MJ, and Kraemer, WJ. Safety measures of L-carnitine L-tartrate supplementation in healthy men. *J Strength Cond Res* 15:486-490, 2001.

203. Russell, C, Papadopoulos, E, Mezil, Y, Wells, GD, Plyley, MJ, Greenway, M, and Klentrou, P. Acute versus chronic supplementation of sodium citrate on 200 m performance in adolescent swimmers. *J Int Soc Sports Nutr* 11:26, 2014.

204. Salomon, F, Cuneo, RC, Hesp, R, and Sönksen, PH. The effects of treatment with recombinant human growth hormone on body composition and metabolism in adults with growth hormone deficiency. *New Engl J Med* 321:1797-1803, 1989.

205. Schabort, EJ, Wilson, G, and Noakes, TD. Dose-related elevations in venous pH with citrate ingestion do not alter 40-km cycling time-trial performance. *Eur J Appl Physiol* 83:320-327, 2000.

206. Schilling, BK, Stone, MH, Utter, A, Kearney, JT, Johnson, M, Coglianese, R, Smith, L, O'Bryant, HS, Fry, AC, Starks, M, Keith, R, and Stone, ME. Creatine supplementation and health variables: A retrospective study. *Med Sci Sports Exerc* 33:183-188, 2001.

207. Schwarz, S, Onken, D, and Schubert, A. The steroid story of Jenapharm: From the late 1940s to the early 1970s. *Steroids* 64:439-445, 1999.

208. Schwedhelm, E, Maas, R, Freese, R, Jung, D, Lukacs, Z, Jambrecina, A, Spickler, W, Schulze, F, and Böger, RH. Pharmacokinetic and pharmacodynamic properties of oral L-citrulline and L-arginine: Impact on nitric oxide metabolism. *Br J Clin Pharmacol* 65:51-59, 2008.

209. Sepkowitz, KA. Energy drinks and caffeine-related adverse effects. *JAMA* 309:243-244, 2013.

210. Shekelle, P, Hardy, M, Morton, S, Maglione, M, Suttorp, M, Roth, E, and Jungvig, L. Ephedra and ephedrine for weight loss and athletic performance enhancement: Clinical efficacy and side effects. *Evid Rep Technol Assess (Summ)* 76:1-4, 2003.

211. Smith, HJ, Mukerji, P, and Tisdale, MJ. Attenuation of proteasome-induced proteolysis in skeletal muscle by {beta}-hydroxy-{beta}-methylbutyrate in cancer-induced muscle loss. *Cancer Res* 65:277-283, 2005.

212. Snow, RJ, McKenna, MJ, Selig, SE, Kemp, J, Stathis, CG, and Zhao, S. Effect of creatine supplementation on sprint exercise performance and muscle metabolism. *J Appl Physiol* 84:1667-1673, 1998.

213. Souissi, M, Abedelmalek, S, Chtourou, H, Atheymen, R, Hakim, A, and Sahnoun, Z. Effects of morning caffeine ingestion on mood states, simple reaction time, and short-term maximal performance on elite judoists. *Asian J Sports Med* 3:161-168, 2012.

214. Spiering, BA, Kraemer, WJ, Vingren, JL, Hatfield, DL, Fragala, MS, Ho, JY, Maresh, CM, Anderson, JM, and Volek, JS. Responses of criterion variables to different supplemental doses of L-carnitine L-tartrate. *J Strength Cond Res* 21:259-264, 2007.

215. Spriet, LL. Caffeine and performance. *Int J Sport Nutr* 5:S84-S99, 1995.

216. Spriet, LL, MacLean, DA, Dyck, DJ, Hultman, E, Cederblad, G, and Graham, TE. Caffeine ingestion and muscle metabolism during prolonged exercise in humans. *Am J Physiol* 262:E891-E898, 1992.

217. Stamford, BA, and Moffatt, R. Anabolic steroid: Effectiveness as an ergogenic aid to experienced weight trainers. *J Sports Med Phys Fitness* 14:191-197, 1974.

218. Stein, MR, Julis, RE, Peck, CC, Hinshaw, W, Sawicki, JE, and Deller, JJ, Jr. Ineffectiveness of human chorionic gonadotropin in weight reduction: A double-blind study. *Am J Clin Nutr* 29:940-948, 1976.

219. Stephens, TJ, McKenna, MJ, Canny, BJ, Snow, RJ, and McConell, GK. Effect of sodium bicarbonate on muscle metabolism during intense endurance cycling. *Med Sci Sports Exerc* 34:614-621, 2002.

220. Stohs, SJ, Preuss, HG, and Shara, M. A review of the human clinical studies involving Citrus aurantium (bitter orange) extract and its primary

protoalkaloid p-synephrine. *Int J Med Sci* 9:527-538, 2012.

221. Stout, JR, Cramer, JT, Zoeller, RF, Torok, D, Costa, P, Hoffman, JR, Harris, RC, and O'Kroy, J. Effects of beta-alanine supplementation on the onset of neuromuscular fatigue and ventilatory threshold in women. *Amino Acids* 32:381-386, 2007.
222. Striley, CL, Griffiths, RR, and Cottler, LB. Evaluating dependence criteria for caffeine. *J Caffeine Res* 1:219-225, 2011.
223. Stromme, SB, Meen, HD, and Aakvaag, A. Effects of an androgenic-anabolic steroid on strength development and plasma testosterone levels in normal males. *Med Sci Sports* 6:203-208, 1974.
224. Suzuki, Y, Ito, O, Mukai, N, Takahashi, H, and Takamatsu, K. High level of skeletal muscle carnosine contributes to the latter half of exercise performance during 30-s maximal cycle ergometer sprinting. *Jpn J Physiol* 52:199-205, 2002.
225. Swirzinski, L, Latin, RW, Berg, K, and Grandjean, A. A survey of sport nutrition supplements in high school football players. *J Strength Cond Res* 14:464-469, 2000.
226. Tang, JE, Lysecki, PJ, Manolakos, JJ, MacDonald, MJ, Tarnopolsky, MA, and Phillips, SM. Bolus arginine supplementation affects neither muscle blood flow nor muscle protein synthesis in young men at rest or after resistance exercise. *J Nutr* 141: 195-200, 2011.
227. Tarnopolsky, MA. Caffeine and endurance performance. *Sports Med* 18:109-125, 1994.
228. Tavares, AB, Micmacher, E, Biesek, S, Assumpção, R, Redorat, R, Veloso, U, Vaisman, M, Farinatti, PT, and Conceição, F. Effects of growth hormone administration on muscle strength in men over 50 years old. *Int J Endocrinol* 2013:942030, 2013.
229. Tesch, PA. Exercise performance and beta-blockade. *Sports Med* 2:389-412, 1985.
230. Tipton, KD, Ferrando, AA, Phillips, SM, Doyle, D, Jr., and Wolfe, RR. Postexercise net protein synthesis in human muscle from orally administered amino acids. *Am J Physiol* 276:E628-E634, 1999.
231. Tipton, KD, Gurkin, BE, Matin, S, and Wolfe, RR. Nonessential amino acids are not necessary to stimulate net muscle protein synthesis in healthy volunteers. *J Nutr Biochem* 10:89-95, 1999.
232. Tipton, KD, Rasmussen, BB, Miller, SL, Wolf, SE, Owens-Stovall, SK, Petrini, BE, and Wolfe, RR. Timing of amino acid-carbohydrate ingestion alters anabolic response of muscle to resistance exercise. *Am J Physiol* 281:E197-E206, 2001.
233. Tiryaki, GR, and Atterbom, HA. The effects of sodium bicarbonate and sodium citrate on 600 m running time of trained females. *J Sports Med Phys Fitness* 35:194-198, 1995.
234. Torpy, JM, and Livingston, EH. JAMA patient page. Energy drinks. *JAMA* 309:297, 2013.
235. Transparency Market Research. Sports nutrition market—global industry analysis, size, share, growth, trends and forecast, 2013-2019. Accessed January 9, 2015.
236. Trice, I, and Haymes, EM. Effects of caffeine ingestion on exercise-induced changes during high-intensity, intermittent exercise. *Int J Sport Nutr* 5:37-44, 1995.
237. Underwood, LE, Attie, KM, and Baptista, J. Growth hormone (GH) dose-response in young adults with childhood-onset GH deficiency: A two-year, multicenter, multiple-dose, placebo-controlled study. *J Clin Endocrinol Metab* 88:5273-5280, 2003.
238. vandenBerg, P, Neumark-Sztainer, D, Cafri, G, and Wall, M. Steroid use among adolescents: Longitudinal findings from Project EAT. *Pediatrics* 119:476-486, 2007.
239. Vanhatalo, A, Bailey, SJ, DiMenna, FJ, Blackwell, JR, Wallis, GA, and Jones, AM. No effect of acute L-arginine supplementation on O_2 cost or exercise tolerance. *Eur J Appl Physiol* 113:1805-1819, 2013.
240. van Marken Lichtenbelt, WD, Hartgens, F, Vollaard, NB, Ebbing, S, and Kuipers, H. Bodybuilders' body composition: Effect of nandrolone decanoate. *Med Sci Sports Exerc* 36:484-489, 2004.
241. van Someren, K, Edwards, AJ, Howatson, G. Supplementation with beta-hydroxy-beta-methylbutyrate (HMB) and alpha-ketoisocaproic acid (KIC) reduces signs and symptoms of exercise-induced muscle damage in man. *Int J Sport Nutr Exerc Metab* 15:413-424, 2005.
242. van Someren, K, Fulcher, K, McCarthy, J, Moore, J, Horgan, G, and Langford, R. An investigation into the effects of sodium citrate ingestion on high-intensity exercise performance. *Int J Sport Nutr* 8:356-363, 1998.
243. Volek, JS, Duncan, ND, Mazzetti, SA, Staron, RS, Putukian, M, Gómez, AL, Pearson, DR, Fink, WJ, and Kraemer, WJ. Performance and muscle fiber adaptations to creatine supplementation and heavy resistance training. *Med Sci Sports Exerc* 31:1147-1156, 1999.
244. Volek, JS, and Kraemer, WJ. Creatine supplementation: Its effect on human muscular performance and body composition. *J Strength Cond Res* 10:200-210, 1996.
245. Volek, JS, Kraemer, WJ, Rubin, MR, Gómez, AL, Ratamess, NA, and Gaynor, P. L-carnitine L-tartrate supplementation favorably affects markers of recovery from exercise stress. *Am J Physiol* 282:

E474-E482, 2002.

246. Volek, JS, Ratamess, NA, Rubin, MR, Gómez, AL, French, DN, McGuigan, MM, Scheett, TP, Sharman, MJ, Häkkinen, K, and Kraemer, WJ. The effects of creatine supplementation on muscular performance and body composition responses to short-term resistance training overreaching. *Eur J Appl Physiol* 91:628-637, 2004.

247. Wächter, S, Vogt, M, Kreis, R, Boesch, C, Bigler, P, Hoppeler, H, and Krähenbühl, S. Long-term administration of L-carnitine to humans: Effect on skeletal muscle carnitine content and physical performance. *Clin Chim Acta* 318:51-61, 2002.

248. Wallace, MB, Lim, J, Cutler, A, and Bucci, L. Effects of dehydroepiandrosterone vs androstenedione supplementation in men. *Med Sci Sports Exerc* 31:1788-1792, 1999.

249. Walsh, AL, Gonzalez, AM, Ratamess, NA, Kang, J, and Hoffman, JR. Improved time to exhaustion following ingestion of the energy drink Amino Impact. *J Int Soc Sports Nutr* 7:14, 2010.

250. Ward, P. The effect of an anabolic steroid on strength and lean body mass. *Med Sci Sports* 5: 277-282, 1973.

251. Webster, MJ, Webster, MN, Crawford, RE, and Gladden, LB. Effect of sodium bicarbonate ingestion on exhaustive resistance exercise performance. *Med Sci Sports Exerc* 25:960-965, 1993.

252. Welle, S, Jozefowicz, R, Forbes, G, and Griggs, RC. Effect of testosterone on metabolic rate and body composition in normal men and men with muscular dystrophy. *J Clin Endocrinol Metab* 74: 332-335, 1992.

253. Wiles, JD, Bird, SR, Hopkins, J, and Riley, M. Effect of caffeinated coffee on running speed, respiratory factors, blood lactate and perceived exertion during 1500-m treadmill running. *Br J Sports Med* 26:116-120, 1992.

254. Williams, AD, Cribb, PJ, Cooke, MB, and Hayes, A. The effect of ephedra and caffeine on maximal strength and power in resistance-trained athletes. *J Strength Cond Res* 22:464-470, 2008.

255. Willoughby, DS, and Rosene, J. Effects of oral creatine and resistance training on myosin heavy chain expression. *Med Sci Sports Exerc* 33:1674-1681, 2001.

256. Wilson, J. Androgen abuse by athletes. *Endocr Rev* 9:181-199, 1988.

257. Wilson, JM, Lowery, RP, Joy, JM, Andersen, JC, Wilson, SM, Stout, JR, Duncan, N, Fuller, JC, Baier, SM, Naimo, MA, and Rathmacher, J. The effects of 12 weeks of beta-hydroxy-beta-methylbutyrate free acid supplementation on muscle mass, strength, and power in resistance-trained individuals: A randomized, double-blind, placebo-controlled study. *Eur J Appl Physiol* 114:1217-1227, 2014.

258. Windsor, RE, and Dumitru, D. Anabolic steroid use by athletes. How serious are the health hazards? *Postgrad Med* 84:37-38, 41-43, 47-49, 1988.

259. Zoeller, RF, Stout, JR, O'Kroy, JA, Torok, DJ, and Mielke, M. Effects of 28 days of beta-alanine and creatine monohydrate supplementation on aerobic power, ventilatory and lactate thresholds, and time to exhaustion. *Amino Acids* 33:505-510, 2007.

第 12 章 测试选择与实施的原则

1. Anastasi, A. *Psychological Testing.* 7th ed. Upper Saddle River, NJ: Prentice Hall, 113-139, 1997.

2. Baumgartner, TA, and Jackson, AS. *Measurement for Evaluation in Physical Education and Exercise Science.* 8th ed. Madison, WI: Brown & Benchmark, 69-107, 2007.

3. Ben Abdelkrim, N, Castagna, C, Jabri, I, Battikh, T, El Fazaa, S, and El Ati, J. Activity profile and physiological requirements of junior elite basketball players in relation to aerobic-anaerobic fitness. *J Strength Cond Res* 24:2330-2342, 2010.

4. Bergeron, MF, Bahr, R, Bartsch, P, Bourdon, L, Calbet, JA, Carlsen, KH, Castagna, O, Gonzalez-Alonso, J, Lundby, C, Maughan, RJ, Millet, G, Mountjoy, M, Racinais, S, Rasmussen, P, Singh, DG, Subudhi, AW, Young, AJ, Soligard, T, and Engebretsen, L. International Olympic Committee consensus statement on thermoregulatory and altitude challenges for high-level athletes. *Br J Sports Med* 46:770-779, 2012.

5. Bogdanis, GC, Nevill, ME, Boobis, LH, Lakomy, HK, and Nevill, AM. Recovery of power output and muscle metabolites following 30 s of maximal sprint cycling in man. *J Physiol* 482 (Pt 2):467-480, 1995.

6. Brukner, P, and Khan, K. *Clinical Sports Medicine.* 4th ed. New York: McGraw-Hill, 1142-1143, 2012.

7. Buchheit, M, and Laursen, PB. High-intensity interval training, solutions to the programming puzzle. Part II: Anaerobic energy, neuromuscular load and practical applications. *Sports Med* 43:927-954, 2013.

8. Chu, D, and Vermeil, A. The rationale for field testing. *NSCA J* 5:35-36, 1983.

9. Dawson, B, Goodman, C, Lawrence, S, Preen, D, Polglaze, T, Fitzsimons, M, and Fournier, P. Muscle phosphocreatine repletion following single and repeated short sprint efforts. *Scand J Med Sci Sports* 7:206-213, 1997.

10. Fox, EL, Bowers, RW, and Foss, ML. *The Physiological Basis for Exercise and Sport.* 5th ed.

Dubuque, IL: Brown, 338-340, 1993.

11. Fulco, CS, Rock, PB, and Cymerman, A. Maximal and submaximal exercise performance at altitude. *Aviat Space Environ Med* 69:793-801, 1998.
12. Gillam, GM, and Marks, M. 300 yard shuttle run. *NSCA J* 5:46, 1983.
13. Hayes, M, Castle, PC, Ross, EZ, and Maxwell, NS. The influence of hot humid and hot dry environments on intermittent-sprint exercise performance. *Int J Sports Physiol Perform* 9:387-396, 2014.
14. Heyward, VH. *Advanced Fitness Assessment and Exercise Prescription.* 7th ed. Champaign, IL: Human Kinetics, 47-78, 2014.
15. Hopkins, WG. Measures of reliability in sports medicine and science. *Sports Med* 30:1-15, 2000.
16. Joyce, D, and Lewindon, D. *High-Performance Training for Sports.* Champaign, IL: Human Kinetics, 3-5, 2014.
17. Kraning, KK, and Gonzalez, RR. A mechanistic computer simulation of human work in heat that accounts for physical and physiological effects of clothing, aerobic fitness, and progressive dehydration. *J Therm Biol* 22:331-342, 1997.
18. Larsen, GE, George, JD, Alexander, JL, Fellingham, GW, Aldana, SG, and Parcell, AC. Prediction of maximum oxygen consumption from walking, jogging, or running. *Res Q Exerc Sport* 73:66-72, 2002.
19. Matuszak, ME, Fry, AC, Weiss, LW, Ireland, TR, and McKnight, MM. Effect of rest interval length on repeated 1 repetition maximum back squats. *J Strength Cond Res* 17:634-637, 2003.
20. McArdle, WD, Katch, FI, and Katch, VL. *Exercise Physiology: Energy, Nutrition, and Human Performance.* 7th ed. Baltimore: Lippincott Williams & Wilkins, 648-661, 2007.
21. Messick, S. Validity. In *Educational Measurement,* Linn, R, ed. New York: Macmillan, 13-104, 1989.
22. Morrow, JR. *Measurement and Evaluation in Human Performance.* 4th ed. Champaign, IL: Human Kinetics, 102-108, 2011.
23. Narazaki, K, Berg, K, Stergiou, N, and Chen, B. Physiological demands of competitive basketball. *Scand J Med Sci Sports* 19:425-432, 2009.
24. Negrete, RJ, Hanney, WJ, Pabian, P, and Kolber, MJ. Upper body push and pull strength ratio in recreationally active adults. *Int J Sports Phys Ther* 8:138-144, 2013.
25. Newton, R, and Dugan, E. Application of strength diagnosis. *Strength Cond J* 24:50-59, 2002.
26. Parkin, JM, Carey, MF, Zhao, S, and Febbraio, MA. Effect of ambient temperature on human skeletal muscle metabolism during fatiguing submaximal exercise. *J Appl Physiol* 86:902-908, 1999.
27. Pescatello, LS, ed. *ACSM's Guidelines for Exercise Testing and Prescription.* 9th ed. Philadelphia: Wolters Kluwer Health/Lippincott Williams & Wilkins, 201-202, 216-223, 2014.
28. Ratamess, NA. *ACSM's Foundations of Strength Training and Conditioning.* Philadelphia: Lippincott Williams & Wilkins, 451-454, 2012.
29. Read, PJ, Hughes, J, Stewart, P, Chavda, S, Bishop, C, Edwards, M, and Turner, AN. A needs analysis and field-based testing battery for basketball. *J Strength Cond Res* 36:13-20, 2014.
30. Reilly, T, and Waterhouse, J. Sports performance: Is there evidence that the body clock plays a role? *Eur J Appl Physiol* 106:321-332, 2009.
31. Schuler, B, Thomsen, JJ, Gassmann, M, and Lundby, C. Timing the arrival at 2340 m altitude for aerobic performance. *Scand J Med Sci Sports* 17:588-594, 2007.
32. Sparks, SA, Cable, NT, Doran, DA, and Maclaren, DP. Influence of environmental temperature on duathlon performance. *Ergonomics* 48:1558-1567, 2005.
33. Turner, AN, and Stewart, PF. Repeat sprint ability. *Strength Cond J* 35:37-41, 2013.
34. Wisloff, U, Castagna, C, Helgerud, J, Jones, R, and Hoff, J. Strong correlation of maximal squat strength with sprint performance and vertical jump height in elite soccer players. *Br J Sports Med* 38:285-288, 2004.

第13章 选定测试的执行、评分与解释

1. Andersson, H, Raastad, T, Nilsson, J, Paulsen, G, Garthe, I, and Kadi, F. Neuromuscular fatigue and recovery in elite female soccer: Effects of active recovery. *Med Sci Sports Exerc* 40:372-380, 2008.
2. Arnason, A, Sigurdsson, SB, Gudmundsson, A, Holme, I, Engebretsen, L, and Bahr, R. Physical fitness, injuries, and team performance in soccer. *Med Sci Sports Exerc* 36:278-285, 2004.
3. Atkins, S, Hesketh, C, and Sinclair, J. The presence of bilateral imbalance of the lower limbs in elite youth soccer players of different ages. *J Strength Cond Res*, 2013.
4. Atkins, SJ. Performance of the Yo-Yo intermittent recovery test by elite professional and semiprofessional rugby league players. *J Strength Cond Res* 20:222-225, 2006.
5. Baker, D. 10-year changes in upper body strength and power in elite professional rugby league players: The effect of training age, stage, and content. *J Strength Cond Res* 27:285-292, 2013.

6. Baker, D, and Newton, RU. Discriminative analyses of various upper body tests in professional rugby-league players. *Int J Sports Physiol Perform* 1:347-360, 2006.

7. Baker, D, and Newton, RU. Comparison of lower body strength, power, acceleration, speed, agility, and sprint momentum to describe and compare playing rank among professional rugby league players. *J Strength Cond Res* 22:153-158, 2008.

8. Baker, DG, and Newton, RU. An analysis of the ratio and relationship between upper body pressing and pulling strength. *J Strength Cond Res* 18:594-598, 2004.

9. Bangsbo, J, Iaia, FM, and Krustrup, P. The Yo-Yo intermittent recovery test: A useful tool for evaluation of physical performance in intermittent sports. *Sports Med* 38:37-51, 2008.

10. Barr, MJ, and Nolte, VW. The importance of maximal leg strength for female athletes when performing drop jumps. *J Strength Cond Res* 28: 373-380, 2014.

11. Baumgartner, TA, and Jackson, AS. *Measurement for Evaluation in Physical Education and Exercise Science.* 8th ed. Madison, WI: Brown & Benchmark, 255-256, 2007.

12. Black, W, and Roundy, E. Comparisons of size, strength, speed, and power in NCAA Division 1-A football players. *J Strength Cond Res* 8:80-85, 1994.

13. Bradley, PS, Bendiksen, M, Dellal, A, Mohr, M, Wilkie, A, Datson, N, Orntoft, C, Zebis, M, Gomez-Diaz, A, Bangsbo, J, and Krustrup, P. The application of the Yo-Yo intermittent endurance level 2 test to elite female soccer populations. *Scand J Med Sci Sports* 24:43-54, 2014.

14. Bressel, E, Yonker, JC, Kras, J, and Heath, EM. Comparison of static and dynamic balance in female collegiate soccer, basketball, and gymnastics athletes. *J Athl Train* 42:42-46, 2007.

15. Burr, JF, Jamnik, RK, Baker, J, Macpherson, A, Gledhill, N, and McGuire, EJ. Relationship of physical fitness test results and hockey playing potential in elite-level ice hockey players. *J Strength Cond Res* 22:1535-1543, 2008.

16. Butler, RJ, Plisky, PJ, Southers, C, Scoma, C, and Kiesel, KB. Biomechanical analysis of the different classifications of the Functional Movement Screen deep squat test. *Sports Biomech* 9:270-279, 2010.

17. Castagna, C, and Castellini, E. Vertical jump performance in Italian male and female national team soccer players. *J Strength Cond Res* 27:1156-1161, 2013.

18. Church, JB. Basic statistics for the strength and conditioning professional. *Strength Cond J* 30:51-53, 2008.

19. Cohen, JA. *Statistical Power Analysis for the Behavioural Sciences.* Hillsdale, NJ: Erlbaum, 273-379, 1988.

20. Comfort, P, Graham-Smith, P, Matthews, MJ, and Bamber, C. Strength and power characteristics in English elite rugby league players. *J Strength Cond Res* 25:1374-1384, 2011.

21. Crewther, BT, McGuigan, MR, and Gill, ND. The ratio and allometric scaling of speed, power, and strength in elite male rugby union players. *J Strength Cond Res* 25:1968-1975, 2011.

22. Cullen, BD, Cregg, CJ, Kelly, DT, Hughes, SM, Daly, PG, and Moyna, NM. Fitness profiling of elite level adolescent Gaelic football players. *J Strength Cond Res* 27:2096-2103, 2013.

23. Davlin, CD. Dynamic balance in high level athletes. *Percept Mot Skills* 98:1171-1176, 2004.

24. Department of the Army. *Physical Fitness Training: Field Manual No. 21-20.* Washington, DC: Headquarters, Department of the Army, 1998.

25. Deprez, D, Coutts, AJ, Lenoir, M, Fransen, J, Pion, J, Philippaerts, R, and Vaeyens, R. Reliability and validity of the Yo-Yo intermittent recovery test level 1 in young soccer players. *J Sports Sci* 32:903-910, 2014.

26. Desgorces, FD, Berthelot, G, Dietrich, G, and Testa, MS. Local muscular endurance and prediction of 1 repetition maximum for bench in 4 athletic populations. *J Strength Cond Res* 24:394-400, 2010.

27. Driss, T, and Vandewalle, H. The measurement of maximal (anaerobic) power output on a cycle ergometer: A critical review. *Biomed Res Int* 2013: 589361, 2013.

28. Evans, EM, Rowe, DA, Misic, MM, Prior, BM, and Arngrímsson, SA. Skinfold prediction equation for athletes developed using a four-component model. *Med Sci Sports Exerc* 37:2006-2011, 2005.

29. Flanagan, E. The effect size statistic-applications for the strength and conditioning coach. *Strength Cond J* 35:37-40, 2013.

30. Fox, EL, Bowers, RW, and Foss, ML. *The Physiological Basis for Exercise and Sport.* 5th ed. Dubuque, IL: Brown, 676, 1993.

31. Fry, AC, and Kraemer, WJ. Physical performance characteristics of American collegiate football players. *J Appl Sport Sci Res* 5:126-138, 1991.

32. Fry, AC, Schilling, BK, Staron, RS, Hagerman, FC, Hikida, RS, and Thrush, JT. Muscle fiber characteristics and performance correlates of male Olympic-style weightlifters. *J Strength Cond Res* 17:746-754, 2003.

33. Gabbett, T, and Georgieff, B. Physiological and anthropometric characteristics of Australian junior national, state, and novice volleyball players. *J Strength Cond Res* 21:902-908, 2007.

34. Gabbett, T, Jenkins, D, and Abernethy, B. Relationships between physiological, anthropometric, and skill qualities and playing performance in professional rugby league players. *J Sports Sci* 29:1655-1664, 2011.

35. Gabbett, T, Kelly, J, and Pezet, T. Relationship between physical fitness and playing ability in rugby league players. *J Strength Cond Res* 21: 1126-1133, 2007.

36. Gabbett, T, Kelly, J, Ralph, S, and Driscoll, D. Physiological and anthropometric characteristics of junior elite and sub-elite rugby league players, with special reference to starters and non-starters. *J Sci Med Sport* 12:215-222, 2009.

37. Garcia-Lopez, J, Morante, JC, Ogueta-Alday, A, and Rodriguez-Marroyo, JA. The type of mat (Contact vs. Photocell) affects vertical jump height estimated from flight time. *J Strength Cond Res* 27:1162-1167, 2013.

38. Gillam, GM, and Marks, M. 300 yard shuttle run. *NSCA J* 5:46, 1983.

39. Gorostiaga, EM, Granados, C, Ibanez, J, Gonzalez-Badillo, JJ, and Izquierdo, M. Effects of an entire season on physical fitness changes in elite male handball players. *Med Sci Sports Exerc* 38:357-366, 2006.

40. Granados, C, Izquierdo, M, Ibanez, J, Ruesta, M, and Gorostiaga, EM. Effects of an entire season on physical fitness in elite female handball players. *Med Sci Sports Exerc* 40:351-361, 2008.

41. Gribble, PA, Hertel, J, and Plisky, P. Using the Star Excursion Balance Test to assess dynamic postural-control deficits and outcomes in lower extremity injury: A literature and systematic review. *J Athl Train* 47:339-357, 2012.

42. Haugen, TA, Tonnessen, E, and Seiler, S. Speed and countermovement-jump characteristics of elite female soccer players, 1995-2010. *Int J Sports Physiol Perform* 7:340-349, 2012.

43. Hertel, J, Braham, RA, Hale, SA, and Olmsted-Kramer, LC. Simplifying the star excursion balance test: Analyses of subjects with and without chronic ankle instability. *J Orthop Sports Phys Ther* 36:131-137, 2006.

44. Hetzler, RK, Stickley, CD, Lundquist, KM, and Kimura, IF. Reliability and accuracy of handheld stopwatches compared with electronic timing in measuring sprint performance. *J Strength Cond Res* 22:1969-1976, 2008.

45. Heyward, VH. *Advanced Fitness Assessment and Exercise Prescription*. Champaign, IL: Human Kinetics, 47-56, 222, 235-244, 2014.

46. Heyward, VH, and Stolarczyk, LM. *Applied Body Composition Assessment*. Champaign, IL: Human Kinetics, 106-134, 1996.

47. Hoffman, J. *Norms for Fitness, Performance, and Health*. Champaign, IL: Human Kinetics, 36-38, 55-58, 113, 2006.

48. Hoffman, JR, Ratamess, NA, Klatt, M, Faigenbaum, AD, Ross, RE, Tranchina, NM, McCurley, RC, Kang, J, and Kraemer, WJ. Comparison between different off-season resistance training programs in Division III American college football players. *J Strength Cond Res* 23:11-19, 2009.

49. Hoffman, JR, Ratamess, NA, Neese, KL, Ross, RE, Kang, J, Magrelli, JF, and Faigenbaum, AD. Physical performance characteristics in National Collegiate Athletic Association Division III champion female lacrosse athletes. *J Strength Cond Res* 23:1524-1529, 2009.

50. Hoffman, JR, Vazquez, J, Pichardo, N, and Tenenbaum, G. Anthropometric and performance comparisons in professional baseball players. *J Strength Cond Res* 23:2173-2178, 2009.

51. Hopkins, WG. Progressive statistics for studies in sports medicine and exercise science. *Med Sci Sports Exerc* 41:3-13, 2009.

52. Hrysomallis, C. Balance ability and athletic performance. *Sports Med* 41:221-232, 2011.

53. Hrysomallis, C. Injury incidence, risk factors and prevention in Australian rules football. *Sports Med* 43:339-354, 2013.

54. Iverson, GL, and Koehle, MS. Normative data for the balance error scoring system in adults. *Rehabil Res Pract* 2013:846418, 2013.

55. Jackson, AS, and Pollock, ML. Generalized equations for predicting body density of men. *Br J Nutr* 40:497-504, 1978.

56. Jackson, AS, Pollock, ML, and Gettman, LR. Intertester reliability of selected skinfold and circumference measurements and percent fat estimates. *Res Q* 49:546-551, 1978.

57. Jackson, AS, Pollock, ML, and Ward, A. Generalized equations for predicting body density of women. *Med Sci Sports Exerc* 12:175-181, 1980.

58. Krustrup, P, Bradley, PS, Christensen, JF, Castagna, C, Jackman, S, Connolly, L, Randers, MB, Mohr, M, and Bangsbo, J. The Yo-Yo IE2 Test: Physiological response for untrained men vs trained soccer players. *Med Sci Sports Exerc* 47, 100-108, 2015.

59. Krustrup, P, Zebis, M, Jensen, JM, and Mohr, M. Game-induced fatigue patterns in elite female

soccer. *J Strength Cond Res* 24:437-441, 2010.

60. Leger, L, and Boucher, R. An indirect continuous running multistage field test: The Université de Montréal track test. *Can J Appl Sport Sci* 5:77-84, 1990.
61. Leger, L, and Mercier, D. Gross energy cost of horizontal treadmill and track running. *Sports Med* 1:270-277, 1984.
62. Lloyd, RS, Oliver, JL, Hughes, MG, and Williams, CA. Reliability and validity of field-based measures of leg stiffness and reactive strength index in youths. *J Sports Sci* 27:1565-1573, 2009.
63. Magal, M, Smith, RT, Dyer, JJ, and Hoffman, JR. Seasonal variation in physical performance-related variables in male NCAA Division III soccer players. *J Strength Cond Res* 23:2555-2559, 2009.
64. Mann, JB, Stoner, JD, and Mayhew, JL. NFL-225 test to predict 1RM bench press in NCAA Division I football players. *J Strength Cond Res* 26:2623-2631, 2012.
65. McArdle, WD, Katch, FI, and Katch, VL. *Exercise Physiology: Energy, Nutrition, and Human Performance.* 8th ed. Baltimore: Lippincott Williams & Wilkins, 236-237, 749-752, 2015.
66. McCurdy, K, and Langford, G. The relationship between maximum unilateral squat strength and balance in young adult men and women. *J Sports Sci Med* 5:282-288, 2006.
67. McCurdy, K, Walker, JL, Langford, GA, Kutz, MR, Guerrero, JM, and McMillan, J. The relationship between kinematic determinants of jump and sprint performance in division I women soccer players. *J Strength Cond Res* 24:3200-3208, 2010.
68. McGill, SM, Andersen, JT, and Horne, AD. Predicting performance and injury resilience from movement quality and fitness scores in a basketball team over 2 years. *J Strength Cond Res* 26:1731-1739, 2012.
69. McGuigan, MR, Doyle, TL, Newton, M, Edwards, DJ, Nimphius, S, and Newton, RU. Eccentric utilization ratio: Effect of sport and phase of training. *J Strength Cond Res* 20:992-995, 2006.
70. McGuigan, MR, Sheppard, JM, Cormack, SJ, and Taylor, K. Strength and power assessment protocols. In *Physiological Tests for Elite Athletes.* Tanner, RK, and Gore, CJ, eds. Champaign, IL: Human Kinetics, 207-230, 2013.
71. McMaster, DT, Gill, N, Cronin, J, and McGuigan, M. A brief review of strength and ballistic assessment methodologies in sport. *Sports Med* 44:603-623, 2014.
72. Meir, R, Newton, R, Curtis, E, Fardell, M, and Butler, B. Physical fitness qualities of professional rugby league football players: Determination of positional differences. *J Strength Cond Res* 15:450-458, 2001.
73. Miller, T. *NSCA's Guide to Tests and Assessments.* Champaign, IL: Human Kinetics, 10-29, 193-199, 229-247, 295-315, 2012.
74. Mohr, M, Krustrup, P, and Bangsbo, J. Match performance of top-level soccer players with special reference to development of fatigue. *J Sports Sci* 21:519-528, 2003.
75. Moresi, MP, Bradshaw, EP, Greene, D, and Naughton, G. The assessment of adolescent female athletes using standing and reactive long jumps. *Sports Biomech* 10:73-84, 2011.
76. Mujika, I, Santisteban, J, Impellizzeri, FM, and Castagna, C. Fitness determinants of success in men's and women's football. *J Sports Sci* 27:107-114, 2009.
77. Newton, R, and Dugan, E. Application of strength diagnosis. *Strength Cond J* 24:50-59, 2002.
78. Nieman, DC. *Fitness and Sports Medicine.* 3rd ed. Palo Alto, CA: Bull, 504, 1995.
79. Nieman, DC. *Exercise Testing and Prescription: A Health-Related Approach.* 7th ed. New York: McGraw-Hill, 148-150, 2011.
80. Nimphius, S, McGuigan, MR, and Newton, RU. Relationship between strength, power, speed, and change of direction performance of female softball players. *J Strength Cond Res* 24:885-895, 2010.
81. Nimphius, S, McGuigan, MR, and Newton, RU. Changes in muscle architecture and performance during a competitive season in female softball players. *J Strength Cond Res* 26:2655-2666, 2012.
82. Oba, Y, Hetzler, RK, Stickley, CD, Tamura, K, Kimura, IF, and Heffernan, T. Allometric scaling of strength scores in NCAA Division IA football athletes. *J Strength Cond Res* 28:3330-3337, 2014.
83. Olmsted, LC, Carcia, CR, Hertel, J, and Shultz, SJ. Efficacy of the star excursion balance tests in detecting reach deficits in subjects with chronic ankle instability. *J Athl Train* 37:501-506, 2002.
84. Parchmann, CJ, and McBride, JM. Relationship between functional movement screen and athletic performance. *J Strength Cond Res* 25:3378-3384, 2011.
85. Parsonage, JR, Williams, RS, Rainer, P, McKeown, I, and Williams, MD. Assessment of conditioning-specific movement tasks and physical fitness measures in talent identified under 16-year-old rugby union players. *J Strength Cond Res* 28:1497-1506, 2014.
86. Pauole, K, Madole, K, Garhammer, J, Lacourse, M, and Rozenek, R. Reliability and validity of the t-test as a measure of agility, leg power, and leg speed

in college-aged men and women. *J Strength Cond Res* 14:443-450, 2000.

87. Pearson, SN, Cronin, JB, Hume, PA, and Slyfield, D. Kinematics and kinetics of the bench-press and bench-pull exercises in a strength-trained sporting population. *Sports Biomech* 8:245-254, 2009.
88. Pescatello, LS, ed. *ACSM's Guidelines for Exercise Testing and Prescription.* 9th ed. Philadelphia: Wolters Kluwer Health/Lippincott Williams & Wilkins, 62-109, 2014.
89. Ransdell, LB, and Murray, T. A physical profile of elite female ice hockey players from the USA. *J Strength Cond Res* 25:2358-2363, 2011.
90. Ratamess, NA. *ACSM's Foundations of Strength Training and Conditioning.* Philadelphia: Lippincott Williams & Wilkins, 451-486, 2012.
91. Reid, DD, and Sandland, RL. New lamps for old? *J Roy Statist Soc Ser C* 32:86-87, 1983.
92. Reilly, T, and Waterhouse, J. Sports performance: Is there evidence that the body clock plays a role? *Eur J Appl Physiol* 106:321-332, 2009.
93. Reiman, MP, and Mankse, R. *Functional Testing in Human Performance.* Champaign, IL: Human Kinetics, 108-109, 2009.
94. Rhea, MR. Determining the magnitude of treatment effects in strength training research through the use of the effect size. *J Strength Cond Res* 18:918-920, 2004.
95. Riemann, BL, Guskiewicz, KM, and Shields, EW. Relationship between clinical and forceplate measures of postural stability. *J Sport Rehabil* 8:71-82, 1999.
96. Sanchez-Medina, L, Gonzalez-Badillo, JJ, Perez, CE, and Pallares, JG. Velocity- and power-load relationships of the bench pull vs. bench press exercises. *Int J Sports Med* 35:209-216, 2014.
97. Sassi, RH, Dardouri, W, Yahmed, MH, Gmada, N, Mahfoudhi, ME, and Gharbi, Z. Relative and absolute reliability of a modified agility T-test and its relationship with vertical jump and straight sprint. *J Strength Cond Res* 23:1644-1651, 2009.
98. Schaal, M, Ransdell, LB, Simonson, SR, and Gao, Y. Physiologic performance test differences in female volleyball athletes by competition level and player position. *J Strength Cond Res* 27:1841-1850, 2013.
99. Sedano, S, Vaeyens, R, Philippaerts, RM, Redondo, JC, and Cuadrado, G. Anthropometric and anaerobic fitness profile of elite and non-elite female soccer players. *J Sports Med Phys Fitness* 49:387-394, 2009.
100. Semenick, D. The T-test. *NSCA J* 12:36-37, 1990.
101. Sheppard, JM, and Young, WB. Agility literature review: Classifications, training and testing. *J Sports Sci* 24:919-932, 2006.
102. Silvestre, R, West, C, Maresh, CM, and Kraemer, WJ. Body composition and physical performance in men's soccer: A study of a National Collegiate Athletic Association Division I team. *J Strength Cond Res* 20:177-183, 2006.
103. Slaughter, MH, Lohman, TG, Boileau, RA, Horswill, CA, Stillman, RJ, Van Loan, MD, and Bemben, DA. Skinfold equations for estimation of body fatness in children and youth. *Hum Biol* 60:709-723, 1988.
104. Sloan, AW, and Weir, JB. Nomograms for prediction of body density and total body fat from skinfold measurements. *J Appl Physiol* 28:221-222, 1970.
105. Spiteri, T, Nimphius, S, Hart, NH, Specos, C, Sheppard, JM, and Newton, RU. The contribution of strength characteristics to change of direction and agility performance in female basketball players. *J Strength Cond Res* 28:2415-2423, 2014.
106. Sporis, G, Jukic, I, Ostojic, SM, and Milanovic, D. Fitness profiling in soccer: Physical and physiologic characteristics of elite players. *J Strength Cond Res* 23:1947-1953, 2009.
107. Sporis, G, Ruzic, L, and Leko, G. The anaerobic endurance of elite soccer players improved after a high-intensity training intervention in the 8-week conditioning program. *J Strength Cond Res* 22: 559-566, 2008.
108. Stewart, PF, Turner, AN, and Miller, SC. Reliability, factorial validity, and interrelationships of five commonly used change of direction speed tests. *Scand J Med Sci Sports* 24:500-506, 2014.
109. Stockbrugger, BA, and Haennel, RG. Contributing factors to performance of a medicine ball explosive power test: A comparison between jump and nonjump athletes. *J Strength Cond Res* 17:768-774, 2003.
110. Thomas, JR, Nelson, JK, and Silverman, SJ. *Research Methods in Physical Activity.* 6th ed. Champaign, IL: Human Kinetics, 99-112, 2011.
111. Thorpe, JL, and Ebersole, KT. Unilateral balance performance in female collegiate soccer athletes. *J Strength Cond Res* 22:1429-1433, 2008.
112. Till, K, Cobley, S, O'Hara, J, Brightmore, A, Cooke, C, and Chapman, C. Using anthropometric and performance characteristics to predict selection in junior UK Rugby League players. *J Sci Med Sport* 14:264-269, 2011.
113. Till, K, Cobley, S, O'Hara, J, Morley, D, Chapman, C, and Cooke, C. Retrospective analysis of anthropometric and fitness characteristics associated with long-term career progression in Rugby

League. *J Sci Med Sport* 18:310-314, 2015.

114. Till, K, Tester, E, Jones, B, Emmonds, S, Fahey, J, and Cooke, C. Anthropometric and physical characteristics of English academy rugby league players. *J Strength Cond Res* 28:319-327, 2014.
115. Turner, AN, and Stewart, PF. Repeat sprint ability. *Strength Cond J* 35:37-41, 2013.
116. Vernillo, G, Silvestri, A, and Torre, AL. The yo-yo intermittent recovery test in junior basketball players according to performance level and age group. *J Strength Cond Res* 26:2490-2494, 2012.
117. Vescovi, JD, Brown, TD, and Murray, TM. Descriptive characteristics of NCAA Division I women lacrosse players. *J Sci Med Sport* 10:334-340, 2007.
118. Vescovi, JD, and McGuigan, MR. Relationships between sprinting, agility, and jump ability in female athletes. *J Sports Sci* 26:97-107, 2008.
119. Volek, JS, Ratamess, NA, Rubin, MR, Gomez, AL, French, DN, McGuigan, MM, Scheett, TP, Sharman, MJ, Hakkinen, K, and Kraemer, WJ. The effects of creatine supplementation on muscular performance and body composition responses to short-term resistance training overreaching. *Eur J Appl Physiol* 91:628-637, 2004.
120. Walklate, BM, O'Brien, BJ, Paton, CD, and Young, W. Supplementing regular training with short-duration sprint-agility training leads to a substantial increase in repeated sprint-agility performance with national level badminton players. *J Strength Cond Res* 23:1477-1481, 2009.
121. Whitehead, PN, Schilling, BK, Peterson, DD, and Weiss, LW. Possible new modalities for the Navy physical readiness test. *Mil Med* 177:1417-1425, 2012.
122. Whitmer, T, Fry, AC, Forsythe, C, Andre, MJ, Lane, MT, Hudy, A, and Honnold, D. Accuracy of a vertical jump contact mat for determining jump height and flight time. *J Strength Cond Res* 29:877-881, 2015.
123. Wisloff, U, Castagna, C, Helgerud, J, Jones, R, and Hoff, J. Strong correlation of maximal squat strength with sprint performance and vertical jump height in elite soccer players. *Br J Sports Med* 38:285-288, 2004.
124. Wisloff, U, Helgerud, J, and Hoff, J. Strength and endurance of elite soccer players. *Med Sci Sports Exerc* 30:462-467, 1998.
125. YMCA. *YMCA Fitness Testing and Assessment Manual.* Champaign, IL: Human Kinetics, 2000.
126. Young, W, Russell, A, Burge, P, Clarke, A, Cormack, S, and Stewart, G. The use of sprint tests for assessment of speed qualities of elite Australian rules footballers. *Int J Sports Physiol Perform* 3:199-206, 2008.
127. Young, WB, and Pryor, L. Relationship between pre-season anthropometric and fitness measures and indicators of playing performance in elite junior Australian Rules football. *J Sci Med Sport* 10:110-118, 2007.

第 14 章 准备活动与柔韧性训练

1. Andersen, JC. Stretching before and after exercise: Effect on muscle soreness and injury risk. *J Athl Train* 40:218-220, 2005.
2. Anthony, CP, and Kolthoff, NJ. *Textbook of Anatomy and Physiology.* 9th ed. St. Louis: Mosby, 1975.
3. Asmussen, E, Bonde-Peterson, F, and Jorgenson, K. Mechano-elastic properties of human muscles at different temperatures. *Acta Physiol Scand* 96:86-93, 1976.
4. Bandy, WD, and Irion, JM. The effect of time on static stretch on the flexibility of the hamstring muscles. *Phys Ther* 74:845-852, 1994.
5. Bandy, WD, Irion, JM, and Briggler, M. The effect of static stretch and dynamic range of motion training on the flexibility of the hamstring muscles. *J Orthop Sports Phys Ther* 27:295-300, 1998.
6. Bandy, WD, Irion, JM, and Briggler, M. The effect of time and frequency of static stretching on flexibility of the hamstring muscles. *Phys Ther* 77:1090-1096, 1997.
7. Behm, DG, Bambury, A, Cahill, F, and Power, K. Effect of acute static stretching on force, balance, reaction time, and movement time. *Med Sci Sports Exerc* 36:1397-1402, 2004.
8. Behm, DG, Button, DC, and Butt, JC. Factors affecting force loss with prolonged stretching. *Can J Appl Physiol* 26:261-272, 2001.
9. Bergh, U, and Ekblom, B. Influence of muscle temperature on maximal strength and power output in human muscle. *Acta Physiol Scand* 107:332-337, 1979.
10. Bishop, D. Warm-up. Potential mechanisms and the effects of passive warm-up on performance. *Sports Med* 33:439-454, 2003.
11. Bishop, D. Warm up II. Performance changes following active warm-up and how to structure the warm-up. *Sports Med* 33:483-498, 2003.
12. Blazevich, AJ, Cannavan, D, Waugh, CM, Fath, F, Miller, SC, and Kay, AD. Neuromuscular factors influencing the maximum stretch limit of the human plantar flexors. *J Appl Physiol* 113(9):1446-1455, 2012.
13. Brodowicz, GR, Welsh, R, and Wallis, J. Comparison of stretching with ice, stretching with heat, or stretching alone on hamstring flexibility. *J Athl Train* 31:324-327, 1996.

14. Burkett, LN, Phillips, WT, and Ziuraitis, J. The best warm-up for the vertical jump in college-age athletic men. *J Strength Cond Res* 19:673-676, 2005.
15. Cherry, DB. Review of physical therapy alternatives for reducing muscle contracture. *Phys Ther* 60:877-881, 1980.
16. Church, JB, Wiggins, MS, Moode, FM, and Crist, R. Effect of warm-up and flexibility treatments on vertical jump performance. *J Strength Cond Res* 15:332-336, 2001.
17. Cipriani, D, Abel, B, and Pirrwitz, D. A comparison of two stretching protocols on hip range of motion: Implications for total daily stretch duration. *J Strength Cond Res* 17:274-278, 2003.
18. Condon, SM, and Hutton, RS. Soleus muscle electromyographic activity and ankle dorsiflexion range of motion during four stretching procedures. *Phys Ther* 67:24-30, 1987.
19. Cook, G. *Movement: Functional Movement Systems: Screening Assessment and Corrective Strategies.* Aptos, CA: On Target, 19, 2010.
20. Corbin, CB, Dowell, LJ, Lindsey, R, and Tolson, H. *Concepts in Physical Education.* Dubuque, IA: Brown, 1-320, 1978.
21. Cornelius, WJ. The effective way. *NSCA J* 7:62-64, 1985.
22. Cornelius, WJ, and Hinson, MM. The relationship between isometric contractions of hip extensors and subsequent flexibility in males. *Sports Med Phys Fitness* 20:75-80, 1980.
23. Cornwell, A, Nelson, AG, and Sidaway, B. Acute effects of stretching on the neuromechanical properties of the triceps surae muscle complex. *Eur J Appl Physiol* 86:428-434, 2002.
24. Covert, CA, Alexander, MP, Petronis, JJ, and Davis, DS. Comparison of ballistic and static stretching on hamstring muscle length using an equal stretching dose. *J Strength Cond Res* 24:3008-3014, 2010.
25. Cramer, JT, Housh, TJ, Coburn, JW, Beck, TW, and Johnson, GO. Acute effects of static stretching on maximal eccentric torque production in women. *J Strength Cond Res* 20:354-358, 2006.
26. Cramer, JT, Housh, TJ, Johnson, GO, Miller, JM, Coburn, JW, and Beck, TW. Acute effects of static stretching on peak torque in women. *J Strength Cond Res* 18:236-241, 2004.
27. Cramer, JT, Housh, TJ, Weir, JP, Johnson, GO, Coburn, JW, and Beck, TW. The acute effects of static stretching on peak torque, mean power output, electromyography, and mechanomyography. *Eur J Appl Physiol* 93:530-539, 2005.
28. Davis, DS, Ashby, PE, McCale, KL, McQuain, JA, and Wine, JM. The effectiveness of 3 stretching techniques on hamstring flexibility using consistent stretching parameters. *J Strength Cond Res* 19:27-32, 2005.
29. Depino, GM, Webright, WG, and Arnold, BL. Duration of maintained hamstring flexibility after cessation of an acute static stretching protocol. *J Athl Train* 35:56-59, 2000.
30. deVries, HA, and Housh, TJ. *Physiology of Exercise for Physical Education, Athletics and Exercise Science.* 5th ed. Dubuque, IA: Brown, 1995.
31. de Weijer, VC, Gorniak, GC, and Shamus, E. The effect of static stretch and warm-up exercise on hamstring length over the course of 24 hours. *J Orthop Sports Phys Ther* 33:727-733, 2003.
32. Earle, RW, and Baechle, TR, eds. *NSCA's Essentials of Personal Training.* Champaign, IL: Human Kinetics, 267-294, 2004.
33. Enoka, RM. *Neuromechanics of Human Movement.* 4th ed. Champaign, IL: Human Kinetics, 305-309, 2008.
34. Etnyre, BR, and Abraham, LD. Gains in range of ankle dorsiflexion using three popular stretching techniques. *Am J Phys Med* 65:189-196, 1986.
35. Evetovich, TK, Nauman, NJ, Conley, DS, and Todd, JB. Effect of static stretching of the biceps brachii on torque, electromyography, and mechanomyography during concentric isokinetic muscle actions. *J Strength Cond Res* 17:484-488, 2003.
36. Faigenbaum, AD, Bellucci, M, Bernieri, A, Bakker, B, and Hoorens, K. Acute effects of different warm-up protocols on fitness performance in children. *J Strength Cond Res* 19:376-381, 2005.
37. Fleck, SJ, and Kraemer, WJ. *Designing Resistance Training Programs.* 3rd ed. Champaign, IL: Human Kinetics, 142, 2004.
38. Fletcher, IM, and Jones, B. The effect of different warm-up stretch protocols on 20 meter sprint performance in trained rugby union players. *J Strength Cond Res* 18:885-888, 2004.
39. Flexibility: Roundtable. *NSCA J* 6:10-22, 71-73, 1984.
40. Fox, EL. *Sports Physiology.* Philadelphia: Saunders, 240-350, 1979.
41. Fradkin, AJ, Gabbe, BJ, and Cameron, PA. Does warming up prevent injury in sport? The evidence from randomised controlled trials. *J Sci Med Sport* 9:214-220, 2006.
42. Fradkin, AJ, Zazryn, TR, and Smoliga, JM. Effects of warming up on physical performance: A systematic review with meta analysis. *J Strength Cond Res* 24:140-148, 2010.
43. Funk, DC, Swank, AM, Mikla, BM, Fagan, TA, and

Farr, BK. Impact of prior exercise on hamstring flexibility: A comparison of proprioceptive neuromuscular facilitation and static stretching. *J Strength Cond Res* 17:489-492, 2003.

44. Getchell, B. *Physical Fitness: A Way of Life*. New York: Wiley, 1-53, 1979.
45. Gleim, GW, and McHugh, MP. Flexibility and its effects on sports injury and performance [review]. *Sports Med* 24:289-299, 1997.
46. Gremion, G. Is stretching for sports performance still useful? A review of the literature. *Rev Med Suisse* 27:1830-1834, 2005.
47. Hart, L. Effect of stretching on sport injury risk: A review. *Med Sci Sports Exerc* 36:371-378, 2004.
48. Hedrick, A. Dynamic flexibility training. *Strength Cond J* 22:33-38, 2000.
49. Hedrick, A. Flexibility, body-weight and stability ball exercises. In *NSCA's Essentials of Personal Training*. Earle, RW, and Baechle, TR, eds. Champaign, IL: Human Kinetics, 268-294, 2004.
50. Herbert, RD, and Gabriel, M. Effects of stretching before and after exercise on muscle soreness and risk of injury: A systematic review. *Br Med J* 325:468-470, 2002.
51. Hoffman, J. *Physiological Aspects of Sports Training and Performance*. Champaign, IL: Human Kinetics, 156, 2002.
52. Holland, GJ. The physiology of flexibility: A review of the literature. *Kinesthesiol Rev* 1:49-62, 1966.
53. Holt, LE, Travis, TM, and Okia, T. Comparative study of three stretching techniques. *Percept Mot Skills* 31:611-616, 1970.
54. Jeffreys, I. Warm-up revisited: The ramp method of optimizing warm-ups. *Prof Strength Cond* 6:12-18, 2007.
55. Johansson, PH, Lindstrom, L, Sundelin, G, and Lindstrom, B. The effects of pre-exercise stretching on muscular soreness, tenderness and force loss following heavy eccentric exercise. *Scand J Med Sci Sports* 9:219-225, 1999.
56. Kay, AD, and Blazevich, AJ. Effect of acute static stretching on maximal muscle performance: A systematic review. *Med Sci Sports Exerc* 44:154-164, 2012.
57. Knapik, JJ, Bauman, CL, and Jones, BH. Preseason strength and flexibility imbalances associated with athletic injuries in female collegiate athletes. *Am J Orthop Soc Sports Med* 19:76-81, 1991.
58. Knapik, JJ, Jones, BH, Bauman, CL, and Harris, JM. Strength, flexibility and athletic injuries. *Sports Med* 14:277-288, 1992.
59. Knudson, DV, Magnusson, P, and McHugh, M. Current issues in flexibility fitness. *Pres Counc Phys Fit Sports Res Dig* 3:1-6, 2000.
60. Leighton, JR. A study of the effect of progressive weight training on flexibility. *J Assoc Phys Ment Rehabil* 18:101, 1964.
61. Lund, H, Vestergaard-Poulsen, P, Kanstrup, IL, and Sejrsen, P. The effect of passive stretching on delayed onset muscle soreness, and other detrimental effects following eccentric exercise. *Scand J Med Sci Sports* 8:216-221, 1998.
62. Magnusson, SP, Simonsen, EB, Aagaard, P, Boesen, J, Johannsen, F, and Kjaer, M. Determinants of musculoskeletal flexibility: Viscoelastic properties, cross-sectional area, EMG and stretch tolerance. *Scand J Med Sci Sports* 7:195-202, 1997.
63. Mahieu, NN, McNair, P, De Muynck, M, Stevens, V, Blanckaert, I, Smits, N, and Witvrouw, E. Effect of static and ballistic stretching on the muscle-tendon tissue properties. *Med Sci Sports Exerc* 39:494-501, 2007.
64. Mann, DP, and Jones, MT. Guidelines to the implementation of a dynamic stretching program. *Strength Cond J* 21:53-55, 1999.
65. Marek, SM, Cramer, JT, Fincher, AL, Massey, LL, Dangelmaier, SM, Purkayastha, S, Fitz, KA, and Culbertson, JY. Acute effects of static and proprioceptive neuromuscular facilitation stretching on muscle strength and power output. *J Athl Train* 40:94-103, 2005.
66. Marshall, JL, Johanson, N, Wickiewicz, TL, Tishler, HM, Koslin, BL, Zeno, S, and Myers, A. Joint looseness: A function of the person and the joint. *Med Sci Sports Exerc* 12:189-194, 1980.
67. Massis, M. Flexibility: The missing link in the Power Jigsaw. *Prof Strength Cond* 14:16-19, 2009.
68. McArdle, WD, Katch, FI, and Katch, VL. *Exercise Physiology: Energy, Nutrition and Human Performance*. 6th ed. Baltimore: Lippincott Williams & Wilkins, 574-575, 2007.
69. McAtee, RE, and Charland, J. *Facilitated Stretching*. 3rd ed. Champaign, IL: Human Kinetics, 13-20, 2007.
70. McFarland, B. Developing maximum running speed. *NSCA J* 6:24-28, 1984.
71. McNeal, JR, and Sands, WA. Stretching for performance enhancement. *Curr Sports Med Rep* 5:141-146, 2006.
72. Moore, MA, and Hutton, RS. Electromyographic investigation of muscle stretching techniques. *Med Sci Sports Exerc* 12:322-329, 1980.
73. Nelson, AG, Kokkonen, J, and Arnall, DA. Acute muscle stretching inhibits muscle strength endurance performance. *J Strength Cond Res* 19:338-343, 2005.

74. Nelson, RT, and Bandy, WD. Eccentric training and static stretching improve hamstring flexibility of high school males. *J Athl Train* 39:254-258, 2004.

75. Pope, RP, Herbert, RD, Kirwan, JD, and Graham, BJ. A randomised trial of pre-exercise stretching for prevention of lower limb injury. *Med Sci Sports Exerc* 32:271-277, 2000.

76. Power, K, Behm, D, Cahill, F, Carroll, M, and Young, W. An acute bout of static stretching: Effects on force and jumping performance. *Med Sci Sports Exerc* 36:1389-1396, 2004.

77. Prentice, WE. A comparison of static stretching and PNF stretching for improving hip joint flexibility. *Athl Train* 18(1):56-59, 1983.

78. Riewald, S. Stretching the limits of knowledge on stretching. *Strength Cond J* 26:58-59, 2004.

79. Roberts, JM, and Wilson, K. Effect of stretching duration on active and passive range of motion in the lower extremity. *Br J Sports Med* 33:259-263, 1999.

80. Sady, SP, Wortman, M, and Blanket, D. Flexibility training: Ballistic, static or proprioceptive neuromuscular facilitation? *Arch Phys Med Rehabil* 63:261-263, 1992.

81. Safran, MR, Garrett, WE, Seaber, AV, Glisson, RR, and Ribbeck, BM. The role of warm-up in muscular injury prevention. *Am J Sports Med* 16:123-129, 1988.

82. Sands, WA. Flexibility. In *Strength and Conditioning: Biological Principles and Practical Applications.* Cardinale, M, Newton, R, and Nosaka, K, eds. Hoboken, NJ: Wiley, 389-398, 2011.

83. Shrier, I. Does stretching improve performance? A systematic and critical review of the literature [review]. *Clin J Sport Med* 14:267-273, 2004.

84. Shrier, I. Meta-analysis on pre-exercise stretching. *Med Sci Sports Exerc* 36:1832, 2004.

85. Shrier, I. Stretching before exercise: An evidence based approach. *Br J Sports Med* 34:324-325, 2000.

86. Shrier, I. Stretching before exercise does not reduce the risk of local muscle injury: A critical review of the clinical and basic science literature. *Clin J Sport Med* 9:221-227, 1999.

87. Simic, L, Sarabon, N, and Markovic, G. Does pre-exercise static stretching inhibit maximal muscular performance? A meta-analytical review. *Scand J Med Sci Sports* 23:131-148, 2013.

88. Tanigawa, MC. Comparison of the hold relax procedure and passive mobilization on increasing muscle length. *Phys Ther* 52:725-735, 1972.

89. Thacker, SB, Gilchrist, J, Stroup, DF, and Kimsey, CD, Jr. The impact of stretching on sports injury risk: A systematic review of the literature. *Med Sci Sports Exerc* 36:371-378, 2004.

90. Todd, T. Historical perspective: The myth of the muscle-bound lifter. *NSCA J* 6:37-41, 1985.

91. Voss, DE, Ionta, MK, and Myers, BJ. *Proprioceptive Neuromuscular Facilitation: Patterns and Techniques.* 3rd ed. Philadelphia: Harper & Row, 1-370, 1985.

92. Wallmann, HW, Mercer, JA, and McWhorter, JW. Surface electromyographic assessment of the effect of static stretching of the gastrocnemius on vertical jump performance. *J Strength Cond Res* 19:684-688, 2005.

93. Walter, SD, Figoni, SF, Andres, FF, and Brown, E. Training intensity and duration in flexibility. *Clin Kinesthesiol* 50:40-45, 1996.

94. Weiss, LW, Cureton, KJ, and Thompson, FN. Comparison of serum testosterone and androstenedione responses to weight lifting in men and women. *Eur J Appl Physiol* 50:413-419, 1983.

95. Wilmore, JH, Parr, RB, Girandola, RN, Ward, P, Vodak, PA, Barstow, TJ, Pipes, TV, Romero, GT, and Leslie, P. Physiological alterations consequent to circuit weight training. *Med Sci Sport* 10:79-84, 1978.

96. Winters, MV, Blake, CG, Trost, JS, Marcello-Brinker, TB, Lowe, LM, Garber, MB, and Wainner, RS. Passive versus active stretching of hip flexor muscles in subjects with limited hip extension: A randomized clinical trial. *Phys Ther* 84:800-807, 2004.

97. Witvrouw, E, Mahieu, N, Danneels, L, and McNair, P. Stretching and injury prevention: An obscure relationship. *Sports Med* 34:443-449, 2004.

98. Yamaguchi, T, and Ishii, K. Effects of static stretching for 30 seconds and dynamic stretching on leg extension power. *J Strength Cond Res* 19:677-683, 2005.

99. Young, WB, and Behm, DG. Effects of running, static stretching and practice jumps on explosive force production and jumping performance. *J Sports Med Phys Fitness* 43:21-27, 2003.

100. Young, WB, and Behm, DG. Should static stretching be used during a warm up for strength and power activities? *Strength Cond J* 24:33-37, 2002.

第15章 自由重量和器械训练技术

1. Bartelink, DL. The role of abdominal pressure in relieving the pressure on the lumbar intervertebral discs. *J Bone Joint Surg* 39B:718-725, 1957.

2. Bauer, JA, Fry, A, and Carter, C. The use of lumbar-supporting weight belts while performing squats:

Erector spinae electromyographic activity. *J Strength Cond Res* 13:384-388, 1999.

3. Hackett, DA, and Chow, C. The Valsalva maneuver: Its effect on intra-abdominal pressure and safety issues during resistance exercise. *J Strength Cond Res* 27:2338-2345, 2013.
4. Harman, EA, Rosenstein, RM, Frykman, PN, and Nigro, GA. Effects of a belt on intra-abdominal pressure during weight lifting. *Med Sci Sports Exerc* 21:186-190, 1989.
5. Herbert, L, and Miller, G. Newer heavy load lifting methods help firms reduce back injuries. *Occup Health Saf* (February):57-60, 1987.
6. Ikeda, ER, Borg, A, Brown, D, Malouf, J, Showers, KM, and Li, SL. The Valsalva maneuver revisited: The influence of voluntary breathing on isometric muscle strength. *J Strength Cond Res* 23:127-132, 2009.
7. Lander, JE, Hundley, JR, and Simonton, RL. The effectiveness of weight belts during multiple repetitions of the squat exercise. *Med Sci Sports Exerc* 24:603-609, 1992.
8. Morris, JM, Lucas, BD, and Bresler, B. Role of the trunk in stability of the spine. *J Bone Joint Surg* 43A:327-351, 1961.
9. Sogabe, A, Iwasaki, S, Gallager, PM, Edinger, S, and Fry, A. Influence of stance width on power production during the barbell squat. *J Strength Cond Res* 24(Suppl):1, 2010.
10. Tillaar, RVD, and Saeterbakken, A. The sticking region in three chest-press exercises with increasing degrees of freedom. *J Strength Cond Res* 26:2962-2969, 2012.

第 16 章 传统动作的变式训练和非传统器械训练的练习方法

1. Anderson, CE, Sforzo, GA, and Sigg, JA. The effects of combining elastic and free weight resistance on strength and power in athletes. *J Strength Cond Res* 22:567-574, 2008.
2. Anderson, K, and Behm, DG. Trunk muscle activity increases with unstable squat movements. *Can J Appl Physiol* 30:33-45, 2005.
3. Ariel, G. Variable resistance versus standard resistance training. *Scholastic Coach* 46:68-69, 74, 1976.
4. Baker, D. Using strength platforms for explosive performance. In *High Performance Training for Sports.* Joyce, D, and Lewindon, D, eds. Champaign, IL: Human Kinetics, 127-144, 2014.
5. Baker, D, and Newton, RU. Methods to increase the effectiveness of maximal power training for the upper body. *Strength Cond J* 27:24-32, 2005.
6. Baker, DG, and Newton, RU. Effect of kinetically altering a repetition via the use of chain resistance on velocity during the bench press. *J Strength Cond Res* 23:1941-1946, 2009.
7. Beardsley, C, and Contreras, B. The role of kettlebells in strength and conditioning: A review of the literature. *Strength Cond J* 36:64-70, 2014.
8. Behm, DG, Anderson, K, and Curnew, RS. Muscle force and activation under stable and unstable conditions. *J Strength Cond Res* 16:416-422, 2002.
9. Behm, DG, Drinkwater, EJ, Willardson, JM, and Cowley, PM. Canadian Society for Exercise Physiology position stand: The use of instability to train the core in athletic and nonathletic conditioning. *Appl Physiol Nutr Metab* 35:109-112, 2010.
10. Behm, DG, Drinkwater, EJ, Willardson, JM, and Cowley, PM. The use of instability to train the core musculature. *Appl Physiol Nutr Metab* 35:91-108, 2010.
11. Bennett, S. Using "Strongman" exercises in training. *Strength Cond J* 30:42-43, 2008.
12. Berning, JM, Adams, KJ, Climstein, M, and Stamford, BA. Metabolic demands of "junkyard" training: Pushing and pulling a motor vehicle. *J Strength Cond Res* 21:853-856, 2007.
13. Berning, JM, Coker, CA, and Adams, KJ. Using chains for strength and conditioning. *Strength Cond J* 26:80-84, 2004.
14. Berning, JM, Coker, CA, and Briggs, D. The biomechanical and perceptual influence of chain resistance on the performance of the Olympic clean. *J Strength Cond Res* 22:390-395, 2008.
15. Bobbert, MF, and Van Soest, AJ. Effects of muscle strengthening on vertical jump height: A simulation study. *Med Sci Sports Exerc* 26:1012-1020, 1994.
16. Bullock, JB, and Aipa, DMM. Coaching considerations for the tire flip. *Strength Cond J* 32:75-78, 2010.
17. Campbell, BI, and Otto, WHI. Should kettlebells be used in strength and conditioning? *Strength Cond J* 35:27-29, 2013.
18. Caraffa, A, Cerulli, G, Projetti, M, Aisa, G, and Rizzo, A. Prevention of anterior cruciate ligament injuries in soccer. A prospective controlled study of proprioceptive training. *Knee Surg Sports Traumatol Arthrosc* 4:19-21, 1996.
19. Cosio-Lima, LM, Reynolds, KL, Winter, C, Paolone, V, and Jones, MT. Effects of physioball and conventional floor exercises on early phase adaptations in back and abdominal core stability and balance in women. *J Strength Cond Res* 17:721-725, 2003.
20. Cotter, S. *Kettlebell Training.* Champaign, IL:

Human Kinetics, 1-24, 2014.

21. Cressey, EM, West, CA, Tiberio, DP, Kraemer, WJ, and Maresh, CM. The effects of ten weeks of lower-body unstable surface training on markers of athletic performance. *J Strength Cond Res* 21:561-567, 2007.
22. DeGarmo, R. University of Nebraska in-season resistance training for horizontal jumpers. *Strength Cond J* 22:23, 2000.
23. Drinkwater, EJ, Prichett, EJ, and Behm, DG. Effect of instability and resistance on unintentional squat-lifting kinetics. *Int J Sports Physiol Perform* 2:400-413, 2007.
24. Ebben, WP, and Jensen, RL. Electromyographic and kinetic analysis of traditional, chain, and elastic band squats. *J Strength Cond Res* 16:547-550, 2002.
25. Escamilla, RF, Zheng, N, Imamura, R, Macleod, TD, Edwards, WB, Hreljac, A, Fleisig, GS, Wilk, KE, Moorman, CT, 3rd, and Andrews, JR. Cruciate ligament force during the wall squat and the one-leg squat. *Med Sci Sports Exerc* 41:408-417, 2009.
26. Farrar, RE, Mayhew, JL, and Koch, AJ. Oxygen cost of kettlebell swings. *J Strength Cond Res* 24:1034-1036, 2010.
27. Findley, BW. Training with rubber bands. *Strength Cond J* 26:68-69, 2004.
28. Fitzgerald, GK, Axe, MJ, and Snyder-Mackler, L. The efficacy of perturbation training in nonoperative anterior cruciate ligament rehabilitation programs for physically active individuals. *Phys Ther* 80: 128-140, 2000.
29. Fleck, SJ, and Kraemer, WJ. *Designing Resistance Training Programs*. 4th ed. Champaign, IL: Human Kinetics, 15-61, 2014.
30. Frost, DM, Cronin, J, and Newton, RU. A biomechanical evaluation of resistance: Fundamental concepts for training and sports performance. *Sports Med* 40:303-326, 2010.
31. Grimm, NL, Shea, KG, Leaver, RW, Aoki, SK, and Carey, JL. Efficacy and degree of bias in knee injury prevention studies: A systematic review of RCTs. *Clin Orthop Relat Res* 471:308-316, 2013.
32. Hackett, DA, and Chow, CM. The Valsalva maneuver: Its effect on intra-abdominal pressure and safety issues during resistance exercise. *J Strength Cond Res* 27:2338-2345, 2013.
33. Haff, GG. Roundtable discussion: Machines versus free weights. *Strength Cond J* 22:18-30, 2000.
34. Hakkinen, K, Pastinen, UM, Karsikas, R, and Linnamo, V. Neuromuscular performance in voluntary bilateral and unilateral contraction and during electrical stimulation in men at different ages. *Eur J Appl Physiol Occup Physiol* 70:518-527, 1995.
35. Hamlyn, N, Behm, DG, and Young, WB. Trunk muscle activation during dynamic weight-training exercises and isometric instability activities. *J Strength Cond Res* 21:1108-1112, 2007.
36. Harman, E. Resistance training modes: A biomechanical perspective. *Strength Cond* 16:59-65, 1994.
37. Harrison, JS. Bodyweight training: A return to basics. *Strength Cond J* 32:52-55, 2010.
38. Harrison, JS, Schoenfeld, B, and Schoenfeld, ML. Applications of kettlebells in exercise program design. *Strength Cond J* 33:86-89, 2011.
39. Hedrick, A. Implement training. In *Conditioning for Strength and Human Performance.* Chandler, TJ, and Brown, LE, eds. Philadelphia: Lippincott Williams & Wilkins, 537-558, 2013.
40. Hulsey, CR, Soto, DT, Koch, AJ, and Mayhew, JL. Comparison of kettlebell swings and treadmill running at equivalent rating of perceived exertion values. *J Strength Cond Res* 26:1203-1207, 2012.
41. Israetel, MA, McBride, JM, Nuzzo, JL, Skinner, JW, and Dayne, AM. Kinetic and kinematic differences between squats performed with and without elastic bands. *J Strength Cond Res* 24:190-194, 2010.
42. Jakobi, JM, and Chilibeck, PD. Bilateral and unilateral contractions: Possible differences in maximal voluntary force. *Can J Appl Physiol* 26: 12-33, 2001.
43. Jay, K, Frisch, D, Hansen, K, Zebis, MK, Andersen, CH, Mortensen, OS, and Andersen, LL. Kettlebell training for musculoskeletal and cardiovascular health: A randomized controlled trial. *Scand J Work Environ Health* 37:196-203, 2011.
44. Keogh, JW, Payne, AL, Anderson, BB, and Atkins, PJ. A brief description of the biomechanics and physiology of a strongman event: The tire flip. *J Strength Cond Res* 24:1223-1228, 2010.
45. Kobayashi, Y, Kubo, J, Matsuo, A, Matsubayashi, T, Kobayashi, K, and Ishii, N. Bilateral asymmetry in joint torque during squat exercise performed by long jumpers. *J Strength Cond Res* 24:2826-2830, 2010.
46. Kozub, FM, and Voorhis, T. Using bands to create technique-specific resistance training for developing explosive power in wrestlers. *Strength Cond J* 34:92-95, 2012.
47. Lederman, E. The myth of core stability. *J Bodyw Mov Ther* 14:84-98, 2010.
48. Matthews, M, and Cohen, D. The modified

kettlebell swing. *Strength Cond J* 35:79-81, 2013.

49. McBride, JM, Cormie, P, and Deane, R. Isometric squat force output and muscle activity in stable and unstable conditions. *J Strength Cond Res* 20:915-918, 2006.
50. McCurdy, KW, Langford, GA, Doscher, MW, Wiley, LP, and Mallard, KG. The effects of short-term unilateral and bilateral lower-body resistance training on measures of strength and power. *J Strength Cond Res* 19:9-15, 2005.
51. McGill, SM, Cannon, J, and Andersen, JT. Analysis of pushing exercises: Muscle activity and spine load while contrasting techniques on stable surfaces with a labile suspension strap training system. *J Strength Cond Res* 28:105-116, 2014.
52. McGill, SM, and Marshall, LW. Kettlebell swing, snatch, and bottoms-up carry: Back and hip muscle activation, motion, and low back loads. *J Strength Cond Res* 26:16-27, 2012.
53. McGill, SM, McDermott, A, and Fenwick, CM. Comparison of different strongman events: Trunk muscle activation and lumbar spine motion, load, and stiffness. *J Strength Cond Res* 23:1148-1161, 2009.
54. McMaster, DT, Cronin, J, and McGuigan, M. Forms of variable resistance training. *Strength Cond J* 31:50-64, 2009.
55. McMaster, DT, Cronin, J, and McGuigan, MR. Quantification of rubber and chain-based resistance modes. *J Strength Cond Res* 24:2056-2064, 2010.
56. Moffroid, MT, Haugh, LD, Haig, AJ, Henry, SM, and Pope, MH. Endurance training of trunk extensor muscles. *Phys Ther* 73:10-17, 1993.
57. Morriss, CJ, Tolfrey, K, and Coppack, RJ. Effects of short-term isokinetic training on standing long-jump performance in untrained men. *J Strength Cond Res* 15:498-502, 2001.
58. Myer, GD, Ford, KR, and Hewett, TE. New method to identify athletes at high risk of ACL injury using clinic-based measurements and freeware computer analysis. *Br J Sports Med* 45: 238-244, 2011.
59. Myer, GD, Paterno, MV, Ford, KR, and Hewett, TE. Neuromuscular training techniques to target deficits before return to sport after anterior cruciate ligament reconstruction. *J Strength Cond Res* 22:987-1014, 2008.
60. Nuzzo, JL, McCaulley, GO, Cormie, P, Cavill, MJ, and McBride, JM. Trunk muscle activity during stability ball and free weight exercises. *J Strength Cond Res* 22:95-102, 2008.
61. Otto, WH, 3rd, Coburn, JW, Brown, LE, and Spiering, BA. Effects of weightlifting vs. kettlebell training on vertical jump, strength, and body composition. *J Strength Cond Res* 26:1199-1202, 2012.
62. Patterson, RM, Stegink Jansen, CW, Hogan, HA, and Nassif, MD. Material properties of Thera-Band Tubing. *Phys Ther* 81:1437-1445, 2001.
63. Pipes, TV. Variable resistance versus constant resistance strength training in adult males. *Eur J Appl Physiol* 39:27-35, 1978.
64. Ratamess, N. *ACSM's Foundations of Strength and Conditioning.* Philadelphia: Lippincott Williams & Wilkins, 229-253, 2012.
65. Reed, CA, Ford, KR, Myer, GD, and Hewett, TE. The effects of isolated and integrated "core stability" training on athletic performance measures: A systematic review. *Sports Med* 42: 697-706, 2012.
66. Santana, JC, and Fukuda, DH. Unconventional methods, techniques, and equipment for strength and conditioning in combat sports. *Strength Cond J* 33:64-70, 2011.
67. Santana, JC, Vera-Garcia, FJ, and McGill, SM. A kinetic and electromyographic comparison of the standing cable press and bench press. *J Strength Cond Res* 21:1271-1277, 2007.
68. Schoenfeld, BJ, and Contreras, BM. The long-lever posterior-tilt plank. *Strength Cond J* 35:98-99, 2013.
69. Simmons, LP. Chain reaction: Accomodating leverages. *Powerlifting USA* 19:2-3, 1996.
70. Simmons, LP. Bands and chains. *Powerlifting USA* 22:26-27, 1999.
71. Snarr, R, and Esco, MR. Push-up with knee tuck using a suspension device. *Strength Cond J* 35:30-32, 2013.
72. Snarr, RL, and Esco, MR. Electromyographic comparison of traditional and suspension push-ups. *J Hum Kinet* 39:75-83, 2013.
73. Stanton, R, Reaburn, PR, and Humphries, B. The effect of short-term Swiss ball training on core stability and running economy. *J Strength Cond Res* 18:522-528, 2004.
74. Stevenson, MW, Warpeha, JM, Dietz, CC, Giveans, RM, and Erdman, AG. Acute effects of elastic bands during the free-weight barbell back squat exercise on velocity, power, and force production. *J Strength Cond Res* 24:2944-2954, 2010.
75. Stone, MH, Plisk, S, and Collins, D. Training principles: Evaluation of modes and methods of resistance-training—a coaching perspective. *Sports Biomech* 1:79-104, 2002.
76. Thomas, JF, Larson, KL, Hollander, DB, and Kraemer, RR. Comparison of two-hand kettlebell exercise and graded treadmill walking:

Effectiveness as a stimulus for cardiorespiratory fitness. *J Strength Cond Res* 28:998-1006, 2014.

77. Tobin, DP. Advanced strength and power training for the elite athlete. *Strength Cond J* 36:59-65, 2014.
78. Tvrdy, D. The reverse side plank/bridge: An alternate exercise for core training. *Strength Cond J* 34:86-88, 2012.
79. Wallace, BJ, Winchester, JB, and McGuigan, MR. Effects of elastic bands on force and power characteristics during the back squat exercise. *J Strength Cond Res* 20:268-272, 2006.
80. Waller, M, Piper, T, and Townsend, R. Strongman events and strength and conditioning programs. *Strength Cond J* 25:44-52, 2003.
81. Willardson, JM. Core stability training: Applications to sports conditioning programs. *J Strength Cond Res* 21:979-985, 2007.
82. Willson, JD, Dougherty, CP, Ireland, ML, and Davis, IM. Core stability and its relationship to lower extremity function and injury. *J Am Acad Orthop Surg* 13:316-325, 2005.
83. Winwood, PW, Cronin, JB, Posthumus, LR, Finlayson, S, Gill, ND, and Keogh, JW. Strongman versus traditional resistance training effects on muscular function and performance. *J Strength Cond Res*, 2015. [e-pub ahead of print].
84. Winwood, PW, Keogh, JW, and Harris, NK. The strength and conditioning practices of strongman competitors. *J Strength Cond Res* 25:3118-3128, 2011.
85. Zatsiorsky, VM, and Kraemer, WJ. *Science and Practice of Strength Training.* 2nd ed. Champaign, IL: Human Kinetics, 109-136, 2006.
86. Zemke, B, and Wright, G. The use of strongman type implements and training to increase sport performance in collegiate athletes. *Strength Cond J* 33:1-7, 2011.

第17章　抗阻训练的计划设计

1. Anderson, T, and Kearney, JT. Muscular strength and absolute and relative endurance. *Res Q Exerc Sport* 53:1-7, 1982.
2. Baechle, TR, and Earle, RW. Learning how to manipulate training variables to maximize results. In *Weight Training: Steps to Success.* 4th ed. Champaign, IL: Human Kinetics, 177-188, 2011.
3. Baker, D, and Newton, RU. Acute effect of power output of alternating an agonist and antagonist muscle exercise during complex training. *J Strength Cond Res* 19(1):202-205, 2005.
4. Baker, D, Wilson, G, and Carlyon, R. Periodization: The effect on strength of manipulating volume and intensity. *J Strength Cond Res* 8:235-242, 1994.
5. Berger, RA. Comparative effects of three weight training programs. *Res Q* 34:396-398, 1963.
6. Berger, RA. Effect of varied weight training programs on strength. *Res Q* 33:168-181, 1962.
7. Berger, RA. Optimum repetitions for the development of strength. *Res Q* 33:334-338, 1962.
8. Bompa, TA, and Haff, GG. *Periodization: Theory and Methodology of Training.* 5th ed. Champaign, IL: Human Kinetics, 31-122, 259-286, 2009.
9. Chapman, PP, Whitehead, JR, and Binkert, RH. The 225-lb reps-to-fatigue test as a submaximal estimate of 1RM bench press performance in college football players. *J Strength Cond Res* 12(4):258-261, 1998.
10. Cormie, P, McBride, JM, and McCaulley, GO. The influence of body mass on calculation of power during lower-body resistance exercises. *J Strength Cond Res* 21(4):1042-1049, 2007.
11. Cormie, P, McCaulley, GO, Triplett, NT, and McBride, JM. Optimal loading for maximal power output during lower-body resistance exercises. *Med Sci Sports Exerc* 39(2):340-349, 2007.
12. Cormie, P, McBride, JM, and McCaulley, GO. Power-time, force-time, and velocity-time curve analysis during the jump squat: Impact of load. *J Appl Biomech* 24(2):112-120, 2008.
13. Craig, BW, Lucas, J, Pohlman, R, and Schilling, H. The effect of running, weightlifting and a combination of both on growth hormone release. *J Appl Sport Sci Res* 5(4):198-203, 1991.
14. DeLorme, TL. Restoration of muscle power by heavy-resistance exercises. *J Bone Joint Surg* 27:645, 1945.
15. DeLorme, TL, and Watkins, AL. Technics of progressive resistance exercise. *Arch Phys Med Rehabil* 29:263-273, 1948.
16. DeRenne, C, Hetzler, RK, Buxton, BP, and Ho, KW. Effects of training frequency on strength maintenance in pubescent baseball players. *J Strength Cond Res* 10:8-14, 1996.
17. Dudley, GA, Tesch, PA, Miller, BJ, and Buchanan, P. Importance of eccentric actions in performance adaptations to resistance training. *Aviat Space Environ Med* 62:543-550, 1991.
18. Earle, RW. Weight training exercise prescription. In *Essentials of Personal Training Symposium Workbook.* Lincoln, NE: NSCA Certification Commission, 3-39, 2006.
19. Edgerton, VR. Neuromuscular adaptation to power and endurance work. *Can J Appl Sport Sci* 1:49-58, 1976.
20. Fleck, SJ, and Kraemer, WJ. *Designing Resistance Training Programs.* 4th ed. Champaign, IL:

Human Kinetics, 1-62, 179-296, 2014.

21. Garhammer, J. A review of power output studies of Olympic and powerlifting: Methodology, performance prediction and evaluation tests. *J Strength Cond Res* 7(2):76-89, 1993.

22. Garhammer, J, and McLaughlin, T. Power output as a function of load variation in Olympic and power lifting [abstract]. *J Biomech* 13(2):198, 1980.

23. Gettman, LR, and Pollock, ML. Circuit weight training: A critical review of its physiological benefits. *Phys Sportsmed* 9:44-60, 1981.

24. Graves, JE, Pollock, ML, Leggett, SH, Braith, RW, Carpenter, DM, and Bishop, LE. Effect of reduced training frequency on muscular strength. *Int J Sports Med* 9:316-319, 1988.

25. Häkkinen, K. Factors affecting trainability of muscular strength during short-term and prolonged training. *NSCA J* 7(2):32-37, 1985.

26. Häkkinen, K. Neuromuscular responses in male and female athletes to two successive strength training sessions in one day. *J Sports Med Phys Fitness* 32:234-242, 1992.

27. Häkkinen, K, Pakarinen, A, Alén, M, Kauhanen, H, and Komi, PV. Daily hormonal and neuromuscular responses to intensive strength training in 1 week. *Int J Sports Med* 9:422-428, 1988.

28. Häkkinen, K, Pakarinen, A, Alén, M, Kauhanen, H, and Komi, PV. Neuromuscular and hormonal responses in elite athletes to two successive strength training sessions in one day. *Eur J Appl Physiol* 57:133-139, 1988.

29. Harman, E, and Frykman, P. CSCS coaches' school: Order of exercise: The multiple mini-circuit weight-training program. *NSCA J* 14(1):57-61, 1992.

30. Harman, E, Johnson, M, and Frykman, P. CSCS coaches' school: Program design: A movement-oriented approach to exercise prescription. *NSCA J* 14(1):47-54, 1992.

31. Hather, BM, Tesch, PA, Buchanan, P, and Dudley, GA. Influence of eccentric actions on skeletal muscle adaptations to resistance training. *Acta Physiol Scand* 143:177-185, 1992.

32. Hedrick, A. Training for hypertrophy. *Strength Cond* 17(3):22-29, 1995.

33. Herrick, AR, and Stone, MH. The effects of periodization versus progressive resistance exercise on upper and lower body strength in women. *J Strength Cond Res* 10(2):72-76, 1996.

34. Hickson, R, Rosenkoetter, MA, and Brown, MM. Strength training effects on aerobic power and short-term endurance. *Med Sci Sports Exerc* 12:336-339, 1980.

35. Hoeger, W, Barette, SL, Hale, DF, and Hopkins, DR. Relationship between repetitions and selected percentages of one repetition maximum. *J Appl Sport Sci Res* 1(1):11-13, 1987.

36. Hoeger, W, Hopkins, DR, Barette, SL, and Hale, DF. Relationship between repetitions and selected percentages of one repetition maximum: A comparison between untrained and trained males and females. *J Appl Sport Sci Res* 4:47-54, 1990.

37. Hoffman, JR, Kraemer, WJ, Fry, AC, Deschenes, M, and Kemp, M. The effects of self-selection for frequency of training in a winter conditioning program for football. *J Appl Sport Sci Res* 4:76-82, 1990.

38. Hoffman, JR, Maresh, CM, Armstrong, LE, and Kraemer, WJ. Effects of off-season and in-season resistance training programs on a collegiate male basketball team. *J Hum Muscle Perform* 1:48-55, 1991.

39. Hunter, GR. Changes in body composition, body build, and performance associated with different weight training frequencies in males and females. *NSCA J* 7(1):26-28, 1985.

40. Ikai, M, and Fukunaga, T. Calculation of muscle strength per unit cross-sectional area of human muscle by means of ultrasonic measurement. *Int Z Angew Physiol* 26:26-32, 1968.

41. Komi, PV. Neuromuscular performance: Factors influencing force and speed production. *Scand J Sports Sci* 1:2-15, 1979.

42. Kraemer, WJ. Endocrine responses and adaptations to strength and power training. In *The Encyclopaedia of Sports Medicine: Strength and Power in Sport*. 2nd ed. Komi, PV, ed. Malden, MA: Blackwell Scientific, 361-386, 2003.

43. Kraemer, WJ. Exercise prescription in weight training: A needs analysis. *NSCA J* 5(1):64-65, 1983.

44. Kraemer, WJ. A series of studies: The physiological basis for strength training in American football: Fact over philosophy. *J Strength Cond Res* 11(3):131-142, 1997.

45. Kraemer, WJ, and Koziris, LP. Muscle strength training: Techniques and considerations. *Phys Ther Pract* 2:54-68, 1992.

46. Kraemer, WJ, Newton, RU, Bush, J, Volek, J, Triplett, NT, and Koziris, LP. Varied multiple set resistance training program produces greater gain than single set program. *Med Sci Sports Exerc* 27:S195, 1995.

47. Kraemer, WJ, Noble, BJ, Clark, MJ, and Culver, BW. Physiologic responses to heavy resistance exercise with very short rest periods. *Int J Sports*

Med 8:247-252, 1987.

48. Kramer, JB, Stone, MH, O'Bryant, HS, Conley, MS, Johnson, RL, Nieman, DC, Honeycutt, DR, and Hoke, TP. Effects of single vs. multiple sets of weight training: Impact of volume, intensity, and variation. *J Strength Cond Res* 11(3):143-147, 1997.
49. Lander, J. Maximum based on reps. *NSCA J* 6(6):60-61, 1984.
50. Larson, GD, Jr., and Potteiger, JA. A comparison of three different rest intervals between multiple squat bouts. *J Strength Cond Res* 11(2):115-118, 1997.
51. LeSuer, DA, McCormick, JH, Mayhew, JL, Wasserstein, RL, and Arnold, MD. The accuracy of predicting equations for estimating 1RM performance in the bench press, squat, and deadlift. *J Strength Cond Res* 11(4):211-213, 1997.
52. Luthi, JM, Howald, H, Claassen, H, Rosler, K, Vock, P, and Hoppler, H. Structural changes in skeletal muscle tissue with heavy-resistance exercise. *Int J Sports Med* 7:123-127, 1986.
53. Marcinik, EJ, Potts, J, Schlabach, G, Will, S, Dawson, P, and Hurley, BF. Effects of strength training on lactate threshold and endurance performance. *Med Sci Sports Exerc* 23:739-743, 1991.
54. Mayhew, JL, Ball, TE, Arnold, ME, and Bowen, JC. Relative muscular endurance performance as a predictor of bench press strength in college men and women. *J Appl Sport Sci Res* 6(4):200-206, 1992.
55. Mayhew, JL, Ware, JS, Bemben, MG, Wilt, B, Ward, TE, Farris, B, Juraszek, J, and Slovak, JP. The NFL-225 test as a measure of bench press strength in college football players. *J Strength Cond Res* 13(2):130-134, 1999.
56. Mayhew, JL, Ware, JS, and Prinster, JL. Using lift repetitions to predict muscular strength in adolescent males. *NSCA J* 15(6):35-38, 1993.
57. McBride, JM, Triplett-McBride, T, Davie, A, and Newton, RU. The effect of heavy- vs. light-load jump squats on the development of strength, power, and speed. *J Strength Cond Res* 16(1):75-82, 2002.
58. McBride, JM, McCaulley, GO, Cormie, P, Nuzzo, JL, Cavill, MJ, and Triplett, NT. Comparison of methods to quantify volume during resistance exercise. *J Strength Cond Res* 23(1):106-110, 2009.
59. McBride, JM, Kirby, TJ, Haines, TL, and Skinner, J. Relationship between relative net vertical impulse and jump height in jump squats performed to various squat depths and with various loads. *Int J Sports Physiol Perform* 5(4):484-496, 2010.
60. McBride, JM, Skinner, JW, Schafer, PC, Haines, TL, and Kirby, TJ. Comparison of kinetic variables and muscle activity during a squat vs. a box squat. *J Strength Cond Res* 24(12):3195-3199, 2010.
61. McBride, JM, Haines, TL, and Kirby, TJ. Effect of loading on peak power of the bar, body, and system during power cleans, squats, and jump squats. *J Sports Sci* 29(11):1215-1221, 2011.
62. McBride, JM, and Snyder, JG. Mechanical efficiency force–time curve variation during repetitive jumping in trained and untrained jumpers. *Eur J Appl Physiol* 112(10):3469-3477, 2012.
63. McDonagh, MJN, and Davies, CTM. Adaptive response of mammalian skeletal muscle to exercise with high loads. *Eur J Appl Physiol* 52:139-155, 1984.
64. McGee, D, Jessee, TC, Stone, MH, and Blessing, D. Leg and hip endurance adaptations to three weight-training programs. *J Appl Sport Sci Res* 6:92-95, 1992.
65. Morales, J, and Sobonya, S. Use of submaximal repetition tests for predicting 1-RM strength in class athletes. *J Strength Cond Res* 10(3):186-189, 1996.
66. Newton, RU, and Kraemer, WJ. Developing explosive muscular power: Implications for a mixed methods training strategy. *NSCA J* 16(5):20-31, 1994.
67. Newton, RU, Kraemer, WJ, Häkkinen, K, Humphries, BJ, and Murphy, AJ. Kinematics, kinetics, and muscle activation during explosive upper body movements: Implications for power development. *J Appl Biomech* 12:31-43, 1996.
68. Nuzzo, JL, and McBride, JM. The effect of loading and unloading on muscle activity during the jump squat. *J Strength Cond Res* 27(7):1758-1764, 2013.
69. O'Bryant, HS, Byrd, R, and Stone, MH. Cycle ergometer performance and maximum leg and hip strength adaptations to two different methods of weight training. *J Appl Sport Sci Res* 2:27-30, 1988.
70. O'Shea, P. Effects of selected weight training programs on the development of strength and muscle hypertrophy. *Res Q* 37:95-102, 1966.
71. Ostrowski, KJ, Wilson, GJ, Weatherby, R, Murphy, PW, and Lyttle, AD. The effect of weight training volume on hormonal output and muscular size and function. *J Strength Cond Res* 11(3):148-154, 1997.
72. Pauletto, B. Choice and order of exercise. *NSCA J* 8(2):71-73, 1986.
73. Pauletto, B. Intensity. *NSCA J* 8(1):33-37, 1986.

74. Pauletto, B. Rest and recuperation. *NSCA J* 8(3):52-53, 1986.

75. Pauletto, B. Sets and repetitions. *NSCA J* 7(6):67-69, 1985.

76. Richardson, T. Program design: Circuit training with exercise machines. *NSCA J* 15(5):18-19, 1993.

77. Robinson, JM, Stone, MH, Johnson, RL, Penland, CM, Warren, BJ, and Lewis, RD. Effects of different weight training exercise/rest intervals on strength, power, and high intensity exercise endurance. *J Strength Cond Res* 9(4):216-221, 1995.

78. Roundtable: Circuit training. *NSCA J* 12(2):16-27, 1990.

79. Roundtable: Circuit training—part II. *NSCA J* 12(3):10-21, 1990.

80. Sale, DG, MacDougall, JD, Jacobs, I, and Garner, S. Interaction between concurrent strength and endurance training. *J Appl Physiol* 68:260-270, 1990.

81. Santa Maria, DL, Grzybinski, P, and Hatfield, B. Power as a function of load for a supine bench press exercise. *NSCA J* 6(6):58, 1984.

82. Sewall, LP, and Lander, JE. The effects of rest on maximal efforts in the squat and bench press. *J Appl Sport Sci Res* 5:96-99, 1991.

83. Sforzo, GA, and Touey, PR. Manipulating exercise order affects muscular performance during a resistance exercise training session. *J Strength Cond Res* 10(1):20-24, 1996.

84. Sobonya, S, and Morales, J. The use of maximal repetition test for prediction of 1 repetition maximum loads [abstract]. *Sports Med Train Rehabil* 4:154, 1993.

85. Staron, RS, Malicky, ES, Leonardi, MJ, Falkel, JE, Hagerman, FC, and Dudley, GA. Muscle hypertrophy and fast fiber type conversions in heavy resistance-trained women. *Eur J Appl Physiol Occup Physiol* 60:71-79, 1989.

86. Stone, MH, and O'Bryant, HS. *Weight Training: A Scientific Approach.* Minneapolis: Burgess, 104-190, 1987.

87. Stone, MH, O'Bryant, HS, Garhammer, J, McMillan, J, and Rozenek, R. A theoretical model of strength training. *NSCA J* 4(4):36-40, 1982.

88. Stone, MH, and Wilson, D. Resistive training and selected effects. *Med Clin N Am* 69:109-122, 1985.

89. Stowers, T, McMillan, J, Scala, D, Davis, V, Wilson, D, and Stone, MH. The short-term effects of three different strength-power training methods. *NSCA J* 5(3):24-27, 1983.

90. Tan, B. Manipulating resistance training program variables to optimize maximum strength in men. *J Strength Cond Res* 13(3):289-304, 1999.

91. Tesch, PA. Training for bodybuilding. In *The Encyclopaedia of Sports Medicine: Strength and Power in Sport.* 1st ed. Komi, PV, ed. Malden, MA: Blackwell Scientific, 370-380, 1992.

92. Tesch, PA, and Larson, L. Muscle hypertrophy in body builders. *Eur J Appl Physiol* 49:301-306, 1982.

93. Wagner, LL, Evans, SA, Weir, JP, Housh, TJ, and Johnson, GO. The effect of grip width on bench press performance. *Int J Sport Biomech* 8:1-10, 1992.

94. Ware, JS, Clemens, CT, Mayhew, JL, and Johnston, TJ. Muscular endurance repetitions to predict bench press and squat strength in college football players. *J Strength Cond Res* 9(2):99-103, 1995.

95. Weir, JP, Wagner, LL, and Housh, TJ. The effect of rest interval length on repeated maximal bench presses. *J Strength Cond Res* 8(1):58-60, 1994.

96. Weiss, L. The obtuse nature of muscular strength: The contribution of rest to its development and expression. *J Appl Sport Sci Res* 5(4):219-227, 1991.

97. Wilk, KE, Escamilla, RF, Fleisig, GS, Barrentine, SW, Andrews, JR, and Boyd, ML. A comparison of tibiofemoral joint forces and electromyographic activity during open and closed chain exercises. *Am J Sports Med* 24(4):518-527, 1996.

98. Wilk, KE, Yenchak, AJ, Arrigo, CA, and Andrews, JR. The advanced throwers ten exercise program: A new exercise series for enhanced dynamic shoulder control in the overhead throwing athlete. *Phys Sportsmed* 39:90-97, 2011.

99. Willoughby, DS. The effects of mesocycle-length weight training programs involving periodization and partially equated volumes on upper and lower body strength. *J Strength Cond Res* 7:2-8, 1993.

100. Wilson, G, Elliott, B, and Kerr, G. Bar path and force profile characteristics for maximal and submaximal loads in the bench press. *Int J Sport Biomech* 5:390-402, 1989.

第18章 快速伸缩复合训练的计划设计和技术

1. Albert, M. *Eccentric Muscle Training in Sports and Orthopaedics.* New York: Churchill Livingstone, 1995.

2. Allerheilegen, B, and Rogers, R. Plyometrics program design. *Strength Cond* 17:26-31, 1995.

3. Asmussen, E, and Bonde-Peterson, F. Storage of elastic energy in skeletal muscles in man. *Acta Physiol Scand* 91:385-392, 1974.

4. Aura, O, and Viitasalo, JT. Biomechanical characteristics of jumping. *Int J Sports Biomech*

5:89-97, 1989.

5. Bobbert, MF. Drop jumping as a training method for jumping ability. *Sports Med* 9:7-22, 1990.
6. Bobbert, MF, Gerritsen, KGM, Litjens, MCA, and Van Soest, AJ. Why is countermovement jump height greater than squat jump height? *Med Sci Sports Exerc* 28:1402-1412, 1996.
7. Borkowski, J. Prevention of pre-season muscle soreness: Plyometric exercise [abstract]. *Athl Train* 25:122, 1990.
8. Bosco, C, Ito, A, Komi, PV, Luhtanen, P, Rahkila, P, Rusko, H, and Viitasalo, JT. Neuromuscular function and mechanical efficiency of human leg extensor muscles during jumping exercises. *Acta Physiol Scand* 114:543-550, 1982.
9. Bosco, C, and Komi, PV. Potentiation of the mechanical behavior of the human skeletal muscle through prestretching. *Acta Physiol Scand* 106: 467-472, 1979.
10. Bosco, C, Komi, PV, and Ito, A. Prestretch potentiation of human skeletal muscle during ballistic movement. *Acta Physiol Scand* 111:135-140, 1981.
11. Bosco, C, Viitasalo, JT, Komi, PV, and Luhtanen, P. Combined effect of elastic energy and myoelectrical potentiation during stretch shortening cycle exercise. *Acta Physiol Scand* 114:557-565, 1982.
12. Cavagna, GA. Storage and utilization of elastic energy in skeletal muscle. In *Exercise and Sport Science Reviews,* vol. 5. Hutton, RS, ed. Santa Barbara, CA: Journal Affiliates, 80-129, 1977.
13. Cavagna, GA, Dusman, B, and Margaria, R. Positive work done by a previously stretched muscle. *J Appl Physiol* 24:21-32, 1968.
14. Cavagna, GA, Saibere, FP, and Margaria, R. Effect of negative work on the amount of positive work performed by an isolated muscle. *J Appl Physiol* 20:157-158, 1965.
15. Chambers, C, Noakes, TD, Lambert, EV, and Lambert, MI. Time course of recovery of vertical jump height and heart rate versus running speed after a 90-km foot race. *J Sports Sci* 16:645-651, 1998.
16. Chu, D. *Jumping Into Plyometrics.* 2nd ed. Champaign, IL: Human Kinetics, 1998
17. Chu, D, Faigenbaum, A, and Falkel, J. *Progressive Plyometrics for Kids.* Monterey, CA: Healthy Learning, 2006.
18. Chu, D, and Plummer, L. Jumping into plyometrics: The language of plyometrics. *NSCA J* 6:30-31, 1984.
19. Dillman, CJ, Fleisig, GS, and Andrews, JR. Biomechanics of pitching with emphasis upon shoulder kinematics. *J Orthop Sports Phys Ther* 18:402-408, 1993.
20. Dursenev, L, and Raeysky, L. Strength training for jumpers. *Soviet Sports Rev* 14:53-55, 1979.
21. Enoka, RM. *Neuromechanical Basis of Kinesiology.* 2nd ed. Champaign, IL: Human Kinetics, 1994.
22. Escamilla, RF, Fleisig, GS, Barrentine, SW, and Andrews, JR. Kinematic comparisons of throwing different types of baseball pitches. *J Appl Biomech* 14:1-23, 1998.
23. Feltner, M, and Dapena, J. Dynamics of the shoulder and elbow joints of the throwing arm during a baseball pitch. *Int J Sports Biomech* 2:235, 1986.
24. Fowler, NE, Lees, A, and Reilly, T. Changes in stature following plyometric drop-jump and pendulum exercises. *Ergonomics* 40:1279-1286, 1997.
25. Fowler, NE, Lees, A, and Reilly, T. Spinal shrinkage in unloaded and loaded drop-jumping. *Ergonomics* 37:133-139, 1994.
26. Gambetta, V. Plyometric training. *Track Field Q Rev* 80:56-57, 1978.
27. Guyton, AC, and Hall, JE. *Textbook of Medical Physiology.* 10th ed. Philadelphia: Saunders, 2000.
28. Halling, AH, Howard, ME, and Cawley, PW. Rehabilitation of anterior cruciate ligament injuries. *Clin Sports Med* 12:329-348, 1993.
29. Harman, EA, Rosenstein, MT, Frykman, PN, and Rosenstein, RM. The effects of arms and countermovement on vertical jumping. *Med Sci Sports Exerc* 22:825-833, 1990.
30. Hewett, TE, Stroupe, AL, Nance, TA, and Noyes, FR. Plyometric training in female athletes. *Am J Sports Med* 24:765-773, 1996.
31. Hill, AV. *First and Last Experiments in Muscle Mechanics.* Cambridge: Cambridge University Press, 1970.
32. Holcomb, WR, Kleiner, DM, and Chu, DA. Plyometrics: Considerations for safe and effective training. *Strength Cond* 20:36-39, 1998.
33. Kaeding, CC, and Whitehead, R. Musculoskeletal injuries in adolescents. *Prim Care* 25:211-223, 1998.
34. Karst, GM, and Willett, GM. Onset timing of electromyographic activity in the vastus medialis oblique and vastus lateralis muscles in subjects with and without patellofemoral pain syndrome. *Phys Ther* 75:813-823, 1995.
35. Kilani, HA, Palmer, SS, Adrian, MJ, and Gapsis, JJ. Block of the stretch reflex of vastus lateralis during vertical jump. *Hum Mov Sci* 8:247-269, 1989.

36. Knowlton, GC, and Britt, LP. Relation of height and age to reflex time [abstract]. *Am J Physiol* 159:576, 1949.

37. Korchemny, R. Evaluation of sprinters. *NSCA J* 7:38-42, 1985.

38. Kroll, W. Patellar reflex time and reflex latency under Jendrassik and crossed extensor facilitation. *Am J Phys Med* 47:292-301, 1968.

39. LaChance, P. Plyometric exercise. *Strength Cond* 17:16-23, 1995.

40. Lipp, EJ. Athletic physeal injury in children and adolescents. *Orthop Nurs* 17:17-22, 1998.

41. Luhtanen, P, and Komi, P. Mechanical factors influencing running speed. In *Biomechanics VI-B*. Asmussen, E, ed. Baltimore: University Park Press, 23-29, 1978.

42. Matthews, PBC. The knee jerk: Still an enigma? *Can J Physiol Pharm* 68:347-354, 1990.

43. Myer, GD, Paterno, MV, Ford, KR, and Hewett, TE. Neuromuscular training techniques to target deficits before return to sport after anterior cruciate ligament reconstruction. *J Strength Cond Res* 22:987-1014, 2008.

44. National Strength and Conditioning Association. Position statement: Explosive/plyometric exercises. *NSCA J* 15:16, 1993.

45. Newton, RU, Murphy, AJ, Humphries, BJ, Wilson, GJ, Kraemer, WJ, and Häkkinen, K. Influence of load and stretch shortening cycle on the kinematics, kinetics and muscle activation that occurs during explosive upper-body movements. *Eur J Appl Physiol* 75:333-342, 1997.

46. Pappas, AM, Zawacki, RM, and Sullivan, TJ. Biomechanics of baseball pitching: A preliminary report. *Am J Sports Med* 13:216-222, 1985.

47. Potach, DH, Katsavelis, D, Karst, GM, Latin, RW, and Stergiou, N. The effects of a plyometric training program on the latency time of the quadriceps femoris and gastrocnemius short-latency responses. *J Sports Med Phys Fitness* 49:35-43, 2009.

48. Radcliffe, JC, and Osternig, LR. Effects on performance of variable eccentric loads during depth jumps. *J Sport Rehabil* 4:31-41, 1995.

49. Stone, MH, and O'Bryant, HS. *Weight Training: A Scientific Approach*. Minneapolis: Burgess International, 1987.

50. Svantesson, U, Grimby, G, and Thomeé, R. Potentiation of concentric plantar flexion torque following eccentric and isometric muscle actions. *Acta Physiol Scand* 152:287-293, 1994.

51. Voight, ML, Draovitch, P, and Tippett, S. Plyometrics. In *Eccentric Muscle Training in Sports and Orthopaedics*. Albert, M, ed. New York: Churchill Livingstone, 61-88, 1995.

52. Wathen, D. Literature review: Plyometric exercise. *NSCA J* 15:17-19, 1993.

53. Wilk, KE, Voight, ML, Keirns, MA, Gambetta, V, Andrews, JR, and Dillman, CJ. Stretch-shortening drills for the upper extremities: Theory and clinical applications. *J Orthop Sports Phys Ther* 17:225-239, 1993.

54. Wilson, GJ, Murphy, AJ, and Giorgi, A. Weight and plyometric training: Effects on eccentric and concentric force production. *Can J Appl Physiol* 21:301-315, 1996.

55. Wilson, GJ, Newton, RU, Murphy, AJ, and Humphries, BJ. The optimal training load for the development of dynamic athletic performance. *Med Sci Sports Exerc* 25:1279-1286, 1993.

56. Wilt, F. Plyometrics: What it is and how it works. *Athl J* 55:76, 89-90, 1975.

第19章 速度与敏捷性训练的计划设计和技术

1. Aagaard, P, Simonsen, EB, Andersen, JL, Magnusson, P, and Dyhre-Poulsen, P. Increased rate of force development and neural drive of human skeletal muscle following resistance training. *J Appl Physiol* 93:1318-1326, 2002.

2. Alcaraz, PE, Palao, JM, and Elvira, JLL. Determining the optimal load for resisted sprint training with sled towing. *J Strength Cond Res* 23:480-485, 2009.

3. Alexander, RM. Mechanics of skeleton and tendons. In *Handbook of Physiology, Section 1: The Nervous System*. Brookhardt, JM, Mountcastle, VB, Brooks, VB, and Greiger, SR, eds. Bethesda, MD: American Physiological Society, 17-42, 1981.

4. Alexander, RM. *Principles of Animal Locomotion*. Princeton, NJ: Princeton University Press, 2003.

5. Angelozzi, M, Madama, M, Corsica, C, Calvisi, V, Properzi, G, McCaw, ST, and Cacchio, A. Rate of force development as an adjunctive outcome measure for return-to-sport decisions after anterior cruciate ligament reconstruction. *J Orthop Sports Phys Ther* 42:772-780, 2012.

6. Arabatzi, F, and Kellis, E. Olympic weightlifting training causes different knee muscle-coactivation adaptations compared with traditional weight training. *J Strength Cond Res* 26:2192-2201, 2012.

7. Åstrand, PO, Rodahl, K, Dahl, HA, and Stromme, SB. *Textbook of Work Physiology*. Champaign, IL: Human Kinetics, 2003.

8. Barnes, JL, Schilling, BK, Falvo, MJ, Weiss, LW, Creasy, AK, and Fry, AC. Relationship of jumping and agility performance in female volleyball athletes. *J Strength Cond Res* 21:1192-1196, 2007.

9. Biewener, AA. *Animal Locomotion*. Oxford:

Oxford University Press, 230-262, 2003.

10. Blickhan, R. The spring-mass model for running and hopping. *J Biomech* 22:1217-1227, 1989.
11. Bloomfield, J, Polman, R, O'Donoghue, P, and McNaughton, L. Effective speed and agility conditioning methodology for random intermittent dynamic type sports. *J Strength Cond Res* 21:1093-1100, 2007.
12. Bosquet, L, Berryman, N, and Dupuy, O. A comparison of 2 optical timing systems designed to measure flight time and contact time during jumping and hopping. *J Strength Cond Res* 23: 2660-2665, 2009.
13. Bundle, MW, Hoyt, RW, and Weyand, PG. High-speed running performance: A new approach to assessment and prediction. *J Appl Physiol* 95:1955-1962, 2003.
14. Burke, RE. Motor units: Anatomy, physiology, and functional organization. In *Handbook of Physiology, Section 1: The Nervous System.* Brookhart, JM, Mountcastle, VB, Brooks, VB, and Greiger, SR, eds. Bethesda, MD: American Physiological Society, 345-422, 1981.
15. Castillo-Rodríguez, A, Fernández-García, JC, Chinchilla-Minguet, JL, and Carnero, EÁ. Relationship between muscular strength and sprints with changes of direction. *J Strength Cond Res* 26: 725-732, 2012.
16. Chaouachi, A, Brughelli, M, Chamari, K, Levin, GT, Abdelkrim, NB, Laurencelle, L, and Castagna, C. Lower limb maximal dynamic strength and agility determinants in elite basketball players. *J Strength Cond Res* 23:1570-1577, 2009.
17. Clark, KP, and Weyand, PG. Are running speeds maximized with simple-spring stance mechanics? *J Appl Physiol* 117:604-615, 2014.
18. Comfort, P, Udall, R, and Jones, PA. The effect of loading on kinematic and kinetic variables during the midthigh clean pull. *J Strength Cond Res* 26: 1208-1214, 2012.
19. Cormie, P, McGuigan, MR, and Newton, RU. Influence of strength on magnitude and mechanisms of adaptation to power training. *Med Sci Sports Exerc* 42:1566-1581, 2010.
20. Cottle, CA, Carlson, LA, and Lawrence, MA. Effects of sled towing on sprint starts. *J Strength Cond Res* 28:1241-1245, 2014.
21. Dalleau, G, Belli, A, Bourdin, M, and Lacour, JR. The spring-mass model and the energy cost of treadmill running. *Eur J Appl Physiol Occup Physiol* 77:257-263, 1998.
22. DeWeese, BH, Grey, HS, Sams, ML, Scruggs, SK, and Serrano, AJ. Revising the definition of periodization: Merging historical principles with modern concern. *Olympic Coach* 24:5-19, Winter 2013.
23. DeWeese, BH, Sams, ML, and Serrano, AJ. Sliding toward Sochi—part 1: A review of programming tactics used during the 2010-2014 Quadrennial. *NSCA Coach* 1:30-43, 2014.
24. DeWeese, BH, Serrano, AJ, Scruggs, SK, and Burton, JK. The mid-thigh pull: Proper application and progressions of a weightlifting movement derivative. *Strength Cond J* 35:54-58, 2013.
25. Dietz, V. Neuronal control of functional movement. In *The Encyclopedia of Sports Medicine: Strength and Power in Sport.* Komi, PV, ed. Oxford: Blackwell Science, 11-26, 2003.
26. Dillman, CJ. Kinematic analyses of running. *Exerc Sport Sci Rev* 3:193-218, 1975.
27. Dutto, DJ, and Smith, GA. Changes in spring-mass characteristics during treadmill running to exhaustion. *Med Sci Sports Exerc* 34:1324-1331, 2002.
28. Enoka, RM. Eccentric contractions require unique activation strategies by the nervous system. *J Appl Physiol* 81:2339-2346, 1996.
29. Farley, CT, and Gonzalez, O. Leg stiffness and stride frequency in human running. *J Biomech* 29:181-186, 1996.
30. Fry, AC, Schilling, BK, Staron, RS, Hagerman, FC, Hikida, RS, and Thrush, JT. Muscle fiber characteristics and performance correlates of male Olympic-style weightlifters. *J Strength Cond Res* 17:746-754, 2003.
31. Gabbett, TJ, Kelly, JN, and Sheppard, JM. Speed, change of direction speed, and reactive agility of rugby league players. *J Strength Cond Res* 22:174-181, 2008.
32. Haff, GG, and Nimphius, S. Training principles for power. *Strength Cond J* 34:2-12, 2012.
33. Hakkinen, K. Neuromuscular adaptation during strength training, age, detraining, and immobilization. *Crit Rev Phys Rehabil Med* 6:161-198, 1994.
34. Häkkinen, K, and Komi, PV. Changes in electrical and mechanical behavior of leg extensor muscle during heavy resistance strength training. *Scand J Sport Sci* 7:55-64, 1985.
35. Hartmann, J, and Tunneemann, H. *Fitness and Strength Training.* Berlin: Sportverlag, 50-69, 1989.
36. Hawley, JA, ed. *Running.* Oxford: Blackwell Science, 28-43, 2000.
37. Hodgson, M, Docherty, D, and Robbins, D. Post-activation potentiation: Underlying physiology and implications for motor performance. *Sports Med* 35:585-595, 2005.
38. Houck, J. Muscle activation patterns of selected

lower extremity muscles during stepping and cutting tasks. *J Electromyogr Kinesiol* 13:545-554, 2003.

39. Houk, JC, and Rymer, WZ. Neural control of muscle length and tension. In *Handbook of Physiology, Section 1: The Nervous System.* Brookhart, JM, Mountcastle, VB, Brooks, VB, and Greiger, SR, eds. Bethesda, MD: American Physiological Society, 257-323, 1981.
40. Jakalski, K. The pros and cons of using resisted and assisted training methods with high school sprinters parachutes, tubing, and towing. *Track Coach,* 4585-4589, 1998.
41. Jones, P, Bampouras, T, and Marrin, K. An investigation into the physical determinants of change of direction speed. *J Sports Med Phys Fitness* 49:97-104, 2009.
42. Kawamori, N, Newton, RU, Hori, N, and Nosaka, K. Effects of weighted sled towing with heavy versus light load on sprint acceleration ability. *J Strength Cond Res* 28:2738-2745, 2014.
43. Komi, PV. Neuromuscular performance: Factors inflencing force and speed production. *Scand J Sport Sci* 1:2-15, 1979.
44. Komi, PV. Training of muscle strength and power: Interaction of neuromotoric, hypertrophic, and mechanical factors. *Int J Sports Med* 7 suppl 1:10-15, 1986.
45. Komi, PV. Stretch-shortening cycle. In *The Encyclopedia of Sports Medicine: Strength and Power in Sport.* Komi, PV, ed. Oxford: Blackwell Science, 184-202, 2003.
46. Komi, PV, and Nicol, C. Stretch-shortening cycle of muscle function. In *Biomechanics in Sport.* Zatsiorsky, VM, ed. Oxford: Blackwell Science, 87-102, 2000.
47. Kraemer, WJ, and Looney, D. Underlying mechanisms and physiology of muscular power. *Strength Cond J* 34:13-19, 2012.
48. Kyröläinen, H, Komi, PV, and Belli, A. Changes in muscle activity patterns and kinetics with increasing running speed. *J Strength Cond Res* 13:400-406, 1999.
49. Letzelter, M, Sauerwein, G, and Burger, R. Resistance runs in speed development. *Modern Coach and Athlete* 33:7-12, 1995.
50. Lloyd, RS, Read, P, Oliver, JL, Meyers, RW, Nimphius, S, and Jeffreys, I. Considerations for the development of agility during childhood and adolescence. *Strength Cond J* 35:2-11, 2013.
51. Lockie, RG, Murphy, AJ, and Spinks, CD. Effects of resisted sled towing on sprint kinematics in field sport athletes. *J Strength Cond Res* 17:760-767, 2003.
52. Mann, RV. *The Mechanics of Sprinting and Hurdling.* Lexington, KY: CreateSpace, 89-125, 2011.
53. Mann, RV, and Herman, J. Kinematic analysis of Olympic sprint performance: Men's 200 meters. *Int J Sports Biomech* 1:151-162, 1985.
54. Marshall, BM, Franklyn-Miller, AD, King, EA, Moran, KA, Strike, SC, and Falvey, EC. Biomechanical factors associated with time to complete a change of direction cutting maneuver. *J Strength Cond Res* 28:2845-2851, 2014.
55. Mero, A, and Komi, PV. Electromyographic activity in sprinting at speeds ranging from sub-maximal to supra-maximal. *Med Sci Sports Exerc* 19:266-274, 1987.
56. Moolyk, AN, Carey, JP, and Chiu, LZ. Characteristics of lower extremity work during the impact phase of jumping and weightlifting. *J Strength Cond Res* 27:3225-3232, 2013.
57. Naczk, M, Naczk, A, Brzenczek-Owczarzak, W, Arlet, J, and Adach, Z. Relationship between maximal rate of force development and maximal voluntary contractions. *Studies in Physical Culture and Tourism* 17:301-306, 2010.
58. Nimphius, S. Increasing agility. In *High-Performance Training for Sports.* Joyce, D, and Lewindon, D, eds. Champaign, IL: Human Kinetics, 185-198, 2014.
59. Nimphius, S, Geib, G, Spiteri, T, and Carlisle, D. "Change of direction deficit" measurement in Division I American football players. *Journal of Australian Strength and Conditioning* 21:115-117, 2013.
60. Nimphius, S, McGuigan, MR, and Newton, RU. Changes in muscle architecture and performance during a competitive season in female softball players. *J Strength Cond Res* 26:2655-2666, 2012.
61. Nimphius, S, Spiteri, T, Seitz, L, Haff, E, and Haff, G. Is there a pacing strategy during a 505 change of direction test in adolescents? *J Strength Cond Res* 27:S104-S105, 2013.
62. Paddon-Jones, D, Leveritt, M, Lonergan, A, and Abernethy, P. Adaptation to chronic eccentric exercise in humans: The influence of contraction velocity. *Eur J Appl Physiol* 85:466-471, 2001.
63. Pauole, K, Madole, K, Garhammer, J, Lacourse, M, and Rozenek, R. Reliability and validity of the T-test as a measure of agility, leg power, and leg speed in college-aged men and women. *J Strength Cond Res* 14:443-450, 2000.
64. Porter, JM, Nolan, RP, Ostrowski, EJ, and Wulf, G. Directing attention externally enhances agility performance: A qualitative and quantitative analysis of the efficacy of using verbal instructions to focus attention. *Front Psychol* 1:216, 2010.

65. Putnam, CA, and Kozey, JW. Substantive issues in running. In *Biomechanics of Sport*. Vaughn, CL, ed. Boca Raton, FL: CRC Press, 1-33, 1989.

66. Robbins, DW. Postactivation potentiation and its practical applicability: A brief review. *J Strength Cond Res* 19:453-458, 2005.

67. Ross, A, and Leveritt, M. Long-term metabolic and skeletal muscle adaptations to short-sprint training: Implications for sprint training and tapering. *Sports Med* 31:1063-1082, 2001.

68. Ross, A, Leveritt, M, and Riek, S. Neural influences on sprint running: Training adaptations and acute responses. *Sports Med* 31:409-425, 2001.

69. Sale, DG. Postactivation potentiation: Role in human performance. *Exerc Sport Sci Rev* 30:138-143, 2002.

70. Sasaki, S, Nagano, Y, Kaneko, S, Sakurai, T, and Fukubayashi, T. The relationship between performance and trunk movement during change of direction. *J Sports Sci Med* 10:112, 2011.

71. Schmidtbleicher, D. Strength training (part 1): Structural analysis of motor strength qualities and its application to training. *Sci Per Res Tech Sport: Phys Training/Strength* W-4:1-12, 1985.

72. Schmidtbleicher, D. Strength training (part 2): Structural analysis of motor strength qualities and its applications to training. *Sci Per Res Tech Sport: Phys Training/Strength* W-4:1-10, 1985.

73. Schmidtbleicher, D. Training for power events. In *The Encyclopaedia of Sports Medicine: Strength and Power in Sport*. Komi, PV, ed. Oxford, UK: Blackwell, 169-179, 1992.

74. Schmolinsky, G. *Track and Field: The East German Textbook of Athletics*. Toronto: Sports Book, 1993.

75. Serpell, BG, Young, WB, and Ford, M. Are the perceptual and decision-making components of agility trainable? A preliminary investigation. *J Strength Cond Res* 25:1240-1248, 2011.

76. Sheppard, J, Dawes, J, Jeffreys, I, Spiteri, T, and Nimphius, S. Broadening the view of agility: A scientific review of the literature. *Journal of Australian Strength and Conditioning* 22:6-25, 2014.

77. Sheppard, JM, and Young, W. Agility literature review: Classifications, training and testing. *J Sports Sci* 24:919-932, 2006.

78. Shimokochi, Y, Ide, D, Kokubu, M, and Nakaoji, T. Relationships among performance of lateral cutting maneuver from lateral sliding and hip extension and abduction motions, ground reaction force, and body center of mass height. *J Strength Cond Res* 27:1851-1860, 2013.

79. Sierer, SP, Battaglini, CL, Mihalik, JP, Shields, EW, and Tomasini, NT. The National Football League combine: Performance differences between drafted and nondrafted players entering the 2004 and 2005 drafts. *J Strength Cond Res* 22:6-12, 2008.

80. Siff, MC. *Supertraining*. Denver: Supertraining Institute, 267-284, 2003.

81. Spiteri, T, Cochrane, JL, Hart, NH, Haff, GG, and Nimphius, S. Effect of strength on plant foot kinetics and kinematics during a change of direction task. *Eur J Sport Sci* 13:646-652, 2013.

82. Spiteri, T, Cochrane, JL, and Nimphius, S. The evaluation of a new lower-body reaction time test. *J Strength Cond Res* 27:174-180, 2013.

83. Spiteri, T, Hart, NH, and Nimphius, S. Offensive and defensive agility: A sex comparison of lower body kinematics and ground reaction forces. *J Appl Biomech* 30:514-520, 2014.

84. Spiteri, T, and Nimphius, S. Relationship between timing variables and plant foot kinetics during change of direction movements. *Journal of Australian Strength and Conditioning* 21:73-77, 2013.

85. Spiteri, T, Nimphius, S, and Cochrane, JL. Comparison of running times during reactive offensive and defensive agility protocols. *Journal of Australian Strength and Conditioning* 20:73-78, 2012.

86. Spiteri, T, Nimphius, S, Hart, NH, Specos, C, Sheppard, JM, and Newton, RU. The contribution of strength characteristics to change of direction and agility performance in female basketball athletes. *J Strength Cond Res* 28:2415-2423, 2014.

87. Stone, M, Stone, M, and Sands, WA. *Principles and Practice of Resistance Training*. Champaign, IL: Human Kinetics, 45-62, 2007.

88. Stone, MH, O'Bryant, HS, McCoy, L, Coglianese, R, Lehmkuhl, M, and Schilling, B. Power and maximum strength relationships during performance of dynamic and static weighted jumps. *J Strength Cond Res* 17:140-147, 2003.

89. Stone, MH, Sanborn, K, O'Bryant, HS, Hartman, M, Stone, ME, Proulx, C, Ward, B, and Hruby, J. Maximum strength-power-performance relationships in collegiate throwers. *J Strength Cond Res* 17:739-745, 2003.

90. Vescovi, JD, and McGuigan, MR. Relationships between sprinting, agility, and jump ability in female athletes. *J Sports Sci* 26:97-107, 2008.

91. Vescovi, JD, Rupf, R, Brown, TD, and Marques, MC. Physical performance characteristics of high-level female soccer players 12-21 years of age. *Scand J Med Sci Sports* 21:670-678, 2011.

92. Weyand, PG, Bundle, MW, McGowan, CP, Grabowski, A, Brown, MB, Kram, R, and Herr, H. The fastest runner on artificial legs: Different

limbs, similar function? *J Appl Physiol* 107:903-911, 2009.

93. Weyand, PG, Sandell, RF, Prime, DN, and Bundle, MW. The biological limits to running speed are imposed from the ground up. *J Appl Physiol* 108:950-961, 2010.

94. Weyand, PG, Sternlight, DB, Bellizzi, MJ, and Wright, S. Faster top running speeds are achieved with greater ground forces not more rapid leg movements. *J Appl Physiol* 89:1991-1999, 2000.

95. Wood, GA. Biomechanical limitations to sprint running. In *Medicine and Sport Science.* Hebbelink, M, Shephard, RJ, Van Gheluwe, B, and Atha, J, eds. Basel: Karger, 58-71, 1987.

96. Young, WB. Transfer of strength and power training to sports performance. *Int J Sports Physiol Perform* 1:74-83, 2006.

97. Young, W, and Farrow, D. The importance of a sport-specific stimulus for training agility. *Strength Cond J* 35:39-43, 2013.

98. Young, W, Farrow, D, Pyne, D, McGregor, W, and Handke, T. Validity and reliability of agility tests in junior Australian football players. *J Strength Cond Res* 25:3399-3403, 2011.

99. Zatsiorsky, VM, and Kraemer, WJ. *Science and Practice of Strength Training.* Champaign, IL: Human Kinetics, 47-66, 2006.

第 20 章 有氧耐力训练的计划设计和技术

1. Åstrand, PO, Rodahl, K, Dahl, HA, and Stromme, SB. *Textbook of Work Physiology*. 4th ed. Champaign, IL: Human Kinetics, 242-243, 2003.

2. Banister, EW. Modeling elite athletic performance. In *Physiological Testing of the High-Performance Athlete*. 2nd ed. MacDougall, JD, Wenger, HA, and Green, HJ, eds. Champaign, IL: Human Kinetics, 403-424, 1991.

3. Beck, TW. Cardiovascular training methods. In *NSCA's Essentials of Personal Training*. 2nd ed. Coburn, JW, and Malek, MH, eds. Champaign, IL: Human Kinetics, 329-346, 2012.

4. Beneke, R. Anaerobic threshold, individual anaerobic threshold, and maximal lactate steady state in rowing. *Med Sci Sports Exerc* 27:863-867, 1995.

5. Boulay, MR, Simoneau, JA, Lortie, G, and Bouchard, C. Monitoring high-intensity endurance exercise with heart rate and thresholds. *Med Sci Sports Exerc* 29:125-132, 1997.

6. Boutcher, SH, Seip, RL, Hetzler, RK, Pierce, EF, Snead, D, and Weltman, A. The effects of specificity of training on rating of perceived exertion at the lactate threshold. *Eur J Appl Physiol Occup Physiol* 59:365-369, 1989.

7. Brooks, GA, and Mercier, J. Balance of carbohydrate and lipid utilization during exercise: The "crossover" concept. *J Appl Physiol* 76:2253-2261, 1994.

8. Buchheit, M, and Laursen, PB. High-intensity interval training, solutions to the programming puzzle. Part I: Cardiopulmonary emphasis. *Sports Med* 43:313-338, 2013.

9. Buchheit, M, and Laursen, PB. High-intensity interval training, solutions to the programming puzzle: Part II: Anaerobic energy, neuromuscular load and practical applications. *Sports Med* 43:927-954, 2013.

10. Burke, EJ. Physiological effects of similar training programs in males and females. *Res Q* 48:510-517, 1977.

11. Burke, ER, Cerny, F, Costill, D, and Fink, W. Characteristics of skeletal muscle in competitive cyclists. *Med Sci Sports Exerc* 9:109-112, 1977.

12. Cavanagh, PR, Pollock, ML, and Landa, J. Biomechanical comparison of elite and good distance runners. *Ann NY Acad Sci* 301:328-345, 1977.

13. Ceci, R, and Hassmén, P. Self-monitored exercise at three different RPE intensities in treadmill vs. field running. *Med Sci Sports Exerc* 23:732-738, 1991.

14. Conley, DL, and Krahenbuhl, GS. Running economy and distance running performance of highly trained athletes. *Med Sci Sports Exerc* 12:357-360, 1980.

15. Costill, DL. *Inside Running: Basics of Sports Physiology.* Indianapolis: Benchmark Press, 101-103, 117-118, 1986.

16. Costill, DL, Fink, WJ, and Pollock, ML. Muscle fiber composition and enzyme activities of elite distance runners. *Med Sci Sports Exerc* 8:96-100, 1976.

17. Costill, DL, King, R, Thomas, DC, and Hargreaves, M. Effects of reduced training on muscular power in swimmers. *Phys Sportsmed* 13:94-101, 1985.

18. Costill, DL, Thomas, R, Robergs, RA, Pascoe, D, Lambert, C, Barr, S, and Fink, WJ. Adaptations to swimming training: Influence of training volume. *Med Sci Sports Exerc* 23:371-377, 1991.

19. Costill, DL, Thomason, H, and Roberts, E. Fractional utilization of the aerobic capacity during distance running. *Med Sci Sports Exerc* 5:248-252, 1973.

20. Coyle, EF, Coggan, AR, Hemmert, MK, and Ivy, JL. Muscle glycogen utilization during prolonged strenuous exercise when fed carbohydrate. *J Appl Physiol* 61:165-172, 1986.

21. Coyle, EF, Coggan, AR, Hopper, MK, and Walters, TJ. Determinants of endurance in well-trained cyclists. *J Appl Physiol* 64:2622-2630, 1988.

22. Coyle, EF, Feltner, ME, Kautz, SA, Hamilton,

MT, Montain, SJ, Baylor, AM, Abraham, LD, and Petrek, GW. Physiological and biomechanical factors associated with elite endurance cycling performance. *Med Sci Sports Exerc* 23:93-107, 1991.

23. Coyle, EF, Hagberg, JM, Hurley, BF, Martin, WH, Ehsani, AA, and Holloszy, JO. Carbohydrate feeding during prolonged strenuous exercise can delay fatigue. *J Appl Physiol* 55:230-235, 1983.
24. Daniels, J. Training distance runners—primer. *Gatorade Sports Science Exchange* 1:1-5, 1989.
25. Davidson, CJ, Pardyjak, ER, and Martin, JC. Training with power measurement: A new era in cycling training. *Strength Cond J* 25:28-29, 2003.
26. Dishman, RK, Patton, RW, Smith, J, Weinberg, R, and Jackson, A. Using perceived exertion to prescribe and monitor exercise training heart rate. *Int J Sports Med* 8:208-213, 1987.
27. Drinkwater, BL, and Horvath, SM. Detraining effects on young women. *Med Sci Sports* 4:91-95, 1972.
28. Dudley, GA, Abraham, WM, and Terjung, RL. Influence of exercise intensity and duration on biochemical adaptations in skeletal muscle. *J Appl Physiol* 53:844-850, 1982.
29. Ehsani, AA, Hagberg, JM, and Hickson, RC. Rapid changes in left ventricular dimensions and mass in response to physical conditioning and deconditioning. *Am J Cardiol* 42:52-56, 1978.
30. Epthorp, JA. Altitude training and its effects on performance: Systematic review. *J Aust Strength Cond* 22:78-88, 2014.
31. Farrell, PA, Wilmore, JH, Coyle, EF, Billing, JE, and Costill, DL. Plasma lactate accumulation and distance running performance. *Med Sci Sports Exerc* 11:338-344, 1979.
32. Foster, C, Daniels, JT, and Yarbrough, RA. Physiological and training correlates of marathon running performance. *Aust J Sports Med* 9:58-61, 1977.
33. Foster, C, Hector, LL, Welsh, R, Schrager, M, Green, MA, and Snyder, AC. Effects of specific versus cross-training on running performance. *Eur J Appl Physiol Occup Physiol* 70:367-372, 1995.
34. Foxdal, P, Sjödin, B, Sjödin, A, and Ostman, B. The validity and accuracy of blood lactate measurements for prediction of maximal endurance running capacity. Dependency of analyzed blood media in combination with different designs of the exercise test. *Int J Sports Med* 15:89-95, 1994.
35. Garber, CE, Blissmer, B, Deschenes, MR, Franklin, BA, Lamonte, MJ, Lee, IM, Nieman, DC, and Swain, DP. American College of Sports Medicine position stand. Quantity and quality of exercise for developing and maintaining cardiorespiratory, musculoskeletal, and neuromotor fitness in apparently healthy adults: Guidance for prescribing exercise. *Med Sci Sports Exerc* 43:1334-1359, 2011.
36. Gardner, AS, Stephens, S, Martin, DT, Lawton, E, Lee, H, and Jenkins, D. Accuracy of SRM and power tap power monitoring systems for bicycling. *Med Sci Sports Exerc* 36:1252-1258, 2004.
37. Gergley, TJ, McArdle, WD, DeJesus, P, Toner, MM, Jacobowitz, S, and Spina, RJ. Specificity of arm training on aerobic power during swimming and running. *Med Sci Sports Exerc* 16:349-354, 1984.
38. Gettman, LR, Pollock, ML, Durstine, JL, Ward, A, Ayres, J, and Linnerud, AC. Physiological responses of men to 1, 3, and 5 day per week training programs. *Res Q* 47:638-646, 1976.
39. Glass, SC, Knowlton, RG, and Becque, MD. Accuracy of RPE from graded exercise to establish exercise training intensity. *Med Sci Sports Exerc* 24:1303-1307, 1992.
40. Gollnick, PD. Metabolism of substrates: Energy substrate metabolism during exercise and as modified by training. *Fed Proc* 44:353-357, 1985.
41. Haddad, M, Padulo, J, and Chamari, K. The usefulness of session rating of perceived exertion for monitoring training load despite several influences on perceived exertion. *Int J Sport Physiol Perform* 9:882-883, 2014.
42. Hagerman, PS. Aerobic endurance training program design. In *NSCA's Essentials of Personal Training*. 2nd ed. Coburn, JW, and Malek, MH, eds. Champaign, IL: Human Kinetics, 389-410, 2012.
43. Hansen, AK, Fischer, CP, Plomgaard, P, Andersen, JL, Saltin, B, and Pedersen, BK. Skeletal muscle adaptation: Training twice every second day vs. training once daily. *J Appl Physiol* 98:93-99, 2005.
44. Hermansen, L, Hultman, E, and Saltin, B. Muscle glycogen during prolonged severe exercise. *Acta Physiol Scand* 71:129-139, 1967.
45. Hickson, RC, Dvorak, BA, Gorostiaga, EM, Kurowski, TT, and Foster, C. Potential for strength and endurance training to amplify endurance performance. *J Appl Physiol* 65:2285-2290, 1988.
46. Hickson, RC, and Rosenkoetter, MA. Reduced training frequencies and maintenance of increased aerobic power. *Med Sci Sports Exerc* 13:13-16, 1981.
47. Holloszy, JO, and Booth, FW. Biochemical adaptations to endurance exercise in muscle. *Annu Rev Physiol* 38:273-291, 1976.
48. Holloszy, JO, and Coyle, EF. Adaptations of skeletal muscle to endurance exercise and their metabolic consequences. *J Appl Physiol* 56:831-838, 1984.

49. Hootman, JM, Macera, CA, Ainsworth, BE, Martin, M, Addy, CL, and Blair, SN. Association among physical activity level, cardiorespiratory fitness, and risk of musculoskeletal injury. *Am J Epidemiol* 154:251-258, 2001.

50. Hoppeler, H. Exercise-induced ultrastructural changes in skeletal muscle. *Int J Sports Med* 7: 187-204, 1986.

51. Humberstone-Gough, CE, Saunders, PU, Bonetti, DL, Stephens, S, Bullock, N, Anson, JM, and Gore, CJ. Comparison of live high: train low altitude and intermittent hypoxic exposure. *J Sports Sci Med* 12:394-401, 2013.

52. Klausen, K, Andersen, LB, and Pelle, I. Adaptive changes in work capacity, skeletal muscle capillarization and enzyme levels during training and detraining. *Acta Physiol Scand* 113:9-16, 1981.

53. Kohrt, WM, Morgan, DW, Bates, B, and Skinner, JS. Physiological responses of triathletes to maximal swimming, cycling, and running. *Med Sci Sports Exerc* 19:51-55, 1987.

54. Lamb, DR. Basic principles for improving sport performance. *Gatorade Sports Science Exchange* 8: 1-5, 1995.

55. Laursen, PB, and Jenkins, DG. The scientific basis for high-intensity interval training: Optimising training programmes and maximising performance in highly trained endurance athletes. *Sports Med* 32:53-73, 2002.

56. Magel, JR, Foglia, GF, McArdle, WD, Gutin, B, Pechar, GS, and Katch, FI. Specificity of swim training on maximum oxygen uptake. *J Appl Physiol* 38:151-155, 1975.

57. Martin, JC, Milliken, DL, Cobb, JE, McFadden, KL, and Coggan, AR. Validation of a mathematical model for road cycling power. *J Appl Biomech* 14:276-291, 1998.

58. Matoba, H, and Gollnick, PD. Response of skeletal muscle to training. *Sports Med* 1:240-251, 1984.

59. Maughan, RJ. Physiology and biochemistry of middle distance and long distance running. In *Handbook of Sports Medicine and Science: Running*. Hawley, JA, ed. Oxford, UK: Blackwell Science, 14-27, 2000.

60. Maughan, RJ, and Leiper, JB. Aerobic capacity and fractional utilisation of aerobic capacity in elite and non-elite male and female marathon runners. *Eur J Appl Physiol Occup Physiol* 52:80-87, 1983.

61. McCole, SD, Claney, K, Conte, JC, Anderson, R, and Hagberg, JM. Energy expenditure during bicycling. *J Appl Physiol* 68:748-753, 1990.

62. Mikkola, J, Vesterinen, V, Taipale, R, Capostagno, B, Häkkinen, K, and Nummela, A. Effect of resistance training regimens on treadmill running and neuromuscular performance in recreational endurance runners. *J Sports Sci* 29:1359-1371, 2011.

63. Mujika, I, Padilla, S, Pyne, D, and Busso, T. Physiological changes associated with the pre-event taper in athletes. *Sports Med* 34:891-927, 2004.

64. Neary, JP, Martin, TP, Reid, DC, Burnham, R, and Quinney, HA. The effects of a reduced exercise duration taper programme on performance and muscle enzymes of endurance cyclists. *Eur J Appl Physiol Occup Physiol* 65:30-36, 1992.

65. O'Toole, ML, Douglas, PS, and Hiller, WDB. Use of heart rate monitors by endurance athletes: Lessons from triathletes. *J Sports Med Phys Fitness* 38:181-187, 1998.

66. Peacock, AJ. ABC of oxygen: Oxygen at high altitude. *Br Med J* 317:1063-1066, 1998.

67. Perrault, H. Cardiorespiratory function. In *Exercise and the Female: A Life Span Approach (Perspectives in Exercise Science and Sports Medicine series, vol. 9)*. Carmel, IN: Cooper Publishing Group, 147-214, 1996.

68. Pette, D. Historical perspectives: Plasticity of mammalian skeletal muscle. *J Appl Physiol* 90: 1119-1124, 2001.

69. Pollock, ML, Gettman, LR, Milesis, CA, Bah, MD, Durstine, L, and Johnson, RB. Effects of frequency and duration of training on attrition and incidence of injury. *Med Sci Sports Exerc* 9:31-36, 1977.

70. Potteiger, JA, and Evans, BW. Using heart rate and ratings of perceived exertion to monitor intensity in runners. *J Sport Med Phys Fit* 35:181-186, 1995.

71. Potteiger, JA, and Weber, SF. Rating of perceived exertion and heart rate as indicators of exercise intensity in different environmental temperatures. *Med Sci Sports Exerc* 26:791-796, 1994.

72. Powers, SK, and Howley, ET. *Exercise Physiology: Theory and Application to Fitness and Performance*. 8th ed. New York: McGraw-Hill, 283-284, 2011.

73. Saltin, B, Henriksson, J, Nygaard, E, Andersen, P, and Jansson, E. Fiber types and metabolic potentials of skeletal muscles in sedentary man and endurance runners. *Ann NY Acad Sci* 301:3-29, 1977.

74. Sharkey, BJ. Intensity and duration of training and the development of cardiorespiratory endurance. *Med Sci Sports Exerc* 2:197-202, 1970.

75. Shepley, B, MacDougall, JD, Cipriano, N, Sutton, JR, Tarnopolsky, MA, and Coates, G. Physiological effects of tapering in highly trained athletes. *J Appl Physiol* 72:706-711, 1992.

76. Short, KR, Vittone, JL, Bigelow, ML, Proctor,

DN, Coenen-Schimke, JM, Rys, P, and Nair, KS. Changes in myosin heavy chain mRNA and protein expression in human skeletal muscle with age and endurance exercise training. *J Appl Physiol* 99:95-102, 2005.

77. Svedenhag, J. Endurance conditioning. In *Endurance in Sport (Encyclopaedia of Sports Medicine Series)*. 2nd ed. Shephard, RJ, and Åstrand, PO, eds. London: Blackwell Science, 402-408, 2008.
78. Swain, DP, Coast, JR, Clifford, PS, Milliken, MC, and Stray-Gundersen, J. Influence of body size on oxygen consumption during bicycling. *J Appl Physiol* 62:668-672, 1987.
79. Thomas, L, Mujika, I, and Busso, T. A model study of optimal training reduction during pre-event taper in elite swimmers. *J Sports Sci* 26:643-652, 2008.
80. Troup, JP. The physiology and biomechanics of competitive swimming. *Clin Sports Med* 18:267-285, 1999.
81. Van Handel, PJ, Katz, A, Troup, JP, and Bradley, PW. Aerobic economy and competitive swim performance of U.S. elite swimmers. In *Swimming Science V.* Ungerechts, BE, Wilke, K, and Reischle, K, eds. Champaign, IL: Human Kinetics, 219-227, 1988.
82. Wells, CL, and Pate, RR. Training for performance of prolonged exercise. In *Perspectives in Exercise Science and Sports Medicine*. Lamb, DL, and Murray, R, eds. Indianapolis: Benchmark Press, 357-388, 1995.
83. Wenger, HA, and Bell, GJ. The interactions of intensity, frequency and duration of exercise training in altering cardiorespiratory fitness. *Sports Med* 3:346-356, 1986.
84. Wilber, RL. Application of altitude/hypoxic training by elite athletes. *Med Sci Sports Exerc* 39:1610-1624, 2007.
85. Wilber, RL, Moffatt, RJ, Scott, BE, Lee, DT, and Cucuzzo, NA. Influence of water run training on the maintenance of aerobic performance. *Med Sci Sports Exerc* 28:1056-1062, 1996.
86. Wyatt, FB. Physiological responses to attitude: A brief review. *J Exerc Physiol Online* 17:90-96, 2014.
87. Zupan, MF, and Petosa, PS. Aerobic and resistance cross-training for peak triathlon performance. *Strength Cond J* 17:7-12, 1995.

第21章 周期

1. Baker, D, Wilson, G, and Carlyon, R. Periodization: The effect on strength of manipulating volume and intensity. *J Strength Cond Res* 8:235-242, 1994.
2. Bompa, TO. Antrenamentul in perooda, pregatitoare. *Cuiet Pentre Sporturi Nautice* 3:22-24, 1956.
3. Bompa, TO, and Haff, GG. *Periodization: Theory and Methodology of Training*. Champaign, IL: Human Kinetics, 1-424, 2009.
4. Bondarchuk, AP. Track and field training. *Legkaya Atletika* 12:8-9, 1986.
5. Bondarchuk, AP. Constructing a training system. *Track Tech* 102:254-269, 1988.
6. Bondarchuk, AP. The role and sequence of using different training-load intensities. *Fit Sports Rev Inter* 29:202-204, 1994.
7. Bosquet, L, Montpetit, J, Arvisais, D, and Mujika, I. Effects of tapering on performance: A meta-analysis. *Med Sci Sports Exerc* 39:1358-1365, 2007.
8. Bradley-Popovich, GE, and Haff, GG. Nonlinear versus linear periodization models. *Strength Cond J* 23:42-44, 2001.
9. Bruin, G, Kuipers, H, Keizer, HA, and Vander Vusse, GJ. Adaptation and overtraining in horses subjected to increasing training loads. *J Appl Physiol* 76:1908-1913, 1994.
10. Buford, TW, Rossi, SJ, Smith, DB, and Warren, AJ. A comparison of periodization models during nine weeks with equated volume and intensity for strength. *J Strength Cond Res* 21:1245-1250, 2007.
11. Charniga, A, Gambetta, V, Kraemer, W, Newton, H, O'Bryant, HS, Palmieri, G, Pedemonte, J, Pfaff, D, and Stone, MH. Periodization: Part 1. *NSCA J* 8:12-22, 1986.
12. Charniga, A, Gambetta, V, Kraemer, W, Newton, H, O'Bryant, HS, Palmieri, G, Pedemonte, J, Pfaff, D, and Stone, MH. Periodization: Part 2. *NSCA J* 8:17-24, 1986.
13. Charniga, A, Gambetta, V, Kraemer, W, Newton, H, O'Bryant, HS, Palmieri, G, Pedemonte, J, Pfaff, D, and Stone, MH. Periodization: Part 3. *NSCA J* 9:16-26, 1987.
14. Chiu, LZF, and Barnes, JL. The fitness-fatigue model revististed: Implications for planning short- and long-term training. *NSCA J* 25:42-51, 2003.
15. Counsilman, JE, and Counsilman, BE. *The New Science of Swimming*. Englewood Cliffs, NJ: Prentice Hall, 229-244, 1994.
16. de Lima, C, Boullosa, DA, Frollini, AB, Donatto, FF, Leite, RD, Gonelli, PR, Montebello, MI, Prestes, J, and Cesar, MC. Linear and daily undulating resistance training periodizations have differential beneficial effects in young sedentary women. *Int J Sports Med* 33:723-727, 2012.
17. Edington, DW, and Edgerton, VR. *The Biology of Physical Activity.* Boston: Houghton Mifflin, 1-120, 1976.
18. Fleck, S, and Kraemer, WJ. *Designing Resistance*

Training Programs. 4th ed. Champaign, IL: Human Kinetics, 1-375, 2004.

19. Foster, C. Monitoring training in athletes with reference to overtraining syndrome. *Med Sci Sports Exerc* 30:1164-1168, 1998.
20. Fry, AC. The role of training intensity in resistance exercise overtraining and overreaching. In *Overtraining in Sport*. Kreider, RB, Fry, AC, and O'Toole, ML, eds. Champaign, IL: Human Kinetics, 107-127, 1998.
21. Garhammer, J. Periodization of strength training for athletes. *Track Tech* 73:2398-2399, 1979.
22. Haff, GG. Periodization of training. In *Conditioning for Strength and Human Performance*. 2nd ed. Brown, LE, and Chandler, J, eds. Philadelphia: Wolters-Kluwer/Lippincott Williams & Wilkins, 326-345, 2012.
23. Haff, GG. Peaking for competition in individual sports. In *High-Performance Training for Sports*. Joyce, D, and Lewindon, D, eds. Champaign, IL: Human Kinetics, 524-540, 2014.
24. Haff, GG. Periodization strategies for youth development. In *Strength and Conditioning for Young Athletes: Science and Application*. Lloyd, RS, and Oliver, JL, eds. London: Routledge, Taylor & Francis, 149-168, 2014.
25. Haff, GG. The essentials of periodization. In *Strength and Conditioning for Sports Performance*. Jeffreys, I, and Moody, J, eds. London: Routledge, Taylor & Francis, in press
26. Haff, GG, and Burgess, SJ. Resistance training for endurance sports. In *Developing Endurance*. Reuter, BH, ed. Champaign, IL: Human Kinetics, 135-180, 2012.
27. Haff, GG, and Haff, EE. Resistance training program design. In *Essentials of Periodization*. Malek, MH, and Coburn, JW, eds. Champaign, IL: Human Kinetics, 359-401, 2012.
28. Haff, GG, and Haff, EE. Training integration and periodization. In *Strength and Conditioning Program Design*. Hoffman, J, ed. Champaign, IL: Human Kinetics, 209-254, 2012.
29. Haff, GG, Kraemer, WJ, O'Bryant, HS, Pendlay, G, Plisk, S, and Stone, MH. Roundtable discussion: Periodization of training—part 1. *NSCA J* 26 (Pt 1):50-69, 2004.
30. Haff, GG, Kraemer, WJ, O'Bryant, HS, Pendlay, G, Plisk, S, and Stone, MH. Roundtable discussion: Periodization of training—part 2. *NSCA J* 26 (Pt 2):56-70, 2004.
31. Haff, GG, and Nimphius, S. Training principles for power. *Strength Cond J* 34:2-12, 2012.
32. Harre, D. Principles of athletic training. In *Principles of Sports Training: Introduction to the Theory and Methods of Training*. Harre, D, ed. Berlin: Sportverlag, 73-94, 1982.
33. Harre, D. *Principles of Sports Training*. Berlin: Sportverlag, 10-94, 1982.
34. Hartmann, H, Bob, A, Wirth, K, and Schmidtbleicher, D. Effects of different periodization models on rate of force development and power ability of the upper extremity. *J Strength Cond Res* 23:1921-1932, 2009.
35. Hoffman, JR, Ratamess, NA, Klatt, M, Faigenbaum, AD, Ross, RE, Tranchina, NM, McCurley, RC, Kang, J, and Kraemer, WJ. Comparison between different off-season resistance training programs in Division III American college football players. *J Strength Cond Res* 23:11-19, 2009.
36. Issurin, V. *Block Periodization: Breakthrough in Sports Training*. Muskegon, MI: Ultimate Athlete Concepts, 1-213, 2008.
37. Issurin, VB. New horizons for the methodology and physiology of training periodization. *Sports Med* 40:189-206, 2010.
38. Kawamori, N, Crum, AJ, Blumert, P, Kulik, J, Childers, J, Wood, J, Stone, MH, and Haff, GG. Influence of different relative intensities on power output during the hang power clean: Identification of the optimal load. *J Strength Cond Res* 19:698-708, 2005.
39. Kawamori, N, and Haff, GG. The optimal training load for the development of muscular power. *J Strength Cond Res* 18:675-684, 2004.
40. Komi, PV. Training of muscle strength and power: Interaction of neuromotoric, hypertrophic, and mechanical factors. *Int J Sports Med* 7:10-15, 1986.
41. Kraemer, WJ. A series of studies: The physiological basis for strength training in American football: Fact over philosophy. *J Strength Cond Res* 11:131-142, 1997.
42. Kraemer, WJ, and Fleck, SJ. *Optimizing Strength Training: Designing Nonlinear Periodization Workouts*. Champaign, IL: Human Kinetics, 1-245, 2007.
43. Matveyev, L. *Periodization of Sports Training*. Moscow: Fizkultura i Sport, 1965.
44. Matveyev, LP. *Fundamentals of Sports Training*. Moscow: Fizkultua i Sport, 86-298, 1977.
45. McNamara, JM, and Stearne, DJ. Flexible nonlinear periodization in a beginner college weight training class. *J Strength Cond Res* 24:17-22, 2010.
46. Meeusen, R, Duclos, M, Foster, C, Fry, A, Gleeson, M, Nieman, D, Raglin, J, Rietjens, G, Steinacker, J, and Urhausen, A. Prevention, diagnosis, and

treatment of the overtraining syndrome: Joint consensus statement of the European College of Sport Science and the American College of Sports Medicine. *Med Sci Sports Exerc* 45:186-205, 2013.

47. Miranda, F, Simao, R, Rhea, M, Bunker, D, Prestes, J, Leite, RD, Miranda, H, de Salles, BF, and Novaes, J. Effects of linear vs. daily undulatory periodized resistance training on maximal and submaximal strength gains. *J Strength Cond Res* 25:1824-1830, 2011.
48. Nádori, L. *Training and Competition.* Budapest: Sport, 1962.
49. Nádori, L, and Granek, I. *Theoretical and Methodological Basis of Training Planning With Special Considerations Within a Microcycle.* Lincoln, NE: NSCA, 1-63,1989.
50. Painter, KB, Haff, GG, Ramsey, MW, McBride, J, Triplett, T, Sands, WA, Lamont, HS, Stone, ME, and Stone, MH. Strength gains: Block vs daily undulating periodization weight-training among track and field athletes. *Int J Sports Physiol Perform* 7:161-169, 2012.
51. Plisk, SS, and Stone, MH. Periodization strategies. *Strength Cond* 25:19-37, 2003.
52. Prestes, J, Frollini, AB, de Lima, C, Donatto, FF, Foschini, D, de Cassia, Marqueti, R, Figueira, A, Jr., and Fleck, SJ. Comparison between linear and daily undulating periodized resistance training to increase strength. *J Strength Cond Res* 23:2437-2442, 2009.
53. Rhea, MR, Ball, SD, Phillips, WT, and Burkett, LN. A comparison of linear and daily undulating periodized programs with equated volume and intensity for strength. *J Strength Cond Res* 16:250-255, 2002.
54. Selye, H. *The Stress of Life.* New York: McGraw-Hill, 1-324, 1956.
55. Selye, H. A syndrome produced by diverse nocuous agents. 1936. *J Neuropsych Clin Neurosci* 10:230-231, 1998.
56. Stone, MH, and O'Bryant, HO. *Weight Training: A Scientific Approach.* Edina, MN: Burgess, 1-361, 1987.
57. Stone, MH, O'Bryant, H, and Garhammer, J. A hypothetical model for strength training. *J Sports Med* 21:342-351, 1981.
58. Stone, MH, O'Bryant, HS, and Garhammer, J. A theoretical model of strength training. *NSCA J* 3:36-39, 1982.
59. Stone, MH, Stone, ME, and Sands, WA. *Principles and Practice of Resistance Training.* Champaign, IL: Human Kinetics, 241-287, 2007.
60. Stone, MH, and Wathen, D. Letter to the editor. *NSCA J* 23:7-9, 2001.
61. Tschiene, P. Finally a theory of training to overcome doping. *Athletics Science Bulletin* 1:30-34, 1989.
62. Tschiene, P. A necessary direction in training: The integration of biological adaptation in the training program. *Coach Sport Sci J* 1:2-14, 1995.
63. Verkhoshansky, YU. Theory and methodology of sport preparation: Block training system for top-level athletes. *Teoria i Practica Physicheskoj Culturi* 4:2-14, 2007.
64. Verkhoshansky, YU, and Verkhoshansky, N. *Special Strength Training Manual for Coaches.* Rome: Verkhosansky STM, 27-142, 2011.
65. Zatsiorsky, VM. *Science and Practice of Strength Training.* Champaign, IL: Human Kinetics, 3-18, 108-133, 1995.
66. Zatsiorsky, VM, and Kraemer, WJ. *Science and Practice of Strength Training.* 2nd ed. Champaign, IL: Human Kinetics, 3-14, 89-108, 2006.

第22章 康复与重建

1. Adams, D, Logerstedt, DS, Hunter-Giordano, A, Axe, MJ, and Snyder-Mackler, L. Current concepts for anterior cruciate ligament reconstruction: A criterion-based rehabilitation progression. *J Orthop Sports Phys Ther* 42:601-614, 2012.
2. Alentorn-Geli, E, Myer, G, Silvers, H, Samitier, G, Romero, D, Lázaro-Haro, C, and Cugat, R. Prevention of non-contact anterior cruciate ligament injuries in soccer players. Part 1: Mechanisms of injury and underlying risk factors. *Knee Surg Sports Traumatol Arthrosc* 17:705-729, 2009.
3. Behrens, SB, Deren, ME, Matson, A, Fadale, PD, and Monchik, KO. Stress fractures of the pelvis and legs in athletes: A review. *Sports Health* 5:165-174, 2013.
4. Burkhart, SS, Johnson, TC, Wirth, MA, and Athanasiou, KA. Cyclic loading of transosseous rotator cuff repairs: Tension overload as a possible cause of failure. *Arthroscopy* 13:172-176, 1997.
5. Byl, NN, McKenzie, AL, West, JM, Whitney, JD, Hunt, TK, and Scheuenstuhl, HA. Low-dose ultrasound effects on wound healing: A controlled study with yucatan pigs. *Arch Phys Med Rehabil* 73:656-664, 1992.
6. Byram, IR, Bushnell, BD, Dugger, K, Charron, K, Harrell, FE, and Noonan, TJ. Preseason shoulder strength measurements in professional baseball pitchers: Identifying players at risk for injury. *Am J Sports Med* 38:1375-1382, 2010.
7. Clarsen, B, Bahr, R, Andersson, SH, Munk, R, and Myklebust, G. Reduced glenohumeral rotation, external rotation weakness and scapular dyskinesis are risk factors for shoulder injuries among elite

male handball players: A prospective cohort study. *Br J Sports Med* 48:1327-1333, 2014.

8. Courson, R, Goldenberg, M, Adams, KG, Anderson, SA, Colgate, B, Cooper, L, Dewald, L, Floyd, RT, Gregory, DB, Indelicato, PA, Klossner, D, O' Leary, R, Ray, T, Selgo, T, Thompson, C, and Turbak, G. Inter-association consensus statement on best practices for sports medicine management for secondary schools and colleges. *J Athl Train* 49:128-137, 2014.
9. De Lorme, TL. Restoration of muscle power by heavy resistance exercise. *J Bone Joint Surg* 27: 645-667, 1945.
10. De Lorme, TL, and Watkins, AL. Technics of progressive resistance exercise. *Arch Phys Med* 29: 263-273, 1948.
11. Dwelly, PM, Tripp, BL, Tripp, PA, Eberman, LE, and Gorin, S. Glenohumeral rotational range of motion in collegiate overhead-throwing athletes during an athletic season. *J Athl Train* 44:611-616, 2009.
12. Fleck, SJ, and Kraemer, WJ. *Designing Resistance Training Programs*. Champaign, IL: Human Kinetics, 2014.
13. Freeman, MAR, and Wybe, B. Articular contributions to limb muscle reflexes: The effects of a partial neurectomy of the knee joint on postural reflexes. *Br J Surg* 53:61, 1966.
14. Fukuda, TY, Melo, WP, Zaffalon, BM, Rossetto, FM, Magalhaes, E, Bryk, FF, and Martin, RL. Hip posterolateral musculature strengthening in sedentary women with patellofemoral pain syndrome: A randomized controlled clinical trial with 1-year follow-up. *J Orthop Sports Phys Ther* 42:823-830, 2012.
15. Gilchrist, J, Mandelbaum, BR, Melancon, H, Ryan, GW, Silvers, HJ, Griffin, LY, Watanabe, DS, Dick, RW, and Dvorak, J. A randomized controlled trial to prevent noncontact anterior cruciate ligament injury in female collegiate soccer players. *Am J Sports Med* 36:1476-1483, 2008.
16. Grindstaff, TL, and Potach, DH. Prevention of common wrestling injuries. *Strength Cond J* 28:20-28, 2006.
17. Grooms, DR, Palmer, T, Onate, JA, Myer, GD, and Grindstaff, T. Soccer-specific warm-up and lower extremity injury rates in collegiate male soccer players. *J Athl Train* 48:782-789, 2013.
18. Gross, MT. Chronic tendinitis: Pathomechanics of injury, factors affecting the healing response, and treatment. *J Orthop Sports Phys Ther* 16:248-261, 1992.
19. Hägglund, M, Waldén, M, and Ekstrand, J. Previous injury as a risk factor for injury in elite football: A prospective study over two consecutive seasons. *Br J Sports Med* 40:767-772, 2006.
20. Herring, SA, Kibler, WB, and Putukian, M. Team physician consensus statement: 2013 update. *Med Sci Sports Exerc* 45:1618-1622, 2013.
21. Hewett, TE, Lindenfeld, TN, Riccobene, JV, and Noyes, FR. The effect of neuromuscular training on the incidence of knee injury in female athletes: A prospective study. *Am J Sports Med* 27:699-706, 1999.
22. Hildebrand, KA, Gallant-Behm, CL, Kydd, AS, and Hart, DA. The basics of soft tissue healing and general factors that influence such healing. *Sports Med Arthrosc* 13:136-144, 2005.
23. Hillman, S. Principles and techniques of open kinetic chain rehabilitation: The upper extremity. *J Sport Rehabil* 3:319-330, 1994.
24. Houglum, PA. Soft tissue healing and its impact on rehabilitation *J Sport Rehabil* 1:19-39, 1992.
25. Hurd, WJ, Kaplan, KM, Eiattrache, NS, Jobe, FW, Morrey, BF, and Kaufman, KR. A profile of glenohumeral internal and external rotation motion in the uninjured high school baseball pitcher, part I: Motion. *J Athl Train* 46:282-288, 2011.
26. Ireland, ML, Willson, JD, Ballantyne, BT, and Davis, IM. Hip strength in females with and without patellofemoral pain. *J Orthop Sports Phys Ther* 33:671-676, 2003.
27. Jackson, BA, Schwane, JA, and Starcher, BC. Effect of ultrasound therapy on the repair of achilles tendon injuries in rats. *Med Sci Sports Exerc* 23: 171-176, 1991.
28. Knapik, JJ, Mawdsley, RH, and Ramos, MU. Angular specificity and test mode specificity of isometric and isokinetic strength training. *J Orthop Sports Phys Ther* 5:58-65, 1983.
29. Knight, KL. Knee rehabilitation by the daily adjustable progressive resistive exercise technique. *Am J Sports Med* 7:336-337, 1979.
30. Knight, KL. Quadriceps strengthening with the dapre technique: Case studies with neurological implications. *Med Sci Sports Exerc* 17:646-650, 1985.
31. Lankhorst, NE, Bierma-Zeinstra, SMA, and Middelkoop, MV. Risk factors for patellofemoral pain syndrome: A systematic review. *J Orthop Sports Phys Ther* 42:81-94, 2012.
32. Leadbetter, WB. Cell-matrix response in tendon injury. *Clin Sports Med* 11:533-578, 1992.
33. Lee, M, and Carroll, TJ. Cross education: Possible mechanisms for the contralateral effects of unilateral resistance training. *Sports Med* 37:1-14, 2007.
34. Lee, M, Gandevia, SC, and Carroll, TJ. Unilateral

strength training increases voluntary activation of the opposite untrained limb. *Clin Neurophysiol* 120:802-808, 2009.

35. Leggin, BG, Sheridan, S, and Eckenrode, BJ. Rehabilitation after surgical management of the thrower's shoulder. *Sports Med Arthrosc* 20:49-55, 2012.
36. Leighton, JR, Holmes, D, Benson, J, Wooten, B, and Schmerer, R. A study of the effectiveness of ten different methods of progressive resistance exercise on the development of strength, flexibility, girth, and body weight. *J Assoc Phys Ment Rehabil* 21:78-81, 1967.
37. Logerstedt, D, Lynch, A, Axe, M, and Snyder-Mackler, L. Symmetry restoration and functional recovery before and after anterior cruciate ligament reconstruction. *Knee Surg Sports Traumatol Arthrosc* 21:859-868, 2013.
38. Lorenz, D, and Reiman, M. The role and implementation of eccentric training in athletic rehabilitation: Tendinopathy, hamstring strains, and ACL reconstruction. *Int J Sports Phys Ther* 6:27-44, 2011.
39. Mandelbaum, BR, Silvers, HJ, Watanabe, DS, Knarr, JF, Thomas, SD, Griffin, LY, Kirkendall, DT, and Garrett, W Jr. Effectiveness of a neuromuscular and proprioceptive training program in preventing anterior cruciate ligament injuries in female athletes: 2-year follow-up. *Am J Sports Med* 33:1003-1010, 2005.
40. Martimbianco, ALC, Gomes-da Silva, BN, de Carvalho, APV, Silva, V, Torloni, MR, and Peccin, MS. Effectiveness and safety of cryotherapy after arthroscopic anterior cruciate ligament reconstruction. A systematic review of the literature. *Phys Ther Sport* 15:261-268, 2014.
41. Mascal, CL, Landel, R, and Powers, C. Management of patellofemoral pain targeting hip, pelvis, and trunk muscle function: 2 case reports. *J Orthop Sports Phys Ther* 33:647-660, 2003.
42. McMorris, RO, and Elkins, EC. A study of production and evaluation of muscular hypertrophy. *Arch Phys Med Rehabil* 35:420-426, 1954.
43. Mellion, MB, Walsh, WM, and Shelton, GL. *The Team Physician's Handbook.* Philadelphia: Hanley & Belfus, 1-150, 1997.
44. Mueller, MJ, and Maluf, KS. Tissue adaptation to physical stress: A proposed "physical stress theory" to guide physical therapist practice, education, and research. *Phys Ther* 82:383-403, 2002.
45. Myer, GD, Martin, L, Ford, KR, Paterno, MV, Schmitt, LC, Heidt, RS, Colosimo, A, and Hewett, TE. No association of time from surgery with functional deficits in athletes after anterior cruciate ligament reconstruction: Evidence for objective return-to-sport criteria. *Am J Sports Med* 40:2256-2263, 2012.
46. Nichols, AW. Does eccentric training of hamstring muscles reduce acute injuries in soccer? *Clin J Sport Med* 23:85-86, 2013.
47. Nilstad, A, Andersen, TE, Bahr, R, Holme, I, and Steffen, K. Risk factors for lower extremity injuries in elite female soccer players. *Am J Sports Med* 42:940-948, 2014.
48. Olsen, OE, Myklebust, G, Engebretsen, L, Holme, I, and Bahr, R. Exercises to prevent lower limb injuries in youth sports: Cluster randomised controlled trial. *Br Med J* 330:449, 2005.
49. Paterno, MV, Rauh, MJ, Schmitt, LC, Ford, KR, and Hewett, TE. Incidence of second ACL injuries 2 years after primary ACL reconstruction and return to sport. *Am J Sports Med*, 42:1567-1573, 2014.
50. Petersen, J, Thorborg, K, Nielsen, MB, Budtz-Jørgensen, E, and Hölmich, P. Preventive effect of eccentric training on acute hamstring injuries in men's soccer: A cluster-randomized controlled trial. *Am J Sports Med* 39:2296-2303, 2011.
51. Ramirez, A, Schwane, JA, McFarland, C, and Starcher, BC. The effect of ultrasound on collagen synthesis and fibroblast proliferation in vitro. *Med Sci Sports Exerc* 29:326-332, 1997.
52. Rees, JD, Maffulli, N, and Cook, J. Management of tendinopathy. *Am J Sports Med* 37:1855-1867, 2009.
53. Riemann, BL, and Lephart, SM. The sensorimotor system, part II: The role of proprioception in motor control and functional joint stability. *J Athl Train* 37:80-84, 2002.
54. Saragiotto, B, Yamato, T, Hespanhol, L, Jr., Rainbow, M, Davis, I, and Lopes, A. What are the main risk factors for running-related injuries? *Sports Med* 44:1153-1163, 2014.
55. Schmitt, LC, Paterno, MV, and Hewett, TE. The impact of quadriceps femoris strength asymmetry on functional performance at return to sport following anterior cruciate ligament reconstruction. *J Orthop Sports Phys Ther* 42:750-759, 2012.
56. Steindler, A. *Kinesiology of the Human Body Under Normal and Pathological Conditions.* Springfield, IL: Charles C Thomas, 82, 1955.
57. Stone, M, and O'Bryant, H. *Weight Training: A Scientific Approach.* Minneapolis: Burgess International, 1987.
58. Sugimoto, D, Myer, G, Barber-Foss, K, and Hewett, T. Dosage effects of neuromuscular training intervention to reduce anterior cruciate ligament injuries in female athletes: Meta- and sub-group analyses. *Sports Med* 44:551-562, 2014.

59. Tate, A, Turner, GN, Knab, SE, Jorgensen, C, Strittmatter, A, and Michener, LA. Risk factors associated with shoulder pain and disability across the lifespan of competitive swimmers. *J Athl Train* 47:149-158, 2012.

60. Tippett, SR. *Coaches Guide to Sport Rehabilitation.* Champaign, IL: Leisure Press, 1990.

61. Tordi, N, Belli, A, Mougin, F, Rouillon, JD, and Gimenez, M. Specific and transfer effects induced by arm or leg training. *Int J Sports Med* 22:517-524, 2001.

62. van den Bekerom, MP, Struijs, PA, Blankevoort, L, Welling, L, van Dijk, CN, and Kerkhoffs, GM. What is the evidence for rest, ice, compression, and elevation therapy in the treatment of ankle sprains in adults? *J Athl Train* 47:435-443, 2012.

63. Voight, ML, and Cook, G. Clinical application of closed kinetic chain exercises. *J Sport Rehabil* 5:25-44, 1996.

64. Voight, ML, and Thomson, BC. The role of the scapula in the rehabilitation of shoulder injuries. *J Athl Train* 35:364-372, 2000.

65. Wathen, D. Communication: Athletic trainer/conditioning coach relations—communication is the key. *NSCA J* 6:32-33, 1984.

66. Wilder, RP, and Sethi, S. Overuse injuries: Tendinopathies, stress fractures, compartment syndrome, and shin splints. *Clin Sports Med* 23:55-81, 2004.

67. Wilk, KE, and Arrigo, CA. An integrated approach to upper extremity exercises. *Orthop Phys Ther Clin N Am* 1:337, 1992.

68. Wilk, KE, Arrigo, CA, and Andrews, JR. The rehabilitation program of the thrower's elbow. *J Orthop Sports Phys Ther* 17:225-239, 1993.

69. Wilk, KE, Macrina, LC, Cain, EL, Dugas, JR, and Andrews, JR. Rehabilitation of the overhead athlete's elbow. *Sports Health* 4:404-414, 2012.

70. Wilk, KE, Macrina, LC, Fleisig, GS, Aune, KT, Porterfield, RA, Harker, P, Evans, TJ, and Andrews, JR. Deficits in glenohumeral passive range of motion increase risk of elbow injury in professional baseball pitchers: A prospective study. *Am J Sports Med* 42:2075-2081, 2014.

71. Wilk, KE, Yenchak, AJ, Arrigo, CA, and Andrews, JR. The advanced throwers ten exercise program: A new exercise series for enhanced dynamic shoulder control in the overhead throwing athlete. *Phys Sportsmed* 39:90-97, 2011.

72. Willems, TM, Witvrouw, E, Delbaere, K, Mahieu, N, De Bourdeaudhuij, I, and De Clercq, D. Intrinsic risk factors for inversion ankle sprains in male subjects: A prospective study. *Am J Sports Med* 33:415-423, 2005.

73. Zinovieff, AN. Heavy resistance exercise: The Oxford technique. *Br J Phys Med* 14:129, 1951.

第 23 章　场地设计、布局与规划

1. Abbott, AA. Fitness facility orientation. *ACSMs Health Fit J* 15(3):38-40, 2011.

2. *ACSM's Health/Fitness Facility Standards and Guidelines.* Champaign, IL: Human Kinetics, 49-72, 2012.

3. Armitage-Johnson, S. Providing a safe training environment for participants, part I. *Strength Cond* 16(1):64, 1994.

4. Armitage-Johnson, S. Providing a safe training environment, part II. *Strength Cond* 16(2):34, 1994.

5. Hypes, MG. Planning and designing facilities. *JOPHERD* 77(4):18-22, 2006.

6. Kroll, B. Facility design: Developing the strength training facility. *NSCA J* 11(6):53, 1989.

7. Kroll, W. Structural and functional considerations in designing the facility, part I. *NSCA J* 13(1):51-58, 1991.

8. Kroll, W. Structural and functional considerations in designing the facility, part II. *NSCA J* 13(3):51-57, 1991.

第 24 章　场地的政策、程序与法律问题

1. Baley, JA, and Matthews, DL. *Law and Liability in Athletics, Physical Education, and Recreation.* Boston: Allyn & Bacon, 1984.

2. Bart, CK. Industrial firms and the power of mission. *Industrial Marketing Management* 26(4): 371-383, 1997.

3. Boyle, M. Creating efficient and effective workouts. In *Designing Strength Training Programs and Facilities.* Reading, MA: Elite Conditioning, 219-227, 2006.

4. Brown, VA. *Boston University Strength and Conditioning Internship Manual.* Boston: Boston University, 4-13, 2014.

5. Bucher, CA, and Krotee, ML. *Management of Physical Education & Sport,* 11th ed. Boston: McGraw-Hill, 1998.

6. Casa, DJ, Anderson, SA, Baker, L, Bennett, S, Bergeron, MF, Connolly, D, Courson, R, Drezner, JA, Eichner, R, Epley, B, Fleck, S, Franks, R, Gilchrist, J, Guskiewicz, KM, Harmon, KG, Hoffman, J, Holschen, J, Indelicato, P, Jost, J, Kinniburgh, A, Klossner, D, Lawless, C, Lopez, RM, Martin, G, McDermott, BP, Mihalik, JP, Moreau, B, Myslinski, T, Pagnotta, K, Poddar, S, Robinson, B, Rogers, G, Russell, A, Sales, L, Sandler, D, Stearns, RL, Stiggins, C, Thompson, C, and Washington, R. The Inter-Association Task

Force for Preventing Sudden Death in Collegiate Conditioning Sessions: Best practices recommendations. *J Athl Train* 47(4):477-480, 2012.

7. Earle, RW. *Staff and Facility Policies and Procedures Manual.* Omaha, NE: Creighton University, 1993.
8. Epley, BD. *Flight Manual.* Lincoln, NE: University of Nebraska Printing, 1998.
9. Epley, BD. *Make the Play.* Lincoln, NE: University of Nebraska Printing, 1998.
10. Gentil, P, and Bottaro, M. Influence of supervision ratio on muscle adaptations to resistance training in nontrained subjects. *J Strength Cond Res* 24(3): 639-643, 2010.
11. Halling, D. Legal terminology for the strength and conditioning specialist. *NSCA J* 13(4):59-61, 1991.
12. Herbert, DL. A good reason for keeping records. *Strength Cond* 16(3):64, 1994.
13. Herbert, DL. Legal aspects of strength and conditioning. *NSCA J* 15(4):79, 1993.
14. Kleiner, DM, Holcomb, W, and Worley, M. Role of the strength and conditioning professional in rehabilitating an injured athlete. *Strength Cond* 18(2):49-54, 1996.
15. Kroll, B. Liability considerations for strength training facilities. *Strength Cond* 17(6):16-17, 1995.
16. NCAA. *Proposal Number 2013-18.* Indianapolis: NCAA, 2014.
17. NSCA. *National Strength and Conditioning Association Code of Ethics.* Colorado Springs, CO: NSCA, 2008.
18. NSCA. *NSCA Performance Center Emergency Policies and Procedures.* Colorado Springs, CO: NSCA, 2011.
19. NSCA. *Strength and Conditioning Professional Standards and Guidelines.* Colorado Springs, CO: NSCA, 2001.
20. NSCA. *Strength and Conditioning Professional Standards and Guidelines (Revised).* Colorado Springs, CO: NSCA, 1-26, 2009.
21. Rabinoff, R. Weight room litigation: What's it all about. *Strength Cond* 16(2):10-12, 1994.
22. Stern, GJ. *The Drucker Foundation Self-Assessment Tool: Process Guide.* San Francisco: Jossey-Bass, 133-140, 1999.
23. Taylor, JH. *Performance Training Program Manual.* Las Cruces, NM: New Mexico State University, 2006.

主编介绍

G. 格雷戈里·哈夫（G. Gregory Haff），PhD, CSCS,*D, FNSCA

G. 格雷戈里·哈夫博士是位于澳大利亚乔达罗普市的埃迪斯科文大学的体能训练专业研究生学位课程的协调员、美国国家体能协会主席及*Journal of Strength and Conditioning Research*的高级副主编。哈夫博士在2014年被英国国家体能协会(UKSCA)评为年度体能教练，并在2011年获得了NSCA颁发的“William J. Kraemer杰出运动科学家奖”。他先后获得了CSCS认证、UKSCA的体能教练认证以及澳大利亚体能协会2级体能教练认证。此外，他还是美国和澳大利亚的国家级举重教练，以及包括澳大利亚橄榄球联盟、澳大利亚足球联盟、澳大利亚篮球协会和美国国家橄榄球联盟在内的多个运动机构的顾问。

N. 特拉维斯·特里普利特（N. Travis Triplett），PhD, CSCS, *D, FNSCA

N. 特拉维斯·特里普利特博士是位于北卡罗来纳州的阿帕拉契州立大学的健康与运动科学系的教授兼主任。她曾担任美国国家体能协会的董事会秘书长，并在2010年获得了NSCA颁发的“William J. Kraemer杰出运动科学家奖”。她还曾任职于美国国家航空航天局(NASA)的两个工作小组，其中一个工作小组致力于开发针对国际太空站的微重力环境的抗阻运动对策，并曾担任位于科罗拉多州科泉市的美国奥林匹克训练中心的运动生理研究助理。特里普利特博士目前是*Journal of Strength and Conditioning Research*的高级副主编、通过CSCS认证的体能训练专家及美国举重俱乐部的教练。

贡献者

道格拉斯·贝尔宁格（Douglas Berninger），MEd，CSCS,*D，RSCC
美国国家体能协会

维克托·布朗（Victor Brown），III，MS，ATC，CSCS，NSCA-CPT
美国伊萨卡学院

比尔·坎贝尔（Bill Campbell），PhD，CSCS，FISSN
南佛罗里达大学

斯科特·考尔菲尔德（Scott Caulfield），BS，CSCS，*D，RSCC*D
美国国家体能协会

唐纳德·初（Donald Chu），PhD，PT，ATC，CSCS，*D，NSCA-CPT,*D，FNSCA
Athercare健身、康复与攀岩学院

乔尔·克拉默（Joel Cramer），PhD，CSCS,*D，NSCA-CPT,*D，FNSCA
内布拉斯加大学林肯分校

杰伊·道斯（Jay Dawes），PhD，CSCS,*D，NSCA-CPT,*D，FNSCA
科罗拉多大学斯普林司分校

布拉德·H.德威斯(Brad H. DeWeese)，EdD，CSCS，NSCA-CPT，USATF
东田纳西州立大学

安德烈娅·杜波依斯（Andrea DuBois），MS，HSF
南加州大学

埃弗里·费尔根鲍姆（Avery Faigenbaum），EdD，CSCS,*D，CSPS，FACSM，FNSCA
新泽西学院

邓肯·弗伦奇（Duncan French），PhD，CSCS
纽卡斯尔诺森比亚大学

特里·格林德斯塔夫（Terry Grindstaff），PhD，PT，ATC，SCS，CSCS
克瑞顿大学

G.格雷戈里·哈夫（G. Gregory Haff），PhD，CSCS，*D，FNSCA
埃迪斯科文大学

特伦特·赫尔达（Trent Herda），PhD
堪萨斯大学

安德烈娅·胡迪（Andrea Hudy），MA，CSCS，RSCC*D
堪萨斯大学

伊恩·杰弗里斯（Ian Jeffreys），PhD，CSCS，*D，NSCA-CPT,*D，RSCC*D，FNSCA
南威尔士大学

威廉·J.克雷默（William J. Kraemer），PhD，CSCS，*D，FACSM，FNSCA
俄亥俄州立大学

罗德里·劳埃德（Rhodri Lloyd），PhD，CSCS,*D
卡迪夫都市大学

杰弗里·麦克布赖德（Jeffrey McBride），PhD，CSCS，FNSCA
阿帕拉契州立大学

迈克尔·麦圭根（Michael McGuigan），PhD，CSCS
奥克兰理工大学

索菲娅·尼菲斯（Sophia Nimphius），PhD，CSCS，*D
埃迪斯科文大学

戴维·波塔奇（David Potach），MS，PT，SCS，CSCS，*D，NSCACPT，*D
物理治疗咨询中心

本杰明·路透（Benjamin Reuter），PhD，ATC，CSCS，*D
宾夕法尼亚大学

卡威·夏普（Carwyn Sharp），PhD，CSCS，*D
美国国家体能协会

杰里米·谢泼德（Jeremy Sheppard），PhD，CSCS，*D，RSCC*E
埃迪斯科文大学

玛丽·斯帕诺（Marie Spano），MS，RD，CSCS，CSSD
斯帕诺运动营养咨询中心

巴里·施皮林（Barry Spiering），PhD，CSCS
耐克运动研究实验室

特拉奇·斯塔特勒（Traci Statler），PhD，CSCS，CC-AASP
加州州立大学富尔顿分校

安·斯旺克（Ann Swank），PhD，CSCS，FACSM
路易斯维尔大学

N.特拉维斯·特里普利特（N. Travis Triplett），PhD，CSCS，*D，FNSCA
阿帕拉契州立大学

雅各布·温伦（Jakob Vingren），PhD，CSCS，*D，FACSM
北得克萨斯州大学

第1版至第3版贡献者

威廉·B.阿勒海利根（William B. Allerheiligen），MS，CSCS，*D，NSCACPT，*D，FNSCA

斯蒂芬妮·阿米蒂奇–克尔（Stephanie Armitage-Kerr），PhD，CSCS

托马斯·R.贝希勒（Thomas R. Baechle），EdD，CSCS，*D，Retired，NSCA–CPT，*D，Retired

理查德·A.博登（Richard A. Borden），PhD，PT，CSCS，Retired，FNSCA

埃文·B.布罗迪（Evan B. Brody），PhD

唐纳德·A.初（Donald A. Chu），PhD，PT，ATC，CSCS，*D，NSCA–CPT，*D，FNSCA

迈克·康利（Mike Conley），MD，PhD

布赖恩·康罗伊（Brian Conroy），MD，PhD，CSCS

乔尔·T.克拉默（Joel T. Cramer），PhD，CSCS，*D，NSCA–CPT，*D，FNSCA

加里·达德利（Gary Dudley），PhD，CSCS，FACSM

罗杰·W.厄尔（Roger W. Earle），MA，CSCS，*D，NSCA–CPT，*D

博伊德·埃普利（Boyd Epley），MEd，CSCS，*D，RSCC*E，FNSCA

埃弗里·D.费尔根鲍姆（Avery D. Faigenbaum），EdD，CSCS，*D，CSPS，FACSM，FNSCA

卡尔·E.弗里德尔（Karl E. Friedl），PhD

约翰·加尔哈默（John Garhammer），PhD，CSCS，NSCA–CPT，FNSCA

洛丽·格林伍德（Lori Greenwood），PhD，ATC，LAT

迈克尔·格林伍德（Michael Greenwood），PhD，CSCS，*D，RSCC*D，FACSM，FNSCA

特里·L.格林德斯塔夫（Terry L. Grindstaff），PhD，PT，ATC，SCS，CSCS

帕特里克·S.哈格曼（Patrick S. Hagerman），EdD，CSCS，NSCA–CPT，FNSCA

埃弗雷特·哈曼（Everett Harman），PhD，CSCS，NSCA–CPT，TSAC–F

罗伯特·T.哈里斯（Robert T. Harris），PhD

布拉德利·D.哈特菲尔德（Bradley D. Hatfield），PhD，FACSM

杰伊·R.霍夫曼（Jay R. Hoffman），PhD，CSCS，*D，RSCC*D，FACSM，FNSCA

威廉·R.霍尔库姆（William R. Holcomb），PhD，ATC/L，CSCS，*D，FNSCA

琼·巴雷托·霍洛韦（Jean Barrett Holloway），MA，CSCS

加里·R.亨特（Gary R. Hunter），PhD，CSCS，FACSM

伊恩·杰弗里斯（Ian Jeffreys），PhD，CSCS，*D，NSCA–CPT，*D，RSCC*D，FNSCA

威廉·J.克雷默（William J. Kraemer），PhD，CSCS，*D，FACSM，FNSCA

克莱·潘多夫（Clay Pandorf），BS

史蒂文·S.普利斯科（Steven S. Plisk），MS

戴维·H.波塔奇（David H. Potach），MS，PT，SCS，CSCS，*D，NSCA–CPT，*D

杰弗里·A.波特格（Jeffrey A. Potteiger），PhD，FACSM

尼古拉斯·A.拉塔梅斯（Nicholas A. Ratamess），PhD，CSCS，*D，FNSCA

克里斯廷·赖默斯（Kristin Reimers），PhD，RD

本杰明·H.路透（Benjamin H. Reuter），PhD，ATC，CSCS，*D

弗蕾德·萝尔（Fred Roll），BS

雅伊梅·鲁德（Jaime Ruud），MS，RD

道格拉斯·M.塞梅尼克（Douglas M. Semenick），EdD

巴里·A.施皮林（Barry A. Spiering），PhD，CSCS

迈克尔·H.斯通（Michael H. Stone），PhD，FNSCA

杰弗里·R.斯托特（Jeffrey R. Stout），PhD，CSCS，FACSM，FNSCA

安·斯旺克（Ann Swank），PhD，CSCS，FACSM

约翰·泰勒（John Taylor），MS，FNSCA

雅各布·L.温伦（Jakob L. Vingren），PhD，CSCS，*D

丹·沃森（Dan Wathen），MS，ATC，CSCS，*D，NSCACPT，*D，FNSCA

马克·A.威廉斯（Mark A. Williams），PhD，FACSM

译者及审校者

译者（按姓氏笔画排序）

王梦迪、王啸、王喆、王雄、闫琪、朱建安、刘建成、安良、巫泓丞、肖东升、吴莹莹、宋庆全、纳斯图、周爱国、项恒、赵鹏旺、贾洪建、夏章利、黄启华、黄佳敏、黄维达、龚文康、崔灿、谢潇文、裴庆

审校者（按姓氏笔画排序）

王轩、尹军、冯强、任满迎、李丹阳、李良、李春雷、朱昌宇、刘也、杨斌、沈兆喆、陈俊飞、陈洋、何璘瑄、赵芮、袁鹏、高旦潇、高志青、高炳宏、高延松、曹晓东、崔雪原、黎涌明